De la democracia en Hispanoamérica

Santiago Muñoz Machado

De la democracia
en Hispanoamérica

Papel certificado por el Forest Stewardship Council®

Primera edición: marzo de 2025

© 2025, Santiago Muñoz Machado
© 2025, Penguin Random House Grupo Editorial, S.A.U.
Travessera de Gràcia, 47-49. 08021 Barcelona

Penguin Random House Grupo Editorial apoya la protección de la propiedad intelectual. La propiedad intelectual estimula la creatividad, defiende la diversidad en el ámbito de las ideas y el conocimiento, promueve la libre expresión y favorece una cultura viva. Gracias por comprar una edición autorizada de este libro y por respetar las leyes de propiedad intelectual al no reproducir ni distribuir ninguna parte de esta obra por ningún medio sin permiso. Al hacerlo está respaldando a los autores y permitiendo que PRHGE continúe publicando libros para todos los lectores. De conformidad con lo dispuesto en el artículo 67.3 del Real Decreto Ley 24/2021, de 2 de noviembre, PRHGE se reserva expresamente los derechos de reproducción y de uso de esta obra y de todos sus elementos mediante medios de lectura mecánica y otros medios adecuados a tal fin. Diríjase a CEDRO (Centro Español de Derechos Reprográficos, http://www.cedro.org) si necesita reproducir algún fragmento de esta obra.
En caso de necesidad, contacte con: seguridadproductos@penguinrandomhouse.com

Printed in Spain – Impreso en España

ISBN: 978-84-306-2781-3
Depósito legal: B-1.436-2025

Compuesto en Arca Edinet, S. L.
Impreso en Unigraf,
Móstoles (Madrid)

TA 2 7 8 1 3

ÍNDICE

Prólogo 15

CAPÍTULO I
Conspiraciones e ideas para el gobierno de la América hispana

La confluencia de tres movimientos políticos y militares
    históricos: invasión de España, proceso constituyente
    e insurgencias en América 23
Londres, el centro de las ideas y conspiraciones
    constitucionales e independentistas 26
Jesuitas expulsos contra la dominación española:
    Clavijero, Viscardo 29
    Francisco Javier Clavijero y su Historia antigua
        de México 29
    La Carta a los españoles americanos
        de Juan Pablo Viscardo 32
Americanos en Londres: Mier, Miranda, Bello, Bolívar . . . 34
    El imparable escritor y activista Servando Teresa de Mier. 34
    Francisco de Miranda, El Precursor. 38
    Bolívar y Bello en Londres 49
Escritores y políticos ingleses y españoles en Londres:
    Holland, Jovellanos, Blanco White.
    Conexiones americanas 52

*La influencia del pensamiento político inglés
  en el siglo XVIII* 52
Lord Holland, el amigo inglés 54
José María Blanco White: de afrancesado a anglófilo 55
La influencia americana de El Español 59

CAPÍTULO II
Un nuevo orden político para América

El fabuloso ensayo de establecer una misma Constitución
  para los dos hemisferios 71
Las opciones ideológicas de la Constitución de Cádiz ... 77
El peso del constitucionalismo histórico y el mestizaje
  con el constitucionalismo francés 81
El reparto de las funciones del Estado y la garantía
  de los derechos 90
El gobierno de un Estado global según
  la Constitución de 1812 96
Los movimientos del lado americano: insurgencias
  e independencias 104
Las primeras constituciones americanas 118

CAPÍTULO III
Estados nacionales en formación: soberanías fragmentadas,
territorios y población imprecisos

La sustitución de las estructuras políticas coloniales
  por las estatales 131
Monarquía o república 138
  Los precursores 138
  Monárquicos en Perú 140
  Otros proyectos 145
  Emperadores y otros monarcas en México 146

La cuestión de la soberanía y la organización federal
   de las repúblicas 155
   ¿Quién es el soberano? 155
   Una soberanía compartida 162
   Una conclusión contemporánea 166
Territorio 167
   Límites con las colonias portuguesas 167
   Las indagaciones de Gálvez y Carlos III 171
   Uti possidetis iuris 172
   Ajustes en los Andes 174
   La expansión desde La Pampa a la Tierra del Fuego 176
   La redistribución del centro de Sudamérica: la guerra
      de la Triple Alianza 181
   La descomunal pérdida territorial de México 183
   Otras escisiones 188
Población 189
   El problema de la heterogeneidad 189
   La primera declaración nominal de la igualdad
      como derecho de todos 192
   ¿Iguales en las repúblicas americanas? 196
   Un canon para la aculturación 203
   Los bárbaros que dominaban la tierra 208
   El problema indio 211
   Desplazamientos forzosos y guerras de aniquilación
      de los indios bravos 217
La persistente esclavitud 222

CAPÍTULO IV
La América de los caudillos

Las raíces del caudillismo 231
Panorama de los caudillos mexicanos: del emperador
   Agustín I al Porfiriato 240
   Iturbide 240
   Guadalupe Victoria, Guerrero, Bustamante 245

Santa Anna.	248
Juárez, un paréntesis liberal entre batallas.	255
Porfirio Díaz.	260
Rosas y la confederación de caciques argentinos.	263
Doctor Francia, el Supremo de Paraguay, y sus sucesores .	283
Uruguay: caudillos y la Guerra Grande.	294
Los herederos de la Gran Colombia.	298
El efímero proyecto del Libertador.	298
Venezuela: desde el caudillo José Antonio Páez Herrera	
a los Monagas.	303
Ecuador. Del floreanismo al teócrata García Moreno	316
Desde la guerra de los Supremos a los Estados Unidos	
de Colombia.	323
Caudillos en las repúblicas andinas del sur	330
Caciques sin proyección nacional	331
Vidas paralelas de dos generales ambiciosos de poder:	
Santa Cruz y Gamarra	335
Ramón Castilla, el general del guano, y los conflictos	
de medio siglo en Perú	340
El caballo del asombroso Melgarejo	348
Tan extraordinario como el huemul: el caudillaje	
constitucional chileno	353
Caudillos y filibusteros en Centroamérica	362
Construcción de las naciones centroamericanas	362
Francisco Morazán, el empecinado caudillo	
de la federación centroamericana.	367
Rafael Carrera, el caudillo «rey de los indios»	372
El caudillo filibustero	380
Últimos lustros del siglo XIX.	388
La tensión continua entre liberales y conservadores: las	
relaciones con la Iglesia católica.	388
Las tensiones entre centralismo y federalismo: algunos	
gobiernos del periodo.	392

CAPÍTULO V
Revoluciones e imperialismo en la primera mitad del siglo xx: la efímera vigencia de la democracia

El cambio de siglo político en América se produjo en 1898: la independencia de Cuba	400
México: la Revolución del siglo	416
Precedentes. Los años finales del Porfiriato	416
Madero y el comienzo de la Revolución	420
El final de Madero y la emergencia de Victoriano Huerta	426
Zapata y la reclamación de las tierras comunitarias	428
De Huerta a Carranza	433
La Constitución de 1917 y el final de los primeros caudillos revolucionarios	437
Calles, la guerra Cristera y la institucionalización de la Revolución	442
Centroamérica y Caribe	451
Venezuela y Colombia	463
Las repúblicas andinas	468
Propuestas democráticas radicales en los Estados del Cono Sur	476
El imperialismo norteamericano: intervenciones y tutelas políticas y económicas en Hispanoamérica	489
De las políticas coloniales de expansión territorial a la ocupación del territorio de las naciones independientes	489
Doctrina Monroe y Manifest Destiny	497
Las intervenciones y el corolario Roosevelt	505
Políticas de intervención directa y sustitución de gobiernos	507
Diplomacia del dólar y política de buena vecindad	511
Las relaciones interamericanas en la Segunda Guerra Mundial y en la posguerra	517
La Organización de Estados Americanos (OEA) y la defensa de la democracia	518
Una mirada a la segunda mitad del siglo	521

CAPÍTULO VI
Populismo, militarismo y democracia
(segunda mitad del siglo xx)

Ideologías y políticas desde mediados de siglo 527
La Revolución cubana y la difusión del
    comunismo en América. 531
    Los sucesos de Guatemala. 531
    La Revolución cubana 533
    Expansión continental de los movimientos
        revolucionarios 548
Decadencias de la democracia liberal y emergencias
    de los populismos. 557
    Los populismos de primera generación 557
    El peronismo 562
Contrainsurgencia y terrorismo de Estado 574
    La dictadura cívico-militar de Uruguay 575
    El Ejército contra Allende en Chile. La dictadura
        de Pinochet. 581
    La democracia agónica y la intervención militar
        en Argentina. 589
El desarrollo de los neopopulismos. 596

CAPÍTULO VII
Nuevo constitucionalismo. ¿Nueva democracia?

Ensayos sobre el fracaso de la democracia liberal
    en Hispanoamérica 611
La formación de un pensamiento político
    hispanoamericanista. 615
El pensamiento indigenista y la globalización
    del indigenismo 627
    Los precursores. 627
    El indigenismo a principios del siglo XX. 631
    La renovación ideológica y globalización 639
Las transformaciones del constitucionalismo 646

*Del constitucionalismo decimonónico liberal
  al neoconstitucionalismo* 646
*El nuevo constitucionalismo latinoamericano:
  contexto político* 651
Los precedentes guatemalteco, paraguayo y peruano 656
El modelo de la Constitución colombiana de 1991 660
*Paradigmas del neoconstitucionalismo hispanoamericano:
  las constituciones venezolana, ecuatoriana y boliviana;
  características generales*.................... 664
Encomios y abominaciones de la utopía 675
  *Apologetas: una nueva etapa en la doctrina
    y en la práctica del constitucionalismo* 675
  Críticos: el abuso del poder 680
Consideraciones y pronósticos sobre la democracia
  participativa................................ 686
  Las instituciones 686
  *La apelación al poder constituyente para reformar
    o cambiar la Constitución*.................... 689
  Los referéndums revocatorios 692
La constitucionalización de todos los derechos 695
Derechos de la naturaleza........................ 700
Los derechos de los pueblos originarios
  y sus individuos 703
  Retorno a la heterogeneidad y el particularismo 704
  *Las fórmulas del nuevo constitucionalismo para
    asegurar el pluralismo y la diversidad*.............. 707
  *Algunos problemas de aplicación: la identificación
    de los pueblos y sus territorios* 718
  Justicia general, justicia tribal 723
  ¿Leyes generales o costumbres?..................... 725
  *Las decisiones que afectan a los territorios de
    los pueblos originarios* 732
¿Qué democracia? Una evaluación 740

Notas 745
Bibliografía..................................... 845
Índice alfabético 967

PRÓLOGO

La democracia es una forma de gobierno muy complicada. Siempre ha sido la más difícil en cualquier periodo histórico o sociedad que se consideren. Se comprende que exhiban una orgullosa superioridad cultural y política las naciones en las que prevalece la voluntad general, se mantiene en términos razonables la separación de poderes, funcionan las instituciones que los ejercen, y pueden mostrar prestigiosas declaraciones de derechos y libertades, civiles, políticos y sociales, protegidos por garantías efectivas que previenen y evitan su vulneración.

Es razonable este orgullo de privilegiados porque la consagración de los principios y valores del constitucionalismo y la democracia liberal, que son los que acabo de resumir, ha sido el resultado final de una lucha de muy largo recorrido. Solo las naciones más tenaces han podido desplegar sus reglas en plenitud. Hay clasificaciones de la calidad de las democracias que advierten con meticulosidad de los déficits. Son observatorios de los desfallecimientos.

Estados Unidos, y los países agrupados hoy en la Unión Europea, lideran, junto con el Reino Unido, Canadá y pocos Estados más, la democracia en el mundo. Pero conviene no perder de vista que este éxito es muy reciente. Estados Unidos tenía un régimen democrático desde que se aprobó su Constitución en 1787, pero tuvo luego que superar la guerra civil más dura que ha tenido lugar en aquel hemisferio para consolidarse como nación y, una vez concluida, necesitó un siglo más para que se abrieran paso libertades esenciales como la de comunicación o se generalizaran los derechos civiles, la igualdad de acceso a la educación o a los transportes, superando la discriminación por razón de la raza. Todavía en la actualidad es una democracia muy deficitaria desde el punto de vista de los derechos sociales.

Europa continental recuperó un constitucionalismo muy brillante y ejemplar después de la Segunda Guerra Mundial, pero montó sus firmes instituciones democráticas sobre un grueso manto de destrucción y muerte, y de las más espantosas ofensas a la dignidad de las personas. En la actualidad, la Unión Europea, que no permite desviación alguna a sus socios en cuanto concierne a la separación de poderes y las garantías de la libertad, cuenta con las democracias liberales más ejemplares del mundo, aun a pesar de las crisis que afectan a algunas de sus instituciones. España, entre estos Estados de la Unión, que aprobó tardíamente su Constitución, en 1978, al salir de la larga dictadura del general Franco, también exhibe sus galones de gran democracia consolidada.

Todas estas naciones, pese a las enormes dificultades y enfrentamientos vividos, que han implicado reajustes de fronteras, creación de nuevos Estados, emigraciones, tiempos de excepción, dictaduras y retos imperialistas, han perseverado en la idea de la democracia liberal, como la forma más justa para el gobierno humano.

He acometido en este libro el estudio de la democracia en Hispanoamérica estimulado, antes que por cualquier otra curiosidad intelectual, por el hecho de que, en lo que va corrido del siglo XXI, se ha puesto de moda en aquel espacio renegar de la democracia liberal y promover fórmulas de gobierno que, aunque no desplacen del todo sus instituciones y valores, los complementen. No es la primera vez en la historia que se desarrollan corrientes de pensamiento que advierten contra las perversiones del modelo. Algunas veces, como ocurrió con la Revolución cubana, se implantó una alternativa absoluta de carácter marxista. Pero, sin abandonar los valores del constitucionalismo, los movimientos políticos a que aludo han tratado de crear un nuevo paradigma, es decir, un modelo diferenciado, con sus propios principios y reglas, concretado en constituciones de nueva planta, que han fundado el llamado «nuevo constitucionalismo latinoamericano».

Los textos contienen innovaciones interesantes y muchas apuestas atrevidas; tantas, en realidad, que algunos de sus mentores han hablado de «constitucionalismo experimental» para referirse a ellas.

Me ha interesado mucho explorar lo que tiene realmente de nuevo ese material político y la medida de sus aportaciones para renovar y mejorar en profundidad la democracia y la protección de los derechos en los países que han aceptado la receta. En el primer decenio del siglo hubo un momento en que pareció que la conversión al neoconstitucionalismo y la neodemocracia sería general en pocos años, dado el animado ritmo con que habían progresado en diferentes Estados. Hasta que el siempre reflexivo Chile, también incitado a sumarse a la novedad, puso a dormir estas ideas o, al menos, les impuso una pausa.

Para estudiar lo que está pasando con la democracia en Hispanoamérica, me pareció que el rigor mandaba estudiar antes su aventura desde que empezó a instalarse en el pasado. Al fin y al cabo, se ha adoptado, donde la han aceptado, la decisión de renovar la democracia representativa partiendo de la conclusión de que es una forma de gobierno que no ha llegado a adaptarse a las peculiaridades del subcontinente. Si se sostiene que los principios de la democracia liberal no funcionan en aquellos países, resulta pertinente estudiar lo ocurrido.

Esta imprescindible curiosidad me ha conducido a recorrer la impresionante historia de las ideas y los hechos políticos en Latinoamérica desde el comienzo de las independencias y la creación de las nuevas repúblicas. Muchos de los personajes que la han protagonizado forman un retablo fascinante, y sus políticas, hechos y ocurrencias forman parte de esa realidad histórica maravillosa que ha inspirado a tantos escritores desde mediados del pasado siglo. A los efectos de lo que era pertinente analizar, se suceden en mi personal relato los momentos gloriosos y también los decaimientos o los tiempos turbios de desaparición de cualquier brizna de libertad. El ejercicio se desarrolla durante los dos siglos completos transcurridos desde las primeras constituciones hasta llegar a examinar en el capítulo final, el más extenso de la obra, el neoconstitucionalismo latinoamericano y sus aportaciones.

Los líderes de las insurgencias conocieron bien las ideas políticas que habían triunfado en Europa y Estados Unidos y se dispusieron a aplicarlas con sinceridad y exactitud; acaso incurriendo en el error de no adaptarlas a las peculiaridades de sus repúblicas, sino aceptándolas en crudo, tal y como se habían perfilado en origen. Pero, durante todo el siglo, la implantación de ese modelo de gobierno resultó imposible en casi todas las emergentes naciones. El poder, cuando se inició el proceso, estaba en manos de las oligarquías criollas, amparadas en su dominio de la tierra o en su prestigio militar durante las guerras de independencia, que no aceptaron someterse a la disciplina de la democracia. El xix fue el siglo de los caudillos: los hubo en todos los Estados, sostuvieron políticas conservadoras y fueron, cada uno de ellos, personalidades, admiradas u odiadas, que gobernaron de forma autocrática. Los regímenes políticos del siglo estuvieron determinados por su exclusiva voluntad.

No obstante, para comprender el retraso en la puesta en funcionamiento de las instituciones democráticas, también hay que considerar un hecho que no suele resaltarse en las historias de la época: se estaba organizando el gobierno de territorios sin Estado. Para que pueda considerarse que existe un Estado, la doctrina política clásica más aceptada indica que tiene que estar definido a quién corresponde la soberanía, el territorio ha de estar demarcado y la población concretada. Ninguno de los tres elementos esenciales llegó a consolidarse, en toda Hispanoamérica, hasta bien avanzado el siglo, ya que estuvieron inicialmente sometidos a una extraordinaria inestabilidad.

El siglo xx político comenzó en Hispanoamérica dos años antes de cuando determinaba el calendario, en 1898. Este fue el año del «Desastre», en el que España dejó de ser potencia colonial y Estados Unidos tomó el control del Caribe, e inmediatamente de Centroamérica. Empezó entonces, de manera amplia, una política de control de los gobiernos latinos, amparada en diversos tipos de acciones calificadas, críticamente, de imperialistas. Reaccionaron, contra este aumento de la influencia norteamericana, algunos intelectuales significados que fueron los pioneros de un pensamiento latinoamericanista que reivindicó las peculiaridades históricas y culturales de la América hispanohablante y el derecho a gobernarse sin interferencias. Emergió también con fuerza el pensamiento indigenista, que tendría largo recorrido en el siglo hasta conseguir reconocimientos de las reivindicaciones esenciales.

Fue el siglo de las guerras y los populismos. Y el siglo de las revoluciones: las hubo de todas clases y de todas las ideologías, se extendió la costumbre de autodenominar revolucionario a cualquier gobierno con ideas; pero las dos que marcaron el siglo fueron, a partir de 1910, la Revolución mexicana, y a mediados, la Revolución cubana, que no solo implantó un régimen totalitario marxista sino que hizo lo posible para que el modelo se difundiera por todo el continente. También surgen en Hispanoamérica populismos tan vigorosos como el peronismo, que influyó durante años en los países del entorno de Argentina. Prescindieron unos y otros, marxistas y profascistas, de la democracia, como ocurrió también en Europa.

A partir de los años ochenta dio la impresión de que las tendencias políticas extremas se habían calmado en Hispanoamérica. Las dictaduras militares habían cedido finalmente y parecía que la democracia estaba ocupando el terreno de la política en todo el Centro y Sudamérica. Se hicieron visibles algunos problemas sempiternos como la partitocracia y la corrupción y, para frenar todos los abusos, mejorar la credibilidad de la política y animar la fe ciudadana en las instituciones, empezaron a ocupar lugar en el discurso público algunas reivindicaciones perseverantemente mantenidas al menos desde principios del siglo XX. Destacan dos: la recuperación del poder por el pueblo para poder ejercerlo directamente, sin intermediarios, cuando se debaten cuestiones de gran relevancia general, de manera que pueda disminuirse la dependencia de los partidos políticos; y, de otro lado, el reconocimiento de la heterogeneidad de las naciones de Latinoamérica, tanto por razón de su historia y cultura como por la diversidad de comunidades humanas que forman los Estados.

Se propugnó la creación de un nuevo orden en el que se diera respuesta, entre otras exigencias, a las dos reclamaciones indicadas. Desde esta posición revisionista, no resultó difícil a los ideólogos descalificar la democracia liberal que, según algunos, nunca había tenido una vigencia efectiva en toda la historia en aquellos territorios. Y no la había tenido porque América Latina no era Europa y esta circunstancia, según aquellos, no había sido considerada cuando se importaron las constituciones hijas del pensamiento ilustrado y las revoluciones burguesas.

El nuevo orden necesitaba textos constitucionales nuevos y enseguida aparecieron líderes que impulsaron su elaboración. Es notable que no se usaran los procedimientos de reforma de las constituciones vigentes, que no se habían activado durante años, sino que se eligieron asambleas constituyentes que se encargaron de elaborar otras nuevas. Las reclamaciones populares de que así se hiciera fueron muy fuertes y expresivas en alguna de las naciones pioneras, como Colombia, donde el hartazgo se manifestó en la iniciativa popular de la «séptima papeleta», de la que arrancó el movimiento que concluyó en la Constitución de 1991. La esencia del «nuevo constitucionalismo» y, con él, de la «nueva democracia participativa», se derramó, no obstante, pocos años después en las tres constituciones que, según todos los analistas, mejor representan las nuevas ideas: la venezolana de 1999, la ecuatoriana de 2008 y la boliviana de 2009.

Parten de la afirmación de que la democracia representativa está en crisis, pero no la desplazan del todo, sino que superponen sobre ella algunas instituciones remozadas. Son textos que sobrepasan los cuatrocientos artículos de extensión, a la que se llega relacionando todos los derechos ciudadanos imaginables y regulando con pormenor las garantías incontables que se ofrecen a sus titulares frente a cualquier amenaza o violación efectiva. Largas declaraciones de derechos individuales y también de derechos colectivos, principalmente de las comunidades originarias y las minorías étnicas.

Y a todo este impresionante conjunto se suman las instituciones de gobierno que, en la democracia participativa que instauran, son muchas más que las que resultaban de la aplicación de la triada clásica del legislativo, el ejecutivo y el judicial. La participación requiere la existencia de un plantel de instituciones en las que participar y establecer los procedimientos necesarios para hacerlo.

A ello se han aplicado con generosidad los textos del nuevo constitucionalismo.

No he encontrado, entre los antecedentes de este movimiento de renovación democrática, análisis concienzudos sobre la historia política de los países que se han sumado ni he visto identificadas las pérdidas de eficacia de los regímenes decadentes que se sustituyen. El motivo más recurrente, en los antecedentes y preámbulos, para justificar la renovación, es la apelación a la singularidad y la heterogeneidad de los pueblos de algunas de estas repúblicas, que nunca se han tenido en cuenta. Esta es la observación más fácil de compartir porque es relativamente sencilla de probar. Y también de justificar porque hemos entrado en un siglo en el que la defensa de las minorías y los particularismos culturales será un eje de las políticas en todas las democracias avanzadas.

El recorrido que propongo al lector es largo, pero espero que completo porque analiza los problemas de los regímenes democráticos en Latinoamérica desde los comienzos del siglo XIX. El objetivo es llegar a la actualidad pudiendo discutir con buenas razones los alegatos contra la democracia liberal y su pretendida inadecuación a las peculiaridades latinas. Es imprescindible, a la hora de hacer inventario y cambiar el patrimonio político adquirido por la comunidad a la que pertenecen aquellas naciones, que es la occidental, saber si realmente se están desechando formas democráticas de peor calidad o eficacia, para hacer efectiva la voluntad general, que las nuevas que se proponen.

En fin, tengo que decir que ocupa un lugar preferente entre los sentimientos y preocupaciones que me han conducido a escribir este extenso volumen, la repulsa por la utilización de un movimiento que apela a la regeneración democrática para fortalecer regímenes autocráticos, nuevas dictaduras, que han abolido la alternancia en el poder y liquidado el derecho a la discrepancia política.

Cumpliré pronto ocho años como presidente de la Asociación de Academias de la Lengua Española. He viajado por todos los países de habla hispana y me he preocupado de conocer mejor sus problemas de todo orden, como era mi obligación. Lo manifiesto para agradecer a muchos colegas académicos, profesores universitarios, magistrados de los altos tribunales y dirigentes de las repúblicas americanas que hayan facilitado mi recorrido intelectual por regiones tan distintas y complejas, sus provechosas indicaciones, el descubrimiento de situaciones y personajes de la literatura y la política que no estaban a mi alcance y las conversaciones en las que he obtenido orientaciones esenciales.

CAPÍTULO I
Conspiraciones e ideas para el gobierno de la América hispana

LA CONFLUENCIA DE TRES MOVIMIENTOS POLÍTICOS Y MILITARES HISTÓRICOS: INVASIÓN DE ESPAÑA, PROCESO CONSTITUYENTE E INSURGENCIAS EN AMÉRICA

El inicio del proceso constituyente en España, a principios del siglo XIX, coincidió en el tiempo, casi exactamente, con el de los movimientos que reclamaban la independencia de las colonias de América, del que derivaría la aprobación de constituciones propias de los nuevos Estados. En ambos casos, la aceleración de los cambios estuvo inmediatamente relacionada con la invasión de la península ibérica por las tropas de Napoleón, la renuncia vergonzosa de Carlos IV y Fernando VII a sus derechos dinásticos, la designación por el emperador de su hermano José como rey de España y de todas las provincias de ultramar.

Después de la invasión de la Península, el emperador citó en Bayona a la familia real. Fernando, que se había proclamado rey en Madrid el 19 de marzo anterior, abdicó en su padre, Carlos IV, y este en Napoleón, quien seguidamente nombró al duque de Berg, Joaquín Murat, regente de las Españas e Indias.

La *Gaceta de Madrid* publicó el 20 de mayo el acta de abdicación, que recogía la decisión de Carlos de «ceder como cede por la presente todos sus derechos al trono de España y de las Indias a S. M. el Emperador Napoleón, como el único que, en el estado a que han llegado las cosas, puede restablecer el orden...».

El pacífico control de la situación por las tropas napoleónicas empezó a cambiar a partir del 2 de mayo de 1808, cuando los vecinos de Madrid asumieron que las justificaciones francesas de la entrada en España eran falsas. El pueblo se levantó contra Napoleón y empezaron las escaramuzas bélicas. Murat fue sustituido el 6 de junio de 1808, cuando el emperador decidió proclamar «Rey de las Españas y de las Indias, a nuestro muy amado hermano, José Napoleón, actual rey de Nápoles y de Sicilia».

En España la resistencia y defensa del antiguo orden monárquico de los Borbones fue asumida por juntas constituidas en las provincias, hasta que, después de la derrota de los ejércitos de Bonaparte en Bailén el 19 de julio de 1808, se decidió constituir la Junta Suprema Central Gubernativa del Reino compuesta por representantes de todas las juntas provinciales. Ocurrió el 25 de septiembre de 1808. Su primer presidente fue el conde de Floridablanca.

La Junta Central no había tenido en cuenta, al constituirse, la necesaria inclusión de representantes de los territorios americanos, pero unos meses después dictó el decreto de 22 de enero de 1809, en el que se declaraba que las colonias americanas quedarían integradas en la nueva nación española con criterios de igualdad. Esta importantísima disposición establecía:

> El rey nuestro señor Don Fernando 7.º y en su real nombre la Junta Suprema Central Gubernativa del reino, considerando que los vastos dominios que España posee en las Indias no son propiamente colonias, o factorías como los de otras naciones, sino una parte esencial e integrante de la monarquía española, y deseando estrechar de un modo indisoluble los sagrados vínculos que unen unos y otros dominios, como así mismo corresponderá la heroica lealtad y patriotismo de que acaban de dar tan decisiva prueba a la España en la coyuntura más crítica que se ha visto hasta ahora nación alguna, se ha servido declarar, teniendo presente la consulta del Consejo de Indias de 21 de noviembre último, que los reinos, provincias, e islas que forman parte de los referidos dominios deben tener representación nacional inmediata a su real persona, y constituir parte de la Junta Central Gubernativa del reino por medio de sus correspondientes diputados.

El 10 de mayo de 1809 la Junta Central emitió un «Manifiesto a los americanos», que trataba de agrupar y coordinar a las juntas americanas en torno a la Junta Central. Después se promulgó el decreto de 22 de mayo de 1809, que contenía un programa que recogía principios propios del liberalismo e insistía en la previsión de medidas de equiparación de los territorios y población americana con los derechos de los domiciliados en la Península.[1]

El decreto de 22 de enero de 1809 planteó por primera vez en una norma la idea de igualdad de la Península y los territorios de América como partes integrantes de una única monarquía extendida a los dos lados del Atlántico. Esta decisión histórica determinaba que la Junta Central incorporaría a representantes americanos: todos los territorios peninsulares y americanos tendrían el mismo derecho a representación política.

Para la ejecución de tales previsiones, los territorios americanos habrían de enviar un representante por cada uno de los cuatro virreinatos (Río de la Plata, Nueva Granada, Nueva España y Perú) y de las seis capitanías generales (Chile, Venezuela, Cuba, Puerto Rico, Guatemala y Filipinas) para que se integraran en la Junta Central.

Las noticias sobre la ocupación del poder por Napoleón y el inicio de la sublevación española contra los intereses del francés llegaron a América rápidamente. El bergantín Le Serpent arribó a Caracas el 16 de julio con instrucciones estrictas de que se publicaran allí las abdicaciones de los reyes españoles y la cesión de la Corona a Napoleón. Portaba la versión del invasor.

La corbeta de guerra Acosta amarró el mismo día en el puerto de La Guaira, llevando informes de lo que había acontecido en Bayona, pero la información estaba contada desde la perspectiva de Inglaterra, con la que, después de muchos años de guerras y controversias, se acababa de aliar España. También constaba en esta información el motín de Madrid del 2 de mayo de 1808.

Poco después llegó a Caracas un comisionado de la Junta de Sevilla, José Meléndez Bruna, con el mandato de las autoridades juntistas españolas de que se respetase en América la legalidad establecida en España frente a Napoleón. Y así fueron llegando sucesivas informaciones, a veces confusas, siempre preocupantes.

Como es lógico, los americanos no supieron muy bien a qué atenerse. Temieron que se produjera en América un levantamiento de gravedad semejante al protagonizado por los haitianos unos años antes, con el peligro que ello reportaba para los intereses de los criollos. Las dudas y temores que la situación despertó en los diferentes virreinatos y gobernaciones americanos produjeron reacciones diferentes en cada territorio. Una parte significativa de las autoridades y élites políticas y económicas se pronunció inmediatamente a favor del rey Fernando VII, ratificando su lealtad al que consideraban monarca legítimo. Estas adhesiones, que se formalizaban bajo el juramento de fidelidad al rey, ocurrieron sucesivamente en las principales ciudades, empezando por Montevideo el 12 de agosto de 1808, México el 13 de agosto, Puebla de los Ángeles el 31, Santa Fe el 11 de septiembre, etc.

En la guerra contra Napoleón confluyeron los intereses de Inglaterra y España, que convinieron actuar conjuntamente. Inglaterra tenía amplias aspiraciones de dominio en diferentes partes del continente centro y sudamericano, lo que explicaría su simpatía por los movimientos políticos tendentes a debilitar la posición de España en la zona, pero su apoyo más explícito a las independencias (haciéndole pagar a España su apoyo a la independencia de las colonias inglesas del norte) hubiera sido incompatible con la alianza bélica contra Francia.

LONDRES, EL CENTRO DE LAS IDEAS Y CONSPIRACIONES CONSTITUCIONALES E INDEPENDENTISTAS

Londres se había convertido, desde que Napoleón invadió España, en el nudo de todas las conspiraciones. Su condición de ciudad cosmopolita atraía a exiliados de otros países y desde luego a muchos paladines de la independencia americana. España estaba entonces aliada con los ingleses, pero el gobierno de Londres era, al tiempo, partidario de la libertad de comercio que venían reclamando los comerciantes del otro lado del Atlántico en Caracas, Buenos Aires o Veracruz.

Londres fue un foco esencial por el que circulaban las informaciones con destino a América desde años antes de la ocupación de España y los subsiguientes levantamientos armados contra ella. También un caldero donde hervían ideas sobre el futuro de las colonias. Londres fue el destino de importantes personajes, como Francisco de Miranda, que tenía trazado un plan para la independencia de América. También fue la plaza más adecuada para distribuir material escrito justificativo de las independencias, como le pareció al jesuita expulso Viscardo, que llegó a la capital inglesa a buscar partidarios contra la dominación española. A Londres llegaron eminentes políticos españoles, como Argüelles, Toreno o Nicasio Gallego, escritores y agitadores americanos como Servando Teresa de Mier, e intelectuales de la misma procedencia, tan notables como Andrés Bello; militares dispuestos a luchar por la independencia, como Simón Bolívar; pensadores y escritores españoles muy relevantes, como José María Blanco White; y era el lugar de residencia de lord Holland, un noble inglés influyente en el pensamiento político español de la época, que acogió a muchos intelectuales errantes.[2]

Las propuestas que circulaban por Londres y que llegaban a América tenían muy diversas connotaciones políticas: a) favorables a la unidad de España y del mantenimiento de sus colonias americanas, transformadas en provincias; b) partidarias de una única Constitución aplicable en los dos hemisferios; c) independentistas favorables a la continuidad de la forma de Estado monárquica; d) independentistas republicanos sin fisuras.

Durante los últimos años de la Ilustración ya se veían llegar a España los influjos de las independencias de Estados Unidos, de la Revolución francesa y las inquietudes favorables al autogobierno de una parte de la América española. Esto último lo habían apreciado ministros avisados como Aranda y Floridablanca, que incluso idearon un proyecto de Estado confederal en América que se dividiría en tres virreinatos (México, Tierra firme y Perú) al frente de los cuales gobernarían tres infantes dependientes del rey, al que se daría el rango de emperador; cada una de las partes tendría un gobierno propio de estilo confederal.[3] Estas medidas no progresaron lo más mínimo, pero anunciaban la inevitable secesión. La monarquía borbónica no podía defender los enormes territorios frente a comerciantes y aventureros ingleses que incursionaban continuamente en sitios como Río de la Plata, Santo Domingo, Jamaica o Trinidad.

Las concepciones políticas que toman en cuenta los pensadores que pasan por Londres son, desde luego, las que habían venido alimentando, desde finales del siglo XVII, los movimientos reformistas ilustrados y las revoluciones constitucionales de finales del XVIII; pero modelos constitucionales a tomar como referencia solo había tres que atrajeran su atención: el de las constituciones francesas aprobadas a partir 1791; el de la Constitución norteamericana de 1787; y el modelo de «monarquía limitada» inspirada en la idea de «Antigua Constitución» característica del gobierno británico.

Las ideas que se despachan en Londres se van aplicando en España y América con un gran descontrol. Por ejemplo, España abre el primer periodo constituyente de su historia, el que llevaría desde 1810 a la aprobación de la Constitución de Cádiz en 1812, con la pretensión de que esta norma sea común a España y América («La nación española es la reunión de todos los españoles de ambos hemisferios»: artículo 1; y más adelante, en el artículo 10, describía con pormenor los territorios de todas las geografías españolas del mundo). Pero, al mismo tiempo, algunas colonias ya habían declarado su independencia, habían proclamado la república e incluso se habían dotado de su primera Constitución antes de que se aprobara la de Cádiz, como ocurrió con Caracas y Quito, aunque la experiencia fracasara al poco tiempo. Algunos territorios americanos, entre tanto, defendían la causa monárquica y muchos de ellos, sin perjuicio de los movimientos insurgentes internos, mandaron representantes a las Cortes de Cádiz.

Un papel importante cumplieron en la agitación intelectual londinense jesuitas afectados por la orden de expulsión de todos los territorios españoles dictada por Carlos III en 1767. Muchos de ellos se dedicaron a escribir libros en los que afeaban a la monarquía española sus prácticas colonizadoras en América y ensalzaban las civilizaciones precolombinas, que España había maltratado y, en buena medida, hecho desaparecer. Muchos de estos jesuitas heridos por la decisión carolina se convirtieron en animadores de la subversión, que trataron de alimentar, por despecho unas veces, por convicción casi siempre, con muy fundamentados escritos.

La negación de cualquier virtud a la colonización española necesitaba como contrapunto justificar la grandeza de las culturas que los conquistadores se habían encontrado en el Nuevo Mundo y ensalzar la excelencia de la condición de los indígenas, sometidos y forzados al trabajo por los nuevos señores. Estas apologías se encontraban con la dificultad de que a lo largo del siglo XVIII habían viajado a América varias expediciones científicas que ratificaban las impresiones negativas sobre la condición de los indios que habían divulgado en los dos siglos anteriores los cronistas españoles. Tales fueron las conclusiones de la expedición de La Condamine, o de los estudios y tratados sobre la geografía y la población americana de Raynal, Pauw, Robertson y Ulloa (este último había viajado con La Condamine).[4] O más tarde (aunque su expedición es de finales del XVIII y no publica sus conclusiones hasta principios del XIX) la del muy prestigioso Alexander von Humboldt.[5]

JESUITAS EXPULSOS CONTRA LA DOMINACIÓN ESPAÑOLA: CLAVIJERO, VISCARDO

A los jesuitas expulsos que animarán las insurgencias no les arredraron estas conclusiones científicas, sino que los animaron a discutirlas basándose en sus experiencias de muchos años de vida en el Nuevo Mundo.

Francisco Javier Clavijero y su Historia antigua de México

Como reivindicador de la importancia cultural del pasado amerindio, cuya herencia atribuiría directamente a los criollos para que se distanciaran del oprobioso legado de los españoles, el pionero fue

Francisco Javier Clavijero (1731-1787), jesuita mexicano que se exilió a Italia donde compuso su *Historia antigua de México*. La escribió primero en español y luego la tradujo al italiano pensando que nadie la iba a editar en España. Tuvo un gran éxito.[6] Su reto fue principalmente refutar las ideas de Pauw, Buffon, Raynal, Robertson y otros. Todos equivocados, e hijos de un siglo en el que se escribe con libertad y «se miente con desvergüenza y no es apreciado el que no es filósofo, ni se reputa al que no se burla de la religión y toma el lenguaje de la impiedad». El libro comienza con una larga exposición sobre las características geográficas, botánicas y biológicas de México, a la que sigue un estudio interesante y detallado de las sucesivas comunidades humanas que habitaron esas tierras. Clavijero asumió el probable origen asiático de los indios, aceptando la opinión de Acosta de que habían cruzado por el estrecho de Bering, aunque disintiendo de este en que, cuando el paso se produjo, los continentes estaban unidos y no se habían separado todavía para dar paso al mar.

Pero a lo que se aplicó especialmente fue a combatir las opiniones de La Condamine, Ulloa y otros que habían considerado a los indios como brutos débiles y bestiales. Clavijero siguió al Inca Garcilaso de la Vega para rechazar estas afirmaciones que consideraba calumniosas, como lo fueron también muchas de las que habían dejado escritas Gómara y Herrera. Asumió que algunas tribus como los iroqueses y los caribes eran caprichosas y desleales, carecían de gobierno, no formaban sociedades estables ni se regían por leyes fijas. Pero esta valoración no podía hacerse extensiva a todos los indios mexicanos. La generalización de aquella mala fama era culpa de los propios conquistadores, que se habían empeñado en denigrar los talentos de los indios.

Clavijero ponía como ejemplo su propia biografía. Nacido en Veracruz, había conocido a los indios desde su niñez y, siendo jesuita, había podido enseñar en los colegios de la ciudad de México y había conocido a muchos que eran capaces no solo de aprender las reglas básicas, sino también ciencias y asumir conocimientos complejos. Constató así su generosidad y lealtad y pudo desestimar por inciertas las evaluaciones de los filósofos que habían opinado sin conocimiento de causa. Los indios mexicanos mostraban una gran fidelidad y piedad, aunque aceptaba como ciertos algunos defectos que se les imputaban recurrentemente, como la desconfianza o la embriaguez. Si se apreciaba en ellos debilidad o una constitución física empequeñecida, no era por razón de su naturaleza sino por el sometimiento de los españoles a la miseria y la privación. Siempre que un pueblo somete a otro lo empequeñece. Puso como ejemplo a los griegos de su tiempo: sometidos como estaban al imperio de los otomanos, era imposible reconocer en ellos a los griegos clásicos. También era descartable que en ese contexto de sometimiento surgiera un gobernante genial como Pericles.

El viaje de La Condamine había puesto en boga en toda Europa la idea de que los indios no tenían vocabulario para expresar ideas generales y cantidades matemáticas. Pauw asumió esta apreciación y Clavijero criticó ferozmente sus conclusiones.

Su *Historia antigua* la escribió en Italia sin poder acceder directamente a las fuentes, por lo que utilizó de modo preferente la obra de Torquemada *Monarquía indiana*. Pero con salvedades porque Clavijero se quiso separar del relato de Torquemada, que sostenía que los mexicanos en su viaje por los desiertos del norte habían sido conducidos por el diablo mismo, lo que justificaría su comportamiento tan descomunalmente cruel. La *Historia antigua* criticó a estos historiadores diciendo que habían convertido a Satanás en un personaje histórico inverosímil. La práctica de la idolatría según Clavijero se debería a los temores y la ignorancia de los hombres, y los engaños y superstición de los sacerdotes paganos.

Describió una constitución mexicana llena de solemnidades y formalidades como la elección y coronación de los reyes. Se extendió en explicar el estatuto de la nobleza, las formas y ritos de la guerra, el funcionamiento de los tribunales, la práctica de la agricultura y el comercio, la propiedad pública y privada, el desarrollo de la poesía, la oratoria y el teatro. Todas estas actividades reflejaban la importancia del desarrollo cultural de los pueblos que habitaron México.

El objetivo final de Clavijero fue defender la ilustre historia del pueblo mexicano para hacer valer que su patria tenía un pasado distinguido y glorioso.

La recuperación de una historia, digna de ser admirada, de las civilizaciones precolombinas era un primer paso en el desplazamiento de la lealtad desde donde estaba fijada, es decir, en España, su cultura y civilización, a favor de la identificación del pasado amerindio como una herencia que correspondía a los criollos porque se había generado en las tierras en las que ellos habían nacido.

El paso siguiente de las élites criollas consistió en pasar de la reivindicación de la historia americana, como había hecho Clavijero, a las proclamaciones del mejor derecho de los españoles nacidos en América a gobernarla y explotar sus riquezas, y a comerciar libremente entre ellos y con otras naciones extranjeras.

La Carta a los españoles americanos *de Juan Pablo Viscardo*

Esta es la actitud que expresó con fuerza la *Carta dirigida a los españoles americanos*, difundida en Londres en 1799, obra de Juan Pablo Viscardo y Guzmán (1748-1798).

La *Carta* recordaba el comienzo del cuarto siglo «del establecimiento de nuestros antepasados en el Nuevo Mundo», hecho que «será para siempre, para el género humano, el acontecimiento más memorable de sus anales». Dicho lo cual, desarrollaba un panfleto que contenía todas las quejas posibles contra el comportamiento de los conquistadores españoles, que reconoce Viscardo como sus ancestros, y una apelación a los criollos para recuperar el control político, el comercio y las riquezas de la tierra en la que habían nacido.

Viscardo era un jesuita peruano exiliado que estaba intrigando en Londres acerca de la posibilidad de que los criollos americanos rompieran con España. Desde 1789 hasta 1798 residió en Londres, pensionado por el gobierno británico y tratando de convencer al gobierno de Pitt de que enviase una expedición al Pacífico para apoderarse allí de los puertos estratégicos y, especialmente, del puerto peruano de Coquimbo desde donde podría dominar toda Nueva Granada y Chile. Aseguró que una expedición así sería muy bien recibida por los criollos.

Preparó informes en francés en los que trataba de corregir la concepción divulgada en las obras de Raynal, Robertson y Ulloa.

Aseguraba en ellos que en América había un imperio populoso y relativamente próspero, con catorce millones de individuos; cada provincia con su propia industria artesanal, los indios eran laboriosos y se ocupaban de la agricultura y el tejido. Los criollos tenían una perfecta formación y disposición. Tanto los criollos como el clero eran respetados por los indígenas. Lo mismo ocurría con los dependientes de los españoles de España, también llamados «chapetones».

Viscardo sostuvo que habían sido los españoles los responsables de los principales conflictos que allí se habían producido, así como de los levantamientos contra sus políticas opresoras. Las revueltas de 1780 habían venido determinadas por la subida de impuestos y la implantación del monopolio del tabaco, así como por las exigencias de los visitadores generales y los intendentes.

Hasta mediados del siglo XVIII muchos criollos habían sido nombrados obispos y oidores y nadie se había quejado de su lealtad, pero a partir del gobierno de Carlos III y de la intervención de José Gálvez, las cosas habían cambiado radicalmente y los criollos estaban manifiestamente descontentos. Tampoco la acción de los gobiernos ilustrados estaba produciendo el efecto de cambiar la economía americana. Pero, por eso, la debilidad y disgusto de los criollos crecían. No tenían participación en el gobierno, y los virreinatos se habían convertido en territorios en los que se producía simplemente para la metrópoli, a costa de degradar y empobrecer América.

La *Carta dirigida a los españoles americanos* era un documento redactado con estilo vigoroso, de tono revolucionario, pero no consiguió ninguna movilización de las fuerzas europeas. Antes de su muerte, Viscardo entregó sus papeles a Rufus King, ministro de Estados Unidos en Londres, quien a su vez se los hizo llegar a Francisco de Miranda. Fue Miranda quien tradujo y publicó la carta en francés y dos años después en español. Tuvo un considerable efecto porque Miranda distribuyó muchos ejemplares, logrando que se propagara ampliamente la causa de la independencia.

Los destinatarios no eran todos los habitantes de América, sino precisamente los criollos. Hablaba Viscardo en nombre de las élites a las que se negaba el derecho al gobierno de su propia patria. Es esto lo que reclamaba: «el Nuevo Mundo es nuestra patria y su historia es la nuestra». Fueron los padres de los criollos quienes sacrificando sus vidas adquirieron derechos sobre esas tierras. Por lealtad a la Corona habían descuidado sus derechos y también los de sus hijos, hasta llegar a la situación actual en la que los criollos habían sido desposeídos y tenían que sufrir la discriminación de no ser nombrados para los cargos de gobierno, mientras los reyes designaban a personas extranjeras. Invocaba continuamente el derecho ancestral de los criollos. Consideraba que formaban parte de un pacto con la Corona, que integraba la «Antigua Constitución», dando a esta expresión la misma significación que Jovellanos le atribuyó para defender su perpetuidad e inmutabilidad frente al proceso constituyente desarrollado en España a partir de 1810.

Mientras que los predecesores de Viscardo habían criticado con dureza la monarquía de los Habsburgo, él opinaba que durante esta monarquía se había mantenido la libertad y los vasallos habían disfrutado incluso del derecho de rebelarse contra un gobierno injusto, como hicieron los comuneros contra Carlos V a poco de llegar este a España. Pero después de esta época había llegado a América «un enjambre de aventureros» procedentes de España, cuyos abusos habían sido finalmente avalados por Carlos III.

Otro modelo de crítica contra la monarquía española y su papel en América trascendió las denuncias escritas, más o menos activistas, como las de Viscardo, y se situó en el terreno de la acción directa, aunque sin abandono de las apologías del pasado americano ni las condenas a España por sus malas conductas.

AMERICANOS EN LONDRES: MIER, MIRANDA, BELLO, BOLÍVAR

El imparable escritor y activista Servando Teresa de Mier

El personaje que mejor representó esta etapa fue Servando Teresa de Mier (1763-1827). Siempre fue un personaje extravagante y complejo, al tiempo que atractivo y polémico. Siendo teólogo dominico, predicó en la fiesta de Nuestra Señora de Guadalupe de 1794 exponiendo ideas que asombraron a la concurrencia. Dijo que la imagen de María era «la nueva y mejor Arca de la Alianza del Señor y su madre para el pueblo escogido, la nación privilegiada y la prole de María, los americanos».

En aquella predicación eclesiástica sostuvo que la imagen de Nuestra Señora de Guadalupe había estado impresa en la capa del apóstol santo Tomás, que, según afirmó, era el «apóstol de este reino», y no solo en el sayal de Juan Diego. Santo Tomás había levantado un templo y fue él mismo quien escondió la imagen de la Virgen. Cuando santo Tomás concluyó su misión evangelizadora en América, los indios apostataron y la Virgen permaneció escondida hasta que se apareció a Juan Diego para revelarle su paradero. Santiago era a España y a la Virgen del Pilar lo que santo Tomás y Guadalupe eran para México.

Esta imaginativa historia dio lugar a que se abriera un expediente y aprobara un castigo eclesiástico para Mier, consistente en el encierro en su celda mientras se completaba la investigación que concluyó en una sentencia a diez años de exilio y confinamiento en Caldas, en las montañas de Santander, donde había un convento dominico. Pero mantuvo su convicción en que la Virgen no esperó a que pasaran 1.600 años para presentarse en México. Había llegado al mismo tiempo que los apóstoles y la dieron a conocer allí donde predicaron a las gentes. Y aseguró que santo Tomás lo hizo en América. Mantuvo que habían existido dos misiones evangelizadoras separadas, la primera de santo Tomás, y la segunda, en el siglo VI, encomendada a un obispo sirio o un misionero irlandés, san Brendan. Decía que la religión de los mexicanos no era sino un cristianismo transformado por el tiempo y la naturaleza equívoca de los jeroglíficos.

Mier se fugó a Madrid, donde trató de reiniciar su vida personal y profesional y difundir sus ideas. Leyó mucho en este periodo de su vida sobre teología y teoría política. Se informó de lo que decían los ilustrados españoles y los filósofos europeos. Se mostró partidario de Jovellanos y de las ideas de Blanco White. Escribió una *Historia de la revolución de Nueva España*, publicada en 1813,[7] a la que añadió un apéndice sobre la misión apostólica de santo Tomás y una importante historia sobre los orígenes de la nación mexicana. Preparó una carta en 1820 en la que suplicaba que México rechazara la decisión de la Academia Española de sustituir la «x» por la «j» en todos los nombres mexicanos. Pues México, en contraste con Méjico, se derivaba de la pronunciación india *mescico* que significaba «donde está o (donde) es adorado Cristo», y mexicanos es lo mismo que cristianos. Para montar esta etimología utilizó diversas tesis; entre otras que *mexi* era la pronunciación italiana del hebreo «mesías».

Durante su estancia en España y después en Francia, aprendió y tuvo ideas que sirvieron para apoyar posteriormente las independencias criollas. Mier fue a Francia en 1801, haciendo valer su condición de jansenista y fue recibido por Henri Grégoire (1750-1831). El obispo francés mantenía correspondencia con Jovellanos y otros jansenistas españoles. Todos admiraban a Las Casas, cuya obra había editado parcialmente Grégoire. Servando dijo que Grégoire es «mi amigo» y «un gran obispo». Era jansenista y había fundado la Sociedad de Filosofía Cristiana para propagar sus ideas. Fue un ardiente republicano que había asistido a las sesiones de la Convención vestido de obispo, y participó en los debates de la Constitución de 1791. Y también, muy activamente, en la legislación concerniente a la unificación de la lengua francesa.[8]

Mier intervino, una vez obtenida la independencia de México, en muchos debates en el Congreso, en los que proponía el nombramiento de obispos nuevos para reemplazar a los españoles que habían huido del país. Sus ideas eran las propias del clero constitucional que se había implantado en Francia. Había que reconocer al papa como cabeza visible, pero su derecho a nombrar obispos era una usurpación de poderes del Estado.

Regresó a España en 1803, y fue encarcelado en una prisión por sus ideas. El responsable de la cárcel se quejaba de Mier diciendo que difundía noticias extravagantes. Incluso afirmó: «me hace creer tiene leso el cerebro por de otro modo se produciría en otros términos, ni el creer los disparates como persuadirme en medio de su abatimiento a que ha de salir de aquí para Deán o para obispo».

Mier volvió a escaparse, primero a Portugal y más tarde a Londres, donde fue colaborador de *El Español*. Se mantuvo allí con una pequeña ayuda del gobierno británico que le había facilitado Blanco White.

En su *Historia*, describía el curso de los debates en las Cortes de Cádiz y ofrecía argumentos razonados en favor de la independencia mexicana. Estaba escrita de un modo vivaz y polémico y enunciaba todos los temas tradicionales del patriotismo criollo, con apoyos en doctrinas como las manejadas en España por Jovellanos y Blanco White o, en América, por Thomas Jefferson.

Se hizo eco de nuevo de los crímenes de los conquistadores. Acogió los relatos de la *Brevísima* de Las Casas, tomándola como prueba de la crueldad de los españoles. Argumentaba sobre su comportamiento intolerante y vesánico como una justificación de la independencia. Rechazaba la conquista pero aseguraba que los criollos eran hijos de los conquistadores y, por tanto, tenían los derechos ancestrales conseguidos por estos y eran sus herederos en virtud de un contrato social entre los conquistadores y los reyes de España, de los que ahora los criollos eran sucesores.

Mier utilizaba la doctrina de la Constitución histórica para aplicarla a América, con especialidades propias. Para él, las Leyes de Indias blindaban los derechos de los conquistadores y sus descendientes, que estaban protegidos porque formaban parte de la «Antigua Constitución» del Nuevo Mundo. Los territorios americanos se agruparon en tres reinos dotados de virreyes y gobernadores, audiencias, colegios, universidades, obispos y conventos, que formaban unidades que se regían por su propio Consejo, parangonable a los Consejos que administraban Italia, Flandes y Aragón. Esta era la «Antigua Constitución» americana, que había sido pasada por alto por el creciente despotismo de la Corona en el siglo xviii y que también las Cortes Constituyentes habían olvidado. Servando apelaba a la Historia para justificar los derechos de los independentistas, pero también los vinculaba a los derechos naturales que habían invocado algunos escritores como Thomas Paine.

En 1816 fray Servando salió de Inglaterra rumbo a México en compañía de Javier Mina, un soldado español que pretendía derrocar a Fernando VII iniciando una revuelta en México. Mina tardó poco en perder la vida. Y la expedición en conjunto fracasó. En 1821 estaba embarcado para volver a España pero huyó y se fue a Filadelfia donde publicó su *Memoria político-instructiva*.[9] Fray Servando dibujó en estas publicaciones últimas un cuadro triste y muy crítico de la situación de la España de aquel tiempo. Cuando regresó de Estados Unidos a México fue capturado por la guarnición española que ocupaba San Juan de Ulloa.

Esta plaza fue liberada en 1822. Agustín de Iturbide se había proclamado emperador de México; Mier, que era un ferviente republicano, fue diputado en el Congreso por Nuevo León y se opuso con firmeza al nuevo monarca. Tras la caída de Iturbide, emperador de México, Mier desempeñó un papel importante en muchas de las maniobras políticas y debates. Describiría la Constitución de 1824 como «un monstruoso injerto de la de los Estados Unidos sobre la de Cádiz de 1812». Aceptaba que Estados Unidos había alcanzado la perfección social, pero antes de que su tipo de gobierno y su práctica política se adoptaran en México la sociedad tenía que cambiar, porque limitarse a copiar modelos extranjeros podía llevarla al desastre. Para justificar este aserto examinó las enormes diferencias que separaban a las dos naciones. Los angloamericanos, decía, eran «un pueblo nuevo, homogéneo, industrioso, laborioso, ilustrado y lleno de virtudes sociales, como educado por una nación libre». Los mexicanos por el contrario eran «un pueblo viejo, heterogéneo, sin industria, enemigo del trabajo y queriendo vivir de empleos como los españoles, tan ignorante la masa general como nuestros padres y carcomido de los vicios anexos a la esclavitud de tres centurias».

En este contexto era verdaderamente improcedente imitar a los americanos y dividir el país en estados separados. Por el contrario, creía que la naturaleza había postulado que México fuera un Estado centralizado.

Francisco de Miranda, el Precursor

El pensamiento independentista, la comunicación revolucionaria y la acción se unieron con más fuerza que en ninguno de los personajes anteriores, en el de otro gran americano que pasó, en medio de una vida de escaramuzas y viajes continuos, largas temporadas en Londres: Francisco de Miranda.

El trazado de la vida política de Miranda, que vivió entre 1750 y 1816, fue siempre comprometido, política y militarmente: lo persiguieron las autoridades españolas desde 1783, sin poderlo apresar, hasta que los suyos lo entregaron en 1812; pasó cuatro años en los calabozos de los Castillos de La Guaira y de Puerto Cabello en Venezuela y de San Juan de Puerto Rico, hasta que en 1814 fue transferido a la prisión de las Cuatro Torres en el Arsenal de La Carraca cerca de Cádiz, donde después de dos años de prisión, falleció solo y abandonado el 14 de julio de 1816, a los sesenta y seis años de edad. Participó en la lucha por la independencia de las colonias británicas, en la Revolución francesa y en la guerra de liberación de la América hispana, según escribe su biógrafo más destacado William Spencer Robertson.[10]

Miranda nació en Caracas en 1750 y dejó Venezuela en 1771 al terminar sus estudios en el Colegio de Santa Rosa de Caracas, pocos años antes de la Declaración de Independencia de los Estados Unidos de América (1776) y de la creación de la Capitanía General de Venezuela (1777).

Viajó a España llevando consigo el rechazo al fanatismo, a la intolerancia y a la opresión que prevalecía en la provincia, dominada por una oligarquía criolla de propietarios descendiente de españoles que discriminaba a la clase de los comerciantes, a la que perteneció su padre, que era un comerciante nacido en las islas Canarias.

Era muy dado a anotar todas sus actividades y a coleccionar documentos, actitud que le llevaría a la formación de un extraordinario archivo y una biblioteca dotada con una cantidad de libros muy notable para la época.

Llegó a Cádiz y permaneció allí el tiempo mínimo para viajar hacia Madrid. Se alistó en el regimiento militar de la Princesa, en el que obtuvo el grado de capitán, que ejerció en diferentes maniobras en Cádiz, Granada, Toledo, Ceuta y Melilla, donde participó en la guerra contra Marruecos. En Cádiz, mientras permaneció en

1776, conoció a un destacado comerciante británico John Turnbull, quien se convirtió en uno de sus principales protectores y apoyos financieros. Miranda nombró a Turnbull su albacea cuando regresó a Caracas en 1810.

Lo detuvieron por primera vez en 1778 a causa de un expediente que le había formado el Tribunal de la Inquisición por profesar ideas heréticas, coleccionar libros prohibidos y pinturas consideradas como obscenas.

El apoyo de España junto con Francia a la independencia americana había provocado un conflicto entre Inglaterra y España que abrió nuevos frentes bélicos. En el regimiento de la Princesa, al que Miranda pertenecía, designaron un nuevo comandante, Juan Manuel de Cajigal, que era también de origen americano y masón. Cajigal fue enviado a La Habana al mando de una flota importante para intervenir en la guerra de la independencia de las colonias inglesas, lo que permitió a Miranda ser transferido a la Marina y luego viajar a América siguiendo a Cajigal, que fue nombrado Gobernador y Capitán General de la isla de Cuba.

Desde esa base naval española Miranda participó en acciones militares en América del Norte contra los ingleses, primero en apoyo al gobernador de la Luisiana Bernardo de Gálvez en la toma de Pensacola. Fue ascendido como consecuencia de sus prestaciones en esa actividad bélica a teniente coronel. Después tomó las islas Bahamas apoyando a los revolucionarios norteamericanos (Pensacola en 1781 y la toma de las Bahamas en 1782). Participó en la negociación de las Capitulaciones, porque conocía muy bien la lengua inglesa, y siguió su camino ascendente en la jerarquía militar. Pero también tuvo sus enemigos porque, además del Tribunal de la Inquisición de Sevilla, que siguió tramitando el expediente de 1778 por la compra de «libros prohibidos», le abrió una nueva causa el Tribunal de Cartagena y una más en 1781, esta vez por supuesto contrabando de mercancías entre Jamaica y La Habana. Miranda calificó este procedimiento de «injurioso y tropélico» en una comunicación que envió al rey Carlos III el 10 de abril de 1785, desde Londres, por vía del ministro Floridablanca. Se refiere al expediente que le habían abierto en el Tribunal de Cartagena por haber llevado a cabo un contrabando de mercancías, entre Jamaica y La Habana, con ocasión de una misión secreta para la observación de las instalaciones inglesas en Jamaica. Sabía muy bien Miranda que la defensa ante un tribunal de la Inquisición era prácticamente imposible, por lo que prefirió esconderse y viajar al poco tiempo hacia las costas de las Carolinas en América del Norte y no permanecer en Cuba ni viajar a España como medida de precaución.

Por tanto, desertó del servicio de la Corona española y pasó un año entre 1783 y 1784 recorriendo las antiguas colonias de América del Norte. Conoció entonces a bastantes personas de la vida política. Parece que se reunió con los líderes más importantes de la Revolución americana, como Washington, Hamilton, Jefferson, Adams, Paine, Knox, Lafayette. Con estos discutió sus propios planes para la liberación de la América hispana. Miranda diría años después que «allí fue que en el año 1784 en la ciudad de New York se formó el proyecto actual de la Independencia y Liberación de todo el Continente Hispanoamericano, con la cooperación de Inglaterra; tanto más interesada, cuanto que la España había dado ya el ejemplo forzándola a reconocer la independencia de sus Colonias en el propio Continente».[11]

La persecución de la Corona española sin embargo continuó y también se hizo presente en América. Abandonó Boston y se embarcó hacia Londres en 1785. Allí tuvo contacto con su amigo John Turnbull, a través del cual conoció a muchas personas, particularmente a intelectuales como Jeremy Bentham y a James Mill, con quienes llegó a tener una fuerte amistad. Trató allí de solucionar sus problemas con España con la mediación del embajador español, pero no lo consiguió.

Se reunió con el coronel William Stephens Smith, secretario de la legación norteamericana en Londres, a quien había conocido en Filadelfia cuando era ayudante de campo de George Washington y que tenía interés por el conocimiento de asuntos militares. Ambos decidieron iniciar un viaje de observación militar hacia Prusia, que permitió a Miranda emprender un largo viaje por Europa que duró cuatro años.

Viajó cambiando de pasaporte y de nombre por diferentes países: se llamó Meran cuando estaba en San Petersburgo, Meyrat cuando llegó a París, y Meroff en otros lugares.

Regresó a Inglaterra en vísperas de la Revolución francesa y se instaló allí. Volvió a tomar contacto con el embajador español intentando resolver su situación judicial, pero las conexiones con el mundo político británico le sirvieron para buscar apoyo a su proyecto independentista americano. Llegó a reunirse con el ministro William Pitt en junio de 1790, a quien entregó planos, planes y documentos de importancia.

No encontró apoyos y viajó a París con las mismas ideas y propósitos. Pero en París ya estaba instalada la Revolución.

La detención de Luis XVI y su familia en 1792 determinó el cierre de las fronteras francesas. Miranda no pudo salir de Francia y regresar a Londres. Algunos amigos le ofrecieron, aquel mismo año, incorporarse al ejército francés, con el rango de mariscal de campo, bajo el mando del general Charles Dumouriez, lo que hizo, trasladándose a la frontera con Bélgica y participando en la toma de Amberes, cuya capitulación negoció. Fue nombrado comandante en jefe del Ejército del Norte. Después de que Luis XVI fuera decapitado en enero de 1793 y tras diversos desastres militares del ejército francés en los Países Bajos, se formularon cargos contra Dumouriez por querer restaurar la monarquía. Fue llevado a juicio y Miranda se vio involucrado en ese proceso injustamente, perseguido por Robespierre y Marat. Fue detenido y sometido a juicio ante el Tribunal Revolucionario de París. Declarado inocente, se ordenó su libertad el 16 de mayo de 1793. Su abogado fue Claude François Chauveau-Lagarde, que también había sido el defensor de Carlota Corday y de María Antonieta.

Miranda permaneció en París ocupándose del tema americano y publicando algunos estudios en su propia defensa. El 22 de diciembre de 1797 firmó allí con otros «representantes de los pueblos y provincias de América», entre los cuales José del Pozo y Sucre y José de Salas, la llamada «Acta de París» en la cual se proclamaba la «independencia» de las provincias americanas. Volvió a Londres disfrazado de mercader con el nombre de Leroux en 1799.

Desde que Miranda huyó de Cuba en 1783 siempre fue un personaje buscado y perseguido por la Corona española. Pero su actividad desde que fijó su residencia en Londres en 1800, publicando libros, pasquines y artículos de todo tipo, hizo que Londres fuera el gran caladero de ideas y planes independentistas. La difusión de traducciones y la publicación de libros alcanzó un momento estelar con la traducción y difusión de la *Carta a los españoles americanos* de Juan Pablo Viscardo, escrita en 1791. La carta la recibió Miranda de las manos de Rufus King, encargado de negocios de Estados Unidos en Londres, a quien la había entregado el propio Viscardo. La publicó Miranda como libro en 1799 con el título *Lettre aux Espagnols-Americains. Par un de leurs compatriots* (Filadelfia). En 1801 la publicó traducida al español.[12] La carta también se publicó en *The Edinburgh Review* (enero de 1809), con un comentario de James Mill sobre la *Emantipation of South America*. La publicidad de la carta, impulsada por Miranda, tuvo una enorme influencia en el independentismo americano.

Miranda permaneció en Londres hasta 1805. Se casó y estableció su biblioteca, considerada una de las privadas más grandes de Londres, que se convirtió en el centro de reunión de todo lo que tuviera que ver con la independencia de Sudamérica.

En 1805 viajó a Nueva York con el nombre de Martín para organizar una expedición con fines independentistas a las provincias de Venezuela. Intentó desembarcar en las costas de Venezuela en 1806, proclamando sus ideas libertarias y la independencia de esas provincias, pero sin resultado positivo.

Regresó en 1808 a Londres, después de permanecer dos años en el Caribe, con la intención de fortalecer sus proyectos de independencia. En 1810 volvió a Venezuela, cuando ya se había iniciado la revolución de independencia.

Miranda convirtió Londres en el centro de la propaganda a favor de la independencia de América del Sur promoviendo la publicación de libros y revistas, algunos en edición bilingüe.

Alguno de ellos, como el relativo a los documentos concernientes a las Provincias Unidas de Venezuela, publicado en 1812, solo circuló cuando la efímera república, proclamada en 1810, ya no existía y Miranda estaba en prisión.

Una vez iniciado el movimiento revolucionario en Caracas en el mes de julio de 1810, la Junta Suprema de Venezuela nombró una delegación oficial para gestionar el apoyo del Reino Unido al proceso de independencia, formada por Simón Bolívar y Luis López Méndez; el secretario de la delegación sería Andrés Bello, quien, hasta el 19 de abril de 1810, había estado al servicio de la Corona como oficial mayor de la Capitanía General de Venezuela. Algunos de los delegados tenían la instrucción precisa de no entrar en contacto con Miranda, pero eso fue inevitable porque fue el propio Miranda quien les introdujo y presentó a las autoridades británicas y los puso en contacto con la comunidad de intelectuales y políticos, incluyendo a Mill y a Bentham, así como con los españoles e hispanoamericanos residentes en Gran Bretaña.

La delegación oficial de Venezuela de 1810 se movió en este ambiente en Londres. Bolívar solo permaneció en la ciudad unos pocos meses regresando a Venezuela en diciembre del mismo año. Se embarcó de regreso en la corbeta de guerra HRM Sapphire de la Armada Real, al mando del capitán Henry Haynes. También viajó en el Sapphire el *Archivo* de Miranda.[13]

Miranda contó con algunos importantes colaboradores en sus etapas londinense y caraqueña, especialmente Leleux, Campomanes y Antequera, que le ayudaron a difundir los documentos, panfletos y otra información procedente de Londres. Pero su legendario y apócrifo colaborador fue William Burke. Algunos investigadores han considerado que el personaje podía ser un publicista irlandés, que tenía intensas relaciones con Miranda, pero parece más cierto que fue solo el nombre de un imaginario alter ego, un simple nombre que Francisco de Miranda utilizó para publicar algunos de sus muchos artículos y documentos. William Burke aparecía en las localizaciones en que se encontraba Miranda, desapareció cuando fue encarcelado, y no se supo más de él cuando Miranda murió. Burke publicó cuatro libros entre 1806 y 1808, relacionados con la independencia de Sudamérica, y decenas de artículos en la *Gazeta de Caracas* entre 1810 y 1812.[14]

En 1807 otro libro firmado por Burke llevaba este extenso título: *Additional Reasons for our Immediately Emancipating Spanish America: deduced from the New and Extraordinary Circumstances of the Present Crisis: and containing valuable information respecting the important Events, both at Buenos Aires and Caracas: as well as with respect to the Present Disposition and Views of the Spanish American Independence, by William Burke, Author of that work.* Se refería, la primera parte, a los acontecimientos en América del Sur entre 1806 y 1807. La segunda edición incorporó la carta de Juan Pablo Viscardo a los españoles ya mencionada. Las *Additional Reasons* que justificaban la publicación de este segundo eran la invasión británica de Buenos Aires con un ejército de unos 10.000 hombres, al mando de John Whitelocke en junio de 1807.

La segunda parte del libro se dedica a la expedición organizada por el propio Miranda en 1806, al mando de un grupo de hombres reclutados y contratados en el puerto de Nueva York. Informó al gobierno de Estados Unidos, pero no consta que llegara a prestarle ayuda. Fue un fracaso total.

La Regencia en España había decretado en agosto de 1810 el bloqueo de las costas de Venezuela, y así seguía en enero de 1811 cuando se nombró a Antonio Ignacio de Cortabarría como comisionado real para «pacificar a los venezolanos». Él fue el encargado de organizar la defensa de Venezuela partiendo de la isla de Puerto Rico, con un ejército al mando del capitán Domingo de Monteverde, que desembarcó en Coro en febrero de 1812, en las mismas costas donde seis años antes Francisco de Miranda había desembarcado por un breve tiempo en su fallida expedición invasora de 1806.

El 25 de julio de 1812 hubo un gran terremoto que devastó las provincias y la guerra se tornó más sangrienta y desesperada. Los comisionados de Miranda firmaron la capitulación con Monteverde para poner fin a la guerra, confiados también en el amparo que esperaban de la Constitución garantista que había sido sancionada en Cádiz en marzo de 1812. Pero la capitulación fue ignorada por Monteverde, quien inició una persecución firme contra los republicanos, a los que encarceló. Todos los apresados pasaron a formar parte de una lista de los que se llamaron «monstruos de América», que quedaron en poder de Monteverde. Un mes antes de la Capitulación, el 26 de junio de 1812, Miranda, previendo que sería necesaria una evacuación urgente, había ordenado evitar los embarcos en el Puerto de La Guaira. Sin embargo, fue hecho prisionero durante la misma noche del 30 de julio de 1812 y entregado por sus subalternos a Monteverde. Había dado instrucciones, antes de que llegara esa tarde, a Pedro Antonio Leleux para que embarcara su *Archivo* a bordo de un barco británico, lo cual hizo precisamente en el HRM Sapphire donde había llegado. Había sido consignado bajo el nombre imaginario de William Burke.

Leleux, secretario y asistente de Miranda, escapó la noche de la detención de La Guaira. El *Archivo* de Miranda desapareció y fue encontrado un siglo más tarde en Inglaterra. Los baúles del *Archivo* fueron enviados a Londres desde Curaçao a través de Jamaica, en el HRM Sapphire, bajo el mando del mismo capitán Haynes, en 1814, dirigidos al secretario de Estado de Guerra y de las Colonias lord Henry Bathurst. La llegada del *Archivo* a Londres coincidió con la llegada de Miranda como prisionero a Cádiz en 1814.[15]

Otros dos venezolanos importantes pasaron por Londres y tuvieron contactos allí con Francisco de Miranda. Uno de ellos por poco tiempo, Simón Bolívar. El segundo, de perfil personal e intelectual bien distinto, Andrés Bello, tuvo una larga estancia en la capital inglesa durante los dos primeros decenios del siglo xix.

Dos ejemplares del *Times* enviados por funcionarios de Cumaná al capitán general Casas sirvieron para difundir la noticia de la invasión de España y Portugal por las tropas de Napoleón en 1808. Casas pidió a Andrés Bello, que desempeñaba funciones administrativas en la Capitanía General, que tradujera la información del periódico inglés. Y traductor y lectores quedaron asombrados y desconcertados por la información. A Casas lo primero que se le ocurrió es que convenía fundar en Caracas un periódico que pudiera seguir la evolución y difusión de los acontecimientos y solicitó al gobierno de Trinidad, en agosto de 1808, el envío de una imprenta. El equipo llegó a Venezuela en septiembre junto con dos impresores británicos Matthew Gallagher y James Lamb. Se llamaría la *Gazeta de Caracas* y se publicó por primera vez el 24 de octubre de 1808. Bello estuvo al frente de la publicación hasta que viajó a Inglaterra en junio de 1810.

Antes de que la *Gazeta* empezara a publicarse, llegó a Caracas, el 15 de julio de 1808, un emisario francés, el teniente Paul de Lamanon para comunicar oficialmente la asunción francesa del trono de España. Bello hizo de intérprete y, según narró después Casas, «se derritió en lágrimas como un niño».

Cuando Lamanon abandonó Venezuela, llegó al puerto de La Guaira una fragata británica en la que había navegado un emisario, el capitán Philip Beaver, que portaba sus propias informaciones y versión de los hechos. Explicaban que el pueblo español se había levantado espontánea y masivamente contra los franceses y su rey intruso, José Bonaparte.

Beaver salió de Caracas el 19 de julio con la impresión de que sus noticias habían tenido un débil efecto en la Capitanía General. En una detallada carta dirigida al almirante Alexander Cochrane, comandante de la flota británica en el Caribe, Beaver señaló que Casas «me recibió muy fríamente o, por mejor decir, con descortesía». Beaver consignó en su informe que las pretensiones de los franceses respecto de España y sus colonias eran inaceptables; agregó que los criollos parecían apoyar sinceramente a Fernando VII y que habían recibido con júbilo las noticias de una alianza con Gran Bretaña.

Casas permitió una discusión sobre la propuesta de creación de una Junta similar a las establecidas en España, pero más tarde reaccionó contra los cabecillas de la propuesta. Se mantuvo no obstante en el poder a costa de poner más énfasis en su apoyo a la causa del rey Fernando, y también gracias a la confirmación de los funcionarios en sus cargos que acordó la Junta Central de Sevilla y comunicaron los emisarios que llegaron a Caracas el 5 de agosto.

Bello, mientras tanto, siguió una línea editorial en la *Gazeta de Caracas*, desde su primer número, basada en el rechazo del «yugo de Napoleón». Pero la crisis de la metrópoli llegó a un punto crítico en 1810, después de que su gobierno en Sevilla no resistió el ataque francés y fue reemplazado por un Consejo de

Regencia, compuesto por cinco miembros, que dependía del apoyo de los comerciantes gaditanos y los ingleses provenientes de ultramar. El 4 de febrero de 1810 el Consejo hizo la sorprendente concesión a los hispanoamericanos, con vistas a conseguir su apoyo, en la que se los declaraba *hombres libres*: «Desde este momento, Españoles Americanos, os veis elevados a la dignidad de hombres libres... Tened presente que al pronunciar o al escribir el nombre del que ha de venir a representaros en el Congreso nacional, vuestros destinos ya no dependen ni de los Ministros, ni de los Virreyes, ni de los Gobernadores: están en vuestras manos».

Las tensiones de los criollos con el gobierno de la colonia aumentaron con la llegada del nuevo capitán general Vicente de Emparan y Orbe, en mayo de 1809. Emparan actuó sin consultar al Cabildo y la Audiencia en materia de nombramientos y adoptó medidas represivas contra los más levantiscos. Los criollos desconfiaban de Emparan puesto que este debía su propio nombramiento a las autoridades francesas en Madrid.

El descontento de los criollos se manifestó en un temprano intento de rebelión liderado por el marqués Francisco Rodríguez de Toro, entonces coronel de milicias, el 2 de abril de 1810, en el Cuartel de la Misericordia. Emparan pudo frenar este intento. A mediados de abril de 1810 las noticias de colapso de la Junta Central y la proclama del Consejo de Regencia se conocían en Caracas y la reacción criolla fue convocar un cabildo extraordinario para la mañana del 19 de abril. El capitán general Emparan se vio obligado a asistir. Allí escuchó argumentos sobre la necesidad de formar una Junta que protegiera los legítimos derechos de Fernando VII, pero los criollos tenían otros planes y maniobraban para derrocar a Emparan. Lo consiguieron porque el capitán general, sobrepasado por las circunstancias y enfrentado a una asamblea hostil, renunció y entregó el mando al Cabildo. Este cuerpo nombró entonces una «Junta Suprema Conservadora de los Derechos de Fernando VII», y le dio el mandato de gobernar en nombre del rey cautivo.

Este fue el primer paso en el autogobierno de los criollos venezolanos. La Junta actuó con rapidez y con firmeza. Abrió los puertos al comercio libre con naciones aliadas y neutrales, eliminó los aranceles de exportación, redujo la alcabala, suprimió el tributo indígena y la trata de esclavos.[16] Pero la organización política era otra cosa. Algunos miembros favorecían la autonomía dentro del imperio mientras que otros propugnaban una ruptura completa con España. La tensión se resolvió a favor de la independencia total en julio de 1811.

Bolívar y Bello en Londres

Bello mantuvo su puesto en la administración de Emparan y, con los mismos títulos, bajo la Junta Suprema. En esta última se le designó para colaborar con Juan Germán Roscio en la recientemente creada sección de Relaciones Exteriores de la Secretaría de Estado. En esta posición preparó la respuesta oficial de la Junta a la proclama de la Regencia. La continuación de Bello en el gobierno demuestra que el movimiento de 19 de abril no era una revolución en contra del sistema colonial sino más bien una alineación de fuerzas para neutralizar la inestabilidad del gobierno de España. Bello, como criollo destacado e inteligente, además de estar familiarizado con los asuntos de la administración, era amigo personal de varios miembros de la Junta y pasó sin dificultad de un gobierno a otro. Poco después se le pidió que fuera a Inglaterra en misión diplomática junto a Simón Bolívar y Luis López Méndez. Salió para Inglaterra con veintiocho años, con una importante formación clásica y una formación humanística consolidada.

Los tres miembros de la delegación tenían planes para volver pronto a Caracas. La posibilidad de independencia o al menos de autonomía tenía apoyo en Londres en los círculos comerciales. Y, desde luego, la apoyaba Francisco de Miranda, que tenía su propia red de partidarios políticos. La respuesta del Consejo de Regencia a la proclama de Venezuela llegó a Londres el 3 de septiembre: Venezuela era considerada en estado de insurrección y se la declaraba sujeta a bloqueo naval. Los delegados decidieron que Bolívar volviera a Caracas de inmediato y se quedarían allí López Méndez y Bello para mantener informado al gobierno de Venezuela y comunicar las decisiones de este al gobierno británico. Miranda decidió por su parte dirigirse a Venezuela una vez que Bolívar dejó Londres; lo que hizo el 10 de octubre llegando a Caracas a mediados de diciembre de 1810.

El regreso de Miranda a Venezuela era difícil, puesto que existían sospechas a propósito de sus intenciones durante la fracasada invasión a Coro en 1806. En el mejor de los casos, los criollos consideraban a Miranda como un idealista pero era más frecuente que lo vieran como un sujeto ambicioso y oportunista. A raíz del contacto con Miranda en Londres, Bello tomó partido a favor del «Precursor» y apoyó su decisión de volver a Venezuela. Miranda se lanzó de lleno a la política como miembro de la revolucionaria Sociedad Patriótica y como agitador por la independencia total, que se declaró el 5 de julio de 1811.[17] Miranda asumió el mando del nuevo ejército nacional e intentó sofocar los levantamientos de las provincias que se oponían al predominio de Caracas. Tanto por la falta de experiencia de sus tropas como por el estilo de liderazgo, sufrió reveses militares que lo llevaron a capitular, como ya se ha indicado, el 25 de julio de 1812, con las fuerzas realistas comandadas por Domingo Monteverde. Ese acto fue cuestionado por sus propios subordinados, que no pensaban que la situación fuera tan desesperada, y un grupo de oficiales, con Bolívar incluido, detuvo a Miranda antes de que pudiera salir de Venezuela y lo entregó a Monteverde.

En Londres, tanto López Méndez como Bello carecían completamente de información respecto a estos acontecimientos. Se habían instalado en la espaciosa y excelente casa de tres pisos de Miranda en la calle Grafton, número 27 (en la actualidad Grafton Way, número 58, cerca de Tottenham Court), en donde Bello disfrutó de la importantísima biblioteca de Miranda.[18] Se convirtió en un gran centro de reunión de los patriotas. Allí conoció Bello a José de San Martín, cuando estuvo de paso en Londres a finales de 1811. También fue la sede de la logia llamada «Caballeros Racionales», constituida por varios hispanoamericanos, incluido Bello.[19]

Después de la salida de Bolívar y Miranda para Venezuela, las comunicaciones con el gobierno y con la Junta de Caracas se hicieron mucho más complejas. En un informe dirigido a Caracas el 2 de octubre de 1810, los delegados londinenses hicieron mención a problemas económicos. No tenían información procedente de Caracas y tampoco conexión clara con las autoridades inglesas, lo que les hizo pasar inmediatamente una época de muy graves apuros económicos. Bello se trasladó a una pequeña vivienda en Poland, número 9, muy cerca de Oxford Street.

Su amigo más cercano en esta época era José María Blanco White, que tenía muy buenos vínculos con Holland House, donde radicaba el círculo liberal más influyente en la época. Bajo su protección se publicaba el periódico *El Español*, cuya línea editorial era fuertemente crítica con la política de las Cortes españolas y simpática con las pretensiones de las colonias iberoamericanas. Blanco hizo todo lo que pudo por apoyar a Bello y así se nota en su correspondencia. Las veintiocho cartas que se cruzaron entre 1814 y 1828 revelan una amistad muy cercana, suficiente como para que el introvertido Bello compartiera sus sentimientos más íntimos a raíz de la muerte de su esposa y el tercer hijo en 1821. Blanco tenía una alta estima por Bello.[20]

También gracias a las cartas de Blanco sabemos de los intentos de obtener, utilizando al comerciante hispano-irlandés Juan Murphy, del gobierno británico ayuda tanto para él como para fray Servando Teresa de Mier, a cuya peripecia vital ya me he referido. Blanco solicitó ayuda también a sus amigos de Holland House, y así también se lee en las cartas dirigidas a lady Holland.

Mientras buscaba empleo para sobrevivir en Londres, Bello impartía clases de idiomas. Su compañero y amigo Blanco White le consiguió algunas tutorías para los hijos de miembros del gobierno británico como William Richard Hamilton.[21] También obtuvo ayuda del filósofo escocés James Mill para transcribir los manuscritos de Jeremy Bentham.

Los hispanoamericanos de Londres organizaban actividades para difundir noticias sobre sus patrias. Bello tenía experiencia en este asunto y Blanco White también, lo que los llevó a colaborar en diversas publicaciones. Una de las herramientas o instrumentos de difusión fue *El Censor Americano*, una revista publicada por Antonio José de Irisarri en Londres, a partir de 1820, que defendía el modelo de la monarquía constitucional. Bello no firmó ningún artículo de *El Censor* pero su participación está documentada por el propio Irisarri, quien lo contrató para colaborar con el periódico. Las aportaciones de Bello son fáciles de identificar, por ejemplo, cuando se refiere a la topografía de la provincia de Cumaná, que conocía muy bien, o diversos artículos sobre el desarrollo de la inoculación de la viruela.[22]

A partir del contacto con Blanco White, Bello desarrolló un interés grande por la monarquía constitucional como un modelo aplicable a la Hispanoamérica independiente.

Desde 1817 Bolívar había establecido una precaria base militar en territorio venezolano y empezó a actuar como jefe de un gobierno soberano, pronunció su «Discurso de Angostura» de 1819 y obtuvo las victorias militares de Boyacá en 1819 y de Carabobo en 1821, que liberaron definitivamente el virreinato de Nueva Granada. También había vencido la causa de la independencia en Chile y Argentina, y José de San Martín se encontraba en plena campaña contra el virreinato del Perú. En España se produjo el pronunciamiento de Riego en 1820 y Fernando VII entró en la senda constitucional de 1812. En ese momento, mediante una carta fechada el 25 de abril de 1820, Bello le pregunta a White si Europa vería complacida la instalación de monarquías en Hispanoamérica. Bello contesta que «un príncipe de cualquiera de las familias reinantes, sin excluir la de Borbón, se recibiría favorablemente... en las actuales circunstancias. A mí me parece que ninguna concilia mejor el interés de los americanos».

ESCRITORES Y POLÍTICOS INGLESES Y ESPAÑOLES EN LONDRES:
HOLLAND, JOVELLANOS, BLANCO WHITE. CONEXIONES AMERICANAS

La influencia del pensamiento político inglés en el siglo XVIII

Los diplomáticos, independentistas y escritores americanos que visitaron Londres, o residieron en la capital inglesa en el periodo histórico que examinamos, se encontraron allí con exiliados, políticos y escritores españoles, interesados en escapar de las tropas de Napoleón o, más tarde, de la represión del rey Fernando VII. Los primeros aspiraban a la separación de España, los segundos a confirmar la revolución liberal cuyas propuestas asumió la Constitución, aprobada en Cádiz en marzo de 1808 y, en cuanto al conflicto americano, a buscar formas de convivencia política que evitaran las independencias.

Los políticos y pensadores españoles del siglo XVIII eran buenos conocedores del pensamiento político inglés. Consideraban, en general, que la Constitución británica fundamentaba un sistema en el que correspondía al rey la titularidad de la dirección política aunque con el control de las dos cámaras del Parlamento.

La generalización de tal interpretación se debió a la influencia que tuvo en el ochocientos John Locke, a quien hay que atribuir la «doctrina de la monarquía mixta y equilibrada» que desarrollarían Bolingbroke, Montesquieu, Blackstone y De Lolme. Fue Locke quien sostuvo que la monarquía articulada tras la «Gloriosa revolución» fue una «monarquía moderada» en la que se combinaban las tres formas puras de gobierno, monarquía, aristocracia y democracia encarnadas por el rey, los lores y los comunes. En España esas ideas de Locke influyen de modo claro en publicistas tan destacados como Campomanes, Jovellanos, Cabarrús y Martínez de la Rosa.

En la segunda mitad del siglo XVIII fue Montesquieu con su influyente *El espíritu de las Leyes*, de 1748, el que más resonancia tuvo en España. *El espíritu de las Leyes* interpreta la Constitución británica conforme al criterio lockeano de la monarquía mixta y equilibrada, como había hecho también Bolingbroke, aunque Montesquieu subrayaba especialmente la división de poderes.

En el último tercio del siglo esta doctrina alcanza su completo dominio del pensamiento político a partir de la publicación de los *Comentarios al Derecho de Inglaterra* publicados en 1765 a 1769 por William Blackstone. Algunos extractos de esta obra se difundieron por la prensa en España. También fue conocida la obra de Jean Louis de Lolme *De la Constitution d'Anglaterre*, publicada en 1771 y traducida al inglés en 1776, que interpretaba la forma británica de gobierno con criterios más arcaicos y simples que los de los autores anteriores, pero siempre subrayando ese carácter de equilibrio. Esta idea de gobierno caracterizado por el «equilibrio» de poderes y el modelo de las monarquías «mixtas» también fueron divulgadas por los viajeros ingleses que venían a España a lo largo del siglo XVIII. Algunas obras de autores españoles, que conocen el sistema inglés, se publican en los últimos años del siglo XVIII. Por ejemplo, Ibáñez de Rentería, *Reflexiones sobre las formas de gobierno* (1783), Victorián de Villava, *Apéndice a la traducción de las lecciones de comercio o bien de economía civil del abate Antonio Genovesi* (1784), y el duque de Almodóvar, *Constitución de Inglaterra*, impresa en 1785, como apéndice al segundo tomo de la *Historia política de los establecimientos ultramarinos de las naciones europeas*, que es la adaptación al castellano de la obra del abate Raynal.

Lord Holland, el amigo inglés

La difusión en España de los principios del constitucionalismo inglés tuvo un gran aliado en Henry Richard Vasall Fox, tercer lord Holland, nacido en 1773, estudiante en Eton y en Oxford y miembro joven de la Cámara de los Lores, donde llegó a convertirse en dirigente de los *whigs* e incluso miembro por pocos días en el gabinete de 1807. Era discípulo de James Fox, su tío, dirigente *whig* del último tercio del siglo XVIII. Y, sobre todo, tuvo un gran afecto por las cosas de España. Durante la guerra de la Independencia residió en Sevilla por algún tiempo y quiso contrarrestar siempre el influjo de las ideas francesas.[23]

Defendió ante un selecto grupo de españoles los trazos esenciales del constitucionalismo británico, muy en particular en su versión *whig*: conciliación entre el pasado y el presente, rechazo de las concepciones políticas metafísicas y abstractas, monarquía limitada pero con una Corona robusta, al menos ante el derecho escrito, que debería participar de forma decisiva en todas las funciones estatales; Parlamento bicameral, activismo judicial en defensa de las libertades individuales, la de prensa, religión y *habeas corpus*, sobre las que insistió de modo muy particular.[24]

Lord Holland estaba obsesionado con la convocatoria de Cortes en España. Y transmitió esta idea a muchos amigos entre los cuales el poeta Quintana. Y también algunos futuros diputados doceañistas como Capmany, Argüelles y Nicasio Gallego. También a José María Blanco White, como señalaré enseguida.

El mejor amigo de lord Holland en España fue Jovellanos, aunque este era de mayor edad. Pero no solo él sino también un influyente grupo de diputados liberales conoció el constitucionalismo británico: Argüelles vivió en Londres entre 1806 y 1808 enviado por Godoy.[25] José María Queipo de Llano, conde de Toreno, permaneció también unos meses en la capital de Inglaterra.[26] A. de la Vega Infanzón, en el otoño de 1808, comisionado por el Reino de Asturias, para solicitar ayuda al aliado inglés en la lucha contra el invasor francés. Tanto Argüelles como Toreno conocían por entonces ya a lord Holland, como también ocurría con Nicasio Gallego.[27]

José María Blanco White: de afrancesado a anglófilo

Un pensador y escritor, completamente fundamental para entender la influencia de Londres en los acontecimientos constitucionales españoles y americanos, fue José María Blanco White. Nació en Sevilla en 1775 y murió en Liverpool en 1841. Poeta, novelista, crítico literario, teólogo, pedagogo. Su lengua materna era la inglesa. Blanco fue, con Balmes y Donoso Cortés, uno de los pocos pensadores del siglo XIX español que tuvieron una notable influencia fuera su país, en Europa y en Hispanoamérica. Procedía, por parte de padre, de una familia irlandesa, los White, refugiada en España a causa de la persecución nacional y religiosa de los irlandeses que se había iniciado en los tiempos de Cromwell. Eran comerciantes acomodados. Nuestro personaje no tenía ninguna vocación por el comercio de modo que, para separarse de ese destino familiar, estudió latín y humanidades. Profesó órdenes mayores pensando que serían una buena protección contra las presiones familiares para poder mantener su curiosidad intelectual. Obtuvo por concurso la magistralía de la Capilla Real de Sevilla y frecuentó tanto las relaciones con dignatarios eclesiásticos como con obras enciclopédicas que terminaron por hacerle perder la fe. Se trasladó a Madrid, agobiado por el ambiente provinciano en el que vivía, y pudo introducirse en el mundo ilustrado de Manuel Godoy, el Príncipe de la Paz, que lo nombró miembro de la Junta de Literatos del Instituto Pestalozziano, que se había creado para modernizar los antiguos métodos de la enseñanza existentes en España. Pero no duró mucho allí.

La generación de 1808, a la que perteneció, estuvo influida por los enciclopedistas y los revolucionarios franceses: desde luego, Voltaire, Condillac, Diderot, D'Alembert, Rousseau, Mably, Holbach, Helvetius. Pero también con otros muchos españoles del Siglo de las Luces como Feijoo, Forner, Cadalso.

Blanco dejó algunas referencias a la situación política de España a partir del otoño de 1807. La carta que el príncipe de Asturias dirige a Napoleón para pedirle ayuda por la influencia ilegítima de Godoy abre el camino de los acontecimientos que condujeron al 2 de mayo, la detención de Fernando VII, el motín de Aranjuez, la caída del favorito, las abdicaciones de Bayona, la entrada de los franceses y la entronización de José Bonaparte. En junio de 1808 Blanco huye a Sevilla, disfrazado de arriero. Escribe entonces que conocía muy bien la «condición moral e intelectual del país para poder esperar cualquier beneficio de la insurrección popular». «Tal fue mi parecer durante el periodo de ansiosa incertidumbre que sucedió al terrible dos de mayo de 1808 y una triste experiencia me ha mostrado que no andaba errado del todo...». Una vez en Sevilla se relaciona con el poeta José Manuel Quintana, fundador y artífice del *Semanario Patriótico*, que había tenido una etapa de edición en Madrid entre septiembre y diciembre de 1808, y a partir de entonces le encarga, junto a su amigo Antillón, la redacción del periódico. El periodo sevillano del *Semanario* abarca desde el 4 de mayo y el 21 de agosto de 1809.[28]

Tuvo un tiempo muy afrancesado que fue el que predominaba en la tertulia de Manuel José Quintana en Madrid, a la que Blanco asistió entre 1806 y 1808, de la que formaban parte Juan Nicasio Gallego, Martínez de la Rosa, Isidoro Antillón y Antonio Alcalá Galiano.

En esta fase revolucionaria la influencia fundamental la recibe de Rousseau, cuyas obras completas leyó, dice él, «sin omitir una página»; en particular su *Contrato social*. Codirigió en Sevilla junto a Isidoro Antillón en 1809 el *Semanario Patriótico*. Quintana había dejado la dirección del periódico al ser nombrado oficial mayor de la Secretaría General de la Junta Central. Esta es la etapa jacobina de Blanco que no le impidió censurar el Terror desatado durante la Convención. Como recuerda André Pons, en Sevilla asistió asiduamente a las tertulias de Margarita López de la Morla de la que formaban parte también Juan Nicasio Gallego, Alcalá Galiano, Argüelles, Toreno y Martínez de la Rosa, así como Manuel Cepero. En esa reunión participaban también Quintana, Capmany y lord Holland.[29] Según su biógrafo Pons, Blanco conocía a todo el personal político de Sevilla que fue un núcleo activo que pensaba en el cambio de régimen apoyado en el liberal *Semanario Patriótico*. La postura de Blanco chocó pronto con la Junta Central y, a los cuatro meses de su publicación, Quintana recibió el mandato de dejar de publicar el *Semanario*. Antillón y Blanco redactaron entonces un «Aviso al público» en el que afirmaban: «cedamos pues a las circunstancias: nuestros amigos (tales llamados a cuantos nos han honrado con su aprecio) sufrirán mejor que se interrumpa otra vez el *Semanario* que verlo mudado en otra cosa de la que hasta ahora ha sido».[30]

El periódico de Blanco defendía ideas básicas del liberalismo revolucionario, que divulgarían en la tribuna de las Cortes personajes como Argüelles, Toreno y Gallego. Eran estas teorías opuestas a las historicistas y anglófilas de lord Holland y de Jovellanos. Blanco consideraba que era necesario unir la guerra contra la invasión francesa con el avance de la revolución liberal y desarrollar el principio de soberanía nacional en unas Cortes auténticamente constituyentes compuestas por una sola Cámara. Esas Cortes debían estar sometidas a la aprobación de un texto constitucional que pusiese en planta una monarquía asamblearia y reconociese ampliamente los derechos del pueblo entre los cuales la libertad de prensa, además de impulsar otras medidas de carácter económico y social.

Pons recuerda que Blanco elogiaba mucho al régimen inglés, pero con objeto de tranquilizar a los moderados, que estaban espantados por la referencia sobrevenida de la nación o los derechos imprescriptibles del hombre. Y también mencionaba a Holland como partidario de un régimen moderado que imitara al de Inglaterra, pero ninguna duda cabe de que el modelo que tenía en la cabeza en esa primera época era el de la Constitución francesa de 1791.

El 2 de febrero de 1810 Bonaparte entró en Sevilla y todos los patriotas que allí quedaban se fueron a Cádiz a protegerse al amparo de la flota inglesa. Blanco embarcó con destino a Londres a donde llegó el 3 de marzo. Allí sería su exilio. En una carta al marqués de Wellesley, embajador en España y hermano del duque de Wellington, escrita el 25 de septiembre de 1810, lo explicará diciendo que cuando entraron los franceses en Sevilla se quedó sin empleo y sin pertenencias de ninguna clase de modo que «siendo la pluma la sola arma con que podía servir a España, más útil podía serle saliendo de ella que permaneciendo en los estrechos asilos al que se veían reducidos los patriotas. La Inglaterra se había ofrecido siempre a mis ojos como mi natural refugio».

Cuando llega a Inglaterra empieza a publicar *El Español*. El primer número apareció el 30 de abril de 1810 y publicó un artículo, bajo el título «Reflexiones generales sobre la revolución española», en el que se muestra como un radical revolucionario valorando la Revolución francesa y las virtudes del pueblo francés.

Pero a partir de ese número evoluciona para convertirse en un anglófilo y, en poco tiempo, desarrolló una manifiesta francofobia. Esta misma actitud era la propia de realistas, como Antonio de Capmany, autor de *Centinela contra franceses*, de 1808, que dedica a lord Holland; también el liberal Quintana o el asturiano Álvaro Flórez Estrada, quien había remitido a la Junta Central un comentario al artículo 50 del proyecto de Constitución en el que se mostraba partidario de que se constituyese «una muralla de cincuenta pies de alto y treinta de ancho en toda la línea que divide España de Francia, para que por este medio nos liberemos cuanto sea posible de toda comunicación con una nación que tan mal nos hizo».

La anglofilia de Blanco se refiere a la admiración por la organización y las instituciones políticas y religiosas, no a las formas de vida y manera de ser; en esto prefiere las de los españoles.

Los ensayos de Blanco en *El Español* tienen muchos contenidos que constatan o pronostican el levantamiento independentista en América. En los ensayos que publica en los números XVIII y XIX de *El Español* explica sus posiciones acerca de las experiencias de lo ocurrido en Francia con la Declaración de Derechos del Hombre y del Ciudadano y cómo se ha pasado desde ahí hasta el despotismo de Napoleón.

En Londres fortalece su relación con lord y lady Holland, que son defensores de la causa patriótica española. Los había conocido en Sevilla durante el periodo que coeditó con Antillón el *Semanario Patriótico*.[31] También había conocido a Richard Wellesley, que era hijo del embajador inglés ante la Junta Central y en Londres era director del Foreign Office.

Con estas ayudas apareció el primer número de *El Español* el 30 de abril de 1810, dos meses después de que Blanco llegara a Londres. Las ideas que sostuvo la revista eran contrarias o por lo menos polemizaban con las que mantenían los miembros de la Junta Central y los comerciantes gaditanos que defendían los privilegios del monopolio comercial con América. El embajador de la Junta en Londres intentó que el gobierno británico la prohibiera pero no lo consiguió. Las posiciones de Blanco White eran en líneas generales las de los *whigs* contrarias al conservadurismo de la prensa *tory*. *El Español* contó entonces con el sostén también, aunque fue por poco tiempo, de la publicación de Francisco de Miranda que llevaba de título *El colombiano*. Se imprimió entre marzo y mayo de 1810.

La influencia americana de El Español

El Español tuvo gran éxito entre el público hispanohablante de Londres y los lectores de España y sobre todo en los dominios de ultramar porque, contando con la distribución que podía hacer la marina militar o mercantil inglesa, llegaba fácilmente a Cádiz, La Coruña,

Portugal, Canarias, Caracas, Río de la Plata, Santiago de Chile, Veracruz, Perú, Guatemala, Jamaica o Trinidad.

El periódico informaba de lo acontecido en estas diferentes capitales y los últimos sucesos que culminarían en la primera acta de independencia que fue la que se proclamó en Caracas en 1811. *El Español* fue una herramienta fundamental para la coordinación de los movimientos contrarios al absolutismo español, y para la salvaguarda de las ideas liberales. No fue posible, aunque lo intentaron, que se prohibiera en Inglaterra, pero las autoridades españolas bloquearon su venta en la Península y provincias americanas. Una real orden dirigida al virrey de México cuatro meses después de la aparición de *El Español* decía que Blanco White, por su periódico, y Miranda, por su *El colombiano*, se califican de «españoles de mala intención» que «hablan sin tino de los asuntos de la península», y vierten maliciosamente opiniones subversivas.

El Español fue un eficaz instrumento de propaganda no solo de las ideas políticas de la *Enciclopedia* sino también de la corriente liberal inglesa. La revolución en marcha, como decían los colonialistas de Cádiz, se hallaba tanto en Caracas, México y Buenos Aires como junto a la orilla del Támesis.

El 19 de abril de 1810, el Cabildo de Caracas, sin ninguna violencia, destituyó al capitán general de Venezuela y se constituyó en Junta Suprema, como las que se habían creado en la Península a raíz de la invasión francesa.

En el número IV de *El Español* Blanco White analiza las causas y consecuencias de este golpe de Estado incruento en un artículo que titula «Revolución en Caracas» y defiende la decisión adoptada por el Cabildo. No era entonces ni separatista ni contrario a los intereses de España, sino partidario de que se preservaran los lazos existentes, pero adoptando reformas como el libre comercio, el punto final del monopolio gaditano y la asunción gradual de la soberanía por las autoridades de México, Nueva Granada y Río de la Plata.

Las acusaciones que se formularon contra Blanco no siempre estuvieron en correspondencia con su verdadero pensamiento. Al menos es una simplificación atribuirle que animara a los independentistas. El artículo de Blanco White en el mencionado número IV, titulado «Revolución en Caracas», es acorde con la decisión del Cabildo, pero no es separatista ni contrario a los intereses de España. No incita a la revolución y a las revueltas sino que trata de que a los pronunciamientos no siguieran decisiones de secesión y una represión española mayor. Conserva la idea de reconciliación hasta el número XVIII de *El Español*, de agosto de 1811, titulado «Sobre la reconciliación de España con sus Américas».[32]

En la introducción al segundo volumen de *Obras completas* de Blanco White, José María Portillo y Jesús Vallejo han recogido esta idea de moderación. «Blanco era de la opinión de que lo procedente era fomentar en las demás capitales y provincias americanas la formación de juntas, a semejanza de las de Caracas y Buenos Aires. Era el único modo en que la metrópoli podía seguir siendo el centro de la monarquía, fomentando antes que hostilizando la autonomía territorial. La representación americana en Cortes había quedado muy reducida con la exclusión de ocho millones de indios y cuatro millones de negros. De modo que la rebelión venezolana tenía pinta de desarrollarse fácilmente en el continente». La intervención de Bolívar en el Congreso convocado por la Junta de Caracas el 3 de julio de 1811 consagra la idea de ruptura que ya había avizorado Blanco White.[33]

En el número XXVI del periódico incluye un artículo titulado «Intolerancia religiosa», contra el artículo 12 de la Constitución de Cádiz, según el cual «la religión de la nación española es y será perpetuamente la católica, apostólica y romana, única verdadera». La crítica en este punto se basa en la necesidad de la libertad y el laicismo porque considera que un derecho de todo ciudadano es seguir los principios que le dicte su conciencia. En el juramento de fidelidad a la nueva Confederación Americana de Venezuela se incluyó la cláusula de «defender el misterio de la Concepción Inmaculada de la Virgen María».

Blanco White y Miranda tuvieron relación durante la estancia londinense de 1810. Desde la primera entrega de *El Español*, Miranda había elogiado mucho a Blanco y más aún cuando acogió favorablemente la rebelión de la Junta de Caracas. Muchos escritos procedentes de los patriotas los enviaban a Blanco White para que los publicara, lo mismo que ocurría con documentos aparecidos en la prensa caraqueña. O se los mandaban a través de López Méndez y Andrés Bello. *El Español* reflejaba de esta manera las corrientes políticas del momento, del pragmatismo liberal de Juan Germán Roscio, que era afín a Blanco, al populismo democrático de Miranda y Bolívar.

Blanco White pasó por diferentes etapas en lo que se refiere a su pensamiento sobre los movimientos independentistas americanos. Al principio, en relación con los acontecimientos de Venezuela, informó a sus lectores y reprodujo algunos pasajes de la *Gazeta de Caracas* y los decretos de la Regencia sobre la libertad de comercio, pero expuso un punto de vista que Juan Goytisolo ha llamado «asimilacionista», que era a la vez contrario al vasallaje colonial y a la independencia absoluta. A medida que llegan despachos sobre la gravedad de los levantamientos invitó a cumplir los propios decretos que fue aprobando la Regencia pero que no se ejecutaban. Es reiterada su advertencia de que existe un «inminente peligro de separarse para siempre» (octubre de 1810, en *El Español*) y vaticina que la contienda será fatal para España. Llega a decir que los españoles están quemando la casa porque no podían ser dueños absolutos de ella.

Una vez que comienza la guerra entre la parte oprimida de la nación y la que oprime opina que la solución no puede ser sino la esclavitud o la independencia y por ello insiste en recomendar a la metrópoli que procuren evitar el dilema concediendo a los súbditos lo que es justo. Y aconseja a los americanos que «insistan en ser soberanos de su industria, y créanme que más cerca están de este modo de la Soberanía Política».

En el número XXIV de *El Español* fechado en abril de 1812 declara «La América española será potencia independiente y muy poderosa, con el discurso del tiempo, y lo será sin guerras ni desolación si se conducen ahora con prudencia los que manejan la opinión pública. Un continente, que con justicia se llama un mundo, no puede ser esclavo sino entretanto que no haya un verdadero pueblo que lo habite... La América donde la universidad de la lengua española asegura que desde la Tierra de Fuego al Mississippi no puede haber más que un pueblo, está naturalmente destinada a ser un grande imperio».

Pero nadie le hace caso en esos llamamientos a la unidad y a la igualdad jurídica de los ciudadanos de ambas orillas. De aquí que, en abril de 1812, escriba: «He hecho cuanto ha estado a mi corto alcance para persuadir a los americanos a la reconciliación; más ya no está en su mano ni en la mía. El gobierno español ha rehusado a la amistad, a la humanidad, a la justicia, y aún a su propio interés. ¿Qué les resta que hacer a los americanos?». «Se han de entregar a discreción de semejantes señores, fiados en la defensa de una tercera parte de representantes en el Congreso, a esperar justicia de él, contra la que sumariamente le administren sus virreyes y audiencias...». También se incluyen muchas reflexiones sobre qué debe hacerse en relación con las naciones del Nuevo Mundo y contiene páginas lúcidas sobre su desarrollo económico, el problema de las castas, la tentación de concentrar el poder en manos de un caudillo. Observaciones que prefiguran en cierta manera lo que iba a ser la historia de América en los años sucesivos. Contra la emergencia de los inmediatos caudillos: «Pueblos: guardaos de aquellos a quienes veáis agitarse por el mando y el engrandecimiento sin haberlo merecido, o salvando la patria en los ejércitos, o mejorándola con luces bienhechoras, o conservándola con un saludable gobierno; y aún guardaos de estos mismos si, valiéndose del entusiasmo que han excitado sus servicios, quieren arrogarse una autoridad sin límites y tratan de no establecer o de destruir el imperio de las leyes, este imperio sin el cual todo mando es tiranía» (*El Español*, número XIII, de abril de 1811).

El Español se había convertido en el punto de referencia de líderes y escritores de América, especialmente Venezuela, México y Buenos Aires, pero en España la prensa y los políticos no hacían sino criticarlo y aislarlo en el bando de los patriotas. *El Español* se sostenía por el apoyo de los liberales ingleses a Blanco White. El subsecretario de Estado abonó el importe de cien ejemplares para distribuirlos en Cádiz a través de la embajada pero su difusión en las provincias españolas no ocupadas por los ejércitos de Murat y en algunas zonas también de América era bastante escasa y se tropezaba con la censura del partido político colonial. Las dificultades financieras de Blanco, y su persecución, le llevaron a ponerse al servicio del gobierno inglés en calidad de consejero e informante, obteniendo una pensión anual de doscientas cincuenta libras.

Menéndez Pelayo escribió sobre José María Blanco White en su *Historia de los heterodoxos españoles*, refiriéndose a *El Español* que «Empresa más abominable y antipatriótica no podía darse en medio de la Guerra de la Independencia». En los primeros números pareció limitarse a recomendar la alianza inglesa y las doctrinas constitucionales, pero desde el número tercero comenzó a defender sin rebozo la causa de los insurrectos americanos contra la metrópoli. De Caracas y Buenos Aires empezaron a llover suscripciones y dinero; el gobierno inglés subvencionó, bajo capa, al apóstata canónigo, y Blanco, desaforándose cada vez más, estampó en su periódico las siguientes enormidades: «El pueblo de América ha estado trescientos años en completa esclavitud... la razón, la filosofía, claman por la independencia de América».[34] También se refiere Menéndez Pelayo a *Variedades* o *Mensajero de Londres* que había creado el editor alemán Ackerman y sobre la que Menéndez Pelayo dice: «Del patriotismo de los editores júzguese por este dato: empieza con la biografía y el retrato de Simón Bolívar. Allí es donde Blanco se declara clérigo inmoral y enemigo fervoroso del cristianismo, allí donde afirmó que España era incurable y que se avergonzaba de escribir en castellano, porque nuestra lengua había llevado consigo la superstición y la esclavitud religiosa donde quiera que había ido. Allí por último llamó agradable noticia a la batalla de Ayacucho».

Fray Servando Teresa de Mier conectó también con Blanco White. Cuando llegó Mier a Londres visitó a Blanco. Era entonces la etapa más radical y «lascasiana», dice Goytisolo, de Blanco. Las inquietudes que se mostraban por parte de Blanco estaban expresadas en el texto de las «Reflexiones sobre la conciliación de España y sus Américas» al que ya he aludido. A este artículo respondió Mier con una «Carta de un americano» que publica *El Español* en su número XIX (texto de octubre de 1811) a la que siguió una «segunda carta» un año después. Mier habla de sí mismo en tercera persona en el prólogo a la edición de la Sorbona de *Historia de la Revolución de la Nueva España* y expone que «La polémica» entre Blanco White y Mier, de octubre de 1811 a octubre de 1812, puede considerarse como una falsa polémica: además de no haber sobrepasado en ningún momento los límites de la cortesía, el debate permite ver que a pesar de las divergencias, los dos amigos tienen puntos de acuerdo fundamentales, siendo el mayor el objetivo final de la Independencia. Todos los textos muestran que estaban muy unidos: «se veían frecuentemente, a veces casi a diario; se prestaban documentos, se informaban el uno al otro de sus trabajos respectivos e incluso de su correspondencia».

En esa carta Servando comparaba la conquista de España por Bonaparte y Murat con la de México por Carlos V y Cortés. La invasión napoleónica sería un castigo divino por las brutalidades de España con los indios que ya había denunciado Bartolomé de las Casas, sevillano e hijo de extranjeros como Blanco. Blanco le respondió en términos amistosos en el número XXIV de *El Español* con unas páginas bien pensadas en las que expresaba su comprensión por el «calor y la indignación de Mier». La segunda carta de Mier titulada «La segunda carta de un americano» que se publica con el seudónimo «Un caraqueño revolucionario», acompañada de un epílogo (un poema latino de Andrés Bello), acentuaba el jacobinismo de Mier y su inclinación a la acción bélica.

Mier publicó una *Historia de la revolución de Nueva España* en la que ya se reconocen críticas a la ideología revolucionaria francesa y a la anarquía ocasionada por el federalismo que, a diferencia de lo acaecido en Estados Unidos, en vez de unir las trece provincias divididas, fragmentó y separó lo que antes era un solo cuerpo.

También en su obra *Profecía política* de 1823 entona una verdadera retractación declarando que fue jacobino pero ya ha dejado de serlo y que la experiencia de Francia le había resultado finalmente deplorable. Y confiesa que se fue a Inglaterra y que la vio muy tranquila en medio de una Europa alborotada. Se interesó por este fenómeno y estudió a sus autores, sus *Burkes*, sus *Paleys*, sus *Benthams* y quedó desengañado de lo que habían sostenido antes en favor de los jacobinos, «Retrocedí espantado cantando la palinodia, como lo había hecho en su tomo VI mi célebre amigo el español Blanco White».

Las *Cartas* de un americano sirvieron a Blanco White para aceptar la ruina de los imperios, primero el español y luego el británico, para comprender que la independencia de América era inevitable.

Juan Goytisolo defendió que uno de los primeros lectores españoles del *Ensayo político sobre el reino de la Nueva España* de Humboldt[35] fue José María Blanco White. El texto fue ampliamente reseñado por él nada más desembarcado en Londres en el número IV del mensual de julio de 1810. Le pareció transcendente la obra y tradujo un estudio sobre ella publicado en la *Edinburgh Review* (*El Español*, número XXII, enero de 1812). La primera versión íntegra se publicó en 1822 en Francia debida a la traducción de González Arnau. En Madrid se editó una traducción de Pedro María de Olivo en 1818 pero tuvo escasa repercusión.

La figura de Humboldt era poco menos que desconocida en España pero su obra en Hispanoamérica y en especial en México y Cuba fue muy perdurable. Las denuncias de Humboldt son muy vivas y abarcan desde crítica al despotismo de la Administración, los privilegios de la Iglesia, el sistema de castas, la desigualdad de clases sociales. Muchos de estos principios son comunes con White, lo que se nota de modo muy claro en algunos de los párrafos del texto de Humboldt y su similitud con los publicados en *El Español*. Por ejemplo, en el seguimiento de impresiones de Humboldt como las siguientes: «Las leyes españolas conceden unos mismos derechos a todos los blancos; pero los encargados de la ejecución de las leyes buscan todos los medios de destruir una igualdad que ofende el orgullo europeo. El gobierno desconfiado de los criollos da los empleos importantes exclusivamente a naturales de la España antigua, y aún de algunos años a esta parte, se disponía en Madrid de los empleos más pequeños en la administración de aduanas o del tabaco... El más miserable europeo, sin educación y sin cultivo de su entendimiento, se cree superior a los blancos nacidos en el Nuevo Continente».

Me referiré después a la marcada influencia británica en las ideas de White contrarias a la esclavitud.[36]

La represión de Monteverde después de la capitulación de Miranda provocó otro movimiento independentista venezolano que resultó de la acción de Santiago Mariño, en Oriente, y Simón Bolívar desde Occidente que culminará con una victoria efímera: la proclamación de la segunda república de Venezuela. Bolívar publica entonces el «Manifiesto de Cartagena», donde analiza las causas del fracaso anterior y elabora un programa que llevará según él a la independencia definitiva. En la municipalidad de Caracas le otorgaron entonces el título oficial de Libertador. El programa inmediato lo concretará en el decreto «Guerra a muerte», que Blanco White criticó. Decía: «Españoles y canarios, contad con la muerte... si no obráis activamente [a favor] de la libertad de Venezuela. Americanos, contad con la vida aunque seáis culpables [de lealtad a la Corona]». El caudillo fernandino José Tomás Boves se enfrentó a Bolívar y a Mariño y los derrotó, poniendo término a la segunda república de Venezuela en diciembre del mismo año. Ese mismo mes *El Español* había dejado de publicarse. Había retornado Fernando VII en España y empezaban las represiones de América hispana que él trata de resumir en el lema que encabeza el último número de la revista: *Omnis effusus labor* (Todo el esfuerzo perdido).

André Pons ha cotejado en su obra las opiniones de Blanco White en *El Español* y las respuestas por Bolívar en el «Manifiesto de Cartagena» (1812), la «Carta de Jamaica» (1815) y el «Discurso de Angostura» (1819), así como las «Cartas sobre el Congreso de Panamá».[37] Ambos se conocían desde 1810, cuando el Libertador fue enviado a Londres por la Junta de Caracas para defender la causa emancipadora ante el gobierno británico. En su «Carta a un americano sobre la rendición de Caracas» Blanco White cuenta las causas del descalabro: el federalismo disgregador, las rivalidades entre caudillos rebosantes de principios doctrinales pero carentes de experiencia política y de gestión, la utilización interesada por unos y otros del explosivo e irresuelto enfrentamiento de castas.

Todos estos argumentos influyeron en los expuestos por Bolívar en su «Memoria dirigida a los ciudadanos de Nueva Granada por un caraqueño» que fechó el 15 de diciembre de 1812. Especialmente cuando ironiza sobre la inexperiencia de las élites independentistas en términos similares a como lo había hecho Blanco White: «los códigos que consultaban nuestros magistrados no eran los que podían enseñarles la ciencia práctica de gobierno, sino los que han formado ciertos visionarios que, imaginándose repúblicas aéreas, han procurado alcanzar la perfección política, presuponiendo la perfectibilidad del linaje humano. Por manera que tuvimos filósofos por jefes, filantropía por legislación, dialéctica por táctica y sofistas por soldados».

Tras el decreto de «Guerra a muerte» los reveses de Bolívar fueron muchos y el general tuvo que irse a refugiar primero en Colombia y después en Jamaica. Fue derrotada la segunda república y Bolívar tuvo que aprender un nuevo estilo que es el que trata de desarrollar a partir de 1817. Había aprendido hasta entonces mucho de Blanco White. Blanco había homenajeado el valor militar del general pero criticó el radicalismo de su discurso y el caciquismo de los dirigentes criollos. En la «Carta de Jamaica» de 6 de septiembre de 1815, un año después del cierre de *El Español*, Bolívar asume en gran medida los planteamientos de Blanco y apunta a la inmadurez política, a la anarquía federativa y a las rivalidades entre jefes y facciones enfrentados, como principales obstáculos para la consecución de su sueño independentista.[38]

La liberación del yugo de la metrópoli requería una experiencia de la libertad a falta de la cual las contradicciones del continente conducían a guerras civiles y a dictaduras. Hay muchas reflexiones bolivarianas a partir de este momento que reflejan el pensamiento de Blanco, con el que tiene una deuda intelectual poco discutible. Especialmente con sus planteamientos posteriores a la vuelta de Fernando VII. Ambos soñaron con una América hispana que abarcase el Nuevo Mundo desde el Mississippi a la Patagonia, con un Imperio Federal Americano que el Libertador trató de crear en 1826 cuando la idea de un vínculo siquiera nominal con España, defendida por Blanco quince años antes, había fracasado definitivamente. Ambos denunciaron con vehemencia el recurso a la fuerza por las Cortes gaditanas, la Regencia y Fernando VII frente a las aspiraciones legítimas de los americanos.

La desaparición de *El Español* es el punto final del interés de Blanco por las cosas de América. Después se empeñó en la redacción de la publicación *Variedades* o *El Mensajero de Londres*, que era trimestral y que dirigió en 1823 y 1825, por encargo del librero y comerciante alemán Ackermann. El número se abrió con una extensa *laudatio* de Simón Bolívar «Noticia biográfica de don Simón Bolívar».

El influjo de *El Español* en México y Río de la Plata fue también muy intenso como lo había sido en Caracas.

En México se produjo la revolución de Miguel Hidalgo a partir del «Grito de Dolores» de 16 de septiembre de 1810, que supuso el inicio de una revuelta contra el virrey Venegas y arrastró a las poblaciones indígenas a una guerra de marcado tinte social y racial. Hidalgo fue fusilado en julio de 1811. Siguió su senda el también sacerdote José María Morelos, que llegó a reunir el primer Congreso Nacional en 1813, pero también fue fusilado por Iturbide en 1813.

Hay una serie de artículos, comunicados y ensayos de *El Español* como «El bosquejo de la revolución de Nueva España», de abril de 1812, o «Noticias sobre la revolución de México después de la prisión y suplicio de sus primeros jefes», el mes siguiente, que manifiestan el seguimiento de lo que ocurre en esa región.

Por lo que concierne al Río de la Plata, después de la conquista de Buenos Aires por los ingleses en 1806 y la rendición del virrey Sobremonte, se sucedió la sublevación de los criollos bonaerenses en defensa de la soberanía española. Derrotaron dos veces a los invasores y descubrieron de paso la fuerza que tenían. Al producirse las abdicaciones de Bayona, crearon la Junta emancipadora en mayo de 1810 aunque la independencia de Argentina no se formalizó hasta 1816. Manuel Moreno, que era el jefe de la misión diplomática argentina en Londres, fue el enlace entre Blanco y la Junta bonaerense. La *Gaceta de Buenos Aires* y *El Censor* sirvieron de cámara de resonancia de las ideas de Blanco y sus lecturas constitucionalistas inglesas. Otro periódico, *El Grito del Sur*, era vocero de los partidarios de la independencia inmediata de las provincias de la Plata y su exponente más destacado fue Monteagudo, que retomó noticias y crónicas del mensual, no obstante las reticencias que este suscitaba en el sector más jacobino del antiguo virreinato español.

CAPÍTULO II
Un nuevo orden político para América

EL FABULOSO ENSAYO DE ESTABLECER UNA MISMA CONSTITUCIÓN
PARA LOS DOS HEMISFERIOS

Las ideologías liberales de todos los agentes políticos que visitaron Londres en los primeros años del siglo XIX propugnaban, como primera medida indiscutible para el arreglo de los gobiernos, la aprobación de una constitución que siguiese el modelo de la francesa o de la norteamericana o, para los más anglófilos, imitase las excelencias de la Constitución histórica británica.

El proceso constituyente en España se inició sin mayores consideraciones hacia lo que se estaba preparando en América. También allí hubo movimientos insurgentes, como el de Caracas de 1811, que habían llegado a anticipar la aprobación de una Constitución. Para los españoles que luchaban contra la invasión de las tropas francesas era esencial avanzar en la aprobación de una Constitución, preparada por unas Cortes que contaran, como habían defendido las proclamas de la Junta Suprema, con igual representación de los americanos, ya que nadie dudó de que se trataba de elaborar una Constitución que regiría en los dos hemisferios.

Esta declaración de igualdad absoluta no llegó a realizarse nunca en la práctica. La primera dificultad venía dada por la circunstancia de que la reunión de las Cortes era urgente y las provincias de ultramar estaban muy lejos y pasando por situaciones políticas en las que resultaba difícil la designación de representantes. Como se calculó, con buenas razones, que la operación de elección y traslado tardaría meses en llevarse a cabo, se implantó el principio de suplencia, siguiendo una recomendación del diputado Rodríguez Riquelme: para evitar las peores consecuencias de la demora de los diputados transatlánticos, en la que también podrían incurrir algunos diputados provenientes de provincias españolas ocupadas por los franceses, se acordó que ciudadanos americanos establecidos en España pudieran asumir temporalmente la representación de los territorios ultramarinos, hasta que llegaran los elegidos por las juntas constituidas en las diferentes regiones americanas.

La necesidad de trabajar rápidamente se agudizó después de la severa derrota de los ejércitos españoles en Ocaña, el 19 de noviembre de 1809, y de la inmediata ocupación de Andalucía por los ejércitos napoleónicos. A medida que la debilidad de la resistencia se hacía más evidente, también las reacciones de las élites americanas se inclinaban hacia posiciones de insurgencia y de creación de organismos autonómicos de gobierno, debilitándose la lealtad al monarca español.[1]

En el preámbulo del decreto de convocatoria de Cortes de 14 de febrero de 1810 se acogió la idea de la igual representación de los territorios americanos en relación con los peninsulares. Para aplicar este criterio, se asignó un diputado a cada ciudad cabeza de partido. El ayuntamiento nombraba a tres individuos naturales de cada provincia «dotados de probidad, talento e instrucción, y exentos de toda nota». Entre los tres se nombraba un diputado elegido por sorteo. Se le entregaba un pliego de instrucciones que debía presentar y defender en las Cortes, tanto en su condición de representante del ayuntamiento como de la nación.[2]

El 24 de septiembre de 1810 se celebró la solemne sesión de apertura de las Cortes en la iglesia parroquial de San Pedro en la isla de León, donde el obispo de Orense les tomó juramento. Se reunieron ese día 104 diputados entre los cuales 29 americanos. Por la noche empezaron las deliberaciones en el Teatro Cómico, donde intervino entre otros Diego Muñoz Torrero. El debate abierto por este diputado se centró en que las Cortes Generales y Extraordinarias debían declarar inmediatamente que la soberanía residía en ellas. La propuesta era trascendental porque suponía atribuir la soberanía a la nación y no al monarca. Ese mismo día, 24 de septiembre de 1810, se acordó que la soberanía residía en la nación y se estableció la separación de poderes para que no coincidieran en los mismos órganos las funciones legislativa, ejecutiva y judicial. Dos declaraciones verdaderamente revolucionarias, formuladas sin estrépito, que alteraban del todo los principios de funcionamiento de la monarquía absoluta.

Este decreto dio ocasión a las primeras intervenciones de los americanos con el objeto de asegurarse la aplicación del principio de igualdad, con el que se habían comprometido las resoluciones adoptadas por la Junta General.

El quiteño José Mejía Lequerica fue quien propuso, el 25 de septiembre de 1810, que el tratamiento de las Cortes fuera de «majestad». El del rey sería de «alteza». Y dicho diputado planteó en la misma sesión el problema de la aplicación del principio de igualdad, así como otras cuestiones relativas a la posición de América en las Cortes. Para su estudio se formó una comisión que dictaminó que era preciso que las Cortes formularan declaraciones que aseguraran la igualdad de derechos de los americanos respecto de los europeos, y también que se acordase una amnistía, «o por mejor decir olvido que convendría conceder a todos los extravíos ocurridos por desavenencias de todos los países de América».[3]

Los diputados peninsulares se sintieron incómodos con estas reclamaciones. En general, les disgustaba que se pretendiera dar prevalencia a las cuestiones americanas cuando lo urgente era atender las necesidades derivadas de la invasión de las tropas napoleónicas. No obstante, se debatieron hasta el 14 de octubre de 1810. Reclamaban simplemente que se hiciera efectivo lo que ya se había acordado los primeros días de trabajo parlamentario. Querían que se hiciera constar en un decreto, cuyo proyecto presentaron José Mejía Lequerica, Vicente Morales Duárez de Lima y el portorriqueño Ramón Power. Lo que estaban planteando era el modo de articular la igualdad de derechos de representación dentro de la monarquía, según lo prometido, acordado y declarado. Se publicaron dos decretos el 15 de octubre de 1810.[4]

En el contenido de los debates subsiguientes influyeron las opiniones de Blanco White, muchos de cuyos artículos eran reproducidos por la prensa insurgente. Y también acogidos en los documentos y argumentación de personajes como Simón Bolívar y Servando Teresa de Mier. Blanco sostenía que los hombres más sabios y de más experiencia eran ignorantes porque no podían haber conocido cómo funcionan las cosas de la política en la práctica. Defendió que las Cortes reconocieran autoridad a las juntas insurgentes americanas que se habían constituido en 1810. Habían asumido el poder en nombre de Fernando VII y no habían roto sus relaciones con España. Para evitar que optaran por la independencia, decisión que llevaría al derramamiento de sangre y una guerra civil, había que reformar las Américas suprimiendo los virreyes y gobernadores y permitiendo a las provincias elegir sus propias juntas. Era necesario invitar a delegados de esas juntas para que asistieran a las Cortes de forma que los americanos tuvieran una representación igual. Criticaba por tanto que 53 diputados de América se enfrentaran a 158 peninsulares.[5]

Pese a las estrategias de los diputados peninsulares para aplazar la resolución de estas cuestiones, invocando diversas excusas, la Cámara aprobó el decreto de 15 de octubre de 1810, mediante el cual las Cortes confirmaban la igualdad de derechos de América. Esta era la exposición esencial: «Las Cortes Generales y Extraordinarias confirman y sancionan el inconcuso concepto de que los dominios españoles en ambos hemisferios forman una misma y sola Monarquía, una misma y sola Nación y una sola familia, y que por lo mismo los naturales que sean originarios de dichos dominios europeos o ultramarinos, son iguales en derechos a los de esta península, quedando a cargo de las Cortes tratar con oportunidad y con un particular interés de todo cuanto puede contribuir a la felicidad de los de ultramar, como también sobre el número y forma que deba tener para lo sucesivo la representación nacional de ambos hemisferios. Ordenan asimismo las Cortes, que desde el momento en el que los países de ultramar, en donde se hayan manifestado conmociones, hagan el debido reconocimiento a la legítima autoridad soberana que se halla establecida en la Madre Patria, haya un general olvido de cuanto hubiese ocurrido indebidamente en ellas, dejando, sin embargo, a salvo el derecho de tercero».

Para los americanos era un triunfo en sus ambiciones y para los peninsulares el decreto no decía mucho más de lo que ya habían establecido los anteriores. Pero dio la ocasión para concretar las reclamaciones americanas.[6]

La cuestión de la igualdad era de difícil implantación considerando la entidad de la población americana en relación con la peninsular. Se consideraba entonces que la cifra de aquella rondaba los quince o dieciséis millones, mientras que la de los españoles europeos estaba entre los diez y los once. Si el número de representantes había de ser proporcional a la población de cada territorio, el número de los americanos tendría que ser superior al peninsular. Este desequilibrio era inasumible por los liberales peninsulares.

A este problema se sumaba que la celebración inmediata de elecciones en América podría determinar una paralización del debate sobre la Constitución. Este argumento se tomó como excusa para no aplicar la pretendida igualdad de un modo inmediato. Argüelles sostuvo con vehemencia que lo más perentorio era debatir la Constitución, porque de su aprobación dependía el aseguramiento de la libertad y la seguridad de los ciudadanos. Si se daba prioridad a las solicitudes de los americanos, «se les esperase y no tuviesen prontamente efecto la Constitución, me atrevo a decirlo, no habría patria, nos expondríamos quizá a abandonar esta grande obra, a confiarnos hoy en un Príncipe virtuoso que mañana tendría por sucesor a un déspota, entregado al capricho de un favorito».

También Argüelles, en su discurso de 23 de enero de 1811, volvía sobre la cuestión. Argumentó con elocuencia lo siguiente: por una parte, la América, considerada hasta aquí como colonia de España, ha sido declarada su parte integrante, sancionándose la igualdad de derechos entre todos los súbditos de V. M. que habitan en ambos mundos. «Esta mutación maravillosa no ha bastado a calmar los ánimos e inquietudes de los señores americanos; V. M. ha sido excesivamente liberal, con una especie de emancipación tan generosa que ninguna otra Nación de Europa ofrece ejemplo semejante. V. M. ha hecho todo cuanto estaba en su mano y permitan las circunstancias a favor de los americanos: se les ha llamado a la representación nacional, que hasta ahora no habían tenido. Yo no digo por esto que V. M. deba arrepentirse de haber procedido con esta liberalidad, aunque debe serle muy doloroso el que se manifieste alguna desconfianza, queriendo comparar a V. M. con los gobiernos anteriores a nuestra revolución, como se ha insinuado ya más de una vez. Las Américas y el público deben conocer que solas las circunstancias son las que dirigen la conducta de V. M.... Yo soy el primero en reconocer y confesar la igualdad de derechos a que de justicia son acreedores los americanos; pero estos principios, que son de eterna verdad, digo y repito que no son aplicables al caso presente de estas Cortes. Quizás lo eran cuando se hizo la convocatoria. Pero instalado el Congreso, el caso es ya muy diferente: un cuerpo como este, constituyente, no puede variar, según el rigor de principios, la fórmula que le ha dado el ser: sus facultades son para dar nueva forma a las siguientes legislaturas. Y así concluyo suplicando a los señores americanos que, consideradas las circunstancias actuales, no quieran empeñarnos en una resolución, de la cual podía arrepentirse V. M. algún día».

La táctica que siguieron los principales líderes políticos en las Cortes fue atrasar la aplicación del principio de igualdad, inaplicando los criterios electorales acordados. Estaba en juego, para los diputados peninsulares, la pérdida de la mayoría parlamentaria cuando se iba a debatir la Constitución.[7]

Ayudó al retraso la circunstancia de que los propios diputados americanos tenían desacuerdos entre ellos respecto de si toda la población transatlántica debía entrar en el cálculo de la representación, o solo los españoles, criollos, mestizos e indios. La cuestión más importante era la de si debían quedar atrás los indios y las castas, integradas por negros, zambos, mulatos, pardos y otros individuos nacidos del cruce entre ellos.[8]

Después de muchas idas y venidas, de muchos y extensos discursos, el 18 de enero de 1811 se produjo la votación de la primera de las propuestas de los americanos, la concerniente a la «representación proporcional equitativa ante las Cortes». Votaron 56 diputados a favor de la propuesta, y 64 en contra. Ocho votos fueron los que decidieron que no se aceptara una reorganización revolucionaria de una nación que reunía territorios de dos hemisferios.

Para superar este fracaso, presentaron una nueva proposición a la Cámara buscando un consenso. Pretendía la aplicación de la misma ley electoral española a América para la elección de diputados de las Cortes que se estaban celebrando y las futuras. Se dejaba claro que la soberanía nacional no sería puesta en duda por los futuros diputados americanos. Algunos importantes diputados liberales la apoyaron pero otros absolutistas se negaron, de modo que también la segunda propuesta fue desestimada.

Trató de encontrarse de nuevo el acuerdo mediante una proposición formulada por el diputado Evaristo Pérez de Castro. Sostenía que las Cortes declararan el derecho de los americanos a tener una representación enteramente igual en el modo y forma a la de la Península, y asimismo que la Constitución que iban a elaborar estableciera el método de esta representación. Concretaba el número de diputados en 1 por cada 50.000 habitantes.

Para la votación final, se distinguieron dos aspectos de la propuesta sobre la igualdad: por un lado, el derecho de igualdad de representación entre peninsulares y americanos, que fue aceptado por 123 votos a favor y 4 en contra y quedó aprobado. Por otro, que el derecho se hiciera efectivo en la misma legislatura que se estaba celebrando. La votación de este punto fue más igualada y la perdieron los americanos por 69 en contra y 61 a favor.[9]

LAS OPCIONES IDEOLÓGICAS DE LA CONSTITUCIÓN DE CÁDIZ

Las opciones seguidas en Cádiz para la Constitución de 1812, entre las diversas influencias que pesaban sobre los miembros de las Cortes, eran favorables, unas a la incorporación, sin más disimulos, de las constituciones aprobadas en Francia a partir de la primera de 1791, a la que eran proclives muchos diputados liberales; otras a dejarse llevar por el historicismo que había arraigado en no pocos pensadores y políticos, influidos además por el modelo constitucional británico que algunos habían conocido de primera mano.

El líder de esta última corriente historicista fue, sin duda, Jovellanos. Muy influido por la doctrina de Domat, Heinnecio, Wolff y Puffendorf. Partía de la sociabilidad natural del hombre y el poder originario de la comunidad, pero la traslación del poder al rey exigía establecer un equilibrio entre derecho de soberanía del monarca y derecho de supremacía de la nación. Esta distinción es la piedra fundacional de la doctrina de la soberanía compartida entre el rey y las Cortes. Para que el modelo funcionara era preciso recuperar la fórmula moderada de gobierno, que era secular en España junto con la religión católica. Esta concepción maduró en la doctrina de la Constitución histórica. Jovellanos estimó que era una herejía política sostener que la soberanía residía en la nación. La Constitución histórica imponía que las Cortes fueran convocadas por estamentos y que contaran con dos cámaras y no una, como había establecido la Francia revolucionaria. El monocameralismo era contrario a esta tradición y por esto Jovellanos defendió Cortes bicamerales al estilo del Parlamento inglés en las que la Cámara Alta ejercía un importante poder intermediario y moderador. Jovellanos abogó por una monarquía constitucional vertebrada sobre un monarca al que correspondía nombrar y destituir libremente a «sus» ministros, responsables tan solo penalmente ante las Cortes; aunque también Jovellanos defendió la responsabilidad moral de los ministros.

Pero el constitucionalismo británico no fue el que predominó entre los liberales españoles a quienes cupo la responsabilidad de trazar las líneas maestras del Estado constitucional que se estaba organizando en Cádiz. No siguieron la senda constitucional inglesa. El constitucionalismo británico tuvo sus más importantes defensores, en la versión que había dado el espíritu de las leyes de Montesquieu, entre los diputados realistas de las Cortes. Argüelles puso de relieve su admiración por el constitucionalismo inglés pero también sus importantes discrepancias con este. Y algo parecido había hecho Toreno al criticar algunos aspectos de la doctrina de Montesquieu. Pese a su estancia en Inglaterra y su trato con lord Holland, los diputados liberales conocían mejor la doctrina de la monarquía mixta y equilibrada que la del sistema de gabinete. Autores críticos con la doctrina dieciochesca del equilibrio constitucional como Edmund Burke o Jeremy Bentham eran poco conocidos en España. Las *Reflexiones sobre la Revolución francesa* de Burke, celebérrimas en toda Europa, apenas habían tenido influencia en España. Y por lo que concierne a Bentham, sus *Principios de legislación civil y penal* tampoco se conocieron mucho en España, a pesar de que una parte de la obra la había traducido Blanco White en *El Español* con el objetivo de influir en las Cortes de Cádiz.

Frente a las posibles interpretaciones del sistema de gobierno británico, los diputados liberales defendieron, como haría Martínez Marina en su *Teoría de las Cortes*, un sistema rígido de separación de poderes inspirado en la Constitución americana de 1787 y sobre todo la francesa de 1791.

Entre los diputados liberales, el constitucionalismo británico no concitó el desdén que había suscitado entre algunos miembros de la Asamblea de 1789, como Sieyès, ni mucho menos la aversión que había provocado a los más destacados elementos de la Convención de 1793, como el propio Robespierre. En Cádiz no hubo anglofobia, pero tampoco fue nutrido el grupo de auténticos anglófilos liberales.

Por tanto, la conclusión es que los diputados realistas se identificaban con la monarquía británica, aunque no completamente, y los liberales se alejaron desde primera hora de las ideas y defendieron otras formas más próximas al constitucionalismo francés de 1791. Esto se debió a que desde finales del siglo XVIII la monarquía española había seguido una evolución similar a la francesa. Tras la entronización de los Borbones a principios del siglo XVIII la monarquía hispánica comenzó a poner en planta los patrones organizativos de la monarquía francesa, alejándose del esquema federalista de los Habsburgo.

La recepción en España de la cultura francesa fue mucho más intensa que la cultura inglesa. Penetró esa cultura a través de las sociedades de amigos del país, la prensa, los viajes al extranjero por parte de la minoría culta de entonces y, desde luego, las universidades. Especialmente la Universidad de Salamanca, foco cultural muy inquieto animado por Meléndez Valdés, Ramón Salas, Toribio Núñez y por los liberales que desempeñan un papel muy destacado en las Cortes de Cádiz como Muñoz Torrero y Juan Nicasio Gallego.

La anglofilia tuvo también un influyente defensor, aunque no participara directamente en las Cortes de Cádiz, en José María Blanco White, que tuvo repetidas ocasiones de expresar sus ideas a través de *El Español*. Blanco White admiraba a Jovellanos, admiración que creció con el tiempo, cuando fue abandonando el jacobinismo. En los escritos de *El Español* se aprecia este cambio. En septiembre de 1810 reprodujo el último decreto de la Junta Central elaborado por Jovellanos y expedido en enero de ese año a favor de la convocatoria de Cortes en dos cámaras. En enero de 1812, dos meses después de la muerte de Jovellanos, Blanco, a la vez que publica fragmentos del dictamen sobre la Junta Central relativos a la futura Constitución y a las Cortes constitucionales, publica un muy elogioso ensayo necrológico con el título «Don Gaspar de Jovellanos a sus compatriotas» y, más tarde, dos apéndices de la memoria bajo el título de «Pensamiento sobre la convocatoria de Cortes por estamentos y su organización».

La anglofilia de Blanco es la etapa que sigue a su obsesión por los estudios de la filosofía política de la Revolución francesa y su influencia, que, a su parecer, fue nefasta en las Cortes de Cádiz y en la Constitución de 1812. Critica la Constitución poniendo de manifiesto el influjo de algunos autores ingleses, como William Blackstone, cuya obra *Comentarios a las leyes de Inglaterra* fue una de las primeras que lord Holland había recomendado a Blanco en Sevilla, como recordó el propio Holland en la carta que dirigió a Jovellanos el 24 de mayo de 1809. Pero, en *El Español*, Blanco se hace eco de otros escritores que tampoco eran muy conocidos en España, como Bentham.[10]

El monarca, según él, debía convertirse ante todo en un órgano con *auctoritas*, moderador e integrador, capaz de equilibrar los demás poderes del Estado y de servir de enlace entre ellos y el pueblo. Blanco considera que el monarca tiene que tener *potestas*, además de *auctoritas*, es decir, que tiene que tener parte en el reparto de los poderes del Estado; especialmente debía tener «todo el que se llama poder ejecutivo».

Blanco, por tanto, discrepa de la monarquía que los constituyentes gaditanos habían establecido y, por tanto, se muestra contrario a que hubieran seguido el modelo francés de 1791, proponiendo como modelo alternativo el de la monarquía británica, que a su juicio es, por un lado, «la más efectivamente limitada» y, por otro, cuenta con el «monarca más poderoso».[11]

Lo que propone Blanco White en *El Español* es una alternativa a la Constitución de Cádiz, que se formulaba desde el liberalismo y no desde un reformismo democrático o desde la reacción, que eran las posiciones de todas las demás críticas que se habían formulado al texto constitucional. Lo que pretendía Blanco con su alternativa constitucional era hallar una vía media entre la España liberal y la España reaccionaria, entre la europeizante y la castiza. En *El Español* afirma la «conclusión» de julio de 1814, confesando que el periódico se había propuesto hallar «un camino medio entre la más fraguada democracia de las Cortes y la arbitrariedad monárquica del tiempo de Carlos IV». Pretendió el reforzamiento de poderes de la Corona preestableciendo «una representación en que tuvieran justa parte el clero y la nobleza de España» para evitar que «al volver el Rey nadie tuviese interés en destruir la gran obra política a que por seis años han convidado las circunstancias de España».[12]

EL PESO DEL CONSTITUCIONALISMO HISTÓRICO Y EL MESTIZAJE
CON EL CONSTITUCIONALISMO FRANCÉS

Algunos políticos y pensadores de finales del siglo XVIII, como Campomanes, Aranda y Floridablanca, ya habían concebido la Constitución como pacto entre el rey y el pueblo conducente a la limitación del poder de aquel y a la defensa de las libertades de los súbditos, y habían descrito, además, la tradición española sobre dicha práctica en los antiguos reinos. Pero el desarrollo de la doctrina de la Constitución histórica se debe fundamentalmente a Jovellanos. La esboza en su *Discurso* de ingreso en la Academia de la Historia (1780), y la desarrolla en su *Consulta sobre la Convocatoria de las Cortes por Estamentos* (1809) y en la *Memoria en Defensa de la Junta Central* y sus *Apéndices* (1810-1811). Su pensamiento será utilizado y desarrollado en las Cortes por algunos diputados realistas (A. Cañedo, F. J. Borrull, P. Inguanzo…).

En los escritos de Jovellanos el punto de partida es la justificación del poder del monarca. Utilizando la doctrina escolástica de la *traslatio imperii*, considera que la monarquía hereditaria ha sido establecida mediante un pacto de traslación de la soberanía en su favor. El poder es ejercido en beneficio de todos en virtud de dicho pacto y esta forma de gobierno ha sido secularmente respetada por los españoles. Siendo así, ningún sentido tenía, como pretendían los liberales más influidos por las modernas corrientes constitucionalistas, decir que la soberanía reside en la nación. A la nación lo que le corresponderá, desde luego, afirma Jovellanos, es la «supremacía» (concepto que no está muy lejano del de «*dependence*» que ya había utilizado Bentham para criticar la división de poderes). Esta facultad permitía al pueblo participar en las tareas legislativas junto al rey, también obligar al monarca a cumplir las condiciones del pacto celebrado con el pueblo e, incluso, a resistir al monarca por la fuerza y recuperar el poder o los derechos primitivos en caso de incumplimiento por el monarca.

Este pacto es la Constitución de la Nación, el soporte de las leyes fundamentales, según el concepto que entonces se usa. Estas leyes permiten al monarca ejercer el poder recibido, y a los ciudadanos exigir su cumplimiento. Las leyes fundamentales expresan el modo en el que debe ejercerse el poder: el poder legislativo se comparte, lo que salvaguardará los derechos del pueblo pero al mismo tiempo garantizará el poder del monarca, porque uno y otro de los intervinientes en el pacto se limitan a actuar en las concretas esferas que se reservan. Este equilibrio es justamente el espíritu de la monarquía moderada, que se explica por el pensador y político asturiano como característica de la historia de España desde siglos antes.

Si España tiene esta Constitución, ¿qué falta le hace la elaboración de una nueva? Esta cuestión central es la que básicamente plantea la doctrina de la Constitución histórica. Frente a la gran operación constituyente de los americanos y de los franceses, los españoles no necesitábamos escribir una norma fundamental para garantizarse los derechos y organizarse los poderes, porque esta cuestión, quizá perentoria para otros, estaba resuelta entre nosotros por una práctica política secular de la que resultaban claramente las reglas. El respeto a la tradición, y el fuerte historicismo del pensamiento de Jovellanos, lo aproximan a las concepciones constitucionales inglesas más que a las que Francia había elegido.

La opinión contundente de Jovellanos sobre estos extremos aparece clara en uno de sus párrafos más conocidos:

> Oigo hablar mucho de hacer en las mismas Cortes una nueva Constitución y aun de ejecutarla, y en esto sí que, a mi juicio, habría mucho inconveniente y peligro. ¿Por ventura no tiene España su Constitución? Tiénela, sin duda, porque ¿qué otra cosa es una Constitución que el conjunto de las leyes fundamentales que fijan los derechos del soberano y de los súbditos y los medios saludables para preservar unos y otros? ¿Y quién duda que España tiene esas leyes y las conoce? ¿Hay algunas que el despotismo haya atacado y destruido?, restablézcanse. ¿Falta alguna medida saludable para asegurar la observancia de todas?, establézcase. Tal será siempre en este punto mi dictamen sin que asienta a otros que so pretexto de reformas traten de alterar la esencia de la Constitución española.

El pensamiento de Jovellanos estará bien presente en los debates constituyentes, especialmente cuando se discuta sobre la soberanía nacional (porque atribuir la soberanía a la nación contradice la Constitución histórica) o la participación del monarca en el poder legislativo (especialmente la cuestión de la sanción regia), o la declaración y preservación de las libertades de los españoles. La idea de la Constitución histórica pervivirá también después de Cádiz, desdoblada en una corriente aferrada al tradicionalismo más rancio e inmovilista (que expresará primero el Manifiesto de los Persas de abril de 1814, pero que conseguirá un anclaje firme en el carlismo) y otra más liberal y renovadora que aceptará actualizar y modernizar los contenidos de las leyes fundamentales históricas. Al final del siglo la doctrina de la Constitución interior de Cánovas tomará el relevo.

Las influencias, calificadas por los menos renovadores de nefastas e impías, a las que se opone la doctrina de la Constitución histórica son las que vienen de América y de Francia. Y también de los pensadores que habían nutrido de ideas a los revolucionarios que impulsaron las primeras constituciones de uno y otro lado del Atlántico. La identificación del flujo pernicioso no cuesta ningún trabajo a los partidarios de la petrificación. Dice Ostolaza en una intervención en las Cortes el día 6 de junio de 1811 que tales formas de pensar «nos vienen de la Francia, cuyo influjo pestilencial en la Península ha hecho degenerar nuestras más antiguas costumbres y adoptar mil perniciosas ideas».

La división de poderes y la soberanía nacional estaban entre ellas.

La comunión mayoritaria a favor de las ideas no estamentales, igualitarias, favorables a la división de poderes y de la soberanía nacional se expresa en los decretos que las propias Cortes aprueban con antelación a la Constitución.[13]

En el caldero de ideas que acaba de describirse se hierve la Constitución de Cádiz. Los ingredientes que los diputados precisan combinar para que su obra sea del gusto de todos y perdure son, por tanto, al mismo tiempo, históricos y revolucionarios. Desde el punto de vista histórico se contesta incluso, como ya se ha visto, hasta la necesidad y oportunidad de una nueva Constitución. El constitucionalismo moderno impone, por el contrario, que la garantía de los derechos y la organización de los poderes se plasmen en un texto nuevo; sin ello, como decía el artículo 16 de la Declaración de Derechos francesa de 1789, la Constitución no existe.

La Constitución de Cádiz integrará prodigiosamente los requerimientos de una y otra corriente ideológica. En su texto está recogido todo cuanto hay de esencial en las constituciones revolucionarias de finales del siglo XVIII. Por supuesto, la organización de los poderes, separándolos y atribuyéndoles, en régimen de contrapesos y equilibrios, las funciones legislativa, ejecutiva y judicial; y también la garantía de los derechos. Estos se declaran con un énfasis no menor y utilizando su repertorio similar al utilizado en las declaraciones americanas y francesa. Pero no se levanta acta en un documento formalizado aparte de la Constitución, ni siquiera se recogen en un capítulo especial dedicado a relacionarlos. Se reconocen dispersamente, entreverados en el articulado general. Como si los constituyentes no quisieran poner demasiada luz en su comunión con ideas que a una parte de la cámara le parecían impías.

En ninguna parte está explicado mejor este formidable ejercicio de sincretismo que en el Discurso Preliminar, debido a la pluma de Agustín de Argüelles (y, tal vez también, a la del diputado Espina).

Aunque Argüelles era un reconocido lector de los clásicos latinos, no consta que tuviera un conocimiento profundo de la historia de nuestras instituciones políticas de la que, sin embargo, hace una verdadera exhibición en el Discurso Preliminar. Pero resulta fácil desvelar su fuente principal de aprovisionamiento de datos históricos de nuestro pasado constitucional: Jovellanos, por quien Argüelles sentía una admiración profunda, había usado y recomendado mucho, al tiempo que empezaba el cambio revolucionario en España, la obra de Martínez Marina (se refería a ella en una carta a lord Holland de 2 de noviembre de 1808). Había escrito ya entonces Martínez Marina su *Ensayo histórico sobre la antigua legislación y principales Cuerpos Legales de León y Castilla*, que había de servir de prólogo a la edición del Código de las Siete Partidas, que proyectaba la Academia de la Historia, pero más tarde desarrolló la investigación en su *Teoría de las Cortes*, donde hacía una exhibición de erudición histórica realmente impresionante.

No sería esta la única fuente, pero sí la más importante.

El Discurso Preliminar de la Constitución de Cádiz, como bien observó Sánchez Agesta, no es parangonable con ningún prólogo de las constituciones españolas sucesivas, ni tampoco se asemeja en nada a la hermosa y simplísima explicación que antecede al articulado de la Constitución norteamericana («Nosotros, el pueblo de los Estados Unidos...»), ni a las veinte apretadas líneas que prologan la primera Constitución francesa, la de 1791. El Discurso Preliminar de Argüelles es una explicación inteligente y eficaz de cómo en España, realmente, se había llegado a hacer una Constitución sin hacerla verdaderamente. Es decir, se habían traído a un texto formal nuevo (esto, el puro revestimiento formal, la vestidura renovada era lo que se había añadido) instituciones, garantías, procedimientos y libertades que habían estado vigentes en España durante siglos. Sin duda era una explicación tranquilizadora para los defensores de la Constitución histórica. Pero los redactores del texto gaditano se las habían compuesto bien para encontrar en nuestra historia todos y cada uno de los principios por los que había apostado la filosofía liberal moderna para limitar el poder del Estado y defender los derechos de los ciudadanos.

La Constitución no es, según trata de explicarse, una norma nueva, sacada de inspiraciones de filósofos y pensadores y curtida en los debates de la burguesía revolucionaria. Es, por el contrario, un cuerpo de reglas viejas íntimamente vinculadas al funcionamiento característico de los antiguos reinos peninsulares. En la medida en que aquellas instituciones se modifican algo, se adaptan, se actualizan en la norma nueva, los diputados gaditanos lo que han llevado a cabo —según explica Argüelles— es una reforma de la Constitución. Esta última expresión, y no alguna otra más condescendiente con lo ocurrido en Estados Unidos y Francia, es la que usa reiteradamente Argüelles. Incluso muchos años después de los debates de Cádiz, cuando afronta desde su exilio en Londres el análisis de aquella operación constitucional, entre 1825 y 1833, denominara a sus reflexiones *Examen crítico de la reforma constitucional*.

«Nada ofrece la Constitución —son las primeras palabras del Discurso Preliminar, enteramente consecuentes con cuanto acaba de explicarse— en proyecto que no se halle consignado del modo más auténtico y solemne en los diferentes cuerpos de la legislación española, sino que se mira como nuevo el método con que ha distribuido las materias ordenándolas y clasificándolas para que formasen un sistema de ley fundamental y constitutiva en el que estuviese contenido con enlace, armonía y concordancia cuanto tienen dispuesto las leyes fundamentales de Aragón, de Navarra y de Castilla en todo lo concerniente a la libertad e independencia de la nación, o los fueros y obligaciones de los ciudadanos, a la dignidad y autoridad del Rey y de los tribunales, al establecimiento y uso de la fuerza armada y método económico y administrativo de las provincias».

A la demostración de este aserto (solo matizado por algunas concesiones a los «adelantamientos de la ciencia del gobierno» o al «nuevo método») se dedica el resto del largo Discurso Preliminar.

La soberanía de la nación, primera cuestión crítica (que en Francia es el símbolo del desalojo del poder de todas las instituciones estamentales del Antiguo Régimen y de la limitación del que todavía la Constitución de 1791 reserva al rey), es una regla que puede encontrarse en las más viejas leyes fundamentales españolas. En particular, en lo que dispone el Fuero Nuevo sobre los derechos de la nación, del rey y de los ciudadanos.

> La soberanía de la Nación —dice el Discurso—, está reconocida y proclamada del modo más auténtico y solemne en las leyes fundamentales de este código. En ellas se dispone que la corona es electiva; que nadie puede aspirar al reino sin ser elegido; que el Rey debe ser elegido por los obispos, magnates y el pueblo... mandan expresamente que las leyes se hagan por los que representan a la nación juntamente con el Rey; que el monarca y todos los súbditos, sin distinción de clase y dignidad, guarden las leyes; que el Rey no tome por fuerza de nadie cosa alguna, y si lo hiciera que se la restituya. ¿Quién a la vista de tan solemnes, tan claras, tan terminantes disposiciones podrá resistirse todavía a reconocer como principio innegable que la autoridad soberana está originaria y esencialmente radicada en la nación?

El respeto a las libertades de los ciudadanos, convertido en principio esencial del nuevo constitucionalismo, está en todas las leyes fundamentales, muy especialmente en las de Aragón pero también en las de Castilla. En este reino hasta la fórmula usada para la publicación de las leyes es expresiva: «El Rey, de voluntad de las Cortes, estatuesce y ordena». Y también en ese reino se prohibía al rey partir el señorío, «tomar a nadie su propiedad», «prenderse a ningún ciudadano dando fiador»... «tomar de los pueblos contribuciones, tributos ni pedidos sin el otorgamiento de la Nación junto a las Cortes...». En Aragón esas mismas protecciones de la libertad se ajustan con herramientas aún más firmes: el derecho de oponerse a la usurpación por el rey o sus ministros de los fueros o libertades del reino y, en tal caso, poder destronarlo y sustituirlo por otro; la institución de la justicia como autoridad que servía para salvaguardar la libertad civil y la seguridad personal de los ciudadanos...

Como todas estas leyes y fueros andan dispersos y mezclados en multitud de cuerpos legales, la tarea de las Cortes —según el Discurso— había consistido en «entresacar con gran cuidado y diligencia las leyes puramente fundamentales y constitutivas de la monarquía de entre la prodigiosa multitud de otras leyes de muy diferente naturaleza».

Respecto de la organización de los poderes, la apelación a la lógica y a la historia se anteponen también a cualquier posible influencia de la filosofía iluminista. Constata el Discurso que en el Estado se desenvuelven tres funciones y «del examen de estas tres distintas operaciones y no de ninguna otra idea metafísica, ha nacido la distribución que han hecho los políticos de la actividad soberana de una nación, dividiendo su ejercicio en potestad legislativa, ejecutiva y judicial. La experiencia de todos los siglos ha demostrado hasta la evidencia que no puede haber libertad ni seguridad, y por lo mismo justicia ni prosperidad, en un Estado donde el ejercicio de toda la autoridad está reunido en una sola mano. Su separación es indispensable...».

Finalmente, en este rápido resumen de los postulados del Discurso Preliminar, el afianzamiento de las libertades. El principio general de que parte es el mismo que expresó el liberalismo revolucionario: «De todas las instituciones humanas, ninguna es más sublime ni más digna de admiración que la que limita en los hombres la libertad natural, sujetándolos al suave yugo de la ley. A su vista todos aparecen iguales, y la imparcialidad con que se observan las reglas que prescribe será siempre el verdadero criterio para conocer si hay o no libertad civil en un Estado». Pero también en cuanto a ello se puede proclamar con orgullo la historia de nuestras libertades: «ninguna nación de Europa puede acaso presentar leyes más filosóficas ni liberales, leyes que protejan mejor la seguridad personal de los ciudadanos, su honor y su propiedad, si se atiende a la antigüedad de su establecimiento, que la admirable constitución de Aragón». Cita la institución del Justicia Mayor, el modo en que se desarrollaba el proceso penal, las prácticas judiciales...

Hasta en esto último, la organización y funcionamiento de los tribunales, la Constitución, lejos del inmenso desprecio de los revolucionarios franceses por los jueces, había mantenido las viejas instituciones adornándolas de unas pocas reformas.

Con esta nervadura histórica se trae a 1812 la soberanía nacional y la eliminación de los estamentos, la división de poderes, la proclamación de la primacía de la ley general, que vincula a los demás poderes públicos y ante la que todos los ciudadanos son iguales. También la declaración del principio general de libertad con los límites que la ley imponga, la puesta en valor de la propiedad de la que nadie puede ser privado sin indemnización, la imposición del principio de legalidad de los delitos y de las penas, la adecuación del proceso a la garantía de la libertad, etc.

Durante algún tiempo, los trabajos de investigación que estudiaban la Constitución de Cádiz se planteaban justamente (los de Fernández Almagro son expresivos) si el Discurso y toda la Constitución encubre un espíritu revolucionario que no quiere mostrarse abiertamente para no generar mayor reacción en contra, o si hay realmente la clara intención de actualizar y poner el orden del día del pensamiento liberal, los principios y las instituciones de nuestra historia.

Probablemente puede decirse hoy (cuando ya el debate sobre la cuestión no tiene más interés que el intelectual) que hay en la intención de la mayoría de los diputados gaditanos la mitad de cada cosa: una sincera voluntad de recuperar las instituciones históricas compatibles con la nueva ideología de la soberanía nacional y, al mismo tiempo, la decidida incorporación de las ideas que habían triunfado en las revoluciones de finales del siglo anterior. Y esto, sin embargo, contado en el Discurso Preliminar y ejecutado en el texto de la Constitución con una delicadeza extrema, para no levantar reacciones apoyadas en la oposición a cualquier idea revolucionaria.

En verdad, la operación que describe el Discurso Preliminar, consistente en apoyar en la historia propia una magna adaptación de toda la fibra institucional del Estado, es un método constituyente estimabilísimo y hermoso. En España se prostituyó, sin embargo, totalmente, cuando a lo largo del siglo XIX se lo apropió el pensamiento político reaccionario y, finalmente, ciento cincuenta años después, en los decenios centrales del siglo XX, cuando fue utilizado para justificar las leyes fundamentales de una dictadura.

EL REPARTO DE LAS FUNCIONES DEL ESTADO Y LA GARANTÍA DE LOS DERECHOS

El esquema del reparto del poder en la Constitución gaditana es el siguiente:

Lo primero es la declaración de que la nación española «es libre e independiente, y no es ni puede ser patrimonio de ninguna persona ni familia» (artículo 2), para establecer inmediatamente que «la soberanía reside esencialmente en la nación, y por lo mismo pertenece a esta exclusivamente el derecho de establecer sus leyes fundamentales» (artículo 3).

Para describir cómo se ejercen los poderes que corresponden a la nación soberana, la Constitución de 1812 se separa del antecedente francés, por la razón estética, que se expresa simplemente en los debates, de no redactar el texto en este punto de forma exactamente igual que los franceses. De modo que si en la Constitución de 1791 se regula la división de poderes partiendo del órgano (Parlamento, rey, tribunales) que los ejerce, en la de 1812 se hará referencia primaria a la función que incumbe a cada poder. Y así, el artículo 15 dice que «la potestad de hacer las leyes reside en las Cortes con el Rey», en el 16 que «la potestad de hacer ejecutar las leyes reside en el Rey», y en el 17 que «la potestad de aplicar las leyes en las causas civiles y criminales reside en los tribunales establecidos por la ley».

Las funciones se atribuyen monopolísticamente, en principio, a cada uno de los órganos que las ejercen. La separación entre ellos aparenta ser total, en consecuencia, porque no se percibe, al menos en las declaraciones generales, ninguna forma de participación de un poder en el ejercicio de las funciones de otro. Al menos así se declara con toda rotundidad cuando se describe la función ejecutiva en el artículo 170: «la potestad de hacer ejecutar las leyes reside *exclusivamente* en el Rey, y su autoridad se extiende a todo cuanto conduce a la conservación del orden público en lo interior, y a la seguridad del Estado en lo exterior, conforme a la Constitución y a las leyes». Y lo mismo ocurre cuando se regula la función judicial en el artículo 242: «la potestad de aplicar las leyes en las causas civiles y criminales pertenece *exclusivamente* a los tribunales». En este caso, además, la Constitución profundiza en prohibir la interferencia entre poderes: dice el artículo 243 que «ni las Cortes ni el Rey podrán ejercer en ningún caso las funciones judiciales, avocar causas pendientes, ni mandar abrir juicios fenecidos». Y, recíprocamente, se pone freno a cualquier posibilidad de que los jueces se entrometan en las funciones legislativa y ejecutiva: «los tribunales no podrán ejercer otras funciones que las de juzgar y hacer ejecutar lo juzgado» (artículo 245), y «tampoco podrán suspender la ejecución de las leyes, ni hacer reglamento alguno para la administración de justicia» (artículo 246).

Por supuesto que los derechos que la Constitución de 1812 reconoce y proclama son también, como todo en ella, de acuerdo con el pensamiento mayoritario de los constituyentes, una simple actualización de situaciones ya establecidas en nuestra historia y no el resultado de un ejercicio de metafísica. Así se declara, y parecen creerlo seriamente los constituyentes.

El debate sobre los derechos de los ciudadanos, que era lo primero que se había movido en los procesos revolucionarios americano y francés, no ocurre en España en términos que puedan asimilarse. El abandono de una primitiva idea, manejada por los constituyentes, de que la parte primera de la Constitución se consagre a la definición de los derechos fundamentales, ilustra que, sin duda, no se quiso asumir el compromiso de enhebrar una declaración formal, embutida en la Constitución misma o escrita solemnemente en un texto separado y de avanzadilla, como hicieron los franceses.

Esta circunstancia se ha aprovechado por algunos analistas de la Constitución de 1812 para concluir, sin otros matices, que carecía de declaración de derechos y que no se preocupó de catalogarlos y reconocerlos como habían hecho los movimientos constitucionales comparados.

Sin embargo, tal posición es manifiestamente errónea. Los derechos de los españoles quedaron reconocidos en la primera Constitución, en términos exactamente parangonables a las declaraciones francesas, si bien los diputados gaditanos, sin duda aconsejados por la prudencia, para no levantar resistencias a lo que podría ser considerado revolucionario, prefirieron desagregar la declaración, dispersar las regulaciones atinentes a derechos individuales a lo largo de todo el texto constitucional, de modo que, al final, quedara trufado de todos los principios sobre libertades que el liberalismo revolucionario había conquistado.

Basta repasar el texto constitucional para demostrar la extraordinaria sutileza con la que va desgranando el reconocimiento, uno por uno, de los derechos y libertades, procurando no levantar la acusación de francofilia liberal, o de aceptación del iusnaturalismo racionalista.

Pero, quizá con la excepción importante de la libertad religiosa plena, impedida directamente por el carácter confesional católico de la nación española, que se proclama en el artículo 12 («la religión de la nación española es y será perpetuamente la católica, apostólica, romana, única verdadera. La Nación la protege por leyes sabias y justas y prohíbe el ejercicio de cualquier otra») el resto del catálogo de derechos está completo. Tampoco aparecen las libertades de reunión y asociación, siendo en esto la Constitución gaditana aún más firme y consecuente con la eliminación de los llamados cuerpos intermedios de lo que lo habían sido las francesas. En lo demás, véase ahora la muestra de lo indicado:

En el capítulo I del título I, hay una primera declaración general favorable a la libertad civil y la propiedad, en el sentido que ya se ha indicado antes. Tal y como está formulada puede estimarse equivalente de la declaración favorable al libre desenvolvimiento de las libertades individuales sin más limitaciones (el «suave yugo») que las establecidas en las leyes, siguiendo el mismo criterio del texto francés de 1789.

La protección de la propiedad (que no es inhabitual que la doctrina sitúe por primera vez en la aprobación de la Ley de Expropiación Forzosa de 1836) está, sin duda, formulada en el artículo 172, regla décima, en términos similares a como lo había hecho el artículo 17 de la Declaración francesa, si bien nótese la poquísima solemnidad con que en la nuestra se recoge porque aparece con ocasión de describir las potestades del rey y está mezclada con otras doce. «No puede el Rey —dice el precepto citado— tomar la propiedad de ningún particular o corporación, ni turbarla en la posesión, uso y aprovechamiento de ella; y si en algún caso fuese necesario para un objeto de conocida utilidad común tomar la propiedad de un particular, no lo podrá hacer, sin que al mismo tiempo sea indemnizado, y se le dé el buen cambio a bien vista de hombres buenos» (una forma no judicializada del establecimiento del justiprecio, sino por arbitraje o mediación de peritos terceros).

La libertad personal encuentra en el texto constitucional las siguientes garantías básicas: por lo pronto, la exclusión de órdenes arbitrarias y de medidas de privación de libertad acordadas exclusivamente por el ejecutivo (artículo 172, undécima: «No puede el Rey privar a ningún individuo de su libertad, ni imponerle por sí pena alguna. El secretario del Despacho que firme la Orden, y el juez que la ejecute, serán responsables a la Nación, y castigados como reos de atentado contra la libertad individual»).

Y las garantías ante los procedimientos criminales y la aplicación de las penas se desenvuelven también ajustándose al patrón que empezó a recorrer la Europa ilustrada desde mediados del siglo XVIII después del alegato de Beccaria («*De los delitos y las penas*») y que corrige radicalmente las prácticas del Antiguo Régimen (en las que España no había participado, según el Discurso Preliminar, ahora ya con notabilísima exageración, incluso cuando utiliza el ejemplo de Aragón).

Está, primero, el derecho al juez predeterminado por ley (artículo 247: «ningún español podrá ser juzgado en causas civiles ni criminales por ninguna comisión, sino por el tribunal competente *determinado con anterioridad por la ley*»). Segundo, el derecho a que el proceso sea breve (artículo 286) y público (artículo 302). Tercero, las detenciones preventivas solo pueden ser acordadas por el juez, informando cumplidamente de su razón (artículo 287). Cuarto, *proporcionalidad* en las medidas de privación de libertad (artículos 291 a 296). Quinto, *prohibición de detenciones arbitrarias* (artículo 299). Sexto, legalidad de los delitos (artículo 287) *y de las penas* y prohibición general de las excesivas como el tormento, la confiscación de bienes, las que trasladan sus efectos a la familia del reo (artículos 303 a 305). Séptimo, inviolabilidad del domicilio (artículo 306). Octavo, cumplimiento de las penas en términos de aseguramiento del preso no añadiéndole nuevos males y tormentos (artículo 297).

La libertad de imprenta, que se califica en la Constitución de libertad política y que tiene una función esencial, como se reconoce repetidamente en el debate constituyente, para el desarrollo de la vida democrática que la Constitución ha de impulsar, aparece también reconocida, pero luciendo, por una parte, en el puesto vigésimo cuarto del artículo 131 en el que se describen las facultades de las Cortes. Esta, en concreto, consiste en «proteger la libertad política de la imprenta», que queda reconocida de este modo indirecto. Por otro lado, se incluye dicha libertad en el título dedicado a la «instrucción pública», «todos los españoles tienen libertad de escribir, imprimir y publicar sus ideas políticas sin necesidad de licencia, revisión o aprobación alguna anterior a la publicación, bajo las restricciones y responsabilidad que establezcan las leyes».

No hay, en la Constitución de Cádiz, y esta es la más notoria diferencia con las solemnes declaraciones de su tiempo, una consagración explícita de la igualdad como principio general que, en estas últimas, figura siempre al lado de la libertad y en los artículos primeros.

Pero no podría decirse que no quede establecido el respeto a la misma en términos paralelos. Considérese que la igualdad tiene en Francia, en primer lugar, una vertiente elevadamente política que se dirige contra la división de la sociedad en estamentos, y la asignación a cualquier entidad o corporación de prerrogativas de ninguna clase. Esta declaración se contiene en la Constitución gaditana, por una parte, en la exclusión de la representación estamental en Cortes (los diputados son elegidos «por los ciudadanos», artículo 27); y, por otra, en la prohibición de que el rey ceda cualquiera de sus prerrogativas (artículo 172, tercera) u otorguen privilegios a persona o corporación alguna (artículo 172, novena).

Un segundo aspecto es la igualdad ante la justicia, del que ya se ha tratado, y que se consigue mediante la supresión de todos los fueros privilegiados y proclamando su unidad.

El tercer sentido con que se emplea la igualdad de todos los ciudadanos es en su relación con las contribuciones, desarrollo que también está explícito en el artículo 339 de la Constitución («Las contribuciones se repartirán entre todos los españoles con proporción a sus facultades, sin excepción ni privilegio alguno»).

Quinto, el acceso a los cargos públicos, que es otro de los extremos en que se proyecta el principio general de igualdad, está inscrito en las diversas fórmulas que regulan la investidura de cargos y funciones públicas por cualquier ciudadano, sin que existan oficios venales, que, en el momento de la Constitución, ya estaban suprimidos.

Y sexto y último, la educación y la asistencia social son aspectos esenciales de la igualdad; se configuran, según hemos visto ya, como derechos sociales que tiendan a dar las mismas oportunidades a todos, por una parte, y a cubrir las necesidades de los desfavorecidos por la fortuna, por otra (artículos 321, quinto y sexto, y artículos 366 y siguientes).

Del conjunto, pues, de todas estas regulaciones resulta, sin ninguna duda, la elevación del principio de igualdad a uno de los pivotes de la nueva sociedad, aunque no aparezca en el texto de la Constitución una declaración general a la francesa o a la americana (más bien podía decirse que, en este último caso, tiene menores proyecciones de futuro a pesar del énfasis con que se inscribe en los textos fundamentales). Es justo que el Discurso Preliminar, explicando la Constitución, diga que «la ley ha de ser una para todos; y en su aplicación no ha de haber acepción de personas». Lo dice en la parte dedicada a la libertad civil e interpreta el conjunto de las reglas que se han referido, como una declaración general de igualdad.

EL GOBIERNO DE UN ESTADO GLOBAL, SEGÚN LA CONSTITUCIÓN DE 1812

El territorio de las Españas que estaba enunciado en el artículo 10 citaba de modo expreso un número bastante amplio de provincias españolas tomando como criterio los antiguos reinos. Sobre América se utilizaron descripciones más generales, pero ajustadas a las grandes divisiones territoriales que había establecido la monarquía a lo largo de los tiempos. Para evitar que los diputados críticos pudieran sentir cualquier discriminación, algunos miembros de la Comisión de Constitución, como Leyva, tuvieron que intervenir para decir que no se había dado preferencia a la Península sobre América ni tampoco a provincias de la Península con respecto de otras. Se pretendió que no hubiera diferencia en ninguna de las partes de la unión nacional. Más bien se había querido «aniquilar el espíritu del provincialismo». Pero los americanos también reclamaban que se incluyera a sus pueblos y provincias en la división constitucional.

Fue Muñoz Torrero quien aportó los criterios para despejar la cuestión:

> Estamos hablando como si la nación española no fuese una, sino que tuviera reinos diferentes. Es menester que nos hagamos cargo que todas estas divisiones de las provincias deben desaparecer, y que en la Constitución actual deben refundirse todas las leyes fundamentales de las demás provincias de la monarquía, especialmente cuando en ella ninguna pierde. La comisión se ha propuesto igualarlas todas; pero, para esto, lejos de rebajar los fueros por ejemplo de los navarros y aragoneses ha elevado a ellos a los andaluces, a los castellanos, etcétera… igualándolos de esta manera a todos para que algunos formen una sola familia con las mismas leyes y gobierno. Si aquí viniera un extranjero que no nos conociera, diría que había seis o siete naciones…

yo quiero que nos acordemos que formamos una sola nación, y no un agregado de varias naciones.

Los territorios que eran antiguas colonias se transformaban en parte de un solo Estado nación. Las repercusiones del cambio afectaban a la organización completa del Estado: a la composición de las Cortes, a la estructura del poder ejecutivo y a la gobernación territorial principalmente. El reto no tenía precedentes en ningún lugar del mundo.[14]

El problema había aparecido tempranamente en la sesión de 10 de enero de 1811. Lo que planteaban los americanos es que, al constituirse un Estado nacional único cuyo territorio se extendía ampliamente por el Nuevo Mundo, el Estado no sería exclusivamente peninsular, sino que abarcaría tanto los territorios de la antigua metrópoli como los americanos. Comprendían, con razón, que esta transformación sería, de llevarse a cabo, la operación de mayor calado e importancia política y constitucional que habría ocurrido jamás en la historia. Se atrevieron a abordarla los constituyentes, pero no imaginaron soluciones distintas de la arraigada centralización, que pudieran hacer funcionar un Estado que abarcaba dos hemisferios. Como poco, las reformas tendrían que conseguir la sustitución de la antigua y rigurosa centralización por una fuerte descentralización y reconocimiento de autonomía a los gobiernos locales que se establecieran en América.

La idea de federalismo, solo aplicada por entonces en Suiza y en Estados Unidos, era una novedad extraordinaria y no parecía a los liberales que pudiera ser utilizada para solucionar el problema organizativo de una España transatlántica. El asunto tenía mucha enjundia y estaba bien justificado que los diputados quisiesen plantearlo con calma.

Los diputados americanos querían consensuar los artículos relativos al régimen municipal. La reclamación primera y más repetida fue que en América había muy pocos ayuntamientos en relación con la inmensidad del territorio y en comparación con los de la Península. Los discursos reiteraban que era necesario implantar soluciones más equilibradas y proporcionales a la población.[15]

Esta pretensión, de apariencia tan racional y de contenido tan simple, tenía, sin embargo, consecuencias de primer orden respecto al régimen municipal heredado. La creación de ayuntamientos, durante el Antiguo Régimen, había sido una decisión del monarca que privilegiaba con ella, según su libérrimo albedrío, a las agrupaciones de población existentes en el territorio al que se extendía su soberanía. La utilización del criterio objetivo de que hubiera necesariamente ayuntamientos en los pueblos de más de mil habitantes constituía otro asalto a lo que hasta entonces había sido una prerrogativa regia. Se pretendía, además, que se estableciera una uniformidad de derechos de los ayuntamientos en todas las poblaciones, rompiendo así con la clasificación jerarquizada del Antiguo Régimen, negando derechos y privilegios de las poblaciones y haciendo posible su diferente caracterización jurídica y división en ciudades, villas, pueblos, aldeas, etc.

Al proponer la creación de ayuntamientos de mil almas, gobernados por un alcalde ordinario, dos regidores, síndico, procurador y un escribano público de cabildo, se estaban cambiando realmente las bases de la organización municipal anterior.

Se refirió a los ayuntamientos el artículo 309 de la Constitución: «Para el gobierno interior de los pueblos habrá ayuntamientos compuestos de alcalde o alcaldes, los regidores y el procurador síndico, y presididos por el jefe político donde lo hubiere, y en su defecto por el alcalde o el primer nombrado entre estos, si hubiere dos».

Los diputados americanos se opusieron a que los ayuntamientos estuvieran presididos por un cargo no electivo como era el jefe político. Para ellos suponía la continuación del corregidor y el sometimiento jerárquico, a través de él, de los ayuntamientos al virrey. Defendían, bien al contrario, que los ayuntamientos tuvieran el máximo de autonomía, concepto intercambiable entonces con el de soberanía municipal. El diputado costarricense Francisco Castillo dijo, al discutir sobre la soberanía nacional, que «si las Cortes representan a la nación, los cabildos representan un pueblo determinado».

Los diputados liberales peninsulares se mantuvieron firmes en su convicción de que esas ideas de que los ayuntamientos tuvieran autonomía política y administrativa, considerando que eran representativos y dependían directamente de sus electores, vulneraban el principio de soberanía única. Cabía suponer que si estas pretensiones autonomistas no habían prosperado cuando se trató del legislativo, menos aún iban a aceptarse ahora en relación con la cuestión municipal. Pero los diputados americanos insistían en su argumento de que si las elecciones municipales otorgaban derechos de representación, los concejales o regidores tendrían que tener libertad también para decidir de modo autónomo. La soberanía del pueblo se trasladaba al ayuntamiento. Se negaba así que la soberanía hubiera de ser únicamente nacional, también podría ser provincial o municipal. Estas reflexiones entroncaban de nuevo con la ardua e irresuelta cuestión del federalismo.

El conde de Toreno dijo: «el señor preopinante ha fundado todo su discurso en un principio a mi parecer equivocado, cuando ha manifestado que los ayuntamientos eran representantes de aquellos pueblos por quienes eran nombrados. Este es un error: en la nación no hay más representación que la del Congreso nacional. Si fuera según se ha dicho, tendríamos que los ayuntamientos, siendo una representación, y existiendo consiguientemente como cuerpos separados, formarían una nación federada, en vez de constituir una sola e indivisible nación». Toreno había tenido otras intervenciones muy importantes respecto a la posición de los ayuntamientos en relación con el poder del Estado. La más recordada en los estudios sobre los debates de la Constitución gaditana es la que figura en el diario de sesiones de las Cortes de 10 de enero de 1812:

> ... los ayuntamientos son esencialmente subalternos al poder ejecutivo; de manera, que solo son un instrumento de este, erigidos de un modo particular, por juzgarlo así conveniente el bien general de la nación; pero al mismo tiempo, para alejar el que no se deslice ni propendan insensiblemente al federalismo, como es su natural tendencia, se hace necesario ponerles el freno del jefe político, que, nombrado inmediatamente por el rey, los tenga a raya y conserve la unidad de acción en las medidas del gobierno. Este es el remedio que la Constitución, pienso, intenta establecer para apartar el

federalismo, puesto que no hemos tratado de formar sino una nación sola y única.

Se argumentó lo mismo en la Francia jacobina, pero pensaban de modo completamente distinto los criollos americanos, que aspiraban a que se reconociera la división de la soberanía de modo que fueran compatibles la nacional, la provincial y la local.

El artículo 310 de la Constitución estableció la creación de ayuntamientos obligatoriamente en poblaciones de más de mil almas y acordó también que tendrían un término municipal. Los ayuntamientos extendidos por todas partes en América y las diputaciones provinciales podían ser las instituciones en que basar una amplia descentralización en los territorios de ultramar. Bastaba con aumentar el poder de los cabildos y rebajar decididamente el control de los peninsulares sobre los cabildos americanos.

El artículo 312 establecía el carácter electivo de los ayuntamientos. Alcaldes regidores y procuradores síndicos serían elegidos por los vecinos de los pueblos. No quedaba resto de las competencias o derechos jurisdiccionales que tenían los señores para nombrar justicias o alcaldes en sus señoríos y los bailes, que era la denominación que tenían los alcaldes en el Antiguo Régimen en los territorios cuyo señor era el rey. El número y forma de los ayuntamientos se uniformaba. Esta decisión tenía diferentes proyecciones: en la Península implicaba la derogación del régimen señorial. Para los criollos americanos podía implicar pérdida de poder, en cuanto que muchos de ellos tenían adquiridos directamente o por herencia regidurías perpetuas. Al abolirlas, podían temer por su capacidad de influencia. La propuesta transaccional la hizo Antonio Larrazábal: que dos terceras partes de los regidores fueran elegibles anualmente y el tercio restante mantuvieran la condición de regidurías perpetuas. Enseguida intervino sobre esto Toreno, diciendo que «... no hay duda que los regidores perpetuos, vinculándose en las familias tales empleos, venían a tener una preponderancia muy perjudicial. Muchos vendrían a estos títulos, o los hacían servir para sus mayordomos. ¿Qué resulta de aquí? Que estos dueños propietarios, con todo el orgullo de la nobleza, sin tener quizá su educación, hacían del regimiento un monopolio con que cargaban al pueblo. Yo hablo en esto con imparcialidad; y pues soy regidor de varios pueblos, apruebo y apoyo se extingan semejantes títulos». Blas de Ostolaza reclamaba al menos una indemnización para los titulares de regidurías perpetuas por razón de su supresión. De nuevo aparecía el principio de que la propiedad era inviolable y sagrada. Francisco Salazar, diputado por Lima, también intervino en el mismo sentido.

Mientras se discutían estos artículos la Comisión estaba preparando un decreto que detallaba mucho más el régimen municipal. Se tardó, sin embargo, casi un año completo después de aprobada la Constitución para promulgarlo. Fue la *Instrucción para el gobierno económico y político de las provincias* que se presentó para su discusión en las Cortes el 21 de mayo de 1813. Se aprobaría poco después.

El debate sobre las diputaciones fue el que más abiertamente permitía plantear la cuestión del autogobierno reclamado para las instituciones americanas. Sobre las provincias se quería residenciar especialmente el gobierno del territorio. El artículo clave de la Constitución era el 324: «... el gobierno político de las provincias residirá en el jefe superior, nombrado por el rey en cada una de ellas». Una provincia, según pensaban los que postulaban que se reconociera la autonomía más completa a las diputaciones, no podía estar regida por un funcionario o agente nombrado por el monarca. Una disposición así destrozaba completamente los objetivos liberalizadores de la Constitución. Temían, además, que continuara de esta manera el régimen anterior en el que los funcionarios nombrados por la Corona ocupaban no solo los puestos en perjuicio de los criollos, sino que disponían de un gran poder e influencia. En la medida en que los ayuntamientos y diputaciones tuvieran carácter representativo, por ser electivos sus miembros, habría de reconocérseles una parcela de soberanía efectiva, aunque fuera residual. Durante la guerra de la Independencia las juntas provinciales americanas habían asumido el poder en cada una de estas provincias, al derrumbarse las instituciones preexistentes. Aunque tales situaciones eran provisionales y revolucionarias, a la espera del retorno de la legalidad legítima, enseñaron sobre la posibilidad de organizar el Estado en clave federal. En cambio, situar al jefe político al frente de cada diputación implicaba un sometimiento del gobierno local a la línea jerárquica de autoridades que terminaba en el gobierno de la monarquía. En todo caso, este orden jerárquico había de quedar necesariamente debilitado y estaba abocado a su eliminación. La división en provincias atacaba de frente la vieja organización en virreinatos y capitanías generales, y las disolvía o sustituía por instituciones renovadas.

Desde el punto de vista de la nueva organización territorial de la monarquía, la posición de los liberales americanos, que representaban los intereses de los criollos, era que América se dividiera en provincias que tendrían la condición de provincias del Estado nacional español, lo mismo que las peninsulares. Pero con la diferencia de que a las de ultramar se les reconocería una amplia autonomía para gestionar sus propias competencias. La monarquía española sería un Estado nación y España una simple parte de ese Estado, del que también formaban parte las provincias americanas, con un gran poder autonómico ejercido sin tutelas.

El artículo 326 del proyecto de Constitución que el secretario leyó decía: «Se compondrá esta diputación del presidente, del intendente y de siete individuos elegidos en la forma que se dirá, sin perjuicio de que las Cortes en lo sucesivo varíen este número como lo crean conveniente, o lo exijan las circunstancias, hecha que sea la nueva división de provincias de que trata el artículo 12».

En los debates, los representantes americanos argumentaron sobre el número de los diputados provinciales, cuya cifra resultaba ridícula para la enormidad del territorio que abarcaría la diputación. Era necesario establecer diferencias con las diputaciones provinciales peninsulares. Pero la cuestión más debatida fue la ya indicada de la subordinación de la diputación al jefe superior. Para los americanos, la institución provincial tenía que tener potestades de autogobierno para el desarrollo de sus cometidos. Había que considerarlas entidades dotadas de autonomía suficiente, y vinculadas únicamente al pueblo al que representaban. Es decir, que se estaba pretendiendo crear un Estado articulado según las pautas del sistema federal. El diputado Guridi y Alcocer, siempre tan incisivo en esta cuestión, dijo en la sesión del día 13 de enero de 1812: «Yo tengo a los diputados provinciales como representantes del pueblo de su provincia, cuando hasta los regidores de los ayuntamientos se han visto como tales aun antes de ahora. Unos hombres que ha de elegir el pueblo, y cuyas facultades les han de venir del pueblo de las Cortes, que son la representación nacional, y no del poder ejecutivo, son representantes del pueblo».

Después de la Constitución, el decreto de 23 de mayo de 1812 relativo al establecimiento de diputaciones provinciales llegó a implantar en América un número muy escaso de estas instituciones en relación con el territorio. Fueron veinte en toda América: quince que se previeron expresamente en el artículo 10 de la Constitución, y las demás añadidas por el decreto citado.

Triunfó la posición de los liberales peninsulares, que se manifestaron muy firmes en el sentido de que los ayuntamientos eran administraciones públicas locales vinculadas y dependientes jerárquicamente del poder central. Los discursos del conde de Toreno y de Argüelles establecieron los principios de la nueva organización territorial sobre la base indicada. Toreno advirtió que la Comisión de Constitución se había abstenido de intentar crear un sistema federal que concluiría, tarde o temprano, en la creación de Estados separados en América: «Lo dilatado de la nación la impele, bajo un sistema liberal, al federalismo, y si no lo evitamos, se vendrá a formar, sobre todo con las provincias de Ultramar, una federación como la de los Estados Unidos, que insensiblemente pasaría a imitar la más independiente de los antiguos cantones suizos, y acabaría por constituir Estados separados». Y Argüelles abundó en las mismas ideas. Y en los mismos temores: «Multiplíquese esta acción de pequeños gobiernos en razón de su número, y se verá que no pueden menos que propender a la federación...». La misma opinión sostuvieron Muñoz Torrero y otros diputados.

En ello concluyeron los debates doceañistas sobre la forma que habría de tener el Estado español, cuyo territorio americano era varias veces más extenso que el peninsular europeo. Se rechazó el federalismo y se optó por dar continuidad a las formas centralizadas de gobierno, con instituciones muy renovadas, en relación con las heredadas del Antiguo Régimen, que implicaban una fuerte reforma del régimen municipal, pero sin abandonar la jerarquización de los poderes locales en relación con el gobierno de la nación, en la que residía la soberanía, considerada indivisible.

La Constitución de Cádiz aportó, sin embargo, fértiles enseñanzas, tanto en materia de organización del Estado como en materia de igualdad de derechos y eliminación de privilegios, que serían tenidas en cuenta e incorporadas a las constituciones de las repúblicas americanas que empezaron a emerger casi coetáneamente a la aprobación de aquella ley fundamental.

LOS MOVIMIENTOS DEL LADO AMERICANO: INSURGENCIAS E INDEPENDENCIAS

En los últimos años del siglo XVIII había habido insurrecciones de algunos territorios americanos, levantamientos indios como el de Túpac Amaru en Perú, o los Comuneros del Socorro de Nueva Granada, o la del dirigente negro José Leonardo Chirinos en 1795, o la de Francisco de Miranda en Coro, diez años después. Cuando se produjo la invasión francesa en la Península, las colonias americanas fueron un gran hervidero de reivindicaciones a las que contribuían desde los comerciantes incómodos, los patricios criollos, mulatos o pardos ilustrados, indios oprimidos y negros libertos influidos por la rebelión de Haití, promovida por Toussaint Louverture. Se intentaron siempre paliar estas reivindicaciones pero no se podía evitar la circulación de papeles y panfletos de toda clase en los que se promovían reacciones contra la situación establecida.

La revolución había hecho generar figuras favorables a la causa independentista como Miranda, Bolívar o fray Servando Teresa de Mier. Pero también había estimulado la admiración por la Revolución francesa o una mayor atención a la lectura de autores franceses como Condorcet o Rousseau. O de textos que habían servido también de apoyo a la independencia de Estados Unidos.

La revolución hispanoamericana tuvo, en los primeros años del siglo XIX, dos frentes simultáneos en los que expresarse: los debates de las Cortes de Cádiz, y los que tuvieron lugar en cada uno de los virreinatos y capitanías generales americanos que, al hacer frente a la crisis de la monarquía española, iniciaron el camino para constituir gobiernos provisionales autónomos que precedieron a las declaraciones de independencia.[16]

Antes de que la convocatoria de Cortes se produjera, ya habían comenzado a establecerse juntas en América, que defendían la legitimidad monárquica personificada en Fernando VII. La primera de estas juntas fue la de Montevideo, constituida el 21 de septiembre de 1808 y presidida por Francisco Javier Elío, gobernador interino de la ciudad. La integraban funcionarios, oficiales del ejército, de la marina, la alta burguesía, terratenientes, eclesiásticos, alcaldes, magistraturas locales y otras representaciones semejantes. La legitimación de estas juntas se justificó con dos argumentos principales: por un lado, reivindicaban la legitimidad monárquica; por otro, sostuvieron que, privado el rey forzosamente de sus atribuciones e imposibilitado de ejercerlas, su poder, que, según el derecho histórico, derivaba de un pacto de carácter traslaticio con los estamentos, tenía que retornar al pueblo, a efectos de su conservación y administración.

La apertura de las sesiones en las Cortes de Cádiz coincidió casi exactamente con las maniobras políticas de la insurgencia en algunos virreinatos y capitanías generales americanos. Los criollos involucrados en estos movimientos deseaban una transición política que no costara vidas, pero que llevara inmediatamente a desmontar el orden colonial. Manuel Lucena Salmoral[17] ha propuesto una clasificación de las revoluciones y sublevaciones distinguiendo entre lo que él denomina la fórmula urbana, en la que el protagonismo residió en los cabildos revolucionarios y, por otro lado, el modelo rural. La primera opción fue la seguida por grupos blancos criollos y se propagó desde la capital hacia el medio rural. El otro procedimiento fue más bien de origen indígena y se desarrolló en sentido centrípeto, desde el campo hasta la ciudad.

Los cabildos revolucionarios fueron impulsados por grupos de la oligarquía criolla que los consideraron una buena solución institucional para facilitar la transición pacífica entre el antiguo orden y los gobiernos independientes que se pretendía establecer. El procedimiento consistía en que los cabildos existentes se declaraban abiertos y acogían representaciones de los vecinos para deliberar y formar juntas de gobierno. Se trataba de usar de un modo instrumental los cabildos que ya estaban constituidos, añadiéndoles una representación popular de la que carecían. El cabildo solo ostentaba competencias en el territorio al que extendía su jurisdicción, pero esta limitada posición de gobierno podía ampliarse si el cabildo de la capital elegía la primera Junta de Gobierno y posteriormente convocaba a los demás cabildos a una Asamblea territorial.

La constitución de juntas de gobierno provinciales había sido la fórmula para establecer un gobierno alternativo en España con el que hacer frente a la nueva monarquía napoleónica. El modelo habría de seguirse en América para prevenir que una eventual victoria de los ejércitos franceses en la Península llevase consigo el sometimiento de toda la América española al dominio de Napoleón. Las juntas serían en América, como en la Península, instrumentos de defensa de la legitimidad de la monarquía borbónica. Pero el paralelismo no funcionó. Muchas juntas de gobierno declararon su autonomía y trataron de abrirse camino hacia la independencia, sin que la Regencia constituida en España pudiera contrarrestar este movimiento por tener centradas todas sus escasas fuerzas en la resistencia contra los ejércitos franceses.

El primer ejemplo de insurgencia urbana se dio en Caracas en 1808. En Caracas se enteraron de lo que pasaba en España el 18 de abril y la acción inmediata de los cabildenses fue el 19 siguiente. Presionaron al cabildo de Caracas para que se reuniese con carácter extraordinario para estudiar la situación y Emparan no tuvo más remedio que reunirlo. Pero el pueblo se amotinó contra el capitán general exigiendo que el cabildo fuera abierto. Hubo de aceptar esta exigencia y se incorporaron diputados populares, representantes de la Iglesia y de entidades como la Audiencia, la Intendencia y el ejército. El cabildo acusó al capitán general de mal gobierno y tuvo que renunciar entregando el poder al Ayuntamiento de Caracas. Ese mismo día 19 llegaron a Caracas dos comisarios regios, Villavicencio y Montúfar, que pretendieron establecer un proyecto alternativo de transición. La Junta de Gobierno de Caracas que acababa de constituirse no les hizo el menor caso.

La Junta de Gobierno formada en 1810 no fue reconocida por los territorios de occidente (como Coro y Maracaibo) que mantuvieron la fidelidad a las autoridades españolas. La Junta de Caracas inició su actuación defendiendo sobre todo los intereses de los oligarcas. Es decir, adoptó todas las medidas propias del liberalismo primitivo que convenían a los criollos dominantes y enriquecidos. También se preocupó de las conexiones exteriores con el envío de una delegación a Londres con el propósito de negociar el establecimiento de relaciones diplomáticas. La componían personajes con tanto porvenir como Bolívar, Bello y López Méndez. Se convocó un Congreso en 1811, que declaró la República Federal de Venezuela el 5 de julio de 1811. Esta primera república luchó contra el ejército realista que dirigía Monteverde y al final cayó cuando la economía del país se deterioró hasta hacerse insostenible. La primera república acabó vencida por las armas de los realistas, pero también contribuyó el enorme terremoto del 26 de marzo, que acabó con el ánimo de los patriotas, ya mermado por la crisis económica.

En la primera república en Venezuela el líder fue Francisco de Miranda. En la segunda lo sería Simón Bolívar. En Cartagena elaboró su primer documento, el «Manifiesto», donde recapitulaba sobre la caída de la primera república. Desde este lugar se desplazó Bolívar hacia Tunja, para encontrarse con la Confederación neogranadina. Se le confiaron tropas que tenían que operar contra los realistas de Santa Marta. Bolívar pasó desde Nueva Granada a Venezuela en 1813. Esta expedición constituyó la llamada «campaña admirable» en la que obtuvo una serie de victorias que le abrieron las puertas de Caracas, donde entró el 6 de agosto e hizo su proclama de «guerra a muerte».

En Buenos Aires, la noticia de la ocupación francesa de la Península se sumaba a los riesgos y amenazas derivados del ataque de Gran Bretaña y sus pretensiones de ocupar Río de la Plata. En Buenos Aires se enteraron de lo que pasaba en España el 14 de mayo de 1810, cuando llegó la noticia embarcada en algunos buques ingleses. El virrey era Hidalgo de Cisneros, que trató de formar una especie de Junta de virreyes de América para gobernarla. Esta idea fue inmediatamente abortada por los criollos. Especialmente Saavedra y Belgrano presionaron sobre el alcalde Juan José Lezica para que convocara un cabildo abierto. El virrey Hidalgo de Cisneros se encontró sin apoyos y tuvo que aceptar la convocatoria del cabildo abierto para el día 22 por la mañana. Allí se oyó por primera vez la doctrina escolástica según la cual la abdicación del monarca había determinado que el poder revirtiera al pueblo. Otros como el fiscal Villota o Paso defendieron, de modo contradictorio, que el cabildo no representaba a Buenos Aires, el primero, y el segundo que el virrey no tenía ninguna autoridad porque la Junta Central, establecida en la Península, que lo había nombrado, se había autodisuelto. Los españoles propusieron entonces que se creara una Junta de Gobierno presidida por el virrey con mayoría de vocales españoles para que tomara el timón. Pero todos los patriotas renunciaron entonces a sus vocalías. El virrey tuvo que hacer lo propio y unos días después entregó el cabildo a los miembros de una nueva Junta constituida fundamentalmente por criollos. Desde la constitución de la Junta de Gobierno Buenos Aires siempre tuvo un gobierno propio que, aunque no rompió los vínculos con la metrópoli, impidió que desde entonces una autoridad española volviese a ocupar cargos en la antigua capital virreinal.

Paraguay consiguió su independencia de España a pesar de que fue un territorio que no estuvo muy afectado por la explotación colonial. El enfrentamiento de los paraguayos contra los bonaerenses no significó que estuvieran sometidos a España, bien al contrario: hubo un movimiento criollo el 14 de mayo de 1811 que declaró la independencia de Paraguay. Los patriotas convocaron un Congreso Nacional en Asunción que aceptó integrarse con Buenos Aires en régimen de igualdad en el marco de una confederación americana. Pero continuaron las tensiones y desencuentros. En 1813 la Junta convocó un Congreso Nacional, al que transfirió la autoridad, que decidió proclamar a Paraguay república soberana el 12 de octubre de 1813 y encargó a los diputados Yegros y Francia que redactaran un reglamento que sirviera de Constitución provisional del Estado. Al año siguiente se convocó otro Congreso, controlado por el doctor Francia, que se proclamó para entonces dictador supremo de la república, cargo que desempeñó hasta su muerte en 1840.

También se enfrentaron la opción criolla de autogobierno y la solución legitimista propiciada desde Cádiz en el virreinato de Nueva Granada. La solución gaditana se impuso en Cartagena pero en Santa Fe acabó estableciéndose la fórmula criolla. El levantamiento empezó en Cartagena. A principios de mayo de 1810 llegaron al puerto de esa ciudad los comisionados regios Villavicencio y Montúfar, conocedores de lo sucedido en Caracas, donde había prosperado el autogobierno. Los criollos cartageneros apoyaron a Villavicencio, pero este no pudo atraer a las autoridades locales. Quiso aplicar la fórmula gaditana, pero el cabildo decidió formar un gobierno al que se opuso el gobernador Montes. El cabildo le pidió su dimisión y, como no la dio, fue depuesto con la ayuda de la Compañía del Regimiento Fijo.

En el virreinato de Nueva Granada no se habían encontrado fórmulas de consenso para el autogobierno. La *patria boba* estaba regida por una Junta de Gobierno formada en Bogotá el 20 de julio de 1810, que convocó un Congreso al que no asistieron Quito, Venezuela y Panamá y tampoco las provincias realistas de Popayán, Pasto y Santa Marta. Cartagena se declaró independiente y soberana en 1811, rechazando la unión con otras provincias. El Congreso representaba por tanto únicamente a Cundinamarca, Boyacá, Santander y algunas zonas de Magdalena.

En Quito, la Junta de Gobierno que presidía el gobernador español Ruiz de Castilla, y de la que era vicepresidente el obispo Cuero, consiguió la aprobación de la Regencia, que consideró que era un gobierno al estilo gaditano. Pero se equivocaba porque su ánimo era separatista. Los realistas de Cuenca y Guayaquil se negaron a reconocerla y el presidente de la Junta que había enviado el virrey no consiguió tomar posesión de su cargo. En octubre de 1811 la presidencia la asumió el obispo Cuero. El obispo organizó y presidió un Congreso que empezó a funcionar el 4 de diciembre de 1811 y que acordó proclamar la independencia del territorio. También se preparó una Constitución que fue promulgada el 15 de febrero de 1812, aunque con el nombre «Pacto Solemne de Sociedad y Unión entre las Provincias que forman el Estado de Quito». Estaba regida por un Supremo Congreso de elección popular.

Quito cayó bajo las tropas realistas poco tiempo después y las divisiones entre los partidarios de los diferentes líderes españoles también causaron sus estragos. Al final, Abascal, que era el virrey, nombró un nuevo gobernador que derrotó a las tropas patrióticas y entró en la capital el 8 de noviembre de 1812. Hacia diciembre de 1812 la Constitución quiteña fue sustituida por la Constitución española de 1812.

El modelo rural de revolución tuvo su mejor ejemplo en el caso del levantamiento del cura Hidalgo ocurrido en 1810. Su prolegómeno fue la organización por varios criollos notables como Alama, Domínguez, Hidalgo y Allende del levantamiento de las poblaciones de Valladolid, Guanajuato y Querétaro. Había en ellas mucha población india y mestiza que se sumó al levantamiento, facilitado por el malestar existente a causa de las crisis en la industria textil y la producción minera. Cuando descubrieron la conspiración las autoridades, el cura Hidalgo se decidió a hacerla inevitable tocando la campana de la iglesia del pueblo de Dolores y reuniendo a los indios de su parroquia. No se esperaba que esta acción diera lugar de un modo tan decidido a una revolución que no estaba en absoluto preparada.

El «Grito de Dolores» ocurrió el 16 de septiembre de 1810. El párroco Hidalgo pidió al pueblo indio que se levantara en defensa de Fernando VII y de la Virgen de Guadalupe, de la religión y de la independencia. El mismo día unos centenares de indios se formaron detrás del estandarte de la Virgen de Guadalupe y se pusieron en marcha pasando por las diferentes poblaciones. La primera de ellas fue San Miguel el Grande, donde se le sumaron otros grupos importantes de indios. El cura Hidalgo organizó la expedición como una forma de redimir también a los humildes, a los que repartía monedas obtenidas en los saqueos. La ciudad de Guanajuato sufrió este asalto. Era una rica ciudad minera, con importantes asentamientos de españoles y criollos que se defendieron con milicias que habían formado a toda prisa. La expedición llegó a reunir a más de 60.000 hombres, entre los cuales muy pocos blancos. Los líderes del levantamiento adoptaron algunas medidas revolucionarias de gobierno, como la prohibición del tributo indígena, la abolición de la esclavitud y la devolución de tierras a los indios. Se oían vivas al rey en las expediciones, pero también a la independencia y a la libertad. Los revolucionarios se dirigieron finalmente hacia la capital de México. Las adhesiones que iban encontrando eran cada vez menores. Los españoles consiguieron organizarse mejor para la defensa, que encargaron al militar Félix María Calleja, quien, al mando de un gran ejército, acorraló a Hidalgo en la zona de Guanajuato, Michoacán y Guadalajara. La victoria de los españoles vino facilitada por los conflictos internos que redujeron la moral de las tropas insurgentes. Hidalgo fue entregado a la Inquisición y después fusilado el 31 de julio de 1811.

Después del ajusticiamiento de Hidalgo, su movimiento fue seguido por el cura Morelos. Las ideas de redención del campesinado, el símbolo de la Virgen de Guadalupe y la acción contra los abusos de los criollos continuó con él. Mantuvo el apoyo de los indios pero sustituyó las huestes de harapientos de que se había valido Hidalgo por un ejército mejor organizado de unos tres mil hombres, menos numeroso pero con más movilidad y mejor intendencia. Morelos se deshizo de la lealtad a Fernando VII y defendió la república del Anáhuac. No se dedicó solo a defender los intereses de los indios, sino que pensó en una gran república que acogiera a todos los grupos sociales. Los únicos que quedarían excluidos serían los peninsulares. También fue mucho más ordenado su ejército. Evitó los saqueos a la llegada a pueblos y ciudades, lo que contribuyó a reducir el terror que causaron a los criollos las acciones propiciadas por Hidalgo, que dejó actuar a sus anchas a la turbamulta de indios. Morelos llegó a dominar una gran parte de la zona costera del sur y en 1812 tomó Oaxaca. Sus ideas se concretaron en algunas proclamaciones como las de Aguacatillo y las del Congreso de Chilpancingo que se reunió en 1813. Pretendía la independencia de México, la abolición del tributo indígena y la esclavitud, el apoyo a la Iglesia católica pero con derogación de todos los privilegios y diferencias de clases. Morelos solo distinguía entre europeos o gachupines, todos vinculados a los conquistadores y colonizadores, y los americanos.

Dentro de los americanos contaban los indios, mestizos, esclavos y todas las castas. El 6 de noviembre de 1813 decretó la independencia de México. A partir de ese año el virrey Venegas fue sustituido por Calleja, quien persiguió a las fuerzas de Morelos hasta vencerlas. El Congreso se convirtió en un Congreso itinerante que llegó a la promulgación de la Constitución de Apatzingán el 22 de octubre de 1814, que siguió de cerca lo establecido en la Constitución española de 1812, aunque desde una inspiración republicana. Morelos fue capturado el 3 de noviembre en 1815, llevado a México, entregado a la Inquisición y finalmente fusilado el 22 de diciembre de 1815.

En Chile se había constituido la Junta de Gobierno el 18 de septiembre de 1810, presidida por el conde de la Conquista. Adoptó las medidas liberales que se repetían en otros territorios como la libertad de comercio con el extranjero, la convocatoria de nuevas elecciones e incluso el apoyo a los territorios limítrofes que combatían contra las tropas españolas. Pero, como en todas partes, se produjeron enfrentamientos entre moderados y exaltados. Se inició un Congreso el 14 de julio de 1811, en el que se enfrentaron las fuerzas moderadas, que estaban representadas por veinticuatro diputados, y las de los exaltados, que eran minoría pero tenían catorce representantes. Estos últimos promovieron un golpe militar valiéndose de los hermanos Carrera, Juan José y Luis, que tenían mando de tropas. Echaron del Congreso a varios diputados moderados y los sustituyeron por otros suyos, y pusieron también como miembros de la Junta a algunos de sus seguidores. A partir de entonces se hicieron muchos proyectos reformistas que no pudieron aplicarse en la práctica por sus excesivas pretensiones reformadoras. Pero declararon algunas libertades públicas esenciales. Entonces se hizo cargo de la política chilena, como líder, José Miguel de la Carrera, que venía de España, en concreto de Cádiz, donde había sido enviado por su padre para que aprendiera cuestiones de comercio. Dio un golpe militar el 15 de noviembre de 1811 y sustituyó a los representantes que no eran de su cuerda. Carrera se quedó, por tanto, con el control total de la situación. Sometió la provincia de Concepción en 1812 que estaba gobernada por Rozas, lo apresó y lo mandó a Mendoza, donde murió al año siguiente. Carrera estableció una dictadura, formalizó relaciones con Estados Unidos y promulgó el Reglamento Constitucional de 1812.

Entre 1810 y 1814, los insurgentes trataron de crear sus propias naciones luchando contra las frecuentes divisiones internas y frente a las acciones de los realistas, con pocos medios y sin apoyo internacional. Esta situación sin un horizonte claro, ni ayudas de ninguna clase, permitía muy fácilmente la reconquista por parte de los españoles, lo que ocurrió efectivamente. Estas patrias efímeras, creadas por los primeros insurgentes, se conocieron luego como las patrias viejas o bobas. En cuanto que los españoles pudieron enviar ejércitos, ya desembarazados de los invasores franceses, lo que ocurrió en 1813, pudo controlarse la situación o al menos disminuir sus riesgos. A ello contribuyó también el miedo de los criollos a que se organizara una revolución social que perjudicara sus intereses. Este temor llevó a muchos grandes hacendados a militar en el bando realista.

Con el retorno del rey a España en 1814, la situación en América cambió radicalmente. España recuperó buena parte de los territorios insurgentes y consiguió pacificarlos. Hacia 1816 Nueva Granada había sido recuperada por el general Morillo. La Junta de Buenos Aires no había conseguido ampliar su dominio territorial y un ejército español aniquiló las fuerzas revolucionarias que integraban fundamentalmente esclavos negros y servidores indios o mestizos. A punto estuvo de conseguir la reducción total de los levantamientos en casi toda América. La reposición del rey al frente de la monarquía española implicaba que todos los levantamientos podrían considerarse como traición, de modo que los criollos dominantes se vieron en la tesitura de elegir entre el absolutismo, que ya conocían, aunque les resultara incómodo e inconveniente desde el punto de vista de sus intereses políticos o económicos, o dejarse llevar por los grupos rebeldes que no se sabía muy bien adónde les conducirían. Una alternativa consistente en negociar con el rey Fernando VII era teóricamente pensable, pero poco realista porque era imposible que el monarca aceptara cualquier clase de acuerdo. Como posición intermedia algunos criollos e insurgentes importantes se inclinaron por establecer monarquías en América, atribuyendo la corona a algún descendiente de la monarquía española. Manuel Belgrano, que había sido ferviente republicano jacobino antes de su súbita conversión al régimen monárquico, y partidario de Mario Moreno, propuso un reinado que se encomendaría a algún descendiente de los reyes incas. José de San Martín, que había asumido el mando del ejército de liberación, también llegó a apostar por una monarquía hispanoamericana independiente. Estas ideas no quebraron las convicciones del recalcitrante republicano que fue Simón Bolívar, pero influyeron en la orientación conservadora de su proyecto político, que sostenía que el republicanismo del sur de América no podía ser parecido al modelo norteamericano, ni menos al de la Revolución francesa, porque estaba convencido de que una democracia electoral conduciría a la catástrofe. Consideraba que el larguísimo periodo de tiempo que habían estado los habitantes de América bajo la «tiranía española» les había privado de las dotes mínimas para poder desarrollar y gestionar la nueva nación.

Las independencias se reavivaron a partir de 1816 y 1817, aunque nunca permanecieron absolutamente durmientes. San Martín reunió un ejército con el que cruzó la cordillera hasta Chile, lo liberó y se encaminó por el mar hacia Lima, que era la gran reserva realista en América del Sur. En febrero de 1817 atravesó los Andes y entabló una batalla en Chacabuco. Y siguió hacia la capital, Santiago, donde entregó el gobierno a Bernardo O'Higgins, quien en febrero de 1818 declaró formalmente la independencia. La victoria de Maipú, que sucedería en el abril inmediato, dejaba liberado a Chile, sin perjuicio de que las tropas realistas todavía se mantuvieran en el territorio, luchando por la reconquista durante mucho tiempo.

Las batallas de Perú contaron con el apoyo de O'Higgins. Muchos chilenos se sumaron a los ejércitos que lideraba San Martín, que también contaba con la colaboración de una pequeña flota de guerra que comandaba el aventurero escocés lord Cochrane (Thomas Alexander). O'Higgins le prestó apoyo mientras pudo. Se había metido en un programa de reformas y asumido poderes dictatoriales que excluían a la clase dominante chilena, que empezó inmediatamente a plantearle dificultades.

Mientras esto ocurría Simón Bolívar había vuelto a Venezuela en 1817 e inició una campaña por el oeste cuyo primer paso fue la toma de Angostura. Entró en contacto y llegó a un acuerdo con el caudillo de los llaneros mestizos, José Antonio Páez, que prestó a Bolívar ayudas absolutamente decisivas. Bolívar también ideó incentivos para los mulatos y los esclavos negros a fin de asegurarse su lealtad y la adhesión a su ejército, detalle importante que no había cuidado durante la segunda república. Bolívar tuvo así acceso a los llanos centrales desde los que podía asediar las zonas costeras y especialmente entrar en Caracas. En Angostura convocó un Congreso en febrero de 1819 y esbozó lo que podría ser una Constitución para la futura república. Avanzó hacia los llanos para la conquista de Nueva Granada, yendo a la búsqueda de Francisco de Paula Santander que estaba al otro lado de los Andes. La sede del virreinato estaba en Bogotá y hacia allí se dirigió Bolívar en una marcha de mucha dificultad, puesto que le obligó a subir a las cumbres de los Andes. Bolívar y Santander juntos ganaron a los realistas la batalla de Boyacá. De allí partió hacia Bogotá y de esta manera buena parte de Nueva Granada quedó en manos de los revolucionarios. En diciembre declaró la independencia de todas las provincias del virreinato y fundó la República de Colombia. Comprendía territorios de Nueva Granada y Venezuela, aunque todavía faltaba por incorporar Quito, Panamá y las regiones más pobladas de Venezuela, incluida Caracas, controladas por las fuerzas realistas que mandaba Morillo. Esta lucha continuó durante los años siguientes.

El levantamiento de Riego en Cabezas de San Juan, en 1820, dio lugar a la apertura de un nuevo paréntesis en el dominio y autoridad de los reyes españoles, que fue aprovechado por los independentistas americanos.

La reacción más rápida fue la de México. Aunque desde 1815 se había apaciguado la insurgencia, se mantuvieron fuerzas rebeldes que, después de la muerte de Morelos, mandaba un mestizo llamado Vicente Guerrero. En noviembre de 1820 el virrey, Juan Ruiz de Apodaca, envió a un criollo que había sido siempre leal, Agustín de Iturbide, que había luchado contra Hidalgo y Morelos, a aplastar a los insurgentes. Pero conoció Iturbide las noticias que venían del levantamiento constitucional ocurrido en España y, en lugar de abrir las hostilidades contra Guerrero, llegó a un acuerdo para actuar juntos contra el gobierno español. Juntos proclamaron el 24 de febrero de 1821 el Plan de Iguala. Este programa se dirigía a la constitución de una monarquía independiente cuya titularidad se atribuiría a Fernando VII o a alguno de sus hermanos, que adquiriría en México la condición de emperador. Se declaraba el catolicismo como religión única y legítima, se conservaban los privilegios de la Iglesia católica, y se proclamaba que todos los habitantes de México, fuesen indígenas, mestizos o españoles, serían iguales ante la ley. Con estas ideas trataba de conseguir un consenso nacional que llevara a la independencia sin derramamientos de sangre. Enviaron al virrey a la Península algunas semanas después, porque la mayoría de las guarniciones de México habían prestado fidelidad a Iturbide, lo que le permitió declarar la independencia el 24 de agosto de 1821. Después entró en ciudad de México.

El Plan de Iguala trataba de conciliar el autogobierno legítimo de los criollos y el esquema monárquico y religioso en el que habían vivido durante los anteriores decenios.

El imperio mexicano también se integraría con la capitanía general de Yucatán y las provincias centroamericanas que formaban el territorio de Guatemala. Todas aceptaron y la más renuente, que fue El Salvador, fue obligada a hacerlo.

Al principio el gobierno liberal de la Península no quiso reconocer la independencia de México, y mucho menos aceptar la Corona del nuevo Estado. Pero Iturbide resolvió la situación porque el 18 de mayo de 1822 una manifestación que encabezaban soldados de sus propias compañías lo proclamó emperador, con el nombre de Agustín I de México. Lo aceptó Iturbide e inmediatamente trató de conseguir la lealtad de todos sus súbditos, lo que era complicado porque la aristocracia criolla no le tenía mucha consideración por sus orígenes sociales y su fama consagrada de intrigante, que le habían atribuido sus propios compañeros de ejército. Su imperio no duró mucho porque en diciembre de 1822 un coronel que daría mucho que hablar en los años siguientes, Antonio López de Santa Anna, proclamó la república obteniendo el respaldo inmediato de varios generales. El grueso del ejército apoyó esta Declaración y el 19 de marzo de 1823 Iturbide abdicó. Tiempo después volvió de su exilio de Europa pensando que podía recuperar el imperio pero se equivocó. Lo fusilaron.

El resto de las independencias que afectaban a América del Sur se desarrolló con relativa facilidad. La moral de las tropas realistas caía en picado y muchos de sus efectivos se pasaban a las independentistas. Las circunstancias del levantamiento militar español en 1820 también propiciaban esta inseguridad e intranquilidad. San Martín tenía que terminar de tomar Perú, pero no quiso hacerlo inmediatamente porque pensó que el deterioro general de la gobernación realista le permitiría hacerlo con más facilidad si esperaba con paciencia. Trató de llegar a soluciones negociadas, al estilo de las que figuraban en el Plan de Iguala de Iturbide, y propuso crear una monarquía constitucional a cuyo frente estaría un príncipe español del linaje de los Borbones. Pero no se avanzó mucho por este camino, de modo que se llegó a un golpe militar en julio de 1821, que sustituyó al virrey por otro nuevo gobernador que sería José de la Serna. La deposición se produjo mediante un golpe militar de los propios realistas.

En julio de 1821 San Martín marchó sobre Lima y declaró la independencia de Perú. Dado el fuerte conservadurismo de este territorio, muchos criollos se sintieron disconformes, más aún cuando el general dispuso tributos especiales para financiar su ejército. En 1822 San Martín fue a Guayaquil para entrevistarse con Simón Bolívar. Bolívar también había aprovechado la ventaja que le daba el levantamiento de Riego en España. La debilidad de los ejércitos realistas volvió a hacerse patente cuando el general español Morillo fue instruido para que celebrara un armisticio con los rebeldes. El general español se retiró, sin embargo, pocos meses después y su sucesor fue vencido por Bolívar en la batalla de Carabobo. Poco después se produjo la toma de Caracas y la liberación de toda Venezuela. Se convocó un Congreso en Cúcuta donde Bolívar fue aclamado como presidente de la Gran Colombia, que era un Estado que abarcaba Venezuela, Nueva Granada y Quito. Faltaba por liberar este último territorio. Se aprobó una Constitución que regiría este inmenso Estado nuevo.

El 27 de julio de 1822 Bolívar fue a Guayaquil para entrevistarse con San Martín. Fue recibido como jefe del Estado independiente de Colombia y como el gran conquistador. Celebraron San Martín y Bolívar conversaciones y, a su término, San Martín decidió retirarse y viajar a Europa, de donde nunca volvió. Cuando llegó a Perú en septiembre de 1823, Bolívar preparó una ofensiva final que inició a mediados de 1824, hasta ganar la batalla de Junín que le permitió despejar el camino hasta Lima. El mariscal Sucre derrotó al ejército del virrey de la Serna en la batalla de Ayacucho, con lo que se ponía fin a la guerra por el control de Perú.

LAS PRIMERAS CONSTITUCIONES AMERICANAS

El constitucionalismo americano se inició coetáneamente con el peninsular y las primeras constituciones de aquel continente fueron las mismas que rigieron en España: la impuesta por Napoleón en 1808 en Bayona,[18] y la primera Constitución revolucionaria y liberal promulgada en Cádiz en 1812. La primera por completo efímera. Pero también la Constitución gaditana tuvo breves periodos de vigencia, interferidos por paréntesis de restablecimiento del gobierno absolutista de Fernando VII. No obstante, rigió en América y en la historia constitucional de muchos Estados figura como su primera Constitución, no solo porque lo fuera de hecho antes de las independencias sino porque tardó en ser sustituida por una Constitución nacional.[19]

Algunas leyes fundamentales de los nuevos Estados se adelantaron incluso a la Constitución española de 1812, pero, aun en estos casos, la influencia de esta Constitución fue muy amplia en los procesos constitucionales del otro lado del Atlántico,[20] como prueba un análisis de la Constitución de Venezuela de 21 de diciembre de 1811. Naturalmente fue una influencia irregular: mayor en Perú y Nueva España,[21] y más débil en Venezuela, Nueva Granada, Quito, Chile, Argentina y Paraguay, según estudió C. Stoetzer.[22]

La razón más obvia es la absoluta proximidad de las élites intelectuales americanas y las españolas, también el hecho de que las fuentes en que inspirarse eran bastante limitadas (Estados Unidos, cuya peripecia histórica se conocía mejor por los criollos que por los españoles; Inglaterra, que ofrecía opciones historicistas que se invocaron pero que no se utilizaron ni en España ni en América; y Francia, cuyas constituciones de 1791, 1793 y 1795 conocían bien ambos continentes). Por demás, hay que considerar que los debates constituyentes españoles eran bien conocidos en América, tanto por la participación en las Cortes de diputados americanos como por las informaciones que llevaron los periódicos, principalmente *El Español*. M. Murphy[23] ha comprobado que los argentinos conocieron la Constitución de Cádiz a través de ese periódico.

Los representantes americanos en las Cortes de Cádiz manifestaron en las deliberaciones su adscripción a diversas corrientes de pensamiento. Hubo un sector muy escolástico y proclive al absolutismo del que fue un ejemplo Ostolaza, diputado de Perú. Otros fueron partidarios de las ideas liberales, como Leyva Morales Duárez, Ramos Arizpe o Mejía Lequerica, que tuvo un gran protagonismo en los debates gaditanos. Algunos diputados participaron en la elaboración de las constituciones iberoamericanas como Antonio de Larrazábal o Ramos Arizpe en la Constitución federalista mexicana de 1823-1824. Mendiola, Guridi y Alcocer, Olmedo y Larrazábal estuvieron próximos a las vicisitudes políticas de sus países en la época.

La ideología de la independencia muestra elementos tradicionalistas y iusracionalistas. Un ejemplo lo ofrece el movimiento de mayo en Río de la Plata.[24] Se asumió entonces la doctrina de la reversión de la soberanía, de raíz escolástica, pero la reversión no habría sido en favor del pueblo sino de las provincias. A la reasunción de soberanía se sumó la crisis del despotismo fernandino. La doctrina de la reversión o reasunción de la soberanía fue acompañada de críticas muy duras a los años de despotismo, que habían sido especialmente severos en América, así como un ensalzamiento del pasado. El mito en la Península, por lo que respecta a la Constitución histórica, se refirió siempre al pasado medieval, cuyo restablecimiento habría de llevar a una monarquía equilibrada y templada, como la que algunos políticos y escritores habían conocido en Inglaterra. En América la apelación al pasado comprendía más repetidamente el pasado mítico que representaba el gobierno indígena, es decir, la situación previa a la conquista española.[25]

En las constituciones se reconoció el principio de soberanía nacional. La soberanía pertenece «esencialmente» a la nación es la fórmula más utilizada (Constitución de la Gran Colombia de 1821, artículo 2; Constitución de Perú de 1823, artículo 3; Constitución de la República Federal de Centroamérica de 1824, artículo 2; Constitución de Bolivia de 1831, artículo 2). El adverbio «esencialmente» estaba en el artículo 3 de la Declaración de 1789, pero se ha interpretado más bien como de filiación gaditana. Las constituciones declaran que la titularidad pertenece a la nación y su ejercicio a los diferentes poderes del Estado.[26]

Es pertinente observar que las diputaciones provinciales establecidas en la Constitución gaditana se considerarían en América instituciones representativas, que contribuyeron de un modo decisivo al establecimiento de los nuevos Estados soberanos,[27] de modo que en esto también es visible, por lo menos, su repercusión institucional.

Los periodos en que estuvo vigente la Constitución gaditana tuvieron el efecto de acelerar el independentismo, que se frenaba, sin embargo, con los retornos de Fernando VII a su posición de monarca absoluto. La vuelta del absolutismo fernandino en 1814 frenó las independencias, pero el levantamiento de Riego en Cabezas de San Juan, que dio lugar al restablecimiento del texto de 1812, favoreció el último asalto al imperio. Los independentistas, tras la reimplantación del absolutismo y la represión consiguiente, se agruparon en tres congresos nacionales, el de Apatzingán (Nueva España, 22 de octubre de 1814), Tucumán (Río de la Plata, 9 de julio de 1816) y Angostura (Venezuela, 15 de febrero de 1819). Cuando la Península restableció la Constitución de 1812 y en 1820 los liberales pretendieron establecer una política más aperturista, América ya estaba prácticamente despegada de España y todo el sistema imperial se estaba derrumbando.

A partir de 1810 los ecos del enciclopedismo y de la Ilustración alcanzaron un mayor relieve y con ellos la influencia de las independencias norteamericanas y las declaraciones de derechos francesas. En esta época los territorios americanos empezaron a asumir que la independencia nacional solo podía lograrse a través de un documento constitucional que regulase las instituciones estatales. Roto el vínculo con la monarquía, la Constitución no podía ser una carta otorgada ni derivar de un pacto bilateral sino que solo podía surgir de la voluntad constituyente del pueblo. Para expresar esta circunstancia muchos tomaron como referencia el «nosotros el pueblo» que abría la Constitución norteamericana de 1787, aunque el fundamento en América no era la soberanía popular, sino nacional y por ello la referencia al pueblo se sustituía por la referencia a «representantes» nombrados.

De nuevo, por tanto, la Constitución de Cádiz se convirtió en un referente decisivo. La Constitución encarnaba los valores de los liberales de la metrópoli y esto sirvió para legitimar la independencia de los territorios americanos. El documento doceañista reconocía en su artículo 2 la independencia de la nación española con el objetivo de afirmar la resistencia a Napoleón y derrumbar la concepción patrimonialista del Estado («La Nación no es ni puede ser patrimonio de ninguna familia ni persona») y con deslegitimar las «renuncias de Bayona». Un artículo semejante se reprodujo en las constituciones americanas para afirmar la independencia de los territorios de ultramar. La significación era, en este caso, distinta porque no tenía un carácter unionista sino puramente independentista justificativo de la segregación. La nación que surgía de las constituciones americanas era tributaria del modelo gaditano, comenzando por la definición de que era una reunión de nacionales en cada uno de los territorios. El principio de soberanía nacional es el que se utiliza en la mayor parte de las constituciones. La soberanía nacional dicen pertenece «esencialmente» a la nación. Aunque las constituciones americanas insisten en que la soberanía pertenece a la nación y su ejercicio se distribuye entre los diferentes órganos estatales. Los Estados americanos nacían a partir de la idea de nación que ya habían defendido en las Cortes de Cádiz los diputados de ultramar. La nación se concebía como un agregado de provincias que habían recuperado su soberanía originaria con la vacancia del Trono, pero también la idea de nación contaba con un sustrato personal que permitía identificarla con el conjunto de individuos que integraban los concretos territorios españoles. Esta doble idea de nación, agregado de provincias y agregado de individuos, suponía un fraccionamiento de la soberanía que se dividía entre las provincias y de modo particular entre los ciudadanos que la integraban. Los diputados americanos defendieron soluciones muy distintas de las liberales metropolitanas.

Al ser la nación una suma de provincias soberanas entendieron que la Constitución de 1812 solo vinculaba a las provincias tras un reconocimiento expreso de estas.

El proceso revolucionario americano iniciado con la guerra de la Independencia se apoyó en la recuperación de la soberanía originaria por las provincias en donde se formaron Juntas revolucionarias. Algo parecido había ocurrido en la Península donde, en 1808, se habían establecido Juntas provinciales que se declararon titulares de la soberanía. Sin embargo, en España la mentalidad centralista era más acusada y las Juntas provinciales acabaron sujetándose a la Junta Central primero, a la Regencia y a las Cortes después. Pero en América la idea de soberanía fragmentada o fraccionada alcanzó gran relieve porque el movimiento independentista se apoyó en ella y, a partir de 1810, se produjo una asimilación de las doctrinas federalistas norteamericanas que antes habían tenido un papel menor. El resultado fue la implantación en diversas partes de América de un sistema federal de características próximas al norteamericano que se centró, por ejemplo, en la Constitución de la República Federal de Centroamérica de 1824 que comprendía los Estados de Nicaragua, Honduras, Costa Rica, El Salvador y Guatemala (artículo 6), o también la mexicana de 1824.

Merle E. Simmons estudió la influencia del federalismo norteamericano y de las ideas de Thomas Paine, alguna de cuyas obras se tradujo en la época.[28] Estas ideas fueron enérgicamente protestadas por Simón Bolívar, que no creía que los independentistas hispanoamericanos tuvieran formación suficiente para asumir esa forma de gobierno que, si bien era la mejor, era la más complicada de aplicar. Prefería el centralismo estricto, como había dicho en muchos escritos y proclamó en su famoso discurso en el Congreso de Angostura de 15 de febrero de 1819.

Las constituciones que optaron por un sistema centralista estuvieron más claramente influidas por Cádiz, como ocurrió con la Constitución uruguaya de 1830, la de Nicaragua de 1826 y alguna más, en la que incluso se preveía la existencia de un jefe político de la provincia, según el modelo ibérico.

Las constituciones americanas sirvieron sobre todo para dar sustancia a las independencias, pero todas ellas trataron de cumplir con lo que estableció el artículo 16 de la Declaración francesa de 1789: para que una norma pueda tener la condición de Constitución tiene que cumplir dos requisitos esenciales: el reconocimiento de los derechos ciudadanos y la separación de poderes.

En cuanto a la Declaración de Derechos la mayor parte de las constituciones americanas no siguieron el modelo de Cádiz, cuyas características ya han sido expuestas, sino que recogieron declaraciones semejantes a las que habían proclamado las colonias norteamericanas o la Constitución federal, o había hecho Francia en 1789. Hay excepciones a esta regla como la Constitución de Quito de 15 de febrero de 1812, la de México de 4 de octubre de 1824, la de El Salvador de 12 de junio de 1824, la de Honduras de 11 de diciembre de 1825. Estas dos últimas, tanto la de El Salvador como la de Honduras, se integraban en la Federación de Centroamérica, cuya Constitución federal, aprobada el 22 de noviembre de 1824, contenía un catálogo de derechos.[29] Los derechos que se reconocen en estos casos están en los capítulos dedicados a la administración de justicia, y la declaración expresa de derechos se sustituye por una obligación del Estado de «proteger con leyes sabias y justas la libertad, la propiedad y la igualdad» de los ciudadanos (artículo 9 de la Constitución de El Salvador, y artículo 9 de la Constitución de Honduras); ambas siguen casi literalmente el artículo 4 de la Constitución de Cádiz. En otras constituciones que cuentan con declaraciones de derechos, como la propia Constitución de Centroamérica (artículo 2), o la Constitución de la Gran Colombia (artículo 3 de la Constitución de 30 de agosto de 1821), también se hacen menciones a la obligación del gobierno de proteger las libertades con leyes sabias y justas.

Las declaraciones de derechos que recogen las constituciones se situaban bien al principio del texto como hicieron las constituciones francesas de 1791, 1793, 1795, o bien se ponían al final del documento bajo la rúbrica «De las garantías» o «Disposiciones Generales» cuya influencia también podía aplicarse a la Constitución francesa del Año VIII, que precisamente terminaba con un capítulo llamado Disposiciones Generales.

Muchas constituciones que recogían declaraciones de derechos tenían relación con las soluciones de la Constitución gaditana, en cuanto a que los derechos se atribuían al ciudadano, al miembro de la nación, y no a todo hombre. Por esta razón antes se definía la nación y luego los derechos individuales.

Si se atiende a la parte especial, al elenco concreto de derechos y libertades que recogían los derechos americanos, cabe señalar la importancia que en todos ellos se dio a la libertad de imprenta y al derecho de petición. Derechos ambos que fueron importantísimos en la Constitución de 1812. Aunque este es un principio general de las constituciones liberales todas se aproximaron más al modelo de Cádiz y muchas de ellas vincularon la libertad de imprenta a la instrucción pública, que también fue objeto de especial atención en las constituciones americanas.

Pero hay una diferencia notable entre las constituciones americanas y la de Cádiz en cuanto al reconocimiento al derecho a la igualdad. La diferencia entre el artículo 4 de la española y su reproducción en los textos americanos radica en que en estos últimos la igualdad era uno de los objetos de protección del Estado. El reconocimiento de la igualdad en las constituciones americanas respondió al ideario que ya habían plasmado los diputados de ultramar en las Cortes de Cádiz. Uno de los puntos de fricción, como se ha expuesto más atrás, entre los representantes de una y otra parte del Atlántico había sido la distinción entre ciudadanos y españoles, atribuyendo solo a los primeros derechos políticos. Considerando que la representación americana podía ser mucho mayor que la metropolitana la cuestión fue duramente debatida, como ya nos consta.

Los derechos y libertades reconocidos en los textos hispanoamericanos se hallaban sujetos a una limitación exógena debido al reconocimiento unánime de la confesionalidad del Estado. La mayor influencia del constitucionalismo gaditano se percibe en que prácticamente todas las constituciones americanas reconocieron la confesionalidad y la intolerancia religiosa en términos semejantes a la Constitución de Cádiz. Como ha observado I. Fernández Sarasola,[30] una expresión clara de las consecuencias de esta confesionalidad se contiene en el discurso que Simón Bolívar dirigió al Congreso Constituyente de Bolivia: «En una Constitución política no debe prescribirse una profesión religiosa; porque según las mejores doctrinas sobre las leyes fundamentales, estas son las garantías de los derechos políticos y civiles, y como la religión no toca a ninguno de estos derechos, ella es de naturaleza indefinible en el orden social, y pertenece a la moral intelectual». El mismo sentido excluyente de la confesionalidad se aprecia en las constituciones venezolanas de 1819 y 1821, la de Gran Colombia de 1821 y la Constitución federal de Centroamérica de 1835.

Casi todas las constituciones recogían expresamente la exclusión de cualquier otra confesión (Perú de 1823, artículo 8, de 1826, artículo 8, de 1828, artículo 3; Constitución de México de 1824, artículo 3; Constitución de Nicaragua de 1826, artículo 46; Constitución de Gran Colombia de 1830, artículo 7; Constitución de Bolivia de 1826, artículo 6; Constitución federal de Centroamérica de 1824, artículo 11; Constitución mexicana de Apatzingán, de 1814, artículo 1, etc.). Algunas excepciones a esta regla son la Constitución de Uruguay de 1830, artículo 5, y la de Argentina de 1819, artículo 1, y de 1826, artículo 3. La protección de la religión también se arbitró a través de la consideración como infracción constitucional, punible, todo atentado contra la religión.

Sin embargo, el laicismo revolucionario francés encontró hueco en algunos preámbulos constitucionales, que excluyeron la referencia al «Dios todopoderoso» del texto gaditano y lo sustituyeron por el concepto de «Ser Supremo» que utilizaban la Declaración de Derechos del Hombre y del Ciudadano de 1789 y la Constitución del año III.

También es apreciable la influencia de la Constitución de Cádiz en el reconocimiento de deberes de los ciudadanos en las constituciones americanas, tales como la fidelidad constitucional y obediencia a las autoridades, el pago de impuestos o la defensa de la patria (por ejemplo, artículos 7 a 9 de la Constitución de Bolivia de 1826, artículo 12, y de 1831, artículo 11; Constitución de Ecuador de 1830, artículo 11; Constitución de Gran Colombia de 1821, artículo 5; Constitución de Honduras de 1825, artículo 9, etc.).

En cuanto a la forma de gobierno en Hispanoamérica, las constituciones americanas se acomodaron en este tema a las circunstancias de cada país. La soberanía se entendió como la capacidad no solo para declarar la independencia sino para organizar sus órganos de gobierno. Aunque venían de una monarquía colonial no todos rechazaron la idea de la monarquía. Por ejemplo, la infanta Carlota estuvo intentando granjearse el apoyo americano en el Manifiesto de 19 de agosto de 1808, aunque fue rechazada por cuanto significaba continuidad. En el Río de la Plata en 1814 la Asamblea Constituyente negoció con España para que sus comisionados presentaran un proyecto de Constitución monárquica destinado a que el infante Francisco de Paula reinara en Chile y el Río de la Plata. Hubo proyectos monárquicos en Buenos Aires, en Perú y en México pero a partir de 1814 la opción por la monarquía perdió fuerza sobre todo por la impopularidad de Fernando VII, el absolutismo y sus ideas sobre la recuperación de los territorios perdidos. Volveré sobre esta cuestión más adelante.

Pero, en general, Hispanoamérica se inclinó por el gobierno republicano; la preferencia se debió a la influencia norteamericana y también a algunos autores influyentes como Thomas Paine, que se habían traducido parcialmente al español en América desde finales del siglo XVIII. Todos los Estados declaraban que la separación de poderes era un requisito para evitar los abusos del poder; la soberanía era de la nación y se repartía entre diversos ramos para evitar el Estado despótico. Sin embargo el despotismo aparecía representado fundamentalmente por el poder ejecutivo en contraste con lo que había ocurrido en Estados Unidos, donde los abusos se cargaron a la cuenta del Parlamento británico. Alguna Constitución estableció límites expresos al Parlamento como el caso de las constituciones bolivianas de 1826 (artículo 39) y 1831 (artículo 27) y la peruana de 1826 (artículo 39).

El modelo gaditano también influyó en la configuración del reparto de poderes pero compartió la influencia con otros modelos como el británico de la «constitución equilibrada», el modelo directorial francés y el sistema presidencialista norteamericano, ya que las constituciones americanas optaron por uno u otro. La opción por el modelo británico, el directorial o el presidencialista hacía necesaria una organización del Legislativo que no se contemplaba en la Constitución de 1812: la división del Parlamento en más de una cámara. Solo unas pocas constituciones como la de Quito de 1812, la mexicana de 1814, la ecuatoriana de 1830 o los textos constitucionales argentinos de 1811, 1814 y 1815 adoptaron el unicameralismo gaditano. El resto de los Estados optaron por el bicameralismo, con variantes. La Constitución de Venezuela de 1819 se inclinó por un Senado concebido como cámara de equilibrio, tratando de acercarse al sistema de *checks and balances* británico. Simón Bolívar fue influyente de esta idea porque había conocido el sistema británico en su estancia en Londres y años antes de optar por el sistema napoleónico hizo suyas las premisas de la *balanced constitution*. En el primer diseño de la Constitución colombiana, Simón Bolívar quería implantar un gobierno que imitase al inglés, aunque fue en el célebre discurso en el Congreso de Angostura, de 15 de febrero de 1819, cuando expuso estas ideas con mayor claridad. Respecto del primer intento se recoge esta expresión en su *Contestación de un Americano Meridional a un caballero de esta isla*, firmado en Kingston el 6 de septiembre de 1815: «Su gobierno podrá imitar al inglés; con la diferencia de que en lugar de un rey habrá un poder ejecutivo electivo, cuando más vitalicio, y jamás hereditario, si se quiere república; una cámara o senado legislativo hereditario, que en las tempestades políticas se interponga entre las olas populares y los rayos del gobierno, y, un cuerpo legislativo, de libre elección, sin otras restricciones que las de la cámara baja de Inglaterra».[31] Y en el discurso ante el Congreso de Angostura de 15 de febrero de 1819, decía: «Os recomiendo, Representantes, el estudio de la Constitución Británica, que es la que parece destinada a operar el mayor bien posible a los pueblos que la adoptan».[32] En los párrafos siguientes Bolívar hace una semblanza al gobierno inglés identificándolo con un sistema de libertades. También se pronunció sobre las funciones moderadoras del Senado en muchas ocasiones como la citada en la *Contestación de un Americano Meridional a un caballero de esta isla*.

La mayoría de las constituciones optaron por un Senado que recogiese una representación especial de carácter territorial siguiendo el modelo norteamericano, aunque también tuvieron presente la idea de equilibrio constitucional.

La opción por el bicameralismo no excluía toda influencia del modelo gaditano sino que muchos artículos de Cádiz aparecieron en las constituciones americanas para determinar la elección y funciones de los parlamentos nacionales. Especialmente en el sistema de elección de la Cámara Baja que imitaban casi todas las constituciones.

Por lo que respecta a las funciones del Parlamento, fueron evidentes los paralelismos entre la Constitución de Cádiz y las americanas pero las coincidencias más notables se refieren a la función parlamentaria de promover la educación, la creación de tribunales y cargos públicos, el establecimiento de las ordenanzas militares, o la promoción de la industria y las artes útiles.

La Segunda Cámara o Senado asume muchas funciones propias del Consejo de Estado gaditano actuando unas veces como asesor del jefe del Estado y otras haciendo la función de la Diputación Permanente.

En todo caso, las constituciones americanas estaban próximas al modelo gaditano en cuanto a la concepción del poder ejecutivo como un poder que debe limitarse a desarrollar las funciones que se le atribuyen sometido al control de órganos de naturaleza representativa.

Muchas constituciones americanas establecieron, a diferencia de Estados Unidos, la elección parlamentaria del jefe de Estado para lograr una mayor dependencia del Parlamento. El Ejecutivo siempre se consideró dualista, en el sentido de que el jefe de Estado se apoyaba en ministros que refrendaban sus actos y eran penalmente responsables. La figura gaditana de los secretarios de Despacho o secretarios de Estado se utiliza con frecuencia.

En verdad, el presidencialismo americano no se distanciaba tanto de la monarquía constitucional española como pudiera parecer, ya que el presidente ejercía funciones a través de ministros que refrendaban sus actos y respondían de su conducta, a la par que el Ejecutivo resultaba limitado por las tareas de control que ejercía el Consejo de Estado, la Diputación Permanente o el Senado. Entre las limitaciones, por ejemplo, la imposibilidad de declarar por sí solo la guerra o celebrar tratados sin contar con la voluntad parlamentaria. La participación en las tareas parlamentarias estaba muy limitada porque no se reconocía derecho de veto a las leyes. Los constituyentes americanos trataron de otorgar a su jefe de Estado menos competencias que al español y en ocasiones tomaron de la Constitución de Cádiz el mecanismo de establecer restricciones expresas.

Estas limitaciones se complementaban con la responsabilidad penal por su conducta, que compartía con sus ministros. Se establecía así un sistema parecido al que había operado en España durante la vigencia del segundo Reglamento de la Regencia de 1812, en el que los regentes y ministros refrendantes compartían por igual y de forma solidaria la responsabilidad de los actos.

El bicameralismo permitía que el procedimiento que se utilizase para dirimir la responsabilidad fuera el *impeachment*, muy arraigado en la Constitución británica y que en Estados Unidos se había trasladado a la propia Constitución. Sin embargo, también en este punto se optó por el modelo gaditano estableciendo un sistema de acusación parlamentaria y de enjuiciamiento por parte del Tribunal Supremo de Justicia. También procede del modelo español de 1812 la idea de atribuir a la Constitución valor normativo. El jefe del Estado tenía que jurarla y se articulaban mecanismos para sancionar las infracciones constitucionales. Así se hizo en la Constitución gaditana e imitaron algunas constituciones americanas.

Estas primeras influencias de la Constitución gaditana fueron reduciéndose al cabo del tiempo en la medida en que decayó el constitucionalismo revolucionario y se optó por soluciones más moderadas y de compromiso. En todos los Estados europeos se establecieron constituciones que eran cartas otorgadas que seguían el modelo de las cartas francesas de 1814 y 1830, y en España también se pasó al sistema del Estatuto Real y otras fórmulas más transaccionales y pactistas.

CAPÍTULO III
Estados nacionales en formación: soberanías fragmentadas, territorios y población imprecisos

LA SUSTITUCIÓN DE LAS ESTRUCTURAS POLÍTICAS COLONIALES POR LAS ESTATALES

En el ensayo general de organización de los nuevos Estados que se produjo coincidiendo con la invasión de España por las tropas de Napoleón, a cuyas efímeras estructuras llamaron los propios protagonistas americanos las «patrias bobas», muchos criollos hicieron ejercicios constituyentes que expresaban su fe en un autogobierno inspirado, como hemos reseñado, en los mismos principios que había declarado la Constitución de Cádiz de 1812. Algunos territorios incluso se anticiparon a ella y encontraron su inspiración en las constituciones francesas de 1791, 1793 y 1795 o, en menor medida, en la norteamericana de 1787. Otros no aprobaron textos constitucionales o leyes fundamentales nuevas sino que se limitaron a jurar la primera Constitución española.[1]

Desde antes de que las naciones americanas se abrieran camino hacia la independencia definitiva, batallando contra los ejércitos realistas, tenían presente una idea de gobierno basado en la soberanía del pueblo, expresada a través de la nación, como fuente de todos los poderes del Estado. Los poderes se dividirían para ejercer separadamente las funciones legislativa, ejecutiva y judicial. Y quedaría a cargo del Estado la protección esencial de los valores que fundamentaban el nuevo orden político, que eran la igualdad, la libertad y la propiedad.

Se trataba de aplicaciones elementales de una proclama que había recogido la Declaración de Derechos del Hombre y del Ciudadano de 1789, artículo 16: un Estado que no tiene asegurada la separación de poderes ni garantizados los derechos, no tiene Constitución. Todos los Estados aprobaron, tras la definitiva independencia, una Constitución liberal basada en la pareja de principios que estableció el artículo 16 de la Declaración de Derechos del Hombre y del Ciudadano de 1789.[2] Transformar las estructuras coloniales en Estados que respondieran a esas máximas fue el trabajo que se comprometían a realizar los nuevos gobernantes.

No fue fácil, en Europa, cambiar las formas de gobierno del Antiguo Régimen por las preconizadas por el constitucionalismo. La resistencia de las clases dominantes, la actitud de la Iglesia católica, la inestabilidad política y los enfrentamientos bélicos fueron algunas de las causas de un retraso que acumuló decenios, dependiendo de las naciones, hasta estabilizar el nuevo orden. Aun así, como demostró Alexis de Tocqueville, asumiendo como propias muchas estructuras que no murieron con el Antiguo Régimen, sino que el constitucionalismo heredó.[3]

En América, la primera dificultad consistió en la elección de una nueva forma de gobierno. La América española había sido siempre monárquica. Los líderes de las independencias no habían conocido otra alternativa en sus territorios y no todos estaban familiarizados ni conformes con la solución federal republicana de Estados Unidos. Los pocos que la habían conocido en directo, como Francisco de Miranda o Simón Bolívar, expresaron claramente sus discrepancias. Miranda fue partidario de una monarquía enraizada en la tradición incaica que abarcara todos los territorios ocupados por los españoles, desde el norte, bajando por la orilla derecha del Mississippi, hasta llegar a Tierra del Fuego.[4] Y Bolívar, aunque republicano convencido, se manifestó siempre a favor de gobiernos autoritarios porque estuvo seguro de que la preparación de los pueblos colonizados no les permitía un autogobierno de corte federal y democrático al estilo del establecido en Estados Unidos.

Aunque la mayor parte de los líderes criollos fue republicana, se manifestaron repetidas veces, tanto al constituirse los nuevos Estados como en los primeros años de su vida, opiniones favorables a la opción monárquica. De hecho, incluso hubo en una buena parte de los nuevos Estados manifestaciones de lo que podríamos denominar un republicanismo monárquico, caracterizado por que el presidente de la república maniobraba para lucrarse de una de las prerrogativas más características y, en aquellos momentos, por lo que la experiencia enseña, envidiadas de los regímenes monárquicos, que era su carácter vitalicio. En América este deseo de perdurabilidad se expresó en las aspiraciones de reelegibilidad indefinida de los presidentes.

Pero también se encuentran, tanto en el momento inaugural de los nuevos Estados como a lo largo del siglo XIX, algunos movimientos favorables a la forma monárquica de gobierno.

En cuanto a la estructura u organización del Estado, la oposición centralismo-federalismo constituyó uno de los elementos de confrontación más recurrentes. La opción federalista estuvo aliada, en algunos territorios, con el conservadurismo y, en otros, con el liberalismo. Las ideologías conservadora y liberal fueron, a su vez, dos elementos en continua colisión en todas las partes de América. Normalmente pugnaron con argumentos irreconciliables que generaban gran violencia en los contendientes.

Las posiciones de los liberales eran las propias de esa ideología tal y como se había expresado en Francia y España: libertad de cultos, enseñanza laica, libertad de pensamiento y expresión, libertad de prensa, desamortización de los bienes eclesiásticos y de las manos muertas, libertad de comercio e industria, reconocimiento y protección de la propiedad privada.

Los conservadores aspiraban al mantenimiento de las estructuras del Antiguo Régimen, léase para el caso de América, del periodo colonial. Como habían quedado descabezados, los criollos conservadores aspiraban a ocupar los cargos de los que habían expulsado a los españoles peninsulares. Se manifestaban también los conservadores con una intransigencia extrema a la protección de sus industrias y propiedades, y en lo administrativo, en favor de formas de gobierno centralista.

La formación de los nuevos Estados se enfrentó, sobre todo, al problema de consolidación de los tres elementos esenciales que, según repite la doctrina clásica, sirven para reconocer un

Estado o constituyen elementos esenciales para poder asegurar su existencia: la soberanía, entendida como un poder de disposición ilimitado, en el sentido con que fijó este concepto la doctrina europea de la monarquía absoluta, a partir de Jean Bodin. El territorio: un Estado precisa ejercer el poder dentro de las fronteras bien establecidas de un espacio, que delimita el ámbito de su soberanía y, por tanto, la demarcación dentro de la que tienen plena vigencia sus leyes. El tercer elemento es la población, que integran los individuos de cualquier condición, sean o no ciudadanos, pero principalmente estos, que están sometidos a la jurisdicción de los poderes del Estado.

Las naciones americanas alcanzaron las independencias sin tener por completo consolidados y claramente definidos ninguno de los tres elementos constitutivos del Estado. La historia de la primera centuria de las repúblicas está intensamente relacionada con las luchas por la soberanía, por el territorio y por la determinación de la población del Estado.

La cuestión de la soberanía fue objeto de conflicto continuo en la época de formación de los Estados porque la mayoría de ellos aplicó la doctrina escolástica española, debida sobre todo al padre Suárez, que concebía el poder del monarca como un *pactum translationis* por el que el titular originario de la soberanía, que es el pueblo, lo cede al monarca. En caso de desaparición del monarca, como ocurrió con el secuestro y abdicación de Carlos IV y Fernando VII, el poder retorna al pueblo, se recupera y puede ejercerse sin limitación. Estos principios, que los criollos empezaron a utilizar nada más constituirse las Juntas provinciales para la defensa de los derechos del rey Fernando VII,[5] permitían plantear la pregunta de quién era el soberano: no había un cuerpo social articulado que tuviera la representación directa; las organizaciones políticas de la época colonial eran los virreinatos, capitanías generales y audiencias que, en algunos casos, podían tomarse como referencia para la creación de la nueva nación. Pero también estaban los municipios y, sobre todo, en la última época de la colonia, las provincias, que habían resultado muy potenciadas por la Constitución gaditana. El debate en Cádiz permitió si no crear provincias autónomas, sí que se abriera, por parte de los diputados americanos, una intensa discusión sobre su autonomía y autogobierno. Y a partir de estas estructuras provinciales con poderes propios podría crearse un Estado federal que las agrupara y ejerciera en su nombre algunos poderes, como había ocurrido en Estados Unidos y se consideraba por entonces como una característica del federalismo.

El problema del territorio era bastante distinto del de la soberanía. La metrópoli española se había preocupado bastante poco por conocer detalladamente el territorio de sus colonias. Estaban demasiado lejos de la capital peninsular y, en todo caso, no era demasiado importante precisar los límites de una u otra audiencia o capitanía general porque, a la postre, siempre se pisaba territorio de una misma monarquía. Se había hecho preciso deslindar fronteras en los casos de las colonias limítrofes con otras portuguesas y también como medida de protección contra las invasiones y el acoso de otras potencias europeas, muy especialmente Inglaterra. Pero, con estas salvedades, los criollos insurgentes declararon las independencias de unas naciones que tenían muchos problemas de delimitación territorial, con Estados extranjeros en algunos casos o con otras repúblicas vecinas fundadas coetáneamente. Muchos años del siglo XIX hubo guerras de vecindad en toda América para resolver conflictos territoriales.

El mapa constituyente de Iberoamérica era muy distinto en los primeros años de las independencias de como se fue redelimitando a lo largo del siglo XIX. La nación mexicana ocupaba un espacio que iba desde Oregón hasta Chiapas, Centroamérica existía como una federación que unía Guatemala, Costa Rica, El Salvador, Honduras y Nicaragua; la Gran Colombia comprendía desde Panamá hasta Ecuador, incluyendo a Venezuela, Perú y Bolivia. Se constituyeron como naciones distintas estas últimas que luego se unirán temporalmente en una confederación. Chile conformó tempranamente un Estado. Paraguay se desentendió pronto de sus vínculos virreinales con Buenos Aires, después del fracaso de la unión constitucional de los primeros años veinte. El virreinato de la Plata se articuló en soberanías provinciales y la Banda Oriental acabó entrando en el dominio del Imperio brasileño hasta los años treinta.

Esto por lo que concierne al territorio en el momento de la emergencia de los nuevos Estados. La delimitación de partida fue sometida inmediatamente a muchos ajustes, resueltos en la mayoría de los casos mediante guerras que lastimaron seriamente la economía y la población de las repúblicas emergentes. La resolución afectó a algunas repúblicas de modo tan serio que perdieron en la confrontación partes muy importantes de su territorio. El caso máximo fue el de México, que se vio obligado a ceder casi el 40 por ciento de territorio inicial a Estados Unidos; e incluso amplió esa transferencia por ventas ulteriores. Pero las tensiones fronterizas fueron moneda corriente en las relaciones entre vecinos y provocaron grandes variaciones en el territorio de cada una de las nuevas naciones.

Al problema fronterizo, ya de por sí arduo, vino a sumarse una idea depredadora del espacio limítrofe que desarrolló con ambición Estados Unidos, la mayor potencia de la zona. Estados Unidos se creyó con derecho a crecer a costa de los Estados vecinos o próximos y a invadir territorios de las jóvenes repúblicas hispanoamericanas sin pudor ni límites. Creó confortables doctrinas políticas como hemos de ver más adelante, para justificar estas expansiones.[6] Algunas veces utilizó la fórmula de comprar territorios: lo hizo, sin excepción, en situaciones de necesidad en las que no resultaba posible que el Estado requerido de venta pudiera oponerse. En otras ocasiones se hizo con el nuevo territorio por simple ocupación. Con acuerdos simulados o sin ellos, el vecino del norte modificó durante años el territorio de las naciones hispanoamericanas, bien sustrayendo enormes territorios como en el caso de México, bien condicionando su uso, como ocurrió en toda Centroamérica con el imperialismo empresarial, o estableciendo servidumbres vigiladas como la del canal de Panamá.

Otra cuestión importante era que el territorio en el que estaban establecidas las comunidades indígenas u originarias no se incorporó inicialmente a las nuevas naciones. En el caso de algunas repúblicas constituían enclaves exentos dentro de territorios ya incorporados a la nación. En otros, se trataba de territorios limítrofes que en ningún caso habían sido ocupados.

Chile y Argentina y los territorios de la Patagonia son el mejor ejemplo.

Por lo que respecta a la población, el legado de la época colonial fue una mezcla de etnias. Dominaban el poder los criollos, pero el mestizaje había sido intenso en algunas regiones y la población de la república estaba representada por una proporción, normalmente menor, de blancos que convivía con castas producto de la mezcla con negros, indios y las combinaciones resultantes de los cruces de unos y otros. La sociedad americana era muy heterogénea y esa misma variedad seguía reflejándose en las costumbres, tradiciones y creencias, que los españoles no habían conseguido uniformar plenamente.

Pero el aspecto más notable de la población era la existencia de amplias comunidades indígenas que habitaban en el territorio del Estado y que no se consideraban ciudadanos de la república, y ni siquiera población propia, sino perteneciente a comunidades que vivían al margen con sus propias reglas. Ni eran población inicial de la república, ni estaban establecidos en su territorio.

La población fue también un dato variable en la medida en que el territorio y sus asentamientos humanos fueron objeto de modificaciones sucesivas. La de mayor significación estuvo determinada por la exclusión inicial de los indios bravos o «no domesticados», las castas y los esclavos que continuaron al margen de la sociedad de los ciudadanos a lo largo del siglo. La suerte de cada una de estas categorías de población excluidas de la ciudadanía política cambió durante el siglo XIX. Los indios, en particular, fueron desplazados en algunas naciones como Argentina o Chile, exterminados o emplazados en reservas que quedaban al margen de las instituciones estatales. Los esclavos, negros y pardos se incorporaron lentamente, gracias a una legislación liberal que lo fue permitiendo, pero mantuvieron las tradicionales posiciones de servicio a los hacendados o a las familias criollas blancas establecidas en las ciudades.

Los capítulos siguientes de esta obra van a desarrollar cada uno de los problemas enunciados que afectaron a la constitución de los nuevos Estados. En este capítulo se abordará la cuestión de la forma de gobierno (monarquía-república); la estructura del Estado (unitario-federal); y los problemas de la soberanía, el territorio y la población.

MONARQUÍA O REPÚBLICA

Los precursores

Algunos de los conspiradores londinenses sobre la subversión del orden colonial español en América eran monárquicos y cuando tuvieron que exponer sus ideas sobre la opción, monarquía o república, más aconsejable para América, no fueron reacios a la primera. Personajes como Miranda o Blanco White habían expresado su admiración por la monarquía limitada inglesa y, pese al ejemplo horrible de Fernando VII, preferían la monarquía por su continuidad y estabilidad, necesarias para un pueblo joven y poco formado políticamente. Francisco de Miranda, como ya se ha recordado, prefirió una monarquía ancestral encabezada por dos incas traídos de alguna familia de prosapia y sangre real indígenas, pero la inclinación que más se apreció en los escritos de la época era favorable a monarcas de la familia Borbón o alguna otra casa europea.

Cuando se produjo el levantamiento de Riego en 1820 y Fernando VII no tuvo otro remedio que aceptar la Constitución de 1812, se abrió la oportunidad definitiva para los líderes americanos, que concluyeron sus declaraciones de independencia en los años inmediatos. Por estas fechas, mediante una carta fechada el 25 de abril de 1820, Andrés Bello le preguntó a José María Blanco White si Europa vería complacida la instalación de monarquías en Hispanoamérica. Bello, por su parte, opinaba sobre esta cuestión que «un príncipe de cualquiera de las familias reinantes, sin excluir la de Borbón, se recibiría favorablemente... en las actuales circunstancias. A mí me parece que ninguna concilia mejor el interés de los americanos».

Bello decía que estaba persuadido de que la paz en Hispanoamérica no podría consolidarse sino bajo los principios monárquicos.

Al principio era una simple evaluación pragmática, pero Blanco le respondió que la única manera de conseguir la paz era mediante «el abandono de las ideas republicanas que hasta el momento han prevalecido en aquellos países». Argumentaba que si la monarquía era la verdadera opción en cualquiera de los países hispanoamericanos, debía contar con el apoyo de la «opinión pública». Esta era también la posición del gobierno británico. Bello planteó a Servando Teresa de Mier el 15 de octubre de 1821 que «es verdad que Inglaterra como las otras grandes potencias de Europa, se alegraría de ver prevalecer en nuestros países las ideas monárquicas», y añadió lo siguiente:

> Diré que en este punto el interés de los gabinetes de Europa coincide con el de los pueblos de América, que la monarquía (limitada por supuesto) es el gobierno único que nos conviene y que miro como particularmente desgraciados aquellos países que por sus circunstancias no permiten pensar en esta especie de gobierno. ¡Qué desgracia que Venezuela después de una lucha que en virtudes y heroísmo puede competir con cualquiera de las más célebres que recuerda la historia, y deja a una gran distancia detrás de sí la de los afortunados americanos del norte, qué desgracia, digo, que por falta de un gobierno regular (porque el republicano jamás lo será entre nosotros) siga siendo el teatro de la guerra civil, aun después que no tengamos nada que temer de los españoles![7]

Por lo que respecta a otro importante conspirador londinense, Francisco de Miranda, ya se ha hecho una breve indicación a su proyecto. Miranda había propuesto en 1798 su idea del Imperio de Colombia. Agruparía todas las tierras que estaban en poder de españoles entre la margen derecha del río Mississippi en la zona norte, hasta la Tierra del Fuego. El imperio estaría regido por dos emperadores llamados incas, para atraer el consenso de las comunidades indígenas, y tendría una legislatura bicameral. El régimen recogía aspectos de la Constitución francesa de 1791 y de la de Estados Unidos de 1787. Creía que este imperio era la mejor forma de contrarrestar la pujanza de Estados Unidos, que era una nación que pensaba que crecería como potencia inmediatamente. Miranda diseñó durante toda su vida una Constitución para todo el continente americano, aunque de orientación inglesa y de corte monárquico. En una carta que Miranda dirigió al presidente Adams el 24 de marzo de 1789 le indica su propuesta favorable a «un Jefe del Poder Ejecutivo hereditario, que tomará el nombre de Inca, y que será escogido, con particular agrado de mi parte, entre nuestros compatriotas mismos. Tendremos también un Senado electivo, en el que tomarán asiento los hombres de las clases principales, y una cámara de origen y carácter popular, pero cuyos miembros deberán ser propietarios».[8]

Hubo una inclinación general, pasados los primeros momentos de la separación de la metrópoli, a que los nuevos Estados acogieran las formas republicanas de gobierno. Pero la posibilidad de ofrecer el trono a un monarca, principalmente de la casa de Borbón, aparece en documentos y debates con una sorprendente frecuencia. Al inicio de los levantamientos, muchos juntistas, como ya hemos visto, aceptaron reunirse para la defensa de los derechos del rey Fernando VII, secuestrado por Napoleón. Solo posteriormente estas juntas confesionales monárquicas se inclinaron a convertirse en promotoras de congresos constituyentes independentistas. A lo largo del siglo XIX menudean los intentos de algunos gobernantes de instituirse en emperadores o reyes de sus países. Habrá gobiernos imperiales, y no cejará, a lo largo de los años, la conspiración, autóctona o procedente de España, de instalar una monarquía en determinados Estados.

Para estudiar la profundidad y estabilidad de estas reclamaciones conviene tomar ejemplos concretos de los Estados en los que más recurrente fue la idea monárquica, que fueron los integrados en el virreinato del Perú y los sucedidos en México, antiguo virreinato de Nueva España.

Monárquicos en Perú

En Perú, como se está viendo, tiene más persistencia la idea monárquica, quizá porque la tradición monárquica trae sus antecedentes de las culturas precolombinas, y especialmente la incaica. A estos antecedentes se refirió Guamán Poma. Pero, en la época inmediata anterior a la independencia, fue muy importante la rebelión de Gabriel Condorcanqui o Túpac Amaru II, que llegó a ser coronado como José I del Perú el 26 de noviembre de 1780. Le duró tres años, izada en la puerta de su casa, la bandera carmesí que fue el símbolo de su monarquía. Promulgó un edicto de coronación que fue publicado profusamente en pasquines, folletos y hojas volantes.

En 1781 Julián Apeza, que se hacía llamar Túpac Katari, se proclamó virrey al servicio de Túpac Amaru Inca, o José I. Cuando murió este, Túpac Katari se proclamó inca-rey de los aimaras y adoptó el nombre dinástico de Carlos III Túpac Katari.

Los ministros de la monarquía española más sagaces habían visto también, antes de que se iniciaran los procesos de independencia americanos, que la constitución de monarquías en la región podría ser un elemento de estabilidad y de mantenimiento de la vinculación con España. El conde de Aranda propuso en 1783 a Carlos III crear cuatro reinos hispanos autónomos que estarían sometidos o federados con un emperador que sería el rey de España. Los titulares de los reinos de las Indias, es decir Perú, México y Tierra Firme, tendrían título de rey. Fue la independencia de las trece colonias inglesas lo que activó la mente de los ilustrados españoles para propuestas como esta a las que la monarquía no prestó ninguna atención.

El rey tenía todavía autoridad en 1808. En algún territorio como el de Alto Perú se planteó la cuestión de que la infanta Carlota Joaquina, princesa de Brasil, pudiera ser la sustituta de su hermano Fernando VII. Pero después de los sucesos de 1808 a 1810, la monarquía había perdido carisma y adhesiones. Esto está bien patente en los textos que redacta Juan Germán Roscio, para la Declaración de Independencia de Venezuela del 5 de julio de 1811. Para esa Declaración la Corona había perdido legitimidad después de los sucesos de El Escorial, Aranjuez y Bayona: «Las cesiones y abdicaciones de Bayona, las jornadas de El Escorial y de Aranjuez, y las órdenes del lugarteniente duque de Berg a la América, debieron poner en uso los derechos que hasta entonces habían sacrificado los americanos a la unidad e integridad de la nación española»... «Por esta conducta quedaron inhábiles e incapaces de gobernar a un pueblo libre, a quien entregaron como un rebaño de esclavos».

En 1814 un grupo de cuzqueños promovió que se reconociera la Constitución de 1812 y luego se declarara la independencia. Crearon una bandera y una delimitación territorial de la nueva monarquía independiente, que abarcaría desde el Río de la Plata hasta el puerto del Callao. Fue un movimiento de mestizos e indígenas capitaneado por José Angulo, que convenció a un viejo cacique, Mateo Pumacahua, para que se incorporara a la rebelión. Antes de ser ejecutado por alta traición, el viejo caudillo dijo que lo habían engañado.

Los intentos monarquistas que se reflejan en los primeros lances del independentismo ocurren principalmente en Perú y son seguimiento de las ideas del general San Martín. Y el personaje más destacado de estas iniciativas fue Bernardo Monteagudo.[9]

En el Congreso de Tucumán de 1816, el prócer de Buenos Aires Manuel Belgrano, que era monárquico, lideró a un grupo de alto-peruanos para restablecer la monarquía incaica y fijar en Cuzco la capital del nuevo Estado constitucional. La propuesta era elegir un monarca de linaje inca por considerar que la población del Alto Perú lo aceptaría con más facilidad y contribuiría a la unidad de América del Sur. La propuesta trataba de sacudirse las quejas de algunos opositores que lo acusaban de traidor por tratar de imponer un monarca europeo, como lo había pretendido luego San Martín. Belgrano regresaba de la Europa de la Santa Alianza, en la que corrían vientos conservadores y favorables a la monarquía y de represión contra los movimientos republicanos impulsados por la Revolución francesa. Se trataba de incorporar a los indígenas a la agitación independentista y dar una oportunidad a colectivos que habían estado silenciados durante tres siglos de colonia.

El proceso de la conquista de la independencia reveló en todas partes, pero especialmente en Perú, las dificultades de cambiar la estructura política de los Estados tras varios siglos de dominación colonial. Esta es la razón por la que el monarquismo fue una opción arraigada en San Martín y en su íntimo colaborador Monteagudo. Monteagudo, como expone Hampe,[10] fue un ejemplo ilustre de la necesidad sentida por los intelectuales posteriores al absolutismo de conciliar diversos universos, tradiciones y valores culturales, sistemas de creencias contrapuestos e irreconciliables. Abordó intelectualmente el problema del tránsito de súbdito a ciudadano.

San Martín había dirigido una guerra de desgaste durante la cual el objetivo principal era ganarse a la opinión pública: con este objetivo dictó muchos decretos para atraer la sensibilidad patriótica hacia la independencia; inauguró nuevos símbolos y rituales cívicos.

San Martín había proclamado la independencia en Lima, pero el virrey La Serna seguía gobernando en el sur peruano desde la sede de la Audiencia de Cuzco. Para facilitar un tránsito ordenado hacia la vida autónoma, San Martín creó el Protectorado y asumió todas sus funciones de gobierno civiles y militares el 3 de agosto de 1821. Era una asunción provisional, «mientras existan enemigos en el país y hasta que el pueblo tome las primeras acciones de gobierno por sí mismo».[11] Se empeñó desde este gobierno en persuadir a la sociedad peruana de la independencia y de su proyecto de monarquía constitucional, tendido como un puente entre la colonia y la libertad. Era un régimen autoritario y autocrático que reguló el Estatuto Provisional aprobado el 8 de octubre de 1821.

Fue clave para la formulación de este proyecto su ministro Bernardo Monteagudo, un tucumano al que se apodaba el Mulato, intelectual brillante y contrario por completo a los españoles.[12] San Martín y Monteagudo trataron de desarrollar estos planes a través de la Sociedad Patriótica de Lima. Organizó esta sociedad un concurso de ideas sobre la cuestión de cuál sería la forma de gobierno más adaptable al Estado peruano, según su extensión, población, costumbres y grado que ocupa en la escala de la civilización. Se organizó una polémica y hubo que aclarar que se trataba de una encuesta de alcance exclusivamente académico. Monteagudo destacaría, tiempo después, desde su destierro en Quito, que los resultados de la encuesta fueron muy importantes. La conclusión mayor era que «La democracia era inadaptable al Perú»,[13] considerando la moral del pueblo, el estado de su civilización, la proporción en que estaba distribuida la masa de su riqueza y las relaciones existentes entre las clases que formaban la sociedad.[14]

Jorge Basadre estableció tres etapas en el proyecto de San Martín:

En la primera, antes de la declaración de independencia, se celebró una conferencia en la casa de la hacienda Santiago de Punchauca, en la que participaron San Martín y los representantes de las fuerzas realistas. San Martín sostuvo que la revolución duraba ya once años y que era insoportable para la economía de Perú, siendo la solución más adecuada «una monarquía constitucional que asegure a este pueblo su independencia, su libertad, su tranquilidad y su opulencia, eximiéndolo del desorden y de la anarquía…».[15] E incluyó una iniciativa de cese inmediato de hostilidades. Propuso proclamar la independencia de Perú y establecer un triunvirato como junta de regencia, que estaría presidido por La Serna. Y San Martín viajaría a Madrid para negociar con Fernando VII el establecimiento de una monarquía con un príncipe de la casa de Borbón.[86] El virrey rechazó la oferta porque contravenía las instrucciones regias.

La segunda etapa se dirige a convencer a las potencias europeas y a establecer en Perú estructuras de una monarquía propia (se envió a Europa, aunque también en demanda de apoyos financieros, la misión diplomática encargada a García del Río y a Diego Paroissien el 22 de diciembre de 1821).[17] Crearon la Orden del Sol el 8 de octubre de 1821, a partir de la cual se pensaba nominar la aristocracia peruana que contrapesara a la tradicional. Pero se revalidaron los títulos de Castilla, que había en Perú un buen número, conferidos durante el periodo virreinal; las antiguas dignidades serían reconocidas como títulos del Perú. La Sociedad Patriótica, inaugurada en el propio edificio de la Universidad de San Marcos, alimentaría con estudios estas ideas. Basadre da cuenta del vibrante discurso del presbítero José Ignacio Moreno en defensa del establecimiento de la monarquía en Perú.[18]

La réplica de los republicanos fue inmediata. La intervención del presbítero fue el 1 de marzo de 1822 y la contestación el 8 siguiente, a cargo del abogado Manuel Pérez de Tudela y el presbítero

Mariano José de Arce. Uno de los más insistentes fue José Faustino Sánchez Carrión, que se escudaba en el seudónimo «Solitario de Sayán». La población, aprovechando la ausencia de San Martín, que había viajado a su famoso encuentro con Simón Bolívar en Guayaquil, se amotinó por causa de esta controversia.

La tercera etapa estuvo presidida por la leyenda del «rey José», según la cual el mismo San Martín habría manifestado deseos de establecerse como monarca de un Perú independiente. Hay algunos insuficientes datos en actos populares y en el discurso de despedida de San Martín que tratan de acreditarlo. Sin ninguna seriedad. Abatido por el levantamiento popular contra Monteagudo, el hombre de más confianza de su Protectorado, dejó en sus manos «el mando supremo que la absoluta necesidad me hizo tomar contra los sentimientos de mi corazón, y que he ejercido con tanta repugnancia».

Tras la partida de San Martín, José de la Riva Agüero y Sánchez Boquete fue el primer presidente de la República del Perú, gracias al golpe de Estado que dio en 1823, derrocando a la Junta Gubernativa que se formó a la salida de San Martín. República autoritaria, desde luego. Había sido un revolucionario muy contrario a España, pero fue transformándose. Con la edad, comprobó la difícil gobernabilidad de Perú y acabó añorando las instituciones del Antiguo Régimen.[19] En 1858 publicó en la editorial de los hermanos Garnier, de París, un libro que concluía enumerando las causas del fracaso de la independencia del Perú.[20] Una de las cuales, según él, fue que el país apuntaba hacia un régimen monárquico que se frustró, ya que la mayor parte de su historia había vivido bajo ese gobierno, mientras que las instituciones republicanas no llegaron nunca a consolidarse.

Otros proyectos

Todavía en el área de la Gran Colombia, otro extravagante caudillo, que había gobernado dictatorialmente Ecuador durante años, se convirtió, al abandonar el poder, a la fe monárquica. El presidente de Ecuador Juan José Flores fue derrocado en 1846 y se marchó convencido de que Ecuador era imposible de gobernar bajo un sistema republicano, por lo que se inclinó entonces por una monarquía presidida por él o por un monarca europeo. Flores reunió a 6.000 hombres en Europa para emprender una expedición monárquica para conquistar Ecuador y establecer allí una monarquía presidida por un príncipe europeo, que tendría su trono en Quito. El reinado se expandiría luego, absorbiendo Perú y Bolivia para constituir el Reino Unido de Ecuador, Perú y Bolivia. El proyecto recibió el apoyo de María Cristina de Borbón Dos Sicilias y el candidato al trono sería Agustín Muñoz y Borbón, hijo de la regente al que ella misma hacía llamar «Príncipe de Ecuador» y «Restaurador de la Monarquía en Perú y Bolivia». Algunos documentos sitúan como candidato a Luis Felipe I de Francia.[21]

Emperadores y otros monarcas en México

En México no eran unánimes las posiciones sobre lo que debería hacerse a partir de la decisión del rey Fernando, después del levantamiento de Riego en 1820, de asumir la Constitución de 1812. Los había que preferían mantener el sistema de gobierno del absolutismo y oponerse a la aplicación de la Constitución de los liberales. El virrey Ruiz de Apodaca era uno de ellos, y con él el presidente de la Audiencia y algunos oficiales relevantes. Se reunían en una casa de ejercicios, «La Profesa», que daría nombre al plan que urdieron para resistir, hasta que Fernando VII recuperara la libertad de decisión, que según ellos había perdido con el levantamiento de 1820, y anulara su adhesión a la Constitución liberal. La acción política de este grupo realista era bastante enrevesada porque sus principales representantes llegaron a aceptar, como había hecho el rey, la Constitución, pero aspiraban a no aplicarla, y para este propósito, necesitaban una independencia de la metrópoli, al menos transitoria.

Hacía falta que contrarrevolucionarios, realistas ortodoxos e independentistas trataran de conciliar sus intereses, y a alguien se le ocurrió, un clérigo al parecer, sugerir el nombre de Agustín de Iturbide, martillo de insurgentes. El jefe rebelde era Vicente Guerrero y a él propuso Iturbide un alto el fuego que incluía la promesa de que procuraría hacer oír en las Cortes las justas demandas de los insurgentes mexicanos. Guerrero contestó enseguida, por escrito, al ofrecimiento, y se iniciaron las negociaciones de las que surgiría un plan extraordinariamente integrador e imaginativo en términos políticos: el Plan de Iguala acordado el 24 de febrero de 1821. Un notable documento que aceptaba la independencia, que no sometía a los realistas pero que era monárquico, y que armonizaba las pugnas en juego subordinándolas a tres principios rectores: religión, independencia y unión. Una combinación impresionante. Los primeros párrafos del texto de Iguala se referían a los fundamentos de la resolución: «1.º La religión católica, apostólica, romana, sin tolerancia alguna. 2.º Absoluta independencia de este reino. 3.º Gobierno monárquico templado por una Constitución análoga al país. 4.º Fernando VII, y en su caso los de su dinastía u otra reinante serán emperadores, para hallarnos ante un monarca ya hecho y precaver los atentados funestos de la ambición. [...] 8.º Si Fernando VII no resolviera venir a México, la Junta o la Regencia mandará a nombre de la nación, mientras se resuelve la testa que debe coronarse...».[22]

Mientras todo esto ocurría, se constituiría una Junta Suprema Gubernativa que se ocuparía interinamente de impulsar los principios del Plan. Las Cortes establecerían enseguida la *Constitución del Imperio mexicano*. Le correspondería al gobierno la defensa y garantía de las libertades de los ciudadanos, al «Ejército de las Tres Garantías» el sostenimiento del gobierno y de todo el entramado institucional al servicio de las tres garantías básicas del plan, religión, independencia y unión.

El plan de gobierno quedaba por completo dentro del marco constitucional de 1812, lo que asombró no poco a los absolutistas mexicanos (que preferían la independencia a poner en juego sus privilegios, como amenazaba dicha Constitución), pero satisfizo a los que representaban a Nueva España en las Cortes madrileñas. Se destituyeron las autoridades virreinales que habían estado en las componendas absolutistas y se nombró jefe político superior de Nueva España a un liberal comprometido, Juan O'Donojú, que había sustituido hacía poco al virrey Ruiz de Apodaca.

Agustín de Iturbide estaba al frente, como generalísimo, del «Ejército de las Tres Garantías». Había pasado, con ese pragmatismo que le caracterizó siempre, de estar al frente de las tropas realistas por encomienda del virrey absolutista Ruiz de Apodaca, a dirigir un nuevo ejército en el que se integraban los intereses de los separatistas. Las posibilidades prácticas de reconstruir un ejército realista en Nueva España eran muy escasas, por lo que O'Donojú se inclinó por la negociación con Iturbide, con el que se reunió el 23 de octubre de 1821. Seguramente no tenía más salida, el representante del gobierno de Madrid, que aceptar los términos del Plan de Iguala, que tampoco se diferenciaba mucho de las propuestas autonomistas que estaban defendiendo los diputados novohispanos en las Cortes madrileñas. Sumando a ello la actitud liberal de O'Donojú puede explicarse que el camino a una independencia pacífica quedara allanado en los Tratados de Córdoba, ciudad donde se produjo la reunión.

Los Tratados de Córdoba hablan de una nación soberana e independiente denominada Imperio mexicano, una monarquía templada de la que, como preveía el Plan de Iguala, sería titular Fernando VII u otro príncipe español de la dinastía de Borbón o algún otro que sería designado por las Cortes mexicanas. El Imperio mexicano estaría regido por la Constitución de Cádiz. El establecimiento del nuevo sistema de gobierno, pasaba por trámites similares a los que se habían ensayado en España antes y después de la Constitución de 1812.

Los miembros de la Junta Gubernativa juraron solemnemente sus cargos en la catedral y luego se trasladaron a la Sala del Cabildo de la ciudad para elegir a su presidente. La elección recayó en Iturbide por abrumadora mayoría. Por la tarde suscribieron la Declaración de Independencia.

El 19 de mayo de 1822, al comenzar la sesión del Congreso Constituyente convocado por Iturbide, se daba cuenta de que los regimientos de Infantería y Caballería del Ejército habían «proclamado al Serenísimo Sr. Generalísimo Almirante, Presidente de la Suprema Regencia D. Agustín de Iturbide, Emperador de la América Mexicana». Después se leyó un comunicado de Iturbide dirigido a los mexicanos, lleno de entusiasmo, sobre la importante misión que la paz y el orden de la patria requería, agradeciendo a los mexicanos su calurosa adhesión y solicitándoles «la última prueba de amor». El Congreso se la dio inmediatamente. Había más de noventa diputados reunidos, rodeados de una muchedumbre que vociferaba a favor de Iturbide; cualquier propuesta de consultar a las provincias era protestada; las intervenciones en contra, abucheadas. Cuando se procedió a votar, sesenta y siete diputados lo hicieron por la proclamación inmediata. Hecho el recuento de votos, el presidente del Congreso se levantó y cedió el asiento a Su Majestad.

Estas adhesiones unánimes se tornarían pronto en desavenencias y desobediencias directas de algunos generales. El primero fue el comandante de Veracruz Antonio López de Santa Anna, a quien esperaba una larga y polémica carrera militar y política. Más tarde fue el comandante general José Antonio Echávarri, animado por una densa conspiración organizada por las sociedades secretas y logias masónicas y entre las tropas enviadas para combatir la rebelión. En febrero de 1823, los disconformes republicanos llegaron a un acuerdo con los realistas de Veracruz, y a este movimiento se sumaron oportunistas que montaron una potente campaña contra Agustín I en la ciudad de México. El emperador abdicó el 19 de marzo de 1823 y se exilió en Europa. Regresó un año después sin saber que el Congreso lo había declarado traidor. Lo detuvieron a su entrada en el país y lo fusilaron de inmediato.

La aventura del Primer Imperio, que tuvo como titular a Agustín I de Iturbide, nació y se extinguió con la brevedad que resumen los párrafos anteriores.

Se instaló después la república, pero en los momentos de crisis más profunda de los gobiernos mexicanos reaparecía la idea monárquica, a veces fruto de conspiraciones extranjeras y otras como consecuencia del capricho y la arbitrariedad de los gobernantes. El general Santa Anna tuvo inclinación a las maneras de la monarquía, aunque su afición era por una monarquía criolla, sobre el modelo de Iturbide, y él mismo se atribuyó el tratamiento de Su Alteza Serenísima, restauró la Orden de Guadalupe instaurada por Iturbide y presidió una corte semiimperial de relumbrón.[23]

Una operación infructuosa pero digna de recordarse porque refleja la inestabilidad de las soluciones de gobierno mexicanas fue la preparada por la diplomacia española con el propósito de establecer la monarquía en México.

La operación fue dirigida por el ministro español Salvador Bermúdez de Castro y contó con la colaboración de ciudadanos mexicanos influyentes, como Lucas Alamán.

Entre agosto de 1845 y septiembre de 1846 tuvo lugar una conspiración para transformar a México en una monarquía encabezada por un príncipe español. El gobierno español estaba presidido por el general Ramón María Narváez, y el diplomático que tuvo encargada la misión fue Salvador Bermúdez de Castro, que era entonces representante de Su Majestad Católica en México.[24]

Bermúdez de Castro nació en Cádiz el 6 de agosto de 1817 en una familia de la burguesía local. Era hombre culto, con gusto por la literatura y los temas históricos, a los que dedicó algunos estudios. En política participó en el derrocamiento de Espartero en 1843 y contrajo relaciones de amistad con el general Narváez, duque de Valencia. Cuando se proclamó a Isabel II como reina de España, a finales de 1843, ingresó en el Ministerio de Estado con el cargo de oficial. Tuvo algunos destinos en países europeos hasta que, a finales de 1844, recaló en México.

Se estableció en el barrio más elegante de la ciudad y se relacionó con lo más granado del lugar, consiguiendo ascender en el cuerpo diplomático. Un año y medio después, en plena guerra entre México y Estados Unidos, volvió a España. Cuando se estableció la representación diplomática en la capital mexicana, en agosto de 1845, Bermúdez de Castro escribió a Francisco Martínez de la Rosa, que era entonces el primer secretario del Despacho de Estado, informándole de las instrucciones verbales reservadas que había recibido al ser enviado a México como ministro plenipotenciario extraordinario por parte del general Narváez. Estas instrucciones, según explicó el diplomático, estaban conformes con los deseos de Isabel II y tenían por objeto conseguir que México se convirtiera en una monarquía moderada, encabezada por un príncipe de la casa real de España. Bermúdez de Castro manifestaba que todo estaba dispuesto y que la guerra de México con Estados Unidos podía ser una ocasión propicia. Contaba, además, en México, con la colaboración de Lucas Alamán, «hombre de un talento verdaderamente superior», cuya inclinación por la monarquía era indiscutible.

El plan original consistía en que el general Paredes, situado en el destacamento de San Luis de Potosí, marcharía sobre la ciudad de México, llamado y animado por las personas más relevantes de los departamentos, hasta terminar con el gobierno de José Joaquín de Herrera, a quien se le achacaba pasividad ante las agresiones territoriales de Estados Unidos. Llegado a la capital, debería disolver la Asamblea y nombrar otros representantes designados por él que permitirían un retorno a los principios del Plan de Iguala. Se solicitaría de inmediato a España un soberano de la dinastía reinante para ocupar el trono mexicano.

A Bermúdez de Castro le facilitaron los medios que pedía, e incluso se organizó el viaje del que la reina Isabel consideraba el más indicado para ocupar el trono mexicano, el infante don Enrique, que zarparía al mando de la fragata Isabel II, para dirigirse a la capital cubana.

Todas las instrucciones que figuran en la documentación ponen especial énfasis en la absoluta necesidad de que los diplomáticos intervinientes actuaran con la máxima reserva, de modo que no pudiera imputarse a la monarquía española movimiento alguno contra el gobierno republicano de México.

Bermúdez de Castro se quejó siempre de que estos medios no habían llegado con agilidad, ni a tiempo, ni eran suficientes. También insistía en la candidatura de la infanta Luisa Fernanda, la hermana de la reina, que era la favorita del general Paredes, a quien se asignaba una importante función en la insurrección de San Luis de Potosí, y de Lucas Alamán.

Tampoco algunos políticos relevantes españoles, como O'Donnell, estaban seguros de la pertinencia de la operación. Todos sospechaban además de la abierta oposición del gobierno de Estados Unidos.

Los conjurados habían puesto en marcha un periódico denominado *El Tiempo*, con el propósito de robustecer la opinión favorable a la monarquía en México.

La información a partir de 1846 empieza a ser menos optimista, y la actividad, más declinante. Siguieron los informes sobre quién sería el candidato más pertinente, y aparecen los nombres de don Carlos de Borbón, hermano de Fernando VII, y Francisco de Paula, su hermano menor.

Como las noticias eran cada vez menos positivas, el gobierno español acabó interrumpiendo la operación, atendiendo también la solicitud que, a finales de mayo de 1846, formuló Bermúdez de Castro, en la que decía que sería imposible llevar a cabo el proyecto porque se habían producido muchos cambios, entre los cuales la ocupación por Estados Unidos de amplios territorios de México, sumada a la circunstancia de que estaba regando con oro, comprando a su favor, a todos los dirigentes políticos principales.

Expresión de la dificultad que opondría Estados Unidos al diseño monárquico español era la proclama que el general Zacarías Taylor había hecho pública en Matamoros, en la que aseguraba: «No es que traigo yo la guerra. Ni vengo a invadir el país; vengo en vuestra defensa y la nuestra, a impedir la invasión que se prepara por un monarca extranjero; vengo a unirme a vosotros para que no dejemos plantar en el continente americano esa semilla pestilencial de la monarquía». Bermúdez de Castro anexó esta proclama, de 15 de mayo de 1846, a su despacho 297.

Pocos años después, las estables debilidades financieras del gobierno mexicano ofrecieron otra oportunidad a los monárquicos europeos de establecer en México un monarca procedente de una casa real europea.

La ocasión fue la decisión de Benito Juárez, recién ganadas las elecciones presidenciales en 1861, de reorganizar la administración, la educación y, sobre todo, de suspender el pago de deudas: tanto los préstamos británicos como de los españoles y franceses. La medida fue aprovechada por los monárquicos mexicanos residentes en España para interesar al emperador de Francia Napoleón III a instaurar una monarquía en México. El emperador quería construir un imperio latino que sirviera de muro de contención a la expansión anglosajona. Convocó a Gran Bretaña y España para discutir el asunto. En Londres el 31 de octubre de 1861 los tres países firmaron una convención que los comprometía a bloquear los puertos mexicanos del Golfo para presionar la reanudación de los pagos, sin intervenir en la política interna. La flota española llegó a Veracruz en diciembre y en enero, siempre en 1861-1862, llegaron la francesa y la inglesa. Juárez aceptó el desembarco a condición de que se reembarcaran rápidamente. Españoles e ingleses volvieron a los navíos, pero los franceses se negaron e iniciaron su avance. Se tomaron diferentes medidas de defensa bajo el mando del general Ignacio Zaragoza, que se ocupó de defender la ciudad de Puebla del asedio de los franceses. Vencieron estos y convocaron una asamblea de notables que proclamó el imperio el 19 de julio y anunció que invitaría a Maximiliano de Habsburgo a ocupar el trono mexicano. La regencia se formó con algunos destacados generales, civiles y eclesiásticos, pero las decisiones las tomaba el mariscal Achille Bazaine, que seguía las instrucciones de Napoleón III.

Maximiliano era hermano del emperador de Austria y estaba casado con Carlota Amalia, hija del rey de Bélgica. Recibió en el castillo de Miramar a los monárquicos mexicanos. Puso la condición de que el pueblo mexicano tenía que ser quien lo llamara y los monárquicos cumplieron con ello recogiendo miles de firmas que presentaron el 10 de abril de 1864 a Maximiliano, que aceptó el trono. El nuevo emperador firmó dos tratados con Napoleón III que se aseguró de que México pagara el costo de la aventura. Francia mantendría 28.000 soldados y concedería un préstamo de 175 millones de francos, de los cuales Maximiliano solo recibiría ocho y el resto se destinaría a pagar la deuda francesa, los gastos de guerra y los intereses.

Después de visitar al papa, los nuevos emperadores se embarcaron rumbo a Veracruz, adonde llegaron a finales de mayo de 1864. Veracruz los recibió con frialdad. Muchos liberales moderados colaboraron con el gobierno imperial. Maximiliano era liberal convencido y anunció que ejercería el patronato real y no suprimiría la tolerancia de cultos y la nacionalización de bienes del clero, como exigía el nuncio. Muchos conservadores le retiraron el apoyo como consecuencia. Después el emperador dictó algunas normas importantes como el Estatuto del Imperio, promulgado el 10 de abril de 1865, o el código civil, una ley agraria y textos que decidían el retorno de las tierras a los pueblos indios y la concesión de otras a los que no tenían. Estableció muchas variaciones respecto de los pagos de deudas y normas penales importantes, así como en materia de educación y de investigación científica. Maximiliano se ocupó de la división territorial y del desarrollo económico. Respecto de lo primero creó cincuenta departamentos.

Mientras tanto Juárez se desplazó hacia el norte e hizo frente allí a los franceses y también a no pocos traidores. Los republicanos dominaban durante 1864 los estados del norte de Colima, Guerrero, Tabasco y Chiapas, pero hacia 1865 solo tenían pequeños reductos aislados. Cuando se agotó el dinero del préstamo francés, el imperio se vio agobiado por el problema financiero y por el rumor de que Napoleón III retiraría sus tropas ante la amenaza que significaba la consolidación de la Confederación Alemana.

Para principios de 1867 el avance republicano dejó al imperio reducido a Puebla y Veracruz. El emperador se replegó a Querétaro donde se le unieron Miguel Miramón y Tomás Mejía. Porfirio Díaz tomó el 2 de abril la ciudad de Puebla. Miramón propuso abandonar Querétaro pero Maximiliano se negó a huir y se enfrentó a los liberales y fue condenado a muerte en consejo de guerra. Pidieron clemencia para él gentes de todo el mundo pero el emperador se enfrentó a la muerte con dignidad ante el pelotón de fusilamiento deseando que su sangre sellara «las desgracias de mi nueva patria».

El fugaz tránsito de Maximiliano I como emperador de México lo hizo en compañía de su amantísima esposa María Carlota Amelia Augusta Victoria Clementina Leopoldina de Sajonia-Coburgo-Gotha, con la que se había casado el 27 de julio de 1857. La emperatriz tuvo una agenda personal desarrollando muchas políticas ilustradas no solo de carácter humanitario, como no era insólito en damas de su condición, sino también en materia de infraestructuras e incluso asumiendo la regencia del imperio con ocasión de las ausencias viajeras de su marido. Desde el principio fue consciente de la dificultad de sacar adelante la encomienda de gobierno que había recibido y viajó a Europa para reclamar apoyos a las naciones que se lo habían prometido. Visitó también al papa con este propósito. Sus fracasos la hicieron caer en episodios de locura, que se agudizaron cuando su marido fue fusilado. Fernando del Paso ha dejado, en su novela *Noticias del Imperio*, un notable retrato de la pareja, la época y la tragedia que les tocó vivir.[25]

LA CUESTIÓN DE LA SOBERANÍA Y LA ORGANIZACIÓN FEDERAL DE LAS REPÚBLICAS

¿Quién es el soberano?

Todas las nuevas naciones, pese a los titubeos monárquicos indicados, y algunos retornos anecdóticos, escogieron la república como forma de Estado. Las primeras declaraciones de los líderes o las solemnes declaraciones en los congresos constituyentes inmediatos a las independencias la proclamaron. Las declaraciones se hacían en nombre del soberano, que se identificaba en los documentos con el pueblo o la nación. Pero estas convencidas y novedosas formulaciones dejaban abierto, en la mayor parte de las nuevas repúblicas, el problema de saber a quién correspondía realmente la soberanía. El dilema se presentaba entre atribuir la soberanía a entidades políticas que abarcaban varias provincias o reconocer que el soberano era cada una de las provincias que integraban el antiguo virreinato, capitanía general o audiencia; incluso hubo territorios en los que los cabildos municipales reclamaron esa condición.

Estos problemas de identificación del soberano derivaban de la doctrina escolástica, que los líderes intelectuales del independentismo tuvieron muy presente. La habían enseñado los profesores españoles de la Universidad de Salamanca desde el siglo XVI, y los criollos americanos la habían aprendido y oído repetir en las propias universidades locales que España implantó tempranamente en el Nuevo Mundo, sobre todo en los establecimientos regidos por jesuitas. De modo que la propia metrópoli dio munición intelectual a las independencias.

Según la doctrina del *pactum translationis* la autoridad civil pertenece al pueblo, el que mediante un pacto la delega en el soberano. Al faltar este, el poder vuelve a la sociedad. Justamente era esta la situación creada por la invasión napoleónica de España. Este era, según la interpretación que se extendió por América, a partir de que se conocieran allí los sucesos de Bayona, el caso del rey Fernando VII. Su poder, que el pueblo le atribuyó, había sido recuperado, al menos mientras la situación se mantuviese, por el pueblo.[26]

Desde 1808 hay en América recordatorios de estos conceptos. Eran la consecuencia de la penetración en las colonias españolas de las ideas pactistas de la época de los Austrias, que permitieron fundamentar la monarquía como una reunión de reinos y provincias, diferentes entre sí pero iguales en derechos.

Los juristas y teólogos españoles del siglo XVI defendieron que el origen de los gobiernos era popular y que el monarca estaba vinculado con el pueblo no solo con derechos sino también con deberes. El mal uso del poder legitimaba al pueblo para recuperar la autoridad. Francisco de Vitoria, cuya obra fundamental sobre los justos títulos de la conquista de América fundó el derecho de gentes, escribió que los orígenes del poder político estaban en la república y en el consentimiento de sus miembros. Domingo de Soto, Ribadeneyra o Juan de Mariana defendieron la voluntad del pueblo frente a los tiranos. Pero fue el jesuita Francisco Suárez el que con más detenimiento desarrolló, en sus obras *De legibus* (Coímbra, 1612)[27] y *Defensio fidei catholicae* (Coímbra, 1613),[28] la doctrina de que es la *comunidad de los hombres* la que ostenta la titularidad natural de la autoridad civil. Frente a las pretensiones absolutistas de los reyes, Suárez sostiene que ningún rey recibe su poder directamente de Dios, sino por la voluntad o consentimiento del pueblo, lo que suponía situar el poder del pueblo por encima del poder del gobernante.

Esta tradición doctrinal española estuvo presente, sin duda posible, en los movimientos emancipadores americanos.[29] No obstante, la afirmación de su influencia fue interferida, desde el siglo XIX, por interpretaciones que prefirieron asignar el mérito a autores de la Ilustración francesa. A España le llovían las críticas por sus prácticas opresoras durante la colonización y el oscurantismo de su cultura, de la que eran muestras absolutas la Inquisición y el empeño en una forma de entender la religión que cerraba el paso a las ideas ilustradas y liberales. Al igual que ocurrió durante años con la doctrina de la Segunda Escolástica española en relación con los derechos del hombre, cuya construcción se atribuyó a la doctrina europea del derecho natural, con Grocio y Puffendorf al frente, el pensamiento español sobre la titularidad popular del poder originario y su traslación pactada a la monarquía quedó en segundo plano porque prevaleció la idea de que los cambios revolucionarios acontecidos en América a partir de 1808 se debían exclusivamente a la influencia de la Enciclopedia y de los filósofos racionalistas. Locke, Montesquieu, Rousseau, Diderot y Voltaire fueron los nombres dominantes en el cambio de ideología.[30]

No cabe dudar del conocimiento de las obras principales de estos autores por los criollos americanos más cultos, una élite reducida en todo caso, que en su mayor parte supo de ellos indirectamente a través de autores españoles como Campomanes, Jovellanos, Flórez Estrada o Martínez Marina. Pero la idea de reversión de la soberanía, que sostuvo Suárez, no es posible encontrarla en la obra de Rousseau porque es incompatible con su idea de soberanía, como han probado algunos estudiosos que se han preocupado de comparar el pensamiento de ambos.[31] Algunos líderes americanos se declararon seguidores de las ideas de Rousseau, como los venezolanos Francisco de Miranda y Simón Bolívar, el neogranadino Antonio Nariño o el argentino Mariano Moreno[32]. Pero, además de que probablemente muchas de las ideas enciclopedistas llegaran tarde al movimiento emancipador, la posición más razonable en este debate sea la de evitar las exageraciones, como ya advirtieron J. Pérez o P. Chaunu,[33] y reconocer el protagonismo de la doctrina escolástica sin negar la influencia de los autores racionalistas, recibida también a través de los líderes de la revolución norteamericana.

La histórica situación del inicio de las independencias muestra que las juntas que se constituyeron para ocuparse del gobierno manifestaban inicialmente que gobernaban en nombre del rey, pero se fueron transformando enseguida en gestoras del autogobierno. Tenían la inequívoca convicción de que cuando faltara el monarca legítimo, sus dominios debían pasar a sus vasallos. Consideraban, además, que la situación en España no sería reversible porque el gobierno sería incapaz de hacer frente a los ejércitos franceses. Por esta razón, las juntas que habían nacido con planteamientos autonomistas y monárquicos mutaban en juntas independentistas: fue el caso de Caracas (5 de julio de 1811), Cartagena (11 de septiembre de 1811), Cundinamarca (15 de julio de 1813), Chilpancingo (6 de noviembre de 1813), Buenos Aires (31 de enero de 1813), etc. Se inició entonces un periodo abiertamente revolucionario en el que se invocaron las ideas del pacto y la reversión del poder al pueblo. Inicialmente con una preocupación en la que han visto importantes historiadores, como J. Lynch, un enmascaramiento de las verdaderas decisiones de fondo. Según su tesis, cuando en Buenos Aires se invocó el 25 de mayo de 1810 la autoridad del rey Fernando VII para constituir la primera Junta de Gobierno, se estaba usando la «máscara de Fernando VII» para encubrir las verdaderas intenciones que eran independentistas.[34]

Expresión primeriza y elocuente de estas ideas fue la *proclama anónima* difundida en Montevideo en 1808, en la que se hablaba de que la ausencia de casa reinante había determinado la reversión al pueblo español del derecho de soberanía. Mariano Moreno utilizó el mismo argumento en la *Gaceta de Buenos Aires* en diciembre de 1810. Decía que «cada provincia es dueña de sí misma, por cuanto el pacto social no establecía relación entre ellas directamente sino entre el Rey y los pueblos [...] nuestros pueblos entraron felizmente al goce de unos derechos que desde la conquista habían estado sofocados; estos derechos se derivan esencialmente de la calidad de los pueblos y cada uno tiene los suyos enteramente iguales y diferentes de los demás...».

Pero la primera formulación legal del principio de recuperación de la soberanía está en el Reglamento de División de Poderes, aprobado el 22 de octubre de 1811, por representantes de las provincias rioplatenses. Su «Introducción» comenzaba diciendo: «Después de que por la ausencia y prisión de Fernando VII, quedó el

Estado en una orfandad política, reasumieron los pueblos el poder soberano. Aunque es cierto que la Nación había trasmitido a los reyes ese poder, pero siempre fue con calidad de reversible, no solo en el caso de una deficiencia total sino también en el de una momentánea y parcial».

Dos meses después, el 21 de diciembre de 1811, se aprobó la primera Constitución de la América hispana, la Constitución Federal de Venezuela, anterior a la misma Constitución de Cádiz de 19 de diciembre de 1812, que se dice «Hecha por los representantes de Margarita, de Mérida, de Cumaná, de Barinas, de Barcelona, de Trujillo y de Caracas, todos reunidos en Consejo General». Es decir que, en este caso, se evidencia que la soberanía la asumen las provincias de Venezuela y no esta entidad territorial más amplia que las comprende. Se expresaba claramente la idea en el primer párrafo del Título Preliminar: «En todo lo que por el Pacto Federal no estuviere expresamente delegado a la Autoridad general de la Confederación, conservará cada una de las Provincias que la componen, su Soberanía, Libertad e Independencia». Venezuela se concibe, por tanto, como una organización política creada por las provincias soberanas.

La primera Constitución de México, la de Apatzingán de 22 de enero de 1814, parte de una premisa distinta. La aprueba el Supremo Congreso Mexicano, es decir, una estructura política superior a las provincias de la vieja Nueva España que es la que ostenta la soberanía. A la soberanía, es curioso constatarlo por su carácter excepcional, dedica varios artículos el capítulo II, que justamente se titula «De la soberanía». Explica que «La facultad de dictar leyes y de establecer la forma de gobierno que más convenga a los intereses de la sociedad, constituye la soberanía» (artículo 2). Atribuye al poder soberano las características de ser «por su naturaleza imprescriptible, inajenable e indivisible» (artículo 3). Añade algunas consecuencias de estos enunciados hasta concluir, en el artículo 11, precisando que «Tres son las atribuciones de la soberanía: la facultad de dictar las leyes, la facultad de hacerlas ejecutar y la facultad de aplicarlas en los casos particulares».

Años después, se aprobó la Constitución Federal Mexicana de 31 de enero de 1824. Transformó el país, que había sido un efímero imperio de carácter monárquico, regido por Agustín I, en una federación; pero al contrario de lo que enfatizaba la primera Constitución venezolana, la soberanía, según declara el artículo 3, que estatuye la federación mexicana, «reside radical y esencialmente en la nación...».

Esta horquilla de posibilidades, soberanía nacional - soberanía provincial, marca opciones que se presentan en la práctica totalidad de los países emergentes con las independencias, e implica el reconocimiento, en casi toda América, de la soberanía de las provincias al mismo tiempo que se declara la soberanía de la nueva nación que las abraza. La dicotomía conduce de modo necesario al establecimiento de sistemas federales en muchas de las nuevas repúblicas. La repetición de este modelo se debe menos a la utilización de una forma de organización ya utilizada con éxito en Estados Unidos, que a la necesidad de encajar cómodamente a las provincias en un Estado encargado del gobierno común a todas ellas. Una federación se constituyó en México, en Centroamérica, entre Colombia, Ecuador y Venezuela, entre Perú y Bolivia, o en Argentina, desde luego, como veremos ahora. Y todo a pesar de las reticencias iniciales de Bolívar, que pensaba, como ya se ha señalado, que «El sistema federal, bien que sea el más perfecto y más capaz de proporcionar la felicidad humana en sociedad, es, no obstante, el más opuesto a los intereses de nuestros nacientes Estados».

La asignación de la soberanía a las provincias podía haber dado lugar, como de hecho ocurrió, a la formación de Estados federales, o a que las provincias mantuvieran su autonomía después de que el Estado federal correspondiente se hubiera constituido, o también a que algunas provincias que habían pertenecido al mismo virreinato no llegaran nunca a incorporarse al Estado federal y se transformaran en Estados independientes.

Todas estas posibilidades se presentaron reiteradamente en Hispanoamérica en el siglo XIX: confederaciones como la Centroamericana que se disuelven por voluntad de las que habían sido provincias de la Capitanía General de Guatemala; disolución del proyecto de la Gran Colombia; adhesiones y separaciones de la intendencia de Yucatán respecto de la Federación mexicana... Pero no hay mejor ejemplo para explicar esta variedad de experiencias que el virreinato de la Plata y la formación de Argentina.

Después del triunfo de la Revolución de Mayo de 1810, las provincias implicadas se reunieron durante años en una organización política que no llegó a tener estructura de Estado. Una asamblea del Cabildo de Buenos Aires destituyó al virrey Baltasar Hidalgo de Cisneros, cuya legitimidad no reconocía porque no procedía del pueblo que había recuperado la soberanía, y estableció una Junta de Gobierno. La Junta afirmaba que gobernaba en nombre de Fernando VII.

Ni este gobierno, ni sus sucesores tras la declaración de independencia en 1816, llegaron a controlar la totalidad del virreinato. La reunión gobernante se denominó Provincias Unidas del Río de la Plata, pero el conjunto se fragmentó pronto. Se desgajó Paraguay (en 1811 se independizó como república), a pesar de que se enviaron tropas para tratar de evitarlo; se perdió el control de las provincias del Alto Perú durante la guerra de la Independencia, cuando se constituyó en un Estado (1825) llamado Bolivia; y se perdió la vinculación con la Banda Oriental en el marco de la guerra con los luso-brasileños y los conflictos con José Artigas (constituida como República Oriental del Uruguay en un proceso que va de 1825 a 1828).

Las provincias que formaban parte de las Provincias Unidas cambiaron su denominación por «Argentina» con la Constitución de 1826. Pero aquel nombre de Provincias Unidas del Río de la Plata se mantuvo como uno de los nombres oficiales de la nación Argentina, junto a República Argentina y Confederación Argentina.

La declaración sobre división de poderes de 1811, que ha sido reseñada antes, se hizo en nombre de las Provincias Unidas, que eran las que proclamaban su soberanía. En la Constitución de 24 de diciembre de 1824 es la nación Argentina el soberano. En la ulterior y definitiva Constitución de 1 de mayo de 1853, son los representantes del Pueblo de la Confederación Argentina el sujeto constituyente. Se quedó atrás la provincia de Buenos Aires, que mantuvo un gobierno por completo independiente, y en lucha contra la Confederación, hasta que se reformó la Constitución en 1860.

La expresión mayor de la concepción soberana de la provincia en Argentina fueron las guerras civiles continuas que se mantuvieron desde 1814 hasta 1880, con particular virulencia en los años centrales del siglo.[35] Diversos motivos explican esta continua contienda, pero uno de los principales fue el enfrentamiento entre el Partido Federal y el Partido Unitario, defensor el primero de la república federal, y el segundo de un gobierno centralista. A esta controversia estuvieron siempre unidas concepciones irreconciliables sobre el proteccionismo y la organización de la economía. También la polémica sobre las clásicas reformas liberales concernientes a la libertad de cultos, los bienes de la Iglesia, la libertad de pensamiento y expresión, etc.[36]

La cuestión de la soberanía, unitaria o provincial, en la época de emergencia de las nuevas repúblicas americanas, ha suscitado controversias entre historiadores y constitucionalistas, empeñados en explicar la cuestión de si las federaciones establecidas en Hispanoamérica en el siglo XIX fueron consecuencia de actos de soberanía de las provincias, que aprobaron constituciones en las que se creaba una organización política superior o federal, a la que cada una de las provincias o unidades territoriales federadas cedía un conjunto tasado de atribuciones, o, bien por el contrario, se trataba de decisiones constituyentes de un poder nacional y unitario, que organizaba el Estado reconociendo potestades de autogobierno a las provincias, dentro de los límites establecidos en la Constitución.

Una soberanía compartida

Conviene dejar constancia, antes de profundizar más en la cuestión, de tres datos objetivos que deberían haber condicionado el debate más de lo que, al parecer, lo hicieron: el primero es que muchas provincias declararon su independencia antes de que la acordaran las unidades políticas superiores a las que pertenecían; el segundo, que la referencia a la soberanía de las provincias está consignada en muchos textos; y el tercero, que fue normal que territorios considerados como provincias de un virreinato o capitanía general pudieran separarse de la confederación a que pertenecían, pacíficamente o a la fuerza.

Desde 1819 se aprobaron muchas constituciones provinciales sin que existiera un poder nacional constitucionalizado. Son textos que se refieren a un poder confederal denominado Congreso de los Estados, Gobierno General de los Estados o cosas parecidas, que, sin embargo, no aparece definido constitucionalmente.

La afirmación de la nación como único sujeto constituyente fue un momento clave en la evolución del constitucionalismo. Para estabilizar este principio, hubo que negociar el poder interior con otros sujetos que también se consideraron llamados a ejercer la soberanía de modo independiente, como sucedió en muchas provincias.

En el caso de Argentina ha sido especialmente intensa la discusión teórica sobre qué fue primero, si la nación o las provincias, para decidir si la soberanía nacional reconoció a las provincias y su poder soberano o fueron las provincias las depositarias de la soberanía que cedieron en parte de su poder a la nación.[37]

Algunos autores que estudiaron la cuestión sostuvieron que la participación de las provincias como entes soberanos e independientes en el Acuerdo de San Nicolás de 1853 (que es la base política de la Constitución de ese año) es innegable, de modo que se hace preciso explicar la declaración constitucional de que las provincias solo ejercen funciones que, a través de la Constitución, la nación les ha conferido.

Algunos constitucionalistas argentinos defienden la idea de situar la nación como primer poder soberano. Un texto del destacado constitucionalista Carlos Sánchez Viamonte sostiene que «en el proceso histórico, las provincias son anteriores a la Constitución de 1853, pero posteriores a la existencia de la Nación Argentina, nacida de la Revolución de 1810 y con plena independencia y soberanía desde 1816».[38] O también que «La Nación argentina había comenzado por ser una unidad en la Colonia, durante el Virreinato, y siguió siendo así después de la Revolución de Mayo [...] las provincias no actuaron nunca como Estados soberanos independientes, sino como entidades creadas dentro de la Nación y como partes integrantes de la misma circunstancialmente afectadas por conflictos internos».

Algunos constitucionalistas han insistido en esa idea de que mientras en Estados Unidos la confederación unió a las colonias independientes (*E pluribus unum* fue el primer lema al que se acogieron) en Argentina el proceso comenzó con «una unidad nacional única, heredera del virreinato, que luego de atravesar por un largo periodo de anarquía y desorganización, devino en la forma constitucional descentralizante de 1853/1860».[39]

La cuestión debatida, según el resumen de Chiaramonte, de «Si las provincias que concurrieron al nacimiento del actual Estado nacional argentino en 1853 eran Estados independientes y soberanos que pactaban su fusión en un Estado federal, o solo eran partes remanentes de una nación previa que se había disgregado luego de 1810 o 1819 y que desde entonces habían intentado reunirse sin éxito, conforma un problema de capital importancia, no solo para el derecho constitucional sino también para la historia rioplatense del siglo xix...».

Los estudiosos de este proceso tan complejo han tratado de establecer una tesis que lo haga comprensible y algunos, como los citados, han optado por reconocer que hubo un momento unitario, al inicio de la independencia, en el que la soberanía perteneció a una nación emergente que agrupaba a todas las provincias. Pero esa tesis no coincide con lo realmente ocurrido en el proceso de organización estatal rioplatense, porque las primeras entidades soberanas fueron posteriores a 1810 y consistieron en ayuntamientos y luego cabeceras de provincias que tratarían de constituirse como Estados.

En el Pacto Federal de 1831, que es el documento más importante de los que destaca como fuentes el Preámbulo de la Constitución de 1853, las llamadas «provincias» se consideraron Estados soberanos que buscaban una forma de unión.

Mientras se celebraban las negociaciones durante la primera década revolucionaria, las ciudades y las provincias actuaron como entidades soberanas. Al principio implícitamente pero, a partir de la llamada «anarquía del año 20», las provincias adquirieron explícitamente su independencia soberana. Se celebraron en este periodo muchos «pactos interprovinciales», comenzando por el Tratado del Pilar de febrero de 1820, que traducen la idea de que intervienen entidades soberanas. También en el periodo aparecen muchos textos constitucionales, partiendo del Reglamento Provisorio de Santa Fe de 1819, que establecen el régimen de estas unidades soberanas.[40]

El constitucionalista Juan A. González Calderón escribió que la situación en Argentina era comparable a la de Estados Unidos en el momento de las independencias: «Estados o provincias, eran entidades jurídicas con absoluta capacidad o plenitud de poder para obligarse, y delegar voluntariamente, a una autoridad común, los derechos y atribuciones cuyo ejercicio en particular no les convenía reservarse».[41]

Carlos Ibarguren lo dice igual en su biografía de Rosas de 1829: «En este momento (comienzos del primer gobierno de Rosas) no había una Nación propiamente dicha; los Estados provinciales estaban separados y el sentimiento nacional quedaba subordinado al localista. Las provincias eran entidades soberanas o independientes en guerra unas contra otras, o en coaliciones beligerantes recíprocas».[42]

Entre las provincias que adquirieron la condición de Estado soberano estaba Buenos Aires. Al principio era unitarista, pero después de Rivadavia se convirtió a la solución confederal.

Desde el Pacto Federal de 1831 hasta la Constitución de 1853, las provincias rioplatenses se rigieron por su condición de independencia soberana, unidas en una débil confederación. La posibilidad de un órgano de gobierno de la confederación fue bloqueada por Buenos Aires al lograr disolver la Comisión Representativa de las provincias del Litoral. La única atribución soberana a que renunciaron las provincias transitoriamente fue la representación exterior, encomendada al gobernador de Buenos Aires.

Bartolomé Mitre impugnaba en un vibrante discurso el Acuerdo de San Nicolás, en defensa de los intereses de Buenos Aires, asumiendo absolutamente el carácter soberano de los pueblos representados en el Acuerdo, aunque impugnando la legitimidad de muchos gobernadores que concurrieron a firmarlos.

En Estados Unidos se ha planteado un problema semejante sobre la cuestión de si el Congreso Continental de 1774-1776 fue soberano. El juez Joseph Story mantuvo una temprana posición favorable a esta tesis. Pero la verdad es que las colonias al independizarse se constituyeron como entidades independientes, sin vínculos entre ellas. En algunos casos con relaciones de enemistad manifiesta. Tenían orígenes y tradiciones distintas. El Congreso Continental, como escribió John Adams en 1787, fue *«only a diplomatic assembly»*, idea que de otra manera también se encuentra en las reuniones de las provincias rioplatenses hacia 1830.

La independencia la declararon los estados por separado, Rhode Island (4 de mayo de 1776), Massachussets (15 de mayo de 1776), antes de la Declaración del Congreso (4 de julio de 1776).

Una conclusión contemporánea

No era fácil explicar que es lo que había ocurrido con la soberanía en el periodo fundacional de las nuevas repúblicas. Se utilizaba el pensamiento filosófico disponible, fuertemente influido todavía por la idea de Bodino de que la soberanía es única, intransferible e indivisible, y que se manifiesta, sobre todo, en la potestad de dictar leyes.

El caso norteamericano primero y el de las repúblicas hispanoamericanas después, probó que la mayor parte de las atribuciones de la soberanía eran divisibles, y muy especialmente la potestad de dictar leyes, que se repartió, de acuerdo con la Constitución, entre las competencias cedidas al poder federal y las propias de las provincias o Estados.

Todos los Estados federales han evolucionado en el sentido de reconocer que se puede fragmentar la soberanía para repartir el poder de gobernar la sociedad. El último y más moderno modelo contemporáneo lo ofrece la cesión de poderes a la Unión Europea por parte de todos los Estados que la integran, operación vista por todos como una cesión parcial de soberanía.

El núcleo más indisponible de la soberanía[43] lo forman un grupo de poderes concretos que son los necesarios para asegurar la pervivencia de la organización política de la nación, entre los cuales el más caracterizado, que permite descubrir al soberano cuando se producen uniones, confederaciones o federaciones de Estados, radica en la facultad de separación. O, dicho desde la posición del poder federal, el poder de mantener la integridad de su territorio frente a cualquier pretensión secesionista o de usurpación. En las uniones creadas por tratados internacionales y en las confederaciones es común y aceptado el poder de secesión. No así en las federaciones y Estados unitarios, en los que la norma constitucional vincula a perpetuidad a los integrantes o, al menos, no reconoce un poder de separación unilateral.

Pero es claro que estos conceptos no estuvieron disponibles en el momento fundacional de las naciones americanas y precisaron, para asentarse, una despiadada guerra civil general en Estados Unidos (1861-1865) y reiteradas guerras civiles provinciales en Hispanoamérica hasta que se asentó la idea de soberanía de la nación.

TERRITORIO

Límites con las colonias portuguesas

Un Estado, para serlo, necesita estar asentado en un territorio sobre el que se extiende su soberanía y tiene aplicación su Constitución y leyes, la acción de su gobierno y las decisiones de sus tribunales. Los límites y las fronteras, que no son conceptos equivalentes, tienen que estar definidos con precisión.[44]

Las nacientes repúblicas americanas se encontraron con muchos problemas concernientes a la delimitación de su territorio. España había prestado una atención secundaria a la definición de los límites de sus colonias. Salvo en el caso de que fueran fronterizas con un país extranjero, el señalamiento de puntos exactos hasta donde se extendía una capitanía general no fue cuestión de primera importancia, por lo menos hasta que se crearon las intendencias al final del reinado de Carlos III, en el tiempo auroral de las primeras secesiones.

Las nuevas naciones tuvieron que abordar muchas guerras y conflictos hasta cartografiar los mapas de su territorio.

La delimitación con el de otros Estados solo se refirió a Portugal, vecino en América continental desde los tiempos del Descubrimiento. El primer reparto, rectificando lo que resultaba de la bula *Inter Caetera* del papa Alejandro, resultó del Tratado de Tordesillas de 1494, que situó la línea de demarcación de las tierras atribuidas a España y Portugal a 370 leguas al oeste de las islas de Cabo Verde. Esta división fue pacífica durante el tiempo inmediato y en el periodo de sesenta años (1580-1640) en que las coronas de ambos reinos estuvieron reunidas en la cabeza de Felipe II y sus sucesores hasta Felipe IV.

Las tensiones territoriales se plantearon de inmediato en cuanto que España reconoció, en 1668, la independencia de Portugal, por el Tratado de Lisboa. Poco después, en 1680, el gobernador de Río de Janeiro, Manuel Lobo, fundó la Nueva Colonia del Santísimo Sacramento en frente de Buenos Aires, en las costas rioplatenses del actual Uruguay, un territorio que España consideraba suyo. El gobernador militar de Buenos Aires ordenó ocupar el lugar. Un tratado provisional de 1681 paró las hostilidades y creó una comisión mixta para estudiar el problema.

Se retrasó bastantes años el acuerdo porque se interfirieron acontecimientos tan importantes como la guerra de Sucesión en la Corona de España, a partir de 1700, el Tratado de Utrecht de 1715 y actuaciones de hecho de ambas partes que determinaron idas y vueltas de la Colonia de Sacramento a la soberanía de Portugal, y la creación de Montevideo por Felipe V.

La cuestión más general era que España tenía asentamientos en territorio portugués y Portugal en territorio español: para resolverla se aprobó el Tratado de Madrid de 1750, conocido como Tratado de Permuta, que fue firmado por Fernando VI de España y Juan V de Portugal el 13 de enero de 1750. Se basaba en el principio *uti possidetis ita possideatis*, que atribuía los territorios a cada parte según la efectiva posesión de los mismos. La consecuencia más general fue que Portugal entregaba a España la Colonia de Sacramento y recibía a cambio territorios del sur, el nacimiento del río Ibicuí, las misiones, el margen derecho del río Guaporé y cedía el territorio occidental del río Japurá al Amazonas y la navegación por el río Içá. Otras medidas afectaban a Inglaterra, que también firmó el tratado, concernientes a cuestiones económicas que no es preciso relatar.

La prescripción más complicada de ejecutar de este tratado fue la entrega, para que pasara a dominio portugués, de la región de Misiones Orientales, que comprendía los siete pueblos de las reducciones jesuíticas que quedaban en la margen izquierda del río Uruguay. El cambio afectaba de modo grave a la población guaraní asentada en las misiones porque España no permitía la esclavitud de los indígenas y Portugal sí. Los jesuitas se negaron a entregar los territorios y del conflicto surgió la guerra guaranítica, que se prolongó desde 1752 a 1756 y en ella perdieron la vida centenares de indígenas. La batalla de Caibaté fue la última de esa guerra.

Las misiones no pasaron a dominio portugués porque la resistencia y habilidad de los jesuitas llevó a un nuevo acuerdo, el Tratado de El Pardo de 1761, que anuló el Tratado de Madrid en lo que concierne a la entrega de la Misiones Occidentales. El poder mostrado por los jesuitas en esta contienda, tanto económico como de recluta de indígenas, incrementó sus enemigos interiores en España y sumó una causa más a las que se presentaron a Carlos III para que decretara, en 1767, la expulsión de los jesuitas de todos los territorios de ultramar.[45]

Los conflictos en la zona siguieron en los años inmediatos al Tratado de El Pardo, hasta que se firmó, en el Palacio Real de la Granja, el Tratado de San Ildefonso de 1 de octubre de 1777, por el conde de Floridablanca, representando a Carlos III de España, y Francisco Inocencio de Sousa Coutinho, en nombre de la reina María I de Portugal. El tratado respondía al «sincero deseo de extinguir las desavenencias que ha habido entre las coronas de España y Portugal y sus respectivos vasallos por casi espacio de tres siglos sobre los límites de sus dominios en América y Asia».

Entre otras muchas cosas que se acordaron estaba la fijación de las líneas de límites, para cuya descripción se usaron, en las zonas montañosas, los puntos más altos de las cordilleras y, en general, las cabeceras y recorridos de un buen número de ríos, grandes y pequeños: arroyo Chuy, laguna Merín, río Piratiní, cabecera del río Negro, río Pepirí Guazú, río Iguazú, Paraná, Paraguay, Mamoré, Amazonas, etc.

La descripción de los límites no resultó lo suficientemente precisa. Se prestaba a interpretaciones que podían ser fuente de futuras controversias. Los gobiernos contrayentes decidieron crear una comisión que se ocupara de precisar las ambigüedades y el español nombró al militar aragonés Félix de Azara para esta misión. Viajó pronto a Paraguay y se estableció en Asunción. Como la delegación portuguesa se hizo esperar, Azara pudo dedicar mucho tiempo a la observación de la naturaleza y a redactar notas que serían admiradas por naturalistas contemporáneos tan importantes como el conde de Buffon o Charles Darwin.[46] Probó también sus habilidades como historiador, de las que dejó una magnífica muestra en su libro *Descripción e historia del Paraguay y del Río de la Plata*.[47] Fue el primero en describir con bases científicas la geografía del Río de la Plata y su larga estancia de veinte años en América (cuando viajó se suponía que la misión era para pocos meses) hubiera permitido afinar mucho más los conocimientos sobre los límites de las amplias unidades administrativas establecidas en América por la monarquía española. Algunos aprovecharon lo que pudieron: el virrey del Río de la Plata le encargó que levantara la frontera con los indios pampas, tarea que cumplió con una prolongada expedición. Pero no terminó de precisar los límites con Brasil y, pese a ser un precursor muy importante en el estudio de la geografía y naturaleza de las regiones en las que vivió, no sirvió su estancia en América, que se alarga casi hasta el inicio de la época revolucionaria, para concluir una cartometría suficiente de las demarcaciones administrativas.

El problema pasó entero a los gobiernos de las repúblicas que reemplazaron a las estructuras administrativas coloniales y fue materia de innumerables conflictos, muchos de ellos zanjados por la fuerza de las armas.

Sería demasiado largo, y bloquearía por completo nuestra narración, relatar la mayoría de estas controversias, por lo que me limitaré en las páginas siguientes a hacer referencia a los conflictos más importantes, porque afectaron a muchos kilómetros cuadrados e impactaron de un modo significativo en la determinación del territorio de los países afectados. La breve relación comenzará en el Cono Sur de América, considerará lo ocurrido en la zona andina y concluirá examinando las alteraciones territoriales mexicanas. Es decir, se analizará la delimitación territorial, durante el siglo XIX, de Chile, Argentina, Perú, Bolivia y Colombia, Paraguay y México.

Las indagaciones de Gálvez y Carlos III

En términos generales, según lo ya dicho, los territorios de las nuevas repúblicas coincidían con las jurisdicciones de las audiencias reales creadas en el siglo XVI y era en las ciudades de aquella época donde se situaban los centros de poder y la sede de las instituciones. En la segunda mitad del siglo XVIII los reformadores borbónicos habían modificado o sustituido jurisdicciones del siglo XVI, lo que produjo conflictos entre los centros de autoridad más recientes y los antiguos. Bogotá era la sede virreinal de Nueva Granada pero no pudo conservar, como capital de la República de la Gran Colombia, la lealtad de regiones que antes se encontraban en las jurisdicciones de Quito y de Caracas. Quito había sido sede de una audiencia a partir del siglo XVI y hasta 1739 formó parte del virreinato de Perú. Caracas quedó bajo la jurisdicción de la Audiencia de Santo Domingo, que era parte del virreinato de Nueva España, pero en 1739 fue elevada a rango de capital de la capitanía general, dentro del virreinato de Nueva Granada. Después de la independencia, Caracas se escindió de Bogotá para convertirse en capital de Venezuela, y Quito hizo lo mismo convirtiéndose en capital de Ecuador. En Río de la Plata, la ciudad de Buenos Aires, que se convirtió en capital virreinal en 1776, no pudo ejercer autoridad sobre las sedes de audiencias como La Paz, en el Alto Perú, que se separó para hacerse capital de Bolivia, o Asunción, que se convirtió en capital de Paraguay. Otras varias regiones hicieron intentos de separarse: Montevideo lo consiguió para erigirse en capital de la República de Uruguay en 1828. América Central se fragmentó en varias repúblicas. Santiago de Guatemala había sido sede de una audiencia desde el siglo XVI, pero en 1785 los reformadores borbónicos dividieron las provincias sujetas a su jurisdicción en varias intendencias, dotadas de autonomía parcial, que fueron los núcleos de los que nacieron las repúblicas independientes cuando Centroamérica se separó de México en 1823; un experimento de federación centroamericana, creado poco después, se deshizo en 1838.

Uti possidetis iuris

Dado este estado de indefinición, o falta de información sobre los límites territoriales de los Estados, la mayor parte de ellos ordenó la realización de estudios que despejasen la cuestión. A partir de 1810, y en la mayor parte de los países latinoamericanos, el Estado se preocupó de explorar y cartografiar su territorio, con plena conciencia de la necesidad de conocer el espacio sobre el cual se ejercía soberanía. Por ejemplo, en Chile ni siquiera existían mapas medianamente aceptables; poco se sabía de la situación exacta de las ciudades y puntos geográficos de importancia; nadie había estudiado de manera sistemática las especies naturales, y, menos aún, preocupado de las características geológicas, o de precisar adecuadamente las condiciones climáticas de los ámbitos en que comenzaba a desenvolverse la nueva República».[48]

La obra cartográfica del naturalista Claudio Gay fue una aportación de importancia para el conocimiento geográfico de Chile y un instrumento fundamental para la Administración estatal. Gay es un referente importantísimo en la cultura y la ciencia chilenas por la variedad de sus investigaciones. Exploró el territorio chileno entre 1830 y 1842 e hizo anotaciones de interés y contó con el apoyo de un contrato del gobierno para desarrollarlas.

En Venezuela fue Agustín Codazzi quien hizo los primeros mapas del país y su primera descripción sistemática. También fue fundamental su obra en Nueva Granada por las mismas razones. En Bolivia, entre 1830 y 1833, Alcide d'Orbigny desarrolló su obra *Voyages dans l'Amérique méridionale* y otros escritos que transformaban la ciencia boliviana y describían de un modo más exacto su naturaleza y geografía. En Perú Antonio Raimondi, que había llegado allí en 1850 para conocer específicamente las riquezas naturales, había avanzado de un modo muy importante en el cartografiado del país.

Después de la independencia las naciones americanas establecieron sus límites de acuerdo con el principio *uti possidetis iuris*: los nuevos países tendrían como territorio el que poseían en el momento de su emancipación de España. Así se acordó, a propuesta de Bolívar, en el Congreso de Angostura de 1819.[49]

En las primeras décadas de las repúblicas independientes no fue este un asunto que generara fricciones entre los gobernantes. Los conflictos vendrían después. En el caso de Chile las controversias se iniciaron durante el gobierno del general Bulnes, en la década de 1840, y fueron consecuencia de la preocupación del gobierno por asegurar la soberanía en el extremo austral, lo que provocó la reacción argentina. Y, por otra parte, los colonos y pioneros chilenos avanzaron hacia el norte, lo que dio lugar a conflictos con Bolivia.

Los enfrentamientos con Argentina comenzaron en 1843 cuando el gobierno chileno fundó Fuerte Bulnes y más tarde Punta Arenas en el estrecho de Magallanes. Argentina reclamó alegando derechos soberanos en la región. Mientras se resolvía la situación del estrecho de Magallanes y de la Patagonia, que eran los territorios disputados, empezó a prevalecer en Chile la idea de que la Patagonia carecía de todo valor económico, además de ser disuasorio el acceso por las dificultades naturales que se interponían. Las desavenencias se alargaron todo el siglo: en 1872 el gobierno chileno invitó al argentino a reanudar las conversaciones sobre límites, que fracasaron. En 1881, sin embargo, Chile y Argentina firmaron su primer tratado de límites, vigente hasta la actualidad. Estableció que el lindero entre ambos países hasta el paralelo 52 de latitud sur sería la cordillera de los Andes en sus más altas cumbres divisorias de las aguas, y que en caso de que hubiera problemas de demarcación serían resueltos por peritos nombrados por las partes; disponía que el estrecho de Magallanes quedaría bajo la soberanía chilena, como zona neutral a perpetuidad que aseguraba la libre navegación a barcos de todas las naciones; la Tierra del Fuego se dividía y se repartía entre Chile y Argentina; todas las islas situadas al sur del canal Beagle, así como las situadas al occidente de Tierra del Fuego, serían chilenas.

El 1 de mayo de 1893 se firmó un protocolo complementario al tratado para resolver algunos problemas que se habían producido en la aplicación. Se ratificó que el límite eran las más altas cumbres de los Andes que dividían las aguas, estableciéndose además que Chile no podía aspirar a dominio alguno en el Atlántico ni Argentina en el Pacífico. Como se mantuvieron más problemas sin resolver, en abril de 1896 se firmó un nuevo protocolo, designando a la reina de Inglaterra como árbitro en caso de discrepancia.

Chile simultaneó sus conflictos con Argentina, por las cuestiones territoriales mencionadas, con otros no menores que llevaron a importantes acciones militares que seguidamente referiremos.

Ajustes en los Andes

Los conflictos con Perú y Bolivia empezaron a consecuencia de la explotación del guano, primero, y del salitre, después. El guano, es decir, las deposiciones de los pájaros que cubrían amplias zonas de las islas peruanas y del litoral, constituían un fertilizante natural poderosísimo que los productores europeos, dueños de campos intensamente explotados, empezaron a importar con gran alborozo. Para Perú fue, durante años, la primera fuente de ingresos del Estado. Cuando decreció esta explotación se descubrió que el salitre abundante en zonas del litoral podía ser un sustituto adecuado. Y surgió una poderosa industria de este producto en territorios que, en poco tiempo, se convirtieron en motivo de disputa entre Chile, por un lado, y Bolivia y Perú, por otro.

Por lo que respecta a Bolivia las discrepancias surgieron en 1842 cuando el gobierno chileno declaró que las guaneras situadas al sur de los 22 grados de latitud sur eran chilenas. Bolivia alegó que la soberanía chilena solo llegaba hasta los 25 grados de latitud sur. La discrepancia generó muchos incidentes relativos a los territorios situados entre los 23 y los 25 grados de latitud sur. Ambas naciones firmaron un tratado por el cual se estableció como límite el paralelo 24 y se acordó compartir las riquezas existentes entre los paralelos 23 y 25 latitud sur. Pero el tratado fue desechado como impracticable y en 1874 se acordó firmar uno nuevo que mantuvo como límite el paralelo 24 y prohibió a Bolivia imponer nuevas contribuciones, o aumentar las existentes, por un lapso de veinticinco años, a las empresas chilenas que operaban entre los paralelos 23 y 24 de latitud sur.

En la década de 1870, Perú pretendió establecer un monopolio sobre la producción de nitrato que no pudo realizarse porque había salitreras en Antofagasta, muchas de ellas explotadas por los chilenos. Perú trató de llegar a un acuerdo con Bolivia, que estaba interesada en desconocer el tratado con Chile de 1866 y recuperar la plena soberanía sobre los territorios en conflicto. Ambas naciones firmaron el Tratado Secreto de 1873 en virtud del cual se comprometían a asistirse mutuamente en caso de guerra.

Bolivia infringió el tratado de 1874 en 1878 y ordenó el cobro de un impuesto a la Compañía de Salitres Antofagasta de diez centavos por quintal de nitrato exportado. La compañía se negó a pagar y recurrió al gobierno chileno. Pese a todo, Bolivia mantuvo el impuesto. Chile recuperó sus viejas reclamaciones territoriales. Antes de que ejecutaran la deuda sobre bienes de la compañía las tropas chilenas desembarcaron en Antofagasta y ocuparon la ciudad.

Fue el inicio de la guerra del Pacífico que se desarrolló entre 1879 y 1883 en diferentes campañas. La primera en Antofagasta a partir de 1879 con la ocupación de la ciudad y a continuación hacia Calama. La escuadra chilena bloqueó el puerto peruano de Iquique, donde Perú perdió la Independencia, su mejor nave de guerra. Iquique ocurrió el 21 de mayo de 1879. A partir de ahí el Huáscar, al mando del almirante Miguel Grau, desarrolló una intensa campaña atacando las naves chilenas en los puertos hasta que finalmente fue capturado por los chilenos en el combate de Angamos de 8 de octubre de 1879. Esta acción le sirvió a Chile para dominar el mar.

Sobre el territorio peruano hubo varias campañas. La de Tarapacá se inició en 1879 y permitió la ocupación de esa provincia. Luego hubo acciones en los Andes y fueron particularmente sangrientas.

Las dirigió el caudillo Andrés Cáceres con pequeñas unidades muy activas. En julio de 1883 Cáceres fue derrotado en Huamachuco. En Perú se había establecido el gobierno del general Iglesias, con el que Chile pudo entablar negociaciones hasta llegar el 20 de octubre de 1883 a firmar el Tratado de Ancón, por el cual Perú cedió a perpetuidad la provincia de Tarapacá. Entregó a Chile la administración de las provincias peruanas de Tacna y Arica por diez años al cabo de los cuales había que hacer un plebiscito que decidiera sobre el destino de las islas. El plebiscito nunca se celebró y hasta 1929 Chile y Perú no llegaron a un acuerdo sobre este asunto.

El estado de guerra concluyó el 4 de abril de 1884 con la firma del Pacto de Tregua que suspendió las hostilidades y los territorios situados entre el paralelo 23 y la desembocadura del río Loa en el Pacífico quedaron en manos del régimen chileno.

Con la guerra del Pacífico Chile asentó su modelo de sociedad y confirmó la percepción de ser un Estado diferente en todo el ámbito latinoamericano; una excepción política y de todo orden. Desde el punto de vista territorial le permitió expandir su territorio hasta el norte adueñándose además de Arica, de las provincias salitreras de Tarapacá y Antofagasta. La guerra supuso también la ocupación por Chile de territorios bolivianos que habían sido objeto de muchas disputas. El conflicto de la Puna de Atacama se presentó al ceder Bolivia a Argentina una parte de los territorios ocupados por Chile en virtud del Pacto de Tregua firmado en 1888. En 1899 Chile y Argentina llevaron el conflicto por la Puna de Atacama al arbitraje del embajador norteamericano en Buenos Aires, quien dividió el territorio en disputa a falta de un acuerdo entre las partes.

Desde el punto de vista económico la guerra del Pacífico transformó a Chile en el único productor de salitre del mundo obteniendo una riqueza desconocida hasta entonces.

La expansión desde La Pampa a la Tierra del Fuego

Los límites de la colonización española en lo que serían territorios de Chile y Argentina, limítrofes con La Pampa y Patagonia, se habían estabilizado desde muchos años antes de que empezaran el movimiento independentista. El interés económico de la ampliación de la colonización no resultó especialmente atractivo, sobre todo por la feroz resistencia de los pueblos originarios, que se mantuvo desde el primer día de la presencia española hasta el final del siglo xix.

Cuando se constituyeron gobiernos independientes en Argentina, hubo enseguida operaciones comerciales y, si procedía, militares, que implicaban a emplazamientos indígenas. La primera de ellas fue ordenada poco después de la Revolución de Mayo de 1810 por la Junta de Gobierno. Consistió en una expedición a Las Salinas, territorio conocido desde antes de los tiempos coloniales, con grandes yacimientos de sal, que los pueblos aborígenes usaban para mercadear. A su regreso, una delegación indígena firmó un tratado con las Provincias Unidas del Río de la Plata. Poco después de crearse la provincia de Buenos Aires se firmó, en 1820, un tratado con los indígenas pampeanos que establecía los límites de las grandes estancias en el río Salado.

Hubo en aquellos años fundacionales acuerdos y escaramuzas militares. El general San Martín solicitó en 1815 permiso a la nación pehuenche para atravesar sus territorios con el Ejército de los Andes camino de luchar por la independencia de Chile. Importante petición porque implicaba el reconocimiento de la soberanía indígena. Pero enseguida empezarían los enfrentamientos y acciones de conquista y apropiación del territorio. Hubo en los años 1820 y 1824 tres campañas de Martín Rodríguez contra los indígenas. Las operaciones militares cobraron especial determinación a partir de la Conquista del Desierto, planificada y ejecutada por Juan Manuel de Rosas en 1833 y 1834. Consiguió incorporar a la provincia de Buenos Aires extensos territorios indígenas, que sirvieron para expandir las estancias de algunos terratenientes y liquidar a partidas de indios que atacaban con frecuencia las propiedades y robaban los ganados. Rosas saldó su operación, en el informe que presentó al gobierno de Buenos Aires, en 3.200 indígenas muertos y 1.200 prisioneros, además de rescatarse un contingente numeroso de cautivos. Pero no estabilizó la frontera. Por el contrario, eran continuas las incursiones indígenas, favorecidas por las guerras civiles argentinas que se prolongaron todos los años centrales del siglo. Un presidente importante como Bartolomé Mitre no dudó en calificar, en 1863, «el problema indio» como una fuente de disensiones domésticas y de continuo padecimiento.

Las guerras civiles, por un lado, y la guerra con Paraguay, que tuvo lugar entre 1864 y 1868, no dejaron más tiempo ni recursos para desarrollar acciones de mayor importancia. No hubo guerras abiertas, pero sí decisiones legislativas como la Ley Nacional 215 de 1867, que acordó situar la frontera del sur en los ríos Negro y Neuquén. Cuando fue presidente Domingo Faustino Sarmiento (1868-1874) consolidó la frontera del sur en el río Quinto. Se siguió la política de levantar fortines que penetraban cada vez más en territorios de las naciones amerindias. En 1872 se preparó, por parte indígena, una contundente reacción, al mando del caudillo Calfucurá, que se concretó en la llamada «invasión grande» de la provincia de Buenos Aires. Por aquella época los indígenas se habían preparado para la guerra. Pero también el ejército argentino, con armamento moderno, adquirido durante la presidencia de Sarmiento, era más poderoso. Concluido su mandato, accedió a la presidencia Nicolás Avellaneda. Su ministro de Defensa, Adolfo Alsina, preparó planes de defensa contra los ataques indios a las estancias y actuaciones para hacer avanzar la frontera hacia el sur. Fue este ministro el promotor de la «zanja Alsina»: una trinchera, establecida en 1876, de dos metros de profundidad y tres de ancho, rematada con un parapeto, que defendía unos centenares de kilómetros de frontera e impedía el trasiego de ganado robado.

En los años setenta el conflicto con los indígenas se había complicado por todas partes; la política de instalación de fortines y ampliación de estancias siguió y, cuando Adolfo Alsina murió, en 1877, el presidente Avellaneda nombró ministro de la Guerra al general Julio Argentino Roca. Para conocer lo principal de sus intenciones quizá baste con recordar que se había opuesto a la zanja Alsina considerándola un disparate, por entender que los muros no evitan las invasiones y que lo que había que hacer era la ocupación de La Pampa, «previa destrucción de los nidos de indios». En consecuencia propuso al presidente un plan que pivotaba sobre esta idea: «el mejor sistema para concluir con los indios, ya sea extinguiéndolos o arrojándolos al otro lado del río Negro, es la guerra ofensiva que fue seguida por Rosas que casi concluyó con ellos...».

Una comisión estudió el plan y lo sancionó una ley de 4 de octubre de 1878, que acordaba la financiación necesaria. Se constituyó un gran ejército que empezó a operar a finales de 1878. Ese año se creó la gobernación de Patagonia, cuya jurisdicción llegaba hasta el cabo de Hornos.

La segunda gran operación militar masiva tuvo lugar en 1879 haciendo avanzar a 6.000 soldados distribuidos en cinco divisiones. Murieron 1.350 indígenas y fueron capturados varios miles de ellos.

El general Julio Argentino Roca sustituyó en la presidencia a Nicolás Avellaneda al término de su mandato. Desde su fortalecida posición militar y política, lanzó las campañas del Neuquén y Río Negro en 1881, y de los Andes, entre noviembre de 1882 y abril de 1883. En 1884 se rindieron los últimos guerreros, fueron masacrados a centenares y tomados prisioneros o deportados a tierras periféricas y más estériles de la Patagonia. Situaciones infamantes aguardaban a los prisioneros, que murieron en gran número. El Informe Oficial de la Comisión Científica, que acompañó al ejército argentino, contiene un balance pormenorizado de los resultados en lo que respecta al ensanchamiento de la frontera argentina:

El año 1879 tendrá en los anales de la República Argentina una importancia mucho más considerable que la que le han atribuido los contemporáneos. Ha visto realizarse el acontecimiento cuyas consecuencias sobre la historia nacional obligan más la gratitud de las generaciones venideras que la de la presente...

Se trataba de conquistar un área de 15.000 leguas cuadradas ocupadas cuando menos por unas 15.000 almas, pues pasa de 14.000 el número de muertos y prisioneros que ha reportado la campaña. Se trata de conquistas en el sentido más lato de la expresión. No era cuestión de recorrerlas y de dominar con gran aparato, pero transitoriamente, como lo había hecho la expedición del general Pacheco al Neuquén, el espacio que pisaban los cascos de los caballos del Ejército y el círculo donde alcanzaban las balas de sus fusiles. Era necesario conquistar real y eficazmente esas 15.000 leguas, limpiarlas de indios de un modo tan absoluto, tan incuestionable, que la más asustadiza de las asustadizas cosas del mundo, el capital destinado a vivificar las empresas de ganadería y agricultura, tuviera él mismo que tributar homenaje a la evidencia, que no experimentase recelo en lanzarse sobre las huellas del Ejército expedicionario y sellar la toma de posesión por el hombre civilizado de tan dilatadas comarcas.[50]

La acción de los ejércitos argentinos fue simultaneada en el tiempo por las desarrolladas por el ejército chileno para lo que en este país se ha denominado la Pacificación de la Araucanía.[51]

Habitaban allí más de cien mil indígenas pehuenses y mapuches. Como había ocurrido con los territorios de Río de la Plata durante la colonia, después de bastantes situaciones de conflicto, las fronteras se habían estabilizado. En el caso de Chile los mapuches vivían al sur del río Biobío. Pero después de la independencia no llegó a establecerse un nuevo acuerdo fronterizo. Durante la revolución de 1851 un grupo de mapuches actuó al lado del general insurgente José María de la Cruz hasta ser derrotados.

De acuerdo con el plan trazado por el general Cornelio Saavedra Rodríguez en 1861, se inició la ocupación. El avance por el territorio costero provocó una sublevación indígena. Siguieron conflictos y escaramuzas, con acciones y réplicas diversas, y negociaciones que duraron dos decenios colmados por enfrentamientos muy duros.

La guerra del Arauco, de tan larga tradición en los tiempos coloniales, fue replanteada por la República de Chile en 1861 y se prolongó hasta 1883. A consecuencia de ella la Araucanía fue sometida por completo a la soberanía territorial de Chile, lo que incluía naturalmente la conquista de todo el territorio mapuche. Los mapuches sobrevivientes fueron llevados a pequeñas reservas o «reducciones». En 1929 existían 3.078 reservas, que abarcaban una extensión de 525.000 hectáreas, que eran consideradas como una concesión del Estado chileno y propiedad comunal de los indígenas.

La redistribución del centro de Sudamérica: la guerra de la Triple Alianza

En el mayor replanteamiento de los límites territoriales de la zona central de Sudamérica, estuvieron implicados los Estados de Brasil, Argentina, Uruguay y Paraguay, los tres primeros coaligados contra el cuarto en la denominada guerra de la Triple Alianza, un conflicto bélico que se prolongó entre 1864 y 1870.

El detonante del conflicto fue la invasión por tropas brasileñas de territorio uruguayo. Paraguay, presidido entonces por el mariscal Solano López,[52] que apoyaba al gobierno de Uruguay, se apoderó, como represalia, de un buque mercante brasileño y del gobernador de la provincia brasileña de Mato Grosso. Al día siguiente se declaró la guerra, cuyo primer desarrollo fue la ocupación por las fuerzas paraguayas de buena parte de esa provincia.

El presidente paraguayo Solano López solicitó permiso del argentino Bartolomé Mitre para atravesar territorio argentino con sus tropas camino de Uruguay. Mitre lo denegó y, como respuesta, el ejército paraguayo ocupó la ciudad argentina de Corrientes en abril de 1865. La acción fue determinante de que Argentina entrara en la guerra al lado de Brasil y que también Uruguay, que había cambiado de gobierno, se sumara.

Las tensiones en la zona venían de antiguo. Paraguay había tenido, cuando era colonia española salida al océano Atlántico a través de los territorios La Guayrá o La Pineria, y de Ybiazá o La Vera. Esa zona había sido objeto de expediciones esclavistas de los bandeirantes y de luchas que habían destruido algunas ciudades y afectado a las reducciones jesuíticas. Portugal y España pactaron la solución de sus diferencias en la zona mediante el Tratado de Madrid de 1750, al que ya hemos hecho referencia. Pero tras la independencia de Paraguay se agudizaron los conflictos y las incursiones armadas por parte de los dos contendientes.

Cuando, tras los gobiernos dictatoriales en Paraguay de Gaspar Rodríguez de Francia y de su sobrino Carlos Antonio López, accedió a la presidencia el hijo de este, Francisco Solano López, Paraguay tenía un cierto grado de prosperidad, había buscado soluciones económicas adecuadas estableciendo un modelo de economía parcialmente nacionalizada, y se permitió desarrollar su ejército dotándolo de medios y tratando de convertirlo en la fuerza armada más poderosa de la región.

Solano López, a la muerte de su padre, fue elegido presidente por el Congreso paraguayo el 16 de octubre de 1862. Poco después movilizó a la práctica totalidad de la población desde los dieciséis hasta los cincuenta años, y se pertrechó de una buena dotación de vapores de guerra y cañones. La suma de las fuerzas argentinas, uruguayas y brasileñas era, no obstante, muy superior. Por ello, a pesar de la crisis económica que afectaba a Brasil y de la resistencia a la guerra de la población argentina, era razonable que el general Bartolomé Mitre, presidente de Argentina, pensara que en pocas semanas sus fuerzas ocuparían Asunción. El Tratado de la Triple Alianza se firmó el 1 de mayo de 1865 y las oleadas de la guerra se expandieron por el enorme espacio en conflicto. La entrada en Asunción no se produjo, por parte de tropas brasileñas y uruguayas, hasta el 5 de enero de 1869. La ciudad fue arrasada, saqueada e incendiada. Las batallas continuaron en las montañas siguiendo a Solano López en su retirada, hasta que fue alcanzado en la batalla de Cerro Corá, donde él y el resto de sus tropas fueron masacrados.[53]

Interesa reseñar las consecuencias territoriales del conflicto:

Argentina reclamó todo el Chaco Boreal, aunque después rebajó algo su reclamación limitándola a una parte, pero retuvo todo el Chaco Central. Argentina y Paraguay firmaron el 3 de febrero de 1876 un Tratado de Límites por el que Paraguay devolvería a Argentina la actual provincia de Misiones, por la que los contendientes habían litigado desde la independencia de Paraguay. Uruguay se benefició durante la guerra porque Montevideo se convirtió en el centro de aprovisionamiento de las fuerzas aliadas. Y Brasil mantuvo su ocupación de Paraguay hasta 1876, cuatro años después del Tratado Cotegipe-Loizaga por el cual obtenía diversas reparaciones y se anexaba nuevos territorios en Matto-Grosso, Santa Catalina y Rio Grande do Sul.

Todavía quedaron ajustes territoriales y reivindicaciones por resolver en el Chaco, que dieron lugar a la penosa guerra que enfrentó a Bolivia y a Paraguay entre 1932 y 1935. Tres años de guerra, muchas pérdidas humanas, quebrantos de toda clase, que terminaron en 1838, primero con la firma de un tratado secreto por el que Paraguay aceptó ceder cien mil kilómetros cuadrados ocupados durante la guerra, y formalmente con el Tratado de Paz, Amistad y Límites que se firmó el 21 de julio de 1938 (el definitivo es de 27 de abril de 2009). La zona litigiosa se repartió, correspondiendo una cuarta parte a Bolivia y tres cuartas a Paraguay. Bolivia recibió una zona a orillas del alto río Paraguay, y Bolivia un territorio denominado Dionisio Foianini, también en la zona del alto río Paraguay.[54]

La descomunal pérdida territorial de México

La pérdida de Texas por parte de México quedó anunciada desde que comenzó la entrada de colonos de Estados Unidos para la explotación de sus tierras. El expansivo vecino del norte había dado muestras de su interés por ese territorio y el deseo de comprarlo, como expresó el ministro Poinsett desde 1825. Desde muchos años antes, la Corona española había autorizado la entrada de los primeros colonos angloamericanos, preocupada por poblarlo y dar asilo a sus súbditos de Luisiana y las Floridas a quienes autorizó a trasladarse a Texas con ciertos privilegios. Al independizarse, México mantuvo esa política. Condicionó la entrada de colonos angloamericanos a los que fueran católicos, pero incrementó sus privilegios con la esperanza de convertirlos en ciudadanos leales. Se aprobaron concesiones de grandes territorios. Algunos empresarios que se comprometían a poblarlos con colonos honestos recibirían tierra prácticamente gratis pagando solo el deslinde y la división de los terrenos. Los estados de Coahuila y Texas cobraron la titulación de la propiedad y un simbólico pago. Pero la enorme frontera, la lejanía y la falta de recursos favorecieron que una mayoría protestante y esclavista entrara y violara las leyes con asiduidad.

El Congreso Constituyente de 1824 había unido Texas a Coahuila y provocó muchos problemas, pero para 1834 la mayoría de ellos se habían resuelto. Las verdaderas fuentes de fricción eran la esclavitud y la instalación de aduanas.

La ley de colonización de 1830 prohibió la inmigración de angloamericanos y provocó un gran descontento, que creció al abrirse la primera aduana en 1832. Se empezaron a celebrar convenciones de angloamericanos dominadas por anexionistas. La primera tuvo lugar en la villa de Anáhuac. Una segunda convención encomendó al empresario anglosajón Esteban Austin la presentación de varias peticiones, entre las cuales que se anulara la prohibición de inmigración angloamericana. Se logró en 1833, junto con otras concesiones como la ampliación del plazo de exención de impuestos o que se autorizara el uso del inglés en asuntos administrativos y judiciales y se aprobara el juicio por jurado, es decir, que los transgresores de las leyes fueran juzgados por los propios ciudadanos.

Cuando venció el periodo de exención de impuestos, en 1835, retornaron las reclamaciones e inquietudes y los colonos llamaron a los habitantes norteamericanos para que se sumaran a su lucha por la libertad. Se formaron en Estados Unidos clubes que reclutaron voluntarios y reunieron armas y recursos. El presidente Andrew Jackson, declaró la «neutralidad», asegurando que era un problema interno mexicano, pero jamás respetó esta declaración.

El gobierno mexicano optó por el envío de una expedición para someter la rebelión texana al mando del general Santa Anna. El ejército era improvisado, mal organizado, sin abastecimiento suficiente. Al principio tuvieron éxito fundamentalmente porque se recuperó el fuerte del Álamo. Pero después el propio Santa Anna en plena persecución de las fuerzas contrarias fue hecho prisionero. El segundo jefe de su ejército, el general Vicente Filisola, obedeciendo las órdenes del presidente prisionero, ordenó retirar las tropas hasta más allá del río Bravo, lo que aseguró, en 1837, la independencia de Texas.

No pudieron los mexicanos, en medio de su penuria económica, enviar una nueva expedición militar, aunque la recuperación de Texas se convirtió en una obsesión que impidió al gobierno asumir las advertencias británicas de que no reconocer la independencia produciría mayores pérdidas.

La época fue de una inestabilidad insoportable del gobierno interior, con entradas y salidas dictatoriales de Santa Anna, conjuraciones para colocar un monarca español en México, y una situación internacional en extremo complicada. Al mismo tiempo estaba perdiendo mucha influencia en relación con Estados Unidos; la población en este país crecía y llegaba a veinte millones y México no pasaba de siete y carecía de recursos humanos y materiales para hacer frente a la situación.

En este contexto, en junio de 1845 Texas aprobó la oferta norteamericana de unirse a Estados Unidos.

El presidente norteamericano, James Polk, no se conformó con esta ampliación de su territorio, sino que estaba decidido a adquirir California a cualquier costo. Ofreció en La Habana un soborno al exiliado Santa Anna e intentó comprar el territorio. A finales de 1845 un comisionado de Polk se presentó en la capital con diversas ofertas pero no fue recibido. Apenas tuvo noticias del fracaso de la misión, Polk ordenó al general Zachary Taylor avanzar hacia el río Bravo, es decir, a territorio mexicano. Al recibir la noticia de un choque violento en marzo, Polk declaró la guerra el 12 de mayo de 1846 acusando a México de haber «derramado sangre norteamericana en suelo norteamericano», lo que era falso.

Pero ya habían empezado las derrotas mexicanas el 8 y el 9 de mayo. Esto sirvió para hacer fracasar la dictadura de Paredes y el centralismo. Y se acometió un cambio político en mitad de la guerra con un pronunciamiento federalista que desconocía a Paredes y restauraba la Constitución de 1824, lo que obstaculizó la organización de la defensa. Desencadenada la guerra, el resultado era bastante previsible, considerando que México carecía de un buen armamento, sus oficiales eran poco profesionales y los soldados improvisados.

En enero de 1847 Nuevo México y California, poco poblados y casi sin defensa, habían sido anexados a Estados Unidos. La superioridad norteamericana aseguró las victorias y la ocupación del norte y después del eje Veracruz-Puebla. El ejército mexicano mal avituallado y desmoralizado resistió en Monterrey y Veracruz con muchas pérdidas. El ejército norteamericano llegó hasta la ciudad de México. Después de cuatro derrotas en el valle de México, Santa Anna ordenó la retirada del ejército de la capital para evitar más sufrimientos.[55] El pueblo trató de defender a la ciudad del enemigo, lo que produjo una masacre. El 14 de septiembre de 1847 en el Palacio Nacional ondeaba la bandera norteamericana. Santa Anna renunció a la presidencia y se exilió. En febrero de 1848 se firmó un tratado por el que se cedía a Estados Unidos la mitad del territorio mexicano. Se lucró Estados Unidos de la situación de México acaparando los territorios que serían de los futuros estados norteamericanos de Texas, Nuevo México, Arizona, Nevada, Colorado y California.

Mientras tanto las victorias habían generado en Estados Unidos un deseo de mayor expansión. Polk había enviado a Nicholas Trist para negociar la paz pero, ante las grandes victorias norteamericanas, indicó que volviera a pedir más territorio en el tratado de paz. Trist ya había llegado a un acuerdo y decidió desobedecer e iniciar una negociación que culminó el 2 de febrero de 1848 con la firma del tratado de paz de la villa de Guadalupe. Trist confesó a su familia la iniquidad de la guerra y el abuso de poder de Estados Unidos.

La dictadura de Santa Anna, que había vuelto al poder en 1853, se enfrentó de nuevo con el expansionismo norteamericano que todavía no se quedó satisfecho con haber hecho suyo la mitad del territorio mexicano. El nuevo ministro norteamericano James Gadsden, conociendo las necesidades del gobierno mexicano creyó que sería fácil obtener más territorio. Aprovechando un error en el mapa del Tratado de Guadalupe y la necesidad del territorio de Mesilla para la construcción de un ferrocarril, se inició una nueva negociación. El gobierno mexicano no consiguió ninguna alianza europea para neutralizar la amenaza norteamericana y Santa Anna, temeroso de una nueva guerra, aceptó negociar en diciembre de 1853. Hubo un nuevo tratado por el cual Estados Unidos obtuvo la meseta de Mesilla. A cambio recibió México diez millones que sirvieron a Santa Anna para mantenerse en el poder hasta agosto de 1855.[56]

Para entonces México conservaba solo 1.972.546 kilómetros cuadrados de los 4.500.000 que tuvo en la época del imperio Iturbide. Se había separado el territorio de Guatemala en 1823, el de Texas en 1836, el de Nuevo México y Alta California entre 1846 y 1847; en 1853 se vendió la Mesilla.

A estas pérdidas efectivas estuvo cerca de añadirse, sobre todo en la época de la guerra con Estados Unidos, la península de Yucatán. Desde 1565 había sido una capitanía general del Imperio español, vinculada al virreinato de Nueva España. Hubo, en el periodo de las independencias, grupos criollos que tenían interés en obtener una mayor participación en los asuntos políticos (los Sanjuanistas, por el nombre de la iglesia en la que se reunían). El primer acto emancipador se considera que fue el «Grito de Dolores» de 1810, como en toda Nueva España, pero la independencia en Yucatán fue menos cruenta y más singular que en otras provincias del virreinato. Se adhirió a la independencia declarada en 1821 y mantuvo buenas relaciones con México hasta que en 1841 decidió declarar su propia independencia de la nación mexicana. Siguió un enfrentamiento bélico, hubo una invasión armada de la península, ordenada por Santa Anna, que concluyó con la firma, el 5 de diciembre de 1843, de unos acuerdos por los que se otorgaba autonomía plena a Yucatán siempre que se reincorporara a México. Pero el Congreso no aprobó este convenio. La respuesta de Yucatán fue una nueva declaración de independencia el 1 de enero de 1846. Unos meses después (24 de septiembre), el gobierno mexicano derogó su ley de 1 de enero anterior y se reconoció el tratado entre México y Yucatán de 1843. Pero la situación se había complicado extraordinariamente porque estaba a punto de producirse la invasión norteamericana de México y, además, dentro de la península, había comenzado una violenta guerra civil, llamada guerra de las Castas, provocada por un levantamiento general de la población maya contra los blancos y mestizos por los que se sentían explotados. Fue tan extrema la acción de los indígenas que estuvieron a punto de exterminar a toda la población blanca. Algunas concesiones importantes por parte del gobierno, y la muerte del hijo del líder principal del movimiento, consiguieron que la revuelta se aplacara.[57]

Mientras la violencia se mantuvo, el gobernador de Yucatán pidió auxilio a Cuba, a Inglaterra y a España, sin éxito. También envió una comisión a Washington con el ofrecimiento de que Yucatán fuera anexado a Estados Unidos. Al presidente James Knox Polk le pareció bien la propuesta y se elaboró una *Yucatan Bill* que no fue finalmente aprobada por el Congreso.

La guerra de las Castas terminó el 19 de abril de 1848, cuando un representante del gobierno y otro del cacique líder firmaron el Convenio de Tzucabab.

Otras escisiones

La creación y ruptura de confederaciones como la Centroamericana, o de sistemas federales como la Gran Colombia, para cuya exposición remito a las referencias que se han de hacer en el capítulo siguiente de esta obra, generaron, naturalmente, el problema de la delimitación del territorio de las nuevas repúblicas que se escindían de la unión federal. El fenómeno afectó, en la Gran Colombia, a Venezuela, Ecuador y Colombia; también tuvo sus efectos la creación de Bolivia, en lo que había sido el Alto Perú, y su unión temporal, de carácter federal, con Perú, combatida ardorosamente por Chile. De la liquidación de la federación centroamericana surgieron Guatemala, que había sido la sede de la capitanía general correspondiente a toda la zona del istmo, y Costa Rica, Nicaragua, Honduras y El Salvador.

Quedaría por hacer, para dejar planteada la cuestión de la intervención de Estados Unidos en la zona, a la que se dedicará más adelante cumplida atención, una breve alusión al caso de Panamá.

En el Tratado de Herrán-Hay, firmado el 22 de enero de 1903, se propone que Colombia cediera en arrendamiento o renta vitalicia una franja de terreno a Estados Unidos para la construcción de un canal en el departamento de Panamá. Estados Unidos pagaría a Colombia diez millones de dólares y pasados nueve años una anualidad de doscientos cincuenta mil. El trato fue rechazado.

El 3 de noviembre de 1903 Panamá decide separase de Colombia con el apoyo de Estados Unidos, que reconoce su soberanía el día 6 siguiente. Y el 11 comunica a Colombia que Estados Unidos se opondría a que las tropas de Colombia entraran en Panamá para recuperar la soberanía. El 18 de noviembre Estados Unidos firma el acuerdo Hay-Bunau-Varilla con Panamá para la construcción del canal. Según el tratado, «Estados Unidos tendrán derecho exclusivo durante el término de cien años, prorrogables a su exclusiva opción, si así lo desean, y por periodos de igual duración, para excavar, construir, conservar, explotar, dirigir y proteger el canal marítimo. Asimismo y por igual duración, tendrán derecho a una franja de terreno, a lo largo del canal que se construya, de cinco kilómetros de ancho a cada lado de la vía y por lo menos tres millas tanto del Caribe como del Océano Pacífico».

POBLACIÓN

El problema de la heterogeneidad

Las sociedades europeas y la norteamericana, que establecieron a finales del siglo XVIII y primeros años del XIX las primeras constituciones de la historia, las promulgaron para una sociedad en la que los hombres habían de ser iguales en derechos. La Declaración de Independencia de los Estados Unidos de América (o, de acuerdo con su título oficial, *The unanimous declaration of the thirteen United States of America*), aprobada el 4 de julio de 1776, consideró una verdad incontrovertible que los hombres son iguales: «Sostenemos como evidentes estas verdades: que los hombres son creados iguales; que son dotados por su Creador de ciertos derechos inalienables; que entre estos están la vida, la libertad y la búsqueda de la felicidad». La sociedad norteamericana, compuesta por colonos emigrantes que habían viajado a Estados Unidos en busca de la prosperidad económica, era una sociedad igualitaria esencialmente, sobre todo porque no se trasladó a América la estructura estamental de la sociedad del Antiguo Régimen. La única aristocracia que empezaba a aflorar era la del mérito y la del dinero.

Francia, en cambio, era una anquilosada sociedad estamental cuando se produjo la Revolución de 1789. La igualdad, que proclamaron las primeras constituciones, necesitaba, para realizarse, una fuerte intervención del legislador para eliminar los privilegios de que disfrutaba la nobleza, el clero y cualquier otro colectivo beneficiado por estatutos particulares. El breve pero compendioso y rotundo preámbulo de la Constitución francesa del 3 de septiembre de 1791 lo manifestaba con claridad:

> La Asamblea Nacional, queriendo establecer la Constitución francesa sobre los principios que acaba de reconocer y declarar, decreta la abolición irrevocable de las instituciones que vulneraban la libertad y la igualdad de derechos. Ya no hay nobleza, ni pares, ni distinciones hereditarias, ni distinciones de órdenes, ni régimen feudal, ni justicias patrimoniales, ni ninguno de los títulos, denominaciones y prerrogativas que derivaban de ellas, ni órdenes de caballería, ni ninguna de las corporaciones o condecoraciones para las cuales existían pruebas de nobleza o suponían distinciones de nacimiento; ya no existe más superioridad que la de los funcionarios públicos en el ejercicio de sus funciones. Ya no hay venalidad, ni adquisición por herencia de ningún oficio público. Ya no hay, para ninguna parte de la Nación, ni para ningún individuo, privilegio o excepción alguna al derecho común de todos los franceses. Ya no hay gremios, ni corporaciones de profesiones, artes y oficios. La ley ya no reconoce ni los votos religiosos, ni ningún otro compromiso que sea contrario a los derechos naturales o a la Constitución.

Se confió a la ley la misión de arreglar todas las desigualdades que el preámbulo transcrito enunciaba.

La sociedad hispanoamericana, después de trescientos años de colonización española, incorporó algunos de los títulos y distinciones que eran habituales en la metrópoli, por decisión de los monarcas de cada momento, y también fueros y privilegios de diversa índole, no necesariamente consistentes en ventajas económicas o jurídicas, sino también en cargas o gravámenes impuestos por el Estado. Hubo títulos de nobleza concedidos por el rey, pero lo más equivalente a la aristocracia española eran las encomiendas, que beneficiaron con tierras e indios a grupos importantes de españoles y criollos.

Había, no obstante, en la sociedad americana, dos colectivos que caracterizaron de modo muy notable a su población. Por un lado, los habitantes originarios de aquellas tierras, llamados habitualmente indios; por otro lado, los esclavos negros, procedentes de África. Entre estas ramas de la población hubo un mestizaje, más o menos intensivo, según las zonas, del que surgió un segmento de población que se designaba con el nombre de «castas».

En la América inglesa estos grupos no se integraron en la población oficial. Los negros habían llegado para ser esclavos y así permanecían cuando llegó la independencia, y los indios formaban naciones separadas con las que el gobierno federal tenía relaciones de coexistencia pacífica o de guerra abierta.

En Hispanoamérica se abolió la esclavitud al declararse las independencias, pero de hecho se prorrogaron las situaciones ya existentes. Respecto de los indios, hubo grupos importantes que se consideraban «domesticados», porque se habían avenido a comportarse según las normas sociales propias de la cultura europea, y otros grupos muy extensos que eran «bravos» o «salvajes», por la razón contraria. Estos no se consideraban parte de las nuevas repúblicas y tenían sus propios territorios en los que se gobernaban según sus leyes y costumbres.

Habitaban, en resumen, en las repúblicas criollas, indios aculturados, que se habían ajustado a los cánones de las sociedades libres, muy habitualmente para servir a las clases más acomodadas o auxiliar al funcionamiento de los servicios estatales, especialmente los ejércitos. Y se mantuvieron, sin embargo, durante todo el siglo XIX comunidades de indios que prefirieron continuar con sus modos de vida ancestrales, nomadear y vivir de la caza y de los resultados de una modesta economía de trueque.

Las políticas que los criollos gobernantes desarrollaron en relación con estos colectivos respondieron a las siguientes preocupaciones: no convenía a aquellos un reconocimiento total de la igualdad de derechos de ciudadanía a los indios porque implicaba aceptar su influencia en la elección de los representantes de la nación, lo que no estuvieron dispuestos a aceptar. La solución fue que las constituciones y las leyes declaraban la igualdad de todos, pero en la práctica se arbitraron medios para evitarla.

Por lo que respecta a los indios «no domesticados», las políticas que los gobiernos americanos desarrollaron preferentemente fueron las consistentes en desplazarlos de sus territorios habituales, entregar sus tierras a terratenientes que ampliaban así sus enormes haciendas, o repartir parcelas más modestas a nuevos colonos.[58] El destino de los indios que aceptaron los desplazamientos fue establecerse en reservas acotadas para ellos por los gobiernos, en las que tendrían que permanecer. Casi nunca un destino tan cruel fue aceptado voluntariamente, por lo que el desplazamiento tuvo lugar en el marco de largas y encarnizadas guerras que regaron las repúblicas de sangre.

Por lo que concierne a los esclavos, pese a que las primeras constituciones americanas se apresuraron a suprimir la trata, se mantuvo una situación residual significativa que arrastró, durante todo el siglo XIX, muchas excepciones a la erradicación total.

En los apartados siguientes nos proponemos describir las políticas que desarrollaron los Estados en relación con su heterogénea población. Esta diversidad era la consecuencia de que las colonias, primero, y, después, los Estados que las sucedieron se habían instalado en territorios que, durante siglos, pertenecieron a comunidades amerindias que seguían teniendo vida propia en toda la América hispana.

La primera declaración nominal de la igualdad como derecho de todos

Abierta la etapa constitucional, primero en España y casi al mismo tiempo en América, se suscitó enseguida la cuestión de si los indios americanos tendrían igualdad de derechos que los habitantes españoles o descendientes de españoles. El asunto era de extraordinaria importancia porque el censo de población de cada nación se incrementaba en perjuicio de la clase de los criollos. De esta situación podría derivar incluso que las mayorías, en los procesos electorales, favorecieran a los indios.

En el debate de la Constitución de Cádiz de 1812 se planteó por primera vez esta cuestión. El 25 de agosto de 1811 empezó la discusión del proyecto de Constitución en el oratorio de San Felipe Neri en la ciudad de Cádiz. El título I del proyecto se titulaba «De la nación española y de los españoles», y planteaba asuntos fundamentales. Las Cortes habían declarado antes de iniciar el debate sobre la Constitución que la soberanía residía en la nación, pero dada la situación de equilibrio que se trataba de establecer entre los territorios peninsulares y los americanos, enseguida surgió la cuestión de definir la nación española. Cuando empezó la discusión se leyó el artículo primero, capítulo I, del título I del proyecto, que decía: «La nación española es la reunión de todos los españoles de ambos hemisferios».

La cuestión de cómo debía asegurarse la igualdad de representación de los territorios de ultramar apareció definitivamente con ocasión del debate sobre el artículo 6, donde se determinaba quiénes tenían la condición de españoles. El precepto la atribuía a todos los hombres libres nacidos y avecindados en los dominios de las Españas, y los hijos de estos. Vivir, nacer o estar avecindado en el territorio era el criterio para adquirir el derecho a la nacionalidad. Cosa distinta era el derecho a ser representado; se formulaba este en el artículo 18, que decía: «son ciudadanos aquellos españoles que por ambas líneas traen su origen de los dominios españoles de ambos hemisferios, y están avecindados en cualquier pueblo de los mismos dominios». El enunciado excluía a los habitantes de origen africano, o con mezcla de sangre africana, es decir, a las castas. Los diputados americanos discrepaban entre ellos respecto de esta cuestión. Algunos, como Leyva, no estaban de acuerdo con la exclusión, y otros la defendían apasionadamente. Pero el artículo 18 se aprobó sin modificaciones.

El debate elevó su intensidad con ocasión de discutir el artículo 22. Imponía restricciones especiales a los españoles que, por cualquier línea, trajeran origen de África. Los americanos no estuvieron de acuerdo con esta propuesta, porque las castas quedaban excluidas de la categoría de ciudadanos y eso respecto del censo y la representación suponía una merma de seis millones de habitantes. Aquellos diputados no tenían todos la misma posición respecto de cómo orientar esta cuestión, por sus connotaciones raciales y por la vinculación con el problema de la esclavitud y la propiedad. Discriminaciones como estas podían provocar revueltas y protestas en América. Además, buena parte de aquella clase de pobladores habían sido muy útiles para los ejércitos españoles en América. Había razones en pro y en contra de la integración de las castas en la ciudadanía. Pero la oposición más tenaz contra su exclusión era la de los que consideraban que era un subterfugio de los peninsulares para reducir la representación de América.

Para los oponentes, los liberales peninsulares, la cosa estaba clara y se podía justificar con textos de la mejor filosofía racionalista. La nación se había formado de acuerdo con un pacto que tenía por objeto principal la protección de la propiedad, la libertad, la igualdad. Todos los individuos tenían derecho a que se protegieran esos derechos básicos. Pero solo aquellas personas que habían tenido acceso a la propiedad material conseguida aplicando sus capacidades, solo esas, podían tener la condición de ciudadanos en sentido completo e íntegro, atribuyéndoseles tanto derechos cívicos como derechos de orden político. Muñoz Torrero lo explicó en la sesión de 6 de septiembre de 1811: «hay dos clases de derechos, unos civiles y otros políticos: los primeros, generales y comunes a todos los individuos que componen la Nación, son el objeto de la justicia privada, y de la protección de las leyes civiles; y los segundos pertenecen exclusivamente al ejercicio de los poderes públicos que constituyen la soberanía. La Comisión llama españoles a los que gozan de los derechos civiles, y ciudadanos a los que al mismo tiempo gozan de los políticos...».

Al final el artículo 22 quedó redactado de la siguiente forma:

> Los españoles que por cualquier línea son habidos y reputados por originarios de África, les queda abierta la puerta de la virtud y del merecimiento para ser ciudadano. En su consecuencia concederán las Cortes carta de ciudadano a los que hicieren servicios calificados a la patria, a los que se distingan por su talento, aplicación y conducta; con la condición de que sean hijos de legítimo matrimonio, de padres in-

genuos, de que estén ellos mismos casados con mujer ingenua, y avecindados en los dominios de las Españas, y de que ejerzan alguna profesión, oficio o industria útil con un capital propio.[59]

Otro artículo muy importante fue el 28 porque se planteaba en él que «la base de la representación nacional es la misma en ambos hemisferios». Lo que pretendían los americanos obtener resultó evidente en la intervención del diputado Guridi y Alcocer en la sesión de 10 de septiembre de 1811: «la América por su mayor extensión, y porque de día en día adquiere nuevos incrementos, puede suceder de que aquí a cincuenta años, ciento o doscientos años tenga mayor número de ciudadanos que la península; y por consiguiente, que le corresponda también mayor número de representantes, regulando este por aquel. Pregunto yo ahora: ¿sería esto un inconveniente? ¿Habría que cercenársele el exceso para que quede a nivel con la península? Esta es mi duda...».

En los debates sobre la igualdad de representación, que se han resumido antes, no se plantearon dudas respecto de la equiparación entre españoles peninsulares y criollos, pero sí sobre la incorporación de los indios y mestizos a los censos y nóminas que habrían de servir para la elección de representantes. También, desde luego, sobre la capacidad de los indios para poder ostentar ellos mismos esa representación.

Los diputados estaban convencidos de que el decreto de 15 de octubre de 1811 había igualado a los indios con los españoles en cuanto a derechos. Cosa distinta era la concerniente a los negros y sus castas, que no había que mezclar con los anteriores. «Las Cortes generales y extraordinarias sancionan el inconcuso concepto de la igualdad de derechos entre los naturales y oriundos de ambos hemisferios, españoles europeos, españoles criollos, indios y sus hijos», dijo el diputado Morales Duárez, en la sesión del 15 de octubre de 1811. Esta igualdad era simple consecuencia de lo establecido en las Leyes de Indias sobre la equiparación de los indios a los españoles. Al final de la deliberación, como ya se ha dejado constancia, se acordó la igualdad de representación de los grupos de población indicados, excluyendo las castas, y no se aceptó que se aplicara ese derecho en las Cortes que ya estaban constituidas. No se aplicaría nunca, por tanto, porque no hubo ninguna otra oportunidad.

Decisiva fue la abolición del tributo de los indios,[60] y revolucionarias las propuestas sobre reparto de tierras. La primera cuestión apareció en los debates constituyentes del 12 de marzo de 1811. Fue unánime la decisión de que se suprimiera el tributo de los indios en toda América. Además, se acordó el repartimiento de tierras entre las castas, no a costa de las tierras de los pueblos de indios sino de los baldíos y tierras realengas.[61] Por último, en esta tarea de implantación de la igualdad entre españoles e indios, se adoptó la medida fundamental de la supresión de las mitas y servicios personales.

¿Iguales en las repúblicas americanas?

La primera Constitución hispanoamericana en el tiempo, y la que más cerca se situó de los principios recogidos en la Constitución norteamericana de 1787 y las primeras francesas, fue la Constitución Federal venezolana de 1811. La proximidad a la primera Constitución mencionada se patentiza desde su preámbulo, que hace uso de la misma solemne fórmula que utilizaron los constituyentes norteamericanos:

> En el nombre de Dios Todopoderoso, nos, el pueblo de los Estados de Venezuela, usando de nuestra soberanía y deseando establecer entre nosotros la mejor administración de justicia, procurar el bien común, asegurar la tranquilidad interior, proveer en común a la defensa exterior, sostener nuestra libertad e independencia política, conservar pura e ilesa la sagrada religión de nuestros mayores, asegurar perpetuamente a nuestra posteridad el goce de estos bienes y estrecharlos mutuamente con la más inalterable unión y sincera amistad, hemos resuelto confederarnos solemnemente para formar y establecer la siguiente constitución federal para los Estados de Venezuela, Constitución por la cual se han de gobernar y administrar estos Estados.

El 5 de julio de 1811 el Congreso declaró formalmente la independencia de Venezuela, después de haberse adoptado el 1 de julio de 1811 una declaración que se denominó «Declaración de los derechos del pueblo», que emula evidentemente las declaraciones francesas de 1789 y, sobre todo, la de 1793, a las que sigue hasta en la redacción del «Preámbulo»:

> El supremo Congreso de Venezuela en su sección legislativa, establecida para la provincia de Caracas, ha creído que el olvido y desprecio de los Derechos del Pueblo, ha sido hasta ahora la causa de los males que ha sufrido por tres siglos: Y queriendo empezar a precaverlos radicalmente, ha resuelto, conformándose con la voluntad general, declarar, como declara solemnemente ante el universo, todos estos mismos derechos inenajenables, a fin de que todos los ciudadanos puedan comparar continuamente los actos del gobierno con los fines de la institución social: Que el magistrado no pierda jamás de vista las normas de su conducta y el legislador no confunda, en ningún caso, el objeto de su misión.

Después de repetir conceptos que están en las declaraciones europeas como el de soberanía, la atribución de la soberanía al pueblo, su carácter imprescriptible, inenajenable e indivisible, recoge la relación de derechos «del hombre en sociedad». Estos derechos conforman la sección segunda de la Declaración que se abre con un artículo (el 1) que proclama que «el fin de la sociedad es la felicidad común», y el gobierno se instituye al asegurarla. El artículo 2 aclara el concepto de felicidad: «consiste esta felicidad en el goce de la libertad, de la seguridad, de la propiedad y la igualdad de derechos ante la ley». La ley es «la expresión libre y solemne de la voluntad general, y esta se expresa por los apoderados que el pueblo elige para que representen sus derechos» (artículo 3).

Los artículos 7 y siguientes distinguen entre los ciudadanos que tienen derecho a participar en la formación de la ley y los que no. A unos se les reconoce derecho al sufragio y a otros no.

Después de haberse adoptado la Declaración de derechos el 1 de julio de 1811, el día 5 siguiente el Congreso General de las provincias de Venezuela, integrado por los representantes electos de las provincias de Margarita, Mérida, Cumaná, Barinas, Barcelona, Trujillo y Caracas, aprobó la «Declaración de independencia de las provincias de Venezuela» que pasaría a denominarse Confederación Americana de Venezuela. En los meses siguientes se trabajó en la Constitución, que fue sancionada el 21 de diciembre de 1811.

Al recoger el principio de igualdad en el artículo 154, la Constitución repite literalmente lo que estableció la Declaración francesa de 1795 en su artículo 3: «la igualdad consiste en que la ley sea una misma para todos los ciudadanos, sea que castigue o que proteja. Ella no reconoce distinción de nacimiento ni herencia de poderes». Uno de los preceptos aclaratorios relacionados con el transcrito es el 226, que prescribe que en la Confederación de Venezuela no habrá ningún título ni tratamiento público distinto del de ciudadano, «única denominación de todos los hombres libres que componen la nación».

El artículo 200 está referido a la igualdad de los indios, y los siguientes a los de las demás razas en que se dividen los ciudadanos y contenía estas consideraciones:

> Como la parte de ciudadanos que hasta hoy se ha denominado indios no ha conseguido el fruto apreciable de algunas leyes que la monarquía española dictó a favor, porque los encargados del gobierno en estos países tenían olvidada su ejecución, y como las Bases del Gobierno que en esta Constitución ha adoptado Venezuela no son otras que las de la justicia y la igualdad, encarga muy particularmente a los Gobiernos provinciales que así como ha de aplicar sus fatigas y cuidados para conseguir la ilustración de todos los habitantes del Estado, proporcionarles escuelas, academias y colegios en donde aprendan todos los que quieran los principios de religión, de la sana moral, de la política, de las ciencias y artes útiles y necesarias para el sostenimiento y prosperidad de los pueblos, procuren por todos los medios posibles atraer a los referidos ciudadanos naturales a estas casas de ilustración y enseñanza, hacerles comprender la íntima unión que tienen con todos los demás ciudadanos, las consideraciones que como aquellos merecen del gobierno y los derechos de que gozan por solo

el hecho de ser hombres iguales a todos los de su especie, a fin de conseguir por este medio sacarlos del abatimiento y rusticidad en que los ha mantenido el antiguo estado de las cosas y que no permanezcan por más tiempo aislados y aun temerosos de tratar a los demás hombres, prohibiendo desde ahora que puedan aplicarse involuntariamente a prestar sus servicios a los tenientes o curas de sus parroquias, ni a otra persona alguna, y permitiéndoles el reparto en propiedad de las tierras que les estaban concedidas y de que están en posesión para que a proporción entre los padres de familias de cada pueblo las dividan y dispongan de ellas como verdaderos señores, según los términos y reglamentos que formen los gobiernos provinciales.

Una de las consecuencias de estas disposiciones fue la derogación (artículo 201) de las leyes de los gobiernos coloniales que establecieron tribunales especiales para indios, protectores y privilegios de menor edad que, según critica el precepto, «dirigiéndose al parecer a protegerlos, les han perjudicado sobre manera, según ha acreditado la experiencia».

El artículo 202 proscribía el comercio de negros, reproduciendo lo que ya había hecho la Junta Suprema de Caracas el 14 agosto de 1810.

En aplicación del principio de igualdad a los pardos, el artículo 203 decía: «Del mismo modo quedan revocadas y anuladas en todas sus partes las leyes antiguas que imponían degradación civil a una parte de la población libre de Venezuela conocida hasta ahora bajo la denominación de pardos; estos quedan en posesión de su estimación natural y civil y restituidos a los imprescindibles derechos que les corresponden como a los demás ciudadanos».

En fin, la igualación suponía también la eliminación de títulos concedidos por los anteriores gobiernos como honores y distinciones hereditarias, y por supuesto cualquier tipo de prebenda en el ejercicio de cargos públicos.

La relación de derechos de la Constitución venezolana está repetida, aunque sin tanto detalle, en todas las constituciones que se aprueban después de las independencias; aunque en los debates preparatorios aparecen referencias a la posición de los ciudadanos indios y otras razas, ninguna creyó necesario explicitar su igualdad y el derecho de acceso a la felicidad. Bastaba con incluirlos entre los hombres libres que gozaban de la condición de nacionales del Estado correspondiente.

En la Constitución colombiana aprobada el 30 de agosto de 1821 se reconoce que son colombianos: 1. Todos los hombres libres nacidos en el territorio de Colombia, y los hijos de estos; 2. Los que estaban radicados en Colombia al tiempo de su transformación política, con tal que permanezcan fieles a la causa de la independencia; 3. Los no nacidos en Colombia que obtengan «carta de naturaleza». Los derechos de los colombianos están reconocidos en el título octavo que se denomina «disposiciones generales». Figuran en la relación casi todos los derechos mencionados en las declaraciones y constituciones europeas, así como en la venezolana. Pero en la propia Constitución hay determinaciones que afectan a la igualdad de todos los colombianos, especialmente en cuanto al derecho a elegir y ser elegido, a sufragar y ser sufragado, en la terminología que la Constitución utiliza. Para ser sufragante parroquial, el artículo 15 exigía, además de ser colombiano y estar casado o ser mayor de veintiún años, saber leer y escribir (aplazaba esta exigencia hasta 1840), y «ser dueño de alguna propiedad raíz que alcance al valor libre de 100 pesos». Estos sufragantes elegían a los electores que correspondían a cada cantón. Para ser elector también se establecían las mismas condiciones que para sufragante, pero precisaba además la propiedad y formación exigida: «ser dueño de una propiedad raíz que alcance el valor libre de 500 pesos, o gozar de un empleo de 300 pesos de renta anual, o ser usufructuario de bienes que produzcan una renta de 300 pesos anuales, o profesar alguna ciencia o tener un grado científico».

Las primeras constituciones de las demás repúblicas que se fueron formando en Hispanoamérica siguen las mismas pautas y modelos regulatorios fijados en las anteriormente resumidas. No es preciso detenerse en ellas con pormenor. Una muy expresiva invocación de la igualdad como principio inspirador del nuevo orden puede verse en el Plan de Iguala (24 de febrero de 1821): «Todos los habitantes de Nueva España, sin distinción alguna de europeos, africanos, ni indios, son ciudadanos de esta monarquía con opción a todo empleo según su mérito y virtudes». En la Constitución de Venezuela de 1858, artículo 4, se permitía incluso el desglose o la desagregación de los territorios ocupados por tribus indígenas para que formen parte de unidades separadas de la nación propiamente. No se computaba los indígenas a efectos de la población cuando estos vivían en estado salvaje. Estaba generalizado en territorio latinoamericano la imposición de la cultura mayoritaria en la tutela estatal.

El servicio doméstico aparece como motivo de suspensión de la ciudadanía en bastantes constituciones. Entre las exigencias para la ciudadanía que se mencionan en la Constitución de Bolivia de 1871, artículo 24.3, están: «Saber leer y escribir, y tener una propiedad inmueble, o una renta anual de doscientos pesos que no provenga de servicios prestados en calidad de doméstico»; o en Honduras (1873, artículo 15.5), «por ser sirviente doméstico cerca de la persona».

Entre los hechos que inhabilitan están el analfabetismo y las penas infamantes. En Perú, 1839, artículo 8.2, «Saber leer y escribir, excepto los indígenas, hasta el año 1844, en las poblaciones donde no hubiere escuelas de instrucción primaria». Infamantes eran, por ejemplo, los azotes, que se prodigaban en los medios rurales y se empleaban contra peones, gañanes y otros trabajadores de haciendas y ranchos.

A la condición de ser varón se añadía la de ser propietario en muchas constituciones. Por ejemplo, Colombia, 1830, artículo 14.4: «Tener una propiedad raíz, cuyo valor libre alcance a trescientos pesos, o en su defecto ejercer alguna profesión o industria que produzca una renta anual de ciento cincuenta pesos, sin sujeción a otro, en calidad de sirviente doméstico o jornalero». Lo mismo en Venezuela, 1830, artículo 14.4; Ecuador, 1830, artículo 12.2; Uruguay, 1830, artículos 24 y 30. En estos últimos casos se refiere a la representación de los propietarios, es decir, el derecho de sufragio pasivo para el que se exigía tener una propiedad que rinda quinientos pesos de producto líquido al año, o un capital que los produzca anualmente, o una renta igual, o ser profesor público de alguna ciencia en actual ejercicio.

Lo que sí resulta pertinente, para concluir, es señalar que la igualdad declarada de todos los nacionales de los nuevos Estados no pasaba de ser una proclamación de buenas intenciones que no mejoraría la situación de los indios y castas desfavorecidas. La igualdad implicaba permitir a los nativos disfrutar de los derechos de los ciudadanos libres y acceder a las instituciones y empleos públicos.

Nada sacaban de provecho los indios y pardos y sus combinaciones mestizas de las declaraciones de derechos. Bien al contrario, la declaración de la igualdad absoluta imponía la derogación de las leyes que, durante la época colonial, habían protegido a los indios procurándoles un trato especial. No habría en lo sucesivo tributo indio, pero los indios quedarían sometidos a las leyes tributarias generales de las que derivaban para ellos cargas no menores. No habría privilegio de minoría de edad. Ni ventajas en la administración de justicia. Sus propiedades comunales serían desvinculadas de las comunidades indias (como se habían desvinculado en España las tierras eclesiásticas y señoriales), pero la atribución privativa de la propiedad a los miembros de aquellas comunidades indias fue solo un paso hacia su adquisición por los terratenientes criollos. Se tuvieron que acomodar los nativos al sistema educativo común y pagar maestros en lugar de doctrineros. No habría en lo sucesivo pueblos de indios regidos conforme a normas particulares.

Al final, se aplicó en todo una igualación estandarizada conforme al modelo constitucional europeo, sin tener en cuenta las necesidades y particularismos de la mayoría de la población americana, que era severamente desigual comparada con los criollos blancos y mestizos, hijos de los colonizadores. Se impuso, en nombre de la igualdad, una uniformización de la sociedad entera. No se optó por tratar de forma desigual a los desiguales, como también hubiera sido consecuente con el principio de igualdad. La ley, como establecieron los cánones del nuevo constitucionalismo, sería general y única para todos. Se desarrollaron políticas conducentes a conseguir que la cultura de procedencia europea, en la que todos los próceres americanos creían fervorosamente que residía la civilización, impregnara todas las clases sociales de América.

Un canon para la aculturación

Un antiguo estudio de Flavio Guillén (*Un fraile prócer y una fábula poema. Estudio acerca de fray Matías de Córdova*), recuperado más recientemente por Héctor Humberto Samayoa y, después, por José M. Portillo Valdés, explica con una sencillez admirable la concepción de los indios que mantenían, después de las independencias, los gobiernos republicanos y clases dominantes. Se refiere al informe presentado por fray Matías de Córdova titulado *Utilidades de que todos los indios y ladinos se vistan y calcen a la española y medios de conseguirlo sin violencia, coacción ni mandato* (memoria premiada por la Real Sociedad Económica de Guatemala, el 13 de diciembre de 1797). El texto fue preparado para participar en un concurso literario organizado por la mencionada Real Sociedad Económica de Guatemala en 1796, sobre el problema de la civilización de los indios. El objeto preciso del concurso eran las reflexiones sobre «Las ventajas que resultarán al Estado de que todos los indios y ladinos de este reino se calcen y vistan a la española, y las utilidades físicas, morales y políticas que experimentarán ellos mismos». Se buscaban ideas sobre su civilización por los métodos más sencillos y sin que mediara coacción alguna. Se presentaron diez estudios y resultó premiado el de fray Matías de Córdova, que era un dominico profeso en Ciudad Real, Chiapas, donde llegaría a ser rector de la universidad.

Los cronistas de indias se habían referido comúnmente a la falta de desarrollo y civilización de los indígenas, a su franca incapacidad para producir y consumir. Aseguraban que no querían ni más trabajo ni más dinero del necesario para alimentarse y vivir sin sobresaltos. Usaban para comunicarse un lenguaje primitivo, no conocían la escritura, tenían creencias animistas, practicaban ritos religiosos horrendos, muchos de los cuales incluían sacrificios humanos, y se agrupaban en organizaciones políticas muy arcaicas.

Que individuos tan primitivos y marginales vistieran y calzaran a la española podría ser una forma de atraerlos a la civilización o, al menos, para establecer la apariencia de que comprendían las ventajas de algunas costumbres europeas y, sobre todo, aceptaban la superioridad cultural de los colonizadores y sus descendientes. Todo lo bueno y digno de encomio estaba vinculado a la cultura europea, mientras que la india era exponente del mal, el subdesarrollo y la falta de civilización. Estas valoraciones aplicaban a los indios ideas que estaban muy extendidas entonces y podían referirse a cualquier individuo o pueblo descuidado y desviado de los usos generales en punto al vestido y la alimentación: «todos los pueblos que andan desnudos son ladrones, homicidas, incendiarios y antropófagos», solía decirse en la época. Por tanto, andar descalzo era cosa de falta de civilización. Y conseguir calzar al descalzo, una importante conquista cultural.

Fray Matías estimaba que «la diversidad de los idiomas es un fuerte muro entre ellos y nosotros, tan pernicioso que desune el vínculo de sociedad. Esto les impide que contraten, que reciban nuestras instrucciones, y aun que se instruyan perfectamente en la Religión». La imposición del idioma ya había estado en los programas de los últimos gobiernos ilustrados y de ellos tomaría la idea fray Matías. Había que romper con la indolencia y desarrollar políticas de imposición de la cultura más elevada de los españoles europeos. No era una cuestión de puro altruismo, nacida de la idea de que los nativos se beneficiarían de formas de vida y costumbres de superior condición, sino, más bien, una acción derivada de la convicción de las élites de que era peligrosa la simple existencia de otras culturas y formas de vida que no estuvieran bajo el control de la clase dominante. Estos principios los habían acogido los criollos de un modo tan serio que, en algunas repúblicas, el primer constitucionalismo llegó a considerar como un progreso que se suprimieran las culturas indígenas e incluso que se hicieran desaparecer los indígenas mismos. Pedro Fermín de Vargas, que participaba activamente en las actividades culturales de Nueva Granada, había defendido con ardor la idea de «españolizar nuestros indios», lo que consideraba que sería una forma de progreso de la economía y, en particular, de la agricultura. Mejoraría la sociedad, en definitiva, porque realmente los indios y sus culturas se extinguirían confundiéndose con las de los blancos.

J. M. Portillo ha recordado que cincuenta años después de que se publicara la memoria de fray Matías, en el Estado Libre y Soberano de Yucatán se dictaron normas en las que se afirmaba que «los indígenas no tienen la aptitud necesaria para que continúen en el goce de los derechos que consigna a los ciudadanos la Constitución de 1841». Reformaban la Constitución por esta razón, sin seguir siquiera las formalidades establecidas para ello. La ley se dirigía a civilizar a los aborígenes, proveyendo las medidas necesarias para reformar sus comportamientos y conseguir una actitud más sumisa y obediente a la acción del gobierno. Era la intención del legislador «sujetarlos a la más celosa tutela», o reintegrarlos «al pupilaje en que se hallaban antes de que se les otorgase el libre uso de los derechos concedidos a los ciudadanos». No tenían, por tanto, en aquel Estado, ninguna confianza en la adaptación de los indios a la cultura del progreso y creyeron más adecuado mantener el paternalismo característico de la monarquía española.

El republicanismo criollo quería avanzar por el camino de la civilización y para ello era imprescindible la imitación del progreso y formas de vida europeos y la erradicación del primitivismo y la barbarie, representados sobre todo por los indios y otros habitantes bárbaros de las zonas rurales. Extender la civilización e implantar la cultura europea era el programa. Los criollos independentistas llegaron a pensar en los primeros años del siglo XIX que la alternativa a la civilización era siempre la extinción de las culturas indígenas.[62]

Camilo Henríquez, uno de los más sobresalientes intelectuales favorables a la independencia chilena, dijo que «nada hay más digno de los deseos de las almas buenas y sensibles que la conversión, civilización y cultura de nuestros indios; pero hasta ahora no ha habido obra más lenta, más costosa, ni más difícil». Insistía en la vieja idea de reunirlos en poblaciones para allí poderles enseñar todo lo concerniente a la civilización en materia de religión, legislación, comercio, industria y agricultura.

La estandarización de los usos y costumbres bajo el patrón cultural eurocéntrico tuvo muchas manifestaciones. Desde el punto de vista constitucional y administrativo, los gobiernos americanos, desde la etapa de las insurgencias, produjeron normas conducentes a la aplicación a los indios y sus agrupaciones de los mismos derechos y obligaciones que a los demás nacionales. Igualación que no necesariamente generaría para ellos consecuencias beneficiosas.

Por ejemplo, una de las primeras juntas insurgentes, la que se formó en Buenos Aires, declaró el 1 de septiembre de 1811 la extinción del tributo indio y la abrogación de la mita, las encomiendas y cualquier servicio personal forzoso de los indios, a los que dio desde entonces la consideración de hombres libres e iguales en derechos a los demás ciudadanos. Era, sin embargo, más difícil la aplicación práctica de estas decisiones.

Las nuevas constituciones de las repúblicas independientes negaron indirectamente la condición de ciudadanos a los indios. Habían de formarse censos que clasificaran a los indios según su condición y limitaban la adjudicación de la ciudadanía política a los hombres libres que tuvieran ciertas rentas y propiedades y que supieran leer y escribir, además de no estar sometidos a la servidumbre, como ya se ha recordado. Los indios quedaban afectados por estas limitaciones, que negaban de hecho que pudieran disfrutar del derecho, activo y pasivo, de participación política. No se reconoció, empero, la ciudadanía política a quienes no pertenecieran a la nación euroamericana. No entraba dentro de los cálculos de los líderes de las repúblicas independientes reconocer a los indios una autonomía efectiva.

No emergieron ciudadanos nuevos, los antes llamados «indios», sino que estos ciudadanos seguirían siendo llamados y tratados como indios por las constituciones y las leyes. Continuaría una legislación y, sobre todo, unas prácticas que los consideraban individuos de culturas diferentes, imposibles de compatibilizar con la de la clase criolla. Una efectiva igualación en el trato y reconocimiento de derechos exigía una previa aculturación del indio y su transformación, hasta en la cuestión de la indumentaria, en una persona que usara el mismo idioma, tuviera las mismas creencias religiosas y se comportase en sociedad como lo exigía la cultura europea.

Los cambios en el régimen de los derechos eran más nominales que reales y se tenían más bien como el otorgamiento de una gracia que como el del reconocimiento de derechos efectivos.

El constitucionalismo establecido en Europa e imitado en las tierras americanas era uniformista tanto desde el punto de vista cultural como institucional, y tal concepción marcaba diferencias y no reconocía la existencia de espacios culturales locales propios de los indígenas.

Aunque las constituciones de las nuevas repúblicas acordaron la abolición de las diferencias legales entre los distintos grupos raciales, y declararon la igualdad de todos los ciudadanos ante la ley, se produjo inmediatamente una tendencia muy fuerte a la formación de una sociedad de clases, en la que la riqueza se convirtió en el criterio principal de la diferenciación social, que derivaría de los ingresos, no de las determinaciones legales. El cambio social que se produjo en Hispanoamérica no fue revolucionario. La tierra fue, a partir de entonces, fuente fundamental de riqueza y poder. Las élites apetecían además los cargos gubernamentales, de gran interés para los criollos, que fueron los que sustituyeron a los españoles en los puestos más relevantes de las administraciones públicas. El poder político y el poder económico, radicado en la propiedad de la tierra, tendieron a unificarse. Y quedó en manos de un grupo reducido de criollos.

La tesis más arraigada entre las élites blancas que dominaban los gobiernos republicanos era que los indios debían ser hispanizados y proveerse una legislación que facilitase su extinción como grupo social. El principal objetivo de estas acciones era económico: movilizar las tierras y mano de obra india y sacar a este grupo de su condición especial forzándolo a integrarse en una economía de mercado y en una sociedad liberal. Aparentemente el propósito era laudable, pero su realización perjudicaría a los indios. Entregarles tierras a título individual, sin capital ni equipamiento para explotarlas, los llevaría al endeudamiento y, rápidamente, a ponerlos a merced de los hacendados y comerciantes ricos, a quienes, en poco tiempo, se vieron obligados a vender.

Los bárbaros que dominaban la tierra

Los programas de aculturación de los indios, referidos hasta aquí, no concernían, desde luego a los indios salvajes, como se los llamó abiertamente en algunos territorios, indios bravos o no domesticados, según otras denominaciones convencionales.

Por razones diversas, mientras duró la época colonial, los españoles no intervinieron demasiado en relación con estas poblaciones sino para evangelizarlas, como hicieron los jesuitas con las misiones guaraníticas establecidas sobre todo en territorio de Paraguay, o para combatir cada vez que se producía alguna rebelión o ataque, provocado por la acción de los colonos o como respuesta a incursiones indias en haciendas próximas a sus territorios.

Después de la independencia se siguió considerando «indios bárbaros» a estas tribus, pero a diferencia de lo ocurrido en los tiempos de los españoles, a medida que la sociedad criolla progresaba fue irrumpiendo en sus tierras y empezó a guerrear contra los «bárbaros». En nombre de la civilización moderna, desde luego, pero con el propósito más inmediato de ocupar y apropiarse de tierras que consideraban carentes de dueño. En el norte de México el gobierno republicano fomentó el establecimiento de criollos y mestizos en colonias militares que se volvieron blanco de ataques por parte de apaches, comanches, navajos y otras tribus. Estas incursiones motivaron a algunos gobiernos, liberales incluso, a experimentar con políticas de principios de la época colonial, tales como la congregación o concentración forzosa de indígenas, obligándolos a dejar la vida dispersa y nómada, y también las misiones donde se forzaba a los indios a aprender costumbres civilizadas.

En Chile los colonizadores criollos europeos fueron ocupando progresivamente los territorios de los mapuches, como ya se ha comentado. El repliegue de estos pueblos indígenas y la extinción de sus culturas dejaron espacio para ranchos, inmigrantes y ferrocarriles que serían las bases de la prosperidad de las modernas Argentina y Chile. Lo mismo ocurrió en otras repúblicas del norte de América del Sur o de Centroamérica donde se empezó la explotación de tierras deshabitadas o de reservas desmontadas y habilitadas para esta posibilidad.[63]

Las zonas más extensas señoreadas por tribus indias en las que no se establecieron los españoles durante la época colonial estaban en el sur de Chile y Argentina, y en el norte de México. En los dos casos eran inmensos territorios en los que vivían tribus nómadas, que se sostenían con la caza y de un comercio de trueque muy limitado. Eran comunidades no pacificadas que, antes de las independencias, se habían abandonado a su plena libertad. Vivían en zonas poco pobladas de provincias del norte de México (la mayor parte de las cuales fueron ocupadas por Estados Unidos a mediados del siglo XIX y pasaron a formar el salvaje Oeste); en el sur de Chile más allá del río Biobío, en las pampas argentinas y en la Patagonia. También formaban parte de estos grupos no domesticados las incontables tribus aún más privativas de cazadores y recolectores de las selvas tropicales de la Amazonía y América Central. A finales del XVIII los indios independientes ejercían un dominio efectivo sobre al menos la mitad de la masa continental de lo que hoy es Latinoamérica, es decir desde Tierra del Fuego hasta México.

En Chile y el Cono Sur de América, la colonización española no entró apenas en las pampas y, desde luego, se dejó atrás la Patagonia. Parece que los colonizadores no encontraron buenos motivos para asumir el riesgo de asentarse en estas tierras. La conquista de Chile fue la consecuencia natural del asentamiento de los españoles en Perú. La riqueza aurífera de Perú y las demás minerías hizo que los castellanos emprendieran también el reconocimiento de Chile, que ya era bien conocido por los incas como una región muy rica en metales. La importancia de lo que se esperaba encontrar en Chile la revela el hecho de que la expedición de Diego de Almagro se organizara con muchas expectativas de ganancias, porque fue con más de cuatrocientos europeos, unos quince mil indios auxiliares, cien negros y todo tipo de vituallas para la colonización.

La experiencia de Almagro fue un fracaso y pasaron muchas penalidades pero quedó abierto el camino.

Cuando Pedro de Valdivia pidió autorización para conquistar Chile, sorprendió por lo que parecía entonces una iniciativa descabellada. No encontró voluntarios dispuestos a acompañarlos. Escribió: «no había hombre que quisiese venir a esta tierra, y los que más huían de ella eran los que trajo el adelantado don Diego de Almagro, que, como la desamparó, quedó tan mal infamada que como de la pestilencia huían de ella». Valdivia tuvo que animar al reconocimiento de Chile escribiendo muchas cartas en las que se comentaban excelencias de la tierra puramente imaginarias. Cuando tomó posesión del territorio lo llamó Nueva Extremadura evitando el nombre de Chile que se consideraba muy negativo (el vocablo procede del quechua «ancha chiri» que significa «muy frío»). El territorio tenía poco atractivo porque el viajero, desde Perú, se encontraba nada más entrar en él con el despoblado de Atacama, desértico por completo durante cientos de kilómetros, sin agua ni posibilidad de contactar con otras personas ni de encontrar alimentos. Los nombres con los que fueron denominando algunos accidentes de la costa reflejan la falta de entusiasmo con la que se estaban enfrentando a la aventura: Puerto de Hambre, Isla Desolación, Golfo de Penas, Seno Última Esperanza, Bahía Salvación, Cabo Deseado, Puerto Misericordia...

La intensidad de las relaciones entre indios y españoles, es decir, entre araucanos y colonizadores, se produjo fundamentalmente en la región llamada Araucanía. En las contiendas hubo un muy importante triunfo indígena en Curalaba en 1598. Desde entonces el río Biobío se convirtió en la frontera natural entre ambos pueblos. Esta situación fue aceptada por los españoles, que crearon un ejército profesional que aseguraba el dominio sobre los territorios situados al norte e impedía que los indígenas franquearan la línea de esa región, para lo cual establecieron fuertes en las zonas limítrofes.

Las circunstancias históricas de los territorios al norte de México fueron bastante distintas. El desplazamiento y eliminación de los indios de las zonas de las pampas y la Patagonia fue tarea de los criollos que controlaban los gobiernos de las nuevas repúblicas de

Chile y Argentina. La guerra, reducción y eliminación de los indios de los territorios del norte de México, es decir Texas, Arizona, Nuevo México y California, correspondió a acciones bélicas desarrolladas de modo principal por los ejércitos norteamericanos, aunque en cooperación con los mexicanos porque los indios circulaban sin límites, según sus querencias, por territorios pertenecientes a una u otra nación. La razón de esta cooperación fue la secesión de Texas y su incorporación voluntaria a Estados Unidos, y la adquisición por ocupación bélica de los demás territorios mencionados, como consecuencia de la guerra de esta última nación contra México. A ellos hay que añadir la venta voluntaria por México del territorio de Mesilla, por el que se trazó una línea de ferrocarril y fue uno de los más conflictivos, por los continuos ataques e incursiones indias, de todo el salvaje Oeste.[64] Las amplísimas extensiones del norte de México, que hoy pertenecen a Estados Unidos, estaban controladas por indígenas independientes. Solo los comanches señoreaban la mayoría de las planicies del sur, que es una región aproximadamente de 620.000 kilómetros cuadrados, más grande que toda Centroamérica.

Según los datos que aporta un estudio de Frida Villavicencio, a principios del siglo XIX había, calculados conservadoramente, 3.600.000 indios en México.[65] Suponían el 58 por ciento de la población total. Un millón aproximadamente, es decir, el 16 por ciento de la población, eran individuos de raza blanca, entre los cuales unos 20.000 españoles nacidos en Europa. El resto de los blancos eran criollos. Y 1.500.000 individuos, es decir, el 25 por ciento del total, eran mestizos, negros e individuos pertenecientes a las castas. La población creció muy notablemente a lo largo del siglo, de modo que, después de la guerra con Estados Unidos, México tenía ya 8.247.660.

El problema indio

Estos indios independientes nunca fueron aculturados. Nunca conocieron el castellano ni se comunicaron con los colonizadores o las comunidades indias sometidas, más allá de lo imprescindible y aconsejado por sus intereses económicos o comerciales. Y, en general, se mantuvieron en los territorios ancestrales al margen de la América hispanizada.

La situación cambió después de las independencias, cuando las nuevas naciones se cansaron de vecinos inseguros y beligerantes, o desearon expandir sus propiedades ocupando territorios bajo el dominio de los indios. Se terminó la época de los pactos de la monarquía borbónica y empezaron las guerras de exclusión y exterminio, adoptándose el modelo de relaciones con las poblaciones nativas que habían utilizado los vecinos norteamericanos. Félix de Azara se preguntaba por qué se seguía vituperando a España por el trato que había dado a los indios si de todas las potencias europeas era, en verdad, la que mejor los había tratado. Los había civilizado, les había dado leyes importantes en las que «cada frase y cada palabra respira una humanidad admirable y la protección completa a los indios».[66]

Carlos III envió a las Indias exploradores y científicos que trajeran esa información necesaria para gobernar mejor. Lo que se quería conocer bien era, desde luego, el territorio conquistado al que se dirigía la acción de gobierno. Pero, al mismo tiempo, las expediciones traían referencias asombrosas sobre la inmensidad de los territorios no sometidos y las características de los nativos que habitaban en ellos.[67]

La existencia de grandes porciones territoriales de América exentas de control y gobierno españoles muestra que, dos siglos y medio después de la Conquista, la monarquía española no había ocupado la mitad del territorio incluido en sus dominios, que estaba habitado por una población indómita, de la que se tenían muy escuetas noticias. Los indios bravos habían mantenido su independencia. Controlaban tierras de menor valor agrícola y ganadero en las que no había recursos mineros que pudieran explotarse con facilidad. Estas circunstancias pudieron explicar el desinterés de los españoles por ocuparlos. Pero también la inhibición relativa a determinadas tribus, grupos y comunidades indias, se debió al carácter de los individuos que las componían. Salvo algunas excepciones, los españoles prefirieron subyugar a los indios de tierras fértiles, cuya mano de obra podían explotar y que contaban además con gobiernos jerárquicos que eran fáciles de controlar.

Miguel Lastarria llevó a cabo, en 1804, una clasificación de los indios del virreinato de la Plata para reflejar la diversidad de su condición. Clasificó todos los tipos humanos en catorce grados de progreso. El más alto sería el «estado adulto de civilización» y situó en él a los españoles. De ahí para abajo Lastarria colocaba a salvajes de los países no conquistados, como los tupis, charrúas y chiriguanos. El siguiente escalón lo ocupaban los mocobíes y tobas del Chaco, que eran nómadas. Tenían algunos tratos con los españoles. Después estaban los mbayás, guanás y payaguás que salían del Chaco en ocasiones a trabajar con los españoles. En cuarto lugar estaban los «salvajes comerciantes» como puelches, pehuenches, pampas y algunos patagones. Estos últimos no habían progresado nada porque no eran capaces de manifestar en público «su reconocimiento a la Divina Providencia». Y después los demás indios clasificados en el orden en que hubieran adquirido conocimientos cristianos.[68]

La expedición de Alejandro Malaspina, que emprendió su viaje el 30 de julio de 1789 en dos corbetas, La Atrevida y La Descubierta, con ciento dos tripulantes cada una, fue financiada por la Corona para que, utilizando métodos científicos, recogiera información cierta de la geografía del mundo descubierto, tanto explorando tierras como recogiendo artefactos, especímenes vegetales y animales, o describiendo los pueblos indígenas. Malaspina observó que la población india de América se dividía en dos categorías: la sometida a los españoles y la que aún no lo estaba. En el segundo grupo figuraban los patagones del sur de Argentina, los araucanos del extremo sur de Chile y las «naciones» indias que limitaban con Estados Unidos y Canadá.[69]

España consideraba que toda la Patagonia atlántica que va desde el río Negro hasta el estrecho de Magallanes pertenecía a su jurisdicción, pero los españoles habían visitado muy poco esa costa inhóspita y árida. Malaspina quería utilizar y recopilar observaciones de gentes como los patagones, que eran errantes y no civilizados. Le interesaban menos sus características físicas que las cualidades morales. La imagen bestial y salvaje de estos individuos contaba con una larga tradición en el pensamiento europeo e incluso los científicos ilustrados continuaban apoyándola, como se ha visto más atrás. Había indios considerados indomables, como los araucanos o los jinetes araucanizados que controlaban buena parte del Cono Sur. Los más irreductibles vivían en el Gran Chaco, una llanura de más de 250.000 kilómetros cuadrados. Se dedicaban casi todos a la caza. Los españoles se referían a los residentes del Chaco en general como guaycurúes, que es una palabra guaraní que identifica a los habitantes del Chaco oriental específicamente.

En Nueva España los españoles se enfrentaban continuamente a saqueadores indios. Algunos de ellos habían sido forzados a trabajar en minas o se habían reducido en misiones, otros se habían acomodado a la sociedad española y el resto se había retirado pacíficamente a las regiones montañosas. Pero a mediados del siglo XVIII buena parte del norte de Nueva España estaba controlada por indios independientes cuyas incursiones hacían difícil la vida de rancheros, mineros y misioneros españoles. Estos indios eran a veces grupos pequeños como los seris y los pimas en Sonora y los chichimecas en Coahuila, pero también formaban tribus con muchos efectivos como los comanches y apaches, cuyas poblaciones habían aumentado notablemente en el siglo XVIII. Los comanches tenían origen en los grupos de cazadores y recolectores de habla shoshone que a finales del siglo XVII habían salido de la denominada «Gran Cuenca» y habían avanzado hacia el este a través de las Montañas Rocosas. A finales del XVII los españoles consideraban que los comanches estaban divididos en cuatro grandes grupos: los comanches del oeste, compuestos por jupes y por yamparicas, y los comanches del este, compuestos por kotsotekas y orientales. La población comanche aumentó mucho durante el siglo XVIII pasando de unos ocho mil quinientos individuos en 1750 a más de veinte mil en 1780.[70]

Por su parte, los apaches fueron siempre un problema para la expansión de los españoles. Su habilidad para la monta de los caballos los hizo guerreros muy completos, que cazaban búfalos en las planicies más meridionales, atacaban los ranchos y explotaciones de los españoles, y huían por los desiertos con desplazamientos rápidos que hacían muy difícil la acción defensiva y la persecución por el ejército.

El territorio que va de Texas hacia el este hasta llegar a Florida acogió poderosas sociedades de indios independientes a los que los europeos del siglo XVIII llamaban chickasaw, choctaw, cherokees, creek y seminolas. Contaban con guerreros astutos y fueron eficaces ladrones de ganado y pertenencias de los ranchos, estancias y misiones españoles.

Aunque la política de los gobiernos de Carlos III estuvo siempre más inclinada a los tratados de amistad, en 1772 fue promulgado un reglamento militar para el norte de Nueva España. Esta norma, denominada «Reglamento e instrucción para los presidios... en la línea de frontera de la Nueva España», recomendaba una «viva e incesante guerra» contra los indios en general y los apaches en particular. Proponía atacarlos en los mismos territorios o zonas donde estuvieran enclavados. Desde las «Ordenanzas de descubrimientos, conquistas y pacificaciones» de 1573 solamente se autorizaba el sometimiento de los indios por medios pacíficos. El reglamento de 1772 era una excepción a esta regla que afectaba exclusivamente a los apaches. Permitía incluso rechazar las propuestas de paz que formularan los indios, lo que implicaba un giro espectacular en relación con las estrategias que se habían aplicado desde la ordenanza de 1573. Los apaches eran «declaradamente enemigos».

En contraste con las guerras de exterminio dirigidas contra los apaches, se prohibieron todas las demás guerras ofensivas contra indios no conquistados. Por ejemplo, aunque los mapuches se habían rebelado en 1766 cuando era gobernador de Chile Antonio Guill y Gonzaga, no se ordenó la guerra contra ellos. Tampoco se hizo lo propio en relación con los pampas, a los que se aplicaron soluciones de carácter defensivo.

Cuando empezaron las guerras de independencia, los dos bandos, insurgentes y realistas, trataron en todo el continente de atraerse a los indios. Los indios hispanizados pelearon principalmente con los insurgentes. En México una gran mayoría de ellos se unieron al cura Miguel Hidalgo para poner fin al mal gobierno, en nombre de Fernando VII y la Virgen de Guadalupe. Pero otras veces lucharon en el bando realista o incluso se dieron casos en que empezaron combatiendo en un lado y luego se cambiaron al otro.

Las constituciones de los Estados que declaraban la igualdad y atribuían la ciudadanía a todos los individuos que habitaran el territorio de la nación producían una paradójica «conquista» de las comunidades indias. Nadie había conseguido someter su independencia con las armas. Pero ahora, aplicando un simple expediente legal y formal, quedaban integrados en el mismo estado que los criollos, pardos, indios sometidos y demás ciudadanos. Así ocurrió en Chile con la Constitución de 1822, que convirtió a los araucanos en chilenos y su estatus específico desapareció. También ocurrió en Bogotá, porque el Congreso de la Gran Colombia declaró en 1826 que «todas las tribus de indígenas que habitan las costas de Goagira, Darién y Mosquitos y las demás no civilizadas que existen en el territorio de la república serán protegidas y tratadas como colombianos». En la declaración de independencia de México se decía que todos sus habitantes, sin otra distinción, «son ciudadanos idóneos para optar a cualquier empleo». El primer gobierno mexicano decretó que nadie podría ser calificado conforme a su origen racial. Los indios de todas clases, desde los antiguos aztecas a los independientes texanos, se convirtieron en mexicanos a partir de la Constitución de 1824.

El problema indio más importante y decisivo que se planteó a las nuevas naciones fue el provocado por las comunidades y tribus indias que no aceptaban el nuevo régimen constitucional ni su condición de miembros de las nuevas naciones, y preferían mantener el régimen ancestral de independencia. Esta fue la posición de muchos de los grupos tradicionalmente caracterizados como indios bravos o salvajes. El ministro chileno de la Guerra se preguntaba en 1835 qué hacer con ellos y aseguraba, sin dudarlo, que eran preferibles la dulzura y la prudencia para reducir «a la vida social a esos hombres selváticos», pero si no era posible de esta manera, estaba dispuesto a hacer la guerra contra los araucanos con ayuda de otros araucanos, los que se habían integrado. Algo parecido decía Santa Anna respecto a los indios mexicanos.

El buen trato empezó a desaparecer con el tiempo y a sustituirse por la utilización de la fuerza. Los indios atacaban y recibían respuesta de fuerza tanto de los indios domesticados como de las tropas estatales situadas en las fronteras. La guerra se convirtió pronto en una práctica recurrente. Las comunidades blancas se quejaban de que los indios asaltaban las granjas y mataban a mujeres y niños y se generalizó mucho como fórmula de reacción (repetidamente por parte de los argentinos) la de ir a por los indios para «cazarlos en las planicies y, de cualquier manera, matar a todos los hombres y llevar las mujeres y los niños a Buenos Aires, donde se les convierte en esclavos». El uso de la fuerza por los gobiernos fue la manera de establecer la paz y la destrucción de muchas de las comunidades aborígenes, la única manera de conseguir la expansión territorial. Las acciones bélicas, para ganar eficacia, tenían que organizarse de modo que los nuevos Estados pudieran atravesar las fronteras de los vecinos cuando perseguían indios. No poderlo hacer fue, al principio de las independencias, una importante rémora. Estados Unidos y México llegaron a un acuerdo en 1822 para que las tropas de cada país pudieran atravesar las fronteras cuando era necesario para combatir a los indios.

La alternativa a la guerra eran, como enseñaron los gobiernos españoles ilustrados, los acuerdos de paz. Pero la firma de tratados era contradictoria para las repúblicas porque no reconocían que los indígenas formaran comunidades jurídicas con categoría de nación, en tanto que no eran soberanas, y sin embargo firmaban tratados con ellos que llevaban implícito este reconocimiento. Como las nuevas repúblicas estaban muy interesadas en la paz empleaban todos los procedimientos que tenían a mano, entre los cuales los tratados pero también los regalos, las concesiones, la hospitalidad y atención a las comunidades indias, etc.

Desplazamientos forzosos y guerras de aniquilación de los indios bravos

Como hemos analizado en un apartado anterior, al estudiar la ampliación de las fronteras de Argentina, el gobernador Juan Manuel Rosas puso en marcha una política indígena semejante a la que habían utilizado los Borbones. Desde 1825 Rosas, que era un potentado ganadero y terrateniente, tuvo el cargo de jefe de la Comisión

Pacificadora de Indios y en 1829 fue designado gobernador de Buenos Aires. Estuvo hasta 1852 gobernando la Confederación de las Provincias Unidas del Río de la Plata. Desarrolló una política muy eficaz de atracción de los indios para convertirlos en trabajadores de las estancias. Y presumió de que le eran fieles y que trabajaban mejor que cualesquiera otros. Pero cuando no ocurría así no tuvo el menor inconveniente en «destruirlos».

La política de Rosas permitió extender la frontera ganadera a costa de los indios. Hasta que estos empezaron a resistirse porque no eran tratados como iguales ni existían con ellos tratados comerciales. Otras provincias argentinas como las de Mendoza, Córdoba y San Luis, que no podían utilizar la mano dura de Rosas, ni tampoco los importantes recursos económicos de Buenos Aires, tuvieron que padecer muchas incursiones indias, especialmente la de los ranqueles.

En Paraguay, el dictador José Gaspar Rodríguez de Francia autorizó sin más la destrucción de los mbayás y los guanás del norte de Concepción en 1815. Ordenó a la milicia no regresar «hasta haberlos exterminado y arruinado enteramente». Y en Uruguay el Estado actuó para proteger a los rancheros erradicando a los últimos charrúas independientes. El presidente, general Fructuoso Ribera, dirigió la campaña en el centro del país para buscar indios y los localizó en 1831 en Río Negro, en un sitio llamado Salsipuedes. Allí simuló tener un acuerdo de paz y cuando se fiaron los indios cayó sobre ellos y los exterminó.

De esta manera resolvió Uruguay su «problema indio». Con rapidez y contundencia. Otros países también abordaron la cuestión de manera semejante, sobre todo cuando se trataba de zonas pobres, en las que no era posible utilizar medios económicos de explotación y no había otra manera para apoderarse de las tierras de los indios que excluyendo a estos de la vida nacional y desplazándolos.

En Argentina esto ocurrió en la década de 1870. Después de la caída de Rosas, en 1852, el Estado había reducido su apoyo a los indios amigos y aliados. Como no había recompensas ni regalos, los indios volvieron a sus andadas de realizar incursiones y se apoderaban de lo que previamente se les regalaba, es decir, tomaban por la fuerza lo que antes se les daba, y actuaban sobre las haciendas, llevándose bienes, ganado y todo tipo de objetos e incluso secuestrando a personas. Al mismo tiempo que los argentinos peleaban, unas provincias contra otras, en una guerra civil, también libraron una guerra contra Paraguay, lo que dio lugar a que los indios pudieran recuperar buena parte de La Pampa que Rosas había tomado. Cuando terminaron la guerra con Paraguay, ya en la década de 1870, el Estado argentino consolidado no intentó una acción de expansión basada en el consenso y en los acuerdos, sino que las poderosas familias ganaderas convencieron a los gobiernos de que les permitieran convertir las tierras de los indios en fincas privadas, quitando de en medio a los indígenas en su conjunto. Sus intereses particulares se transformaron en un proyecto nacional que culminó en una campaña militar masiva en 1879, la denominada «Conquista del Desierto», que hemos descrito páginas atrás al estudiar la expansión de las fronteras argentinas y chilenas. Marcharon cinco columnas del ejército argentino, con mucha capacidad de combate porque habían perfeccionado su experiencia y medios con ocasión de la guerra contra Paraguay. Tenían rifles de repetición, cada una de esas columnas, que estaban bien aprovisionadas, y marcharon desde las provincias de Buenos Aires, Córdoba, San Luis y Mendoza. Sometieron y mataron a todos los indios que encontraron a su paso, limpiaron el sur y el norte de La Pampa hasta la Patagonia. Y los sobrevivientes tuvieron que soportar un programa de aculturación forzosa. Suponía la disolución de los gobiernos tribales y la prohibición de los idiomas nativos. También les obligaron a trabajos forzados, convirtieron las tierras de los indios en terrenos públicos que luego fueron transformados y vendidos a intereses privados.

En el Chaco, donde no había otra mano de obra que los indios, las campañas militares tuvieron más cuidado de no matar a muchos. En la década de 1880 siguieron el procedimiento de desposeer a los cazadores y recolectores de sus tierras y concentrarlos en asentamientos, que transformarían a los indios en trabajadores corrientes, algunas veces asalariados y otras veces simplemente mantenidos. De nuevo se puso en marcha la vieja idea de que los propietarios utilizarían a los infieles como trabajadores y estos tendrían obligación de servirles a cambio de su civilización. La fórmula utilizada por los españoles en el siglo XVIII.

El caso de los chilenos no fue tan rápido, pero sí igualmente cruel que el empleado por los argentinos en La Pampa y en la Patagonia. La conquista militar de los araucanos tuvo lugar entre 1867 y 1883. Utilizaron acciones conjuntas con fuerzas argentinas en los últimos años de la campaña. Cuando se terminó la guerra del Pacífico en 1881 se produjo el asalto final. También se empleó en esta época el gran poderío económico de Buenos Aires y de Santiago de Chile para comprar indios y hacerse con sus recursos.

México, que estuvo mucho más fragmentado, tuvo más problemas para mantener la paz. En la segunda mitad del siglo XIX, el país se recuperaba de la gran depredación de su territorio que se había producido en favor de Estados Unidos. Muchos indios fronterizos como los kickapoos y los seminolas hacían la guerra, junto con el Estado de Coahuila, contra los comanches, los kiowas y los apaches lipanes y mescaleros. El ejército mexicano ya tenía alguna experiencia en expulsar invasores, porque había tenido problemas con los franceses en la década de 1860. Pero las expediciones para limpiar el desierto entre Coahuila y Chihuahua de apaches lipanes y mescaleros fue bastante larga y dura. México había cooperado con Estados Unidos para trasladar apaches, comanches y kickapoos a las reservas estadounidenses y eran pocos los apaches independientes que permanecían en el norte del país. Sin embargo, los nómadas y seminómadas infundían temor porque muchos creían que eran un obstáculo al progreso, y deberían ser eliminados. La expedición que se organizó en 1880 consiguió realmente arrasar buena parte de esa población. La paz, según el comandante de la expedición, no se conseguiría hasta que no quedara ni un solo salvaje en la región de la frontera. Al término se pudo decir que los indios habían desaparecido, «como planta nociva».

Muchos de los estudios que hemos venido citando contienen relatos muy detallados de la vida, conflictos y aventuras de los personajes más destacados de los dos bandos que se enfrentaron en las «guerras indias» durante un cuarto de siglo. Son historias que han servido para crear novelas y películas de cine que se han hecho famosas, a pesar de que narran historias extraordinariamente crueles y tristes. Remito, por todas estas obras, a la última y muy detallada de Paul Andrew Hutton,[71] por la que transcurren las valerosas biografías de Mangas Coloradas, su yerno Cochise, Gerónimo y otros tantos jefes que impusieron enormes sacrificios a sus pueblos para responder a las ofensas recibidas, y terminaron muertos, despiezados, recluidos en fuertes y reservas, exhibidos como trofeos, como fue el caso de Gerónimo, o desaparecidos sin que nadie pudiera encontrar nunca su rastro, como ocurrió con Apache Kid, el último apache libre.[72]

David J. Weber concluye su excelente obra sobre la evolución de las políticas concernientes a los indios bárbaros, en la transición entre los siglos XVIII y XIX, con las siguientes consideraciones que será ilustrativo reproducir:

> Algunos líderes hispanoamericanos justificaron la liquidación de los indios y la expropiación de sus tierras volviendo a imaginar a los indios independientes como bárbaros. Las voces que describían a los indios independientes como seres razonables capaces de evolucionar hacia la vida civilizada habían subsistido en el siglo XIX y aún se las podía oír, pero el coro de aquellos que vilipendiaban a los indios, cada vez más estridente, las ahogaba. A medida que una nueva generación reescribía las constituciones y leyes nacionales, las garantías de igualdad de derechos para los «hermanos indios» se quedaron por el camino. Así, los prósperos araucanos, una fuente de inspiración republicana para la generación de Bolívar, terminaron siendo vistos como «hordas salvajes», incapaces de civilización o progreso.

A mediados de siglo Juan Bautista Alberdi escribía: «En América todo lo que no es europeo es bárbaro; no hay más división que esta: 1.º el indígena, es decir, el salvaje; 2.º el europeo, es decir, nosotros, los que hemos nacido en América y hablamos español, los que creemos en Jesucristo».

LA PERSISTENTE ESCLAVITUD

Los esclavos fueron un extenso componente de la población hispanoamericana, pero no eran ciudadanos y, si habían nacido en África, no fueron ciudadanos tampoco sus descendientes ni los hijos nacidos de cruces con individuos de cualquier otro origen. Estos hijos de la relación interracial integraban las castas, que sufrieron la marginación jurídica y social durante la colonia y en las repúblicas que la siguieron.[73]

La esclavitud, que había sido una práctica de todas las sociedades, bárbaras y civilizadas, desde el principio de las comunidades humanas organizadas, no empezó a ser combatida antes del siglo XIX y, en España, las primeras reacciones contra esa situación detestable se hicieron presentes enseguida en el pensamiento político y en los textos constitucionales. Un pionero ilustrado fue Cadalso, que se refiere con rechazo a estas prácticas en sus *Cartas marruecas*, coincidiendo con las posiciones de algunos ilustrados franceses de la época. Pero la primera exposición antiesclavista en España, firme y airada, fue la de José María Blanco White.[74]

Blanco White tiene en cuenta el planteamiento de Cadalso y, seguramente, asumió la lucha contra la esclavitud por la influencia de su compañero Isidoro de Antillón en el *Semanario Patriótico*, pero sus escritos siguen de modo expreso las reclamaciones surgidas en Inglaterra a partir de la influyente protesta de Wilberforce, contenida en *A Letter for Abolition of the Slaves Trade*. Esta carta fue determinante de la aprobación del *Bill* de febrero de 1807 que la abolió.[75] La indignación de Blanco White contra el tráfico de esclavos puede seguirse en los números XIX, XX, y XXI de *El Español* bajo el título de «Extracto de una carta de Mr. Wilberforce sobre la abolición del comercio de negros» en los que arremete contra quienes realizaban o toleraban este tipo de actividades. Se expresa con una especial fuerza y contundencia contra los que pretenden que la esclavitud sea un instrumento divino para que ayude a los negros a civilizarse y a cristianizarse y salvar su alma. Dice Blanco: «La razón que alegan, en general, los colonos es que los negros son de carácter perverso, y que sólo el temor puede contenerlos. Yo por mí creo que los negros deben ser naturalmente buenos, cuando el trato que les han dado los europeos no los ha convertido uno por uno en monstruos» (*El Español*, noviembre de 1811).[76]

La rebelión de los esclavos en Haití en 1804 produjo tanto espanto en toda América que temió la posibilidad de que la misma violencia y matanzas se repitieran en cualquier otra parte.[77] Haití se convirtió en el paradigma de la brutalidad salvaje. Sin duda muchas medidas de liberación y de mejora de la situación de los esclavos negros y amerindios asimilados tuvieron que ver con la conmoción ocasionada por la rebelión haitiana. Todos consideraron que era una consecuencia posible de la Declaración de Derechos del Hombre y del Ciudadano. Pero las ideas no se abrieron camino fácilmente en el continente. En el número XXIV de *El Español*, Blanco White se manifiesta contra la política mantenida por la Regencia: «¿Debe el Gobierno de España quejarse en nombre de la nación que lo ha constituido a su frente, de que hay quien incomode a sus vasallos que se emplean en robar hombres, mujeres y niños, para venderlos a gentes que los hacen trabajar toda la vida, apropiándose el fruto de este trabajo y hasta los hijos que produzcan en esta miserable esclavitud? El hecho, presentado de este modo, parece una paradoja inconcebible. Mas yo apelo al buen juicio de todos los hombres del mundo, que me digan si hay otro modo de pintar este procedimiento, u otro aspecto por donde mirarlo... Tan bárbaras, tan fútiles y aun viles son cuantas razones se pueden imaginar para sostener, ni un momento, el tráfico de esclavos que el ánimo indignado se desdeña con abominación de recordarlas, y aún más, de responderlas».[78]

Blanco, como los hombres de su época, tenía bien presente la práctica de los «asientos de negros». Se trataba de un bochornoso negocio (en la época colonial no fue motivo de reprobación social, sino más bien de distinción, poseer esclavos negros) ideado por la Corona española y, con el tiempo, secundado por todas las grandes y medianas potencias europeas, consistente en monopolizar la comercialización y venta de esclavos en las colonias americanas. Los monarcas españoles habían prohibido esclavizar a los indios americanos (con excepción de los taínos, al principio, en las Antillas, y los capturados en rebeldía). Lo decidió primero la reina Isabel la Católica, oponiéndose a la espontánea iniciativa de Colón de traer indios esclavizados a la Península; incorporó Fernando el Católico la prohibición a las Leyes de Burgos de 1512 y la ratificó el emperador Carlos V en las Leyes Nuevas de 1542. La escasez de la mano de obra colonial española (la mayor parte de los soldados y colonos estaban seguros de que no habían ido a América a trabajar, sino a enriquecerse con rapidez y facilidad) y la reducción de la indígena a causa de la penosidad de trabajos a los que los nativos no estaban acostumbrados y también por la impresionante mortalidad epidémica que mermó las poblaciones, aconsejaron dar entrada a los negros africanos. Al principio estas operaciones se hacían libremente por los interesados, sin que mediara reglamentación. Pero desde el reinado de Felipe II empezaron las reglamentaciones de lo que se concibió como un monopolio que funcionaba de modo muy simple: la Corona concedía asientos de negros a un empresario o comerciante que, a cambio del pago de una tasa muy lucrativa al erario público, podía vender en las colonias que se indicaran un número determinado de negros, que fijaba el asiento, durante un periodo de tiempo prefijado en el documento (el primer asiento «legal» parece que se concedió al portugués Pedro Gómez Reinel, en 1594).

Este fue el comienzo del negocio más lucrativo que se les ocurrió a las monarquías europeas durante dos siglos largos. Había una gran demanda por parte de los terratenientes americanos y se aseguraban buenos precios en la transacción, normalmente saldados con productos que servían para crear una economía triangular de tracto continuo. Las llamadas «piezas de Indias», es decir, los que iban a ser vendidos como esclavos, se marcaban para clasificarlos y ponerles un precio acorde con su altura, fortaleza, procedencia y edad.

El monopolio del asiento de negros fue, desde su implantación, violado por traficantes ilegales. También fue muy difícil de controlar, pese a las medidas de inspección de los barcos, y se convirtió en el negocio más corrupto de la época. Poco a poco, lo que eran incursiones irregulares de otras naciones fue dando lugar a una ruptura del monopolio, primero a favor de Francia (después del Tratado de

Rijswijk, que pone fin a la guerra de los Nueve Años de 1688-1697) y, poco después, de Inglaterra, tras el Tratado de Utrecht de 1713, con el que concluyó la guerra de Sucesión a la Corona de España. Estas naciones, con Holanda, multiplicaron el tráfico, hasta alcanzar cotas muy superiores a las de los concesionarios españoles.[79] Al final del siglo XVIII se acordó la liberalización plena.[80]

Nunca se han llegado a determinar, sino por aproximación, el número de esclavos negros que llegaron a América (a pesar de los estadillos que acompañaban a cada operación), con la complacencia, claro está, de los terratenientes coloniales, primero, y, más tarde, de los ricos hacendados y estancieros criollos. Pero esta población esclava, y sus descendientes mestizos, plantearon, desde los inicios del constitucionalismo, la cuestión de la equiparación de sus derechos con los demás ciudadanos de las repúblicas.

El constitucionalismo, precedido del pensamiento político antiesclavista, suscitó dos cuestiones relacionadas con la esclavitud no idénticas: la primera era la del detestable comercio de esclavos, la trata o tráfico. La segunda concernía a los esclavos que estaban en América y eran propiedad de personas concretas. Es importante distinguirlo porque la abolición del tráfico no supuso la liberación general de los esclavos.

El debate abolicionista se suscitó en las Cortes de Cádiz, que dedicaron algunas sesiones a discutir sobre la esclavitud. El diputado Guridi Alcocer presentó, el 25 de marzo, ocho proposiciones entre las que se contaban la abolición del tráfico de esclavos y la libertad para los hijos de estos. Era diputado por Tlaxcala. Su propuesta generó inquietud porque se temía que produjeran conmociones en América. El planteamiento de Guridi fue el siguiente: contrariándose la esclavitud al derecho natural, estando ya proscrita aun por las leyes civiles de las naciones cultas, pugnando con las máximas liberales de nuestro actual Gobierno, siendo impolítica y desastrosa, como muestran acontecimientos funestos y recientes, y no pasando su utilidad del servicio que presta a las fincas de algunos hacendados, debe abolirse enteramente. Pero para no perjudicar en sus intereses a los actuales dueños de esclavos, proponía que la abolición se sometiera a las siguientes pautas:

Primera. Se prohíbe el comercio de esclavos, y nadie en adelante podrá vender ni comprar esclavo alguno, bajo la pena de nulidad del acto y pérdida del precio exhibido por el esclavo, el que quedará libre.

Segunda. Los esclavos actuales, para no defraudar a sus dueños del dinero que les costaron, permanecerán en su condición servil, bien aliviada en la forma que se expresa adelante, hasta que consigan su libertad.

Tercera. Los hijos de los esclavos no nacerán esclavos, lo que se introduce en favor de la libertad, que es preferente al derecho que hasta ahora han tenido para los amos.

Cuarta. Los esclavos serán tratados del mismo modo que los criados libres, sin más diferencia entre estos y aquellos que la precisión que tendrán los primeros de servir a sus dueños durante su esclavitud, esto es, que no podrán variar de amo.

Quinta. Los esclavos ganarán salario proporcionado a su trabajo y actitud, bien que menor del que ganarían siendo libres, y cuya tasa se deja al juicio prudente de la justicia territorial.

Sexta. Siempre que el esclavo, o ya porque ahorre de sus salarios, o bien porque haya quien le dé dinero, exhiba a su amo lo que le costó, no podrá este resistirse a su libertad.

Séptima. Si el esclavo vale menos de lo que costó, porque se haya inutilizado o envejecido, esto será lo que exhiba para adquirir su libertad; pero si vale más de lo que costó, por haberse perfeccionado, no exhibirá sino lo que costó, lo cual se introduce también en favor de la libertad.

Octava. Si el esclavo se inutiliza por enfermedad avanzada, dejará de ganar salario; pero el amo estará en obligación de mantenerlo durante la inhabilidad, ora sea perpetua, ora temporal.

Argüelles presentó dos propuestas en los días inmediatos, una de las cuales relativa a la abolición de la tortura, y la siguiente a la esclavitud que se publicó junto con la de Guridi en el diario de sesiones de las Cortes de 2 de abril. La de Argüelles decía:

Que sin detenerse V. M. en las reclamaciones de los que pueden estar interesados en que se continúe en América la introducción de esclavos de África, decrete el Congreso abolido para siempre tan infame tráfico; y que desde el día en que se publique el decreto no puedan comprarse ni introducirse en ninguna de las posesiones que componen la monarquía en ambos hemisferios bajo de ningún pretexto esclavos de África, aun cuando se adquieran directamente de alguna potencia de Europa o de América.

Frente a los abolicionistas también surgieron los discursos favorables al mantenimiento de la situación. Invocaban el problema que se había planteado cuando se adoptó una medida como esta por la Asamblea Nacional francesa para responder a las revueltas de Santo Domingo. Los diputados cubanos se oponían. También algunos diputados peninsulares como Juan Nicasio Gallego, suplente por Zamora, que era racionero de la catedral de Cartagena, se mostró contrario a la abolición de la esclavitud argumentando que los esclavos dependían de sus señores por una relación de propiedad, que debía ser protegida como cualquier otra propiedad en tanto que derecho inviolable y sagrado del que su titular solo puede ser privado mediante una justa indemnización.[81]

España suscribió dos tratados con Inglaterra, en 1817 y en 1835, escasamente cumplidos, que favorecían la supresión del tráfico, especialmente por parte de barcos españoles. La esclavitud fue abolida, para la España peninsular, Baleares y Canarias, durante la Regencia de María Cristina, en 1837. El tráfico encubierto o centralizado en lugares que se convirtieron en grandes centros de distribución, como Cuba, se mantuvo, como atestigua la creación en Madrid de la Sociedad Abolicionista Española y el hecho de que algunos de sus miembros tuvieran que exiliarse durante el gobierno de Narváez.[82] Después de las revueltas de esclavos en Cuba que acabaron con el Convenio de Zanjón, el gobierno adoptó diversas medidas hasta aprobar, finalmente, el decreto de 7 de octubre de 1886, que declaró la abolición plena y definitiva.

Las declaraciones y leyes abolicionistas comenzaron en las repúblicas independientes muy al inicio de su instalación. Miguel Hidalgo y sus compañeros dieron instrucciones abolicionistas inmediatas, que ratificaron decretos de 1824 y 1829, durante los mandatos presidenciales de Guadalupe Victoria y de Vicente Guerrero. El primer país de América que decretó la libertad de vientres, es decir, la libertad de los nacidos de esclavas, fue Chile, en octubre de 1811. La esclavitud la abolió definitivamente la Constitución de 1823. Lo mismo declararon las constituciones uruguaya de 1830 y argentina de 1853. En las Provincias Unidas de Centroamérica se acordó la abolición en 1824 y la decisión se mantuvo vigente, cuando se disolvió, en cada una de las cinco naciones de Centroamérica. Otras constituciones adoptaron las mismas referencias ideológicas, pero no consiguieron medidas radicales, como Venezuela. En Paraguay no se aprobó la abolición durante la dictadura del doctor Francia y se fueron introduciendo medidas liberalizadoras parciales y lentas. Es curioso recordar que se creó la Esclavatura de Estado, que fue un monopolio comercial para la compra y venta de esclavos en el territorio paraguayo. Algo parecido, pues, al asiento de negros, pero en versión local. Bastante distinto fue el acuerdo adoptado por el gobierno de Perú en 1854: decidió comprar esclavos para ponerlos en libertad.

La esclavitud estuvo en proceso de abolición, como se deduce de lo dicho, en toda América, a lo largo del siglo XIX. Pero considerando que la ejecución de las medidas abolicionistas no fue radical y que a través de los territorios donde la trata estaba activa siguieron introduciéndose esclavos, requeridos también por los intereses comerciales de las empresas norteamericanas establecidas en Hispanoamérica, los esclavos negros fueron un componente significativo de la población de las repúblicas. Sin derechos de ciudadanía activa y sometidos a condiciones laborales infames. Ellos y los indios domesticados fueron carne de cañón en muchas de las continuas guerras intestinas que tuvieron lugar sin pausa durante el siglo XIX.

La última colonia donde se mantuvo la esclavitud fue Cuba. La variedad de la población negra y su posición social han sido explicados de modo muy brillante por Manuel Moreno Fraginals,[83] en términos que conviene recordar:

> El mestizaje con indias fue tolerado inicialmente y algunos pocos descendientes de estos cruces raciales se integraron al grupo domi-

nante. Ahora bien, cuando la colonia se afirmó, las mezclas fueron rechazadas compulsivamente y los mestizos pasaron a engrosar el sector colonizado. [...] El mestizaje planteó en Indias, en una nueva dimensión, un viejo problema europeo: la segregación racial, destinada en España a excluir a judíos y árabes del sistema de dominación establecido, es ahora utilizado en América para apartar a los indios y sus mezclas (y posteriormente a los negros) de toda participación en el poder. Se constituyó así una sociedad dual separada por la línea del color y otras características somáticas [...].

Los negros, esclavos o libres, africanos o españoles, constituyen el tercer grupo social superpuesto en el que hemos llamado la sociedad inicial (1510-1550).

[...] cuando aún casi no existía en Cuba la renta de la propiedad de la tierra, se creó la renta de la propiedad de los hombres. El alquiler de esclavos, aparte de otras muchas complejidades legales, originó también curiosísimos recursos contractuales que asegurasen la conservación en buen estado del esclavo arrendado: por ejemplo, que en caso de muerte fuese el arrendatario quien corriese con el valor de la pérdida y, finalmente, que cuando diese a luz una esclava alquilada, el niño nacido fuese propiedad del arrendador.

El llamado «esclavo a jornal», también llamado «puesto a ganar», es una institución típica de la legislación española. Se trataba de esclavos con una amplia libertad individual, pero que tenían que dar al amo periódicamente una cantidad fija de dinero. El esclavo a jornal se contrataba libremente o tenía negocios propios, o ejercía oficios con los que ganaba dinero. Las esclavas y esclavos a jornal debieron ser personas aculturadas por la sociedad dominante, que habían adoptado en alto grado valores y patrones de comportamiento de la cultura de los amos blancos, criollos o europeos.

Para las esclavas, quizá la prostitución no fuese la más dura de las opciones de sobrevivencia en la sociedad esclavista colonial. La práctica extendida de poner a las esclavas a ganar en el oficio de prostitutas generó una serie de protestas morales.

A medida que un esclavo lograba el dominio de un oficio y su calificación artesanal era más alta, mayor rentabilidad obtenía el amo. Con el ahorro de las ganancias obtenidas podían los esclavos terminar adquiriendo su libertad.

El mundo rural era distinto del mundo de la ciudad. En el campo los esclavos lo eran de por vida, la mayoría eran hombres, y existía una incomunicación total con el mundo exterior.

Concluye Moreno Fraginals que no hubo una sola sociedad negra en Cuba, sino diversas sociedades coexistiendo.

CAPÍTULO IV
La América de los caudillos

LAS RAÍCES DEL CAUDILLISMO

La tesis, sostenida desde Tocqueville hasta la doctrina constitucionalista actual, de que la implantación de los principios del constitucionalismo revolucionario liberal fue necesariamente más fácil en América que en Europa porque en aquel continente no existían los obstáculos que la inercia de la historia oponía a los cambios en el nuestro,[1] tiene que examinarse con precauciones si la referencia comparativa la situamos en Hispanoamérica.

Es cierto que a Europa le costó mucho desplazar las instituciones del Antiguo Régimen, muchas de ellas asumidas como propias por el nuevo orden constitucional, y que tardó decenios de idas y venidas hasta conseguir una plasmación completa de los principios del constitucionalismo liberal. Sobre todo comparando la lentitud con la que ello ocurrió, y también su resignada aplicación parcial, con la fulgurante implantación de las instituciones principales en Estados Unidos.

En Europa tardaron en realizarse algunas libertades civiles, limitadas o suprimidas por largos periodos, como las de prensa y asociación, menudearon los periodos de excepción con suspensiones de derechos, el poder ejecutivo señoreó sobre los demás poderes y el judicial nunca tuvo encomendada la función de asegurar la plena aplicación de la Constitución, con facultades para anular actos y leyes contrarias a la misma. Hubo intervalos más democráticos en los que la separación de poderes fue efectiva y la soberanía se ejerció realmente por el pueblo, pero en toda Europa hubo muchos periodos de abatimiento y negación de los dos elementos que el artículo 16 de la Declaración francesa de Derechos del Hombre y del Ciudadano había estatuido como la clave de bóveda del sistema constitucional: «Toda sociedad en la que la garantía de los derechos no está asegurada, ni la separación de poderes establecida, no tiene Constitución».

Las dificultades que ha encontrado Hispanoamérica para la puesta en práctica de los principios que acogieron las constituciones de los Estados desde el primer día de su independencia han sido también enormes. Y ello pese a estar sembradas, al menos en apariencia, en campos libres de los obstáculos que suponían las instituciones del Antiguo Régimen. En América todas ellas estaban vinculadas al régimen colonial y podría decirse que desaparecieron de golpe con las independencias.

Pero la aplicación de las constituciones, tan apasionadamente esperadas y con tanta ilusión debatidas por los criollos que se hicieron con el poder, necesitó primero construir los Estados en los que habrían de regir. En el capítulo anterior se han estudiado las enormes dificultades que ello comportaba. Tanto por lo que respecta a la disputa abierta sobre la titularidad de la soberanía como por las indefiniciones sobre la delimitación del territorio; pero, quizá sobre todo lo anterior, por la heterogeneidad de la población que habría que gobernar.

El contraste con lo ocurrido en Estados Unidos, que no suele subrayarse en las exposiciones sobre los orígenes del constitucionalismo en el septentrión americano, es que se aplicó a una sociedad igualada previamente, bien por liquidación de los pueblos originarios, con culturas diferentes, bien por negación absoluta de los derechos constitucionales a quienes no tenían la misma procedencia étnica. No se refería a todos, la Constitución de 1787, cuando proclamó el principio de igualdad.[2]

Tampoco se había establecido en las trece colonias de América del Norte, ocupadas por colonos, al principio puritanos, que se dedicarían a trabajar la tierra directamente porque no había en el territorio mano de obra disponible, un sistema de explotación parecido a las haciendas hispanoamericanas del que emergió una nobleza económica territorial, que consolidó tantos intereses como las instituciones nobiliarias y eclesiásticas europeas del Antiguo Régimen.

La consecuencia fue que esas fuerzas económicas aspiraron a la continuidad de su posición de dominio. Y, al lado de la nobleza territorial, y compartiendo con ella también el dominio de grandes propiedades, emergieron otros líderes nacidos en las contiendas independentistas. Estos dos fueron los focos originarios del caudillismo en Hispanoamérica.

Este del caudillismo ha sido históricamente un fenómeno tan acaparador y persistente, atendido con tanta dedicación por los estudios de historia, ensayos, novelas y discursos, que se ha convertido en un escaparate del constitucionalismo americano, donde se exhiben los modelos más atrabiliarios que pueda crear la imaginación humana.[3]

Es exagerado e injusto identificar los fracasos de la democracia liberal en Hispanoamérica atribuyéndolos al predominio del caudillismo en el siglo XIX o de las dictaduras en el siglo XX, porque en muchos países ha habido intervalos democráticos apreciables. Pero no se puede estudiar la aplicación del constitucionalismo liberal en Hispanoamérica sin considerar por extenso, como merece, el fenómeno del caudillismo. Lo haremos, con las limitaciones que impone que no sea un tema monográfico en esta obra, en el presente capítulo.

Desde los primeros años de vida de los nuevos Estados aparecieron líderes, procedentes de las grandes haciendas o de la milicia, que asumieron el gobierno y se aplicaron a mantenerse en él. Ya se ha expuesto cómo en algunas de las proclamas sobre organización del poder se propuso la forma monárquica de Estado como una posibilidad. Pensaron sus promotores que la perpetuidad de los reyes era una fuente de estabilidad y que, por ello, resultaba muy conveniente para países sin tradición de gobierno independiente, enredados en inacabables conflictos internos en los que se disputaban valores y conceptos tan abstractos como el de nación, o tan cargados de consecuencias políticas y económicas como los de unidad y federalismo.

Las constituciones sucesivas aprobadas durante el primer medio siglo de vida de las nuevas repúblicas no fueron instrumentos para organizar el poder y garantizar los derechos, sino herramientas al servicio de los caudillos. Las innovaciones constitucionales solían responder a las conveniencias de gobernantes que habían accedido a su control mediante golpes de Estado, acciones de fuerza o simples vías de hecho.

Esta situación generó un «caudillismo constitucional» que funcionó en gran parte de las repúblicas latinoamericanas durante el siglo XIX. Diferenciaba el espacio del derecho regido por la Constitución y entendido como el de la regularidad y la normalidad políticas y el de un gobierno puramente ejecutivo dimanado de la voluntad del gobernador al mando, el caudillo. El derecho simbolizado por la Constitución podía activarse siempre contra la voluntad encarnada en el caudillo. Bastaba con que el pueblo apoyara a otro caudillo y que alguien con mando militar y tropa lo secundara.[4]

Emergieron los caudillos desde los primeros días de las independencias. Fue un caudillo el propio Simón Bolívar, que conocía bien las bases del constitucionalismo francés, español y norteamericano, pero que se decantó expresamente por formas autoritarias de gobierno que le parecían de uso indispensable en naciones recién formadas, con una estructura de población muy heterogénea, dificultades económicas, fuertes discrepancias territoriales y una tensión sostenida entre el centro, representado por las capitales que habían sido sede de las instituciones de los virreinatos, y la periferia rural, dominada por hacendados o estancieros con gran poder que asumieron con naturalidad la condición de caciques en sus territorios.

La influencia de la Constitución de Cádiz fue evidente en la mayoría de las primeras constituciones hispanoamericanas, México (1824), excepto por su federalismo, Colombia (1821), Nueva Granada (1830-1832) y Venezuela (1830). También se notó la influencia de Cádiz en las constituciones de 1823 y 1828 de Perú, en la argentina de 1826, en la uruguaya de 1830 y en la de Chile de 1828. El efecto generalmente buscado por dichas constituciones consistía en crear una presidencia constitucional en lugar de la monarquía constitucional del modelo español.

La élite civil se inspiraba en el constitucionalismo liberal como referencia, pero otros grupos, especialmente los militares, eran herederos de una tradición política distinta, la del absolutismo. Ha escrito J. Lynch que «El representante más distinguido de esta tendencia era Simón Bolívar, cuyo ideario político se dirigía sin vacilación hacia el ideal de un gobierno más fuerte, que culminó en su Constitución boliviana que establecía una presidencia vitalicia dotada de poderes para designar a su sucesor. Desde el punto de vista de Bolívar ello serviría para evitar el inconveniente de elecciones demasiado frecuentes. Creía que el peligro de inestabilidad política no provenía solo del populacho —si bien su ignorancia, inexperiencia y heterogeneidad racial, ya los hacía bastante peligrosos—, sino también de la élite, cuyo egoísmo y sectarismo la convertía en una fuerza extremadamente subversiva que solo podría ser contenida por un régimen paternalista, un poder ejecutivo fuerte que no tuviera que enfrentarse a elecciones frecuentes».[5]

El modelo Bolívar no fue capaz de granjearse el suficiente apoyo para sobrevivir. Bolivia y Perú fueron persuadidos de adoptar la Constitución de Bolívar en 1826, pero el experimento no duró mucho más allá de su propia presencia en dichos países. Cuando se trató de imponer sus ideas en Colombia entre 1826 y 1830 se encontró con una oposición frontal y con tal resistencia de la élite civil de Nueva Granada que se vio obligado a establecer una dictadura sin consenso: dimitió, desesperado, a comienzos de 1830. En 1837 el general Andrés Santa Cruz, tras haber unido temporalmente a Perú y Bolivia en una confederación promulgó una Constitución en la que el Ejecutivo estaba encabezado por un protector, con un mandato de diez años, y un Senado vitalicio designado por dicho protector. En 1843 fue proclamada una Constitución similar en Ecuador por otro exoficial de Bolívar, el general Juan José Flores, en este caso con un mandato oficial de ocho años.

Personajes como Rosas en Río de la Plata, Santa Anna y, más tarde, Porfirio Díaz en México, el doctor Francia en Paraguay, Melgarejo en Bolivia, Páez en Venezuela, etc., anteceden al despliegue de las dictaduras del siglo XX, herederas de las formas de gobierno personales y autoritarias, que derogan por largos periodos de tiempo los valores del constitucionalismo liberal. Fueron accidentes bastante duraderos en la historia constitucional americana.

La opción por el autoritarismo fue más pacíficamente asumida y estable en el caso de Chile, que, en buena medida, presenta una historia singular de orden y tranquilidad durante el siglo XIX. La estabilidad política se debió a la influencia de una clase aristocrática, que no tenía demasiada afición a las ideas liberales, y que reclamaba paz y seguridad como requisitos imprescindibles para el progreso económico. Cuando esta clase social creyó necesario establecer una Constitución adecuada a la realidad social del país, apoyaron un texto conservador y autoritario, la Constitución de 1833, que concentraba el poder en un presidente que podía ser reelegido y ejercer hasta diez años seguidos. Las leyes que desarrollaron esta Constitución fortalecieron más el poder ejecutivo a costa de olvidarse del dogma de la soberanía popular. La influencia del presidente era crucial incluso para los aspirantes a ser miembros del Congreso. Todo, en fin, blindado con preceptos atinentes a la reforma constitucional que hacían prácticamente imposible sus modificaciones.

El orden estuvo asociado a la figura del presidente. Un hombre clave en el mantenimiento del sistema fue el ministro Diego Portales, el gran gestor del dominio conservador.

Fernando Sagredo Baeza, en su breve y gran resumen de la historia constitucional chilena, ha escrito que el precio pagado por todo ello fue «Sin duda el autoritarismo».[6]

Como hemos de comprobar enseguida, un rasgo distintivo de la mayoría de los caudillos fue su resistencia a abandonar el poder, una vez cumplido el término fijado en las constituciones, incluso cuando esos plazos habían sido fijados por ellos mismos. Algunos fueron designados en las propias constituciones, como ocurrió con O'Higgins en Chile. El deseo de perpetuarse en el cargo del presidente mexicano Porfirio Díaz lo llevó a asombrosos malabarismos políticos, bastante incompatibles con los programas antirreeleccionistas con que había aparecido en la escena política.

La inestabilidad política llevaba a los más débiles a solicitar la protección de los caciques regionales, condición que se atribuía con toda normalidad a los terratenientes más poderosos, con muchos trabajadores a su cargo y capacidad de recluta entre la población situada en el radio de influencia de su hacienda. Como las constituciones no generaban lealtades inmediatas, se recurría a hombres fuertes a los que estaban vinculados muchos individuos por lazos personales de dependencia, o también porque se les reconocía cualidades carismáticas, adquiridas por lo normal en los episodios bélicos o en las confrontaciones que fueron habituales en los momentos de la formación de los nuevos Estados.[7] Muchos de ellos eran propietarios, según muestra el preciso catálogo que elaboró Ruben H. Zorrilla. Aunque no todos los propietarios tenían la misma condición ni relevancia social estaban unidos en sus intereses, sobre todo en contraste con los peones de sus fincas o los braceros. Existía una gran cohesión entre los propietarios. El caudillo era el punto nodal de una red de afines por sus intereses económicos, basados primariamente en la propiedad de la tierra, aunque podían desempeñar, sin perjuicio de esa posición económica, oficios de jueces, funcionarios, militares o diputados. El movimiento de las adhesiones era de doble dirección: los caudillos usaban su padrinazgo para vincular a la oligarquía, y los poderosos, necesitados de protección, se arrimaban espontáneamente a su círculo de influencia.

Las clases populares eran imprescindibles para las continuas movilizaciones militares, que transformaban a los operarios de las haciendas en guerrilleros, bandoleros o montoneros. Desde luego no se movilizaba a los obreros para que lucharan por sus intereses de clase, no había objetivos populares que conquistar en estas confrontaciones. Se los reclutaba para que participaran en pugnas sectarias que concernían a los grupos de la clase alta; es decir, en disputas entre terratenientes o familias que luchaban por la hegemonía, defendían o deponían al gobierno, según las ocasiones, o luchaban en las pugnas entre provincias vecinas, que fueron muy frecuentes en algunas repúblicas hasta que se consolidó el territorio de la nación y se resolvió la cuestión de si la forma de gobierno habría de ser centralizada o federal.

La hacienda podía movilizar a sus peones tanto para la guerra como para el trabajo y el caudillo regional podía, a su vez, conservar a su clientela de hacendados. Esta relación de clientela y de ayuda mutua era el vínculo más poderoso. El cacique, en primera instancia, y el caudillo finalmente, cuando eran personajes distintos, era un protector que asumía a su cargo la defensa de todos sus tributarios frente a los bandoleros que atemorizaban o asaltaban sus haciendas, aseguraban los abastecimientos y defendían los recursos locales para poder ofrecer empleo, comida y cobijo. La oferta de seguridad y protección era un gran reclamo para asegurar lealtades y reclutar las peonadas necesarias para las explotaciones.

Como ha explicado J. Lynch, el caudillo era un producto de las guerras de independencia: cuando el Estado colonial desapareció, las instituciones fueron destruidas y los grupos sociales competían por llenar el vacío. Al final del periodo colonial los prototipos del caudillo ya habían hecho su aparición; cuando la concentración de tierras y la formación de las haciendas obligó a los llaneros a tomar medidas de autodefensa muchos se agruparon en bandas bajo el mando de caciques para vivir de la violencia y el saqueo. Sin embargo el caudillismo no fue característico de la sociedad colonial, pues el Imperio español era gobernado por una burocracia anónima y se mantenía con el mínimo apoyo militar.

El caudillismo existió también sin que mediara una guerra de independencia violenta, como fue el caso de Centroamérica. Pero al caudillismo lo perpetuaban y en algunos casos lo creaban los conflictos de posguerra, como los muy intensos y continuados entre centralistas y federalistas en Argentina o los mantenidos entre caudillos rivales o agrupaciones de caudillos en Venezuela, o entre facciones políticas en Nueva Granada.

Después de las independencias, Hispanoamérica se abrió a un doble proceso que marcaría su futuro durante muchos años: la militarización y la ruralización del poder.[8] La militarización sobrevivió a la guerra de la independencia. En la mayoría de los países el ejército siguió manteniendo numerosos oficiales, tropas, muchas veces sin pagar, y su fuero militar. Los militares se quejaban frecuentemente a los políticos civiles aduciendo que el ejército no estaba recibiendo las recompensas que merecía.

En Venezuela, Páez y sus aliados militares mantuvieron reducidas las dimensiones de las fuerzas militares y movilizaron a sus partidarios para aplastar rebeliones ocasionales de los descontentos. En Argentina, Rosas contaba con una base de poder militar y de milicia, aunque mandada por oficiales rosistas. En Nueva Granada, los militares fueron incorporados a la élite civil y recibieron estímulos para convertirse en pacíficos constitucionalistas. En todos los países, los militares no dependían completamente de la carrera militar sino que a menudo contaban con tierras o con ocupaciones alternativas.

La «ruralización del poder» representa una significativa etapa del ejercicio del poder durante las décadas posteriores a la independencia.[9]

Los intereses de los hacendados tenían, en principio, carácter regional. El caudillo defendía, como muestra de modo palmario el ejemplo de Argentina, los intereses económicos regionales frente a la política del centro.

El caudillo como guerrero, cacique regional, hacendado y patrón, se instituyó en «gendarme necesario» al servicio de las élites en el periodo que siguió a la independencia. Las constituciones por sí solas no podían garantizar ni las vidas ni las propiedades. Dada la historia institucional de Hispanoamérica durante los periodos coloniales y de independencia no era sorprendente que, como dijera Daniel F. O'Leary, los hombres lo eran todo, las instituciones, nada. El poder personal era mucho más efectivo que el que podía atribuir cualquier institución.

En Argentina, Rosas tuvo una base política entre la élite y defendía sus intereses. El primer gobierno de Rosas (1829-1832) fue conservador, defendió a los propietarios, especialmente a los terratenientes, garantizó la tranquilidad y la estabilidad, fortaleció al ejército, protegió a la Iglesia, silenció a los críticos, liquidó la libertad de expresión y mejoró el crédito. Rosas volvió al poder en 1835 gracias a sus antecedentes de gobernante capaz de imponerse frente al desorden y el caos que militaban a sus anchas en Argentina.

Rosas cultivaba las relaciones con los sectores populares y hacía una gran política para contenerlos, no para promoverlos. La función del caudillo era más bien manipular los sectores populares y mantener la ilusión de que participaban, pero sin alterar las estructuras sociales existentes. Eran instrumentos de la élite.

Entre los caudillos argentinos había cierta homogeneidad. La mayoría de ellos procedían de familias que habían sido ricas y poderosas desde la época colonial, la mayoría propietarios de tierras y muchos propietarios de destinos militares. Los caudillos preservaron la herencia. Entre los dieciocho caudillos que gobernaron las diversas provincias de Argentina entre 1810 y 1870, trece eran grandes terratenientes, uno tenía propiedades de tierra de menor extensión y uno poseía un pequeño astillero. Todos tenían destinos militares. La riqueza era un mérito intrínseco del grupo. Quince eran muy ricos y solo dos lo eran medianamente. Sus vidas se truncaron mediante muertes violentas en nueve casos; tres tuvieron que exiliarse.

La depresión económica, el fracaso de la ley y el orden, la militarización de la sociedad, contribuyó a la existencia del caudillo, un jefe carismático que promovía sus intereses con la combinación de habilidades militares y políticas y que lograba acumular una red de clientes concediendo favores y patronato. Los caudillos eran los principales traficantes y buscadores de poder en el mundo político. Como poseedores de poder los caudillos eran hombres a los que no convenía ignorar y las familias criollas de condición aristocrática tenían que aceptarlos cualquiera que fuese su origen social y étnico.

PANORAMA DE LOS CAUDILLOS MEXICANOS: DEL EMPERADOR
AGUSTÍN I AL PORFIRIATO

Iturbide

Cuando fusilaron a Morelos, que fue el segundo gran líder del primer movimiento independentista mexicano, las escaramuzas bélicas de grupos organizados continuaron. Entonces empezó a crecer la fama de un joven oficial, hijo de padre español, que había combatido a los independentistas desde los primeros tiempos del cura Hidalgo y sus sucesores, de Morelos a López Rayón: Agustín de Iturbide.

La aventura constitucional de Morelos había llegado hasta la convocatoria en Chilpancingo de un Congreso que hizo constar en un acta solemne la Declaración de Independencia que proclamó «rota para siempre jamás y disuelta la dependencia del trono español». Morelos fue designado en este Congreso Nacional titular del Ejecutivo del nuevo Estado soberano.[10] Pero el experimento duró bastante poco porque el 25 de diciembre siguiente los insurgentes fueron derrotados por las tropas que capitaneaba Agustín de Iturbide. El Congreso intentó rehacerse, pero las tropas de los lugartenientes de Iturbide entraban de forma inmisericorde en las poblaciones y fusilaban a los levantados. El Congreso, en la época sin sede estable, asumió directamente el poder ejecutivo destituyendo a Morelos. Y aún en su trasiego itinerante por diferentes ciudades, con las tropas realistas tras sus pasos, llegaron a promulgar, el 22 de octubre de 1814, el denominado Decreto Constitucional para la libertad de la América Mexicana, o «Constitución de Apatzingán», con 242 artículos, inspirados en parte en la Constitución norteamericana y en parte en las francesas de primeros de siglo.

Esta primera Constitución revolucionaria no llegó a tener vigencia efectiva y la insurgencia mexicana estaba prácticamente apagada por los éxitos de las tropas de Iturbide cuando tras el levantamiento de Riego en Cabezas de San Juan, el rey Fernando VII se avino de nuevo a aceptar la Constitución de 1812, aprobada en Cádiz. Se abrió entonces una etapa de nuevas oportunidades para la América colonial. Vicente Guerrero era el líder de la insurgencia morelista y no tardó en percatarse y en escribir a los jefes realistas para buscar conciliaciones.

En México no eran unánimes la posiciones sobre lo que debería hacerse a partir de la decisión del rey Fernando. Los había que preferían mantener el sistema de gobierno del absolutismo y oponerse a la aplicación de la Constitución de los liberales. El virrey Ruiz de Apodaca era uno de ellos, y con él el presidente de la Audiencia y algunos oficiales relevantes. Como se ha expuesto más atrás y procede recordar, la acción política de este grupo realista era bastante enrevesada porque sus principales representantes llegaron a aceptar, como había hecho el rey, la Constitución, pero aspiraban a no aplicarla, y para este propósito, necesitaban una independencia de la metrópoli, al menos transitoria.

El jefe rebelde era Vicente Guerrero y a él propuso Iturbide un alto el fuego que incluía la promesa de que procuraría hacer oír en las Cortes las justas demandas de los insurgentes mexicanos. Guerrero contestó enseguida, por escrito, al ofrecimiento, y se iniciaron las negociaciones de las que surgiría el Plan de Iguala acordado el 24 de febrero de 1821, que no cedía ante los realistas pero que era monárquico, y que armonizaba las pugnas en juego sometiéndolas a tres principios rectores: religión, independencia y unión. Los tres primeros párrafos del texto de Iguala se referían a esos tres enunciados: «1.º La Religión de la Nueva España es y será católica, apostólica, romana, sin tolerancia de alguna otra. 2.º La Nueva España es independiente de la antigua y de toda otra potencia aun de nuestro continente. 3.º Su gobierno será una monarquía moderada con arreglo a la Constitución peculiar y adaptada del reino». El cuarto apartado declaraba el respeto a la legitimidad borbónica al designar emperador: «4.º Será su emperador el señor D. Fernando VII». Si Fernando no se prestara serían llamados los infantes de la casa de Borbón de España.

Mientras todo esto se llevara a cabo, se constituiría una Junta Suprema Gubernativa responsable interinamente de impulsar los principios del plan. Se destituyeron las autoridades virreinales que habían estado en las componendas absolutistas y nombraron jefe político superior de Nueva España a un liberal comprometido, Juan O'Donojú, que había sustituido hacía poco al virrey Ruiz de Apodaca. O'Donojú llegó a Nueva España con instrucciones políticas concretas de ejecutar las reorganizaciones que imponía la Constitución gaditana, pero pudo apreciar que no había un ambiente marcado de oposición, sino que todos los intereses se habían conciliado bajo los principios del Plan de Iguala y que su aplicación la estaba haciendo efectiva el «Ejército de las Tres Garantías», que había entrado sin necesidad de emplear violencia, en la mayoría de los casos, en las localidades levantiscas.

Agustín de Iturbide estaba al frente, como generalísimo, del «Ejército de las Tres Garantías». Había pasado de mandar las tropas realistas por encomienda del virrey absolutista Ruiz de Apodaca a dirigir un nuevo ejército en el que se integraban los intereses de los separatistas. O'Donojú se inclinó por la negociación con Iturbide, con el que se reunió el 23 de octubre de 1821. El camino a una independencia pacífica quedó allanado en los Tratados de Córdoba, ciudad donde se produjo la reunión.

Los Tratados de Córdoba hablan de una nación soberana e independiente denominada Imperio mexicano, una monarquía templada de la que, como preveía el Plan de Iguala, sería titular «Fernando VII u otro príncipe español de la dinastía de Borbón o algún otro que sería designado por las Cortes mexicanas».[11] El Imperio mexicano estaría regido por la Constitución de Cádiz. El establecimiento o instalación del nuevo sistema de gobierno pasaba por trámites similares a los que se habían ensayado en España antes y después de la Constitución de 1812.

Al frente de las tropas realistas en la ciudad de México estaba el oficial Novella. O'Donojú le comunicó lo firmado en Córdoba y, en consecuencia, aquel se rindió. Iturbide era recibido en las poblaciones en las que entraba con sus tropas como un gran héroe, con desconsideración de otros generales, como Guerrero, que había prestado muy notables servicios a la causa. Entre las masas se oía con creciente frecuencia el grito «emperador Iturbide». El generalísimo procedió a nombrar una junta provisional e incluso se constituyó una Regencia en septiembre. Los miembros de la Junta Gubernativa juraron solemnemente sus cargos en la catedral y luego se trasladaron a la Sala del Cabildo de la ciudad para elegir a su presidente. La elección recayó en Iturbide por abrumadora mayoría. Por la tarde suscribieron la Declaración de Independencia, en la que, invocando los principios de Iguala, y después de diversas consideraciones sobre su significado, «declara solemnemente por medio de la Junta Suprema del Imperio que es nación soberana e independiente de la antigua España, con quien en lo sucesivo no mantendrá otra unión que la de una amistad estrecha en los términos que prescribieron los tratados...».

Prueba del carácter concordado de esta independencia fue la composición de la Regencia, que se constituyó inmediatamente y de la que formaron parte Iturbide, O'Donojú, Manuel de la Bárcena (titular de la mitra de Valladolid), Isidoro Yáñez y Manuel Velázquez de León. Eran el nuevo poder ejecutivo.

Faltaban muchos arreglos constitucionales porque la Constitución de Cádiz tenía defectos que convenía ajustar. Algunos reivindicaban, además, la escasa participación de los diputados novohispanos en su elaboración. En febrero de 1822 Iturbide convocó un proceso constituyente. Al principio con propósitos acotados, pero inmediatamente se manifestaron las tensiones entre borbónicos, iturbidistas y republicanos. Iturbide advertía de las amenazas que pesaban sobre la nueva nación, y algunos congresistas y fuerzas externas aconsejaban resolver inmediatamente la elección del emperador.

El 19 de mayo de 1822, al comenzar la sesión del Congreso se daba cuenta de que los regimientos de Infantería y Caballería del Ejército, habían «proclamado al Serenísimo Sr. Generalísimo Almirante, Presidente de la Suprema Regencia D. Agustín de Iturbide, Emperador de la América Mexicana». Después se leyó un comunicado de Iturbide dirigido a los mexicanos, cargado de hipérboles sobre la importante misión que la paz y el orden de la patria requerían, agradeciendo a los mexicanos su calurosa adhesión y solicitándoles «la última prueba de amor». El Congreso se la dio inmediatamente. Había más de noventa diputados reunidos, rodeados de una muchedumbre que vociferaba a favor de Iturbide; cualquier propuesta de consultar a las provincias era protestada; las intervenciones en contra, abucheadas. Cuando se procedió a votar, sesenta y siete diputados lo hicieron por la proclamación inmediata. Hecho el recuento de votos, el presidente del Congreso se levantó y cedió el asiento a Su Majestad: Iturbide había sido elegido emperador.[12]

Gobernó durante poco tiempo, pero lo hizo sin las limitaciones que podían resultar de una Constitución que ahormara sus ínfulas de adorado padre de la patria.[13] Y no midió bien la importancia de los enemigos pequeños. Entonces la resistencia realista estaba concentrada en el fuerte de San Juan de Ulúa, situado en Veracruz, una ciudad dominada por el Ejército Trigarante, que controlaba la entrada al puerto mexicano más importante. El comandante mexicano de Veracruz era Antonio López de Santa Anna. Intentó por su cuenta, sin autorización del emperador, rendir aquella última posición realista y fracasó. Iturbide se mostró indignado por lo que consideraba una insubordinación y cesó a Santa Anna y le ordenó presentarse en la capital. Santa Anna, que ya apuntaba las maneras de caudillo que desarrollaría poco después, se sintió humillado por esas decisiones y, aunque había apoyado inicialmente a Iturbide, maniobró con otros militares, acusó al emperador de despotismo, y proclamó la república en diciembre de 1822. Presentó con el general Guadalupe Victoria el Plan de Veracruz, que exigía la dimisión de Agustín I, el restablecimiento del Congreso y la reposición de las tres garantías del Plan de Iguala.

El comandante general José Antonio Echávarri fue el siguiente en cambiar sus lealtades, animado por una densa conspiración organizada por las sociedades secretas y logias masónicas y entre las tropas enviadas para combatir la rebelión. Elaboró otro plan, llamado Plan de Casa Mata, que proclamó el 1 de febrero de 1823. Solicitaba la recuperación del poder entregado al emperador y la constitución de un nuevo Congreso que confiriera la autoridad a los gobiernos provinciales. En febrero, los disconformes republicanos llegaron a un acuerdo con los realistas de Veracruz, y a este movimiento se sumaron una caterva de oportunistas que montaron una potente campaña contra Agustín I en la ciudad de México. El emperador abdicó el 19 de marzo de 1823 y se exilió en Europa. Regresó un año después sin saber que el Congreso lo había declarado traidor. Lo detuvieron a su entrada en el país y lo fusilaron de inmediato.

Guadalupe Victoria, Guerrero, Bustamante

Fracasado el experimento monárquico, se nombró un triunvirato formado por Pedro Celestino Negrete, Guadalupe Victoria y Nicolás Bravo que ejercería el Supremo Poder Ejecutivo. Pero las diputaciones provinciales y el ejército se negaron a obedecerlo y exigieron una convocatoria para elegir un nuevo Congreso conforme al Plan de Casa Mata. Algunas provincias se declararon Estados libres y soberanos (Guadalajara, Oaxaca, Yucatán, Zacatecas), lo que anunciaba una imparable desintegración del país. La tensión entre centralistas y federalistas, conservadores y liberales crecía y la división inundaba la política.

El nuevo Congreso se instaló en noviembre de 1823 con una mayoría federalista dispuesta a mantener la unión. El acta del 31 de enero de 1824 constituyó los Estados Unidos Mexicanos y, después de largos debates, para septiembre tenían listo el texto de la Constitución de 1824. En ella se establecía una república representativa popular y federal formada por diecinueve estados, cuatro distritos y un Distrito Federal. Mantenía la religión católica sin tolerancia de otra y un gobierno dividido en tres poderes. La influencia de la Constitución de Estados Unidos era evidente, pero no perdió los rasgos esenciales del constitucionalismo europeo francés y español. La federación era una fórmula traída de Estados Unidos, pero se acompasaba con la desconfianza de las provincias hacia el centralismo de la ciudad de México y reflejaba los intereses económicos regionales. Era, además, conservadora: mantenía el catolicismo como religión oficial, como se ha dicho, y los fueros de la Iglesia y el Ejército. Benito Juárez dijo, años después, que la Constitución de 1824 marcó un compromiso entre el progreso y la reacción.[14]

Se nombró a Guadalupe Victoria, que era un símbolo conservador de la resistencia al colonialismo, como presidente y al federalista liberal Nicolás Bravo como vicepresidente. Inauguraron una etapa de optimismo, difícil de sostener en una situación en la que el país estaba endeudado, desorganizado y necesitado de crédito y de reconocimiento internacional. Nueva España solo había contado con el reconocimiento de Gran Colombia, Perú, Chile y Estados Unidos. El de Gran Bretaña lo consiguió en 1825, y en 1826 firmó un tratado de amistad y comercio con condiciones leoninas.

Se estableció la libertad de comercio y llegaron los comerciantes europeos y americanos. También empezaron las exportaciones mexicanas con intensidad. Y aparecieron los capitales extranjeros.

La situación política distaba de estabilizarse: centralistas y federalistas mantuvieron controversias continuas y, a falta de partidos políticos, las organizaciones masónicas de todas las orientaciones consiguieron hacer imposible la continuidad del gobierno de Victoria. La sucesión presidencial se produjo en 1828. Se celebraron elecciones ese año y fue elegido Manuel Gómez Pedraza, pero el sucesor lo decidió un golpe de Estado que dio el general Santa Anna en Veracruz y que llevó al poder a Vicente Guerrero. La ciudad de México apoyó el nombramiento y el Congreso designó a Guerrero presidente y a Anastasio Bustamante vicepresidente.

Guerrero expulsó a los españoles en marzo de 1829 y derrotó a las tropas españolas que habían iniciado una expedición de reconquista por Tampico en julio siguiente. Santa Anna fue uno de los generales que participó en la acción. Pero algunas medidas de puesta en venta de propiedades eclesiásticas y de establecimiento de un nuevo impuesto generaron la desafección de las clases altas y la expulsión de Guerrero del poder, que pasó a Bustamante mediante un golpe de Estado que tuvo lugar el 1 de diciembre de 1830. Lucas Alamán sería ministro de la Gobernación y Relaciones Exteriores.[15] Fue verdadero actor y responsable de las reformas inmediatas. Tan variadas como importantes: un tratado de límites con Estados Unidos, plan de colonización de Texas, consolidación de la deuda pública. Alamán puso en orden la hacienda pública y negoció la deuda externa. Acordó con los obligacionistas capitalizar los atrasos de la deuda y ordenar la carga de préstamos obtenidos desde 1827. Alamán estableció un banco de desarrollo dependiente del gobierno central, el Banco de Avío, que financió a los empresarios mexicanos para la creación de fábricas.

El país entró en un periodo conservador en el que tenían influencia manifiesta los terratenientes, la Iglesia y los militares. Los privilegios de la Iglesia fueron defendidos y cualquier subversión fue inmediatamente sofocada. Guerrero se rebeló en el sur, pero él y sus asociados fueron capturados y fusilados.

La administración Bustamante empezó a dar fin a los levantamientos militares, ordenar la hacienda, normalizar el pago de la deuda británica y favorecer el desarrollo económico.

Santa Anna

La conflictividad social aumentó pese a todo y facilitó que un senador liberal, Valentín Gómez Farías, organizara la oposición con un programa reformista que propugnaba reducir el poder de la Iglesia, la venta de sus propiedades y la reforma agraria. También generaba alarma política la centralización. Su programa lo preparó el reconocido líder del pensamiento liberal y profesor de teología José María Luis Mora.[16] Pero la ejecución del cambio se debió a un nuevo golpe del general Santa Anna en enero de 1832. Su crédito le venía de antiguo por sus victorias frente a las tropas españolas. Fue nombrado presidente por el Congreso en 1833 y Gómez Farías vicepresidente.[17] Santa Anna impuso entonces una manera de gobernar que lo caracterizaría: se quedó viviendo en su hacienda de Veracruz, aduciendo enfermedad, y desde allí decidía sobre los asuntos de su cargo cuando le parecían de interés.

Las políticas del gobierno fueron marcadamente liberales al principio. Eran anticlericales, decididas a propiciar las ventas de las propiedades eclesiásticas y a fortalecer la propiedad privada. En 1833 el Congreso inició la promulgación de leyes que afectaban a la Iglesia como la eliminación del uso de la fuerza pública para el cobro de diezmos, la provisión de curatos vacantes por el gobierno, clausura de la universidad y secularización de la educación superior.

Cuando se estaban aplicando estas medidas, que parecieron insuficientes a algunos liberales, Santa Anna volvió en 1834 de su hacienda y asumió el poder presidencial en la capital. Se dispuso seguidamente a desmantelar todas las medidas del gobierno liberal. Se generalizó la percepción de que el federalismo favorecía la desintegración del territorio nacional.

En 1835 Gómez Farías fue cesado como vicepresidente. En marzo de ese año un nuevo Congreso aprobó una moción para enmendar la Constitución de 1824 con vistas a introducir una república centralista, pero era imprescindible primero derrotar a los defensores militares del federalismo, que tenían su base en Zacatecas. Santa Anna invadió ese Estado y derrotó a la milicia, deponiendo al gobernador Francisco García. El 23 de octubre de 1835 el Congreso presentó una Constitución centralista provisional que sustituía los estados por departamentos cuyos gobernadores serían desde entonces designados por el presidente de la república.

Las Siete Leyes fue la primera Constitución centralista y estuvo dispuesta en diciembre de 1836. Aunque los federalistas la tacharon de conservadora, era de cuño liberal porque preservaba la representación y la división de poderes, que aumentó con un cuarto poder, denominado poder conservador, encargado de vigilar a los otros. Los estados perdieron autonomía y se convirtieron en departamentos, con gobernantes elegidos por el ejecutivo nacional de una terna que presentaban las juntas departamentales. Los congresos estatales se convirtieron en juntas departamentales con solo siete diputados y los ayuntamientos se redujeron a aquellos en los que existían en 1808, además de los de pueblos con más de ocho mil almas y puertos con más de cuatro mil. Las Siete Leyes se juraron después del desastre de Texas, y el pueblo mexicano eligió presidente al general Anastasio Bustamante.

Santa Anna, líder absoluto de México en 1835, no tenía más obstáculos graves que la oposición de la lejana provincia de Texas a aceptar el centralismo. Se mostró decidido a reducir a los texanos, los aplastó en el fuerte El Álamo y tomó San Antonio en marzo de 1836. Pero en el mes siguiente los independentistas se reorganizaron y derrotaron y capturaron a Santa Anna en la batalla de San Jacinto. Los texanos declararon su independencia y Santa Anna se vio obligado a firmar, a cambio de su libertad, un tratado confirmando y reconociendo el río Bravo como frontera entre los dos países. Cuando el general regresó a su país el presidente era de nuevo Bustamante y su gobierno no asumió el tratado y se negó a aceptar que Texas dejara de ser territorio mexicano.

Se han establecido razonables explicaciones de la cuestión texana como una consecuencia del centralismo mexicano, impuesto especialmente por Santa Anna, pero esa causa, aunque sea estimable, debe sumarse a otras razones no menos fundamentales como la entrada y asentamiento de colonos norteamericanos, la política expansiva de Estados Unidos e incluso su interés por adquirir el territorio, expresado reiteradamente desde 1825. De todas estas cuestiones, que llevaron a la pérdida de la mitad del territorio de México, hemos tratado ya en un capítulo anterior. Todo ocurrió estando Santa Anna liderando los destinos de México y siendo el jefe principal de sus ejércitos.

En 1841 los comerciantes extranjeros instaron a los generales Antonio López de Santa Anna, Mariano Paredes y Gabriel Valencia a pronunciarse y en octubre se estableció una dictadura militar encabezada por Santa Anna. Los federalistas moderados apoyaron la dictadura a condición de que se convocara un nuevo congreso. Así lo hizo Santa Anna y en las elecciones los federalistas obtuvieron mayoría. En diciembre de 1842 el gobierno lo disolvió y lo sustituyó por una junta de notables que redactó las Bases Orgánicas conforme a las cuales se elaboraría la nueva Constitución. Santa Anna juró las Bases, y convocó elecciones en 1843 en las que fue elegido presidente con un congreso de federalistas moderados que empezaron a hacer cumplir el orden constitucional. Cuando intentó disolver el Congreso en 1844 este se resistió y lo destituyó.

El contexto internacional era muy adverso. México no solo estaba amenazado por Estados Unidos sino también por España, cuya casa reinante había organizado una conspiración para instalar una monarquía en el país con la anuencia de Francia y Gran Bretaña. La operación fue dirigida por el ministro español Salvador Bermúdez de Castro y contó con la colaboración de ciudadanos influyentes, como Lucas Alamán.[18]

El proyecto todavía dividió más el escenario político.

Cuando se destituyó a Santa Anna, José Joaquín Herrera era el presidente del consejo de gobierno que asumió provisionalmente el ejecutivo y eligió un gabinete con federalistas moderados. Este Herrera había sido acusado por los federalistas de pretender la venta de Texas y la de California. En una situación caótica los monárquicos se acercaron a Mariano Paredes y Arrillaga, comandante de división en la reserva y hombre de gran prestigio, que organizó una dictadura militarista, que fracasó por completo.

Intentó también evitar la guerra con Estados Unidos, pero el presidente James Polk estaba decidido a adquirir California a cualquier coste. Ofreció en La Habana un soborno al exiliado Santa Anna e intentó comprar el territorio. A finales de 1845 un comisionado de Polk se presentó en la capital con diversas ofertas, pero no fue recibido. Cuando tuvo noticias del fracaso de la misión, Polk ordenó al general Zachary Taylor avanzar hacia el río Bravo, es decir, a territorio mexicano. Al recibir la noticia de un choque violento en marzo, Polk declaró la guerra el 12 de mayo de 1846 acusando a México de haber «derramado sangre norteamericana en suelo norteamericano». Era falso, pero servía de justificación para impulsar la guerra. El resto de la historia de esta guerra territorial y sus secuelas ya ha sido expuesto en un capítulo anterior.

Las derrotas mexicanas el 8 y el 9 de mayo contribuyeron al fracaso de la dictadura de Paredes y el centralismo. En plena guerra se acometió un cambio político en favor del federalismo, restaurando la Constitución de 1824, lo que hizo más difícil la organización de la defensa. Desencadenada la guerra el resultado era bastante previsible considerando que México carecía de un buen armamento, sus oficiales eran poco profesionales y los soldados improvisados. Cayó el conservador Paredes y el nuevo presidente, Valentín Gómez Farías, llamó a Santa Anna, exiliado en Cuba, para que dirigiera las tropas mexicanas en el conflicto.

En enero de 1847 Nuevo México y California, poco poblados y casi sin defensa, habían sido anexados a Estados Unidos. La superioridad norteamericana aseguró las victorias y la ocupación del norte y después del eje Veracruz-Puebla. El ejército mexicano mal avituallado y desmoralizado resistió en Monterrey y Veracruz con muchas pérdidas. El ejército norteamericano llegó hasta la ciudad de México después de cuatro derrotas en el valle de México, Santa Anna ordenó la retirada del ejército de la capital para evitarle más sufrimientos. El pueblo trató de defender la ciudad, lo que derivó en una masacre y la declaración del estado de sitio. El 14 de septiembre de 1847 en el Palacio Nacional ondeaba la bandera norteamericana. Al día siguiente, en la villa de Guadalupe, Santa Anna renunciaba a la presidencia que fue asumida por Manuel de la Peña y Peña, presidente de la Suprema Corte de Justicia que trasladó el gobierno a Querétaro.

Con la caída de la ciudad de México en septiembre de 1847 terminó la guerra. Santa Anna se exilió a Colombia y en febrero de 1848 se firmó el Tratado de Guadalupe-Hidalgo por el que se cedía a Estados Unidos la mitad del territorio mexicano. Se lucró Estados Unidos de la situación de México acaparando los territorios que serían de los futuros estados norteamericanos de Texas, Nuevo México, Arizona, Nevada, Colorado y California.

Estas convulsiones de la organización del Estado fueron acompañadas de otras internas bien importantes, desde 1840, tales como rebeliones indígenas, tendencias y movimientos independentistas como el de Yucatán.

Yucatán tenían grandes beneficios gracias a la exportación de henequén. Las reformas que llevaron a cabo los gobiernos de Yucatán cuando se declaró independiente determinaron que los campesinos mayas dirigieran su furia contra los hacendados en una guerra de castas total, se alzaron en rebelión el 18 de julio de 1847, exigiendo impuestos más bajos y derechos sobre la tierra. La rebelión de los mayas se dirigía contra la pequeña clase dominante de los henequeneros blancos. Mientras esto sucedía en el sur, en otras partes de México la protesta social tuvo formas distintas. Las tribus indias invadieron haciendas y asentamientos mineros con saqueos y matanzas. Y los coyotes, apaches, navajos y comanches penetraron en Durango, Sonora y Chihuahua. 1847 fue un conjunto de desastres para México que se mantuvieron de modo cíclico en el país hasta mediados del siglo xix. Todo iba mal: la derrota militar, la invasión de los bárbaros, la guerra de castas en Yucatán, las guerrillas de Sierra Gorda. Y la economía era un desastre.

También en los estados mineros de Guanajuato, Querétaro y San Luis de Potosí estalló la rebelión de la Sierra Gorda en la que indígenas y mestizos de las zonas rurales exigían el reparto de las haciendas entre los campesinos desposeídos.

Estos desastres de mediados de siglo alimentaron también a grupos de bandidos que saqueaban fincas en las regiones centrales y en el norte, y las tribus indias bárbaras que se dedicaban al pillaje de asentamientos y haciendas. Solo la indemnización que Estados Unidos pagó a México por la pérdida de su territorio ayudó al gobierno nacional a rehacer el ejército y controlar las rebeliones indígenas. Liberales y conservadores se plantearon entonces la necesidad de tener un gobierno más firme y no se les ocurrió otra cosa que volver a solicitar a Santa Anna que asumiera la presidencia en marzo de 1853. Lo hizo, apoyándose para gobernar, sobre todo en la creatividad y propuesta de Lucas Alamán, a quien nombró ministro de Relaciones.

Lucas Alamán propuso poner fin al federalismo y fortalecer la Iglesia y el ejército que eran los pilares tradicionales del orden. Puso en práctica sus bases para la administración de la república, suspendió la actividad de las legislaturas y decretó que los estados abandonaran el federalismo, que él consideraba la «causa de la desgracia del país». Inició, por tanto, el desarrollo de su proyecto conservador.[19] Los liberales temían que esto fuera el primer paso hacia una restauración de la monarquía. Santa Anna optó por un gobierno de unidad nacional y formó una coalición integrada por conservadores, como Alamán, y liberales radicales jóvenes, como Miguel Lerdo de Tejada, que sería un hombre prominente en los años inmediatos. Alamán murió a los escasos dos meses de ocupar el cargo.

Los conservadores consideraban la dictadura como puente para establecer la monarquía, lo cual les determinó a emprender la búsqueda de un monarca con poca fortuna ante el delicado contexto de la política europea centrada en los problemas turcos. Alamán murió en junio de 1853, y sin este personaje que le sirvió de moderador, Santa Anna aumentó la censura y destierro de liberales.

La dictadura se enfrentó de nuevo con el expansionismo norteamericano, que todavía no se quedó contento con haber acogido a la mitad del territorio mexicano, y el nuevo ministro norteamericano James Gadsden, conociendo las necesidades del gobierno mexicano, creyó que sería fácil obtener más territorio. Aprovechando un error en el mapa del Tratado de Guadalupe y la necesidad del territorio de Mesilla para la construcción de un ferrocarril, se inició una nueva negociación para cambiar ese mapa. El gobierno no consiguió ninguna alianza europea para neutralizar la amenaza norteamericana y Santa Anna, temeroso de una nueva guerra, aceptó negociar en diciembre de 1853. Hubo un nuevo tratado por el cual Estados Unidos obtuvo la meseta de Mesilla y anuló la cláusula que garantizaba la defensa de la frontera de ataques indígenas. A cambio recibió México diez millones que sirvieron a Santa Anna para mantenerse en el poder. Las esperanzas puestas en un gobierno fuerte se esfumaron; al año de su toma de poder, el repudio a la dictadura se había generalizado. Siguió inmediatamente un pronunciamiento en marzo de 1854 con el Plan de Ayutla, promovido por Juan Álvarez e Ignacio Comonfort. El plan desconocía al gobierno, repudiaba la venta de Mesilla y exigía un proceso constituyente.

Santa Anna recuperó los protocolos de la monarquía. Él mismo se atribuyó el tratamiento de Alteza Serenísima, restauró la Orden de Guadalupe instaurada por Iturbide y presidió una corte con solemnidades imperiales. La alta consideración que siempre tuvo de sí mismo permite considerar como algo más que una anécdota que, en 1844, hiciera exhumar y enterrar con todos los honores la pierna que había perdido en una escaramuza en Veracruz contra los franceses en la llamada «guerra de los pasteles» de 1838-1839.[20]

Pero no consiguió estabilizar el país ni gozar de la legitimidad debida, de modo que en menos de un año un grupo de militares se sublevó contra Santa Anna aprobando el Plan de Ayutla (1854), que exigía una nueva constitución y el establecimiento de los principios republicanos. De este plan arranca el proceso conocido como la Reforma que se desarrolló durante veinte años; un proceso interminable que culminó en un Estado laico que consagraría principios liberales como la soberanía del pueblo o la igualdad ante la ley. Pero frente a ellos estaba el México monárquico y católico que no ofrecería facilidades para estas transformaciones.[21]

Santa Anna fue derrocado definitivamente en agosto de 1855.[22] Una junta de representantes estatales eligió presidente provisional a Juan Álvarez, que formó su gabinete con liberales puros tales como Melchor Ocampo,[23] Benito Juárez, Ponciano Arriaga y Guillermo Prieto, que era una nueva generación que empezaba a destacar. Juan Álvarez renunció a la presidencia el 11 de diciembre siguiente y fue relevado por el moderado Comonfort, que sustituyó a los miembros del gabinete con moderados.

Juárez, un paréntesis liberal entre batallas

Los liberales antes mencionados actuaron coaligados y se les nombró titulares de ministerios importantes que aprobaron leyes que limitaban las potestades del clero y del ejército. La Ley Juárez de 1855 abolió los privilegios clericales y restringió los fueros militares.[24] La respuesta fue un levantamiento militar al grito de «religión y fueros». Cayó la ciudad de Puebla. Acusando a la Iglesia de emplear su riqueza para financiar a los rebeldes, el gobierno aprobó otra ley en 1856, la «ley Lerdo», destinada a desamortizar todas las fincas de las corporaciones tanto religiosas como indígenas.[25] Era un golpe contra los cimientos del orden tradicional, que estaba siendo superado por la política de los liberales que consiguió al fin poner en el mercado los bienes de las corporaciones religiosas y de los indígenas.

En 1857 se aprobó una nueva Constitución liberal a la que se incorporaron las leyes Juárez y Lerdo y se omitía declarar a México como una nación católica. Esta Constitución llegó a ser un símbolo de unión para los liberales mexicanos, como lo fue Cádiz para los españoles. Estalló en consecuencia una guerra civil que se prolongó desde diciembre de 1857 hasta el 1 de enero de 1861, conocida como guerra de la Reforma o guerra de los Tres Años. Combatían unos a favor de los principios liberales y otros de los conservadores. En algunos periodos se mantuvieron dos gobiernos paralelos, de los conservadores en la ciudad de México y de los liberales en Veracruz. La guerra fue, al principio, desfavorable para los liberales.

Se celebraron elecciones y se constituyó un Congreso Constituyente el 14 de febrero de 1856. La mayoría eran moderados. Los liberales puros dominaron los debates, que fueron muy ardorosos. Se eliminó la religión católica como religión de Estado y se declaró la libertad de cultos.

La Constitución se promulgó el 5 de febrero de 1857; no era radical pero incorporó de manera sistemática los derechos del hombre como la educación, el trabajo, la libertad de expresión, de petición, de asociación, de circulación, de propiedad, de igualdad ante la ley y de garantía de no ser detenido.[26] De las elecciones salió

Comonfort como presidente titular, pero sin recursos aunque con la esperanza de sacar en venta los bienes eclesiásticos como posible solución a alguno de los problemas financieros.

Fue un presidente moderado, pero la Constitución no contentó a los conservadores y resultó insuficiente para los liberales puros. De esta manera se generó un movimiento favorable a la posición de Benito Juárez, que era un constitucionalista convencido y apoyaba la nueva ley fundamental. Pertenecía a una etnia monolingüe de Oaxaca y se había educado en el seminario y en el Instituto de Ciencias de su estado. Tanto los federalistas como los centralistas habían impulsado su carrera. Fue elegido como diputado del Congreso, por primera vez, en 1847, y presidente de la Suprema Corte de Justicia en 1856. El hecho de que el papa Pío IX condenara los actos del gobierno liberal llevó a muchos liberales a pensar que era necesaria una dictadura de transición. El general Félix Zuloaga se pronunció en diciembre de 1857 para exigir un nuevo Congreso Constituyente. El presidente Comonfort lo apoyó, encarceló a Juárez, que rechazaba el golpe de Estado. Unas semanas después Zuloaga desconoció a Comonfort y se declaró presidente, liberando a Benito Juárez. A partir de aquí el país se divide: las provincias de Colima, Guerrero, Guanajuato, Jalisco, Michoacán, Oaxaca, Querétaro, Veracruz y Zacatecas se declararon favorables a la vía constitucional, pero la mayoría del ejército y el clero se alineó con Zuloaga que dominaba la capital y había sido reconocido por los representantes extranjeros. Juárez estaba convencido de la necesidad de mantener la legalidad y con esa intención partió a Guadalajara, aunque tuvo que trasladarse a Veracruz en busca de recursos. Juárez contaba con la colaboración y firme apoyo de Melchor Ocampo, Santos Degollado,[27] Guillermo Prieto, Manuel Doblado y José María Arteaga. Del lado del gobierno conservador, presidido por Félix Zuloaga, estaban Carlos Miramón y Tomás Mejía. Este gobierno conservador derogó algunas de las leyes liberales principales, como la ley Juárez y la ley Lerdo.

Juárez y su gabinete optaron por consolidar la reforma y el 12 de julio de 1859 empezaron a promulgar las Leyes de Reforma que se referían a la nacionalización de bienes del clero, separación de la Iglesia y el Estado, supresión de órdenes religiosas (cofradías, congregaciones y hermandades), matrimonio y registro civiles, secularización de cementerios y libertad de cultos.

Estados Unidos apoyó a los liberales, que aceptaron firmar el Tratado McLane-Ocampo, por el que, a cambio de dos millones de pesos de préstamo, concedía a los norteamericanos el libre tránsito por el istmo de Tehuantepec y diversos privilegios comerciales e incluso de intervención en su territorio.[28] El Senado de Estados Unidos no aceptó el tratado.

Los conservadores, por su parte, acudieron a los europeos y firmaron con los españoles el Tratado Mon-Almonte que reconocía una convención de 1853 firmada por Santa Anna en la que se aceptaban deudas dudosas por daños causados a súbditos españoles durante la guerra. Además, contrataron un préstamo con el banquero suizo Jécker.

La guerra terminó con la batalla de Calpulalpan, en el estado de México, el 22 de diciembre de 1860, triunfaron los liberales y Juárez hizo su entrada en la capital el 11 de enero de 1861. Antes de que esto ocurriera, Juárez había dictado en noviembre de 1860 un decreto convocando elecciones a diputados del Congreso y a la presidencia de la república. Pero no había paz. Los conservadores incrementaron sus conspiraciones en Europa y recurrieron al asesinato cobrando entre otras víctimas a Ocampo, Leandro Valle y Santos Degollado.

Las elecciones dieron el triunfo a Juárez como presidente y a Jesús González Arteaga, el vencedor de la batalla de Calpulalpan, presidente de la Corte Suprema de Justicia, cargo que llevaba aparejada la sustitución legal del presidente. El gobierno Juárez reorganizó la administración, la educación y decretó la adopción del sistema métrico decimal. Pero suspendió el pago de deudas, tanto de los préstamos británicos como de los españoles y franceses. La medida fue aprovechada por los monárquicos mexicanos residentes en España para interesar al emperador de Francia Napoleón III a instaurar una monarquía en México. España había mantenido su interés por el establecimiento de la monarquía en México desde la independencia. El emperador quería construir un imperio latino que sirviera de muro de contención a la expansión anglosajona. Convocó a Gran Bretaña y España para discutir el asunto de la deuda. En Londres, el 31 de octubre de 1861, los tres países firmaron una convención que los comprometía a bloquear los puertos mexicanos del Golfo para presionar la reanudación de los pagos, sin intervenir en la política interna.

La flota española llegó a Veracruz en diciembre, y en enero, siempre en 1861-1862, llegaron la francesa y la inglesa. Juárez aceptó el desembarco a condición de que se reembarcaran rápidamente. Españoles e ingleses volvieron a las embarcaciones pero los franceses se negaron e iniciaron su avance. Se tomaron diferentes medidas de defensa, bajo el mando del general Ignacio Zaragoza. Este fue derrotado en la ciudad de Puebla por los franceses, que convocaron una asamblea de notables que proclamó el imperio el 19 de julio y anunció que invitaría a Maximiliano de Habsburgo a ocupar el trono mexicano.

El breve imperio de Maximiliano ya ha sido descrito en el capítulo anterior y a lo expuesto remito para evitar reiteraciones.

El fugaz tránsito de Maximiliano I como emperador de México lo hizo en compañía de su amantísima esposa María Carlota Amelia Augusta Victoria Clementina Leopoldina de Sajonia-Coburgo-Gotha, con la que se había casado el 27 de julio de 1857, que influyó con entusiasmo en que aceptara la oferta de ser emperador de México (acompañada en esto por Eugenia de Montijo, la granadina esposa de Napoleón III, que vio en la operación una vindicación de la monarquía y de España).[29] No tuvieron hijos, pero el deseo de afianzar una monarquía mexicana les llevó a la decisión de adoptar a un nieto del emperador Iturbide, que llevaba el mismo nombre de su abuelo y que se llevaron a vivir a su palacio; a la madre la mandaron a Londres y no le devolvieron a Agustinito hasta que no vieron terminar la aventura mexicana.

El 7 de julio de 1867 Juárez volvió a la ciudad de México y esta vez, el pueblo que valoraba la lucha por preservar la soberanía nacional lo recibió con júbilo. Juárez convocó elecciones para agosto y el partido conservador fue borrado de la contienda de modo que fueron tres liberales, Juárez, Sebastián Lerdo de Tejada y Porfirio

Díaz, los que se enfrentaron. El triunfo fue de Juárez, pero sus enemigos se incrementaron sobre todo porque promovía la reforma de la Constitución, lo que era contradictorio con la defensa que había ejercido en años anteriores. La restauración de la república se hizo bajo la presidencia de Benito Juárez, lo que suponía el triunfo de la reforma liberal. México ya tenía un Estado laico en el que se habían abolido los privilegios de la Iglesia y debilitado el poder de los terratenientes conservadores. Contaba con el apoyo de los profesionales y los comerciantes, que esperaban enriquecerse con la entrada en vigor de las expropiaciones de las tierras de la Iglesia y las comunidades indígenas. La reforma favoreció poco al campesinado, muchas comunidades sufrieron nuevas cargas y tributos, lo que provocó continuas rebeliones de campesinos y revueltas de caudillos regionales. También contribuían a la inestabilidad del país las guerras contra apaches en la frontera norte.

La experiencia de Juárez era importante porque había gobernado durante casi diez años en estado de guerra, con facultades extraordinarias y prácticamente sin Congreso. La situación contribuyó a fortalecer mucho el poder ejecutivo, aunque la Constitución de 1857 mantuvo la supremacía del Legislativo. Designó Juárez un gabinete de civiles constitucionalistas, con lo que molestó a los militares que habían conseguido la victoria.

El triunfo no hizo que se aclarara la situación política, sino que promovió una mayor fragmentación del poder entre civiles y militares y entre facciones sociales distintas. Juárez castigó a algunos funcionarios conservadores, lo cual provocó más enfrentamientos, que intentó paliar en 1870 declarando una amplia amnistía.

Los años de guerra hicieron flaquear a la república: el comercio no progresaba a causa del desorden, faltaban recursos, el rendimiento de las ventas de bienes del clero fue menor de lo esperado y la economía del país presentaba debilidades sin cuento.

Se presentó a las elecciones de 1871 y las ganó, aunque se hizo notar la merma de popularidad. Porfirio Díaz enunció entonces el Plan de La Noria de 8 de noviembre de 1871 «contra la reelección indefinida». Fue una llamada de atención, que resultaría pintoresca con el transcurrir de los años porque cuando Porfirio Díaz accedió a la presidencia hizo malabarismos políticos para lograr mantenerse en reelecciones sin fin. Juárez, que era persona de frágil salud, murió siendo presidente el 18 de julio de 1872.[30]

De acuerdo con la Constitución, Lerdo, que era presidente de la Suprema Corte, asumió el Ejecutivo. Concedió una amnistía general, en busca de una pacificación de parte de las tensiones existentes, pero el nuevo presidente, que participaba de las ideas de Juárez, continuó sus reformas y convirtió en normas constitucionales las leyes que Juárez había aprobado.

Porfirio Díaz

Se iban a celebrar elecciones en las que Lerdo aspiraba a ser reelegido, pero Porfirio Díaz no esperó y se adelantó a pronunciarse con el Plan de Tuxtepec en el que acusaba a Lerdo de «violaciones de la constitución».

Consiguió adhesiones y un levantamiento al que se opuso el general Mariano Escobedo, que mantuvo en jaque a los rebeldes. En las elecciones de 1876 fue elegido Lerdo. Pero además de tenerse que enfrentar con la sublevación derivada del Plan de Tuxtepec, la Suprema Corte de Justicia, presidida por José María Iglesias, declaró que el resultado de las elecciones era inválido por haberse producido fraudes diversos. La decisión provocó una nueva revuelta que Porfirio Díaz contribuyó a sofocar derrotando a las tropas federales el 11 de noviembre en el poblado de Tecoac. Díaz ofreció a Iglesias reconocerlo como presidente provisional, pero no aceptó las condiciones por lo que Díaz optó por ocupar la ciudad de México el 23 de noviembre y asumir la presidencia una semana más tarde.

Porfirio Díaz, nacido en Oaxaca en 1830, gobernó México durante treinta años en el periodo que va desde 1877 a 1911. La etapa se conoce como «el Porfiriato». Comienza en 1877 cuando Díaz inicia su primer mandato presidencial y concluye en 1911 meses después de haber estallado la Revolución, cuando Díaz abandona el poder y sale rumbo al exilio. Antes de llegar al poder había desconocido dos veces los resultados de las elecciones y se había levantado en armas: la primera en 1871, con el Plan de La

Noria, y por segunda vez en 1876, con el Plan de Tuxtepec. En ambos casos su bandera fue la antiautoritaria y anticentralista rechazando el excesivo poder del presidente de la república frente al Legislativo y el Judicial y a los gobiernos estatales.

Defendió intereses de grupos regionales y fue por ello ayudado por caciques, líderes locales y colectividades campesinas. También le apoyaron los grupos urbanos que pensaban que era el único hombre capaz de preservar la unidad y la soberanía y terminar con el estado de guerra que había azotado al país por más de cincuenta años. Se las arregló muy bien Díaz para atraer y complacer a todos los grupos que podían cuestionar su gobierno, a unos reconociéndoles prebendas con brillo pero sin contenido, a otros mediante subvenciones y auxilios.[31]

Después de asumir la presidencia en 1877 promovió una reforma constitucional antirreeleccionista que prohibía la reelección inmediata. En la primera ocasión en que hubo de aplicarse fue consecuente y cedió el cargo en 1880 a Manuel González. Cuando concluyó el cuatrienio de este, Porfirio ganó las elecciones para un segundo mandato entre 1884 y 1888, y ya no abandonó más la presidencia porque en 1884 aprobó una reforma constitucional que permitió una reelección inmediata, es decir, que el presidente se pudiera reelegir por un mandato más, de modo que permaneció en el cuatrienio 1888 y 1892. En 1890 se eliminó de la Constitución toda restricción a la reelección y en 1903 el periodo presidencial se amplió a seis años, con lo que Porfirio estuvo en el poder además de lo dicho entre 1892 y 1896, 1896-1900, 1900-1904 y 1904-1910.

En su larga presidencia hay que apuntar los éxitos en materia de política exterior, porque restableció relaciones diplomáticas con Francia, Inglaterra, Alemania y Bélgica, que habían roto con México tras la moratoria en el pago de deudas que el mismo Porfirio había decretado. También mejoró la relación con Estados Unidos en cuestiones como el pago de la deuda o la persecución de indígenas y ladrones de ganado indios más allá de la frontera.

Por lo normal le gustaba utilizar la conciliación y la negociación, pero cuando no pudo hacerlo se aplicaba a la represión y a la fuerza con el mismo empeño.

En el periodo 1876-1910 México alcanzó el mayor progreso económico de su historia. La economía creció a un ritmo del 2,8 por ciento anual en promedio. La población aumentó en un 50 por ciento, poco más o menos hasta quince millones de habitantes pese a que la inmigración europea se mantuvo a un nivel muy bajo. La ampliación de la red ferroviaria, la introducción de una nueva tecnología en la minería y la mejora de la agricultura modernizaron la economía.

El Porfiriato fue un periodo de estabilidad política y progreso económico, debido, sobre todo, a la consolidación de la autoridad central del Estado. No fueron los preceptos constitucionales los que la establecieron sino un consenso con apariencia de régimen constitucional. Porfirio Díaz se mantuvo en el poder porque era un caudillo que se valía de los métodos personalistas propios del caudillismo.

La represión militar era un recurso importante para pacificar un país tan turbulento como México. Un ejército bien financiado y una fuerza militar mejor pagada que pusiera orden, contuviera a los apaches, acabara con el bandidaje y dominara a los caudillos regionales rebeldes. Las instituciones democráticas de la república se manipulaban también con prácticas caudillistas, el fraude electoral era muy eficaz para que en el Congreso no hubiera opositores. Díaz se mantuvo mucho tiempo en el poder porque pudo incorporar a todas las fuerzas importantes del país a un sistema nacional de patronato. Compraba a los oficiales del ejército, conservaba la influencia de los caciques regionales y se basaba en su autoridad y patronatos personales. El Porfiriato fue una suprema forma de caudillismo, liberal y progresista.

La modernización del país exigía la reforma del aparato del Estado, de lo que eran conscientes los tecnócratas que formaban parte del gobierno, a los que se conocía como los «científicos» porque defendían una política «científica», que incluía la suspensión de los derechos hasta que el progreso económico transformara el país. Los científicos querían crear un partido promocional que institucionalizara el régimen y garantizara la sucesión pacífica una vez que don Porfirio soltara las riendas del poder, pero a ello se oponía otra camarilla del entorno de Díaz, compuesta por oficiales del ejército y caciques regionales que no estaban dispuestos a abandonar la base personal del poder caudillista tradicional.

Con respecto a las normas constitucionales, Porfirio manipuló siempre las elecciones de diputados, senadores y magistrados federales. Eran indirectas, con restricción del derecho de voto y constituían una simulación continua, que incluía urnas sin control, papeletas falseadas y toda clase de trampas que favorecían la decisión que hubiera tomado el cacique local respecto de los individuos que deberían proclamarse electos. Los legisladores y magistrados, tanto federales como estatales, eran prácticamente nombrados por el presidente o sus allegados.

Cuando concluía su larga etapa de gobierno Porfirio Díaz tenía ochenta años, él y su régimen estaban envejecidos, el promedio de edad de su gabinete era de sesenta y siete y la misma edad tenían gobernadores, magistrados y legisladores. Pero también ganó Díaz su última elección, aunque seis meses después estalló la revolución y no tardó mucho más en verse obligado a abandonar, no solo la presidencia sino también el país, embarcándose para Francia. Había inspirado su política en dos lemas fundamentales: «orden y progreso» y «poca política, mucha administración». La Revolución puso término a su gobierno y marcó México durante todo el siglo siguiente. El fracaso de su política para construir una nación llevó a un periodo de turbulencias políticas y violencia extrema que duró veinte años.

ROSAS Y LA CONFEDERACIÓN DE CACIQUES ARGENTINOS

El periodo en que Juan Manuel de Rosas gobernó como un autócrata con poderes absolutos Buenos Aires y su provincia, y ejerció una influencia dominante, valiéndose de los caciques provinciales a los que unió en una densa trama de relaciones, influencias y favores mutuos, pesó sobre el nacimiento de la nación argentina. Fue una época en la que la Argentina independiente de España no tuvo Constitución que pudiera aplicarse al conjunto de las provincias, ni una idea cierta de las dimensiones de su territorio. Contaba con declaraciones políticas, recogidas en textos legales singulares y de aplicación parcial, que parecían acoger los principios del liberalismo constitucional en lo que concierne a la separación de los poderes y las garantías de los derechos. Pero la realidad era que las clases dominantes se opusieron reiteradamente a que se pudiera discutir un texto constitucional por considerar que el pueblo no tenía formación suficiente para regirse por una norma fundamental de esta clase. Lo pertinente, hasta que la ignorancia fuera vencida, sería que hombres designados por su prestigio y por sus capacidades económicas se hicieran cargo del gobierno.

Estos hombres, en el periodo de Rosas, que, con pocas intermitencias, cubre holgadamente el lapso de tiempo que va desde 1829 a 1852, habían de ser necesariamente los estancieros, individuos que, por razones históricas, o familiares, o por adquisiciones sucesivas, eran propietarios de inmensas extensiones de terreno, dedicadas sobre todo a la cría de ganado vacuno u ovino, y a explotar su producción en saladeros donde se preparaban las carnes para la exportación, a través, especialmente, del puerto de Buenos Aires, cuyo control por estas élites económicas se consideró crucial durante decenios.

En el seno de esas familias favorecidas, se presentaban dos corrientes de pensamiento concernientes a la organización del gobierno de las provincias. Una defendía criterios federalistas; la otra era unitarista. Ya hemos examinado más atrás cómo los gobernantes de las provincias consideraron tras las independencias que la soberanía estaba depositada en esas unidades territoriales precisamente y no en una agrupación de ellas regida a su vez, en virtud de una traslación de la soberanía, por una instancia política superior a todas, de carácter federal o confederal. La alternativa política que ofrecía esta ideología era tan sencilla que todas las élites del país se adhirieron, bien a las filas de las organizaciones federalistas, bien a las de las unitaristas o unionistas. Los federales consideraban que el gobierno debería ser provincial y, caso de ser necesaria una instancia superior, habría de tener la única función de representar intereses comunes en las negociaciones y acuerdos con el exterior. Nada más.

Ideológicamente los federales fueron conservadores y los unitarios, progresistas. Es curioso constatarlo por contraposición al significado que esas mismas ideologías tuvieron en Europa, y en particular en España. Fueron los unitarios los que defendieron la separación y venta de bienes de la Iglesia, la libertad de cultos, la libertad de expresión y otros valores caracterizados del liberalismo, mientras que los federales eran rústicos, conservadores, apegados a la tradición, admiradores de las formas coloniales de gobierno, amigos de las instituciones eclesiásticas, etc. Opositores a los aires de reforma que el liberalismo trajo a Europa, y habían llegado desde allí a América.

Las tensiones entre ambas concepciones de la política fueron, en Argentina, un obstáculo para el asentamiento de estructuras propias de un Estado. Esto no se consiguió hasta que, exiliado Juan Manuel Rosas en 1852, se pudo aprobar la primera Constitución en 1853. La consolidación del Estado no llegó hasta los años ochenta del mismo siglo, cuando terminaron las grandes guerras indias, se delimitó el territorio, y Julio Argentino Roca, presidente, consiguió que los ciudadanos reconocieran la autoridad y las atribuciones del presidente de la república.

Hasta mediados del siglo, el gobierno de las provincias argentinas estuvo en manos de una confederación de caciques y caudillos locales, entrelazados firmemente por la defensa de sus intereses frente a los unitaristas, los indios, los revoltosos, peones, gauchos y maleantes de cualquier clase, que amenazaban sus propiedades. Esos gobiernos estaban dirigidos o coordinados por el cacique y caudillo de más prestigio que, durante un par de decenios, fue Rosas.

No ha habido una estructura caciquil igual en cualquier otro lugar de América.

Los primeros años de independencia en el antiguo virreinato del Río de la Plata se produjeron muchas pugnas y enfrentamientos entre liberales y conservadores, unos eran unitarios, centralistas, otros, federales, caudillos provinciales que disponían de feudos autónomos con capacidad económica bastante para reclutar a su servicio milicias irregulares formadas por peones de sus rancherías o estancias y gauchos montados. Se conocían como *montoneras* estas milicias.

La posición de los liberales había sido aplicada con cierta convicción por Bernardino Rivadavia, que desempeñó cargos en los gobiernos en la década de 1820 y, en 1826, llegó a ser presidente de las Provincias Unidas del Río de la Plata, hasta que los intereses conservadores derrocaron su gobierno en 1827.

Rivadavia defendía un Estado liberal unitario, abierto a la inversión extranjera, la inmigración europea y el libre comercio. Sus partidarios eran los liberales de la ciudad de Buenos Aires; gentes, en general, con limitado poder económico comparado con el de los dueños de las ricas estancias ganaderas, que eran los impulsores y beneficiarios de una economía de exportación basada en el cuero y en la carne salada. Los estancieros eran tradicionalistas, contrarios al anticlericalismo de los liberales y enérgicos defensores de la Iglesia. Pugnaban por una federación de provincias libres que les permitiera conservar el poder en sus respectivas regiones.

Esta fue la simplísima base ideológica que explica que las provincias argentinas fueran un continuo semillero de caudillos entre los cuales Juan Manuel de Rosas, que fue propietario de grandes estancias en la provincia de Buenos Aires.

Según la descripción del caudillo hecha por John Lynch en su libro *Caudillos in the hispanic world*, Rosas fue un individuo nacido para ser caudillo.[32] De orígenes patricios y miembro de una familia criolla de varias generaciones, compuesta de terratenientes y funcionarios, el padre de Juan Manuel ya fue latifundista y la madre perteneció a la clase alta porteña.

Él no recibió una educación demasiado amplia ni esmerada, y se inclinó enseguida por crear sus propias empresas aparte de las familiares. Empezó con las industrias de salazón de carnes, tan importantes en Argentina durante el siglo XIX, y pronto pudo dedicarse a adquirir estancias como Los Cerrillos y San Martín de La Guardia del Monte en El Salado, junto a la frontera india. También actuó como consejero e intermediario en las compras de terreno para sus primos, los ricos Anchorena.

La expansión de la adquisición de tierras en la zona de la frontera, donde estaban las mejores de la provincia de Buenos Aires la lideró él mismo con los Anchorena. Charles Darwin visitó Los Cerrillos en su periplo por el sur argentino y manifestó su asombro por las dimensiones de la estancia.[33] Los Anchorena en particular tenían, a principios de siglo, casi cuatro mil kilómetros cuadrados de superficie de su propiedad, y llegarían inmediatamente hasta casi siete mil kilómetros cuadrados. Rosas era un propietario menor que los Anchorena, pero también descomunal en cuanto a la superficie de la que era propietario y el número de reses bovinas y ovinas que criaba en ella.

La dificultad de gestionar un patrimonio de tales dimensiones se complicaba más aún a causa de la inestabilidad de la zona, en la que actuaban con frecuencia toda clase de cuatreros. Los grandes propietarios tenían cuadrillas de peones muy extensas dedicadas específicamente a la defensa frente a estas agresiones. Rosas se convirtió en un experto en administración de estas propiedades, y presumió siempre de su capacidad como estanciero. Organizó su hacienda con una disciplina muy severa basada en la «subordinación»,[34] palabra, para él, clave del buen orden, es decir, del respeto máximo a la autoridad y a la propiedad privada. Estructuró sus haciendas como pequeños estados en los que tenía todos los medios de defensa frente a la anarquía externa, principalmente la promovida por los indígenas, y dominó a todos los vagos y maleantes del entorno, incluidos los gauchos nómadas, los peones indolentes y los indios rebeldes.

Desde el punto de vista político, Rosas fue siempre conservador y federalista.

Desde 1820 Rosas organizó a sus vaqueros en forma de escuadrón de caballería, para sacarlos de la hacienda cuando era necesario defender la ciudad y la provincia de Buenos Aires de caudillos del interior que afectaban al monopolio porteño, o a la red de intereses trazada a través del tráfico portuario. La primera vez que actuó contra la anarquía tuvo que disponer un verdadero poder militar y ganar una reputación política. Pero no permaneció en Buenos Aires. Le faltaba simpatía por el gobierno, primero de Rodríguez y luego de Rivadavia, que había sido nombrado en 1826 presidente de las Provincias Unidas del Río de la Plata y asumía todo el poder con un programa de modernización.

Rivadavia desarrolló políticas de crecimiento económico y proyectó incluso una Argentina unida en la que Buenos Aires renunciaría a sus rentas aduaneras, que compartiría con todos.

En la época, Rosas era ya un jefe provincial y tenía una red de amigos, clientes, caudillos de menor nivel, caciques y aliados dentro del partido federalista que él absorbería y acabaría por liquidar. Era totalmente contrario al unitarismo y a cualquier medida que llevara a despojar a Buenos Aires de sus privilegios.[35]

Rosas causó en buena medida la caída de Rivadavia, pero no llegó a gobernar. Lo hicieron los federales verdaderos dirigidos por Manuel Dorrego, que fue elegido gobernador de Buenos Aires en 1827. Pero reconocieron los servicios de Rosas porque el 14 de julio lo nombraron comandante general de las milicias rurales de la provincia de Buenos Aires. Esta fue la primera combinación en la que consiguió Rosas sumar poder militar y poder como estanciero. De esta manera quedó pertrechado de todo lo necesario para hacerse con el poder cuando fuera preciso. Ocurrió en diciembre de 1828, cuando un golpe dado por el general Juan Lavalle derrocó a Dorrego.

Dorrego no solo fue derrotado, sino fusilado por orden de Lavalle, lo que generó un vacío de poder que fue enseguida rellenado por Rosas, quien no tenía rival ni en el orden militar ni en el económico. Además, contaba con muchos aliados, ganados en sus negociaciones en la frontera con los indios y con otros propietarios que obtuvieron seguridad a su amparo. De hecho, se convirtió en el líder indiscutible de la defensa frente a los levantamientos y acciones sucesivas de los aspirantes al poder en Buenos Aires.

En el año de 1829, en que Rosas iba a alcanzar el poder total en la provincia, un general aliado de Lavalle, José María Paz, había invadido la provincia de Córdoba, acción que contribuiría a la generalización de la guerra civil entre las provincias argentinas. Lavalle organizó ejércitos que envió en todas direcciones. Caudillos aliados de Rosas se opusieron a estas fuerzas. Un momento decisivo de estas guerras provinciales fue la unión de Estanislao López y Rosas, que vencieron a Lavalle en la batalla de Puente Márquez. El gobernador Lavalle, sin salida, puso fin a las hostilidades firmando con Rosas, el 24 de junio de 1829, el Pacto de Cañuelas y, dos meses más tarde, el Pacto de Barracas, en los que se trataba principalmente de asegurar la elección de un sucesor del gobernador.

Rosas reforzó su propio control sobre Buenos Aires, ciudad en la que entró el 3 de noviembre de 1829 como vencedor y líder del partido federal. La legislatura de Buenos Aires lo proclamó gobernador de Buenos Aires el 8 de diciembre de 1829, y le atribuyó el título honorífico de «Restaurador de las Leyes e Instituciones de la Provincia de Buenos Aires». Y se le confirieron «todas las facultades ordinarias y extraordinarias que creyera necesarias, hasta la reunión de una nueva legislatura».

Rosas ascendió rápidamente porque era el representante más conspicuo de los estancieros, que representaban el grupo social en alza. Fueron ellos los que desplazaron del poder a los burócratas y militares que se habían apoderado de las instituciones desde 1810. Rosas y los suyos desmantelaron esta situación a partir de 1829, y facilitaron que las actividades rurales se extendieran hasta la capital. Se ruralizó intensamente la política.

Estos intereses económicos y comerciales fueron la base de su ascenso. Pero también contribuyó a su liderazgo la circunstancia de que él era algo más que un comerciante convertido en terrateniente, como la mayoría de sus colegas. Contribuyó con mucha fuerza a la expansión fronteriza, ampliando el territorio dedicado a la explotación ganadera. Él no administraba sus territorios desde la lejanía de la ciudad, sino que se estableció en sus propias estancias y trabajó directamente en ellas.

Rosas se transformó así en el líder de más prestigio y más natural de los estancieros. Desde su posición gestionó buenas relaciones con los gauchos, peones, indios, maleantes y vagabundos que poblaban las pampas, para hacerlos trabajar en sus fincas o actuar como soldados en sus milicias. Gobernaba sus propiedades de un modo absoluto, exigiendo a sus trabajadores una obediencia ciega. Esa misma autoridad la proyectaba sobre la población rural que se situaba más allá de sus propiedades. Todos lo aceptaron porque recompensaba la lealtad con fondos o incluso con tierras en la medida en que iba desplazando a los indios de la frontera. Los caciques indios se manifestaron con elogios en favor de Rosas por aquellos años. Cachnel llegó a decir que Juan Manuel Rosas era su amigo y que nunca lo había engañado, o que «Las palabras de Juan son lo mismo que las palabras de Dios».

De estos materiales se alimentaba la red de aliados que le permitió asumir el poder con fuerza cuando entró en Buenos Aires en 1829. Representaba a los terratenientes y a los aliados del partido federal, y no había surgido de la nada sino que venía bien pertrechado de experiencia, recursos humanos y materiales para lanzarlos contra quien se le opusiera.

Rosas se convirtió en el patrón supremo que daba seguridad a sus redes de caciques como pago por sus servicios y su lealtad. Admiraba el régimen colonial por la fortaleza de sus instituciones y por la estabilidad; y apreció que mayo de 1810 otorgó a Argentina la independencia pero no fue capaz de proveerla de un gobierno que excluyera a los anarquistas y a los rebeldes.

Rosas fue más allá de la división tradicional entre federales y unitarios, porque esas categorías quedaron pulverizadas en el periodo de su gobierno. Las ideas políticas se resumieron en rosismo y antirrosismo. Simplemente. Entendiendo el rosismo como un poder basado en la estancia, con ingresos propios y capacidad para reclutar un ejército de peones, gauchos y malentretenidos. Derrotó a los unitarios en 1829, y montó un Estado en el que muchos argentinos veían una sociedad salvaje, sin domesticar, formada por hombres que se distinguían en la sociedad por su posición, su fortuna y el papel que desempeñaban en la política.

Controló todo el poder estatal, desde la burocracia al ejército. Esta circunstancia le permitió devolver a sus lugares de origen y poner en segundo plano a las fuerzas campesinas irregulares de las que se había servido; mandó a los peones a ganarse su salario en el campo, y a los gauchos a convertirse en vaqueros. Era el jefe absoluto de un Estado, configurado de acuerdo con los intereses de los hacendados y las peculiaridades de una economía basada en la exportación, principalmente de carne salada.

Desde 1829 era el Restaurador. Fue creando la imagen de líder protector, y único, que impuso el orden y aseguró la tranquilidad. Así ocurrió entre 1829 y 1832.

En 1832, la legislatura de Buenos Aires lo reeligió, pero rechazó el cargo. Nunca han estado del todo claras las razones. El 18 de noviembre de 1832 entregó el gobierno de Buenos Aires al elegido Juan Ramón Balcarce. Rosas se dedicó a partir de entonces a desarrollar en las pampas su Conquista del Desierto.

Aunque esta acción caracterizó mucho el periodo de Rosas, la Conquista del Desierto la había iniciado su antecesor Martín Rodríguez, gobernador de la provincia de Buenos Aires, y concluiría, después que él, el general Julio Argentino Roca.

La primera acción en las pampas había sido dirigida contra los borogas o boroganos, grupos indígenas procedentes de Boroa que se habían asentado en los años veinte en las Salinas Grandes y la Fortaleza Protectora Argentina. Los gobernaba el cacique Cañiuquir, del que dependían otros veinte caciques. Los borogas establecieron alianzas con Yanquetruz, un mapuche proveniente de Chile, que era cacique de los ranqueles del sur de Córdoba. También tenían estos relaciones estrechas con Chocorí, que manejaba no menos de dos mil guerreros indígenas dedicados a robar ganado y negociar con él la adquisición de rifles, alcohol o provisiones para la subsistencia del grupo.

Rosas se dirigió a la legislatura provincial comunicando su plan de realizar una Conquista del Desierto, que emprendió en cuanto dejó de ser gobernador en 1832. La comenzó coordinando la acción con los gobernadores de Mendoza, San Luis y Córdoba, y adiestró a sus tropas en su estancia de Los Cerrillos, pero no recibió la comunicación o encargo oficial de que emprendiera la acción hasta el 28 de enero de 1833. En su comunicación al Parlamento regional recordaba los progresos en la lucha contra las acciones indígenas, y añadió: «Un esfuerzo más y quedarán libres para siempre nuestras dilatadas campañas y habremos establecido la base de nuestra riqueza pública, y acabando la empresa que ha burlado por más de dos siglos el valor y la constancia de nuestros mayores. Vosotros prestaréis, con el patriotismo acostumbrado cuando sea indispensable, para expedicionar sobre los últimos asilos de los indios enemigos y para perfeccionar la población de nuestras fronteras. La nueva administración tendrá la gloria de coronar al fin esta grande obra». No obstante esta enfática declaración, poco tiempo después el Parlamento comunicó a Rosas que no había conseguido dinero para financiar la expedición. Rosas y su aliado Juan Nepomuceno asumieron el abastecimiento con cargo a sus patrimonios.

Los gobernadores de San Juan y de Mendoza invitaron a Facundo Quiroga a dirigir la campaña. Otras provincias secundaron esta iniciativa. Pero en las acciones, la intervención directa correspondió a tres columnas que estuvieron al mando de José Félix Aldao, José Ruiz Huidobro y el propio Rosas.

La campaña fue larga, muy cruel y sangrienta. Emprendieron el regreso las columnas intervinientes el 28 de enero de 1834, con la misión cumplida de exterminar muchos indígenas y jefes y ampliar el territorio de la provincia de Buenos Aires. El 25 de marzo de 1834 dirigió un manifiesto o proclama a la división que había formado en el Napostá, declarando con entusiasmo que la misión había sido cumplida. Se firmaron tratados de paz con caciques secundarios que se transformaron en aliados. Incluido el más importante de todos ellos que quedaba vivo, Calfurucá, y en la provincia de Buenos Aires se redujeron drásticamente los malones y se mantuvieron tranquilas las tolderías. No obstante, todavía se prorrogaron muchos levantamientos y las contundentes respuestas de Rosas. Una notable fue la que se llevó a cabo contra San José de la Esquina, en la frontera entre Córdoba y Santa Fe. Después de otras escaramuzas, Rosas envió a la guarnición de blandengues de la Fortaleza Protectora Argentina, que derrotó y mató a no menos de seiscientos cincuenta borogas. Todavía encontraron más levantamientos al regreso, hasta que el 9 de septiembre de 1834 los borogas fueron masacrados en Masallé. Murieron los principales caciques.

En las acciones de la Conquista del Desierto, como en la mayor parte de sus acciones bélicas o de gobierno, Rosas se valió, como ya se ha referido, de su amplia red de relaciones con los caudillos de las provincias. Estos personajes marcaron la época de Argentina por sus ideas políticas y formas de actuar. Uno de ellos muy caracterizado, que ha pasado a la historia más por razones literarias, que enseguida se indicarán, que por sus grandes virtudes, fue Facundo Quiroga, al que acabo de mencionar.

Quiroga nació en La Rioja, donde desarrolló su actividad durante casi toda su vida. Durante un breve periodo de tiempo se formó en Buenos Aires como militar. Nació en 1788, contrajo matrimonio al llegar a los treinta y tuvo cinco hijos. Un importante escritor y político argentino, Domingo Faustino Sarmiento, escribió sobre él que había ganado su primera fama cuando se enfrentó a campo abierto a un jaguar que lo atacó. Desde entonces le llamaban «el tigre de los llanos». Otra vez, según cuenta Sarmiento, mató a golpes a varios soldados amotinados.

Pese a estas apariencias bestiales, era hombre de relativa formación intelectual para la época y la vida rural en la que se desenvolvió durante su juventud.

El poder en el territorio de La Rioja se lo disputaban dos familias terratenientes, los Ocampo y los Dávila. Él apoyó a Dávila, entonces gobernador, y venció a los aliados de Ocampo venidos de la vecina provincia de San Juan. De aquí arranca un prestigio que lo llevaría a enriquecerse con explotaciones de minas de cobre y plata e incluso acuñando moneda de gran aceptación. Fue un militar de éxito en todas las batallas en las que intervino, aplicando una táctica bélica infalible, hasta que se enfrentó al general Paz, que lo venció en Córdoba en 1829. En estas batallas entre Paz y Quiroga intervino un joven aguerrido, al lado de Quiroga, que cobraría fama de guerrero descomunal y despiadado: Ángel Vicente Peñaloza, conocido como el Chacho. Quiroga, derrotado, se instaló en Buenos Aires con Rosas, mientras en su tierra natal las fuerzas aliadas con Paz asesinaban y saqueaban las propiedades de sus enemigos. Quiroga decidió entonces volver al campo de batalla, pertrechado por Rosas de hombres y medios. Entre los primeros, cuatrocientos cincuenta delincuentes sacados de la cárcel. En el camino hacia La Rioja se le unieron algunos grupos de soldados desertados del ejército de Paz. Y, mejorando poco a poco los medios, fue avanzando y conquistando ciudades hasta que Paz fue capturado. Pasó el mando de este al general Lamadrid, al que persiguió Quiroga hasta su refugio de Tucumán y allí lo venció el riojano en la batalla de La Ciudadela de 4 de noviembre de 1831.

Acabó sus días en una emboscada que, pocos años después, tendieron al carruaje en el que viajaba. Un soldado lo mató de un tiro en un ojo al asomarse por la ventanilla. Otros soldados lo lancearon y su cuerpo fue mutilado. Fue enterrado en la catedral de Córdoba y muchos años después, en 1946, se trasladaron sus restos a la cripta de los Quiroga, en la Recoleta.

Una vida tan poco civilizada y violenta, en comparación con los valores de progreso que se habían establecido en la Europa culta desde la Ilustración, era materia literaria de primer orden para explicar la situación de Argentina. En la época de Rosas, y a partir de la obra del poeta Echevarría, a quien se tiene por el introductor del Romanticismo en aquel territorio,[36] se formó una agrupación de jóvenes intelectuales, conocidos como la «generación de 1837», contrarios a las políticas de Rosas y perseguidos por el caudillo. Tuvieron que pasar parte de sus vidas, en la época rosista, exiliados en Chile. Así ocurrió con los dos miembros más marcados por sus escritos políticos, Juan Bautista Alberdi y Domingo Faustino Sarmiento.

Destaco ahora a este último por su relación literaria con el caudillismo.[37]

En su literatura el texto más conocido es *Vida de Juan Facundo Quiroga. Aspecto físico, costumbres i hábitos de la república Arjentina*,[38] publicado en Santiago, Imprenta del Progreso, 1845. El libro se ha editado posteriormente con el título simplificado, y más conocido, de *Facundo o civilización y barbarie*.

Domingo Faustino Sarmiento escribe aquí una especie de biografía del caudillo federalista Facundo Quiroga que accedió al poder en la provincia interior de San Juan y siguió una trayectoria violenta y sanguinaria en la política nacional en la época inmediatamente posterior a la independencia, hasta que lo asesinaron. Aborda esta obra francamente la constitución del Estado en un momento en el que el liberalismo latinoamericano se batía en retirada ante el desencanto que había producido a la generación de

Bolívar y San Martín, sus frustraciones y fracasos en la organización del territorio después de la independencia. El libro se presta a interpretaciones, pero la más generalizada es la asociación de la barbarie con la falta de un buen gobierno, basado en una autoridad legítima, frente a la anarquía desastrosa que vivía su país. La vulnerabilidad del Estado resultaba ser una debilidad de la sociedad frente a los abusos y falta de garantías de los derechos individuales. Encomendaba a los jóvenes de las repúblicas hispanoamericanas que superaron los peligros de la barbarie inspirándose en los principios e instituciones desarrolladas en Europa desde el Siglo de las Luces. Presenta Sarmiento la ciudad de Córdoba como una reliquia aletargada del tradicionalismo hispánico cuyos edificios se reflejan en las aguas estancadas de un lago ornamental. Frente a ella describe la vitalidad de Buenos Aires, levantada en la desembocadura de un gran sistema fluvial, abierta a todas las corrientes del Atlántico, un puerto pujante equipado para el intercambio de bienes e ideas con el ancho mundo.

Facundo trata principalmente de la oportunidad ideológica perdida y del conflicto entre unos personajes románticos, representantes de la cultura autóctona, el estilo de vida de los gauchos y su oposición al progreso de Argentina.[39]

Rosas, después de su interregno, voluntariamente decidido, iniciado en 1832, regresó a Buenos Aires en 1835 y los ciudadanos le dieron un poder absoluto para gobernar la provincia. Lo que hizo durante diecisiete años más.

Cuando dejó el poder encomendó a su esposa la misión de organizar un movimiento masivo en favor de su «restauración». De esta preocupación surgió la Sociedad Popular Restauradora, cuyo brazo ejecutivo se llamó la Mazorca. Se potenció el prestigio de Rosas y se identificó con él la causa del federalismo. El culto a Rosas también caló en la práctica de la religión. Sus partidarios se denominaban apostólicos y moderados. El clero predicaba lealtad a Rosas y exhibía su retrato en las iglesias. La Iglesia siempre lo protegió y estuvo de su lado, y él le devolvió los favores complaciente, incluso permitiendo el retorno de los jesuitas, que fueron para él una gran desilusión porque no se adhirieron a las políticas federales.

Rosas se estableció en Palermo, donde tenía un cuerpo de trescientos servidores que iban de funcionarios a secretarios, criados, supervisores o peones. No fomentó las artes ni las letras. Tampoco la universidad.

Impuso a la oposición liberal el exilio y la Mazorca se convirtió en el órgano de un régimen de terror, que utilizaba espías y escuadrones de la muerte en apoyo de lo que el dictador quisiera. No hubo cambios sociales de ningún tipo, los gauchos y los negros, que tanto utilizó en sus campañas militares y manifestaciones públicas, continuaron siendo sirvientes pobres de los estancieros e incluso la trata de esclavos se reactivó durante su gobierno. Domingo Sarmiento dijo de Rosas que, pese a ser federalista, se ocupó más que nadie de asegurar el predominio económico y político de Buenos Aires sobre las demás provincias, lo que curiosamente llevó a facilitar el camino de acceso a la unificación de Argentina. Pero Rosas no transformó las Provincias Unidas en un Estado nacional.

La Sala de Representantes era un instrumento suyo, aunque formalmente era la institución que lo había «elegido» (eran cuarenta y cuatro diputados que se elegían por una minoría del electorado; los jueces de paz debían llevar los votos al Gobierno). La Asamblea no tenía funciones legislativas ni control sobre las finanzas. Era un lugar para las relaciones públicas. Por supuesto Rosas controlaba al poder judicial, escribía las leyes, las interpretaba y las ejecutaba. En todo caso era siempre el Ejecutivo el que disponía. Algunas veces leía las sentencias judiciales o los informes policiales y anotaba al margen expresiones decisivas: «Fusílenlo», «múltenlo», «pónganlo en prisión» o mándenlo «al Ejército».

Los nombramientos se hacían siempre en el marco de la camarilla que él controlaba.

Utilizaba profusamente la propaganda, enviando consignas que transmitían las ideas en las que había que creer. Incluso impuso las maneras de vestir, potenciando tipos de uniformes e imponiendo el rojo como color ideal: lazos rojos en el pelo para las mujeres, y para los hombres, aunque recomendaba conservar un aspecto fiero, bandas rojas de seda en las que podía leerse con frecuencia el lema «¡Viva la Confederación Argentina! ¡Mueran los Salvajes Unitarios!».

Sin embargo, la defensa gozaba del máximo favor en el presupuesto, que creció exponencialmente durante su época. La fuerza y con ella el terror fueron sus herramientas preferidas de gobierno. Ordenaba ejecuciones sumarias, y se valió de una organización específica para aplicar la fuerza, la mencionada Mazorca, que integraban agentes reclutados entre la policía, la milicia, criminales y asesinos a los que se atribuían las sucias tareas de asesinar, robar y aterrorizar. Era un escuadrón de la muerte dotado de una parcial autonomía, del que se valió para innumerables ejecuciones políticas. Se han situado las víctimas en un arco que oscila entre doscientas cincuenta y seis mil. Aunque también hay historiadores que han moderado bastante la crueldad de Rosas, señalando que no dudaba cuando creía necesario torturar o matar, pero que no lo hacía por sistema.

Las amenazas finales para Rosas vinieron de la resistencia de Montevideo, apoyada por las fuerzas navales británicas, que sometieron a Rosas a un sitio prolongado. Rosas estaba alarmado por la penetración británica en la economía platense, y resistió a los británicos recibiendo elogios de todo el mundo; pero estas rupturas de la seguridad afectaron de lleno al régimen rosista. Rosas quería reafirmar su soberanía sobre las provincias, aunque estaba seguro de que no podrían organizarse sobre la base de una Constitución para la que no las veía preparadas. Incluso creía que la gente educada era tan escasa que era imposible constituir un tribunal de justicia.[40]

Hasta sus últimos días Rosas se opuso a una organización constitucional de Argentina y se mantuvo firme a favor de una Confederación en la que Buenos Aires era la provincia hegemónica. Creía igualmente en un gobierno basado en una autocracia paternal.

En el año 1851 el caudillo de Entre Ríos, Justo José de Urquiza, estaba organizando una oposición al rosismo desde el litoral y también impulsando la elaboración de una Constitución. Este movimiento provincial desde Entre Ríos era poderoso porque contaría enseguida con el apoyo de Brasil, que tenía interés en asegurarse la navegación fluvial desde el Matto Grosso hasta el mar. Urquiza también era un caudillo rural con grandes propiedades, gobernador de un feudo con cientos de kilómetros cuadrados de superficie y decenas de miles de cabezas de ganado. Más culto y deferente con la educación que Rosas. Al final Rosas se vio enfrentado a la llamada Triple Alianza de Entre Ríos, Brasil y Montevideo, que entró en acción en mayo de 1851.

Rosas dejó de tener algunas de las bases de apoyo fundamentales de los terratenientes y no pudo asegurar tampoco la subordinación de las provincias. El modelo de gobierno de Rosas empezó a cambiar, y no podía hacer frente a la situación con las bases con las que había actuado porque terratenientes, comerciantes y consumidores de las provincias rechazaron el dominio de Buenos Aires.

Los basamentos de su poder empezaron a desfallecer. Hasta el pueblo estaba cansado de tantos años de guerra. No le abandonaron sus seguidores tradicionales, pero tampoco encontró grandes manifestaciones populares de apoyo. Al final, Rosas terminó sin demasiado estruendo. Lo que siempre había procurado evitar, que era el desorden y la confusión en sus filas, se produjo. Finalmente fue derrotado el 3 de febrero en Monte Caseros. Abandonó el campo de batalla, se refugió en la casa del encargado de negocios británico, subió a bordo de la nave Conflict de la Armada de Su Majestad y partió hacia el exilio en Inglaterra.

Domingo Faustino Sarmiento, que sería presidente de la república pocos años después, comentó lo fácilmente que había terminado el periodo: «La caída del tirano más temido de los tiempos modernos se ha logrado en una sola campaña, sobre el centro de su poder, en una sola batalla campal, que abría las puertas de la ciudad sede de su tiranía y cerraba toda posibilidad de prolongar su resistencia».[41]

Concluida la etapa de Rosas, quedó abierto el camino hacia la aprobación de una Constitución de Argentina (no, desde luego, de su general acatamiento, porque provincias importantes como Buenos Aires tardarían en aceptarla y las guerras civiles, levantamientos y resistencias provinciales continuaron). Se aprobó, impulsada por el ganador de la guerra, Urquiza, en Santa Fe el 1 de mayo de 1853. Iba precedida de este escueto preámbulo:

Nos, los representantes del Pueblo de la Confederación Argentina, reunidos en Congreso General Constituyente por voluntad y elección de las Provincias que la componen, en cumplimiento de pactos preexistentes, con el objeto de constituir la unión nacional, afianzar la justicia, consolidar la paz interior, proveer a la defensa común, promover el bienestar general, y asegurar los beneficios de la libertad para nosotros, para nuestra posteridad, y para todos los hombres del mundo que quieran habitar en suelo argentino: invocando la protección de Dios, fuente de toda razón y justicia: ordenamos, decretamos y establecemos esta Constitución para la Confederación Argentina.

Es la Constitución que, con bastantes reformas, decididas las primeras en 1860 y 1866, se ha mantenido esencialmente hasta hoy, sin perjuicio de los golpes de Estado y dictaduras que la dejaron sin efecto en diversos periodos de la historia. Era una Constitución confederal, precedida de un amplio capítulo de derechos y garantías, con un Legislativo dividido en dos cámaras y un «Presidente de la Confederación Argentina». Salvo las atribuciones asignadas específicamente a los órganos de la Confederación, las provincias «conservan todo el poder no delegado» (artículo 101).[42]

Cada provincia promulgaría su propia Constitución. La provincia de Buenos Aires, que no había participado en el Congreso Constituyente de Santa Fe, aprobó la suya en 1854 (Constitución del estado de Buenos Aires). Su integración en la Confederación Argentina no se produjo hasta el Pacto de San José de Flores de 11 de noviembre de 1859, que trajo como consecuencia la reforma constitucional de 1860.

El acuerdo de guerra no consiguió que se estabilizara Argentina. Las provincias estaban de nuevo inquietas. La Rioja movilizada por el caudillo Ángel Vicente Peñaloza, el Chacho; en Mendoza hubo conflictos entre diversas facciones políticas; San Luis y Córdoba protagonizaron escaramuzas fronterizas. Antonio Taboada, otro caudillo, depuso al gobernador en Santiago del Estero y en San Juan asesinaron al gobernador Virasoro. Renacieron las tensiones entre Buenos Aires y la Confederación y la conflictividad se multiplicó. La unión se rompió el 17 de abril de 1861 cuando los ejércitos de Buenos Aires y de la Confederación volvieron a enfrentarse en el Arroyo Pavón.

Uno de los generales que utilizó Urquiza en las luchas provinciales de su periodo presidencial fue Ángel Vicente Peñaloza, otro popular caudillo de La Rioja, que había sido colaborador y lugarteniente de confianza de Faustino Quiroga. El Chacho, como era conocido Peñaloza, fue combinando fracasos y victorias, contando en todo caso con gran popularidad y admiración en La Rioja. Su última batalla fue en Los Llanos y fue derrotado en la batalla de Las Playas el 28 de junio de 1863. Huyó hacia la cordillera. Lo alcanzó el vencedor Irrazábal y lo lanceó, antes de que sus soldados lo acribillaran a balazos y descuartizaran. Su cabeza fue clavada en un poste en la plaza de Oltra.

A partir de 1862 Buenos Aires ganó aceptación como capital de una República Argentina unida bajo la presidencia del liberal Mitre. Algunos caudillos de las provincias interiores se resistían a un nuevo orden comunitario, como Fructuoso Ontiveros y Juan Puebla. Felipe Varela, que había regresado de Chile en 1866 encabezó una guerrilla montonera que protestaba contra la guerra de Paraguay. Ricardo López Jordán, caudillo de Entre Ríos, hará asesinar a Juan José de Urquiza en 1870. Estas acciones dan idea del desconcierto provincial existente entonces. Mitre y su sucesor Domingo Sarmiento sofocaron las rebeliones.

Encabezada por Buenos Aires la Nueva Argentina inició el camino de la estabilidad y la modernización. Durante las décadas de 1860 y 1870 los presidentes fueron los liberales Mitre, Sarmiento y Nicolás Avellaneda, que crearon las estructuras propias de un Estado nacional centralizado, un ejército profesional con un sistema judicial, un banco nacional, un sistema de educación pública, bibliotecas, academias y otras instituciones. Crearon infraestructuras como los ferrocarriles o las comunicaciones telegráficas que enlazaron las provincias conservadoras.

Estuvieron gravemente entretenidos con la Triple Alianza, formada en 1865 por Brasil, Argentina y Uruguay, para combatir por sus intereses económicos y territoriales contra Paraguay, en una guerra (llamada por eso de Paraguay o de la Triple Alianza) que destrozó Paraguay y de la que sacaron notables ventajas los países asociados en la guerra. Argentina, como hemos tenido oportunidad de analizar en un capítulo anterior, se anexionó territorios en el norte y el noroeste.

Al término de la guerra de la Triple Alianza se encadenaron acciones bélicas sobre la frontera sur. En este caso contra los pueblos originarios que ocupaban todos los territorios al sur de la frontera argentina, establecida entonces al sur de una línea que iba de Buenos Aires a Mendoza. El director de la «Conquista del Desierto», como se denominó a esta ofensiva, fue el general Julio Roca. La conquista duró entre 1879 y 1880 y consiguió el exterminio o el sometimiento de todos los grupos indígenas nómadas de las pampas y liberó extensiones muy amplias que fueron colonizadas.

La creación en 1878 de la Gobernación de Patagonia señalaba el resultado de un cambio de estrategia que no contemplaba ya la negociación sino la guerra de exterminio y asimilación. La guerra con los territorios indios se hizo ahora de modo definitivo con la intención de someter todo el territorio al sur de Buenos Aires, Córdoba, San Luis y Mendoza a la disciplina del Estado. La Ley 1532 de 1884 organizaba ese espacio como territorio nacional. Eran las nuevas adquisiciones al sur (La Pampa, Neuquén, Río Negro, Chubut, Tierra del Fuego y Santa Cruz) que junto a las tierras indígenas del norte (Misiones, Chaco y Formosa) tendrían una planta de gobierno uniforme decidida por el Congreso Nacional y compuesta por gobernador, jueces de paz, consejos municipales en distritos de más de mil habitantes, jueces, letrados y legislaturas territoriales donde se sobrepasaran los treinta mil habitantes.

El Estado se consolidó territorialmente y además se dotó de instituciones y funcionarios que pudieran gobernarlo. También fue preciso hacer los códigos básicos esenciales, que se promulgaron a partir de los años setenta, en 1871 el código civil, en el 86 el penal, en el 87 el de minería y en 1890 el de comercio.

El país acabó adoptando el sistema constitucional basado en el Estado de derecho y el respeto a las libertades clásicas del liberalismo. Julio Roca, que fue el que terminó con la Conquista del

Desierto, formó un Partido Autonomista Nacional y acaparó el poder durante tres décadas a partir de 1880. No es que hubiera desaparecido el caudillismo, sino que estaba sometido a un sistema político que se valía de los dirigentes del partido para distribuir favores a clientelas regionales a cambio de sus votos. Eran otras formas de aprovecharlo.

Los políticos que no formaban parte del Partido Autonomista Nacional crearon la Unión Cívica que utilizaron para alzarse en armas y deponer al presidente Miguel Juárez Celman, sucesor de Roca en la presidencia. Y pusieron un nuevo presidente, Carlos Pellegrini, que dividió la Unión Cívica asignando a algunos de sus dirigentes cargos públicos. Se quedaron fuera algunos caudillos políticos que constituirían más tarde la Unión Cívica Radical a la que se afiliaron algunos grupos de presión procedentes de clases medias urbanas. Siguieron varias revueltas armadas orquestadas por Leandro Alem y sus sobrinos Hipólito y Bernardo Yrigoyen.

Con todos estos partidos se llegó a finales del siglo XIX sin que Argentina alcanzara un grado importante de integración nacional. Su economía había crecido mucho y rivalizaba con la de los países europeos, y la política se había ajustado en términos generales a las normas constitucionales. Según Domingo Sarmiento, los avances de Argentina fueron un triunfo de la civilización europea frente a la barbarie de la política caudillista representada por Rosas. Pero el progreso que había permitido la prosperidad y convertido Argentina en un Estado moderno todavía no tenía el consenso de las clases urbanas que se incorporaron tardíamente al sistema político.

En la década de los años sesenta se establecieron las líneas del Ferrocarril Gran Sur de Buenos Aires, se instaló el Banco de Londres y Río de la Plata, con capital británico, y surgió la iniciativa del Ferrocarril Central Argentino. También fue importante que quedaron unidas las regiones productoras con los puertos de Buenos Aires y Rosario, y la creación de las sociedades inglesas para la compra de tierras y la explotación ganadera. En el periodo se consiguió también el desarrollo de la inmigración procedente del sur de Europa, comenzando así a realizarse el pronóstico de los miembros de la generación de 1837, concretado por Alberdi en sus Bases: «En América gobernar es poblar».

DOCTOR FRANCIA, EL SUPREMO DE PARAGUAY, Y SUS SUCESORES

Paraguay retrocedió tras la independencia a una economía casi de subsistencia. Argentina y Brasil mantenían reivindicaciones sobre amplios territorios limítrofes. Durante todo el periodo primero de la independencia la nueva república estuvo sometida al gobierno de dictadores. El primero de ellos fue José Gaspar Rodríguez de Francia, un abogado criollo que fue nombrado dictador para cinco años por un Congreso en 1814 y más tarde dictador supremo en otro de 1816 y que gobernó hasta su muerte en 1840, sin Congreso, rivales ni prensa de ningún tipo.

Esa tradición de gobierno fue continuada por Carlos Antonio López, también abogado, que gobernó primero como gobernante y luego, desde 1844, como dictador hasta su muerte en 1862. López empleó su tiempo en situar a su propia familia reservándole la sucesión a su hijo Francisco Solano López. De esta manera se entronizó en Paraguay una dinastía de caudillos que también fue singular y única en Hispanoamérica.

José Gaspar García y Rodríguez de Francia Velasco y Yegros nació en Asunción el 5 de enero de 1766 y murió en la misma ciudad el 20 de septiembre de 1840. En su vida adulta fue siempre conocido como doctor Francia, o para los uruguayos de su tiempo, en guaraní, Karai Guasu (Gran Señor). Fue el indiscutido padre de la independencia de Paraguay, tanto frente a España como ante las reclamaciones de los países limítrofes, especialmente Argentina, de que se mantuviera como provincia confederada.

Fue un hombre culto, y de ello ha dejado fama. Leyó de joven a los clásicos cuando estudiaba, primero en Asunción y más tarde en la Universidad de Córdoba del Tucumán. Se especializó en teología y derecho. También manejó la literatura de la Ilustración y conoció sus ideas, aunque pocas aplicó y las tuvo presentes más bien para defenderse de ellas.

Cuando la Junta Suprema Central constituida en Sevilla decidió convocar a representantes americanos, en 1809, según hemos expuesto más atrás, el cabildo de Asunción incluyó al doctor Francia en la terna de la que saldría, por sorteo, el candidato. Fue su primera gran aparición en la política. La suerte lo designó candidato electo.

Se había constituido ya en Buenos Aires una Junta, también en defensa de los derechos de Fernando VII, pero de la que saldría la primera declaración de independencia, a la que pidió que se adhiriera Paraguay. El gobernador de Paraguay, Velasco, desestimó la invitación y convocó un congreso. Sostuvo Francia en esta reunión que Paraguay no debía obedecer al gobierno español ni a ningún otro. Su firma no figura en el acta final, pero se le ha atribuido, sin certeza absoluta, un vibrante discurso, en el que recomendaba: «Esta asamblea no perderá su tiempo debatiendo si el cobarde padre o el apocado hijo es el rey de España. Cada uno de ellos ha abdicado dos veces. Los dos han demostrado su débil espíritu y su desleal corazón. Mas, sea o no rey de España uno de ellos, ¿qué nos importa a nosotros? Ninguno de ellos es ya rey del Paraguay. El Paraguay no es patrimonio de España ni provincia de Buenos Aires. El Paraguay es independiente y es República...».

Buenos Aires mandó emisarios para acabar con la actitud de Paraguay y deponer a Velasco, sin éxito. Luego mandó soldados, al mando de Manuel Belgrano, que fue derrotado. Llegaron a un armisticio con él. Las confrontaciones militares concluyeron en un acuerdo según el cual el gobernador Velasco debía aceptar cogobernar con un comerciante español, Juan Valeriano de Zeballos, y con José Gaspar de Francia. Un bando de 17 de mayo de 1811 establecía las bases del acuerdo, que comprendía el reconocimiento al «desgraciado soberano» Fernando VII, y una confederación con Buenos Aires en igualdad de derechos.

Francia gobernó de facto en los tiempos del consorcio con Velasco, hasta que, el 9 de junio de 1811, Velasco y los demás miembros del cabildo fueron apresados. Francia se retiró por discrepancias con el sector militar de la Junta. Siguieron las negociaciones con la Junta bonaerense hasta llegar al tratado. Francia abandonaba. En mayo de 1813 se reunió en Buenos Aires la Asamblea General Constituyente, que invitó a Paraguay a sumarse a las Provincias Unidas. Paraguay, que empezaba entonces a cambiar la denominación de provincia por la de República de Paraguay, rechazó la invitación. Francia presentó al Congreso un reglamento, en octubre de 1813, por el que se establecía un «Consulado», formado por dos cónsules, con cargos anuales, que se turnarían cada cuatro meses en la presidencia. Fulgencio Yegros y el doctor Francia fueron elegidos. Pero el gobierno durante el consulado recayó principalmente en Francia. Dedicó más tiempo al ejercicio del cargo, tenía más sueldo y desempeñaba funciones complementarias de servicio al Estado, incluso como jurista.

Ya en esta época empezaron a esbozarse algunas medidas que caracterizarían el largo gobierno del doctor Francia. Por ejemplo, las que tendían a reducir la importancia de los «europeos españoles». Actuó contra estos de forma repetida y casi obsesiva, prohibiéndoles reunirse o la celebración de casamientos con «americanas blancas»; también acarició la idea de una expulsión que no llegó a consumarse.

Es de esta época su recalcitrante neutralidad, que le permitió mantener sin agresiones los problemas fronterizos con Brasil y la abstención en los enfrentamientos de Gervasio Artigas contra Buenos Aires.

En el último periodo de cónsul, procuró contar con funcionarios formados y leales y, en nombre de la eficacia, orquestó una campaña de propaganda a favor de un único cónsul. Esta concentración del poder tenía un antecedente de autoridad en las ideas del precursor Francisco de Miranda sobre la conveniencia de organizar gobiernos autoritarios en el periodo revolucionario. Expulsó opositores y convenció a todos para la celebración de un Congreso, que empezó a deliberar el 4 de octubre de 1814, al que asistieron mil cien representantes de todo Paraguay, que lo eligieron, por amplia mayoría de votos, «Dictador Supremo de la República», por un periodo de cinco años.

Invocando lo previsto en el Congreso de 1814, se reunió, el 30 de mayo de 1816, un Congreso de doscientos cincuenta diputados, a pesar de que no habían transcurrido los cinco años de dictadura previstos, y en una única sesión, y por aclamación, Francia fue nombrado «Dictador Perpetuo de la República», aunque advirtiendo de la singularidad del caso, que no sería repetible en otras personas. «Con calidad de ser ejemplar», decía el nombramiento.

Ningún Congreso volvió a reunirse nunca más durante la vida del doctor Francia.

En su Administración insistió en políticas de expulsión y eliminación de extranjeros, de limpieza de la corrupción colonial y en desarrollar acciones conducentes a la máxima obediencia y lealtad de funcionarios y soldados. Extendió a toda la sociedad la educación primaria y obligatoria, con políticas de mérito y más avanzadas que en la mayoría de las repúblicas americanas. Creó la primera biblioteca pública. Depuró mucho las celebraciones religiosas, para restringirlas a las que estimaba lícitas y exigió a los curas un juramento de fidelidad a la república. Aplicó una política religiosa que en algunos aspectos secundaba ideas ilustradas, pero al mismo tiempo procuró mantener buenas relaciones con la Iglesia. Fortaleció extraordinariamente el Ejército desde que se produjo, en 1811, la invasión de Belgrano, dotando a la república de un ejército leal y disuasorio para las apetencias de absorción de los gobernantes de Buenos Aires. Lo dotó de buen armamento, pagó bien a los oficiales, que procuró reclutar entre familias acomodadas y leales. Construyó por todas partes cuarteles y fortines. Naturalmente tuvo que subir los impuestos y buscar nuevas fuentes de recursos. Cambió radicalmente la economía colonial configurando al Estado como un competidor en las operaciones de mercado. Creó las Estancias de la Patria y los Almacenes del Estado. El Estado se convirtió en propietario del 50 por ciento de la región Oriental del Paraguay. Creó una insólita, para la época, estructura económica con una amplia participación en la producción y el empleo, de empresas estatales. En 1824 ordenó una intervención general de precios de productos básicos. Francia mantuvo a Paraguay en una situación de aislamiento casi total en régimen cerrado para el resto del mundo como respuesta política a la actitud de Buenos Aires, que era negarse a aceptar la independencia de Paraguay. Lo trataba como cualquier otra provincia rebelde. Buenos Aires bloqueó el tráfico fluvial para asfixiar su economía negando la navegación por el Paraná. El doctor Francia autorizó un comercio controlado en dos puertos rivales, pero buscó siempre la autosuficiencia económica y establecer monopolios de gobierno. Fundamentalmente producía hierba mate y madera aunque estimulaba también una producción más diversificada.

También Francia usó el terror y los castigos y destruyó la antigua aristocracia colonial. Confiscó estancias y negó vías de exportación necesarias para el desarrollo de la agricultura comercial y privó a Paraguay de una clase estanciera comparable al resto del litoral. La destrucción de la clase dirigente no permitió, sin embargo, el avance de los sectores sociales inferiores. El Estado y sus servidores ocuparon el lugar de la élite tradicional. Los agricultores y el campesinado eran espectadores pasivos de la dictadura. La esclavitud perduró más allá del régimen, aunque una ley de 1842 acabó con el tráfico de esclavos. Según el censo de 1846, de una población de 238.862 habitantes, había 27.212 pardos, de los cuales 7.893 eran esclavos y 523 libertos.

Sus enemigos no aparecieron a la luz hasta 1820, aunque ya hubo algunas conspiraciones en el Congreso de 1814. Cuando disminuyeron las exportaciones y el comercio internacional, en general, como consecuencia del bloqueo exterior en respuesta a la política de no intervención y autarquía del doctor Francia, hubo protestas de los comerciantes y estancieros. El poderoso hacendado Fulgencio Yegros, que conspiraba en reuniones en su propia hacienda, fue invitado a residir en Asunción. Se descubrió en 1820 una conspiración para asesinar al *Supremo* y otros miembros del gobierno y se arrestó a treinta personas inmediatamente y más de ciento setenta fueron investigadas como sospechosos. Fulgencio Yerros fue el detenido más destacado. No hubo levantamiento popular y el intento de golpe se solucionó con los encarcelamientos.

Por la misma época, un exlugarteniente de Artigas, Francisco Ramírez, mandaba, desde la frontera sur, mensajes al doctor Francia, que este nunca contestó. Sospechó que formaba parte de la conspiración. Al menos, el indicado lugarteniente intervino en un incidente que tuvo alcance internacional. Ramírez apoyó al viajero, botánico e investigador Aimé Bonpland, compañero de aventuras de Alexander von Humboldt,[43] para que se estableciera en Santa Ana, en una zona que pertenecía a Paraguay. La interceptación de cartas portadas por mensajeros utilizados en la conspiración determinó que el *Supremo* acordara diversos fusilamientos, a partir de julio de 1821. El más importante fue la ejecución de Fulgencio Yerros, hacendado y político relevante en el país. Es notable que, mientras mostraba estas actitudes tan drásticas con sospechosos varios, también en 1820 había concedido asilo a Artigas, con quien hasta entonces había tenido continuas tensiones y diferencias. Lo trató exquisitamente.

Bonpland, al contrario de lo que ocurrió con Humboldt, se encontró con muchas dificultades en Paraguay porque el doctor Francia sospechó que era un agente de los franceses. El 8 de diciembre de 1821 el ejército paraguayo tomó Santa Ana, detuvo a Bonpland y lo encerró en una vieja misión jesuítica. El asunto tuvo una gran repercusión internacional. Bolívar escribió al doctor Francia reclamando por su amigo y amenazando con que sería capaz de invadir Paraguay por solo «libertar al mejor de los hombres y al más célebre de los viajeros». Si recibió la carta, Francia no la contestó. Otros países ofrecieron sus servicios para liberar a Bonpland. Estuvo ocho años viviendo como un ciudadano libre en Paraguay hasta que el 10 de mayo de 1829 el Dictador Supremo ordenó que Bonpland debía abandonar el país. Se fue en febrero de 1831.

Falleció el doctor Francia en 1840 a los setenta y cuatro años. Se mantuvo en el poder hasta su último día y dejó un país que difícilmente podía evolucionar hacia una democracia, en el que solo una élite podía votar.[44]

El sucesor de Francia, Carlos Antonio López, fue un dictador tan duro como él, aunque aparentó una actitud más benevolente al liberar prisioneros políticos. Continuó la política educativa, organizó un sistema judicial sencillo y mantuvo el control estatal de las tierras y la economía. En la década de 1850 empezó a importar tecnología a gran escala para dotar a Paraguay de una moderna infraestructura industrial.

López continuó la acción contra la oligarquía tradicional que ya había sido mermada en sus poderes en el tiempo del doctor Francia, luchó contra el latifundio arrebatando el dominio particular de muchas tierras que pasaron a propiedad del Estado. El trabajador campesino fue uno de los elementos importantes de la estructura social paraguaya donde se planteó la nacionalización del comercio exterior. El Estado se reservó el monopolio de la exportación de yerba mate, de los productos procedentes de la explotación de tierras, productos forestales y del cultivo del tabaco. Los recursos procedentes del comercio exterior también los administraba el gobierno y permitieron a Paraguay el monopolio, muy singular en la América en los años cincuenta del siglo XIX, relativo a las obras de infraestructura aplicando recursos locales, sin inversión extranjera.[45]

Estas políticas de progreso comenzaron con la fundición instalada en Ybycuí, hacia 1850, que producía hierro para el país. Los astilleros construyeron una pequeña flota que aspiraba no solo a la navegación fluvial sino también a la marítima. Se levantó un dique con capacidad para la fabricación y reparaciones; también una línea férrea que unió Asunción con Villa Rica. La construcción fue dirigida por Padisson, un ingeniero inglés, aunque la obra era de propiedad estatal. Se instaló una línea telegráfica proyectada por un ingeniero alemán. Se estableció una fábrica de armas para equipar al ejército. Se crearon becas para jóvenes para estudios en Europa. Paraguay, en los años sesenta, no tenía endeudamiento externo, en contra de lo que ocurría en todos los demás países americanos. Lo más amenazante eran los graves problemas limítrofes con Brasil, y con Argentina por los territorios del Chaco y de las antiguas misiones jesuíticas. El gobierno de Asunción estableció vínculos con los caudillos federales argentinos que compartieron la hostilidad hacia Buenos Aires.

El sucesor de Carlos Antonio López en la presidencia de la república fue su hijo Francisco Solano López. Siguió sus planteamientos políticos propios y diferentes de los de sus antecesores en cuanto que acabó con las épocas de neutralidad y ensimismamiento y acabaría metiendo al país en la guerra más cruel que ha sufrido Paraguay, que llevó a enormes pérdidas de vidas humanas y cesiones de extensos territorios reclamados desde el inicio de las independencias por Brasil y Argentina. Fue la llamada guerra de la Triple Alianza o guerra de Paraguay, o Guerra Grande en la historia paraguaya.

Al igual que Francia o Carlos Antonio López, el nuevo presidente no creía que el pueblo uruguayo pudiese asumir la responsabilidad de elegir el gobierno, de modo que acaparó todo el poder sin excepciones, aunque procuró a cambio que el pueblo estuviera abastecido, disfrutara de bienestar económico y que la nación fuera autosuficiente.[46]

A diferencia de Francia y de Carlos Antonio López, Solano favoreció la apertura al exterior, la navegación por los ríos y firmó acuerdos con Estados Unidos y las potencias europeas para establecer intercambios. La necesidad de consolidar el acceso al sistema fluvial conformado por los ríos Paraguay, Paraná y de la Plata la sentían tanto Paraguay como Brasil que se enfrentaba a un problema similar para poner en valor los recursos de Mato Grosso. De estos intereses habían derivado choques fronterizos importantes que, como en el caso de Brasil, afectaban a una zona de expansión del territorio a costa de la zona paraguaya. Un 30 por ciento del territorio uruguayo cercano a la frontera estaba en manos de hacendados brasileños. El puerto de Montevideo abastecía amplias zonas de las provincias de Río Grande a través de lo que se denominaba «comercio de tránsito». La tensión fue incrementándose hasta que en algunas ocasiones las escuadras brasileñas intentaron amenazar a Asunción reclamando derechos sobre las aguas del Alto Paraguay.

Esa política llevó a la confrontación con los países vecinos y estimuló también, en contra de su gobierno, los intereses de la diplomacia británica. Aunque no está desvelado del todo el papel que jugó Inglaterra en el origen de la guerra, parece confirmado que durante la época de los primeros caudillos no le interesó instigarla. Los intereses comerciales británicos eran prósperos y en crecimiento. Pero, desde antes de que empezara la guerra, se detectaron movimientos contrarios a los intereses paraguayos del representante diplomático y ministro británico Edward Thomson. Cuando Brasil y Argentina se aliaron contra Uruguay en el Tratado de Puntas del Rosario, el 18 de junio de 1864, Thomson estuvo presente. Y poco tiempo después, también fue Thomson el que se las arregló para convencer al presidente argentino Mitre para firmar la Triple Alianza.

Las intrigas de Thomson se explican por los intereses económicos de los británicos, a los que perjudicaban las políticas autárquicas de Paraguay, gran productor de algodón cuyas exportaciones eran cruciales para la industria textil inglesa. Pero más importante económicamente fueron los beneficios que reportó a Inglaterra su condición de suministradora del armamento y embarcaciones utilizadas durante la guerra, además de la financiación a las tres repúblicas implicadas.

Pero el estallido de la beligerancia directa lo provocó la agresiva política de Francisco Solano López. El peligro de confrontación se estaba haciendo más notable a partir de que el general Venancio Flores preparara desde territorio argentino, con apoyo de sectores liberales de este país, el derrocamiento del presidente legal de Uruguay, Bernardo Prudencio Berro, que era jefe del Partido Blanco. La invasión se consumó en abril de 1863 y obtuvo el respaldo de tropas brasileñas procedentes de Rio Grande do Sul, y el apoyo de la escuadra imperial que mandaba el almirante Joaquim Marques Lisboa Tamandaré. En esa escaramuza se bombardeó la ciudad de Paysandú, en el litoral del río Uruguay, que fue arrasada ante la resistencia de sus defensores.

A fines de 1864, Solano decidió acudir en auxilio del gobierno del Partido Blanco de Uruguay, en concreto para la defensa de Paysandú, en un marco de guerra civil con el Partido Colorado, al que apoyaba Brasil. Paraguay había advertido a Argentina y Brasil que considerarían cualquier agresión a Uruguay como atentatoria del «equilibrio de los Estados del Plata». Ante la invasión por las tropas brasileñas del territorio uruguayo en octubre de 1864, Paraguay respondió apoderándose de un buque mercante y del gobernador brasileño de Mato Grosso.

Al empezar 1865 Francisco Solano López solicitó al gobierno argentino permiso para pasar por Corrientes con sus tropas camino de la provincia brasileña de Rio Grande. El presidente Mitre negó la autorización, pero las fuerzas paraguayas se desplazaron a través de la provincia de Corrientes, haciendo caso omiso y, se apoderaron de Uruguayana en territorio brasileño. López declaró la guerra a Argentina y Mitre aprovechó la oportunidad de eliminar resistencias internas y ganar ventajas sobre los territorios en disputa entre los ríos Paraná, Uruguay, Bermejo y Pilcomayo. En esta situación Paraguay quedó en muy mala relación entre vecinos que deseaban eliminarlo como centro de poder en la zona. Esta fue la razón por la que, en mayo de 1865, Brasil, Argentina y el gobierno uruguayo de Venancio Flores firmaron el Tratado de Triple Alianza, que se dirigía contra Paraguay en nombre de la libertad. Los propósitos anunciados eran derrocar al tirano Solano López, asegurar la navegación de los ríos y llevar los beneficios de la civilización a los paraguayos. Un tratado secreto que había rubricado Francisco Otaviano de Almeida Rosa, en nombre de Brasil, el canciller Rufino Elizalde, por Argentina y Carlos de Castro, canciller uruguayo, fijaba la distribución del territorio entre Brasil y Argentina y el compromiso de no finalizar la guerra hasta destruir el gobierno de Asunción.

Fue una campaña terrible, aunque se estimaba que sería rápida y Mitre creyó que en un máximo de quince días se ocuparía parte del territorio y en tres meses se llegaría a Asunción. Pero el cálculo era muy erróneo porque cinco años más tarde, cuando era presidente de Argentina Domingo Faustino Sarmiento, fue cuando se terminó la guerra.

No se adhirieron a ella las poblaciones de los países aliados. Los brasileños tuvieron que recurrir a contingentes de esclavos a los que se otorgaba la libertad a cambio de la lucha y muchos paisanos de las zonas rurales de Uruguay desertaban para no incorporarse a las tropas.

Para los aliados de lo que se trataba era de eliminar el poderío de Asunción. Y mientras la opinión empezaba a ponerse del lado de Paraguay, se buscaban mediaciones para terminar la guerra. Estados Unidos ofreció su diplomacia, a la que se opuso el emperador de Brasil, Pedro II. Solano López dijo que combatiría hasta la última trinchera. Los paraguayos mostraron que defenderían su territorio hasta el final. De modo que en 1868 Venancio Flores y Bartolomé

Mitre regresaron a sus respectivos países con problemas internos y se quedó al frente del ejército operativo el marqués de Caxias, un veterano general que había reducido la provincia de Río Grande. Ese mismo año cayó en poder de las tropas de la Triple Alianza la fortaleza paraguaya de Humaitá, que abría paso hacia Asunción.

La población del país estaba muy diezmada por la guerra, las enfermedades y el hambre, pero la actitud del pueblo paraguayo fue de resistencia hasta que, en marzo de 1870, el mariscal Solano López, acorralado con los restos de su ejército formado por no más de un centenar de soldados con quienes colaboraban niños, mujeres y ancianos, resistió en Cerro Corá, en el norte del país. El cónsul francés en Uruguay, Maillefer, informó a su gobierno que Solano López, aún vencido y acorralado, era seguido por una población que sufría peligros y privaciones a su lado. Se negó Solano López a rendirse y murió en el combate.

Dicen muchos historiadores actuales que fue más una masacre que un combate, que se planteó como una guerra de exterminio contra los paraguayos. El saldo de la guerra fue la liquidación de más de la mitad de la población paraguaya, unas doscientas mil personas. Los que sobrevivieron eran personas de edad avanzada, mujeres y niños. La obra de modernización emprendida por los gobiernos de Asunción había sido destruida y el país quedaba en ruinas.

Durante la colonia, la gobernación de Paraguay tenía salida al Atlántico a través de los territorios de La Guayrá o La Pinería, y de Ybiazá o La Vera. Actualmente esos territorios corresponden a los estados brasileños de Paraná y Santa Catarina. Hubo conflictos sobre estos territorios incluso cuando la unión dinástica de España y Portugal, entre los reinados de Felipe II y Felipe IV hasta 1640. Expediciones esclavistas portuguesas y brasileñas de bandeirantes y mamelucos arrasaban con sus malocas esas zonas. Fueron destruidas muchas ciudades y las misiones jesuíticas, entre las cuales Santa María del Iguazú.

Las fronteras siguieron indefinidas hasta el Tratado de Madrid de 1750. Y continuaron siendo imprecisas después porque este tratado dejó vivo el problema de la identificación de los lugares marcados como límites, ya que usó denominaciones que no siempre se correspondían con los nombres usuales de aquella geografía. En el caso de Paraguay, la discusión mayor era si el río Iguarey, al que se referían los artículos V y VI del tratado, era el río Vacaria de los brasileños, en su curso superior, o Ivinhema en su curso inferior. Cuando se produjo la independencia de la República de Paraguay, esta consideraba el límite con Brasil, por el noroeste, el río Iguarey, actual Ivinhema y, por el noreste, el río Mboteley.

No obstante el mantenimiento de discusiones, durante la etapa del doctor Francia Paraguay fue aliado de Brasil porque habían abierto zonas de libre comercio y porque Buenos Aires, con Rosas en la presidencia, se negó siempre a reconocer la independencia de Paraguay y a que este comerciara a través del Paraná. Hubo un pacto tácito entre Brasil y Paraguay, de modo que las tensiones fronterizas no aparecieron de nuevo hasta la caída de Rosas.

Todo el equilibrio se rompió con la guerra y Paraguay se vio obligado a ceder a Brasil todo lo que reivindicaba. Se dijo desde entonces que Paraguay quedó convertido en poco más que un Estado satélite de Brasil; el plenipotenciario brasileño José María da Silva Paranhos Júnior, era llamado oficiosamente en Brasil «virrey del Paraguay». Los procesos de cesión de territorios continuaron cuatro años después, en 1876, con el Tratado de Cotegipe-Loizaga.

Como se ha señalado más atrás, las exigencias brasileñas despertaron también las argentinas, que reclamó en 1870 todo el Chaco Boreal. Después se recortaron estas pretensiones, pero Argentina obtuvo muy extensas cesiones en el Chaco Central y otros fronterizos que se concretaron en el Tratado Argentino-Paraguayo de 3 de febrero de 1876. Quizá la cesión más significativa fue la provincia de Misiones completa, que había sido objeto de disputa desde la Revolución de Mayo argentina y la independencia de Paraguay.

URUGUAY: CAUDILLOS Y LA GUERRA GRANDE

La economía de Uruguay también era ganadera y de exportación, contaba con un puerto internacional y una Constitución liberal.

Pero las luchas feroces por la tierra de los estancieros antiguos con los recién llegados, las agrupaciones de caudillos locales unidos a los bandos o partidos de los dos candidatos al poder rivales, los colorados y los blancos, marcaron la vida de Uruguay en los años que siguieron a la independencia y a la primera Constitución. El resultado de estas tensiones fue la Guerra Grande que comenzó como un conflicto entre los dos caudillos más importantes Manuel Oribe (blanco) y Fructuoso Rivera (colorado). Ambos se disputaban el control de Uruguay, movimiento bélico que terminó convertido desde octubre de 1838 en una contienda internacional.

Montevideo era colorado; los colorados eran receptivos a las ideas liberales, a la acogida de los emigrantes europeos y al apoyo de los brasileños. Su fuerza de apoyo eran los habitantes de la ciudad. Los colorados temían la dominación argentina y tendían a ser probrasileños. Se aliaron con los liberales de Buenos Aires contra Rosas y su subordinado Oribe y dieron la bienvenida a la intervención, primero de Francia (1832-1842), y luego de Gran Bretaña y Francia (1843-1850), que abastecieron a la ciudad sitiada y al tiempo bloquearon Buenos Aires y su enemigo común.

El campo era blanco. El blanco era el partido de los estancieros, de la autoridad y de la tradición. La expansión de Brasil la consideraban los terratenientes una amenaza para sus propiedades. Su amparo natural creían encontrarlo en Argentina como contrapeso a la posible dominación brasileña. Aunque tampoco resultaba posible una alianza estable porque los estancieros uruguayos eran competidores de los argentinos. Para los blancos era un orgullo su demostrada resistencia a las intervenciones extranjeras. Contaban con el apoyo económico de Rosas. Los conocía Oribe, que era considerado como una herramienta de su amo, Rosas.

Rivera ya no creía en la capacidad de sus aliados anglo-franceses para destruir a Rosas y Oribe debido a la rebelión planteada por Urquiza, de modo que también había dejado de confiar en Rosas. Así que todos llegaron a un acuerdo y se unieron al movimiento contra Rosas, en calidad de socios, y a otros más poderosos como Brasil. Brasil firmó un tratado con Uruguay muy desfavorable para este, que cedía derechos territoriales, concedía una hipoteca sobre la aduana y permitía el libre paso de ganado de Uruguay a Brasil.

La Guerra Grande dejó un Uruguay empobrecido, a sus industrias ganaderas y el saladero arruinadas, su gobierno fuertemente endeudado con acreedores nacionales y extranjeros, y su población en declive. Demográficamente la guerra supuso una gran pérdida de gente y de mano de obra que fue en los años sucesivos uno de los grandes problemas de Uruguay.

Muchos propietarios nativos se habían visto obligados a buscar asilo en Montevideo porque sus tierras sufrían abandono y saqueos y habían perdido su ganado y valor. Brasileños procedentes de Rio Grande do Sul entraron entonces en la década de 1850 en Uruguay y adquirieron cientos de estancias. A ellos les siguieron los ingleses y otros europeos. Las consecuencias económicas de la guerra fueron igualmente terribles. Bajó la producción de cueros y carne salada. Las cabezas de ganado descendieron de un modo notable (habían llegado a sumar seis millones en 1843 y no había más de dos millones en 1852).

El Estado era demasiado débil para exigir obediencia a sus súbditos y al declinar la autoridad del Estado se abrió un periodo en el que pudieron controlarlo del todo los caudillos. Fue la época clásica del caudillismo uruguayo.

Uruguay seguía siendo un país con muchos daños derivados de la guerra, haciendas sin recursos, una agricultura atrasada y aunque habían intentado aplicar la consigna «ni vencedores ni vencidos», a la que se acogió el término de la guerra y se fomentó la política de fusión que promovían los jóvenes intelectuales de los partidos Blanco y Colorado, existía una diferencia muy importante entre bandos políticos y era muy complicado eliminar el caudillismo. En este contexto se creó un nuevo partido político liderado por Juan Francisco Giró, que fue electo presidente en marzo de 1852. Las tensiones subsistían. Los tratados que Uruguay se vio obligado a firmar con Brasil en 1851, como consecuencia del término de la guerra contra Rosas, produjeron la renuncia del presidente.

A partir de entonces otra vez los caudillos militares predominarían. Se formó un triunvirato integrado por los generales Venancio Flores, Fructuoso Rivera y Juan Antonio Lavalleja que gobernaba el país. Cuando fallecieron Lavalleja y Rivera el gobierno quedó en manos de Flores, que otorgó predominio a los colorados. Pero en 1857 para acabar con la tensión política el presidente interino celebró el Pacto de la Unión, con Manuel Oribe, que era el jefe del Partido Blanco, en el que se hizo convocar unas elecciones que ganó Gabriel Antonio Pereira.

La idea que se mantuvo durante este gobierno fue la de fusionar las fuerzas políticas superando los intereses partidarios. Se pretendía nada menos que erradicar el caudillismo, pero esto fue estímulo para que las diferencias entre blancos y colorados se incrementasen y se manifestasen de un modo más eminente. Pereira tuvo que hacer frente a varios levantamientos armados que desembocaron en los fusilamientos de Paso de Quinteros.

Venancio Flores tuvo que refugiarse en suelo argentino mientras el general César Díaz, que había combatido a Rosas al mando de Urquiza, y otros oficiales fueron ejecutados por fuerzas gubernamentales.

El siguiente gobierno, entre 1860 y 1864, estuvo al cargo de Bernardo P. Berro, un hombre del partido blanco, liberal, conservador y constitucionalista que desarrolló elementos para modernizar el país. El número de cabezas de ganado creció exponencialmente, los saladeros y la exportación también. Progresó la cría de ovino. Se recuperó en fin el comercio de Montevideo en los años posteriores a la Guerra Grande. Esta política comercial se vio incrementada en el periodo de la guerra de la Triple Alianza contra Paraguay, en la que el puerto de Montevideo se convirtió en un centro de abastecimiento para los ejércitos.

Berro trató de erradicar los antagonismos entre diferentes facciones políticas y estableció una amplia amnistía para emigrados y destinó sus esfuerzos a solucionar los problemas nacionales pendientes como los tratados con Brasil. En 1863 Venancio Flores invadió desde Argentina, en la llamada Cruzada Libertadora, al mismo tiempo que una escuadra brasileña bloqueó el río Uruguay. Se inició entonces la guerra entre Paraguay y Brasil con la invasión en 1865 de la provincia de Mato Grosso por las tropas guaraníes, pero Argentina negó el tránsito por Entre Ríos a las fuerzas de Solano López. La ciudad de Paysandú, en Uruguay, fue bombardeada por las naves brasileñas del almirante Tamandaré. Sus defensores, que resistieron hasta el final, fueron fusilados junto al general Leandro Gómez, que fue líder de la defensa de la plaza. En 1865 el caudillo Venancio Flores entró en Montevideo derrocando el gobierno constitucional que representaba Tomás Villalba, presidente del Senado. Flores ejercerá tres años con el título de gobernador provisorio.

En 1868 se produjo un motín en el que cayeron los jefes de los dos partidos políticos enfrentados, Flores y Berro, y la Asamblea General designó a un militar, Lorenzo Batlle, que gobernó hasta 1872. En esta etapa los caudillos regionales reclamaron su cuota de poder: hubo movimientos armados y se produjo una crisis que desembocó en la depresión de 1868. En 1869 se sublevó el caudillo Máximo Pérez contra el gobierno. El año siguiente lo hizo Francisco Caraballo. Y en 1870 comienza la Revolución de las Lanzas que lideró el caudillo blanco Timoteo Aparicio.

El auge de la economía de los años sesenta sufrió una crisis al final de la década. Siguen las elecciones de 1872 que parecen dar entrada a la reacción caudillista de los hacendados que logran muchos escaños y que acceda a la presidencia José E. Ellauri, que es un hombre respetuoso con las formas institucionales.

LOS HEREDEROS DE LA GRAN COLOMBIA

El efímero proyecto del Libertador

Bolívar concentró en la idea de Colombia sus ilusiones de gobierno para la América liberada del colonialismo español. Sería un espacio geográfico inmenso, abierto a otras incorporaciones, en que se gobernarían las naciones unidas de forma necesariamente autocrática porque otra forma de gobierno federal no la creía posible en Estados emergentes y con poblaciones insuficientemente educadas. Sería el foco de desarrollo de América conforme a las ideas que había aprendido en la literatura europea y había compartido con los conspiradores de Londres.[47] Estas ideas necesitaban una plasmación positiva en una Ley Fundamental y la Constitución de Cúcuta de 1821 las acogería. Creaba un Estado centralista, una Gran Colombia que comprendía Venezuela, Nueva Granada y Quito unidas. Constitución conservadora, presidencialista, con restricción del derecho de voto a los que supieran leer y escribir y tuvieran bienes raíces. Bolívar creía que Colombia podía ser gobernada solo a través de un poder central absoluto y rechazaba los argumentos de los que pretendían hacerla federal, aunque el federalismo, como ya nos consta, era una doctrina política continuamente invocada en América en aquellos años iniciales del siglo xix.[48]

Bolívar pensó en la Gran Colombia como una solución para aunar los esfuerzos de los caudillos regionales y conseguir la derrota total de España, bajo un mando único. Pero también fue un proyecto político. Hacía falta, para que fuera gobernable, un gobierno centralizado. Colombia como proyecto nacional lo había idealizado Miranda, pero Bolívar lo rescató.[49]

En 1818 Bolívar ya contaba con un ejército de llaneros con el que se unió a otros grupos mandados por Francisco de Paula Santander. Juntos, siguiendo senderos imposibles, fueron derrotando al opuesto ejército español hasta lograr la gran victoria de la batalla de Boyacá de 7 de agosto de 1819. El triunfo permitió ocupar Bogotá. Bolívar convocó un congreso que tendría lugar en Angostura en diciembre. Allí se constituiría Colombia. El nombre y la idea las había expuesto Miranda en 1806 para toda la América independiente. Bolívar delimitó el territorio refiriéndolo al del virreinato: Caracas, Bogotá, Quito y Panamá. La palabra «república» significaba entonces en toda América una forma de gobierno representativa, distinta de la monarquía.

Las acciones militares se acompañaban de grandes declaraciones políticas. La más influyente fue el memorable discurso de Bolívar en Angostura (Venezuela), en el Congreso celebrado en esta ciudad. Junto al análisis de la situación, aparece la propuesta de elaborar una Ley Fundamental de la Gran Colombia. El 15 de febrero de 1819, seis meses antes de la batalla de Boyacá, se reunieron representantes de Venezuela, Nueva Granada y Quito en Angostura.

Las decisiones que adoptó fueron, entre otras, redenominar a Nueva Granada Cundinamarca y a su capital, Santa Fe, llamarla Bogotá. La capital de Quito sería Quito, la de Venezuela, Caracas, y la de la Gran Colombia, Bogotá. La República de Colombia sería regida por un presidente. Habría un vicepresidente y los gobernadores de los tres departamentos se llamarían también vicepresidentes. Los presidentes y vicepresidentes se elegirían por voto indirecto. Para iniciar el proceso se eligió presidente de la república a Simón Bolívar y vicepresidente a Francisco de Paula Santander. A Bolívar se le dio en aquella ocasión el título de Libertador.

Tras la batalla de Carabobo de 24 de junio de 1821, se proclamó la independencia de Venezuela y continuaron los trabajos constitucionales hasta que se aprobó la Constitución de 1821, que rigió la Gran Colombia y duró hasta su disolución en 1831.[50]

En los años siguientes el ejército realista fue del todo eliminado. Las batallas decisivas fueron Carabobo (un lugar próximo a la ciudad de Valencia) y la batalla naval del lago Maracaibo de 24 de julio de 1823, que liberó totalmente Venezuela. El norte había sido liberado por Sucre en la batalla de Pichincha. Bolívar celebró en Guayaquil una conferencia con San Martín, cuyo contenido nadie conoce pero que determinó a este a volver a Argentina y establecerse después en Europa.

Bolívar y Sucre también derrotaron a los españoles en la batalla de Junín el 6 de agosto de 1824. En Perú, quedó el general Sucre al mando y consintió que Alto Perú se separara, con el nombre de Bolivia, en 1826.[51] Caracas y Quito habían sido siempre independientes de Bogotá y no tenían lazos de unión con la capital, ni una estructura social equivalente; además Quito resultaba geográficamente muy lejana y de acceso difícil. Los soldados venezolanos que habían participado en acciones en Bogotá o Cartagena tuvieron enfrentamientos y rivalidades con sus colegas lugareños, incluso enfrentándose a enemigos comunes. La incomodidad de la unión se hizo sentir también cuando Bolívar decidió unir las jurisdicciones de las tres provincias. Los congresistas tardaban meses en llegar a Bogotá y se quejaban de no atender bien los intereses locales que representaban. Los constituyentes aceptaron esta organización política más por satisfacer los deseos del líder que por convicción. La misma resignación necesitaron para aceptar el modelo de gobierno centralista querido por Bolívar, que sometió a jerarquía a las autoridades locales y las privó de un efectivo poder de decisión.

El gobierno de Colombia quedó en manos de Santander desde 1819,[52] salvo breves momentos de presencia de Bolívar en el territorio. Santander era un gobernante ordenado y en extremo adicto a la legalidad, lealtad poco practicada en aquellos años de separación de la metrópoli y de creación de nuevos Estados. Es suya esta frase que ha pasado a la historia: «Colombianos: las armas os han dado la independencia, solo las leyes os darán la libertad». Pudo mantener ese escrupuloso comportamiento hasta que en 1826 tuvo que enfrentarse a una irregularidad cometida por José Antonio Páez, general que tenía confiada la gobernación de Venezuela. Lo mandó llamar a Bogotá para reprenderlo y se negó a ir, apoyado por sus fieles. No solo no fue sino que empezó a mostrarse políticamente partidario de separar Venezuela de Colombia. El propio Bolívar tuvo que viajar a Venezuela como pacificador y perdonó a Páez. Las relaciones entre el Libertador y Santander empeoraron. Estaban empezando a ser difíciles por el empeño de Santander en someter las peticiones de Bolívar a procedimientos legales que retrasaban su cumplimiento.[53]

Bolívar, como ya se ha dicho, no era partidario de un sistema de democracia representativa. Prefería combinar la voluntad del pueblo con los primores de la aristocracia. La integración de ambos valores permitiría evitar la ignorancia y abusos del pueblo llano y haría posible el gobierno por un presidente vitalicio y un Senado hereditario. Muchos de los pensadores del momento veían en la fórmula una monarquía disfrazada. Los ciudadanos con derecho a la participación política eran los que figuraban en un censo minoritario; los indios fueron admitidos como ciudadanos activos en la medida en que reunieran las condiciones exigidas para serlo. Las castas no reunían en general las condiciones necesarias. Los esclavos fueron progresivamente liberados a partir de 1821, y de forma más general desde 1850. Esta evitación del gobierno por el pueblo era una defensa contra el retorno de aquellas «repúblicas aéreas»,[54] controladas por demagogos, a las que culpó en 1812 de la derrota de Venezuela frente a los realistas.

En Perú, gracias a la presión del ejército, y pese a la oposición de las instituciones democráticas, Bolívar logró ser nombrado presidente vitalicio a finales de 1826. Creía que en Colombia necesitaría todo el poder para gobernar y defendía en privado una dictadura, sin la cual la nación estaría perdida.

Llegó a Bogotá en noviembre de 1826 y fue recibido con frialdad y dejando ver algunas pancartas que hablaban de la defensa de la Constitución. Al Libertador le molestaba sobremanera, a estas alturas de su vida política, que los juristas hubieran impuesto su criterio y se hablara en Bogotá más de Constitución y leyes que de ejército y acción.

Ese mismo año, desairando a Santander fue a Venezuela y no solo perdonó a Páez, como se ha dicho, sino que lo ratificó como jefe militar y civil de Venezuela y lo llamó «salvador de la república». Era una desautorización para Santander que contribuyó a dificultar más las relaciones personales hasta que se rompieron en marzo de 1827.

En agosto el Congreso convocó la Convención de Ocaña para reformar la Constitución. Santander acató pero hizo campaña en contra de Bolívar en las elecciones. Se celebraron estas en 1827 y Santander tuvo más apoyo popular. Los bolivarianos pronosticaron que saldría adelante una Constitución federalista que impediría la realización del modelo autocrático del Libertador. Plantearon, para evitarlo, la disolución de la Convención. Algunos militares amigos le pidieron entonces que suspendiera la Constitución de Cúcuta, lo que hizo el 28 de junio de 1828, y que proclamara la dictadura. Pero las revueltas de septiembre por parte de jóvenes profesionales y el asalto al Palacio de la Presidencia el 25 de septiembre, obligaron a Bolívar a huir. Lo consiguió por poco, saltando por una ventana, ocultándose bajo un puente y ayudado, sobre todo, por su compañera Manuelita Sáez. Los conspiradores fueron condenados a muerte, también Santander, que no había participado en la conspiración. Algunos fueron ejecutados enseguida. A Santander le conmutó la pena el Consejo de Ministros, cuya decisión aceptó Bolívar a regañadientes.

Después ocurrieron varios levantamientos, como los de los generales José María Obando y José Hilario López en Popayán, o el de José María Córdoba en Antioquia. Bolívar viajó para reprimir a aquellos generales.

Para entonces, algunos ministros de su gobierno estaban haciendo consultas en embajadas para ver si algún príncipe europeo aceptaba ser rey de Colombia. Bolívar se opuso, volvió en 1830 y constituyó el Congreso. Unos días antes, Páez había decretado la separación de Venezuela. Ecuador anunció lo mismo a mediados de año. El Libertador renunció a la presidencia en marzo.

Murió Bolívar de tuberculosis el 17 de diciembre de 1830, a los cuarenta y siete años. Un año después, en 1831, se disolvió legalmente la Gran Colombia, y recuperaron todo el poder las repúblicas de Venezuela, Ecuador y Nueva Granada, bajo los liderazgos, respectivamente, de José Antonio Páez, Juan José Flores y Francisco de Paula Santander.

Venezuela: desde el caudillo José Antonio Páez Herrera a los Monagas

José Antonio Páez no nació rico, como tantos otros caudillos americanos, pero se las ingenió para igualarse a los que más tenían adquiriendo tierras, hatos y haciendas, en cuanto le llegó la ocasión. Conseguir propiedades rústicas y administrarlas fueron comportamientos obsesivos en él. Lo consiguió partiendo de posiciones muy bajas en la escala social y apoyándose en sus facultades naturales más eminentes, que no fueron una disposición singular para las finanzas o habilidad en los negocios, sino un arrojo desmedido para el combate.

Nació el 13 de junio de 1790 en una familia de empleados (su padre trabajaba para el monopolio español de tabacos), en un pueblo cercano a Acarigua, en un rincón de Barinas, muy lejos de Caracas. Su padre no tuvo medios ni ganas de educar a su hijo. Este se formó en lo más elemental, que se supone que serían unas nociones de doctrina cristiana, explicadas por algún párroco o monje cercano. Lo suyo fue, desde niño, el aire libre y la contienda. Tenía diecisiete años cuando tuvo un primer encontronazo con delincuentes, que sus biógrafos relatan como decisivo en su vida. Se enfrentó con cuatro asaltantes en el bosque de Mayurupi y mató a uno de ellos e hizo huir a los demás. Actuó en defensa propia, dicen los relatos de su vida,[55] pero no tuvo más remedio que marcharse de su pueblo, escapando hacia los llanos de Apure, y enrolarse con las cuadrillas de individuos al servicio de los grandes propietarios. Convivió entonces con bandas de marginales que se dedicaban a veces a trabajar como peones y, más comúnmente, a la delincuencia. Trabajó como peón en el hato de La Calzada, propiedad de Manuel Antonio Pulido, donde fue sometido a la brutalidad de un duro capataz negro. Se hizo experto jinete y hábil con la lanza y el lazo.[56]

Se casó el 1 de julio de 1809 con Dominga Ortiz. Fue su esposa, aunque no su única pareja, durante toda la vida y le dio diez hijos, de los que solo dos sobrevivieron. Dominga Ortiz aportó al matrimonio un buen lote de cabezas de ganado.

Páez anduvo siempre a medio camino entre las actividades legales y las ilegales mientras vivió en los llanos. La población rural era marginal y él formó parte de las bandas que circulaban en abundancia en esos territorios haciendo lo pertinente para sobrevivir. Tenía condiciones naturales para ello. A mediados de 1809, arreando ganado cerca de Banco Largo se encontró con un motín de esclavos. Consiguió convertirse en su líder y, al poco, tenía una fuerza de trescientos cincuenta hombres, casi todos llaneros, con la que actuó en el territorio de Apure. Muchas de las bandas formadas al final de la época colonial pasaron a dedicarse, a partir de 1810, a la guerra de guerrillas.

Estas experiencias suplieron la formación que no tenía. Era completamente inculto cuando comenzó la guerra por la independencia. Era bajo de estatura, pero fuerte. Con instinto para la maniobra. Resistente y con capacidad de supervivencia. Inicialmente estuvo al servicio de algunos caudillos revolucionarios, entre ellos Urdaneta. Pero prefirió la libertad de la guerrilla a la disciplina del ejército. Algunos lances con oficiales realistas (por ejemplo, su enfrentamiento con José María Sánchez) le hicieron ganar fama como el más bravo de los llaneros. Conseguía reclutar sus huestes con medidas de recompensa curiosas, como nombrar capitán a todo aquel que le trajera cuarenta hombres. Adquirió reputación de leal con los suyos y protector de gente necesitada de cobijo. Este apoyo general le sirvió para que en 1816 fuera elegido por jefes y oficiales para sustituir al general Santander como comandante en jefe del Ejército del Oeste. Páez consideró el evento como uno de los más destacados de su vida. De todas maneras, le faltaba la visión de conjunto que necesitaba un general y no oteaba más allá de lo inmediato. Empezó a participar en las batallas de la guerra de independencia en las tropas de Bolívar contra Pablo Morillo, la primera vez contra la invasión de Apure. Páez intervino en las batallas de Gaujaral, Cañafístola, Trapiche de la Gamarra y Las Couizas. Destacó en la batalla de Las Queseras del Medio, en el río Arauca. Consiguió un gran triunfo aplicando una táctica de la que se valió más veces: simular una retirada para provocar la persecución del enemigo y volver la caballería súbitamente y atacar. Bolívar lo condecoró con la Orden de los Libertadores al día siguiente de la batalla.

Páez fue con Bolívar en la campaña libertadora de Nueva Granada y participó en las operaciones que llevarían, el 24 de junio de 1821, a la batalla de Carabobo, que aseguró la independencia de Venezuela. Páez mandó la Primera División. En el mismo campo de batalla Bolívar lo ascendió a general en jefe del ejército colombiano. Las tropas realistas perdieron más de la mitad de sus efectivos y se refugiaron en Puerto Cabello, que fue el último reducto español hasta que Páez lo liquidó en 1823.

También nombró Bolívar, poco después de la batalla de Carabobo, a Páez comandante general del distrito militar que incluía las provincias de Caracas, Barquisimeto, Barinas y Apure.

Lucha después, estableciendo su posición en Valencia, contra las tropas realistas movidas por Francisco Tomás Morales, hasta que lo derrota en la batalla de Naguanagua. Más tarde, Morales sería derrotado también en la batalla del lago Maracaibo de 24 de julio de 1823.

A medida que las batallas por la independencia se iban ganado, Bolívar empezó a asignar a los caudillos, entre los cuales Páez, obligaciones de gobierno. A Páez le confió la función de comandante general del departamento de Venezuela. Allí acabó con la resistencia realista, llevando los últimos focos hasta el asedio de Puerto Cabello.

En 1825 tuvo el primer choque importante con el gobierno central de Bogotá. Se le había encargado que se ocupara de la recluta de la guardia nacional y se excedió en los métodos que utilizó para conseguirlo. Lo denunciaron ante el Congreso y decidió desafiar la orden de que se presentara en Bogotá, amparado por sus leales locales. Para entonces, en 1826, se había producido en Valencia (Venezuela) un movimiento secesionista, que fue llamado «la Cosiata», que lo eligió líder. Páez atribuyó el movimiento a la desconsideración y desagradecimiento de los políticos con los soldados en tiempos de paz. Él mismo no se sentía recompensado por sus contribuciones en los campos de batalla. Pero la tensión y el enfrentamiento con las políticas que dirigía desde Bogotá Francisco de Paula Santander fueron en aumento. Lo que había empezado con la Cosiata fue un movimiento separatista que se concretó a finales de 1829 en una asamblea reunida en el convento de San Francisco en Caracas, que desconoció la autoridad de Bolívar y del gobierno boliviano y solicitó de aquel que reconociera la independencia de Venezuela. En 1829 los venezolanos se separaron de Colombia afirmando que «Venezuela no debe continuar unida a Nueva Granada y Quito porque las leyes que convienen a esos territorios no son a propósito para éste, enteramente distinto por costumbres, clima y producciones y porque en la grande extensión pierden la fuerza y energía».

Tenía entonces un enorme prestigio entre los llaneros, los soldados y el ejército, de modo que Bolívar no tuvo más remedio que aceptarlo como gobernante de facto de Venezuela, sujeto únicamente a Bolívar como presidente de Colombia. Pero este ya estaba desconfiado con Páez y confesó haber actuado por causa de fuerza mayor. Empezó entonces una inexorable transición hacia la secesión.

Páez se alza contra la autoridad de Bolívar, establece un gobierno provisional y convoca un Congreso Constituyente que se habría de celebrar en Valencia en 1831. Faltaron compromisarios electos para la primera convocatoria y hubo que aplazar la reunión hasta el 6 de mayo en Valencia. Aprobó el 22 de septiembre de 1830 la Constitución de Venezuela, que entró en vigor ese mismo mes. El 18 de marzo de 1831 se constituyó el primer Congreso, que elegiría a Páez presidente de la república por 136 votos de los 158 emitidos. El 11 de abril de 1831 Páez prestó juramento.

Las constituciones por sí solas no aseguraban el orden y la estabilidad; era necesaria la ayuda del caudillo. En Venezuela ejerció como tal Páez, porque, además de líder militar, contaba con una base personal de sus peones y caciques locales en los llanos y en sus haciendas del norte. Desempeñó como hombre fuerte porque era de los pocos líderes respetados por todos. Gobernaba para la élite y con la élite y el gobierno de Venezuela se correspondía con el diseño clásico de una oligarquía. Necesitaba tener recursos, no obstante, no solo en su localidad de origen sino también en el resto de las localidades de Venezuela, para lo cual adquirió a título personal muchas tierras y se coaligó con el grupo dominante terrateniente para crear una red de intereses en todos los ámbitos.

Por entonces, Páez estaba aprovechando bien la situación y su buena posición en el gobierno para realizar su deseo de convertirse en un gran terrateniente. Era momento propicio porque solo una pequeña parte del territorio venezolano estaba en manos privadas. La concentración de la tierra había empezado a aparecer en el periodo colonial, extendiéndose los hateros del norte hacia el sur en busca de pastos para el ganado. Antes de 1810 los grandes hatos ocupaban una parte menor del territorio de los llanos; la mayor parte era pequeña propiedad. Páez adquirió grandes extensiones. En este tiempo amasa obsesivamente una importante fortuna en tierras. Principalmente los hatos de San Pablo, El Frío, La Yegüera, Mata Toturno y Mata Gorda. Más tarde quiso ser también agricultor, que era el meollo de la economía venezolana, y adquirió terrenos en el centro norte, como el hato de la Trinidad, en las proximidades de Maracay, donde se producía cacao, café y azúcar. Disponía, además, de una gran mansión. Se había encaprichado con la finca al concluir la batalla de Carabobo y, a pesar de que existían varias ofertas compradoras, se la adjudicaron a él «en atención a los servicios relevantes» que había prestado a la causa. La finca había sido del marqués de Casa León. Se le adjudicó en 1821. Administró directamente esa propiedad durante años. Y consiguió tener un buen número de empresas agrícolas que exportaban productos de la tierra. Fue un sobresaliente hatero y hombre de negocios.

No mejoró su fama de inculto, pero sí la de hombre generoso, valiente y leal. Él mismo destaca sin vergüenza en su autobiografía esa circunstancia de su incultura. Había aprendido a leer y escribir con mucho retraso y ahora, de líder, intentaba mejorar su cultura.[57]

En 1825 ya se ha dicho que se resistió a un llamamiento de Bogotá y se puso al lado de los independentistas de Valencia. Bolívar mandó al irlandés O'Leary a negociar y pacificar y, después de buscarlo mucho, lo encontró en Achaguas, Apure, en la casa del coronel Cornelio Muñoz: según contó O'Leary estaba tocando el violín y tenía a un negro ciego como único oyente.[58]

Con el tiempo se incrementó su posición nacionalista, favorable a la secesión de Venezuela de la Gran Colombia. Le dijo a O'Leary: «Espero que el presidente no me forzará a ser su enemigo y a destruir Colombia con una guerra civil». A partir de ahí O'Leary tuvo claro y manifestó que ambicionaba el poder absoluto y arbitrario. Páez buscaba independencia nacional y personal. Quiso desde entonces convertir Venezuela en un Estado nación. Le apoyaba la élite. Pero no quiso poderes excepcionales, como Rosas en Argentina, sino que cuando llegó a presidente ejerció los que le otorgaban la Constitución y las leyes que, eso sí, él iba dictando.

Se rodeó de ministros capaces; se dijo que los mejores de América en su tiempo, como Santos Michelena o Ángel Quintero (un terrateniente dueño de esclavos), con buen sentido para el gobierno. Fue liberal en la primera legislatura de su presidencia: abolió la acabala, dictó leyes importantes de inmigración, expandió la educación primaria, fundó la primera biblioteca nacional. Fue un déspota ilustrado.

Fue magnánimo en la represión de las revueltas. En 1831 se produjo una, en el este de Venezuela, de carácter militarista y conservador, promovida por Monagas. Terminó con un apretón de manos entre este y Páez, a cambio de que Monagas aceptara la

Constitución. Fue un gesto de clemencia que repetiría. Después hubo, en abril del 1831, una revuelta en San Lázaro, Trujillo, promovida por grupos que sostenían que la separación de Colombia había afectado a sus libertades. Esta vez aplicó el método, más común, de que el ejército aplastara la rebelión.

Páez se situó siempre más cerca de los agricultores que de los ganaderos, de los hacendados que de los hateros. No prestaba mucha atención a las peticiones de que se bajasen los impuestos sobre el ganado ni que se aumentase la seguridad en los llanos. Con un bandido notable, Cisneros, que tenía atemorizadas las plantaciones, actuó de modo singular: lo combatió con operaciones militares, pero luego acabó convenciéndolo, invocando su condición de compadre, para que prestara servicios a su lado y se integrara en la civilización.

En los tiempos de Páez empezó la fuerte reivindicación de tierra, a lo que el régimen, tan próximo a los hacendados, se opuso siempre. Quería mano de obra, no colegas. Además, lo necesario era asegurar la existencia de peones al servicio de las haciendas. Se aprobaron muchas leyes provinciales que obligaban al trabajo e imponían castigos y arrestos. En tiempo de Soublette, un presidente protegido por Páez, se reguló el delito de vagancia, que permitía condenar a trabajar en hatos privados o con la cárcel.[59] La época de Páez, dice Lynch, «fue un paraíso para los propietarios».[60] Era imposible que un obrero litigase contra un patrón: su única salida era huir a las montañas donde los desertores del trabajo eran reclutados por bandidos. Los caudillos los utilizaban para confrontaciones entre ellos, pero los bandidos siempre estaban dispuestos a luchar contra el poder. El personal estaba mal pagado y todo era inseguro. El gobierno respondió al desafío con leyes más duras contra los delincuentes rurales. Para responder a las protestas por robos y vagancia, se aprobó, el 23 de mayo de 1836, la ley de azotes, que estuvo vigente, con modificaciones, hasta 1845, generando protestas por lo oprobioso y salvaje del castigo corporal.

Nadie pensaba en el centro-norte que Páez hubiera fracasado en la lucha contra la inseguridad. Al término de su primer mandato, en enero de 1835, se retiró a su hato de San Pablo, pensando que se iba a dedicar desde entonces a administrar su fortuna. Su sustituto en la presidencia fue Vargas, hombre bastante distinto y de actitudes pusilánimes. Páez hubiera preferido a Soublette. En 1835 estalló la Revolución de las Reformas: empezando en Maracaibo se extendió por varias provincias, mientras otras permanecían fieles a la Constitución. Los reformistas contaban con el apoyo de Mariño y Monagas, que eran segundo y tercero en la jerarquía de los caudillos venezolanos. No se sumó, sin embargo, Páez, que preparó en su hato de San Pablo un manifiesto en defensa de la Constitución y ofreció sus servicios. Reunió a sus peones, reclutó personal, con apoyo de los caudillos rurales, y entró en Caracas el 28 de julio entre aclamaciones como «caudillo de la Constitución». Restableció el orden constitucional y el Congreso se lo agradeció nombrándolo «Ciudadano Esclarecido».

Normalmente los líderes de estas sublevaciones eran condenados a muerte, pero en esta ocasión los fusilamientos se cambiaron por negociaciones de paz y el perdón a Monagas y los suyos, permitiéndoles también conservar sus rangos y propiedades. Ya era la segunda vez que se habían alzado Monagas y sus partidarios y fueron por segunda vez perdonados.

Páez salió de la confrontación reconocido como un caudillo de caudillos, respetado por todos ellos. Había resistido a Monagas y liquidado el poder político de Mariño sin necesidad de vengarse. El comportamiento de Páez en este trance de la Revolución de las Reformas muestra que sus métodos fueron más bien la conciliación y el acuerdo que la represión violenta o el terrorismo de Estado. No impuso la fuerza sino que su caudillaje fue aceptado por consenso.

Las revueltas en el campo continuaron y una buena muestra fueron las de los guerrilleros hermanos Juan Pablo y Francisco Farfán, que eran de una familia ganadera pero también practicantes de la delincuencia del abigeato, que se levantaron en los llanos de Apure pidiendo reformas. Asesinaron a jueces locales que habían aplicado la ley de azotes. El presidente Soublette encomendó la acción militar a Páez, que marchó contra los Farfán con una fuerza de setecientos individuos. Los atacó con sesenta hombres escogidos. La acción fue de extraordinaria violencia. Pablo Farfán murió y Páez obtuvo su última victoria en un campo de batalla, por la que mereció el apodo de el León de Payara. Regresó a Caracas con la misión cumplida de salvar Venezuela del pillaje y la carnicería y librarla de los rebeldes. No obstante, durante el resto de la década y toda la segunda presidencia de Páez, la seguridad en el campo siguió siendo muy frágil. A la abundancia de forajidos se añadía la condescendencia de los liberales con algunas de sus acciones. Páez no podía combatirlos en todos sitios y dejaba necesariamente la defensa en manos de autoridades locales. Fue importante la acción que inició, en 1838, en la región de Maracaibo, el bandido José María Faria, con mucho acompañamiento de esclavos fugitivos.

Páez tenía amenazas de muerte y se hacía acompañar a todas partes por una guardia personal de llaneros.

Su segunda presidencia tuvo lugar desde 1839. Obtuvo 212 votos de los 222 electores que podían votar.

Gobernó con una Administración muy reducida, un ejército mínimo y confiado en su prestigio personal. Él era un soldado y no un dictador militar. Escribió que, en ese periodo, la fuerza militar con la que contaba sumaba ochocientos hombres. Páez nunca tuvo poderes de excepción como Rosas. Pero, aunque no era un dictador inconstitucional, sí lo era como oligarca que, apoyado por los terratenientes, manipulaba las elecciones, situaba a los suyos en los puestos claves, nombraba a los jueces y controlaba las decisiones políticas fundamentales del Congreso. Acalló a la prensa, generalizando la opinión de que el presidente no podía ser criticado porque el presidente era la nación. Pero no evitó que el periódico liberal *El Republicano*, cuyo propietario era Monagas, lo tildase de partidista, manipulador de las elecciones y amigo de los oligarcas.[61]

Al final de su segunda presidencia, se retiró de nuevo a una de sus propiedades, el hato de Lo Frío, pero mantuvo la atención como guardián de la república y hombre del poder tras la fachada del presidente.

Venezuela no fue una dictadura militar a diferencia del Estado rosista de Argentina. No empleaba el terror como forma de gobierno.

El poder real estaba en manos de una coalición de terratenientes, altos cargos y comerciantes de élite. Páez estaba demasiado inclinado a terratenientes y comerciantes lo que le granjeó la animadversión de los pequeños y medianos propietarios de tierras.

No pararon las protestas y revueltas, como la organizada en 1844 en el pueblo llanero de Orituco, secundada luego por otros, que pedían tierras gratis y justicia social. A mediados de 1846 las tensiones alcanzaron su punto culminante. Reclamaciones de créditos, vinculaciones de los campesinos con las bandas, etc. Hubo nuevas elecciones en agosto de 1846 y fuertes tensiones entre liberales y conservadores. Páez se reunió con el líder de los conservadores, Leocadio Guzmán, en Maracay, para resolver diferencias. En la negociación del acuerdo se interfirieron las acciones emprendidas por el «indio» Rangel, un mestizo secundado por Ezequiel Zamora, un liberal radical, que reclutó una gran masa de campesinos disgustados y revolucionarios. Los liberales, entre los que había muchos propietarios, no habían organizado la revolución, pero no les venía mal aprovecharse de ella políticamente. Soublette, entonces presidente, reaccionó con fuerza y asumió las «facultades extraordinarias» previstas en la Constitución. Obtuvo del Congreso autorización y recursos para una movilización general. Páez fue nombrado comandante en jefe del ejército y Monagas segundo en el mando para pacificar la zona del país. La rebelión estaba impulsada por caudillos políticos sin experiencia militar y Páez, que estaba en Maracay al recibir el nombramiento, convocó a sus peones y los unió al ejército regular.

Rangel y Zamora se unieron y emprendieron guerras de guerrillas, mientras castigaban oligarcas, asaltaban sus haciendas y liberaban esclavos. Páez describió la revolución de Rangel y Zamora como una conspiración de liberales y demagogos con la que llevaban al país al derramamiento de sangre y anarquía. Se fomentaron las deserciones con promesas de amnistía. En febrero de 1847 fueron aplastados sangrientamente en Pahüita y terminó el enfrentamiento.

Monagas fue elegido presidente de Venezuela en 1847.[62] Páez acudió a la toma de posesión en Caracas y fue recibido como si fuera el presidente. Se mostró Monagas indulgente con los rebeldes. Redujo el ejército. Incrementó poco a poco su grupo político y ganó el apoyo de los terratenientes. La ley de tierras de 10 de abril de 1848 favorecía la distribución de tierras de la nación, pero en verdad sirvió para que adquirieran más los terratenientes y, sobre todo, su familia.

Poco tardaron los oligarcas en sentirse defraudados por Monagas y propiciaron un encuentro entre este y Páez en diciembre de 1847. No hubo acuerdo. Los oligarcas controlaban el departamento judicial y el Congreso y pensaron llevar a Monagas ante la justicia y trasladar el Congreso a Puerto Cabello. El 24 de enero de 1848, una multitud asaltó el Congreso de modo violento. Monagas solicitó poderes especiales y llamó a filas a diez mil hombres. Amnistió los delitos políticos, como habían hecho con él en 1831. El 4 de febrero, Páez denunció el asalto al Congreso y reclamó a todos los venezolanos a unirse a su oposición armada al gobierno. Argüía que se había roto el pacto constitucional y que la nación había recuperado sus derechos. Pero Páez no logró una recluta tan importante como el gobierno y se notó su pérdida de influencia en las zonas rurales.

Fue derrotado en Los Araguatos en los llanos de Apure. Allí se perdió también el prestigio de Páez, que huyó y se instaló en Jamaica y Curaçao. Lanzó un manifiesto con la promesa de derrocar a Monagas por sectario y corrupto. Páez salió de Curaçao el 2 de julio de 1849 con setenta simpatizantes a bordo de ocho goletas que desembarcaron en Coro. No obtuvo los apoyos que esperaba y tuvo que rendirse el 15 de agosto en Macapo. Estuvo prisionero durante meses en una pequeña celda del castillo de San Antonio en Cumaná. Macapo fue el final de la vida política y militar de Páez. Fue condenado al exilio y despojado de su rango, cargos y títulos y condecoraciones. Se fue primero a Saint Thomas y luego a Nueva York el 26 de julio de 1850, donde conoció a Garibaldi. Viajó durante ese exilio Páez por el mundo y conoció a muchos personajes entre 1850 y 1859. Vivió en Nueva York, fue recibido en París por Napoleón III y en Múnich por Luis de Baviera.

En 1858 se le comunicó que Monagas había sido derrocado por la Revolución de Mayo y que se le habían devuelto todos sus honores. Llegó a Venezuela el 18 de diciembre de 1858. La encontró sumida en una gran conmoción política y social. Había un descontento generalizado con el nuevo presidente Julián Castro. Estalló en Coro la guerra federal el 20 de febrero de 1859 y Páez fue nombrado jefe de operaciones de Carabobo, aunque no aceptó. El nuevo presidente Manuel Felipe de Tovar lo designó comandante general de todos los ejércitos. Páez ejerció hasta mitad de ese año en que se marchó otra vez a Nueva York. Allí conoció al plenipotenciario argentino Domingo Faustino Sarmiento, quien lo impresionó por sus ideas sobre la importancia de la educación.

Páez tuvo que comprobar cómo empezaba la guerra federal de 1858-1863, que estaba lejos de su control pero le afectaba mucho personalmente. Un grupo importante de hateros, hartos de tanta violencia, exigieron al presidente Manuel Felipe Tovar que dejara regresar a Páez. Llegó a Caracas a medianoche y sin ostentación. Se esforzó en llegar a una negociación pacífica con los federales, pero no pudo evitar el inicio de guerras civiles, crisis ministeriales y otro golpe militar contra la presidencia. Páez culpó del origen de los conflictos a que los gobernadores provinciales electos fueran demasiado independientes del control central.

Se fue de Venezuela, por última vez, a Nueva York, en junio de 1863 y falleció allí el 6 de marzo de 1873, cuando tenía ochenta y dos años.

Entre 1850 y 1870 fue uno de los periodos más conflictivos de Venezuela en la etapa decimonónica. Los años cincuenta se inician con la dinastía Monagas en el poder; luego continúa la llamada guerra federal de 1858 a 1863. En 1863 se celebra un acuerdo para hacer una Constitución que dará al país el nombre de Estados Unidos de Venezuela. Estalla una guerra entre caudillos en 1868 y finalmente se apodera del gobierno Antonio Guzmán Blanco en abril de 1870, para dar comienzo a una etapa de autocracia que intentó en definitiva consolidar a la oligarquía.

Es necesaria una última ojeada a los sucesos que siguieron en Venezuela al término de la presencia de Páez. Como se ha comprobado, no hay que reducir su influencia a las épocas en que ocupó de manera formal la presidencia de la república. Tuvo poder suficiente para poner y quitar presidentes y mantuvo una posición de vigilancia y protección del país en su condición de militar de prestigio con las raíces bien desarrolladas en el campo, donde contó con una tupida red de caciques y caudillos locales que apoyaron sus decisiones.

Su mayor competidor, aunque por épocas también colaborador, fue José Tadeo Monagas, al que van hechas por delante algunas alusiones justificadas porque mientras Páez se había sumado al movimiento de la Casiata, favorable a la separación de Venezuela de la Gran Colombia, José Tadeo (sus padres, en realidad, lo bautizaron como Judas Tadeo, pero él sustituyó siempre Judas por la inicial jota que, con el tiempo, la gente empezó a traducir por José, y se consolidó el cambio) estaba intentando separar una parte de Venezuela, formada por las provincias de Cumaná, Margarita y Guayana, en un Estado nuevo que se llamaría Estado de Oriente. Llegó a celebrarse una asamblea, en la ciudad de Barcelona, en 1831, que designó a Santiago Mariño gobernador en jefe del Estado y a Moragas segundo jefe. Páez consiguió convencerlo de que depusieran su actitud y rindieran las armas y acordó un indulto para ellos.

Los Monagas, en plural, porque, además de José Tadeo también intervino activamente en política su hermano José Gregorio. Ambos eran personajes terratenientes, liberales y federalistas, contrarios a la corriente política que representaba José Antonio Páez, pero las conciliaciones a las que llegaron fácilmente, cada vez que los Monagas se sublevaron, hicieron que Páez propusiera a José Tadeo como presidente. Pensaba que sería fácil de manejar, pero se equivocó. Salió elegido presidente e inició la saga de los Monagas, que acabaría en una terrible guerra civil.

Se rodeó para el gobierno de gentes que habían luchado contra Páez y cambió por completo sus formas de gobernar. Monagas ejerció el poder con notable arbitrariedad, su época fue de marcado nepotismo y de maneras autoritarias. El mayor enfrentamiento con el expresidente Páez ocurrió durante la primera presidencia de Monagas, cuando las disputas terminaron con un asalto al Congreso en el que fueron asesinados varios diputados conservadores. Las desavenencias llevaron a una breve guerra civil que terminó con el encarcelamiento y exilio de Páez.

Terminado el primer mandato de José Tadeo en 1851, entregó el cargo a su hermano José Gregorio, y al concluir este el suyo, en 1855, volvió José Tadeo para gobernar hasta 1859. Pero antes de que llegara esa fecha reformó la Constitución en 1857 para permitir la reelección y alargar el mandato dos años más. Emprendió en este segundo mandato reformas de corte liberal interesantes y provechosas para Venezuela, pero la continuidad de la familia Monagas generó descontento y hartazgo de la población, que aprovechó el general Julián Castro para dirigir un alzamiento desde Valencia, conocido como la Revolución de Marzo. José Tadeo se exilió en Francia para evitar derramamientos de sangre.

Pero los hubo, especialmente en el inmediato y mayor enfrentamiento entre las fuerzas conservadoras y liberales de la Venezuela del siglo xix, conocido como la guerra Federal, guerra Larga o guerra de los Cinco Años. Se perdieron trescientas mil vidas entre las consecuencias directas e indirectas de la guerra y el país cayó en la ruina. El desgaste facilitó finalmente la negociación, que llevó, en 1863, al Tratado del Coche, que negoció, en nombre de los conservadores, como última contribución a su país, José Antonio Páez, y en nombre de los federalistas y liberales, el general Falcón. La victoria fue para los liberales y el 24 de diciembre de 1863 fue elegido presidente Juan Crisóstomo Falcón.

La reconstrucción de Venezuela la acometió, unos años después, el general Antonio Guzmán Blanco, al que se le atribuyeron poderes dictatoriales, para iniciar su mandato, en 1870, de presidente provisional de los Estados Unidos de Venezuela, según la denominación que estableció la Constitución de 1864.[63]

Ecuador: del floreanismo al teócrata García Moreno

Ecuador también buscó su identidad fuera de la Gran Colombia. Hubo menos violencia que en Venezuela y su estructura estaba más repartida entre la élite blanca, el sector mestizo y una amplia base india. Juan José Flores, un venezolano vinculado patrimonialmente a una familia ecuatoriana, fue designado para desempeñar un papel de caudillo regional comparable al de Páez en Venezuela. Bolívar publicó una serie de decretos que establecían en Ecuador medidas administrativas y fiscales no aplicables al resto de la unión, pero no fue capaz de mantener a Ecuador en la unión y el 13 de mayo de 1830 se separó de Colombia.

Juan José Flores y Aramburu, nacido en Puerto Cabello en 1800, se convertiría en el líder de la República de Ecuador a partir de entonces. Fue presidente en tres ocasiones, desde 1830 a 1834, de 1839 a 1843 y de 1843 a 1845. En los inicios de su responsabilidad, alcanzando pactos de rotación en la presidencia con su coetáneo Vicente Rocafuerte; y, a partir de la segunda presidencia, arreglando a su medida la Constitución para continuar en el cargo hasta que lo echaron a la fuerza. Y entonces dejó el país lo suficientemente mal parado para que, después de gobiernos breves y turbulentos de otros presidentes, llegara al poder el constructor de la nación ecuatoriana, católico acérrimo y, pese a sus tendencias autocráticas, generalmente admirado en su país, Manuel García Moreno.

Flores había participado en los ejércitos que lucharon por la independencia y fue designado por Bolívar gobernador del Distrito Sur de la Gran Colombia, en el que había sido comandante general al final de los años veinte, colaborando eficazmente en las victorias del general Antonio José Sucre. Tras la disolución de la Gran Colombia, el territorio se denominó República de Ecuador y su primer presidente sería Flores. La milicia y la propiedad de la tierra se conjuntaron, en el caso de Flores, por su matrimonio con la aristócrata y terrateniente Mercedes Jijón Vivanco, lo que le aseguró una posición privilegiada entre los caciques ecuatorianos y el liderazgo del sector conservador del país. Fue, en términos generales, un mal gobernante, desordenado, amparador de la corrupción, incapaz de sofocar las continuas revueltas y la insubordinación de sus propios soldados. Salió, además, siempre derrotado de los enfrentamientos con Nueva Granada, la parte del territorio que conservaría con el tiempo el nombre de Colombia, con la que tuvo inacabables conflictos fronterizos (el Tratado de Guayaquil de 1829 señalaba el Marañón-Amazonas como límite de la frontera sur, pero los demás estaban por estabilizar dadas las discrepancias entre la aplicación de los que rigieron para la Real Audiencia de Quito, como quería Ecuador, o los resultantes de otra división posterior, de 1824, como pretendió Nueva Granada), entre los que destaca el que enfrentó a ambos países por los territorios de Cauca y Pasto.

Entretuvo Flores su tiempo de la primera época presidencial en atender los referidos levantamientos y guerras, y las únicas decisiones que se le recuerdan más afortunadas fueron la incorporación oficial a Ecuador de las islas Galápagos en 1832 (una de las islas fue bautizada como Floreana, en honor a Flores), la aprobación de la primera Constitución ecuatoriana el 23 de septiembre de 1830 y el acuerdo de gobierno que alcanzó con Vicente Rocafuerte por el cual este le sucedería en la presidencia. Apenas duró la estabilidad derivada de esta primera Constitución porque su mala administración y facilidad para crearse enemigos facilitaron la emergencia de grupos fuertes de oposición, entre los cuales una organización denominada El Quiteño Libre, fundada en 1833, que integraron militares, intelectuales y terratenientes. Publicó esta sociedad un periódico con su mismo nombre y el presidente contestó creando tres en Guayaquil, Quito y Cuenca. No fue bastante para contrarrestar la opinión de la oposición y el gobierno floreano pidió al Congreso poderes de excepción, que le fueron concedidos. Con estos poderes pudo Flores mandar al destierro a sus peores enemigos de El Quiteño Libre, pero los restantes alentaron un levantamiento que estalló en Guayaquil, dirigido por el comandante Pedro Mena, que proclamó a Vicente Rocafuerte jefe supremo. Flores fue a Guayaquil a sofocar la revolución y cayó en una emboscada en la que fueron capturados algunos de sus colaboradores militares. Rocafuerte y Mena tuvieron, no obstante, que huir y se refugiaron en la isla Puná donde establecieron su cuartel general. Pero la llama de la revolución, alimentada por la animadversión hacia Flores, iba prendiendo a otros territorios. Flores dirigió sus esfuerzos a la captura de Rocafuerte, lo que consiguió. En esta situación Flores y Rocafuerte negociaron para establecer un reparto del poder y defenderse ambos de José Félix Valdivieso, que acababa de conquistar la capital con su ejército. Se formaron de esta manera dos grupos: el de los restauradores, dirigidos por Valdivieso, y el de los convencionales, con Flores a la cabeza. Estalló entonces una guerra civil, que concluyó en la sangrienta batalla de Miñarica. La ganó Flores. Valdivieso decidió dar por concluidos sus esfuerzos constitucionales, abandonar el país y adherirse la República de Nueva Granada. Así terminó la llamada Revolución de los Chihuahuas.

En 1834 al concluir la presidencia de Flores, se presentó la candidatura de Vicente Rocafuerte, que era un soldado inculto, un americanista y un liberal. Aunque Flores era el comandante en jefe del ejército y el apoyo militar del régimen, Rocafuerte estaba lejos de ser un mero hombre de paja. Combinaba liberalismo y autoritarismo a partes iguales. Era un antiguo defensor de la educación, la tolerancia religiosa, la reforma y la modernización. Pero aceptó turnarse con Flores.

Flores volvió a la presidencia en 1839: de acuerdo con el trato que había establecido con Rocafuerte Flores fue reelegido presidente. Intentó desarrollar políticas más moderadas y una administración interior y exterior más ordenada.

Cuando concluyó ese nuevo periodo de gobierno reunió en Quito una Convención, el 15 de enero de 1843, para aprobar una reforma de la Constitución que ampliara la duración del mandato presidencial a ocho años y permitiera que el presidente pudiera ser elegido después de un periodo intermedio en que otro desempeñara la presidencia (la Constitución de 1830 exigía que fueran dos los mandatos intermedios que se sucedieran). La propuesta fue aceptada y Flores fue reelegido. Pero la operación de Flores supuso el final del pacto de gobierno. La Constitución resultante fue llamada «Carta de la esclavitud». Los levantamientos se sucedieron y Flores resistió los últimos días con sus tropas acantonadas en una de sus fincas, La Elvira, hasta que tuvo que renunciar y exiliarse.

Durante el exilio conspiró mucho para favorecer la llegada a Ecuador de algún príncipe europeo al que entregar el poder (negoció con la reina regente española María Cristina de Borbón para colocar a alguno de sus hijos).[64] Volvió a Ecuador para ponerse al frente, a partir de 1860, del ejército del presidente Gabriel García Moreno y defender la integridad territorial de Ecuador frente al intento secesionista de la ciudad de Guayaquil. En el golfo de

Guayaquil lo mató una bala perdida. García Moreno ordenó la celebración de funerales de Estado en todas las provincias.

Una influencia dominante en este periodo, al exiliarse Flores, fue la de José María Urbina, que fue presidente entre 1852 y 1860. Era un antiguo oficial de Flores casi tan autoritario como él.

La imposibilidad de obtener un acuerdo después de la expulsión para suceder a Rocafuerte hizo que el gobierno recayera provisionalmente en el vicepresidente Ascasubi en 1849. Se reclamó la convocatoria de un Congreso para reformar el texto constitucional o «Carta de esclavitud», como la llamaron los opositores a Flores, aprobada por este en 1843. La presión de José María Urbina hizo que Ascasubi tuviera que ceder la presidencia a Diego Noboa, cuyo mandato duró escasamente un año entre 1850 y 1851.

El general Urbina, que había intervenido en la anterior operación, decidió la sustitución del presidente mediante una revolución, que tuvo lugar en 1851, y que lo obligó a buscar asilo en Chile. Urbina se proclamó entonces jefe supremo, asumió el mando y fue elegido para la presidencia y gobernó entre 1851 y 1856.

Su carácter civilista hizo que promoviera otra reforma constitucional y desarrollara una política muy propia del liberalismo con la expulsión de los jesuitas y reducción de las prerrogativas del clero. El panorama político era inestable y había grandes desacuerdos entre los liberales. La inestabilidad del gobierno hizo reaccionar a los conservadores. Reaccionaron proponiendo a un personaje muy relevante en Ecuador: Gabriel García Moreno. Aunque el floreanismo tenía todavía partidarios, Urbina comprendió que no podía prorrogar su mandato y dejó el gobierno a un hombre de su cuerda, Francisco Robles, que ascendió a la presidencia gracias a la influencia de aquel.

La etapa de Robles fue muy inestable y llena de conflictos. La oposición conservadora que quería acceder al poder logró que se formara un triunvirato que integrarían García Moreno, Carrión y Gómez de la Torre. Una revolución preparada desde Quito intentó establecer un gobierno provisional que encabezara García Moreno, pero las fuerzas del gobierno deshicieron esa maniobra y obligaron a García Moreno a buscar refugio en Perú. Mientras esto estaba ocurriendo los peruanos habían invadido Ecuador reivindicando parte del territorio de la región oriental ecuatoriana.

El triunvirato propuso una nueva Asamblea Constituyente, de la que surgiría la séptima carta fundamental de Ecuador, que nombrará en 1860 presidente de la república a Gabriel García Moreno. Durante quince años, que van entre 1861 y 1875, este personaje instalará una dictadura teocrática sobre la base de una fuerte concentración del poder, pacificación del país y estabilización de las contiendas oligárquicas. Impuso una fuerte unidad política y administrativa de la nación. Muchas decisiones de García Moreno estaban formadas por una obsesión por favorecer a la Iglesia más allá de lo que los conservadores estaban dispuestos a conceder. El integrismo del jefe del Estado facilitó medidas de desarrollo económico de Ecuador.[65]

Sus medidas de tipo financiero y hacendístico, habitualmente relacionadas con la Iglesia, fueron los argumentos continuos en el gobierno de Ecuador. Hacienda e Iglesia no era posible separarlas radicalmente porque la Iglesia tenía latifundios muy importantes en todo el país. García Moreno fomentó el desarrollo de las infraestructuras de un modo muy importante concediendo ferrocarriles, tendido de líneas de telégrafo y otras semejantes. Mejoró la educación; contrató a profesores extranjeros que impulsaron la enseñanza de la medicina y la química en la Universidad de Quito y otras medidas de este tipo para favorecer el progreso de la población.

También estableció un sistema tributario más eficaz que permitía al Estado recaudar más y consiguió más fácilmente préstamos extranjeros, especialmente procedentes del capital inglés que retornó al país y sirvió para financiar obras de infraestructura.

El personaje García Moreno fue admirado por algunos y odiado por bastantes. Los historiadores lo han estudiado con interés. Había nacido en 1821 en Guayaquil, en el seno de una familia acomodada. Fue un joven estudioso que escribió en los periódicos locales hasta su viaje a Europa, donde completará su formación. Era hombre de buena formación humanística, fue rector de la Universidad de Quito, católico hasta el extremo de implantar la teocracia en el gobierno de su país. Su trabajo por la unidad nacional la hizo efectiva también en el partido conservador, que se esforzó por que ampliara la base de sus afiliados incluyendo todos los que rechazaban las propuestas liberales.

La solución al problema religioso cristalizó en un concordato con la Santa Sede en abril de 1863, muy favorable a la Iglesia. Dado su carácter estrictamente religioso, impuso el *Índice* en nombre de una ética religiosa que supervisaba toda la acción de gobierno e inspiraba toda su acción. Al *Índice* subordinó la circulación de libros destinados a escuelas y universidades. Una política de tales características provocó una sublevación liberal en 1864 que García Moreno reprimió. La Iglesia declaró a García Moreno hijo predilecto como consecuencia del concordato. Restringía la libertad de prensa a sus opositores y con cierta frecuencia los fusilaba. Pero destruyó las bases del militarismo en Ecuador que habían regido allí desde la independencia.

Abandonó la presidencia en 1865 imponiendo en el cargo a Jerónimo Carrión, que había sido un militar destacado en la época de la independencia, pero no consiguió llegar hasta el final de su mandato. Tampoco lo consiguió Javier Espinosa. García Moreno decidió retornar.

A partir de 1869 se hizo proclamar jefe supremo y se dispuso a consolidar el proyecto de Estado nacional que había ideado. La nueva Convención Constituyente aprobó la Constitución que él había propuesto. La «Carta negra» la denominó la oposición, que reforzaba los poderes del presidente, cuyo mandato duraría seis años y con derecho a reelección. La religión católica se convirtió en el centro de control del Estado y de la vida civil. El autoritarismo y la unión firme del gobierno con la Iglesia favorecieron una opresión dura contra el pueblo ecuatoriano.

Cerraron el Colegio Nacional de Cuenca y se suprimieron los cursos de la Universidad de Quito, siguiendo un control rígido de las ideas. Consagró el país al Sagrado Corazón de Jesús en 1873 e hizo crecer, por sus medidas represivas y su censura de prensa, más protestas contra el tirano. Entre sus adversarios, el escritor Juan Montalvo, nacido en 1832, combativo y polémico, escribió el texto *La dictadura perpetua* de 1874, que apunta con claridad al caso de

Gabriel García Moreno. El libro animó a combatir al autócrata y, según algunos, a su asesinato.[66]

En 1875 se iba a presentar a una reelección, pero las virulentas campañas de prensa anunciaban ya una fuerte oposición que integraban liberales, estudiantes y algunos militares. Los conjurados aspiraban a eliminar del escenario político al teócrata, como se denominaba a García Moreno. El «progresismo», como se conocía al movimiento opositor, levantó una divisa: «las leyes son suficientes para un buen gobierno», frente a la afirmación de García Moreno de que estas no alcanzaban para llevar adelante sus proyectos de reforma.

En el mismo 1875 García Moreno fue abatido a machetazos por uno de los conjurados cuando entraba en el Palacio de Gobierno.

Desde la guerra de los Supremos a los Estados Unidos de Colombia

Aunque los movimientos políticos inmediatamente posteriores a las independencias que dieron lugar a la creación de las repúblicas americanas se repiten, conforme a pautas bastante constantes, en casi todos los territorios, en pocos espacios aparecen definidos con tanta nitidez y de manera tan temprana como en Colombia. El virreinato de Nueva Granada, como ya hemos visto al comienzo de este capítulo, fue el núcleo sobre el que se formó la Gran Colombia bolivariana. Cuando el ensayo fracasó y se disolvió la Gran Colombia, aparecieron las diferentes naciones que el Libertador había tratado de unir, entre las cuales, una vez desgajadas Venezuela y Ecuador, la república que hoy llamamos Colombia. La historia de Colombia en los dos primeros tercios del siglo XIX también fue de máxima conflictividad. Pasó de denominarse República de Nueva Granada entre 1831 y 1857 a Confederación Granadina entre 1858 y 1862, y Estados Unidos de Colombia entre 1863 y 1886. República de Colombia se llamaría desde el final de este último periodo.

Las corrientes ideológicas quedaron perfectamente definidas en los primeros años de existencia de la nación, de forma más marcada que en ningún otro territorio de la América española, o al menos con tanta fuerza como ocurrió en las provincias argentinas.

La idea de que, desaparecido el rey, al que el pueblo había trasladado la soberanía, esta retornaba inmediatamente al pueblo, fue acogida por los intelectuales colombianos desde que tuvieron noticia de las abdicaciones de Bayona. Su aplicación práctica dio lugar a una tensión inmediata entre los partidarios de la entrega del poder a las provincias, que eran unidades políticas bien definidas, en cada una de las cuales un líder, cacique o caudillo lo reclamaba, o el establecimiento de un gobierno central poderoso que tuviese una supremacía real sobre las autoridades provinciales. La primera pretensión abocaba a la aprobación de constituciones de corte confederal o federal; la segunda fórmula conducía a sistemas centralistas de gobierno. La primera opción estuvo normalmente vinculada con la ideología conservadora, la segunda, con el pensamiento liberal. Esta última, por tanto, aspirando a la transformación de la sociedad y al progreso; la conservadora, en cambio, conforme con el mantenimiento de las estructuras y formas de pensar coloniales y reacias al cambio. La combinación de estos elementos, federal y centralista, conservador y liberal, admitió diversas variantes en la Colombia del siglo XIX.

Cuando quedó disuelta la Gran Colombia, en 1831, Nueva Granada inició su existencia como Estado independiente. En 1831 Juan Nepomuceno Moreno, un caudillo llanero, encabezó una fuerza de llaneros desde Casanare a través de los Andes hasta llegar a Bogotá y amenazó con derrocar al gobierno de Rafael Urdaneta para sustituirlo por una dictadura personal. Las tropas de llaneros aterrorizaron a los bogotanos y dieron la impresión de bárbaros ocupando una ciudad civilizada. Moreno se llevó finalmente sus tropas de vuelta a los llanos, pero Nueva Granada había contemplado cómo podían ser de terribles las hordas procedentes de las zonas rurales sin que hubiera un Páez, como en Venezuela, capaz de pararlos.

La élite colombiana se aprestó a montar un gobierno civil en los años que siguieron a 1831. La Constitución de 1832 limitaba al ejército permanente a un tamaño «no mayor de lo indispensablemente necesario». El nuevo Estado aceptó caudillos como Moreno y José María Obando porque constituían el único medio para imponer la ley y el orden, hasta que regresó el general Francisco de Paula Santander. Había tenido serios enfrentamientos con Bolívar que le obligaron a exiliarse, pero cuando volvió a Bogotá y se hizo cargo de la presidencia de la república lo apoyaron tanto los centralistas como los federalistas, los liberales como los tradicionalistas; los que se levantaron contra él, que fueron algunos de los que habían estado acordes con la dictadura del Libertador, fueron condenados a muerte y ejecutados. Santander ganó con ello aún más fama de gobernante despiadado, pero también de legalista y escrupuloso protector del orden. «Ley y Orden» es la divisa que hizo figurar en la bandera colombiana. Mantuvo políticas proteccionistas que ayudaron a los terratenientes y artesanos bogotanos en lo económico. En cuanto a las ideas políticas sostuvo posiciones liberales y animó al seguimiento de las doctrinas de Bentham (impuso sus *Principios de la legislación civil y penal* como libro de texto en las facultades) y el debate sobre la relación de la Iglesia y el Estado.

La sucesión de Santander en la presidencia de la república dividió a las fuerzas políticas entre centralistas y autoritarios, por un lado, y federalistas y liberales, por otro. Estos a su vez se dividieron en dos facciones, una de las cuales partidaria de José María Obando, personaje importante en la primera mitad del siglo en Colombia, como se irá viendo. El elegido fue José Ignacio Márquez en 1837, un moderado que había tomado distancia con Santander y que gobernó en medio de una tensión constante entre los «ministeriales», defensores de la tradición religiosa y el orden, y los liberales, que pretendían mayor libertad de comercio, menos impuestos y una educación con menos influencia de la Iglesia.

El presidente Márquez acordó en 1838 cerrar algunos conventos menores (de menos de ocho religiosos) en la provincia de Pasto, aplicando una norma aprobada en la época de Santander. Las jerarquías eclesiásticas, los priores de los conventos y las fuerzas políticas conservadoras protestaron contra la medida. Se generó una rebelión en Pasto, a la que se sumó enseguida José María Obando, que se nombró «Supremo Director» de la guerra, y caudillos de otras provincias que defendían la misma causa. Todos o la mayor parte de estos caudillos eran llamados supremos en sus territorios, lo que justificó que la guerra, inmediatamente generalizada, fuera denominada guerra de los Supremos.

El presidente de Ecuador, Juan José Flores, ofreció tropas de apoyo y envió dos mil soldados a Nueva Granada, mientras nuevas provincias se sumaban a la insurrección. La reorganización de las fuerzas militares permitió algunas victorias de importancia, entre las cuales la de la Chanca, cerca de Cali, el 11 de julio de 1841, tras la cual Obando, perseguido, huyó a Perú. Algunos supremos provinciales, considerando el avance de las tropas nacionales, se rindieron.

Las elecciones de 1849 marcaron un punto de inflexión en la política colombiana. Entre los varios candidatos presentados triunfó un general de la independencia de marcada inclinación política liberal: José Hilario López, que las ganó. Las posiciones de los partidos conservador y liberal estaban bien definidas, pero la base social de ambas formaciones no estaba tan claramente diferenciada porque había terratenientes estancieros en ambas formaciones, y lo mismo pasaba con los comerciantes, los abogados y profesionales. Las familias de más prestigio, que eran las que tenían españoles entre sus antecesores, solían inclinarse por los conservadores, pero no pocos eran liberales. Los curas y los obispos simpatizaban con los conservadores, pero era nutrido el grupo de los liberales entre ellos. El debate público se animó con la creación de «sociedades democráticas» que acogían a los individuos más activos políticamente.

Cuando un presidente liberal, como López, tomó el poder se dispuso enseguida a desarrollar políticas que estaban enunciadas desde los años veinte, pero que habían sido paralizadas durante el gobierno de Bolívar o las presidencias conservadoras como la de Márquez. En la época liberal se aceleró ese movimiento de reformas que se ha dado en llamar, con razón, la «revolución del medio siglo».[67] Se aplicó la libertad total de enseñanza; los jesuitas, que habían vuelto en 1843, fueron expulsados de nuevo; se expropiaron bienes de la Iglesia para avivar el mercado de la propiedad privada. Estas medidas contaron con la resistencia y abierta oposición de las órdenes religiosas y las jerarquías eclesiásticas. El choque Iglesia-

Estado se convirtió en un importante ingrediente de la política en los años sucesivos. A esa resistencia se sumó la de los propietarios de esclavos que se alzaron en armas en 1851. Los artesanos reclamaron más protección frente a los productos importados a causa del libre comercio. Los jóvenes profesionales reclamaban amplias reformas en favor de los menesterosos. López representaba el ala más reformista del liberalismo, a los «gólgotas»; otros se inclinaron hacia posiciones más pragmáticas, que eran las que representaba un antiguo y persistente liberal como José María Obando.

José María Obando, «Supremo Director» de la guerra, había nacido en la hacienda de una rica familia de Cauca. Su condición de hijo ilegítimo lo relegó a un plano secundario en su formación académica y profesional. Fue reclutado como soldado por los españoles en 1819 y llegó a teniente coronel con el ejército realista, pero en 1822 se pasó a las filas independentistas al lado de Simón Bolívar. En 1828 se rebeló contra Bolívar cuando este, tras la Convención de Ocaña, se proclamó dictador de la Gran Colombia. Bolívar le perdonaría su acción poco después y lo promovió a general en 1829.

Cuando volvió del exilio, tras la guerra de los Supremos, alcanzó la presidencia de la república en 1853 y promovió la aprobación de una nueva Constitución, la de 1853, que sustituía a la denominada Constitución Política de la República de Nueva Granada de 1843. Esta había sido promulgada por el presidente José Ignacio Márquez, al término de la mencionada guerra, con la intención abierta de instaurar un régimen centralista, con un presidente con poderes amplios, que pudiera luchar contra las ideas liberales y federalistas a las que se culpaba entonces del desastre bélico. También redujo el derecho de participación política a los varones mayores de veintiún años, alfabetos y dueños de bienes raíces superiores a trescientos pesos o de rentas anuales superiores a ciento cincuenta.

La Constitución de 1853, de Obando, era federalista, abolía la esclavitud, establecía la libertad religiosa y de cultos, y tomaba medidas sobre las posiciones de la Iglesia católica. Generalizó el voto universal masculino, sin restricciones por razón de la renta. También asumió los principios federalistas, que determinaron la creación, en 1856, del Estado de Antioquia y Panamá, y aceptó que Santander, Cundinamarca, Boyacá, Bolívar, Magdalena y Cauca tuvieran sus propias constituciones.

Pese a estas medidas, la tensión social no hacía sino crecer. Los liberales gólgotas pedían más medidas. Los gobernadores provinciales, que la Constitución reforzaba, deseaban un federalismo extremo. Un golpe de Estado de 17 de diciembre de 1854 provocó el abandono de Obando. Su gobierno se integra en un periodo de grandes reformas, que supusieron el establecimiento por primera vez de un impuesto directo, la emancipación de los esclavos en 1851 (completando las medidas de 1821, que ya habían conseguido una amplia reducción de su número), la apertura de la participación política a pardos y mestizos, gracias al voto universal consagrado en 1853...

Fue el inicio de la guerra civil colombiana. Las políticas liberales que estaba empezando a desarrollar Obando fueron las causas inmediatas. Los liberales se dividieron en gólgotas y draconianos, con líderes y pretensiones diferentes. Los últimos, proteccionistas, eran los que habían apoyado a Obando. Fueron las diferentes opiniones sobre política económica el fondo de la discrepancia fundamental, que se hizo efectiva con un golpe de Estado a cargo del general José María Melo. El general dictó inmediatamente medidas favorables a la Iglesia, permitió el regreso de los jesuitas y adoptó decisiones que convenían a los grupos que apoyaron su dictadura. Pero los contrarios se rebelaron por todas las provincias y estalló la guerra. Melo fue derrotado, depuesto y condenado a ser fusilado, aunque se le conmutó la pena por destierro. Obando también fue juzgado y depuesto por el Congreso de su cargo de presidente.

Años después, los enfrentamientos de facciones encenderían otra guerra civil en 1860. Obando se dirigió a Bogotá para apoyar la rebelión de Tomás Cipriano de Mosquera contra el presidente conservador Mariano Ospina Rodríguez. Se dijo que espías del gobierno lo seguían de cerca y que cuando llegó al municipio de El Rosal (el sitio se denominaba entonces Cruz Verde) fue emboscado y muerto. Como ocurría continuamente en las repúblicas americanas con estas muertes de personajes relevantes, enseguida se desarrollaron relatos que añadían maravillosos detalles que contribuyeron a agrandar la leyenda.

Mariano Ospina fue presidente de la república en dos ocasiones, entre 1857 y 1858, y 1858 y 1861. Es importante su recuerdo porque, además de haber ocupado los indicados y otros muchos cargos públicos a lo largo de su vida, fundó el Partido Conservador Colombiano en 1849. Se enroló enseguida en tareas políticas y conspiratorias; entre estas últimas, siendo todavía estudiante, en la conspiración septembrina de 1828 contra la dictadura de Bolívar. Fue importante como político en el siglo XIX y también como hombre de negocios que acumuló un importante patrimonio.

Había nacido a principios de siglo, en 1805, en Guasca, en la actual Cundinamarca, hizo carrera universitaria hasta llegar a catedrático de Filosofía y rector de la Universidad de Antioquia. Él también, como había hecho Santander, recomendó los *Principios de legislación civil y penal* de Bentham. Colaboró con los políticos de Antioquia, y progresó en la provincia ocupando diversos cargos públicos. Era diputado en la provincia cuando se vio involucrado en la guerra de los Supremos (el de Antioquia fue Salvador Córdova).

Fue elegido presidente en 1857 y, naturalmente, empezó a aplicar políticas conservadoras. No deja de ser llamativo que, no obstante esta condición ideológica, fuera él quien aprobó la Constitución que transformaría Colombia en un país federal. Cuando llegó al poder una parte del territorio estaba sometido a un régimen estrictamente centralista y otras provincias, en situación federal. Así ocurría con el Estado Soberano de Panamá, creado en 1855, o con el Estado Federal de Antioquia, creado en 1858. Mariano Ospina sancionó la Constitución para la Confederación Granadina. Integraban la Confederación ocho estados, cada uno de ellos con constituciones y parlamentos diferentes. Sus medidas políticas, directamente combatientes contra los liberales, generaron una nueva guerra civil en la que fue derrotado. Terminó su mandato el 31 de marzo de 1861, y fue hecho prisionero, juzgado y condenado a muerte. La pena se le conmutó por prisión. Fue encerrado en Cartagena, se fugó a Guatemala con su familia, y se hizo allí mucho más rico de lo que era con negocios de café. Volvió a Colombia en 1871 y no aceptó más cargos políticos, pero sí que él y sus hijos fueran accionistas mayoritarios en el Banco de Colombia.

Mientras Ospina estuvo exiliado, los liberales habían vuelto al poder, tras la guerra civil, y aprobaron la Constitución de Río Negro el 8 de mayo de 1863. Establecía los Estados Unidos de Colombia. Proclamó todos los principios y derechos que figuraban en los programas políticos liberales: libertad de pensamiento, de trabajo y de negocios, de imprenta, de movimiento, enseñanza, culto, asociación, e incluso el derecho a poseer armas y municiones.

El Estado se configuraba como federal, con nueve estados que elegían al presidente de los Estados Unidos de Colombia. Se trataba de una elección indirecta. Un año después de promulgada la Constitución eligieron presidente a Tomás Cipriano Mosquera, que ejercería el cargo un año. En este periodo federal se aprobaron en Colombia cuarenta y dos constituciones estatales y se celebraron elecciones continuas, considerando que los estados no votaban simultáneamente ni siquiera para elegir al presidente federal.

La hegemonía liberal terminó con el regreso al poder de los moderados, con Rafael Núñez en la presidencia, que aplicó un programa denominado de regeneración que, entre otros cambios, implicó la transformación de la federación en un Estado centralista. El presidente de la república sería elegido por el Congreso; a los anteriores presidentes de los estados federados se les llamó en lo sucesivo gobernadores nombrados por el presidente. Los gobernadores designaban a los alcaldes, salvo el de Bogotá, que era designado por el presidente. Un esquema organizativo exactamente correspondiente con la centralización administrativa francesa o española de principios del xix.

CAUDILLOS EN LAS REPÚBLICAS ANDINAS DEL SUR

El desarrollo de la organización política en Perú, Bolivia y Chile, durante casi todo el siglo xix es difícil de explicar considerando separadamente la evolución de las tres repúblicas porque los acontecimientos históricos y sus protagonistas aparecen más enlazados que en ninguna otra de las nacientes naciones americanas. Hubo caudillos que simultanearon las máximas responsabilidades en Perú y Bolivia, como el general Andrés de Santa Cruz. Estas mismas naciones se confederaron durante unos años y rompieron su unión por la fuerza. Y Chile, aparentemente aislado por la imponente cordillera de los Andes que fija su límite oriental, estuvo durante el periodo muy beligerante con sus vecinos por razones territoriales y económicas.

Caciques sin proyección nacional

La batalla de Ayacucho se produjo en un campo en la sierra a las afueras de la ciudad de Huamanga, que está a medio de camino entre Lima y el Cuzco. Cayeron las tropas realistas a manos de un ejército compuesto por tropas rioplatenses, chilenas, de la Gran Colombia y peruanas. Fue el fin de la presencia española en el continente. Contrasta la actitud muy favorable a la Corona que se puso de manifiesto en 1810 y la convicción republicana y antiespañola de 1824. Algunos han especulado, para interpretar este cambio de orientación, que los peruanos fueron emancipados contra su voluntad, que no eran partidarios de la independencia, pero que no tuvieron fuerza para impedirla y fueron arrastrados por los movimientos emancipatorios que se habían iniciado por otros. Si tenían los peruanos un sentimiento favorable a la separación de España, la presencia de un virrey enérgico y capaz, como Fernando de Abascal, hizo que nadie pudiera expresarlo y que se mantuviera larvada la búsqueda de una oportunidad que llegó con la presencia en la tierra del general José de San Martín en 1820. La vorágine de las independencias, en todo caso, fue capaz de transformar una población que era fiel y políticamente conservadora como la peruana.

Perú era uno de los territorios políticamente más conservadores cuando sucedió la crisis española entre 1808 y 1814. Era consecuencia de la composición social de la población, de cerca de un millón y medio de habitantes de los que el 60 por ciento eran indígenas, el 22 por ciento mestizos y el 12 por ciento españoles o criollos.

El 6 por ciento restante lo componían los negros esclavos y los mulatos, zambos y negros libres, genéricamente conocidos como castas. La sociedad estaba asentada, cada cual en su función, pero desde finales del XVIII se había notado una tendencia a profundizar el autogobierno entre las clases más elevadas, resentidas por las preferencias de los peninsulares para cargos públicos y la imposición de normas y decisiones que no eran consultadas con las élites locales.

En Perú no llegaron a consolidarse juntas de gobierno al modo en que ocurrió en España y en otros países tras las renuncias de los reyes. Muy tardíamente hubo algunos intentos en pequeñas ciudades. Cuando se manifestó algún conato de revuelta fue rápidamente sofocado por las tropas del virrey. La rebelión de Cuzco fue iniciada por los hermanos Mariano, José y Vicente Angulo y finalmente fue capitaneada por Mateo Pumacahua. Era un general indígena del ejército realista que había derrotado a Túpac Amaru treinta y cinco años antes. Se extendió por toda la sierra sur alcanzando las ciudades de Huamanga, Arequipa (donde asesinaron al intendente), Puno y La Paz. No fue apoyada por la población de Lima ni por los criollos de Arequipa y el propio Cuzco.

El ejército liberador de San Martín entró definitivamente en Lima el 28 de julio de 1821 y proclamó en la plaza de armas la independencia de Perú «por la voluntad general de los pueblos y por la justicia de su causa que Dios defiende».

En junio de 1822 cuando estaba próximo el primer aniversario de la proclamación de la independencia sin que hubiera habido progresos, San Martín viajó a Guayaquil para entrevistarse con Simón Bolívar, líder de la revolución de independencia en el norte de Sudamérica. San Martín salió de la entrevista convencido de que él debía retirarse de la escena. De vuelta a Lima, convocó elecciones para un Congreso Constituyente en la parte del país que estaba liberada y una vez que quedó instalado, en septiembre de 1822, presentó su renuncia al cargo de protector con que había gobernado Perú desde julio de 1821. Abandonó inmediatamente el país, dejando el gobierno en manos de un triunvirato nombrado por el Congreso. El triunvirato no fue capaz de consolidar la independencia que había comenzado San Martín. Organizó expediciones militares que desembarcaron en puertos intermedios entre el Callao y Arica para enfrentarse a las fuerzas realistas acantonadas en la sierra sur. Estas expediciones se llamaron «las expediciones de intermedios». Fracasaron en sus intentos. A partir de aquí el general realista José de Canterac volvió a tomar Lima por unas pocas semanas y se retiró después con su ejército a la sierra. En 1823 llegó finalmente Simón Bolívar al mando de un ejército grancolombiano para dirigir lo que sería la lucha final por la independencia. Debió entonces arreglar el descontento de algunos criollos peruanos importantes como José de la Riva Agüero y José de Torre Tagle. Pero no había fuerzas militares que los pudieran apoyar, de modo que Bolívar se hizo rápidamente con el mando y se desembarazó de esos opositores: Riva Agüero huyó del país y Torre Tagle se refugió en la fortaleza que los realistas mantenían en el Callao, reconciliado con la monarquía española. Allí se murió de hambre y escorbuto en los años siguientes.

Sometida la élite criolla, el ejército de Bolívar fue puesto bajo el mando del general Antonio José de Sucre, que intentó en 1824 terminar con las fuerzas del virrey en la sierra y le ganó la batalla al ejército de Canterac en la pampa de Junín. En diciembre siguiente ganó en el campo de Ayacucho donde fue hecho prisionero el virrey La Serna, que firmó la capitulación. Semanas después el ejército de Sucre entró en el Cuzco y prosiguió su marcha hacia La Paz hasta acabar con las huestes del general realista Pedro Olañeta. En el puerto del Callao permaneció, en la fortaleza del Real Felipe, el último reducto realista, comandado por José Ramón Rodil, que resistió hasta enero de 1826, esperando una flota que nunca llegó.

El Congreso Constituyente, convocado por José San Martín antes de su renuncia, preparó la Constitución de 1823 que estableció en Perú el régimen republicano de gobierno y acogió preceptos liberales semejantes a los que estaban repitiendo las demás constituciones latinoamericanas. El país sería gobernado por un poder ejecutivo, liderado por el presidente de la república y cinco ministros de Estado encargados de las carteras de Gobierno, Justicia, Hacienda, Relaciones Exteriores y Guerra.

Esta Constitución fue cambiada, como ya he expuesto, por otra, dictada por Bolívar, que implantó un presidente vitalicio dotado de mayores poderes y acomodada al gusto del Libertador. Cuando salió de Perú su Constitución fue cambiada por otra promulgada en 1828. Lo que quiere decir que Perú tuvo tres constituciones en los años inmediatamente posteriores a la proclamación de la independencia.

Perú estaba muy dividido y coexistían dentro muchas comunidades muy diferentes. No había una clase dirigente, una élite nacional. Tampoco había una sociedad nacional sino más bien una serie de sociedades regionales que se constituían en torno a una hacienda o un foco de poder político local, de control social y de recursos económicos. El pueblo no era consciente de la soberanía del Estado sino que estaba afectado por las estructuras locales y regionales de poder político y económico, el poder del terrateniente, el gobernador, el juez o el cura. Con estas bases operaban el gobierno y la economía y demás intereses generales. El poder político estaba concentrado en el hacendado que defendía sus propios intereses y solo indirectamente en alianza con un caudillo local o una red de clientela extendía sus influencias en todos los niveles.

En otros países hispanoamericanos, como Venezuela y Argentina, los caudillos locales podían llegar a rango de caudillo nacional y alzarse con el poder en el centro. Pero en Perú no funcionaban las cosas así. A pesar de la concentración del poder local los hacendados carecían de medios para conquistar el poder central y consolidar sus alianzas integrándolas y articulándolas en un sistema nacional. Los gobiernos de Lima representaban victorias provisionales de facciones que pretendían aplacar a las regiones y hacer tratos con sus caudillos, pero sin una política que favoreciera a una región o a otra. Por tanto, los presidentes tenían poca soberanía fuera de Lima y los caudillos poco poder más allá de sus propios dominios y clientela personales. Las disputas por la supremacía solían terminar en empate por estas causas.

Los gastos del gobierno, costas militares y defensa y la deuda extranjera eran mayores que los ingresos habitualmente. El tributo indio, que empezó a llamarse de contribución tras la independencia, fue restablecido en 1826 y se mantuvo hasta 1854, por considerarlo el Estado esencial hasta que se desarrollaran otras fuentes.

No había, pues, clase dirigente nacional y el sistema de lealtades se desarrollaba en el ámbito local y en concreto entre los caudillos regionales. Para imponer un gobierno central hacía falta una autoridad relevante y no la había cuando Bolívar se fue en septiembre de 1826. Los políticos de segundo orden, apoyados en seguidores armados, dominaron el gobierno durante los diez años siguientes. En el periodo que va de 1826 a 1836 Perú tuvo ocho presidentes. La mayor parte de ellos eran conservadores y autoritarios, pero también los había que eran representantes del primer liberalismo republicano. Solo el general Agustín Gamarra, de carácter dictatorial y sin escrúpulos, completó su mandato de cuatro años. A principios de 1835 un joven del acuartelamiento del Callao, Felipe Salaverry, se lanzó a conseguir el poder derrocando a la Administración liberal de la época e imponiendo formas de gobierno conservadoras que no duraron. Gobernar Lima no implicaba que las regiones aceptaran. Salaverry no tuvo fuerza para mantenerse más allá de un año y fue ejecutado por un pelotón de fusilamiento durante una rebelión en el sur de Perú. La rebelión del sur fue encabezada por Andrés Santa Cruz.

Vidas paralelas de dos generales ambiciosos de poder: Santa Cruz y Gamarra

Bolívar había encargado a Sucre, después de Ayacucho, calmar las tensiones en el Alto Perú. Sucre se reunió en Puno con Casimiro Olañeta, que era masón y pertenecía a la logia de Charcas, José Mariano Serrano, Mariano Enrique Valvo y Andrés de Santa Cruz, que tenían muchos intereses mineros y deseaban crear un Estado independiente. Sucre quedó convencido y promulgó el decreto de 9 de febrero de 1825 por el que se autorizaba a las provincias del Alto Perú para decidir. Bolívar reprendió a Sucre, señalándole que no tenía autoridad para inmiscuirse en ese asunto. Pese a que el Libertador no estaba de acuerdo, reconoció en una carta que las cuatro provincias del Alto Perú (Charcas, La Paz, Cochabamba y Potosí) quedaban en libertad. Después de otras peripecias e incidentes, el 20 de julio de 1825 se reunió la Asamblea deliberante de las provincias del Alto Perú en Charcas. Las sesiones duraron hasta el 3 de agosto y en la décima sesión se acordó constituir Bolivia como Estado soberano e independiente. Faltaba la firma de Bolívar, que se mostraba reticente. Aprovecharon para convencerlo la alegre conmemoración del aniversario de la batalla de Junín, el 6 de agosto. Ese día firmó con desgana el acta. La creación del Estado de Alto Perú fue, por tanto, el 6 de agosto de 1825. Unos días después se le otorgó el título de protector del Estado. También animó al Libertador que se cambiara el nombre de Alto Perú por Estado de Bolívar y por Bolivia más tarde. Se marchó y dejó a Sucre de delegado del protector. Fue Sucre el que preparó la primera Constitución de Bolivia de 19 de noviembre de 1826.

En este último periodo, Jossef Andrés de Santa Cruz y Calahumana, nacido en Huarina, departamento de La Paz, rico hombre y de familia de los caciques de la zona, era un militar prestigioso y próximo a Bolívar. Había servido como general en los ejércitos que luchaban por la independencia, con diversa fortuna en los resultados de las batallas que dirigió. Participó en Junín (6 de agosto de 1824), aunque no en Ayacucho porque tenía encomendadas otras funciones en la retaguardia. Cuando el Libertador gobernaba Perú, nombró a Santa Cruz presidente del Consejo de Gobierno, cargo que ocupó en junio de 1826. Fue Santa Cruz el leal colaborador al que tocó presidir el juramento de la Constitución Vitalicia, que había impuesto Bolívar. Poco después convocó el segundo Congreso Constituyente del Perú y se presentó como candidato a presidente de la república. Perdió las elecciones que, para su disgusto, ganó el mariscal José de la Mar.

Las relaciones políticas que llevaban Perú y Bolivia desde que se declaró esta Estado independiente tenían dos expresiones principales: la patrocinada por el general Agustín Gamarra, que era decidido partidario de retrotraer la situación boliviana y fusionar de nuevo el territorio del Alto Perú o Bolivia con Perú, y la defendida por el general Andrés de Santa Cruz, partidario de constituir una federación o confederación entre las dos jóvenes repúblicas.

Gamarra y Santa Cruz tuvieron en la época el interés común de boicotear el gobierno peruano de De la Mar y, al menos el primero, fue muy responsable de los descalabros que sufrió el ejército peruano de De la Mar cuando se enfrentó con Sucre en la guerra con la Gran Colombia de 1828-1829. Terminó esta contienda con un armisticio, promovido por Gamarra, que tendría, entre otras consecuencias importantes, la destitución del presidente la Calle y el nombramiento provisional de Agustín Gamarra como presidente de Perú el 1 de septiembre de 1829. Después hubo elecciones generales y Gamarra obtuvo una mayoría aplastante. Desarrolló una gestión de gobierno muy activa, pero también autoritaria y muy contestada.

Al término de su mandato, en 1833, ganó las elecciones un general que tenía fama de débil y manejable por los liberales, Luis José de Orbegoso y Moncada. Gamarra tenía otro candidato y estimuló a sus partidarios a hacer difícil el gobierno de Orbegoso. Tanto se empeñó que provocó el estallido de una guerra civil entre gamarristas y orbegosistas en 1834, que concluyó, gracias al apoyo del pueblo peruano a Orbegoso, en el «abrazo de Maquinhuayo», por el que ambas partes reconocían el gobierno de Orbegoso.

Pero solo un año más tarde ocurrió algo sorprendente y de enorme trascendencia: el día 31 de enero de 1829 el Congreso de Bolivia acordó elegir a Santa Cruz presidente de la república. El general pidió permiso al Congreso peruano y se fue a tomar posesión. Se paró en Arequipa para casarse con Francisca Cernadas, que le dio una extensa prole a lo largo de los años. Juró el cargo de presidente provisional el 24 de mayo de 1829 y, para celebrarlo, promulgó una ley de amnistía y derogó la Constitución Vitalicia de Bolívar. Gobernó, a partir de entonces, aprobando medidas concernientes a la educación y la cultura, mejoró la legislación general aprobando el Código Civil, siguió una política financiera respetable y reorganizó la Administración y el Ejército.

Enseguida se centró en el aspecto que más caracterizó su caudillaje, que fue su empeño personal en unir Perú y Bolivia en una confederación.

El presidente provisional de Perú era Luis José de Orbegoso, que se dedicaba, más que a otra cosa, a apagar los levantamientos y rebeliones continuas que se producían en el país. En 1835 fue el general Felipe Santiago Salaverry el que se proclamó jefe supremo de Perú y Santa Cruz vio la ocasión de realizar su proyecto. Se entrevistó en Chuquisaca con Agustín Gamarra, que no era partidario de la confederación, sino de la reunificación de Perú y Bolivia, y alcanzaron el acuerdo de apoyar la confederación. Estaría formada por tres estados: Norte, Centro y Sur (este último era Bolivia). La confederación se denominaría República Peruana.

Gamarra, sin esperar a la firma de un acuerdo más formal y detallado, entró en Perú por Puno y Cuzco y consiguió muchas adhesiones de la población. Orbegoso, que había solicitado ayuda de Bolivia (sin conocer el acuerdo de Gamarra y Santa Cruz), consiguió que Santa Cruz se desentendiera del acuerdo con Gamarra y se aliara con él, firmando un pacto el 15 de junio de 1835. Naturalmente, Gamarra se sintió muy molesto con este cambio de dirección y se alió con el general Salaverry, mencionado antes. El resultado fue una declaración de guerra que enfrentaría Santa Cruz, por un lado, con Gamarra, y, por otro, con Salaverry. Gamarra fue estrepitosamente derrotado por un disciplinado ejército boliviano. A Salaverry le fue mejor porque triunfó en algunas batallas, como la de Arequipa, pero se tuvo que enfrentar a la simpatía del pueblo hacia el proyecto de confederación que había diseñado Santa Cruz y terminó perdiendo en los enfrentamientos. Gamarra fue hecho prisionero y deportado a Costa Rica, de donde escapó casi inmediatamente.

A lo largo del año siguiente, 1836, Santa Cruz consiguió que los departamentos del sur de Perú (Cuzco, Arequipa, Ayacucho y Puno), reunidos en Sicuani, crearan el Estado Sur Peruano y lo nombraran «Supremo Protector». Meses después se reunieron los departamentos del norte y crearon el Estado Nor-Peruano, otorgando a Santa Cruz el poder político como supremo protector. También conservó la presidencia de Bolivia. Manejando la representación de los tres Estados decretó, el 28 de octubre de 1836, la Constitución de la Confederación Perú-Boliviana. Convocó un Congreso en Tacna al que acudirían los plenipotenciarios de los tres Estados, para suscribir el Pacto de Tacna (1 de mayo de 1837) y aprobar la Constitución. Ninguno de los implicados quedó satisfecho con los resultados del Congreso, de modo que Santa Cruz convocó otro para el año siguiente.

La peor consecuencia del establecimiento de la Confederación fue la guerra porque en Chile gobernaba, con más influencia que el propio presidente chileno, Diego Portales, acérrimo enemigo de la unión política entre Perú y Bolivia porque veía en ella una amenaza para los intereses fronterizos y la economía de Chile. Aduciendo pretextos variados, el gobierno chileno declaró la guerra a la Confederación. El pueblo chileno era mayoritariamente contrario a esa guerra; tanto que incluso hubo levantamientos contra ella de unidades militares, una de las cuales, en pleno amotinamiento, fusiló a Portales en Valparaíso.

Agustín Gamarra, que no cejaba en su propósito de destruir la Confederación, estimuló las acciones de los países vecinos, y se sumó al ejército chileno.

Sucesivamente dos «expediciones restauradoras» entraron en Perú. La primera fracasó, pero la segunda llegó hasta Lima y proclamó a Gamarra presidente provisional de Perú. Poco después, los confederados, dirigidos por Santa Cruz, sufrieron la derrota definitiva en Yungay el 20 de enero de 1839. Santa Cruz renunció a todos sus poderes el 20 de febrero. Se exilió al principio en Ecuador, desde donde intentó incursiones en Bolivia para rehacer su dominio. Lo capturaron y acordaron su exilio en Chile. Pero se había convertido en un perturbador que intentaba continuamente acciones de retorno. Acabaron mandándolo de plenipotenciario a Francia. Gamarra en cambio fue nombrado «Restaurador del Perú» en 1839, propició la aprobación de una nueva Constitución ese mismo año y fue elegido presidente de nuevo en julio de 1840. La Constitución era marcadamente conservadora y habilitaba a Gamarra para ejercer el poder de modo autoritario.

Aún le quedaron fuerzas a Santa Cruz, cuando regresó del destierro en 1855, para competir en elecciones con Jorge Córdova por la presidencia de Bolivia. Perdió. Se estableció en Salta (Argentina) y su presencia, tan próxima a Bolivia, también resultó incómoda porque era un conspirador de acción continua. Se las arreglaron por eso para darle cargos diplomáticos en Europa y la muerte lo encontró en un pueblecito cercano a Nantes. Cuando estaba en el exilio, tanto el Congreso de la República del Perú como el presidente de Bolivia le retiraron en 1839 todos los honores que tenía concedidos («Declara traidor a la patria e indigno del nombre boliviano al Sr. Andrés Santa Cruz...», comienza diciendo la resolución).

Gamarra inició, en su segunda presidencia, una nueva guerra con Bolivia, con el objetivo de incorporarla a Perú, o, al menos, integrar el departamento de La Paz. La defensa boliviana estuvo a cargo del general José Ballivián. Dicen que Gamarra vio un arco iris en el cielo, que le hizo presagiar que simbolizaba los colores de la bandera boliviana y que perdería la batalla el día en que los dos ejércitos se encontraran en Ingavi. Tenía razón. Él quedó gravemente herido y murió como consecuencia de dos balazos. Perdió la batalla que, para Bolivia, significó la consagración definitiva de su independencia.

Ramón Castilla, el general del guano, y los conflictos de medio siglo en Perú

El general más importante, junto al chileno Manuel Bulnes, en la batalla de Yungay de 1839, que puso fin a la guerra de la Confederación, fue Ramón Castilla y Marquesado. Era peruano y había participado en muchas batallas de la guerra por la independencia, entre ellas la de Ayacucho de 1824 al frente de la caballería de la Legión Peruana. En la guerra de la Confederación se unió al ejército restaurador hasta la indicada batalla de Yungay y también acompañó a Gamarra en la campaña de Bolivia donde, en la batalla final de Ingavi, fue hecho prisionero.

Había sido ministro en los gobiernos de Gamarra y, después del turbulento periodo que siguió a esa guerra, asumió la presidencia de la república tras ganar las elecciones de 1845 y ya no dejó el poder en los siguientes lustros.

Llegó con la decidida voluntad de acabar con los enfrentamientos y guerras civiles que habían caracterizado a Perú durante el último decenio. Se había puesto al frente de la denominada Revolución Constitucionalista, iniciada en Tacna el 17 de mayo de 1843, con el fin de restablecer en el poder la autoridad legítima. Cuando Ramón Castilla derrotó al general Vivanco se convirtió en el hombre fuerte del país. El prestigio de estas acciones como gobernante, sumadas a su brillante trayectoria como militar, le hicieron conseguir una victoria contundente en las elecciones de 1845. Desarrolló políticas moderadas, en lo económico y social, y muy conciliadoras en lo político, para recuperar exiliados y represaliados y ganar prestigio a escala internacional.

Castilla era un mestizo más vinculado a la élite que a las masas. Libre de prejuicios liberales y conservadores, tenía una noción pragmática del poder. Era hábil, autoritario en la aplicación de la ley y el orden, y aceptó que el Congreso discutiera e incluso que criticara. Lo suyo fue el mantenimiento del orden mediante el sostenimiento de un ejército fuerte que impuso a la gente la sumisión a las autoridades constituidas. Durante los años de inestabilidad había crecido mucho la delincuencia y el bandidaje y en la sierra, gobernada por caudillos regionales, había operaciones de guerrillas que amenazaban las haciendas. En la costa no había fuerzas gubernamentales, lo cual estimuló las acciones de los bandoleros. Eliminar toda esta inseguridad se convirtió en una de las prioridades de Castilla.

La economía peruana encontró un estímulo casi milagroso en la explotación del guano. La época del presidente Castilla fue de mayor expansión de esa industria, consistente en la extracción y venta de la enorme riqueza depositada en las islas y costas peruanas por millones de aves a lo largo de los años. El valor fertilizante de estas deposiciones era conocido desde antiguo, pero su explotación sistemática empezó en la década de los cuarenta y alcanzó su máxima expansión al final de los cincuenta. Se vendieron muchas toneladas a Europa, cuyos campos necesitaban nutrientes. La gestión del guano se encomendó a particulares, que arrendaban los yacimientos, al principio, pero, más tarde, el Estado asumió directamente la explotación mediante el sistema que llamaron de las «consignaciones». El Estado retenía la propiedad del yacimiento y encargaba a un consignatario privado la extracción, distribución, transporte y venta. El consignatario se obligaba a conseguir el mejor precio por el producto, descontaba los gastos, cobraba una comisión y entregaba el resto de lo ingresado al Estado. Perú ingresó importantísimas sumas por este concepto y pasó por una época, llamada la «Era del guano», de gran bienestar económico.

Castilla pudo saldar la deuda externa e interna de Perú, mejorar las dotaciones del Ejército, favorecer la calidad de los servicios públicos, especialmente infraestructuras. Es de la época de este presidente el esfuerzo final por sustituir la legislación española esencial por otra peruana, que produjo, entre otros resultados, la redacción del primer Código Civil, el Código Penal y la legislación de enjuiciamiento.

Al término de su mandato, en 1851, pudo dejar la presidencia en manos de un continuador, el general José Rufino Echenique, que fue elegido en unas elecciones reñidas y limpias (las primeras con tal carácter, se ha dicho, de la historia de Perú), pero enseguida se vio envuelto en un problema de corrupción (el primero, como también se ha sostenido, de la historia del país), consistente en el favorecimiento a parientes y amigos en las operaciones de consolidación de la deuda interna. Fue el pretexto para que se iniciaran insurrecciones populares que Castilla se ocupó de aplastar, declarándose presidente provisorio. Este fue el comienzo de la Revolución Liberal de 1854 que llevó de nuevo a la presidencia a Castilla. Se adoptaron importantes medidas legislativas en este periodo, como las concernientes a libertad de prensa y el sufragio universal.

Los partidarios de Castilla seguían siendo los conservadores que se enfrentaron con fuerza con la mayoría liberal en la Convención Nacional que aprobó la nueva Constitución de 1856, de clara tendencia liberal. El presidente Castilla la firmó y juró (fue promulgada el 19 de octubre de 1856), pero declaró expresamente su disconformidad con ella.

Unos días después de la promulgación de la Constitución hubo una rebelión en Arequipa, donde se quemó el texto en público. Aunque el fuego de la guerra se extendió rápidamente a otras provincias, fue apagado con éxito en todas partes salvo en Arequipa, donde la guerra se mantuvo hasta el asedio y asalto final en 1858.

Hubo otro Congreso extraordinario en 1858, unas nuevas elecciones en las que fue reelegido Castilla, y se preparó y aprobó una Constitución moderada, que acabó con la vigencia de la breve Constitución liberal de 1856. Se promulgó el 13 de noviembre de 1860. Mientras las polémicas políticas continuaban sin pausa, la economía de Perú seguía favorecida por la explotación del guano, que alcanzó a finales de la década de los cincuenta su mayor esplendor.

Personajes como Castilla en Perú, Linares en Bolivia y Montt en Chile ocupan la presidencia y la ejercen con autoritarismo, con el propósito de estabilizar las políticas y establecer las bases del progreso económico. Atraer inmigración, sanear la economía es uno de los objetivos fundamentales que se plantean estos gobiernos. Por ejemplo, Perú se puede permitir la abolición de la esclavitud y suprimir el tributo indígena en 1854 gracias al guano. También resurge la minería en Bolivia y en Chile, el cobre y la expansión agrícola en los llanos centrales producen también un impulso económico importante.

El autoritarismo parece entrar en una fase más propicia al liberalismo a partir de 1861 cuando Ramón Castilla abandona el poder en Perú, José María Linares deja la presidencia en Bolivia y Manuel Montt marca el punto final del Partido Conservador o de los pelucones, en Chile. El liberalismo parece arrancar como una alternativa.

Un Estado moderno tenía que atenerse a exigencias liberales como la abolición de la esclavitud o la supresión del tributo. De modo que Castilla decidió mantener estas decisiones. Esto suponía una adhesión al liberalismo que no impidió que Castilla gobernara como dictador mientras se establecía una convención que lo designaría presidente provisional. Por entonces lo llamaban «libertador», por sus medidas en favor de los indios y los esclavos. Pero no quiso aceptar el control que imponía la Constitución sobre el ejecutivo según la versión del texto de 1856 y, en 1858, tras las elecciones que lo nombraron presidente, convocó una convención para redactar una carta constitucional nueva.

Durante su segundo mandato Castilla elaboró planes de desarrollo fundados en empréstitos externos, contraídos directamente con agentes extranjeros que explotaban el guano, o con bancos británicos sobre la base de ingresos que procedían de la exportación del producto extraído de las islas guaneras. La inmigración china reemplazó mano de obra esclava y permitió la expansión de productos exportables como el algodón y el azúcar.

En 1862 Castilla fue sustituido en la presidencia por el general San Román, que muere antes de cumplir el primer año de mandato y le sucede su vicepresidente Juan Antonio Pezet, que, a su vez, fue depuesto por una revolución que había surgido como consecuencia de un acuerdo que había cerrado con el almirante español que comandaba las fuerzas navales del Pacífico. Los conflictos internacionales desestabilizaron al gobierno de Pezet.

El contencioso con España comenzó a gestarse a raíz de una polémica que enfrentó, en una hacienda, a trabajadores nativos y vascos españoles, lo que arrojó como resultado un muerto y algunos heridos entre los peninsulares. Una escuadra española que visitaba entonces las costas del Pacífico y que se encontraba en el Callao pudo intervenir en los sucesos para lo que el gobierno mandó un comisario regio, que no aceptaron los peruanos. La expedición española se dirigió a las islas Chincha que tenían importantes depósitos de guano y se apoderaron de ellas.

No era infrecuente que reclamaciones de ciudadanos extranjeros, que residían en países latinoamericanos, dieran lugar a conflictos diplomáticos o que se presentaran buques armados en apoyo de los reclamantes. Pero, en este caso, vinieron a sumarse algunas reivindicaciones antiguas del gobierno español. Los diplomáticos americanos manifestaron su protesta por el apoderamiento de las islas peruanas y se unieron a las de Perú, Bolivia y Chile. Los diplomáticos exigían el abandono de las islas capturadas por la escuadra española, pero, en un primer momento, la flota española reforzó el control. A principios de 1865 la flota entraba en el puerto del Callao y presentaba un ultimátum al gobierno de Pezet, lo que provocó la firma del Tratado de Vivanco-Pareja, por el que se comprometía al pago de una indemnización. Este tratado fue el fin del gobierno de Pezet puesto que Mariano Prado inició una sublevación en Arequipa, que recogía la indignación popular, y se apoderó de

Lima. En diciembre de 1865 Prado, una vez expulsado del gobierno a José Antonio Pezet, declaró la guerra a España y activó la alianza con sus vecinos de Ecuador, Chile y Bolivia. La escuadra resultó derrotada en las islas Chiloé y un navío español fue apresado por un buque chileno. Fue un desastre de operación marítima para la escuadra española, por lo que el almirante Pareja decidió suicidarse; fue reemplazado por Casto Méndez Núñez, que ordenó el bombardeo de Valparaíso. Los españoles bombardearon también el Callao y después abandonaron el litoral del Pacífico, donde no encontraron refugio para sus embarcaciones.

En mayo de 1866 se acabó este conflicto bélico y ambos bandos se dieron por vencedores.

El gobierno de Prado, que era marcadamente nacionalista, convocó una Convención Constituyente para modificar la Constitución, a la que dieron una orientación liberal. Pero cada modificación desencadenaba otra de signo contrario y la Constitución de 1867 serviría de pretexto para nuevas insurgencias. Díaz Canseco, que ya estuvo al frente de alguna rebelión antes de la presidencia de Prado, encabezó una nueva sublevación y se hizo con el poder por breve tiempo puesto que se convocaron elecciones y sus votos fueron favorables al coronel José Balta, con quien había protagonizado el levantamiento.

Por aquel tiempo, mediados de 1868, Perú entraba en un periodo de normalidad institucional. El periodo de Balta fue notablemente corrupto y hubo de adoptar medidas extraordinarias para paliar el déficit, pero el gobierno tenía por objeto completar las comunicaciones entre las zonas productivas y los centros vinculados al comercio mundial. De esta manera contrató la construcción de líneas ferroviarias con préstamos ingleses.

En esta etapa ganó posiciones el movimiento llamado civilista. Marcaba el predominio de la sociedad civil frente a la fuerte presencia militar en las presidencias liberales. Los civilistas apoyaron en la elección presidencial de 1871 a Manuel Pardo, un hombre de familia tradicional liberal con matices, pero conocedor de los países europeos y de las experiencias recibidas de inmigrantes argentinos.

El acceso de Pardo al poder produjo una algarada militar que generó diversos muertos entre los cuales se encontraba el propio Balta. A mediados del año 1872 Manuel Pardo se hizo cargo de la presidencia de la república.

Durante el periodo 1840 a 1880 el gobierno peruano recibió el 60 por ciento de sus ingresos del guano, que supusieron entre 381 y 432 millones de pesos, convirtiéndose en la mayor fuente de la economía del Estado. La mayor parte de estos ingresos se dedicaron a la expansión de sectores existentes y no productivos. Los procedentes del guano, en particular, se usaron para recompensar a la burocracia y a los militares, es decir, al puro patronazgo político.

Cuando el guano dio señales de agotamiento el salitre se convirtió en su sustituto, pero el aprovechamiento del salitre provocó una nueva guerra llamada guerra del Salitre o guerra del Pacífico que duró entre 1879 y 1883. Se enfrentaron, por un lado Perú y Bolivia, y por otro Chile. Bolivia y Perú habían firmado en 1873, el mismo año en que Perú había creado su estanco de salitre, un tratado de alianza defensiva. Bolivia, que tenía un conflicto fronterizo con Chile, incrementado con el auge del salitre, invocó el tratado para defenderse de Chile, cuyas empresas salitreras operaban en lugares que Bolivia quería controlar porque quería cobrar un impuesto. Los historiadores suelen sostener que Perú se vio envuelta en una guerra que no le correspondía. La guerra duró desde 1879, cuando tropas chilenas desembarcaron en la costa, todavía boliviana de Antofagasta, hasta octubre de 1883, cuando se suscribió el tratado de paz de Ancón. Los combates condujeron finalmente a una derrota militar y a la toma de poder por el ejército chileno, lo que provocó una grave crisis nacional, y que se debilitaran los lazos establecidos en una sociedad en la que la integración de mestizos y criollos se rompió en pánico y en furia colectiva. También los campesinos indios, que habían sido enganchados al ejército por la fuerza, no entendían a sus oficiales, ni hablaban castellano, ni comprendían la razón de la guerra. Hubo amenazas continuas de deserción de los soldados. La ocupación chilena duró casi tres años, pero se limitó a la región de la costa, con esporádicas incursiones en la sierra a fin de liquidar los restos del ejército peruano. El presidente peruano Mariano Ignacio Prado que en un momento inicial se había puesto a la cabeza de las tropas, trasladando su gobierno a Arica, regresó a Lima y finalmente se fue al extranjero a comprar personalmente armas que podían cambiar el curso de la guerra.

Su viaje fue aprovechado por Nicolás de Piérola, que era un carismático caudillo arequipeño que había sabido concentrar en su persona el rechazo al civilismo, para derrocar al vicepresidente dejado como sustituto. El civilismo era percibido como un club de notables enriquecidos gracias al guano, quienes eran conocidos despreciativamente como «la argolla», nombre con el que se quería hacer ver su carácter cerrado y excluyente.

Tras la toma de Lima por los chilenos, Piérola huyó hacia Ayacucho, donde trató de reconstruir su gobierno. Desestimando a Piérola, la élite limeña nombró al jurista y banquero Francisco García Calderón presidente provisorio, que debía dirigir la ingrata misión de pactar un acuerdo de paz con Chile. En otras regiones del país surgieron los caudillos militares, quienes por medio de asambleas de notables se hicieron proclamar como presidentes o jefes de gobierno. Era el desmoronamiento de la república guanera y la demostración trágica de que el gobierno no era un requisito bastante para ensamblar una nación y dirigirla hacia el progreso.

Para la clase propietaria proseguir la guerra o pactar una paz con cesión territorial era un asunto bastante complicado. Finalmente fue el hacendado y militar Miguel Iglesias quien suscribió un acuerdo de paz que determinaba la pérdida de las salitreras del sur. En un documento conocido como «Manifiesto de Montán» proclamó que esas tierras eran un pedazo de oro, pero también «fuente de nuestra pasada corrupción». La regeneración de la república debía empezar por amputar ese pedazo pecaminoso. En octubre de 1883 se suscribió la Paz de Ancón en un balneario aristocrático a cuarenta y cinco kilómetros al norte de Lima. De acuerdo con este documento, Perú entregaría perpetuamente a Chile la provincia de Tarapacá y por diez años las provincias de Arica y Tacna. Pasada esa década debía realizarse un plebiscito que decidiría la suerte de estas últimas. Otras cláusulas del acuerdo atendían asuntos como la deuda que el Estado peruano tenía con los empresarios que habían sido expropiados a raíz de la estatalización de las salitreras. Entre ellos había extranjeros que presionaron para que el gobierno chileno reconociera dicha deuda como suya.

La conclusión es que el gran derrotado de la guerra fue el Estado peruano, que perdió los dos asideros fiscales que habían nutrido sus finanzas desde 1840: el guano y el salitre.

El caballo del asombroso Melgarejo

Por lo que concierne a Bolivia, en el momento de la independencia tenía pocas cualidades de un Estado nacional. Figuraba como un apéndice de Lima o de Buenos Aires en la época colonial. Tuvo poca experiencia revolucionaria y la independencia supuso una afirmación más positiva de la nacionalidad boliviana pero no contra España sino contra vecinos que ansiaban que formara parte de su territorio como Argentina y Perú.

La población estaba dividida en ochocientos mil indios, doscientos mil blancos, cien mil mestizos o cholos y unos siete mil negros. Los blancos, criollos hispanohablantes, eran terratenientes, comerciantes, abogados y clérigos. El clero regular se vio perjudicado porque la independencia llevó consigo la supresión de los monasterios y la secularización de sus miembros. El resto de los blancos disfrutaba de seguridad en cuanto a sus propiedades, pero tenían dificultades para identificarse con la nueva situación.

En otros estratos sociales, los indios tenían la independencia en poca consideración y ninguna conciencia de la nacionalidad; hablaban quechua o aimara principalmente. No parecía muy importante para ellos que la capital estuviera en cualquiera de las localizaciones que aspiraban a ser su sede, como La Paz, Lima o Buenos Aires.

La economía minera de Bolivia estaba en crisis. La producción entró en declive con la independencia, muy especialmente por la producción de las minas de plata. Más del 80 por ciento de la población india vivía en el medio rural y las comunidades indias sobrevivían en la vecindad de las haciendas. La agricultura permitía explotar quinina, coca, maíz, trigo y patatas, y el pastoreo daba lana de vicuña y de alpaca que no pasaba por los mercados locales. Casi toda la producción de cereales se consumía en los mercados en los que se producía. Bolivia contaba con pocos artículos para el mercado europeo y tenía una balanza comercial crónicamente adversa.

El régimen político era ordenado teóricamente por un texto constitucional, pero, en la práctica, el Estado funcionaba a base de golpes y contragolpes ejecutados por jefes militares que encabezaban facciones del ejército. El ejército no era grande y más que para luchar o defenderse, servía para trabajar y dar pensiones a los militares. Con escasos recursos, el ejército tuvo una gran influencia desestabilizadora de la política.

La excepción, en los años posteriores a la independencia, fue el gobierno de Santa Cruz, cuya trayectoria ha sido ya relatada. Era un mestizo nacido en el altiplano, que surgió como líder en la postrimería de la guerra de la Independencia y que, con el apoyo de Bolívar, alcanzó una categoría comparable con la de los primeros líderes republicanos de Hispanoamérica. Fue, tras Sucre, el primer constructor del Estado y de la política boliviana y quiso reformar el gobierno y desarrollar la economía, tratando de superar el aislamiento de Bolivia. Si eran o no una nación es algo que ellos no sabrían contestar de un modo rotundo, porque no lo pensaban apenas.

El vecino occidental de Bolivia era Chile, que crecía rápidamente y se convirtió en un rival importante en el Pacífico. Bolivia necesitaba una salida al mar y esto tenía altos costes. La unión con Perú le abría el paso al Pacífico y le permitía también crear un poder capaz de enfrentarse con Chile. Estas razones animaban a Santa Cruz, que estimaba que una confederación era la única salida para Bolivia. Algunos bolivianos estaban de acuerdo y otros no. Muchos desaprobaron la elección de Lima como capital de la Confederación y dudaban que Santa Cruz pudiera sobrevivir en Bolivia si gobernaba desde Lima. La experiencia de la Confederación ayudó sin embargo a Bolivia a consolidarse como Estado nacional.

José Ballivián (1841-1847), a quien hemos visto dirigiendo las tropas de Bolivia ante el último empellón conquistador del general peruano Gamarra, desarrolló un proyecto de expansión intentando abrir Bolivia al Pacífico. También destacó por sus planes de reforma educativa.

Manuel Isidoro Belzu (1848-1855) fue un conservador populista que elaboró un marco proteccionista para el proyecto de desarrollo económico interior y ejerció una política de intervencionismo estatal y de favor a las clases bajas, que le ha permitido ser considerado el primer populista boliviano.

La presidencia de Ballivián terminó con una algarada del pueblo que saqueó las casas de ricos y atacó al ejército. Belzu se puso al frente de esa política contraria a la situación establecida y fue declarado presidente provisional y, tras la aprobación de una nueva Constitución, la de 1851, presidente constitucional de Bolivia. Belzu abre una etapa de treinta años en los que el poder quedaría en manos de una serie de caudillos y dictadores que se enfrentaron a atentados y movimientos continuos de protesta y subversión del orden. El pueblo recibió a Belzu con esperanza porque la etapa de Ballivián había mostrado la absoluta incapacidad de la clase dirigente para resolver los graves problemas económicos por los que pasaba el país. Algunas reformas administrativas pueden anotarse en su haber, pero sus opositores se las arreglaron para someterlo a continua zozobra: tuvo que resolver treinta y tres revoluciones y se atentó contra su vida en repetidas veces. El que acertó a asesinarlo fue Mariano Melgarejo.

Belzu era un hombre que gozaba de ascendencia entre el pueblo, lo que había potenciado con el decreto de abolición de la esclavitud y algunas medidas de carácter nacionalista. No solo incrementó las tarifas de manufacturas de importación que competían con las locales, como las textiles, sino que decretó la clausura de las empresas extranjeras en 1849 e intentó colocar el comercio en manos de ciudadanos bolivianos. Era inevitable el choque con los intereses británicos y después de reiteradas protestas Inglaterra retiró a sus representantes diplomáticos.

En 1853 el gobierno Belzu se enfrentó con la ruptura de relaciones diplomáticas entre Gran Bretaña y Bolivia. También se enfrentó al peligro de una guerra con Perú por la soberanía sobre el puerto de Cobija.

Era Belzu un personaje que hasta en los gestos resultaba populista y estaba casado con la argentina Juana Manuela Gorriti, que era una novelista con relativo predicamento en su tiempo. También Belzu hizo su propia Constitución, favorable a sus intereses, pese a la oposición de los liberales del Congreso. Sus métodos de represión fueron sangrientos para sofocar a la oposición e hicieron frecuentes los atentados contra él desde 1850. En 1855 abandonó el poder y lo dejó en manos de su yerno, Jorge Córdova, que heredó un país convulso y un desorden financiero notable, lleno de enemigos y con los peones y los indios empobrecidos y marginados.

Jorge Córdova fue elegido en 1855 y ocupó el cargo solo dos años ya que en 1857 José María Linares lo derrocó y se autoproclamó nuevo presidente de Bolivia en la ciudad de Oruro. Córdova movilizó su ejército para reprimir la acción de Linares. Cuando llegó a Oruro Linares se había trasladado a Cochabamba, donde se celebró una batalla entre ambas fuerzas en septiembre de 1857. La ganó Linares y el presidente Córdova tuvo que huir. Siendo presidente José María Achá, sucesor de Linares, Córdova regresó a Bolivia, fue arrestado por un oficial y asesinado en la prisión.

Achá tampoco fue capaz de terminar su mandato y Mariano Melgarejo tomó el poder más elevado de la República de Bolivia. Ocurrió en 1864 y cayó en 1871. Llegó con un golpe de Estado que derrocó a Achá. Su mandato es conocido como el Sexenio. Fue un desastre en todo lo referido a la administración del Estado y firmó tratados de límites con las repúblicas vecinas muy desfavorables para los intereses de Bolivia.

El pueblo, movido por el general Agustín Morales, se levantó contra sus continuos abusos. Vendió cara su derrota Melgarejo en la ciudad de La Paz, en una batalla encarnizada y feroz, que perdió. Huyó a Chile, donde residió unos meses. De allí salió para ir a Lima donde supo que estaba su amante Juana Sánchez. Y en Lima fue asesinado por el hermano de Juana, José Aurelio Sánchez.

Su vida y gobierno han dejado un buen número de anécdotas y leyendas de credibilidad disímil.

Nació en Tarata (Cochabamba), en el seno de una familia humilde. Su padre no quiso reconocerlo como hijo legítimo y llevó de niño el apellido de su madre, con la que se crio. Empezó la carrera militar de soldado raso y no se perdió ninguna de las grandes batallas que se celebraron en la zona de la Gran Colombia cuando esta se disolvió. A destacar entre ellas la de Incavi de 1841, en la que las tropas bolivianas mandadas por el general Ballivián vencieron a las peruanas del general Gamarra. Tenía entonces veintiún años y ha quedado la fama de que luchó como un héroe. Ballivián lo dejó a su servicio pero lo destinaba a puestos de frontera porque, ya desde su juventud, le parecía a los superiores un individuo difícil y con una inclinación a la bebida que lo hacía peligroso. Cuando era un capitán de treinta y cuatro años, en 1854, se amotinó con sus tropas en la ciudad de Santa Cruz de la Sierra. El pronunciamiento era uno de los muchos que sufrió el presidente Belzu. Lo derrotaron, capturaron, juzgaron y condenaron a muerte. Belzu le perdonó la vida accediendo a otorgar la clemencia que le pedían damas de la alta sociedad que intercedieron por él. Le dijeron al presidente, en especial, que el incidente había sido consecuencia de una borrachera.

No fue la suya una carrera militar vertiginosa, pero fue ascendiendo valiéndose de mucha adulación a los jefes y buena disposición para los encargos difíciles. Desde aquella primera acción en Incavi, tardó veinte años en llegar a general. Este grado se lo concedió el presidente José María Achá en 1862 y dos años después se volvió contra él, lo derrocó y se convirtió en presidente de Bolivia.

Había sido siempre un individuo muy inclinado a conspirar. Los presidentes posteriores a Belzu tuvieron claro que habían de cuidarse de su alcoholismo e inmoralidad. Apoyó al presidente Linares en su golpe de Estado contra el presidente Córdova, pero luego se levantó contra Linares ayudando a Achá. Y a este, que le dio toda su confianza, lo quitó Melgarejo directamente y asumió la presidencia. Y, más aún, en la sociedad boliviana se difundió que también le quitó la esposa, con la que mantenía relaciones amorosas. La figura de Achá, como militar, presidente y esposo, se vino abajo. Él enfermó y su esposa murió en 1864, el mismo año del golpe de Estado de Melgarejo, que derroca a Achá.

Cuando Belzu regresó a Bolivia desde su exilio europeo, en 1865, Melgarejo simuló querer mantener con él conversaciones para atraerlo a La Paz. Aceptó el derrocado presidente y nada más entrar en el Palacio Quemado, Melgarejo y sus soldados lo asesinaron.

A la administración de los intereses del país apenas dedicó tiempo. Adoptaba medidas insólitas para favorecer a los terratenientes amigos, tales como declarar la expoliación de las tierras de las comunidades indias y venderlas luego. Y dedicaba mucho tiempo a las grandes fiestas palaciegas desde que conoció a la mencionada Juana Sánchez. Ocurrió porque ella le pidió un día audiencia para interceder por la vida de su hermano, Aurelio Sánchez, condenado a muerte, y acabó siendo amante de Melgarejo, por la que este tenía una auténtica obsesión. También era aficionada al alcohol.

Negoció y celebró varios tratados de límites, con Chile y con Brasil. Y cedía territorio o lo malvendía sin valorar los perjuicios para Bolivia. La leyenda que mejor expresa esta dispendiosa conducta fue la que narra que marcó sobre un mapa, con el casco de un caballo, el territorio que regalaba a Brasil a cambio del hermoso caballo blanco al que pertenecía el casco.

Tan extraordinario como el huemul: el caudillaje constitucional chileno

El Cabildo abierto constituido en Santiago entregó el poder a Bernardo O'Higgins, después de la batalla de Chabuco de 12 de febrero de 1817, dándole el título de director supremo. El ejercicio del poder por O'Higgins se alargó hasta 1823 y fue importante para la independencia nacional, declarada el 5 de abril de 1818, que se fortaleció tras la batalla de Maipú, aunque no fue definitiva para afianzarla, ya que la lucha continuaría durante varios años.[68]

Entre 1810 y 1833 Chile vivió en estado de formación y aprendizaje políticos. Fueron años de ensayos, de dar forma a la nueva realidad política, que era la de una nación independiente que luchaba por establecer un Estado. Y también para asentar la sociedad sobre nuevas bases, dándole un papel a cada uno de los viejos estamentos y procurando apartar tanto la acción de la Iglesia como el peso negativo de la aristocracia conservadora.

Los protagonistas fueron defensores apasionados de la república, la división de poderes, la soberanía popular y el respeto a los derechos individuales. La confianza en la ley les llevó a creer que realmente podría transformar la realidad social y acabar con las peores costumbres de la población. Dictaron por ello muchas normas que se han mantenido y han llegado a formar en Chile parte de la tradición republicana nacional.

También entre 1810 y 1833 abundan las constituciones y normas políticas.

La majestad de la ley reemplazó el dogma de la majestad real, vigente hasta poco antes. Fue la Constitución la base organizativa de la nueva república y a ella estaban sometidos tanto el gobierno como los gobernados. Los políticos chilenos fueron legicentristas, como habían sido los revolucionarios franceses de 1789 o los españoles de 1812. Absolutamente creyentes en el poder transformador de la legislación y en la soberanía de la ley como norma suprema. Pasa por ser la primera Constitución chilena el Reglamento Constitucional Provisorio de 1812. En él se estableció el principio de la soberanía popular, un esbozo de la separación de poderes y alguna mención a los derechos fundamentales. Luego se promulgó la Constitución Provisoria para el Estado de Chile por O'Higgins en 1818, que estableció la separación de los poderes y la existencia de un director supremo que sería jefe del poder ejecutivo. El legislativo lo ejercería un Senado, y en la cúspide del poder judicial situó el Tribunal Supremo. La Constitución garantizaba algunas libertades esenciales como la igualdad, la libertad de opinión o el derecho de propiedad.

Luego siguió la Constitución Política de 1822, que solo duró un mes y significó un avance conceptual respecto de las anteriores.

Cuando abdicó O'Higgins, en 1823, el país entró en una época de inestabilidad, en la que se desató la violencia de los grupos políticos, que querían imponer sus ideas, y se abrió un gran vacío de poder.

Los grupos dirigentes eran terratenientes entre los que se incluía una reducida oligarquía que se había formado en el periodo colonial. Explotaban las tierras mediante inquilinos o arrendatarios que obtenían parcelas a cambio de mano de obra. Otros grupos sociales se dedicaban al comercio, a la minería y a las profesiones liberales. No había una oposición real a la clase de los terratenientes. Los grupos dominantes estaban divididos entre los favorables a las ideas conservadoras y los partidarios de las liberales.

Estos últimos deseaban una base de gobierno más amplia; aunque no eran estrictamente demócratas, proponían la abolición de los privilegios eclesiásticos y la extensión gradual de la participación política. La figura dominante en estos años fue el general Ramón Freire, liberal, que quería cortar con las maneras autoritarias de gobernar de su antecesor, el libertador Bernardo O'Higgins.

En 1828 se reunió un Congreso más que elaboró otra Constitución que estableció un punto medio entre el centralismo y el provincialismo, pero de orientación liberal porque abolía los mayorazgos, lo cual era contrario a los intereses de los conservadores. El representante del liberalismo era el presidente Antonio Pino, que insistía en la defensa de las libertades y la igualdad individuales, la libertad de expresión y el gobierno representativo. El movimiento liberal, con la reputación en decadencia, sobre todo por el periodo de anarquía que hubo en el país entre 1824 y 1829, los excesos del federalismo y la ineficiencia del gobierno, entró en crisis en la década siguiente. Los liberales, también llamados pipiolos, eran combatidos por un movimiento conservador en alza.

Los conservadores formaban tres grupos que habían sido rechazados por los gobiernos liberales de 1824-1829: los pelucones, que eran la aristocracia terrateniente tradicional, estaban en alerta por la abolición de los mayorazgos en la Constitución de 1828. Un segundo grupo eran los estanqueros, así llamados porque su líder Diego Portales, que era un hombre de negocios, había estado en medio de un importante conflicto económico y político relacionado con el estanco del tabaco: una sociedad controlada por Portales se había hecho con la gestión del estanco a cambio de pagar la importante deuda que Chile tenía contraída con Inglaterra. La operación fue un fracaso y una ley de 2 de octubre de 1826 rescató la concesión. Portales sacrificó la indemnización, que no quiso percibir, pero aprovechó la coyuntura para iniciar sus primeras incursiones en política y conocer a muchos individuos relevantes. El grupo de los estanqueros defendió siempre un gobierno de mano dura, centralista y absolutista.

El tercer grupo lo componían los partidarios de O'Higgins.

Juntas estas fuerzas se levantaron contra el régimen liberal en 1829. Portales contribuyó notoriamente a la conspiración que acabó en guerra civil. En mayo de 1830, ya controlaban la capital. Su dominio se extendió rápidamente por el resto del país y en la batalla de Lircay, de 17 de abril de 1830, alcanzaron el poder que mantendrían los conservadores durante todo un cuarto de siglo a partir de entonces. La guerra entre pipiolos y pelucones había estallado en Concepción, con el levantamiento dirigido por el general José Joaquín Prieto.

Los nuevos dirigentes rechazaron las decisiones del Congreso liberal de 1829. En marzo de 1830 designaron a José Tomás Ovalle, que fue un presidente títere, porque, en abril, Diego Portales tomó el control de los ministerios más importantes (Interior, Relaciones Exteriores, Guerra y Marina), los retuvo hasta 1831 y ejerció el poder efectivo. Esta presidencia de Ovalle apenas duró dieciséis meses. Portales, una vez cumplida la que creyó su misión de restablecer el orden, presentó su dimisión, que le denegó Ovalle, como tampoco la aceptó el siguiente presidente José Joaquín Prieto. Portales fue un personaje central en Chile en los años treinta, que siempre prefirió estar en la segunda línea de mando, que fue muy efectiva mientras él la ocupó. Le ofrecieron y pidieron en ocasiones que optara por la presidencia de la nación y no quiso. Tenía algunas convicciones poco comunes: en lo económico, se negó a cobrar la indemnización que le reconocieron los tribunales después del rescate de la concesión del estanco de tabacos; tampoco quiso cobrar el sueldo de ministro. Sus relaciones sentimentales también llamaron la atención a la sociedad convencional de Santiago. Se había casado, joven y enamorado, con su prima Josefa Portales, con la que tuvo dos hijas que murieron siendo niñas. Murió Josefa en 1821 y Diego prometió no casarse nunca más. Y así lo hizo, pero desde pocos años después tuvo una estable relación de pareja con Constanza Nordenflycht, a quien dejó embarazada cuando tenía quince años y con la que tuvo tres hijos. No se casó con ella, lo que fue piedra de escándalo, tratándose de un personaje que estaba tan empeñado en que la conducta de un político debía ser intachable. La suya no lo era en un país católico como Chile. Parece que utilizó su propia situación familiar irregular para negarse a ser candidato a la presidencia de la república.

Era de origen aristocrático, había emigrado a Perú en su juventud pero volvió a Chile, en la década de 1820, y entonces se dedicó a conseguir la estabilidad política, dejando al margen teorías y aplicando un sentido práctico que primó el orden y la seguridad. Fue ministro de Estado del presidente Joaquín Prieto, época en la que aplicó una política dura contra sectores liberales y opositores, imponiendo el orden por encima de todo, en perjuicio, si era necesario, de la ley. Lo importante para él fue restablecer el principio de autoridad. Portales dominó la escena política hasta su muerte en 1837, influyendo de manera decisiva sobre la voluntad del presidente. Era severo y se acostumbró a usar el poder sin que nadie se atreviera a contradecirlo. Muchos historiadores lo consideran una pieza fundamental en la consolidación del Estado de Chile y del autoritarismo como forma de gobierno. Los liberales organizaban periódicamente asonadas para alejarlo del poder. El país no logró plena estabilidad política. Cuando mataron al ministro Portales, el gobierno cambió su política, regresaron los liberales exiliados y se reincorporaron al ejército los oficiales que él había expulsado.

Los líderes conservadores, que ocuparon el poder a partir de 1831, se vieron en la necesidad de elaborar una nueva Constitución, que se aprobó en 1833 con las ideas fundamentalmente de Mariano Egaña, notablemente conservadoras, y José Manuel Gandarillas, de tendencia más liberal. La Constitución era presidencialista y autoritaria. El presidente de la república era el poder central del Estado, al que le correspondían las más importantes atribuciones. Podía ser reelegido, lo que hacía que en la práctica el presidente pudiera gobernar diez años. No respondía ante nadie por sus acciones durante el mandato, tenía posibilidad de oponerse a todo proyecto de ley y nombraba a los jueces y vigilaba su conducta. El presidente era casi un monarca absoluto.

La supremacía del presidente en la Constitución de 1833, en cuya redacción influyó mucho el mencionado Portales, fue más allá de su texto pues en la práctica era casi imposible ser elegido miembro del Congreso sin su voluntad. Para perpetuar el sistema establecido se reguló un procedimiento de reforma constitucional que prácticamente hacía imposible su modificación. El Congreso Nacional quedaba subordinado al poder del presidente. La presidencia de la república estaba asociada a la idea de seguridad y de orden y era una representación máxima de la autoridad del Estado. Este jefe supremo de la nación, calificativo que le otorgaba al presidente el artículo 81 de la ley fundamental, lo personificó bien Diego Portales, que fue el gran gestor del dominio conservador.

La Constitución de 1833 consagraba la estructura social existente y permitió que la oligarquía conservadora gobernase el país durante treinta años, periodo denominado República autocrática.

Durante todo este tiempo hubo alzamientos liberales que fueron reprimidos con fuerza. El sistema conservador se basaba firmemente en la oligarquía terrateniente y en la Iglesia, la represión y el amaño de las elecciones, para evitar que la oposición pudiera ocupar parcelas de poder. El régimen no era militar, pero reorganizó la guardia nacional y la fortaleció de modo que se convirtió en un cuerpo con más de tres mil miembros y mucha importancia en la conservación de la situación social y política establecida.

El país funcionó con un régimen de orden y buen gobierno y estuvo desarrollando políticas que contribuyeron al progreso de la nación.

Esta época legó a Chile algunas instituciones jurídicas que se han mantenido con el tiempo. Las más importantes fueron las vinculadas a la independencia nacional y la instalación de la república, es decir, a la organización del sistema político bajo la forma de un gobierno representativo. En estos años se afianzó el concepto de soberanía popular y el principio de separación de poderes. También la educación pública nació en 1813 y por tanto acompañó a la república durante todo su primer periodo de desarrollo.

Ya ha quedado descrita la activa posición de Diego Portales contra la Confederación peruano-boliviana. De la guerra en la que

Chile se involucró para deshacerla, surgió un nuevo caudillo, el general Manuel Bulnes. Aprovechando la popularidad que le había dado la confrontación, se presentó a las elecciones presidenciales y las ganó en 1841. Una vez en el poder, Bulnes siguió con la política de reconciliación nacional. Para entonces surgieron muchas sociedades patrióticas y organizaciones, como el Club de la Reforma o la Sociedad de los Iguales, antecesoras de los partidos políticos.

El general Bulnes alcanzó la presidencia en 1841, espoleado por sus éxitos en la guerra. Desarrolló un programa de reconciliación, orden y progreso. Una ley de prensa muy severa fue aprobada en 1846. El progreso benefició al comercio, la minería y la colonización. También impulsó un renacimiento intelectual que, en buena medida, se debió a la presencia en el país de exiliados extranjeros como Domingo F. Sarmiento y Juan Bautista Alberdi o Andrés Bello, que fue rector de la Universidad de Chile.

La oposición a Bulnes la dirigió por aquellas fechas Manuel Camilo Vial, que buscaba alternativas para llegar al poder. Se apoyaba desde el punto de vista intelectual en José Victorino Lastarria. Fuera del Congreso, Francisco Bilbao y Santiago Arcos defendían una verdadera democracia como la que se reclamó en Francia en 1848.

Enfrentado al desafío de un liberalismo radical, el Partido Conservador hizo a Manuel Montt sucesor de Bulnes. El gobierno de Montt se desarrolló entre 1851 y 1861. Gobernó de un modo autoritario que provocó fuerte oposición que condujo a una guerra civil y un incremento de la represión. Fue un retorno al estilo de Portales, pero ajustado a la Constitución y a la ley. Montt defendía que cualquier tipo de acción debería situarse dentro de la Constitución y la legalidad.[69]

Su llegada a la presidencia de la República de Chile en las elecciones de 1851, apoyada con fuerza por la prensa conservadora, especialmente *La Tribuna* y *El Mercurio*, donde escribía el importante intelectual argentino Domingo Faustino Sarmiento, que fue un incondicional amigo y defensor, encontró una fuerte oposición en Concepción, un baluarte del general José María de la Cruz, a quien apoyaba una extraña agrupación de liberales y ultraconservadores. En Concepción fue el único lugar en el que Montt no ganó. Este territorio, dominado por los propietarios de grandes latifundios, le tenía miedo a una presidencia de un norteño apoyado por empresarios de sectores industriales. Impugnaron los partidarios de Cruz los resultados de las elecciones acusando de fraude electoral. Fue el inicio de una rebelión, que iniciaron los liberales en La Serena y que se extendería enseguida por el norte. Por el sur, la rebelión fue aún más grave porque los revolucionarios declararon «roto el pacto social», acordaron reasumir «nuestros poderes» (es decir, reasumían de nuevo la soberanía) que habían delegado «en las autoridades establecidas en la Constitución de 1833». El general Bulnes se puso al frente de las tropas gubernamentales y Cruz dirigió el ejército insurgente. Hubo una cruenta batalla en Loncomilla, que dio lugar, sin declarar vencedores ni vencidos, a que se firmara el Tratado de Purapel, que reconocía definitivamente la presidencia de Montt. La confrontación política continuó, no obstante, durante todo el mandato.

La presidencia de Montt tuvo éxito en su actividad política y social. Construyó muchas infraestructuras en Chile, triplicó durante su mandato las escuelas básicas existentes y aprobó una norma fundamental, que tendría gran influencia en toda Hispanoamérica, el Código Civil de 1855, cuya redacción encargó a Andrés Bello, cuyos servicios supo retener ofreciéndole diversos cargos (lo mismo hizo con Sarmiento) y haciéndolo rector de la Universidad de Chile.

El gobierno entró en crisis por primera vez en 1857 por un enfrentamiento entre la Iglesia y el Estado, concretada en el problema del control de los niveles de educación del Instituto Nacional. Montt se oponía a estas intenciones y también al restablecimiento de la Compañía de Jesús, propuesta y aprobada en el Senado por los conservadores y el arzobispo Valdivieso.

Los liberales y conservadores concertaron finalmente una fusión destinada a sumar fuerzas contra Montt. Esta reordenación de los partidos políticos determinó que muchos liberales se separaran del Partido Liberal creando un partido radical que congregaba a empresarios y a una parte de la clase media.

Cuando se eligió a Montt para otro quinquenio, en 1856, se encontró con la oposición de los fusionistas liberal-conservadores.

En 1858 Pedro León Gallo, hermano de uno de los fundadores del nuevo partido político y propietario de minas de cobre en la región de Atacama, organizó un pequeño ejército.

Montt estuvo en el poder diez años, hasta 1861.

El espíritu de Portales y el portalismo ha planeado sobre Chile desde que se inició el primer tercio del siglo XIX; Montt dio continuidad a la república ordenada, en su época, con un ajuste a la legalidad más estricto pero sin cejar en la importancia del orden como elemento esencial para que una sociedad pueda desarrollarse y ser feliz. Tan acostumbrados han estado los chilenos a esta clase de políticas que aceptaron con naturalidad la «opción nacional de privilegiar el orden y la estabilidad sobre la libertad, llegando a implementar un régimen de tal manera autoritario que, incluso, la noción de República en ocasiones ha quedado en suspenso».[70]

Esta idea de sociedad bien organizada y respetable se repite en la literatura como una característica de Chile; se formó a mediados del siglo XIX y ha durado hasta hoy. Algunos intelectuales de la época contribuyeron a la difusión de esta característica, naturalmente de modo interesado. Domingo Faustino Sarmiento escribió en *El Mercurio* de 4 de mayo de 1842: «mientras el Perú se halle cercado de enemigos y la República Argentina arrancándose las entrañas con sus propias manos, ¡bendito sea Chile que tantos bienes disfruta y a quienes las bendiciones del cielo les vienen como llovidas! Tranquilidad interior, gobierno constitucional, una administración que se anda ten con ten con los progresos y la rutina. ¿Qué más quieren?».

La realidad natural de Chile es una combinación de orden, paz y libertad. La valoración de la estabilidad política y social está reflejada en los mensajes presidenciales. Entre 1842 y 1843 cuando el orden parecía asegurado, Manuel Bulnes hablaba de que «nada ha turbado la serenidad de nuestro afortunado país» y también que la continuidad de la «paz que ha gozado sin interrupción nuestra República». Los informes de los presidentes siempre repiten esta idea del orden como característica natural de Chile. Según Rafael Sagredo, el precio pagado por la sociedad chilena fue el autoritarismo materializado en muchas modalidades represivas contra la supuesta anarquía y la perturbación del sosiego público.[71] Las modalidades represivas fueron múltiples y todas más bien marginales con respecto de lo establecido en la ley. El «orden autoritario se transformó en una condición de existencia del nuevo Estado; en el medio más efectivo de encarar exitosamente los desafíos de una situación natural aislada y sometida a frecuentes y angustiantes imponderables; en garantía de conservación de su integridad territorial y de su posición internacional en un contexto latinoamericano marcado, para Chile, por la competencia con naciones más fuertes».

El huemul es un minúsculo cérvido de los Andes australes, bellísimo, raro, fabuloso, tímido y huidizo, también intensamente acosado, que forma parte del patrimonio natural y cultural actual de varias provincias del sur de Chile. Desde 1834 figura representado en uno de los cuarteles del escudo de la nación. El orden y concierto del caudillaje chileno ha sido, en América, tan excepcional y atractivo como el huemul, enmarcado, casi siempre, en reglas constitucionales, aunque atento al lema que figura en la base de aquel emblema: «Por la razón o la fuerza».

CAUDILLOS Y FILIBUSTEROS EN CENTROAMÉRICA

Construcción de las naciones centroamericanas

Centroamérica fue durante pocos años un Estado federal integrado por Costa Rica, Guatemala, Honduras, Nicaragua y El Salvador. Ocurrió en el lapso de tiempo que medió entre la separación de este conjunto de naciones del Imperio mexicano de Agustín de Iturbide, en 1823, y el fracaso y disolución de la federación centroamericana, que se hizo efectivo en 1839, cuando terminó el mandato del presidente más luchador por la unión de los Estados de la cintura de América, Francisco Morazán.

En Centroamérica la independencia empezó no con la separación de España sino con la independencia respecto de México. Después de que cayera el imperio de Iturbide se puso en marcha un Congreso que proclamó la independencia absoluta de las cinco provincias,

Costa Rica, Guatemala, Honduras, Nicaragua y El Salvador. Todas ellas aprobaron la Constitución federal de 1824 bajo la denominación de Provincias Unidas de Centroamérica. La Constitución de 1824 estaba inspirada en las ideas de la Ilustración, la Constitución de Cádiz y la Constitución de Estados Unidos. Influyeron también algunos intelectuales locales, como José Cecilio del Valle.[72]

Pero estas ideas no tuvieron éxito inmediato en Centroamérica. En marzo de 1825 llegó al poder Manuel Arce como presidente. La unión fue caótica, menudearon las revueltas y fue constante la inestabilidad. La organización inicialmente federal no funcionaba porque había mucha distancia entre la periferia y el centro, los Estados estaban aislados respecto de la capital y entre sí, el sistema de transportes era muy problemático y la distribución de la población también muy desigual. De un total de 1,2 millones de habitantes, el 50 por ciento estaba en Guatemala mientras que Costa Rica solo tenía el 5 por ciento. Esto afectaba a la representación en el Consejo Federal.

El gobierno tampoco tenía recursos para mantenerse, lo que determinó que la unión perdiera posibilidades de continuar. Las familias regionales no aceptaban que otros establecieran impuestos sobre sus propiedades, ni aceptaban tampoco que los ingresos obtenidos en su región fueran a parar a otras distintas.

La libertad de comercio no consiguió que los productos de Centroamérica salieran al mercado mundial. El índigo y la cochinilla eran los dos grandes productos de exportación.

La estructura colonial sobrevivió prácticamente intacta. La nueva república era criolla dominada por la élite que monopolizaba la tierra, la burocracia y la política. La esclavitud fue abolida, pero el número de esclavos en la región no era muy importante.

La tradición reformista, que seguía la influencia de Cádiz, se hacía notar en la Constitución federal y en la política gubernamental en cuanto pretendía promover la educación, la industria y la colonización agrícola. Pero tan pronto como el gobierno central trató de consolidar su soberanía, de crear un ejército y de reunir ingresos, fue repudiado. En Centroamérica, en el periodo que va de 1826 a 1829, hubo múltiples tumultos, rebeliones, conflictos y la federación «se desvaneció» en cuanto que los Estados se negaban a someterse a Guatemala.

Las organizaciones familiares de cada región luchaban por su hegemonía. Los indios, mestizos y mulatos que habían sido dóciles al rey se convirtieron en rebeldes como lo habían sido sus jefes y superiores y recurrían a la violencia para mejorar su situación. Los caudillos regionales reclutaban a sus seguidores y penetraban en el vacío de poder dejado por los Borbones.

El colapso del absolutismo acabó con la centralización y Centroamérica optó por la división.

La guerra terminó en 1829 con la derrota de la alianza eclesiástica conservadora. Los liberales reunieron un Congreso para ejecutar el programa de reformas.

El líder liberal hondureño Francisco Morazán[73] fue nombrado presidente en septiembre de 1830 a partir de una serie de alianzas políticas entre los distintos Estados, y procuró restablecer la autoridad del gobierno federal. Pero ese gobierno central solo podía aumentar su poder a costa de los Estados. Y mientras más políticas liberales desarrollaba, más resistencia ofrecían los conservadores y crecía la tensión hacia la secesión. El liberalismo del gobierno federal tuvo algún paralelismo en los Estados. El doctor Mariano Gálvez, que fue jefe del Estado en Guatemala entre 1831 y 1838, pretendía aplicar un amplio programa de reformas liberales. Las exportaciones de índigo y cochinilla eran muy potentes a principios de la década de 1830. Los liberales querían una sociedad basada en una clase media agraria dedicada a la producción de artículos cultivables destinados al consumo doméstico. Pero en Guatemala buscaron un desarrollo económico promoviendo la colonización extranjera. Confiaban en poblar el territorio con colonos inmigrantes que aportarían capital. La colonización empezó en 1834 con amplias concesiones en el Petén, Verapaz, Chiquimula y Totonicapán, esas concesiones se otorgaban a cambio de que fueran colonizadas y desarrolladas las regiones correspondientes, pero estas concesiones de tierras crearon una disputa de fronteras entre Guatemala y la federación, por una parte, y el gobierno británico, por otra. También fueron mal recibidas por la opinión pública guatemalteca.

La política religiosa de Gálvez en Guatemala reflejaba los principios que apoyaba el gobierno federal. Censuró la correspondencia eclesiástica y se apoderó de fondos de la Iglesia. En 1832 anuló la recaudación obligatoria de los diezmos y eliminó muchos días de fiesta de origen religioso y confiscó propiedades de la Iglesia. Aprobó legislación que permitía el matrimonio civil y el divorcio. Y suprimió el tutelaje eclesiástico del sistema educativo.

La hostilidad a la política clerical de los liberales coincidió con la de los indios, que también eran contrarios a la supresión de las festividades tradicionales y celebraciones religiosas que formaban parte de su vida comunitaria. Las comunidades indias de Chiquimula se alzaron en armas a finales de 1835 contra los proyectos de colonización extranjera. El tributo indio, que había sido abolido en 1811, lo restauró Gálvez en 1831. Los liberales no eran sensibles ante las reclamaciones de los indios.

La suerte de la federación corrió también paralela a los acontecimientos de Guatemala. Morazán, el presidente federal, había trasladado la capital federal a San Salvador en 1834 y el mismo año fue elegido presidente para otro mandato. La confederación ya estaba declinante. El Congreso de 1838 trató de revitalizarla aplicando medidas financieras, que los Estados desestimaron y aprovecharon la oportunidad para abandonar la unión conducidos por Nicaragua, Costa Rica y Honduras.

La república federal terminaba por el separatismo de los Estados. En febrero de 1839, al término del mandato de Morazán, no quedó ninguna institución legal para nombrar sucesor. Se reunieron las diferentes fuerzas de cara al enfrentamiento definitivo, que tuvo lugar en 1840: las fuerzas de Carrera derrotaron al ejército liberal en la ciudad de Guatemala y expulsaron a Morazán al exilio. En 1842 Morazán trató de volver a escena y continuar la lucha pero fue capturado por el movimiento popular y fusilado en San José el 15 de septiembre de 1842.

El derrumbamiento de la federación centroamericana y del primer experimento liberal subrayó la imposibilidad de cambiar con legislación unas estructuras gubernamentales, económicas, sociales y religiosas profundamente enraizadas. Los liberales pretendían sustituir el absolutismo gubernamental por representación y delegación de poderes. Aspiraban a sustituir la influencia de la Iglesia por un Estado laico, sacar a los indios de su estado e integrarlos en el mercado, cambiar el proteccionismo por el libre comercio. Pero ninguno de esos proyectos prosperó. La federación decayó, en buena medida a causa de los intereses extranjeros. Gran Bretaña desempeñaba un papel dominante en el comercio, los préstamos y la navegación. La posesión británica de Belice fue otra gran fuente de conflicto. Esta posición daba a Gran Bretaña entrada en el único puerto de gran calado de la costa del Caribe.

Las disputas se personalizaron mucho en Frederick Chatfield, cónsul británico, que era un gran conspirador dedicado a fragmentar la federación. La presencia británica en la costa atlántica fue anterior a la federación y continuó mucho tiempo después.

El centralismo se acabó en 1840 cuando cada región o cada Estado siguió su propio camino. Los indios recuperaron sus posiciones y Carrera encabezó una dictadura personal hasta 1865, apoyado por la élite mercantil, el clero y las masas indias.

Carrera fue un caudillo que se empeñó en establecer un poder conservador. Los gobiernos de Honduras y El Salvador establecieron a dos caudillos conservadores que le eran fieles como Francisco Ferrera, un ladino de clase baja como el propio Carrera, y Francisco Malespín, que era un oficial de carrera proclerical y promilitar. Estos le guardaban las espaldas contra la revuelta liberal. En 1844 la Asamblea lo nombró «benemérito caudillo y general en jefe» y el 11 de septiembre retomó la presidencia que le permitiría el control total de Guatemala.

Nada de esto impidió a Carrera llegar a un acuerdo con los británicos reconociendo la soberanía de Belice en 1859, a cambio de la promesa de construir una carretera entre la ciudad de Guatemala y la costa atlántica. Obligación que Gran Bretaña no cumplió.

Pero no solo durante esos años, sino la mayor parte del siglo, los Estados de Centroamérica ofrecieron un muestrario del fenómeno del caudillismo bastante singular. Los primeros años del siglo son propicios a la aparición de caudillos entre personas que han estado luchando en las guerras de independencia y, muy habitualmente, tienen un poder personal derivado de su condición de grandes propietarios, con muchos peones a su servicio, que pueden utilizar también en sus confrontaciones bélicas. En Centroamérica, los caudillos más sobresalientes no partieron de esa situación social preeminente, sino que la adquirieron gracias a su gallarda intervención en algún conflicto civil. Se enriquecieron después algunos, como Carrera. Fueron, en todo caso, líderes populares de extraordinario atractivo, que supieron poner detrás de su bandera a una enorme cantidad de individuos.

Expondremos seguidamente los casos más importantes que son los del caudillo federal Francisco Morazán, y el caudillo de Guatemala Rafael Carrera. Pero Centroamérica entera protagonizó, a mediados del siglo XIX, el acontecimiento de los caudillos filibusteros, venidos de fuera, nacionales de otros Estados, que llegaron con su tropa a algún país centroamericano con la ambición de apoderarse de parte de su territorio para convertirlo en base de sus negocios. El caso más sobresaliente afectó a Nicaragua y el filibustero invasor fue un norteamericano llamado William Walker.

Francisco Morazán, el empecinado caudillo de la federación centroamericana

Nació en Tegucigalpa en 1792 y murió en Costa Rica en 1842. Este trasiego de una punta a otra del istmo refleja a la perfección la vida andante de Morazán, que estuvo al servicio de la práctica totalidad de los Estados de la zona, como gobernante máximo, además de ser durante años presidente de la federación que los unió.

Tegucigalpa pertenecía, cuando nació Francisco, a la Capitanía General de Guatemala, que se independizó de España en 1821. Morazán participó desde entonces en política. Su familia era criolla de clase alta dedicada a la agricultura y el comercio. No había una oferta educativa en la que elegir y lo mandaron, durante sus primeros años, a una escuela católica que se fundó en 1804. Pero fue casi autodidacta y lo mejor de su formación lo obtuvo gracias a la tutoría de León Vázquez, por quien conoció la literatura ilustrada más importante.

Fue un convencido liberal que, mientras gobernó, trató siempre de aplicar políticas que removieran las estructuras e ideas asentadas durante la época colonial. Fue reformista y era depositario de una cultura política moderna y transformadora. Protegió las libertades de educación, prensa y religión. Sus partidarios no dejaron de elogiar sus capacidades de gobernante. Sus detractores le adjudicaron una etiqueta de ambicioso, que lo acompañó siempre.

Dada la orientación de sus políticas, tuvo que enfrentarse a una oposición firme y a enfrentamientos internos continuos. Pero se mantuvo en el poder un decenio, entre 1830 y 1839, un periodo convulso en el que él dominó el panorama político y militar.

Iturbide sugirió primero (e impuso después ante la división de las ciudades) incorporar Guatemala a México, para formar un gran imperio regido por el Plan de Iguala. Tegucigalpa, al principio opuesta, reconoció la anexión el 22 de agosto de 1822. Pero duró poco: Iturbide abdicó el 19 de marzo de 1823 y el primero de julio las Provincias Unidas de Centroamérica declararon su independencia definitiva. La independencia de España ya se había producido en 1821. Las provincias que conformaron la unión fueron Guatemala, Honduras, El Salvador, Nicaragua y Costa Rica. Un Congreso Constituyente se celebró en la ciudad de Guatemala el año siguiente. Los liberales apostaron por una Constitución federalista, al modo norteamericano; los conservadores, por un gobierno centralista. Ganó la opción federalista. Se acogió el lema «Dios, Unión y Libertad» y se aprobó la Constitución de 22 de noviembre de 1824. La estructura política unitaria se denominó República Federal de Centroamérica. Se eligió presidente a Manuel José Arce, del partido liberal. Prometió muchas reformas económicas y sociales y no pudo llevar a cabo ninguna por la firme oposición de las oligarquías dominantes. Entonces cambió el programa de reformas y se alió con la oposición.

Arce cambió sus iniciales ínfulas de liberal reformista por una ideología conservadora sobrevenida y actuó en consecuencia: disolvió el Congreso en octubre 1826 e intentó establecer un sistema centralista aliándose con los conservadores, pero perdió el apoyo de su partido y el de los líderes más importantes de los demás Estados de la República Federal, como Honduras y El Salvador.

Gobernaba en Honduras Dionisio de Herrera. Arce se empeñó en acabar con su resistencia, enviando tropas a Comayagua, que era la capital del Estado, capturó a Herrera y lo mandó preso a Guatemala. Morazán, que estaba próximo ideológicamente a Herrera, se escapó de las tropas federales y reunió fuerzas militares con las que se enfrentó a las federales en abril de 1827. Ganó el general Milla, que dirigía estas últimas y tomó el poder en Honduras. Morazán huyó. Pero reconstruyó al poco sus fuerzas con aportaciones militares de El Salvador y Nicaragua y se enfrentó a Milla en el sur de Honduras en la batalla de Trinidad, donde, tras un largo combate, venció. Morazán fue a Comayagua después y allí fue nombrado jefe de Estado provisional, convertido en un líder para toda América Central.

El Salvador repitió la reacción que había seguido Honduras, enviando tropas a Guatemala para derrocar a Arce, pero este derrotó a los salvadoreños y mandó al general Manuel de Arzú a ocupar El Salvador.

Morazán organizó tropas desde Honduras, con componentes hondureños, salvadoreños y nicaragüenses y se dirigió a El Salvador. Derrotó a las tropas federales en todos los frentes y entró glorioso en San Salvador. Pero ya había nuevos levantamientos en Honduras, Morazán se instaló a principios de 1829 en Ahuachapán e intentó organizar el denominado Ejército Aliado Protector de la Ley con el que actuó en diversos lugares de Guatemala. Antigua Guatemala se levantó, apoyada por Morazán, contra el gobierno de Guatemala. Las acciones militares continuaron hasta la rendición total y capitulación del jefe de Estado de Guatemala, Mariano de Aycema y Piñol. Todos los participantes en la guerra fueron enviados a prisión, incluido el presidente Arce. El 5 de marzo de 1829 Morazán y Diego Vigil fueron designados jefe y subjefe de Estado de Honduras.

En 1830 Morazán fue elegido presidente de la federación. Intentó a partir de entonces desarrollar reformas inspiradas en ideas ilustradas y liberales, con énfasis en la libertad religiosa, igualdad social y política.[74] Construyó carreteras y escuelas, declaró el libre comercio, invitó al capital extranjero, permitió el matrimonio civil y el divorcio, declaró la libertad de expresión. Confiscó los bienes de la Iglesia, suprimió las órdenes religiosas y rompió el control de la Iglesia sobre la educación. Arrestó y expulsó al arzobispo Ramón Casaus y Torres y a 289 frailes. Los expertos en la época creen que fue el primer dirigente de América que aplicó los principios del pensamiento liberal.

Cuando concluyó su primer mandato presidencial en 1834, se convocaron nuevas elecciones que ganó limpiamente José Cecilio del Valle, lo que se interpretó como una señal de hartazgo de los electores ante las reformas liberales. Pero Del Valle murió antes de tomar posesión. Se celebraron nuevas elecciones y Morazán resultó elegido.

El fin de la federación, en 1837, estuvo rodeado de diferentes acontecimientos trágicos. Hubo una grave epidemia de cólera en Guatemala que dejó más de mil muertos y tres mil afectados. Se difundió, en muchos mentideros, pero también en los púlpitos y en los lugares de influencia de la Iglesia, harta de las reformas liberales, el rumor de que la causa de la enfermedad era el envenenamiento de los ríos y arroyos por el gobierno con el propósito de acabar con la población indígena. Hubo revueltas continuas; los indios mataron a gente de raza blanca y quemaron casas de los liberales. La represión del ejército fue brutal y empeoró la situación. Los sacerdotes ensalzaron el nombre del caudillo guatemalteco Francisco Carrera como el ángel protector de indios y campesinos e incluso inventaron representaciones y trucos para hacerles creer que portaba mensajes divinos. Carrera y sus tropas iniciaron una guerra contra el gobierno de Mariano Gálvez. Este pidió ayuda a Morazán, que derrotó a Carrera en más de una ocasión, pero nunca pudo apresarlo ni conseguir su rendición. Se retiraba a las montañas y solo volvía a golpear cuando veía segura la acción. Carrera se convirtió en el peor oponente a Morazán, indomable y dispuesto a las mayores brutalidades.

Un conflicto sobre el reparto de ingresos aduaneros llevó a Honduras, Nicaragua y Costa Rica a abandonar la Unión. El 1 de febrero de 1839 terminaba el segundo mandato de Morazán y el Congreso federal, para entonces, se había disuelto y no quedó ninguna institución habilitada para nombrar un sucesor.

Al terminar su mandato de presidente federal, Morazán fue nombrado jefe de Estado de El Salvador. Entonces Carrera y los conservadores de Guatemala le declararon la guerra porque Morazán representaba la continuidad de la federación y rechazaban que tuviera el mando de ningún otro Estado. Guatemala y Nicaragua suscribieron, el 24 de julio de 1839, un acuerdo contra el gobierno de Morazán en El Salvador. Incluso Carrera haría un llamamiento a la insurrección general de los salvadoreños contra el gobierno de Morazán.

Le amenazaron con matar a su esposa e hijos, que hicieron rehenes de la insurgencia, pero resistió y sus fuerzas militares se impusieron en la batalla de San Pedro Perupalán.

Todavía en 1840 Morazán estaba intentando restablecer la federación, marchando contra Carrera en Guatemala. Carrera le tendió una trampa y lo venció en una batalla salvaje en la que los hombres de Carrera mataban sin piedad cantando el Salve Regina y gritando «¡Viva Carrera!» y «¡Muerte a Morazán!». El 4 de abril de 1840 renunció Morazán a la presidencia e inició camino hacia Perú para exiliarse. Supo de las vejaciones a su familia y amigos que estaban causando los fieles a Carrera y redactó indignado su Manifiesto de David, en el que denunciaba a los serviles del régimen de Carrera y la falta de principios de sus adláteres.

Estuvo en Perú no mucho tiempo porque le llovían las incitaciones a volver ante los graves acontecimientos que sucedían en Centroamérica. Fue determinante, para su decisión de regresar, la intervención inglesa en el territorio de la Mosquitia, entre Honduras y Nicaragua. Armó un ejército, con la ayuda financiera del general Pedro Hernández, embarcó en el Callao en el buque El Cruzador y se fue a guerrear de nuevo, llevado por un «sentimiento nacional irresistible». Lo derrotó Carrera de nuevo, se instaló en Panamá y allí recibió la invitación a invadir Costa Rica. Se lo pedían los enemigos de Braulio Carrillo, que se había hecho con la presidencia de esta república, derogado la Constitución y cambiado por otra, que le aseguraba inamovilidad en la jefatura del Estado y toda clase de poderes dictatoriales extraordinarios. También aceptó el reto y se presentó con su ejército en el puerto de Caldera de Costa

Rica. El dictador le puso a todo el ejército de la república enfrente. Carrillo no deseaba un encuentro sangriento y encomendó la negociación al salvadoreño Vicente Villaseñor. Este individuo traicionó a su mandante Carrillo y suscribió un pacto con Morazán acordando que expulsarían a Carrillo y convocarían una Asamblea Nacional Constituyente. El 13 de abril de 1842 las fuerzas de Morazán pudieron entrar en San José y Carrillo salió desterrado hacia El Salvador.

Morazán convocó una Asamblea Constituyente que lo nombró jefe supremo de Estado de Costa Rica. Le duró poco el apoyo popular porque de nuevo suscitó el temor de los demás Estados de Centroamérica a la posible restauración de la federación, lo que, en efecto, no tardó en anunciar. Guatemala declaró a Costa Rica país enemigo, El Salvador rompió relaciones y Honduras y Nicaragua desconocieron el gobierno de Morazán. Poco después estalló un movimiento popular que dio lugar a enfrentamientos muy duros. Le ofrecieron al presidente que capitulara y respetarían su vida. No lo hizo. Fue capturado con sus colaboradores; todos fueron juzgados sumariamente y condenados a muerte. Cuando lo llevaron al paredón dictó su testamento a su hijo Francisco. Luego le ofrecieron una silla, que rechazó. El historiador Miguel Ortega ha relatado que Morazán se abrió la levita con ambas manos, mostró el pecho y dirigió la acción del pelotón de fusilamiento.[75]

Naturalmente se convirtió enseguida en el símbolo del sueño de la federación centroamericana, regida por un gobierno de ideas reformistas y liberales.

Rafael Carrera, el caudillo «rey de los indios»

Este Rafael Carrera, cuya vida se relacionó con tanta dureza con la de Morazán, no había nacido para caudillo porque sus condiciones familiares de partida no eran las más adecuadas, pero aprendió con prontitud las condiciones para alcanzar el liderazgo y fue el caudillo más persistente de los que ocuparon la jefatura del Estado en cualquiera de las repúblicas centroamericanas. Sus padres eran artesanos pobres que se preocuparon poco de la formación del futuro caudillo a quien, aunque era mestizo, llamaron siempre «el Indio» por sus rasgos que denotaban su innegable ascendencia india.

Abandonó el hogar familiar joven y sin formación, y se fue a trabajar a una hacienda. Más tarde se incorporó a las filas conservadoras del ejército liberal durante la guerra civil de 1826-1829. Destacó desde el principio por su determinación y arrojo, además de por su habilidad como estratega, instinto para gobernar y rapidez mental para responder en situaciones comprometidas.

Dejó el Ejército hacia 1832 y se dedicó a servir en diferentes haciendas. En este tiempo conoció a Petrona García, una mestiza de familia bastante acomodada. El personaje Carrera medía 1,60 metros de estatura, tenía el pelo liso y aspecto más parecido a los indios de la sierra que a los mestizos o blancos. Tenía, sin embargo, mucha personalidad y una gran ambición de poder.

Fue el mayor responsable de la disolución de la federación centroamericana y, desde luego, el opositor más pertinaz contra Morazán.

José Rafael Carrera y Trucios, nacido en Ciudad de Guatemala el 24 de octubre de 1814, fue hombre influyente en la política de su país desde bien joven, representante por antonomasia del conservadurismo en Centroamérica en el siglo XIX, presidente de la república desde 1844 a 1848, y presidente vitalicio desde 1851 a 1865. Carrera se valió de sus alianzas con los indígenas en muchas de sus acciones políticas y bélicas.[76]

La federación centroamericana se disolvió en 1839, pero la República de Guatemala no se constituyó con ese nombre y forma hasta 1847. Rafael Carrera fue su primer presidente. Él luchó siempre contra los liberales liderados por latifundistas del centro y el norte del país. Lo hizo desde una ideología en extremo conservadora, próximo a la Iglesia católica y exageradamente devoto, hasta el término de declarar el Salve Regina como himno nacional y a la Inmaculada del templo de San Francisco como patrona principal de la república. Y le devolvió a la Iglesia todo lo que le habían expropiado los liberales de Morazán. Muchos historiadores imputan a Carrera la responsabilidad del retraso de Centroamérica y haber gobernado como un déspota ignorante. No fue, desde luego, un hombre muy cultivado ni interesado por la educación y la ciencia. Suprimió la Academia de Ciencias por su carácter laico y siempre tuvo pocas habilidades de lector. Pero no parece que le faltara astucia e inteligencia para el cumplimiento de los objetivos que se trazó, ni para aferrarse al poder, en el que permaneció todos los años centrales del siglo XIX. Encabezó una rebelión de las masas campesinas contra la élite de la capital, que se preocupó, una vez alcanzado el poder, de atender las reivindicaciones de los sectores pobres y de hacer progresar la economía del país.

Su lucha contra Morazán comenzó en 1837, cuando este era presidente de la República Federal de Centroamérica.

Por aquellos primeros años treinta le surgió a Carrera la oportunidad de intervenir en los conflictos de Mita, que estaba en una situación de crisis y clamaba por un cambio de rumbo político. Se estaba desarrollando el proyecto liberal de Mariano Gálvez con manifiesta oposición de los conservadores, que no estaban de acuerdo con la política concerniente a la Iglesia, la eliminación de privilegios, expulsión del arzobispo Ramón Casaus, la privatización de tierras, y ni siquiera con la reforma del régimen legal español contra el que adoptaron medidas de abolición de fueros y lo sustituyeron por los llamados «códigos Livingstone» y los juicios por jurado. De todas las reformas tampoco resultó ninguna prosperidad sino, más bien, la ruina porque las escasas industrias existentes no pudieron soportar la competencia, ni el Estado mismo el endeudamiento.

Una epidemia de cólera arrasó Guatemala a partir de febrero de 1837, como ya se ha señalado. El rumor de que la causa de tantas muertes por la infección era que el Gobierno estaba envenenando las aguas para matar a la gente provocó un violento movimiento de masas de los indios contra los blancos. Existían campesinos rebeldes en las Tierras Altas desde marzo de 1837, pero el estallido se produjo en la montaña Este y con más intervención de mestizos que de indios. En todo caso, muy influenciada por los curas parroquiales. Fue una rebelión generalizada en toda Guatemala y no una simple reacción contra las reformas.

El caudillo que estuvo al frente de los insurgentes fue Rafael Carrera, que reunía los valores tradicionales y las condiciones personales idóneas para que el pueblo reconociera en él a su líder. Carrera controlaba las violentas tropas de indios, mestizos y mulatos. Dos mil campesinos iniciaron una revuelta contra el gobernador del distrito de Mita porque intentaba poner la religión en cuarentena. Fueron enviadas tropas gubernamentales contra los rebeldes, pero Carrera se puso al mando de todas estas hordas de gentes humildes que lo llamaban «Ángel», «hijo de Dios» y el «Señor». Era respetado su nombre en todas partes. Pero él también contribuyó lo que pudo a hacerse pasar por iluminado y santo. Y no dejó de ofrecer a la tropa el reparto de toda la riqueza del país al llegar a la victoria. Respetó sus culturas, tradiciones y recursos y permitió que recuperaran sus costumbres, hábitos y particular forma de vivir. Protegió sus tierras e incluso las devolvió a algunas comunidades, eliminó impuestos sobre alimentos y otros que recaían sobre los indios y un decreto de 16 de agosto de 1839 estableció una política general de protección de indios. Indios y mestizos también fueron llamados al gobierno para ocupar algunos cargos, e incluso la vicepresidencia y ministerios.

Esta protección de los indios supuso una defensa de un tipo de economía agraria casi de subsistencia.

La de 1837 no fue una revuelta inesperada. El odio de los campesinos se había acumulado a causa de otras reformas del gobierno liberal que atañían a la justicia, los impuestos, la política agraria y la Iglesia. La epidemia colmó el vaso de la desesperación. En definitiva, luchaban contra un gobierno corrupto y antipatriótico que estaba poniendo en manos de extranjeros los recursos de Guatemala y empobreciendo más a los indios y mestizos a quienes privaba de tierras y de sustento, además de gravarlos con impuestos.

Por si faltara algo, se insinuó que la religión católica estaba a punto de desaparecer en virtud de una conspiración que habían promovido el propio Gálvez y los protestantes.

Hubo maniobras políticas para acercarse y pactar con Carrera, que al final, en junio de 1837, ofreció un programa de seis puntos para fundamentar la revolución: abolición de los códigos Livingstone; protección para las personas y para la propiedad; restablecimiento del arzobispo en su cargo y de las órdenes religiosas;

abolición del impuesto directo; amnistía para todos los exiliados desde 1829; obligación de acatar las órdenes de Carrera como si fueran leyes y pena de muerte para quien no las cumpliera.

La insurrección en la montaña, que empezó, como se ha indicado, siendo un levantamiento local en la parte oriental de Guatemala, acabó convertida en una rebelión generalizada contra el gobierno liberal. Gálvez asumió poderes dictatoriales para combatirla, y aplicó medidas represivas, reorganizó la milicia e impuso tribunales militares para juzgar a los rebeldes. Estos se replegaban a las montañas mientras las tropas gubernamentales mataban y destruían. Pero Carrera supo enseguida contestar de un modo aún más violento. Utilizaba la guerra de guerrillas para atacar a jueces y oficiales, destruir instalaciones gubernamentales, cortar comunicaciones, interrumpir el comercio, invadir haciendas y matar a blancos, creando, en definitiva, mucha inseguridad.

El 31 de enero de 1838 Carrera asaltó la sede del gobierno. Atacó la ciudad de Guatemala, utilizando a los indios como instrumentos para sembrar el terror. Envió cuatro mil combatientes, muchos de ellos borrachos, armados con machetes, palos y mosquetes, cubiertos de crucifijos y rosarios de cuentas, con sacos a la espalda para cargar los productos del saqueo, que atacaban gritando «¡Que viva la religión y mueran los extranjeros!». Carrera, por su parte, iba vestido con el uniforme de un general español que había encontrado en el saqueo de la casa del general Prem, jefe de las fuerzas gubernamentales. Gálvez pudo capturar a la esposa de Carrera, Petrona García, y tanto Carrera como Petrona personalmente cometieron, para vengarse de la vejación, muchas atrocidades. Ella era más temida que el líder. Siempre actuaron próximos o protegidos por los curas y frailes, como aquella vez en que milagrosamente, en una iglesia llena a rebosar de fieles, cayeron pasquines desde el cielo, enviados directamente por la Virgen María, que encomendaban a Carrera liderar un levantamiento contra el gobierno. El final del gobierno de Gálvez, a principios de 1838, fue forzado por un enorme ejército de diez o doce mil indígenas y campesinos, denominado «Ejército de los pueblos», que entraron en Ciudad de Guatemala, gritando «Viva la religión», «Fuera los herejes extranjeros». Causaron grandes destrozos en la ciudad en una revuelta que solo Carrera pudo sofocar. Cuando salieron finalmente de Ciudad de Guatemala y se fueron a Mataquescuintla en mayo de 1838, tanto liberales como conservadores le pidieron a Francisco Morazán que se dirigiera a Guatemala para pacificarla. Lo hizo, como ya nos consta,[77] y Carrera quedó confinado en la sierra. Por poco tiempo, porque salía intermitentemente de su refugio y atacaba.

J. L. Stephens, enviado especial de Estados Unidos a Centroamérica, describió con pormenor: «el jueves, con una multitud de salvajes medio desnudos, hombres, mujeres y niños, aproximadamente unos diez o doce mil, se presentó a las puertas de la ciudad... Él montaba un caballo negro, llevaba una rama verde en el sombrero, de la que le colgaban telas de algodón sucias cubiertas de dibujos de santos...».[78]

La lección fue asumida por el gobierno de Gálvez que tuvo que dimitir y adoptar medidas que revocaban las políticas del gobierno liberal, tales como la devolución a la Iglesia de algunos de sus privilegios, anulación de los códigos Livingstone. En este contexto la facción liberal (liderada por Barrundia entonces) pidió a su aliado liberal Francisco Morazán ayuda, que este prestó enseguida poniéndose al frente de un ejército de mil soldados salvadoreños, que entraron en Guatemala a mediados de marzo de 1838.

Quería Morazán controlar el gobierno de Guatemala, pero la influencia de Carrera se mantuvo y el fuerte apoyo de la población rural, con indios reclutados con ayuda del clero, fue un elemento definitivo de contención.

Se organizaron atentados contra Carrera e intentos de asesinato. Pero Carrera tenía las de ganar porque le resultaba más fácil y barato mantener una tropa que se dedicaba a la guerrilla cuando se la llamaba. Estaba formada por marginales a los que se les daban funciones militares coyunturales. Pero también por campesinos que podían compatibilizar la acción militar esporádica con el cultivo de tierras que no precisaban la supervisión continua de su dueño.

Después de algunos episodios de tregua, que Carrera aprovechó para rearmarse, reinició la revolución en marzo de 1839, difundiendo un comunicado donde explicaba sus razones, entre las cuales la necesaria respuesta al comportamiento cruel de Morazán con el clero, la destrucción del comercio y la confiscación de propiedades privadas.

El resto del año se mantuvo la confrontación de las tropas de los dos enemigos, Morazán contra Carrera. Tras una campaña sangrienta en la ciudad de Guatemala, en la que se hizo famosa la ferocidad del caudillo Carrera cuyos indios atacaban cantando el Salve Regina y gritando «¡Larga vida a la religión! ¡Larga vida a Carrera! ¡Muerte al general Morazán!». Hubo dos baños de sangre sucesivos en Guatemala y en Quetzaltenango. Aquí reunió Carrera sus tropas indias, y fusiló, delante de los ciudadanos, a los dieciocho liberales que componían el gobierno. Y se entregó a actos de vandalismo, crueldad y terrorismo salvajes con masacres indiscriminadas.

Morazán, como ya se ha expuesto, invadió de nuevo Guatemala el 18 de marzo de 1840, cuando ya estaba extinguida de hecho y de derecho la federación, pero haciendo un esfuerzo más, el último, por mantenerla. Carrera había obtenido dos meses antes un gran triunfo frente al líder del Estado de Los Altos, Agustín Guzmán, que estaba aliado con los liberales de Morazán. En la batalla de Sololá de 25 de enero de 1840 se impusieron las tropas de Carrera y este se hizo con la gobernación del estado, imponiendo medidas duras contra los liberales y un trato deferente y muy beneficioso para los indígenas y la Iglesia. Morazán entraba en Guatemala de nuevo con la pretensión de dar una respuesta de fuerza a los éxitos militares de Carrera, pero se encontró con un planteamiento estratégico de este que lo sorprendió por completo llevándolo a una derrota total e inapelable. La victoria sirvió para la recuperación definitiva del Estado de Los Altos y para que el fervor de los indígenas de Guatemala por Carrera se incrementara y su apoyo fuera entusiasta e incondicional.

El 21 de marzo de 1847 proclamó por decreto a Guatemala como república soberana e independiente y se hizo llamar «fundador de la Nueva República». Un año después no había rincón del país donde no hubiera surgido una revuelta o algarada y los enfrentamientos entre liberales y conservadores se habían enconado. Inopinadamente, ante esta situación, Carrera, en agosto de 1848, decidió dimitir y así lo manifestó a la Asamblea. Derivó de su ausencia de nuevo una gran convulsión en el país, de modo que regresó y fue recibido triunfalmente en Ciudad de Guatemala el 8 de agosto de 1849. El 19 de octubre de 1851 Carrera volvió a acceder a la presidencia de Guatemala, tomando posesión el 1 de enero de 1852. El 23 de mayo de 1854 se convirtió en presidente vitalicio.

A partir de entonces se suceden actos de consolidación institucional de la república y de estabilización de sus relaciones exteriores. En 1852 suscribió el Concordato con la Santa Sede, por el que Guatemala se comprometía a preservar las propiedades de los monasterios e iglesias, establecer un diezmo obligatorio, permitía una censura de prensa controlada por los obispos, encomendaba la educación a las ordenes regulares, entre otras previsiones acordes con el carácter confesional que Carrera otorgó al Estado. Por lo que se refiere a las relaciones de vecindad con otros Estados centroamericanos, Guatemala no continuó reclamando parte del territorio de Belice, sino que estableció un consulado para que velara por los intereses comerciales de Guatemala. También firmó en 1859 un tratado de límites con Gran Bretaña, para fijar las fronteras entre Belice y Guatemala. A finales de los años cincuenta participó en las acciones bélicas contra William Walker, en la llamada «guerra contra los filibusteros», en la que intervinieron todas las repúblicas del área para expulsar de Nicaragua a ese singular personaje.[79]

Carrera caracterizó su gobierno por un conservadurismo exaltado por los principios religiosos que acogió y su íntima proximidad con la Iglesia católica. Restableció el diezmo, devolvió al clero todos los bienes confiscados y revocó todas las medidas desamortizadoras liberales de Mariano Álvarez. En asuntos militares, robusteció la red de cuarteles. En los económicos, fortaleció la producción de café, que convirtió en el primer producto nacional. En su política, fue siempre notable la colaboración y apoyo a los indígenas, de la que obtuvo una respuesta de freno al campesinado en sus revueltas y de apoyo continuo. Hizo políticas tendentes a estimular su trabajo y fomentar su civilización. Se opuso a la constitución del

Estado de Los Altos por los liberales, lo que perjudicaba a las tribus indígenas de la región y se alió con ellos para impedirlo.

Aunque tuvo que soportar levantamientos de caudillos hartos de su gobierno, tardó poco en liquidarlos. Uno de los pocos que se atrevieron fue José Lucio López. Su desafío a Carrera fue inmediatamente reprimido y el rebelde, perseguido, asesinado y decapitado.

Contó con el apoyo de los conservadores en el ejercicio de su poder absoluto, y también con el favor de la escasa prensa existente, muy especialmente del periódico gubernamental *La Gaceta de Guatemala*, dirigida por el historiador conservador José Milla.

Carrera murió un Viernes Santo, 14 de abril, de 1865, probablemente víctima de un envenenamiento con raíz de chilpete.[80]

El caudillo filibustero

Nicaragua, Costa Rica y, en menor medida, todos los demás países del área centroamericana estuvieron involucrados en un conflicto bélico conocido como la Campaña Nacional, que se desarrolló en los años 1856 y 1857, en la que, de modo indirecto, también estuvieron implicados Estados Unidos, el Reino Unido y el Imperio francés. Campaña Nacional o guerra contra los filibusteros es la denominación más habitual en Costa Rica; en Nicaragua se conoce como guerra nacional de Nicaragua.

Los orígenes del conflicto son variados porque se acumulan en su eclosión la consolidación de las Fuerzas Armadas de Costa Rica, gracias al progreso de su economía por el aumento de las exportaciones de café; la inestabilidad de Nicaragua, con los partidos conservador y liberal enfrentados en guerra y tratando de obtener ayuda de tropas extranjeras; los intereses geopolíticos de las tres potencias mencionadas; la política expansionista de Estados Unidos, que los impulsa hacia el sur para defender la economía agrícola de los sureños ante la pérdida de fuerza de la política esclavista.

En Costa Rica, el poder central se había consolidado en la década de los cincuenta frente a los localismos y cacicatos; se había creado un ejército permanente y establecido relaciones con Francia,

Gran Bretaña y Estados Unidos. La economía se hallaba en auge y la sociedad, tranquila y dinámica. Estaba consolidándose la clase burguesa gracias al establecimiento de la «oligarquía cafetalera». La exportación de café era el motor. La sociedad se estaba haciendo más compleja, lo que repercutía en un comercio interior más diversificado y una necesidad creciente de productos de importación, en modas, tecnologías, infraestructuras. Mientras la burguesía cafetalera se consolidaba, los campesinos habían sido desposeídos de sus tierras comunales, privatizadas, y convertido en jornaleros. La colonización agrícola provocó la necesidad de que los indígenas tuvieran que desplazarse hacia la cordillera de Talamanca.

Al frente del Estado estaba el presidente Juan Rafael Mora Porras, con problemas políticos de vecindad con Nicaragua.

Por su parte, Nicaragua tenía dos bandos en lucha: el conservador o legitimista, asentado en la ciudad de Granada; y el liberal o democrático, que dominaba la ciudad de León. Las luchas intestinas, surgidas inicialmente a raíz del intento de Iturbide de unir Nicaragua a su Imperio mexicano, se desarrollaron hasta más allá de la mitad del siglo. Todo eran escaramuzas, peleas violentas, guerras y anarquía. Los conservadores se hicieron con el poder, con Fruto Chamorro Pérez, en 1853, e hicieron una Constitución que los consolidaba en el poder, con el rechazo absoluto de los liberales.

Las potencias europeas querían una ruta que atravesara el istmo y transitara del Atlántico al Pacífico, del Pacífico al Caribe. Los españoles habían buscado un paso, estimulados por el descubrimiento del Pacífico por Núñez de Balboa. En 1523 una expedición de Gil González Dávila encontró en Costa Rica el golfo de Nicoya y tuvieron la ilusión de que era el estrecho buscado. Carlos I estimuló a Hernán Cortés a buscarlo. Expediciones posteriores descubrieron que el río San Juan conectaba el lago Cocibolca con el Atlántico, y empezaron a imaginarse proyectos de un canal de tránsito. Ya estaba en el programa de 1829 de la República Federal de Centroamérica el canal por la vía del San Juan. Más tarde, el gobierno de Nicaragua ofreció derechos para que lo hiciera Francia. Sería el «Canal Napoleón de Nicaragua». Inglaterra también quería el control sobre el San Juan. Y a Estados Unidos le convenía la ruta para evitar el largo rodeo por el estrecho de Magallanes. En 1851 el magnate Comodoro Cornelius Vanderbilt estableció una línea naviera y terrestre que permitía usar el San Juan y el lago de Nicaragua.

Los británicos estaban establecidos en el Caribe desde que los piratas ingleses se situaron en sus costas para atacar colonias españolas. Esto determinó a España a la construcción de fortificaciones. Y Gran Bretaña estableció un protectorado en la costa del llamado reino de Mosquitia, que iba desde la boca del San Juan, en Nicaragua, hasta el Caribe hondureño. Quería controlar la construcción del canal, más aún considerando que Estados Unidos ya había firmado un tratado (Tratado Mallarino-Bidlack) que le permitía construirlo a través de Panamá. Como tampoco los americanos podían expulsar de allí a los ingleses, en 1850 firmaron el Tratado Clayton-Bulwer que establecía reglas de *statu quo*. Como inmediatamente comenzó la guerra de Crimea que enfrentó al Imperio ruso con el Segundo Imperio francés, el Imperio otomano y el Reino de Piamonte Cerdeña, los norteamericanos creyeron haber encontrado la coyuntura para avanzar.

A mediados del siglo XIX la política exterior de Estados Unidos era expansionista. Estaban en plena fuerza las doctrinas del «destino manifiesto» y «doctrina Monroe», que avalaban la expansión. Ocurrió que al inicio del gobierno de James K. Polk Estados Unidos tenía un territorio aproximado de cuatro millones y medio de kilómetros cuadrados y al final del cuatrienio tendría el doble. Se anexionó Texas en 1845, obligó a México a ceder el 40 por ciento de su territorio, intentó comprar Cuba a España por cien millones de dólares, y mostró su interés por la vía interoceánica, a través del río San Juan.

La guerra civil entre México y Estados Unidos generó el filibusterismo que estuvo activo en la región entre 1840 y 1860. Los filibusteros eran aventureros que organizaban incursiones desde Estados Unidos en Centroamérica, aunque la palabra se había empleado antes, en el siglo XVIII, para designar a los piratas y bucaneros que actuaban en el Caribe. Pero hubo un filibusterismo derivado de la doctrina Monroe, que justificaba la intervención directa de Estados Unidos en cualquier conflicto o acción promovidos por los europeos. Planteada supuestamente como una objeción al colonialismo, fue realmente una doctrina al servicio de la hegemonía americana en la zona. La doctrina Monroe hizo surgir en el seno del Partido Demócrata el movimiento Young America (tomado el nombre del título de un ensayo de Ralph Waldo Emerson) que sostenía que si no actúa el gobierno, los Estados deben apoyarse en «aventureros particulares para cumplir sus funciones desatendidas». De esa manera, el movimiento Young America se convirtió en uno de los promotores intelectuales del filibusterismo. En una revista titulada *United States Magazine and Democratic Review*, el periodista John L. O'Sullivan escribió: «es nuestro destino manifiesto esparcirnos por todo el continente que nos deparó la Providencia para que en libertad crezcan y se multipliquen anualmente millones y millones de norteamericanos. Este país se anexará y conquistará todas las tierras. Es su destino manifiesto». Es la doctrina que servirá para la expansión.

Fueron muchas las expediciones de filibusteros enviadas a la zona, se dice que como parte de la política de desestabilización, con la intención de anexar países. Expedición a Cuba del filibustero venezolano Narciso López. Fue dos veces y, a la segunda, lo ejecutaron. John A. Quitman fue a San Francisco con cuarenta filibusteros; tres expediciones salieron de California hacia el Pacífico venezolano: la de Charles de Pindray, la de William Walker y la de Gaston de Raousset-Boulbon; desde Texas se organizaron muchas hacia el norte de México; Henry A. Crabb invade Sonora con sesenta y ocho filibusteros, y fueron todos liquidados; Henry L. Kinney, con el apoyo del presidente Franklin Pierce, intentó establecer una colonia en la costa atlántica de Nicaragua, en el reino de Mosquitia.

Tal vez una de las explicaciones de este comportamiento se deba a que Estados Unidos estaba en plena crisis de formación como nación, con el asunto esclavitud en medio, y los estados del sur necesitaban una expansión territorial, hacia el sur del río Bravo, donde pudieran contar con mano de obra esclava, que era la base de su riqueza económica.

Un episodio del expansionismo fue el Manifiesto de Ostende que llevó al senador demócrata y esclavista por Luisiana Pierre Soulé, uno de los ideólogos, como el periodista O'Sullivan, ideólogo del destino manifiesto, a reunirse en aquella ciudad, con los embajadores de Estados Unidos en Inglaterra, Francia y España, para proponer la compra de Cuba a España, con el secreto objetivo de establecer una base esclavista para contrarrestar el movimiento antiesclavista en Estados Unidos. El intento fue descubierto y hecho público por diplomáticos británicos. Las potencias de la Santa Alianza se comprometieron a ayudar a España en contra y fue un escándalo, mientras algunos de los participantes negaban la existencia del Manifiesto de Ostende. Luego, el mismo Soulé propuso a Nicaragua constituir una «Federación del Caribe» de la que tomaría posesión Estados Unidos usando Nicaragua como base.

En este contexto aparece la figura de William Walker (médico, político, abogado y periodista de Estados Unidos) nacido en Nashville (Tennessee), que se convertiría en el más conocido de los filibusteros. Se ha dicho de él que su intento de más largo recorrido era convertir Centroamérica en una república esclavista, pero lo cierto es que su objetivo inmediato fue establecerse en el sur de Nicaragua y el norte de Costa Rica, para controlar el canal interoceánico, con base en el lago de Nicaragua y el río San Juan.[81]

Pierre Soulé se enteró de la existencia de Walker por una noticia de prensa y contactó con él. Nicaragua era un Estado especialmente debilitado por la guerra entre los conservadores de Granada y los liberales de León. Soulé había estado utilizando los servicios de un tal Byron Cole, sureño y asesor del líder liberal nicaragüense Francisco Castellón, con quien había firmado un acuerdo para la operación Federación Caribe, y lo usó también de intermediario con Walker. Este zarpó para Nicaragua desde San Francisco a bordo del velero Vesta, de su propiedad, el 4 de mayo de 1854. Le acompañaban cincuenta y siete expedicionarios, conocidos como «los Inmortales». Entre ellos, militares, vagabundos, antiguos compañeros de aventuras. Les pidió que pagaran el pasaje los que pudieran y les exigió pruebas de valentía y arrojo. Walker y los Inmortales desembarcaron en Nicaragua el 16 de junio de 1855. Se incorporaron al ejército liberal, pero no quisieron someterse a sus mandos, por lo que Walker fue nombrado coronel para dirigir su propia división que se llamó Falange Americana. A sus hombres Calderón les otorgó la ciudadanía nicaragüense, y permitió contratar más y asegurarles reparto de tierras y otros premios al término de la campaña.

Calderón autorizó a Walker a arreglar sus cuentas con Vanderbilt, lo que hizo expropiando prácticamente la concesión y su compañía. A través de esta compañía recibió ayudas de nuevos efectivos e incluso se asociaron con Walker los antiguos socios de Vanderbilt en la Compañía Accesoria de Tránsito.

Desde esta posición iniciaron las campañas bélicas que los llevaron a conquistar varias ciudades desde San Juan del Sur. Avanzaba, represaliaba, fusilaba. Hasta llegar a un acuerdo por el que Patricio Rivas fue nombrado presidente provisorio de Nicaragua, Corral ministro de la Guerra y Walker comandante de las armas. El gobierno de Estados Unidos primero reconoció y luego revocó la designación de Rivas. Las acciones de Walker fueron condenadas por las embajadas de Inglaterra, Francia y las repúblicas centroamericanas. Walker inició una ofensiva diplomática para obtener el reconocimiento de todos los vecinos centroamericanos a los que propuso continuar la República Federal, pero bajo el control de Estados Unidos. Todos fueron reacios y Costa Rica, en particular, rechazó abiertamente la presencia filibustera en Centroamérica. Walker respondió enviando tropas a la frontera con Costa Rica.

El presidente de Costa Rica, Juan Rafael Mora Porras, que contaba con un ejército de siete mil hombres, a los que había dotado con compras recientes de armamento, dispuso atacar con un «Ejército Expedicionario». El ejército de los filibusteros de Walker estaba formado por estadounidenses y hombres de otras nacionalidades, veteranos de la guerra de México y Estados Unidos, muchos de ellos perseguidos por la justicia estadounidense. Los había católicos llegados con el propósito de evangelizar. Otros eran los interesados en defender la esclavitud. Y también había colonos esperanzados en encontrar nuevas tierras. Mientras estuvieron en

Nicaragua, el régimen filibustero mantuvo algunas instituciones y lugares de encuentro social.

Mora, después de informar al Congreso de la República, manifestó no reconocer el gobierno de Patricio Rivas y declaró la guerra el 1 de marzo de 1856. El presidente costarricense se puso al frente de su ejército directamente y dejó al vicepresidente a cargo del gobierno. La primera batalla importante fue la de Santa Rosa, un lugar a treinta y cinco kilómetros de Liberia (Guanacaste), donde vencieron las tropas de Costa Rica. Hubo un combate más, el de Sardinal, que todavía se celebró en territorio costarricense. Siguió la batalla de Rivas, en la primavera de 1856, con efectos destructivos para las ciudades y pérdidas humanas elevadísimas.

Las muertes empezarían a multiplicarse inmediatamente después por causa de un agente inesperado, el cólera. Todos los combatientes resultaron afectados en diverso grado y, por lo que concierne a Costa Rica, Mora decidió el regreso del «Ejército Expedicionario». La enfermedad hizo estragos entre sus tropas. El pánico se apoderó de las poblaciones. Los meses finales de la primavera y el verano fueron los más duros, con el trajín de los cadáveres en las carretas con destino a fosas habilitadas para enterramientos grupales. En las diez semanas que duró la epidemia se infectaron cincuenta y tres mil personas y murieron cerca de diez mil. Se considera la mayor catástrofe sanitaria de la historia de Costa Rica.

A finales de año quedó un frente abierto en Nicaragua, en el que luchaban todos los ejércitos centroamericanos contra ella. Uno estaba en el río San Juan, tratando de conservar las rutas de tránsito. En este río se dio una batalla naval, resumida en el enfrentamiento de un bergantín, adquirido en Estados Unidos por el gobierno de Costa Rica, contra una goleta, comandada por un tejano, por parte de los filibusteros. El momento decisivo del combate sucedió cuando, tras varias horas de acción, se produjo un incendio en el depósito de pólvora del Once de Abril, como se llamaba el barco de Costa Rica. Estalló el navío y mató a muchos hombres. El barco se hundió y las tropas filibusteras ganaron la batalla. La única de la historia naval de Costa Rica.

La Campaña Nacional se reinició con fuerza. Tropas bien entrenadas de Costa Rica, al mando del general José María Cañas, entraron en Nicaragua, combatieron en Trinidad y se capturaron tres vapores en el San Juan. Después de sucesivas batallas victoriosas, las tropas de Costa Rica consiguieron la rendición de los filibusteros. El propio Walker elaboró el pliego que contenía las condiciones de la rendición. El acuerdo se firmó el 1 de mayo de 1857. Se embarcó hacia Estados Unidos con la promesa verbal de no volver nunca a Centroamérica, pero como ninguna cláusula del documento decía nada a este propósito, intentó el regreso en varias ocasiones. Juan Rafael Mora Porras aprobó un decreto por el que se declaraba feriado el 1 de mayo, que se habría de celebrar con solemnidad, izando la bandera nacional y disparando veintiún cañonazos. En su discurso en el Congreso dijo: «El 1 de mayo debe ser reconocido y festejado en Costa Rica como día de gloria para la raza latina, que ha sabido defender su religión y su Patria y escarmentar debidamente a la horda salvaje que intentara sumirnos en la más oprobiosa esclavitud».

La presencia extranjera en la zona, principalmente la británica, fue persistente en todo el siglo. En Centroamérica y el Caribe se había hecho notar por su apropiación de enclaves como la Mosquitia, Belice, en Guatemala, y las islas de Bahía frente a Honduras. La competencia entre Gran Bretaña y Estados Unidos por el control del Caribe y el deseo de imponer sus propias razones y de establecer enclaves estratégicos se saldó con el Tratado de Clayton-Bulwer en 1850, que repartía entre ambas potencias la protección de la zona.

El Tratado de León de 1849 había reunido a los Estados de Honduras, El Salvador y la propia Nicaragua en una organización denominada Representación Nacional que había surgido como respuesta a la ocupación británica de la isla del Tigre, frente a las costas de Honduras. El cónsul británico Chatfield intentó debilitar esa unión, invitando a Costa Rica y a Guatemala a que se separaran. La isla del Tigre fue desalojada respondiendo a las presiones de la democracia norteamericana, a la que se avino la británica. Chatfield intervino muchas veces en la zona, tanto que al final El

Salvador y Honduras declararon no reconocerlo como representante diplomático.

ÚLTIMOS LUSTROS DEL SIGLO XIX

La tensión continua entre liberales y conservadores: las relaciones con la Iglesia católica

Lo más significativo que ocurrió en Iberoamérica en el último cuarto del siglo XIX fue el aumento de la concentración de la propiedad en pocas manos y el incremento de la inmigración europea sobre todo en países como Argentina. La concentración de la propiedad ocurrió en muchos países de Hispanoamérica. Las propiedades de las comunidades indígenas y campesinas, que se mantuvieron en algunos lugares, decrecieron. No fue eliminada tampoco la pequeña propiedad que en algunos lugares como en México se incrementó a consecuencia de las leyes de reforma. También se beneficiaron de esto comerciantes y especuladores que llegaron a ser un nuevo tipo de latifundistas en la época de Porfirio.

Argentina tenía a mediados del siglo XIX, 1.200.000 habitantes, menos que Chile, que tenía 1.600.000. Ambas naciones consideraron que la inmigración era un signo de modernización; imprescindible. Pero no cualquier inmigración, despreciaban la capacidad de los mestizos, mulatos o negros para ayudar al desarrollo del país y consideraban preferente la europeización.

Argentina llegó a ser entre 1890 y 1914 una de las zonas más atractivas para la inmigración europea, de modo que llegaron más de cuatro millones de extranjeros de los cuales el 50 por ciento se quedaron definitivamente. La oferta de Chile la atendieron muchos menos emigrantes. Argentina ofrecía La Pampa, donde llegaban cientos de miles de italianos que se convertían en labradores arrendatarios y en jornaleros agrícolas en las provincias de Buenos Aires, Córdoba y Santa Fe. Algunos venían incluso a trabajar y se marchaban en el mismo año, dadas las facilidades del viaje intercontinental, que habían mejorado mucho. Llamaban «golondrinas» a estos viajeros que volaban de un continente a otro aprovechando el bajo coste del transporte. La población argentina creció de 3.954.911 habitantes en 1895 a 7.885.327 en 1914.

En México apenas hubo inmigrantes, porque los que llegaron en la segunda mitad del siglo fueron más bien comerciantes o empresarios europeos, principalmente franceses o españoles, que establecieron sus respectivas industrias.

México lo describían los críticos del porfirismo, como Wistano Luis Orozco,[82] como un país caracterizado por la ineficacia económica y la desigualdad social. La servidumbre era la causa, según Orozco, del retraso de la democracia social en México.

El mundo urbano en Iberoamérica era bastante poco extenso, ya que la mayoría de la población seguía viviendo en pequeñas ciudades o en pueblos vinculados a la economía rural.

En cuanto a las relaciones con la Iglesia fue muy influyente en su tiempo el papa Pío IX. Fue un pontificado muy conservador, que luchó contra el liberalismo secular; declaró la doctrina de la Inmaculada Concepción en 1854. También publicó el Sílabo de Errores en 1864, y fue declarada la infalibilidad papal en 1871.

Las respuestas a estas doctrinas fueron en América diversas. En México el presidente Sebastián Lerdo de Tejada (1872-1876) incorporó leyes de reforma de la Constitución en 1873, pero su puesta en vigor provocó una insurrección de los «religioneros» en el centro-este del país. Controlaron como rebeldes buena parte del territorio entre 1874-1875.

En Argentina desde 1860 se siguió una política de secularización de la sociedad. Durante las presidencias de Roca, Juárez Celman y Pellegrini, entre 1884 y 1892 estallaron diferentes conflictos con la Iglesia, cuyo origen se remontaba a la década de 1860 que provenían de la política anticlerical aplicada por el gobernador liberal en la provincia de Santa Fe. La administración Roca abolió la instrucción religiosa en las escuelas públicas. Y expulsó al delegado apostólico el 14 de octubre, dándole veinticuatro horas para abandonar el país.

En Colombia, sin embargo, desde 1849, los colombianos habían desarrollado un programa anticlerical, separando la Iglesia del Estado, aboliendo el fuero eclesiástico, la obligatoriedad del pago de diezmos y había confiscado bienes de la Iglesia, excepto los edificios de culto y residencias del clero. El culmen de estas políticas regionales llegó con la propugnación en 1863 de la Constitución de Rionegro, federalista. Pero a partir de 1880 el Partido Conservador reaccionó y consiguió mantenerse en el poder hasta 1930. A partir de 1880 el gobierno colombiano devolvió todas las propiedades eclesiásticas que aún no habían sido vendidas a los particulares y reconoció como deuda el valor de la ya dispuesta. Todo fueron medidas favorables a la Iglesia católica hasta llegar al Concordato de 1888, que probablemente es el más protector de la Iglesia que se negoció en Iberoamérica. Renegaba de la tradición desamortizadora del liberalismo, reconocía el derecho de la Iglesia a adquirir bienes raíces en el futuro, otorgaba a la Iglesia una amplia jurisdicción sobre determinados asuntos de la vida de los fieles. El contraste entre Colombia y México o también entre Colombia, Argentina y Brasil fue muy grande. En México el Partido Conservador se había desintegrado en 1867 y el triunfo definitivo de los liberales aseguró la supervivencia de las leyes de reforma que serían incorporadas el 5 de octubre de 1873 a la Constitución de 1857. En México se mantuvo la prohibición de la Iglesia para adquirir nuevas propiedades y la profesión de votos religiosos fue declarada ilegal. La Iglesia y el Estado se separaron y el matrimonio civil fue legalmente el obligatorio. El Congreso mexicano prohibió el 14 de diciembre de 1874 la instrucción religiosa en las iglesias, impidió la celebración de actos religiosos fuera de las iglesias y ordenó que ningún clérigo pudiera llevar vestimentas clericales fuera de los mismos edificios.

El concordato colombiano no fue revisado hasta 1942. A cambio de concesiones por parte del Estado con respecto a la enseñanza, la Santa Sede reconoció las compras de propiedades desamortizadas en virtud de la legislación liberal, con la condición de que en el futuro no fueran vendidos más bienes raíces pertenecientes a la Iglesia.

En Ecuador el católico presidente Gabriel García Moreno, que gobernó entre 1871 y 1875, lo hizo reconociendo en la propia Constitución de 1861 grandes poderes al Ejecutivo y, a la Iglesia, una posición privilegiada que se consumó en el Concordato de 26 de septiembre de 1862. La Constitución de 1869 aún desarrolló más estas previsiones. Pasa por tanto Ecuador por un periodo de fuerte clericalismo que culmina con el presidente José Camaño que negoció el Concordato en 1882 y dedicó la república al Sagrado Corazón de Jesús.

En 1883 se constituyó el Partido Católico Republicano que proponía un equilibrio entre los principios constitucionales de origen liberal (separación de poderes, descentralización administrativa, no reelección inmediata, igualdad jurídica) y el catolicismo profesado por la mayoría de los ecuatorianos. Sobre este equilibrio se suscribió el Concordato de 1884. Hicieron una fuerte alianza los partidos conservadores y la jerarquía eclesiástica en este periodo que llega hasta la toma del poder por los liberales dirigidos por el general Eloy Alfaro mediante un pronunciamiento de 5 de junio de 1895. Se aprueba una nueva Constitución en 1897 que reiteró los principios del liberalismo, aunque conservó la posición oficial del catolicismo y una ley de 11 de septiembre de 1899 modificó unilateralmente el concordato.

Eloy Alfaro y su sucesor Leónidas Plaza Gutiérrez fueron decididamente anticlericales y no sostuvieron el Concordato con la Santa Sede de modo que las relaciones diplomáticas cayeron y la Iglesia quedó sometida al poder civil, especialmente durante la presidencia de Plaza Gutiérrez, que nacionalizó los bienes de la Iglesia y los subastó al público. Ocurría esto casi cincuenta años después de que sucediera en Colombia o México.

El conflicto entre Antonio Guzmán Blanco, que era el caudillo nacional venezolano, y el clero fue consecuencia de la guerra civil de 1869-1872 entre los conservadores o azules, apoyados por el clero, y el partido liberal. Guzmán exilió del país al obispo de Mérida que se había negado a celebrar la victoria liberal. Este Guzmán intentó establecer en Venezuela una Iglesia católica independiente, en la que el arzobispo fuera elegido por el Congreso federal. También acordó la separación radical entre la Iglesia y el Estado, estableciendo el matrimonio civil y otras medidas propias del liberalismo clásico.

La tensión entre centralismo y federalismo:
algunos gobiernos del periodo.

1. El porfirismo mexicano. En el periodo que va de 1875 a 1885 el liberalismo mexicano se desintegró. Había pasado una década desde que ocurrió lo mismo con el conservadurismo, en 1867. Las tensiones entre el Ejecutivo y el Legislativo, entre el poder central y la federación, entre civiles y militares, entre caciques y constitucionalistas, entre moderados y radicales, y entre personalidades que pugnaban por la supremacía, crearon ese ambiente de derrumbamiento general del conservadurismo. Benito Juárez representó, entre 1867 y 1872, el liberalismo civilista, moderado y centralista. Y Sebastián Lerdo de Tejada, entre 1872 y 1876, el liberalismo tecnócrata y anticlerical. El general Porfirio Díaz representó entre 1871 y 1872 y entre 1875 y 1877 a los radicales excluidos del poder y a los militares más ambiciosos.

Pero a partir de aquí Porfirio hizo posible el resurgimiento del Partido Conservador y el clericalismo asociado a él. Acabó con el liberalismo constitucionalista como fuerza política en el país. Por razones políticas, el tiempo de Díaz contrastó con la época equivalente en Colombia en la que existía una lucha encarnizada entre los partidos liberal y conservador. En México la política era una red de contactos personales con el presidente que tenía todas las claves para el manejo del país. Los partidos colombianos se dedicaban a hacer guerras civiles interminables, pero el sistema que impuso Porfirio Díaz era extremadamente personalista, al punto que eliminó los partidos políticos, lo que tal vez contribuiría a alimentar la situación revolucionaria de México en la primera década del siglo XX. El régimen de Porfirio fue una época de progreso por más que en el fondo acusara una fuerte inestabilidad. La propaganda del régimen se preocupaba de decir todo lo contrario. Porfirio fue militar de carrera, pero debilitó al Ejército. Se hizo presidente en 1876 con el lema: «sufragio electivo: no reelección», pero estableció una dictadura y se sucedió a sí mismo siete veces entre 1884 y 1910. Se alió con los radicales de 1876, pero rehabilitó a los conservadores, imperialistas y clericales a partir de 1884; expulsó a los lerdistas tecnócratas en 1876, pero diez años después intimaba con ellos para hacer políticas de modernización de las infraestructuras. Estableció en México una llamada «paz porfiriana» que no coincidía con la situación verdadera del país, que no era precisamente de paz, porque los grupos lerdistas se rebelaron en el norte en 1877. Estallaron rebeliones en Jalapa y Tlapacoyan en 1878 y otras muchas diferentes localidades y provincias importantes.

Díaz derrocó a Sebastián Lerdo al grito de no reelección, en 1876, pero su apoyo a los principios de la Constitución de 1857 le hizo popular entre los liberales puros opuestos a los tecnócratas en torno a Lerdo. Tras el triunfo de la Rebelión de Tuxtepec, que lo restableció en el poder, Díaz incluyó en su primer gabinete a miembros destacados del liberalismo puro. La reelección, contra la que se había proclamado Díaz, se veía en México como un primer paso en el camino hacia la dictadura. Esto fue lo que le habían achacado a Juárez en 1871 y a Lerdo en 1876, pero Díaz no dudó en que tenía que ser reelegido en 1880.

Sin embargo no se presentó él mismo a las elecciones de 1880 sino que apoyó al general Manuel González, compadre suyo sobre el que tenía gran influencia política y personal para que fuera él el presidente durante un nuevo mandato entre 1880 y 1884. González no lo hizo bien y la opinión pública indignada por la corrupción y la mala administración deseaba la vuelta de Porfirio, de modo que volvió, sancionó procesalmente a González por malversación, y comenzó a construir una dictadura durante su segunda presidencia entre 1884 y 1888 que ya no cesaría hasta 1911. Se casó entonces con Carmen Romero Rubio, en 1883; una mujer, treinta años más joven que él, de buena familia, que empujó también un giro hacia el conservadurismo. Desde 1884 Díaz estableció un control estricto sobre los veintisiete gobernadores de Estado, nombrando a partidarios suyos, militares en su mayor parte. En el gabinete de 1884-1888 incorporó a rivales políticos y hombres con antecedentes muy dispares. No obstante a partir de 1900 empezaron los síntomas de disgregación de los grupos que apoyaban a Díaz, precisamente por el debate sobre la cuestión de la sucesión. Lo demás ya ha sido expuesto: siguió el final de Porfirio, huyendo en 1911, y el inicio de la Revolución mexicana.

2. Colombia tenía un sistema político partidista en el que predominaban dos únicos partidos, los conservadores y los liberales, con sus propios dirigentes y una ideología muy definida. Se diferenciaban por sus visiones del mundo. Los liberales se apoyaban en la experiencia anglosajona y francesa, con propiedad e iniciativa privada, libertad civil, librecambismo, Estado laico... Los conservadores, sin embargo, respetaban la herencia católica e hispánica, consideraban a la Iglesia como la principal garantía de la estabilidad social y continuidad histórica.

El político símbolo de la regeneración en Colombia fue Miguel Antonio Caro, autor intelectual de la Constitución de 1886, que suprimió el federalismo de la Constitución radical de Rionegro de 1863. El empeño fue crear un Estado fuertemente centralizado.

En Colombia la Constitución se convirtió en una referencia legal más junto a otros instrumentos como leyes, decretos o prácticas que se modificaban cada vez que había un nuevo gobierno para asegurarle su poder. A finales del siglo XIX esta tendencia empieza a cambiar. Las ideas de orden y estabilidad van ganando terreno y en países como Colombia se aprobó en 1886 una nueva constitución con el propósito de eliminar el régimen federal de gobierno. «La nación colombiana se reconstituye en forma de república unitaria», decía su artículo primero. Y aclaraba el segundo: «La soberanía reside esencial y exclusivamente en la nación y de ella emanan los poderes públicos, que se ejercerán en los términos que esta constitución establece».

La nueva Constitución blindó la capacidad directiva del Estado frente a la dispersión del sistema anterior. Era el presidente de la república, elegido por las asambleas electorales en un mismo día, quien concentraba el poder.

Aparentemente no se declaraba ninguna religión como oficial, se tomaba referencia de los valores de la religión católica a efectos de los programas educativos. «La Religión Católica, Apostólica, Romana, es la de la nación; los poderes públicos la protegerán y harán que sea respetada como esencial elemento del orden social. Se entiende que la Iglesia Católica no es ni será oficial, y conservará su independencia»; «la educación pública será organizada y dirigida en concordancia con la Religión Católica» (artículos 38 y 41).

Era un factor de educación pero no de imposición o de acompañamiento necesario al poder del Estado. Se relega la religión a un espacio privado o a un uso público que no implica su condición de marcador esencial de la identidad nacional.

3. En Venezuela el gobierno republicano estaba todavía dominado por el caudillismo. Se habían formado desde mediados del siglo XIX partidos políticos. Pero el criterio caudillista del prestigio personal siguió funcionando hasta bien entrado el siglo XX. El caudillismo y la oligarquía habían dominado al final del siglo hasta que fueron derrotados por Antonio Guzmán Blanco en la guerra civil de 1869-1872. El poder político en Venezuela derivaba siempre de la riqueza territorial, que implicaba la capacidad de controlar una red de personas dependientes y un sistema de patronazgo y clientela.

Antonio Guzmán Blanco fue caudillo durante las guerras federales iniciadas en 1859 en las que habían salido derrotados los conservadores o azules. Durante casi veinte años, después de haber amasado una importante riqueza personal, dominó el país en tres fases conocidas como el septenio (1870-1877), el quinquenio (1880-1885) y el bienio (1886-1888). Recibió el título de «Pacificador y Regenerador de Venezuela» y «Supremo Director de la Reivindicación».

La época de Guzmán Blanco siguió siendo una época de caudillismo. Él era un caudillo nacional, que adoptó graves medidas contra los caudillos provinciales cuando era necesario para conservar su crédito y poder, pero gobernaba normalmente a través de estos jefes provinciales.

Proyectó un sistema de educación obligatoria y gratuita. Pero gobernó siempre en régimen de absolutismo aunque dando entrada a ciertas prácticas del constitucionalismo. Convocó elecciones en 1872, después de la derrota de los conservadores, y aplicó para eso la Constitución de 1864, que dejaba incólume el poder de los caudillos regionales, sin los cuales era imposible que el gobierno de Caracas controlara el país. En 1870 ocupó el poder por primera vez. Luego hubo un intervalo de tres años en el que tuvo un sucesor, Francisco Linares Alcántara. En 1880 la totalidad de los veinte estados eligió por unanimidad a Guzmán como presidente de la república. La nueva Constitución venezolana de 1881 redujo a nueve el número de estados, y modificó seriamente la descentralización existente a favor de una centralización del poder. Esa Constitución entró en vigor en febrero de 1882, dos años después del regreso de Guzmán Blanco al poder, en el que continuaría hasta 1884 en otro periodo total de cuatro años. Después Guzmán Blanco apoyó la candidatura del general Joaquín Crespo por el periodo 1884-1886 y se fue a Europa como plenipotenciario venezolano para contratar empréstitos y negociar contratos. Regresó a Venezuela para ejercer el poder por última vez en el bienio 1886-1888. En ese año de 1888 fue elegido por el Consejo General el doctor Rojas Paúl, que fue el primer presidente civil que ocupó el poder desde 1835. Guzmán antes y después de esta presidencia vivió en París con comodidad sin preocuparse del deterioro de su posición y permaneció en Europa hasta su muerte.

Los primeros pasos para la modernización de Venezuela, que se demoró cuarenta años en relación con los demás se tomaron a partir de la victoria de los tachirenses, caudillos andinos del estado de Táchira en 1899.

4. Argentina, república conservadora. El régimen de Rosas cayó en 1852 empujado por una coalición de caudillos provinciales a cuya cabeza estaba Urquiza, el caudillo de Entre Ríos. La concentración de la propiedad había empezado en la época de Bernardino Rivadavia. Los intereses del sector agroexportador fueron dominantes de las relaciones comerciales del país hasta la Gran Depresión mundial de 1929.

La élite argentina la formaban cuatrocientas familias ricas y poderosas que tenían las grandes extensiones de terrenos de cereales y ganados cercanos al Río de la Plata. Tenían un control exclusivo sobre la política aunque aparentaran fragmentación por rivalidades personales o regionales. Se excluyeron otros grupos sociales de la participación política. En la Constitución de 1853 había establecido una república constitucional federal basada en la libertad política, pero hasta 1880 dominó la política de los caudillos a nivel regional y la concurrencia entre jefes rivales dentro de la élite a nivel nacional. En el ámbito electoral después de la caída de Rosas seguía funcionando el fraude como característica política fundamental para la formación del gobierno.

En el año 1862 tomó posesión el general Bartolomé Mitre que se abrazó a la cultura europea y quiso aplicar los criterios de su cultura y de su economía. Se crearon medios de comunicación nuevos, especialmente *La Prensa* (1869) y *La Nación* (1870), que expresaban la opinión del grupo liberal de fe europeísta. La Constitución de 1853 fue modificada en 1949 durante el peronismo pero la inspiración de la de 1853 estaba en el pensamiento de Alberdi, que no excluyó la institucionalización de la posición de los caudillos como gobernadores de los estados en la nueva confederación. Bartolomé Mitre (1862-1868) y Domingo Sarmiento (1868-1874) se aprovecharon del extenso poder ejecutivo entregado a la presidencia para emprender la modernización según el modelo de Europa. Más tarde la Administración cobró fuerza centralizadora a partir de la incorporación de la ciudad de Buenos Aires. El nuevo sistema constitucional no excluyó la presencia de un fuerte personalismo en los gobernantes, que se hizo especialmente manifiesto en la época de Julio Argentino Roca (1880-1886).

Estos presidentes, no obstante, y especialmente también con Roca, Carlos Pellegrini (1890-1892), tenían una visión optimista del destino de Argentina en el mundo moderno. Sarmiento había intentado que el sufragio se hiciera efectivo y que los jefes políticos no se mezclaran en política. Intervino contra los caudillos de algunas de las provincias e intentó evitar que Manuel Taboada, gobernador de Santiago del Estero, formara una unión de las provincias del norte contra él. Esta unión de provincias era contraria a la prohibición de pactos interestatales de la Constitución. Pero la contienda continuó siempre con la acción de Sarmiento para evitar esa posición de los caudillos que consideraban que partes enteras del territorio nacional eran su propiedad.

Sostiene Brian R. Hamnett que la presidencia de Julio Roca fue la que consiguió por primera vez en Argentina el monopolio del poder y la autoridad.[83] Antes las presidencias que van entre 1874 y 1880 fueron acompañadas de levantamientos por parte del grupo derrotado, con violencia en Buenos Aires, seguidas de levantamientos por doquier. Pero el triunfo electoral de Roca provocó otra rebelión en la que el gobernador de Buenos Aires, Carlos Tejedor, se levantó con la milicia provincial en junio y obligó al presidente Avellaneda y al Congreso nacional a abandonar la capital y refugiarse en el pueblo de Belgrano. Roca comenzó la transformación de la Administración nacional y adelantó la modernización del país por medio de la inversión extranjera. Su ministro de la Guerra, Carlos Pellegrini, fue un colaborador esencial.

CAPÍTULO V
Revoluciones e imperialismo en la primera mitad del siglo xx: la efímera vigencia de la democracia

Estudiaremos en este capítulo acontecimientos que marcaron la historia de Hispanoamérica de modo esencial, desde los últimos años del siglo xix hasta la mitad del siglo siguiente.

Las constituciones, tan primorosamente pensadas y rehechas a lo largo del siglo, proclamaron los valores en que se basaban las nuevas repúblicas, pero les faltó el desarrollo de su fibra institucional y su aplicación real.

Las malas prácticas del primer siglo de gobiernos republicanos de Hispanoamérica continuaron, con intermitencias democráticas, en toda aquella región. Algunos de los problemas políticos planteados al inicio de las independencias fueron ajustándose, poco a poco, en el marco de constituciones y prácticas políticas renovadas. Pero los años finales del siglo xix y primeros del xx marcan la consolidación de relaciones de vecindad con Estados Unidos en los que esta nación asumió la supervisión de los destinos de todo el continente y condicionó la formación de los gobiernos y sus políticas.

El problema no se manifiesta, por primera vez, en el periodo indicado, porque, como ya nos consta, en la primera mitad del siglo xix se habían producido las grandes declaraciones sobre la reserva de dominio del continente para los americanos (doctrina Monroe, entre otras). Pero la actitud más activa, dominadora o, como empezaría a denominarse entonces de forma general, imperialista, comenzó definitivamente con la guerra de Cuba que enfrentó a Estados Unidos con España, terminó con el control español sobre el Caribe e introdujo un nuevo colonialismo dominado por los norteamericanos.

EL CAMBIO DE SIGLO POLÍTICO EN AMÉRICA SE PRODUJO EN 1898: LA INDEPENDENCIA DE CUBA

1898 no fue tan solo el año de la muy significativa independencia de Cuba y de la pérdida por España de sus colonias de Puerto Rico y Filipinas, marca también el tiempo en que se consolidó un cambio de paradigma en la gobernación de las repúblicas americanas, condicionadas desde entonces por las intervenciones continuas de Estados Unidos. Este ha sido un nuevo condicionamiento de la estabilidad de las democracias de aquellos países. No empezó la exhibición de la superioridad del vecino del norte en aquel año decisivo porque, como ya conocemos, a mediados del siglo XIX se había producido, entre otros acontecimientos, una gran expansión territorial a costa de México, pero el caso de Cuba inaugura una política sistemática de interferencia e intervención, no necesariamente acompañada de políticas expansivas, que se abandonan, en algunos casos, como hemos de ver, por motivos estrictamente racistas: no contaminar la nación anglosajona por ciudadanos de procedencia latina.

Las excepciones a las independencias de primeros del siglo XIX habían sido las islas: Cuba y Puerto Rico en las Antillas y las Filipinas en el Pacífico.

Cuba, la gran Antilla, «la colonia más rica del mundo», se había mantenido al margen de los procesos independentistas de primeros del siglo XIX, por razones que explicó con agudeza Moreno Fraginals:[1] primero, en el momento de la independencia americana Cuba tenía una altísima población esclava, casi toda africana (los negros criollos estaban en minoría), y las élites económicas, aleccionadas por la reciente experiencia de la revolución de Haití, temían que una guerra entre amos condujera indefectiblemente a una sublevación esclava y a la ruina de la riqueza basada en la esclavitud. Segundo, bajo el antiguo régimen la sacarocracia criolla era el gobierno de facto en Cuba y carecía, por tanto, de razones para ejercer la violencia. Y Cuba no solo no se independizó, sino que ofreció una amplísima colaboración en la lucha contra los revolucionarios del continente y, aún más, en la organización de expediciones de reconquista de América. Las familias de la oligarquía habanera estaban todas emparentadas entre sí, tenían orígenes semejantes, intereses comunes y un pasado enraizado en la misma tierra. Terminaron creando un sentido de identidad y de destino, a cuya configuración contribuyó José Martín Félix de Arrate y Acosta con su libro la *Llave del Nuevo Mundo, Antemural de las Indias Occidentales. La Habana Descripta: Noticias de su Fundación, Aumentos y Estado*, publicado en 1761.

La política colonial española se apartó de los principios ilustrados que empezaban a aplicarse en el territorio metropolitano. La burguesía peninsular que elaboró la Constitución de Cádiz se había mostrado favorable a la abolición de la trata de esclavos y en contra de la libertad de comercio que pedían los criollos. La cubana opinaba sobre ambas cosas justamente lo contrario.

Mientras se debatía la Constitución de Cádiz, las élites económicas de la producción azucarera se movilizaron. Francisco de Arango y Parreño[2] redactó en su nombre la «Representación de la ciudad de La Habana a las Cortes españolas», que fue el primero de los documentos ideológico-políticos de los plantadores criollos. Adopta un tono de igual a igual, y acusa al rey y a los ministros de desconocer y atacar sus posiciones patrimoniales. Niega a las Cortes cualidad moral para decidir sobre la esclavitud. Escribió Moreno Fraginals que la *Representación* es «el documento más sórdido de la historia cubana». Recuerda al rey que los esclavos negros están en Cuba en «obediencia a unas leyes que no sólo nos autorizaron, sino que nos obligaron y nos han estimulado a la adquisición de negros…». A la iglesia le recuerda que los negros están en Cuba por la religión «que según se nos decía y dicen todavía muchos libros de respetables autores, era muy interesada en libertar esas almas de la eterna condenación…». El documento demuestra un completo desprecio por la democracia parlamentaria sosteniendo que «la mayoría absoluta de votos, aún la determinada de un solo congreso —por más luces que reúna, por más numeroso que sea— rara, rarísima vez proporcionó buenas leyes...».[3]

Estaban más cómodos los grandes propietarios de esclavos con las políticas de Fernando VII, de quien plantaron una estatua en la plaza de Armas de La Habana. Los aires de libertad que traía el constitucionalismo les interesaban siempre que se mantuviera la esclavitud.[4]

En la primera mitad del siglo XIX continuó el sistema de gobierno colonial que había regido durante el siglo XVIII. El mando supremo militar estaba atribuido al gobernador y al capitán general. El aparato judicial dependía de la Audiencia, y la burocracia de hacienda, de la Intendencia. El liberalismo español impondrá en las colonias antillanas una mayor concentración del poder.

El régimen de la metrópoli no abrió formalmente ninguna ventana al autogobierno. Bien al contrario, hasta eliminó la representación isleña en las Cortes. Incluso cuando en 1836 la isla designó, sin que lo pudiera impedir el gobernador Tacón, sus diputados para Madrid, nunca pudieron tomar posesión porque las Cortes les denegaron ese derecho. Una Real Orden de 19 de abril de 1837 ratificó la negativa. De esta manera, los diputados americanos fueron expulsados de las Cortes Constituyentes de 1837. Cuba, justificaron, se regiría por leyes especiales.

Aceptar tal sumisión implicaba admitir el dominio político ilimitado de la autoridad peninsular. Pero temían las consecuencias de una oposición fuerte, sobre todo por la repercusión que pudiera tener en las masas de esclavos que tenían a su servicio. Una revuelta de esclavos era el peor de los escenarios. La esclavitud era la garantía del mantenimiento de la situación económica de los cubanos burgueses y ricos que protestaban contra la Administración española. De manera que por imperfecto que fuese el régimen administrativo, aseguraba a los comerciantes y propietarios de las explotaciones azucareras cubanas su bienestar y les permitía la acumulación de riquezas.

Sumariamente expuesto, el sistema económico de la colonia consistía en lo siguiente: desde el siglo XVIII se había consolidado el régimen esclavista y una agricultura comercial basada en las plantaciones. El comercio exterior había crecido con fuerza. Los dos principales productos eran el azúcar y el café, cuyos precios tuvieron una tendencia ascendente y de expansión que obligaron a colocarlos en los mercados internacionales, que absorbían toda la producción con enorme facilidad. La situación económica de la isla era boyante.

Desde 1818, España había adoptado respecto de su principal colonia antillana una política posibilista. No podía prohibir el comercio exterior de Cuba, ni siquiera lo podía apoyar, ni podía consumir tampoco la producción. De modo que lo que trató de conseguir es el máximo de beneficios fiscales. España aplicaba fuertes impuestos a Cuba, y esta comerciaba con Estados Unidos, Inglaterra y otros países europeos que consumían los productos.

Tales eran los intereses económicos en juego. Una ruptura del *statu quo* para luchar contra la fuerte centralización de la metrópoli española podía romper el equilibrio económico interno, mucho más si aparecía acompañada de una revuelta de esclavos. En su *Historia de la esclavitud*, José Antonio Saco, el prestigioso escritor cubano, sostiene que entre la perspectiva de una sublevación en Cuba y la agitación vengativa y permanente de los esclavos negros, prefiere aproximarse a España como mejor refugio, aunque le repugne.

Pero a partir de los años treinta del siglo XIX se fue formando lentamente una conciencia nacional derivada de la incomprensión de la política colonial española. A los pensadores y escritores que representan bien el pensamiento de las oligarquías de la isla, como el mencionado José Antonio Saco, les hubiera gustado alguna fórmula de arreglo del papel de las colonias semejante al que estaba aplicando Inglaterra a las suyas. Inglaterra se acababa de enfrentar a la rebelión en Canadá de Louis Joseph Papineau, que afrontó aprobando leyes especiales. El *Durham Report* estableció las bases de un nuevo sistema colonial. Para el caso de España, Saco, que fue uno de los diputados a Cortes frustrado por la expulsión, publicó *Paralelo entre la isla de Cuba y algunas colonias inglesas*, clamando por un sistema colonial al modo inglés, amenazando con que en caso contrario los cubanos intentarían la anexión a Estados Unidos.

Se compara en el escrito a Cuba con Canadá. Pero el modelo que proponía Saco no lo podía implantar España porque hacía falta un amplio mercado interno, capacidades reexportadoras y una industria capaz de procesar los productos coloniales. Carecía la metrópoli peninsular de estas capacidades. Se lamentaba Saco: «Cuando vuelvo los ojos a Cuba y contemplo el mísero estado en que yace, juro a fuer de cubano que trocaría la suerte de mi patria por las posesiones del Canadá».

Hasta el año 1867 los capitanes generales Serrano y Dulce ensayaron en Cuba políticas concretas que no llegaron a alterar realmente la situación. Serrano había acordado una amnistía política en 1861. Y tenía un programa de reformas que conduciría al cese de la trata de negros, la reorganización administrativa, y el establecimiento de un Consejo de administración de la Isla, designado por el gobernador. Pero las reformas en este periodo también fracasaron.

La situación se hizo más insostenible cuando España decidió la aplicación del impuesto del 10 por ciento a partir de julio de 1868. La resistencia a esa recaudación caldeó el ambiente para la revuelta, acelerando la formación de grupos que estaban dispuestos a la sublevación.

Adelantándose a la fecha prevista para la insurrección, Carlos Manuel Céspedes se declaró rebelde al gobierno español el 10 de octubre de 1868. Esta insurrección se conoce como el «grito de Yara». Es el inicio de la guerra de los Diez Años. Unos días después, muchas personas notables se congregaron en La Habana ante el capitán general, para pedirle que intercediera para que se aplicaran en Cuba las libertades que la Revolución de 1868 había conseguido implantar en España: la libertad de imprenta y de reunión, el fin de la dinastía borbónica, y la implantación de reformas constitucionales. Pero el gobernador general contestó a esta petición sin la menor sensibilidad, con desprecio incluso.[5]

Las razones de la insurrección se hicieron constar en un «Manifiesto de la Junta revolucionaria de la Isla de Cuba dirigido a sus compatriotas de todas las naciones». Se describían en él las injusticias y sufrimientos del pueblo cubano, y concluía literalmente:

«cuando un pueblo llega a un extremo de degradación y miseria en que nosotros nos vemos, nadie puede reprobarle que eche mano a las armas para salir de un estado tan lleno de oprobio».

Céspedes inició la lucha con treinta y siete hombres, pero enseguida ese número empezó a crecer y la guerra a generalizarse.

El gobierno peninsular reaccionó rápidamente aprovechando aquel conflicto para ganar terreno a favor de sus intereses. Es decir, que le quitó aún más poder e influencia a la élite criolla, reduciendo su presencia en la Administración hasta el mínimo. Justamente lo contrario de lo que estaban pidiendo, y seguramente de lo que la lógica y la historia demandaban.

La guerra de los Diez Años tuvo una larga y compleja trayectoria militar que no tiene interés seguir ahora. España no pudo, desde el primer momento, ahogar la insurrección, como pretendía.

A partir de 1871, se ocupó del mando del ejército español un prestigioso militar de las guerras civiles, el general Arsenio Martínez Campos, que acertó a cambiar desde el principio la situación. La intención de Martínez Campos era la de debilitar al enemigo hasta que se viese obligado a capitular. Contaba con setenta mil hombres de los cuales veinticinco mil habían llegado con él. Trazó un plan militar, ofreció una amnistía, intentó algunos sobornos, y procuró agotar a los insurrectos que no disponían más que de siete mil hombres cansados y faltos de recursos.

El líder de los insurrectos, Máximo Gómez, de acuerdo con los jefes de su ejército, solicitó que se pasara una comunicación a Martínez Campos solicitando suspender las actividades. Antes de que se firmara ningún pacto, Martínez Campos dio una orden el 5 de febrero de 1878 por la cual todos los esclavos, sin distinción de sexo, que se hallasen armados a la fecha, quedarían libres si lo solicitaban. Se completaba así la llamada ley de vientres libres, aprobada en 1870 a iniciativa de Moret.

El 10 de febrero de 1878 se firmó la Paz de Zanjón con el que concluía la guerra de los Diez Años. El gobierno español hizo algunas concesiones y se libró de tener que seguir soportando los gastos de la guerra y la impopularidad que suponía una contienda en la que se estaban perdiendo continuamente vidas humanas.

Algunos acuerdos de la Paz de Zanjón venían impuestos también por la presión de Estados Unidos. El presidente Grant había urgido al gobierno español a que llevase a cabo un programa de reformas que condujese a la liberalización política y económica de la Isla, la abolición de la esclavitud y el reconocimiento de representación en Cortes.

Pero las reformas de Martínez Campos se encontraron con la resistencia de grupos de presión de los peninsulares residentes en la Isla, temerosos de que se aflojasen los lazos de relación entre la metrópoli y la colonia. Grupos importantes de insurrectos tampoco aceptaron la Paz de Zanjón, de manera que siguieron en rebeldía durante un periodo denominado la «Guerra chiquita», que duró entre agosto del 79 y junio del 80, apenas diez meses.

La Paz de Zanjón contenía algunas cláusulas que, aunque ambiguas, pretendían que se implantasen en la colonia otras condiciones de gobierno. Y la paz trajo la recuperación de la vida diaria cultural y política, tan propicia para la práctica de la reunión, el mitin y la discusión. Ganaron protagonismo los conceptos de nación cubana y de independencia. El líder indiscutible de esta renovación ideológica fue José Martí, hijo de españoles, fervoroso amante de Cuba, poeta admirable y orador convincente.

Martí tenía dieciséis años cuando el grito de Yara dio lugar al nacimiento de la guerra de los Diez Años. Ya publicaba entonces sus primeros escritos patrióticos. A diferencia de Saco, el primer pensador nacionalista, Martí estuvo continuamente en actitud de lucha, en conspiración permanente por la independencia. Cuba vista como totalidad, incluidos todos sus pobladores, blancos y negros, isleños y peninsulares. Todos ellos debían contribuir a la formación de la nueva patria separada de España.

Residió en Nueva York una buena parte de aquellos años consiguiendo rodearse de las personas que mejor podían ayudar a la rebelión.

La acción española en el periodo que se cierra con la Paz de Zanjón de 1878 y hasta la iniciación de la nueva guerra de Cuba en 1895 no supuso ninguna variación sustancial en la política, ni en las estructuras administrativas, al margen de las medidas ya citadas sobre abolición parcial de la esclavitud. Martí fue sometido a un obsesivo seguimiento por parte del gobierno español, hasta extremos rocambolescos provocados por la contratación de la agencia de detectives Pinkerton. Uno de los agentes de Pinkerton tuvo alquilada una habitación en la misma pensión que tenía Martí en Nueva York y lo acompañaba en sus discursos.

Estos eran los preparativos del nuevo alzamiento que habría de producirse en 1895. José Martí y Máximo Gómez serían el cerebro y el brazo, respectivamente, de la nueva rebelión. Sería difícil movilizar al mismo tiempo todas las regiones de Cuba. De modo que se escogió un lugar simbólico, Baire, para que fuera el epicentro del levantamiento, el emblema de la sublevación. El grito de Baire, producido el 24 de febrero de 1895, es el que dio lugar a la nueva insurrección cubana. Baire está a sesenta kilómetros de Santiago de Cuba. Los servicios de información españoles se enteraron. Los revolucionarios perdieron los contactos entre sí. Los jefes militares del movimiento estaban fuera de Cuba. Máximo Gómez en Santo Domingo con José Martí, y Antonio Maceo en Costa Rica. Pero si la organización de la lucha activa resultó muy deficiente, fue extraordinaria la voluntad revolucionaria que se expresó tanto en los sublevados como en sus líderes. José Martí y Máximo Gómez firmaron en Montecristi, República Dominicana, un manifiesto el 25 de marzo de 1895. El Manifiesto de Montecristi es una extensa obra literaria dirigida a los guerrilleros de la revolución. Como toda obra de Martí, es un escrito ponderado, tolerante, humano y bien intencionado para todos los habitantes de la Isla, cualquiera que fuese su condición.

En abril de 1895, Máximo Gómez y José Martí, acompañados por algunos militares, salieron en dirección a Cuba. En principio Martí no iba a desplazarse a la Isla, pero le pareció que estaba siendo objeto de algunas críticas que le acusaban de no estar en primera fila, de no exponer su vida por la revolución. Se equivocó al apreciarlas y, sobre todo, al tratar de responder con una actitud más activa, porque Martí no era un militar, ni estaba dotado para la acción bélica. Servía mucho mejor a la revolución con su inteligencia, su capacidad ideológica y su poesía.

Muy poco tiempo después de desembarcar en la Isla, se entabló un combate con las fuerzas españolas, e intervino la caballería repetidas veces. Máximo Gómez había pedido a Martí que permaneciera en la retaguardia, pero cabalgó hacia el enemigo y lo mataron en una emboscada. Tenía entonces cuarenta y dos años. Aunque Máximo Gómez intentó recuperar el cadáver, no lo consiguió. Los españoles lo enterraron el 27 de mayo de 1895 en Santiago de Cuba. La guerra se radicalizó mucho a partir de aquel año.

En enero de 1896, fue nombrado Weiler para sustituir a Martínez Campos. Weiler era un hombre duro, poco flexible, que solo sabía aplicar los principios de la guerra con la máxima rigidez. Al embarcarse en Cádiz para Cuba, declaró que en el plazo de dos años acabaría con la insurrección. Al llegar a la Isla, su primera alocución sería para amenazar con que haría caer todo el peso de la ley a los que ayudasen al enemigo, o lo ensalzaren, o censuraran a España. Y con alguna ingenuidad pidió a los poblados que colaboraran contra el enemigo, es decir, que hicieran todo lo contrario de lo que estaban haciendo. El nuevo capitán general trazó un plan para no dejar descanso a los insurrectos.

También la postura de Estados Unidos empezó a aclararse un poco más a partir de 1896. Hasta aquel año, Cleveland había mantenido, por una parte, la máxima tolerancia respecto de los exiliados cubanos, pero también neutralidad en la contienda. En una nota enviada al gobierno español en 1896, le expuso su postura. Aunque la nota era discreta, recomendaba de alguna forma que se reconocieran a la Isla los derechos que estaba pidiendo, sin perjuicio de que se mantuviera la soberanía española. Esta recomendación se tomó por algunos políticos españoles como una ofensa a su capacidad de análisis y acción y su orgullo y soberbia dieron la respuesta. El gobierno español contestó declinando la oferta de colaboración del norteamericano, y diciéndole que el mejor servicio que podía hacer Washington era impedir la ayuda que se prestaba a los rebeldes cubanos.

Dos muertes y una elección tuvieron también un impacto importante sobre el curso de la guerra. Murió, en primer lugar, en 1896, Maceo, llamado el «Titán de Bronce», que fue una pérdida notable para los sublevados. Pero los revolucionarios supieron rehacerse. Murió también, en 1897, asesinado por el anarquista italiano Angiolillo, cuando estaba en los baños de Santa Águeda, Cánovas del Castillo, el mayor político de la Restauración, un hombre que había aplicado toda su habilidad a la gobernación estable de España. Y, en fin, y quizá sobre todo, es elegido McKinley presidente de Estados Unidos a finales de 1896.

El pensamiento intervencionista e imperialista de este nuevo presidente empezó enseguida a hacerse notar. McKinley le dijo a Canalejas, con ocasión de una visita que este había realizado a Estados Unidos, que era amigo de España, pero que se veía arrastrado a la lucha por la opinión pública de su país. Esta opinión pública estaba manejada, entre otros menos activos, por el periodista y magnate de la prensa Randolf Hearst, alimentando todos los días la hoguera de la guerra desde las páginas de su periódico *Journal*.

El embajador español Dupuy de Löme y el Departamento de Estado norteamericano habían decidido que se reanudara una práctica, suspendida los dos últimos años, de visitas de cortesía de los buques americanos a Cuba y de buques españoles a puertos americanos. El acuerdo se había alcanzado el día 24 de enero de 1898 y el mismo día 25 de enero ya entraba el Maine, que había sido preparado en Kay West, en el puerto de La Habana. Pese a que el capitán general, Blanco, no vio con satisfacción la visita, acudió a recibirle junto con otros altos cargos de la Administración. El comandante del barco, Sigsbee, estaba en comunicación con el secretario de Marina y McKinley daba todos los síntomas de normalidad en un banquete diplomático con Dupuy de Löme.

Por aquellos días un grupo de banqueros y hombres de negocios habían presentado a McKinley un memorial sobre las pérdidas que estaban sufriendo como consecuencia de la guerra de Cuba. Este acto de presentación fue acompañado de la publicación simultánea en el *Journal* de Nueva York de una información en primera página que decía: «El peor insulto a los Estados Unidos en toda su historia». Era la traducción al inglés de una carta de Dupuy de Löme dirigida a Canalejas en la que se quejaba duramente de la actitud de Estados Unidos y llamaba a McKinley débil, populachero y politicastro. El *Journal* publicó junto al texto traducido un facsímil de la carta original, para que no se dudara de su autenticidad.

Hearst se las arregló desde su periódico para que se organizara un escándalo extraordinario. No en vano en Estados Unidos se estimaba que la guerra de Cuba era la «guerra de Hearst». Un periodista y editor sin escrúpulos que había conseguido implantar la más descarada prensa amarilla que probablemente ha conocido la historia, que recurría a la mentira y descalificación sin remilgos y que, en ese caso concreto, parece que había obtenido la carta por procedimientos más que ilícitos, a través de un secretario de Canalejas, amigo de algún simpatizante del movimiento insurreccional cubano. Dupuy de Löme presentó la dimisión. El presidente McKinley exigió que el gobierno español se disculpase, lo que hizo Gullón diciendo que, además, se trataba de una carta particular a un amigo, y no de un documento oficial.

El 15 de febrero de 1898, a las 9.35 de la noche, una formidable explosión provocó la voladura de varios pañoles de la proa del Maine. Apenas habían pasado seis días desde la publicación de la carta. El estallido ocurrió debajo del dormitorio de los marineros de modo que causó la muerte de dos oficiales y doscientos sesenta marineros. Las autoridades y el público acudieron y colaboraron eficaz y generosamente en el salvamento de los que habían escapado con vida, y enterraron a los muertos en el cementerio de La Habana. La reina regente y el gobierno español se apresuraron en manifestar su condolencia al gobierno americano. La explosión y sus causas fueron inmediatamente controvertidas. Algunos oficiales de la Marina opinaron que la explosión no fue accidental, sino que se había colocado una bomba por alguien en La Habana o que se había depositado un ingenio explosivo cuando, antes de partir de Key West, se cargaron de carbón sus bodegas. Otros oficiales de marina opinaron que la explosión había sido debida a la contigüidad de las municiones con los depósitos de carbón, que habrían calentado los proyectiles hasta que se produjo una detonación accidental.

La mayor parte de los periódicos de Estados Unidos airearon el tema de la explosión del Maine, imputando su autoría a España. El líder de esta campaña de prensa fue Hearst.

Se constituyó una comisión española para investigar el accidente. Los peritos rechazaron la posibilidad de que hubiese sido utilizado un torpedo, del que no se encontró rastro alguno. Por ello se concluyó que la explosión debió ser provocada por una causa interior.

La comisión de investigación americana concluyó, sin embargo, que la destrucción del Maine había sido causada por una mina submarina que ocasionó la explosión de los depósitos de proa. No señalaba a ninguna persona concreta, pero era España a quien correspondía asumir la responsabilidad de la explosión porque había ocurrido en aguas jurisdiccionales españolas.

Hearst en su *Journal* había ido, naturalmente, mucho más allá, afirmando que el Maine había sido volado por una máquina colocada por el enemigo. Se había inventado, pues, el enemigo, animando a Estados Unidos a una guerra contra él, procurando mentalizar al país contra España.

Mientras todo esto ocurría, el gobierno de Estados Unidos iba incrementando las alternativas de carácter militar, y el Congreso aprobaba créditos para armamento.

Simultáneamente debió de producirse una negociación para la venta de Cuba a Estados Unidos, siguiendo el ejemplo de lo que en 1803 había hecho Francia con la Luisiana. Y McKinley parece que insistió en esta alternativa: o la venta de Cuba, o la intervención armada. La oferta de compra de Estados Unidos ascendía a trescientos millones de dólares, e incluso ofreció un millón más para los intermediarios oficiales del lado español. Pero nadie accedió, ni a cobrar la comisión ni a llevar a cabo la venta.

Fracasada la opción de venta, siguieron las negociaciones diplomáticas normales. El ministro Woodford entregó en marzo una especie de ultimátum en el que se indicaba que el informe sobre el Maine estaba en poder del presidente, y añadía que si en el curso de unos días no se llegaba a un acuerdo que garantizase una paz honrosa para Cuba, el presidente se vería obligado a someter al Congreso el tema de las relaciones de España y Estados Unidos.

Gullón contestó a la nota de Woodford que España también era partidaria de una paz honrosa. Empieza a partir de ahí una sucesión de notas pero sin llegar a ninguna solución concreta. Estados Unidos no solo quería un arreglo por las responsabilidades relativas a la destrucción del Maine, sino también reformas profundas en la política cubana, que permitieran la pacificación de la isla. Cuando la tensión llegó al límite, otros países como Inglaterra, Alemania o el Vaticano intentaron mediar para conseguir un acuerdo. Pero mientras se estaban haciendo todas las gestiones pacifistas, el secretario de Marina de Estados Unidos, Long, envió al almirante Sampson, comandante en jefe de la escuadra del Atlántico, un largo comunicado en el que le ordenaba: primero, que si se rompían las hostilidades, destruyese todos los barcos de guerra cañoneros que se encontraran en las aguas de las islas orientales; segundo, que los barcos no se expusieran al fuego de las baterías de La Habana o de Santiago; tercero, que bloqueara los puertos. Cuarto, en fin, indicaba cómo debían tomarse los prisioneros y mantenerlos bajo custodia en caso de necesidad. El comunicado de Long era, por tanto, un plan de operaciones en toda regla.

Era evidente que McKinley se había inclinado por la guerra. El gobierno español lo comprendió e intentó evitarlo enviando a Washington una larga explicación de las medidas de pacificación adoptadas en La Habana y las responsabilidades asumidas en el asunto del Maine. Pero el presidente McKinley decidió enviar su mensaje al Congreso el 11 de abril de 1898. Al referirse al Maine no afirmaba que la responsabilidad fuera de España, pero proclamaba que el gobierno español no era capaz de garantizar la seguridad de un buque americano. McKinley también pretextaba defender el comercio y las vidas de los norteamericanos.

Las resoluciones aprobadas por el Congreso pretendían que se reconociera la independencia de Cuba y declararon que Estados Unidos no deseaba ejercer soberanía, jurisdicción o dominio sobre dicha isla. La resolución conjunta del Congreso y el Senado, aprobada el 20 de abril, tenía dos puntos esenciales: primero, que «el pueblo de la isla de Cuba es, y de Derecho debe ser, libre e independiente. Segundo, que es deber de los Estados Unidos exigir, como el Gobierno de los Estados Unidos por la presente exige, que el Gobierno de España renuncie inmediatamente a su autoridad y gobierno en la isla de Cuba, y retire del territorio de ésta y de sus aguas, sus fuerzas militares y navales». El resto de la resolución es prácticamente un ultimátum a España. En desarrollo de la misma, McKinley autorizó a actuar para el caso de que España no diera una respuesta satisfactoria.

España dio por declarado el estado de guerra, por un Real Decreto del día 23 de abril, en el que se consideraban caducados los tratados y acuerdos vigentes entre España y Estados Unidos.

La última acción del gobierno español para mantener la soberanía en Cuba, Puerto Rico y Filipinas se inició con la orden del ministro de Marina, Segismundo Bermejo, dirigida al almirante Cervera de que partiera, sin fijar ningún plan. Cervera presentó reiteradamente sus objeciones: empeñarse en que la escuadra, dijo, vaya a Cuba «puede costarnos muy caro».

La escuadra llegó a Cabo Verde en abril. Estaba compuesta por los cruceros María Teresa y Cristóbal Colón. En Cabo Verde recogió a la escuadrilla de torpederos y destructores, constituida por el Ariete, el Rayo y el Azor entre los primeros, y el Plutón, el Terror y el Furor entre los segundos. Después se acoplaron también el Oquendo y el Vizcaya. La travesía estuvo llena de dificultades y de complicaciones de funcionamiento de los buques, de las que quedó una constancia exhaustiva en las comunicaciones de Cervera al ministro y al gobierno.

El 22 de abril, Cervera envió al ministro una carta rotunda en la que contestaba otra en la que el ministro le había dicho que creía haberle facilitado cuanto el almirante le había pedido. Cervera le respondió: «¡Que me ha facilitado cuanto he pedido! El Colón no tiene sus cañones gruesos, las municiones de 14 cm son malas, no se han cambiado los cañones defectuosos del Vizcaya y el Oquendo; no hay medio de recargar los casquillos del Colón; no tenemos un torpedo bustamante; no hay plan ni concierto que tanto que he propuesto en vano… En fin esto es un desastre ya y es de temer que lo sea pavoroso dentro de poco. Presumo que ya es tarde para nada que no sea la ruina y la desolación de la patria». Pero el gobierno ordena la partida hacia las Antillas de la escuadra, a la que todavía se suman otros cruceros.

El gobierno, amparado por las opiniones de los generales de la Armada, cursó el 24 de abril el siguiente telegrama a Cervera:

> Oída la Junta de Generales de Marina, opina esta que los cuatro acorazados y los tres destroyers, salgan urgentemente para las Antillas. Sometida esta opinión al gobierno de su Majestad, la acepta, pudiendo tomar información antes de recalar sobre Puerto Rico o Cuba. La derrota, recalada, casos y circunstancias en que VE debe evitar o empeñar combate, quedan a su más completa libertad de acción. Los torpederos deben regresar a Canarias con los buques auxiliares. La bandera americana es enemiga.

El 19 de mayo llegó el almirante Cervera a Santiago de Cuba.

Pocos días después, la escuadra americana llegó a la vista de Santiago, bloqueando la salida. Cervera convocó a los comandantes de los buques, y sometió a votación si debían o no salir. La abrumadora mayoría de los jefes decidieron que lo oportuno era permanecer en el puerto. Mientras, la flota de bloqueo americana aumentaba. El 3 de junio, el almirante Sampson, a fin de bloquear totalmente la estrecha salida del puerto de Santiago, mandó hundir un pequeño barco en la boca de la bahía. Pocos días después se iniciaron los bombardeos americanos.

Al mismo tiempo, las fuerzas expedicionarias americanas habían decidido también iniciar una acción terrestre que obligase a la armada española a salir. El ejército estaba al mando del general Shafter, que consolidó el desembarco y aseguró la retaguardia, la ruta de suministros y el terreno ocupado. Cervera, no obstante, había telegrafiado al ministro diciéndole, textualmente: «Como es absolutamente imposible que la Escuadra pueda salir, pienso resistir cuanto pueda, y destruir los buques en último extremo». Lo que todos los comandantes de los buques aprobaron por unanimidad. El gobierno y el capitán general, sin atender los criterios de Cervera y los comandantes de los buques, hicieron una cuestión de orgullo nacional que la armada combatiese aunque la destruyeran y se condenase a dos mil hombres a una muerte segura. El ministro le telegrafió el 26 de junio diciéndole: «Antes de destruir nuestra Escuadra en puerto, debe intentarse salvación total o parcial por salida nocturna», lo que Cervera sabía que era completamente imposible. A pesar de ser plenamente consciente del desastre que le esperaba a la escuadra, la resistencia establecida por Cervera y por los jefes de las unidades navales no se pudo seguir manteniendo ante las órdenes expresas del ministro y del capitán general. Cervera siempre había estado atento a salvaguardar el honor de la escuadra y de España, pero expresaba insistentemente su opinión como militar y como técnico. Pero, obediente a las órdenes recibidas, dio orden de salida a la armada.

El número de buques americanos era superior a los de España, y la capacidad de fuego los sobrepasaba. La protección de acero de unos y otros buques también arrojaba un saldo negativo contra los españoles.

El 3 de julio de 1898 amaneció con neblina. Las calderas estaban encendidas y cada hombre en su puesto. Los cañones cargados. Enfrente, los buques americanos formaban un cerco de oeste a este. Allí estaban los buques Brooklin, Texas, Iowa, Oregón, Nueva York e Indiana, entre otros muchos. A las ocho, Cervera ordenó levantar anclas y el Teresa izó la señal de zafarrancho de combate. Se oyó un «viva España» seco, y el Teresa, como buque insignia del almirante, inició la salida. También fue el primero en romper el fuego contra el Brooklin, al mismo tiempo que trataba de embestirle. Mientras, seguía saliendo el resto de los buques de la armada española. Pero inmediatamente empezó el fuego de la armada americana. Uno tras otro, los buques españoles fueron recibiendo impactos, sus maquinarias se fueron rompiendo, y la capacidad para navegar se fue poco a poco apagando. El comportamiento de toda la armada fue heroico, pero no se consiguió otra cosa que encallar o hundir a todos los cruceros de la flota española, y la destrucción o la aniquilación del resto de buques.

La flota americana solo tuvo un muerto y dos heridos. La española, trescientos cincuenta muertos y ciento sesenta heridos. Mil setecientos setenta marinos fueron hechos prisioneros.

El 4 de julio, fecha de la independencia de Estados Unidos, Sampson telegrafió a Washington, diciendo que ese día ofrecía a la nación la flota de Cervera completa. Y Cervera el mismo día, desde la playa del este, envió al capitán general de Cuba un telegrama que decía: «En cumplimiento de las órdenes de VE salí ayer mañana de Cuba con toda la Escuadra. Y después de un combate desigual contra tropas más que triple de las mías, toda mi Escuadra quedó destruida». La rendición de Santiago de Cuba ya no fue nada más que una cuestión de trámite. Inmediatamente se iniciaron las conversaciones de paz, que concluyeron en la Conferencia de París. Empezó el 10 de octubre. El tratado de paz entre España y Estados Unidos de América, firmado el 10 de diciembre de 1898, estableció esencialmente lo siguiente:

1. España renuncia a todo derecho de soberanía y propiedad sobre Cuba.
2. España cede a los Estados Unidos las Islas de Puerto Rico y cualesquiera otras menores que estaban todavía bajo su dependencia en las llamadas Indias Occidentales.
3. España cede a Estados Unidos el archipiélago conocido como Islas Filipinas a cambio de la suma de 20 millones de dólares.

Este fue el final del Imperio colonial español, y el día que la historia española conoce con el nombre de «el Desastre».

MÉXICO: LA REVOLUCIÓN DEL SIGLO

Precedentes. Los años finales del Porfiriato

Ningún acontecimiento de la primera mitad del siglo XX ha proyectado tanta influencia sobre toda la centuria con persistencia igualable a la Revolución de México. Comenzó en 1910 y los historiadores no se ponen de acuerdo sobre si se terminó en 1920 o es más consecuente considerar que se prolongó hasta 1940.[6] Nadie duda, sin embargo, que sus repercusiones se mantuvieron durante todo el siglo. Un buen conocedor de la época y sus proyecciones,

Enrique Krauze, ha escrito que si hubo un país que conservó intacta la mitología revolucionaria a todo lo largo de los siglos XIX y XX, este fue México:

> Cada ciudad del país y casi cada pueblo tienen al menos una calle que conmemora la Revolución. La palabra se usa todavía con una carga de positividad casi religiosa, como sinónimo de progreso social. Lo bueno es revolucionario, lo revolucionario es bueno. El origen remoto de este prestigio está, por supuesto, en la Independencia: México nació, literalmente, de la Revolución encabezada por el primer gran caudillo, el cura Hidalgo. Pero la consolidación definitiva del mito advino con la Revolución mexicana.[7]

México había tenido estabilidad política y económica en el último cuarto del siglo XIX más porque su gobierno estuvo en manos de un dictador eficaz que porque hubiera encontrado alguna fórmula constitucional que asegurase la separación de poderes y la garantía de los derechos de los ciudadanos. Fue Porfirio Díaz un dictador liberal que siempre proclamó su adhesión a la Constitución de 1857, pero la burló también continuamente. Lo más llamativo, para los estudios posteriores de su largo periodo de gobierno, es que se las arregló para contar con el apoyo de todos los grupos económicos y sociales relevantes. La estructura del Estado era, nominalmente, federal, pero el régimen del poder fue marcadamente centralista en los aspectos políticos y económicos más relevantes, aunque don Porfirio tuvo la habilidad de no alterar la situación de los poderes regionales.

Esta universal conformidad con la política porfirista estaba fundada, como puede comprenderse, en una red bien tupida de alianzas para el reparto de todas las prebendas que es posible obtener del control de las instituciones del Estado: cargos públicos para los aliados y beneficios para todos los acogidos al prebendalismo porfirista. La red abarcaba a todas las instituciones y grupos que podían disputarle parcelas de poder o influencia. Había botín para todos ya fuesen oligarcas regionales, generales del ejército, dignatarios de la Iglesia, comerciantes o profesionales urbanos.[8]

El problema insalvable que se presentó al Porfiriato fue la lenta pero inexorable vejez que, paulatinamente, se apoderó tanto del régimen, que empezó a mostrarse poco atractivo para las nuevas generaciones, como de sus protagonistas, que envejecieron al servicio de gobiernos inacabables. También don Porfirio fue atacado por el tiempo y sufrió su desgaste. En 1900 el dictador ya había cumplido setenta años. Para continuar su influencia, habría que institucionalizarlo creando una estructura política que diera continuidad a su obra, asumiendo el mismo patronazgo benefactor que había mantenido el dictador. A los tecnócratas progresistas que lo rodearon, los llamados científicos, bien vinculados a las élites empresariales, les parecía que la mejor solución era crear un partido gubernamental que eligiera líderes de ocasión que se hicieran cargo de la continuidad del régimen. Los caudillos tradicionalmente asentados en sus territorios, y que habían compartido las políticas durante el Porfiriato, estarían de acuerdo con una política continuista que no afectara a su poder personal. A su vez, esta era la mejor manera de mantener las alianzas entre ellos y los clanes regionales que los apoyaban. Había un gran consenso, entre los prebendados, para que se mantuviera el viejo estilo de compraventa de poder y repartos de favores.[9]

El secretario de Guerra y Marina, general Bernardo Reyes, hombre poderoso en el Ejército, que había contribuido a mantener a sus fieles «reyistas» leales a don Porfirio, estaba conforme con estas ideas. Pero desde principios del siglo XX se habían percibido tensiones entre los «reyistas» por la excesiva influencia de los «científicos» en el gobierno. Los disgustos generados por cambios en el gobierno que pusieron más en primera línea a estos últimos tuvieron ondas expansivas que se notaron también en regiones alejadas de la ciudad de México. Las presiones locales crecieron cuando algunas minorías regionales fueron excluidas del poder central, como ocurrió con Sonora, Chihuahua y Coahuila. En estas regiones la influencia de Bernardo Reyes era especialmente intensa. En Coahuila una elección manipulada impidió que llegara al poder Venustiano Carranza. En Chihuahua hubo disturbios cuando la familia Terrazas formó alianzas con los científicos y acaparó el poder del Estado expropiando tierras a los campesinos para tender una vía férrea. Las oligarquías territoriales se resistieron a los impulsos centralizadores que manifestaban los científicos. La centralización era, en México, de imposible implantación porque hubiera sido necesario desplazar a las familias dominantes, que habían constituido defensas económicas y alianzas muy firmes.

La crisis económica de los primeros años del siglo contribuyó a agravar las reticencias entre grupos dominantes: los contrarios al dominio de los «científicos» creían que estos abusaban de sus buenas relaciones con Estados Unidos y sacaban provecho de la mala situación. Estados Unidos entró también en una crisis que repercutió en la economía mexicana. Y todo empeoró por un periodo de malas cosechas, el aumento de los precios y la congelación o bajada de los salarios, aumento de los impuestos y restricciones al crédito. La insatisfacción afectó a todos los estados en los que se producían inversiones nuevas como la de los ferrocarriles de Chihuahua o las minerías de Sonora donde se reclamaban mejoras salariales. También afectó a los oligarcas del norte, que estaban próximos a Bernardo Reyes y compartían su animadversión contra los científicos.

Aquella década inicial de 1900, se acumularon los síntomas de final de época y de necesidad de renovación. Los sectores católicos recibieron los mensajes sociales de la encíclica *Rerum Novarum*, publicada en 1891, al mismo tiempo que la clase media urbana protestaba porque el gobierno se había alejado de los principios liberales, entre los cuales el anticlericalismo y la libertad de expresión. Por supuesto, el régimen dictatorial había arrumbado la separación de poderes.

Camilo Arriaga fue el gran reorganizador de esos movimientos. Crearon un periódico de oposición llamado *Regeneración*. Ricardo Flores Magón lideró la renovación de la ideología liberal. Flores Magón y sus colegas otorgaron una función de vanguardia al movimiento obrero y a los intelectuales de clase media, lo que era bastante insólito para un país básicamente rural. Pero la lucha sucesoria quedó definida entre los que mantenían la estrategia de apoyar el poder en los llamados científicos y quienes defendían abiertamente a Reyes.

Durante los primeros años del siglo, la polémica se mantuvo en el terreno intelectual, pero algunos tomaron posiciones más activas al final del Porfiriato. El detonante de la búsqueda definitiva de opciones de recambio sucedió en 1908. Ese año don Porfirio declaró en una entrevista que no se postularía para la presidencia y que ya era tiempo de que los grupos de oposición participaran más plenamente en el proceso democrático. Le comentó lo siguiente a James Creelman, de *Pearson's Magazine*: «He esperado con paciencia el día en que el pueblo mexicano estuviera preparado para seleccionar y cambiar su gobierno en cada elección sin el peligro de revoluciones armadas y sin estorbar el progreso del país. Creo que ese día ha llegado». La noticia motivó una activación de las expectativas de todos los aspirantes al poder. Surgieron entonces varios partidos políticos. Otro opositor, Francisco I. Madero, publicó en 1908 un libro titulado *La sucesión presidencial en 1910*, en el que invocaba los principios democráticos de la Constitución de 1857 para denunciar la ilegalidad del régimen y por añadidura criticaba la política agraria de Díaz y la represión de las huelgas. Muchos exreyistas se sumaron a su manifiesto.

Madero y el comienzo de la Revolución

Francisco Ignacio Madero nació el 30 de octubre de 1873 en la hacienda El Rosario, en Parras, Coahuila, en el seno de una familia poderosa. Nieto de un exgobernador del Estado e hijo de un rico hacendado, familia dueña de importantes empresas agrícolas, textiles, ganaderas y mineras. Estudió en el colegio jesuita de San José, en Saltillo, que dejó una profunda huella en su formación. En 1886, después de un breve periodo de estudios en Baltimore, hace una larga estancia de estudios en Francia. Durante un año en el Liceo Versalles y, después, en la Escuela de Altos Estudios Comerciales, donde permanece hasta su regreso a México en 1892.[10]

Viaja más tarde por Bélgica, Holanda y Alemania, pero no es el arte y la cultura propia de estos países lo que lo cautiva, sino el descubrimiento de lo que, según dijo, fue el hecho más importante de su vida: el espiritismo. Se basa esa doctrina en la existencia, manifestaciones y enseñanzas de los espíritus. Había surgido a mediados del siglo XIX en Nueva York, y se propagó rápidamente en Francia gracias a su principal profeta y fundador, Allan Kardec. Hacia 1854 había más de tres millones de espiritistas practicantes en el mundo, y decenas de miles de médiums en Europa.[11]

Mantiene, a lo largo de su vida, relaciones continuas con sus espíritus particulares que le aconsejan, y él empieza a sentirse convencido de ser un elegido, para implantar en su país una verdadera democracia. Empieza a llamársele, con su complacencia, «Apóstol de la Democracia».

Madero se había tornado crítico con la política económica de los «científicos» y llegó a la conclusión de que debía crear un partido político de alcance nacional que se opusiera a la reelección de Díaz en 1910. Se dedicó a hacer giras por el país creando clubes antirreeleccionistas, creó el Partido Nacional Antirreeleccionista. Se hizo muy popular con esta y otras campañas. Se sumaron al movimiento Venustiano Carranza, Francisco Vázquez Gómez, Luis Cabrera y José M. Maytorena, y aceptaron la propuesta de Madero de celebrar una gran convención nacional en 1910. Porfirio Díaz respondió al desafío de Madero encarcelándolo, por orden de un juez de San Luis Potosí, acusado de incitar a la rebelión. Estuvo en prisión cuarenta y cinco días y, cuando lo liberaron, fue condicionada su libertad a que no pudiera salir del Estado. Pero Madero y un pequeño grupo de colaboradores redactaron un plan en San Luis Potosí que convocaba a la lucha armada. Es paradójico que un pacifista partidario de la lucha democrática convocara a la lucha armada. No se sabe muy bien con quiénes pensaba que podía acometer esa lucha porque los antirreeleccionistas no secundaron el llamamiento al carecer de posibilidades de abordar una aventura de esta clase.

Don Porfirio no tardó en cambiar de opinión respecto de lo declarado en su entrevista, y decidió presentarse de nuevo a las elecciones, acompañado de Ramón Corral, como vicepresidente. Hizo que se reactivase el Club Reeleccionista, del que formaban parte la aristocracia del régimen, dispuesta a promover su candidatura, y mandó a Reyes a exiliarse a Europa. Reyes, que era miembro de la oligarquía gobernante, obedeció.

Las elecciones de 26 de junio de ese año de 1910 las ganó el tándem Díaz-Corral por una mayoría indiscutible, como había sido habitual en otras precedentes. En septiembre del mismo año se celebró el primer centenario de la independencia con gran estruendo y presencia de delegaciones extranjeras, incluido, como representante personal de Alfonso XIII, el marqués Camilo García de Polavieja. Cuando regresó al poder dejó en libertad bajo fianza a Madero.

Madero huyó a San Antonio, Texas, y se reunió allí con sus partidarios y planeó una insurrección. Redactó y proclamó el Plan de San Luis, fechado el 5 de octubre, en el que declaraba nulas las elecciones, denunciaba el fraude y se proclamaba presidente provisional y «Jefe de la Revolución». Apelaba también a las reivindicaciones de indígenas y obreros. Convocó a los mexicanos a sublevarse contra Díaz el 20 de noviembre de 1910 («Conciudadanos: No vaciléis, pues, un momento: tomad las armas, arrojad del poder a los usurpadores, recobrad vuestros derechos de hombres libres y recordad que nuestros antepasados nos legaron una herencia de gloria que no podemos mancillar. Sed como ellos fueron: invencibles en la guerra, magnánimos en la victoria. Sufragio efectivo. Norreelección».)

Madero intentó entrar en México, pero estaban esperándolo y decidió abandonar también Texas refugiándose en Nueva Orleans, pero su convocatoria para que tomaran las armas campesinos y trabajadores de varias regiones fue un llamamiento que prendió la mecha. El 14 de noviembre de 1910 Toribio Ortega y Porfirio Ornelas se adelantaron en la lucha armada rebelándose contra el gobierno local en Cuchillo Parado, Chihuahua. El 20 de noviembre, el día esperado para el comienzo de la revolución tuvieron lugar trece levantamientos (ocho en Chihuahua, uno en Durango, uno en San Luis Potosí y tres en Veracruz): el primero de ellos en el municipio de Gómez Palacio, Durango. Todos los demás en zonas rurales. En Chihuahua, los peones y pequeños propietarios del campo se rebelaron bajo el mando de Pascual Orozco y Pancho Villa, entre los principales sublevados. Otros grupos revolucionarios surgieron en los estados de la frontera del norte y empezaron a atacar y tomar poblaciones.

Más al sur, en el estado de Morelos los pueblos indígenas se sublevaron para reclamar sus tierras ancestrales encabezados por Emiliano Zapata. En estas regiones la revolución demócrata liberal de Madero empezó a tomar el aspecto de guerra campesina por la tierra. Los movimientos insurgentes proliferaron.

El primer encuentro entre revolucionarios y tropas federales ocurrió en Ciudad Guerrero, el 21 de noviembre. Las escaramuzas se multiplicaron a partir de entonces y el desalojo de tropas revolucionarias por parte de las tropas de Díaz se consiguió en algunos lugares, después de largas y complicadas batallas.

En febrero de 1911 Madero cruzó la frontera en Chihuahua y asumió el mando de los insurgentes tratando de mejorar su organización; el 10 de mayo Orozco tomó la fronteriza Ciudad Juárez, y Madero instaló allí un gobierno provisional.

Pocos días antes, Porfirio había hecho una nueva declaración en la que se negaba a dimitir, pero la toma de Ciudad Juárez por las tropas de Orozco y Villa, obligaron al general Juan Navarro, que defendía la plaza, a capitular. Siguiendo el Plan de San Luis, Madero fue nombrado presidente provisional y nombró un Consejo de Estado del que formaban parte Venustiano Carranza, su hermano Gustavo y José María Pino Suárez.

Ante la amenaza de una rebelión incontrolable y la situación incierta de Estados Unidos, los científicos comprendieron que había que reorganizar los asuntos del Estado, que don Porfirio tenía que irse y dejar el campo libre al joven Madero. El 21 de mayo de 1911, científicos y maderistas llegaron a un acuerdo. Porfirio Díaz dejaría la presidencia y el país (lo hizo el 25 de mayo con una carta a los secretarios de la Cámara de Diputados, en la que constataba el hecho de la rebelión y admitía que la razón de la misma era su permanencia en el poder, pero señalaba: «No conozco hecho alguno imputable a mí que motivara este fenómeno social; pero permitiendo, sin conceder, que pueda ser culpable inconsciente, esa posibilidad hace de mi persona la menos a propósito para raciocinar y decir sobre mi propia culpabilidad». El vicepresidente Corral renunciaría; se encargaría el poder ejecutivo interinamente a Francisco León de la Barra, que tomó posesión el mismo 25 de mayo y estuvo en el poder seis meses, convocando elecciones.

A las nuevas elecciones celebradas en octubre de 1911 les antecedieron muy complicadas maniobras en las que facciones viejas y nuevas intentaron obtener la ventaja de la construcción de la nueva estructura del poder porfiriano. Madero formó el Partido Constitucional Progresista, para ir a las elecciones, basándose en el antirreeleccionismo y el Plan de San Luis. José María Pino Suárez formaba tándem para la vicepresidencia. Compitieron con Reyes (que se marchó del país y desde San Antonio Texas lanzó el Plan de la Soledad contra Madero). Madero ganó las elecciones con el 99 por ciento de los votos. Comenzó su mandato el 6 de noviembre de 1911. El 27 de noviembre se modificó la Constitución para prohibir la reelección de presidente.

Los científicos ofrecieron a la camarilla de Madero un apoyo condicionado para frustrar a sus rivales del grupo Reyes. En su primer gobierno había simpatizantes científicos, como su tío Ernesto Madero, que ocupó el cargo de secretario de Hacienda, que venía desempeñando también en el gobierno anterior. Pero lo importante es que el triunfo de Madero no puso fin a las insurrecciones armadas. Había pendientes muchas reclamaciones contra el poder central, que continuaron. Reyes intentó dar un golpe de Estado pero su influencia en el ejército había disminuido, la revuelta militar se frustró y fue a parar a la cárcel.

Las posibilidades de supervivencia de Madero dependían de que pudiera mantener el orden y no pudo. En noviembre Zapata, que no se había conformado con los acuerdos de Ciudad Juárez, ni aceptado el desarme y desmovilización de sus tropas, proclamó el revolucionario Plan de Ayala en el que urgía la restitución íntegra de la tierra a los pueblos indígenas; en Chihuahua hubo un nuevo levantamiento. Exigía lo prometido por Madero en el Plan de San Luis. Madero intentó conciliar posturas con Zapata y se reunió con él en Coahuila el 18 de agosto de 1911, comprometiéndose a arreglar el problema agrario a cambio de que las tropas de Zapata se desactivaran.

El movimiento de Zapata rompió con él casi inmediatamente después de que asumiera el poder, en noviembre de 1911. Había entre Madero y Zapata una diferencia cultural importante, apegado este último a un pasado histórico, reivindicando derechos de la época colonial, mientras que Madero era a fin de cuentas un liberal que no entendía de propiedad comunal de la tierra.

> Toda la sabiduría que había puesto al servicio de la liberación parecía volverse en contra suya al volver al momento del mando. A mediados de 1911, cualquier distraído lector del mapa político podía advertir la madeja de contradicciones causadas por el hombre que hubiera servido mejor a su ideal empleando un adarme siquiera de malicia. Lo más notable, como prueban sus cartas a De la Barra, es que Madero conocía cada movimiento de sus enemigos en el mapa político, pero confiaba en desvanecer su influencia imponiendo lentamente sobre ellos el sereno contorno de su mapa espiritual. Así, mientras en el mundo real los hombres manifestaban sus pasiones, Madero seguía viviendo, como le aconsejaba el espíritu de 1908, «en un mundo ideal», a tal grado que en 1911 publica, bajo el pseudónimo de Bhima, un *Manual espírita* en el que reflexiona sobre la política como una derivación pura de la moral.[12]

Llegó a la presidencia en noviembre de 1911, en la votación más libre y mayoritaria de la historia mexicana contemporánea. Pero tuvo problemas de gobierno en once estados, y fue continuamente atacado y caricaturizado por la prensa y martirizado por la rumorología. Un expresivo resumen de la situación es el de Manuel Bonilla:

> Al presidente Madero lo acusaron aquellos periódicos, y muchos tribunos también, de ser corto de estatura; de no tener el gesto adusto y duro el mirar; de ser joven; de querer a su esposa y respetarla; de amar y respetar a sus padres; de no ser general; de decir discursos; de comer sujetándose a la dieta vegetariana por estar enfermo del estómago; de tener hermanos; de ser optimista; de no tener miedo; de haber saludado a Emiliano Zapata dándole un abrazo y de haberle dicho, tratando de atraerlo al sendero de la paz, que lo creía un hombre integérrimo; de no ser asesino; de estudiar el espiritismo y ser

masón; de ser nepotista —sin fijarse en que su nepotismo lo ejerció para exponer a sus familiares a los riesgos de la guerra—; de haber subido en aeroplano; de bailar, y naturalmente, de haber impuesto a Pino Suárez.[13]

Madero tuvo que afrontar, aparte de la rebelión Zapatista, otras tres rebeliones serias: las de Bernardo Reyes, Pascual Orozco y Félix Díaz. Reyes entró en el país con sus tropas por el norte el 14 de abril de 1911. En marzo de 1912 estalló en Chihuahua la rebelión de Pascual Orozco, basada en su resentimiento y contando con el único apoyo del terrateniente Terrazas. Y en octubre de 1912 estalló en Veracruz la revuelta del «sobrino del tío», como se conocía a Félix Díaz. Madero consiguió doblegar todas estas revoluciones, pero para finales de 1912 estaba completamente solo.

El embajador de Estados Unidos Henry Lane Wilson estuvo en el centro de la conjura contra Madero, al que solía calificar de «tonto» y «lunático». Conjeturaba el embajador que «sólo la renuncia» lo «podría salvar».

El final de Madero y la emergencia de Victoriano Huerta

Emiliano Zapata proclamó el Plan de Ayala, con el que desconocía al gobierno de Madero. Madero envió a Morelos un representante para pedir a Zapata que licenciara a sus tropas. Zapata puso algunas condiciones inaceptables para Madero y este envió su ejército a Villa de Ayala, pretendiendo aplastar a los zapatistas. Pero estos, con su líder, escaparon. El Plan de Ayala acusaba a Madero de haber impuesto al vicepresidente y a los gobernadores de los estados en contra de la voluntad popular, y se le tildaba de dictador y de «estar en contubernio escandaloso con el partido científico, hacendados rurales y caciques opresores enemigos de la revolución».

Había disturbios promovidos por los obreros industriales que aprovechaban las libertades democráticas para organizar sindicatos y convocar huelgas. Movimientos contrarrevolucionarios, en fin. Madero perdió la simpatía de Estados Unidos al crear un impuesto sobre la producción de petróleo que acentuó la rivalidad entre empresas petroleras británicas y estadounidenses por concesiones de las autoridades mexicanas. El embajador estadounidense Henry Lane Wilson intervino en la política mexicana para contribuir al derrocamiento de Madero mientras enviaba a su país informes muy alarmistas sobre las consecuencias de sus políticas.

En 1912 se reavivaron los conflictos entre facciones por el dominio del Estado. Félix Díaz, sobrino de don Porfirio, también se levantó en armas el 16 de octubre de 1912. Los Madero (eran Francisco, su hermano Gustavo y su tío Ernesto) rompieron relaciones con los científicos. Estos organizaron un golpe de Estado dirigido por Félix Díaz, sobrino de don Porfirio. Se frustró el golpe, pero en 1913 un general científico intentó otro, que también fracasó aunque provocó un gran derramamiento de sangre. Sucedió en la denominada «Decena Trágica», diez días de violencia iniciados el 9 de febrero. Los insurgentes pretendieron liberar, sin éxito, a Bernardo Reyes y a Félix Díaz. Tuvieron un enfrentamiento en la plaza del Zócalo con la guarnición que protegía el Palacio Nacional. Reyes murió en el combate, Félix Díaz y otros rebeldes resistieron en el edificio de la Ciudadela; un arsenal en el corazón de la ciudad de México que el ejército bombardeó produciendo muchas víctimas civiles.

Las viejas facciones perdieron la ventaja. Ninguna había podido obtener el apoyo del ejército; pero los Madero tampoco lo consiguieron. El único hombre que había demostrado su capacidad para mantener el orden era Victoriano Huerta, el general que más levantamientos y golpes de Estado había reprimido.[14] Huerta y Félix Díaz firmaron el Pacto de la Ciudadela o Pacto de la Embajada, así conocido porque fue firmado en la embajada de Estados Unidos, en presencia del embajador Henry Lane Wilson. Huerta se comprometió en ese pacto a apresar al presidente y tomar provisionalmente el poder hasta convocar elecciones. Era el nuevo hombre fuerte de México y el 18 de febrero de 1913, contando con el respaldo del ejército de Estados Unidos, dio su propio golpe de Estado contra Madero. Apresó al hermano de Francisco, Gustavo, que fue torturado y asesinado. Cuatro días después Francisco fue apresado en el Palacio Nacional. En la madrugada del día 19 de febrero una sesión extraordinaria de la Cámara de los Diputados aceptó su renuncia y la del vicepresidente; el secretario de Gobernación, Pedro Lascuráin, fue nombrado presidente. Ostentó el cargo los cuarenta y cinco minutos necesarios para renunciar y nombrar a Huerta presidente interino de México. Madero y el vicepresidente José María Pino Suárez fueron retenidos en el Palacio Nacional, hasta ser trasladados a la penitenciaría del Distrito Federal. Los asesinaron antes de llegar a su destino. El general Huerta se había declarado presidente provisional y formó un gabinete que incluía a destacados científicos y miembros de la facción de Bernardo Reyes (un hijo de este, Rodolfo, fue nombrado secretario de Justicia). Las camarillas establecidas del Porfiriato se habían reagrupado para derrocar a los Madero, a quienes consideraban usurpadores y veían a Huerta como un digno sucesor de don Porfirio.

Huerta estuvo en el poder entre 1913 y 1914. El desafío liberal de Madero al Porfiriato había sido vencido pero la estabilidad no se recuperó.

Zapata y la reclamación de las tierras comunitarias

Durante la colonia las tierras comunales resultaron en gran medida conservadas gracias a la agrupación de los indios en las unidades llamadas «pueblos», y también a la protección de la Corona y las garantías judiciales de esos derechos. También contribuyó al respecto la escasa densidad de la población española. Pero, con la independencia, llegaron a América nuevos principios opuestos al comunalismo indígena: los principios del liberalismo. Las nuevas legislaciones, en nombre de la igualdad, dieron la espalda a las formas de protección colonial, hasta llegar a la ley Lerdo de Desamortización de 1856, que prohibía a las corporaciones civiles adquirir y administrar tierras. La Constitución de 1857 ratificó estas reglas.

Durante la colonia muchos pueblos pudieron conservar algunas propiedades comunales, que se denominaban genéricamente ejidos. Pero la mencionada ley Lerdo, de 1856, declaró baldías las propiedades corporativas, las de la Iglesia y las comunidades indígenas.

Entre 1869 y 1890 el Gobierno de Díaz dispuso que las tierras comunales se hicieran parcelables. Los nuevos propietarios, sin embargo, no estaban habituados a la propiedad privada, y la población indígena acabó perdiendo la propiedad de esos territorios. La situación se agravó con las Leyes de Deslinde de los años 1863, 1883 y 1894, que consideraban que una parcela sin título podía considerarse terreno baldío, lo que propició que los que tenían recursos pudieran adquirir masivamente nuevas tierras. El resultado fue que hacia 1910 menos del 1 por ciento de las familias de México poseían o controlaban cerca del 85 por ciento de las tierras cultivables. Y los pueblos, donde estaba el 85 por ciento de la población rural, contaban con solo pequeñas porciones de tierra. Por otra parte, los hacendados eran los únicos que tenían acceso a los créditos y a los proyectos de riego.

El deslinde de tierras y el fraccionamiento de las comunales perjudicaron a los indígenas, que se rebelaron contra el Gobierno. Hubo, al final del siglo XIX y principios del XX, conflictos provocados por mayas, tsotsiles, coras, huicholes y rarámuris. Los más duraderos fueron los de Tijuana, California y Sonora.

Esta política legislativa puso a las comunidades indígenas al borde de la extinción. Desde 1840 las antiguas comunidades, que habían perdido protección legal, empezaron a reivindicar sus viejos derechos haciendo uso de la violencia. Desde Sonora hasta Yucatán los indios extendieron sus reclamaciones por la fuerza. Se sumaban y generalizaban las luchas que los apaches desarrollaron en toda la zona norte novohispana durante más de dos siglos.

En 1825 se inició la guerra de los yakis y mayas en defensa del valle que «Dios les dio». Duró un siglo, sin parar. En 1823 hubo levantamientos contra propietarios de haciendas en Temas Caltepec. Un año después estalló el movimiento reivindicador en Ecatzingo, Hidalgo, acogido al lema «Tierra y agua para los pueblos». En 1843 comenzaron rebeliones en Guerrero. En 1847 la situación de los Huastecas era de intensa convulsión.[15]

Algunos dirigentes, como Maximiliano, se convirtieron en campeones de la causa indígena. El 16 de septiembre de 1866 se promulgó una ley agraria que regulaba la restitución y dotación de tierras, adelantándose cincuenta años a la Constitución de 1917. Cuando acabó el Imperio, la inquietud volvió por todas partes.[16] El régimen de Porfirio Díaz aprobó las leyes de baldíos de 1883, que provocaron más tensión en el campo y el reavivamiento de rebeliones, como la de las Castas en Yucatán.

Hubo casos importantes de confrontación en Yucatán, Nayarit o Sonora, que no tenían solución. Y otros en los que el conflicto había sido menos violento pero en los que se preparaba una gran confrontación final. Fue el caso de Morelos. Era una región incluida en el marquesado del Valle, con paisajes bellísimos y tierras muy ricas, cercanas a la capital. Hubo resoluciones de los virreyes (como la de Mendoza de 1535) en favor de los indios de Cuernavaca, en su querella con el marqués del Valle; pero las reclamaciones se fueron agudizando desde que los Borbones accedieron al poder.

En el pequeño pueblo de Anenecuilco (en náhuatl, «lugar donde el agua se arremolina») la reivindicación por la tierra había estado siempre presente, justificada además en razones de mera dignidad. El pueblo había solicitado repetidamente tierras; en 1864 lo pidió al emperador y, más tarde, lo hizo a Porfirio Díaz en 1874. En tiempos de Sebastián Lerdo de Tejada también enviaron una carta con el mismo tipo de reclamaciones. Ni siquiera en el Porfiriato Anenecuilco estuvo en paz, continuamente con reclamaciones legales y con tensiones de todo género.

En 1910 Emiliano Zapata tomó una resolución que se había aplazado durante dos siglos, que fue la de ocupar tierras por su cuenta y repartirlas. Hizo dos repartos sucesivos.

Emiliano Zapata era hijo de Cleofas Salazar y Gabriel Zapata. La pareja tuvo diez hijos. Emiliano fue el penúltimo y nació el 8 de agosto de 1879, en Anenecuilco. Estudió instrucción primaria en la escuela de su pueblo natal, y padeció los abusos de los principales hacendados locales como le ocurría a cualquier hijo de familia humilde por entonces.

Zapata, siempre con unos inmensos bigotes y correctamente vestido de charro, era, se decía, «charro entre los charros». Se presentaba en las plazas de toros montando los mejores caballos, con excelentes sillas vaqueras, y participaba en ellas así como en las carreras de caballos, peleas de gallos o competiciones de jinetes de toda clase.[17]

Entre 1902 y 1905 intervino en algunos conflictos por la zona y, por entonces, ya escribió a Porfirio Díaz diciéndole que «Si la Suprema Corte no hace justicia a estos hombres, tenga usted la seguridad, señor, que pronto habrá una revolución». Durante la colonia, la justicia fue un importante freno a la usurpación de tierras contra la que las comunidades indígenas seguían procedimientos disponibles ante los jueces y tribunales; pero esta garantía se debilitó hasta desaparecer después de la independencia. En 1910 Zapata fue encarcelado e incomunicado por las autoridades que aseguraron haberlo encontrado en estado de embriaguez.

Pero a partir de entonces empieza su gran epopeya de revolucionario. «Perdono al que mata o al que roba —solía decir Zapata—, porque quizá lo hacen por necesidad. Pero al traidor no lo perdono».

Zapata redacta, junto con Otilio Montaño, y publica, el 25 de noviembre de 1911, el ya citado Plan de Ayala. Emplea entonces la palabra traición, referida a Madero, cinco veces. Su propósito principal es «comenzar por continuar» la revolución, que Madero inició y «no llevó a feliz término». Sus tres artículos principales son radicales:[18]

> 6. Como parte adicional del plan que invocamos, hacemos constar que los terrenos, montes y aguas que hayan usurpado los hacendados científicos o caciques a la sombra de la tiranía y de la justicia penal entrarán en posesión de estos bienes inmuebles desde luego los pueblos o ciudadanos que tengan sus títulos correspondientes a esas propiedades, de las cuales han sido despojados, por la mala fe de nuestros opresores, manteniendo en todo trance con las armas en la mano la mencionada posesión, y los usurpadores que se consideren con derecho a ellos los deducirán ante tribunales especiales que se establezcan al triunfo de la Revolución.
> 7. En virtud de que la inmensa mayoría de los pueblos y ciudadanos mexicanos no son dueños del terreno que pisan, sufriendo los horrores de la miseria sin poder mejorar su condición social ni poder dedicarse a la industria o a la agricultura por estar monopolizados

en unas cuantas manos las tierras, montes y aguas, por esta causa se expropiarán previa indemnización de la tercera parte de estos monopolios a los poderosos propietarios de ellos, a fin de que los pueblos y ciudadanos de México obtengan ejidos, colonias, fundos legales para pueblos o campos de sembradura o de labor, y se mejore en todo y para todo la falta de prosperidad y bienestar de los mexicanos.

8. Los hacendados, científicos o caciques que se opongan directa o indirectamente al presente Plan, se nacionalizarán sus bienes y las dos terceras partes que a ellos les correspondan se destinarán para indemnizaciones de guerra, pensiones de viudas y huérfanos de las víctimas que sucumban en la lucha del presente Plan.

Francisco «Pancho» Villa apoyó las causas campesinas siempre, pero no se mostró tan intransigente con este argumento como lo fue Zapata durante toda su vida guerrillera. Era un personaje de otra madera. Villa nació en 1878 en el municipio de San Juan del Río, Durango. Se educó en la calle y trabajó en ranchos donde fue protagonista de trifulcas y enfrentamientos que lo obligaron a marcharse del lugar. Fue apresado y encarcelado. Desde 1891 Villa se convierte, sin más, en un bandido y de bandido ejerce durante largos periodos de su vida, aprendiendo a robar con bandas de delincuentes desde que era chico.[19]

John Reed dejó en su *México insurgente* una elocuente semblanza de Pancho Villa, después de entrevistarse varias veces con él. Escribió Reed que «Sus fechorías no tienen parangón con las de ningún otro personaje encumbrado en el mundo».[20] Y establece relaciones con algunos de los legendarios héroes del oeste norteamericano, ninguno de los cuales se le aproxima en determinación y en violenta desenvoltura. A final de 1913 es cuando John Reed lo ve por primera vez: «Lo he visto, recuerda Reed, fusil en mano, echarse una manta sobre los hombros y perderse en la oscuridad para dormir solo bajo las estrellas. Invariablemente, en las mañanas reaparece viniendo de una dirección distinta, y durante la noche se desliza silenciosamente de centinela en centinela, siempre alerta... Si descubría un centinela dormido, lo mataba inmediatamente con su propio revólver».[21]

«Pero aquella fiera era también un ser humano sentimental y plañidero, piadoso con el débil, tierno con los niños, alegre, cantador, bailarín, abstemio absoluto, imaginativo, hablantín. Aquella fiera no era siempre una fiera. Era, en el sentido estricto, centauro».[22]

De Huerta a Carranza

Las acciones de Madero habían producido el efecto de animar a las fuerzas periféricas a competir por el poder central. De modo que lo que siguió al golpe de Estado contra él fue una guerra civil entre la oligarquía de la ciudad de México, en el centro del país, donde radicaban las clases gobernantes tradicionales. Aparte de la confrontación, estaban las fuerzas de Pancho Villa y Emiliano Zapata que peleaban por causas sociales radicales, en particular por la tierra. Los norteños se sublevaron invocando la inconstitucionalidad del golpe de Estado de Huerta contra Madero. Victoriano Huerta tuvo apoyo de los grandes hacendados, mandos militares, alto clero y casi todos los gobernadores a excepción de José María Maytorena, gobernador de Sonora y Venustiano Carranza, gobernador de Coahuila.

En marzo de 1913, Venustiano Carranza intentó obtener el apoyo de Woodrow Wilson, que había asumido la presidencia de Estados Unidos. Un nuevo embajador, John Lind, fue designado en sustitución de Henry Lane Wilson. Estados Unidos propuso a Huerta un inmediato armisticio, celebración de elecciones y cooperación. Todo lo rechazó Huerta. Carranza, que pese a haber sido porfirista, se había pasado en 1911 al bando de Madero para oponerse a los científicos, proclamó el Plan de Guadalupe en el que llamaba al derrocamiento de Huerta y la vuelta al gobierno constitucional. Obtuvo el apoyo de Pascual Orozco a cambio de algunas concesiones como el empleo de sus seguidores como «guardias rurales». Zapata, en cambio, rechazó todas las ofertas. Y su ejército siguió combatiendo a Huerta en Morelos.

En octubre, las fuerzas contrarias a Huerta desde el norte habían organizado el Ejército Constitucionalista, que se dividió en tres grandes ramas: el Cuerpo de Ejército del Noreste, comandado por Pablo González, primo de Carranza; el Cuerpo de Ejército del

Noroeste, al mando de Álvaro Obregón, un joven agricultor de Sonora, y la División del Norte, que ocupaba los estados de Chihuahua, Durango y Zacatecas, en el centro-norte, cuyo líder era Pancho Villa. Los dos primeros cuerpos contaban con tropas regulares ya existentes, reforzadas con peones de las haciendas de los caudillos rebeldes y sus secuaces. Pero Pancho Villa atrajo a otros reclutas muy variados como soldados voluntarios, jornaleros desempleados, campesinos sin tierra, vaqueros y delincuentes. En las regiones que quedaron bajo el control de Carranza, Villa experimentó con la distribución de la tierra, la educación pública y otras medidas de carácter social.

Otros caudillos, como Álvaro Obregón, encontraron un argumento para rebelarse en la necesidad de reformas sociales. Obregón ofreció un programa político que iba a granjear la simpatía de trabajadores y campesinos y alejar a Villa y a Zapata del apoyo de las clases bajas.

Las concesiones de Huerta a la Iglesia también fueron un pretexto para que los revolucionarios norteños presentaran a sus enemigos como reaccionarios antiliberales. La Iglesia tenía un arraigo mucho más profundo en el centro y en el sur de México que en el norte, donde había habido pocos asentamientos indígenas y el colonialismo español tuvo menor influencia. El anticlericalismo fue un argumento fuerte del Estado posrevolucionario que generó muchos conflictos civiles. Contrastaba con el catolicismo de Zapata y sus seguidores indígenas, que eran originarios de la zona central donde la obra misional de la Iglesia católica había sido más intensa.

Entre las fuerzas que se opusieron a Huerta y los sobrevivientes del Porfiriato hay que contar también a Estados Unidos. Washington ejerció una influencia constante en el accidentado curso de la revolución. El presidente Woodrow Wilson empleó diversos medios para derrocar a Huerta. El 21 de abril de 1914 tropas estadounidenses se adueñaron de la ciudad de Veracruz y de su aduana, que constituía la mayor fuente de rentas públicas del país. Todas las facciones mexicanas beligerantes se unieron en condenar la agresión a la soberanía nacional, pero Wilson utilizó la ocupación de Veracruz como un arma de presión en la guerra primero contra Huerta y después contra Carranza hasta que las tropas estadounidenses por fin se retiraron el 23 de noviembre de 1914. Después de este episodio, Wilson recurrió a la entrega de armas y fondos a la facción que mejor le parecía para influir en el desenlace de la confusa conflagración, a fin de que redundara en beneficio de Estados Unidos. Al fin, la injerencia norteamericana resultaría un factor marginal en la resolución del conflicto que se decidió en el campo de batalla. En cualquier caso, todas las facciones mexicanas sabían que a la postre se verían obligadas a lidiar con Washington para tener posibilidades de instalarse en el poder.

Carranza y las demás personalidades que se reunieron en la hacienda de Guadalupe y proclamaron el Plan de Guadalupe crearon el movimiento constitucionalista, al que se adhirieron los principales políticos del Estado, entre los cuales Jesús Carranza, hermano del gobernador, Pablo González, Francisco Coss... y los generales Álvaro Obregón y Plutarco Elías Calles. En Chihuahua la clase media aceptó la dirección de Francisco Villa. También hubo movimientos importantes en los estados de Durango y Zacatecas.

En el centro y el sur del país la rebelión tuvo un desarrollo más débil. El movimiento más importante era el de Zapata, que luchó contra el Gobierno federal, aunque lo hizo desde un movimiento independiente del llamado «constitucionalista».

El 9 de abril seis barcos estadounidenses anclaron cerca del puerto de Tampico y algunos marineros fueron retenidos por soldados federales mexicanos. Aunque los liberaron al poco, el almirante estadounidense Mayo pidió un castigo ejemplar y que se rindieran honores a la bandera estadounidense.

Para primeros de 1914 los revolucionarios dominaban casi todo el norte del país, y avanzaban hacia la capital. En el verano de ese año de 1914 tomaron la ciudad de Zacatecas, que tenía gran importancia para ambos bandos porque era un cruce ferroviario esencial para el traslado de los ejércitos. Francisco Villa se presentó en la ciudad el 22 de junio y ordenó una ofensiva con la que dominó las posiciones federales de defensa de la ciudad. Las tropas de Villa ocasionaron una gran matanza y lograron que el ejército federal abandonara en desbandada. El 14 de julio de 1914 Huerta huyó de la capital, y al día siguiente presentó su renuncia al Congreso. Se trasladó a La Habana, y de allí a Cuba y a Estados Unidos, donde fue detenido y enviado a la prisión del Paso, Texas, donde murió en 1916.

El ejército constitucionalista, liderado por Venustiano Carranza, llegó a la capital acompañado de Álvaro Obregón, y el 20 de agosto tomó el mando político y militar. Francisco Villa se sintió disgustado porque Carranza no lo invitó a firmar los acuerdos (Tratados de Teoloyucán).[23]

Carranza convocó a los gobernadores y generales a una convención, que se celebró en Aguascalientes el 1 de octubre. Durante las sesiones, que se prolongaron hasta el 13 de noviembre, los zapatistas pidieron que Carranza renunciara como primer jefe de la Revolución, y que se aceptara íntegramente el Plan de Ayala. Carranza aseguró por carta, que leyó ante los presentes, que estaba de acuerdo en renunciar si Villa y Zapata se retiraban de la vida pública y renunciaban como líderes de sus respectivos ejércitos.

Días después, las fuerzas de Villa y las de Zapata firmaron el Pacto de Xochimilco, que era una alianza contra Carranza. Carranza quería excluir a Villa y a Zapata. Pero Villa empezó a disfrutar del favor de Washington, que lo apoyó en su posición hasta el punto de atraer a su correligionario radical Zapata y a muchos subalternos de Carranza, incluido Obregón, y arrastrarlos hasta la Convención de Aguascalientes, cerca de su base en Torreón. La convención aprobó en principio el radical Plan de Ayala de Zapata y su apremiante llamada a un amplio reparto de tierras entre los campesinos.

Carranza logró recuperar la lealtad de comandantes infieles como Obregón y en noviembre de 1914, poco después de que las tropas estadounidenses se retiraran de Veracruz, estableció un gobierno constitucionalista en el puerto, donde podía controlar la aduana. Pancho Villa y Emiliano Zapata entraron en la ciudad de México. A esto siguió una guerra civil entre los partidarios de la revolucionaria Convención de Aguascalientes y los ejércitos constitucionalistas del norte. En medio de altibajos de una guerra turbulenta las fuerzas de la Convención de Aguascalientes, comandadas por Villa y Zapata, fueron cediendo terreno a Carranza. La ciudad de México cambió de manos varias veces. Pero el momento decisivo ocurrió cuando el 15 de abril de 1915 Obregón derrotó a Villa en Celaya, ciudad cercana a la capital. Villa tuvo que replegarse hacia el norte durante una larga y encarnizada campaña hasta quedar reducido al estado de Chihuahua, al norte de su natal Durango, donde mantenía viva su insurrección. Pero desde entonces perdió definitivamente el control del poder nacional.

La Constitución de 1917 y el final de los primeros caudillos revolucionarios

La lucha contra Huerta había tenido como objetivo la restauración de la legalidad establecida en la Constitución de 1857. Ahora se pretendía hacer una Constitución nueva porque la de 1857 se consideraba ya inaplicable después de siete años de lucha. La nueva Constitución la elaborarían diputados elegidos en todo el país en proporción a la cantidad de habitantes de cada estado.

En diciembre de 1916 Carranza, que ya era virtual triunfador del conflicto, convocó un Congreso Constituyente en la ciudad de Querétaro. Los villistas y zapatistas fueron excluidos, pero algunas de sus demandas sociales se asumieron por los diputados constituyentes. El Congreso celebró sesiones hasta el 31 de enero de 1917, y el 5 de febrero se acordó promulgar la Constitución de 1917. Cuando la convención de Querétaro se reunió, el proyecto de Constitución que Carranza presentó no contenía reformas sociales mayores, solo un asomo de intención de distribuir tierras y algunas concesiones nominales sobre el bienestar social de la clase obrera. Su única innovación respecto de la Constitución de 1857 era estrictamente política, consistente en una jefatura del Ejecutivo más fuerte, aunque sin reelección, un poder judicial independiente y un gobierno más centralizado aunque con ciertas garantías de autonomía municipal.[24]

Álvaro Obregón sabía, por su condición de hacendado, que eran necesarias más medidas para impedir que Zapata y Villa recuperaran el terreno perdido. Sus seguidores en la convención lograron reformar las propuestas de Carranza y la Constitución resultante fue un modelo de liberalismo radical.

La Constitución de 1917 disponía la separación absoluta de la Iglesia y el Estado. El artículo 3 abolía la educación religiosa mientras que el 130 fijaba límites al culto y prohibía la intervención del clero en asuntos políticos. Se garantizaban importantes derechos a los trabajadores: una jornada de ocho horas, el derecho a formar sindicatos y convocar huelgas, así como un arbitraje obligatorio en los desacuerdos laborales. A los campesinos de las haciendas se les prometía terminar con las servidumbres o peonaje por deudas y con las tiendas de raya. En lo tocante a la cuestión agraria, autorizaba la expropiación de los latifundios en los casos necesarios y la restitución de las tierras y demás bienes comunales ocupados a las comunidades indígenas. El artículo 27 reclamaba para el Estado mexicano la propiedad fundamental del suelo y el subsuelo, reivindicación que provocaría muchos choques con las empresas petroleras estadounidenses.

La Constitución de 1917, aplicada con rigor, habría puesto en marcha una auténtica revolución social, pero no consiguió un cambio de poder sino que marcó el acceso al gobierno nacional de una nueva oligarquía de hacendados del norte. Durante su mandato como presidente, Carranza no alcanzó la condición de jefe de Estado genuinamente nacional. Devolvió tierras a los viejos hacendados y concedió haciendas a sus clientes políticos pero no pudo controlar ni encauzar los tradicionales conflictos de intereses entre caudillos rivales.

La Constitución entró en vigor en mayo de 1917, al comenzar el mandato de Carranza. Fue entonces cuando empezó a estabilizarse un Estado posrevolucionario. No es que se abandonaran los problemas militares, sino que hubo que hacer un largo periodo de transición y de pacificación porque en varias regiones seguían existiendo movimientos ajenos a la legalidad y a la autoridad. Era necesario reducir las fuerzas villistas y zapatistas, con campañas contra grupos de rebeldes menores y de bandoleros y de otros grupos que actuaban libremente como contrarrevolucionarios. Especialmente, entre estos últimos, las fuerzas de Manuel Peláez y de Félix Díaz. Todos estos problemas sin embargo hubieron de ser afrontados por un ejército de Carranza que era pobre y mal armado, también mal retribuido, lo que dio lugar a rebeliones en demanda, por ejemplo, de mejores retribuciones. Las campañas militares además empobrecieron más al país, que ya estaba económicamente muy debilitado.

Por si faltaba algo, la Primera Guerra Mundial impidió que hubiera más inversión extranjera y comercio en México.

Durante el conflicto Carranza mantuvo su neutralidad, pero fue acusado de germanófilo por sus relaciones con el canciller alemán Zimmermann, que le ofreció ayuda militar si México iniciaba una guerra contra Estados Unidos para recuperar los territorios perdidos a mediados del siglo xix. Al término de la guerra algunos políticos norteamericanos pidieron que se castigara a Carranza por su comportamiento y sus ambigüedades.

Carranza gobernó entre 1917 y 1920, pero no consiguió aplacar los levantamientos villistas en el norte y zapatistas en el sur. El movimiento de Zapata solo se pudo reducir cuando Carranza tomó la decisión de encargar al general Pablo González Garza una campaña de exterminio. Urdió un plan para asesinar a Zapata. Consiguió llevarlo a cabo en la hacienda de Chinameca el 10 de abril de 1919. Cuando Zapata cruzó el portón, un clarín tocó saludo y los diez soldados de la Guardia de Honor le presentaron armas y de seguido le dispararon a bocajarro.

La inminencia de la elección presidencial de 1920, en la que Carranza no podía participar conforme a la norma de no reelección, produjo una situación parecida a la de 1910. Carranza esperaba amañar los comicios a favor del candidato escogido, pero esta maniobra le costó la separación de la facción norte pues su primo Pablo González rompió con él para formar la Liga Democrática y postularse como candidato a la presidencia. Los caudillos del noroeste se unieron para apoyar al sonorense Álvaro Obregón, que optó por una campaña más radical que sus rivales al fundar el Partido Laborista Mexicano, vinculado a la Confederación Regional Obrera Mexicana. De este modo, se atrajo a los zapatistas de

Morelos y al final también obtuvo el respaldo de su antiguo enemigo Pancho Villa.

La confrontación armada se reanudó cuando Carranza intentó apresar a Obregón. Sonora, estado natal de este último, cuyas fuerzas comandaba ahora Plutarco Elías Calles, se rebeló. Calles y el gobernador del estado, Adolfo de la Huerta, proclamaron el Plan de Agua Prieta en el que se denunciaba la violación de la Constitución de 1917 por parte de Carranza. Reconcentraron las fuerzas rebeldes en el Ejército Liberal Constitucionalista, partidario en su mayor parte de Obregón. Ante el reto militar a su autoridad, Carranza quiso hacer las paces con su primo pero sus intentos de llegar a un acuerdo fracasaron. Carranza se vio obligado a huir de la ciudad de México y se dirigió otra vez a Veracruz, donde esperaba reorganizar sus fuerzas, pero fue emboscado y asesinado en Tlaxcalantongo, Puebla, el 21 de mayo de 1920. Tras la muerte de Carranza, fue nombrado presidente provisional, el 1 de junio de 1920, Adolfo de la Huerta. Durante su mandato consiguió que Villa se retirara de la vida militar y firmara los convenios de Sabinas, de 28 de julio de 1920.

Cuando los liberales constitucionalistas de Álvaro Obregón consiguieron ventaja en la lucha, Pablo González se retiró de la contienda por la presidencia y Obregón obtuvo una victoria electoral aplastante el 1 de diciembre de 1920. Los caudillos sonorenses habían resultado los vencedores en la complicada conflagración que Francisco Madero desató en 1910 con su llamada a la celebración de elecciones limpias.

Obregón fue presidente entre 1920 y 1924. Durante su mandato, Villa fue emboscado el 20 de julio de 1923 a la entrada de Parral, y asesinado allí a las ocho y cuarto de la mañana.[25] Huerta quiso ser reelegido, fracasó y tuvo que abandonar el país en 1924.

La presidencia de Obregón fue la primera del Estado posrevolucionario. Gobernó autocráticamente. Era necesario para reconstruir y pacificar el país de modo que concentró mucho poder tratando de resolver la disgregación que había producido la Revolución.[26]

En materia agraria se dio respuesta a alguna de las reclamaciones más importantes de los grupos revolucionarios apoyando la pequeña y mediana propiedad.

Los dos mayores problemas del gobierno obregonista fueron sus difíciles relaciones con Estados Unidos y la rebelión militar por motivos sucesorios. El gobierno estadounidense se negó a reconocer oficialmente a Obregón alegando que había llegado a la presidencia gracias a un pronunciamiento militar. Se pretendía presionar al gobierno para que modificara algunos artículos de la Constitución de 1917 que resultaban perjudiciales a los norteamericanos. En lugar de cambiarlos, el gobierno mexicano aceptó la no retroactividad de las nuevas disposiciones legales. Progresivamente tuvo que hacer más concesiones, hasta la firma en 1923 del Tratado de Bucareli, del que derivó el deseado reconocimiento.

El cambio importante se notó en el terreno cultural, ámbito al que llegaron jóvenes como Antonio Caso, Pedro Henríquez Ureña, José Vasconcelos, Alfonso Reyes y Julio Torri. José Vasconcelos fue el primer secretario de Educación Pública. Y muralistas como José Clemente Orozco, Diego Rivera y David Alfaro Siqueiros pintaron temas revolucionarios en las paredes de los edificios históricos.

Por lo que respecta a la reforma agraria, se había iniciado con un decreto de 6 de enero de 1915, en el que se hablaba de restituir las tierras de las que se había despojado a los pueblos o dotarlos si carecían de ellas. El artículo 27 de la Constitución de 1917 impuso el dominio de la nación sobre el suelo y el subsuelo. Varias leyes posteriores reglamentaron la entrega de la tierra a los campesinos. La formación de ejidos con sus respectivas dotaciones de terrenos era facultad del presidente de la república.

Obregón y su «familia revolucionaria» querían establecer un sistema capitalista bajo la dirección corporativista del Estado. La retórica oficial y la ideología eran nacionalistas y socialistas como imponía la idea de revolución liberadora, pero las circunstancias económicas no eran muy distintas de las propias del Porfiriato. Se fomentaron la educación y la cultura para propagar esa nueva concepción revolucionaria de México, con el apoyo fundamental del secretario de Educación de Obregón, José Vasconcelos, que creía que el futuro radicaba en la formación de una «raza cósmica» que surgiría con el tiempo de la fusión de todos los grupos étnicos de

América. Esta convicción fue lo que a principios de los años veinte inspiró los enormes esfuerzos que se desarrollaron para rehabilitar al indígena y al mestizo en la imagen cultural que México tenía de sí mismo. Esta campaña fue uno de los triunfos que la Revolución presentó.

Vasconcelos inició una campaña de alfabetización entre las masas rurales, construyó escuelas, fundó bibliotecas y se enviaron brigadas de jóvenes voluntarios a pueblos y caseríos a enseñar.[27] La campaña estimuló el orgullo del pueblo. También entonces apareció el movimiento muralista, que apoyó el Estado. Se promocionaron pintores como Diego Rivera, David Alfaro Siqueiros y José Clemente Orozco. Vasconcelos quedó convertido en el «caudillo de la cultura». Aquellos pintores llenaron edificios públicos y de toda la orden representando temas revolucionarios e indígenas. Al gobierno mexicano no le importó que algunos de aquellos muralistas fueran marxistas con tal de que los temas fueran debidamente «revolucionarios». Hubo conflictos ideológicos del calibre del que ocurrió el 24 de mayo de 1940 cuando Siqueiros, que era estalinista, ametralló la casa donde vivía León Trotski en Coyoacán, pero no consiguió asesinarlo; fue un estalinista español el que lo hizo en agosto de ese mismo año de 1940. Trotski estaba en México porque en 1937 se le había concedido asilo político a instancia de Diego Rivera.

La explosión de imágenes pictóricas surgidas del movimiento muralista diseminaron la idea de revolución legitimadora entre las masas analfabetas y sirvieron para consolidar una ideología estatal de ciudadanía común y un nacionalismo progresista. Vasconcelos renunció en 1924 y las políticas culturales y educativas del Estado se centraron sobre todo en la finalidad más política de arrebatar a la Iglesia el control de los campesinos. La laicización reavivó la violencia en el campo mexicano, que era profundamente religioso.

Calles, la guerra Cristera y la institucionalización de la Revolución

La tensión de la familia revolucionaria se incrementó con las elecciones presidenciales de 1924. Obregón quería ser sucedido por su paisano Plutarco Elías Calles, lo que indispuso a muchos generales que se revelaron y convencieron al tercer miembro del triunvirato sonorense, Adolfo de la Huerta, de unírseles. Dado que dos tercios del ejército revolucionario apoyaban a los disidentes, Obregón necesitaba el reconocimiento de Estados Unidos para reafirmar su autoridad en el país, por lo que firmó el Tratado de Bucareli, en el que accedía a otorgar concesiones de petróleo a empresas estadounidenses a cambio de obtener armas que necesitaba para hacer frente a la Revolución. Siguió una guerra civil en la que Obregón venció a los rebeldes e inició una dura represión que se cobró muchas vidas de revolucionarios (a Pancho Villa lo habían asesinado preventivamente en agosto de 1923 antes de que se rompieran las hostilidades). Un Obregón ganador de la guerra puso a su amigo Calles en la presidencia. Tenían proyectada la recíproca sucesión en el cargo, por lo que, antes de terminar su mandato, se modificaron los artículos 13 y 82 de la Constitución, que permitieron que Obregón fuera elegido de nuevo presidente en las elecciones de 1928 con un amplio margen de votos. Pero antes de asumir la presidencia fue asesinado en un restaurante de la ciudad de México por un fanático: José de León Toral.

Plutarco Elías Calles creó, en 1929, el Partido Nacional Revolucionario, más tarde llamado Partido de la Revolución Mexicana, y finalmente Partido Revolucionario Institucional (PRI), que gobernó el país durante setenta años.

Calles había nacido en Guaynas, Sonora, en 1877, en el seno una familia acomodada, con un buen patrimonio generado por sus antepasados mediante la acumulación de tierras y explotaciones mineras. Lo más notable que había pasado a esa familia en política fue la muerte del abuelo, coronel José Juan Elías Pérez, apodado el Chicano, en un combate con las fuerzas imperialistas de Maximiliano I. El padre de Plutarco prefirió estudiar derecho y trabajar como funcionario. Plutarco estudió para ser maestro y se dedicó durante algún tiempo a ese oficio, aunque en los primeros años del siglo XX estuvo empeñado en cultivar las tierras familiares, pero sin apenas éxito debido a su impericia y a la carencia de maquinaria adecuada. Le fue mejor de intermediario en la compraventa de productos agrícolas. En 1911 puso tienda en Agua Prieta, dedicada sobre todo a esta clase de comercio, pero ese mismo año su tío y gobernador, José María Maytorena, lo nombró comisario encargado de la conservación del orden y administración de justicia.[28]

Cuando se produjo el golpe de Estado de Victoriano Huerta y el asesinato del presidente Madero, Calles se rebeló y formó un pequeño ejército con el que se unió a otros grupos revolucionarios que desconocieron el gobierno de Huerta. En Sonora, el jefe de ese ejército fue Álvaro Obregón, al que había de quedar unido para siempre.

Carranza llegó a Sonora en 1913. Era gobernador provisional Maytorena, pero no tardó en romper con él. La simpatía de Carranza por Calles se incrementó en cambio, y lo ascendió a coronel y más tarde lo nombró jefe de las fuerzas fijas de Sonora. Finalmente, el 4 de agosto de 1915, lo designó gobernador interino de Sonora. Formuló de inmediato un programa de gobierno en el que sobresalían las garantías de las libertades públicas, la preocupación por la enseñanza gratuita, las infraestructuras, la mejora de la legislación social, las instituciones de beneficencia y orfanatos, y las condiciones de vida de los campesinos. En esa época se creó el banco agrícola oficial de Sonora. Y dictó un decreto que prohibía la importación, venta y fabricación de «bebidas embriagantes», entendiendo por tales las que contuvieran alcohol «en cualquier cantidad». Las penas a los infractores eran muy severas. También dictó medidas muy restrictivas de los juegos de azar.

Y, al término del mismo año de 1915, fue famosa su resistencia y victoria en el ataque de Francisco Villa a Agua Prieta, al mando de un ejército numéricamente muy superior al que comandó Calles.

Repitió mandato en Sonora hasta que se incorporó a la campaña presidencial de Álvaro Obregón. En abril de 1920, los líderes sonorenses Obregón, Calles y de la Huerta, formularon el Plan de Agua Prieta contra el gobierno de Carranza y, tras el asesinato de este, Calles ocupó el cargo de secretario de Guerra y Marina durante la brevísima presidencia de Adolfo de la Huerta y, más tarde, el de secretario de Gobernación, en el gobierno de Álvaro Obregón.

Calles viajó por Europa, entre agosto y octubre de 1924, conociendo formas de gobierno e instituciones de diferentes países, especialmente de Alemania e Inglaterra. Luego visitó al presidente de Estados Unidos Calvin Coolidge. Antes y después de este viaje estuvo siempre muy próximo, como colaborador leal, a Álvaro Obregón, que también lo apoyó sin fisuras. Gracias a ello ganó con cierta facilidad las elecciones presidenciales de 1924 y tomó posesión de la presidencia el 1 de diciembre de ese año.

Uno de los episodios más graves y estudiados de su mandato fue la guerra Cristera («¡Viva Cristo Rey!» fue el grito de guerra de los que se levantaron contra las políticas gubernamentales). Se denomina así a rebeliones y acciones violentas que se sucedieron en diferentes estados mexicanos entre 1926 y 1929, provocados por la legislación y acciones contrarias a la Iglesia católica y la resistencia de religiosos y fieles a cumplirlas.

Las medidas del gobierno Calles crearon desde el primer momento mucha tensión, pero la chispa que encendió la violencia fueron algunas matanzas de fieles católicos a la salida de ceremonias religiosas en los templos, combinada con réplicas violentas de los cristeros como los ataques a maestros rurales que seguían las pautas del gobierno. Algunos fueron torturados y no pocos desorejados.

El problema venía de antes de que Calles llegara a la presidencia. Las manifestaciones de los católicos reclamando una reforma de la Constitución se habían recrudecido desde que se creó en 1919 el Partido Nacional Republicano. En febrero de 1925 la Confederación Regional Obrera Mexicana (CROM) difundió la idea de crear una Iglesia católica separada de Roma. La pusieron modestamente en práctica estableciéndose en un templo, tomado por las armas, en la ciudad de México. Medidas similares tendentes a privar de poder a los sacerdotes se extendieron en los estados más anticlericales. La reacción vino de inmediato al crearse por jóvenes católicos, en marzo de 1925, la Liga Nacional de Defensa Religiosa. El obispo de México José Mora del Río añadió leña al fuego haciendo declaraciones críticas contra el artículo 130 de la Constitución. El presidente Calles lo mandó detener.

El 14 de junio de 1926, el gobierno de Plutarco Elías Calles promulgó una ley, que hacía cumplir y ampliaba las restricciones religiosas previstas en la Constitución de 1917, por la que limitaba el número de sacerdotes y obligaba a los que quisieran serlo a registrarse y obtener una licencia otorgada por el Congreso de la Unión o el Congreso del estado correspondiente. Añadió mucha tensión al conflicto, que llegó al culmen cuando fueron condenados a pena de muerte por fusilamiento tres individuos, manifiestamente inocentes, por haber atentado el 13 de noviembre de 1927 contra el general Álvaro Obregón. La fuerza de los enfrentamientos creció hasta el extremo de que eran varios los estados sublevados y decenas de miles los soldados que Obregón tuvo que reclutar para responder. El México rural, abrumadoramente católico, se enfrentó al empeño de los caudillos anticlericales del norte de imponer una educación laica. La jerarquía católica respondió suspendiendo los actos de culto de todo el país. Esta decisión amenazaba la vida religiosa y además fue acompañada de una propaganda antirreligiosa muy fuerte. El conflicto cristero fue muy duro en los estados de Guanajuato, Colima, Querétaro, Michoacán y Jalisco.

Esta intransigencia de Calles con la Iglesia se sumaba a la disputa que tenía con Estados Unidos por la propiedad del petróleo. Calles se había negado a aplicar el Tratado de Bucareli que había suscrito Obregón en 1923. Sin embargo, su política resultó por completo contraproducente ya que en 1927 se enfrentó con una insurrección campesina que en el lapso de pocos meses se extendió a trece estados. Fueron especialmente duras las sublevaciones campesinas en los estados centrales de Jalisco, Colima, Michoacán, Guanajuato y Zacatecas.

Ni las medidas represivas más brutales, como la muerte a tiros de campesinos desarmados, el incendio de sus tierras o el traslado forzoso de comunidades indígenas, fueron bastantes para someter a las guerrillas del campesinado católico. Un año después el número había aumentado en muchos efectivos con miles de simpatizantes que el ejército no parecía capaz de aplastar.

En 1927 se descubrió una conspiración en el ejército y se efectuaron purgas de oficiales descontentos. Obregón fue reelegido el 16 de julio de 1928 pero fue asesinado al día siguiente por un activista católico, como ya se ha dicho. Calles aprovechó la coyuntura para institucionalizar la Revolución y consagrar el principio de la no reelección como pieza angular del sistema político. Fundó el Partido Nacional Revolucionario y se resistió a la tentación de postularse para la presidencia optando en cambio por un diplomático sin partido como candidato oficial. Pero hubo que amañar la elección porque el respetado José Vasconcelos se había postulado como candidato del Partido Nacional Antirreeleccionista y realizaba una gira por el país invocando abiertamente la memoria de Francisco I. Madero y ganando el apoyo de las masas.

Si los cristeros y los partidarios de Vasconcelos se reunían, podían acabar con el candidato de la Revolución. Para evitarlo, Calles quiso hacer la paz con la Iglesia y puso al embajador estadounidense, Dwight Morrow, como mediador. La conclusión fue un acuerdo por el que se permitía la inobservancia de las leyes anticlericales de 1926 y la reanudación del culto. También se acordó una amnistía para todos los levantados en armas que aceptaron la retirada. Pero muchos disconformes continuaron la lucha durante meses.

En las elecciones de noviembre de 1929 el candidato Calles obtuvo una victoria enorme y Vasconcelos decidió exiliarse.

Las políticas de los gobiernos de Calles fueron muy importantes y dejarían huella en México por su intención reformadora y la mejora general de las instituciones que consiguieron.

Bajo la dirección de Alberto J. Pani, miembro del gabinete Calles, se consiguió estabilizar la moneda y el presupuesto y sanear la hacienda; se creó el impuesto sobre la renta; se crearon o reforzaron instituciones como la Dirección General del Catastro, la Comisión Nacional Bancaria, el Banco de México como banco único de emisión, el Banco de Crédito Agrícola, desarrolló una política de ordenación y reducción de la deuda externa e importantes acciones para la mejora de las explotaciones agrarias, tales como construcción de presas y sistemas de riego. También mejoraron sus gobiernos la educación y los sistemas de transportes.

Desarrolló el artículo 27 de la Constitución en lo concerniente a la dotación y restitución de tierras y aguas, bloqueado en su tiempo por los intereses opuestos de terratenientes y empresas extranjeras. Trató la cuestión como un problema de Estado, de modo que no se limitó, como Obregón, a entregar tierras sino que, además, adoptó las medidas precisas para que los nuevos propietarios pudieran desarrollar explotaciones viables. Su política fue la denominada «Solución integral», que reguló una Ley de 1925 sobre Tierras Ejidales y Constitución del Patrimonio Parcelario Ejidal. Contemplaba dos procedimientos de reparto agrario: la *restitución*, para los casos en que se presentaran títulos de propiedad y pruebas del despojo, y la *dotación*, para los casos en que los títulos presentaran defectos o fueran insuficientes. Con esta fórmula, Calles dobló el número de hectáreas entregadas a las que había adjudicado Obregón y se situó muy por encima de cualquier otro gobierno revolucionario desde Carranza.

Álvaro Obregón aceptó, de acuerdo con Plutarco Díaz Calles, presentarse a las elecciones presidenciales de julio de 1928, obtuvo la victoria y, como ya he dicho, fue asesinado cuando la celebraba. Fue nombrado presidente Emilio Portes Gil, aunque tanto él como sus sucesores, Pascual Ortiz Rubio y Abelardo L. Rodríguez, siempre sometieron las decisiones importantes a la aprobación de Calles, a quien tuvieron por el «jefe máximo de la Revolución». Este periodo en el que la vida política de México dependió de Calles se denominó el Maximato, y duró hasta 1936, cuando el presidente Lázaro Cárdenas ordenó sacarlo de su casa y deportarlo a Estados Unidos.[29]

Cárdenas, nacido en 1895 en Jiquilpan, Michoacán, ganó las elecciones presidenciales en 1934 y gobernó hasta 1940. No quiso ser un instrumento del Maximato. Trató de recuperar la credibilidad revolucionaria. Renovó la reforma agraria y durante su sexenio entregó a los campesinos un total de cuarenta y cuatro millones de hectáreas, que era el doble de lo que se había distribuido en los gobiernos anteriores. La tierra se repartía en forma de pequeñas propiedades privadas como granjas cooperativas con participación común en las utilidades, o ejidos, una versión moderna de las tradicionales tierras comunales indígenas, cuya propiedad residía en la comunidad. Cárdenas hizo mucho por mejorar la situación de los campesinos mexicanos en la década de 1930, con lo que se ganó para la Revolución mucho afecto popular.

Cárdenas dio definitivamente forma al Estado monopartidista capaz de perpetuarse. El Partido Nacional Revolucionario fundado por Calles se reorganizó en el Partido de la Revolución Mexicana, que asimiló a cuatro grandes sectores: campesino, obrero, militar y popular. El aparato estatal subsumía los conflictos de intereses que eran atendidos por los dirigentes del partido y del gobierno. Era una estructura corporativista parecida a la que se había establecido en la misma época en España, Portugal e Italia. La diferencia radicaba en que México tenía una Constitución, la de 1917, que era democrática y liberal, con elementos socialistas, lo que militaba en contra de que el corporativismo mexicano llegase a ser totalitario.

Al final de su mandato, ya en el año cuarenta, Cárdenas hizo un repaso de su reformismo e incluyó la ley de amparo, las reformas educativas, la ley de expropiación de 1936 y la ley petrolera de 1938. El decreto de expropiación era sencillo y breve: se señalaba qué se expropiaba y a quién se iba a indemnizar. La razón o el fundamento de la expropiación era de orden constitucional. Se aducía a que las compañías petroleras se habían negado a cumplir un laudo con el que la Corte Suprema resolvía a favor de los trabajadores un litigio entre ambos y en tal caso era aplicable el artículo 213 de la Constitución que decía: «Si el patrono se negase a someter sus diferencias al arbitraje o a aceptar el laudo pronunciado por la Junta, se dará por terminado el contrato de trabajo y quedará obligado a indemnizar al obrero con el importe de tres meses de salario además de la responsabilidad que resulte del conflicto». Con esto se desarticuló un sector fundamental de la economía mexicana. Cárdenas insistió en el fondo constitucional de su decisión que dijo se basaba también en la realidad mexicana y en la aplicación de la soberanía nacional.[30]

En 1940 había un orden político lo bastante estable para poder sustituir al Porfiriato;[31] había costado treinta años e incontables vidas. Consistía en un Estado monopartidista dirigido por un autócrata por un periodo de seis años, leal a una ideología nacionalista revolucionaria, pero dedicado a un programa de desarrollo capitalista intensivo. El sistema duraría más de cincuenta años. Obregón y Calles habían sentado sus bases políticas y económicas. Creían que el desarrollo dirigido por el Estado, basado en la producción agrícola moderna y financiado con una combinación de inversión pública y extranjera privada, y esto fue lo que trataron de hacer. El esquema siguió sin cambios en los años sucesivos. Después de Cárdenas, el motor del desarrollo sería ya la industria manufacturera y no la agricultura. A partir de 1940 la oligarquía revolucionaria actuaría a través del Partido Revolucionario Institucional (PRI) como finalmente se llamó a partir de 1946. Esta oligarquía emprendió una política de industrialización dirigida por el Estado mediante la sustitución de importaciones y la protección de las empresas internas.

Durante las siguientes cuatro décadas México pasó a ser una sociedad predominantemente urbana e industrial. En los años sesenta y setenta logró una tasa media de crecimiento de más del 6 por ciento anual. El crecimiento de la industria de manufacturas fue mayor con una tasa del 9 por ciento anual de promedio. En 1960 poco más de la mitad de la población vivía en zonas urbanas, proporción que en 1980 había aumentado hasta el 69 por ciento. En los años setenta México se convirtió en la segunda economía de América Latina después de Brasil.

El estímulo de la industrialización llegó con la Segunda Guerra Mundial, cuando Estados Unidos ofreció ayuda técnica y financiera para la explotación industrial de la riqueza mineral del país a fin de que contribuyera a la guerra contra Alemania y Japón. México declaró la guerra a las potencias del Eje y en 1945 envió un escuadrón aéreo a Filipinas para combatir junto a la Fuerza Aérea estadounidense. La reunión en la frontera méxico-estadounidense de los dos presidentes, Manuel Ávila Camacho y Franklin D. Roosevelt, en 1943, marcó una era nueva de amistad.

El desarrollo económico intensivo de la posguerra tuvo lugar bajo la emprendedora administración de Miguel Alemán (1946-1952). Alemán conservó el pragmatismo económico de los iniciadores de la Revolución y adoptó el modelo de desarrollo que en general prevaleció en América Latina en la posguerra. Las riendas del PRI pasaron de caudillos y militares a una oligarquía de tecnócratas civiles procedentes de la Universidad Nacional o del Colegio de México, que habían hecho estudios de posgrado en Estados Unidos.

CENTROAMÉRICA Y CARIBE

El siglo XX se inició en *Guatemala* con la presidencia de Manuel Estrada Cabrera, que se mantuvo en el poder desde 1898 a 1920. Dilatada presidencia de un hombre de ascendencia humilde, hijo de un fraile exclaustrado cuando el general liberal Francisco Morazán desterró a los miembros de las órdenes regulares, y de una mujer de origen indígena, Joaquina Cabrera. El padre no aceptó la paternidad y Manuel se crio bajo la protección de la madre, que siempre tuvo sobre él una gran influencia. Se educó en condiciones difíciles de niño sin recursos, a veces vejado por sus compañeros, pero mostrando habilidades en algunas disciplinas y una memoria privilegiada. Los jesuitas lo incorporaron a su colegio, aunque se graduó en el Instituto Nacional de Varones de Occidente en 1874 y, años después, obtuvo la Licenciatura en Derecho Civil y Canónico en la Escuela Facultativa de Derecho y Notariado de Occidente, recién fundada por el presidente Justo Rufino Barrios. Ejerció de abogado, oficio al que trató de volver al término de sus días de poder para defenderse personalmente de los muchos delitos que le imputaron.

Durante la presidencia de Reina Barrios fue nombrado secretario de Gobernación y de Justicia, con responsabilidades sobre los gobiernos locales, la Administración de Justicia y los procesos legislativos en los que impuso muchas iniciativas suyas. Reina reprimió algunos levantamientos contra su presidencia, capturando y consiguiendo condenas de fusilamiento para los cabecillas. Estrada mostró algunas de sus futuras habilidades: en una ocasión en que se había condenado a muerte a algunos insignes sublevados, el presidente, considerando que se trataba de ilustres vecinos de Quetzaltenango (la localidad donde nació Estrada) acordó revocar la orden de fusilamiento y ordenó a Estrada que la comunicase. Este lo hizo, pero cuando el fusilamiento se había consumado. A lo largo de su carrera política no dejaría de acumular esta clase de peripecias trágicas.

El presidente Reina Barrios fue asesinado en 1898. Antes de esa fecha había designado a Estrada como sucesor y este reclamó ante el gobierno la designación como presidente, lo que acordó inmediatamente. Poco después convocó elecciones, que ganó ampliamente gracias a la intensa propaganda, pero también a las manipulaciones, amenazas y presiones sobre los demás candidatos. Su oponente más pertinaz fue José León Castillo, que acabó fusilado. También reprimió con energía la invasión organizada por Próspero Morales, un ministro importante del gobierno de Reina Barrios. En 1899 la política del país estaba controlada por completo por Estrada Cabrera.

En los años siguientes tuvo desencuentros importantes con los gobernantes de Nicaragua, José Santos Celaya, del partido liberal, y con el salvadoreño Tomás Regalado. La controversia principal estaba relacionada con el proyecto norteamericano de construcción del canal interoceánico que aprovecharía el río San Juan a lo largo de la frontera entre Nicaragua y Costa Rica. Los dos presidentes trataban de emular las formas de gobierno del mexicano Porfirio Díaz, y solo gracias a la intervención de este pudo evitarse una acción conjunta de Zelaya y Regalado contra el gobierno de Guatemala. Pero México y El Salvador acabaron por preparar una invasión de Guatemala, que fue impedida por fuertes contingentes de hombres enviados por Estrada a la frontera.

Procuró acallar pronto a los medios de prensa hostiles, no solo reprimiendo a sus opositores sino por el procedimiento más inmediato de comprarlos y ponerlos a su servicio.

La acción de la naturaleza alteró más el gobierno de Estrada que la oposición política. Las catástrofes, frecuentes aquellos años, evidenciaron la ineficacia de su Administración y plantearon necesidades que no supo atender en tiempo útil. Primero fue, en 1902, el terremoto de San Perfecto y, pocos meses después, la erupción del volcán Santa María, que había dormitado desde 1524, cuando saludó a los conquistadores españoles con una fuerte actividad. El terremoto causó centenares de muertos y varios miles el volcán. No impidieron estas catástrofes la reelección de Estrada Cabrera hasta sumar cuatro mandatos presidenciales. El último empezó a declinar a raíz del terremoto de 1917 que se proyectó sobre casi todo el país y afectó a muchos edificios, públicos y privados, también en Guatemala y en la Antigua Guatemala. Los periódicos contaban la tragedia y, al tiempo, ponían de manifiesto la insolvencia de las respuestas y el incumplimiento de las leyes dictadas para paliar los efectos de los temblores.

Hasta que llegó el declive, Estrada consiguió sucesivas reelecciones. Después de la primera, en 1905, sufrió un atentado sin consecuencias que tuvo, no obstante, efectos sobre su manera de gobernar, que se hizo más represiva y abiertamente dictatorial. Consiguió evitar por la fuerza intentos de invasión, como la organizada en 1906 por exiliados políticos que vivían en México y El Salvador y alentada por los países vecinos, y salió con vida de otros atentados: los más notables son los conocidos como «atentado de la bomba», del que se libró por un mínimo error de cálculo de los activistas, y el atentado de «los cadetes», del que salió con una sola herida en el dedo meñique gracias a la mala puntería de un cadete que le disparó a bocajarro. Como respuesta fusiló a casi todos los cadetes de la compañía a que pertenecía el autor (llamado Víctor Manuel Vega) y disolvió la escuela militar donde estudiaban.

Sus opositores constituyeron un Partido Unionista en 1919, aprovechando las críticas por la ineficaz respuesta a la tragedia del terremoto de 1917. En 1920 la Asamblea Nacional Legislativa acordó incapacitar al presidente Estrada Cabrera. Un Decreto de 8 de abril de 1920 lo declaró incompetente para gobernar. Luchó el depuesto con las armas y resistió en su residencia hasta que la medida pudo ser ejecutada.

Su biografía la han contado muchos escritos que reflejan una trayectoria que va desde la máxima adoración de sus seguidores al momento de su caída en el que los detractores hicieron trizas su memoria. Contó entre los primeros con un notable poeta peruano, José Santos Chocano, que vivió un tiempo en Guatemala siempre en la proximidad de Estrada, y con un detractor imponente, Miguel Ángel Asturias, que, aunque sin citar nunca a Estrada, se inspiró en su figura para escribir *El señor presidente*,[32] y narró la presión que, desde aquella época, desarrolló en el país la United Fruit en su novela *Viento fuerte*.

Los presidentes que siguieron a Estrada tras su derrocamiento fueron, por muy poco tiempo, Carlos Herrera y Luna, depuesto en un golpe de Estado alentado por la United Fruit, e, inmediatamente, José María Orellana,[33] entre 1921 y 1925, y Lázaro Chacón.

En 1931 obtendría el poder presidencial Jorge Ubico Castañeda, que se mantendría como presidente hasta 1944.

Pertenecía a una familia acomodada que le dio la mejor formación. Dedicó su vida a la política desde muy joven; siempre mostró una gran ambición de poder y la convicción de que estaba destinado a hacer grandes servicios a Guatemala. Los hizo, efectivamente, aunque desde una posición muy autoritaria, apoyada en una Administración pública reformada, prescindiendo casi por completo del poder legislativo y cegando cualquier manifestación de la oposición.

Como suele ser frecuente en esta clase de regímenes, Ubico redujo la delincuencia y desarrolló una intensa política de infraestructuras y obras públicas por la que sigue siendo reconocido. Militarizó la educación e introdujo muchos ceremoniales públicos de gusto nazi. Sufrió repetidos complots y atentados, pero no pudo resistir a la carta que le enviaron trescientos once estudiantes universitarios reclamando el restablecimiento de las garantías constitucionales. La carta se envió en junio de 1944. No la contestó y pocos días después recibió otra en la que se le exigía la dimisión. Ubico renunció el 1 de julio de 1944 y dejó en su lugar a tres generales dipsómanos.[34] El 31 de mayo de 1946, invocando las continuas infracciones de las leyes cometidas por Ubico, el Congreso de la República lo consideró indigno de pertenecer al ejército y le retiró los grados de general de brigada y de división. Murió el mes siguiente.

Su continuador fue el general Federico Ponce Vaides, que estuvo en el poder poco más de cien días. La situación del país y el temor a que el régimen autoritario continuase provocaron un inmediato movimiento popular, en octubre de 1944, que apoyó un gobierno provisional de transición encomendado a una Junta de Gobierno.

Juan Jacobo Árbenz, otro de los militares que participó en la Revolución de 1944,[35] fue elegido presidente en las elecciones de 1950 y ocupó el cargo a partir de 1951. Por primera vez en el siglo accede al poder en Guatemala un presidente con convicciones democráticas y el propósito de reformar a fondo el país, para dotarlo de autosuficiencia económica y asegurar una economía de mercado.

La reforma constitucional en Guatemala en 1945 subrayó la función social de la propiedad y consagró otros derechos. La ideología de Árbenz era marcadamente izquierdista, aunque no proclive a una revolución socialista, pero su política preocupó a la United Fruit, especialmente por la ley, dictada en desarrollo de la Constitución, que imponía al Estado la reubicación de las tierras de las que la compañía había expulsado a los indígenas. El gobierno de Árbenz previó expropiar las fincas mayores de noventa hectáreas que tuvieran menos de dos terceras partes cultivadas y transferir la propiedad a «campesinos, mozos, colonos y trabajadores agrícolas» (Decreto 900, artículo 4). Su propósito según el artículo 1 del mismo decreto era promover «las formas de explotación y métodos capitalistas» en el agro guatemalteco, acabando con «la propiedad feudal». Aunque se preveía una indemnización, su cuantía se fijaba conforme a criterios fiscales, con lo cual se alarmó extraordinariamente a todos los propietarios.

Las reformas afectaban, desde luego, a los intereses de la United Fruit que era dueña de más de la mitad de las tierras cultivables del país y de las empresas de transporte por ferrocarril y barco. Algunas compañías auxiliares controlaban la energía eléctrica, los teléfonos y telégrafos; el gobierno de Estrada Cabrera les había otorgado las concesiones correspondientes. Todos estos monopolios fueron puestos en cuestión y reformados por la legislación de Árbenz nada más llegar al poder (una Ley de Reforma Agraria fue aprobada el 17 de junio de 1952). También empezaron a construirse nuevas infraestructuras de carreteras y electricidad. Y la United Fruit, como había hecho ya más de una vez en Guatemala, impulsó, de acuerdo con el gobierno de Estados Unidos, un golpe de Estado, que se consumó en 1954. Se lanzó una gran campaña de desprestigio contra Árbenz, que lo etiquetó de comunista y de atacar los intereses de los grandes productores fruteros.[36] Un coronel de poco fuste, Carlos Castillo Armas, se quedó al frente de una Junta Militar y Árbenz, después de dirigir a la nación un notable discurso de renuncia, con muchas denuncias directas a la United Fruit, se exilió en Uruguay y México.[37]

La política de *Honduras* a principios del siglo xx también se caracterizó por la fuerte presencia de la United Fruit y la asignación del poder formal a una sucesión de caudillos militares o representantes de la oligarquía en la presidencia de la república. La inestabilidad política a la entrada del siglo, entre 1900 y 1929, fue notable. Tres presidentes fueron destituidos en 1911, 1919 y 1924 (Terencio Sierra, Manuel Bonilla y Francisco Bertrand Barahona). La saga anterior es toda de dictadores, como también acabó siendo autocrático el gobierno de Rafael López Gutiérrez, considerado por el liberalismo hondureño como un héroe por haber vencido a Bertrand Barahona.[38]

Una variación continua de gobernantes se produjo también en *El Salvador* porque en las tres primeras décadas del siglo xx hubo once presidencias, entre 1898 y 1931, cinco de ellas distribuidas entre Carlos Meléndez y Alfonso Quiñones. El primero gobernó dos veces y el segundo tres en el periodo que va entre 1913 y 1927.

El siglo xx se inicia en *Nicaragua* gobernando José Santos Zelaya, un personaje notable tanto en su vida privada como en la pública de gobernante. Fue un dirigente liberal, que llevó a cabo muchas reformas importantes, planteó proyectos ambiciosos, no aceptó dócilmente la subordinación a Estados Unidos y modernizó el Estado hasta el punto de que se le reconoce como el gran constructor del Estado nacional nicaragüense. Instauró la educación gratuita y obligatoria.

El momento clave de su aparición en la escena política fue la revolución liberal de 1893, en la que participó activamente sublevándose en León y consiguiendo derrocar al presidente conservador Salvador Machado Agüero. Una Junta de Gobierno presidida por Santos Zelaya promovió la aprobación de una nueva Constitución, que se conocería como «la Libérrima», que quedó aprobada el 10 de diciembre de 1893. La Constitución declaraba más ampliamente las libertades (seguridad, matrimonio, libertades de prensa, de enseñanza, económicas) y fijaba mejores garantías de su ejercicio. El triunfo liberal rompía con tres décadas de dominio conservador.

Fue un gobierno preocupado por la defensa de la integridad de la nación y por acotar la influencia extranjera. Poco después de llegar a la presidencia Zelaya amenazó con confiscar a la empresa maderera norteamericana Emery por incumplir su compromiso de restablecer la población de árboles talados, lo que generó un conflicto que llevó al presidente de Estados Unidos, William Howard Taft, a ordenar el desembarco de marines, que se quedaron en Nicaragua hasta 1925. También consiguió Zelaya la recuperación de la Mosquitia, territorio nicaragüense usurpado por los británicos. Quedó para la historia este hito de su presidencia.

En este ámbito de las relaciones exteriores también fueron destacadas las negociaciones para acordar con Estados Unidos el canal transoceánico que atravesaría Nicaragua. En esto fracasó porque se inclinaron aquellos por el trazado por Panamá. El Tratado Bryan-Chamorro de 1914 otorgó a Estados Unidos los derechos sobre el posible canal. Nicaragua cedía derechos exclusivos y propietarios a Estados Unidos para cualquier posible canal que atravesara territorio nicaragüense y permitía a los norteamericanos que se posesionaran de las islas y de algún lugar a concretar en Nicaragua continental con el fin de establecer bases militares. El tratado añadía: «Expresamente queda convenido que el territorio arrendado y la base naval que se mantenga por la mencionada concesión estarán sujetos exclusivamente a las leyes y soberanía de los Estados Unidos durante el período del arriendo y de la concesión y del de su renovación o renovaciones».

Rubén Darío, que siempre apoyó a Zelaya, escribió una adenda a su libro *El viaje a Nicaragua e intermezzo tropical*, en la que dice: «No puede negarse que el Gobierno de Zelaya realizó muchas obras en bien de la República... Se dice que Estados Unidos han intervenido en todo esto. Si ello fuese cierto, como parece, es lamentable que nación alguna intervenga en los asuntos íntimos de otra, ni aun para hacer un canal».

También tuvo enfrente durante su mandato a la Iglesia católica, a la que había confiscado importantes propiedades, y limitado las manifestaciones externas de culto, procesiones, fiestas patronales, cofradías e incluso cementerios.

Su final tuvo lugar como consecuencia de una rebelión liderada por el liberal Juan José Estrada, y por los conservadores Emiliano Chamorro y Adolfo Díaz, apoyada militarmente por Estados Unidos. Abandonó el poder el 22 de diciembre de 1909; se despidió con un emotivo mensaje y se exilió en México. Los gobiernos sucesivos fueron todos sometidos a aprobación norteamericana para garantizar la estabilidad interna. Después de salir del país las tropas de Estados Unidos, volvieron para sostener al presidente Adolfo Díaz frente a la guerrilla de Augusto Sandino, movilizada a partir de 1927.

Sandino fue un héroe nacional, precisamente por su decidida lucha contra la presencia de tropas norteamericanas en Nicaragua, las intromisiones yanquis en el gobierno y por la conquista para su país de la independencia y sentimiento nacional que necesitaba. Era hijo ilegítimo de un adinerado productor de café y una sirvienta de origen indígena. Nació en 1895 en Niquinohomo, departamento de Masaya, y no tardó en contemplar con sus propios ojos la primera intervención norteamericana, apoyando una sublevación conservadora contra el presidente Adolfo Díaz Recinos.

Tuvo que salir del país unos años después por haber herido en una disputa, en defensa de la honra de su madre, a un hijo de un importante líder conservador de su pueblo, y volvió en 1926. La presidencia de Nicaragua estaba en manos de Emiliano Chamorro, que fue obligado por Estados Unidos a renunciar a favor de Sebastián Uriza. Este a su vez, por la misma clase de imposición, le entregó la presidencia a Adolfo Díaz. Estas manipulaciones de la Constitución sublevaron a los liberales y a una parte destacada de los conservadores que iniciaron la llamada guerra constitucionalista, que se desarrolló en 1926 y 1927.[39] Los norteamericanos ampliaron su presencia armada interviniendo en el conflicto. Acabó con un impuesto tratado de paz, que aseguraba la continuidad del gobierno conservador, y que solo los defensores de Chinandega y los que lideraba Sandino en Nueva Segovia se negaron a aceptar. Es de entonces una frase de Sandino muy repetida después: «No me vendo, ni me rindo. Yo quiero patria libre o morir».[40]

La guerra civil se transformó por Sandino en guerra contra los invasores. Mantiene, a partir de 1927, escaramuzas y enfrentamientos directos con las tropas norteamericanas y sus aliados locales, con padecimientos múltiples y algunos éxitos notables, a pesar de la inferioridad de medios. Los norteamericanos cambiaron la estrategia de la batalla directa por crear un ejército en Nicaragua que se ocupara de establecer el orden querido por el imperio. Este fue el origen de la Guardia Nacional de Nicaragua.

La coyuntura económica de la Gran Depresión aconsejó al nuevo presidente Franklin D. Roosevelt a sacar las tropas de Nicaragua e idear otra forma de relación que denominó «política de buena vecindad». Las tropas norteamericanas salieron de Nicaragua en 1933 y en febrero de ese año se firmó la paz y el ejército de Sandino abandonó las armas, salvo cien hombres. Los norteamericanos dejaron al frente de la Guardia Nacional a Anastasio «Tacho» Somoza García, que ordenó asesinar a Sandino pocos meses después.

Somoza fue dictador de Nicaragua durante veintidós años, hasta que fue asesinado por el poeta Rigoberto López Pérez. Pero quedaron sus hijos Luis Somoza Debayle como presidente y Anastasio «Tachito» Somoza Debayle, como jefe de la Guardia Nacional. Fue una dinastía de dictadores que se mantuvo en un marco de extraordinaria corrupción hasta que el último de sus representantes, Anastasio, fue depuesto gracias a la acción guerrillera del Frente Sandinista de Liberación Nacional en 1979.[41]

Costa Rica tuvo una vida política más tranquila. Se inició el siglo XX con la presidencia de Rafael Iglesias Castro, un hombre progresista que se preocupó de mejorar las infraestructuras del país y arregló los problemas fronterizos con Colombia (antes de que su vecino pasara a ser Panamá, cuando emergió como república) y Nicaragua. Gobernó ocho años y perdió las elecciones en dos ocasiones más. Pero presidió Costa Rica en un ambiente de paz, tranquilidad, prosperidad y buenas inversiones norteamericanas y expansión de las plantaciones plataneras. La vida costarricense fue temporalmente perturbada a raíz del golpe de Estado de Federico Tinoco Granados, que impuso un gobierno que solo duró dos años a partir de 1917.

En *Cuba* la primera Constitución de 1901 se apoyaba en el sufragio universal para la elección del presidente. Pero se sometió a la tutela del vencedor de la guerra, Estados Unidos, que introdujo la enmienda Platt en su Carta Constitucional.[42] El primer presidente en las elecciones de 1902 fue Tomás Estrada Palma, que gozaba de la aprobación norteamericana.

La primera Constitución de 1901 era un texto que refundía normas de otras constituciones latinoamericanas, pero que traslucía la influencia del constitucionalismo norteamericano (había presidente, vicepresidente, Cámara de Representantes, Senado y Tribunal Supremo). También radicaba en el constitucionalismo de raíz hispánica la rotunda declaración de soberanía nacional contenida en el artículo 1. Como ya se ha dicho, en 1898 España había firmado en París un tratado (no con Cuba, por cierto) mediante el cual entregaba a Estados Unidos Puerto Rico y las Filipinas y «renunciaba» a su soberanía en Cuba con el entendimiento de que iba a ser ocupada por Estados Unidos, a quien comprendería la «protección de vidas y haciendas». Fue ese protectorado transferido por España el que Estados Unidos consolidó antes de abandonar su ocupación militar de la isla en 1902. La Constitución cubana preveía que su reforma debía hacerse por «acuerdo de las dos terceras partes del número total de miembros de cada cuerpo colegislador» y previa ratificación de una «Convención Constituyente» que se convocaría al efecto.

Poco después de aprobada la Constitución fue reformada por una iniciativa que procedía del Senado de Estados Unidos. Con ocasión de discutir el gasto militar, el senador Orbille H. Platt introdujo condiciones que deberían cumplirse antes de desocupar la isla. Estas condiciones dejaban prácticamente sin efecto la Constitución cubana ya que afectaban a los principios básicos de la cultura en que se basaría su aplicación. Se enmendaba, en realidad, lo actuado hasta ese momento por la Asamblea Constituyente cubana: Cuba no podía tener relaciones internacionales, disponer sobre sus finanzas, ni capacidad para optar por un cambio radical de régimen por vía electoral. En todos estos procesos mediaba la voluntad de Estados Unidos, con lo que este país pasaba de potencia ocupante a tener una posición de tutor que inhabilitaba de hecho la independencia cubana.

Hasta que José Miguel Gómez no accedió a la presidencia de Cuba la isla dependió de una administración cuya legitimidad no venía de la Constitución, sino de la enmienda que había alterado el régimen constitucional desde su emergencia. Esta es la tónica que se mantuvo en Cuba hasta 1959, porque el acuerdo de reciprocidad de 1934 lo único que hizo fue intensificar la dependencia de Estados Unidos.

Por lo que concierne a *Panamá*, ya hemos referido más atrás cuál fue el proceso de su aparición como nuevo Estado americano, creado por segregación de la República de Colombia a finales de 1902. Necesitaba José Manuel Marroquín, el presidente en la época, negociar el proyecto de construcción del canal de Panamá. El resultado fue un acuerdo que se conoce por el nombre de los plenipotenciarios que intervinieron, Herrán-Hay, por el que Colombia recibió una fuerte compensación económica a cambio de la cesión de diez kilómetros a lo ancho del recorrido del canal, que quedarían bajo la jurisdicción norteamericana.

Como había ocurrido en Cuba también en Panamá se redactó una Constitución inmediatamente que seguía el texto colombiano de 1886, con ciertos elementos de la Constitución de Estados Unidos. Recogía en su articulado el reconocimiento de la soberanía que, aunque la Constitución atribuía a la nación independiente panameña, se rebajaba inmediatamente al establecer (artículo 3): «El territorio de la República queda sujeto a las limitaciones jurisdiccionales estipuladas o que se estipulen en los Tratados Públicos celebrados con Estados Unidos de Norte América» para la construcción del canal.

Se aceptaba por tanto una tutela norteamericana que se concretó en el artículo 136: «El Gobierno de los Estados Unidos de América podrá intervenir en cualquier punto de la República de Panamá para restablecer la paz pública y el orden constitucional si hubiere sido turbado, en el caso de que por virtud de Tratado

Público aquella Nación asumiese o hubiese asumido la obligación de garantizar la independencia y la soberanía de la república». En 1936 se reformuló para restablecer una «perfecta, firme e inviolable amistad» con Estados Unidos.[43]

Panamá careció de verdadera autonomía política desde principios del siglo XX, dados los condicionamientos que impuso el tratado suscrito para la construcción del canal. Gobernaron en los primeros años miembros de la importante e ilustrada familia Arosemena. Justo Arosemena Quesada, autor de *El Estado Federal de Panamá*, padre de la patria, luchador por la separación de Colombia durante el siglo XIX, fue el antecesor más notable. Pablo Arosemena fue presidente a partir de 1910; la familia tuvo otros destacados miembros en el gobierno, pero les ganó en permanencia en la presidencia Belisario Porras, que fue presidente en tres ocasiones, y se mostró especialmente interesado en la revisión del acuerdo con Estados Unidos sobre el canal.

La *República Dominicana* estuvo gobernada por una oligarquía conservadora hasta finales del siglo pasado. Hasta el último año del siglo XIX mantuvo una férrea dictadura el general Ulises Heureaux, que fue asesinado en 1899. A partir de entonces el gobierno lo fue asumiendo una sucesión de militares que se derrocaron unos a otros. La economía entró en decadencia hasta que prácticamente quedó en quiebra el país lo cual obligó a suspender la deuda externa. Diversos gobiernos europeos protestaron y Estados Unidos decidió aplicar el denominado «corolario Roosevelt», que se había anunciado en 1904, como complemento de la doctrina Monroe. Aquí se ensayó la toma de posición de Estados Unidos como gendarme regional. La intervención norteamericana, sobre la que he de volver más adelante, consistió en el control total de las finanzas. Desde entonces la República Dominicana fue administrada realmente por Estados Unidos, aunque se mantuvieran gobiernos locales títeres.

Cuando las tropas norteamericanas abandonaron el país en 1924 dejaron a cargo de la seguridad a un personaje que controló el gobierno durante treinta y un años: Rafael Leónidas Trujillo. En 1927 Trujillo pasó a ser general de la Brigada Nacional, que se había creado para sustituir a la Guardia Nacional. Las elecciones inmediatas a la salida de las tropas estadounidenses, celebradas en 1924, las ganó Horacio Vásquez. Fue despedido por un golpe de Estado en 1930 que tuvo a Trujillo entre sus inspiradores. Ese año hubo elecciones presidenciales que ganó, en medio de un ambiente de terror (acentuado por su banda paramilitar La 42) que ya se estaba adueñando de la vida cotidiana de los dominicanos. Parece que solo el 25 por ciento de los electores acudió a las urnas y le dieron a Trujillo el 45 por ciento de los votos, pero fue proclamado presidente, a pesar de los fraudes que concurrieron. Entonces comenzó el primero de sus mandatos. Fue reelegido para un segundo mandato que se desarrolló entre 1942 y 1952. Asumiendo formalmente la presidencia o poniendo en ella a un hombre de su confianza completamente servil, Leónidas Trujillo se mantuvo en el poder desde aquel año hasta 1961, cuando el coche en el que se desplazaba fue ametrallado causándole la muerte.

Dejó un reguero impresionante de muertos y represaliados, ordenó masacres xenófobas en la frontera de la vecina Haití, con miles de muertos, represalió cruelmente a sus enemigos y los hizo salir del territorio, fue aliado de todos los dictadores de la zona, enemigo acérrimo de los demócratas, como el presidente de Venezuela Rómulo Betancourt, a quien mandó asesinar sin éxito, martillo de los comunistas que empezaron a tener influencia en el Caribe desde que comenzó su mandato, y bien relacionado con los movimientos fascistas europeos. Mantuvo buenas relaciones con la Iglesia católica, a la que favoreció mucho. Y, como suele ocurrir algunas veces con las peores dictaduras, consiguió mejorar la economía del país.[44] Y la suya propia, desde luego, porque amasó una inmensa riqueza durante todo ese tiempo.

VENEZUELA Y COLOMBIA

En *Venezuela* el primer presidente del siglo XX fue Cipriano Castro (1899-1908), seguido de Juan Vicente Gómez (que ocupó el poder entre 1908 y 1935). Venezuela venía siendo gobernada desde mediados del siglo XIX por una sucesión de caudillos en lo que se denominó el movimiento liberal amarillo, que concluyó con una insurrección dirigida por Juan Manuel Hernández (conocido como el Mocho Hernández) contra el presidente de su propio partido, a la sazón Ignacio Andrade. La intentona fue un fracaso pero pudo acompañar la revolución que había iniciado el general Cipriano Castro, con Juan Vicente Gómez y Eleazar López Contreras, que se hicieron con el poder entrando en Caracas reclamando la «restauración» y apoderándose de la presidencia. Castro era andino y con él llegaban al poder los de su misma procedencia geográfica. Como eran productores de café y de ganado, estas fueron políticas que fomentaron inmediatamente. No creció mucho la demografía en el tiempo de esta presidencia, que no llegó a conocer tampoco el auge de la industria del petróleo. Otros aspectos de la economía no funcionaron y la inestabilidad de su gobierno era muy importante cuando una enfermedad le obligó en 1908 a trasladarse a Europa para una intervención quirúrgica. Aprovechó el viaje Juan Vicente Gómez para apoderarse del gobierno. Los enemigos de Juan Vicente Gómez lo llamaron el «tirano de los Andes», y sus partidarios, «caudillo de la paz». En 1909 el Congreso Nacional puso en marcha una reforma constitucional que limitaba el mandato del presidente a cuatro años. Como la reforma entró en vigor en 1910, el tiempo transcurrido desde que Gómez se hizo con el poder no entró en la cuenta; su presidencia empezó formalmente en 1910 y, cuando terminó el mandato, aparentemente se atuvo a la Constitución, pero designó presidentes que estuvieron a sus órdenes.

Superó, a lo largo de sus veintisiete años de dictadura, muchas intentonas de derribarlo y alzamientos militares, pero siguió en el poder hasta que murió en 1935, en pleno mandato tras una última reelección en 1931, de un cáncer de próstata.[45]

Pero su carácter autoritario era manifiesto porque acabó con las pocas libertades públicas que estaban vigentes en Venezuela y arrumbó las instituciones constitucionales, abriéndose a la colaboración con los caudillos. Se apoyó en el ingreso del petróleo y transformó la Venezuela agrícola, productora de cacao y de café, en un país exportador de petróleo para la economía mundial. Instaló su sede de gobierno en Maracay, en lugar de residir en Caracas, y, como había ocurrido con otros caudillos del siglo XIX, gobernó el país como si fuera una gran hacienda, lo que le permitió acumular fortuna y beneficios en empresas, tierra y ganado.

Le sucedió el militar Eleazar López Contreras, que hubo de enfrentarse a la petición multitudinaria de reposición de las garantías constitucionales y levantamiento de la herencia de Gómez, lo que hizo en parte porque mantuvo medidas tan autoritarias como el exilio mediante decreto presidencial. Rebajó no obstante el mandato del presidente de siete a cinco años.[46]

Entre los presidentes inmediatos posteriores, el más caracterizado fue Pérez Jiménez, que dejó un legado ideológico de larga duración. Gobernó bajo la idea del nuevo ideal nacional, un movimiento de derechas que mezclaba principios conservadores, militarismo y nacionalismo. El de Marcos Pérez Jiménez fue un gobierno represor, que empleó la tortura y el encarcelamiento contra sus opositores. Fue designado presidente valiéndose de un escandaloso fraude electoral en 1952 y se mantuvo en el poder hasta 1958, no sin intentar organizar un plebiscito en 1957 para que los ciudadanos apoyaran su reelección. Según los perezjimenistas lo ganó, pero ningún partido reconoció su supuesta victoria en la que existió, otra vez, fraude electoral.

Presionado por las huelgas generales en su contra, la petición expresa del Ejército y grandes protestas callejeras, huyó al exilio rumbo a República Dominicana y después a Estados Unidos, de donde su sucesor, Rómulo Betancourt, consiguió que fuera extraditado y sometido a juicio. Lo condenaron a cuatro años de prisión, que cumplió. Inició después otro exilio en la España del general Franco. Y desde esta residencia siguió intentando participar en la política venezolana.

Colombia, cuando comenzó en el siglo XX, estaba sometida a una importante guerra civil durante la cual se llevó a cabo la escisión de Panamá.

Durante el siglo XIX se habían producido guerras continuas en Colombia. Hubo al menos nueve, según las cuentas de los historiadores más moderados, que no suelen incluir las de ámbito regional, empezando por la guerra de los Supremos, que ya hemos referido más atrás.[47]

La guerra tuvo, como suele suceder, muchos argumentos, pero los más explícitos radicaron en la derogación de la Constitución de Rionegro de 1863, que estableció una república federal (Estados Unidos de Colombia), y su sustitución por la de 1886, que acogió un modelo de Estado marcadamente centralista. Además, la nueva Constitución habilitó la celebración de un concordato con la Santa Sede que dejaba bajo el control de la Iglesia católica todos los contenidos de la educación. El cambio constitucional se apoyaba en la ideología del movimiento denominado «regeneración», liderado por Rafael Núñez, con una ideología que expresa bien su lema «Una Nación, un pueblo, un Dios». Hubo abandonos del Partido Nacional por conservadores disidentes y la oposición firme de los liberales. Se produjeron sustituciones violentas de gobiernos y enfrentamientos ideológicos irreconciliables entre unos y otros. Al empezar el siglo XX era presidente Manuel Antonio Sanclemente, miembro del Partido Nacional, y lo derrocó el miembro del partido conservador José Manuel Marroquín Ricaurte. Ocurrió el 31 de julio de 1900.

La guerra fue larga y sangrienta, dejó al menos cien mil muertos, involucró a las repúblicas vecinas, se combatió en tremendas batallas campales y enfrentamientos dantescos, que se extendieron por toda Colombia y tuvieron especial importancia en el departamento de Panamá. Una de las consecuencias de la guerra fue la separación de Panamá, de la que ya he tratado.[48]

El final de la guerra tuvo lugar en 1902 y se formalizó con la firma del Tratado de Neerlandia (nombre de una hacienda situada en la zona bananera del Magdalena), más tarde ratificado por el Tratado definitivo de Wisconsin (firmado a bordo del USS Wisconsin, fondeado en la bahía de Panamá).[49]

En 1904 llegó a la presidencia Rafael Reyes e inauguró una etapa de cambios, con la pretensión también de ceder espacio a las minorías y tratar de llegar a acuerdos que facilitaran el buen gobierno. El gobierno de Reyes tuvo el apoyo del general Rafael Uribe, un liberal que defendía el proteccionismo económico y tenía importantes ideas sociales. La década de los años veinte se inicia con la presidencia de Marco Fidel Suárez, y durante este tiempo el sector exportador colombiano, especialmente el café, el plátano y el petróleo, tuvo un gran impulso.

Se comprende que, a la salida de la guerra de los Mil Días, Colombia se adentrara en el siglo XX con una república diseñada a la medida de una oligarquía que pedía orden al constitucionalismo. Este fue el criterio de la llamada ley heroica de 30 de octubre de 1928 en cuyo debate parlamentario se oyó decir a un conservador que «Conforme a la doctrina conservadora, para salvar el orden social, si es necesario pasar sobre la Constitución, debe hacerse, porque es preferible la dictadura de un gobierno ilustrado a la dictadura del proletariado y de la prensa». El 5 de diciembre de 1928 el ejército colombiano masacró a los trabajadores de la United Fruit Company cerca de Santa María, cuya huelga amenazaba seriamente con arruinar la cosecha de bananas. Una indicación del gobierno norteamericano sirvió para que se viera hasta qué punto el gobierno colombiano estaba dispuesto a sostener actitudes empresariales claramente ilegales utilizando la violencia contra los huelguistas. En 1934 López Pumarejo se hizo cargo de la presidencia e intensificó el proceso reformista. Una consecuencia fue la Ley de Tierras de 16 de diciembre de 1936, conocida como la reforma agraria, que se convirtió en el buque insignia del reformismo constitucional de López Pumarejo. Introdujo una concepción de la propiedad que, sin contradecir su condición de derecho individual, le añadía su función social que implicaba la capacidad del trabajo para delimitarla y conformarla en cuanto a su contenido. La idea de función social de la propiedad se incorporó a muchas leyes, reafirmándose la potestad conformadora del Estado y atribuyendo justamente al Estado esta función de ordenar la utilización de los bienes conforme a su finalidad o al interés general de la sociedad. El proceso reformista colombiano llevó a una aguda centralización renunciando a cualquier forma de federalismo.

La economía funcionó correctamente en sentido ascendente gracias al café y a la demanda mundial de caucho. Generó muchas transformaciones políticas y sociales y la población creció de un modo muy notable en estos primeros años de siglo pasando de

4.200.000 al inicio hasta 7.430.000 en 1930. No había muchas diferencias ideológicas entre liberales y conservadores pero la confrontación entre ambas agrupaciones acabó en choques continuos.

LAS REPÚBLICAS ANDINAS

Ecuador a principios del siglo xx estaba regido según los criterios del mundo caciquil, terrateniente y muy influido por la Iglesia católica. La Iglesia, sobre todo durante el mandato de García Moreno, se había consolidado como en ningún otro país. Hubo una revolución liberal en 1895 que llevó al gobierno al caudillo Eloy Alfaro. Durante esta presidencia los intereses del latifundismo serrano y el comerciante costeño se hicieron más manifiestos, de modo que el caudillo gobernó con los enfrentamientos entre conservadores y liberales. Sus diferencias ideológicas iban desde la defensa del Estado confesional y la autoridad del presidente fuerte y ejecutivo, que era la posición de los conservadores, al mayor peso del poder legislativo y las libertades, que reclamaban los liberales. Los gobiernos de Alfaro tuvieron lugar desde 1895 a 1901 y de 1906 a 1911, y los del general Leónidas Plaza abarcaron desde 1901 a 1905 y desde 1911 a 1916. Aplicaron una política liberal con la resistencia de los conservadores. Pero fueron capaces de anular la censura de la prensa, secularizar la educación, instituir el matrimonio civil y el divorcio e implantar un Estado laico, que determinó la ruptura con la época de García Moreno. La consagración de estas tendencias se produjo con la Constitución de 1906, que hizo perder a la Iglesia su hegemonía y dio fuerza al Parlamento y al fomento de la economía nacional. En 1911 el Ejército se levantó y derrocó a Eloy Alfaro, que tuvo que exiliarse a Europa; volvió en 1912 y murió asesinado en las calles de Quito durante una revuelta.

En 1905 tenía Ecuador 1.150.000 habitantes. La población urbana era muy escasa y esta nota se mantuvo durante tres cuartas partes del siglo xx. La oligarquía liberal tuvo su final con el derrocamiento en 1925 del presidente Gonzalo Córdoba por un grupo de jóvenes militares. Se denominó a esta acción la «revolución juliana», y la apoyaban clases medias, sectores obreros y trabajadores indígenas. En esta época de los julianos se creó el Banco Central de Ecuador y progresó la legislación social con la creación de un Ministerio de Previsión Social y Trabajo, y leyes sociales como de jubilación, duración de la jornada laboral, accidente de trabajo, empleo de mujeres. El mandato presidencial fue confiado por los militares a un civil, Isidro Ayora, cuando era rector de la Universidad Central, en 1926. La revolución juliana llegó a aprobar una nueva Constitución, la de 1929 (decimotercera de Ecuador), que contenía avances muy señalados en materia de derechos civiles, en los que se percibía la influencia de la ideología socialista. Ayora era médico, dejó la presidencia en 1931 y volvió al ejercicio de la medicina.

En *Perú*, al iniciarse el siglo XX, ocupó el poder un sector de la oligarquía conocido como los civilistas. Estos civilistas gobernaron de un modo u otro en los periodos presidenciales de finales del siglo XIX hasta llegar a 1919. Disminuyeron las tentaciones de caudillismo militar y también las guerras civiles. Durante muchos años esa fue la constante en este país que vivía del caucho de la selva amazónica, la explotación minera, y el comienzo de la inversión americana que sirvió para estimular la economía, muy deteriorada por tantos años de inestabilidad política. La Primera Guerra Mundial hizo mejorar los resultados económicos por la explotación del azúcar, el algodón y las plantaciones diversas y también la industria ligera útil para la guerra.

Augusto Bernardino Leguía, que nació en 1867 y murió en Lima en 1932, fue un líder político del partido civilista, de familia media acomodada y de buena formación durante su educación juvenil. Durante la primera década del siglo XX fue ministro de Hacienda entre 1908 y 1912. Leguía consideraba que el Partido Civil era un valedor de los grandes terratenientes y hombres de negocios del país, lo que pensaban también muchos peruanos. El crecimiento del aparato estatal había facilitado la incorporación de muchos expertos en asuntos de gobierno y servicios públicos como tributaristas, ingenieros, pedagogos, geógrafos o médicos, que surgieron como una nueva inteligencia distinta de los intelectuales de la propia oligarquía. Juzgaban que el egoísmo de la clase propietaria y su poco espíritu de apertura impedía una mayor y más rígida integración social del país. En las elecciones participaban solo unos pocos miles de individuos puesto que se prohibía el voto de los analfabetos, que representaban el 80 por ciento de la población mayor de diez años. Además, el sistema para la elección de presidente era indirecto, lo que propiciaba contubernios de todas las clases. Las elecciones de 1919 supusieron la contienda entre dos alas de la oligarquía: la más tradicional, representada por el candidato Antero Aspíllaga, que era un hacendado azucarero importante, y la moderna que representaba Leguía. Ambos provenían de la agricultura de exportación de la costa.

Cuando todavía estaban recontando los votos, Leguía organizó un golpe de Estado que garantizó su entrada en el Palacio de Gobierno. El nuevo gobierno de Leguía, iniciado en 1919, se prolongaría hasta 1930 gracias a reelecciones sucesivas que fueron autorizadas por una Constitución que hizo elaborar en 1920. Su mandato es conocido como el Oncenio. Durante su gobierno fueron atacadas las instituciones y las personas que representaban al viejo civilismo, como los hacendados azucareros y algodoneros, a los que se impusieron importantes gravámenes a las exportaciones.

Gozaba Perú de un auge exportador, fomentado por el final de la Gran Guerra, aunque el mercado mundial comenzaba a mostrar serios altibajos. Las ventas de petróleo y algodón eran importantes y producían suculentos ingresos al gobierno por concepto de pago de derechos de aduana. Esto y los préstamos de la banca norteamericana permitieron al régimen emprender un programa de obras públicas consistente en la pavimentación de las calles de las principales ciudades, obras de saneamiento, alcantarillado y potabilización del agua para consumo doméstico, y la construcción de carreteras y ferrocarriles.

La construcción de carreteras en el interior se enfrentó al problema de la escasez de trabajadores. El gobierno de Leguía promulgó en 1920 una ley denominada de conscripción vial, con la finalidad de que los varones entre veintiún y sesenta años concurriesen los domingos a trabajar en la construcción de caminos de sus provincias. Podía el obligado exonerarse pagando una cantidad de dinero. Como los blancos y mestizos tenían recursos podían optar por pagar este precio de sustitución, eran los indios los que concurrían al trabajo. Por esta razón la ley fue denunciada como una especie de restauración del tributo indígena.

Se privatizaron los pastos en el interior de las haciendas ganaderas comprometidas en la exportación de lanas, lo que motivó, entre 1915 y 1924, diversas rebeliones campesinas en departamentos del sur como Puno, Ica y Ayacucho. En estas protestas, dirigidas por jefes militares como Teodomiro Gutiérrez Cuevas («Rumi Maqui», mano de piedra), o abogados locales, se ocupaban las haciendas y se asediaba la capital provincial hasta obtener respuestas positivas del gobierno. Los amotinados cometían saqueos en los comercios y casas de los ricos y, alentados por el alcohol, en ocasiones llegaban a asesinar a algunos propietarios o autoridades.

Leguía fue el primer presidente peruano en cambiar el tradicional coche de caballos por el automóvil presidencial. También puso énfasis en la navegación aérea iniciándose a final del decenio vuelos regulares entre Lima y Talara (que era el campamento petrolero de la International Petroleum Company). En el desierto de la costa se habían hecho canalizaciones de aguas de las cordilleras que lo hacían cultivable.

El gobierno del Oncenio se ocupó de recuperar las provincias de Tacna y Arica que habían quedado en manos de Chile en la guerra del Pacífico. También se arregló el problema fronterizo existente con Colombia. Con la mediación de Estados Unidos, las legaciones de Perú y Chile se sentaron a negociar y terminaron con un acuerdo por el cual Tacna volvió a Perú pero Arica se quedó en manos de Chile. Transcurridos cincuenta años de posesión chilena parecía difícil que ninguna de esas provincias volviera a Perú, y el retorno de Tacna se vivió en 1929 como una fiesta nacional. Leguía fue reelegido ese año una vez más.

El descontento por la situación económica movilizó a los enemigos del régimen, que aumentaban en la medida que más se alargaba el gobierno. El último domingo de agosto de 1930, cuando el presidente acudía al hipódromo para ver correr a su caballo favorito, fue informado de que en Arequipa el comandante del ejército Luis Miguel Sánchez Cerro había tomado los cuarteles de la ciudad exigiendo su renuncia a la presidencia. Sánchez Cerro era un militar mestizo que, antes de entrar en la política, había participado en algunos incidentes armados. En 1922 había dirigido un pronunciamiento contra Leguía en Cuzco, por lo que fue a prisión y se relevó de su mando de las Fuerzas Armadas. Pero contaba con el respaldo de los oficiales del ejército y esto era muy importante en un país como Perú. De modo que cuando Leguía comprobó que tenía estos apoyos optó por renunciar y tomar un barco de la armada que debía llevarlo a Panamá. Sánchez Cerro obligó a retener el barco y hacerle volver y lo trajeron en calidad prisionero. Después lo juzgaron por varios delitos, entre ellos el de corrupción.

La caída de Leguía dio paso a una grave crisis política que tardó varios años en estabilizarse. Leguía murió en prisión en 1932.[50]

Entró entonces en la escena política una generación con ideas políticas nuevas, de corte socialista, de la que formaron parte José Carlos Mariátegui o Víctor Raúl Haya de la Torre. Este último fue fundador del APRA (Alianza Popular Revolucionaria Americana). El socialismo empezó a proponer modelos constitucionales diferentes. Se trataba de que en el centro del orden público y constitucional no había de estar el individuo propietario de sus derechos, sino la función social de los medios de producción, el capital, el trabajo y las materias primas. En 1928 José Carlos Mariátegui presentó el programa del partido socialista peruano. Sostenía que la auténtica emancipación en América Latina tenía que llegar por una doble revolución, contra la explotación proletaria y contra el imperialismo (sobre todo norteamericano):

> El capitalismo se desarrolla en un pueblo semifeudal como el nuestro; en instantes en que, llegado a la etapa de los monopolios y del imperialismo, toda la ideología liberal, correspondiente a la etapa de la libre concurrencia, ha cesado de ser válida. El imperialismo no consiente a ninguno de estos pueblos semicoloniales, que explota como mercados de su capital y de sus mercancías y como depósitos de materias primas,

un programa económico de nacionalización e industrialismo; los obliga a la especialización, a la monocultura (petróleo, cobre, azúcar, algodón, en el Perú), sufriendo una permanente crisis de artículos manufacturados, crisis que se deriva de la rica determinación de la producción nacional, por factores del mercado mundial capitalista.

En 1931 el fundador del APRA se presentó a las elecciones como sucesor de Leguía. Su popularidad había crecido rápidamente entre el proletariado de las haciendas azucareras y los profesores de las escuelas. El favorito de la elección era, sin embargo, el comandante Sánchez Cerro, cuyo principal capital político era haber derrocado al tirano Leguía.

Sánchez Cerro ganó las elecciones, pero los del APRA no lo reconocieron y sus militantes organizaron una campaña de resistencia en diversas ciudades del país que derivó en una contienda el periodo 1932-1935. Sánchez Cerro fue asesinado, cuando ejercía la presidencia, por un trabajador aprista, Abelardo Mendoza Leiva, aunque no se aclaró si el APRA había participado en el magnicidio.

La oligarquía aprovechó la muerte de Sánchez Cerro para colocar en el poder al general Benavides, que gozaba de ascendiente en las Fuerzas Armadas y contaba con su confianza. Benavides tomó el poder en 1933 solo para completar el periodo de mandato de Sánchez Cerro hasta 1936, pero terminó prolongándolo hasta 1939.

Benavides encabezó un gobierno de orden, paz y trabajo que combinó la represión con programas de ayuda social. Creó el Banco Central de Reserva del Perú, la Superintendencia de la Banca y Seguros y mejoró por tanto el sistema financiero. También continuó el programa de grandes obras públicas iniciado durante el Oncenio. Concluyó la carretera panamericana, con un diseño paralelo al mar que fue muy criticado porque duplicaba la comunicación que brindaba la navegación de cabotaje por el Pacífico. Creó hospitales, colegios, aeropuertos y edificios. Para pagar las obras públicas hizo una reforma fiscal, en 1934, que incorporó el impuesto de la renta.

Las elecciones de 1939 las ganó Manuel Prado Ugarteche, que había militado dentro del civilismo a comienzos de siglo, se había graduado en la escuela de ingenieros y era un hombre que parecía representar a la clase propietaria moderna. Había sido presidente del Banco Central de Reserva y se hizo con una enorme fortuna, añadida a un patrimonio familiar que ya era considerable, basada en el control de un banco, en las ganancias de varias fábricas textiles, así como en la actividad inmobiliaria y constructora.

Luego vino el golpe militar del general Odría, apoyado en la idea de que las Fuerzas Armadas intervendrían siempre que la situación de la oligarquía se viese amenazada por el poder alcanzado por los nuevos partidos o instituciones, como era el caso del APRA. Había una importante franja de población que pedía orden por encima de todo. Sobrevino una campaña de represión sobre los partidos aprista y comunista, que eran considerados fuera de la ley. Desarrolló programas de construcción de vivienda, erigió escuelas en las principales ciudades y obras monumentales en la capital, así como un rascacielos destinado al Ministerio de Educación. Un programa de atenciones y ayudas alimentarias llevaron al gobierno de Odría a tener una cuota de popularidad entre pobres y población urbana que le permitió prolongar el gobierno hasta 1956. Ese año llegó al poder Manuel Prado, que marcó una política de continuidad con el régimen instaurado en los años treinta con el civismo de inicios del siglo xx. Apoyó la industria siderúrgica y la promoción industrial. Y tuvo que enfrentarse a reclamaciones continuas de redistribución de la propiedad que se hacían desde diferentes regiones del país, particularmente en la sierra.

Bolivia había terminado la guerra del Pacífico cediendo su salida al mar y en 1903 todavía sufriría otro quebranto territorial por un conflicto con Brasil, que determinó que perdiera zonas caucheras en una extensión de 191.000 kilómetros cuadrados en la región de Acre. El siglo lo iniciaron los liberales con el gobierno de José Manuel Pando (1899-1904). Continuaron hasta 1920, con políticas de unificación del país, traslado de la capital administrativa a La Paz, lo que provocó conflictos con Sucre, que fue siempre la capital jurídica. Por eso construyeron ferrocarriles y recibieron apoyos como compensación por los traslados de límites con Chile y con Brasil, que les permitieron contar con algunas infraestructuras ferroviarias. Los liberales consiguieron una transformación de algunos sectores productivos de Bolivia, especialmente la minería. La explotación de la plata había empezado su declive y la sustituyó el estaño, que fue entonces el producto estrella para las exportaciones. Bolivia tenía en 1900 una población estimada de 1.767.000 habitantes y se aumentaron hasta 2.200.000 en 1930. Más del 70 por ciento de la población era indígena.

Los republicanos ocuparon el poder a partir de 1920, apoyados por un electorado que era prácticamente el mismo, no con muchas variaciones ideológicas, de los que habían apoyado al partido liberal. Fue Juan Bautista Saavedra quien determinó el cambio en la presidencia y no tuvo ningún inconveniente en sacar el ejército a la calle cada vez que había que aplacar las protestas de los obreros, muy especialmente cuando la extranjerización de la economía obligó de modo importante a cuidar de la seguridad de las inversiones. Bolivia obtuvo un préstamo de la casa Stifel Nicolaus, de Estados Unidos, de treinta y tres millones de dólares, el mayor de la historia de Bolivia hasta entonces, al 8 por ciento. La garantía del préstamo fueron todos los impuestos, fondos y rentas del Estado y se creó una Comisión Fiscal Permanente, integrada por miembros designados por los banqueros prestamistas, que controló la aduana, la recaudación de impuestos y el Banco Central del país. El mismo año 1922 la Standard Oil de New Jersey se hizo cargo, por procedimientos no transparentes, de la explotación de la mayoría de los recursos petrolíferos bolivianos. Se enfrentó a levantamientos obreros e indígenas. Cuando él llegaba a la presidencia, había sido impresionante la represión que tuvo lugar en Uncía, distrito de Potosí, contra una concentración de mineros y campesinos. Y aplicó la mayor contundencia para sofocar el levantamiento indígena de Jesús de Machaca, ocurrido en 1921. Pero, bajo su presidencia, se aprobaron leyes sociales importantes, de accidentes de trabajo, sobre huelgas, y se creó el Instituto de Reformas Sociales.[51]

También, durante el mandato de Saavedra, se planteó una reclamación sobre Arica, puerto que administraba Chile, pero que constituía la compensación a Bolivia por la pérdida de su litoral en la guerra del Pacífico. Eligió la vía diplomática y no tuvo éxito.

Su sucesor en las elecciones de 1925 fue Hernando Siles Reyes, que gobernó como presidente hasta 1930 (sus hijos Hernán Siles Suazo y Luis Adolfo Siles Salinas también alcanzaron la presidencia). Fue un gobernante autoritario, que recurrió con frecuencia al estado de sitio para reprimir los conflictos políticos y sociales. Trató de desprenderse de la herencia de Saavedra (con quien no cumplió la promesa de mantener a su hermano Abdón en la vicepresidencia) y fundó un nuevo partido al que convocó a jóvenes intelectuales de la época. Entre ellos Víctor Paz Estenssoro, que sería presidente de Bolivia en cuatro ocasiones a partir de 1952, iniciando la llamada Revolución nacional, que abarcó la reforma agraria, el voto universal, la nacionalización de las empresas mineras principales y la reforma educativa. Fue el referente de la política boliviana del siglo y uno de los dirigentes más importantes de América, aunque su vida política combinó las presidencias con los exilios. Sufrió el exilio en tres ocasiones, por un tiempo total de diecisiete años.

PROPUESTAS DEMOCRÁTICAS RADICALES DE LOS ESTADOS DEL CONO SUR

Hay algunas características comunes en la historia del Cono Sur en los primeros años del siglo XX. Entre otras la menor presencia indígena, la fuerte inmigración, y la rápida europeización y desarrollo económico que se producen en estos años. Emergen en estos países grupos políticos que quieren implantar la democracia y ampliar su base social, enfrentándose así a la dominación oligárquica. De esta clase es el Partido Radical en Chile, la Unión Cívica Radical en Argentina, y el sector del Partido Colorado presidido por José Batlle y Ordoñez en Uruguay.

Se produce en este tiempo también una revolución urbana, que hace declinar los caudillismos que habían estado impulsados fundamentalmente por el ruralismo, marcado por la fortaleza del poder de los grandes hacendados o estancieros. Muchas veces es la propia oligarquía la que desarrolla las revoluciones, como ocurrió en 1890 con el presidente chileno José Manuel Balmaceda. Pero el propósito unificador de Balmaceda en Chile fracasa por la inexistencia de clases medias que lo apoyen. Sin embargo, los programas políticos de Hipólito Yrigoyen en Argentina, o de José Batlle y Ordoñez en Uruguay encuentran un sólido respaldo en los sectores medios. En definitiva, se trata de una pérdida de influencia del dominio oligárquico sustituido por una revolución urbana, debido al peso creciente de las grandes ciudades en el Cono Sur, que llevó a un desgaste del poder político de las antiguas clases dominantes, todas de base rural.

En *Uruguay* el gobierno de referencia fue el de José Batlle y Ordoñez, que se enfrenta a problemas que son paralelos a los de otros países americanos, como la economía favorecida por el alza de precios internacionales después de una etapa de depresión a final de siglo. En particular, para Uruguay, la decadencia del mercado de cecina, de carnes saladas, que va siendo sustituido por otros productos como la lana, los cueros. Hay a principios de siglo una gran superproducción ganadera con una cabaña de vacuno y de ovino cifrada en siete y dieciocho millones de cabezas respectivamente. Tiene Uruguay en 1908 en torno a 1.042.000 habitantes de los cuales 309.000 están en la capital Montevideo.

Batlle fue el presidente que trató de hacer un Uruguay moderno y democrático. Era nieto de un comerciante catalán que se había establecido en Montevideo e hijo de un militar que desempeñó la presidencia del país entre 1868 y 1872. Nació en Montevideo en 1856, estudió derecho, viajó a Europa en 1880 durante un año. Participó como activista político contra el dictador Máximo Santos, al que intentaron derrocar en la Revolución de 1886.

La revolución de 1904 estuvo presidida por enfrentamientos entre miles de uruguayos en los campos con un gran coste de vidas humanas, hasta que en la batalla de Masoller murió Aparicio Saravia. El gobierno firmó la Paz de Aceguá. A partir de aquí Batlle llevó a cabo muchas reformas con la pretensión de modernizar el país. Batlle se separó, o no tuvo tan en cuenta, la oligarquía ganadera como al proletariado y las nuevas clases medias que integró en organismos estatales durante el periodo. Batlle había fundado el periódico *El Día*, y en esta etapa lo cedió a un precio reducido para que llegara a todas las capas sociales. También creó clubs de barrio para que fuera más conocida la línea política del Partido Colorado.

Sus reformas reconocían a los trabajadores derecho a organizar sindicatos y el derecho de huelga. Su preocupación por la mejora de las condiciones laborales y la industrialización del país y reglamentación del trabajo tiene una clara influencia krausista. Trataba de estimular la lucha por los derechos de los trabajadores y de educar a la sociedad. Batlle quería alcanzar la justicia social sin desatar la violencia entre las clases.

Hubo un intermedio entre las dos presidencias de Batlle que ocupó Claudio Williman, que se hizo famoso por la represión que practicó del movimiento obrero. Batlle se fue de viaje por Europa durante los cuatro años que duró esa presidencia. Al volver, hizo aprobar medidas sobre la jornada laboral, la ley de accidentes de trabajo y diversas medidas de protección de los trabajadores. A diferencia de la primera presidencia de Batlle, ya se habían producido medidas como la secularización del matrimonio, la aprobación de la ley del divorcio en 1907 y la supresión de la enseñanza religiosa en las escuelas. Hizo esfuerzos por rescatar la deuda que estaba en manos de financieros británicos. Y es muy importante la política que le condujo a tratar de reducir la dependencia de otros países, muy especialmente Estados Unidos, liberando de capital extranjero servicios esenciales del país, ferrocarriles, teléfonos, telégrafos, tranvías, aguas corrientes, producción de gas, seguros, muchos de ellos en manos de compañías inglesas.

Nacionalizó muchas de estas industrias, lo que permitió un desarrollo importante de la economía nacional. Entre la primera y segunda presidencias muchos elementos proteccionistas y estatistas hicieron más perceptible la política estatalizadora, que algunos empezaron a llamar socialista. En 1911 se nacionalizó el Banco de la República y se creó la Usina Eléctrica del Estado; en 1912, el Banco Hipotecario; más adelante se creó el Banco de Seguros del Estado, y se fortaleció una administración de tranvías y ferrocarriles del Estado. En definitiva, operaban sobre los viejos servicios públicos tratando de liberarlos de las manos en las que estaban.

En el plano interno transformó la relación entre las cámaras y los altos cargos del Estado. Para formar unas cámaras más fuertes persiguió el establecimiento del sufragio universal, dando el voto a la mujer y a los emigrantes residentes, y también restauró el plebiscito que permitía una consulta popular en cuestiones de importancia. Procuró apartarse del presidencialismo que había instaurado la Constitución de 1830 y evitar la amenaza continua de una dictadura.

En relación con la estructura basada en los grandes latifundios, Batlle adoptó políticas que consistieron en incrementar la productividad de la tierra o, en su caso, su división, de modo que se afectaba a los propietarios que residieran fuera del país o que produjeran escasamente.

El medio rural también se modernizó creando organismos de estudio y estaciones agronómicas, se creó la facultad de Agronomía y Veterinaria para formar personal especializado. No todos recibieron bien las propuestas de Batlle hasta el punto de que su partido se escindió en dos bloques: uno, que él presidia, y otro dirigido por Feliciano Viera.

Este último, apoyado en la federación rural, que cubría el territorio nacional con muchas filiales, protestó las medidas reformistas de Batlle y consiguió su paralización. Estaban convencidos los oligarcas de que el camino que había tomado Batlle era el mismo de la Revolución rusa de 1917.

José Batlle y Ordoñez falleció el 20 de octubre de 1929, dejando detrás una gran obra que conformó un modelo de Estado progresista, de carácter muy duradero, aunque necesitado de tutela y protección.

Argentina entra en el final de siglo todavía bajo los efectos de la Conquista del Desierto del general Julio Argentino Roca. Desde el punto de vista económico, los problemas y las ventajas de Argentina son en general las mismas de otros países vecinos: incremento de la superficie cultivada, a costa de la expulsión de los indios; control de la tierra por los estancieros. Argentina tenía en 1914 ocho millones de habitantes de los cuales el 57 por ciento vivían concentrados en Buenos Aires.[52]

El régimen político tenía sin embargo todavía muchos déficits, aunque había progresado, especialmente desde la presidencia de Domingo F. Sarmiento. Había Fuerzas Armadas, Hacienda pública, códigos y tribunales y escuelas primarias, pero no se había resuelto el problema principal del régimen oligárquico que era la ilegitimidad de origen porque se apoyaba en el fraude electoral. Roque Sáenz Peña fue uno de los políticos convencidos de la necesidad de liberalizar el régimen y propició la aprobación de una ley que reemplazara el Registro Cívico por el padrón militar como base para la confección de las listas electorales, y otra ley que estableció el voto obligatorio y secreto de los varones argentinos, nativos y naturalizados. El voto, llamado universal, excluyó el sexo femenino porque era lo propio de la época en la que tampoco las mujeres votaban en la mayoría de los países en el mundo.

Los reformistas pretendieron a partir de entonces conseguir objetivos específicos como reducir la abstención, expandir paulatinamente la ciudadanía política e integrar en el juego político al principal partido de la oposición, que llevaba diez años rechazando participar en las elecciones. Este partido era la Unión Cívica Radical (UCR) fundada en 1890.

Las reformas culminaron con la aprobación de la ley electoral Sáenz Peña en 1912. Se pretendía superar la lucha de facciones que imperaba dentro de las filas de la misma élite dominante y que extendía el uso fraudulento de la violencia política contra los integrantes de la propia oligarquía.

Leandro N. Alem es considerado el creador de la Unión Cívica Radical, que empieza a funcionar como fuerza política en 1889. Las propuestas de este partido serían llevadas a los programas electorales por Hipólito Yrigoyen en años posteriores. Alem e Yrigoyen recogieron el radicalismo como expresión de oposición al modelo implantado por la denominada generación del 98 en la que figuran entre otros Argentino Roca y Carlos Pellegrini. Yrigoyen participó en los levantamientos y acciones repetidas contra estos dos últimos. En 1890 la Unión Cívica apoyó movimientos revolucionarios en algunas regiones del país. Las tropas oficiales no tuvieron ningún problema para vencerlos inmediatamente. Cuando Alem, tío de

Yrigoyen e introductor suyo en la política, se suicidó en 1896, quedó este como jefe absoluto del partido. Después de la muerte de Alem, Yrigoyen se opuso a cualquier tipo de alianza. Reconstruyó el partido y le asignó objetivos revolucionarios. Buscó alianzas con algunos militares, para cuando fuera precisa la acción armada, y no estuvo dispuesto a compartir el gobierno. El programa político que desarrolló fue el que figuraba en el manifiesto de 1891 que comprendía la libertad de sufragio y respeto de la autonomía de municipios y provincias. Tenía una visión regeneracionista de la sociedad.

La presidencia de Yrigoyen, que comenzó en 1916, puso fin a la hegemonía conservadora que se había prolongado más de cuarenta años, e inició la época de las presidencias radicales.

Yrigoyen adoptó como política central de su mandato la reforma de la Administración pública, la apertura de nuevas tierras, la expansión de los ferrocarriles, la atracción de emigrantes, la tecnificación de las haciendas y la federación de Buenos Aires, todas medidas imprescindibles para fortalecer la nación argentina. Esta modernización estaba pensada para el crecimiento «hacia fuera» del país, para dar respuesta al mercado mundial. Pero las clases dominantes mantenían la situación del sistema electoral que limitaba la participación popular. Para cambiar el estado de cosas la Unión Cívica Radical de Hipólito Yrigoyen estableció el principio de soberanía popular basado en el sufragio universal.

Durante las dos presidencias de Yrigoyen, que fueron de 1916 a 1922 y de 1928 a 1930, y en el mandato de Marcelo T. de Alvear, que ocupó el intermedio entre aquellas dos, se remarcó la tendencia a la estatización de sectores de la economía y también a la aprobación de leyes sociales con el propósito de atenuar los problemas de grupos que no tenían en Argentina ninguna protección. Consagró también el periodo radical la defensa de los agricultores, la recuperación parcial de tierras públicas, el fomento de iniciativas colonizadoras y otras medidas semejantes. Pero también programó, frente al monopolio británico de las redes de ferrocarriles, decisiones de no renovación de las concesiones, al mismo tiempo que incentivaban el desarrollo de los ferrocarriles del Estado. Tuvieron mucha oposición estas medidas. También se estatalizó el sector petrolífero, que llevó a la creación de Yacimientos Petrolíferos Fiscales (YPF) que, durante el segundo mandato de Yrigoyen, se ocuparía de hacer viables las medidas de nacionalización total de los hidrocarburos. Estas decisiones afectaban a las posiciones de la Standard Oil y muchas de estas medidas fueron paralizadas en el Senado.

La parte negativa de sus decididas políticas económicas y sociales fueron las represiones durísimas con que combatió levantamientos obreros y campesinos, que han quedado marcadas en la historia de Argentina: la Semana Trágica, la Masacre de la Forestal y la Patagonia rebelde.

Siempre le reprocharon su excesivo personalismo y hasta su propio partido se escindió en dos, para distinguir a los antipersonalistas. El final de Yrigoyen fue una rebelión militar encabezada, en septiembre de 1930, por el general José Félix Uriburu. Lo confinaron a la isla de Martín García y murió en 1933.

La mayoría de las sucesiones presidenciales producidas durante los decenios posteriores estuvieron asociadas a rebeliones armadas, renuncias presidenciales y clausuras temporales del Congreso impuestas a la fuerza por el presidente. Además, conjuras palaciegas y tradiciones sin cuento. Sin embargo, Yrigoyen nunca quebrantó las regulaciones constitucionales.[53]

La concentración del poder gubernamental y partidario en Yrigoyen durante su primera presidencia reforzó el vínculo con sus bases de apoyo a lo largo de todo el país, pero también generó heridas y resentimientos por parte de los dirigentes partidarios que se enfrentaron y generalmente perdieron con el líder. En agosto de 1924, un grupo de miembros del partido de Yrigoyen fundaron el Partido Antipersonalista, que se planteaba como objetivo bloquear una posible candidatura presidencial de Yrigoyen en las siguientes elecciones previstas para 1928. Los obstáculos a la candidatura de Yrigoyen en 1928 fracasaron, pero se formó una alianza entre antipersonalistas, conservadores y una rama disidente del socialismo que estaba llamada a desempeñar un gran papel en la época siguiente. En 1928 se materializó el segundo gobierno Yrigoyen. Y desde ese mismo día empezó a plantearse el derrocamiento por la fuerza del líder radical. Tenía setenta y seis años pero no aparentaba ninguna senilidad.

Los opositores optaron entonces por coaligarse con los militares para convencerlos de que dieran un golpe. Ocurrió en septiembre de 1930 y fue un golpe no solo militar sino también celebrado por las viejas oligarquías y clases de grandes propietarios como un venturoso retorno a lo que llamaban la Argentina donde gobernaban «los mejores». Algunos postulaban propuestas corporativistas del tipo de las que se habían implantado en Europa, especialmente apoyadas por el general Uriburu, que era quien había sido designado presidente.

El gobierno militar de Uriburu apenas pudo sostenerse dos años, pero estuvo en el poder el tiempo suficiente como para convocar unas elecciones, en las que los radicales no quisieron participar, que ganó Agustín Pedro Justo, al frente de una coalición de partidos conservadores. Uriburu entregó el poder en febrero de 1932 y murió dos meses después. La elección fue impugnada ante el Tribunal Supremo, que legitimó a Agustín Pedro Justo, aplicando la «doctrina del poder de facto», creación del propio tribunal, que serviría para legitimar gobiernos inconstitucionales y represivos que habían llegado al poder como consecuencia de golpes de Estado y sublevaciones similares. La aplicó en 1943, 1955, 1962 y 1976.[54]

Justo incorporó al gobierno a intelectuales, abogados y profesionales curtidos, entre los cuales Antonio de Tomaso y Federico Pinedo. Se inspiraron en iniciativas seguidas en Estados Unidos por F. D. Roosevelt y por la Gran Bretaña keynesiana. Pinedo propuso un plan de obras públicas al mismo tiempo que se creaba el Banco Central. Ayudó también la llegada a Argentina de algunas grandes empresas multinacionales como la Ford, General Motors y Firestone.

Los resultados de las políticas económicas implementadas durante la década de los treinta fueron espectaculares. El gobierno de Justo fue el único del periodo conocido como «década infame» que llegó a implementar políticas de manera consistente. Los éxitos económicos del periodo autoritario contrastaron con el fracaso total para estabilizar la política. No se podía volver a la época de la democracia dirigida como pretendían Justo, Ortiz y sus amigos, aunque sí se consiguió reintroducir con mayor rigor los vicios de la etapa anterior a 1912. La consecuencia de la militarización de la política que se desarrolló en Argentina a partir de 1930 fue que el fraude que había tenido hasta 1912 un carácter territorial se transformó, a partir de 1930, en un mecanismo decisivo para suspender, limitar o anular el libre ejercicio del voto, también condicionado por las presiones de los militares, sus amenazas de golpe y los levantamientos efectivos de armas.

A pesar de sus méritos y atribuciones, el general Justo actuó de un modo muy personal y autoritario, y no resolvió ninguno de los problemas de gobierno de la provincia de Buenos Aires sino que más bien los empeoró. Se planteaban entonces estas cuestiones con una gran indiferencia puesto que Argentina estaba en una situación deplorable. Era el país que refleja el tango «Cambalache» escrito por Enrique Santos Discépolo.

En *Chile* el radicalismo fue liderado por Alessandri.

Los prolegómenos son la sublevación contra Balmaceda, que devolvió el poder al sector integrado por terratenientes, mineros, comerciantes y grupos financieros que, apoyados por su control del Parlamento, habían sido habituales opositores. Chile recibió mucha menos inmigración que Argentina, pero experimentó también cambios sustanciales tanto en su población como en su economía, esta última arrastrada por la explotación del nitrato, la expansión ferroviaria, la producción de cobre y la exportación de trigo.

En el periodo conocido como República Parlamentaria, Chile conoció importantes cambios sociales. En primer lugar, la oligarquía mantuvo el control del poder a través del Parlamento. Los ingresos fiscales procedentes de los yacimientos de nitrato en el norte ayudaron a que se pudiera disponer de recursos suficientes para impulsar los gastos públicos y que las grandes ciudades presentaran cierto aire de prosperidad. Los oligarcas, junto a los terratenientes tradicionales y la burguesía surgida por la explotación de la tierra, la minería, el comercio y la banca mantuvieron un predominio que se debilitará a partir de los años veinte, cuando las viejas familias de propietarios empezaron a ser desplazadas por las nuevas fuerzas sociales emergentes.

La República Parlamentaria se había instalado en 1891 pero las diferencias ideológicas entre los diferentes bandos se mantuvieron hasta 1924, aunque estas eran inexistentes prácticamente, si se exceptúa la lucha misma por el poder y las propuestas de unos y de otros respecto del papel que tendría que cumplir en la sociedad la Iglesia católica.

Los dos partidos promovieron coaliciones en el periodo. La oligarquía representada por diversas fuerzas políticas, como el Partido Conservador, donde estaban los grandes propietarios agrícolas; el Partido Nacional, con el que se alineaban las altas jerarquías de la burocracia, parte del comercio y de la banca; y el Partido Liberal, que era siempre un partido muy dividido entre sus diferentes facciones y congregaba a propietarios de minas, industrias y grandes terratenientes. También, en fin, el Partido Demócrata-Liberal, que se consideraba continuador del ideario de Balmaceda.

La República Parlamentaria entró en el siglo XX bajo la presidencia de Germán Riesgo, que fue presidente entre 1901 y 1906, al que apoyan una coalición de radicales, nacionales y liberales doctrinarios. Le sigue Pedro Montt, sostenido, para el periodo 1906-1910, por la misma coalición. Y siguen las presidencias de Ramón Barros Luco, entre 1910 y 1915, y Luis Sanfuentes entre 1915 y 1920. Son los oligarcas los que se suceden en estos gobiernos, que controlan el poder desde el Congreso, renunciando a un Ejecutivo fuerte que había estado muy presente en el siglo XIX hasta la presidencia de Balmaceda.

Las clases medias decimonónicas se incorporaron a los partidos políticos existentes, pero las nuevas clases urbanas, cuyo número se incrementó, mostraron su preferencia por los partidos Radical y Demócrata. La participación electoral en Chile se mantuvo en niveles muy bajos durante el siglo XIX, pese a que se permitió votar a partir de 1884 a los mayores de veinticinco años que supieran leer y escribir. Hacia 1920 el número de electores se había duplicado porque anteriormente la exclusión de la mujer y los analfabetos negaban el voto a un elevado porcentaje de la población.

Todos estos factores determinaban que las clases altas podían manipular las elecciones con total impunidad, lo que fue clave para el mantenimiento de la República Parlamentaria y la oligarquía que lo controlaba.

En 1915 Arturo Alessandri, de importante familia terrateniente, desarrolló una campaña electoral que le permitió acceder al Senado por la provincia de Tarapacá.

En este momento la demanda de reformas sociales hizo que en las elecciones de 1920 el Partido Demócrata, el ala progresista del Partido Radical y del Liberal, obtuvieran un resonante triunfo sobre la Unión Nacional, integrada por el Partido Conservador y las derechas del Partido Radical y Liberal. Ellos postularon a un hombre de finanzas, Luis Barros Borgoño. La campaña que lanzó Alessandri contenía propuestas de legislación del trabajo progresista, creación de un Ministerio de Asistencia Social, nacionalización de los servicios en poder de empresas extranjeras, control de los bancos por el Estado y la reforma impositiva, que afectaba sobre todo a las clases altas y a las herencias, así como una distribución más justa del trabajo.

Las clases medias otorgaron sus votos a esta propuesta con la que se identificaban, y los obreros aceptaron un programa reformista que significaba un avance en sus reclamaciones de justicia social. Se había producido un colapso en el mercado mundial del nitrato y no era fácil para la clase gobernante luchar contra sus efectos. Durante el mandato del presidente se reiteraron las represiones sangrientas de mineros, como sucedió en 1921 con trabajadores del salitre en San Gregorio.

En este periodo también se eliminó la hegemonía británica en la economía chilena y el ingreso cada vez más perceptible de capital norteamericano que también era determinante de la pérdida de influencia de la clase terrateniente tradicional.

El Parlamento frenó muchas propuestas de leyes sociales e impidió los programas de desarrollo industrial que alentaban radicales y demócratas. Pero el presidente llevó a sus ministerios a integrantes de las clases medias y se mostró impotente para solucionar los urgentes problemas de las masas trabajadoras. En 1924 el desempleo, la ineficacia del Congreso para pelear los problemas nacionales y el desastre financiero llevaron a un descrédito generalizado que determinaría la decadencia del sistema. En las elecciones parlamentarias de 1924 todavía triunfó la alianza liberal, pero en septiembre de ese año el presidente fue obligado a renunciar en favor del general Luis Altamirano. Luego hubo en marzo siguiente otro golpe militar que restituyó a Arturo Alessandri en la jefatura del Estado. Este convocó una Convención Constituyente que redactó la Constitución de 1925. Suponía una ruptura con el pasado, establecía una elección directa, creaba un tribunal electoral, establecía la libertad de conciencia y separación de la Iglesia y el Estado. Implantaba un Ejecutivo fuerte al tiempo que debilitaba al Legislativo. El Estado adquiría de esta manera poder para intervenir en la economía. Pero el restablecimiento en el poder de Alessandri no duró mucho. Seis meses más tarde un nuevo conflicto con el ejército lo forzó a abandonar el poder. Fue también corto el periodo en que gobernó el siguiente presidente Emiliano Figueroa Larraín, y las elecciones siguientes llevaron al poder a Ibáñez del Campo. Ese periodo de gobierno, que duró entre 1927 y 1931, se caracterizó por la exclusión de los partidos políticos del escenario nacional.

Ibáñez del Campo excluyó a los partidos políticos de la escena y persiguió a las personalidades más relevantes. No prohibió los sindicatos pero atacó a los que estaban vinculados a partidos obreros. La prensa fue reprimida y censurada. Al mismo tiempo este dictador desarrolló un programa de obras públicas, construcción de carreteras, edificios públicos y extensión de los servicios de alumbrado y aguas potables. Recurrió al crédito externo y facilitó las inversiones extranjeras en la economía chilena, sobre todo en el cobre, la energía y los transportes, lo que le permitió desarrollar políticas de industrialización. Desde 1928 diversas leyes ofrecieron ayudas a industrias consideradas de interés nacional y establecieron aranceles proteccionistas.

Paraguay se recuperó muy lentamente después de la guerra de la Triple Alianza. Los colorados gobernaron casi un cuarto de siglo desde 1880 hasta 1904 en régimen de inestabilidad, levantamientos armados y una economía muy débil. En 1904 una revolución puso fin al gobierno colorado y los años siguientes hay una pugna por la presidencia entre los vencedores, por la que pasan Bautista Gaona, Cecilio Báez y Benigno Ferreira. Una revuelta militar del coronel Albino Jara fue la más notable porque precipitó la caída de Ferreira y la toma del poder de Manuel Gondra, que había sido elegido en 1910. Gondra no llegó a gobernar y fue Jara el que estableció una dictadura violenta y fuerte. En 1912 el presidente electo sería Eduardo Schaerer, un hombre que trató de aprovechar las ventajas de la posguerra para que la economía paraguaya creciera. Paraguay había recuperado muy lentamente su población y en el territorio rural predominaba una población indígena bilingüe. Hacia 1930 la población rondaba los novecientos mil habitantes. Schaerer gobernó un país pobre con malestar de los campesinos y una incipiente protesta urbana. Desarrolló la producción de algodón, el tanino y la yerba mate, cuya exportación creció. En su mandato se creó el Banco Agrícola y la Oficina de Comercio Exterior además del Banco de la República.

El siguiente presidente fue Manuel Franco, que falleció poco después de completar su mandato, y empezó una nueva época de inestabilidad, en la que hubo otros varios presidentes, José P. Montero, Manuel Gondra, Eusebio Ayala, todos los cuales fueron revocados en sucesivos golpes militares.

Eligio Ayala fue presidente en 1923 e intentó restaurar la economía y la política en el país. Tenía formación intelectual y llevó a Paraguay por un terreno de austeridad administrativa con el que consiguió algunos repuntes de la economía. También llevó adelante un proyecto de colonización del Chaco.

El siguiente presidente fue José P. Guggiari, durante cuya presidencia hubo levantamientos y revueltas de las clases medias urbanas, movilizaciones que hundieron todavía más a una economía en deterioro y llevaron a un proceso en el que se veía venir de nuevo el enfrentamiento armado. La Conferencia Internacional de Estados Americanos de Conciliación y Arbitraje, que se reunió en Washington, intentó mediar en el conflicto, que solo consiguió aplazar.

EL IMPERIALISMO NORTEAMERICANO: INTERVENCIONES Y TUTELAS POLÍTICAS Y ECONÓMICAS EN HISPANOAMÉRICA

De las políticas coloniales de expansión territorial a la ocupación del territorio de las naciones independientes

La influencia norteamericana en el desarrollo ordinario de las democracias del centro y sur del hemisferio fue muy notable desde principios de las independencias. Es difícil la evaluación acerca de los supuestos en que, más que de influencia, puede hablarse directamente de obstáculo imperativo. Los líderes políticos de ambas partes del continente han utilizado muchos argumentos para justificar, unos, y repudiar, otros, la intervención imperialista. Las peores, y no menos frecuentes, alegaciones por parte norteamericana han rayado en el racismo, o incurrido en él sin paliativos, al apelar a la incapacidad de las razas latinas para la democracia y el autogobierno y la consiguiente necesidad de sus dirigentes de ser guiados e instruidos por los gobiernos más capaces. En verdad este tipo de argumentos no serían difíciles de afiliar con los que se emplearon para justificar el derecho de conquista algunos siglos antes, aunque creyéramos que el mestizaje y la emigración europea recibida en muchas de las emergentes repúblicas los habían vaciado de sentido. Los dirigentes de las nuevas naciones también han utilizado con manifiesto abuso el imperialismo yanqui como justificación de los fracasos democráticos de su país, lo cual no es del todo incierto si se consideran periodos históricos y territorios concretos, pero la generalización del drama ha ayudado a justificar políticas y líderes del todo insolventes y manifiestamente injustificables.

Enmarcado el asunto correctamente, ninguna duda puede caber de que el imperativo sometimiento a tutela de algunos gobiernos por los estadounidenses ha sido una de las características más notables de la historia política de Hispanoamérica durante los siglos XIX y XX.[55]

Las primeras inclinaciones de la política norteamericana respecto de sus vecinos del centro y sur del continente fueron marcadamente simplistas: consideraron sus territorios como espacios en los que era posible una expansión de Estados Unidos, hacia el oeste y hacia el sur, hasta construir un Estado que abarcarse el continente entero, el «hemisferio» completo. Esta idea expansionista, que tuvo algunas expresiones maximalistas a principios del siglo XIX, fue minorando su ambición a lo largo de los años. Ocurrió esta reducción tanto por convicción de que la diversidad que producirían las anexiones haría más difícil la gobernación del conjunto como por la idea racista de no mezclar la raza anglosajona, dominante en la brillante república del norte, con las menos dotadas razas latinas. Veremos luego algunas manifestaciones de esta posición altiva. Tardó Hispanoamérica mucho tiempo en reaccionar a semejante valoración, como hemos de ver más adelante.

Un segundo componente de estas primeras políticas de dominación del espacio, del que hubo muchas manifestaciones prácticas, fue la oposición norteamericana a compartir, de cualquier manera que fuese, el inmenso Nuevo Mundo, lleno de riquezas fabulosas, muy explotadas por los españoles pero lejos de estar agotadas, con otros europeos. Y así como la política puramente expansionista, de crecimiento territorial, redujo su intensidad desde la mitad del siglo XIX, la idea de que América era un continente entregado por la Providencia a los americanos, en el que no debían aceptarse nuevos asentamientos europeos de ninguna clase, cundió mucho hasta acompañar indefectiblemente y hasta hoy mismo toda la política panamericana de Estados Unidos. La primera formulación de esta doctrina la hizo el presidente Monroe en 1823, pero se ha mantenido con matices y complementos que la han adaptado al decurso del tiempo.[56]

La política de expansión territorial en el continente, que los norteamericanos quisieron monopolizar, había sido una práctica generalizada de todas las potencias europeas desde antes de las independencias. Muchas partes del territorio americano fueron objeto de reclamaciones y litigios entre Estados europeos. Las más antiguas que se pueden traer a colación fueron las que enfrentaron a España y Portugal, nada más conocerse el Descubrimiento, y que comenzaron a resolverse con el Tratado de Tordesillas de 1494, aunque las decisiones más ajustadas sobre los linderos de las colonias de ambas naciones en Sudamérica se prolongaron hasta los Tratados de Límites de mediados del siglo XVIII, que ya hemos estudiado. Las menos pacíficas y «reguladas» de esas interferencias en los dominios coloniales de la colonia española fueron, desde luego, las inglesas que comenzaron con el reinado de Isabel I.[57]

Pensadores y marinos británicos coincidieron en negar el derecho absoluto de los monarcas españoles sobre las tierras del Nuevo Mundo, aduciendo, por un lado, la falta de atribuciones del papa para otorgar, como hizo, una concesión exclusiva a Castilla, y, por todo lado, invocando un derecho de descubrimiento y colonización que incluso dataron estableciendo fechas anteriores a 1492[58] en las que se habría producido la llegada de exploradores británicos a las Antillas. Algunos puritanos influyentes construyeron la teoría de que no podía dejarse a los papistas españoles evangelizar el continente porque solo males traería esa predicación, que consentía la indolencia y el oscurantismo y era contraria al desarrollo de los pueblos.[59] Enseguida marinos y colaboradores leales a la reina, como Humphrey Gilbert y Richard Hakluyt, presentaron a la reina proyectos de colonización, referidos, sobre todo, a territorios del Caribe. Desde allí podrían controlar el lucrativo comercio de esclavos.

Las incursiones en el Caribe de John Hawkins, acompañado al principio de su primo segundo Francis Drake, y, sucesivamente, el irresistible ascenso filibustero de Drake, generaron múltiples situaciones de interferencia, agresión, piratería y corso. Muchas fueron impactantes y dieron fama a la acción y al personaje, como su asalto a la flota española en el puerto de Nombre de Dios, en el istmo de Panamá (1572) o el saqueo de Valparaíso (1578).

Pero los ingleses no consiguieron asentarse en las zonas centrales del dominio español durante el siglo XVI. En Florida se establecieron fortificaciones a partir de 1565. Y en el Caribe, las Grandes Antillas (Cuba, La Española, Jamaica y Puerto Rico), a pesar de la drástica reducción de su población, permanecieron bajo dominio español y sus puertos desarrollaron importantes funciones defensivas. Las Antillas Menores, que estaban menos protegidas, fueron, sin embargo, presas fáciles. Los ingleses establecieron bases militares en Barbados y Barbuda desde 1620, y en Antigua y Montserrat más tarde. Crearon industrias azucareras que explotaron con esclavos africanos y ocuparon otros territorios centroamericanos atractivos por sus riquezas, como fue el caso de las costas madereras de Honduras (Belice) y la Mosquitia en Nicaragua.

Una acción sistemática de mayores consecuencias fue organizada por encargo de Oliver Cromwell, inspirado en los escritos del religioso inglés Thomas Cage. Había adjurado Cage del catolicismo, aunque llegó a profesar en la orden de los dominicos y predicó en México y algunos territorios de Centroamérica. Se hizo puritano y escribió un detallado libro que contenía descripciones muy atractivas de las iglesias, recubiertas de oro, que había visto en sus recorridos, y de la riqueza de los intercambios comerciales que tenían lugar entre España y América. El libro lo tituló *The English American his travail by Sea and Land or A New Survey of the West Indies*, y se publicó en 1648. A Cromwell le interesaron mucho las observaciones de Cage, tanto que le pidió un informe sobre una posible invasión de los territorios colonizados por los españoles, y luego solicitó del poeta John Milton una justificación ética de la posible acción. Pertrechado de estos argumentos geográficos y morales, organizó una gran expedición con cincuenta y siete naves y más de trece mil hombres con el propósito de apoderarse de Cuba, Puerto Rico o La Española y, desde allí, atacar Cartagena. Fracasó en casi todo, menos en la conquista de Jamaica, que estaba mal defendida, consiguiendo rendir su capital el 17 de mayo de 1655. Este fue el resultado más apreciable del plan *Western Desing* organizado por el Lord Protector. Jamaica se convirtió desde 1655 en el centro de las operaciones inglesas en el Caribe. Port Royal sería la capital y el centro de operaciones y de apoyo al pirateo patrocinado por Inglaterra. El pirata Henry Morgan llevó a cabo un asalto a Panamá en 1671 y llegó a convertirse en gobernador de Jamaica.

Las incursiones británicas en el Caribe continuaron durante todo el siglo XVII y se recrudecieron en el XVIII, tras los acuerdos internacionales que pusieron fin a la guerra de sucesión española (1700-1714). Estos tratados desarticularon el riesgo de formación de la que podría haber sido la potencia hegemónica en Europa, sumando las monarquías borbónicas de Francia y España. Además de desmembrar el patrimonio de la monarquía hispánica, Gran Bretaña obtuvo el denominado «asiento de negros», que le permitió vender esclavos negros en Hispanoamérica durante treinta años; también obtuvo la concesión del «navío de permiso», que habilitaba para el comercio directo con la América española, aunque limitado a lo que pudiera transportar un barco de quinientas toneladas (que se amplió a mil en 1716). Quedaba así abierto el comercio directo de Gran Bretaña con las Antillas, que produciría en la práctica incontables conflictos. Uno de ellos el contrabando, que creció rápidamente como respuesta a las restricciones o límites establecidos; otro, no desdeñable, fue el hostigamiento continuo de la Flota de Indias por los corsarios.[60]

En este contexto de tensas relaciones entre España e Inglaterra, la oposición al primer ministro Robert Walpole inició una campaña favorable a la declaración de guerra, que alcanzó un momento crítico con la declaración ante la Cámara de los Comunes, en 1738, de un contrabandista llamado Robert Jenkins. Contó lo que le había ocurrido cuando lo apresó un guardacostas español y el capitán al mando le cortó una oreja al tiempo que le retaba: «Ve y dile a tu rey que lo mismo le haré si a lo mismo se atreve». La oposición parlamentaria y la opinión pública inglesa consideraron que era suficiente ofensa para declarar la guerra y, pese a los intentos de Walpole de mantener las relaciones con España, la contienda comenzó y España tomó inmediatas represalias suprimiendo el «asiento de negros» y el «navío de permiso».

La guerra tuvo episodios duros a partir de 1739, con los ataques a La Guaira y Portobelo y, sobre todo, con las sucesivas embestidas de la marina inglesa contra Cartagena de Indias, que tenía una importancia definitiva para el control del Caribe. Cartagena la defendían tropas mandadas por Blas de Lezo.[61] Se produjeron bombardeos entre el 13 y el 20 y el 22 y el 24 de marzo, el 3 de mayo de 1740, hasta el ataque definitivo de los días 13 de marzo a 20 de mayo de 1741. Vernon ordenó bloquear el puerto el 13 de marzo y desembarcar tropas y artillería para tomar el fuerte de San Luis de Bocachica. Blas de Lezo contaba con una flotilla de seis naves y tres mil hombres, a los que se unieron seiscientos arqueros indios. Una maniobra de concentración de tropas orquestada por Lezo (entonces conocido por «Mediohombre» porque las guerras en las que había participado le dejaron tuerto, cojo y manco) hizo creer a Vernon que había ganado la batalla y así lo comunicó a Jamaica y a Londres, donde se sucedieron las manifestaciones de júbilo e incluso se acuñaron medallas conmemorativas en las que figuraba Lezo de rodillas ante Vernon. Pero quedaba batalla por delante. El 19 de abril se produjo un ataque al castillo de San Felipe y los británicos se encontraron con que no podían escalar las murallas porque Lezo había hecho construir una zanja alrededor. Al amanecer, los defensores atacaron a la bayoneta y masacraron a todos los que no pudieron huir. Vernon se vio obligado a levantar el asedio. Murieron seis mil británicos frente a mil españoles.

La guerra, llamada por los historiadores «de la oreja de Jenkins» o «guerra del Asiento»,[62] continuó en otras localizaciones. Cuba fue la más inmediata.[63] Había sido el primer objetivo británico y se había aparcado ante el éxito de la conquista de Portobelo, que Vernon creyó poder repetir en Cartagena.[64] Los estudios sobre el fracaso de la aventura marítima inglesa en Cartagena se han sucedido durante los siglos siguientes, tratando de atribuir la responsabilidad de la derrota a algunos de los protagonistas. Vernon se las arregló desde el primer momento en construir una imagen lo más favorable posible de sus propias decisiones (el primer influyente apoyo lo encontró en el libro de Charles Knowles, *Account of the Expedition of Carthagena*, publicado en 1743).

Pasada la mitad del siglo, la guerra de los Siete Años cambió el panorama internacional en perjuicio de España. Los ingleses tomaron las ciudades fortificadas de La Habana, y los tratados de Fontainebleau de 1762 entre Inglaterra y España y de París de 1763 entre Inglaterra y Francia determinaron que España cediera Florida a Inglaterra, reconociera la supremacía británica de todos los territorios al este del Mississippi y el dominio de Honduras británica. España se anexionó Luisiana, incluyendo Nueva Orleans, y mantuvo íntegro su dominio americano al sur del Caribe

La guerra de Secesión en Estados Unidos no afectó mucho a la situación de Latinoamérica. Francia salió de Norteamérica y el país galo y España apoyaron en la guerra a los colonos independentistas. En el Tratado de Versalles de 1783 se acordó la devolución de Florida a España. Estados Unidos obtuvo su independencia en 1776 y enseguida se dedicó a hacer ajustes expansivos en su territorio. Puede decirse que los nuevos gobernantes norteamericanos no hicieron, en estos primeros años, otra cosa que seguir prácticas muy maduradas por las naciones que codiciaban intervenir y apropiarse de partes del territorio de la América colonial española. Solo que ahora ejercían el poder contra naciones independientes.

Las primeras operaciones de ajuste territorial, a costa de las colonias de otros Estados europeos, fueron inmediatas: por el Tratado de Pinckney España cedió los derechos de navegación por el Mississippi, lo que facilitó la expansión hacia el oeste. Este objetivo tuvo, sin embargo, su momento más significativo en 1803, cuando Estados Unidos compró a Francia el territorio de Luisiana, al que España había renunciado poco antes en favor de Napoleón.

Aquellos primeros años de desarrollo de la nueva república federal, se había generalizado en Europa una idea de toda América que los norteamericanos lograron sacudirse, pero que no tuvieron empacho en mantener respecto de Hispanoamérica: la idea de decadencia racial que habían puesto de moda la obra de Georges Louis Leclerc, conde de Buffon, publicada en 1749, y las inmediatas del prusiano Cornelius Paw y del escocés William Robertson. Los líderes de la independencia norteamericana (Thomas Jefferson y Alexander Hamilton especialmente)[65] y también los jesuitas expulsos de América se esforzaron en rectificar esa idea. Con éxito en el primer caso y no en el segundo, respecto de la América no anglosajona, porque los propios norteamericanos estuvieron atentos a mantener la presunción de decadencia e inferioridad de la raza latina.

En los comienzos de las independencias hispanas, Estados Unidos se mantuvo alejado salvo el apoyo moral y el comercio de armas, que el presidente Madison autorizó.

La toma por Estados Unidos del oeste de Florida fue el siguiente paso notable de expansión territorial. La venía reclamando como parte del acuerdo de compra de Luisiana. La transferencia completa de Florida que restaba como colonia española tuvo lugar con el Tratado Adams-Onís de 1819, aunque España no lo ratificó hasta que no se restableció la Constitución de Cádiz, terminando el primer periodo absolutista de Fernando VII, en 1821. Tenía Florida muy escasa población, casi la mitad esclava. Pasó a ser el estado número veintisiete de Estados Unidos en 1845. Y fue de los primeros en declarar su secesión de la Unión el 10 de enero de 1861, convirtiéndose en estado fundador de los Estados Confederados de América.

En las operaciones militares de 1817 para apropiarse de Florida había sido crucial la decisión del presidente James Monroe y su secretario de Estado John Quincy Adams. Antes de esa fecha, el Congreso, mediante una ley de enero de 1811, había empezado a marcar la política de *Non Transfer* dirigida a impedir que pudieran producirse cesiones de territorios americanos entre potencias europeas. Simultáneamente, empezó a declarar las inclinaciones propias a la expansión territorial. El mencionado Tratado Adams-Onís de 1819 aclaraba determinados aspectos de los límites hacia el oeste facilitando su superación.

No prestó Estados Unidos un apoyo decisivo a las guerras por la independencia de las naciones hispanoamericanas, como he señalado, pero empezaron a reconocerlas formalmente desde 1822. Primero fue Colombia, después México, Chile y Provincias Unidas del Río de la Plata. A medida que progresaba la creación de nuevas repúblicas, los dirigentes norteamericanos solían manifestar sin rebozo su convicción sobre la incapacidad racial de los vecinos del centro y sur para organizar su autogobierno,[66] por considerarlos débiles intelectualmente, sin nervio ni imaginación, vagos y atontados por la religión católica. Por eso mismo, Jefferson le había dicho por carta a Humboldt que no sería fácil crear ejecutivos que no se retuvieran de por vida o se transmitieran por herencia.[67] Y Bolívar, compartiendo la dificultad de aplicar soluciones democráticas, se había hecho acérrimo partidario de los gobiernos autoritarios.[68]

Doctrina Monroe y Manifest Destiny

Un acuerdo informal entre Francia e Inglaterra de 1823 apoyó la negativa de cualquier intento de reconquista europea de Latinoamérica. Invitaron a Estados Unidos a sumarse, pero, inmediatamente, en el informe anual del presidente James Monroe de 1823, formuló su propia posición, la conocida doctrina Monroe,[69] que constituiría desde entonces la base de la política de Estados Unidos en los asuntos de América:

> Un principio referente a los derechos e intereses de los Estados Unidos es que los continentes americanos, por la libre e independiente condición que han adquirido y que mantienen, no deben ser en lo sucesivo considerados como sujetos a colonización por ninguna potencia europea [...]. No hemos intervenido en las guerras entre las potencias europeas, y no intervendremos. Únicamente cuando nuestros derechos sean lesionados o amenazados, responderemos a las injurias o nos prepararemos a la defensa [...]. Es imposible que las potencias aliadas pudieran extender su sistema político a cualquier parte de estos continentes sin poner en peligro nuestra paz y tranquilidad; ni nadie puede creer que nuestros hermanos del sur, si se los dejase, lo adoptarían espontáneamente. Es igualmente imposible, por lo tanto, que nosotros pudiéramos ver una intervención de cualquier tipo con indiferencia. Si observamos la fuerza y los recursos de España en comparación con los de los nuevos gobiernos, y las distancias que los separan, es obvio que España nunca podrá someterlos. Es entonces la política de los Estados Unidos de dejar a las partes que resuelvan la situación por sí solas, esperando que las otras potencias sigan la misma conducta.

La doctrina Monroe, establecida unilateralmente, sin consulta alguna a las naciones americanas concernidas, y supuestamente movida para defenderlas de cualquier agresión europea,[70] supuso una prohibición de intervención, colonización o transferencia del dominio colonial de las potencias europeas en las Américas. Se concibe América como un nuevo sistema político, diferente del de

Europa. Y se considera una amenaza para la paz cualquier intento de las potencias europeas de transmitir su sistema político a los Estados. La declaración, como ha expuesto S. Rinke, se basa en la concepción de América como doble continente perteneciente a un «hemisferio» genuinamente americano.

Un joven Diego Portales, ciudadano chileno, que desarrollaría una notabilísima carrera política, fue una de las pocas mentes lúcidas que vio un peligro en el planteamiento norteamericano. Le escribió a un amigo en 1822:

> Hay que desconfiar de estos señores que muy bien aprueban la obra de nuestros campeones de liberación, sin habernos ayudado en nada: he aquí la causa de mi temor: ¿Por qué ese afán de Estados Unidos en acreditar ministros, delegados y en reconocer la independencia de América, sin molestarse ellos en nada? ¡Vaya sistema curioso mi amigo! Yo creo que todo esto obedece a un plan combinado de antemano; y ese sería así: hacer la conquista de América, no por las armas, sino por la influencia en toda esfera. Esto sucederá, tal vez hoy no, pero mañana sí. No conviene dejarse halagar por estos dulces que los niños suelen comer con gusto, sin cuidarse de un envenenamiento.[71]

Bolívar, sin contestar la doctrina Monroe, propuso la celebración de un Congreso Panamericano que asegurase la integridad territorial de los nuevos Estados contra la Santa Alianza. Al principio solo invitaron a Estados hispanoamericanos, pero luego se extendió a los demás Estados americanos y a Gran Bretaña. El Congreso se celebraría en Panamá en 1826. No fue un gran éxito; algunos enviaron representantes, otros observadores. Otros a nadie. Algunos, como el doctor Francia, no fueron invitados. Se elaboró un tratado que diese continuidad a estos congresos, pero solo Colombia lo ratificó.[72]

Excluido unilateralmente cualquier nuevo colonialismo europeo, o los intentos de restablecer las posiciones previas a las independencias, Estados Unidos adoptó por su parte la política de crecimiento hacia el oeste, bajo la presunción general de que este crecimiento constituía su *Manifest Destiny*. Un especialista como Stefan Rinke lo ha descrito del siguiente modo:[73]

La mejor descripción del conglomerado de ideas que se relaciona con el concepto del *Manifest Destiny* es la noción de una tarea casi divina de expansión territorial de Estados Unidos y de la historia de Estados Unidos como cumplimiento de este orden. John L. Sullivan, periodista de Nueva York y político del Partido Demócrata, acuñó el término en 1845 en un artículo de la revista *United States Magazine and Democratic Review*, de la que fue cofundador y editor. Con gran rapidez el término se difundió extensamente entre la gente de Estados Unidos. Con gran frecuencia la historiografía utiliza el término *Manifest Destiny* como concepto histórico para denominar el periodo que va entre, aproximadamente, 1800 y 1860 y que estuvo caracterizado por una política exterior estadounidense de expansión hacia el oeste.

Añade Rinke que la propagación de los ideales democráticos, libertarios e igualitarios a costa de la población indígena originaria y de las repúblicas vecinas fue considerada como la misión de Estados Unidos en el marco del *Manifest Destiny*.[74] «Durante las primeras décadas del siglo XIX esta idea adquirió además un componente racista, ya que sus seguidores valoraban la *raza anglosajona* de Estados Unidos como una raza indiscutiblemente superior a otras, lo que a su vez otorgaba una legitimación adicional a la expansión territorial».

A principios del siglo XIX empezaron a generarse ocasiones de expansión territorial por parte de Estados Unidos, que se autohabilitó con los títulos de legitimación que consideró convenientes. México fue el primer Estado en el punto de mira, por la vecindad y por la continua inestabilidad de sus gobiernos, que facilitó la emergencia de movimientos de secesión. Ya hemos hecho referencias a todos ellos. El primero fue el de las Provincias Unidas de Centroamérica en 1823. Pero el más importante fue el que afectó a los territorios del norte de México. El Tratado Adams-Onís de 1819 había aceptado los asentamientos de colonos en Texas procedentes de Estados Unidos. Desde 1825 habían enviado requerimientos a México manifestando el deseo de comprar todo ese territorio. México no aceptó, pero tampoco pudo impedir que el número de colonos siguiera creciendo; solo puso, para aceptarlos, algunas condiciones que parecían suficientemente tranquilizadoras: los colonos deberían convertirse en ciudadanos mexicanos y abrazar la religión católica. Pocos las cumplieron en serio. Pero en la medida en que México hacía más exigentes las condiciones, como ocurrió en 1830, las protestas se multiplicaron y, a partir de 1833, con la presidencia de Antonio López de Santa Anna, la crisis se ahondó hasta estallar la guerra en 1835. Perdió México la batalla definitiva de San Jacinto, en la que hicieron prisionero a Santa Anna, y Texas declaró su independencia en 1836. La liberación del singular general se hizo a cambio de que reconociera la independencia, pero el Congreso mexicano rechazó el acuerdo. Durante la presidencia del demócrata John Tyler, de origen sureño, que había incluido en su programa la incorporación de Texas a Estados Unidos se avanzó, pero no se concluyó porque los abolicionistas del norte creían que Texas favorecería la causa esclavista. México advirtió que consideraría *casus belli* la anexión. Este fue el tema central de la campaña electoral norteamericana en 1844-1845. Ganó James K. Polk, y la anexión se tramitó en el Congreso a finales de 1845. México rompió relaciones y el presidente, en su discurso inaugural ante el Congreso, repitió conceptos que estaban en la doctrina Monroe, pero con precisiones que constituyeron la llamada doctrina Polk «Corollary». Sobre todo, reiteró que consideraría inadmisible cualquier intromisión de un Estado europeo o la colonización por terceras potencias.

La guerra con Estados Unidos estalló en 1846. Al principio avanzaba lentamente, y mientras las tropas se dirigían desde Veracruz a la ciudad de México y, por el norte, seguían el curso de Río Grande, en California, la población angloamericana se declaró independiente. Ya nos consta que el Tratado de Guadalupe-Hidalgo puso fin al conflicto acordando una extensísima pérdida territorial para México. En el territorio que cedieron los mexicanos se constituyeron más tarde California, Nevada, Nuevo México, Utah, Arizona, Wyoming y Colorado. México recibió una indemnización de quince millones de dólares, de los cuales tres se retuvieron para indemnizar a ciudadanos norteamericanos. La expansión hacia el oeste se completó con la compra de la Mesilla, que atravesaría una vía de tren. México recibió diez millones por esa compra. Y a punto estuvo, poco tiempo después, de perder Yucatán.

A mediados del siglo XIX se difunden muchas noticias sobre las riquezas de Centroamérica y también sobre el carácter indolente, desleal e incapaz de sus gentes. Esta fama, atractiva y repelente al mismo tiempo, trajo como consecuencia la intensificación del comercio. Para la mayoría de los angloamericanos, los latinos eran incapaces de doblegar la naturaleza y explotar la tierra. Algunos pensadores sostuvieron que les correspondía a los angloamericanos ocupar esos espacios *libres*. Estas concepciones se hicieron más evidentes con ocasión de la guerra con México, cuando se planteó la ocupación y asimilación del territorio y muchos políticos la rechazaron arguyendo sobre la diversidad racial y la falta de capacidad de sus habitantes para asumir un sistema democrático. Temían que la población mexicana no pudiera asimilar el sistema social de Estados Unidos ni sus instituciones libres y civilizadas. Y, además, adujeron el peligro de que las contaminaran. Hubo senadores, como John C. Calhoun, que rechazaron la anexión de todo México porque significaba la integración en Estados Unidos de una población «inferior racialmente hablando». Un racismo sin disimulo se abrió camino.

La aventura del filibustero William Walker, a la que ya me he referido, ejecutando con tropas de reclutamiento privado una operación de ocupación de Centroamérica, es más que una anécdota porque llega a expresar hasta qué punto eran racistas y supremacistas las opiniones que tenían los norteamericanos sobre los ciudadanos y los gobernantes de esos territorios. Un texto suyo de 1860, recogido por Holden y Zolov, es clarificador: «Es una tontería absurda —dice Walker— pensar que se pueden establecer relaciones firmes con la raza blanca pura de América, tal como existe en Estados Unidos, y la raza mestiza hispano-indígena, tal como existe en México y América central. En la historia universal no se halla tal visión utópica en la cual una raza inferior se somete sin lucha y pacíficamente al control de un pueblo superior. Siempre, cuando la barbarie y la civilización o dos formas distintas de civilización están frente a frente, el resultado es la guerra».[75] O el filibusterismo, legitimado por estas ideas.

El concepto de América Latina no se usaba entonces. Se introdujo para marcar diferencias con «América» que, para muchos, empezó a ser sinónimo de Estados Unidos. Hispanoamérica tenía connotaciones negativas. La idea de las razas, surgida a principios del siglo XIX, dividió Europa de acuerdo con tradiciones lingüísticas, culturales... Aparece la «raza anglosajona» como diferente de la «raza latina». En este contexto alrededor de 1856 se estableció el concepto de América Latina o Latinoamérica.

El Caribe se convirtió en centro de controversias. Empezó pronto a hablarse de un «imperialismo del Golfo». La perla, el objeto mayor de los deseos de dominación, fue, desde los primeros años veinte del siglo XIX, Cuba. Los estados esclavistas del sur, de Estados Unidos, pensaban en el reforzamiento de sus posiciones anexionándola. Muy lejos del Caribe se había firmado el Manifiesto de Ostende, redactado en 1854 por los embajadores norteamericanos de París, Londres y Madrid, que recomendaba la adquisición de Cuba a cualquier precio, por su importancia geográfica y por el peligro de un levantamiento popular, que recordaría al de Haití.

El control de la zona creció por la importancia que se concedió a la ejecución de un canal que atravesara el istmo por Nicaragua o por Panamá. Londres llevaba tiempo preparando su intervención en un posible canal. En Nicaragua, con la protección de Estados Unidos, se estableció el empresario privado Cornelius Vanderbilt y su compañía Atlantic and Pacific Ship Canal Co. Una filial transportaba a los buscadores de oro en buques y en sillas de postas a través de Nicaragua.

Panamá era la segunda opción para el canal y ganó rápidamente posiciones. El sobresalto se produjo cuando Washington supo que una compañía francesa, encabezada por Ferdinand Lesseps, había obtenido la concesión colombiana para la construcción del canal. En 1880, aunque se habían comprometido en Nicaragua, el presidente Rutherford B. Hayes declaró en el Congreso que Estados Unidos no toleraría un control europeo en la construcción del canal. Cambiaba de política porque en Clayton-Bulwer había pactado neutralidad con los británicos. Solo cuando Lesseps quebró en 1889 volvió la calma.

Pero Estados Unidos no cejó en la política de ir reduciendo los intereses europeos. Se presentaban como autoridad en el nuevo orden con ocasión de la guerra del salitre de 1879-1883, lo mismo que en la guerra civil chilena con ocasión en los altercados provocados por los marineros del Baltimore, cuando amenazó a Chile y le exigió pedir disculpas y una indemnización.[76]

El político estadounidense William Henry Seward, que fue secretario de Estado con el presidente Andrew Johnson (1861-1869), estableció las bases para la expansión norteamericana. Según él, Estados Unidos tenía que estar a salvo de posibles agresiones y debían extender su potencia económica a todo el continente. Los mercados en los que se desenvolvía la economía estadounidense deberían ser protegidos mediante métodos imperialistas. Tenía que tener, ese mercado universal, apoyo en la Marina Mercante y en la Marina de Guerra. La formación de este gran mercado tenía desde luego en cuenta de forma destacada los Estados del sur, donde se podrían colocar de modo más inmediato los excedentes productivos de Estados Unidos.

Es razonable que Latinoamérica adquiriera desde temprano la sensación de peligro de los vecinos o del «coloso» del norte. Además, los que más percibían su racismo era la parte de la población más cultivada, que viajaba, y que se consideraba ofendida con la equiparación con su propia población india. Pero no hubo reacciones de condena frente a esta ideología de la superioridad yanqui hasta los últimos años del siglo XIX, cuando la intervención de Estados Unidos en la guerra de Cuba dio el aldabonazo final.

Hasta 1860 duró la época de la conquista del espacio libre, en la siguiente década entró en retroceso porque tuvo Estados Unidos su propia guerra, que estalló en 1861. Algunas potencias europeas vieron la oportunidad de reposicionarse en la región. España incluso con la idea de la restauración de la monarquía que siguió siendo atractiva durante años. En la década de 1840 se habían apoyado movimientos monárquicos en México y Ecuador. Se generó una campaña de solidaridad, principalmente en Perú, que condujo a un nuevo Congreso Panamericano donde se aseguró solidaridad a favor de las repúblicas.

Después de la guerra civil norteamericana, la doctrina Monroe valía para poco: se habían ocupado las Malvinas por Inglaterra sin consecuencias y la doctrina del derecho de intervención se trató de modular, sin éxito, por la doctrina Calvo, según la cual existe un derecho absoluto a no ser intervenido: «Hoy día América, al igual que Europa, está poblada de naciones libres e independientes cuya existencia soberana merece el mismo respeto y cuyos Derechos públicos internos no permiten ninguna intervención de pueblos extranjeros, independientemente de quienes sean... Según el estricto Derecho Internacional público, la cobranza de deudas o la indemnización de demandas privadas no justifican una intervención armada por parte de ningún gobierno».

Pero la expansión económica fue una realidad, creciendo el comercio con Latinoamérica. Hubo fuertes inversiones en el periodo. Inversiones en ferrocarriles, en mercados fruteros, se produjo el control de explotaciones petrolíferas, mineras, de la industria del caucho... Para fortalecer estas relaciones Estados Unidos echó mano de la idea del panamericanismo, renovada, representada por el secretario de Estado James Blaine en 1881. Finalmente organizó una conferencia con todas las repúblicas americanas que querían «paz y comercio», en términos de igualdad y bajo el lema «América para los americanos» y propuso una unión de las aduanas de las Américas. Se celebró la conferencia en octubre de 1889. La inspiración general era la cooperación interamericana. Obtuvo pobres resultados pese al entusiasmo con que se acometió.

La concepción mesiánica desarrollada durante el siglo XIX, alimentada con elementos racistas, fue ampliada con un nuevo concepto de frontera que permitía la expansión por los océanos. La idea la expresaron un historiador, Frederick Jackson Turner y un estratega naval, Alfred Thayer Mahan: la potencia naval era un elemento decisivo en la historia universal. Era necesario construir bases en ultramar. Muchos políticos compartieron la idea de Mahan. La necesidad de expandirse se convirtió en una convicción social. Expansión o decadencia. Pero en la relación con Latinoamérica, resurgió el discurso del «otro americano» bárbaro, desleal, indolente, débil.

Las intervenciones y el corolario Roosevelt

Las intervenciones americanas empezaron en 1898 con Cuba y con Panamá, con apoyo en la denominada enmienda Platt, que revisaba a su vez la declaración Teller de 1898. Fue el presidente Roosevelt el que aceptó las presiones de grupos interesados en la construcción del canal para establecer bases nuevas sobre la intervención de Estados Unidos en Iberoamérica. Para justificar su intervención en Panamá asignó a Estados Unidos, partiendo de las teorías del destino manifiesto y de la doctrina Monroe, el derecho, derivado de la civilización, de obligar a una nación incluso por la fuerza, a ser útil para el mundo, o ponerla en condiciones de serlo. Por tanto, de ponerla en disposición de garantizar la paz y el orden para la protección de la vida y las propiedades de sus ciudadanos e inversores. Partía del principio, en el que creían muchos americanos, de la ineficacia de los gobiernos iberoamericanos y la consiguiente necesidad de suplirlos mediante el derecho a intervenir. El derecho se justificaba además porque considerando la insolvencia de los Estados iberoamericanos para atender las deudas contraídas con países europeos, se generaba con frecuencia el riesgo de que los acreedores exigiesen su pago por la fuerza, lo que implicaba la puesta en peligro de la seguridad del hemisferio occidental.

Una primera demostración de este riesgo fue la segunda crisis venezolana de 1902 cuando buques británicos, italianos y alemanes llevaron a cabo un bloqueo de Venezuela para obligarla a pagar su deuda. Pensaba Estados Unidos que los débiles gobiernos latinoamericanos necesitaban un país que pusiera orden y conjurara el peligro de intervenciones de potencias extranjeras. Por eso Roosevelt añadió a la doctrina Monroe, en 1904, el corolario Roosevelt, que sirvió para justificar intervenciones directas en Iberoamérica. Esta política se consideró como *Protective Imperialism*. En un mensaje de 3 de diciembre de 1901, Roosevelt había reconocido que este principio era el rector de la política de Estados Unidos. También fue una declaración unilateral porque no preguntó a ninguno de los países involucrados. Sancionó el derecho exclusivo de Estados Unidos para intervenir. En el mensaje de fin de año de 6 de diciembre de 1904 expresó estas ideas del modo siguiente:

> La incapacidad permanente y el comportamiento erróneo, así mismo constante, de un gobierno cuya consecuencia sea la disolución generalizada de los vínculos que forman toda sociedad civilizada, requiere en América, o en cualquier otro lugar, la intervención de una nación que sí posea ese carácter; el hecho de que en el ámbito del Hemisferio Occidental, los Estados Unidos se sientan comprometidos a ello por la doctrina Monroe, podría obligar a estos, aun en contra de su voluntad, a ejercer el papel de gendarme del continente en aquellos casos flagrantes de incapacidad o comportamiento irresponsables.

En el mensaje se recordaba la enmienda Platt y se ponía a Cuba como ejemplo de intervención positiva.[77]

Estados Unidos invocaba su prestigio y su condición de nación más poderosa. Y no tenía el menor recato al añadir que también era nación más civilizada. Lo repitió Roosevelt en el mensaje de fin de año pronunciado el 5 de diciembre de 1905. Comentando la reacción adversa de los países iberoamericanos a esta doctrina, sostenía que el país estaba obligado a intervenir para evitar que las potencias europeas lo hicieran como consecuencia de la insolvencia política o económica de un Estado iberoamericano. Se trataba de proteger al hemisferio occidental y no de conquistarlo. Dijo el presidente que tanto la doctrina Monroe como el corolario Roosevelt no significaban sino ayuda, con recta intención, a las repúblicas hermanas que lo necesitasen en beneficio de la paz y el orden.[78]

Durante la segunda crisis venezolana, algunos Estados tomaron conciencia del peligro que suponía la aplicación de esa doctrina. Una de las intervenciones que buscaban soluciones de compromiso fue del ministro argentino de Asuntos Exteriores Luis María Drago, conocida ahora como doctrina Drago, contenida en una nota de 29 de diciembre de 1902, dirigida a Washington y a todos los Estados del continente, en la que sostenía que todos debían rechazar y prohibir a las naciones acreedoras el uso de la fuerza o de la ocupación territorial como medio de satisfacer sus reivindicaciones de tipo económico frente a los países deudores, ya que dichos medios atentaban contra su soberanía nacional.

La doctrina establecida por Estados Unidos no tenía la aprobación de ningún país iberoamericano. Estados Unidos trató de obtenerla en la tercera conferencia interamericana celebrada en julio y agosto de 1906 pero no se estableció ningún acuerdo al respecto. Durante las décadas siguientes Estados Unidos aplicó unilateralmente el corolario Roosevelt. Y utilizó la máxima ideada por el propio Theodor Roosevelt: «No hables mucho y utiliza la estaca», el gran garrote (*Speak softly and carry a big stick*). Al amparo del derecho de intervención, los industriales, bancos y demás negocios invirtieron y Estados Unidos les garantizó la seguridad al precio de que los Estados de la zona estuvieran sometidos a control.

Políticas de intervención directa y sustitución de gobiernos

La guerra de Cuba puso en un brete todos estos conceptos. Los veteranos de la guerra de los Diez Años y el escritor José Martí fundaron, en 1892, el Partido Revolucionario Cubano, que tenía como objetivo lograr una «Cuba libre». En Estados Unidos aparecieron voces favorables a la participación en la guerra, pero se la siguió con cierta indiferencia hasta que pareció que los sublevados no aguantarían más. Entonces ocurrió la explosión del Maine y todas las demás circunstancias que hemos narrado páginas atrás y que concluyen con el Tratado de Paz de París de 1898, que puso fin al dominio colonial español. El Congreso había limitado las acciones de McKinley a través de la enmienda Teller, que pretendía impedir un control de la isla. Los americanos no querían ser acusados de imperialistas. Su intervención, por contraste con las de los europeos, debía ser altruista. Pero el gobierno de Estados Unidos no retiró inmediatamente las tropas. Además el tratado le atribuía el derecho a vigilar Cuba hasta que la isla estuviera preparada para tener su propio gobierno. Cuando empezó el periodo constituyente en Cuba, los norteamericanos indicaron las condiciones y mandaron tropas de ocupación y un gobernador militar. El Congreso aprobó la enmienda Platt que dio poder al presidente para convertir la isla en un protectorado. La Asamblea Constituyente cubana fue informada de que los norteamericanos solo dejarían la isla cuando la enmienda Platt formara parte de la Constitución. Se incorporó, en efecto, a la Constitución de 1902 y, además, también formó parte de un tratado de amistad entre Cuba y Estados Unidos.

Cuba tuvo una Constitución que concedía a Estados Unidos derecho de intervención para la conservación de la independencia y para la protección de la vida y propiedades de los norteamericanos, lo que afectó al endeudamiento y a los acuerdos con otras potencias. Además, Cuba tuvo que ceder minas de carbón y bases militares (y Guantánamo desde 1903). Aunque protestaron los cubanos, el gobierno norteamericano no solo no cedió sino que intervino efectivamente en Cuba durante el gobierno de Tomás Estrada Palma.

En cuanto a Puerto Rico, después de la ocupación militar de la isla entró en vigor la ley Foraker por la que Puerto Rico adquirió la condición de territorio norteamericano no incorporado.[79]

La siguiente operación importante fue la del canal de Panamá. La importancia del canal para la flota de Estados Unidos era manifiesta: evitaba la larga navegación por el cabo de Hornos, y Estados Unidos quería controlarlo en exclusiva, aunque no lo permitía el Tratado Clayton-Bulwer, suscrito con Inglaterra en 1850, por el que se comprometieron a que no hubiera control unilateral del canal. Pero los ingleses no se opusieron al cambio porque les merecía prioritariamente la pena que el canal se construyese. El anterior tratado se cambió por el Tratado Hay-Pauncefote de 1901, por el que los británicos renunciaban a sus derechos y dejaban vía libre a Estados Unidos que, de esta manera, se hacía con la hegemonía completa en la región.

En 1903, los norteamericanos adquirieron los derechos concesionales de los ingleses y suscribieron con Colombia el Tratado Hay-Herrán, que acordaba noventa y nueve años de arrendamiento a cambio de una contraprestación dineraria. El Congreso colombiano no lo ratificó, temiendo por su soberanía, y la consecuencia fue que se activó una supuesta revolución en Panamá, donde había habido movimientos favorables a la separación de Colombia, y la provincia declaró su independencia, con el amparo de Estados Unidos. En su Constitución de 1904 se incluyó una cláusula de intervención estadounidense similar a la cubana. Se hizo uso de ella en repetidas ocasiones, incluso para librar al gobierno de sus enemigos políticos. Panamá quedó convertido en un protectorado de Estados Unidos parecido al cubano. El canal se terminó en agosto de 1914 y, poco después, estalló la segunda gran guerra. Para evitar aspiraciones o movimientos alemanes o japoneses en Nicaragua, que retomó el proyecto de canal, Wilson firmó en 1914 el Tratado Bryan-Chamorro por el que adquiría el monopolio de la construcción del canal y otorgaba a Nicaragua un préstamo de tres millones de dólares, que emplearía en amortizar deuda contraída con Estados Unidos.

Las intervenciones en el Caribe y América Central se multiplicaron. Se expandió la denominación de «repúblicas bananeras», que venía de una novela del norteamericano O. Henry (alias William S. Porter) titulada *Cabbages and Kings de 1904*, escrita estando en la cárcel. Refleja las ideas tan repetidas acerca de la condición intelectual de los ciudadanos de la zona: inestabilidad, abulia, debilidad política, incapacidad de los dirigentes…

Las intervenciones tuvieron lugar en la República Dominicana, que se convirtió en los primeros años del siglo XX en una especie de protectorado financiero, ya que Estados Unidos controlaba las finanzas del Estado. Hubo intervenciones militares en los años 1903 y 1904 para salvar intereses americanos con ocasión de unos disturbios revolucionarios. Pero en 1905 se hundió la economía y hubo una intervención de Estados Unidos que, por medio de un tratado, se hizo con el control de los ingresos aduaneros a cambio de un préstamo de veinte millones de dólares. Esto justificó que la soberanía financiera del país quedase opacada hasta 1941, que fue cuando se levantó ese protectorado.

También hubo un protectorado financiero en Haití, país en el que el capital norteamericano controlaba el 50 por ciento del Banco

Nacional, y tenía intereses en los ingenios azucareros, carreteras, instalaciones portuarias, etc. Las inversiones americanas fueron muy importantes en 1913-1914. En 1914 algunos acreedores europeos como Francia, Alemania y Gran Bretaña amenazaron con intervenir Haití para controlar los ingresos aduaneros. Desde julio de 1915 hasta el 15 de agosto de 1934, es decir, durante diecinueve años, Haití se convirtió en un protectorado financiero de Estados Unidos. En un tratado suscrito en 1916 se decía que la finalidad era el saneamiento de la economía. Haití se vio obligado no solo a otorgar a Estados Unidos el acostumbrado derecho a intervenir en sus asuntos internos, sino también a cederles una parte importante de su soberanía en el campo económico. Durante los años siguientes además de esa función de intervención general y de supervisión, Estados Unidos otorgó préstamos de cuarenta millones de dólares pero con derecho a administrar en lo sucesivo los ingresos del Estado como garantía de la devolución del mismo.

Nicaragua fue un país en el que las intervenciones militares de Estados Unidos se repitieron en las tres primeras décadas del siglo XX. Las intervenciones no tuvieron como único fin la salvaguardia de las inversiones americanas, sino también la protección de la minoría privilegiada del país que cooperaba con Estados Unidos. El proyecto ideado en el siglo XIX de abrir un canal en Nicaragua había atraído interés hacia el Estado. Las compañías fruteras norteamericanas poseían una enorme cantidad de tierra y otras compañías tenían intereses en los sectores minero y maderero, entre los más importantes. El presidente nicaragüense José Santos Zelaya se opuso a que siguiera en aumento el poder económico de las empresas americanas y se mostró dispuesto a colaborar con las potencias europeas competidoras de Estados Unidos para que se construyera un canal en su país. Recibió cuantiosos préstamos procedentes de Europa, lo que iba a determinar, en caso de hundimiento de su economía, una intervención de potencias extranjeras. En este estado de cosas, Estados Unidos intervino en 1909 en la revuelta de los conservadores contra el liberal Zelaya. Condujo a su dimisión y llevó al poder, en 1910, a Juan J. Estrada. Previamente este había comprado el apoyo de Estados Unidos aceptando unas condiciones de carácter político y financiero que significaban prácticamente el abandono de los intereses nicaragüenses en sus manos. Estrada dimitiría en 1911 cuando se supo la intención de convertir Nicaragua en un protectorado financiero. Su sucesor, Adolfo Díaz, decidió liquidar el país, aceptando préstamos de bancos americanos pero dejando a Estados Unidos el control de las aduanas, hipotecando los ingresos de estas y entregando a los bancos estadounidenses el control del banco del Estado. Las compañías americanas bancarias tuvieron el 51 por ciento de las acciones del banco y de la compañía de ferrocarriles. En fin, el control fue exhaustivo, de modo que Nicaragua se convirtió en un protectorado financiero de Estados Unidos.

El control de las finanzas del Estado y la presencia en Nicaragua de empresas norteamericanas hicieron que Estados Unidos se viera envuelto en muchos asuntos internos. Cada vez que había un disturbio, los hombres de negocios americanos buscaban ayuda y los barcos norteamericanos aparecían inmediatamente en las costas de Nicaragua con los marines listos para intervenir. En el verano de 1912 desembarcaron cien marines reforzados más tarde con otras tropas. Managua fue bombardeada y los norteamericanos se apoderaron de algunas ciudades. El contingente de cien soldados no se retiró hasta agosto de 1925. Pero, en 1926, las tropas norteamericanas volvieron a Nicaragua para proteger intereses estadounidenses. En este caso, se trataba de ataques supuestamente revolucionarios a las empresas que pedían ayuda. En el año 1927 hubo una intervención sobre Managua por amenazas a las inversiones estadounidenses en el sector maderero, la minería, el café, los plátanos, el sector naviero y el comercio, que determinó que se agruparan hasta 41 buques operando en las costas de Nicaragua. Y en enero de 1928 había 4.600 soldados americanos estacionados en suelo nicaragüense.

Diplomacia del dólar y política de buena vecindad

Hubo también muchas intervenciones que, en principio, no tuvieron carácter militar, sino que se enmarcaron en la llamada «diplomacia del dólar», consistente en ofrecer ayudas financieras y controlar las economías o proteger las inversiones norteamericanas, incluidas las de inversores privados.

Durante la presidencia de Taft, el sucesor de Roosevelt, se desarrolló una política de cooperación económica con países atrasados. En 1906 Taft había dicho en relación con Iberoamérica que la cooperación comercial tenía que conseguir la expansión pacífica hacia el sur del continente. Argüía que Estados Unidos había acumulado un exceso de capital que estaba por encima de sus necesidades; esta era una energía que le sobraba y había que mirar más allá de las fronteras en busca de un uso provechoso del capital sobrante. Se trataba de buscar una expansión comercial e industrial de carácter pacífico hacia el sur, donde por cierto había ya bastantes naciones inversoras, como Inglaterra, Francia, Alemania, Italia y España. Pero se invocaban razones poderosas de desarrollo rápido, que no habían llegado a aprovechar las demás naciones. El 3 de diciembre el presidente Taft, en su cuarto discurso al Congreso, describió los métodos seguidos por la «diplomacia del dólar»: en Centroamérica, el objetivo sería ayudar a países como Nicaragua u Honduras con el fin de que ellos se pudieran ayudar a sí mismos. Es importante, sostuvo Taft, que a los Estados de esta zona (Panamá, Estados caribeños) se les proteja del peligro que se deriva de un fuerte endeudamiento exterior, del caos de las finanzas y de la amenaza siempre presente de que se produzcan complicaciones de carácter internacional como consecuencia de desórdenes internos.

Un poco antes de empezar la Revolución mexicana, tras el largo Porfiriato, William Howard Taft visitó Ciudad Juárez en México. Fue el primer presidente de Estados Unidos que lo hacía. México era entonces admirado y Porfirio había conseguido una mejora económica notable.

La presidencia estadounidense pasó a Woodrow Wilson en 1913. Era contrario a la diplomacia del dólar y se planteó desde el primer día intervenir en México para consolidar la democracia. Él sostuvo como principio que no había que apoyar a ningún gobierno que no hubiera sido elegido. Este principio se denominó «principio Tobar», por su proponente, el jurista ecuatoriano Carlos Tobar.

Cuando estalló la Primera Guerra Mundial, Wilson consideró apoyar a alguno de los contendientes. Trató de elegir al hombre fuerte, que parecía ser Carranza, de modo que reconoció oficialmente su gobierno. Villa reaccionó con sus guerrilleros y atacó intereses de Estados Unidos, que mandaron al general J. Pershings tras él; sin éxito. Villa quedó convertido en el símbolo de la resistencia nacional.

Volvió a haber un conflicto con la aplicación de las nacionalizaciones previstas en el artículo 27 de la Constitución de 1917 y las medidas sociales a favor de los trabajadores, que escandalizaron a los americanos, previstas en el artículo 123.

Durante la Primera Guerra Mundial, la postura inicial de Estados Unidos, que secundó, en general, Latinoamérica fue de mantener la neutralidad. Pensaban que duraría poco. La neutralidad norteamericana no fue obstáculo para que aprovecharan la ocasión bélica para incrementar el control financiero de algunos Estados, incluso enviando tropas cuando se advertían situaciones de inestabilidad, como ocurrió en Cuba y Nicaragua.

En 1917 Estados Unidos rompió relaciones diplomáticas con Alemania por la declaración de la guerra submarina ilimitada. Los Estados latinoamericanos adoptaron posiciones diversas. El balance fue: ocho Estados latinoamericanos declararon la guerra a Alemania, siguiendo a Estados Unidos; cinco más rompieron relaciones diplomáticas. Ocho, entre los cuales Argentina, Chile y México, permanecieron neutrales.

Después de la guerra llovieron los préstamos e inversiones norteamericanas y Estados Unidos fue el centro financiero del mundo, favorecido por el desarrollo de nuevos inventos. Dominaron la comercialización de productos modernos, donde no tuvieron competencia. Pero también triunfaron en sectores tradicionales, antes dominados por industrias locales, como la vivienda, el textil y los complementos.

La mayoría de los Estados latinoamericanos formaron parte de la Sociedad de Naciones como fundadores, cuando habían participado en la guerra. En el caso mexicano, Inglaterra y Estados Unidos rechazaron que se les invitara para su admisión. En la

Conferencia de Paz de París, se pidió una reformulación de la doctrina Monroe, y se manifestó la oposición al intervencionismo de Estados Unidos en Latinoamérica. Sostuvieron que aquella y el corolario Roosevelt eran innecesarios en el marco de la Sociedad de Naciones. Criticaron el artículo 21 de sus estatutos que legitimaba las intervenciones de Estados Unidos en Latinoamérica, permitiéndole celebrar convenios «para la garantía de la paz regional». Con este artículo se reconocía a Estados Unidos como policía de América. Las esperanzas de los latinoamericanos de que la Sociedad de Naciones ayudase a evitar intervenciones se frustraron. En 1928 la Sociedad de Naciones, interpelada por Costa Rica, tuvo que pronunciarse sobre la compatibilidad del unilateralismo de la doctrina Monroe con el sistema de la Sociedad de Naciones. Se acordó una fórmula de compromiso que evitaba que los latinoamericanos abandonaran el organismo.

Una Conferencia Panamericana de 1923 en Santiago de Chile demostró que no solo no se revisaba la doctrina Monroe, sino que el discurso pronunciado por el secretario de Estado Charles H. Hughes permitía avizorar un retroceso hasta los tiempos del *Big Stick*.[80]

Se criticaba ahora la penetración pacífica a través de inversiones y préstamos y de la difusión de la cultura popular estadounidense, asentando las bases de una sociedad de consumo que solicitaba productos americanos. Muchos aspectos de la cultura norteamericana ocuparon un espacio importante en Latinoamérica.

Un número creciente de intelectuales quedó marcado, tras la Revolución rusa de 1917, por el pensamiento comunista. En 1918 y 1919 ya habían surgido partidos comunistas en Argentina y México; participaron en los congresos de la Tercera Internacional. Este fue un nuevo elemento ideológico en las relaciones entre Estados Unidos y Latinoamérica que avivó la apelación a las características comunes de las naciones para usarlas como elemento de oposición al imperialismo norteamericano. Los comunistas participaron en la Liga Antiimperialista para Latinoamérica, con sede en México y financiada por el Komintern.

A partir de 1933 la política de Estados Unidos para Iberoamérica la cambia el nuevo presidente Franklin Delano Roosevelt. Esta política se denominó «de buena vecindad». Utilizaba los criterios ya aplicados con anterioridad, incluso de un modo específico por el presidente Hoover. El 12 de abril de 1933, en su discurso ante la Tercera Conferencia Panamericana, Roosevelt se refirió de manera expresa a la política de buena vecindad con Iberoamérica:

> La amistad entre Estados, al igual que la amistad entre personas, exige la realización de un esfuerzo de carácter constructivo que ponga en marcha las energías de la humanidad con el fin de crear una atmósfera de íntima comprensión y estrecha colaboración. La amistad presupone el respeto mutuo y la asunción de compromisos recíprocos, pues sólo a través del respeto por los derechos de los demás y de un exacto cumplimiento de las obligaciones contraídas por cada miembro de la comunidad internacional se podrá preservar la verdadera hermandad. Los rasgos de un panamericano genuino tienen que ser los mismos que distinguen a una buena vecindad, a saber: comprensión mutua y, basado en ésta, el respeto por el punto de vista del otro. Sólo de esta forma podemos tener la esperanza de construir un sistema cuyos pilares sean la confianza mutua, la amistad y la buena voluntad.

Roosevelt intentó separar de la doctrina Monroe su componente antieuropeo en aquel mismo discurso.

Esta política de buena vecindad no se establece espontáneamente en 1933, sino que ya hay aplicaciones al menos desde 1928 por iniciativas del presidente Hoover y del secretario de Estado Henry Stimson. La principal modificación consistió en valorar que las intervenciones militares contradecían el derecho de autodeterminación que había proclamado el presidente Wilson. Se adoptaron medidas entre las cuales la aplicación de un documento en el que se decía que la doctrina Monroe iba dirigida contra Europa y no contra Iberoamérica. Este documento conocido como «Memorándum sobre la doctrina Monroe» había sido elaborado por el subsecretario del Departamento de Estado J. Reuben Clark, en diciembre de 1928, pero no fue hecho público hasta 1930. Suponía un rechazo explícito del corolario Roosevelt. También era incompatible con la doctrina Monroe sobre el derecho de intervención.

Durante la Gran Depresión, que determinó una crisis de exportaciones, el antiamericanismo creció mucho. Ahora era populista, como lo fueron los gobiernos de algunos Estados en los años treinta. Se produjeron revueltas y disturbios xenófobos y antiamericanos. Herbert Hoover visitó Latinoamérica en 1928, antes de ser elegido, y utilizó en la ocasión el concepto de *buena vecindad*. Y el secretario de Estado J. Reuben Clark hizo una declaración en la que destacaba que la doctrina Monroe no había sido creada para intervenir, sino para evitar ataques de Europa a América. Y que nunca se había aplicado a las relaciones interamericanas. Hoover, siendo presidente, publicó este memorando en 1930 y su secretario de Estado, Henry L. Stimson, desestimó expresamente en una conferencia de prensa el derecho de intervención de Estados Unidos y el corolario Roosevelt. Instruyeron a sus representantes para que en caso de problemas se dirigieran en primer lugar a los tribunales latinoamericanos, y que no habría un «cobro militar» de deudas.

Pero fue Roosevelt quien lanzó, en definitiva, la nueva política *The Good Neighbor Policy*. La doctrina Monroe se había creado para la defensa contra potencias no americanas. El progreso, dijo, solo vendría del crecimiento conjunto de la civilización y no a costa de los demás. La idea central de esta política habría de ser el libre comercio como guía, no la intervención.

La Séptima Conferencia Panamericana se celebró en Montevideo en septiembre de 1933. Estados Unidos oyó ataques violentos de algunos países iberoamericanos, pero aceptaron, por fin, el principio de no intervención. También suscribió Estados Unidos la declaración final votada por unanimidad. Esta aceptación del principio de no intervención hizo nacer el optimismo en Iberoamérica. Pero no tardaría en volver Estados Unidos por donde solía en la guerra del Chaco (1932-1933) entre Paraguay y Bolivia.

Hasta 1925 el sistema interamericano no dio lugar a conflictos entre intereses entre Estados Unidos e Iberoamérica, pero cuando empeoró la situación internacional se celebraron conferencias para asegurar la paz en el continente buscando estrechar las relaciones ante la amenaza procedente de Europa. Un discurso de Roosevelt en la Conferencia de Buenos Aires de 1936 se refirió a la necesidad de defender «La democracia representativa» expresando su creencia de que esta forma de gobierno era el mejor instrumento para asegurar el desarrollo social, económico y cultural de los pueblos en el seno de un mundo justo y en paz.

En el discurso también habló de la necesidad de defender el sistema contra el fascismo.

Las relaciones interamericanas en la Segunda Guerra Mundial y en la posguerra

La octava conferencia de Estados americanos se celebró en Lima entre el 9 y el 27 de diciembre de 1938. La guerra estaba próxima y Roosevelt propuso a Estados Unidos que creara una alianza defensiva contra las amenazas del exterior. En la conferencia se puso de manifiesto la preocupación de Estados Unidos por el inminente estallido de una guerra y la confianza, en caso de que se produjese, en que se pudiera contar con la ayuda de los países iberoamericanos.

El gobierno de Estados Unidos propició la neutralidad de toda América, y Latinoamérica se protegió de que fuera involucrada más allá de que ellos mismos acordaran pactos bilaterales. Las posturas de los Estados latinoamericanos diferían mucho entre sí. No siguieron las instrucciones de Washington. Unos entraron y otros no en la guerra. América se convertía en zona de guerra, pero Estados Unidos seguía proyectando su influencia para derrocar gobiernos dictatoriales como los de Maximiliano Hernández Martínez en El Salvador y Ubico en Guatemala, y ayudaba a mantener otros brutales, como los de Somoza o Trujillo.

Antes de que se terminara la guerra, todas las naciones latinoamericanas, salvo Argentina, participaron en la primera Conferencia de las Naciones Unidas de mayo de 1943. Manifestaron su disgusto por no haber sido invitados a la de Dumbarton Oaks, en 1944. En la Conferencia inaugural de las Naciones Unidas, que tuvo lugar en San Francisco en abril de 1945, se reunieron diecinueve naciones latinoamericanas; todas menos Argentina, y cooperaron a la inclusión de los artículos 51 y 52, que permitían organizaciones regionales.

Este tipo de organizaciones de cooperación empezaron con éxito con anterioridad, desde la Conferencia Panamericana celebrada en México en 1945 que terminó con el Acta de Chapultepec, que aspiraba a potenciar las relaciones panamericanas.

Después de la guerra, la relación no fue a mejor. Estados Unidos protegía dictaduras si defendían intereses norteamericanos y eran anticomunistas, Pero en Latinoamérica se estaba dando un impulso a la democracia incorporando algunas de sus libertades y principios fundamentales. De 1944 a 1946 las democracias representativas pasaron de ser cuatro a quince de los veinte Estados latinos. Pero la Guerra Fría hizo cambiar el rumbo a Estados Unidos y sus promesas de ayuda a la democratización. Estados Unidos se concentraba en la lucha contra el comunismo y reclamaba la ayuda del continente. Estados Unidos y dieciocho Estados latinoamericanos celebraron en Río el 2 de septiembre de 1947 una conferencia de la que salió el Pacto de Río, es decir, el Tratado Interamericano de Respaldo Mutuo, que suponía la acción conjunta frente a acciones externas.

La Organización de Estados Americanos (OEA) y la defensa de la democracia

Al finalizar la Segunda Guerra Mundial, en 1945, Estados Unidos había conseguido una posición nueva en el mundo. Habían celebrado acuerdos con muchos países iberoamericanos, desde los años treinta, para la defensa del hemisferio occidental contra posibles amenazas. Pero ahora también se vieron involucrados en los nuevos problemas de la posguerra. La Guerra Fría y la crisis social y económica se empezaron a apreciar en los Estados iberoamericanos. Se llegó a importantes acuerdos en la conferencia de Río de Janeiro, celebrada en agosto de 1947, y con la fundación en marzo de 1948 de la Organización de Estados Americanos. Firmaron un tratado de asistencia recíproca y se crearon los mecanismos necesarios para el arreglo amistoso de los conflictos surgidos entre países pertenecientes al continente, estableciendo que el ataque contra un Estado americano sería considerado un ataque contra todos los demás. Su artículo 6 dejaba la puerta abierta para una posible intervención militar realizada desde el interior del continente. Se preveía que «en el caso de que un Estado americano vea violada sus fronteras, atacada su integridad territorial o amenazada su soberanía o independencia política, debido a una agresión sin armas, a un conflicto extracontinental o intracontinental, o por cualquier otra situación o circunstancia que pueda poner en peligro la paz de América, el Órgano Consultivo debe reunirse de forma inmediata con el fin de dar su consejo sobre las medidas a tomar». El artículo 8 establecía la posibilidad de sanciones de tipo económico o político pero también el uso de la fuerza armada.

Las disposiciones del Tratado de Río alcanzaron una mayor concreción en la Novena Conferencia Panamericana iniciada en Bogotá en marzo de 1948. Durante su celebración se elaboró la Carta de Bogotá, que es un documento que puede considerarse una especie de Carta Magna de todo el continente. Se crearon muchas instituciones que se agrupaban en la Organización de Estados Americanos (OEA) y se tomaron diversas decisiones de tipo político, económico y cultural relativas a la igualdad entre los Estados, al reconocimiento diplomático, la inviolabilidad territorial, la cooperación y la solidaridad frente a las agresiones. En el artículo 15 de la Carta de la OEA se prohíbe de forma definitiva el derecho a intervenir en los asuntos de otro Estado: «Por ningún motivo, un Estado o un grupo de Estados tiene derecho a intervenir, ya sea de forma directa o indirecta, en los asuntos internos o externos de otro Estado».

Estados Unidos firmó todas estas resoluciones, lo que debía suponer un olvido ya de la política de las cañoneras de los años anteriores y una promesa de no seguir utilizando la doctrina Monroe. Estas declaraciones sin embargo parecían en contradicción con la resolución XXIII aprobada a instancia de los norteamericanos, titulada «Preservación y defensa de la democracia en América». Se consideraba una condena, por primera vez, del «comunismo internacional», fundamentado en la necesaria defensa de la democracia. «La situación mundial en el momento presente requiere que se tomen las medidas oportunas que posibiliten conjurar la amenaza que se cierne sobre el continente americano», ya que, «debido a su naturaleza antidemocrática y a su tendencia intervencionista, las actividades políticas del comunismo internacional, al igual que las de cualquier otra ideología totalitaria, son incompatibles con el concepto de libertad sustentado en América».

En un artículo publicado en el *Washington Post* de 28 de diciembre de 1948, Sumner Welles llegaba a la conclusión de que todos los países americanos tenían la pretensión de alcanzar un modelo de democracia, es decir, un sistema político de características fundamentalmente angloamericanas.

La resolución XXXII relativa a la defensa de «la democracia americana» volvió a poner sobre el tapete el derecho de intervención recientemente abolido aunque atribuyéndole un carácter multilateral.

La Décima Conferencia Panamericana, celebrada en Caracas en 1954, fue aprovechada por Estados Unidos para obligar a los demás países a actuar contra las reformas sociales que estaban teniendo lugar en Guatemala, adoptando medidas conducentes para la preservación del continente frente al comunismo internacional. Se dio mucha importancia a la propuesta de Foster Dulles, abogado de la United Fruit Company. Tras muchos debates muy calurosos se adoptó la resolución CXII, que decía: «Declaración de solidaridad para el mantenimiento de la integridad política de los estados americanos contra la intervención del comunismo internacional», y afirmaba que «el dominio o control de las instituciones políticas de un Estado por parte del movimiento comunista internacional, movimiento que sirve para extender el sistema político de una potencia extracontinental, representaría una amenaza para la soberanía y la independencia política de todos los Estados americanos, pues pondría en peligro la paz de América».

La resolución fue aprobada por dictadores como Trujillo, de la República Dominicana; Batista, de Cuba; Somoza, de Nicaragua, o Pérez Jiménez, de Venezuela. Todos dirigían gobiernos antidemocráticos que vulneraban continuamente derechos humanos. Pero de aquí se sigue que la defensa de «la democracia representativa» era una fórmula para la defensa exterior de Estados Unidos frente al comunismo.

Algunos gobernantes, como Perón, trataron de situarse, sin éxito, en un punto intermedio entre el imperialismo norteamericano y el comunismo. Los dólares americanos fluían a favor de los gobiernos dóciles, si protegían las propiedades y los intereses de los norteamericanos.

Una mirada a la segunda mitad del siglo

Las relaciones de vigilancia, intervención y dominación de Estados Unidos sobre el centro y sur del continente cobraron especial intensidad, pasada la frontera de la mitad del siglo XX, cuando empezaron a expandirse la ideología y los movimientos comunistas. Aunque con antecedentes en años anteriores, la movilización anticomunista se produce después del triunfo de la Revolución cubana, en 1959, y la voluntad, expresada principalmente por el Che Guevara, de difundir la revolución por todo el continente. Vamos a analizar este acontecimiento histórico y las reacciones norteamericanas en el capítulo siguiente de esta obra.

Otras acciones norteamericanas contra gobiernos que desarrollaron políticas de izquierdas, en la época final del siglo, podrán analizarse también en ese capítulo, desde la vía chilena al socialismo de Salvador Allende, a la revolución bolivariana de Hugo Chávez en Venezuela y sus émulos en otros países.

Dejando, por un momento, al margen estas acciones concretas, concluyo este examen de las políticas norteamericanas en relación con Hispanoamérica recordando la evolución de la doctrina general aplicada por los gobiernos de la segunda mitad del siglo XX.

Estados Unidos volvió a las prácticas de intervención directa en algún caso puntual, como el de República Dominicana (siempre considerada su «patio trasero» por los yanquis) en 1965. Pero la intervención evolucionó hacia lo que empezó a denominarse, con más fuerza, el imperialismo cultural, como complemento del imperialismo económico y político. Imponía la cultura de masas comercial norteamericana y homogeneizaba los estilos de vida. Suponía esta nueva acción que la cultura imperialista se imponía a la cultura propia de los países hispanos. El movimiento antiyanqui creció, a costa de este robo último, más de lo que se había dejado ver en el caso del imperialismo económico.

Al comenzar el gobierno Kennedy se aprobó, en 1961, una ley de ayuda a Iberoamérica en la que se preveía una financiación de seiscientos millones para los países iberoamericanos. Su política de buenas relaciones con ellos abrió nuevas esperanzas de cooperación. Creó la agencia federal Cuerpo de Paz, que facilitaba el contacto entre jóvenes norteamericanos y latinoamericanos en el campo de la ayuda humanitaria. Suscribieron diferentes acuerdos con la OEA, con el Banco Interamericano de Desarrollo y otras instituciones de cooperación, hasta que se constituyó la denominada Alianza para el Progreso, a iniciativa de Kennedy, que constituía un programa de ayuda al extranjero mayor que ningún otro aprobado con anterioridad. Se volvía a la idea de la ayuda económica como instrumento para intervenir en la soberanía de los que reciben los recursos, y que situaba de nuevo a Estados Unidos en una posición hegemónica. Las Naciones Unidas declararon la década de 1960 como la «década del desarrollo». Pero la aplicación de las ayudas encontró muchas dificultades porque su concesión implicaba la asunción de responsabilidades de reforma fiscal y la implementación obligatoria de programas sociales y de empleo. Incluso el Congreso agravó la gestión, ideando, con la aprobación, en 1962, de la enmienda Hickenlooper, de la condición, para recibir la ayuda, de que el Estado peticionario no hubiera nacionalizado propiedades de ciudadanos norteamericanos sin reconocerles ninguna indemnización. Años después del asesinato de Kennedy, los Estados latinoamericanos, reunidos en Viña del Mar, en 1969, manifestaron al presidente Nixon su decepción por el resultado del programa y constataron que el desarrollo esperado no se había producido.

Se usaron muchos mecanismos de cooperación financiera en los años sucesivos, casi todos vinculados a la compra de productos norteamericanos y, por supuesto, siguió utilizándose grandemente la política de sanciones económicas como forma de intervención.

El modelo de dictadura militar amparada por Estados Unidos tuvo otras manifestaciones, como el golpe de Estado de Perú de 1968 y el ascenso al poder del general Juan Velasco Alvarado, aunque no eran dictaduras como las de los caudillos de principios del xix, sino desarrolladas por una comisión o junta de militares sin perjuicio de que alguno de ellos la liderara. En todo caso, las violaciones de derechos humanos fueron masivas como se mostró con la investigación de la operación Cóndor. Estos dictadores eligieron regímenes burocrático-tecnocráticos en los que utilizaban personajes formados en Estados Unidos o incluso especialistas norteamericanos contratados para la ocasión.

Las intervenciones de la CIA en Chile contaron con la oposición interna de un grupo liderado por el senador Edward M. Kennedy, y las relaciones llegaron a un punto mínimo cuando el Servicio de Inteligencia chileno asesinó en una calle de Washington a Orlando Letelier, que fue ministro de Exteriores con Unidad Popular.

Cuando asumió la presidencia Jimmy Carter en 1977, hizo muchas declaraciones sobre la involucración que iba a tener su gobierno en la lucha por los derechos humanos. Restringió las ayudas a algunos regímenes dictatoriales, y flexibilizó las relaciones con Cuba. Sorprendió con la firma del Tratado Carter-Torrijos que modificaba la gestión del canal de Panamá, que se entregaría a partir de 1999.

En general Latinoamérica creció como consecuencia de las inversiones de diversos países extranjeros, pero no toda Latinoamérica porque Centroamérica fue en esa época un verdadero desastre. En Nicaragua se perpetuó la dictadura de los Somoza hasta después del terremoto de 1972, cuando su corrupción se hizo insoportable, y a comienzos de 1978, después del asesinato de Pedro Joaquín Chamorro, un editor de prensa opositor a Somoza, el Frente Sandinista de Liberación Nacional pudo tomar el poder comandado por Daniel Ortega, que entró victoriosamente en Managua.

En El Salvador la situación era parecida o peor. Se habían constituido por los poderosos unos escuadrones de la muerte no oficiales, que mataban ante cualquier sospecha de filiación comunista. Y se desarrolló una violencia que culminó en 1980 con el asesinato del obispo Óscar Romero.

La llegada a la presidencia de Ronald Reagan empeoró todavía más las cosas para Centroamérica porque la posición del nuevo presidente era la de retomar la doctrina del *Big Stick*. Se desarrolló la teoría del dominó y se prestó una vigilancia especial a que no hubiera ni un solo movimiento comunista que pudiera ser una amenaza para Estados Unidos o suponer un ascenso del comunismo en la región. Sí apoyaban, desde luego, los regímenes dictatoriales como el de los generales Luis Mans y Efraín Ríos Montt, que mandaron asesinar a muchos opositores e indígenas. La política que desarrolló Reagan en El Salvador fue especialmente importante por el apoyo militar que prestó, haciendo caso omiso a las continuas violaciones de los derechos humanos y matanzas contra la población civil. Desarrolló políticas contra el gobierno nicaragüense apoyándose en fuerzas contrarrevolucionarias, los llamados Contras, que tenían sede principalmente en Honduras, desde donde actuaban contra objetivos nicaragüenses. Como los Contras eran unos incompetentes, empezó a ocuparse la CIA directamente en dirigir la guerra contra Nicaragua. Su gobierno denunció a Estados Unidos ante el Tribunal Internacional de La Haya por intervencionismo, y el tribunal le dio la razón dos años después.

Algunos países latinoamericanos ansiaban la paz, pero no necesariamente Estados Unidos, cuya política no varió en lo sustancial, sino que siguió aplicando sus políticas económicas y de aculturación norteamericana.

Las crisis económicas produjeron, sin embargo, ocasiones para el retorno de la democracia. Ocurrió en Ecuador en 1979 y en Paraguay y Chile, donde dos dictadores de largo recorrido, como Stroessner y Pinochet, dejaron el poder en 1989 y 1990. En Haití terminó la era de los Duvalier en 1986, después de treinta años de gobierno. En Panamá, tras la muerte de Torrijos en 1961, llegó al poder Manuel Noriega con amplias y viejas relaciones con la CIA que, sin embargo, alcanzó muy elevados niveles de corrupción, especialmente en el ámbito del tráfico de drogas, lo que determinó que en 1988, cuando la CIA dejó de necesitarlo, interpusiera una demanda contra él por drogas en Miami. Fue condenado en rebeldía, pero las tropas americanas fueron a buscarlo a Panamá y lo recogieron en una operación que costó la vida a centenares de panameños. Lo llevaron a Francia, donde se le juzgó y condenó.

El último periodo de las relaciones entre Estados Unidos y el resto del mundo latinoamericano estuvo fundamentalmente marcado por el Consenso de Washington, creado por los economistas en una conferencia de 1990, que establecía las condiciones para la política económica futura. Proponía la privatización de empresas estatales para liberarlas de deuda, y la potenciación del mercado. De aquí proviene una política de privatizaciones que, en países como México y Argentina, sirvió para reducir la inflación y mejorar la economía. El momento culminante fue la firma del Tratado de Libre Comercio de América del Norte (TLCAN) en el que participaron Estados Unidos, México y Canadá; entró en vigor en 1994, pero enseguida fracasó porque en el propio México hubo un levantamiento en la región de Chiapas, promovido por el Ejército Zapatista de Liberación Nacional (EZLN), que fundamentalmente exigió los derechos de los indígenas. Los resultados del tratado fueron bastante poco apreciables.

En la etapa última de relaciones ha entrado en juego el medioambiente y las preocupaciones por la naturaleza, acompañadas de un rechazo a los principios neoliberales de Estados Unidos. Uno de los objetivos estrella es la lucha contra la droga. Pero había emergido una nueva corriente de fuerzas antinorteamericanas en Latinoamérica, cuyo liderazgo asumió en 1998 Hugo Chávez. Llegó a la máxima expresión verbal en el discurso del presidente venezolano ante las Naciones Unidas en 2006. El discurso es digno de recordarse: «Ayer estuvo el Diablo aquí [aplausos], en este mismo lugar. ¡Huele a azufre todavía esta mesa donde me ha tocado hablar! Ayer, señoras, señores, desde esta tribuna el señor presidente de Estados Unidos, a quien yo llamo "el Diablo", vino aquí hablando como dueño del mundo. Un psiquiatra no estaría de más para analizar el discurso del señor presidente de Estados Unidos. Como vocero del imperialismo vino a dar sus recetas para tratar de mantener el actual esquema de dominación, de explotación y de saqueo de los pueblos del mundo. Para una película de Alfred Hitchcock estaría buena; incluso yo propondría un título: "La receta del Diablo"... Yo tengo la impresión, señor dictador imperialista, de que usted va a vivir el resto de sus días con una pesadilla, porque por donde quiera que vaya, vamos a surgir nosotros, los que insurgimos contra el imperialismo norteamericano, los que clamamos por la libertad plena del mundo, por la igualdad de los pueblos, por el respeto a la soberanía de las naciones. Sí, nos llaman extremistas, insurgimos contra el imperio, insurgimos contra el modelo de dominación...».

CAPÍTULO VI
Populismo, militarismo y democracia (segunda mitad del siglo xx)

IDEOLOGÍAS Y POLÍTICA DESDE MEDIADOS DE SIGLO

Consideraremos en este capítulo lo ocurrido con la democracia en Hispanoamérica desde los años cincuenta del siglo xx. Época crucial que se abre con el progreso de las ideas socialistas en algunos países y el triunfo de la Revolución cubana en 1959. La sucesión de acontecimientos no es lineal ni simultánea en todos los países del área. Uno de los problemas que plantea historiar sobre la democracia en la América de habla española es la heterogeneidad de las situaciones y la dificultad de trazar secuencias y situaciones equivalentes. Pero se pueden encontrar en la segunda mitad del siglo xx quizá de modo tan claro como ocurrió en el siglo xix con los caudillismos.

Al éxito de la Revolución cubana siguieron dos fenómenos absolutamente opuestos, que se desarrollaron en paralelo: la expansión de las ideas comunistas por el continente, con la formación de grupos guerrilleros y partidos políticos situados en la ideología de la lucha armada, y el temor de Washington a la expansión del comunismo. Para evitarlo se arbitraron por los gobiernos norteamericanos medidas de alcance universal, que incluían la caza de comunistas en el interior de Estados Unidos, puesta en marcha por el senador McCarthy, pero que afectaban directamente a Hispanoamérica. Se sustanciaron en la colaboración del poderoso imperio del norte para la represión de las personas y movimientos calificados de peligrosos por su ideología izquierdista. Con el consenso de

Estados Unidos se derribaron gobiernos y con su apoyo se sostuvieron dictadores que no dudaron en ejercer otra clase de terrorismo: el practicado por el Estado y sus instituciones. Fueron las repercusiones en América de las políticas desarrolladas durante la Guerra Fría.

Los gobiernos radicales de la primera mitad del siglo habían establecido, en los países más significativos, políticas económicas que condujeron a una cierta estatalización de la economía y al desarrollo de servicios sociales en favor de los ciudadanos: esbozos de Estados de bienestar. También los populismos de primera generación (tanto de carácter socializante a primeros de siglo como los de derechas de mediados, especialmente el peronismo) habían ahondado en el control público de la economía. Pero los cambios de régimen que propició la lucha contra el comunismo llevaron aparejados cambios en las políticas económicas que condujeron a su liberalización y desregulación. El Estado pierde su posición de titular de muchas empresas y servicios que se privatizan, al mismo tiempo que las economías se abren al mercado. Estas transformaciones empezaron con las dictaduras militares de los años setenta, pero se exacerbaron en las últimas décadas del siglo espoleadas por las recomendaciones del Fondo Monetario Internacional y por el denominado Consenso de Washington.[1] Estas liberalizaciones también provocaron problemas económicos, sobre todo inflacionarios, de enorme gravedad, a los que se sumó una corrupción desbocada, el descrédito de las instituciones y la incapacidad para orientar políticas creíbles con que enfrentar problemas enquistados, tales como el subdesarrollo, la industrialización insuficiente, la desigualdad, la pobreza, los derechos históricos de los pueblos originarios...

Estas insatisfacciones harán caer las democracias liberales en un número significativo de Estados y la emergencia de una nueva generación de populismos, ahora de izquierdas, que controlarán todas las instituciones del Estado y harán aprobar constituciones nuevas, con catálogos de derechos que, al menos nominalmente, responden a todos los problemas pendientes relativos a la realización de la igualdad y la dignidad de todas las personas, y además revisan en profundidad las instituciones de la democracia liberal.[2]

Sobrevivió la democracia liberal gracias a la caída del comunismo en Europa Occidental entre 1989 y 1990, y de la propia Unión Soviética en 1991, que puso fin a la Guerra Fría. El derrumbe del bloque comunista hizo que el marxismo perdiera fuerza, pero también debilitó a la derecha, que dejaría de contar con el amparo de Estados Unidos para bloquear reformas sociales e impedir las infiltraciones comunistas en América Latina.

La idea de democracia, que estaba muy poco afirmada en América porque se mezclaba con prácticas caciquiles, caudillistas, manipulación electoral y corrupción, fue renovada para incorporar una denominada «democracia delegativa», que era una versión nueva del populismo caudillista de toda la vida, que consistía en delegar en un líder carismático a través de unas elecciones pero dándole al tiempo mandato para que invalidara los contrapesos institucionales caracterizados para impedir el abuso del poder, es decir, invalidar la fuerza de los poderes legislativo o judicial.

A finales del siglo xx la economía internacional estaba basada en un «neocolonialismo» porque las materias primas y los productos básicos se intercambiaban para importar productos industriales muy costosos, procedentes del mundo desarrollado. América Latina carecía de la necesaria industrialización para librarse de esa dependencia. Esta evidencia, que se recrudecía en las peores épocas de crisis, se había intentado paliar, en algunos países, implementando políticas denominadas de sustitución de importaciones. Se establecían industrias nacionalizadas, que producían los bienes necesarios para evitar la necesidad de importar, y se protegían de la competencia extranjera fijando muy fuertes aranceles aduaneros. Cuando estos procesos, dirigidos por el Estado, se derrumbaron se generó una deuda exterior inmanejable y mucha violencia en el interior.

Fue un desastre que hubo que intentar remediar aumentando el gasto público. Como ningún gobierno tuvo autoridad bastante para controlar la inflación desbordada y los déficits públicos, las Fuerzas Armadas intervinieron con el argumento de asegurar el orden, restablecer la disciplina fiscal y reducir la inflación. Los regímenes autoritarios no pudieron controlar la inflación y tampoco pagar los intereses de sus grandes deudas externas.

La situación de impago de los intereses de las deudas externas se agravó al final de los años ochenta y primeros años noventa. En 1989 se alcanzaron los acuerdos que culminaron en el Plan Brady que permitía la cancelación de una parte de la deuda y la consolidación del resto mediante nuevos préstamos y la emisión de obligaciones con descuento. Los países deudores se comprometieron a aprobar programas de ajuste económico que había recomendado el Fondo Monetario Internacional. Consistían fundamentalmente en recortar el gasto público y privatizar industrias del Estado, al mismo tiempo que se adoptaban tipos de cambio competitivos y se abría el mercado interior a la competencia extranjera, lo que significaba rebaja de los aranceles aduaneros y limitación o extinción de las ayudas públicas a las empresas nacionales. El programa estaba acorde con las ideas del Consenso de Washington. Este tipo de acuerdos también se proyectaba en las reformas institucionales que eran necesarias para que la democracia funcionara bien en estos países y especialmente en punto a la rendición de cuentas.

En los años noventa estas propuestas del FMI dieron resultado porque las tasas de inflación bajaron; también el déficit público y los aranceles y ayudas a las empresas desaparecieron poco a poco.

La mejora de la situación atrajo inversiones multinacionales para la compra de algunas empresas estatales. Llegó dinero nuevo procedente de bancos de inversión que apoyaban las reformas inyectando capital privado. América Latina mejoró hacia las posiciones que había tenido en las décadas finales del siglo XIX y hacia 1940. Los gobiernos perdieron en este periodo capacidad para gestionar la economía, que dependió mucho más de los mercados a partir de entonces; quedaron sometidos a sus fluctuaciones y las inversiones y sus rendimientos fueron más volátiles.

La estabilización del desarrollo llevó a crear en los años noventa zonas de libre comercio que trataban de estimular el crecimiento. Es importante el Tratado de Libre Comercio de América del Norte que unía a Estados Unidos y a Canadá, al que se incorporó México en 1994. También fue un avance Mercosur que reunía Brasil, Argentina, Uruguay y Paraguay; la Comunidad Andina (Colombia, Perú, Ecuador y Bolivia); y el Mercado Común Centroamericano que integraban Costa Rica, Nicaragua, El Salvador, Honduras y Guatemala. Todos pretendían parecerse a la Unión Europea aunque sin recursos para invertir en infraestructuras y proyectos sociales para los socios más pobres.

En 1994 Estados Unidos convocó en Miami la I Cumbre de las Américas, en la que los participantes acordaron negociar un Área de Libre Comercio de las Américas (ALCA), que abarcaba todos los países del continente americano. Estaba previsto que empezara a funcionar en 2005, con ocasión de la IV Cumbre, pero no ocurrió así. Mercosur empezó bien pero fue sacudido por las crisis financieras de 1998 y 2002. Hugo Chávez promovió la ALBA (Alternativa Bolivariana para la América Latina o el Caribe o Alianza Bolivariana para los Pueblos de Nuestra América), como alternativa al ALCA. Este era un bloque comercial de tendencia socialista integrado por Venezuela, Cuba, Bolivia, Honduras, Nicaragua, República Dominicana y San Vicente y las Granadinas; Ecuador y Paraguay serían Estados asociados. Todos ellos se comprometían a promover el intercambio de bienes y servicios de forma equitativa. El ALCA se reafirmó en cumbres sucesivas celebradas en el Mar de la Plata, pero los beneficios de la globalización fueron muy limitados por la renuencia de los países ricos a eliminar restricciones a la importación de productos agrícolas, que estaban subsidiadas tanto en Estados Unidos como en Europa.

De la renovación política y constitucional justificada en la crisis de la democracia liberal me ocuparé en el capítulo final de esta obra. Sus precedentes están en lo sucedido en los años inmediatos, a los que me refiero seguidamente.

LA REVOLUCIÓN CUBANA Y LA DIFUSIÓN DEL COMUNISMO EN AMÉRICA

Los sucesos de Guatemala

No hubo gran expansión de los movimientos políticos marxistas en Hispanoamérica hasta bien mediado el siglo XX, porque tampoco hubo un proletariado industrial que sirviera de base a las aplicaciones de la doctrina. Cuba contaba con ingenios azucareros, controlados por Estados Unidos, y Chile tenía una industria del cobre, donde se desarrolló un proletariado amplio. Pero la economía hispanoamericana era agraria esencialmente.

Estados Unidos, como ya se ha indicado en el capítulo anterior, emprendió acciones de toda clase para evitar gobiernos formados por comunistas. Para calificar a una persona de comunista bastaba con que presentara ideas progresistas o inclinadas al socialismo, como fue el caso de Jacobo Árbenz en Guatemala.[3]

Aplicaba Estados Unidos la «diplomacia del garrote» en la época y provocó por la fuerza el derrocamiento de Árbenz, cuyo gobierno desarrollaba políticas que incomodaban a la United Fruit, lo que fue suficiente para que decidiera sustituir al presidente por un militar de confianza. El secretario de Estado norteamericano John F. Dulles, que era accionista de la compañía frutera, dijo que Árbenz era realmente un comunista que estaba a punto de entregar Guatemala al poder soviético. Lo que siguió fue un golpe de Estado protagonizado por el coronel Carlos Castillo Armas y diseñado por los servicios secretos norteamericanos, que acabó en 1954 con la experiencia de la revolución de 1944 en Guatemala.

La acción represora le sirvió de aprendizaje a Ernesto «Che» Guevara, que pudo presenciarla. Ocurrió la intervención en Guatemala en 1954 y en 1956 se unió el Che a Fidel Castro con el propósito de derrocar la dictadura cubana. Triunfaron en 1959 y Fidel se declaró marxista en 1961. El socialismo latinoamericano tuvo desde entonces como modelo lo sucedido en Cuba, más que las inspiraciones que venían tradicionalmente de Moscú, y muchos grupos reformistas se inclinaron a la lucha armada. El objetivo sería la expulsión de empresas extranjeras. La guerrilla urbana sería la herramienta para la liberación del continente. El modelo cubano enseñaba que un país de economía agrícola había podido llevar a término la revolución sin la ayuda inicial de Moscú.

La práctica cubana dio una base cierta a la renovación de la teoría marxista por los intelectuales latinoamericanos de la «nueva izquierda». Replantearon, sobre todo, la teoría leninista del imperialismo. Argumentaron sobre la condición imperialista del comercio internacional. Este se basaba en que las potencias europeas habían podido acumular el capital necesario para su propio desarrollo explotando los recursos humanos y materiales de América Latina desde la época colonial. Con las independencias políticas el modelo de imperialismo no cambió, sino que se fortaleció por la división internacional del trabajo, que integró en la economía mundial a los países latinoamericanos orientando sus recursos agrícolas y mineros hacia la exportación a cambio de bienes industriales. Esta situación llevó a que, cuando quisieron industrializarse, dependían absolutamente de la ayuda económica y técnica exterior. De esta manera, el desarrollo industrial estaba subordinado a las potencias neocoloniales. Convenía a estas mantener la división del trabajo, que condenaba a la periferia a producir bienes de escaso valor o, a lo sumo, manufacturas industriales menos refinadas.[4]

Los capitalistas europeos y norteamericanos dominaban a los países latinoamericanos porque las oligarquías coloniales colaboraban con ellos manejando economías de exportación, provistas de mano de obra barata, a cambio de poder importar artículos de lujo y bienes industriales terminados. Las relaciones laborales paternalistas de la hacienda tradicional eran parte del orden capitalista internacional. Las oligarquías latinoamericanas participaban, por tanto, y eran cómplices del imperialismo económico. La única manera de romper estas ataduras era movilizar a la clase obrera y campesina para que tomara el poder del Estado. La revolución socialista era la condición esencial para la recuperación de la soberanía nacional y promover el desarrollo equilibrado verdadero.

La Revolución cubana

La ocupación directa de Estados Unidos en Cuba duró entre 1899 hasta 1903. Cuba mejoró en todos los órdenes, incluidos los servicios públicos y los recursos disponibles por la población. Mejoró la sanidad, la educación pública, la universidad, el poder judicial tuvo más asegurada su independencia e incluso en 1901, como ya nos consta, se aprobó una Constitución liberal que establecía la separación

Iglesia-Estado y un sufragio universal masculino. En 1902 Tomás Estrada Palma, candidato del Partido Revolucionario Cubano, creado por Martí, ganó la presidencia de modo indiscutible y las tropas estadounidenses se retiraron de Cuba, considerada ya un Estado soberano.

Pero Estados Unidos estableció límites a la independencia y se fijó el derecho al mantenimiento de un gobierno adecuado «para la protección de la vida, la propiedad y las libertades individuales».

Cuba era nominalmente independiente pero la riqueza de las clases altas dependía de una economía de exportación que dominaba los capitales norteamericanos. No podía decirse que Cuba fuera políticamente soberana. Tampoco era parte integrante de Estados Unidos. Los cubanos estaban en una situación difícil de impotencia y corrupción. Las elecciones eran siempre fraudulentas, los caudillos que las perdían se rebelaban, y Estados Unidos intervenía cuando era necesario aplicando la enmienda Platt. Así sucedió en diferentes oportunidades entre 1906 y 1909; entre 1909 y 1921 se enviaron tropas norteamericanas cuatro veces a ocupar la isla. Los embajadores de Estados Unidos daban cobertura y ayudaban a que prosperaran los amaños de la política.

Desde primeros del siglo XX Cuba dependía esencialmente de las exportaciones a Estados Unidos, que se negociaban en régimen de trato preferente: Cuba se comprometía a enviar su azúcar a Estados Unidos, a cambio de aceptar reducciones arancelarias de hasta el 40 por ciento en la importación de productos norteamericanos. Exportaban también tabaco, ron y níquel. Ambas economías se lucraron con estos intercambios y la inversión de Estados Unidos en Cuba en el periodo que va de 1914 a 1923 se multiplicó. Fue una época dorada para la economía cubana que, sin embargo, empezó a decaer en los años veinte y, sobre todo, tras el desastre de la Bolsa de Nueva York de 1929. La declinación reactivó el nacionalismo que había desarrollado José Martí y se incrementó la denuncia contra la dependencia de Estados Unidos. Esta crítica comprendía el rechazo de la enmienda Platt. La protesta fue fundamentalmente movida por los estudiantes acompañados de grupos de artistas y personas cultas interesados por los temas nacionales. En este contexto nació en 1925 un Partido Comunista.

En 1924 fue elegido para la presidencia de la república Gerardo Machado. Adquirió popularidad al ejecutar un amplio programa de obras y mejora de servicios públicos. No obstante, se enfrentó a una grave crisis de la caída del precio del azúcar, lo que propició huelgas que introdujeron mucha inestabilidad en su gobierno. Pidió al Congreso en 1928 habilitación para un mandato de seis años adicional y tuvo que enfrentarse a una gran revuelta popular, principalmente de estudiantes, que fueron duramente reprimidos. Formaron estos un Directorio Estudiantil que desempeñó el papel de oposición al gobierno. La vida en Cuba se hizo entonces muy violenta con enfrentamientos en la calle entre la policía y los estudiantes.

El embajador de Estados Unidos, Sumner Welles, negoció el fin del gobierno de Machado, que acabó aceptando marcharse al exilio. No disminuyó, sin embargo, la tensión, que incluía enfrentamientos, saqueos de viviendas y haciendas de los más ricos.

Siguió el gobierno de Carlos Manuel de Céspedes, hijo, que fue establecido como consecuencia del acuerdo entre el ejército y el embajador norteamericano Welles. Tampoco pudo controlar la situación y fue derrocado por un levantamiento de suboficiales. Los insurgentes estudiantiles y militares eligieron como presidente provisional a Ramón Grau Sanmartín, que era uno de sus profesores, médico. Los trabajadores ocuparon ingenios azucareros, pidieron aumentos salariales, emplearon la violencia armada e impusieron al gobierno la expropiación de algunos ingenios de empresas estadounidenses, repartos de tierras, reducción de jornada laboral a ocho horas, y otras medidas sociales. Esta fue la llamada Revolución de 1933.

Después de estos levantamientos, el gobierno Grau, que solo llevaba cuatro meses en el poder, fue derrocado por un golpe de Estado dirigido por Fulgencio Batista. Sería el hombre fuerte de Cuba durante la siguiente década, gobernando a través de presidentes que estarían subordinados a su criterio, y a partir de 1940 como presidente electo.

Batista, que era mulato, de familia pobre y ascendido en el Ejército por méritos propios, era un personaje que se presentaba como caudillo y benefactor del pueblo, que pretendía aplicar los recursos del Estado al reparto de tierras y redistribución de la riqueza. Consiguió que en 1934 se suprimiera la enmienda Platt y se ampliara la cuota de exportación de azúcar a Estados Unidos, lo que sirvió para aumentar la producción y, por tanto, la riqueza de la isla. El empresariado estadounidense apoyaba a Batista en aquella época. Dictó leyes de bienestar social para los trabajadores y mejoró las obras públicas.

La Revolución de 1933 había fracasado, pero formaron los estudiantes y los nacionalistas radicales un nuevo partido, en memoria de José Martí, llamado el Partido Revolucionario Cubano Auténtico o Partido Auténtico que sería la oposición principal a Batista. El presidente se sentía suficientemente seguro como para organizar una Asamblea Constituyente que elaboró una Constitución nacionalista, socialdemócrata, que establecía el sufragio universal y los derechos del Estado sobre el subsuelo, la orientación de la economía por el Estado y derechos laborales bastante progresistas atinentes al salario mínimo, planes de pensiones, seguridad social y jornada laboral de ocho horas. Fue la Constitución de 1940, que quedaba abierta a posibles gobiernos democráticos. Las elecciones de aquel año las ganó limpiamente Batista, que aplicó un programa populista en lo económico y en lo social. En 1944 Batista perdió las elecciones porque no las amañó aquel año, y Ramón Grau fue el ganador. Batista se fue a Estados Unidos.

La presidencia de Grau no sacó a Cuba de la penosa situación económica y de enfrentamientos políticos en que se encontraba; más bien al contrario. Hubo rupturas y secesiones en su partido y emergieron de las elecciones otros candidatos, como Eduardo Chibás (que acabó suicidándose) y Carlos Prío, aún más proclives a la corrupción y a la intriga. En medio de una inmoralidad política general y ante la proximidad de las elecciones de 1952, Fulgencio Batista dio un golpe de Estado que fue, en general, bien acogido.

Empieza entonces el segundo batistato, que dura entre 1952 y 1959 y terminó con la política constitucional en Cuba. Batista desarrolló un programa de obras públicas y trató de reunir capitales cubanos para invertir en la industria y en los sectores económicos estratégicos. Pero, desde un punto de vista político, extremó la dictadura y liquidó la vigencia práctica de la Constitución.

Cuba tenía en la época un nivel elevado de educación, salud pública y bienestar social. En definitiva, disfrutaba de un buen nivel de desarrollo. Pero dependía del azúcar fundamentalmente, que representaba más del 80 por ciento de las exportaciones, lo que servía de argumento para la contestación de todos los grupos nacionalistas.

A principios de los años cincuenta aparece en la política una figura con gran capacidad de liderazgo, Fidel Castro, que formaba parte del ala izquierda del Partido Ortodoxo de Chibás. Estudiaba derecho en la Universidad de La Habana y fue un ferviente admirador de José Martí. Ideó un plan revolucionario para derrocar a Batista que consistió en asaltar el cuartel Moncada, en Santiago. El 26 de julio de 1953 ciento sesenta jóvenes veinteañeros acometieron el asalto, que resultó fallido. Fidel, con veintiséis años, y su hermano Raúl consiguieron escapar. Otros estudiantes fueron abatidos a tiros o encarcelados. Los Castro fueron también capturados y los salvó de la muerte el clamor contra la brutalidad de los soldados en relación con los primeros detenidos. Gracias a esta aventura Fidel consiguió convertirse en un héroe nacional. En el juicio al que fue sometido hizo un alegato de autodefensa que terminó con una frase que se hizo famosa y se convirtió en lema de la Revolución: «la historia me absolverá». Contenía su proclama todos los valores patrióticos y las aspiraciones nacionalistas de Martí y consiguió arrastrar el apoyo de la opinión pública cubana y de todos los movimientos progresistas de América Latina. Estaban comprendidos en sus programas la industrialización, el reparto de tierras, el pleno empleo, la modernización de la educación. El texto del discurso de defensa de Castro fue el documento fundador del Movimiento 26 de Julio (la fecha del asalto al cuartel Moncada). Después de salir de la cárcel, Castro se fue a México con otros exiliados y allí se le unió Ernesto «Che» Guevara, que venía de presenciar en Guatemala el derrocamiento de Jacobo Árbenz.

Castro recibió adiestramiento militar en México y el 2 de diciembre de 1956 partió con un grupo de ochenta y dos hombres desde la costa del golfo rumbo a Cuba en el yate Granma.[5] Desembarcaron en una playa de oriente cerca de Sierra Maestra. Tuvieron que enfrentarse a las tropas de Batista que los esperaban y solo sobrevivieron doce hombres en el primer enfrentamiento, que se retiraron a Sierra Maestra. Desde allí la guerrilla se reforzó y las revueltas lideradas por Castro se desarrollaron en dos frentes: en Sierra Maestra por un lado y, por otro, la resistencia urbana que dirigía Frank País en el llano. La lucha se desarrollaba mediante atentados, ataques armados espontáneos, propaganda intensa. Entre 1957 y 1958 no hubo gran avance de ninguna de las dos partes. Pero la gente del Movimiento 26 de Julio solo eran algunos de los que se oponían a Batista: había también un movimiento estudiantil agrupado en el Directorio Revolucionario, cuyos integrantes llegaron a asaltar el Palacio Presidencial y a punto estuvieron de asesinar a Batista. Este grupo también organizó frentes guerrilleros en las sierras de Escambray y de Trinidad. También había otros grupos de oposición bajo el nombre de «ortodoxos» o «auténticos» que, con el tiempo, formaron una alianza táctica con el Movimiento 26 de Julio para oponerse al dictador.

El Partido Comunista movilizó a los trabajadores contra Batista, al margen del Movimiento del 26 de Julio. Este movimiento envió al veterano Carlos Rafael Rodríguez para unirse con Castro en la montaña. Las campañas de unos y otros sufrieron sus reveses, como, por ejemplo, cuando el dictador, el 5 de septiembre de 1957, rechazó enérgicamente un motín de oficiales subalternos en el puerto de Cienfuegos.

Durante algún tiempo Batista ganó militarmente pero fue perdiendo en el terreno propagandístico, sobre todo por la brutalidad con la que se desempeñaba contra el pueblo. Los medios internacionales habían creado una imagen de Castro de guerrillero romántico y el corresponsal del *New York Times*, Herbert Matthews, empezó a publicar reportajes y entrevistas con Castro en Sierra Maestra. Washington, preocupado por la situación, embargó el envío de armas a Batista. Se convocó una huelga general en abril de 1958 que fracasó. Castro creyó entonces que el camino era necesariamente la lucha armada y Batista estaba persuadido de que su suerte dependía de ganar en Sierra Maestra: el 24 de mayo de 1958 ordenó una importante ofensiva contra las fuerzas de Castro. No consiguió nada y los guerrilleros se movieron con más agilidad que las tropas oficiales. Los guerrilleros de Castro consiguieron controlar la provincia de las Villas en el centro de la isla, lo que determinó que el territorio se dividiera en dos y que el ejército de Batista quedara aislado en la mitad oriental.

Las cosas iban mal para Batista, que convocó elecciones presidenciales para noviembre con el propósito de conseguir el apoyo de Estados Unidos. Eligió un candidato que ganó, aunque con una abstención masiva. Las lealtades del pueblo cubano estaban con Fidel. Batista no tuvo más remedio que reconocer en diciembre su derrota. El 1 de enero de 1959 huyó con un grupo de sus leales a la República Dominicana. Y el Che Guevara y sus guerrilleros llegaron a la capital, tomaron posiciones y convocaron una huelga general en apoyo del triunfo de la revolución. Una semana después entró Fidel Castro en La Habana.

Lo que siguió entonces fue un periodo de mucha incertidumbre, porque el Movimiento del 26 de Julio no estaba extendido y era apenas conocido, y existían muchos partidos de oposición que habría que tratar de conciliar. Por lo pronto Castro trató de sacudirse a los políticos profesionales y depurar sus proyectos de reforma.[6]

Para imponerse a todos le vino bien la superioridad moral que había adquirido y el liderazgo que había demostrado con ocasión de la acción en Sierra Maestra. Castro y Guevara presumían de haberse proletarizado, a pesar de que su origen era burgués.[7]

Los guerrilleros empezaron a tener ideas más claras sobre lo que tenían que lograr con la revolución, que no era solo la soberanía política y la reforma social sino, en el sentido que proponía el Che, crear una nueva sociedad y un «hombre nuevo», un hombre libre, sin codicia de bienes materiales, dispuesto a compartir en régimen de igualdad con sus semejantes en el marco de una comunidad justa. Los guerrilleros estaban convencidos de que eran unos prototipos del hombre nuevo, y de ahí derivaron la legitimidad que

Castro siempre quiso tener. Asumieron el poder del modo más concentrado entre los líderes del grupo. Los funcionarios de Batista fueron juzgados por «tribunales del pueblo» y ejecutados. Las instituciones de la democracia liberal se suprimieron todas o se las dejó caducar. No se hicieron más elecciones. Se limitó la independencia del poder judicial y Castro se atribuyó la facultad de designar jueces. Se controló la prensa libre y los sindicatos, que perdieron su independencia con respecto del gobierno. Se privó de autonomía a las asociaciones profesionales y organizaciones privadas así como a la Universidad de La Habana, que había sido el foco de la oposición a las dictaduras.

Naturalmente se encontraron con la oposición de los políticos liberales que deseaban restablecer la Constitución democrática de 1940. Castro designó como presidente a Manuel Urrutia, que era un antiguo juez contrario a Batista, que dimitió en 1959 como protesta por el aplazamiento de las elecciones. También renunció el comandante Huber Matos, por considerar que el comunismo era la propuesta que se estaba implantando; fue arrestado y encarcelado por sedición. Empezó entonces el éxodo a Miami de profesionales y propietarios de clase media por las medidas que iban adoptando los revolucionarios. Castro argüía que se trataba de quitar a los extranjeros el control de la economía. Necesitaba controlar la riqueza y el poder para favorecer a campesinos y trabajadores.

Asumir el control de la economía de exportación y cortar los lazos con la burguesía era el objetivo. La revolución recibía más impulso del entusiasmo de sus promotores que de planteamientos rigurosos sobre programas y principios. Se incrementaron los salarios a los trabajadores, expropiaron latifundios que estaban en manos extranjeras convirtiéndolos en cooperativas; se nacionalizaron bancos y grandes compañías.

La mayor parte de estas medidas afectaban a los intereses de empresas norteamericanas, por lo que Fidel Castro tuvo que explorar otros mercados. Los encontró principalmente en la Unión Soviética, a partir de 1960, cuando este país accedió a comprar cinco millones de toneladas de azúcar en el lapso de cinco años y concedió a Cuba un crédito de cien millones de dólares.

La crisis con Estados Unidos se produjo de manera concluyente cuando se decidió nacionalizar las refinerías de petróleo estadounidenses por haberse negado a procesar crudo procedente de la Unión Soviética. Estados Unidos suspendió la importación de azúcar, y Castro expropió todos los bienes norteamericanos. Entonces Eisenhower, en octubre de 1960, estableció un embargo total de las exportaciones. Además, Castro seguía haciendo declaraciones continuas contra Estados Unidos. Cuba temía una invasión y esto impulsó el incremento de las dotaciones de las Fuerzas Armadas. Estaba claro que Estados Unidos pretendía invadir Cuba, pero en lugar de utilizar su ejército como lo había permitido la enmienda Platt, organizó a los exiliados cubanos para que plantearan una insurrección general contra Castro.

Esta fue la situación que heredó J. F. Kennedy cuando llegó al poder.[8] Reaccionó en favor de los pueblos latinos criticando la política seguida con Cuba, pero no levantó la propaganda que estaba desarrollándose contra Castro ni paró los preparativos de la CIA para derrocarlo. Cuando atisbó la acción, en 1961, Castro proclamó el marxismo leninismo como régimen político de Cuba. Kennedy declaró que la política de no intervención no permitía no reaccionar ante supuestos de agresión, y nunca debería ser un obstáculo para impedir la penetración comunista. En este sentido se orientó la resolución del Congreso de septiembre de 1962 que autorizó al presidente a intervenir en Cuba en caso de que desde la isla se amenazase la seguridad de Estados Unidos. Se formó así una doctrina Kennedy que complementaba la doctrina Monroe.

La intervención preparada por la CIA fue una chapuza total. Kennedy se la encontró, al parecer, por completo diseñada en la época del gobierno de Eisenhower, pero contribuyó a su previsible fracaso ordenando que no tuviera ningún apoyo ni de la aviación ni de la armada estadounidense. La invasión de la bahía de Cochinos o de playa Girón fue protagonizada por mil quinientos exiliados cubanos que no pudieron hacer mella ni a las defensas antiaéreas ni a la infantería cubana, que los destrozó y obligó a huir.

Kennedy abandonó la política de invasión, pero no cejó en los intentos de acabar con Castro, contra el que se organizaron atentados en el marco de la denominada operación Mangosta. No consiguió acabar con él, pero la OEA expulsó a Cuba, a instancias de Washington. Este ambiente de máxima hostilidad determinó a Castro a pedir protección de la Unión Soviética, que se la ofreció en términos contundentes ordenando la instalación de una base de misiles en Cuba. Aviones de espionaje la descubrieron en 1962 y se originó una peligrosa crisis que llevó al mundo al borde del abismo. Kennedy ordenó el bloqueo naval a Cuba, con orden de interceptar cualquier navío soviético que se aproximara a la isla. Las tensiones de aquellos días concluyeron, como es bien conocido, con una negociación en la que se llegó al acuerdo de que la Unión Soviética retiraba sus misiles y Estados Unidos hacía la firme promesa de no intervenir Cuba en el futuro.[9]

Después de 1962 Cuba trató de reorganizar su economía para no depender tanto de la exportación de azúcar iniciando un proceso de industrialización por sustitución de importaciones. Estos objetivos eran los mismos de otros países de América Latina, pero los métodos en Cuba serían socialistas. La dirección de la economía dependería del Banco Nacional del que fue nombrado presidente el Che Guevara, que también fue ministro de Industria.

Pero las dificultades para llevar a cabo una reforma eran muy importantes porque no era fácil prescindir de la agricultura de exportación cuando la producción había caído y no existían reservas de divisas, ni capital para poder desarrollar cualquier sector industrial. Tampoco había recursos financieros procedentes de países democráticos y Cuba tuvo que echarse en manos de la Unión Soviética. Guevara impuso entonces la idea de los incentivos morales que implicaban requerir a los trabajadores para que asumieran compromisos revolucionarios de productividad superiores a los exigibles en una relación ordinaria de empleo. Pero el efecto de las expropiaciones fue que los agricultores particulares disminuyeron la producción y el nuevo propietario Estado no pudo organizar alternativas más eficientes que las cooperativas y la colectivización de fincas. Fracasó la diversificación de cultivos por falta de inversión y se descuidaron las labores básicas de siembra, plantación y abono.

Castro anunció que deberían cosecharse para 1970 diez millones de toneladas de azúcar, que convertirían al país en el mayor productor del mundo. No se consiguió porque solo se llegó a ocho, que era una cantidad también muy importante. Pero el hecho de no llegar produjo gran frustración.

La crisis económica y los intentos de reestructuración general alimentaron el incremento de la resistencia anticastrista fundamentalmente a cargo de las gentes refugiadas en Miami. Pese a todo, los campesinos y trabajadores apoyaban esencialmente a Castro. Los salarios en principio aumentaron exponencialmente hasta un 40 por ciento y, por tanto, el poder adquisitivo. El incremento de la demanda, que no tenía un equivalente en el incremento de la producción, determinó que existiera una falta de aprovisionamiento que motivó el recurso al racionamiento, que ya acompañó a Cuba en los años sucesivos. Pero las necesidades básicas de alimentación, vestido y vivienda estaban cubiertas, así como la atención médica y seguridad social gratuitas.

Las políticas de Castro promovían igualdad racial de la población negra o mestiza, la igualdad de derechos a las mujeres en el trabajo, igualdad de derechos cívicos. El orgullo nacional de los cubanos no decreció en este tiempo y Castro y el Che Guevara mantuvieron desde el principio de la revolución la idea de que podían crear el «hombre nuevo» que se mantuviera al margen de las fluctuaciones y turbulencias de la política. Trataban de impulsar para conseguirlo que las masas tuvieran valores morales que defender. Esta revolución moral también serviría para exportar el modelo político y social de Cuba a otros países de América y el tercer mundo. Las radios cubanas emitían programas para el resto del continente y los revolucionarios de toda América iban a Cuba a entrenarse en las técnicas de la lucha guerrillera. El Gobierno cubano dedicó muchas iniciativas a la exportación de la revolución por el mundo, a la creación de muchos Vietnam, como decía el Che.[10] Se celebró en La Habana en 1966, con participación de más de ochenta países, la Conferencia Tricontinental, donde Guevara expuso su idea de globalización de la revolución.

Estos deseos de internacionalización de su revolución determinaron que Cuba fuera expulsada de la Organización de Estados Americanos y muchas repúblicas de América Latina, siguiendo el ejemplo de Estados Unidos, rompieron relaciones diplomáticas con el gobierno cubano. No lo hizo México, siempre por mantener su imagen revolucionaria. El Che renunció en 1963 a sus cargos y se fue a otros países encabezando expediciones revolucionarias primero al Congo y luego a Bolivia, donde acabó siendo capturado en 1967 y asesinado por fuerzas militares bolivianas.

Castro seguía impulsando a los cubanos a esforzarse al máximo para alcanzar la meta de los diez millones de toneladas de azúcar. Los ocho millones y medio de toneladas que se produjeron fue una cifra récord, pero hubo desilusión por no haberlo conseguido y quedó de manifiesto que Cuba dependería en los años sucesivos del apoyo de la Unión Soviética.

El Partido Comunista cobró más importancia en la dirección del Estado y la economía. Fidel Castro encabezaba el Partido Comunista renovado desde 1965. El Comité Central estaba absolutamente dominado por castristas. El gobierno se hizo cada vez más personal. Su fuente de legitimidad era Sierra Maestra. Se disolvieron las milicias revolucionarias y se adoptó una jerarquía militar en el ejército rebelde que fue dotándose de medios para convertirse en un ejército muy bien equipado, mejor que ningún otro en América Latina.

El artículo primero de la Constitución de Cuba de 1959 decía «Cuba es un Estado independiente y soberano...». Establecía el precepto también de que el Estado estaba «organizado como una república unitaria y democrática, para el disfrute de la libertad política, la justicia social, el bienestar individual y colectivo y la solidaridad humana». A pesar de esa Constitución, Cuba empezaba su nueva etapa acogiendo una cultura contraria a la Constitución liberal tradicional: no existía una relación de derechos y garantías, que se remitían al reglamento del ejército rebelde de 21 de febrero de 1958 en el que se regulaba un amplio elenco de delitos sancionados con pena capital; además, preveía la creación de tribunales revolucionarios para juzgar delitos contra la revolución. Cuba fue gobernada con criterios de poder de emergencia durante los siguientes dieciséis años, arropados por una normativa dictada al efecto, que rompía completamente con la separación de poderes. Por ejemplo, el texto de 1959, artículo 119, estableció: «El Poder Legislativo se ejerce por el Consejo de Ministros». Además, se atribuye al Consejo de Ministros «Formar los códigos y las leyes de carácter general; determinar el régimen de las elecciones; dictar disposiciones relativas a la Administración general, la provincial y la municipal, y acordar las demás leyes y resoluciones que estimare convenientes sobre cualesquiera otros asuntos de interés público o que sean necesarios para la efectividad de esta Ley Fundamental» (artículo 121). El texto constitucional fue reformado muchas veces siempre en el sentido de mantener la fuerte centralización del poder, el control militar y la dirección del conjunto por el líder Fidel Castro. El poder revolucionario se apoyó en instituciones controladas como sindicatos, organizaciones juveniles, intelectuales y mujeres que establecieron una relación muy firme con el Estado, que los convirtió en algo esencial para su funcionamiento. Se mantenía la trilogía líder-patria-revolución, sobre la base de la cual se montó la organización del proceso revolucionario. El estado de revolución permanente sin embargo empezó a decaer en la década de los setenta.

Cuba institucionalizó la revolución en la Constitución de 1976, que recoge medidas que ya se habían hecho efectivas en los años anteriores: la consolidación del Partido Comunista, como vanguardia de la revolución, de donde procedía toda la urdimbre burocrática del Estado. El Consejo de Ministros completado con un comité ejecutivo que actuaba como superministerio; un poder judicial convertido en una dependencia ministerial más. Y el ensayo de creación del poder popular que eran asambleas locales que debían servir para controlar la Administración del Estado.

La Constitución de 1976 trae causa de una decisión del Congreso del Partido Comunista cubano de 1975 que aprobó un texto que supervisó Fidel y fue asumido mediante discusiones en asambleas locales que elaboraron enmiendas que en ningún caso suponían una variación de lo previsto en el proyecto oficial. No se notó y no hizo presencia la libertad de expresión en todo este periodo de debates. El propio preámbulo decía para que nadie se equivocara que «Ahora bien, y nadie puede llamarse a engaño, los debates y, como resultado de ellos, las modificaciones incorporadas, no implican retrocesos en nuestros principios, ni asomo de vuelta al pasado, ni debilidad de nuestro ideario martiano y marxista leninista». Su artículo primero decía «Cuba es un estado socialista de trabajadores». El artículo 5 establecía: «El Partido Comunista de Cuba, martiano y marxista leninista, vanguardia organizada de la nación cubana, es la fuente dirigente superior de la sociedad y del Estado, que organiza y orienta los esfuerzos comunes hacia los altos fines de la construcción del socialismo y el avance hacia la sociedad comunista». Y respecto al régimen de propiedad el artículo 14 añadía: «En la República de Cuba rige el sistema de economía basado en la propiedad socialista de todo el pueblo sobre los medios fundamentales de producción y en la supresión de la explotación del hombre por el hombre».

Raúl Castro había dicho en 1974 que era inapropiado y poco efectivo el debate sobre la calidad democrática en Cuba utilizando parámetros occidentales. Su condición democrática derivaba del hecho de que el Estado representa por sí los intereses de los trabajadores y no del derecho de estos y el resto de la sociedad a estar representados de manera plural y libre en una sede parlamentaria. La Constitución no hacía sino sancionar la revolución. La Constitución depende de la revolución. No es un bien en sí mismo. Aunque declare derechos como la libertad de expresión, la inviolabilidad del domicilio, el derecho de desplazamiento y algunas garantías procesales. El artículo 62 aclaraba que «Ninguna de las libertades reconocidas a los ciudadanos puede ser ejercida contra lo establecido en la Constitución y las leyes, ni contra la existencia y fines del estado socialista, ni contra la decisión del pueblo cubano de construir el socialismo y el comunismo». La infracción de este principio es punible. El sistema se completa declarando, en el artículo 121, que el poder judicial no es un poder independiente sino «subordinado jerárquicamente a la Asamblea Nacional del Poder Popular y al Consejo de Estado». Los jueces no son inamovibles ni inmunes sino que pueden ser en cualquier momento destituidos, estableciendo el artículo 126 que «La facultad de revocación de los jueces corresponde al órgano que los elige». El sistema cubano se basa en los principios dichos aunque trate de diseñarse estableciendo la idea de que el poder popular tiene capacidad legislativa y constituyente al mismo tiempo. La Asamblea Nacional del Poder Popular es la referencia de todos los demás poderes y de allí surge el Consejo de Estado formado por el presidente, el vicepresidente primero, cinco vicepresidentes y veintitrés miembros que forman el núcleo duro del poder ejecutivo. Fidel Castro estuvo al frente de ese órgano hasta 2008. La asamblea elige también a los magistrados del Tribunal Supremo, nombra al Consejo de Ministros a propuesta del presidente del Consejo de Estado, convoca referendos y puede modificar los decretos leyes del propio Consejo de Estado. La asamblea está controlada por el Partido Comunista ya que el 90 por ciento de sus miembros han sido miembros de ese partido, cuyo primer secretario ha ocupado siempre la Jefatura del Estado.

Las instituciones del Estado no dudaron en reprimir a los intelectuales cubanos y latinoamericanos que criticaban el régimen; el mundo cultural hispánico se dividió entre quienes siguieron aceptando la Revolución desde el principio y quienes se separaron de esa opinión para denunciar el proceso de estalinización que estaba sufriendo Cuba (Octavio Paz, Carlos Fuentes, Mario Vargas Llosa, Juan Goytisolo). Otros siguieron fieles al castrismo como Gabriel García Márquez y Julio Cortázar.

Los controles políticos y el racionamiento generaron descontento, que se mostró de una manera muy evidente en 1980 cuando una multitud de casi once mil personas invadió la embajada de Perú en La Habana en busca de asilo político. En lugar de oponerse radicalmente lo que hizo Castro fue abrir el puerto de Mariel para permitir la salida de quien quisiera irse. Y se fueron ciento veinticinco mil cubanos hacia Miami a bordo de embarcaciones pequeñas.

Al celebrar el 20.º aniversario de la Revolución de 1979, Fidel Castro advirtió que los cubanos tendrían que hacer más sacrificios para poder vivir mejor. La economía del país siguió empeorando, la dependencia de la Unión Soviética creciendo y Cuba, siguiendo las mismas pautas que otros Estados hispanoamericanos, empezó a compensar sus déficits pidiendo préstamos en petrodólares a bancos occidentales con tasas preferentes. La presión financiera derivada de la negociación de la deuda obligó al Estado a estar todavía más atento a la gestión económica y al gasto público, lo que supuso una concentración mayor del poder de decisión económica y la eliminación de cualquier atisbo de mercado libre.

Llegados al final de siglo la Revolución cubana había conseguido eliminar las desigualdades sociales y económicas contra las que había partido. No había conseguido establecer libertades individuales y había exigido una austeridad extrema pero no había inseguridad material, las rentas aunque modestas aseguraban que nadie pasara hambre y los servicios sanitarios y educativos eran de un nivel muy notable. También sirvió la revolución para crear un espíritu nacional y un sentido patriótico único en toda Hispanoamérica.

Cuba no sería anexada a Estados Unidos de un modo definitivo pero el país se había quedado estancado. Ya no dependían de Estados Unidos pero sí de la Unión Soviética. Durante 1989 empezaba una serie de revoluciones anticomunistas y Fidel Castro todavía vio más apretado el cinturón del aislamiento.

El derrumbe del comunismo en Europa supuso que la Revolución cubana, que no había resuelto los problemas de dependencia, empezó a sentirse mucho más debilitada.

Expansión continental de los movimientos revolucionarios

La cuestión, a partir de entonces, sería si el marxismo determinaría el futuro del mundo hispánico o perduraría la democracia liberal.

La Revolución cubana tuvo muchas repercusiones en el movimiento socialista internacional porque estimuló un nuevo pensamiento que explicaba el «subdesarrollo» y propuso medidas prácticas para acabar con él. La Revolución coincidió con las políticas de la sustitución de importaciones en los países más industrializados de la región. El panorama latinoamericano general era de pobreza extrema en el campo, grandes asentamientos irregulares en torno a las ciudades principales, condiciones de vida infrahumanas y enormes desigualdades en la distribución del ingreso, con cifras de desempleo e inflación enormes. Al mismo tiempo la educación universitaria se había ampliado y la nueva generación de estudiantes vio en la guerra de guerrillas cubana un modelo para poner fin a la tremenda injusticia social del continente.

El aumento del socialismo revolucionario durante la década de 1960 ocurrió fuera de los partidos comunistas: se desencadenaron nuevas fuerzas políticas que los dirigentes comunistas y sindicales no pudieron utilizar.

Las guerrillas marxistas de la década de los sesenta y setenta permanecieron segregadas de las masas. Optaron por desempeñar el papel de vanguardias revolucionarias con la función de precipitar mediante la violencia el final del Estado capitalista. Esta situación provocó enfrentamientos con organizaciones de la clase obrera. La estrategia de la lucha armada a veces conducía a actos de violencia terrorista contra objetivos burgueses, empresarios, diplomáticos extranjeros, militares e incluso campesinos o trabajadores a quienes se consideraban acreedores al castigo de la justicia revolucionaria.

En la década de 1970 hubo un grave deterioro de la ley y el orden en los países económicamente más avanzados del continente como Brasil, Argentina, Uruguay y Chile. En países muy organizados como Argentina y Uruguay surgió un nuevo tipo de insurgencia: la guerrilla urbana. Se desarrollaba en la gran ciudad y quedaba protegida por el anonimato. Las guerrillas se consideraban a sí mismas como producto de una tradición autónoma de sublevación contra los opresores coloniales. La apelación a la tradición se hizo notar en las denominaciones adoptadas: los tupamaros de Uruguay evocaban a Túpac Amaru; los montoneros recordaban a las montoneras, que eran rebeliones de jinetes gauchos dirigidos por caudillos provinciales, contra las fuerzas liberales cosmopolitas de Buenos Aires.

Eran guerrillas fuertes, difíciles de eliminar. Además se reinsertaban en la sociedad civil después de sus acciones. También aprendieron las milicias urbanas a manipular los medios informativos y a contarles hazañas y proyectos imaginarios y atractivos. En la década de 1970 se emprendieron muchas guerras sucias de los Estados para acabar con las guerrillas urbanas.

Las insurgencias guerrilleras marxistas tuvieron más posibilidades de actuación en países pequeños de economía agraria, que se enfrentaron con gobiernos especialmente corruptos y dictatoriales. Cuba servía de ejemplo, pero la victoria de Fidel Castro de 1959 no era fácil de repetir veinte años después. Estados Unidos tampoco permitiría este tipo de situaciones en las cercanías del canal de Panamá.

La guerrilla nicaragüense consiguió derrocar en 1979 la dictadura de Somoza, después de que Jimmy Carter retirara su ayuda al dictador por su constante violación de los derechos humanos. Los partidos marxistas del frente sandinista querían seguir el ejemplo cubano y ello provocó una ruptura entre los diferentes grupos y escisiones de los sandinistas no marxistas. En la revolución nicaragüense participó el clero católico progresista contra la opinión del Vaticano.

La guerra de guerrillas en el vecino El Salvador tampoco experimentó avance alguno y esto permitió a los gobiernos centroamericanos acordar, en 1986-1987, un plan de paz presentado por el presidente de Costa Rica, Óscar Arias, que disponía el cese de hostilidades entre todos los beligerantes de la región, la celebración de elecciones limpias, garantías de la libertad política para los partidos de oposición y medidas para establecer un Parlamento centroamericano. Arias obtuvo el Premio Nobel de la Paz por su plan. Su propósito era que los centroamericanos resolvieran los problemas internos por medio de negociación. Estados Unidos seguía teniendo intereses en la región y la elección de George Bush a la presidencia en 1989 anunció el abandono de la política de agresión militar indirecta de Reagan a cambio de una estrategia de desgaste económico continuo.

En la década de 1980 el proceso de industrialización capitalista parecía haberse apagado. La violencia política de la izquierda y de la derecha y la experiencia del terror de la guerrilla y la contraguerrilla cansaron a la población de aquellos países y ni siquiera el problema de la deuda externa devolvió el éxito de inmediato a la izquierda revolucionaria. Cuba perdió su prestigio político cuando ciertas revelaciones de represión de la disidencia, autoritarismo institucional y estancamiento económico enfriaron el entusiasmo de la juventud latinoamericana por Fidel Castro. En la década de 1980 prevaleció el sentimiento de que era preciso respetar los derechos humanos y las libertades fundamentales y de que se debía fortalecer el Estado, muy débil por entonces, mediante la aplicación del principio de legalidad.

El marxismo no dejó de ser una ideología poderosa en muchos de aquellos países. En Chile el partido comunista conservó mucha fuerza.

En Perú, entre 1976 y 1978, pareció vivirse una situación que la izquierda llamó «prerrevolucionaria». El marxismo y el maoísmo se había afincado en las universidades y en los sindicatos. Había huelgas generales que terminaron con movilizaciones callejeras y con alguna situación de zozobra importante. El gobierno convocó una Asamblea Constituyente en 1978 para aprobar una nueva Constitución de la república que sustituyera a la de 1933.

La posición dominante en la constituyente la tuvieron el APRA y el Partido Popular Cristiano. La asamblea fue presidida por Haya de la Torre. La nueva Constitución fue promulgada en 1979. Permitió el voto de los analfabetos, lo que terminó por abrir el censo electoral que en la primera mitad del siglo XX había estado sumamente restringido.

En las elecciones de 1980 un grupo armado tomó en un caserío remoto del departamento de Ayacucho las urnas donde los campesinos habían depositado lo que eran sus primeros votos después de más de un siglo de historia. Fue la primera acción pública del Partido Comunista Peruano por el Sendero Luminoso.

Era un movimiento guerrillero que empezó a operar, en la década de los ochenta, en los Andes centrales de Perú, apoyándose en una ideología que era síntesis entre el maoísmo y el indigenismo de José Carlos Mariátegui. Había sido fundado por Abimael Guzmán, un profesor de filosofía de universidad. El movimiento fue bastante misterioso. Sin comunicaciones con los medios informativos, sus señales de actividad eran causar grandes atentados contra el sistema eléctrico de las ciudades, voladuras de trenes o simbólicas luminarias de cruces ardiendo en las cumbres. El movimiento utilizó los métodos de las guerrillas de la década de los sesenta para poner en práctica los ideales del indigenismo de la década de 1920. Rechazó la influencia europea a fin de forjar una identidad nacional con la herencia cultural de los pueblos indígenas. Sendero Luminoso fue la expresión más radical del nacionalismo marxista hasta entonces vista en América Latina.

Actuaron los guerrilleros en el periodo de los gobiernos de Fernando Belaúnde Terry (1980-1985), del Acción Popular, y de Alan García Pérez (1985-1990), que llevó al APRA, por primera vez, a la presidencia; era un gobierno de centro o de centro izquierda, que procuró armonizar los intereses de la clase empresarial y propietaria y los de los trabajadores.

El periodo 1980 y 1992 estuvo marcado por la guerrilla maoísta de Sendero Luminoso. Este partido era producto de la escisión de algunos de los partidos maoístas que surgieron en los años del gobierno militar entre profesores y estudiantes de las universidades nacionales. La fracción de Sendero Luminoso fue liderada por el mencionado Abimael Guzmán Reynoso, nacido en Arequipa en 1934. En los años sesenta había viajado a China para conocer la Revolución Cultural y volvió convencido de que en Perú había que hacer algo semejante. El movimiento se asoció a otros asiáticos como el de Pol Pot en Camboya.

Sendero Luminoso reclutó los primeros cuadros dirigentes entre intelectuales y profesionales provincianos, como los hijos de clase terrateniente. Luego se añadieron dirigentes sindicales y líderes de barrios que con frecuencia eran personas de educación superior a los que el racismo imperante había negado, por su origen social, reconocimiento como profesionales. La penetración del senderismo dentro del aparato educativo del Estado ayudó a su crecimiento. En diciembre de 1982 tomaron bastantes oficinas públicas en la capital de Ayacucho, liberaron presos y asesinaron a varios policías y autoridades. El gobierno pidió la intervención de las Fuerzas Armadas y comenzó una guerra que dejaría veinte mil muertos. En los años ochenta guerrilleros de Sendero Luminoso incursionaban en los asentamientos rurales y las capitales de distrito y provinciales asesinando a las autoridades locales y presionándolas para que renunciaran. Había muchas mujeres en el movimiento, especialmente en los «destacamentos de aniquilamiento» de Sendero Luminoso. Una de las primeras heroínas fue una joven estudiante de Ayacucho, Edith Lagos, cuyo entierro en 1982, después de morir en un enfrentamiento con la policía, fue multitudinario.

Adquirió los rasgos de un movimiento mesiánico que desarrolló un culto a la personalidad de su líder, Abimael Guzmán, llamado el «presidente Gonzalo», cuyas ideas fueron elevadas por sus seguidores a la categoría de los grandes pensadores del socialismo mundial como Marx, Lenin o Mao.

Durante la segunda parte de los años ochenta las acciones de Sendero Luminoso se trasladaron a la ciudad de Lima. Se infiltró la organización en los barrios periféricos y crecieron los atentados en la capital.

En esa misma época apareció otro grupo subversivo llamado Movimiento Revolucionario Túpac Amaru, cuyos militantes provenían de disidentes de partidos de izquierda aunque menos ligados al maoísmo.

La lucha de las Fuerzas Armadas contra estos movimientos guerrilleros fue muy complicada porque no estaban los profesionales adiestrados para enfrentarse a una guerra de guerrillas. Una de las medidas más controvertidas que se adoptó durante la guerra contra Sendero Luminoso fue la entrega de fusiles a los campesinos organizados en «rondas» con las que podían enfrentarse a las fuerzas guerrilleras.

Una comisión cifró en más de sesenta y nueve mil las personas que murieron aquellos años como consecuencia de la violencia. Los daños en las infraestructuras públicas de energía eléctrica, edificios públicos y privados, secuestros y rescates sumaron unas cantidades enormes. La violencia desprestigió a los dirigentes nacionales de izquierda, a los que se les echó en cara no haber deslindado el terrorismo y la popularidad. Ganaron sitio naturalmente las propuestas políticas más autoritarias que ofrecían garantizar el orden y la paz.

La confrontación cultural con Estados Unidos y la intervención política de esta nación se incrementó a partir de que, en 1969, fue elegido presidente Richard Nixon. Nixon pidió a Nelson A. Rockefeller un informe sobre Latinoamérica. La opinión que defendía el informe era favorable a una política realista que, más allá de las preocupaciones democráticas, tuviera en cuenta que convenía no desatender las relaciones con muchos gobernantes militares que ocupaban el poder. Consideraba que esta cooperación era muy provechosa para el mantenimiento a raya del comunismo y para una relación intensa con Latinoamérica. El Informe Rockefeller sostenía:

> La democracia es un problema muy complicado para la mayor parte de los países del continente. La tradición autoritaria y jerárquica, que forma parte de las culturas de la mayoría de estas sociedades no se adecúa a la forma de gobierno democrático, al cual estamos acostumbrados [...]. Aquí, en Estados Unidos, se critica muy a menudo a los militares de todo el continente. Pero debemos aclarar que muchos de los nuevos líderes militares están profundamente involucrados en la búsqueda del desarrollo social y económico [...]. En muchos casos para Estados Unidos tendrá más sentido cooperar con ellos en esta tarea que dejarlos solos o insultarlos porque nos dejemos influenciar por prejuicios ideológicos casuales.[11]

Chile fue, al iniciarse los años setenta, una prueba de esa manera de entender las relaciones. Salvador Allende había perdido las elecciones de 1964 contra Frei. Pero las siguientes de 1970 las ganó con una coalición de partidos de izquierda que constituyó un gobierno de Unidad Popular que llevó a cabo algunas reformas radicales y manifestó su deseo de luchar contra el imperialismo norteamericano, empezando por proscribir la OEA, que era un instrumento de ese imperialismo. Nixon encargó a la CIA que, junto con empresas privadas norteamericanas, adoptara estrategias contra Allende que se concretaron en el proyecto FUBELT, destinado primero a impedir que tomara posesión de la presidencia y, en su caso, que fuera derrocado. La CIA cooperó con la International Telephone and Telegraph Co. con dichos propósitos.

El socialismo chileno trató de evitar, desde la llegada de Salvador Allende al poder en 1970, la deriva hacia la dictadura de partido. Allende fue elegido por mayoría parlamentaria y era el primer líder socialista y marxista que alcanzaba la presidencia por medios electorales en América Latina. La vía chilena al socialismo proclamada por la Unidad Popular de Allende era un problema para Estados Unidos más serio que el de Cuba. Fidel Castro visitó Chile en el verano de 1971 y se mostró escéptico ante esa vía al socialismo porque no le parecía que incorporara bien los elementos de la dictadura socialista. Estaba previsto que se produjera una reforma constitucional que incrementara la centralización del poder sin desvirtuar la democracia y concentrar a la representación popular en una cámara. Pero no se acometió este proceso con el refrendo necesario. La política chilena dedicada a establecer un socialismo democrático encontró muchas dificultades porque contó con la oposición del interior y del exterior. Al igual que la United Fruit en Centroamérica y Caribe, la empresa norteamericana ITT, con intereses en el sistema telefónico chileno, apoyada por los medios de comunicación, promovió y financió acciones encaminadas al derrocamiento del líder socialista. Lo apoyó la Administración Nixon jugando un gran papel el consejero de seguridad Henry Kissinger. En el interior la oposición fue muy fuerte tanto por la derecha, que se reagrupó en un solo bloque desde 1972, como por la izquierda, que tensionaba la presidencia exigiendo medidas más radicales y un desenlace revolucionario. El Partido Comunista y el Movimiento de Izquierda Revolucionaria junto con el Partido Socialista tuvieron mucha responsabilidad, en tanto que no se llegó a ninguna clase de acuerdo con el Partido Demócrata Cristiano que hubiera podido resolver la situación.

El texto constitucional fue siempre el de 1925, texto de cuya antigüedad presumió ante la ONU Allende en 1972, diciendo que Chile era un país que no había tenido nada más que un par de constituciones en más de un siglo.

La Unión Popular promovió una reforma constitucional que permitió iniciar una transición hacia la economía socialista. La nacionalización de la gran minería estaba incluida en la agenda. La oposición propuso dos reformas constitucionales que limitaban la capacidad expropiatoria y frenaban la reforma agraria. Las políticas de Allende no obstante produjeron una ampliación de la reforma agraria intensificada en tiempos del gobierno de Eduardo Frei.

En 1973 el panorama político chileno era muy convulso. Las dictaduras del siglo XX se han intentado justificar apelando a situaciones críticas de gobiernos legítimos y así ocurrió también en Chile para justificar el golpe de Estado. Lo dio Augusto Pinochet el 11 de septiembre de 1973.

En Chile la Constitución del 1925 y la cultura constitucional podían haber previsto cauces para la experiencia de Allende, pero el apoyo de Estados Unidos a la dictadura se abrió paso, como estaba ocurriendo en la mayor parte del continente en los años setenta y ochenta, excepto Costa Rica, México y en cierto modo Colombia.[12] La dictadura hizo su aparición en esas décadas en todos los demás países del área y muchas de ellas tuvieron además apoyo en el país en el que la cultura constitucional ha tenido más continuidad, como es la de Estados Unidos.

La acción de los movimientos guerrilleros, por un lado, y contrarrevolucionarios, por otro, fue general y se manifestó incluso en los países en los que más asentada estaba la democracia.

En México, durante el gobierno de Luis Echeverría (1970-1976) se produjo un episodio grave de «guerra sucia». El 10 de junio de 1971 tuvo lugar el «Halconazo», también conocido como la «Matanza del Jueves de Corpus», ejecutada por un grupo paramilitar conocido como los «Halcones». Había sido creado por jefes militares adscritos a la presidencia de la república. Los integrantes del grupo ya habían actuado como francotiradores el 2 de octubre de 1968 en la plaza de Tlatelolco, produciendo una terrible matanza, que respondió al impulso del presidente Echeverría, aunque se desligó después de los hechos y culpó y cesó a los generales responsables.

Estas masacres determinaron a los grupos de izquierda a crear grupos guerrilleros, considerando que la vía pacífica para las reformas estaba por completo cerrada. Surgieron a finales de los sesenta y en la década de los setenta organizaciones guerrilleras como el Partido de los pobres de Lucio Cabañas, la Asociación Cívica Nacional Revolucionaria de Genaro Vázquez Rojas, el Movimiento de Acción Revolucionaria, la Liga Comunista 23 de Septiembre, etc.

DECADENCIAS DE LA DEMOCRACIA LIBERAL Y EMERGENCIAS DE LOS POPULISMOS

Los populismos de primera generación

Las fatigas de la democracia liberal, con la crisis y manifestaciones de ruina de la separación de poderes, vulneraciones de los derechos individuales, eliminación de garantías judiciales, corrupción, control partidista de las instituciones, sumadas a una crisis económica crónica, pobreza enquistada y violencia guerrillera permanente, llevó al encumbramiento de gobiernos populistas. No tenían propiamente una ideología como la liberal, sino que más bien se definían por contraposición a ella. Organizaban sus políticas desconociendo los principios en que se había asentado el constitucionalismo contemporáneo desde la Constitución norteamericana de 1787, la Declaración de Derechos francesa de 1789, la Constitución francesa de 1791 y la Constitución de Cádiz de 1812.

El populismo puede manifestarse en regímenes que orientan sus políticas hacia la derecha o, por el contrario, se inspiran en principios y valores clásicos de la izquierda.[13] Lo concurrente es la presencia de un líder superlativo, que concentra todo el poder, liquida los partidos tradicionales, derriba la separación de poderes y crea instituciones alternativas que termina consagrando en una Constitución nueva. Impone la reelegibilidad de la presidencia de la república, lamina los derechos fundamentales y sus garantías, y dice apoyarse en la tradición y los valores más arraigados de la nación como, en el caso americano, los derechos de los pueblos originarios que habitaban América antes de la conquista. También es básica, en los populismos de izquierda, la lucha contra el imperialismo.

Ha habido en la América de habla española populismos radicales burgueses y también próximos al fascismo y a la ideología conservadora y de derechas, que son los que vamos a analizar en este apartado, y también populismos de izquierdas, que tienen en sus programas la eliminación del capitalismo y sus instituciones, y la implantación de una sociedad igualitaria de orientación socialista.

Del primer tipo, el ejemplo máximo es el peronismo, cuyas concepciones e inventos políticos e institucionales han influido en los populismos de cualquier clase hasta la actualidad. Se desarrolló en Argentina desde mediados del siglo XX, pero hubo populismos de orientación socialista que se habían adelantado en el tiempo.

En los años treinta del siglo XX Hispanoamérica experimentó una gran transformación, con un significativo crecimiento de la pequeña burguesía urbana, formada por empleados, intelectuales y funcionarios; surgen organizaciones políticas; nacen movimientos de partidos nacionales y reformistas.

Fue pionero el APRA en Perú, pero también otros movimientos surgidos en diferentes Estados: el Partido Trabalhista de Vargas en Brasil, el Partido Revolucionario Cubano Auténtico, el peronismo, el MNR de Bolivia, el febrerismo paraguayo, el Partido Revolucionario de Guatemala, la Acción Democrática de Venezuela.

La crisis política que era consecuencia de la crisis económica de los años veinte y treinta supuso una gran convulsión en Latinoamérica, donde todos los países empezaron a notar movimientos masivos de mineros, proletarios de las ciudades, obreros de las plantaciones, que luchaban contra el desempleo y a favor de la defensa de los salarios. El campesino quiso mejorar sus condiciones de trabajo. La burguesía urbana y las capas medias reclamaban, como hacían también los estudiantes y los intelectuales. Presentaban demandas nacionales, democráticas, antiimperialistas y determinaban que la primera tarea del Estado era defender al país frente al imperialismo.[14]

El desempleo era enorme en cualquiera de aquellos países. Los cálculos son difíciles de establecer, pero entre las huelgas continuas y la falta de crecimiento de los puestos de trabajo, se llegaron a cantidades escandalosas como quinientos mil desempleados en Cuba en 1933, que equivalían al 40 por ciento de su población. Durante estos años se constituyeron diferentes organizaciones políticas unas de carácter comunista otras de carácter pequeño burgués y otras correspondientes a la oligarquía conservadora vinculada a la Iglesia y al Ejército. Los comunistas consideraban que el capitalismo estaba herido de muerte en América Latina y que había que seguir marchando hacia la revolución. Suponían que estaban a punto de tomar el poder, lo que ocurriría mediante el estallido de una sublevación armada de forma espontánea que llevaría a la revolución proletaria.

Durante la crisis mundial también se fortalecieron mucho las tendencias pequeño burguesas democráticas y antiimperialistas y comenzó la conversión en partidos populistas que, en el periodo 1930-1933, eran de muy diferente signo. El movimiento APRA se amplió mucho y se insertó en esta órbita ideológica de los partidos populistas y desplegó una enorme propaganda a escala continental. Defendía el «Estado antiimperialista», ideología que rechazaba el liberalismo y el individualismo, y proponía una «democracia funcional», en la que participaban sindicatos que aspiraban a movilizar a todas las fuerzas creadoras del país. El Estado antiimperialista, formado por las clases oprimidas por el imperialismo, controlaría la producción y la distribución de la riqueza realizando la nacionalización progresiva de las fuentes de producción y condicionando la inversión de capitales y del comercio. El APRA, en su propaganda continental, atacó enérgicamente el imperialismo de Estados Unidos y la oligarquía.

Las oligarquías dominantes se mantuvieron a la defensiva en países como República Dominicana, Perú, Bolivia, Argentina o Brasil. Utilizaron el poder militar para defender sus posiciones de privilegio o directamente el terror, como ocurrió en Chile, Cuba, Venezuela o México.

En Argentina, en septiembre de 1930, tuvo lugar una «contrarrevolución preventiva» encabezada por los generales José Uriburu y Agustín P. Justo. Los apoyaban agrupaciones políticas conservadoras y «socialistas independientes». Se estableció una dictadura derechista dura. En el gobierno de Uriburu tres ministros estaban relacionados con compañías petroleras extranjeras y los demás también representaban a compañías europeas y norteamericanas.

Uriburu era admirador de las ideas de Mussolini y de Primo de Rivera. Reprimió al partido radical y proscribió el partido comunista. Hizo un nuevo código penal para luchar contra las ideologías contrarias a la suya y reconoció legalmente la organización paramilitar Legión Civil de carácter fascista. Dio una cobertura constitucional a la dictadura militar y triunfó en las elecciones de 1931 obteniendo muchos más votos que el Partido Socialista Argentino. El movimiento obrero participó poco en estas políticas y el gobierno empezó a negociar la intervención del Estado en la economía, tratando de desplazar los oligopolios establecidos por algunas compañías extranjeras.

En Uruguay las fuerzas conservadoras se recuperaron en 1930 cuando estalló en la zona norte del país una revolución militar bajo la dirección de Nepomuceno Saravia, que se acompañó de destacamentos terroristas con el nombre de Vanguardias de la Patria, para reprimir huelgas. En las elecciones de 1931 se hizo ver la división de la clase gobernante porque se presentaron diversas candidaturas hasta que obtuvo la presidencia Gabriel Terra, que se declaró a sí mismo «dictador económico», marginando la Constitución.

Ni en Argentina ni en Uruguay las dictaduras tuvieron respaldo popular.

En Perú las primeras protestas obreras empezaron en Lima con el gobierno de Leguía, que las reprimió. Suspendió las libertades públicas, prohibió los sindicatos y encarceló a dirigentes obreros mientras que las luchas obreras continuaban avivándose contra la reducción del salario y el aumento de la jornada laboral. Estas protestas llevaron al derrocamiento de Leguía. El ejército fue el foco del descontento y en 1930 la guarnición de Arequipa se levantó al mando del mayor Sánchez Cerro y derrocó al dictador Leguía. El nuevo gobierno reprimió los movimientos obreros con mano dura.

En Colombia y Bolivia hubo situaciones parecidas, aunque en Colombia el Partido Liberal tuvo mucho apoyo y progresó democráticamente en la primera mitad de los años treinta.

En Colombia en las elecciones de 1930 el partido conservador se enfrentó a la debilidad de la economía y sus candidatos demostraron división, por lo que las elecciones se inclinaron a favor de Olaya Herrera, que era del gusto de Estados Unidos. A mantener tranquilo el país fue a lo que se dedicó fundamentalmente el gobierno con sus políticas.

En Bolivia en la década de 1930 cayó el precio del estaño, la economía se vino abajo y comenzó una época de gran inestabilidad debida a la lucha revolucionaria capitaneada por el movimiento sindical que divulgaba ideas comunistas y anarquistas. La oligarquía boliviana se defendió llevando a la presidencia a Daniel Salamanca en las elecciones de 1930, que calificó la crisis política como un caso de propaganda comunista extranjera y todo lo que estaba ocurriendo como una amenaza comunista, por lo que declaró ilegales las organizaciones laborales y obreras de toda clase.

El 1 de mayo de 1932 el grupo Túpac Amaru dio a conocer una declaración en la que decía que lo único válido en la lucha contra los latifundistas y otros explotadores tenía que surgir «del seno del proletariado» y no podía ser otra cosa que la vanguardia comunista boliviana. Desarrolló un programa en el que ponía en valor muy especialmente la educación de los indígenas para el socialismo y planteó la necesidad de nacionalización de las minas.

En Chile durante los años de crisis mundial la exportación disminuyó a la mitad y la importación bajó en un 80 por ciento. En 1931 una acción común del partido de los burgueses y el Ejército acabó con la dictadura. Ibáñez había sido derrocado y en las elecciones de 1932 el partido conservador y el partido liberal, representando a la oligarquía, obtuvieron la mayoría. Pero después de la derrota de Ibáñez se reorganizó el movimiento obrero y surgió una nueva central sindical, la Confederación de Trabajadores de Chile, con cerca de trescientos mil miembros.

En Cuba a principios de los años treinta hubo también un intento revolucionario que contó con el respaldo de grupos revolucionarios pequeño burgueses que movilizaron huelgas de toda clase no solo en las ciudades sino en las zonas azucareras del sur. El movimiento de huelga no cesó hasta la derrota del dictador Machado. Siguió actuando contra los gobiernos establecidos sostenidos con la colaboración del nuevo embajador de Estados Unidos Sumner Welles.

En México la burguesía constituyó en 1929 el Partido Nacional Revolucionario. El Partido Comunista Mexicano fue prohibido y México rompió las relaciones diplomáticas con la Unión Soviética. En las elecciones de 1934 Lázaro Cárdenas representó las fuerzas izquierdistas del partido gubernamental y fue un candidato que parecía que mejoraría la situación económica de las clases trabajadoras, por lo que ganó las elecciones por amplia mayoría.

Es cuestión discutida la importancia del fascismo en América en estos años. No cabe duda de la divulgación de las ideas fascistas y del interés de los grupos fascistas de tener presencia en América. Eran anticomunistas y además mostraban una fuerte tendencia nostálgica sobre el pasado colonial y la pérdida de valores de orden, disciplina, trabajo, familia. En Perú funcionó junto a la Unión Revolucionaria un partido nazi constituido por inmigrantes alemanes. Había grupos fascistas que tenían un número de seguidores bastante notable. A partir de 1936 la política de buena vecindad que estaba desarrollando Estados Unidos se centró en la unión continental contra el fascismo.

Por lo que concierne al frente popular, en 1928 había doce países latinoamericanos donde funcionaban partidos comunistas, y a principios de 1935 eran diecinueve países.

El peronismo

La política argentina giraba a principios de los años cuarenta sobre un trío de personajes: el general Agustín P. Justo, el presidente Roberto M. Ortiz y el expresidente Marcelo T. de Alvear. Detrás de ellos aparecía el segundo de Ortiz, Ramón Castillo.

Ortiz quedó incapacitado a partir de 1940 por razón de enfermedad, con lo que tuvo que pedir licencia en julio de aquel año y Castillo convalidó los resultados electorales en elecciones fraudulentas celebradas en Mendoza y Santa Fe, en contra de la estrategia que se había formado Ortiz. Incorporó también a su gabinete a figuras germanófilas a pesar de que tanto Ortiz como Justo habían sostenido el acercamiento a las posiciones de las potencias aliadas durante la guerra. Justo llegó incluso al extremo de ofrecerle servicios militares al presidente brasileño Getulio Vargas que había declarado la guerra a las potencias del Eje.

Durante 1941 y 1942 la postura de Castillo fue reacia a apoyar a los aliados. Para ello contó con la simpatía de algunos políticos y su posición se vio amparada también por algunos grupos nacionalistas, anticomunistas y autoritarios del Ejército que preferían a Alemania. El fallecimiento de Ortiz en 1942 y la muerte sucesiva de Marcelo T. Alvear facilitaron la tarea a Castillo, que quedó como sucesor del general Justo casi de manera necesaria. También Justo murió en 1943, fulminantemente, de un ataque al corazón, con lo cual los tres principales adversarios posibles de Castillo quedaron eliminados.

El ascenso de Castillo también dependía del consentimiento de algunos grupos militares, participantes en logias en las que se hablaba de las alternativas de la guerra y de cuestiones políticas. Todos se consideraban conservadores de la patria que querían superar la «sucia politiquería de los partidos» y despreciaban las prácticas fraudulentas de un régimen que, según ellos, había arrasado las instituciones surgidas por la expresión libre del sufragio en 1928.

La situación llevó directamente a un golpe militar que se produjo el 4 de junio. No fue, sin embargo, resultado de una planificación muy minuciosa ni tampoco un movimiento que inspirara Estados Unidos, como había ocurrido en otras ocasiones, sino de la pura improvisación, ya que los participantes en la GOU no tenían otro objetivo específico que el derrocamiento del presidente Castillo sin más consideraciones.

Los golpistas movilizaron sin embargo a más de diez mil hombres, lo que contrasta con el golpe de 1930. Se publicó un manifiesto que redactó Perón. Se sucedieron las designaciones de presidentes. El primer presidente duró dos días y el segundo ocho meses, pero fueron desplazados ambos contra su voluntad. Todo eran conspiraciones entre las que se entremezclaban cuestiones de orden militar y otras muchas relativas al nacionalismo, la ruptura, las relaciones con Alemania, la posibilidad de elecciones y otros asuntos. El tercer presidente de este régimen militar fue el general Farrell, que encumbró más a Perón al designarlo ministro de

Defensa en febrero de 1944 y vicepresidente en julio. Había transcurrido un año del golpe y Perón controlaba la posibilidad de llevar a cabo los cambios de la legislación laboral y nombrar a dirigentes sindicales en puestos públicos. También contaba con la facultad de decidir ascensos y destinos de los oficiales del Ejército.

Perón generó muchas resistencias; no se limitaron a los políticos, a sus camaradas de armas y a los estudiantes universitarios, sino también a los intelectuales del nacionalismo católico y a burgueses de diferente índole. Todo lo pudo superar utilizando diferentes fórmulas, entre las cuáles destacó la sindicalización obrera que se desarrolló, con su impulso, muy rápidamente.

El 9 de octubre el comandante de Campo de Mayo, general Eduardo Ávalos, demandó la separación y posterior arresto de Perón. Estas decisiones provocaron una reacción de los trabajadores de Buenos Aires especialmente de la zona sur, que marcharon sobre la plaza de Mayo y forzaron al presidente Farrell a revocar todas las medidas contra Perón. El 7 de octubre de 1945 fue crucial en la historia de Argentina, porque la movilización popular fue una demostración del genio político de Perón y de sus colaboradores más eficaces para llevar adelante la batalla por el poder.

La toma de la Casa Rosada por los militares se produjo el 3 de junio de 1943. Como se ha dicho, ninguno sabía exactamente qué es lo que querían hacer pero empezaron a llamarla «Revolución de junio». Invocaban a Dios, a la patria y a la argentinidad y prometían instalar una educación religiosa en las escuelas al tiempo que condenaban los partidos políticos, el liberalismo y las denominadas «ideologías foráneas». Los ejecutores del golpe pertenecían a una logia secreta llamada Grupo de Oficiales Unidos (GOU), a cuyo frente estaba el coronel Juan Domingo Perón. Pensaban crear un nuevo orden y unificar la sociedad argentina estableciendo una doctrina nacional contraria al comunismo, al liberalismo «laico y agnóstico», la masonería, el imperialismo anglosajón, los políticos y sus partidos. No se profundizaba más en qué sería esta «nueva Argentina». Pero algo tenía claro Perón desde el principio, y es que el Estado tenía que ser el que rigiera la política y liderara las relaciones sociales. Para lograrlo nada mejor que inspirarse en las encíclicas sociales de los pontífices y crear una organización de tipo corporativo.[15]

Era evidente la afinidad del modelo que pretendía montar Perón con los autoritarismos católicos que se habían establecido en la península ibérica. Desde el principio actuó contra las instituciones del Estado liberal argentino: cerró el Congreso Nacional, disolvió los partidos políticos, abolió las libertades individuales, censuró a la prensa y creó un mecanismo para la moralización de la cultura. El sector educativo sufrió purgas y revisiones nacionalistas de los programas de enseñanza.

Perón tenía cuarenta y ocho años y había sido profesor de historia militar en la Escuela Superior de Guerra, donde asumió el concepto de nación en armas. Había sido destacado en Chile como agregado militar en 1936 cumpliendo sobre todo actividades de espionaje. Cuando regresó, se embarcó a Italia y vivió allí dos años en los que le fascinó la organización de masas alcanzada por el fascismo y sus liturgias y el papel de los sindicatos en la estructura del Estado. Siendo ministro de Farell consideró que un objetivo revolucionario esencial era atraer los sindicatos hacia el nuevo régimen. Tenía una visión orgánica de la sociedad que creía que era la única manera de garantizar la unidad de la nación y de mantener las relaciones entre clases. Creó con esta óptica la Secretaría de Trabajo y Previsión para imprimir a la revolución un giro de carácter social. La secretaría de Estado aprobó una nueva legislación social con la que se pretendía «argentinizar» a los obreros aligerando la importancia del capital y potenciando las ventajas de la protección de los trabajadores. Esta legislación se parecía mucho a la Carta del Lavoro mussoliniana. Se proponía elevar el Estado a árbitro absoluto de las relaciones entre clases.[16]

El gobierno militar necesitaba ampliar sus bases de consenso para soportar las presiones sociales y políticas que se le venían encima y Perón se dedicó precisamente a esto. Controló los sindicatos y también inmediatamente las Fuerzas Armadas; se liberó de los nacionalistas más extremos y, llevado por el enorme pragmatismo que siempre lo caracterizó, trató de fijar objetivos acordados siempre y cuando no se pusieran en duda los principios en que se basaba el régimen, es decir, en los conceptos de «Dios, patria y pueblo».

Desde 1945 crecieron las presiones para restablecer el orden constitucional, pero Perón insistió en su línea política que implicaba la eliminación de una parte de las instituciones del Estado liberal sin perjuicio de que, poco a poco, dio entrada a los civiles en los ministerios, normalizó la vida universitaria y levantó el estado de sitio.

Era evidente que la revolución se batía en retirada sin haber podido fundar el nuevo orden. Para ir alineándose políticamente en marzo de 1945 declaró la guerra al Eje: era muy tarde, pero le sirvió para descongelar las relaciones con Estados Unidos y que los norteamericanos enviaran un nuevo embajador, Spruill Braden.[17]

El 19 de septiembre de 1945 se organizó una enorme Marcha de la Constitución y la Libertad en Buenos Aires, que recorrió las calles. Perón tenía que organizar las cúpulas militares que estaban temerosas de una derrota, pero no las pudo dominar en ese momento, de modo que el 9 de octubre dimitió de todos sus cargos y fue encarcelado. Empezaron inmediatamente las maniobras de sus colaboradores para movilizar a los trabajadores y en la mañana del 17 fueron hacia la capital columnas de obreros con sus familias. Esa jornada el 17 de octubre de 1945 se cerró con Perón liberado por la multitud y triunfador. Entonces empezó una campaña electoral para las elecciones de 24 de febrero de 1946. Las Fuerzas Armadas apoyaron al coronel que parecía que iba a evitar la derrota de la revolución. Fue en este periodo cuando Perón se casó con Eva Duarte, desde entonces Eva Perón, a sus veintiséis años, una mujer de origen humilde pero muy activista y atractiva.

La campaña electoral estuvo marcada por concentraciones multitudinarias, incidentes, ataques y atentados y por largos recorridos en tren de los candidatos. El Departamento de Estado norteamericano estaba sin embargo decidido a liberarse de Perón y publicó una colección de documentos que querían demostrar que Perón tenía vínculos con las potencias del Eje. Lo único que consiguieron con ello es una fuerte campaña de propaganda que llenaba las paredes de las ciudades argentinas con carteles en los que se leía:

«Braden o Perón». El 24 de febrero de 1946 se celebraron las elecciones y las ganó Perón por un amplio margen de votos.

El 4 de junio de 1946 Perón inició su mandato primero. Aunque había sido elegido lo suyo era, según él, una «Revolución» y empezó entonces su trienio más exitoso con programas que pretendían fortalecer la independencia económica, la soberanía política y la justicia social. Proponía, en definitiva, la regeneración de Argentina. Para ello era necesario, entre otras cosas, eliminar tanta dependencia de la exportación de materias primas agrícolas al mercado británico y de la importación de maquinaria industrial de Estados Unidos. Superar esto implicaría la industrialización; la industria debía ser el motor del desarrollo, el bienestar, la soberanía y la seguridad. Argentina tenía que estar dispuesta, en caso de que estallara una nueva guerra, como presumía Perón que iba a ocurrir, dotándose de los medios necesarios para decidir si le convenía o no participar. El país tenía que potenciar el mercado nacional, para ello necesitaba recursos y el único sitio donde podía obtenerlos era aliándose con los norteamericanos.

Entre 1945 y 1948 se incrementaron los créditos concedidos y el beneficio fue para inversores y consumidores. Un instrumento capital en la época fue la creación del Instituto Argentino de Promoción del Intercambio, clave como instrumento de la política económica para pagar a los productores agrícolas, obligarlos a venderles su producción y lucrarse con la venta en los mercados internacionales. Esta estrategia la concretó en el Primer Plan Quinquenal. El plan tuvo un enorme éxito que determinó un crecimiento del 8 por ciento en el PIB. El peso del sector público de la economía creció extraordinariamente, pero aún ganó fama como presidente que estaba llevando a cabo una gran distribución de la riqueza. No es fácil saber en qué medida fueron las condiciones económicas generales las que favorecieron esa distribución o fueron las políticas de Perón, pero desde luego hizo lo que pudo para transformar la escuela en un instrumento para que las nuevas generaciones se ajustaran a sus ideas políticas; ello implicó que en la universidad se expulsó al 70 por ciento de los docentes. El Ministerio de Salud aumentó las camas hospitalarias y llenó Argentina de salas de atención ambulatoria. La mortalidad infantil empezó a disminuir. El sistema sanitario dejó aparte los servicios de asistencia social para que los rigiera Eva Perón, que se preocupó entonces de estimular la construcción de viviendas populares y la adopción de medidas sociales de toda índole.

«Perón juró fidelidad a una Constitución que le obligaba a respetar la separación de poderes, los derechos individuales, el pluralismo político, la libertad de prensa, etc.».[18] Pero concebía su triunfo como una «Revolución» y ello lo inducía a considerarse investido de una legitimidad superior. Intentó Perón que todos los sectores contribuyesen a la edificación de la «nueva Argentina», pero para conseguirlo centralizó todo el poder en sus manos de modo que la estructura del liberal país empezó a transformarse hasta esfumarse en el Estado peronista: la separación de poderes quedó reducida a una farsa; el poder judicial fue objeto de medidas de purga importantes porque en 1947 el Congreso destituyó a todos los miembros de la Corte, con excepción de un jurista católico y simpatizante de la «nueva Argentina», la radio cerró sus micrófonos a la oposición, los medios escritos fueron clausurados cuando eran publicaciones socialistas o radicales y se creó un poderoso grupo editorial vinculado al gobierno.[19]

El apoyo de las Fuerzas Armadas lo aseguró recurriendo a la expulsión de los oficiales con los que no tenía confianza. Y sus relaciones con la Iglesia católica fueron hasta 1949 ideales porque le dedicó muchos recursos económicos en correspondencia con su propósito de cristianizar Argentina.[20] Allanó el camino al monopolio de la representación gremial por parte de la Confederación General de Trabajadores y su transformación en una especie de aparato estatal. La CGT se convirtió en una importante estructura del poder de Perón. Las diferencias con los radicales y con otros miembros de la coalición que lo habían llevado al poder las difuminó actuando como árbitro hasta que llegó a crear el Partido Único de la Revolución que más tarde sería el Partido Peronista.[21]

Mientras todo esto ocurría, Eva Perón se convirtió en una gran estrella política que visitaba fábricas, recibía a trabajadores, mujeres abandonadas o desocupados. La prensa le servía de eco y ella aprovechó su posición para apoyar reivindicaciones obreras. La popularidad de Eva creció exponencialmente hasta el extremo de que en algunos momentos su figura parecía producir celos a la propia Iglesia por la imagen adorable que Eva representaba y el culto a su persona que suscitó. Viajó por Europa largamente en 1947 convertida en la embajadora de la «nueva Argentina». Desde 1948 su actividad de ayuda social confluyó en la Fundación Eva Perón, que tendría pronto un patrimonio evaluado en mil quinientos millones de pesos y con la que pudo desarrollar políticas sociales que afectaban a hospitales, escuelas, centros deportivos, colonias de vacaciones, asilos para marginados, atención a mujeres indigentes, etc. La fundación y el Estado eran difíciles de distinguir en la época álgida de Eva Perón. Se convirtió en la esposa y la madre que cuidaba del pueblo argentino.[22]

Perón dedicó muchas energías también a la externalización de su evangelio y pretendió buscar seguidores más allá de las fronteras para crear una especie de hegemonía latina, para extender lo que se conoció como «Tercera Posición», que consistiría en una política que combatía lo mismo el comunismo que las democracias liberales. Esta sería la «solución argentina» a la crisis internacional. Pretendió ponerse al frente de una comunidad latina de naciones. Hasta la Iglesia católica consideró que la propuesta de «Tercera Posición» no le convenía porque debilitaría el cristianismo occidental, de por sí amenazado por el avance del ateísmo comunista.[23] Perón no prescindió del texto constitucional de 1853, pero de algún modo tenía que reflejarse en la Constitución de la «nueva Argentina»; la manera sería sentar en la Constitución los principios sociales del movimiento peronista. Pero la oposición creía que las modificaciones de la Constitución serían para que Perón se perpetuase en el poder, y no estaban descaminados porque la discusión se concentró en el artículo 77, que prohibía la reelección del presidente. Otras reformas eran las concernientes a los derechos sociales y los fundamentos del nacionalismo económico. El nuevo texto constitucional trataba de inocular una dosis de peronismo en la vieja Constitución liberal. De esta manera el peronismo se constitucionalizó. Las diferencias entre el partido, la nación y las instituciones del Estado se difuminaron. El objetivo de las reformas sería convertir la «nueva Argentina» en una comunidad organizada de acuerdo con la doctrina que ya se conocía con el nombre de «justicialismo». Los esfuerzos se concentraron en «peronizar» el Estado, las instituciones, la cultura, el deporte y hasta la religión. Para pasar a la comunidad organizada era necesario reestructurar el Partido Peronista, que se transformó en un organismo dividido en diversas ramas: política, sindical y femenina. Era una organización con estructuras disciplinadas que tenía una doctrina oficial y una escuela de formación de cuadros. Como criterio de funcionamiento se impuso el verticalismo, entendido como obediencia al jefe, el culto a la personalidad y el prestigio de los cuadros. Perón incluso codificó la doctrina reduciéndola a una serie de dogmas que todo peronista debía inculcar.[24] Era el inicio de una especie de nueva religión política que Perón implantaría en su esfuerzo por «peronizar» todo. En las Fuerzas Armadas lo consiguió a base de dádivas. En el caso de la Iglesia católica, privilegió al clero que era fiel a su régimen. En las universidades creó un organismo devoto del peronismo, la Confederación General Universitaria; en la prensa escrita, liquidó todas las voces antiperonistas entre las cuales el matutino *La Prensa*.

Con estas condiciones fue elegido en 1951 con el 62,5 por ciento de los sufragios. Jugaba a su favor emocionalmente el empeoramiento de la salud de Evita. Entonces Perón estaba en la cumbre de su gloria, pero su régimen empezó a tener fallos; entre ellos no fue el menor el agotamiento del gran éxito económico que había sido la producción agropecuaria y que empezaba a tener una competencia grande en los mercados internacionales, en la medida en que productores de granos tradicionales habían empezado a recuperarse después de la guerra. También jugó en contra una persistente sequía que duró dos años y que afectó mucho a las exportaciones.

En 1952 tuvo que afrontar a la fuerza ajustes y sacrificios. A principios de 1952 anunció el Plan de Emergencia que se apoyaba en un solo lema «producir, producir, producir». Creía que los trabajadores en nombre de la economía social iban a sacar a la nación del aprieto y por ello adoptó medidas para favorecerlos. Pero como la única manera de reactivar la economía era traer capitales externos inició acercamientos a las grandes compañías petrolíferas de Estados Unidos.

La peronización de Argentina también obligó a la oposición a seguir el camino de las conspiraciones. Su resistencia empezó a ser mayor; algunos oficiales no aceptaban la subordinación absoluta de las Fuerzas Armadas ni su dependencia o subordinación a los sindicatos. No estaban de acuerdo ni con la sacralización de Perón ni con la de su esposa. En septiembre de 1951 hubo intentos de levantamiento militar sin éxito. También empezaron entonces los enfrentamientos con la Santa Sede porque Perón no quiso eliminar el instituto del patronato, que le parecía inadecuado a la jerarquía romana.

La lucha para repartirse recursos en el mundo del trabajo se avivó, de modo que Perón tuvo que enfrentarse al desafío de los sindicatos, de los que era líder la CGT. La Unión Industrial Argentina, en el ámbito empresarial, había tomado una orientación antiperonista y fue liquidada, pero las filas industriales prevalecieron en actitudes moderadas ante un gobierno que había protegido el mercado interno.

Evita fue el más importante recurso del régimen porque encarnaba el alma revolucionaria del peronismo. Sus realizaciones en materia de ayuda social, sus modales, bruscos con los adversarios, solícitos con los peronistas, su lenguaje violento, eran ingredientes del respeto y la adoración que generaba. Era inmensa su popularidad, de la que se valió Perón para presionar a las corporaciones más conservadoras. Las imágenes de Perón y Evita llenaban las calles, escuelas y paseos y en los textos escolares la propaganda con Evita alcanzaba los términos de un culto profano. Eva desempeñó un papel clave en la nueva simbología religiosa del régimen y terminó por ser una espina clavada en la carne de la Iglesia católica. Una mujer con un poder inmenso.

El Plan de Emergencia mencionado tuvo resultados positivos pero la cuestión era como poner bases firmes a un crecimiento económico estable y sólido. Era imprescindible tomar medidas incómodas que al final se incorporaron al Segundo Plan Quinquenal y al Proyecto de Inversiones extranjeras. Aunque el Estado conservara un papel directivo de la economía, las bases del peronismo anterior habían declinado porque el Segundo Plan Quinquenal incluso partía de una crítica implícita a lo que le había precedido en punto a políticas económicas. Los jóvenes economistas del gobierno habían aprendido la lección de los años de inflación y no estaban dispuestos a sacrificar la disciplina fiscal para alcanzar resultados efímeros. La ley de inversiones extranjeras equiparaba el capital extranjero con el nacional y le planteaba al gobierno un problema político: ¿sería posible que la base del partido tolerara un cambio de rumbo que afectara las más sensibles cuerdas de la identidad peronista?[25] El clima del país empezó a moverse entre la violencia y la conciliación. Perón cada vez tenía menos éxito en contener las coordenadas del orden corporativo. Las oscilaciones fueron tremendas en el curso de 1953 cuando los trabajadores, disgustados por la congelación de los salarios, arremetieron contra sus líderes sindicales. Trató Perón de mantener su imagen de protector de los trabajadores, cargando las responsabilidades sobre los funcionarios, pero el descontento siguió y tuvo que sacrificar a su secretario personal Juan Duarte, el poderoso hermano de Evita. Estallaron bombas entre la multitud y las cárceles abrieron las puertas a unos cuatro mil opositores. También había crecido en la política exterior la influencia sindical. El ascenso de Eisenhower en Estados Unidos hizo pensar a Perón, de modo optimista, que serían de un gran apoyo porque se venía a sumar a un movimiento general favorable a la derecha y al fascismo representado por Getulio Vargas en Brasil, Carlos Ibáñez en Chile, Víctor Paz Estenssoro en Bolivia y José María Velasco Ibarra en Ecuador. Le hizo pensar que esto eran las manifestaciones de la «Tercera Posición» que él había postulado, pero a pesar de que mantuvo sus rasgos autoritarios, el régimen estaba en franca decadencia a partir de 1954. Ese año, en noviembre, Perón denunció a parte del clero calificándolo de «malos católicos» que hacían políticas atentando contra la comunidad organizada. Ocurrió que un grupo de católicos acababa de fundar el Partido Demócrata Cristiano y fue Perón quien creó las condiciones para que se iniciara una reacción en cadena que solo terminaría con su caída. Los antiperonistas observaban que Perón en lugar de unir Argentina lo que había conseguido era desunirla. Los partidos políticos estrecharon sus contactos y también con los altos oficiales del ejército y la marina. Aparecieron sabotajes, bombas y ataques incluso de los sindicatos.

El gobierno, ante los actos de resistencia, se inclinó por reformar la Constitución para sancionar la separación entre la Iglesia y el Estado, lo cual provocó una crisis importante manifestada en la celebración del Corpus Cristi que se transformó en una masiva manifestación contra el régimen. Perón reaccionó expulsando del país a dos obispos y dirigiéndose al pueblo. El 16 de junio la marina bombardeó la Casa Rosada y la plaza circundante y aunque fracasaron en la operación provocaron decenas de víctimas inocentes. Entonces las turbas peronistas reaccionaron incendiando algunas antiguas iglesias.

El Ejército, que había apoyado a Perón durante todo el tiempo, exigió un cambio de políticas, lo que obligó a Perón a anunciar que la «Revolución» había terminado y realizó profundos cambios en su gobierno. Presentó su renuncia y, tal y como esperaba, se produjo una multitudinaria concentración en la plaza de Mayo donde la muchedumbre le «impuso» permanecer en el poder. Pero entonces Perón pronunció el más violento de sus discursos y la CGT ofreció la creación de milicias obreras. Pero el 16 de diciembre desde la católica Córdoba llegó la noticia de que el ejército se había sublevado junto con la marina. Al frente se hallaba un general nacionalista y católico, Eduardo Lonardi. Los choques entre las fuerzas insurgentes y los leales llevaron los días siguientes a la dimisión de Perón.

Lo que quedaba del peronismo era su sólido anclaje en la clase obrera que le confería un carácter popular muy especial. Pero también permaneció la pulsión totalitaria, es decir, la vocación por controlar la sociedad en todos sus ámbitos, y constituir una comunidad homogénea, unida en su «argentinidad». Formaba parte de la concepción la tendencia a suprimir, en nombre de la unidad de la nación y el pueblo, las divisiones entre los poderes del Estado que fundamentaban el constitucionalismo liberal, así como a su innata ambición de ponerse al frente de un proceso regenerador revolucionario. El peronismo estaba dotado de un núcleo ideológico y antropológico populista cuyo centro estaba ocupado por la reivindicación de la soberanía del pueblo, entendido como comunidad orgánica, es decir, en oposición a la concepción liberal de matriz iluminista. Para el peronismo el pueblo ejercía la democracia en el plano social, no en el de los derechos civiles y políticos. Ese pueblo no se expresaba por medio de la representación política liberal, sino por medio de una democracia plebiscitaria, con afinidad encarnada en su líder. Era una concepción además patrimonialista, proclive a no ver en el Estado una entidad política y jurídica pública y permanente, sino un instrumento, el lugar en el que se vive y se reproduce la identidad nacional, lo que lleva a que el movimiento que monopoliza esa identidad tiene derecho a posesionarse de él como cosa propia.[26]

Lo que siguió al peronismo fueron presidencias semidemocráticas o directamente autoritarias hasta dar paso a una transición democrática que empezó a principios de los años ochenta. Después del golpe militar que sacó a Perón del poder el 19 de septiembre de 1955, había habido un entendimiento para forzarlo entre sectores militares y civiles, fácilmente diferenciables: unos eran los conservadores que buscaban erradicar el peronismo y restablecer el orden social precedente; otro bloque eran los que rechazaban a Perón por las libertades que conculcó que deseaban restablecerlas preservando también los derechos sociales; y el tercero era el de los nacionalistas y peronistas que estaban decepcionados con el líder y que querían salvar lo que se pudiera del régimen creado por él prescindiendo de lo que entendían era su «errática conducción».[27]

CONTRAINSURGENCIA Y TERRORISMO DE ESTADO

La expansión de los partidos y movimientos de izquierda por el centro y sur del continente americano provocó reacciones generalizadas, en principio movidas por las fuerzas políticas conservadoras nacionales pero, en todos los casos, amparadas por las políticas desarrolladas por Estados Unidos durante la Guerra Fría, principalmente desde la presidencia de Richard Nixon (1969-1974), y secundadas por las administraciones Ford (1974-1977), Carter (1977-1981) y Reagan (1981-1989).

La CIA, la Escuela de las Américas y el Plan Cóndor[28] fueron instrumentos globales de apoyo a esas operaciones. Las reacciones militares contra la insurgencia, en cada uno de los países en que tuvieron lugar, comenzaron muy temprano en Paraguay, con el golpe de Estado del general Alfredo Stroessner, en 1954. En Bolivia fue el general Hugo Banzer el que llega al poder en 1971, después de una serie de golpes de Estado. En Uruguay se instala una dictadura cívico-militar en junio de 1973. En Chile el golpe lo da el general Augusto Pinochet en septiembre de 1973; y en Argentina el general Jorge Rafael Videla en 1976.

La filosofía de estos golpes de Estado y la acción de los subsiguientes gobiernos militares tienen fuertes semejanzas, pero me limitaré a glosar con brevedad los casos de Uruguay, Chile y Argentina.

La dictadura cívico-militar de Uruguay

Este periodo autoritario, de excepción democrática, abarca desde el golpe de Estado de 27 de junio de 1973 hasta el 1 de marzo de 1985, cuando se recupera la democracia. Se suprimieron las garantías de los derechos, quedó disuelto el Parlamento, se ilegalizaron los sindicatos y suprimieron o sometieron a control los medios de comunicación.[29]

Los grupos guerrilleros fundamentales eran el Movimiento de Liberación Nacional-Tupamaros, el Partido por la Victoria del Pueblo y la Federación Anarquista Uruguaya. En el otro lado de estos movimientos se situaron algunos grupos de extrema derecha como Defensa Armada Nacionalista, que actuó como un escuadrón de la muerte, y la Juventud Uruguaya de Pie.

El presidente Jorge Pacheco Areco encomendó, el 9 de septiembre de 1970, a las Fuerzas Armadas la lucha contra la guerrilla del Movimiento de Liberación Nacional-Tupamaros, que comenzó enseguida, pero tras las elecciones presidenciales de noviembre de 1971 fue elegido y tomó posesión del nuevo gobierno, en marzo de 1972, Juan María Bordaberry. Poco después, en abril, declaró el estado de guerra. La ocupación del poder por las Fuerzas Armadas creció en las semanas siguientes.

El presidente Bordaberry acordó el 8 de febrero de 1973 incorporar como ministro de Defensa al general retirado Antonio Francese. Ese mismo día se reunió con las tres Fuerzas Armadas y, con el apoyo del presidente constitucional, dieron un golpe de Estado. En 1972 las Fuerzas Conjuntas, organismo que abarcaba las Fuerzas Armadas y la policía, detuvieron a varios dirigentes tupamaros y los mantuvieron encarcelados hasta que se acabó la dictadura cívico-militar. Los encarcelados estaban incomunicados, y fueron sometidos a torturas de toda clase. También hubo diputados que estuvieron encarcelados durante todo o parte de ese tiempo.

Bordaberry pensó que podía devolver a los militares a los cuarteles y ponerlos a su disposición, para lo que decidió nombrar al general Antonio Francese ministro de Defensa Nacional, en febrero de 1973. Pero el Ejército y la Fuerza Aérea emitieron comunicados en los que «desconocían» la autoridad del nuevo ministro. Argumentaban que se proponía desarticular las Fuerzas Armadas. En esos comunicados se decía por ejemplo:

> 2.º Inmediatamente de asumido su cargo, el actual ministro puso de manifiesto encontrarse empeñado en cumplir la tarea de impedir mediante la desarticulación de los mandos, que las Fuerzas Armadas cumplieran con la misión de alcanzar las tareas que se han impuesto, de restablecer el orden interno y brindar seguridad al desarrollo nacional en procura del bienestar general dentro del sistema democrático republicano, de acuerdo con la filosofía actual de las Fuerzas Armadas. [...]
>
> 7.º En consecuencia, quien ocupe la cartera de Defensa Nacional en el futuro deberá compartir los principios enunciados, entender que las Fuerzas Armadas no constituyen una simple fuerza de represión o vigilancia sino que, integrando la sociedad, deben intervenir en la problemática nacional, dentro de la ley y comprometerse a trabajar conjuntamente con los mandos, con toda decisión, lealtad y empeño, a fin de poder iniciar la reorganización moral y material del país.[30]

Como el ministro no atendió estos planteamientos, se produjo una insurrección del Ejército y la Fuerza Aérea mientras que la Armada Nacional se mantuvo leal a la Constitución y ocupó la Ciudad Vieja y las bases del Cerro. El conflicto determinó que Bordaberry tuviera que aceptar algunos de los planteamientos de los militares en el llamado Acuerdo de Boiso Lanza. Este fue el inicio de un choque institucional de gravedad suficiente para considerar que había sido un nuevo golpe de Estado. Hubo algunos partidos incorporados al Frente Amplio, que apoyaron la sublevación del ejército y las Fuerzas Armadas, otros no.

El 27 de junio de 1973 el presidente Juan María Bordaberry, con apoyo de las Fuerzas Armadas, disolvió las cámaras y creó un Consejo de Estado, con funciones legislativas, al que se encomendó una reforma constitucional basada en principios republicanos democráticos. Era un golpe de Estado que se justificaba, según el decreto presidencial, en que «la realidad política-institucional del país demuestra un paulatino, aunque cierto y grave, desconocimiento de las normas constitucionales [...] que la acción delictiva de la conspiración contra la Patria, coaligada con la complacencia de grupos políticos sin sentido nacional se halla inserta en las propias instituciones para así presentarse encubierta como una actividad formalmente legal».

Los hechos perturbadores del orden fueron determinantes del golpe de Estado, que fue respondido inmediatamente por la Convención Nacional de Trabajadores (CNT) y la Universidad de la República, con una huelga general para resistir a la sublevación.

El secretario de la Presidencia de Bordaberry, Álvaro Pacheco Seré, elaboró, de acuerdo con su jefe, un recambio de las instituciones en 1975. Sostuvo que el órgano ejecutivo no tenía que ser elegido por el voto popular. Se llamaría «Consejo de la Nación» y lo integrarían personalidades como expresidentes de la república, miembros de la Suprema Corte de Justicia, y otras figuras de relevancia nacional y algunos mandos de las Fuerzas Armadas de Uruguay. Lo que planteaba era prescindir de las elecciones democráticas, del voto popular. La elección de los miembros se determinaría por cooptación, es decir, por quienes componían el Consejo anterior, y así sucesivamente.

Después de varias comunicaciones, el 1 de junio de 1976, Juan María Bordaberry expuso ante las Fuerzas Armadas de Uruguay el plan, que sometía a su consideración bajo condición de que dimitiría si no se aceptaban sus propuestas. En particular: la incorporación de militares a la gobernación de la república, institucionalizada a través de una reforma constitucional; la soberanía nacional sería ejercida mediante plebiscitos o indirectamente por el Consejo de la Nación, integrado por el presidente de la república y los comandantes en jefe de las Fuerzas Armadas de Uruguay; prohibición de ideas y agrupaciones marxistas; eliminación de la democracia representativa; determinación de que el presidente de la república sería electo para un periodo de cinco años por el Consejo de la Nación.

La propuesta no gustó a los miembros de las Fuerzas Armadas que no estaban educados en esta clase de ideas y no pensaban en eliminar a los políticos y el sistema de voto popular. Discutieron las propuestas y las rechazaron. En una última reunión, celebrada el 11 de junio de 1976, los militares definitivamente no aceptaron y el presidente tampoco asumió las peticiones de los militares. Entonces el general Eduardo Zubía pidió la renuncia de Bordaberry y este se negó. Al día siguiente la Junta de Oficiales Generales, bajo el mando del comandante en jefe del Ejército Julio César Vadora, comunicó a Bordaberry por escrito que no contaba con su confianza, lo que también puso en conocimiento del vicepresidente de Uruguay, Alberto Demicheli, que asumió la presidencia. Demicheli era militante del Partido Colorado en el que había ocupado cargos de diputado, senador y ministro del Interior en el gobierno de Gabriel Terra. Se negó a firmar las peticiones de los militares y fue inmediatamente sustituido por un político blanco, Aparicio Méndez, exministro de Salud Pública entre 1961 y 1964, que asumió la presidencia por un periodo de cinco años. Pero lo cierto es que ni los militares destituyeron a Bordaberry ni este renunció y tampoco lo hizo Demicheli. De modo que *de iure* coexistieron tres presidentes hasta el 1 de marzo de 1977, fecha en que terminó el mandato de Bordaberry.

Bordaberry expresó su apoyo a la dictadura de Pinochet nada más dar su propio golpe de Estado. Y en 1975 su gobierno creó la Condecoración Protector de los Pueblos Libres General José Artigas que fue otorgada a los jefes militares de las dictaduras de Chile, Paraguay, Argentina, Bolivia y Brasil. Especialmente intensa fue la colaboración con la dictadura de Argentina.

La dictadura se abrió al comercio exterior y amplió las importaciones, pero sus políticas provocaron una pérdida del poder adquisitivo de la clase trabajadora y una fuerte inflación. La deuda externa llegó al 90 por ciento del PIB en 1985, año de la transición democrática.

La política cultural estaba caracterizada por la fuerte censura que se hacía extensiva a la prensa, a todos los medios de comunicación, a las ediciones de toda clase y a la universidad, especialmente a la Universidad de la República. Los medios de comunicación eran requeridos para proporcionar los nombres de periodistas, editores y personas que manifestaran sus puntos de vista políticos. Se prohibieron los artículos o publicaciones que dañaran el prestigio de la nación, según el criterio de la dictadura. También las obras literarias fueron sometidas a censura. Algunos escritores influyentes abandonaron el país, como hizo Mario Benedetti.

La política educativa fue depurada para excluir la «infiltración marxista». También estaba controlada por generales. Hacia 1978 la república había removido o suspendido en sus cargos el 20 por ciento de los maestros, el 30 por ciento de enseñanza media y un 45 por ciento de profesores universitarios, porcentaje que sumaba un total de unos cinco mil funcionarios. Se redujeron también las capacidades de investigación en la Universidad de la República y se modificaron los planes de estudios y censuraron autores y libros.

En la universidad, tras el golpe de Estado de 27 de junio de 1973, la Comisión para el Estudio de los Problemas Nacionales de la Universidad organizó un último ciclo titulado «El Uruguay, su Universidad en 1973. Hacia la construcción de un destino nacional». El 12 de septiembre de 1973 se habían celebrado elecciones para los claustros, con un control estricto de la Corte Electoral. Ganaron los sectores favorables a la autonomía y el cogobierno. La respuesta fue un artefacto que estalló en la facultad de Ingeniería, muriendo el estudiante que lo manipulaba. El 26 de octubre de 1973 las Fuerzas Armadas ocuparon todas las facultades y escuelas y el edificio central de la universidad. Al día siguiente se intervino la universidad por decreto. De la administración se encargaría el ministro de Educación y Cultura. Durante el año 1974 hubo inactividad casi generalizada.

Fue importante durante esta dictadura el terrorismo de Estado, ejercido al modo de la dictadura argentina, con centros clandestinos de detención, cárceles militares, que llegaron a concentrar una gran cantidad de presos. Durante la dictadura fueron más de cinco mil las personas detenidas por motivos políticos. La tortura fue un método aplicado reiteradamente. Una enorme cantidad de población, que llegó hasta el 20 por ciento, pudo ser arrestada en ese periodo. La cifra de uruguayos asesinados durante los doce años de gobierno militar fue de al menos doscientos: unos en Argentina, otros en Uruguay o países próximos, y muchos desaparecidos para siempre.[31]

También la emigración aumentó extraordinariamente ya que alrededor del 10 por ciento de los uruguayos se marchó del país, en su mayoría técnicos, universitarios y profesores de enseñanza media.

El 30 de noviembre de 1980 los ciudadanos rechazaron el proyecto de reforma constitucional propuesto por el régimen de facto, lo que supuso el inicio de la apertura política. El 1 de septiembre de 1981 asumió la presidencia Gregorio Álvarez, que era miembro del Partido Nacional. En noviembre de 1982 celebraron elecciones y el 27 de noviembre de 1983 se celebró el memorable «acto del Obelisco» en el que el actor Alberto Candeau leyó una proclama «por un Uruguay sin exclusiones» ante un millón de personas.

En 1984 se celebró el Pacto del Club Naval entre Gregorio Álvarez, el Frente Amplio, el Partido Colorado y la Unión Cívica. El descontento popular se manifestaba mediante caceroladas y manifestaciones callejeras. Los partidos políticos fueron capaces de presentar un plan de gobierno consensuado y de llegar a unos comicios el 25 de noviembre de 1984, del que salió triunfante el Partido Colorado; Álvarez renunció a su cargo y dejó al mando al presidente de la Suprema Corte de Justicia Rafael Addiego Bruno, que asumió la presidencia de la república hasta la elección de Julio María Sanguinetti, del Partido Colorado.

El nuevo Parlamento acordó un indulto para los presos políticos, pero la amnistía no fue directa para los condenados por delitos de homicidio. Se los excarceló y se dispuso la revisión de sus causas penales por la justicia común. Buena parte de las leyes aprobadas por el Consejo de Estado fueron convalidadas por el nuevo Parlamento.

En diciembre de 1986 Julio María Sanguinetti dictó una ley titulada de Caducidad de la Pretensión Punitiva de Estado, que declaró la impunidad de los delitos de violación de derechos humanos y de terrorismo de Estado durante la dictadura. En los años siguientes se recogieron firmas para derogar esa ley. En abril de 1989 el 25 por ciento de la ciudadanía uruguaya firmó la petición de un plebiscito para derogar la ley. Se celebró un referéndum que ganó el «voto amarillo» (por el color de la papeleta), por 57 por ciento contra 43 por ciento a favor del «voto verde». Este triunfo del voto amarillo significó que no se derogaba la Ley de Caducidad.

Años después, en 2009, volvió a plantearse la revocación de la Ley de Caducidad y de nuevo las urnas confirmaron su vigencia.

El Ejército contra Allende en Chile. La dictadura de Pinochet

Los gobiernos de Alessandri, a los que ya he hecho referencia, fueron definitivamente puestos en cuestión a partir de la consigna lanzada por la Internacional Comunista de 1935 de que los partidos comunistas se aliasen con socialistas y burgueses para formar partidos populares. Los chilenos se coaligaron con radicales de clase media y con el Partido Socialista y se plantearon formar un Frente Popular para presionar sobre Alessandri. En aquel momento también surgió un partido nazi siguiendo el modelo alemán, dirigido por un chileno de origen alemán, Jorge González von Marées, que encabezó una intentona golpista en diciembre de 1938, antes de las elecciones. La rebelión fue deshecha por el ejército y Alessandri ordenó fusilar a sesenta y dos jóvenes nazis. La medida le restó adhesiones populares y Alessandri empezó a ser superado por las nuevas fuerzas de la izquierda. El Frente Popular situó de nuevo a Chile en un régimen económico y político con tendencia al dirigismo estatal en materia económica, y también al nacionalismo.

En las elecciones de 1938 fue elegido candidato del Frente Popular el radical Pedro Aguirre Cerda, que venció a Gustavo Ross, quien había hecho el milagro de la recuperación económica de los años treinta. Los gobiernos del Frente Popular duraron hasta 1946 y se establecieron entonces las bases de un capitalismo de Estado cuya dirección se concentró en la Corporación de Fomento de la Producción. Se continuó en el camino de la industrialización y el Estado asumió la dirección de la economía. Desde 1938 la política parlamentaria estaba dividida en un bloque de centro donde se situaba la clase media favorable a un sector estatal amplio, con muchos empleados a cargo del Estado, pero que rechazaba las amenazas a la propiedad y la seguridad. La derecha la formaban los viejos partidos oligárquicos, hacendados, grandes comerciantes y propietarios de minas. Los comunistas de izquierdas y socialistas sostenían que el Estado debía asumir el control de la agricultura y las finanzas. No había, sin embargo, injerencia militar en la política partidaria, pero la política parlamentaria fue cada día haciéndose más compleja y más difícil de manejar, agria y turbulenta.

El centro y la izquierda se dividieron y esto favoreció la ruptura del Frente Popular que gobernó en los años cuarenta. El siguiente presidente radical fue Gabriel González Videla (1946 y 1952), que contó con el apoyo inicial del Partido Comunista, aunque una oleada de huelgas violentas lo determinó a destituir a los ministros comunistas de su gabinete. Radicales y comunistas empezaron a alejarse. En 1948 el Congreso aprobó una Ley para la Defensa de la Democracia que proscribió el Partido Comunista, con lo que sus militantes pasaron a la clandestinidad.[32] La ruptura de la izquierda fue violenta y la consecuencia es que la política de Chile se orientó a la derecha. Hubo presidentes de centro y de derecha en los años inmediatos, ninguno de los cuales pudo arreglar los problemas económicos. Carlos Ibáñez, que había sido dictador populista, retomó la presidencia en 1952, pero no pudo remediar los problemas económicos. En 1958 ganó la derecha por un estrecho margen y Jorge Alessandri, hijo del líder liberal Arturo Alessandri, que se había postulado como candidato de una coalición de conservadores y liberales, ganó las elecciones. Tuvo éxito en la lucha contra la inflación y consiguió que disminuyera de modo importante. Alessandri enfocó su acción en la mejora de la situación de la hacienda pública y secundó la política de desarrollo y sustitución de importaciones bajo la dirección del Estado. Promulgó leyes que trataban de estimular a la industria estadounidense que explotaba el cobre, para que realizara más fases del proceso de refino en Chile y no en el exterior. Pero el proyecto fue frustrándose por los ataques de la izquierda, que propugnaba una política de expropiación de la industria. Alessandri quería superar los efectos adversos de la industrialización y la urbanización rápidamente conseguidas. Estas confrontaciones dieron un enorme impulso político a los partidos de izquierda de modo que, en las elecciones de 1952 y en las de 1958, los socialistas que encabezaba Salvador Allende formando alianza con los comunistas estuvieron a punto de ganar las elecciones. Los radicales habían perdido buena parte de su credibilidad, y el electorado les fue retirando el apoyo. Hubo una elección presidencial en 1964 que ganó Eduardo Frei, que representaba al Partido Demócrata Cristiano, que se había fundado en 1957 producto de la fusión de otros partidos católicos y de la denominada Falange Nacional. Más que por apoyo directo, por el temor que producía que las pudiera ganar Allende. Frei obtuvo el 56 por ciento de los votos y Allende el 39 por ciento, un candidato radical fue beneficiado con el 5 por ciento de los votos. El gobierno demócrata cristiano se mantuvo en 1964 y 1970.

Quería este partido demócrata una «Revolución en libertad», que estableciera una gran reestructuración de la economía y de la sociedad por un tercer camino hacia la justicia social que no fuera ni el del capitalismo y libre mercado ni el del comunismo. Se instaló en el corporativismo. El programa electoral de los democristianos era en algunos aspectos radical porque quería que el proceso se desarrollara con la intervención del Estado y se procediera a una redistribución de la riqueza mucho más decidida que en los gobiernos anteriores. También proponía reformas agrarias y fiscales que afectaban a los grandes terratenientes. Pero los conflictos entre partidos impidieron que pudiera desarrollarse esta política, que no contó con el apoyo de la izquierda. No apoyaba la izquierda al centroderecha, ni lo contrario, de modo que el país no avanzaba y las reformas se hicieron imposibles, por lo que solo faltaba que alguien reaccionara contra el deterioro que se produjo entre 1964 y 1973.

Ocurrió entonces un giro radical a la derecha, por obra de las Fuerzas Armadas. La izquierda chilena proclamaba que los democristianos eran instrumentos del Vaticano y del imperialismo estadounidense. Los democristianos decían que los partidos marxistas harían de Chile un Estado comunista en la esfera del Imperio soviético.

La «Revolución en libertad» de Eduardo Frei no contó por tanto con los partidos de izquierda, que prefirieron aliarse con la derecha en el Congreso para desacreditar alguna de las reformas. El esfuerzo por nacionalizar o «chilenizar» la industria del cobre adquiriendo participaciones en las empresas mineras era un acto que se estimó puramente simbólico por todos los nacionalistas fueran de derechas o de izquierdas. No se consiguió mediante la chilenización avanzar en el objetivo de duplicar la producción de cobre en el mercado mundial.

También desarrollaron el programa de reparto de tierras pero siempre mediante expropiaciones con las debidas indemnizaciones; la expropiación de latifundios daría lugar a cooperativas que dotaron de tierras a unas cien mil familias campesinas. La derecha se opuso invocando el derecho de propiedad y la izquierda impugnando la timidez de las expropiaciones y reformas que proponía.

En 1969 se produjo un pronunciamiento del Regimiento de Tacna en el cual los militares exigían mayores salarios y prestaciones sociales.

Muchos grupos sociales llegaron a considerar la democracia parlamentaria como un obstáculo para el cambio radical. En 1970 socialistas y comunistas junto a grupos escindidos de demócratas cristianos y radicales formaron una coalición llamada Unidad Popular que presentó a Salvador Allende como candidato presidencial.

El objetivo era «cambiar la Constitución por medios constitucionales». Se movilizaron las masas para transformar las instituciones del Estado y orientarlas en un sentido verdaderamente socialista. El objetivo era cambiar la Constitución liberal. Los democristianos no estaban dispuestos tampoco a aceptar la «vía chilena al socialismo». La estrategia de «cambiar la Constitución por medios constitucionales» dividía a la izquierda: socialistas y comunistas consideraban que esta era la única posibilidad de avance que no provocaría rechazo de la clase media, pero buena parte de las bases del partido pretendía una vía más rápida al socialismo, que evitara las reacciones de la derecha. La parte más joven de la izquierda propugnaba directamente la lucha armada y consideraba que era una mera ilusión la vía pacífica al socialismo.

El 4 de septiembre de 1970 Salvador Allende ganó las elecciones presidenciales con una mayoría de escaso margen (36,3 por ciento frente a Alessandri, con el 34,9 por ciento, y el democristiano Radomiro Tomic, con el 27,8 por ciento). Empezó la violencia casi inmediatamente, cuando el comandante en jefe del ejército el general René Schneider fue asesinado, y las conspiraciones contra Allende, que no contaba con mayoría ni en el Congreso ni en el Senado. Además, el poder judicial no apoyaba tampoco las políticas del gobierno y los medios de comunicación estaban en poder del centroderecha. Las empresas extranjeras en Chile temían ser expropiadas, y el gobierno de Estados Unidos analizó la situación con gran preocupación.

Con todas estas rémoras, el intento de destruir el poder de la oligarquía y el imperialismo, que eran los conceptos que entonces utilizaban, y de atribuirlo al pueblo se hacía bastante complicado.

Lo que se pretendía, al atribuir el «poder al pueblo», era establecer una legislatura de una sola cámara y un sistema nacional de consejos populares organizados en vecindarios y centros de trabajo. Se nacionalizaría la industria y la banca, se reformaría el sistema de latifundios. Y de modo inmediato, para reactivar la economía estancada y distribuir más equitativamente los ingresos, Allende tuvo que actuar contra la inflación. Su política fue de control de los precios, que obligó a los productores a incrementar la producción para compensar la reducción de los márgenes de utilidad. Esta política de expansión generó prosperidad durante unos meses, pero desde la segunda parte de 1972 la inflación creció hasta el 180,3 por ciento, la mayor de la historia de Chile. La política de precios resultó inadecuada porque la industria no podía satisfacer el elevado volumen de la demanda y se produjo escasez en la producción de bienes de consumo. Creció el mercado negro. Las medidas antiinflacionistas no se podían aplicar porque habría que recortar el gasto público, reducir el crédito y no conceder aumentos de salarios, todas medidas convencionales pero contrarias a la ideología de un gobierno marxista.

La política de nacionalización de la industria tampoco contribuiría a la prosperidad económica. El gobierno requisaba empresas antes de expropiarlas, los sindicatos las ocupaban de hecho y la producción se interrumpía, con lo cual se generaba aún más escasez. Aunque el gobierno nacionalizó las industrias y los bancos privados más importantes, como las empresas de explotación de cobre, que pasaron a manos del gobierno, cuando se nacionalizaron industrias como la Ford o la International Telephone and Telegraph, la falta de indemnizaciones determinó que el gobierno norteamericano de Nixon adoptara estrategias conducentes a evitar la continuación de la situación y declaró un bloqueo contra Chile, suspendiendo préstamos de organismos internacionales.

El activismo de las ligas campesinas también se multiplicó. Grupos de extrema izquierda aumentaron la presión para que el gobierno acelerara las expropiaciones de latifundios, pero el efecto de todo esto fue una gran agitación de las masas campesinas agrícolas, que determinaron una disminución de la producción. Muchas de las principales reformas de Unidad Popular entraron en crisis ya durante el primer año de gobierno. La división de la izquierda incrementó el problema y los revolucionarios que formaban parte de Unidad Popular incrementaron su presión para acabar con el Estado capitalista por la vía de las armas. Curiosamente los comunistas se opusieron a esa estrategia porque preferían la vía constitucionalista, por temor a que un enfrentamiento abierto llevara a los militares a intervenir.

La clase media también se volvió claramente contra Allende y procuró organizarse mejor con protestas de amas de casa contra el alza de los precios y la escasez de los productos básicos. Se manifestaron en la calle tenderos, oficinistas, estudiantes y asociaciones profesionales. La izquierda revolucionaria siguió preparándose para la lucha armada mientras que Allende era tozudo en el mantenimiento de su camino y su compromiso con la reforma por la vía constitucional. La preparación de las elecciones parlamentarias de 1973 fue decisiva porque Allende las veía como una oportunidad para obtener la mayoría en el Congreso y llevar a cabo una reforma de la Constitución que le permitiera establecer una «Asamblea del pueblo» unicameral, que acrecentaría su autoridad política para llevar a cabo las reformas. Las elecciones de marzo de 1973 no fueron decisivas porque, aunque parece que la victoria moral fue del gobierno, y que Unidad Popular aumentó sus apoyos, en términos relativos eran menos que los que había tenido en las elecciones municipales de 1971.

Durante los meses siguientes la política se bloqueó, pero el MIR desarrolló gran actividad de ocupación de fábricas y organizaciones de obreros revolucionarios estaban preparando una acción final contra las fuerzas del capitalismo. Allende seguía en sus trece respecto a la vía constitucional. Pero todo estaba pendiente de la tolerancia de las Fuerzas Armadas. Allende intentó también pactar con la democracia cristiana de Radomiro Tomic para cubrir un poco sus flancos débiles situándose cerca de los reformistas democristianos que habían también asumido alguna de las políticas que se estaban desarrollando con anterioridad al gobierno de Allende.

El 11 de septiembre de 1973 se produjo el golpe de Estado militar por parte del general Pinochet que derrocó a Allende.

Los políticos de Unidad Popular fueron apresados, encarcelados, desterrados; los militares torturaron y asesinaron, la izquierda chilena fue aplastada, se perdieron muchos miles de vidas y más de treinta mil partidarios de la Unidad Popular tuvieron que salir del país.

La junta militar desmanteló al sector estatal de la economía e impuso una disciplina fiscal de libre mercado. Había una hiperinflación crónica que no arregló el paso urgente al liberalismo económico. Se generó una depresión que llevó a la pobreza a millones de chilenos. La depresión tocó fondo en 1975. Pero el producto interior bruto había caído casi el 13 por ciento y la tasa de desempleo era del 17 por ciento, que era mucho mayor que la registrada en los años sesenta. Entonces se confió la política económica a consejeros establecidos por el propio Pinochet elegidos entre jóvenes tecnócratas. Fueron economistas que se habían formado en la Universidad de Chicago bajo la guía de Milton Friedman, los *Chicago boys*. La economía se recuperó parcialmente entre 1976 y 1981. La inflación bajó de modo sensible. Socialmente la recuperación fue muy desigual porque mejoró mucho a los ricos y mantuvo la situación de los pobres. La recesión mundial de los años ochenta afectó duramente a las medidas de desregulación económica del país que habían implementado los tecnócratas. Los esfuerzos de control de la inflación fueron difíciles de mantener y el desempleo volvió a incrementarse.

Entre los años 1983 y 1989 el aparato del nacionalismo económico había sido prácticamente desmontado. Pinochet planteó un plebiscito en 1980, que aprobó una Constitución que lo afianzaba en la presidencia de la república hasta 1989. Pero entre 1983 y 1984 la depresión se dejó sentir fuertemente. Aumentaron los partidos clandestinos y la oposición se hizo más manifiesta y abierta, aumentando las posibilidades de derrocar al dictador.

La recuperación económica se restableció a partir de 1985 cuando se designó ministro de Hacienda a un joven tecnócrata, Hernán Büchi, que creó las condiciones financieras necesarias para un crecimiento estable impulsado por la exportación y reorganizó las estructuras productivas del sector exportador. Controló el gasto público, devaluó periódicamente la moneda, incentivó el ahorro y la inversión extranjera, repatrió capitales y redujo la inflación, que llegó a ser en 1989 del 12 por ciento; la menor de América. En términos de costo humano de estos éxitos económicos, los opositores no hacían sino destacar que casi la mitad de la población vivía en 1988 por debajo de la línea de pobreza y que la distribución de la riqueza era muy desigual.

La Constitución preveía elecciones presidenciales en 1989 pero, en octubre de 1988, Pinochet decidió celebrar un plebiscito para someter al voto popular la decisión de su permanencia en el poder hasta 1997. Perdió, pero el 42 por ciento de los electores le apoyó. La mayoría de votos negativos se consideró un gran triunfo de la oposición. Al final de la década de los ochenta parecía que Chile iba a llegar a un acuerdo entre las Fuerzas Armadas y la mayoría de la oposición civil acerca de los principios económicos y políticos con los que se construiría un Estado democrático moderno. La economía de mercado llevaba una vida dinámica gracias al trabajo de los tecnócratas de Chicago, pero hacía falta establecer un Estado con una fuerte legitimidad que impulsara el desarrollo definitivo de Chile.

La democracia agónica y la intervención militar en Argentina

Cuando Perón salió de Argentina en 1955 continuó el peronismo. La influencia la ejercía Perón desde Madrid, donde contaba con medios. Disponía de un partido de clase media y trabajadora urbana, con la CGT, que era una confederación de sindicatos que ejercían control sobre los obreros industriales; y se valía también del recuerdo de Evita y del mito de la segunda venida de Perón. Perón dejó, además, una importante burocracia adicta en las empresas e industrias nacionalizadas. Había convertido el Estado en una máquina deficitaria que gravaba muy seriamente los presupuestos y generaba desequilibrios en la balanza comercial, con una inflación crónica. Las Fuerzas Armadas tenían la opción de admitir el partido peronista y a los sindicatos o establecer una dictadura militar.

Los militares trataron de organizar un «peronismo sin Perón» entre 1955 y 1958. Pero fracasaron porque los peronistas no aceptaron. Se permitió, sin embargo, que los radicales formaran gobierno que presidiría Arturo Frondizi, que gobernó entre 1958 y 1962. Frondizi intentó conciliar sus políticas con los intereses de los peronistas, pero, aunque en 1962 su partido ganó la mayoría de los escaños del Congreso, un golpe de Estado militar derrocó al presidente.

Las Fuerzas Armadas trataron de montar un gobierno militar con Arturo Illia, que era del ala yrigoyenista de la Unión Cívica Radical. El desorden económico era total y el déficit público se había descontrolado. Ante este problema, los militares decidieron la suspensión de la política electoral y el establecimiento de un régimen militar tecnocrático por tiempo indefinido. El 28 de julio de 1966 se derrocó a Illia y el general Juan Carlos Onganía llegó al poder anunciando una nueva «Revolución argentina». Onganía y el Onganiato duraron entre 1966 y 1970. Pretendió mantener el orden social mientras técnicos especializados arreglaban la economía. Su técnico en particular sería el ministro de Economía Adalberto Krieger Vasena, que puso en marcha un plan de estabilización financiera y recuperación de las exportaciones. Difería de los planes de estabilización adoptados por Perón y por Frondizi porque lo que quería era incrementar la producción agrícola. Consiguió reducir la inflación y aumentó mucho la inversión en energía y en infraestructuras. Onganía parecía que había sometido a los partidos a reglas de obediencia y respeto e incluso la CGT dio la impresión, en 1967, de que se estaba debilitando.

Pero era pura apariencia porque en Córdoba se generó un levantamiento dirigido por estudiantes y trabajadores, que se extendió por toda la nación y se convirtió en uno de los grandes movimientos sociales de la historia de Argentina. El «Cordobazo» provocó un resurgimiento del activismo de los sindicatos peronistas. Los estudiantes marxistas y los jóvenes peronistas confiaban en la acción revolucionaria como medio para derrocar el Estado capitalista. El «Cordobazo» era el equivalente argentino de los acontecimientos de París de 1968 o los de la protesta estudiantil de México que había acabado en la matanza de Tlatelolco. Onganía no logró establecer programas de futuro que sirvieran para unir a los militares descontentos por los levantamientos y asonadas, situación de la economía, y surgimiento de grupos guerrilleros urbanos que llevaron su acción al límite en marzo de 1970, cuando unos guerrilleros peronistas secuestraron y asesinaron al general Aramburu, que era presidente y miembro de la Junta que había derrocado a Perón en 1955. Onganía fue depuesto y su sustituto fue el general Roberto Levingston, que estuvo un año gobernando sin poder establecer el orden. Fue sustituido por Alejandro Lanusse.

Juan Domingo Perón resurgió entonces como un indispensable hombre de gobierno, de modo que después de dos décadas de exilio volvió. Tenía setenta y siete años y una salud debilitada. Se había casado con Isabel, una exbailarina de cabaret a la que había conocido en Panamá. No era Evita desde ningún punto de vista.

Se eligió para la presidencia en 1973 a Héctor Cámpora, de la derecha tradicionalista del movimiento peronista. Perón apoyó a Cámpora, que le fue abriendo el camino para su gobierno. Cámpora hizo un plan para atajar la inflación, pero la situación política no mejoró, por lo que Perón decidió volver a Argentina, que lo recibió con entusiasmo en el aeropuerto de Ezeiza en junio de 1973. Hubo grandes disturbios y Cámpora renunció, convocando elecciones para septiembre que ganó Perón con un 62 por ciento de los votos.

El comercio exterior creció de nuevo y lo mismo ocurrió con las exportaciones argentinas de cereales y de carne. El pacto social que había programado Cámpora en 1973 fue mantenido por Perón, que consiguió reducir la inflación al 30 por ciento, aumentando el valor real del salario un 13,3 por ciento. Estas señales sirvieron para mantener su popularidad y lo indujeron a aplicar las mismas políticas nacionalistas y estatistas que había probado en los años cuarenta. Nacionalizó bancos e industrias, otorgó subsidios a las empresas internas y a los consumidores urbanos, gravó y reguló el sector agrícola y restringió la inversión extranjera.

También atacó a la guerrilla. Los montoneros actuaban de un modo sangriento y no se conseguía su reducción. En 1973 habían asesinado a José Rucci, que era secretario general de la CGT, peronista. Perón se enfrentó públicamente a los montoneros, promulgó leyes contra la subversión y se propuso liquidar a los guerrilleros.

Cuando se celebraron las elecciones en las que triunfó, hubo pugna sobre quién acompañaría a Perón como vicepresidente, habida cuenta de los temores sobre su salud. Los montoneros propusieron a Cámpora, los sindicatos, al jefe de la CGT, José Rucci, y otros más prudentes a Balbín. Sin embargo, Perón escogió a Isabel y la fórmula, como he mencionado, sería refrendada por el 62 por ciento de los votos, de modo que el líder consiguió finalmente su cometido que era volver a la presidencia respaldado por una amplia mayoría. Pero había consumido mucho tiempo en llegar a su meta porque mientras tanto habían cambiado los aliados y necesitaba a los gremios para que le ayudaran a controlar a los montoneros. Cuando asesinaron a Rucci, dos días después de la votación, Perón permitió que las fuerzas de seguridad y el ejército nutrieran las bandas paramilitares. La más poderosa fue la Alianza Anticomunista Argentina, la Triple A, que asesinaría entre fines de 1973 y 1976 a un millar de militantes y dirigentes de izquierda. Los montoneros intensificaron las operaciones armadas. La ruptura fue inevitable y se produjo a primeros de mayo de 1974 en una concentración realizada en la plaza de Mayo por el día del Trabajo, cuando montoneros reclamaron a Perón por su gobierno y este los expulsó del acto y del movimiento.

La muerte de Perón, el 1 de julio en 1974, se produjo en las peores circunstancias porque agravó la lucha por el poder, el descontrol de la economía y el choque de las fuerzas en pugna.

Isabel no tenía capacidad para lidiar con ellos y las soluciones que intentó fueron las que sugería López Rega, que emprendió un duro ajuste para congraciarse con los empresarios mientras crecían los condenados a muerte por la triple A, cuyas listas circulaban incluso abiertamente. En los doce meses previos a marzo de 1976 la inflación fue del 566 por ciento. Era un estallido de la hiperinflación. Los asesinatos también crecieron de modo exponencial. Hubo, en 1975, 67; en enero de 1976, 89 y 105 en febrero. La burguesía también había estado al acecho desde 1973, pero se tomó su revancha para imponer sus objetivos políticos y terminar con el populismo al que achacaba todos los males. En este clima era necesario poner orden y esta fue la postura que adoptó el Ejército al mando de Jorge Rafael Videla en coincidencia con los marinos y aviadores conducidos por Eduardo Massera y Ramón Agosti. Lo más notable de este movimiento militar era su desconfianza hacia el industrialismo y el estatismo. Ganó crédito la idea, que estaba aplicando Augusto Pinochet en Chile, de que el progreso y el orden se lograrían eliminando las regulaciones económicas y limitando las responsabilidades del Estado. A ello se aplicaron en un programa que se autodenominó Proceso de Reorganización Nacional, iniciado en marzo de 1976, mediante el golpe que sacó a Isabel de la presidencia.

El consenso antisubversivo permitió el fortalecimiento de la autoridad estatal, que usó el terror como método de acción, desarrollando acciones de secuestro, tortura y asesinato de diez mil personas en los tres años siguientes, de acuerdo con el Informe final presentado en 1984 por la Comisión Nacional sobre Desaparición de Personas.

Hubo políticas económicas positivas generadas por el ministro José Martínez de Hoz, pero este no logró convencer a los militares de desmontar el modelo sindical, dado que algunos de ellos, como Massera y Viola, pensaban usarlo en su provecho en el futuro. Tampoco se acometieron privatizaciones ni reducción de la plantilla del Estado, y los gastos en obra pública y armamento aumentaron, por lo que el déficit público siguió imperando.

Videla terminó su mandato y fue sustituido por Viola en marzo de 1981 de acuerdo con el mecanismo electoral creado por el régimen. La economía entró entonces en bancarrota.

La crisis comportó una descomposición total y la inestabilidad en Argentina se hizo máxima en el ámbito económico con afectación a la inflación, los salarios y el comercio. Una medida de distracción y de entretenimiento se produjo cuando se hizo con el poder el general Leopoldo Galtieri, con quien los militares reemplazaron a Viola en diciembre de 1981. Se le ocurrió la recuperación de las islas Malvinas. La acción empezó el 2 de abril de 1982 y duró hasta el 14 de junio, cuando, tras duros combates, en los que murieron seiscientos cincuenta argentinos y trescientos británicos, los ocupantes de las Malvinas se rindieron. El poder militar se acabó con esta derrota, que liquidó su prestigio: el Ejército había concebido el régimen nacido con el golpe de 1976 como el broche de oro de lo que venía haciendo desde 1930.

No había más remedio que restaurar de nuevo la democracia, lo que ocurrió en 1983, abandonando la manipulación electoral que había sido el orden del día de los gobiernos de la Concordancia en los años treinta y en los años cincuenta y principios de los sesenta.

Raúl Alfonsín y la Unión Cívica Radical consiguieron alzarse con el poder en diciembre de 1983, emprendiendo un programa de reformas para superar la deuda externa que había alcanzado cifras de 45.000 millones de dólares. Su pago de intereses constituía más del 50 por ciento de los ingresos por exportaciones. No hubo más remedio que aceptar un plan de austeridad exigido al Fondo Monetario Internacional a cambio de préstamos adicionales para pagar los intereses. Alfonsín tenía que conciliar intereses económicos y políticos y reducir la inflación que era superior al 1.000 por ciento.

Las Fuerzas Armadas además se oponían a los juicios militares por vulneraciones de derechos humanos durante la guerra sucia y las mujeres se manifestaban cada semana en la plaza de Mayo por la causa de los «desaparecidos» en estas actividades. Alfonsín quería llevar a los culpables ante la justicia pero estaba seguro de que podía provocar un golpe de Estado. Cuando anunció en junio de 1985 diferentes reformas que pretendían reducir la inflación y promover el crecimiento, la vía más importante fue la creación de una nueva moneda, el austral, que sustituía al peso, que había perdido todo valor. Contra la inflación también se luchó congelando los precios y salarios por tiempo indefinido y recortando el gasto público. También, como símbolo de renovación de la nación, se pretendió trasladar la capital argentina de Buenos Aires a una pequeña población de la Patagonia, Viedma. El plan económico pareció obtener resultados buenos pero creó una recesión que redujo la producción en más del 5 por ciento; la inflación descendió al 50 por ciento, pero la austeridad económica era imposible de mantener por las presiones sociales que obligaron a aumentar el gasto público. Alfonsín tenía que consolidar su autoridad para que sus reformas permanecieran.

El Ejército fue el que más se opuso a la autoridad del gobierno, sobre todo por el agravio que para ellos suponían los juicios a los antiguos miembros de juntas militares y oficiales implicados en la guerra sucia. Hubo un intento de golpe en la semana de Pascua de 1987 que Alfonsín consiguió evitar. Pero esto no impidió que perdiera el respaldo de las mayorías frustradas con la erosión de los salarios a causa de las medidas contra la inflación. Cuando se celebraron las elecciones al Congreso y a las provincias de 1987, los radicales perdieron ante los peronistas la mayoría en la Cámara de Diputados, y también dieciséis de las veintiuna provincias. De esta manera no podía gobernar, salvo que llegara a un acuerdo con los peronistas. También estaba convencido de que no podría seguir con un déficit comercial y de deuda tan extraordinario, e intentó seguir negociando. Tenía, por una parte, la presión de las exigencias de austeridad del Fondo Monetario Internacional, y por otra, la resistencia de los sindicatos a que continuaran las medidas de austeridad.

A partir de 1988, además de algunas rebeliones militares, se reanudó la actividad terrorista. En enero de 1989 sesenta y nueve guerrilleros de izquierda asaltaron un cuartel cerca de Buenos Aires que ocuparon durante treinta y dos horas hasta ser reducidos por unidades del ejército. Los guerrilleros decían estar actuando en defensa de la democracia y para prevenir un golpe militar.

No se conseguía mantener la reducción de la tasa de inflación y el crecimiento económico era muy lento. Además, el déficit presupuestario consumía más del 10 por ciento del producto interior bruto.

Se celebraron elecciones que ganó Carlos Saúl Menem, peronista del ala tradicional del partido. Con Menem la inflación se disparó a una tasa anual del 28.000 por ciento. Pero lo que sí consiguió fueron acuerdos entre las masas urbanas para conseguir un programa de reconstrucción económica que imponía grandes recortes al gasto público, con reducciones de la burocracia y privatización de muchas empresas públicas que operaban con pérdidas. Menem continuó las políticas presupuestarias, pero en 1990 el peronismo se dividió y se convocaron huelgas fundadas en la general opinión de que Argentina estaba a punto de la destrucción total. Se pensaba que un golpe de Estado podría acarrear un baño de sangre, pero Menem podía salvarlo si conseguía atajar la brecha económica.

Durante el siglo xx Argentina no pudo modernizarse ni con revoluciones ni con reformas. La industria manufacturera se sostenía gracias a la protección estatal. Y la economía de exportación siguió siendo ineficiente en comparación con sus competidores extranjeros.

Faltaba en Argentina una concepción del Estado que consiguiera las necesarias adhesiones y generara la lealtad de todos. Solo una autoridad, un Estado apoyado por todos podía permitir establecer un acuerdo sobre la reestructuración.

EL DESARROLLO DE LOS NEOPOPULISMOS

En los últimos años del siglo XX y primeros del XXI se produjo una gran implantación de gobiernos de izquierda, o de centro izquierda, en Latinoamérica: los Kirchner en Argentina, Evo Morales en Bolivia, Luiz Inácio Lula da Silva en Brasil, Ricardo Lagos y Michelle Bachelet en Chile, Óscar Arias en Costa Rica, Rafael Correa en Ecuador, Mauricio Funes en El Salvador, Daniel Ortega en Nicaragua, Martín Torrijos en Panamá, el obispo Fernando Lugo en Paraguay, Alan García en Perú, Leonel Fernández en República Dominicana, Tabaré Vázquez en Uruguay y Hugo Chávez en Venezuela.

Sería exagerado considerar que todos los gobiernos encabezados por estas personalidades se han sostenido aplicando las mismas convicciones ideológicas e idénticos métodos de gobierno, pero desde luego no es erróneo sostener que la mayor parte de ellos se han alimentado de los principios del populismo construidos a mitad de siglo, fundamentalmente en Argentina. La afirmación puede resultar excesiva para los pocos entre los mencionados dirigentes que han mantenido las formas y garantías de las democracias representativas liberales, o para los Estados apresados por populismos de los que se han podido librar en procesos electorales ulteriores, es decir, que no han quedado transformados en dictaduras. Pero con carácter general, y en relación con los nuevos caudillos citados, la tesis es más incómoda que inexacta ya que supone imputarles la acogida de formas de gobierno urdidas en sistemas derechistas, vecinos de los modelos fascistas europeos de entreguerras (y de la posguerra en la península ibérica), para construir lo que se ha dado en denominar «el socialismo del siglo XXI». Aparentemente, se trata de una contradicción en sus términos.

Pero es difícil hurtarse a la evidencia de que las consignas, los apotegmas, los métodos, las filias y las fobias de los nuevos populismos están emparentados con las construcciones populistas de la mitad del siglo XX. Donde radican las mayores diferencias es en la apelación a las tradiciones precoloniales, que se tratan de restablecer como una seña de identidad de la nueva democracia hispanoamericana; y el anticapitalismo, que no se consideró un enemigo a erradicar en los tiempos de la construcción política peronista. Tampoco esta fobia es general en todos los modelos políticos neopopulistas, sino tan solo de los que pretenden implantar «el socialismo del siglo XXI».

De las similitudes entre la primera versión de los populismos y los implantados en el siglo XXI se puede hacer un catálogo bastante extenso, que han tratado de formular autores francamente contrarios a estos modelos políticos.[33]

Los líderes populistas acceden al poder utilizando las instituciones electorales de la democracia representativa. Generalmente han tenido ocasiones anteriores para mostrar su carisma en el Ejército o en gobiernos de la nación, o en la oposición, pero, al ocupar la presidencia de sus Estados, crean las condiciones para estimular el culto a su persona. El populismo necesita la dirección de un hombre providencial que arreglará de una vez por todas los problemas de la patria.

Un método frecuente de conseguir esa devoción es la prédica de que la única ambición o misión que guía al líder es el interés general, el bien de la nación. El nacionalismo es característico de los populismos, clásicos y modernos, de izquierdas y de derechas. El populismo y el nacionalismo son categorías que aparecen unidas en América Latina.

El líder es la encarnación de la lucha por el engrandecimiento de la patria y el bienestar de los ciudadanos. Dada la identificación patria-caudillo, le sobran a este intermediarios para conectar con el pueblo. Los populistas marginan los partidos organizados y democráticos y animan movimientos que ocupan un amplio espacio ideológico desde la extrema izquierda a la extrema derecha. Todos controlados por el líder.

Cualquier grupo o individuo que se manifieste contrario al líder es también enemigo de la patria. No es patriota, en consecuencia, y se justifica que sea apartado de la contienda por el poder. Se pueden suprimir con este argumento partidos políticos, medios de comunicación o procesar individuos en concreto. Entre las «veinte verdades del peronismo» se incluía una escala de valores que ponía por delante (en la 8.ª) a la «Patria», después el «Movimiento», y, al fin, «los hombres». Aclarando también que la política no es sino «un medio para el bien de la Patria, que es la felicidad de sus hijos y la grandeza nacional». Interpretados, obvio es decirlo, por el líder.

Fijados en positivo los valores a defender, se decantan por exclusión los que hay que combatir. Los populismos necesitan enemigos contra los que luchar. El más destacado de todos, presente en los populismos de primera y de segunda generación, es el imperialismo. Es un contrario que los gobiernos populistas hispanoamericanos consideran culpable de todos los males de la patria. Imperialismo norteamericano, desde luego, pero también colonialismos europeos, que, durante siglos han convertido al centro y sur del continente en un almacén de abastecimiento de materias primas y producciones agrícolas obtenidas con mano de obra barata y esclavizada. Para los neopopulismos de izquierdas, además, esta situación colonial se ha prorrogado, en las repúblicas independientes, gracias a la colaboración de los terratenientes (que lo son, según se sostiene, gracias a la usurpación de las propiedades de los pueblos originarios) con el capitalismo europeo.

En todo lo que ocurre en Latinoamérica se considera que la CIA está detrás. A comienzos de 2009 se produjeron fuertes declaraciones de los gobiernos de Bolivia, Ecuador y Argentina contra Washington, al acusar a la CIA de buscar la desestabilización de los gobernantes o de hacer maniobras oscuras para perjudicar su prestigio. Las acusaciones han sido variadas: en Bolivia Evo Morales denunció la infiltración de la CIA en YPFB (Yacimientos Petrolíferos Fiscales de Bolivia). También la acusó de querer desestabilizar al gobierno. Morales estuvo continuamente denunciando las supuestas acciones de Estados Unidos para controlar la compañía petrolera y las bases navales y todo lo que tenía interés económico en Bolivia.

Argentina acusó a la CIA de inmiscuirse en los asuntos internos del país con ocasión de una conferencia de prensa del director, Leon Panetta, sobre las repercusiones negativas de la crisis financiera internacional en América Latina, especialmente en Argentina, Ecuador y Venezuela. Aunque no estaba mal visto, la presidenta Cristina Kirchner habló de conspiración y su ministro de Asuntos Exteriores, molesto por las declaraciones de Panetta, dijo que eran «irresponsables, infundadas e inmaduras».

También España es objeto de acusaciones que empiezan por imputar a Cristóbal Colón de genocidio. Las críticas a la conquista y colonización españolas llevaron a cambiar el día de la raza en 2002 en Venezuela. Y en 2004 se eliminó el nombre del paseo Colón donde estaba situada la estatua del almirante, cambiándolo por el del cacique Guaicaipuro. Acuerdos parecidos han adoptado en otros países contra la celebración del 12 de octubre: en Argentina o Bolivia pasó de ser día de la raza a ser día del luto o día de la resistencia.

Amigos y enemigos forman el contorno dentro del que el caudillo carismático consolida su poder. Se está con el caudillo o contra él. La búsqueda de la confrontación amigo-enemigo alimenta el populismo. Patria y antipatria; bondad y maldad. La concepción personalista del poder supone que no se comparte con los adversarios y menos con la oposición.

Una de las primeras medidas que intentan los populistas entronca con las que hemos visto que han caracterizado a los caudillos americanos durante toda la época constitucional: perpetuarse en el poder. Es frecuente, por ello, que se aprueben constituciones nuevas o se modifiquen las vigentes para permitir la reelegibilidad, palabra mítica en las políticas de Hispanoamérica porque la perpetuación en el mando ha sido una constante obsesión de los caudillos. Los populismos de ayer y de hoy han mantenido esta pretensión de los líderes. «Hemos llegado al poder para quedarnos» es una expresión muy característica de la concepción populista de la política.

Para conseguirlo no solo hace falta que las constituciones o las leyes permitan la reelección sucesiva, sin límite temporal alguno, sino también que la patria sea dotada de un sistema electoral que permita la manipulación y el apaño. También, quizá sobre todo, que elimine la competición, excluyendo a los que pueden hacer frente al caudillo.

Colocaban para eso la voluntad popular por encima de las leyes para impulsar su reelección y el discurso se construyó sobre la base de señalar que la voluntad del pueblo es superior a cualquier otra situación legal existente. La concepción del poder es siempre autoritaria, y defiende que no solo hay que gobernar sino también propiciar el cambio social y, para poder hacerlo, es necesario conquistar el poder y una vez hecho evitar cualquier obstáculo a su ejercicio. Primero se tiene que controlar el poder y luego perpetuarse.

El autócrata, para afirmarse en la posición política, necesita controlar las instituciones del Estado. El primer paso es siempre el ataque a la separación de poderes. La fusión de hecho del ejecutivo y el legislativo, fácil de conseguir con un sistema electoral que favorezca a los partidos del líder o tolerados por él. El Parlamento perderá la iniciativa legislativa, que queda en manos del gobierno, y la función de control queda subordinada a la retórica servil que la situación impone. El poder judicial es más difícil de reducir, cuando está encomendado a jueces de carrera que desempeñan su función protegidos por los principios de independencia e inamovilidad. Pero el autócrata populista se las arregla para reorganizar el sistema alterando el régimen establecido, creando plazas nuevas que ocupen sus fieles, designando a los suyos para las vacantes o, en último término, decretando la expulsión de los indóciles.[34]

La noción de legalidad y la observancia de este principio han cambiado desde finales del siglo xx. Hasta entonces las constituciones hablaban de independencia del poder judicial, separación de poderes, cumplimiento de la Constitución y las leyes. De aquí se pasó a que instancias del poder populista vulnerasen continuamente la legislación vigente. Hugo Chávez cuando llegó a la presidencia en 1999 inició un periodo en la historia constitucional latinoamericana realmente notable porque creó una Asamblea Constituyente Originaria y Plenipotenciaria que modificó las reglas del juego. La consulta directa al pueblo se hizo cada vez más frecuente. Lo mismo que ocurriría luego en Bolivia y Ecuador donde también se apostó por la reforma constitucional. Se implantó la idea de las asambleas originarias, dotadas según sus impulsores de la legitimidad proveniente del poder popular, vía referéndum, y no de las constituciones y de las leyes previamente existentes.

Chávez dio carácter originario a la Asamblea Constituyente, desactivando las defensas y garantías que tenía establecida la anterior Constitución venezolana. Cuando juró su cargo en 1999, Chávez lo hizo diciendo: «Juro ante Dios, ante la Patria y ante el Pueblo que, sobre esta moribunda Constitución, impulsaré las reformas necesarias para elaborar una Carta Magna adecuada a los nuevos tiempos». Desde que se lanzó a las elecciones de 1998 participó en infinidad de elecciones, presidenciales, a la Asamblea Constituyente, legislativas, locales, regionales, referéndums constitucionales y revocatorios.

En las nuevas constituciones se habla de democracia participativa y para crearla se han establecido instrumentos bastante originales, como se verá con más detalle en el capítulo siguiente de esta obra. En Venezuela junto a los poderes ejecutivo, legislativo y judicial se sitúan el poder ciudadano y el poder electoral. En Ecuador y Bolivia en lugar de poderes, según la terminología clásica, se optó por un modelo funcionalista. En el texto ecuatoriano encontramos «la función electoral y de los procesos de participación democrática» y la «función de control»; en Bolivia se mencionan las funciones «electoral, de contraloría y de defensa de la sociedad». Hay más poderes y más funciones, pero esto no significa la existencia de más transparencia o más control por parte de la ciudadanía. Los nuevos textos han reforzado el poder presidencial. En Bolivia durante el séptimo Congreso del MAS (Movimiento al Socialismo, que lideró Evo Morales) a comienzos de 2009, el presidente de la Cámara admitió que habían anulado al Tribunal Constitucional por considerar que respondía a intereses de la oligarquía: «El poder judicial se ha puesto en contra de la Constitución».[35]

Una de las primeras razones para avanzar en la concentración del poder en manos del presidente ha sido reforzar la democracia participativa. La representativa es elitista y contrarrevolucionaria para Chávez. La «tendencia inevitable de toda democracia representativa es derivar en un sistema de gobierno burocrático y elitesco».

Todo lo cual son muestras del antiliberalismo de estos populismos, que cuestionan los fundamentos de las instituciones de la democracia liberal y representativa y apuestan por la participación directa del pueblo a través de canales controlados desde el gobierno. En el caso del peronismo esta concepción de la política se expresaba como una novedad en cuanto que proclamaba su independencia de las ideologías dominantes, abriendo una tercera vía. «Ni yankis ni marxistas: peronistas», decían las consignas del populismo de mediados de siglo XX.

La reducción o eliminación de la importancia de las instituciones de la democracia liberal representativa conduce al líder a mantener un contacto directo con el pueblo, estableciendo nuevas vías. La primera de ellas es la palabra, usada de modo abusivo y, con frecuencia histriónico, a través de los medios de comunicación. Habla con el público de manera constante, atiza sus pasiones, «alumbra el camino», y hace todo sin limitaciones ni intermediarios. Como ha recordado E. Krauze, Weber apunta que el caudillaje político surge primero en las ciudades-Estado del Mediterráneo en la figura del demagogo. Aristóteles (*Política*, V) sostiene que la demagogia es la causa principal de «las revoluciones en las democracias», y advierte una convergencia entre el poder militar y el poder de la retórica que parece una prefiguración de Perón y Chávez: «En los tiempos antiguos, cuando el demagogo era también general, la democracia se transformaba en tiranía; la mayoría de los antiguos tiranos fueron demagogos». El populismo fabrica la verdad. Los populistas llevan hasta sus últimas consecuencias el proverbio latino *vox populi, vox dei*. El gobierno popular interpreta la voz del pueblo y la eleva al rango de verdad oficial y de verdad única. La crítica es rechazada como manifestación de enemistad absoluta y militante y buscan desprestigiarla, controlarla, acallarla o suprimirla. El populista moviliza permanentemente a los grupos sociales. El populismo apela, organiza, enardece a las masas. La plaza pública es un teatro para demostrar la fuerza del pueblo y escuchar las invectivas contra los enemigos de dentro y fuera. El populista alienta el odio de clases.

El autócrata carismático y populista, además de hacer aprobar una Constitución a su medida, también trata de ajustar la economía a las características de su gobierno. Tener el imperialismo y el neocolonialismo por enemigos cierra puertas al comercio internacional y conduce al ensimismamiento, a la autarquía. El gobierno que prescinde de los intercambios, por considerarlos un factor de opresión de la economía nacional, trata de crear una industria propia con la que sustituir las importaciones de productos manufacturados. Como no cuenta con capital privado local acumulado, confía en que la transformación pueda llevarse a cabo estatalizando la economía: esta opción permite aplicar capital público a la industrialización y establecer medidas arancelarias de protección de los productos nacionales frente a las mercancías de importación. La estatalización de la economía caracterizó mucho a los populismos de mediados del siglo XX. La exclusión de capitales extranjeros es un rasgo visible en los populismos de nueva generación, especialmente si son capitales privados; no se han presentado objeciones tan severas contra las empresas públicas inversoras, especialmente en el sector de los hidrocarburos.

La estatalización de la economía facilita y promueve el clientelismo. El líder reparte prebendas y hace políticas sociales que protagoniza hasta el extremo de convertirlas en acciones personales, más que en actuaciones de Estado. El dinero público se emplea para obtener lealtades y recompensarlas. En la democracia liberal estas disposiciones de fondos están sometidas a severos controles, pero en los populismos esta legalidad de control es frecuentemente suplida por el arbitrio del gobernante. Las leyes que obstaculizan los planes gubernamentales son obviadas o cambiadas inmediatamente. Entre las verdades del peronismo la primera decía que «la verdadera democracia es aquella donde el gobierno hace lo que el pueblo quiere y defiende un solo interés: el del pueblo». El populista utiliza de forma discrecional los fondos públicos. El erario es su patrimonio privado que puede utilizar para enriquecerse o para embarcarse en proyectos que considere importantes o gloriosos sin tener en cuenta los costos. Tiene un concepto mágico de la economía, ignora o no comprende la economía y esto le ha llevado a desastres de los que los países han tardado decenios en recobrarse. El populista reparte directamente la riqueza, lo cual supone que usa el dinero pero exige un pago en obediencia. Se procede a una financiación directa de movimientos sociales por vías paraoficiales que permiten escapar de los controles públicos y del escrutinio gubernamental. Pero también se practica el clientelismo, es decir, otorgar favores, facilitar gestiones, conceder empleos públicos. El MAS pedía a Evo Morales cargos para los indígenas. No basta con hacer la revolución sino saber para quién se hace la revolución, es decir, quiénes son los agentes principales de la revolución y qué lugares en la escena deben ser ocupados por los movimientos sociales o los denominados pueblos originarios.

Una utilización de los recursos públicos de esta clase, discrecional y desmañada, acarrea irremediablemente aumento del déficit fiscal y la inflación. Pero es un coste que se imputa a la lucha contra el capitalismo, al que, como ya he dicho, se imputan todos los males de las repúblicas americanas. Es especialmente fuerte el repudio del Consenso de Washington, a cuyo contenido me he referido ya.[36] Se trata de un decálogo de recomendaciones que busca alcanzar el equilibrio macroeconómico en las cuentas públicas, contener la inflación y lograr un cierto equilibrio fiscal. También aboga por las privatizaciones, lo que es causa suficiente para su rechazo por los actuales populistas. En el populismo desarrollado a mediados del siglo XX no había preocupación ni por el déficit fiscal ni por la inflación, pero actualmente son preocupaciones importantes.

Hugo Chávez ha desarrollado más que ninguno el concepto de socialismo del siglo XXI, que empezó a acuñarse a finales del siglo XX. Aunque con antecedentes en libros como el de Alexander Buzgalin, *El futuro del socialismo*, el concepto es del sociólogo alemán residente en México Heinz Dieterich, quien publicó en 1996 algún avance de su libro *Socialismo del siglo XXI*, editado en 2000. El socialismo del siglo XXI se presenta como un socialismo democrático basado en la filosofía y la economía marxista y apoyado en cuatro pilares: el desarrollo democrático regional, la economía de equivalencias, la democracia participativa y las organizaciones de base. Dieterich aboga por un socialismo en el siglo XXI en el que haya un reforzamiento radical del poder estatal controlado democráticamente por la sociedad. Chávez utilizó el concepto de «democracia revolucionaria» que, según explicó en 2006, es una transición a «un socialismo del siglo XXI que se basa en la solidaridad, en la fraternidad, en el amor, en la libertad y en la igualdad».

La primera llamada de atención sobre el socialismo en el siglo XXI la hizo Chávez en enero de 2005 en el Quinto Foro Social Mundial de Porto Alegre, en el que afirmó que su socialismo era diferente del socialismo del siglo XX, aunque no precisaba nada más. Decía que el primer socialista de nuestra era fue Cristo y por eso el socialismo debe ser auténticamente cristiano, y debe recoger las raíces americanas, comenzando por la experiencia indígena.

El presidente de Ecuador Rafael Correa explicó el socialismo del siglo XXI configurándolo como un nuevo modelo, una alternativa frente a la crisis global que abate a los pueblos latinoamericanos.

La globalización es el mal de los males para el planeta, según la manera de verla por los populismos. El neoliberalismo es una ideología depredadora y agresiva que sirve al capitalismo para la búsqueda de su beneficio financiero y la destrucción de los pueblos. Evo Morales en su discurso de toma de posesión de diciembre de 2009 para el segundo mandato dijo que: el pueblo «tiene derecho a decidir conscientemente si se sigue profundizando en la democracia o retornar al liberalismo; si están con el cambio o están con el neoliberalismo». No tiene el neoliberalismo nada que sea apreciable por los líderes populistas que luchan contra la globalización, contra el Consenso de Washington, contra las políticas privatizadoras, y las oligarquías a las que nada les importa la patria y la destruyen en beneficio del imperialismo y las empresas globales. Es un combate contra el neoliberalismo y la globalización lo que han emprendido aquellos países americanos. La globalización es «inhumana y cruel», dijo Rafael Correa, y Chávez, visitando Rusia en 2004, dijo que el neoliberalismo y la globalización «son el guion tenebroso que nos conducirán al quinto infierno».

La lucha contra la globalización afecta también a los tratados de libre comercio que en general se consideran como lo peor que puede ocurrirle a los Estados. Una muestra de esta aversión es el ALCA (Área de Libre Comercio de las Américas) que intentaba crear, con el impulso de Estados Unidos, un gran mercado que comprendía desde Alaska a Tierra del Fuego. Para luchar contra el ALCA, considerada la quintaesencia del imperialismo capitalista, se creó el ALBA (inicialmente Alternativa Bolivariana de las Américas).

Rafael Correa dijo que el Tratado de Libre Comercio debe ser enviado «al tacho de la basura de la historia». Expresiones de Chávez, Castro o Morales, también de Ortega, sobre la globalización: «La globalización neoliberal equivale a lo peor del capitalismo salvaje» (Castro). «La globalización es un desastre. Allí está el imperio norteamericano hundiéndose, lo que más crece en Estados Unidos es la pobreza. La globalización es cosa del pasado, entendemos a una nueva era: el mundo pluripolar» (Chávez). «La globalización es un modelo multiplicador de la pobreza [...] la única manera de salvar el planeta será posible en la medida en que se instaure un nuevo orden económico, justo y solidario» (Ortega). «Se habla del calentamiento global, de deshielo, ¿de dónde viene?, de la mal llamada globalización, de la globalización selectiva que no respeta la pluralidad, ni las diferencias» (Morales).

El 23 de mayo de 2008 se firmó en Brasilia el Tratado Constitutivo de la Unión de Naciones Sudamericanas (UNASUR) que se consideró por sus promotores y por los medios de comunicación como un paso histórico en el proceso de integración de América Latina. Lula dijo entonces que era un paso gigantesco para «ser más soberano», y «dejar atrás una historia de aislacionismos recíprocos». Brasil manifestó, en palabras de Lula, su deseo de «asociarse al destino de los países de América del Sur». Pero mientras Brasil se hace fuerte en América del Sur, México parece inclinado hacia América del Norte, a través del Tratado de Libre Comercio de América del Norte que lo vincula con Canadá y Estados Unidos. El mensaje de Lula en la apertura de la Cumbre de América Latina y el Caribe sobre cooperación y desarrollo fue muy reivindicativo y estuvo muy ligado a las independencias de las metrópolis coloniales. Aludo al necesario protagonismo regional: «Queremos ser protagonistas y no meros espectadores de los teatros en los que se deciden las perspectivas de bienestar y prosperidad para nuestros pueblos».

Su mensaje se centró en que solo una América Latina unida podrá sortear las amenazas que se plantean sobre el futuro. Pero cada vez que se dan pasos hacia la integración surgen mayores conflictos entre países de la región.[37] La confusión ha dominado el proceso de integración de América del Sur.

Una de las causas del populismo es la desigualdad social, tan profunda, de la región, que es la más desigual del planeta, o la enorme incidencia de la extrema pobreza en ciertos colectivos como los indígenas o los afroamericanos.

El viejo y el nuevo populismo han mantenido una matriz cristiana. El número catorce de las «veinte verdades peronistas» consideraba que el justicialismo era «profundamente cristiano y profundamente humanista», lo que se relaciona con su posición de no ser ni yanquis ni marxistas, sino peronistas, una tercera vía. La vocación cristiana inspiró a Hugo Chávez y se generalizó también en América con la presencia de un obispo como Fernando Lugo en Paraguay, el casamiento eclesiástico de Ortega y Murillo, después de veintisiete años de convivencia, que ofició Miguel Obando, hasta entonces su tradicional enemigo. Chávez ha utilizado mucho las referencias a Jesucristo y a la Iglesia. También Rafael Correa tiene una fuerte exhibición de condiciones religiosas. El único de los líderes populistas que se ha situado lejos del discurso eclesiástico es Evo Morales.

También en Cuba la ortodoxia marxista leninista y el ateísmo resultante se han dulcificado para permitir que Fidel Castro recibiera al papa Juan Pablo II en La Habana en 1998. O que Raúl Castro asistiera en 2008 a la primera beatificación que tuvo lugar en Cuba, la del fraile José Olallo Valdés.

El populismo se apoya en grupos de población desencantados con la democracia y con la gestión de los líderes políticos. A todos ellos se les convence de que un gobierno autoritario es preferible a uno democrático.

En *Objetivos del desarrollo del milenio: una mirada desde América Latina y el Caribe* publicado en 2005 por la Comisión Económica para América Latina y el Caribe de Naciones Unidas (CEPAL), se dice que las políticas públicas deben incluir un componente indispensable de lucha contra la pobreza y la desigualdad. Los indígenas son por lo general los más pobres de la población latinoamericana.

La cuestión es cómo se integran plenamente los indígenas en las sociedades acabando con la discriminación. Las posturas más radicales en los últimos años eran las que manifestaba Evo Morales y su vicepresidente Álvaro García Linera. Este último desarrolló un discurso muy crítico, del que puede verse una muestra en la toma de posesión de su segundo gobierno que fue en enero de 2010; decía:

> Hoy hemos asumido el reto histórico de resolver deudas históricas, deudas centenarias, deudas seculares que han hecho sangrar y han dividido nuestra patria y, hay que decirlo... esto ha sido posible únicamente debido a la presencia, al liderazgo del movimiento indígena popular que ha asumido la cabeza de la patria y que ha extendido sus brazos para convocar a todos, a indígenas y no indígenas, a mestizos, a profesionales, a empresarios, a construir juntos una patria que nos beneficie a todos. Es el movimiento indígena el que nunca fue tomado en cuenta, el que siempre fue despreciado, el que siempre fue maltratado, ese mismo es el que hoy nos abre sus brazos generosamente y nos convoca a la patria a caminar juntos. Si no estuviéramos ante este liderazgo de los pueblos indígenas, Bolivia seguiría arrastrando sus deudas, arrastrando sus conflictos, arrastrando sus confrontaciones.

No en todos los países se da la misma circunstancia porque no en todos tiene una misma presencia la población indígena.

Forman parte del léxico de estas democracias términos ajustados a la idea de la reivindicación indígena, como «democracia étnica», o los «usos y costumbres» de las comunidades indígenas o de los pueblos originarios.

Usos y costumbres y justicia comunitaria son cuestiones que se han puesto de moda. Pero no hay códigos que establezcan cuáles son las reglas de la llamada «justicia indígena», ni jueces imparciales e independientes, ni ninguna otra de los derechos vinculados al juicio que asisten en los Estados democráticos de derecho: el juez imparcial, el juicio justo.

Muchas reformas constitucionales han incorporado estas reclamaciones del indigenismo a partir sobre todo de la venezolana de 1999.

De todas estas cuestiones, incorporadas al «nuevo constitucionalismo hispanoamericano»,[38] se ocupa el capítulo inmediato de este libro.

CAPÍTULO VII
Nuevo constitucionalismo. ¿Nueva democracia?

ENSAYOS SOBRE EL FRACASO DE LA DEMOCRACIA LIBERAL
EN HISPANOAMÉRICA

Lo expuesto hasta aquí permite concluir que la debilidad de la democracia en Hispanoamérica durante dos siglos ha sido extrema. Esto no es discutible: es una cuestión de hecho suficientemente verificada. Los análisis del problema han concluido, ya a final del siglo XX y comienzos del XXI, en nuevas propuestas de organización de las instituciones públicas y de funcionamiento de la democracia en algunos países. Pero no han sido alternativas surgidas de la nada sino con precedentes en movimientos intelectuales y populares que es necesario tener en cuenta para comprender las reformas decididas desde finales del pasado siglo. Consideraremos la emergencia y contenido del pensamiento latinoamericanista y, muy especialmente, al desarrollo del indigenismo, que se ha convertido en una de las ideologías que más poderosamente han influido en el nuevo constitucionalismo latinoamericano.

Dada la discontinuidad de los fracasos, es frecuente confrontar las aboliciones de la democracia en Hispanoamérica con su continuidad en Estados Unidos y Europa. Esta comparación ha incurrido siempre en algunos excesos por olvidar que tampoco en Estados Unidos los ciudadanos fueron iguales desde 1787, ni las garantías de algunos derechos fueron efectivas durante el primer sesquicentenario de la democracia. Los intervalos autoritarios y las brutales guerras europeas destruyeron el gobierno del pueblo y las garantías de los derechos, incluida la dignidad de las personas, hasta extremos que América no ha conocido. La democracia de la que hoy disfrutan los Estados europeos, que sirve de referencia para las comparaciones con Hispanoamérica, es la que fundaron las constituciones aprobadas tras la Segunda Guerra Mundial. Hace, por tanto, muy pocos años.

No es este libro el lugar idóneo para desarrollar estos asertos, pero es bueno no perderlos de vista al considerar las debilidades de la democracia latinoamericana.

Naturalmente, la explicación de sus razones de fondo forma parte de la historia intelectual de Hispanoamérica, en la que han participado pensadores y políticos desde principios del siglo XIX. Simplificándola lo necesario para facilitar la exposición, pueden establecerse tres grupos de argumentos: el primero lo forman los alegatos de quienes creen que el constitucionalismo liberal, basado en la soberanía del pueblo, o de la nación, un gobierno democráticamente elegido por los ciudadanos, separación de los poderes legislativo, ejecutivo y judicial, y garantías de los derechos civiles y políticos (y, a partir del siglo XX, también derechos sociales), es un modelo que podía implantarse con éxito en Europa, pero no en América Latina.

El segundo grupo, no del todo separado del anterior, lo forman quienes creen en la incapacidad de los habitantes de las repúblicas del centro y sur del continente americano, para gobernarse conforme a las pautas de una democracia liberal. En parte por causa de la herencia colonial, que condicionó a los pueblos sometidos hasta el punto de hacerlos inhábiles para incorporar las correspondientes formas de gobierno. En parte, también, por el sello genético y cultural de las poblaciones originarias y mestizas de aquellas geografías meridionales, carentes de condiciones intelectuales para asimilar formas sofisticadas de convivencia política.

El tercer conjunto de ideas sobre el fracaso de la democracia en Hispanoamérica lo forman los pensadores y políticos que trasladan la responsabilidad al pertinaz sometimiento de América Latina a la dominación colonialista e imperialista, que ha aprovechado sus recursos e impuesto condiciones a su autogobierno, sin solución de continuidad, desde la época de las independencias hasta bien cumplido el siglo XX. De aquí también la falta de despegue económico de la región, simple productora de materias primas y condicionada por una economía de exportación, sin industrialización complementaria, en contraste con el éxito y rápido desarrollo de los vecinos del norte, Estados Unidos.

Como complemento de estas corrientes de pensamiento hay que considerar la reacción intelectual, tras la guerra de 1898, en favor de la cultura hispanoamericana frente a la ideología utilitarista de los norteamericanos y la postulación de políticas basadas en ese legado.

Las ideas concernientes a la inidoneidad de los modelos constitucionales europeos para ser aplicados en América han cobrado un inusitado interés en los primeros años del siglo XXI, para amparar con ellas el desarrollo del denominado «nuevo constitucionalismo hispanoamericano» que propugna el desplazamiento de algunas instituciones del constitucionalismo liberal europeo, para abrir espacio a otras que lo renueven para adaptarlo a las características de aquellos territorios.[1]

Otro conjunto de pensadores y políticos han aceptado que las condiciones culturales de la población han hecho imposible que fructificara en Hispanoamérica la democracia liberal.[2]

La incapacidad para el autogobierno de los iberoamericanos ha sido un argumento esgrimido por Estados Unidos, al menos desde el gobierno de Theodore Roosevelt. Lo explicitó en su famoso discurso de fin de año de 6 de junio de 1904, que constituyó el acta de nacimiento del *Protective Imperialism* apoyado, de principio a fin, en la idea de la torpeza latina para esas tareas. Aunque las alusiones críticas a la falta de aptitud para el gobierno tenían raíces profundas. No fueron sustancialmente distintas las ideas que difundieron en Europa, durante la Ilustración, viajeros e investigadores (como Buffon, Raynal, Paw o Robertson), cuyas influyentes opiniones se han mantenido en generaciones sucesivas de intelectuales y políticos.

La valoración negativa no solo se ha referido a la herencia de las personas sino que se ha extendido a los pueblos. Los ensayos políticos de la primera década del siglo XX estuvieron repletos de metáforas orgánico-biológicas para explicar la peculiaridad de la nación. Las usaron títulos como el del argentino Juan Álvarez, *Manual de patología política*, de 1889; del venezolano César Zumeta, *Continente enfermo*, de 1899; del argentino Manuel Ugarte, *Enfermedades sociales*, de 1905; del boliviano Alcides Arguedas, *Pueblo enfermo*, de 1909; del nicaragüense Salvador Mendieta, *La enfermedad de Centroamérica*, de 1912; del chileno Francisco de Encina, *Nuestra inferioridad económica: sus causas, sus consecuencias*, de 1912; o del cubano Fernando Ortiz, *Hampa afrocubana. Los negros brujos. Apuntes para un estudio de etnología criminal*, de 1906.

De este carácter son indagaciones como la de Carlos Octavio Bunge (*Nuestra América. Ensayo de psicología social*, de 1903), que representa temas «de psicología social» de la época. También el boliviano Alcides Arguedas, en su obra *Pueblo enfermo*, de 1909, donde escribe: «Debemos convenir, franca, corajudamente, sin ambages, que estamos enfermos, o mejor, que hemos nacido enfermos y que nuestra disolución puede ser cierta, no como pueblo sino como raza, o más bien, como conjunto de individuos con unos mismos anhelos e idéntica conformación mental». Fernando Ortiz en *Entre cubanos*, de 1909, también sostiene que hay que analizar los «males cubanos» para poder aportar con convicción los remedios que sean necesarios.

No pocos de estos influyentes ensayos se dedicaron a indagar sobre las características diferenciales de las poblaciones originarias y sus individuos. Por ejemplo, Bunge analiza las poblaciones originarias para determinar si era posible sintetizar los «rasgos psíquicos» de poblaciones indígenas tan heterogéneas.[3] Y concluye que «el fatalismo oriental es la cualidad característica de mexicanos y peruanos, y esta cualidad explica, en parte, su fácil conquista y su sometimiento». Alcides Arguedas señala que el aimara «es —como el paisaje del altiplano— huraño y salvaje», «duro, rencoroso, egoísta, cruel, vengativo y desconfiado cuando odia. Sumiso y afectuoso cuando ama. Le falta voluntad, persistencia de ánimo...». Los análisis concluyen en establecer que es el mestizaje donde se produce el hibridismo, atavismo, primitivismo y la degeneración.

Fundar, como se ha hecho, en estas valoraciones descalificadoras la inadaptación del constitucionalismo liberal en América Latina no tiene ninguna justificación seria. Y menos si se añaden al argumento las supuestas cargas de la herencia cultural española, oscurantista, inquisitorial, cerrada a las luces del progreso científico, medievalizante.[4]

Algunos influyentes analistas de la mala fortuna de la democracia en Hispanoamérica han centrado atención en la persistencia del colonialismo y la presencia irresistible del imperialismo.

Pocas obras tan rotundas, aclamadas y seguidas como la de Eduardo Galeano *Las venas abiertas de América*, que ha celebrado hace poco el 50.º aniversario de su publicación.[5] Ha sido una referencia absoluta para las reclamaciones políticas. La idea sobre la que descansa la impresionante acumulación de datos y el relato de Galeano es que, a partir del inicio de la conquista europea, América se convirtió en una sucesión de posesiones coloniales, explotadas y expoliadas de forma sistemática durante más de cinco siglos. De esta manera, las decisiones no se tomaban en América sino en las respectivas metrópolis, responsables en última instancia de todo lo que ocurría en el continente americano.

Como resumen de lo que llevo dicho, para unos la falta de adaptación a las circunstancias sociales y políticas de América, para otros la inepcia congénita de sus gobernantes y ciudadanos; para los demás, en fin, la aplastante dominación del neocolonialismo y el frustrado desarrollo económico estuvieron en la base de los fracasos de la democracia liberal de corte europeo a lo largo de dos siglos de independencias.

Ni que recordar tengo que en todas las páginas anteriores de este libro pueden encontrarse los simples hechos políticos que muestran la fragilidad de la democracia en América.

LA FORMACIÓN DE UN PENSAMIENTO POLÍTICO HISPANOAMERICANISTA

En una posición crítica, pero por completo contraria a quienes han argumentado sobre la incapacidad de los pueblos hispanoamericanos para la democracia liberal, se situó, desde finales del siglo XIX una corriente intelectual opuesta a aceptar cualquier preeminencia de la América anglosajona y decididamente creyente en la superioridad de los valores de las herencias culturales latinas de Hispanoamérica.

Los norteamericanos empezaron a ser representados por la literatura como «calibanes». Calibán es un personaje, creado por William Shakespeare en su obra *La tempestad*. Lo presenta como un individuo primitivo, mitad humano, mitad monstruo, dominado por las inclinaciones más instintivas del ser humano y su apetencia de lo inmediato y material. Próspero, el protagonista, lo mantiene sometido a esclavitud. Como contraste con Calibán Shakespeare se vale de Ariel, también al servicio de Próspero, pero representante de lo más elevado y espiritual.

El personaje Calibán ha sido utilizado por la literatura, especialmente inglesa, en muchas ocasiones. En el ámbito de la cultura hispánica entró de la mano del franco-argentino Paul de Groussac, precisamente para referirse a los estadounidenses como calibanes.

Al norte del río Bravo describió el reino del industrialismo y de la fuerza bruta, una democracia plebeya y vulgar sin una aristocracia intelectual y capaz de proyectar un solo punto de vista civilizador sobre sus praderas. Eran asaltados por la Biblia, también enamorados de una prensa para emigrantes famélicos, que se comportaba de un modo charlatán, una democracia igualadora, que era responsable de una uniforme mediocridad. Los yanquis confundían la verdadera civilización con la «riqueza, hartura física y la enormidad material». Lo propio de los yanquis era, según Groussac, la fuerza inconsciente y brutal. Con Calibán en el poder también llegaba la vulgarización de la vida pública y el reinado de la medianía.[6]

En un fragmento representa a Estados Unidos como Calibán: «Desde la guerra de Secesión y la brutal invasión del oeste, se ha desprendido libremente el espíritu yankee, del cuerpo informe y "calibanesco"; y el Viejo Mundo ha contemplado con inquietud y terror a la novísima civilización que pretende suplantar a la nuestra, declarada caduca».

Un gran precursor de esta corriente de pensamiento latinoamericanista fue José Martí en su ensayo «Nuestra América».[7] Su tesis es que no se podía gobernar el continente con ideas prestadas, sino reconociéndolo, investigándolo, atendiendo a su carácter, y a las inclinaciones de su raza. Para un buen gobernante lo excelente no es saber cómo gobiernan el alemán o el francés sino qué sabe de su propio país. Para Martí gobernar era crear instituciones que no reprodujeran los errores de los liberales decimonónicos, ingenuos idealistas que habían escrito constituciones maravillosas y prematuramente muertas, porque estaban pensadas para idiosincrasias distintas de las americanas. Si no se entendía al hombre americano y si no se creaban leyes acordes a su naturaleza, el hombre natural seguiría revelándose contra el hombre letrado.

Un par de párrafos, que es obligado reproducir ahora, de «Nuestra América» resumen el pensamiento latinoamericanista de Martí, absolutamente partidario de desarrollar las propias energías e ideas adaptadas a la idiosincrasia latina, rechazando imitaciones:

> La incapacidad no está en el país naciente, que pide formas que se le acomoden y grandeza útil, sino en los que quieren regir pueblos originales, de composición singular y violenta, con leyes heredadas de cuatro siglos de práctica libre en los Estados Unidos, de diecinueve siglos de monarquía en Francia. Con un decreto de Hamilton no se le para la pechada al potro del llanero. Con una frase de Sieyès no se desestanca la sangre cuajada de la raza india. A lo que es, allí donde se gobierna, hay que atender para gobernar bien; y el buen gobernante en América no es el que sabe cómo se gobierna el alemán o el francés, sino el que sabe con qué elementos está hecho su país [...]. El gobierno ha de nacer del país. El espíritu del gobierno ha de ser del país. La forma de gobierno ha de avenirse a la constitución propia del país. El gobierno no es más que el equilibrio de los elementos naturales del país. Por eso el libro importado ha sido vencido en América por el hombre natural.
>
> [...] Conocer el país, y gobernarlo conforme al conocimiento, es el único modo de librarlo de tiranía. La universidad europea ha de ceder a la universidad americana. La historia de la América de los

Incas acá, ha de enseñarse al dedillo, aunque no se enseñe la de los arcontes de Grecia. Nuestra Grecia es preferible a la Grecia que no es nuestra.

La figura de Calibán la recuperó Rubén Darío en un artículo titulado «El triunfo de Calibán», publicado en *El Tiempo* de Buenos Aires el 20 de mayo de 1898. Rubén Darío muestra su percepción sobre los yanquis: «Y los he visto a esos yankees, en sus abrumadoras ciudades de hierro y piedra y las horas que entre ellos he vivido las he pasado con una vaga angustia. Parecíame sentir la opresión de la montaña, sentía respirar en un país de cíclopes, comedores de carne cruda, herreros bestiales, habitadores de casas de mastodontes. Colorados, pesados, groseros, van por sus calles empujándose y rozándose animalmente, a la caza del dóllar. El ideal de esos calibanes está circunscripto a la bolsa y a la fábrica». Decía que los sajones eran «aborrecedores de la sangre latina»; eran «bárbaros», gente a la que solo le interesaban la bolsa de valores y la fábrica; seres que comían, calculaban, bebían whisky y ganaban dinero, poco más. No tenían ninguna gravidez moral y espiritual salvo el comportarse como una bestia o un cíclope. No tenían el menor sentido de la nobleza, el espíritu del culto a la belleza, el refinamiento, la sensualidad. No había más allá de sus mentes algo intangible, soñado. Los únicos a los que salvaba de esta crítica eran el incomprendido Poe y el demócrata Whitman.

Rubén Darío exhortaba a los pueblos de América para enfrentarse al enemigo. Todo aquel que tuviera el recuerdo de la teta de la loba en los labios, decía, estaba obligado a hacer frente al imperialismo yanqui. No solo los latinoamericanos, sino toda Europa o el universo entero debería garantizar la «futura grandeza de nuestra raza». Concluía diciendo que ni por una montaña de oro podía el latino prostituir su alma a Calibán.

En *Cantos de vida y esperanza*, de 1905, decía: «Mañana podremos ser yanquis (y es lo más probable); de todas maneras, mi protesta queda escrita sobre las alas de los inmaculados cisnes, tan ilustres como Júpiter». En «Los cisnes», se preguntaba: «¿Seremos entregados a los bárbaros fieros? / ¿Tantos millones de hombres hablaremos inglés? / ¿Ya no hay nobles hidalgos ni bravos caballeros? / ¿Callaremos ahora para llorar después?».

Pero la expresión más clara de la división entre lo latino y lo anglosajón fue un librito del uruguayo José Enrique Rodó, publicado en 1900, titulado *Ariel*. Era un ensayo que llamaba a la juventud, trataba de establecer las bases de la identidad latina y advertía sobre el encandilamiento que producía la riqueza y el progreso estadounidenses, por lo menos a algunos latinoamericanos. Criticaba Rodó el utilitarismo, el sentido práctico de la vida, completamente indiferente a la vida interior del ser humano que era donde nacían las cosas delicadas, nobles y bellas, los ideales morales y la sensibilidad estética. La referencia a Ariel, el espíritu del aire, quería diferenciarlo de Calibán. Los latinos debían elevarse, aspirar a la superioridad intelectual y moral, que solo se conseguía alineando el alma con nobles ideales. Y esta es la gran diferencia entre sajones y latinos. Estos últimos llamados a defender las ideas, la moral, el arte, la ciencia, la religión, mientras ellos eran incapaces de elevar la mirada hacia lo noble y lo desinteresado, incapaces de crear.

José Enrique Rodó recibió el apelativo de «Maestro de la juventud americana» por su voluntad de educar en los valores hispánicos en los que él creyó como base de la unión de los pueblos latinos de América.

Ariel nace bajo el signo del desastre. Es un libro sobre el 98, impregnado de las ideas regeneracionistas que se habían encendido en España, pero pensadas desde América Latina.[8] Se sitúa en el momento más decisivo de la encrucijada de dos sentimientos que hasta entonces habían sido complementarios: la animadversión contra la política colonial española, a la que se responsabilizaba del atraso americano, y la actitud de admiración hacia Estados Unidos, considerado país republicano, moderno y progresista. Este enunciado tan simple y poco matizado había empezado a reconsiderarse por algunos intelectuales, y se puso abiertamente en cuestión en la época crucial de la intervención militar de Estados Unidos en la guerra de la independencia de Cuba. No habían avanzado mucho hasta entonces las «trincheras de ideas» que preconizó José Martí y sus advertencias sobre la yanquimanía que americanos tan destacados como Sarmiento veían como la clave de la modernización.[9]

El impacto histórico de la intervención en Cuba avivó el discurso latinoamericano, como la idea y el nombre de América Latina, que nacen entonces como para contribuir a la diferenciación de la América sajona y la América hispana.[10] *Ariel* toma nota de todas estas búsquedas identitarias americanistas, las reinterpreta y organiza en un sentido novedoso y más potente.

En una página que redactó el propio Rodó en 1914 con motivo de la fundación de la revista uruguaya denominada *Ariel*, como su obra, explicó cuál era el motivo principal que le había llevado a escribirla: «La reivindicación de la raza, del abolengo histórico latino, como energía necesaria para salvar y mantener la personalidad de estos pueblos, frente a la expansión triunfal de otros [...], cuando la preeminencia absoluta del modelo anglosajón y la necesidad de inspirar la propia vida en la contemplación de ese arquetipo, a fin de aproximársele, era el criterio que predominaba entre los hombres de pensamiento y de gobierno, en las naciones de la América Latina».

Rodó había diseñado un proyecto de «patria grande» en el que había reservado un espacio para España por razón de la herencia basada en el idioma, la religión y la historia.

Ante el riesgo de un panhispanismo forjado a partir de la anglofonía y la dominación de la cultura del norte, opone los valores de la latinidad, planteando la unidad cultural y política de la comunidad de naciones americanas que han recibido de España el formidable legado de una historia, unos valores y una lengua comunes. Todas estas naciones juntas, España incluida, deben ser conscientes de la superioridad de su tradición y los mejores fundamentos del prestigio de su cultura y su lengua.

Andrés Bello había defendido la unidad de la lengua de América y José Enrique Rodó dio un paso más en la construcción de un panhispanismo cultural y lingüístico que ahondara en la unión y en la creación de instituciones comunes que gestionaran el mantenimiento de esos valores frente a cualquier amenaza externa.[11]

El antiimperialismo se convirtió a primeros del siglo xx en el argumento más reiterado por los intelectuales latinoamericanos, la idea impulsora de su pensamiento y su acción.

Desde 1914 a 1930 se publican muchos ensayos que se plantean los caminos que debe seguir América para alcanzar la modernidad. Las interpretaciones son muchas pero tienen al imperialismo como temática común, tratada siempre en tono crítico.[12] Muchos intelectuales de formación diversa forman parte de este grupo, algunos ya mencionados: José Enrique Rodó de Uruguay, Francisco García Calderón de Perú, Carlos Octavio Bunge en Argentina, Agustín Arguedas en Bolivia, Francisco Encina en Chile, César Zumeta en Venezuela, Manuel Bomfim de Brasil, Francisco Bulnes en México, etc.[13]

La Gran Guerra cambió muchas perspectivas de análisis y la generación de 1900 fue renovada con las ideas de la de 1920, la de los nuevos antiimperialistas. Este cambio de perspectiva también estuvo muy influido por los movimientos revolucionarios que sucedieron después de la Guerra Mundial, en particular en Rusia con el triunfo de la Revolución bolchevique a finales de 1917, o las experiencias revolucionarias de México del decenio 1910-1920. Los debates sobre las consecuencias de todos estos movimientos fueron recogidos por muchos intelectuales de la «nueva generación» como ellos mismos se denominaban, entre ellos José Ingenieros, Alfredo Palacios, Manuel Ugarte, José Vasconcelos, Diego Rivera, José Carlos Mariátegui, Haya de la Torre, Recabarren o Mella.

Se difundió entonces la visión de Latinoamérica como un nuevo mundo con grandes posibilidades y no como un territorio condenado por su herencia colonial.

Otros escritores inmediatos a Rodó, como José María Vargas Vila, colombiano, y Rufino Blanco Fombona, venezolano, expresaron el sentimiento antiyanqui con especial rotundidad y apasionamiento. El primero, en un escrito titulado *Ante los bárbaros* de 1900, sostenía que los bárbaros no eran los latinoamericanos. Por más que se recalcara la ascendencia india, los salvajes eran ellos, los descendientes de los normandos, piratas, teutones y de los mendigos de Germania y de Albión, ávidos invasores que habían metido sus garras y picos devoradores en América Latina.

En la obra del peruano y arielista Francisco García Calderón, empiezan a imaginarse instituciones que respondieran a la idiosincrasia cultural, histórica y racial de América Latina y a expresarse más claro que los latinos no son Estados Unidos y que la democracia liberal e igualitaria era un asunto de calibanes palurdos. Este giro americanista se manifestó con vehemencia en poetas como Santos Chocano y Leopoldo Lugones. El primero publicó en 1906 *Alma América*, en el que confesaba que había salido de la poesía pura de Castalia para buscar una musa nueva que no florecía en los mundos clásicos sino en la cercanía de los trópicos. Chocano buscaba unir la herencia hispana y la realidad americana. Decía: «La sangre es española e incaico es el latido». En *Alma América* había un gran repaso sobre todo el continente, su geografía, su flora, su fauna, se recordaban episodios de la conquista, la férrea resistencia de los indios… Eran un canto americano al pasado heroico y sangriento de las naciones.

Lugones, por su parte, creó en sus escritos las luchas independentistas, cantó al martirio y el hechizo de la muerte, la presencia del gaucho y sacó sus propias conclusiones bastante similares sobre la democracia. Lugones había sido revolucionario en su juventud, revolucionario de izquierdas que, como entonces decía, soñaba con ver el sol de la bandera argentina «clavado en el palo de la bandera roja».[14] Pero hacia 1910 giró hacia el centro y empezó a ser nacionalista inclusivo, tolerante con los extranjeros, que entonces eran la mitad de la población argentina. Incluso llegó a apoyar a Estados Unidos y defendió su Constitución y su causa en las trincheras europeas. Pero esta visión fue cambiando. Sus obras *La guerra gaucha* de 1905 y *Odas seculares* de 1910 acusaban el giro americanista y revelaban su obsesión por los orígenes de la nación, que serían más evidentes con su reivindicación del *Martín Fierro* que consideraba una especie de *Ilíada* de La Pampa, y fermento de las cualidades más excelsas de la identidad argentina; el gaucho era el agente civilizador, «el único que podía contener con eficacia a la barbarie». Lugones fue el arquetipo de nacionalista latinoamericano, obsesionado por el origen, por la pureza y la virtud. Pese a todo, su obra fue un primer paso para forjar el fascismo latinoamericano.

Esta misma búsqueda se encuentra en las primeras décadas del siglo XX en México y en Argentina, Brasil, Bolivia, Perú o Chile. La pregunta que se hacen todos es qué era América, qué son los latinoamericanos, por qué son tan débiles frente a Estados Unidos, y muchos se preguntaban por el destino de un continente compuesto por una mezcla racial tan extrema.

Pero los autores más significativos fueron los peruanos Francisco García Calderón y José de la Riva-Agüero. Los dos eran seguidores de Rodó y creían ciegamente en la importancia de las bibliotecas y el elitismo intelectual en la política. Riva-Agüero observaba la Constitución de Perú con recelo como también lo hacía respecto de otras constituciones de países latinoamericanos, porque creía que eran una copia de textos europeos en los que «se establecían libertades que no sabíamos ejercer» e «instituciones que no alcanzábamos a aprovechar». El resultado era una gran separación entre la ley y la práctica.

García Calderón por su parte manifestaba que todo era el resultado de una precipitación por dar libertades a pueblos que no están familiarizados con ellas. Antes de hacerlo era necesario enseñar e imponer rituales, dogmas, costumbres y leyes. Hasta que estas formas no estuvieran interiorizadas no se podría iniciar la lucha por la libertad. García Calderón celebraba por ello las inclinaciones autocráticas de Simón Bolívar que luego hizo extensivas a otros dictadores del siglo XIX latinoamericanos.

Si los anglosajones tenían una democracia los latinoamericanos debían tener una forma de absolutismo ejercido por una reducida élite intelectual o en su defecto un gran héroe capaz de liquidar cualquier brote de anarquía y de formar una raza uniforme.

Por su parte, Riva-Agüero llegó a defender el fascismo después de exiliarse en España durante la presidencia de Leguía y visitar la Italia de Mussolini. Su camino al autoritarismo estuvo impregnado de las mismas inquietudes americanistas de Lugones.

Un personaje muy importante para la historia del pensamiento latinoamericano fue José Vasconcelos. Participó en la Revolución mexicana primero al lado de Madero, luego con Carranza y más tarde con Obregón. Al final quedó en la primera línea, al lado de los vencedores. En 1920 fue nombrado rector de la Universidad Nacional de México, cargo que empezó a ejercer convocando a todos los intelectuales y artistas para pedirles que pusieran su talento al servicio de la revolución.

En 1909 Vasconcelos había entrado a formar parte del Ateneo de la Juventud y en una conferencia dictada por el dominicano Pedro Henríquez Ureña tuvo noticias de José Enrique Rodó. La imagen de Ariel lo sedujo enseguida, la amplió y la difundió.

Como todo arielista, Vasconcelos desconfiaba de los yanquis. Valoraba positivamente la aportación de Rodó invocando la unidad latinoamericana pero le parecía insuficiente, hacían falta proyectos más ambiciosos, y de esta manera dedicó sus esfuerzos para convertir América Latina en una gran utopía. En esto invirtió su tiempo desde 1910 y 1925.

En 1916 decía que las naciones latinas de América debían tener como meta «moldear el alma de la futura gran raza». Hablaba de panetnicismo. Y en 1925 publicó su libro más representativo, *La raza cósmica*: era un ensayo en el que Latinoamérica aparece convertida en la cuna de una nueva civilización que habitaban latinos, sajones, orientales e hindúes y sobre todo una raza nueva, la raza definitiva, que sería el resultado de la mezcla de todas las sangres. Creía Vasconcelos que sería América y no África la cuna de esta nueva raza porque el mestizaje era el signo de los tiempos y Latinoamérica ya llevaba muchos años entremezclando sangres. Era cierto que la raza latina padecía contradicciones causadas por la mezcla de español e indio, e incluso aceptaba que su debilidad venía de aquí frente a los anglosajones. Pero el mestizaje era un destino trascendental para el que los yanquis no estaban preparados. Ellos cometieron el pecado de aniquilar al indio, nosotros lo habíamos asimilado. El sueño, que plasmó en *La raza cósmica*, comprendía la fundación de Universópolis, una ciudad utópica construida a orillas del Amazonas con la arquitectura más osada (pirámides, parques de edificios de caracol, columnas hermosas e inútiles) para que la raza cósmica se dedicara a cultivar el intelecto.[15]

Todos estos movimientos intelectuales tuvieron una expresión revolucionaria en la Universidad argentina de Córdoba, en la que los estudiantes exigieron de modo terminante, en 1918, la democratización de las instituciones y una reforma educativa urgente e integral. En toda América repercutió el mensaje de los estudiantes cordobeses, pero de modo muy especial llegó a un peruano llamado Víctor Raúl Haya de la Torre, que vio en los sucesos de Córdoba la primera muestra de la revolución continental. Haya de la Torre pensó que el nuevo lugar para proponer revoluciones sería la universidad, pero no la oficial sino las universidades populares que habría que crear, fundadas por estudiantes, con preocupaciones sociales para instruir a las clases trabajadoras.

Su idea de las universidades populares fue un paso definitivo para la alianza entre jóvenes intelectuales y las clases populares. Ahí estaban bastantes poetas de vanguardia. Muchos de estos, como Magda Portal, Serafín Delmar, Julián Petrovick y Esteban Pavletich, acompañarían a Haya en su aventura de la Alianza Popular Revolucionaria Americana (APRA). Todos contribuían a poner de manifiesto que el arielismo ya no era interpretado como lo hizo la generación anterior, la de Riva-Agüero y Francisco García Calderón y los modernistas católicos e hispanistas. Haya no era partidario de la vinculación de las clases oligárquicas ni su justificación de la conquista y menos aún con el recelo que demostraban por la raza indígena. Los llamó «Falsificadores intelectuales». Pero el tronco era común, coincidía con su pasión americana y su profundo antiyanquismo. Haya mezclaba el espiritualismo arielista con la reivindicación del proletariado.

El cambio era transcendental porque para Rodó, Rubén Darío o García Calderón lo latinoamericano se fundaba en el vínculo espiritual y cultural con España, con Francia, con Grecia y con Roma. Pero Haya de la Torre no veía las cosas así. También él odiaba a los anglosajones pero no expresaba ningún vínculo emocional por la raza latina ni con el hispanismo. Para Haya lo americano no era la élite blanca y culta ligada a la colonia, a España y al pasado clásico europeo, sino el indio y el mestizo que nutrían a las clases populares. Estaba mucho más cerca de Vasconcelos que de Riva-Agüero. Haya dejó de usar el término «América Latina» y lo reemplazó por el de «Indoamérica».

Trataba de inventar un nuevo continente fundado en lo vernáculo y no en lo colonial, en el indio y no en el blanco. Las ideas de izquierda renovaban el ambiente intelectual latinoamericano. Los miles de páginas que se habían escrito sobre las supuestas deficiencias de la raza indígena o sobre la insuficiencia de sangre blanca en los mestizos quedaban a un lado. Para los indigenistas, Haya incluido, el problema del indio era mucho más concreto. Por un lado, la tenencia de la tierra y el gamonalismo, que lo condenaban a la pobreza y a todas sus perniciosas consecuencias; por otro, el imperialismo, eso que Haya definía como la expansión económica, emigración de capital y conquista de mercados.

Haya se vio obligado a dejar Perú. En 1923 el arzobispo de Lima se propuso consagrar la patria al Sagrado Corazón de Jesús y Haya de la Torre organizó una gran protesta en la que hubo tumultos y murieron varios manifestantes, bajo gritos de que la religión era el opio del pueblo. El dictador Leguía cerró las universidades populares y se deshizo del líder estudiantil. Haya pasó luego por Panamá y por Cuba, donde fundó la Universidad Popular José Martí, y después fue a México, donde Vasconcelos lo recibió con los brazos abiertos y un puesto en la Secretaría de Educación Popular. Allí es donde se fundó oficialmente el APRA.

Después continuó su peregrinaje por Rusia y Europa, se estableció en Oxford para estudiar antropología y pudo formular los cinco puntos que en su criterio suponían la acción contra el imperialismo: la unidad política de América Latina, la nacionalización de las tierras y de la industria, la internacionalización del canal de Panamá y la solidaridad con todos los pueblos y clases oprimidas del mundo.

Este americanismo fue enemigo de la herencia colonial y reivindicó al indio, al negro, al campesino o en general a las clases populares. Inventó un nuevo continente, al que Haya de la Torre llamaba Indoamérica, en la que los sujetos activos eran una masa potencialmente revolucionaria. Reivindicó la legitimación para gobernar no de las aristocracias coloniales, de las élites letradas o las oligarquías económicas sino de los representantes de la América profunda.

EL PENSAMIENTO INDIGENISTA Y LA GLOBALIZACIÓN DEL INDIGENISMO

Los precursores

Desde un punto de vista histórico, parece justificado atribuir el primer indigenismo a los frailes que protestaron contra el sometimiento de los nativos a servidumbre y trabajos forzosos y clamaron contra las encomiendas. La máxima fama de indigenista entre los frailes que estuvieron presentes en las tierras americanas la ha acaparado el dominico Bartolomé de las Casas, autor de múltiples acciones de protesta y de obras emblemáticas presentadas al emperador en las décadas de 1540 y 1550, entre las cuales los *Remedios*, la *Apologética historia* o la explosiva *Brevísima relación de la destruición de las Indias por los españoles*, publicada, incluso sin licencia, en Sevilla, en 1552. Desde el punto de vista intelectual, nada ocurrió durante el tiempo de la colonia de más trascendencia que las dos relecciones *De Indis* del padre Vitoria, que establecieron las bases del derecho internacional y reconstruyeron todo el sistema de títulos de la ocupación y los derechos de las comunidades originarias (la primera *Relectio prior de indis recenter inventis* fue utilizada en las lecciones universitarias de 1538; la segunda *Relectio posterior de indis sive de iure belli hispanorum in barbaros*, dictada en junio de 1539).[16]

La etnografía amerindia nace en México gracias a la obra monumental del franciscano fray Bernardino de Sahagún y en Perú, por el impulso formidable del jesuita José Acosta. Del primero es la *Historia general de las cosas de Nueva España* y del segundo, la *Historia natural y moral de las Indias*, escrita en Perú y relativa a los naturales de ese virreinato y sus costumbres, aunque Acosta viajó también a México y completó allí sus estudios antropológicos considerando también la vida, religiosidad y costumbres de los indios mexicanos.

Tuvieron una continuidad intermitente esta clase de estudios, pero fueron el primer paso para poder reconstruir la cosmogonía de las civilizaciones originarias, recuperando el conocimiento de su cultura. También para que emergieran un sentimiento de nostalgia hacia el pasado y la ilusión de una recuperación de ese mundo perdido. Todas las regiones de la amplia geografía americana han sido propicias al desarrollo del pensamiento indigenista, muy especialmente las dos en las que se desarrollaron las grandes culturas peruanas y mexicanas. Pero voy a ceñirme, puesto que no es mi propósito llevar a cabo en esta obra un análisis completo del indigenismo, sino mostrar su fuerza ideológica y consecuencias para las democracias liberales, a su desarrollo en Perú que, por otro lado, ha sido el país en el que con más continuidad puede construirse una historia intelectual del indigenismo.[17]

Este pensamiento indigenista ha sido, sin embargo, progresivamente relegado y minusvalorado por el indigenismo moderno en la medida en que se caracterizó por la aculturación castellana de los indios, resaltando las aportaciones del país colonizador, sus políticas de mestizaje y de integración o sustitución de las culturas amerindias. Estas imputaciones han bastado a algunos para invalidar el indigenismo de la época colonial al que se ha aplicado la severa descalificación de haber consistido en un etnocidio.[18]

No obstante, la confluencia de la literatura hispana y la mestiza permitió levantar mitos que sirvieron al desarrollo del pensamiento indigenista: la «utopía andina». La cosmogonía y la historia de los incas, sus formas de vida y de gobierno, las recogió el Inca Garcilaso de la Vega, especialmente en sus *Comentarios Reales de los Incas*, basados en observaciones personales, informaciones recibidas en Cuzco durante su infancia y juventud, o comunicaciones de sus compañeros de estudios, a los que siempre pidió ayuda para escribir su historia de Perú. Escribió después una *Historia General del Perú*, concebida como una continuación de los *Comentarios*, que se publicó en Córdoba (España) en 1617, el año posterior a su muerte, que ocurrió el 24 de abril de 1616.

La historia antigua americana había dado lugar en España a algunas publicaciones importantes, como los libros de Lope Jerez, Diego Fernández el Palentino, Francisco López de Gómara, Antonio Herrera, José de Acosta, Fernández de Oviedo, Pedro Cieza de León, entre otros, pero los *Comentarios* de Garcilaso superaron a todos en popularidad y fueron inmediatamente traducidos a otros idiomas. Ganó fama de ser el primer indio peruano en escribir historia de su país y se le tuvo por un símbolo racial del Nuevo Mundo, un producto del mestizaje que había de crear una nueva raza, derivada de los cruces que estaban sucediendo en América.

La difusión de las *Crónicas* del Inca Garcilaso sembró el territorio de bellas leyendas que enaltecían la elevada condición espiritual de los incas y la calidad de su cultura política. Para empezar, los relatos del Inca aportaron una narración del origen mítico de los incas: escribió cómo el dios Sol, apenado de ver a los hombres vivir en estado de salvajismo, viviendo en cavernas y sin conocer la agricultura, envió a su hijo Manco Capac y su hermana Mama Ocllo a civilizarlos. La pareja anduvo por los alrededores del lago Titicaca con una barra de oro que le había dado su padre el Sol. Iban probando a hundirla en diferentes lugares buscando un suelo apto para cultivar, pero en ninguna parte penetraba, hasta que llegaron al valle del Cuzco donde la barra se hundió casi por completo, lo cual fue señal de que era el sitio idóneo para desarrollar la agricultura.

También en el orden de la religión y la mitología andinas tuvieron importancia la difusión de mitos como el Taki Ongoy o el Inkarri.[19] Al primero dedicó un par de estudios, que sirvieron para darlo a conocer en profundidad, Luis Millones Santa Gadea. Se trata de un movimiento religioso, extendido por Lima, Cuzco, Arequipa, Chuquisaca y La Paz, entre otras regiones, que cree en la rebelión de las huacas (es decir, los dioses indígenas) contra el Dios y las creencias que trajeron los conquistadores. Esta resurrección de las huacas supondrá la destrucción de los nuevos templos, el restablecimiento de los antiguos, y el castigo con enfermedades y desgracias a los que aceptaron el bautismo. Será el fin del dominio de los europeos, y de su exterminio a causa de las plagas que vendrán. El Imperio inca será restaurado. Los seguidores de este movimiento buscaban las ruinas de los antiguos templos y llevaban a cabo en ellos los mismos sacrificios y ceremonias que habían practicado antes de que llegaran los españoles. Estas acciones fueron reprimidas con dureza, pero la extensión territorial del movimiento, y su larga vigencia, desde mediados del siglo xvi hasta bien cumplido el xvii, son una muestra de la resistencia de los pueblos indígenas a la absorción y eliminación de su cultura por obra de los invasores.

También es posterior al establecimiento de los españoles en Perú el mito del Inkarri. Difundido por la tradición oral andina, fue recogido por escrito a mediados del siglo XX. *Inkarri* (palabra formada de la contracción de Inca Rey), una deidad mayor del mundo andino, fue apresado con engaños por los españoles que lo martirizaron, mataron y descuartizaron, enterrando sus miembros en los cuatro lados del Tahuantinsuyo. Enterraron también su cabeza, que se mantuvo viva y, a partir de ella, está regenerando su cuerpo. Cuando lo complete reaparecerá y destruirá la civilización impuesta por los conquistadores.

Es otra leyenda montada sobre la base de elementos históricos, como el sacrificio del inca por los españoles, que vuelve a poner en valor la idea del retorno de la civilización destruida, que esperan los pueblos andinos por encima de las apariencias de aceptación de las formas de vida y creencias impuestas.

Esta «utopía andina» (M. Burga y A. Flores Galindo) se alimentaba de todos esos recuerdos y de la aspiración de un retorno, al menos parcial, al pasado. La recuperación se contempló con diferentes intensidades, que comprendían desde el retorno del Imperio inca, con todas sus características, a la aceptación de formas de mestizaje con la nueva cultura europea, que había permitido mejorar un atraso ancestral de los pueblos andinos. Todo esto contribuyó a que se idealizara la sociedad inca de modo que su imagen se convirtió en un aglutinador de las expectativas políticas y sociales de los indios. Reaparecieron públicamente los símbolos de la cultura incaica en las fiestas cívicas de las grandes ciudades como Lima, Potosí o Cuzco, o las magníficas representaciones del inca en fiestas religiosas principalísimas como el Corpus Christi de Cuzco que reflejan la importancia de ese simbolismo y de la «utopía andina».

Faltaba para la formación completa de la utopía añadirle algunos ingredientes épicos y a ello contribuyeron las revueltas ocurridas en Perú a lo largo del siglo XVIII: la más importante, la sublevación, en la década de 1780, de José Gabriel Condorcanqui (había adoptado el nombre de Túpac Amaru II).

La ilusión por el retorno a un pasado magnificente empezó a encallar desde mediados de siglo XVIII.[20] Tuvo mucha influencia en el desplome de la utopía del retorno la literatura de finales del siglo XVIII que alimentó las insurgencias de las colonias americanas. Las ideas que recogieron estos escritos buscaban establecer los basamentos de las nuevas naciones que iban a acceder inmediatamente a la independencia. Para ello era necesaria la creación de mitos identitarios y la historia antigua fue, desde luego, el primero en recordar. Pero no importaba a estos escritores la civilización india, sino la criolla, la de los españoles nacidos en América que se sentían habilitados por su esfuerzo histórico en el Nuevo Mundo para crear naciones independientes regidas por gobiernos criollos.

El indigenismo a principios del siglo XX

A partir de la década de 1920 emerge en México (propiciada por la Revolución) y con más intensidad en Perú, una nueva corriente indigenista distinta de todas las variantes anteriores del indigenismo. Participan en ella antropólogos interesados por las culturas, el pensamiento y los mitos indígenas; conocen la miseria de sus poblaciones y la explotación inaceptable de sus individuos. Se valen de todas las investigaciones y conocimientos que les han legado las generaciones anteriores de estudiosos, pero añaden algo fundamental: no solo reclaman medidas de protección y políticas útiles para mejorar la injusticia, sino que transforman el indigenismo en una ideología política. Uno de los instrumentos de actuación es la concepción del indigenismo como una acción que reivindica justicia y reintegración a los indígenas de las propiedades de que han sido despojados.

El indigenismo moderno, según Carlos Contreras y Marina Zuloaga,[21] es un fenómeno que se genera en la primera mitad del siglo XX en el siguiente contexto económico y social: la población de Perú era de alrededor de siete millones de personas. Dos tercios vivía en el campo. El analfabetismo afectaba al 58 por ciento del total. Había crecido la población a partir de 1876 de un modo explosivo, lo que determinó escasez de tierras y proletarización. Los indígenas estaban concentrados en los departamentos de la zona central (Ancash, Pasco, Junín, Huancavelica, Ayacucho, Apurímac, Cuzco y Puno). Esta región empezó a ser conocida como la «mancha india». Fue concebida como un problema que en el pasado hubiera podido resolverse si continuaba la aparición de inmigrantes blancos que contribuyeran a diluirla, pero a principios del siglo ya no parecía haber otro camino que el de la educación, el trabajo y la higiene para transformarlos en obreros y ciudadanos amestizados.

El indigenismo ocupó parte de la política estatal, al menos desde 1920 cuando el Estado peruano reconoció a las comunidades de indios a través de una legislación protectora e incluso organismos dotados de cierta autonomía incorporados a la Administración. Entre los años veinte y los sesenta se reconocieron más de mil quinientas comunidades indígenas, a las que se dotó de un estatuto de protección especial que afectaba a sus bienes y sobre todo a sus tierras.

Desde el punto de vista de la política, el abogado arequipeño José Luis Bustamante y Rivero, que venció en las elecciones de 1945, incorporó a su programa a casi todos los electores y partidos que parecían demandar un cambio político. Pero aunque su triunfo fue categórico, el gobierno tuvo problemas de sostenibilidad política y en 1948 se produjo el golpe de Estado del general Manuel Odría. Acordó medidas redistributivas que exacerbaron los ánimos de la clase propietaria.

La crisis de estas políticas permitió la emergencia del denominado indigenismo moderno. Aunque surgido en México, tiene alcance continental en los años cuarenta, con particular resonancia en Perú: trata de superar la desigualdad real que no se ha eliminado, sino acentuado, con los gobiernos liberales, y además se pretende no asimilar sino integrar la población indígena dentro de la sociedad nacional, respetando sus valores y peculiaridades culturales.

Muchos movimientos políticos peruanos, como el leguiísmo, el APRA o la izquierda marxista, influyen en esta política, que también se hace notar en las constituciones de 1920 y 1933. En la primera hay dos artículos referidos a los indios: «Los bienes de propiedad de las comunidades indias son imprescriptibles y sólo podrán transferirse, mediante título público, en los casos y en la forma que establezca la ley» (artículo 41) y «El Estado protegerá a la raza indígena y dictará leyes especiales para su desarrollo y cultura en armonía con sus necesidades». «La nación reconoce la existencia legal de las comunidades indígenas y la ley declara los derechos que le corresponden» (artículo 58).

Suponen estas normas un cambio de política trascendental porque el indígena deja de ser un ciudadano corriente, igual en derechos y obligaciones, para recibir un estatuto legal peculiar y ser sujeto de leyes especiales dictadas para su defensa y protección. Por supuesto, las constituciones se refieren a los indios civilizados, los denominados «salvajes» quedan fuera de la comunidad nacional.[22]

La Constitución de 1920 no fue aplicada durante el régimen autoritario de Leguía y diez años después fue derogada. Pero la Constitución de 1933 reiteró el reconocimiento de existencia legal y personalidad jurídica a las comunidades (artículo 207) y garantizó la integridad de la propiedad de las mismas (artículo 208), afirmando además que «El Estado procurará de preferencia dotar de tierras a las comunidades indígenas que no las tengan en cantidad suficiente para las necesidades de su población, y podrá expropiar, con tal propósito, tierras de propiedad particular, previa indemnización» (artículo 211). Y «El Estado dictará la legislación civil, penal, económica, educacional y administrativa que las peculiares condiciones del indígena exigen» (artículo 212). Por tanto, la Constitución de 1933 no solo mantuvo las innovaciones de 1920, sino que sostuvo la necesidad de dar tierras a los comuneros y estableció las bases jurídicas de la reforma agraria. Otra cosa es que la sucesión de los gobiernos no diera pie a que las cosas cambiaran en la práctica. Algunos movimientos de reforma agraria se llevaron a cabo en los gobiernos de Prado y de Belaúnde.[23]

Entre los precursores indiscutibles debe incluirse en primer lugar a Manuel González Prada (1844-1918), aunque su pensamiento sobre el mundo indígena está sobre todo recogido en un breve ensayo titulado *Nuestros indios* publicado en 1905.[24] La conclusión que establece es que los indios han sido sometidos a iniquidades tanto por los españoles como por los encastados (llama así a todos los dominadores de indios, sean cholos, mestizos, zambos o mulatos), y que la república ha seguido la tradición del virreinato porque siguen existiendo los trabajos forzosos y el reclutamiento, y además se los mantiene en la ignorancia y la servidumbre, y en el embrutecimiento con el alcohol. Contesta la acusación de que el indio es refractario a la civilización, y defiende que los indios construyeron un imperio cuya organización admira hoy a los europeos.

Dora Mayer, alemana de nacimiento y asentada en el Callao, fue popular por publicaciones muy variadas sobre diversos aspectos del problema indígena. Entre otras, la revista mensual *El deber pro-indígena*, que se publicó entre 1912 y 1916. Entre sus muchos escritos destaca el titulado *El indígena peruano a los cien años de la República libre e independiente* (Lima, 1921), en el que parte de la independencia destacando que no fue «la victoria de un Túpac Amaru» sino que fueron «sus amos los que habían vencido a España e instituido una república soberana», por lo que su conclusión es que, después de un siglo, «la emancipación de la raza indígena no se había operado todavía». Hace un recorrido por la vida de los indios durante esos cien años y constata los males del latifundismo, el peonaje, el enganche, el yaconaje, la usurpación de tierras, los abusos de la Iglesia, los pongos y trabajos gratuitos, la justicia, la instrucción pública, las cárceles, el alcoholismo, etc.

Otro autor relevante fue Hildebrando Castro Pozo, que estudió derecho en San Marcos pero se dedicó a la docencia en diversos colegios nacionales; fue miembro fundador del Partido Socialista en 1930 y participó en la Asamblea Constituyente de 1933. Su obra fundamental fue *Nuestra comunidad indígena*. Y también el ensayo *Del ayllu al cooperativismo socialista*, que estudia el desarrollo de las comunidades durante el periodo prehispánico, colonial y republicano, evaluando la posibilidad de que se transformen en cooperativas de producción.

La comunidad, para Castro Pozo, se fundamenta en la propiedad, basada en la posesión por tiempo indefinido. Castro Pozo hizo un estudio histórico de la comunidad, exponiendo el origen del ayllu primitivo sosteniendo que es lo único que queda de la cultura quechua-aimara-mochica.

Un pensador principal, por su calidad e influencia, del indigenismo moderno fue José Carlos Mariátegui (1894-1930). Trabajó inicialmente en el periódico *La Prensa* de Lima, que dejó por su orientación liberal. Marchó a Europa, donde profundizó su formación marcadamente izquierdista, especialmente durante su estancia en Italia, pero también con la inspiración del pensamiento francés y alemán.

Cuando regresó a Perú, Leguía había establecido una dictadura. Colaboró con revistas como *Claridad* y *Mundial*, y fundó *Amauta*, en la que escribirán casi todos los pensadores del indigenismo moderno.

Se dedicó a la organización del Partido Socialista Peruano a partir de 1928, año en que publica su obra más conocida: *Siete ensayos de interpretación de la realidad peruana*.

El primero de ellos estudia la evolución de la economía peruana desde una perspectiva marxista. Sostiene que el Imperio de los incas, agrupación de comunas agrícolas y sedentarias, vivía con bienestar material gracias al trabajo colectivo. Después tuvo lugar la colonización, en la que se establece una especie de sociedad feudal con mezcla de características de sociedad esclavista, por la importación de negros africanos. Sigue la independencia, que marca el inicio de la etapa burguesa.

Partiendo de esta evolución económica sostiene que solo la crítica socialista descubre la realidad del problema indio porque busca sus causas en la economía del país y no en un mecanismo administrativo, jurídico o eclesiástico. Afirma que «La cuestión indígena arranca de nuestra economía. Tiene sus raíces en el régimen de la propiedad de la tierra. Cualquier intento de resolverla con medidas de administración o de policía, con métodos de enseñanza o con obras de vialidad, constituye un trabajo superficial o adjetivo, mientras subsista la feudalidad de los "gamonales"». Hecha esta manifestación, sigue rechazando sucesivamente las soluciones administrativa, jurídica, racial, moral, religiosa o pedagógica y centra el problema del indio en la cuestión de la tierra.

A este asunto se refiere su tercer ensayo, titulado «El problema de las razas en América Latina», que fue una ponencia presentada en la Primera Conferencia Comunista Latinoamericana (Buenos Aires, 1929). Argumenta que el problema radica en la liquidación de la feudalidad, expresada en el latifundismo y la servidumbre, que no han desaparecido porque Perú no ha tenido nunca verdaderamente una clase burguesa.

Las soluciones consisten, para Mariátegui, en la adjudicación de los latifundios serranos a las comunidades, la transformación de estas en cooperativas de producción; apoyar la lucha de los yanaconas contra los hacendados y educación ideológica de las masas indígenas.

Luis E. Valcárcel (1891-1987) fue el ideólogo más reconocido del indigenismo radical. Desde su época estudiantil, como estudiante de letras y derecho en la Universidad de San Antonio Abad, participó en movimientos indigenistas. Fue catedrático de Historia de la Universidad de Cuzco, fundador del Instituto Histórico del Cuzco y director del Museo Arqueológico de la misma ciudad. Su obra central fue *Tempestad en los Andes*, que recogía artículos publicados en *Amauta* y otras revistas. Escribió que «El Cusco y Lima son, por la naturaleza de las cosas, dos focos de la nacionalidad. El Cusco representa la cultura madre, la heredera de los inkas milenarios. Lima es el anhelo de adaptación a la cultura europea. Y es que el Cusco preexistía cuando llegó el conquistador y Lima fue creada por él ex nihilo».

Su pensamiento se resume en estos postulados: existen dos nacionalidades en Perú, resultado de la conquista. Así lo había expresado Valcárcel desde su ensayo *Del ayllu al imperio* de 1925. Existe un conflicto secular no resuelto que se debe sobre todo a la usurpación de las tierras de las comunidades, el abuso sexual de las mujeres indígenas por los hacendados, las rebeliones indígenas, el asesinato de gamonales, etc. En *Tempestad en los Andes*, se manifiesta contrario al mestizaje, como lo había hecho también, muchos decenios atrás, Guamán Poma, porque en su opinión solo produce un ser híbrido que no hereda las virtudes ancestrales sino los vicios y las taras. «El mestizaje de las culturas no produce sino deformidades».

Este planteamiento fue luego cultivado por el Grupo Resurgimiento, fundado en 1926 por intelectuales cusqueños para defender a los indios y promover el resurgimiento indígena. Además del propio Valcárcel, pertenecieron al grupo Luis Felipe Aguilar, Félix Cosío y J. Uriel García.[25]

Entre los autores destacados de la corriente del indigenismo moderno hay que situar a Víctor Andrés Belaúnde (1883-1966), arequipeño y profesor universitario, que escribió obras que reflejaban desde un punto de vista social-cristiano su visión del problema indígena; por ejemplo, *Meditaciones peruanas* (1917), *La realidad nacional* (1931) y *Peruanidad* (1942).

También fue un autor importante Víctor Raúl Haya de la Torre (1895-1979). Me he referido más atrás a sus ideas políticas de izquierdas. Sus tesis indigenistas son: el problema del indio no es racial sino socioeconómico. Afirma que es ridículo sostener la superioridad de los blancos. Como marxista, plantea la cuestión como un problema socioeconómico, de clase. No se puede dejar al margen de la penetración económica del imperialismo. Aun ponderando la importancia del Imperio de los incas y su progreso, que considera próximo a las doctrinas socialistas, su proyecto no es solo resucitar el Tahuantinsuyo, sino también presentar la alternativa cooperativista compartiendo muchas ideas con Mariátegui.

Ese nuevo indigenismo, penetrado también de realismo mágico en la obra de José María Arguedas, tiene un rasgo distintivo que consiste en ampliar el asunto indígena para convertirlo en un «problema indígena» como parte integral del problema de toda la nación. Este rasgo se basa esencialmente en el pensamiento de Mariátegui.[26] Arguedas acepta la reivindicación del pasado histórico indígena, clama contra los abusos y crímenes que sufren los indios y requiere la rectificación de la imagen del indio como ser inferior. Pero inmediatamente sostiene que la integración del indio no debe consistir en su occidentalización, sino en un proceso en el cual debe ser posible la conservación e intervención triunfante de algunos rasgos característicos, no ya de la tradición incaica, muy lejana, sino de la viviente hispano-quechua. También en la línea de Mariátegui y de Valcárcel defiende el colectivismo y la fraternidad comunal del indio, que debe resistir al individualismo occidental.

José María Arguedas se graduó en Etnología con su estudio sobre *La evolución de las comunidades indígenas* (1958) y se doctoró en la misma materia con su tesis *Las comunidades de España y del Perú* (1963). Fundó con un grupo de intelectuales de la reconocida generación peruana de 1930 la revista *Palabra, en defensa de la cultura*. En los inicios de su carrera de profesor en Sicuaro (departamento del Cuzco), preparó y publicó con sus alumnos una recopilación del folklore de la zona todavía insuperada.[27]

Fue compilador e investigador persistente del pensamiento mítico, las creencias y la organización económica y social de las comunidades indígenas, siempre preocupado por demostrar la gran capacidad de creación artística de indios y mestizos.[28]

La obra de José María Arguedas, literato y antropólogo, fue esencialmente, de carácter indigenista.[29] Esta calificación resume su inclinación por la cultura de los pueblos andinos y la preocupación por la difícil situación de vasallaje, sumisión y sacrificio al que, desde el Imperio inca hasta la república independiente de Perú, han estado sometidos los individuos que pertenecen a ellos. La literatura con esta orientación indigenista ha sido siempre literatura de criollos o mestizos ya que la escrita por indios no ha tenido desarrollos importantes, como apuntó José Carlos Mariátegui.

Este fue también el caso de Arguedas, aunque él pudo esgrimir un currículum que lo calificaba especialmente, por sus vivencias personales, para hablar de las comunidades indias y sus miembros. Él contó que hasta los nueve años solo sabía quechua, lengua en la que se expresaba en sus comunicaciones y juegos infantiles. Esta situación se prorrogó hasta su adolescencia porque su padre volvió a casarse y su nueva esposa prestó poca atención al hijastro, que siguió criándose en el ambiente de la servidumbre. Convivía con ellos felizmente, como recordó después en algunas notas autobiográficas, protegido contra las vejaciones y malos tratos de su hermanastro, diez años mayor que él.

Estas circunstancias contribuyeron a formar el carácter difícil y depresivo de Arguedas, que sufría un doble extrañamiento: la exclusión familiar que lo alejaba del núcleo blanco al que pertenecía por naturaleza; y la marginación racial de la comunidad indígena, en la que nunca pudo integrarse como uno más. El aprendizaje que obtuvo en esta peculiar situación familiar enriqueció desde niño su sensibilidad hacia las comunidades andinas y sus formas peculiares de vida, la belleza de la sierra peruana y la mágica relación de los hombres y la naturaleza en los Andes.

Su novela cumbre, *Los ríos profundos*, contiene muchos recuerdos personales y es en buena medida un relato autobiográfico.

Arguedas no era indígena, como ya he señalado, pero puede atribuírsele un indigenismo cultural sin equivalente en cualquiera de los literatos y pensadores peruanos de su época. Él negó explícitamente ser un aculturado, y siempre mantuvo su empeño en defender las particularidades de la cultura quechua y no aceptar su integración y disolución en la cultura europea llevada a Perú por los españoles. Se sitúa de esta manera entre la cultura quechua y la hispana, defendiendo ambas al tiempo. Ninguno de los autores del realismo mágico o sus predecesores, como Rulfo, Asturias, Carpentier, Roa Bastos o García Márquez, llegaron a este grado de utilización conjunta de ambas culturas.[30]

Un texto de Arguedas aclaratorio de su posición es su discurso titulado «No soy un aculturado» que pronunció al recibir el Premio Inca Garcilaso de la Vega. Se publicó con la última novela de Arguedas *El zorro de arriba y el zorro de abajo* (Buenos Aires, Losada, 1971): «Yo no soy un aculturado; yo soy un peruano que orgullosamente, como un demonio feliz, habla en cristiano y en indio, como en español y en quechua. Deseaba convertir esa realidad en lenguaje artístico y tal parece, según cierto consenso más o menos general, que lo he conseguido. Por eso recibo el premio Inca Garcilaso de la Vega con regocijo».

Renovación ideológica y globalización[31]

Sin perjuicio de otros antecedentes que exigirían remontarse a los inicios del siglo XX y a algunas aplicaciones de las políticas de buena vecindad de Roosevelt, los orígenes de la universalización del movimiento indigenista tienen una referencia reconocida en el Primer Congreso Indigenista Interamericano celebrado en Pátzcuaro —Michoacán— en 1940. Esta clase de encuentros transnacionales han sido el crisol donde se han fijado los cimientos de muchos conceptos vinculados a las reivindicaciones indigenistas, así como han servido para enraizar el movimiento reivindicativo general sobre los derechos de los pueblos indígenas u originarios. Predecesores importantes fueron Justo Sierra en México, en los últimos años del Porfiriato, y Franz Boas en Estados Unidos. Especialmente en el caso de Boas por su defensa de la igualdad de los seres humanos y la negación de la existencia de culturas inferiores.[32] Un continuador de esta línea de pensamiento en México fue Manuel Gamio. Muchas de estas iniciativas concluyeron en el Congreso de Pátzcuaro.[33]

En el Congreso de Pátzcuaro se acordó crear una oficina que organizaría reuniones entre indigenistas para discutir políticas continentales. Se han celebrado un número amplio de reuniones y fomentado el establecimiento de «oficinas de asuntos indígenas» en todos los países miembros. Y, pocos años después, la Declaración Universal de Derechos Humanos de las Naciones Unidas, aprobada en 1948, marcó un punto de referencia en el que apoyar el reconocimiento de los derechos de las poblaciones indígenas en los años siguientes.

En el Tercer Congreso Indigenista Interamericano de 1954 se produjo un acuerdo sobre una Declaración por los Derechos de los Pueblos Indígenas pensada para complementar la Declaración Universal de Derechos Humanos de 1948. Rodríguez-Piñero señaló que en este documento está el inicio de la «internacionalización de los asuntos indígenas».[34] La Declaración del Tercer Congreso incluía los siguientes derechos: «1. El derecho vital a la tierra y a la libertad. 2. Derecho al voto universal para participar directamente en la constitución de los poderes del Estado. 3. El derecho al trato igualitario, condenándose todo concepto y práctica de discriminación racial. 4. El derecho a la organización comunitaria, sindical y cooperativa. 5. El derecho al trabajo apropiadamente remunerado, y a la protección de las leyes sociales. 6. El derecho al beneficio de los servicios públicos en proporción a la densidad demográfica, las contribuciones económicas y la necesidad de las poblaciones indígenas. 7. El derecho al respeto de sus culturas tradicionales e incorporación de éstas a la técnica moderna. 8. El derecho a la educación integral».

Un siguiente paso condujo a la conversión de estas aspiraciones en normas internacionales, proceso que se inició por la Organización Internacional del Trabajo, a pesar de ser una organización creada en 1919, al término de la Primera Guerra Mundial, con funciones sectoriales o especializadas. Pero, de hecho, fue la primera organización internacional que se ocupó de los «asuntos indígenas». Desde el inicio de su actividad realizó investigaciones y propuso normas concernientes a los trabajadores indígenas.

Después de incorporarse al sistema de las Naciones Unidas y de la celebración de varios congresos sobre poblaciones indígenas, se celebró el Tercer Congreso en Ciudad de México, en 1946, entre cuyas conclusiones estuvo la solicitud de que se constituyera un Comité de Expertos sobre los Problemas Sociales de las Poblaciones Indígenas del Mundo. Ese comité se reunió por primera vez en La Paz en enero de 1951. Algunos años después se aprobaría, en 1957, el Convenio n.º 107 de la OIT sobre Poblaciones Indígenas y Tribales. Fue el primer instrumento internacional que abordaba la situación de estos pueblos. La OIT se convirtió, a partir de este convenio, en la institución internacional impulsora más caracterizada para el desarrollo de los pueblos indígenas, recogiendo conclusiones y propuestas procedentes de reuniones y solicitudes cursadas por diferentes reuniones y congresos de antropólogos de todo el mundo.

Entre las consecuencias hay que incluir la nueva concepción del genocidio en el 39.º Congreso de Americanistas celebrado en 1969. Dos años después los etnólogos franceses publican «Le Livre Blanc de l'étnocide en Amérique» (traducción española de 1976, Ciudad de México, Madrid y Buenos Aires Siglo XXI, 1976).

De esta época es también el debate sobre el texto de Aguirre Beltrán *De eso que llaman antropología mexicana*, publicado en *Anuario Indigenista* de 1970.[35] Proliferan a partir de entonces ONG internacionales para la promoción de los pueblos indígenas, entre las cuales el Grupo Internacional de Trabajo sobre Asuntos Indígenas (International Work Group for Indigenous Affairs-IWGIA). Jens Dahl, que fue director del IWGIA, es una fuente importante para conocer el trabajo del organismo en el desarrollo de los derechos indígenas. Desde la década de 1970 contribuyeron a estos trabajos otras dos organizaciones internacionales similares, como la Survival International de 1969 y la Cultural Survival de 1972.[36]

Durante la década de los setenta y principios de los ochenta las organizaciones eclesiásticas del tercer mundo fueron criticadas por su pasividad. Fue clave la publicación por IWGIA y Cultural Survival del libro titulado *Is God an American?*, que contiene críticas a las funciones misioneras de Estados Unidos en América del Sur. Consecuencia de las críticas fue la nueva generación de misioneros católicos y protestantes que defendieron la teología de la liberación. Las conclusiones del Concilio Vaticano II también daban pábulo a la aproximación del Evangelio y las culturas indígenas. En todo caso, por lo que nos importa aquí, la teología de la liberación desempeñó un papel fundamental en apoyo de los movimientos indígenas. Próximos a estas corrientes de pensamiento estuvieron determinados grupos de antropólogos que formularon sus influyentes conclusiones, por primera vez, en la Declaración de Barbados I, de 1971. El Consejo Mundial de las Iglesias organizó un encuentro en Asunción en 1972, en el que, sin perjuicio de la autocrítica, fijó sus propias posiciones.

A destacar también la importancia, en la profundización de las mismas ideas, de la Declaración de Barbados II, de 28 de julio de 1977. En el segundo encuentro de Barbados se insistió en el derecho a la autodeterminación de los pueblos indígenas. Subrayaron que las poblaciones indígenas se encontraban bajo dominación física y cultural, entendiendo por dominación física, a escala local, nacional o internacional, el despojo de tierras y de recursos naturales, los bajos precios a que se adquieren las cosechas y productos, los magros salarios que obtienen por su actividad laboral. Los firmantes de la declaración, que fueron indígenas y antropólogos, postularon conseguir la «unidad de la población india» para retomar el proceso histórico y tratar de «dar culminación al capítulo de colonización». Formularon cuatro estrategias: 1) adopción de una organización política propia y una ideología común; 2) delimitación de un elemento aglutinador para la definición de la población; 3) reforzamiento de las formas de comunicación interna; y 4) educación de la población en sus idiomas propios, sin descuidar la búsqueda de un idioma común para tener comunicación con otros pueblos.

En 1993 se acordó una Declaración de Barbados III, firmada por antropólogos. Veinte años después de la primera declaración, esta nueva reconocía la diversificación de las prácticas de sometimiento, la privatización de la biodiversidad y de las reservas naturales regionales, las pérdidas irreparables de las culturas destruidas por el racismo y los procesos de desindianización, y el fracaso en la fijación de un marco jurídico adecuado para el desarrollo de la vida social en América Latina, que desembocó en el incremento del narcotráfico, la pobreza, la delincuencia, los desplazamientos de la población, las muertes y las epidemias.[37]

Los documentos internacionales cambiaron de carácter en los años sucesivos porque de ser meras declaraciones no vinculantes, pasaron a configurarse como resoluciones y normas que forman parte del acervo de la OIT o de la ONU.

Las reclamaciones de autogobierno de los pueblos originarios americanos crecieron y adquirieron mucha fortaleza y respaldo en los países en los que existen comunidades importantes. Algunas de las nuevas constituciones, aprobadas a partir de 1991 en Colombia, Venezuela, Ecuador y Bolivia, han regulado los derechos de las minorías indígenas en términos muy amplios e innovadores.

Con diferente intensidad, todas las constituciones referidas están influidas por textos de carácter internacional relativos a los derechos de los pueblos indígenas. Los más generales son el Convenio de la OIT n.º 169 «sobre pueblos indígenas y tribales en países independientes», aprobado por la Conferencia General de dicha organización el 27 de junio de 1989; y la Declaración de las Naciones Unidas sobre Derechos de los Pueblos Indígenas, aprobada por la Asamblea General el 13 de septiembre de 2007. La

OIT ha sido una organización internacional pionera y de avanzadilla en esta materia, a la que ya había dedicado, muchos años antes, en 1957, el Convenio n.º 107 y la Recomendación n.º 104. El Convenio 169 de 1989 es un texto mucho más completo y favorecedor de los derechos, y es, a su vez, un antecedente de la Declaración de la ONU. La ONU tuvo un papel fundamental en la construcción, a partir de 1975, del Movimiento Indígena Global, que hasta entonces había sido esencialmente impulsado por organizaciones no gubernamentales, fundamentalmente la IWGIA y el Consejo Mundial de las Iglesias.

Algunos hitos hasta llegar a la declaración fueron el Congreso Internacional de ONG de las Naciones Unidas sobre la Discriminación contra las Poblaciones Indígenas en las Américas, que tuvo lugar en Ginebra en septiembre de 1977, del que surgió también un programa de acción en la materia, las resoluciones del Cuarto Tribunal Russell sobre los Derechos de los Indígenas de las Américas, celebrado en noviembre de 1980, y, un año después, en 1981, la reunión de la Unesco, en San José de Costa Rica, que aprobó la Declaración de San José sobre Etnocidio y Etnodesarrollo en diciembre de 1981.[38]

La Declaración de las Naciones Unidas sobre los derechos de los pueblos indígenas, aprobada en la Asamblea General de 13 de septiembre de 2007 constituyó el colofón del proceso de internacionalización de las reivindicaciones indígenas, que trascienden de esta manera a las regulaciones estrictamente locales o de Estado.

La declaración parte del reconocimiento a los indígenas, «como pueblos y como individuos», de todos los derechos consignados en las cartas y declaraciones internacionales, su igualdad con los demás ciudadanos y la prohibición de discriminación (artículos 1 y 2). Como derechos específicos, reconoce el «derecho a la libre determinación» que implica el «derecho a la autonomía o al autogobierno en las cuestiones relacionadas con sus asuntos internos y locales» (artículos 3 y 4).

Consagra el derecho a «conservar y reforzar sus propias instituciones políticas, jurídicas, económicas, sociales y culturales» (artículo 5). En consecuencia, también tienen el derecho «a no ser sometidos a una asimilación forzada ni a la destrucción de su cultura» (artículo 8), a pertenecer «a una comunidad o nación indígena, de conformidad con las tradiciones y costumbres de la comunidad o nación de que se trate» (artículo 9), a no ser desplazados por la fuerza de sus tierras o territorios, a practicar y revitalizar sus tradiciones y costumbres culturales, y a enseñar sus tradiciones, costumbres y ceremonias espirituales y religiosas, a recuperar o repatriar objetos de culto y restos humanos (artículos 10, 11 y 12), a «transmitir a las generaciones futuras sus historias, idiomas, tradiciones orales, filosofías, sistemas de escritura y literaturas, y a atribuir nombres a sus comunidades, lugares y personas, así como a mantenerlos» (artículo 13); también el derecho a establecer y controlar sistemas e instituciones docentes que impartan educación en sus propios idiomas, y a que la diversidad de sus culturas, tradiciones, historias y aspiraciones queden debidamente reflejados en la educación e información pública (artículos 14 y 15). «Los pueblos indígenas tienen derecho a sus propias medicinas tradicionales y a mantener sus prácticas de salud, incluida la conservación de sus plantas medicinales, animales y minerales de interés vital» (artículo 24.1). «Los pueblos indígenas tienen derecho a mantener y fortalecer su propia relación espiritual con las tierras, territorios, mares costeros y otros recursos que tradicionalmente han poseído u ocupado y utilizado y a asumir las responsabilidades que a este respecto les incumben para con las generaciones venideras» (artículo 25). También queda reconocido el derecho a las tierras, territorios y recursos que tradicionalmente han poseído, ocupado, utilizado o adquirido. Se precisan los procedimientos especiales, conforme a las tradiciones y costumbres indígenas, que han de seguirse para reconocer y adjudicar los derechos de los pueblos indígenas en relación con sus tierras, territorios y recursos. Cuando no sea posible la restitución, se prevé la aplicación de indemnizaciones compensatorias (artículos 27, 28, 29).[39]

LAS TRANSFORMACIONES DEL CONSTITUCIONALISMO

La presión del pensamiento indigenista ha sido uno de los factores que más han contribuido a la sustitución de las constituciones de algunos Estados, con fuerte presencia de pueblos o comunidades originarias, por otras leyes fundamentales en las que se reconoce ampliamente esta realidad histórica y política. Pero no ha sido este el único elemento que ha propiciado los cambios constitucionales. También ha jugado un papel esencial la crisis de los modelos de democracia representativa de cuño liberal, que han regido en Europa desde los inicios de la era constitucional y que en Hispanoamérica han sido alterados por la irrupción continua de épocas de excepción, dominadas por caciques y dictadores, y por unas prácticas de gobierno en las que las instituciones del Estado han sido patrimonializadas por partidos políticos que han generado corrupción y bloqueado las alternativas en el ejercicio del poder público.

Estas últimas circunstancias han determinado la emergencia de un nuevo constitucionalismo que ha aspirado a desplazar algunas instituciones de la democracia representativa y las posiciones dominantes de los partidos, en el sentido que se describen en las páginas siguientes.

Del constitucionalismo decimonónico liberal al neoconstitucionalismo

Ha sido frecuente en la historia política de las repúblicas hispanoamericanas que los líderes y presidentes haya promovido reformas constitucionales o la implantación de constituciones nuevas cada vez que han querido perpetuarse en el poder. Más que una sincera voluntad de cambio o de impulsar la creación de un marco más adecuado para la atención de los intereses generales de la nación, muchas reformas no han ido más lejos de donde alcanzaban los intereses inmediatos de los gobernantes.

La situación crítica de un buen número de gobiernos hispanoamericanos, como hemos visto, en los años finales del siglo XX y comienzos del XXI, era propicia para incoar nuevos procesos de cambio constitucional. En esta ocasión, además de la coyuntura política, se abría la posibilidad de adaptar las constituciones liberales a valores, principios y una tecnología constitucional mucho más compleja y sofisticada. Se trataba de dar entrada al nuevo constitucionalismo, del que podía razonablemente esperarse una modernización de las regulaciones concernientes a los derechos y las instituciones públicas, capaz de emular los avances europeos más sobresalientes en estos asuntos.

Las constituciones liberales europeas que sirvieron de modelos al constitucionalismo hispanoamericano han evolucionado a lo largo de los dos siglos pasados. Han cambiado los textos, los conceptos y los valores. Las primeras de finales del siglo XVIII y principios del XIX fueron constituciones revolucionarias, pretendieron guiar la transformación de las sociedades del Antiguo Régimen y la implantación de tres derechos nuevos y esenciales, libertad, igualdad y propiedad privada. Junto a ellos la proclamación de un conjunto de libertades civiles y políticas entre las que destacaban la libertad de pensamiento y expresión y el derecho a la participación política, aunque inicialmente censitario y limitado. En fin, caracterizó a las constituciones revolucionarias del XIX la organización de los poderes públicos de acuerdo con el principio de separación horizontal, de modo que las funciones legislativa, ejecutiva y judicial quedaran encomendadas a distintos órganos del Estado.

Este esquema constitucional, aunque simple, tardó muchos años en afianzarse en los países europeos que Hispanoamérica ha podido tener como referentes. En Francia y España se sucedieron muchas constituciones, conservadoras y liberales alternativamente, a lo largo del siglo XIX y primer tercio del siglo XX,[40] y Alemania e Italia no ofrecieron modelos de referencia hasta finales del XIX.

Aquel constitucionalismo revolucionario, que fue el que se llevó a Hispanoamérica, mezclado a veces con algunas gotas de la Constitución norteamericana de 1787, evolucionó mediante reformas que mejoraron la protección de algunos derechos, ampliaron el reconocimiento del derecho de sufragio incluyendo a las mujeres y llegaron a la posguerra de 1918, al término del primer conflicto europeo de alcance mundial, habiendo reconocido algunos derechos sociales a partir de la Constitución alemana de Weimar de 1919. La Constitución mexicana de 1917 se adelantó en esto. A partir de estos reconocimientos empezaría a formarse la ideología que, después de la segunda gran guerra europea, daría lugar a la creación de los modernos Estados de bienestar que incorporaron políticas intervencionistas y distributivas que el Estado tenía que preocuparse de aplicar para cubrir las necesidades existenciales de todos los ciudadanos. Este tipo de constitucionalismo dejó abierta la intervención del Estado en la economía mediante políticas redistributivas de los ingresos, fomento del empleo y administración directa de los medios de producción y los recursos estratégicos, políticas públicas asistenciales a los grupos vulnerables, promoción del bienestar general, ampliación del principio de igualdad, reforzamiento de la democracia, entre otras.

Los textos fundacionales del constitucionalismo, para proteger su integridad frente a cambios indeseados, especialmente los que pudieran promover las fuerzas políticas que defendían el retorno de algunas situaciones del Antiguo Régimen, establecieron un único valladar: el procedimiento de reforma constitucional. Lo que prescribían todas las primeras constituciones eran regulaciones especiales del procedimiento que las asambleas legislativas deberían seguir para cambiar cualquier disposición incluida en su texto original. Se establecían prohibiciones de acometer reformas hasta transcurridos algunos años desde la promulgación de las constituciones y se fijaban trámites tan complejos para llevarlas a cabo que casi se aseguraba que no se lograría cumplirlos nunca.

Sin embargo, las constituciones europeas del siglo XIX no establecieron garantías de integridad de su contenido frente a las leyes ordinarias que pudieran vulnerarlas. Es decir, no incorporaron una protección frente a las leyes contrarias a la Constitución. Este fue un mecanismo que, aunque tampoco expresamente previsto en la norteamericana de 1787, fue instalándose en Estados Unidos como un complemento esencial a partir de la famosa sentencia del Tribunal Supremo Marbury v. Madison de 1803.

En Europa esta gran transformación del constitucionalismo no se produjo hasta principios del siglo xx, aunque algunos tribunales alemanes anticiparon sentencias que reconocían la implícita necesidad de arbitrar fórmulas que impidieran la violación de la Constitución por el legislador ordinario. El momento de referencia de la incorporación en Europa de esta definitiva protección de la Constitución, consistente en establecer un tribunal que se ocupara de anular las leyes inconstitucionales, fue la aprobación de la Constitución alemana de Weimar de 1919. Las garantías constitucionales de salvaguarda de la Constitución frente a las leyes, modulada en el constitucionalismo austriaco de 1920 por la influencia directa del excepcional jurista que fue Hans Kelsen, se recogieron también en la Constitución española de 1931, pocos años vigente, que creó un denominado Tribunal de Garantías Constitucionales con aquella principal misión.

Estos progresos se generalizaron en Europa después de la Segunda Guerra Mundial, quedando definitivamente recogidos en la Constitución italiana de 22 de diciembre de 1947 y en la Ley Fundamental de Bonn de 23 de mayo de 1949. Estas constituciones, junto a las dictadas en Portugal y España, a la salida de los regímenes dictatoriales respectivos, en 1976 y 1978, fundaron un verdadero nuevo paradigma constitucional, porque son los textos primeros de una generación que ha incorporado a las constituciones principios, valores, derechos, instituciones y garantías que mejoran el sistema entero del constitucionalismo revolucionario. Sobre sus bases, se ha alumbrado un nuevo constitucionalismo.

Me referiré después a algunas de las novedades del nuevo constitucionalismo, pero quiero destacar una de carácter estructural que afecta a los poderes del Estado. Algunas constituciones, como las de Alemania, Italia o España, han añadido a la separación de poderes horizontal otra separación vertical, que rompe con el centralismo que ha caracterizado a algunos de los Estados de referencia, promoviendo una amplia descentralización política que obliga a compartir el poder con unidades territoriales subestatales o federadas. Esta distribución territorial del poder ha abierto camino a un reconocimiento más efectivo de las culturas e intereses políticos de las minorías.

Este constitucionalismo de nueva generación, o neoconstitucionalismo, como gustan denominarlo la mayoría de los especialistas, ha forzado el cambio en la posición normativa de la Constitución en el ordenamiento jurídico general, así como la manera de interpretarla y aplicarla. Hasta la llegada de estos textos renovadores las normas de la Constitución se venían aplicando por los tribunales y demás operadores jurídicos sin considerar que la Constitución no solo contiene reglas y normas, sino también valores y principios que imponen que la interpretación de cualquier precepto constitucional asegure su respeto y realización efectiva.[41] Los enunciados que contienen valores y principios se han incrementado en los textos de la nueva generación. El principialismo implica la incorporación a la Constitución de cláusulas generales y principios que señalan fines y objetivos a obtener por los poderes públicos, reconocen valores y proyectan deberes cívicos, ofreciendo un marco ideológico para la actuación de los poderes públicos y marcando el ámbito en el que se han de desenvolver la aplicación de los derechos.

Frente a la idea común en el tiempo del constitucionalismo de primera generación de que las normas incluidas en la ley fundamental han de ser aplicadas mediante leyes que las concreten y desarrollen, las constituciones actuales reconocen valor normativo a todas sus normas y eficacia directa en la mayor parte de los casos. La Constitución tiene un contenido material o sustantivo que inspira la totalidad del ordenamiento jurídico. Su carácter vinculante significa que no es necesaria la interposición del legislador.

Una de las manifestaciones más evidentes de los cambios de paradigma ha sido el incremento de las garantías de los derechos y de la realización de los principios que la Constitución acoge. Se encomienda esencialmente a los órganos jurisdiccionales hacer efectivos los principios y normas de la Constitución, interpretándola y colaborando con el Tribunal Constitucional en la depuración de las normas que la vulneren.

Los equilibrios entre poderes son más delicados y es mayor la madurez democrática precisa para que el sistema entero funcione.

La última expansión de los modelos constitucionales ha consistido en abrirse a regulaciones internacionales y supranacionales, es decir, aceptar un cosmopolitismo constitucional, que complementa la protección de los derechos individuales y colectivos, los derechos de las minorías, el medioambiente o los derechos de la naturaleza.[42]

Es posible preguntarse si realmente todo lo anterior es nuevo o hay elementos reconocibles en las categorías tradicionales del constitucionalismo de la primera mitad del siglo xx. Verdaderamente la respuesta tiene que ser que se trata de un proceso acumulativo, que se inició con las constituciones de primeros de siglo ya mencionadas, y que ha formado lentamente los nuevos conceptos e instituciones, en los que no solo han tenido participación los constituyentes sino también los intérpretes de las constituciones, especialmente los tribunales constitucionales.

El efecto final es que las constituciones de nueva generación llenan por completo el ordenamiento jurídico general, que tiene que ser interpretado conforme a sus principios.[43] La constitucionalización del ordenamiento entero viene dada por la rigidez de la Constitución frente a sus reformas; su protección jurisdiccional frente a las leyes; la fuerza vinculante de sus disposiciones; la posible interpretación expansiva o creativa de sus contenidos; la interpretación de las leyes de conformidad con la Constitución.[44]

El nuevo constitucionalismo latinoamericano: contexto político

Las crisis políticas de finales de siglo en Hispanoamérica presentaron una ocasión adecuada para renovar los textos constitucionales y establecer regulaciones más consistentes de la organización de los poderes, programando una participación popular directa en su ejercicio, y garantías más firmes de los derechos. Sobre todo, en cuanto a estos últimos, ampliando los derechos individuales, aceptando derechos colectivos, estableciendo previsiones de protección de las minorías y de autogobierno de los pueblos originarios, según las demandas del indigenismo más articulado, y prescribiendo acciones de defensa de la naturaleza y los recursos naturales, tan desconsideradamente explotados en el área hispanoamericana.

El proceso de las reformas constitucionales empezó en la década de los ochenta del siglo XX, aprovechando las situaciones críticas que afectaron a algunos gobiernos, y fue acelerándose hasta alcanzar la máxima creatividad en la primera década del siglo XXI. El punto de partida han sido los conceptos del neoconstitucionalismo, pero, en Hispanoamérica, el optimismo con el que se han redactado y aprobado las nuevas normas constitucionales ha llevado a la formulación de constituciones panacea, de las que, en apariencia, se espera un arreglo final de todos los males políticos y sociales que venía padeciendo Latinoamérica, que ya hemos descrito con detalle. Desde luego, la ocasión de la aprobación de nuevas constituciones ha sido aprovechada para incorporar a los textos, sin excepciones fácilmente apreciables, todas las reivindicaciones pendientes por colectivos, comunidades o fuerzas políticas de cualquier orientación, especialmente las de izquierdas: protección de la naturaleza, de las minorías, de los pueblos originarios y sus miembros, derechos de participación política, garantías jurisdiccionales muy ampliadas, derechos sociales de todas clases, entre otros.

Son, las últimas aprobadas, constituciones de una extensión extraordinaria, en las que no se dejan atrás ni una sola norma relativa a los viejos y los nuevos derechos, que se presentan con desarrollos impresionantes. Naturalmente, es necesario celebrar estas expansiones y refuerzos de los derechos personales y colectivos. También la mejora de la democracia que estas constituciones persiguen, mediante la solución de implantar instituciones de democracia directa que aspiran a convertir los respectivos sistemas políticos en democracias participativas.

La cuestión que cualquier estudioso de estos textos nuevos se ha de plantear es que los derechos no se hacen efectivos por la sola virtud de las declaraciones constitucionales, ni la democracia mejora porque se establezcan fórmulas de participación y control nuevas. Depende de la práctica aplicativa, sobre la que, pasados algunos lustros desde que este movimiento se inició, pueden hacerse algunas observaciones críticas.

La primera concierne a la dificultad de gestión de unas constituciones tan complejas. Se han visto en esta obra los enormes desasosiegos que han enfrentado los gobiernos hispanoamericanos para gestionar las instituciones de las constituciones liberales clásicas, de manera que cabe presumir que muchas determinaciones nuevas quedarán en simples enunciados éticos estimables que no trascenderán a la práctica en muchos años. También habrá que considerar que todos los derechos, de cualquier clase que sean, requieren una acción de gobierno y recursos presupuestarios para poder ser ejercidos por sus titulares y disfrutados por sus beneficiarios. La mayor opulencia de las sociedades europeas no ha conseguido la efectividad de algunos derechos dentro de las relaciones más limitadas que figuran en su legislación fundamental.

En fin, no son menores las preocupaciones que pueden expresarse sobre el regular funcionamiento de las nuevas instituciones de la democracia participativa. Una república como Venezuela, que lideró con Hugo Chávez todo este gran movimiento de renovación institucional, ha mostrado al mundo cómo pueden manipularse los sistemas políticos democráticos si se instala un autócrata en el poder: libertades fundamentales, como la de expresión y comunicación, cercenadas; instituciones fundamentales del Estado entregadas a los leales del imperante; justicia constitucional y ordinaria controladas y encomendadas a fieles seguidores del régimen; participación democrática manipulada, falseando los resultados de la votación popular; exclusión, en fin, de todos los que mantengan ideas o proyectos contrarios al oficialismo.

El nuevo constitucionalismo puede desembocar, mal entendido y manipulado hasta esos extremos, en situaciones políticas que recuerdan los tiempos más trágicos para la democracia en Hispanoamérica. Es necesario extremar la contención de los excesos venezolanos por todas las vías posibles para evitar que pueda extenderse su pésimo ejemplo para la izquierda hispanoamericana e internacional.

La ocasión para la renovación del constitucionalismo hispanoamericano la ofrecieron algunos acontecimientos políticos que ponían fin a largos periodos de falseamiento de las democracias en bastantes países del área.

Los movimientos sociales de los últimos años del siglo XX provocaron la renuncia de varios presidentes y la paralización del proyecto neoliberal de Área de Libre Comercio para América (ALCA) que había promovido Washington. Renunciaron Carlos Andrés Pérez, en Venezuela, en 1993; Abdalá Bucaram Ortiz, en Ecuador, en 1997; Raúl Cubas Grau, en Paraguay, en 1999; Alberto Fujimori, en Perú, en 2000; Gonzalo Sánchez de Lozada, en Bolivia, en 2003; Jamil Mahuad Witt, en Ecuador, en 2000; Fernando de la Rúa, en Argentina, en 2001; Lucio Gutiérrez Borbúa, en Ecuador, en 2005; Carlos Mesa Gisbert, en Bolivia, en 2005.

El prestigio de las constituciones vigentes había caído en aquellos años en todos los países concernidos. Como ha resumido M. Carbonell,[45] existía, durante los años ochenta, la impresión de que se estaban estabilizando algunos sistemas democráticos, pero verdaderamente se trataba de una democracia de escasa «calidad», debido a «la falta de observancia de las normas jurídicas, la justificación de conductas ilegales, la tolerancia a todo tipo de discriminaciones, el apoyo popular a conductas a veces abiertamente delictivas, la extensión del fraude fiscal y la falta de cumplimiento, en general, de todo tipo de deberes cívicos [que] no aportan en modo alguno el mejor de los escenarios para exigir un escrupuloso respeto de los derechos fundamentales por parte de la autoridad [...]. Seguimos viendo amplias actitudes contrarias a la Constitución realizadas, amparadas, toleradas o auspiciadas por las autoridades que deberían ser las encargadas de garantizar el cumplimiento de las normas».

Al principio del siglo XXI se abrió en Hispanoamérica un ciclo electoral que produjo resultados que anunciaban un cambio radical: Hugo Chávez ganó en Venezuela en 1998 con un 56,2 por ciento de los votos. Representaba a una alianza de partidos denominada Polo Patriótico. En 2004 Tabaré Vázquez fue elegido con el 50,3 por ciento de los votos en Uruguay, apoyado por Encuentro Progresista-Frente Amplio-Nueva Mayoría, que era una coalición de fuerzas de izquierda. En Argentina en 2004 ganó Néstor Kirchner por el Frente para la Victoria. En Brasil en 2002 ganó Luiz Inácio Lula da Silva, que dominó la segunda vuelta electoral con el 61,4 por ciento de los votos con una alianza política integrada por el Partido de los Trabajadores, el Partido Liberal, el Partido de la Movilización Nacional, el Partido Comunista Brasileño y el Partido Verde. En Bolivia ganó en 2005 Evo Morales Ayma con el 53,7 por ciento de los votos por el Movimiento al Socialismo (MAS). En Chile triunfó, en 2006, Michelle Bachelet con el 53,4 por ciento de votos por Concertación de Partidos por la Democracia, que era una alianza del Partido Socialista, el Partido por la Democracia y el Partido Radical Socialdemócrata. En Ecuador ganó en 2006 Rafael Correa Delgado, venciendo en la segunda vuelta electoral con el 56,7 por ciento de los votos por la Coalición Movimiento Alianza País, Partido Socialista y Frente Amplio; en Nicaragua ganó en 2006 Daniel Ortega Saavedra con el 37,9 por ciento de los votos por el Frente Sandinista de Liberación Nacional. En Guatemala en 2007 ganó Álvaro Colom, que ocupó la presidencia con un 28,24 por ciento de los votos por la Unidad Nacional de la Esperanza. En Paraguay ganó en 2008 Fernando Lugo, que dominó con el 40,9 por ciento de los votos por la Alianza Patriótica para el Cambio, coalición de partidos y agrupaciones que integraban los partidos Revolucionario Febrerista, Demócrata Cristiano, País Solidario, Partido Socialdemócrata, Frente Amplio, Encuentro Nacional, el Bloque Social Popular y los Movimientos Avancemos, Participación Ciudadana y Poder Ciudadano en Acción.

En definitiva, ganó una izquierda muy variada que llegó al poder también acompañada de un auge del movimiento indígena y de antiguos movimientos guerrilleros apoyados por organizaciones políticas como el Frente Sandinista de Liberación Nacional o el Frente Farabundo Martí en El Salvador.

Se renovaron, por tanto, las élites políticas como consecuencia de diversos sucesos que suponían la culminación del periodo de gobiernos militares que habían provocado miles de asesinatos y desaparecidos y que dejó paso a un movimiento que reivindicaba la justicia, la dignidad humana, la lucha contra la pobreza y la desigualdad.

Luchaban por superar algunas situaciones creadas por las políticas neoliberales y las recetas del Fondo Monetario Internacional de los años ochenta y trataba de responder a demandas importantes de estas poblaciones como la oposición a la extracción abusiva de recursos, la reivindicación de tierra y vivienda, calidad de servicios básicos como la educación o la seguridad y lucha contra la corrupción y mejora de la participación política. También concurría a la profundización de la crisis el desgaste de los partidos políticos y de una forma de hacer política corporativa, clientelar y excluyente; la precariedad de vigencia de los derechos humanos y, la desatención de las nacionalidades y de grupos étnicos originarios.

Toda esta acumulación de problemas políticos sin resolver generó un movimiento favorable a un nuevo constitucionalismo, que aspiraba a superar algunas de las limitaciones de las tradicionales constituciones liberales, emuladoras de las europeas de primera generación, que ya habían quedado sustituidas en varios países europeos por la generación neoconstitucionalista.

Es difícil adjudicar la prioridad de este nuevo movimiento constitucional a alguna de las nuevas iniciativas en concreto. Existe coincidencia general, entre quienes las han estudiado, que las más importantes empezaron con la Constitución colombiana de 1981, seguida luego de las de Venezuela, Ecuador y Bolivia, pero pueden reconocerse algunos antecedentes más lejanos.

Los precedentes guatemalteco, paraguayo y peruano

Un precedente del nuevo constitucionalismo fue la Constitución de Guatemala de 1985.[46]

Después del asunto de Árbenz, se derogó la Constitución de 1945 sustituyéndola por una nueva de 1956, que se mantuvo vigente hasta el golpe de Estado de 23 de marzo de 1982, que inicia un proceso de transición democrática. Se aprobó una ley electoral para elegir una Asamblea Nacional Constituyente, que promulgó una nueva Constitución el 31 de mayo de 1985, que entró en vigor el 14 de enero de 1986, cuando se instaló el Congreso de la República y tomó posesión el nuevo presidente electo. La Constitución tiene 281 artículos y 22 disposiciones transitorias y finales y contiene minuciosas regulaciones de detalle que, hasta entonces, no solían incorporarse a textos de ese nivel fundamental, sino a normas de desarrollo.

Comienza con un enfático y rupturista preámbulo, que afirma la primacía de la persona humana y la plena vigencia de los derechos humanos. El preámbulo declara el abandono del régimen autoritario y su sustitución por uno democrático inspirado en valores superiores como la dignidad de la persona, la libertad, la igualdad, la seguridad, la justicia, el bien común y la paz. Hay un amplio capítulo dedicado a los derechos humanos y la Corte Constitucional ha hecho un meritorio esfuerzo de interpretación de las disposiciones en materia de derechos. La Corte Constitucional ha declarado que los principios expresan valores que los constituyentes han plasmado en el texto y que la primacía de la persona humana no implica la implantación de un individualismo rígido que vede la intervención estatal en lo que se considere que conviene para proteger la comunidad social y los principios de seguridad y de justicia.

Más de la mitad del texto de esta Constitución está dedicada a los derechos humanos, lo cual ha permitido a los propios redactores calificar la Constitución como una Constitución humanista: el título II se denomina «Derechos humanos» y tiene cuatro capítulos titulados: derechos individuales, derechos sociales, deberes y derechos cívicos y políticos y limitaciones a los derechos constitucionales. Se acuerda, además, la recepción del derecho internacional en materia de derechos humanos.

En el capítulo I del título I se incluyen reglas que establecen la supremacía de los derechos y su interpretación conforme a los tratados internacionales sobre derechos humanos a los que reconoce preminencia sobre la ley ordinaria.

En el derecho constitucional guatemalteco se han configurado desde que se inició la vida republicana tres instituciones de garantía constitucional diferenciadas: el *habeas corpus*, que tiene sus raíces en la primera codificación de 1837; el amparo, que se tomó del modelo mexicano del siglo XIX pero con un desarrollo propio que tiene lugar en las reformas constitucionales de 1921; y la revisión judicial con antecedentes en los principios de la Constitución estadounidense.

La Constitución de 1985 dedicó el título VI a las garantías constitucionales y defensa del orden constitucional que comprende instituciones como la «exhibición personal», el amparo, y la inconstitucionalidad de las leyes». Esta exhibición personal es el *habeas corpus*. El amparo es la protección de las personas contra amenazas de violaciones en sus derechos o para restaurar el imperio de los mismos. Se solicita amparo contra el poder público, incluyendo entidades descentralizadas o autónomas.

Se creó, como garante de la integridad de la Constitución, el Tribunal Constitucional.

Un ejemplo importante de cómo el Tribunal Constitucional, que se constituyó por primera vez en 1986, ha velado por la supremacía de la Constitución frente a las decisiones de todos los poderes públicos, fue su actuación con motivo del golpe de Estado que el presidente Jorge Serrano Elías intentó en mayo de 1993. El tribunal actuó, por primera y única vez de oficio, conociendo de las Normas Temporales de Gobierno que instrumentaron el golpe de Estado y que declaró inconstitucionales.

El 25 de mayo de 1993 el presidente informó por una cadena de radio y de televisión, a primeras horas de la mañana, su decisión de dejar sin efecto más de cuarenta artículos de la Constitución, veinte artículos de la Ley de Amparo, Exhibición Personal y de Constitucionalidad, disolver el Congreso de la República, la Corte Suprema de Justicia y la Corte de Constitucionalidad. Esta decisión quedó plasmada en el decreto dictado ese día con el nombre de «Normas Temporales de Gobierno». Era un golpe atípico porque lo daba el propio presidente de la república. La Corte de Constitucionalidad se reunió esa misma mañana y, por la tarde, en ejercicio de las facultades que le otorgó la Constitución, dictó una sentencia en la que se resolvió que la decisión del presidente contenida en el decreto referido y todos los actos que del mismo se derivaran transgredían disposiciones de la Constitución y representaban una ruptura del orden constitucional. Como consecuencia declaró su nulidad.

Frente al intento del presidente Serrano de llevar adelante la ejecución de un decreto que legalizaba el golpe, el tribunal confirmó que sus decisiones vinculan al poder público y tienen efectos frente a todos. Dictó, en consecuencia, el 31 de mayo un auto de ejecución mediante el cual requirió al Ministerio de Gobernación y al Ministerio de la Defensa Nacional para que prestaran auxilio necesario de que la sentencia se publicara en el Diario Oficial y que el fallo fuera cumplido por el organismo ejecutivo.[47]

Al día siguiente el Ejército invitó al tribunal por radio y televisión a una reunión en el palacio. En esta reunión se notificó al Ministerio de Defensa el contenido del auto. Este informó que el Ejército había decidido acatar lo ordenado por el tribunal y que el presidente de la república había decidido abandonar el cargo. La crisis sin embargo continuó. El vicepresidente que había participado en el golpe con el presidente dio marcha atrás en su decisión de renunciar y pretendió que el Congreso de la República legalizara la situación, lo que todavía prolongó el vacío de poder. El tribunal continuó su activismo y emitió un auto en junio que era un corolario de la sentencia: consideraba que el golpe había alterado la estructura del organismo ejecutivo; estimó que el vicepresidente había actuado corresponsablemente con el presidente en la crisis y que esta situación lo colocaba bajo la prescripción del artículo 186 de la Constitución que lo inhabilitaba para el ejercicio de la Vicepresidencia y de la Presidencia, y que al quedar acéfalo el organismo ejecutivo lo procedente era aplicar la disposición constitucional que permite al Congreso designar los sustitutos para completar el periodo presidencial. Fijó un plazo de veinticuatro horas para formalizar el acto, lo que el Congreso cumplió. De esta manera se restableció el orden constitucional.

Sin duda estos episodios de Guatemala fueron un extraordinario ejemplo del valor normativo superior de la Constitución y el papel de garante que tiene que asumir el Tribunal Constitucional para evitar violaciones de la misma. Dos principios y técnicas esenciales del nuevo constitucionalismo.

También fue un documento precursor la Constitución de Ecuador de 1998 redactada por una Asamblea Constituyente convocada en 1997 por el gobierno interino de Fabian Alarcón después de la destitución de Abdalá Bucaram.[48] El incremento de la relación de derechos ciudadanos en el capítulo inicial es sintomática de la afiliación del texto al mismo movimiento refundacional del constitucionalismo.

La de Paraguay fue consecuencia del derrocamiento en 1989 de Stroessner. Redactó la Constitución una Convención Nacional Constituyente elegida en 1991, con mayoría del Partido Colorado. En esa Constitución aparecen reconocidos derechos sociales y determinadas libertades cuyo enunciado resultaba novedoso, como la objeción de conciencia, la defensa de intereses difusos o la cláusula de derechos no mencionados expresamente. Como derechos sociales se refirió a derechos de personas desfavorecidas, menores y ancianos y reconoció los derechos de los pueblos indígenas, así como el respeto a sus usos y costumbres. En cuanto al dominio público del Estado lo amplió al espacio electromagnético y a los medios de comunicación, planteó principios de reforma agraria e incorporó convenios internacionales al mismo nivel que la Constitución.

La Constitución de Perú fue redactada por un Congreso Constituyente Democrático, elegido en 1992, después del autogolpe de Estado de Fujimori. No hay en esta Constitución muchos cambios en relación con la anterior de 1979. La nueva Constitución fue aprobada en referéndum constitucional el 31 de agosto de 1993, con una mayoría del 52,24 por ciento de los votos. Reguló derechos sociales y la protección del menor, la mujer y la tercera edad. Atribuyó al Estado la dirección de la economía y la preservación de los recursos naturales, reconoció la personalidad de las comunidades campesinas y nativas. Refrendó, en fin, la garantía de la Constitución estableciendo un Tribunal Constitucional y creando la acción popular.

El modelo de la Constitución colombiana de 1991

En todos los textos constitucionales comentados aparecen instituciones caracterizadas del nuevo constitucionalismo, pero se conviene, en general, que la iniciativa que impulsó la versión hispanoamericana del neoconstitucionalismo tuvo su punto de referencia inicial en la Constitución colombiana de 1991.[49]

La forma republicana de Estado ha sido siempre la característica de Colombia desde las independencias. Pero no ha resuelto a lo largo de los años la cuestión de la diversidad regional. Numerosas guerras civiles se han interpuesto entre los sucesivos cambios constitucionales que se estabilizan en la Carta de 1886, que ha sido la más estable de Colombia; Constitución conservadora y confesional reformada en 1910, 1936, 1945, 1957 y 1968.

La activación de una Asamblea Constituyente no estaba prevista en la Constitución colombiana de 1886, vigente a principios del siglo XXI. En estas condiciones se produjo el movimiento de la «séptima papeleta», a través de la cual se invitaba al electorado a pronunciarse sobre la convocatoria de una Asamblea Constitucional para reformar la carta política, mediante la utilización de una papeleta de votación que debería ser introducida en las urnas en las elecciones de 11 de marzo de 1990.[50] Fue el inicio del proceso constituyente colombiano que culminó en la Constitución de 1991.

Estaba presente el elemento necesidad en esta Constitución. La situación en Colombia era de emergencia, como puso de manifiesto el Decreto Legislativo n.º 1926, de 24 de agosto de 1990, en el que se decía que los hechos «demuestran a las claras que las instituciones tal y como se encuentran diseñadas no son suficientes para enfrentar las diversas formas de violencia a las que tienen que encarar [...]. [Estas] han perdido eficacia y se han vuelto inadecuadas, se han quedado cortas para combatir modalidades de intimidación y de ataque no imaginadas siquiera hace pocos años, por lo que su rediseño resulta una medida necesaria para que las causas de perturbación no continúen agravándose».

La Constitución fue redactada entre febrero y julio de 1991 por una Asamblea Constituyente de origen democrático de la que formaban parte tanto los partidos liberal y conservador tradicionales como otros que habían sido movimientos insurgentes, de raíz revolucionaria e izquierdista, y también se sumaron otros partidos y movimientos cívicos, religiosos y corporativos. La pluralidad de la

Asamblea llevó a que no hubiera ningún partido o grupo político absolutamente mayoritario.

La Constitución reconoce el pluralismo político, regional, cultural y étnico de la sociedad colombiana, respeta no solo la lengua castellana sino también las lenguas indígenas y permite que los pueblos indígenas sean gobernados por autoridades propias según sus usos y costumbres.

En virtud del principio de democracia participativa se establece un sistema que combina la democracia representativa tradicional con el ejercicio del poder directo por parte de los ciudadanos. Se consagran en la Constitución los plebiscitos, referendos, consultas populares y cabildos abiertos, así como la iniciativa legislativa popular y la revocatoria del mandato para los alcaldes y gobernadores.

El voto se configura como universal, directo y secreto. El Estado, según la Constitución, debe comprometerse a fomentar la organización y promoción de organizaciones no gubernamentales para que sean cauces de representación de las diferentes instancias de participación.

Al lado del principio democrático la Constitución consagra el principio social y en su virtud se establecen límites sociales al ejercicio de los derechos.

En cuanto a la organización de las comunidades, se declara el principio de autodeterminación de los pueblos y la soberanía estatal en las relaciones internacionales y la integración latinoamericana y del Caribe como principio orientador de la política exterior colombiana.

Se mantiene el valor de los principios clásicos de legalidad, separación de poderes, garantía de derechos individuales, régimen general de libertad y demás que definen a los Estados de derecho.

La declaración de derechos contenida en el título II recoge en sustancia el estado actual de los derechos humanos a la luz de los tratados internacionales vigentes. Hay una notable ampliación de los derechos en un enunciado muy largo que enumera derechos fundamentales y libertades clásicas junto a otros que son novedades. Aunque lo más importante es la conservación del carácter normativo de la Constitución por oposición al régimen anterior.

Para los autores de este artículo es muy importante sobre todo la tutela que se dispensa de los derechos por la vía de la jurisdicción constitucional, que ha dispensado esa protección mucho más allá de lo que habían previsto los propios redactores de la Constitución. El papel del Tribunal Constitucional es equiparable al que ha tenido en Alemania, Italia o España. Pero al mismo tiempo se han establecido otros mecanismos y acciones populares de protección de derechos como el *habeas corpus* o la intervención del Defensor del Pueblo.

Respecto de la estructura general del Estado además de las ramas tradicionales, legislativa, ejecutiva y judicial, han aparecido otros órganos de control autónomos e independientes como la Contraloría General de la República, Procuraduría General de la Nación y algunas entidades que tienen naturaleza constitucional y un estatuto independiente como el Banco de la República o la Comisión Nacional de Televisión, o las comisiones reguladoras de servicios públicos.

El Ejecutivo lo integran el presidente de la república, el vicepresidente, los ministerios, los departamentos administrativos, las superintendencias, los establecimientos públicos y las empresas industriales y comerciales.

El colombiano es un sistema presidencialista, es decir, que no es investido por el Parlamento ni necesita una confianza inicial, sino que es elegido directamente por los ciudadanos. El poder ejecutivo, no obstante, es el más preeminente de los poderes porque le corresponde al presidente de la república expedir normas con fuerza de ley (decretos-leyes) y ejercer facultades extraordinarias. El poder legislativo está atribuido a dos cámaras, el Senado o Cámara Alta, que tiene cien miembros elegidos en circunscripción nacional a razón de dos senadores y dos senadores adicionales elegidos en una circunscripción nacional especial por las comunidades indígenas. La otra cámara es la de Representantes o Cámara Baja, que se elige en circunscripciones territoriales y circunscripciones especiales. El Congreso de la República elabora las leyes, reforma la Constitución, ejerce el control político del gobierno y de la Administración pública, etc.

La rama judicial fue profundamente reformada en 1991 por la situación de gran morosidad y de dificultades con las que se encontraba. El capítulo I del título VIII consagra principios que el ordenamiento constitucional mezcla en sus disposiciones sobre la administración de justicia (celeridad, eficiencia) con otros organizativos como el de autonomía e independencia.

Al lado de la jurisdicción ordinaria existe una magistratura contencioso-administrativa y otra de carácter constitucional, además de la jurisdicción penal militar, los jueces de paz y la jurisdicción indígena. No existe por tanto un tribunal supremo, sino varios tribunales supremos (Corte Suprema de Justicia, Consejo de Estado, Corte Constitucional).

La justicia se autoadministra a través del Consejo Superior de la Judicatura, que trata de asegurar la independencia interna de la rama judicial frente a los demás poderes. La jurisdicción constitucional es la rama más novedosa establecida en la Constitución de 1991. Se ocupa del control de constitucionalidad en la misma línea prevista en los ordenamientos constitucionales europeos. Existe una acción pública de inconstitucionalidad y también la posibilidad de que cualquier autoridad pueda abstenerse de aplicar una disposición en caso de que contradiga el texto de la Constitución.

En cuanto al ordenamiento territorial el Estado colombiano es unitario, solo existe un poder legislativo. Las entidades territoriales clásicas son departamentos y municipios, todo el país está dividido en departamentos y municipios. La Constitución es marcadamente municipalista.

Paradigmas del neoconstitucionalismo hispanoamericano: las constituciones venezolana, ecuatoriana y boliviana; características generales

Después de aprobada la Constitución de Colombia, los textos paradigmáticos del nuevo constitucionalismo hispanoamericanos son la Constitución de Venezuela de 1999, Ecuador de 2008 y Bolivia de 2009.

En Venezuela funcionaba desde los años cincuenta un sistema político denominado «puntofijismo» que se basaba en la concertación de las fuerzas políticas principales, esto es Acción Democrática, Comité de Organización Política Electoral Independiente y Unión Republicana Democrática. Este concierto determinaba que se respetaran los resultados electorales, no hubiera una oposición ideológica seria, y que se efectuara un reparto de cargos públicos entre los partidos perdedores. Esta democracia estabilizada acabó con las revueltas sociales de 1989 conocidas como el «caracazo». Después del «caracazo» hubo dos intentos de golpe de Estado en 1992 que llevaron a la deposición de Carlos Andrés Pérez, acusado un año antes de corrupción.

En las elecciones de 1998 el movimiento V República liderado por Hugo Chávez Frías prometió una Asamblea Constituyente para redactar una nueva Constitución y también la refundación de la república. Triunfó en las elecciones y el 25 de abril de 1999 se celebró un referéndum consultivo sobre el inicio del proceso constituyente. En julio de ese año se eligieron los 131 delegados de la Asamblea, que comenzó sus trabajos el 3 de agosto. Concluyó su labor en tres meses. El 15 de diciembre la nueva Constitución se sometió a referéndum siendo aprobada por el 70 por ciento de los votos.

La Asamblea se atribuyó carácter fundacional originario, es decir el papel del poder constituyente, para evitar la aplicación del procedimiento de reforma constitucional previsto en la Constitución de 1961.

El resultado fue el texto de 1999 que tiene 350 artículos. Sus objetivos principales los resume este párrafo del preámbulo: «El fin supremo es refundar la República para establecer una sociedad democrática, participativa y protagónica, multiétnica y pluricultural en un Estado de justicia, federal y descentralizado».[51]

En Ecuador la crisis empezó con la deposición sucesiva de tres presidentes. En 1997 cayó Abdalá Bucaram provocado por manifestaciones sociales y marchas y una decisión final de destitución del Congreso. En el año 2000 tuvo mucho protagonismo la Confederación de Nacionalidades Indígenas y el sector militar que provocó el derrocamiento de Jamil Mahuad Witt. Y en 2005 fue depuesto Lucio Gutiérrez, por la presión de las marchas sociales que involucraron a diferentes colectivos de la sociedad. El desbarajuste y la demolición institucional era muy amplia. Después de la primera destitución se promovieron los procedimientos de reforma que concluyeron en 2006 con la victoria de Rafael Correa Delgado, que tomó posesión en 2007 y dictó inmediatamente un decreto en el que convocaba al pueblo sobre la posibilidad de establecer una constituyente que transformara el marco institucional del Estado. El Congreso Nacional acordó, por mayoría, la urgencia de la consulta y encomendó al Tribunal Supremo Electoral su realización. El resultado fue un 87,7 por ciento favorable a la creación de la constituyente. El proceso transcurrió sin dificultades y los obstáculos que surgieron fueron despejados bien por actuaciones gubernamentales o bien por el Tribunal Supremo Electoral que fue el que finalmente convocó la consulta prevista por el decreto presidencial. El Congreso reaccionó solicitando el cese de este órgano. El Tribunal Electoral respondió a este reto destituyendo a cincuenta y siete diputados. Estos destituidos interpusieron una demanda ante el Tribunal Constitucional que obligó a que fueran reincorporados, es decir, que anuló las destituciones. El Ejecutivo entonces actuó destituyendo a los magistrados del Tribunal Constitucional que habían culminado sus mandatos y encomendó al Congreso que se reuniera con los suplentes de los diputados relevados.

Al final el 30 de septiembre de 2007 se eligieron ciento treinta delegados a la Asamblea Constituyente. El 20 de noviembre se constituyó la Asamblea y se aprobó el reglamento de funcionamiento en el que se adoptaron tres decisiones importantes para el ejercicio del poder: declaró en receso el Congreso y asumió sus funciones legislativas, acordó que ninguna decisión de la Asamblea sería susceptible de control o impugnación por otro poder. El 25 de julio de 2008 fue entregado el nuevo texto al Tribunal Supremo Electoral y la Asamblea concluyó su trabajo. El 28 de septiembre se celebró el referéndum de aprobación que obtuvo el 63,93 por ciento de los votos.

En esta Asamblea fue aprobada la Constitución que tiene 444 artículos. En su preámbulo se invoca la importancia de los pueblos y las culturas indígenas, empezando por celebrar a la Pachamama, de la que los humanos son parte y que es vital para la existencia. Apela a las culturas de toda clase e invoca la integración latinoamericana como una finalidad para construir, dice, «una nueva forma de convivencia ciudadana, en diversidad y armonía con la naturaleza, para alcanzar el Buen Vivir, el Sumak Kawsay».[52]

El siguiente proceso importante fue el de Bolivia, que estuvo más afectado por resistencias y dificultades de establecimiento. La crisis del modelo de democracia existente en Bolivia tenía muchos precedentes pero acabó por estallar en las manifestaciones del año 2000 conocidas como «Guerra del Agua». En 2003 suceden luego movilizaciones en diversas ciudades que se denominaron «Guerra del Gas». Provocaron la renuncia de Gonzalo Sánchez de Lozada. Al presidente renunciado le sucedió el vicepresidente Carlos Mesa Gisbert, que dimitió en 2005. Su sucesor fue el presidente de la Corte Suprema, Eduardo Rodríguez Veltzé, que convocó elecciones anticipadas en las que ganó Evo Morales Ayma.

Carlos Mesa anunció la constitución de una Asamblea Constituyente pero fue el gobierno de Morales el que la llevó adelante mediante una ley del Congreso en la que se anunciaba una reforma total de la ley fundamental. La norma previó la elección de 255 delegados. Aquí arranca el periodo constituyente. Las elecciones se produjeron el 2 de julio de 2006 y el 6 de agosto se constituyó la Asamblea. Aunque hubo muchas acciones obstruccionistas por parte del bloque opositor, merece resaltar las acciones segregacionistas y autonomistas que se desataron en departamentos de la denominada «Media Luna» (esto es Santa Cruz, Tarija, Bando y Pandi); estas acciones segregacionistas fueron acompañadas de actos, enfrentamientos y de desobediencia civil de las autoridades de estas regiones.

El 24 de noviembre de 2007 fue votado el texto constitucional en sus aspectos más principales (votación «en grande») y el 8 de diciembre fue votado «en detalle». El 14 de diciembre fue entregado a una comisión de estilo y el 25 de enero de 2009 se celebró un referéndum para aprobar la Constitución, que obtuvo el voto favorable del 61,43 por ciento. El texto tiene 408 artículos que proclaman la Constitución de un «Estado Unitario Social de Derecho Plurinacional Comunitario, libre, autonómico y descentralizado, independiente, soberano, democrático e intercultural». Reconoce a los pueblos indígenas originarios y a las comunidades campesinas y afrobolivianas su libre determinación en el marco del Estado, concretado en su derecho de autonomía, autogobierno y a su cultura y en el reconocimiento de sus instituciones y entidades territoriales.

La profundización en la participación popular llega al punto tan excepcional de consagrar la elección directa de los magistrados del Tribunal Constitucional.[53]

Evidentemente no es posible en una obra como esta nuestra, ya suficientemente cargada de información, intentar un análisis pormenorizado de la enorme cantidad de novedades constitucionales que incorporan estos textos representativos del nuevo constitucionalismo latinoamericano. Haré más adelante una valoración de algunas de ellas. Pero me valgo del esforzado y excelente resumen comparativo que ha ofrecido Carlos Villabella, para que el lector pueda percatarse de la enorme ambición creativa, y utópica, con que están planteadas estas constituciones:[54]

1. Fuerte presencia en todas ellas de principios, valores y mandatos al Estado, marcando responsabilidades de los poderes públicos y obligaciones de tipo axiológico. Son constituciones con una fuerte carga ideológica. En este sentido, la Constitución de Venezuela en su artículo 2 recoge valores superiores y usa el término «principios» en 51 ocasiones; Bolivia en su artículo 8 destaca los principios ético-morales de la sociedad plural y utiliza la palabra «principios» en 41 ocasiones. En Ecuador lo hace 83 veces. En general los capítulos introductorios reconocen una amplia presencia de los principios del siguiente tenor: «respeto a la vida y a la libertad, igualdad de oportunidades, solidaridad, democracia, responsabilidad social, preeminencia de los derechos humanos, pluralismo político, justicia social, protección del ambiente, dignidad, independencia, prosperidad y bienestar colectivo, los derechos humanos

como fundamento de la convivencia, prevalencia del interés general sobre el particular, sustentabilidad ambiental, interculturalidad, respeto a la diferencia, transparencia, equidad social y de género, inclusión, principio pro-persona en la interpretación y aplicación del derecho, armonía, transparencia».

2. Estas constituciones hacen una presentación muy novedosa de los deberes ciudadanos como el deber de participar en la defensa o el pago de impuestos: «cumplir las responsabilidades sociales; participar solidariamente en la vida pública, civil y comunitaria del país; promover y defender los derechos humanos; respetar los derechos de la naturaleza; preservar un ambiente sano; utilizar los recursos naturales de modo racional; promover el bien común; anteponer el interés general al interés particular; denunciar y combatir los actos de corrupción; promover la unidad y la igualdad en la diversidad».

3. Recogen diversas vías de participación directa en la vida pública fortaleciendo los modelos de democracia en un doble sentido; como dice la Constitución de Venezuela, en los artículos 8 y 62, «la soberanía reside intransferiblemente en el pueblo, quien la ejerce directamente en la forma prevista en esta Constitución y en la ley, e indirectamente, mediante el sufragio por los órganos que ejercen el poder público. Los órganos del Estado emanan de la soberanía popular y a ella están sometidos [...] todos los ciudadanos y ciudadanas tienen el derecho de participar libremente en los asuntos directamente o por medio de sus representantes elegidos o elegidas».

En la Constitución de Bolivia artículos 11 y 240: «El Estado adopta la forma democrática participativa, representativa y comunitaria [...] el pueblo soberano, por medio de la sociedad civil organizada participará en el diseño de las políticas públicas [...] y ejercerá el control social de la gestión pública en todos los niveles del Estado».

La Constitución de Ecuador en los artículos 195 y 204 dice que «la soberanía radica en el pueblo, cuya voluntad es el fundamento de la autoridad y se ejerce a través de órganos del poder público y de las formas de participación directa previstas en la Constitución [...] las ciudadanas y ciudadanos en forma individual y colectiva, participarán de manera protagónica en la toma de decisiones, planificación y gestión de los asuntos públicos, y en el control popular de las instituciones del Estado y la sociedad [...] en un proceso permanente de construcción del poder ciudadano [...] la participación de la ciudadanía en todos los asuntos de interés público es un derecho, que se ejercerá a través de los mecanismos de la democracia representativa, directa y comunitaria [...] el pueblo es el mandante y el primer fiscalizador del poder público».

Como mecanismos participativos aparecen en las constituciones, por ejemplo, el referéndum (consultivo y abrogatorio), la iniciativa legislativa, revocatoria de mandato, asamblea abierta, cabildo, consulta popular, postulación directa de ciudadanos, participación en el diseño de las políticas públicas, control social a la gestión pública y privada, agencias públicas, rendición de cuentas de los representantes, elección directa de los magistrados del Tribunal Constitucional.

En Venezuela se estableció como órgano el Poder Ciudadano, que ejerce el Consejo Moral Republicano con la función de controlar el desempeño de los órganos de poder público y el uso del patrimonio público. El texto de Ecuador institucionaliza la Función de Transparencia y Control Social ejercida por el Consejo de Participación Ciudadana y Control Social, la Defensoría del Pueblo, la Contraloría General del Estado y las superintendencias. Tiene la función de promover el control de las entidades y organismos del sector público y de las personas naturales o jurídicas del sector privado que presten servicios o desarrollen actividades de interés público.

4. El poder público se estructura sobre principios de organización nuevos que rompen con la tripartición de poderes. En la Constitución de Venezuela se indica que el poder público se distribuye entre el poder municipal, el poder estatal y el poder nacional, dividiendo este último en legislativo, ejecutivo, judicial, ciudadano y electoral. La Constitución de Ecuador legitima junto a las funciones tradicionales, las de transparencia, control social y electoral. Y el documento de Bolivia, junto a las tradicionales reconoce el poder electoral, el de contraloría y la defensa de la sociedad.

El Estado se califica en estas constituciones en Estado democrático y social y de justicia (Venezuela); o Estado constitucional de derechos y justicia, social, democrático, soberano, independiente, unitario, intercultural, plurinacional y laico (Ecuador) o como Estado social de derecho plurinacional comunitario, democrático e intercultural (Bolivia).

5. Hay un amplio reconocimiento de los derechos. Se crean figuras que no existían en los textos constitucionales tradicionales, especialmente derechos difusos y colectivos de comunidades, pueblos y nacionalidades, o se reconoce que la naturaleza es titular de derechos.

Es muy notable la incorporación de la noción de derechos del Buen Vivir (Sumak Kawsay, en Ecuador), en relación con el disfrute de condiciones materiales y ambientales que permitan una vida digna. O el reconocimiento en un capítulo completo de los derechos del Buen Vivir que incluyen figuras como las siguientes: «el derecho al agua; el derecho a la alimentación; el de disfrute de un ambiente sano y ecológicamente equilibrado; la comunicación libre, intercultural, incluyente, diversa y participativa, el acceso a la información y comunicación; el derecho al espacio público como ámbito de deliberación, intercambio cultural, cohesión social; la educación; el hábitat seguro y saludable; la vivienda digna; la salud; el trabajo y la seguridad social; la protección a las personas y grupos vulnerables».

También esta regulación se hace notar en la previsión de novedosas políticas públicas, todas matizadas en relación con la democracia liberal: por ejemplo, amplio respaldo de los derechos económicos, sociales y culturales, protección de diferentes formas del derecho a la libertad (libertad estética, libertad de conocer la memoria histórica de su cultura y acceder a ella, libertad de adoptar decisiones libres y voluntarias en materia de sexualidad...). Condena formas de discriminación sutiles que no se encuentran en las que habitualmente mencionan las constituciones (relativas a la orientación sexual, origen, afiliación política o filosófica, discapacidad, embarazo, pasado judicial, condición de salud, estado civil). Derechos nuevos como el derecho al agua, la alimentación, el uso del espacio público. Obligación del Estado de asumir políticas de acción afirmativa que permitan la igualdad real de todos los derechos, en particular de las minorías étnicas y culturas originarias. Protección a grupos en situación de desventaja (niños, mayores, discapacitados, privados de libertad, embarazadas, víctimas de violencia...). Protección de minorías étnicas y grupos originarios.

Se resaltan las frases que aparecen en las constituciones en aimara, guaraní o quechua, respecto de las comunidades de Ecuador y Bolivia. En el artículo 100 de la Constitución de Bolivia se dice que «el Estado asumirá como fortaleza la existencia de culturas indígenas originarias campesinas, depositarias de saberes, conocimientos, valores, espiritualidad y cosmovisiones».

Reconocimiento de una amplia variedad de derechos a estas culturas y comunidades indígenas: «reconocimiento de su identidad étnica y cultural; mantener sus formas de convivencia y organización; autogobierno; que sus instituciones sean parte de la estructura general del Estado e integrar las instituciones de éste; desarrollar y aplicar su derecho propio en el marco del derecho nacional; crear y administrar sistemas, medios y redes de comunicación propios; uso y aprovechamiento de los recursos naturales ubicados en su hábitat; ser informado sobre la explotación de esos recursos; promover sus propias prácticas económicas y actividades tradicionales; mantener sus valores culturales, espiritualidad y lugares sagrados y de culto; un modelo de salud integral que considere sus prácticas y culturas; un sistema de educación intercultural bilingüe; contar con servicios de formación profesional y capacitados; disfrutar de servicios de asistencia técnica y financiera que fortalezcan sus actividades económicas en el marco del desarrollo local sustentable; la propiedad intelectual colectiva de sus saberes, ciencias y conocimientos ancestrales; resguardar su patrimonio cultural e histórico; impulsar el uso de las vestimentas y los símbolos y los emblemas que los identifiquen; ser consultados antes de la adopción de una medida legislativa que pueda afectar cualquiera de sus derechos colectivos; la definición de su proyecto de vida de acuerdo a sus criterios culturales y principios de convivencia armónica con la naturaleza; vivir en un medio ambiente sano, con manejo y aprovechamiento adecuado de los ecosistemas».

Refrendo de la eficacia directa de los derechos, la justicialidad de todos, conforme a la interpretación que más favorezca su vigencia y aplicación. Destaca también la importancia normativa de la Constitución.

Reconocimiento de la naturaleza como sujeto de derechos. En este sentido el artículo 71 de la Constitución de Ecuador: «la naturaleza o Pachamama, donde se reproduce y realiza la vida, tiene derecho a que se respete integralmente su existencia y el mantenimiento y regeneración de sus ciclos vitales, estructura, funciones y procesos evolutivos. Toda persona, comunidad, pueblo o nacionalidad podrá exigir a la autoridad pública el cumplimiento de los derechos de la naturaleza. Para aplicar e interpretar estos derechos se observarán los principios establecidos en la Constitución en lo que proceda. La naturaleza tiene derecho a la restauración».

Se ha producido también una aplicación más amplia de la cláusula de denominación de derechos que no niega otros que puedan existir y que sean necesarios para el pleno desenvolvimiento de la personalidad. En este sentido se asume la jerarquía constitucional de los tratados, pactos y convenios suscritos sobre los derechos humanos.

6. Se reconoce el protagonismo del Estado para el logro de los objetivos sociales a través de lo que se denominan fines, funciones o deberes del Estado. Entre las responsabilidades están las de garantizar el acceso de las personas a la educación, la salud, el trabajo y los demás derechos; crear una sociedad justa, garantizar el bienestar, la seguridad y la igual dignidad humana; asegurar la diversidad, el aprovechamiento responsable de los recursos naturales; desarrollar el ejercicio democrático de la voluntad popular; promover la prosperidad y bienestar del pueblo; garantizar y defender la soberanía nacional, el desarrollo nacional, erradicar la pobreza, promover el desarrollo sostenible; proteger el patrimonio natural y cultural del país, etc.

7. Regulación extensa de la Constitución económica que es objeto de títulos completos donde se determina la utilidad pública de

la propiedad privada y su armonización y otras formas de propiedad, la propiedad colectiva, pública, estatal, comunitaria, asociativa y mixta. Se atribuye al Estado una función de conductor de la economía para erradicar la riqueza y mejorar la calidad y la esperanza de vida así como los controles e indicadores del régimen fiscal, financiero, monetario y la política económica general.

8. Se reconoce expresamente la supremacía constitucional declarando la primacía de esta en todo el ordenamiento jurídico y su fuerza vinculante para las personas naturales y los poderes públicos.

En la Constitución de Ecuador se indica que las normas constitucionales se interpretarán de la forma que sea más favorable a la aplicación integral de las mismas.

9. Se regulan muchas instituciones de garantía del contenido de la Constitución, especialmente para la protección de los derechos reconocen instrumentos como el recurso de amparo, la acción de defensa, acción de protección de la privacidad, acción de inconstitucionalidad, acción de cumplimiento, *habeas corpus*, *habeas data*, acción de acceso a la información, acción extraordinaria de protección, derecho de queja y petición, defensoría del pueblo. Para la defensa de la Constitución en su conjunto se prevén acciones de inconstitucionalidad, de inconstitucionalidad por omisión, de inconstitucionalidad contra actos administrativos y la acción por incumplimiento. Se ha estructurado un sistema constitucional concentrado y especializado en Bolivia con el Tribunal Constitucional Plurinacional, y en Ecuador con la Corte Constitucional. En Venezuela el modelo centralizado fue parcialmente entregado a la Sala Constitucional del Tribunal Supremo de Justicia.

10. Se consagran políticas de integración regional sobre la base de principios de solidaridad, equidad, respeto y complementariedad. La Constitución de Venezuela dice promover la integración latinoamericana y caribeña. La de Ecuador postula la integración con América Latina y el Caribe en el preámbulo y además se dedica un capítulo a esta cuestión. La Constitución de Bolivia dice que el Estado promoverá los principios de una relación justa, equitativa y con reconocimiento de las asimetrías y las relaciones de integración social, política, cultural y económica con los demás Estados.

11. Se establece la participación del constituyente originario en el procedimiento de reforma constitucional mediante el reconocimiento de iniciativas para activar el proceso, participar en la aprobación mediante referendo o eligiendo una Asamblea Constituyente.

En todas estas constituciones se invocó directamente al titular de la soberanía y se rompieron los criterios y procedimientos de reforma del constitucionalismo clásico.

ENCOMIOS Y ABOMINACIONES DE LA UTOPÍA

Apologetas: una nueva etapa en la doctrina y en la práctica del constitucionalismo

Un número significativo de analistas del nuevo constitucionalismo latinoamericano han publicado estudios inmediatos, de conjunto o singulares para cada texto, en general entusiastas por las novedades que aportan, que consideran que traerán incontables beneficios políticos y sociales a los Estados y favorecerán la democracia y su desarrollo. Algunos de estos analistas son profesores españoles que, al parecer, han desempeñado tareas de asesoramiento en la preparación de los nuevos textos.[55] Roberto Viciano Pastor y Rubén Martínez Dalmau han ensayado incluso una «construcción doctrinal» completa de esta figura del «nuevo constitucionalismo latinoamericano», para establecer sus diferencias con el «nuevo constitucionalismo» extendido también en las modernas constituciones europeas.[56]

Parten del resumen de M. Carbonell sobre las características del neoconstitucionalismo[57] considerado una concepción sobre la Constitución como norma que surge del análisis de los textos constitucionales posteriores a la Segunda Guerra Mundial, que no se limitan a establecer competencias o a separar los poderes públicos, sino que contienen normas materiales o sustantivas que condicionan la actuación del Estado por medio de la ordenación de ciertos fines y objetivos. Hay constituciones muy representativas de esa tendencia, entre las cuales la española de 1978.

El neoconstitucionalismo no rompe con todos los principios anteriores sino que se aleja de los esquemas del positivismo teórico y convierte al Estado de derecho en Estado constitucional de derecho. Contribuye a ello, según estos autores, la presencia hegemónica de los principios como criterios de interpretación. Los principios han sido la principal herramienta de ataque al positivismo jurídico porque sirven para la interpretación completa de todo el ordenamiento jurídico, primando respecto de la interpretación y aplicación de la ley.[58]

Sostienen Viciano Pastor y Martínez Dalmau que el neoconstitucionalismo es una corriente doctrinal producto de la teorización académica, mientras que el nuevo constitucionalismo latinoamericano es un fenómeno surgido «en el extrarradio de la academia»,[59] producto de reivindicaciones populares y de movimientos sociales, más que de planteamientos teóricos construidos sistemática y racionalmente. Por tanto, el nuevo constitucionalismo, dicen, «carece de una cohesión y una articulación como sistema cerrado de análisis y proposición de un modelo constitucional [...] se trata de una corriente constitucional en periodo de construcción doctrinal».[60]

El nuevo constitucionalismo latinoamericano mantiene sus posiciones sobre la necesaria constitucionalización del ordenamiento jurídico, lo mismo que ya proponía el neoconstitucionalismo, pero su preocupación no es únicamente la dimensión jurídica de la Constitución sino sobre todo su legitimidad. «Desde este punto de vista, el nuevo constitucionalismo reivindica el carácter revolucionario del constitucionalismo democrático, dotándolo de mecanismos que pueden hacerlo más útil para la emancipación y el avance de los pueblos, al concebir la constitución como mandato directo del poder constituyente y, en consecuencia, fundamento último de la razón del poder constituido».[61]

Consideran los autores mencionados que el nuevo constitucionalismo es más reciente que el neoconstitucionalismo. A diferencia de este, que ha sido construido por la filosofía del derecho, el nuevo constitucionalismo tiene por objetivos recuperar el poder constituyente, garantizando el origen democrático de la Constitución a través de una iniciativa popular, y generar unos contenidos constitucionales que permitan resolver el problema de legitimidad del sistema, que el constitucionalismo social europeo no ha conseguido solventar.

El nuevo constitucionalismo apuesta por abrir espacios a la participación, evitar la oligarquización, incorporar la protección del ambiente como una política transversal; extender los controles constitucionales a los poderes privados, fundamentalmente económicos; intentar democratizar y garantizar la independencia del poder judicial; y, en general, de las instituciones de control sobre el poder político o económico; resolver el problema de la marginación de las minorías sociales o étnicas y de los grupos vulnerables.

Desde un punto de vista social el nuevo constitucionalismo se proclama como superación del Estado social y democrático de derecho a través de cuatro vías: la reivindicación del concepto de soberanía popular y su identificación con el poder constituyente; la incorporación de mecanismos de fortalecimiento de la legitimidad democrática del poder constituido, a través de la participación directa en las decisiones del poder democrático; la búsqueda de mecanismos de materialización y efectividad de la Constitución y la eliminación de sombras nominalistas; y la desaparición definitiva del poder constituyente constituido o derivado, al considerar materialmente indelegable el poder constituyente democrático.[62]

Los últimos procesos constituyentes se han articulado a través de la convocatoria de una Asamblea Constituyente y de la directa ratificación popular del texto. De esta manera se han legitimado constituciones que han buscado ser no solo un reflejo del poder constituyente del pueblo sino permear el ordenamiento jurídico y revolucionar el *statu quo* de las sociedades. Son las condiciones sociales de América Latina las que han dado lugar al nacimiento de un constitucionalismo comprometido, que pueda romper con lo que se considera dado e inmutable y que pueda avanzar por el camino de la justicia social, la igualdad y el bienestar de los ciudadanos.[63]

Las nuevas constituciones latinoamericanas aceptan y promueven el uso recurrente de plebiscitos y referendos para poder avanzar en sus agendas políticas y sociales. Esta mecánica política no es otra cosa que el aprovechamiento de una de las categorías fundamentales del populismo a nivel constitucional: la apelación del líder de manera directa a las masas para obtener sus objetivos.[64]

Sostienen que el avance democrático se realiza en el marco de la Constitución y no a través de la relación directa entre el líder y las masas. La acción jurídico-política se establece a través de la Constitución, que es la única norma legitimada directamente por el pueblo.

La de Venezuela fue la primera Constitución plenamente rígida de América Latina, que excluyó la posibilidad de que fuera reformada por el poder constituido.

Uno de los rasgos del nuevo constitucionalismo latinoamericano es la sustitución de la continuidad constitucional, asegurada por el poder de reforma de la Constitución atribuido al legislativo ordinario, por la necesaria intervención del poder constituyente, directamente por el pueblo soberano, en cualquier cambio de los nuevos textos.

Se establece la prohibición constitucional de que los poderes constituidos dispongan de la capacidad de reforma constitucional por ellos mismos, de modo que se impone un veto a la modificación de cualquier manera que no sea directamente por decisión soberana del pueblo. Dicen los autores mencionados que esta rigidez no persigue la perdurabilidad de la Constitución, sino su modificación exclusivamente por el poder constituyente, esto es, el originario.

Señalan Viciano y Martínez Dalmau cuatro características formales, añadidas a las sustanciales antes referidas, que han marcado al nuevo constitucionalismo: su contenido innovador (originalidad); la relevante extensión del articulado; la capacidad de conjugar elementos técnicamente complejos con un lenguaje asequible; y el hecho de que se apueste por la activación del poder constituyente del pueblo ante cualquier cambio constitucional.[65]

Sus propuestas innovadoras son esenciales. B. Santos lo ha llamado «constitucionalismo experimental».[66] El nuevo constitucionalismo trata de establecer instituciones que puedan resolver los problemas reales de la sociedad y para eso se ha apartado de fórmulas consistentes en añadidos e injertos en las constituciones anteriores. Las nuevas han repensado todo el sistema, de arriba abajo, examinando los problemas comunes a toda Latinoamérica, y regulando soluciones que, a la fuerza, presentan rasgos comunes en todos los textos nuevos.

En cuanto a la extensión, está relacionada con su complejidad, que ha sido expresamente buscada por el constituyente para dar respuesta a reclamaciones del pueblo. Las nuevas constituciones «se rebelan contra la brevedad, tan aclamada desde la época nominalista».[67] También se preocupan de establecer la prevalencia de la tradición para ser resguardada de su olvido o abandono por parte de los poderes constituidos. La extensión del constitucionalismo latinoamericano nuevo es debida, aseguran, a la necesidad de que el poder constituyente exprese claramente su voluntad, que puede desembocar en una mayor cantidad de disposiciones cuya existencia busca limitar las posibilidades de los poderes constituidos de desarrollar políticas contrarias a la voluntad del constituyente.

La complejidad institucional pretende superar problemas que han afectado permanentemente a los diferentes pueblos. La complejidad técnica está compensada por el hecho de que los nuevos textos utilizan un lenguaje asequible que ofrece facilidades a su comprensión. Algunas de ellas utilizan palabras de los idiomas originarios, que traducen a un lenguaje más identificable para todos. Ejemplo en el artículo 8 de la Constitución boliviana: «El Estado asume y promueve como principios ético-morales de la sociedad plural: ama qhilla, ama llulla, ama suwa (no seas flojo, no seas mentiroso ni seas ladrón), suma qamaña (vivir bien), ñandereko (vida armoniosa), teko kavi (vida buena), ivi maraei (tierra sin mal) y qhapaj ñan (camino o vida noble)».

Por último, en cuanto a los elementos materiales comunes en el nuevo constitucionalismo latinoamericano hay una serie de características comunes a todos ellos que son la búsqueda de una nueva relación entre la soberanía y el gobierno basado en «formas de participación democrática», «gobierno participativo», «democracia participativa» o «participación en democracia» según prefieren llamarlas las diferentes constituciones.[68]

El compromiso radica en promover la participación democrática a través de fórmulas directas que, según los autores, no cuestionan la esencia de la democracia representativa, que está presente en todas las constituciones. Se presenta la democracia participativa como un elemento de legitimidad y avance en la democracia pero no como una sustitución de la representación. Aunque se interrumpe la posición tradicional de los partidos políticos, cuyo papel queda limitado por la acción directa del pueblo.[69]

También forma parte de todas las constituciones la profusa carta de derechos que asumen y la recepción de los convenios internacionales de derechos humanos para buscar las interpretaciones más favorables a las personas o las acciones directas de amparo.

Las nuevas constituciones plantean la integración de sectores marginados históricamente como los pueblos indígenas. Este planteamiento es más radical que ninguno en la Constitución boliviana de 2009, que establece un Estado plurinacional con el reconocimiento de la autonomía indígena.

Las nuevas constituciones huyen del nominalismo anterior y proclaman el carácter normativo y superior de la Constitución frente al resto del ordenamiento jurídico. Y se han adoptado medidas de acción directa de la Constitución, como la tutela y el amparo constitucional, añadiéndose un elemento que solamente había tenido algunos planteamientos en algunos ensayos de las constituciones anteriores, como es el control concentrado de la constitucionalidad.

En último término, también se cambia por completo el papel del Estado en la economía, que se traduce en la existencia de unos capítulos económicos muy detallados con modelos que van desde la iniciativa privada y las políticas redistributivas hasta la protección de la economía comunitaria. Siempre con una presencia fuerte del Estado en relación a las políticas que implican a los recursos naturales o la actividad financiera.

Críticos: el abuso del poder

Las entusiastas apologías contenidas en análisis como los referenciados, contrastan con las severas críticas que ha suscitado el nuevo constitucionalismo hispanoamericano, desde su misma raíz, es decir, a partir de la atribución a una asamblea, no contemplada en el texto constitucional, del poder de proponer una Constitución de nueva planta. La más general de las observaciones es que ese nuevo constitucionalismo ha traído como consecuencia más visible un reforzamiento de regímenes autocráticos;[70] es decir, que se ha fortalecido uno de los vicios políticos tradicionales de los que Hispanoamérica quería salir.

Entre las diatribas contra la nueva literatura constitucional hispanoamericana y sus defensores, ninguna tan insistente, rotunda y descalificadora como la de Allan Randolph Brewer-Carías. Brewer es un prestigioso profesor de la Universidad de Caracas, que incluso participó en la Asamblea Constituyente venezolana que redactó la Constitución de 1999, y que actualmente vive exiliado y activo como profesor en Nueva York. Es especialista en derecho público muy conocido y respetado no solo en América sino también en España y otros países europeos con los que mantiene muy estrechos contactos académicos, desde muchos años antes de que el nuevo constitucionalismo se instalase en Hispanoamérica. Algunas de sus obras generales han sido mencionadas en diferentes lugares de este libro.

El primer estudio crítico de Brewer se publicó poco después de aprobada la Constitución novísima de Venezuela.[71] Después ha dedicado de modo incansable otros muchos artículos y libros que siguen evaluando negativamente la absoluta falta de correspondencia entre los fines que dice perseguir la Constitución, las normas que ha establecido para conseguirlos y la práctica aplicativa.

La Asamblea Nacional Constituyente venezolana fue creada mediante referéndum de 25 de abril de 1999. Elaboró, como hemos recordado antes, un proyecto de Constitución que fue aprobado mediante referéndum el 15 de diciembre de 1999, con una votación afirmativa del 71 por ciento de los votos. El 29 por ciento fueron negativos y hubo una abstención del 55 por ciento. Según el cómputo de Brewer, la Constitución fue aprobada por el 30 por ciento de los venezolanos con derecho a voto.

La cuestión central de los estudios de Brewer es si la nueva Constitución se corresponde con la idea de transformación del

Estado y establecimiento de un nuevo ordenamiento jurídico, y si se pueden encontrar en ella las pautas para superar la crisis del sistema de partidos, que es de lo que se trataba.

Brewer sostiene que la «nueva Constitución no asegura ni sienta las bases para dicha transformación del sistema político y, al contrario, consolida tanto el centralismo estatal imperante que da marcha atrás, incluso, al proceso de descentralización que se había iniciado en 1989, y al partidismo, al reiterar el sistema electoral de representación proporcional como el único de rango constitucional, lo cual asegura el monopolio de la representatividad por los partidos políticos y sus agentes».

Las regulaciones de la Constitución de 1999 tienen muchos aspectos negativos que desmenuza Brewer en su trabajo; entre otros:

Se queja de «la burla al proceso de descentralización: el Estado federal descentralizado con un marco centralista y la eliminación del Senado». Se venía avanzando en Venezuela en un proceso de descentralización al amparo de la Constitución de 1961 y en la Ley Orgánica de Descentralización de 1989, y la situación actual ha supuesto un retroceso institucional. Cree que la denominación de «Estado federal descentralizado» no pasa de ser «nominal». Con el agravante de que la descentralización se limita a aludir a la autonomía de los estados y municipios pero remitiéndose a una regulación por ley que es la que deberá concretarla.

La Constitución consagra un «presidencialismo exacerbado». Combina la extensión del periodo presidencial a seis años y la reelección inmediata del presidente de la república (artículo 230), lo que atenta contra el principio de la alternabilidad republicana, al permitir periodos de gobierno de hasta doce años. Estos elementos negativos se combinan con el complicado ejercicio del referendo revocatorio del mandato que regula el artículo 72, que es prácticamente inaplicable. Y también es negativa la eliminación del principio de elección del presidente por mayoría absoluta y doble vuelta. Es posible, por tanto, un sistema de gobiernos elegidos con una minoría de votos, lo cual hace imposible la gobernación, a juicio del autor.

La separación de poderes está totalmente «desbalanceada» (desequilibrada) con la aparición en escena de otros dos nuevos poderes de rango constitucional: el poder ciudadano, que abarca el Ministerio Público (fiscal general de la República), el defensor del pueblo, la Contraloría General de la República; y el poder electoral, que ejerce el Consejo Nacional Electoral. La efectiva separación de poderes tendría que asegurar la independencia entre ellos y que exista un verdadero contrapeso. Pero en la nueva Constitución esto no se logra sino que se permite a la Asamblea Nacional remover de sus cargos al fiscal general de la República, al defensor del pueblo, al contralor general de la República, a los miembros del Consejo Nacional Electoral y, más grave aún, a los magistrados del Tribunal Supremo de Justicia (estos últimos en los artículos 296 y 265).

Asegura Brewer que la Constitución establece las bases para la implantación del militarismo. Había quedado eliminada la idea de insubordinación de la autoridad militar en la Constitución anterior, pero en esta las Fuerzas Armadas (unificadas las cuatro fuerzas en Fuerza Armada Nacional) se fortalecen de nuevo.

Aduce, por otra parte, Brewer que la Constitución social que se diseña en el texto de 1999 está «concebida para el paternalismo y el populismo».

La nueva Constitución contiene un extensa y amplia relación de derechos constitucionales en la línea en que habían seguido en América las constituciones de Brasil y de Colombia. También les otorga rango constitucional a los tratados internacionales sobre derechos humanos. Pero estos enunciados no son efectivos porque las normas en las que se contemplan no establecen garantías. La más importante de estas garantías es la reserva legal y, sin embargo, la Constitución de 1999 se establece un sistema de legislación delegada, mediante leyes habilitantes, sin parangón en cualquier otra Constitución latinoamericana, que atribuye al presidente de la república la potestad de legislar en cualquier materia, volatilizando así la reserva de ley.

Hay previsiones que derivan en el control de la libertad de información, que se somete no solo a los límites constitucionales generales sino también a comprobaciones de que la información es «oportuna, veraz e imparcial» (artículo 58), lo que «podría dar origen al desarrollo de un control público o político» favorable a la «verdad oficial», con rechazo de cualquier otra información.

Denuncia igualmente Brewer «La confusión entre las buenas intenciones y los derechos constitucionales y el engaño que deriva de la imposibilidad de satisfacer algunos derechos sociales». Se refiere en particular al «derecho a la salud» y el derecho a la vivienda, que tienen enunciados absurdos.

Arremete Brewer contra el excesivo paternalismo estatal y la minimización de las iniciativas privadas en materia de salud, educación y seguridad social. En materia de seguridad social, propende a una configuración estatista del sistema porque se configura como servicio público de carácter no lucrativo que obliga al Estado a «asegurar la efectividad de este derecho, creando un sistema de seguridad social universal, integral, de financiamiento solidario, unitario, eficiente y participativo de contribuciones directas o indirectas».

Y por lo que respecta a la salud (además de que no es posible garantizar la salud de nadie porque esto supondría fijar el derecho a no enfermar) también se dispone en la Constitución que para garantizarla «el Estado creará, ejercerá la rectoría y gestionará un sistema público nacional de salud [...] integrado al sistema de seguridad social, regido por los principios de gratuidad, universalidad, integralidad, equidad, integración social y solidaridad» (artículo 84).

En otro orden de cosas, observa que «la discriminación constitucional a favor de los pueblos indígenas [...] siembra de principios desintegradores al Estado». Se fija el germen de un Estado dentro de un Estado con grave riesgo de integridad de la nación.

La última imputación general que contiene el estudio de Brewer concierne al «problema de una Constitución económica concebida para el estatismo insolvente». A su juicio abre la posibilidad de una intervención estatal ilimitada en lo económico, sin fijar ningún equilibrio entre lo público y lo privado. El Estado es responsable de la regulación de casi todo y la iniciativa privada aparece marginada. Sin embargo constata que el Estado no dispone de capacidad financiera para atender las tareas y responsabilidades que se le asignan, y que también se produce en la Constitución «la consagración del terrorismo fiscal como ilusión para resolver la insolvencia estatal y la desprotección de los contribuyentes».

La conclusión de Brewer es que la Constitución está concebida para el autoritarismo, el paternalismo estatal, el populismo y el estatismo insolvente.[72]

El profesor Brewer ha publicado un número considerable de libros y artículos sobre el nuevo constitucionalismo venezolano, de los que resulta improcedente hacer un resumen más extenso. Para completar sus análisis hay que añadir su crítica de las asambleas constituyentes «populares»,[73] no reguladas ni previstas en el ordenamiento constitucional de los países que han desarrollado el nuevo constitucionalismo latinoamericano, tales como Venezuela, Ecuador y Bolivia. Constata que pocos juristas relevantes en Venezuela han encontrado fundamentos rigurosos al nuevo orden e imputa el montaje a sus ideólogos españoles Roberto Viciano Pastor, Rubén Martínez Dalmau y Francisco Delgado Romeo, a quienes menciona expresamente.[74]

Brewer denuncia que las opiniones favorables al nuevo constitucionalismo parten de afirmaciones falsas, como la existencia de participación popular, la división de poderes o la existencia de mecanismos de control de los poderes y garantía de los derechos. Sostiene[75] que «en realidad lo único que hay en común en materia de «nuevo constitucionalismo» en los tres países es que a sus dirigentes populistas se les «vendió» la idea de utilizar un mecanismo constituyente al margen de las constituciones entonces vigentes, para asaltar y acaparar el poder, estableciendo regímenes autoritarios y demoler el Estado democrático de derecho, como efectivamente ocurrió.[76]

Como resumió uno de sus ideólogos, en el caso venezolano se trató de un proceso constituyente que nació «negando los mecanismos de reforma de la Constitución en aquel momento vigente y buscando la activación *extra constitutionem* del proceso constituyente».[77]

Considera Brewer que la «Asamblea Constituyente que se eligió era muy poco representativa, muy poco deliberativa y muy poco participativa, habiendo quedado integrada por una abrumadora mayoría que respaldaba al presidente Hugo Chávez, quien la convocó a su manera: sólo cuatro miembros llegaron a formar la exigua minoría opositora en la misma».[78]

La supremacía de la Constitución formalmente está asegurada en el propio texto constitucional. Pero para que todo esto funcione hace falta que la Sala Constitucional estuviera integrada por personas calificadas y juristas probos, que gozaran de independencia y autonomía pues, de lo contrario, si está sujeta a la voluntad del poder, en lugar de ser guardián de la Constitución se convierte en el instrumento más atroz para su destrucción.[79]

Concluye que esto fue lo que ocurrió en Venezuela en los últimos veinte años durante los cuales la Sala Constitucional del Tribunal Supremo, lejos de haber actuado en el marco de las atribuciones expresas constitucionales, antes indicadas, utilizó un «proceso de interpretación abstracta de la Constitución» que le ha permitido administrar una «justicia constitucional a la carta», a solicitud del gobierno, en particular del procurador general de la República. De esta manera ha modificado ilegítimamente el texto constitucional, legitimando un Estado autoritario; ha desarrollado una carrera de destrucción de todos los principios del Estado democrático de derecho, falseado en más de una ocasión el contenido de la Constitución, «mutándola» ilegítima y fraudulentamente, usurpando así las potestades del poder constituyente originario».[80]

CONSIDERACIONES Y PRONÓSTICOS SOBRE LA DEMOCRACIA PARTICIPATIVA

Las instituciones

La participación directa del pueblo en las instituciones y decisiones políticas es la seña de identidad de las democracias sustentadas por el nuevo constitucionalismo hispanoamericano, según resulta tanto de la profusión con que los textos se refieren a ella, como por las descripciones de los analistas.

Diversos preceptos de las constituciones venezolana, ecuatoriana y bolivariana aluden a ella, como ya hemos puesto de manifiesto. Las instituciones y técnica a través de las cuales se hace efectiva la participación son el referéndum, la iniciativa legislativa, la revocatoria de mandato, asamblea abierta, cabildo, consulta popular, postulación directa de ciudadanos, participación en el diseño de las políticas públicas, control social a la gestión pública y privada, agencias públicas, rendición de cuentas de los representantes, elección directa de los magistrados del Tribunal Constitucional.

Algunas de ellas son instituciones clásicas de la democracia directa.

Las constituciones que analizamos han previsto asimismo, como también he indicado, la creación de órganos que se integran por representaciones de los ciudadanos. Venezuela estableció como órgano estatal el Poder Ciudadano, que ejerce el Consejo Moral Republicano con la función de controlar el desempeño de los órganos de poder público y el uso del patrimonio público. El texto de Ecuador institucionaliza la Función de Transparencia y Control Social ejercida por el Consejo de Participación Ciudadana y Control Social, la Defensoría del Pueblo, la Contraloría General del Estado y las superintendencias. Tiene la función de promover el control de las entidades y organismos del sector público y de las personas naturales o jurídicas del sector privado que presten servicios o desarrollen actividades de interés público.[81]

Todo este despliegue institucional nuevo debería contribuir a evitar la concentración del poder, en un doble sentido: por un lado, evitar que el pueblo soberano pierda, después del hecho constituyente, o tras cada momento electoral, cualquier posibilidad de participación y control sobre las políticas y decisiones públicas; por otro, oponer muros de resistencia a la acaparación del poder, su concentración en unas solas manos, que ha sido la gran pesadilla de Hispanoamérica durante decenios. La ruptura continua de la separación de poderes en beneficio de autócratas que han establecido constituciones que permitían su reelegibilidad, conseguida de ordinario de forma fraudulenta.

Es bien claro que el simple enunciado, en una norma legal del máximo rango, de estos órganos no asegura que vayan a cumplir la noble función que se espera de ellos, como tampoco el enunciado de la separación y quintuplicación de los poderes del Estado es un seguro contra la concentración del poder. Depende del respeto a las demás instituciones de la democracia que la Constitución establece. Si el poder lo controla un autócrata que no permite la libre expresión de la voluntad popular, todo lo demás, incluidos los tribunales de justicia si están sometidos a sus manejos, se convierte en un conjunto de instituciones inútiles, por más gotas de teoría general con que se pretenda bendecirlas.

El pésimo ejemplo venezolano, ofrecido por el presidente Maduro, sobre cómo se pueden manipular todas las instituciones del Estado, hacen innecesarios análisis más detenidos.

La combinación de la democracia representativa, que no es desplazada, con las instituciones de la democracia directa antes referidas, no es imposible, en principio, pero plantea muchos problemas de organización y funcionamiento. Las consultas populares son llamamientos al pueblo para que valide una decisión u opine sobre una determinada política. Son la quintaesencia de la democracia directa. Implican, en su tratamiento constitucional, que los partidos políticos, a través de los que se ejerce la representación, y las demás instituciones de la democracia representativa, quedan subordinados a los resultados de un referéndum. Si este es convocado por el líder, que lo propone como una forma de comunicación directa con el pueblo, y se otorga primacía a sus resultados, se estará imponiendo una fuerte restricción al poder de las instituciones ordinarias.

Añádanse las enormes dificultades técnicas que plantea la organización frecuente de referéndums (al menos hasta que no tengamos la absoluta seguridad de funcionamiento objetivo y perfecto de la democracia electrónica), y las posibilidades amplias de manipulación de los resultados, en países en los que la corrupción electoral ha sido tradicionalmente una lacra, para poder valorar en todas sus dimensiones la importancia práctica que se puede reconocer a las consultas. La utilización frecuente de este recurso también suscita un problema clásico de la democracia directa, como es el de la improcedencia de someter al pueblo llano consultas sobre asuntos que tienen alguna complejidad por razón de su contenido. Muchos políticos ocupan escaños en los parlamentos, sillones ministeriales o cargos municipales sin la formación mínima que sería necesaria. Realmente habría que haber tomado en serio aquella propuesta constitucional de Bolívar, referida más atrás, de crear escuelas de formación para los que alcanzan a ocupar cargos de responsabilidad. No obstante, en todos estos supuestos, la burocracia experimentada les presta una asistencia que suple la inexperiencia o la inhabilidad.[82]

En cualquier caso, las formas de democracia directa que consisten en apelaciones al pueblo, a escala estatal, regional o local, están también contempladas en todas las constituciones liberales clásicas y no plantean problemas que no hayan sido estudiados.

De las innovaciones propias de la democracia participativa hispanoamericana son llamativas, a mi juicio, la rigidez constitucional establecida por eliminación del poder de reforma ordinario y el referéndum revocatorio.

La apelación al poder constituyente para reformar
o cambiar la Constitución

El movimiento de la «séptima papeleta», al que ya he hecho referencia, que promovió el inicio de un proceso constituyente en Colombia, tuvo algunos elementos originales que se han imitado en otros Estados del área. Ante la dificultad de utilizar el procedimiento previsto en la Constitución para reformarla, se aceptó por el pueblo en referéndum la instalación de una asamblea que asumiría el encargo de redactar una nueva norma fundamental.

El procedimiento se ha seguido en los tres casos más representativos del nuevo constitucionalismo hispanoamericano, e incluso en el frustrado caso de Chile.

Esta manera de reformar la Constitución contradice, como ha observado en sus trabajos mencionados Brewer-Carías, las previsiones de las constituciones vigentes en relación con sus reformas. Es decir, se vulnera la Constitución al no reformarla conforme a sus normas sino usando procedimientos extraconstitucionales.

Lo que han hecho todas las nuevas constituciones que estamos examinando es prescindir del poder de reforma constitucional e invocar la intervención del poder constituyente, del pueblo soberano. La asamblea paraconstitucional plantea muchos problemas técnicos y jurídicos, como puede suponerse, entre los cuales la posible contradicción política entre las mayorías establecidas en el Parlamento nacional, y las que tienen el control de la Asamblea Constituyente. Pero, en último término, el referéndum final aprobatorio del texto preparado por la asamblea liquida las contradicciones e incluso posible violación de la Constitución anterior, que queda convalidada por la decisión soberana del pueblo.

Las descripciones que hemos utilizado más atrás sobre las características del nuevo constitucionalismo hispanoamericano mencionan la rigidez. Se trata de constituciones rígidas porque no pueden ser cambiadas por el legislador ordinario. La fórmula se aplica con tanta coherencia que, incluso, se hace desaparecer el poder de reforma.

La innovación es interesante, pero merece un comentario. Su razón de ser es evitar que el poder de reforma esté entregado a parlamentos que, en la experiencia histórica, han modificado sucesivamente las constituciones para dar gusto al autócrata de turno, sin que el pueblo soberano tenga ninguna participación en la decisión.

La medida entronca de alguna manera con un debate, que fue muy vivo, en los orígenes del constitucionalismo decimonónico, que planteaba el problema de la reforma de la Constitución enmarcado en dos posiciones extremas: la primera, la estabilidad absoluta del texto; la segunda, la conveniencia de que la Constitución fuera renovada por cada generación que, en modo alguno, tendría que sentirse vinculada por normas hechas por las generaciones de sus ancestros, ya desaparecidos (T. Jefferson y T. Paine, entre los defensores más conspicuos de esta posición).[83] La solución de equilibrio entre ambas posiciones consistió en instituir el poder de reforma, que no negaba los cambios, pero los aplazaba y los sometía a procedimientos de difícil tramitación.

Los constituyentes hispanoamericanos de última generación han optado por prescindir del poder de reforma. No porque consideren que las constituciones son inmodificables, sino por entender que solo puede cambiarlas el pueblo, ejerciendo el poder constituyente originario.

Exageran un poco las descripciones de estas novedades de la democracia participativa, porque en constituciones como la española de 1978, que en esto no hace sino seguir pautas bien asentadas, las reformas de más calado se someten a la decisión final de los ciudadanos mediante referéndum. No son reformas hechas sin su participación.

Lo que han establecido las nuevas leyes fundamentales hispanoamericanas no es la rigidez constitucional, como han escrito algunos de sus exégetas, porque esta rigidez se ha predicado siempre de las constituciones que solo pueden ser modificadas de acuerdo con procedimientos complejos. Lo que han hecho es bloquear el texto a las reformas aceptando solo los cambios constituyentes. Una decisión que agrava extraordinariamente cualquier modificación del contenido material del texto.

Los problemas que plantea esta rigidez constitucional superlativa son del mismo tenor que los que suscitó, al principio de la era constitucional, la cuestión de si el constituyente puede vincular el futuro. Todas las constituciones necesitan ser adaptadas a los cambios jurídicos, económicos, políticos y sociales que el transcurso del tiempo va generando. No reformarlas es tomar el riesgo de que se transformen en normas obsoletas e inadecuadas y que, paulatinamente, vayan quedando sin aplicación.

También genera esta superrigidez el riesgo mayor de que las adaptaciones que la Constitución vaya necesitando no se activen mediante reformas, sino que sean objeto del arbitrio de sus aplicadores, de convenciones políticas y, sobre todo, de interpretaciones de los tribunales constitucionales. Es decir, que la puesta al día de los textos se lleve a cabo mediante «mutaciones constitucionales», que prescinden por completo de la voluntad del pueblo.

Los referéndums revocatorios

La moción de censura, o las acusaciones por responsabilidad criminal o política, desarrolladas en el Parlamento, son las formas clásicas, en la democracia liberal representativa, de cesar a los dirigentes políticos.

La moción de censura puede ocurrir simplemente por un cambio sobrevenido de los apoyos con los que contaba el presidente del gobierno y puede determinar su sustitución por otro candidato. Plantea muchos problemas constitucionales la moción de censura, entre los cuales no es el menor que el nuevo candidato se presenta con un programa que no ha sido valorado por los ciudadanos en unas elecciones.[84]

Una interesante innovación del constitucionalismo participativo hispanoamericano ha sido la institución del referéndum revocatorio, mediante el cual los ciudadanos pueden poner fin al mandato que hayan otorgado mediante elecciones a una autoridad o funcionario. Es una vía nueva para poner fin a mandatos alargados artificiosamente o para privar del cargo a quienes incumplen los compromisos que contrajeron con los electores. En este último sentido, el referéndum revocatorio se presenta como un complemento de los compromisos electorales concebidos como obligaciones, mandatos imperativos en los que los electos contraen el compromiso de aplicar los programas que han presentado.

Las previsiones de las nuevas constituciones hispanoamericanas dejan, como es lógico, muchos detalles a la regulación que establezca el legislador ordinario. La figura se fijó, por primera vez, en el artículo 103 de la Constitución colombiana de 1991 y fue desarrollado por las leyes 131 y 134 de 1994, en términos que no la hacían fácil de utilizar en la práctica.

El artículo 72 de la Constitución venezolana regula la institución en los siguientes términos:

Todos los cargos y magistraturas de elección popular son revocables. Cuando igual o mayor número de electores y electoras que eligieron al funcionario o funcionaria hubieren votado a favor de la revocatoria, siempre que haya concurrido al referendo un número de electores y electoras igual o superior al veinticinco por ciento de los electores y electoras inscritos, se considerará revocado su mandato y se procederá de inmediato a cubrir la falta absoluta conforme a lo dispuesto en esta Constitución y la ley. La revocatoria del mandato para los cuerpos colegiados se realizará de acuerdo con lo que establezca la ley. Durante el período para el cual fue elegido el funcionario o funcionaria no podrá hacerse más de una solicitud de revocación de su mandato.[85]

La figura revocatoria se ha extendido a bastantes Estados miembros de federaciones, como Argentina, Estados Unidos o México, o en cantones suizos.

En Venezuela se ha utilizado el referéndum revocatorio una sola vez, el 15 de agosto de 2004, para decidir la permanencia de Hugo Chávez en la Jefatura del Estado. El resultado fue de 58,1 por ciento de los votos a favor de no destituir. Hubo enseguida alegaciones de fraude por parte de observadores internacionales. Otros, como el Centro Carter, auspiciado por el expresidente Jimmy Carter, negaron el fraude.

La renuncia del presidente Chávez había sido exigida en diferentes marchas convocadas durante el año 2002, en un periodo en el que se agravaba la situación política, económica y social del país. Frente al intento de la oposición de celebrar un referéndum consultivo, el gobierno de Chávez señaló que aceptaría el referéndum revocatorio previsto en la Constitución. Después de muchas complejas acciones judiciales ante el Tribunal Supremo de Justicia, entre las cuales un recurso de amparo presentado por el propio Chávez, y de renuncias al cargo de algunos mandatarios como el presidente del Consejo Nacional Electoral, se iniciaron negociaciones en las que participó activamente una Coordinadora Democrática, constituida en julio de 2002. En un contexto en que las manifestaciones a favor y en contra de Chávez se repetían continuamente, se decidió avanzar en el planteamiento del referéndum revocatorio de acuerdo con los artículos 72 y 233 de la Constitución. Para ello se recogieron firmas por la oposición aglutinada en la Coordinadora Democrática. En agosto de 2003 se habían recogido 3,2 millones de firmas que fueron presentadas al Consejo Nacional Electoral (CNE), pero que este rechazó en buen número porque muchas se habían recogido antes de la mitad del mandato presidencial, con lo que no se cumplía el requisito de solicitar el referéndum después de transcurrida la mitad del mandato. Se produjeron, en septiembre de 2003, allanamientos de las oficinas de la Comisión Nacional Electoral y acciones de represalia contra ciudadanos que habían firmado la petición de referéndum.

En cuatro días de noviembre de 2003, la oposición recolectó 3,6 millones de firmas. Muchas de estas firmas fueron impugnadas ante la CNE. Este organismo aceptó 1,9 millones de firmas válidas, 1,1 de dudosas y 0,5 de firmas nulas. La situación fue impugnada ante la Sala Electoral del Tribunal Supremo de Justicia de Venezuela, que validó 800.000 firmas más, con lo que las firmas válidas llegaron a 2,7 millones, suficientes para convocar el referéndum.

También hubo un periodo de subsanación («reparo») que consistió en permitir que, durante cinco días, las personas cuyas firmas habían sido cuestionadas confirmaran si eran auténticas. Finalmente, las firmas válidas alcanzaron la cifra de 2.436.830; suficientes para convocar el referéndum.

Se celebró el día 15 de agosto de 2004 y los resultados fueron de 3.576.517 (un 42 por ciento) favorables a la destitución de Chávez, y 4.991.483 (58 por ciento) que apoyaron su permanencia.

La ratificación de Chávez determinó el cese de las manifestaciones y los disturbios, y el presidente quedó muy reforzado, la oposición dividida y la solidaridad entre los grupos que apoyaron el cese quebró.

Los representantes de la Coordinadora Democrática elaboraron un informe titulado «Fraude a la Democracia», que firmaban cuarenta profesionales de catorce áreas temáticas, que concluía que había habido un «fraude cualitativo continuado, selectivo, masivo». El informe explica sus razones, que han sido materia de disputa desde que fueron formuladas. El expresidente de Estados Unidos

Jimmy Carter, con su Centro Carter, y la Organización de Estados Americanos (OEA) asistieron a las votaciones y declararon que habían sido justas y libres. Sin embargo, se han mantenido muchas disputas sobre lo ocurrido y la legitimidad de los resultados. Según algunas encuestas, Chávez habría perdido por más de dieciocho puntos.

Años más tarde, en 2016, se intentó reunir firmas para presentar otro referéndum revocatorio contra Maduro; pero en este caso el presidente consiguió que se bloqueara el procedimiento mediante procesos judiciales.

LA CONSTITUCIONALIZACIÓN DE TODOS LOS DERECHOS

Estas constituciones de última generación traen a su texto y declaran todos los derechos cuya denominación o enunciado eran conocidos hasta el presente. Acumulan en catálogos extensos los que habían sido mencionados tradicionalmente en las constituciones liberales, derechos civiles y políticos de la primera generación y derechos sociales de las sucesivas ampliaciones. Han tenido en cuenta las relaciones que figuran en las convenciones y tratados internacionales, generales o relativos a determinadas categorías de derechos, incorporándolos igualmente. Y, además, han constitucionalizado muchas regulaciones que figuraban hasta ahora en la legislación ordinaria que había desarrollado las constituciones vigentes en todo el mundo. En fin, se han añadido menciones a derechos reconocidos como consecuencia de interpretaciones creativas contenidas en la jurisprudencia de los tribunales constitucionales. No necesariamente los de los países que han recibido las nuevas constituciones, que en algunos casos son de nueva creación en ellos, sino del español, más asequible para los redactores de los textos, y de otros Estados europeos.

Es reseñable el ánimo exhaustivo con el que se ha acometido la tarea porque en todas las constituciones se advierte que la larga relación de derechos no excluye otros que no hayan sido expresamente enunciados. Por ejemplo, en la Constitución de Colombia, de la que procede la fórmula, se establece que «La enunciación de los derechos y garantías contenidos en la Constitución y en los Convenios internacionales vigentes no debe entenderse como negación de otros que, siendo inherentes a la persona humana, no figuren expresamente en ellos» (artículo 94). Una fórmula parecida en el artículo 11.7 de la Constitución de Ecuador: el reconocimiento en la Constitución e instrumentos internacionales de derechos y garantías «no excluirá los demás derechos derivados de la dignidad de las personas, comunidades, pueblos y nacionalidades que sean necesarios para su pleno desenvolvimiento». Y en la Constitución boliviana, artículo 13.II): «Los derechos que proclama esta Constitución no serán entendidos como negación de otros no enunciados».

Otra advertencia constitucional de importancia concierne a la eficacia de los derechos. En alguna de estas constituciones, como la colombiana (artículo 83), se han diferenciado los directamente aplicables y los que necesitan desarrollos legales para serlo. En otros textos, como el ecuatoriano, se emplea un reconocimiento general seguido de la advertencia de que los enunciados constitucionales remiten a políticas pendientes de implementar: el apartado 8 del artículo 11 establece que «El contenido de los derechos se desarrollará de forma progresiva a través de las normas, la jurisprudencia y las políticas públicas. El Estado generará y garantizará las condiciones necesarias para su pleno reconocimiento y ejercicio». El segundo párrafo del mismo apartado resuelve desde la Constitución un problema que ha dado mucho que debatir a la jurisprudencia y la doctrina europeas: el de saber si los derechos fijados en las normas de desarrollo de la Constitución son reversibles. Las conclusiones han solido estar acordes con que negarlo implica desconocer la variabilidad de las coyunturas económicas cuando se trata de derechos que requieran prestaciones públicas. La Constitución ecuatoriana resuelve el problema con carácter general en el párrafo mencionado: «Será inconstitucional cualquier acción u omisión de carácter regresivo que disminuya, menoscabe o anule injustificadamente el ejercicio de los derechos».

La Constitución ecuatoriana tiene cuatrocientos cuarenta y cuatro artículos, a los que hay que añadir treinta disposiciones transitorias.

Muy copiosa es la serie concerniente a derechos, que por tramos parece un ejercicio académico de compilación de todo lo existente, imaginable o deseable.

Desde luego, considerando las limitaciones con que el ambicioso elenco de derechos puede ser aplicado en la práctica, podría llegarse a la conclusión de que hubiera sido más razonable dejar a la legalidad ordinaria lo que ha sido hasta hoy materia propia de sus regulaciones, y a la jurisprudencia constitucional creativa las ampliaciones progresivas de los catálogos clásicos, mejorados, en todo caso, por algunas declaraciones perentorias sobre derechos como los medioambientales o los concernientes a las minorías.

Se han preferido las relaciones o catálogos totales y, con independencia de la aplicabilidad instantánea o diferida de algunos derechos, al menos cabe reconocer la importancia de la directiva constitucional en favor de todos los derechos que declara, lo que debe vincular tanto a los legisladores como a los gobiernos. Además de la fuerza que esas declaraciones tienen para la interpretación general de todo el ordenamiento jurídico.

Naturalmente, no resulta posible, en una obra como esta, llevar a cabo un análisis más particularizado de los derechos consagrados en las constituciones que forman la última generación del neoconstitucionalismo hispanoamericano. Bastará con una noticia general.

Más atrás he hecho una sinopsis de los derechos en la Constitución colombiana de 1991, que es la primera de la generación. Junto a los que figuraban en las constituciones tradicionales aparecen algunos derechos y deberes que forman parte de una ética o moral universal y que no tienen una traducción en términos jurídicos asequible. Por ejemplo, artículo 22: «La paz es un derecho y un deber de obligatorio cumplimiento».

Muchos de los derechos sociales que incorpora la Constitución no son estrictamente nuevos sino consecuencia de la constitucionalización de toda esta materia, es decir, de la incorporación a la Constitución de derechos que, en el constitucionalismo tradicional, no figuraban expresamente en el texto de la ley fundamental sino que han sido regulados tradicionalmente en la legislación de desarrollo.

La extensión de algunos artículos es consecuencia del desglose de un derecho general, por ejemplo, el de sufragio activo y pasivo, en todas sus manifestaciones posibles, como elegir y ser elegido; tomar parte en elecciones, plebiscitos, referendos, consultas populares y otras formas de participación democrática; constituir partidos; tener iniciativa en las corporaciones públicas... (artículo 40).

En el caso de los derechos sociales, económicos y culturales (capítulo II del título II) los desgloses son por grupos sociales, de manera que, por un lado, se declaran los derechos de la familia, de la pareja, del matrimonio, del hombre y de la mujer y su igualdad; los derechos fundamentales de los niños; de los adolescentes; de las personas de la tercera edad; de los disminuidos físicos sensoriales y psíquicos. Y, concluidas estas especialidades, se formula el contenido de algunos derechos sociales esenciales como «la atención de la salud y el saneamiento ambiental» (artículo 49), el derecho a la vivienda digna (artículo 51), al ejercicio del deporte y el recreo (artículo 52), al trabajo en igualdad de oportunidades (artículo 53), a la propiedad privada como derecho y como «función social» (artículo 58).

Los más novedosos, seguramente, son los que figuran en el capítulo III bajo la rúbrica «De los colectivos y del ambiente», que son los derechos más íntimamente relacionados con las preocupaciones actuales por el deterioro de la naturaleza, la acción perturbadora del hombre, la preservación de los bienes naturales.

Son notables las aperturas expansivas de la propia Constitución, que queda abierta a los derechos reconocidos en los tratados y convenios internacionales, y establece la obligación de interpretar los consagrados en la Constitución conforme a los tratados internacionales (artículo 93).

En fin, este es el panorama de una Constitución que inicia la generación de constituciones extensísimas (la colombiana tiene 380 artículos, la ecuatoriana 444, la boliviana 411). Como siempre ocurre con los textos constitucionales o legales que pretenden ser exhaustivos, la consecuencia de tanto pormenor es la rigidez de la regulación, tanto por lo que concierne a la interpretación judicial como al cambio de las reglas que ha de seguir los mismos procedimientos que se adoptaron para su fijación.

El grado de detalle en las relaciones o catálogos de derechos incluidos en la Constitución se ha incrementado en las aprobadas en años posteriores en otros Estados del área.

La Constitución ecuatoriana de 2008 dedica un extenso título II a los derechos, que ya he comentado.

Algunos enunciados comprenden la titularidad de derechos garantizados en la Constitución en favor de, además de las personas, las comunidades, pueblos, nacionalidades y colectivos. Y se menciona específicamente que «la naturaleza será sujeto de aquellos derechos que le reconozca la Constitución».

El catálogo de los derechos en la Constitución boliviana de 2009 figura en su título III, que arranca con algunos párrafos relativos a la interpretación general de sus enunciados en la materia.

Recoge derechos fundamentales que no solían fijarse en las constituciones liberales tradicionales. Figura, por ejemplo, el derecho de las mujeres a «no sufrir violencia física, sexual o psicológica», la obligación del Estado de «prevenir, eliminar y sancionar la violencia de género y generacional», la prohibición de que las personas sean sometidas a «desaparición forzada», a servidumbre o esclavitud (artículo 15).

Los enunciados materiales respecto de derechos que la Constitución declara se refieren al agua y la alimentación, la educación, salud, hábitat y vivienda, servicios urbanos básicos, etc. Sigue un amplísimo enunciado de derechos civiles y políticos, que he reproducido más atrás.

Es muy importante en todas las nuevas constituciones la amplia renovación de las garantías. Claudia Storini ha ensayado una exposición completa sobre la renovación en este punto.[86] Hace una relación de cómo se plantearon las garantías, para fijar, partiendo del caso de Ecuador, los tipos de existentes. Distingue entre las garantías genéricas (reserva de ley y garantía del contenido esencial), eficacia normativa, aplicación directa y garantías normativas, hasta hacer un amplio examen de la protección judicial de los derechos, que desarrolla haciendo un análisis sistemático de la mayor parte de las figuras existentes: acción de amparo y acción de protección, legitimación activa en estas acciones y autoridad competente para resolverlas; acción extraordinaria de protección; acción de cumplimiento, de incumplimiento y acción popular; y las medidas cautelares.

También es interesante el trabajo de la misma Claudia Storini sobre la eficacia de los derechos en relación con las limitaciones presupuestarias y su justiciabilidad.[87] Después de estudiar la naturaleza de los derechos sociales y establecer que el nuevo constitucionalismo ha situado en la misma jerarquía y aplicabilidad los derechos civiles y políticos y los derechos sociales, se plantea la cuestión de la justiciabilidad, en aspectos esenciales como la legitimación y la competencia para actuar.

DERECHOS DE LA NATURALEZA

Uno de los contenidos más luminosos de las constituciones que estamos analizando es el que se refiere al reconocimiento de los derechos de la naturaleza. Reiteran todas ellas conceptos similares, de los que puede servir como ejemplo general el artículo 71 de la Constitución de Ecuador: «La naturaleza o Pacha Mama, donde se reproduce y realiza la vida, tiene derecho a que se respete integralmente su existencia y el mantenimiento y regeneración de sus ciclos vitales, estructura, funciones y procesos evolutivos. Toda persona, comunidad, pueblo o nacionalidad podrá exigir a la autoridad pública el cumplimiento de los derechos de la naturaleza. Para aplicar e interpretar estos derechos se observarán los principios establecidos en la Constitución en lo que proceda. La naturaleza tiene derecho a la restauración».

La consideración de la naturaleza como sujeto de derechos ha sido en general bien valorada porque se sitúa en el orden ideológico del pensamiento medioambientalista que comparte en la actualidad una abrumadora mayoría de los ciudadanos.

Realmente los textos del neoconstitucionalismo latinoamericano no hacen aportaciones que sean absolutamente originales en este ámbito. El reconocimiento de la naturaleza como sujeto de derechos procede, por extensión, del debate que en primer lugar se ha sostenido en todo el mundo occidental acerca de los derechos de los animales. Su punto de partida moderno suele situarse en dos libros emblemáticos: el de Christopher Stone *Should Trees Have Standing* y el de Peter Singer *Animal Liberation*, publicados al iniciarse los años setenta. Pero en verdad este debate viene de mucho más atrás. Tuvo una aportación esencial en la filosofía de Jeremy Bentham y, en particular, en su libro *The Principles of Morals and Legislation*, en cuyo siglo XVIII auguraba que llegaría un día en que los animales adquirirían derechos que nunca debieron negárseles. La construcción filosófica y el reconocimiento jurídico de tales derechos fue objeto de aportaciones importantes en el último tercio del siglo XX.[88]

La construcción jurídica de este tipo de derechos y la afirmación de que los animales son sus titulares ha progresado rápidamente en las legislaciones de las democracias occidentales, hasta obtener una primera consolidación en la Declaración Universal de los Derechos del Animal, que fue aprobada por la Unesco el 17 de octubre de 1978, cuyo preámbulo tiene este reconocido énfasis: «Considerando que todo animal posee derechos. Considerando que el desconocimiento y desprecio de dichos derechos han conducido y siguen conduciendo al hombre a cometer crímenes contra la naturaleza y contra los animales. Considerando que el reconocimiento por parte de la especie humana de los derechos a la existencia de las otras especies de animales constituye el fundamento de la coexistencia de las especies en el mundo».[89]

La traslación de todos estos valores y principios a los demás elementos o sujetos de la naturaleza (bosques, árboles, arbustos, corrientes de agua, lagos, etc.) se ha producido en muy poco tiempo; hoy forman parte de las creencias y valores generales en todo el mundo civilizado.

La evolución de la ideología en materia de derechos de la naturaleza también ha conducido rápidamente a considerar que las acciones de protección no pueden planificarse ni desarrollarse en el limitado espacio de un territorio nacional, sino que son necesarias actuaciones globales, dirigidas por organismos que puedan gobernar, al menos en estos aspectos medioambientales, los intereses del mundo entero.

Esto explica que se hayan retomado las propuestas que inició el muy famoso opúsculo de Immanuel Kant *Sobre la paz perpetua*, y desarrollaron juristas insignes, como Hans Kelsen, a principios del siglo XX.

Estas ideas de gobierno global de algunas necesidades comunes, que se han puesto violentamente de manifiesto con la pandemia de COVID, han conducido a retomar, entre otras, la idea de protección de la naturaleza desde un constitucionalismo global que suponga una universalización de los derechos humanos y supere la impotencia de los constitucionalismos nacionales. Postulan estos estudios la rápida creación de una «Federación de la Tierra» que cuente con instituciones y funciones globales de garantía.

Un entusiasta difusor de estas ideas ha sido recientemente Luigi Ferrajoli,[90] cuya obra anima a que los constitucionalismos nacionales transiten en la dirección de un constitucionalismo supranacional que agregue a los derechos fundamentales el constitucionalismo de los bienes fundamentales, y proscriba el de los bienes ilícitos.[91]

La conclusión, por lo que ahora nos concierne, respecto de la incorporación de los derechos de la naturaleza al nuevo constitucionalismo hispanoamericano, es que tiene que celebrarse como una excelente aportación que, por cierto, ha sido de las que se han hecho más inmediatamente visibles por sus resultados. Este es el camino del nuevo biocentrismo cosmopolita, que es bueno estimular.

Los analistas de estos preceptos concretos están todavía en el manejo de ideas un poco atrasadas respecto al avance de este nuevo pensamiento. Por ejemplo, aún se discute si es jurídicamente posible reconocer derechos a la naturaleza, o sobre cómo las declaraciones en favor de los derechos de la naturaleza suponen aceptar principios de una cosmogonía que era ajena al antropocentrismo con que se ha gobernado el mundo.

Los tribunales constitucionales y la justicia ordinaria en todos los Estados están avanzando con gran ritmo en la consolidación de estas nuevas realidades jurídicas.

LOS DERECHOS DE LOS PUEBLOS ORIGINARIOS Y SUS INDIVIDUOS

A toda esta literatura del nuevo indigenismo, que he expuesto más atrás, le faltaron algunos elementos imprescindibles para que sus ideas pudieran progresar: principalmente, la consagración de los derechos de los pueblos originarios y sus miembros como derechos exigibles y la renovación de las estructuras de los Estados constitucionales para que las comunidades pudieran tener reconocido un espacio político y poderes de autogobierno.

Durante el siglo XX, las políticas de los Estados con fuerte implantación de pueblos originarios consistieron casi siempre en la integración de las comunidades indígenas y sus individuos, con una fuerte tendencia a la aculturación castellana, sea lingüística, social o económica. El efecto fue que, a lo largo de todo el siglo, la protección efectiva de esas culturas no dejó de disminuir. Los colectivos adquirieron suficiente conciencia política para organizarse en grupos desde los que exponer sus reclamaciones.

También hemos estudiado ya la evolución de las ideas indigenistas y las reclamaciones que, con el tiempo, se fueron planteando a los gobiernos como básicas. Estas reclamaciones de la antropología latina se enriquecieron con las aportaciones de la filosofía política de autores que tenían a la vista los problemas de las comunidades indígenas norteamericanas, sobre todo canadienses, australianas, y antropólogos de diversos países europeos. Entre ellos Charles Taylor, Will Kymlicka y James Tully,[92] pero también grupos muy importantes de antropólogos a los que he aludido al tratar del pensamiento indigenista globalizado.

Estas manifestaciones de una nueva ideología indigenista se han concretado en textos constitucionales y declaraciones internacionales. El movimiento de reforma constitucional empezó al final de los años ochenta y se ha prorrogado hasta los primeros decenios del siglo XXI. El inicio de este constitucionalismo multicultural tal vez pueda situarse en la Constitución de Nicaragua de 1987. La tónica general es el reconocimiento de derechos especiales o diferenciados: lengua, cultura y tradiciones, autogobierno, derechos de propiedad comunal o colectiva de la tierra, existencia legal de comunidades indígenas, etc. Y también la declaración de que los correspondientes Estados o naciones son pluriétnicos, multiétnicos, pluriculturales o multiculturales (Nicaragua, 1987; Brasil, 1988; Colombia, 1991; México, 1992 y 2001; Paraguay, 1992; Perú, 1993; Honduras, 1994 y 2004; Ecuador, 2008; Venezuela, 1999, y Bolivia, 2006). Estas declaraciones eran excepcionales en el constitucionalismo anterior, aunque alguna de alcance más limitado pueden encontrarse (Bolivia, 1967, y la autonomía de los kunas en Panamá por vía legislativa desde 1938).[93] A la tendencia se han sumado importantes instrumentos internacionales que reconocen derechos de las minorías indígenas.

Retorno a la heterogeneidad y el particularismo

El mayor cambio de paradigma que resulta del nuevo constitucionalismo hispanoamericano creo que puede atribuirse a esta materia del reconocimiento de derechos de los pueblos originarios. Lo afirmo aun observando que la decisión no tiene repercusiones generales sobre todos los ciudadanos, ni afecta al régimen general de los derechos fundamentales. Mucho menos podría sostenerse que el nuevo orden constitucional afecta a toda Hispanoamérica, porque el número de países con comunidades aborígenes y su número (muy mermado también por el mestizaje) es limitado.

Pero aun con estas consideraciones, hay que tener en cuenta que el reconocimiento de los derechos particulares de esas comunidades y sus miembros rompe uno de los dogmas centrales del constitucionalismo liberal, implantado tanto en Europa como en América desde principios del siglo XIX: la igualdad de todos y la generalidad y uniformidad de las leyes, aplicadas sin excepciones, derogaciones singulares o privilegios.

La consagración de la igualdad, la extinción de los privilegios de toda clase y la proclamación de la libertad fueron incorporadas a las constituciones americanas en la medida en que tuvieron éxito las independencias.

El aspecto crítico y más diferencial de la aplicación de la igualdad en España y en América era que en este último territorio buena parte de los privilegios y prerrogativas que se eliminaban en aras de la igualdad habían sido establecidos en la legislación indiana a favor de los nativos y del mantenimiento de sus costumbres y culturas (juzgados especiales, pueblos de indios, propiedad colectiva, instituciones educativas, preservación de las lenguas nativas, protección del trabajo, etc.). La igualdad, si se aplicaba con rigor, implicaba que los aborígenes quedarían sometidos a las mismas regulaciones que los criollos con la notable diferencia de que estos últimos dominaban las instituciones, y que la cultura y el idioma que asumían y utilizaban eran los europeos.

En la primera Constitución hispanoamericana, la Constitución venezolana de 1811, se enfatiza la igualdad de derechos como uno de los principios más caracterizadores. El artículo 200, que transcribimos en un capítulo inicial, se refiere con carácter general a la igualdad de los indios.

Esta proclamación de la igualdad no evitó, sin embargo, que se mantuviera la superioridad y la dominación cultural criolla. Todo lo bueno y digno de encomio estaba vinculado a la cultura europea, mientras que la india era exponente del mal, el subdesarrollo y la falta de civilización. El republicanismo quería avanzar por el camino de la civilización y, para ello, era imprescindible la imitación del progreso y formas de vida europeas y la erradicación del primitivismo y la barbarie representados, sobre todo, por los indios y otros habitantes bárbaros de las zonas rurales.

El problema de los criollos independentistas era consolidar el Estado y la nación. La acción política se centró en desmontar las piezas del sistema indigenista colonial (en particular, la denominación de indio, el tributo, el servicio personal, la propiedad comunal y los cacicazgos), para aplicar a los indios los mismos derechos y obligaciones que a los demás ciudadanos criollos blancos y mestizos. Cuando San Martín proclamó la independencia de Perú, promulgó decretos que declaraban «abolido el tributo», y también que «en adelante no se denominarán los aborígenes indios o naturales [...], sino ciudadanos del Perú y con el nombre de peruanos deben ser reconocidos» (27 de agosto de 1821), y ordenaba que «queda extinguido el servicio que los peruanos, conocidos antes con el nombre indios o naturales, hacían bajo la denominación de mitas, pongos, encomiendas, yanaconazgos y toda otra clase de servidumbre personal, bajo la pena de expatriación» (28 de agosto).

Bolívar declaró el 8 de abril de 1824 a los indios propietarios de sus tierras, de modo que pudieran venderlas, y ordenó el reparto de las tierras de la comunidad entre sus miembros el 4 de julio de 1825. En aras del principio de igualdad establecido en la Constitución, declaró extinguidos los cacicazgos. Estos y la comunidad indígena, que fueron dos instituciones centrales en la colonia, desaparecieron; lo que fue muy grave para la seguridad de los pueblos originarios porque esas instituciones habían sido fundamentales para su defensa.

Como ha puesto de manifiesto Giraudo:[94] «En relación con el actual "constitucionalismo multicultural", que representa una ruptura con el modelo constitucional antes predominante, el reconocimiento de derechos colectivos y del derecho consuetudinario, se presenta inevitablemente en el debate como un posible retorno de elementos del antiguo régimen, por la relación existente entre derechos y pertenencia a un colectivo y por ser la colonia la experiencia histórica en que aquellos se configuraron».

Un retorno, no ponderado, al pasado, por ejemplo en materia de autogobierno de las comunidades indígenas, exigiría aceptar, en el caso de las grandes civilizaciones precolombinas, formas de gobierno medievales, lo mismo que supondría en Europa el retorno a formas de gobierno anteriores a la formación de los Estados modernos. Modelos de sociedades primitivas, todos de tipo feudal, tanto los incas como los europeos en el mejor de los casos, que solo están pensados para la recaudación mínima de tributos y para la guerra. Nada de servicios estatales de ninguna clase, ni prestaciones públicas.

Estoy de acuerdo con la expresiva fórmula «constitucionalismo de la diferencia» que ha propuesto Claudia Storini[95] para subrayar las particularidades de este nuevo pluralismo jurídico en relación con el pluralismo jurídico clásico.

Las fórmulas del nuevo constitucionalismo para asegurar el pluralismo y la diversidad

Es procedente recorrer rápidamente esta nueva geografía constitucional e internacional, para examinar más adelante algunos de los problemas aplicativos que plantean los correspondientes textos. En las nuevas constituciones multiculturales, se encuentran declaraciones generales sobre los pueblos originarios y derechos colectivos e individuales, que requieren desarrollos legislativos posteriores (por ejemplo, Nicaragua, Colombia, Venezuela, México) y también muy pormenorizadas regulaciones y explicaciones complementarias de estas mismas cuestiones (Ecuador, Bolivia).

Como modelo de la primera solución ha servido la Constitución de Nicaragua, cuyo artículo 5, párrafos tercero y cuarto, establece:

> El Estado reconoce la existencia de los pueblos indígenas, que gozan de los derechos, deberes y garantías consignados en la Constitución y en especial los de mantener y desarrollar su identidad y cultura, tener sus formas propias de organización social y administrar sus asuntos locales; así como mantener las formas comunales de la propiedad de sus tierras y el goce, uso y disfrute de las mismas, todo de conformidad con la ley. Para las comunidades de la Costa Atlántica se establece el régimen de autonomía en la presente Constitución.
>
> Las diferentes formas de propiedad pública, privada, asociativa, cooperativa y comunitaria deben ser garantizadas y estimuladas sin discriminación para producir riquezas, y todas ellas dentro de su libre funcionamiento deberán cumplir una función social.

De modo específico, la Constitución reconoce derechos a las comunidades de la Costa Atlántica (artículos 89 y 90) concernientes a la conservación de su identidad cultural y al goce, uso y disfrute de las aguas y bosques de sus tierras comunales.

La Constitución bolivariana de Venezuela de 1999 recuerda en su preámbulo, junto al «ejemplo histórico de nuestro libertador, Simón Bolívar», el «heroísmo y sacrificio de nuestros antepasados aborígenes y de los precursores y forjadores de una patria libre y soberana».

También que la Constitución pretende «refundar la República» para establecer «una sociedad democrática, participativa y protagónica, multiétnica y pluricultural en un Estado de justicia, federal y descentralizado».

La Constitución colombiana de 1991 define a Colombia como un Estado participativo y pluralista (artículo 1), reconoce la igualdad y dignidad de todas las culturas (artículo 70); la diversidad cultural y étnica del país (artículo 7); y la obligación del Estado de proteger la riqueza cultural de Colombia (artículo 8).

La tensión entre el carácter unitario del Estado y el derecho de autogobierno también tiene su respuesta directa en la Constitución. El artículo 1 establece que «Colombia es un Estado social de derecho, organizado como una república unitaria», lo que no es obstáculo para que el 246 reconozca a los pueblos indígenas el derecho de ejercer las facultades jurisdiccionales dentro de su territorio, y para la conformación de entidades territoriales indígenas (artículo 329) y el derecho de los grupos aborígenes a gobernarse a sí mismos, según sus usos y costumbres (artículo 330, donde se recogen las competencias principales de los territorios).[96]

Más detallada que las anteriores es la Constitución Federal Mexicana, reformada en 2001. El nuevo artículo 2 establece lo siguiente:

> La Nación Mexicana es única e indivisible.
>
> La nación tiene una composición pluricultural sustentada originariamente en sus pueblos indígenas que son aquellos que descienden de poblaciones que habitaban en el territorio actual del país al iniciarse la colonización y que conservan sus propias instituciones sociales, económicas, culturales y políticas, o parte de ellas.
>
> La conciencia de su identidad indígena deberá ser el criterio fundamental para determinar a quiénes se aplican las disposiciones sobre los pueblos indígenas.
>
> Son comunidades integrantes de un pueblo indígena, aquellas que formen una unidad social, económica y cultural, asentadas en un te-

rritorio y que reconocen autoridad propia de acuerdo con sus usos y costumbres.

El derecho de los pueblos indígenas a la libre determinación se ejercerá en un marco constitucional de autonomía que asegure la unidad nacional. El reconocimiento de los pueblos y comunidades indígenas se hará en las constituciones y leyes de las entidades federativas, las que deberán tener en cuenta, además de los principios generales establecidos en los párrafos anteriores de este artículo, criterios etnolingüísticos.

Complementa estas declaraciones y principios el reconocimiento del derecho de los pueblos y comunidades indígenas a la libre determinación y a la autonomía con los objetivos o finalidades que precisa el propio precepto, entre los que se incluyen «decidir sus formas internas de convivencia y organización social, económica, política y cultural»; aplicar sus propios sistemas normativos para la regulación; elegir las normas y procedimientos y prácticas tradicionales por las que se han de regir las autoridades y representantes de las comunidades; preservar y enriquecer sus lenguas; conservar y mejorar el hábitat y la integridad de sus tierras; acceder al uso y disfrute preferente de los recursos naturales de los lugares que habitan y ocupan las comunidades (con sometimiento a las leyes que regulan las formas y modalidades de la propiedad y respeto a los derechos de terceros); elegir los representantes indígenas en los ayuntamientos; acceder a la jurisdicción del Estado: este derecho ha de incluir el respeto a las costumbres y especificidades culturales en el desarrollo de los juicios y procedimientos. Otro importante grupo de previsiones del artículo 2 concierne a las políticas que han de seguir la Federación, los estados y los municipios «para promover la igualdad de oportunidades de los indígenas y eliminar cualquier práctica discriminatoria».

Antes y después de la modificación del artículo 2 de la Constitución Federal Mexicana los estados miembros de la federación han modificado sus constituciones para incluir preceptos concernientes a los derechos de las comunidades indígenas y los individuos que las integran.

Las tres constituciones hispanoamericanas que han puesto más énfasis en el carácter «refundacional» de los respectivos Estados, en afirmar con más firmeza y detalle su credo indigenista y en reconocer los nuevos derechos, son, hasta ahora, las de Venezuela, Ecuador y la de Bolivia.

La de Venezuela, de 1999, contiene, a partir del artículo 119 y hasta el 126, muchas determinaciones que merece la pena reproducir:

- «El Estado reconocerá la existencia de los pueblos y comunidades indígenas, su organización social, política y económica, sus derechos originarios sobre las tierras que ancestral y tradicionalmente ocupan y que son necesarias para desarrollar y garantizar sus formas de vida. Corresponderá al Ejecutivo nacional, con la participación de los pueblos indígenas, demarcar y garantizar el derecho de propiedad colectiva de sus tierras, las cuales serán inalienables, imprescriptibles, inembargables e intransferibles de acuerdo con lo establecido en esta Constitución y la ley» (artículo 119).
- «El aprovechamiento de los recursos naturales en los hábitats indígenas por parte del Estado se hará sin lesionar la integridad cultural, social y económica de los mismos e, igualmente, está sujeto a previa información y consulta de las comunidades indígenas respectivas. Los beneficios de este aprovechamiento por parte de los pueblos indígenas están sujetos a la Constitución y a la ley» (artículo 120).
- «Los pueblos indígenas tienen derecho a mantener y desarrollar su identidad étnica y cultural, cosmovisión, valores, espiritualidad y sus lugares sagrados y de culto. El Estado fomentará la valoración y difusión de las manifestaciones culturales de los pueblos indígenas, los cuales tienen derecho a una educación propia y a un régimen educativo de carácter intercultural y bilingüe, atendiendo a sus particularidades socioculturales, valores y tradiciones (artículo 120).
- «Los pueblos indígenas tienen derecho a una salud integral que considere sus prácticas y culturas. El Estado reconocerá su medicina tradicional y las terapias complementarias con sujeción a principios bioéticos» (artículo 122).

- «Los pueblos indígenas tienen derecho a mantener y promover sus propias prácticas económicas basadas en la reciprocidad, la solidaridad y el intercambio; sus actividades productivas tradicionales, su participación en la economía nacional y a definir sus prioridades. Los pueblos indígenas tienen derecho a servicios de formación profesional y a participar en la elaboración, ejecución y gestión de programas específicos de capacitación, servicios de asistencia técnica y financiera que fortalezcan sus actividades económicas en el marco del desarrollo local sustentable. El Estado garantizará a los trabajadores y trabajadoras pertenecientes a los pueblos indígenas el goce de los derechos que establece la legislación laboral» (artículo 123).
- «Se garantiza y protege la propiedad intelectual colectiva de los conocimientos, tecnologías e innovaciones de los pueblos indígenas. Toda actividad relacionada con los recursos genéticos y los conocimientos asociados a los mismos perseguirán beneficios colectivos. Se prohíbe el registro de patentes sobre estos recursos y conocimientos ancestrales» (artículo 124).
- «Los pueblos indígenas tienen derecho a la participación política. El Estado garantizará la representación indígena de la Asamblea Nacional y en los cuerpos deliberantes de las entidades federales y locales con población indígena, conforme a la ley» (artículo 125).
- «Los pueblos indígenas, como culturas de raíces ancestrales, forman parte de la Nación, del Estado y del pueblo venezolano como único, soberano e indivisible. De conformidad con esta Constitución tienen el deber de salvaguardar la integridad y la soberanía nacional» (artículo 126).

La Constitución de Ecuador fue aprobada en 2008 y reformada por referéndum en 2011.

En el preámbulo aparecen referencias a las culturas precoloniales y el repudio del colonialismo. Dice, por ejemplo:

> Nosotras y nosotros, el pueblo soberano del Ecuador, reconociendo nuestras raíces milenarias, forjadas por mujeres y hombres de distintos pueblos, celebrando a la naturaleza, la Pacha Mama, de la que somos parte y que es vital para nuestra existencia, invocando el nom-

bre de Dios y reconociendo nuestras diversas formas de religiosidad y espiritualidad, apelando a la sabiduría de todas las culturas que nos enriquecen como sociedad, como herederos de las luchas sociales de liberación frente a todas las formas de dominación y colonialismo, y con un profundo compromiso con el presente y el futuro, decidimos construir una nueva forma de convivencia ciudadana en diversidad y armonía con la naturaleza, para alcanzar el buen vivir, el sumak kawasai; una sociedad que respeta, en todas sus dimensiones, la dignidad de la persona y las colectividades; un país democrático, comprometido con la integración latinoamericana —sueño de Bolívar y Alfaro—, la paz y la solidaridad con todos los pueblos de América.

Algunos de los principios fundamentales contienen muchas menciones a la posición en el Estado, y a la cultura, de los pueblos originarios. Por ejemplo, entre los principios fundamentales que recoge el capítulo primero del título I, el segundo párrafo del artículo 2 dice: «El castellano es el idioma oficial del Ecuador; el castellano, el kichwa y el shuar son idiomas oficiales de relación intercultural. Los demás idiomas ancestrales son de uso oficial para los pueblos indígenas en las zonas donde habitan y en los términos que fija la ley. El Estado respetará y estimulará su conservación y uso».

El artículo 4 define el territorio de la siguiente manera: «El territorio del Ecuador constituye una unidad geográfica e histórica de dimensiones naturales, sociales y culturales, legado de nuestros antepasados y pueblos ancestrales».

El capítulo segundo del título I se refiere a las «ciudadanas y ciudadanos». Y el título II contiene una larga relación de derechos. Es original en relación con las constituciones europeas, y las anteriores americanas, el capítulo segundo del título II, que se refiere a los «derechos del buen vivir» y consagra los derechos al agua, la alimentación y al ambiente sano. Este último como una derivación del buen vivir, que en el artículo 14 se menciona en kichwa, el sumak kawasai.

Junto a los derechos individuales se reconocen los derechos colectivos, regulados en el capítulo cuarto del título II, artículos 56 y siguientes. El capítulo se denomina «Derechos de las comunidades, pueblos y nacionalidades». Parte de la afirmación, en el artículo 56, de que «Las comunidades, pueblos y nacionalidades indígenas, el pueblo afroecuatoriano, el pueblo montubio y las comunas forman parte del estado ecuatoriano, único e indivisible». A estas colectividades se reconocen derechos colectivos, de acuerdo con la Constitución y convenios internacionales. La lista del artículo 57 recoge hasta veintiún derechos colectivos diferentes. Entre ellos:

> 1. Mantener, desarrollar y fortalecer libremente su identidad, sentido de pertenencia, tradiciones ancestrales y formas de organización social. 2. No ser objeto de racismo y de ninguna forma de discriminación fundada en su origen, identidad étnica o cultural [...]. 4. Conservar la propiedad imprescriptible de sus tierras comunitarias, que serán inalienables, inembargables e indivisibles. Estas tierras estarán exentas del pago de tasas e impuestos. 5. Mantener la posesión de las tierras y territorios ancestrales y obtener su adjudicación gratuita [...]. 10. Crear, desarrollar, aplicar y practicar su derecho propio o consuetudinario, que no podrá vulnerar derechos constitucionales, en particular de las mujeres, niñas, niños y adolescentes [...]. 14. Desarrollar, fortalecer y potenciar el sistema de educación intercultural bilingüe, con criterios de calidad, desde la estimulación temprana hasta el nivel superior, conforme a la diversidad cultural, para el cuidado y preservación de las identidades en consonancia con sus metodologías de enseñanza y aprendizaje [...]. 17. Ser consultados antes de la adopción de una medida legislativa que pueda afectar cualquiera de sus derechos colectivos.

La lista concluye con un párrafo final que dice: «Los territorios de los pueblos en aislamiento voluntario son de posesión ancestral irreductible e intangible, y en ellos estará vedada todo tipo de actividad extractiva. El Estado adoptará medidas para garantizar sus vidas, hacer respetar su autodeterminación y voluntad de permanecer en aislamiento, y precautelar la observancia de sus derechos. La violación de estos derechos constituirá delito de etnocidio, que será tipificado por la ley».

El artículo 60 se refiere a la autodeterminación cultural que está ligada a la autonomía administrativa: «Los pueblos ancestrales, indígenas, afroecuatorianos y montubios podrán constituir circunscripciones territoriales para la preservación de su cultura. La ley regulará su conformación. Se reconoce a las comunas que tienen propiedad colectiva de la tierra, como una forma ancestral de organización territorial».

Al regular en el título IV la función judicial, se hace referencia a la «Justicia indígena» en estos términos:

> Las autoridades de las comunidades, pueblos y nacionalidades indígenas ejercerán funciones jurisdiccionales, con base a sus tradiciones ancestrales y su derecho propio, dentro de su ámbito territorial, con garantía de participación y decisión de las mujeres. Las autoridades aplicarán normas y procedimientos propios para la solución de sus conflictos internos, y que no sean contrarios a la Constitución y a los derechos humanos reconocidos en instrumentos internacionales. El Estado garantizará que las decisiones de la jurisdicción indígena sean respetadas por las instituciones y autoridades públicas. Dichas decisiones estarán sujetas al control de constitucionalidad. La ley establecerá los mecanismos de coordinación y cooperación entre la jurisdicción indígena y la jurisdicción ordinaria [artículo 171].

Algunas declaraciones se sitúan más cerca de la ética que de las obligaciones exigibles. Así ocurre con las «responsabilidades» recogidas en el capítulo noveno en redacción bilingüe: «Ama Killa, Ama Llulla, Ama Shwa. No ser ocioso, no mentir, no robar». El título VII, artículos 340 y siguientes, establece el «Régimen del buen vivir» enunciando políticas en materia de inclusión y equidad, educación, salud, seguridad social, hábitat y vivienda, cultura, cultura física y tiempo libre, comunicación social, ciencia, tecnología, innovación y saberes ancestrales, gestión del riesgo, población, migraciones, seguridad, transporte, biodiversidad y recursos naturales.

La «Constitución política del Estado plurinacional de Bolivia» de 2009 tiene una extensión similar a la ecuatoriana (411 artículos la boliviana), pero plantea la reconstrucción del Estado y el reconocimiento de los derechos indígenas en un tono más reivindicativo que ninguna otra. Reclama para sí, a este respecto, ser el texto constitucional más vanguardista de América y añade, tanto en el texto como en el Anexo sobre los derechos, explicaciones históricas y criterios de interpretación absolutamente originales en este tipo de normas.

Se ha publicado precedida de una declaración, firmada por el presidente Evo Morales, titulada «Para que nunca más seamos excluidos», que merece, aunque sea algo extensa, ser reproducida:

> Históricamente, Bolivia se ha construido a partir de la exclusión de los pueblos indígenas. Es por eso que en el marco de las transformaciones profundas y democráticas nos hemos propuesto cambiar esta situación injusta.
>
> Todos quienes nacimos en Bolivia somos originarios de esta tierra; algunos somos originarios milenarios y otros son originarios contemporáneos. El problema es que los originarios milenarios somos muchos pero pobres y los originarios contemporáneos son pocos pero ricos. Mediante esta nueva Constitución política queremos que todos los originarios bolivianos seamos iguales. Eso estamos buscando, sin racismo, ni discriminación.
>
> Hoy, con la Nueva Constitución Política del Estado, tenemos la oportunidad histórica de cerrarle las puertas al racismo, a la discriminación y a la exclusión empezando a construir un Estado Plurinacional, intercultural y auténticamente democrático que se funde en la pluralidad cultural de nuestra patria.
>
> Para construir una Bolivia más justa necesitamos un golpe de timón de fondo y en esta tarea los pueblos indígenas nos señalan la ruta que debemos seguir. La Nueva Constitución establece que en el nuevo modelo de país los pueblos indígenas tendrán una profunda participación civil, política y económica. Para que nunca más seamos excluidos.
>
> Antes, las hermanas y hermanos Quechuas, Aymaras, Guaraníes y otros hermanos de tierras bajas no podíamos entrar al Palacio, no podíamos entrar a la Plaza Murillo, no podíamos caminar en las aceras, en las ciudades importantes; ese es el pasado de los pueblos indígenas en Bolivia y en Latinoamérica. Ahora, los pueblos indígenas somos uno de los pilares fundamentales de un nuevo país.

Estoy convencido de que la Nueva Constitución Política del Estado tiene que pasar del papel a la realidad para que nuestros conocimientos y nuestra participación nos ayuden a construir un nuevo futuro de esperanza para todos. Quién sino los pueblos indígenas podemos señalar el rumbo de estos cambios para la preservación de la naturaleza, para distribuir equitativamente los beneficios de los recursos naturales y de los territorios que habitamos ancestralmente.

Sé que no es fácil el cambio cuando un sector extremadamente poderoso tiene que renunciar a sus privilegios. Vivimos un constante sabotaje porque estamos acabando con los privilegios para que todos podamos «Vivir Bien» y no mejor que nuestros semejantes. Sé que el cambio es muy difícil, pero tengo absoluta confianza en las bolivianas y bolivianos, su capacidad de razonar, de aprender de sus errores, de recuperar sus raíces y de cambiar para forjar un país justo, diverso, inclusivo, equilibrado y armónico.

También precede a la Constitución una «Presentación», que contiene información sobre el proceso de elaboración y vuelve a explicar sus principales objetivos (derechos indígenas, autonomía y amazonía). Y hay, en fin, antes de llegar al texto articulado, un preámbulo, que establece los fundamentos del nuevo Estado en la lucha por la liberación, por la recuperación del primer poblamiento de la Madre Tierra, contra el racismo, y en los movimientos indígenas de toda clase. Concluye: «Dejamos en el pasado el Estado colonial, republicano y neoliberal. Asumimos el reto histórico de construir colectivamente el Estado Unitario Social de Derecho Plurinacional Comunitario, que integra y articula los propósitos de avanzar hacia una Bolivia democrática, productiva, portadora e inspiradora de la paz, comprometida con el desarrollo integral y con la libre determinación de los pueblos».

La Parte Primera de la Constitución, título I, se refiere a las bases fundamentales del Estado, y los dos primeros artículos lo definen: «Bolivia se constituye en un Estado Unitario Social de Derecho Plurinacional Comunitario, libre, independiente, soberano, democrático, intercultural, descentralizado y con autonomías. Bolivia se funda en la pluralidad y el pluralismo político, económico, jurídico, cultural y lingüístico, dentro del proceso integrador del país» (artículo 1). «Dada la existencia precolonial de las naciones y pueblos indígena originario campesinos y su dominio ancestral sobre sus territorios, se garantiza su libre determinación en el marco de la unidad del Estado, que consiste en su derecho a la autonomía, al autogobierno, a su cultura, al reconocimiento de sus instituciones y a la consolidación de sus entidades territoriales, conforme a esta Constitución y a la ley».

Como consecuencia del reconocimiento de las comunidades e individuos indígenas y sus costumbres y cultura, el Estado respeta y garantiza la libertad de religión y de creencias espirituales de acuerdo con sus cosmovisiones (artículo 4), y, desde luego, sus lenguas: «Son idiomas oficiales del Estado el castellano y todos los idiomas de las naciones y pueblos indígena originario campesinos, que son el aymara, araona, baure, bésiro, canichana, cavineño, cayubaba, chácobo, chimán, ese ejja, guaraní, guarasú've, guarayu, itonama, leco, machajuyai-kallawaya, machineri, maropa, mojeño-trinitario, mojeño-ignaciano, moré, mosetén, movima, pacawara, puquna, quechua, sirionó, tacana, tapiete, toromona, uro-chipaya, weenhayek, yaminawa, yuki, yuracaré, y zamuco» (artículo 5.1). Prescribe la Constitución que el gobierno plurinacional y los gobiernos departamentales deben utilizar al menos dos idiomas oficiales. Uno de ellos debe ser el castellano. Los demás gobiernos autónomos deben utilizar los idiomas propios de su territorio, y uno de ellos debe ser el castellano.

El capítulo IV está dedicado a los «Derechos de las Naciones y Pueblos Indígena Originario Campesinos». La definición de los conceptos esenciales la acomete el artículo 30.1: «Es nación y pueblo indígena originario campesino toda la colectividad humana que comparta identidad cultural, idioma, tradición histórica, instituciones, territorialidad y cosmovisión, cuya existencia es anterior a la invasión colonial española».

El párrafo II del mismo artículo reconoce a estos pueblos una larga lista de derechos, entre los cuales «Existir libremente, derecho a su identidad cultural, creencia religiosa, espiritualidades, prácticas y costumbres, y a su propia cosmovisión». A escribir la identidad cultural de cada uno de sus miembros, junto a la cédula de identidad, pasaporte u otros documentos de identificación. Derecho a la «libre determinación y territorialidad»; a que sus instituciones sean parte de la estructura general del Estado»; «a la titulación colectiva de tierras y territorios»; «a la protección de sus lugares sagrados»; «a que sus saberes y conocimientos tradicionales, su medicina tradicional, sus idiomas, sus rituales y sus símbolos y vestimentas sean valorados, respetados y promocionados»; «a vivir en un medioambiente sano, con manejo y aprovechamiento adecuado de los ecosistemas»; «a una educación intracultural, intercultural y plurilingüe en todo el sistema educativo»; «al sistema de salud universal y gratuito que respete su cosmovisión y prácticas tradicionales»; «al ejercicio de sus sistemas políticos, jurídicos y económicos acorde con su cosmovisión»; «a la participación en los beneficios de la explotación de los recursos naturales en sus territorios». La huella de la Constitución ecuatoriana y de la Declaración de las Naciones Unidas sobre derechos de los pueblos indígenas es evidente en esta parte.

Contiene preceptos, a partir del artículo 31, dedicados a los pueblos «en peligro de extinción, en situación de aislamiento voluntario y no contactados», cuyas formas de vida individual y colectiva serán protegidas. Los pueblos que estén en esa condición tienen derecho a mantenerse en ella.

La Parte Tercera de la Constitución está dedicada a la organización territorial. Autonomía departamental, autonomía municipal, autonomía de las entidades territoriales autónomas. Inspirada aparentemente en la Constitución española, y basada en reservas de competencias exclusivas al Estado y otras compartidas, concurrentes y exclusivas de los gobiernos autónomos. En los artículos 303 y siguientes se regula la autonomía indígena originaria campesina.

Algunos problemas de aplicación: la identificación de los pueblos y sus territorios

El reto que el nuevo constitucionalismo multiétnico plantea es determinar en qué medida esta demolición parcial del pasado puede ser acogida por Estados que se han consolidado consagrando la igualdad y el Estado de Derecho.[97] Tanto los derechos colectivos como los individuales, que necesitan un trato diverso de determinados grupos o minorías indígenas, plantean problemas importantes para su efectividad, sobre todo cuando colisionan con los derechos individuales comunes, reconocidos a la generalidad de los ciudadanos. La posibilidad de conflicto es más aguda en la medida en que los derechos indígenas no se concreten en una carta o catálogo, sino que las constituciones utilicen fórmulas vagas, imprecisas o indeterminadas remitiéndose, por ejemplo, a las costumbres tribales.

Algunas cortes constitucionales hispanoamericanas, como la de Colombia, han debido enfrentarse reiteradamente a este dilema. Por ejemplo, ha declarado, en una sentencia de 1998, que el Estado está obligado «a un mismo tiempo, a garantizar los derechos de todas las personas en su calidad de ciudadanas y a reconocer las diferencias y necesidades particulares derivadas de la pertenencia a grupos culturales específicos». De acuerdo con su doctrina los derechos fundamentales constitucionales son un mínimo obligatorio que debe ser respetado por todos. También ha sostenido la misma Corte que las leyes del Estado prevalecen sobre las costumbres cuando protegen un valor cultural superior al de la diversidad. La Corte Constitucional colombiana ha establecido criterios de delimitación: por ejemplo, que no todas las normas constitucionales y legales deben ser aplicadas con preferencia porque esto reduciría a cero la autonomía. Sostiene que debe aplicarse el principio de «maximización de la autonomía», parecido al principio europeo de subsidiariedad, que da preferencia a las decisiones que puedan adoptarse aplicando el derecho propio de la comunidad indígena. El problema añadido es que ese derecho indígena debe ser encontrado y delimitado previamente porque no basta con la invocación de una regla por un colectivo al que le beneficia para poderla considerar existente y vinculante.

La función de velar por los derechos indígenas suele atribuirse a jurisdicciones especiales; pueden ser las «autoridades de los pueblos indígenas». Pero esta regulación suscita muchos problemas aplicativos concernientes, por ejemplo, al ámbito territorial en el que se ejerce esa jurisdicción (que normalmente ha de ser el del territorio en el que tenga su asentamiento la comunidad indígena correspondiente).[98]

Todo es complejo en relación con este emergente ordenamiento nuevo y heterogéneo que reta frontalmente al sistema jurídico que ha prevalecido los últimos doscientos años en Europa y en América, desde que las constituciones liquidaron toda clase de privilegios, estamentos, fueros y regímenes particulares, sustituyéndolos por una igualdad estricta, compuesta, entre otros valores, por la uniformidad territorial y de los derechos.[99]

El nuevo indigenismo reclama el reconocimiento de lo diverso, expresado, en primer lugar, en la aceptación constitucional de derechos colectivos cuyo ejercicio afecta la organización que los Estados han utilizado desde las independencias. Es el caso del derecho a la autodeterminación como derecho colectivo perteneciente a los pueblos originarios. La primera incógnita a despejar cuando se invoca la autodeterminación concierne al alcance de ese derecho colectivo: si se trata de un poder que permite decidir sobre la organización y competencias de gobiernos autónomos y propios de los pueblos indígenas, dentro del territorio del Estado, es imprescindible fijar los límites constitucionales dentro de los que puede ejercerse. La mayor parte de las constituciones que he examinado recogen este límite específico. Pero hay que subrayar la dificultad de organizar un nuevo poder territorial y cultural, que tiene atribuidas competencias que pueden colisionar con las del Estado y otros entes territoriales, como regiones y municipios.

Una cuestión crucial es la de delimitar el ámbito territorial dentro del cual se han de ejercer esos derechos colectivos. Las constituciones de cada país emplean denominaciones muy variadas para identificar a los titulares de los derechos: comunidades indígenas, comunidades territoriales indígenas, comunidades campesinas y nativas, pueblos indígenas (acorde con el vocabulario del derecho internacional). Algunas constituciones incluyen listados de pueblos indígenas con sus denominaciones, otras hacen referencia a grupos. En la Ley Indígena de Chile de 1993 se reconocen ocho etnias: mapuche, aimara, rapa nui, atacameña, quechua, colla, kawashkar y yamana. En Colombia las «entidades territoriales indígenas», previstas en los artículos 287 a 289 de la Constitución, tendrían que sustituir a los municipios y departamentos en los territorios indios. La Constitución ha reafirmado los «resguardos», considerados como municipios (357), de «propiedad colectiva y no enajenable» (329). En la Constitución de Ecuador se prevé el establecimiento de «circunscripciones territoriales indígenas y afroecuatorianas» (224). En Bolivia el artículo 171 de la Constitución estableció las «tierras comunitarias de origen» para los territorios indígenas.

Los censos de población se han convertido en instrumentos clave para el debate sobre la raza y las categorías identitarias. La exclusión o inclusión implica la desaparición o reaparición estadística de grupos de población, hacerlos o no visibles. Se comprende que en algunos países se haya convertido en un asunto muy litigioso.[100]

La tendencia más seguida para la formación de los censos es a la autoidentificación, aunque evidentemente es un método que genera mucha desconfianza. En 2001 se incluyó por primera vez en el censo de Ecuador una pregunta sobre identidad étnica. Un 78 por ciento de la población se identificó como «mestizo». Como ya se ha indicado, hay criterios de clasificación en los instrumentos internacionales, Convenio 169 de la OIT y Declaración de las Naciones Unidas de 2007, que han recogido también algunas constituciones, como la mexicana, para concretar qué agrupación humana puede considerarse «pueblo» o «comunidad», y pretender la aplicación del régimen particular de derechos establecidos en la Constitución y las leyes correspondientes.

Muchas de las novedades que plantea el último movimiento indigenista que estoy considerando recuerdan políticas que ya se aplicaron en tiempos de la colonia, cuando la monarquía dispensaba reconocimientos especiales para los pueblos indígenas, peculiaridades de gobierno distintos de los pueblos de españoles, derechos individuales y fueros singulares. También ofrece una idea de retorno al pasado la invocación de la costumbre frente a la ley, y la voluntad de determinar el contenido de aquella recurriendo a estudios históricos que, muchas veces, deben reconstruirla porque no se ha mantenido en régimen de continuidad (exigencia esta que, sin embargo, en la doctrina generalmente aceptada, es un requisito para reconocer su efectividad).[101]

Son manifestaciones muy expresivas de las muchas brechas que el constitucionalismo multicultural está abriendo en el constitucionalismo de filiación liberal hasta ahora predominante, que ha servido para la organización de los Estados nación europeos y americanos durante más de dos siglos. Para no pocas de las aperturas que el constitucionalismo multicultural pretende no tenemos ni respuestas ni experiencia. Para otras, como el retorno de la costumbre y la marginación de las regulaciones universales y uniformes, tenemos los modelos que desplazó el constitucionalismo liberal desde finales del siglo XVIII. No es posible, como resulta obvio, recuperar tradiciones contrarias a los derechos humanos

Considérense, por ejemplo, el efecto de dos de las reclamaciones que se estiman más indiscutibles por las actuales corrientes indigenistas: el derecho de autodeterminación y la recuperación de la propiedad de la tierra. Para el reconocimiento del primero pueden plantearse opciones compatibles con los actuales Estados o sostenerse pretensiones que liquidarían su soberanía y su unidad territorial. Mantener en su pureza formas de gobierno aplicadas por el Imperio inca en el Tahuantinsuyo[102] no podría implicar el retorno a organizaciones anteriores al nacimiento de los Estados modernos, es decir, a recuperar modelos medievales, de imposible resucitación porque los ciudadanos esperan del Estado mucho más que la simple preparación de la defensa del orden y de las fronteras, es decir, que reclaman una amplia actividad prestacional imposible de gestionar con las herramientas administrativas de hace más de cinco siglos.[103] Y de modo previo a todo ello, las naciones y Estados homogéneos que se establecieron en el mundo desde principios del siglo XIX sirvieron nada menos que para universalizar la libertad y la igualdad como derechos de todos los ciudadanos.[104]

En relación con la devolución de la propiedad de la tierra, las reclamaciones más extremas que recogen algunos programas indigenistas es que el único titular posible de las tierras de América son los pueblos originarios. Las variantes más practicables de esa reclamación la circunscriben al reconocimiento de personalidad a las comunidades indígenas y restitución de la propiedad, previa expropiación a los titulares legítimos, en los territorios donde puede probarse que existieron las propiedades colectivas. Aun las reclamaciones más específicas y territorialmente delimitadas se enfrentan a arduos problemas para su satisfacción. Por ejemplo, con frecuencia, un mismo espacio puede ser designado por más de una comunidad indígena como territorio ancestral.

Pero la colisión más importante de estos derechos indígenas, a cuya titularidad se atribuye la condición de imprescriptibles, es que los actuales titulares blancos y mestizos han superado con éxito reclamaciones de devolución de las tierras semejantes en más de una ocasión a lo largo de su historia y han convalidado la legitimidad de su propiedad.

Justicia general, justicia tribal

La Corte Constitucional colombiana ha sido pionera al establecer alguna doctrina sobre los conflictos planteados como consecuencia del reconocimiento de derechos de los pueblos o comunidades e individuos indígenas. Grupos indígenas como los kogüis, los arhuacos, los wiwas, los uitotos, los muimanes, los u'was se han sentido habilitados por la Constitución para reclamar derechos frente a la mayoría cultural. Algunos ámbitos en los que se ha manifestado inmediatamente ese apoderamiento o habilitación han sido el de la religión, considerando la importancia que ha tenido para destruir la integridad de las culturas de las minorías aborígenes: por ejemplo, expulsando a misioneros de sus resguardos, cerrando iglesias, prohibiendo la organización de rituales religiosos distintos de los suyos tradicionales, y prohibiendo a los miembros de la comunidad participar de algún modo en la organización de la iglesia «blanca».

Conflictos reiterados plantean los procedimientos y normas penales aplicables para juzgar a los miembros de la comunidad aborigen que han violado sus leyes punitivas, así como las sanciones que se han impuesto a las personas infractoras. La mayor parte de esas prácticas violan el derecho al proceso debido, tal y como lo entiende la cultura «civilizada» tradicional. Es el caso por ejemplo de las tradiciones de los embera chamís, o los nukak makús y de los wayúus. Muchas de estas tradiciones no reconocen el derecho a ser asistido por un abogado, o participar en el juicio. Y tampoco existe un código que prescriba de manera exacta la conducta que es sancionada. Existen castigos establecidos por tradiciones de los grupos indígenas que violan las reglas de la mayoría cultural: por ejemplo, el derecho a la intimidad física, el derecho a no recibir tratos crueles o degradantes, el carácter individual de la responsabilidad y la prohibición de confiscación de la propiedad por parte del Estado. Grupos aborígenes como los paeces y los guambianos incluyen entre los castigos latigazos, cepos y transferencia de la propiedad de responsables de los crímenes a la comunidad. Además, algunos sistemas indígenas permiten la imposición de castigos no solo a las personas culpables sino también a sus familias.

Hay otras tradiciones que violan el derecho a la vida como las costumbres de los u'was, que identifican a los gemelos con el mal. Para evitarlo, tradicionalmente los u'was abandonan a los gemelos después de nacer. Algunas tradiciones de los nukak makús violan el derecho a la vida. Estos nukak makús son un grupo nómada que viene del suroeste del país y ha tenido un contacto muy escaso con la mayoría cultural. Como están siempre en movimiento, sus costumbres prescriben que cualquier miembro de la comunidad que esté enfermo sea abandonado porque el grupo no puede ponerse en riesgo por culpa de uno de sus individuos. En los últimos tiempos no se han producido muchos casos de este tipo, pero algunos ha habido.

Otros conflictos proceden de que la mayor parte de estas minorías culturales se apoyan en instituciones patriarcales. Las mujeres en muchas de esas comunidades no pueden formar parte de ninguna institución política ni de los consejos de las comunidades, reservados exclusivamente a los hombres.

En la Corte Constitucional colombiana ya se han visto algunos casos que Bonilla Maldonado ha tratado de clasificar.[105] Algunas decisiones se aproximan a la ideología indigenista más estricta y otras a las concepciones liberales, igualitarias y uniformistas.

¿Leyes generales o costumbres?

La primera doctrina de la Corte parece haberse inclinado, en caso de conflicto, por la primacía absoluta de los derechos individuales y de las leyes generales e iguales para todos. Esta posición interpretativa la mantuvo la Corte en el caso El Tambo. Un grupo indígena había expulsado de su comunidad a uno de sus miembros como castigo por haber cometido diversos robos en las tierras de resguardo. Y también expulsó a la familia del indígena sancionado y le requisó todas sus propiedades. El acusado argumentó que la decisión de las autoridades de la comunidad carecía de base. Según su defensa, los líderes del grupo no investigaron el caso apropiadamente y justificaron su decisión con pruebas circunstanciales. El acusado dijo a los líderes del grupo que se iría del territorio indígena si una parte de la propiedad colectiva que le había sido dada por la comunidad le era reasignada a uno de sus hijos. La comunidad rechazó la petición y confirmó la decisión.

La sentencia de la Corte plantea, primero, la constitucionalidad de las sanciones impuestas sobre la persona castigada; segundo, la constitucionalidad de las sanciones impuestas sobre la familia del ofensor; y, tercero, los límites de los poderes jurisdiccionales que la Constitución otorga a los pueblos indígenas. Para la Corte, quitarle las propiedades al indígena juzgado sin pagarle ninguna compensación es equivalente a una pena de confiscación. La expulsión del individuo de la comunidad se consideró, sin embargo, constitucional, en tanto que la decisión del grupo aborigen no puede ser asimilada a la pena de exilio (que es un castigo prohibido en el artículo 38 de la Constitución y que implica la expulsión del individuo del país). Decidió la Corte también que la sanción impuesta a la familia era inconstitucional.

Con carácter general es importante la doctrina establecida por la Corte que se concretó en algunas reglas para determinar los límites de los poderes jurisdiccionales de los grupos aborígenes. Establece que cuanto más conservadora sea una comunidad en el mantenimiento de sus usos y costumbres, mayor autonomía debe tener. Para la Corte resulta importante distinguir entre las comunidades que mantienen una parte significativa de sus tradiciones ancestrales y las comunidades que han sido asimiladas de manera notoria y total a la cultura de la mayoría. Los primeros disponen, según la Corte, de un «marco normativo de carácter objetivo que garantiza la seguridad jurídica y la estabilidad social» de sus colectividades. Las otras no lo tienen. Por tanto, mientras que las comunidades tradicionales pueden ser gobernadas por sus propios usos y costumbres, las leyes de la mayoría deberían gobernar parcial o totalmente la vida de los grupos indígenas que han sido asimilados, al menos en gran parte, por la cultura dominante. Así dice la Corte, pero parece evidente que esta doctrina postula a favor de la congelación de cualquier evolución de los grupos originarios o, incluso, el retorno al primitivismo más estricto.

También establece la doctrina que los derechos constitucionales fundamentales son el estándar mínimo que debe ser respetado por todos los individuos y jurisdicciones. Es decir, tienen los derechos fundamentales aplicación general.

Por otro lado, sostiene la Corte, en este caso, que las leyes de orden público tienen prioridad sobre los usos y costumbres de las comunidades indígenas si el valor constitucional que protegen es superior al principio de diversidad cultural. Para matizar esta regla sostiene la Corte que la diversidad cultural es un valor tan importante que solo las leyes imperativas que protegen un principio normativo de superior importancia deberían privilegiarse sobre ella.

Otro enunciado importante es el que indica que los usos y costumbres indígenas deberían prevalecer sobre las leyes de carácter discrecional, entendiendo por tales las que dejan un margen a los destinatarios sobre el cumplimiento de sus determinaciones. La autonomía política que se reconoce en los grupos indígenas en la Constitución permite a sus autoridades ofrecer estándares normativos alternativos y establecer su obligatoriedad para los miembros del grupo.

La decisión de la Corte en el caso El Tambo favorece la unidad cultural en la tensión y tiende a imponer los valores morales y políticos principales de la cultura dominante a las comunidades indígenas.

Es más favorable a los particularismos indígenas lo resuelto en el caso Embera-chamí en el que ha fijado una doctrina que Bonilla llama de interculturalismo radical. La sentencia es la número 349 de 1996 (la argumentación ha sido reiterada en la 496, 100 y 139 de 1996 y en la 523 y 266 de 1999).[106] El argumento central de estas sentencias es que la diversidad cultural solo puede ser justamente reconocida y acomodada si a los grupos indígenas se les concede la máxima autonomía para autogobernarse. Ninguna intervención en asuntos de las comunidades indígenas, propiciada por la ideología de la cultura dominante, es legítima, dice la Corte, si no está justificada en valores superiores consagrados mediante un amplio acuerdo intercultural. Imponer los valores liberales de la mayoría a las comunidades indígenas, alega la Corte, violaría sus derechos de autogobierno y el principio constitucional que reconoce la igual dignidad a todas las culturas presentes en Colombia.

En el caso Embera-chamí la situación conflictiva consistió en que las autoridades indígenas habían capturado a uno de los miembros de su grupo porque había participado, supuestamente, en el homicidio de otro miembro de la comunidad. El indígena detenido escapó y se entregó a las autoridades judiciales de la cultura mayoritaria, que iniciaron una investigación sobre los hechos. De la investigación resultó que la comunidad aborigen había juzgado al acusado en su ausencia, lo había encontrado culpable y condenado a prisión. Tiempo después la comunidad, en ausencia del condenado, decidió aumentar la pena de ocho a veinte años de cárcel. La comunidad decidió también que debía cumplir la sanción en una cárcel blanca dada la gravedad del crimen y la carencia de instalaciones penitenciarias adecuadas por parte del grupo para recluir a la persona condenada. En ambos procedimientos, la familia del agresor y de la víctima del homicidio estuvieron presentes. La sentencia de la Corte se estructuró en torno a dos problemas jurídicos. El primero era definir los límites de los poderes jurisdiccionales de los grupos aborígenes y el segundo, determinar si estos límites fueron violados por las decisiones de las autoridades indígenas. La Corte establece como principio general el ya indicado de «maximización de la autonomía» de las comunidades indígenas y, por lo tanto, la minimización de las restricciones a «las indispensables para salvaguardar intereses de superior jerarquía». Aplicando esta regla, la Corte sostuvo que las restricciones de la autonomía de los grupos indígenas son legítimas únicamente cuando son necesarias para proteger un valor constitucional de superior jerarquía (aunque la Corte no dijo cuáles son esos valores ni los criterios para determinarlos); desde luego las restricciones escogidas por las autoridades deben ser las menos gravosas para la autonomía de las comunidades. Exige, en fin, que las características particulares de las minorías sean tomadas en cuenta para determinar cuáles son las medidas indispensables.

Del principio de maximización de la autonomía derivó la Corte que cuando se trata de miembros de la misma comunidad, los límites de los poderes jurisdiccionales de los grupos aborígenes han de situarse en la protección de los «bienes más preciados para la humanidad», y no pueden favorecer, en consecuencia, la pena de muerte, la tortura y la esclavitud. Estos son, para la Corte, valores para los que existe un amplio acuerdo intercultural, como se deriva de su incorporación a varios tratados de derechos humanos que los reconocen como derechos que no pueden ser derogados ni siquiera en situaciones de emergencia interna o externa. También dijo la Corte que, por mandato constitucional explícito, el debido proceso y el principio de legalidad de los crímenes y de las penas deberían ser sumados a los límites de los poderes jurisdiccionales de las comunidades indígenas.

La sentencia apreció, en el caso, que los límites de los poderes jurisdiccionales de los grupos indígenas fueron violados al imponer al homicidio una pena que no formaba parte de las tradiciones jurídicas de la comunidad. Las costumbres jurídicas del grupo aborigen establecían que la sanción por homicidio podía ser de tres años de prisión además del castigo tradicional del cepo, o enviar el caso al sistema jurídico de la cultura hegemónica. La Corte determinó que el principio de legalidad de los crímenes y de las penas había sido violado por la decisión del grupo indígena. La comunidad concernida no incluye la pena de muerte dentro de su sistema jurídico y el uso del cepo, según la sentencia, no puede ser considerado tortura. Tampoco lo consideró un castigo desproporcionado e inútil y consideró que no generaba consecuencias mentales o físicas serias. El debido proceso del acusado tampoco fue violado porque se realizaron dos audiencias por parte de la comunidad, aunque el sistema jurídico propio no prevé la doble instancia.

En el caso Embera-chamí la Corte reconoció que los valores liberales, en este caso los derechos individuales, no son un lenguaje de base que todas las comunidades deben hablar para ser reconocidas y respetadas. Los principios liberales solo son los valores que defiende la cultura dominante. La Corte reconoce que las sociedades culturalmente diversas pueden acordar los principios y reglas que han de guiar su vida común. Cualquier intento de la cultura dominante de imponer sus puntos de vista sobre las minorías sería un acto ilegítimo de imperialismo cultural. La sentencia aprecia que la autonomía de las comunidades indígenas puede entrar en conflicto con otros valores constitucionales y que algunas veces estos deben prevalecer. Pero estos valores más elevados deberían ser concretados aplicando los principios del consentimiento y de la maximización de la autonomía.

Una sentencia posterior, la correspondiente al caso Arahuco (sentencia 510/98, confirmada por la 1022/2001), varía un poco la perspectiva para resolver estos asuntos. En el caso las autoridades aborígenes habían impuesto restricciones a la libertad religiosa de alguno de sus miembros debido a que estos profesaban un credo diferente de las creencias tradicionales. Las autoridades argumentaban que esta religión (el pentecostalismo) es incompatible con sus tradiciones y pone en peligro la supervivencia de su cultura. El pentecostalismo aconseja a sus miembros no aceptar las autoridades religiosas y políticas de la comunidad y cuestionar algunas de las tradiciones más importantes del grupo indígena. Para neutralizar los efectos que la Iglesia pentecostal estaba generando en su cultura, las autoridades indígenas cerraron el templo de esa confesión, prohibieron la organización de ceremonias religiosas colectivas y la realización de cualquier actividad evangelizadora. Además, castigaron físicamente y pusieron en prisión a algunos de los miembros de la Iglesia pentecostal.

La Corte argumentó sobre si las autoridades indígenas están autorizadas por la Constitución para limitar la libertad religiosa de los miembros de su comunidad con el fin de proteger la integridad de las tradiciones culturales; valoró si las medidas tomadas por las comunidades indígenas para proteger la integridad de su cultura eran constitucionales; y, en fin, si era legítimo que las autoridades del grupo indígena impidieran el acceso de organizaciones religiosas no tradicionales al territorio indígena con el fin de proteger la integridad de la cultura tradicional.

Respecto de lo primero la Corte concluyó que las autoridades del grupo aborigen podían limitar legítimamente la libertad religiosa de los miembros de la comunidad para garantizar la supervivencia de la cultura tradicional. La autoridad que la Constitución otorga a los grupos indígenas los habilitan para guiar la vida pública y privada de sus usos y costumbres ancestrales. La sentencia estableció que las autoridades aborígenes están facultadas para restringir radicalmente los derechos individuales de los miembros de la comunidad únicamente cuando puede probarse que la cultura tradicional desaparecería si no se llevaran a cabo las restricciones sobre estos derechos. Por tanto, hay que tratarla como una excepción a la regla general de que las autoridades indígenas deben respetar los derechos individuales de todos los miembros de sus comunidades.

Respecto de la constitucionalidad de los castigos impuestos la Corte declaró que no es legítimo que las autoridades indígenas castiguen a algunos miembros de la comunidad solamente porque han abandonado la visión tradicional del mundo y han adoptado una nueva. La libertad religiosa es equivalente a libertad de conciencia, al derecho de escoger un credo religioso. La sentencia dijo que, aunque el grupo indígena no puede sancionar a sus miembros únicamente porque creen en un dios diferente al tradicional, sí puede hacerlo cuando los miembros de la comunidad violan reglas sociales tradicionales como consecuencia de su incompatibilidad con los dogmas evangélicos que estas personas profesan.

En fin, también consideró que el tribunal que las restricciones a las actividades evangélicas de los pentecostales y las limitaciones a la realización de ritos colectivos dentro del territorio indígena eran legítimas. La Corte argumentó que el territorio de la comunidad está fuertemente relacionado con su visión teocéntrica del mundo y que, por tanto, no puede ser considerado un espacio público en donde deberían ser discutidas las fortalezas y las debilidades de las diferentes religiones del mundo. La llegada de nuevos dioses al territorio del grupo indígena profana inmediatamente los símbolos sagrados de la cultura tradicional. Argumenta del siguiente modo la sentencia:

> [...] la militancia o el proselitismo de otras religiones dentro del territorio Arauco, independientemente de que se realice por miembros de la comunidad o por terceros, pertenece a un género de conductas que por atentar contra el núcleo de las creencias de la comunidad, pueden ser objeto de serias limitaciones por parte de las autoridades internas. La comunidad indígena, resguardada bajo el principio de diversidad cultural, puede autónomamente controlar el grado de apertura externa. Si les fuera dado a los jueces de tutela haciendo caso omiso de la legítima pretensión de defender la propia identidad cultural, garantizar a terceros las acciones de proselitismo en territorio Arauco, se habría patentado la forma más eficaz y rápida de poner término a esa cultura milenaria. De otro lado, reconocida la diferencia cultural por la Constitución, la decisión sobre la oportunidad y la extensión de los contactos culturales —cuyos efectos pueden tener un impacto notable dentro de la comunidad—, no se libra al azar o no se asigna a las autoridades del Estado nacional, sino que ella se integra al haz de funciones autónomas que solo cabe tomar al pueblo indígena concernido. El severo recorte que puede sufrir la libertad religiosa del indígena disidente, tanto en lo que se refiere a la exteriorización de su nueva fe como a su práctica militante, es simplemente incidental a su pertenencia a una comunidad que se cohesiona alrededor del factor religioso...

Sin embargo, la Corte afirmó que las autoridades indígenas no podían impedir que los miembros de la Iglesia pentecostal salieran del resguardo para organizar o participar en ceremonias relacionadas con su credo.

Una interpretación tradicional del principio de unidad lleva a considerar que los poderes legislativo y ejecutivo son los únicos con la facultad de formular las decisiones políticas en derecho. Se produce una tensión entre la declaración de Estado unitario y el derecho de autogobierno de los grupos indígenas. La Constitución colombiana de 1991 confió importantes facultades de autonomía territorial a las comunidades aborígenes. Entre sus potestades las concernientes a determinar el gobierno del uso de sus tierras, la explotación de los recursos naturales dentro de sus territorios y el tránsito y asentamiento dentro de sus resguardos. Pero en todos los casos con límites; por ejemplo, que el subsuelo y los recursos no renovables son propiedad del Estado (artículo 332) o el reconocimiento constitucional de la libertad de locomoción (artículo 24), o el principio de que los derechos de propiedad puedan restringirse en beneficio del interés general de la comunidad. Pero el principio de autonomía territorial autoriza a los grupos aborígenes a utilizar sus tierras y a administrar los recursos naturales que se encuentren dentro de los mismos de acuerdo con sus tradiciones.

Las decisiones que afectan a los territorios de los pueblos originarios

El principio de autonomía territorial también supone permitir a los grupos indígenas controlar sus relaciones con otras culturas y proteger y reproducir sus formas de vida. Los grupos indígenas están autorizados para decidir si desean vivir culturalmente aislados o si desean interactuar con otras comunidades culturales.[107]

En este caso con qué ritmo y con qué intensidad. Pero podrían cerrar sus fronteras, de acuerdo con su autonomía, a personas y grupos no indígenas, ya que tienen facultad de controlar las consecuencias culturales y políticas del asentamiento y tránsito de personas no pertenecientes al grupo.

Los grupos aborígenes son propietarios de la cuarta parte de la tierra del país y muchos resguardos están ubicados en zonas económicamente estratégicas o en regiones en las cuales los grupos guerrilleros y los narcotraficantes tienen una fuerte presencia. El Estado puede verse obligado a enviar policía o Fuerzas Armadas para controlar las actividades ilícitas que se desarrollan dentro de las mismas.

La nación necesita explotar racionalmente sus bosques, agua, flora y fauna.

La construcción de grandes obras de infraestructura puede requerir que los grupos aborígenes abandonen sus tierras ancestrales y la explotación intensiva de las selvas destruiría la principal fuente de alimento y refugio de muchas comunidades indígenas.

Son evidentes los conflictos y tensiones que producen estas situaciones. ¿Qué hacer en caso de discrepancia entre el derecho a la tierra y las políticas gubernamentales sobre infraestructuras? ¿Qué debe hacerse con los derechos cuando la explotación de los recursos naturales es necesaria para la economía nacional? ¿Puede el Estado imponer proyectos que impliquen la utilización de la tierra indígena? Cómo interpretar la obligación del gobierno de hacer participar a los grupos indígenas en los procesos de toma de decisiones.

¿Puede una persona no indígena asentarse en el territorio de un grupo aborigen sin la autorización de los líderes de la comunidad? ¿Pueden las personas no indígenas desplazarse por el territorio indígena sin la aprobación de las comunidades indígenas? ¿Pueden los representantes del gobierno central transitar o asentarse en tierras indígenas cuando sea necesario para cumplir sus obligaciones constitucionales o legales? ¿Puede el gobierno central invalidar decisiones adoptadas por las autoridades o grupos indígenas en relación con estas cuestiones?

Se han producido diversas decisiones de la Corte Constitucional sobre esta clase de conflictos. El primer caso fue el de Cristianía, resuelto por la sentencia 428/92. Se trataba de la extensión y pavimentación de una carretera por parte del gobierno dentro del territorio del pueblo Cristianía, en el Departamento de Antioquia, que suponía la destrucción de la infraestructura económica de la comunidad parcialmente. Hubo deslizamientos de tierras y se inestabilizó una parte del resguardo y destruyó la parte más esencial del sistema productivo del grupo indígena, que eran un molino de azúcar, establos, corrales y zona de procesamiento del café.

La Corte decidió que el interés de la comunidad indígena tenía prioridad sobre el interés de la construcción de la carretera e instruyó al gobierno para que suspendiera las obras hasta que se realizase un estudio sobre las consecuencias ambientales que podría generar su construcción. Y ordenó también pagar los daños ocasionados. La carretera, según la sentencia, afectó negativamente a los derechos individuales de los miembros de la comunidad indígena, y también a los derechos indígenas a la vida, la propiedad privada, el trabajo y la integridad de su cultura, todos los cuales se consideraron afectados o amenazados o violados por la destrucción de la infraestructura económica del grupo.

Es la primera vez, en Cristianía, que la Corte se enfrenta a la tensión entre la diversidad y la unidad cultural. Fue el primer intento de la Corte de darle sentido al componente multicultural de la Constitución de 1991.

Un segundo caso fue el conocido como Base Militar, resuelto por la sentencia 405/93. En esta sentencia la autodeterminación territorial de los grupos aborígenes resultó restringida porque el gobierno nacional construyó una base militar en el territorio de las comunidades aborígenes huitota y muinane. La tensión en este asunto consistió en resolver sobre lo que la sentencia llama «dos intereses generales»: la seguridad nacional, de un lado, que supone la protección del Estado colombiano frente a amenazas externas, y la integridad cultural de las comunidades indígenas. Los derechos de propiedad pueden ser restringidos por razones de orden público y el principio de seguridad nacional prevalece sobre los de la comunidad indígena, según resolvió la Corte, que no tiene ningún inconveniente en afirmar que el gobierno no violó ningún derecho fundamental al construir la base en un territorio sagrado para los indígenas.

Entre los argumentos utilizados se alegó que el gobierno discutió el proyecto con las comunidades indígenas y algunos miembros de esas comunidades trabajaron en la construcción de la base. Pero también afirma la sentencia que Colombia es una república unitaria y que la creación de derechos es facultad exclusiva del Congreso y del gobierno nacional, de modo que los grupos indígenas solo pueden aplicar o desarrollar las decisiones autorizadas por el Congreso o por el gobierno central. Se manejó el argumento de la aceptación o del consentimiento de los grupos indígenas.

La práctica de un credo religioso implica definir qué es lo sagrado, cuál es la conducta que debe observarse hacia lo sagrado, qué consecuencias tiene la infracción de estas normas y su aplicación práctica por parte de los creyentes y de las autoridades religiosas. Las comunidades creen que nadie debe vivir en tierras sagradas puesto que estas preservan el equilibrio ambiental. Y creen también que cualquier violación de esta regla genera cambios en el medioambiente que tendrían consecuencias negativas para los seres humanos. De aquí se sigue que, según esta doctrina, la instalación de un radar en la tierra sagrada de los huitotos y los muinanes viola el principio constitucional que reconoce la diversidad cultural. La violación por parte del gobierno de la libertad de religión de los huitotos y los muinanes es una violación de su derecho a vivir de acuerdo con sus tradiciones. Cuando el Estado vulneró el derecho de las comunidades indígenas a practicar su credo desconoció también su derecho a expresar su diferencia cultural. La religión es un elemento fundamental de las entidades personales y colectivas de estos grupos aborígenes. Es un elemento esencial de su cosmogonía.[108]

Entre 1993 y 1998 la Corte constitucional decidió cuatro casos en los que fortaleció la autonomía territorial de las comunidades indígenas. Resueltos por las sentencias C-221/94, 569/94, 098/96, C-239/97 y C-481/98, se refieren a los casos Vaupés, Embera, U'wa y Urrá.

En el primer caso, Vaupés, Nuevas Tribus de Colombia, que es un grupo protestante estadounidense, solicitó del gobierno que renovara la autorización que se le había concedido para utilizar un aeropuerto ubicado en el Resguardo de Vaupés. El grupo religioso pretendía convertir a los aborígenes al cristianismo y durante varios años había trabajado en la zona. Aeronáutica Civil negó el permiso porque las autoridades del Resguardo de Vaupés le informaron que las comunidades aborígenes no deseaban que nuevas tribus regresaran a su territorio. Este grupo religioso argumentó que se violaba la libertad de locomoción y la libertad de religión de sus miembros. La sentencia analizó la colisión entre la libertad de locomoción y la propiedad colectiva de las tierras indígenas y decidió que esta última debería prevalecer sobre la primera. La sentencia dice que las comunidades indígenas tienen los mismos derechos sobre sus tierras que cualquier otro propietario y, por tanto, los grupos indígenas tienen derecho a restringir el tránsito y el asentamiento de personas dentro de sus territorios. Establece la sentencia: «la propiedad que ejerce una comunidad indígena sobre un resguardo es una propiedad que se rige por el artículo 58 de la Constitución política. Por tanto, la propiedad sobre un resguardo es un derecho-deber», es decir, que es un derecho individual con las características del artículo 669 del Código Civil y que otorga las facultades correspondientes. Pero al mismo tiempo tiene que respetar la función social; y también los terceros tienen que respetar la propiedad ajena y no circular sin el consentimiento del propietario. De esta manera subrayó la Corte que la decisión adoptada se apoyaba en previsiones perfectamente constitucionales. Antes de la Constitución de 1991, se había aceptado con normalidad que el gobierno diera permisos de asentamiento a diversas iglesias como los testigos de Jehová o los adventistas del Séptimo Día, que pudieron realizar operaciones de evangelización en el ámbito de comunidades aborígenes. Pero la decisión de la Corte Suprema ha dejado claro que después de la Constitución de 1991 esto ya no es posible, que los indígenas son autónomos y el gobierno no puede autorizar a iglesias a convertir a estos grupos. Los derechos que tienen los indígenas sobre sus resguardos son los mismos que tiene cualquier propietario sobre los bienes objeto de propiedad.

En el caso Embera se trataba de que un contratista de una compañía maderera explotó 3.400 hectáreas de bosque dentro del territorio de la comunidad embera durante tres años. Algunos dirigentes emberas habían aprobado la explotación de los bosques de la comunidad por parte de la empresa, pero esta no obtuvo licencia gubernamental para explotar legalmente los recursos naturales en las tierras indígenas que son también una reserva forestal constituida por ley. El grupo indígena tiene un sistema económico de subsistencia, basado en la explotación de la selva tropical que fue puesto en peligro por la destrucción de casi todos los bosques del resguardo por parte de la compañía. La sentencia se centró en la tensión entre los riesgos culturales, sociales y económicos y la protección especial que se debe a las comunidades aborígenes. En esta tensión, la sentencia decidió que la indiferencia del Estado frente a la explotación ilegal de recursos naturales dentro del territorio indígena ponía en peligro la existencia de la comunidad embera. Dada la dependencia de los emberas de la selva tropical, su destrucción significaba que la comunidad probablemente desaparecería física y culturalmente.

La sentencia acordó que la indiferencia del Estado frente a la explotación ilegal de los recursos naturales dentro del territorio indígena ponía en peligro la existencia de la comunidad embera. Siendo así, la Corte condenó a la compañía maderera a pagar a la comunidad los perjuicios ocasionados por sus acciones. Afirmó la propiedad colectiva de los grupos aborígenes sobre sus tierras, declaró que las comunidades indígenas son sujetos de derecho, que los grupos aborígenes tienen derecho a vivir y a no ser forzados a desaparecer, es decir, reconoció un derecho a la subsistencia.

En el caso U'wa resuelto por la sentencia SU-039/97, una compañía petrolera multinacional había solicitado licencia al Departamento de Asuntos Ambientales para llevar a cabo pruebas sísmicas dentro del territorio de la tribu u'wa. Las pruebas se hacían para explorar la existencia de petróleo. Las pruebas exigían la construcción de trochas de acceso de trabajo de excavación y uso de la dinamita. Para cumplir con la obligación de consultar a los grupos indígenas, el Estado organizó reuniones en las que participaron representantes de la compañía y de los u'was. El grupo indígena se opuso y las autoridades y la empresa decidieron modificar la forma en que tenían que realizarse los trabajos, pero la agencia gubernamental terminó concediendo a la compañía licencia ambiental para que se ejecutara el acuerdo.

La sentencia de la Corte se centró en la tensión entre los riesgos culturales, económicos y sociales que implicaba la explotación de recursos naturales dentro de las tierras indígenas y la obligación del Estado de proteger la integridad cultural de las minorías culturales. La sentencia sostiene que la reunión organizada por el gobierno no puede entenderse como el cumplimiento del deber del Estado de consultar a los u'was acerca de los planes de explotación de recursos naturales en su territorio, sino un simple punto de partida. Siendo así, la sentencia ordena al Estado adoptar medidas necesarias para completar el proceso. Argumentó la sentencia que la comunidad u'wa es un sujeto de derechos, incluido el derecho a la vida, y que el proceso de consulta tiene que ser considerado como un derecho fundamental, una forma de participación democrática que tiene que llevarse con arreglo a los principios de buena fe y respeto mutuo. En la sentencia U'wa la Corte protege los derechos de autogobierno de las comunidades aborígenes combinando principios y argumentaciones que estaban en las sentencias anteriores, pero añade otros nuevos.

El último caso que analiza Bonilla es el caso Urrá. El gobierno nacional declara de interés público una zona destinada a la construcción de la Represa Urrá I, lo que suponía la modificación del curso de un río esencial para la forma de vida de los embera-katios, así como para el riego de una parte importante de los territorios colectivos de la comunidad aborigen.

Las tierras colectivas de los embera-katios coinciden parcialmente con un parque nacional. El gobierno concedió la licencia ambiental para la represa y autorizó el inicio de la primera parte del proyecto que suponía la desviación del río y la realización de trabajos de excavación.

Dos años después, la comunidad y la compañía acordaron que esta última sería responsable de la financiación y ejecución de los compromisos establecidos en el plan de desarrollo elaborado. También había obligaciones de conservar recursos ambientales de diferente tipo que se enunciaban en el plan.

Después de firmado el acuerdo entre la compañía, el gobierno y la comunidad, la empresa solicitó del Ministerio de Medio Ambiente licencia ambiental para la segunda parte del proyecto y el ministerio la negó argumentando que la comunidad no había sido debidamente consultada.

Los embera-katios son una comunidad bastante desarticulada desde el punto de vista de su gobierno, que estaba fragmentado en más de una unidad, pero para enfrentar asuntos como el Urrá la comunidad había creado un Consejo Supremo que unificaba la administración.

La sentencia apreció que las obras ejecutadas por la compañía afectaban negativamente a la vida de los peces de la zona y que los programas dirigidos a mejorar su reproducción y movilidad se habían suspendido. Puesto que el pescado es un alimento fundamental en la dieta y la cultura de la comunidad, este hecho ponía en peligro la vida física de sus miembros y la forma tradicional de subsistencia del grupo.

El gobierno y la compañía no discutieron la construcción del proyecto con los embera-katios como ordena el artículo 330 de la Constitución.

Discutió también la sentencia el derecho fundamental que tienen los grupos indígenas a ser consultados acerca de cualquier plan para explotar sus recursos y ordenó al gobierno y a la compañía discutir con los embera-katios la manera en que podrían neutralizarse los problemas generados por el proyecto. En fin, la construcción de la represa obligó a los embera-katios a transformar una «economía de subsistencia de bajo impacto ambiental, en una agraria de alto impacto y menor productividad». Estos efectos, cambios ocasionados por la represa, afectaban a partidas económicas tradicionales como la caza, la pesca y la rotación de cultivos. En lo sucesivo, para sobrevivir, la comunidad indígena tendría que dedicarse exclusivamente al cultivo de productos para ser vendidos en el mercado cultural dominante. La Corte dijo que la protección de la reserva natural no podía hacerse a expensas de la supervivencia física y cultural de la comunidad. Los grupos aborígenes, declaró la sentencia, tienen derecho a no desaparecer. Y ordenó al gobierno crear un régimen jurídico especial para equilibrar la supervivencia económica de la comunidad con la protección del parque nacional.[109]

También declaró la Corte que el gobierno y la compañía violaron el derecho de los grupos aborígenes a determinar su vida política autónomamente, al no reconocer a todos los representantes nombrados por las diferentes comunidades que conforman el grupo embera-katio.

Las leyes ambientales no deben ser aplicadas a costa de destruir las comunidades aborígenes.

¿QUÉ DEMOCRACIA? UNA EVALUACIÓN

La pregunta final, tras el largo recorrido argumental e informativo que he ofrecido al paciente lector, debe referirse a los problemas que ha tratado de resolver el nuevo constitucionalismo latinoamericano y su contribución a mejorar y estabilizar la democracia en los países que lo han acogido.

La respuesta no puede ser muy optimista. Las nuevas constituciones son textos plagados de ingenuidades. Se han recargado de conceptos que muestran conocimientos parciales acerca de cómo funciona la maquinaria del Estado. Es posible que sean las conclusiones de sesudas sesiones de trabajo en seminarios universitarios sobre las deficiencias del constitucionalismo liberal y las formas de superarlo. Pero su aplicación efectiva deja muchas insatisfacciones y problemas mayores que los que se han tratado de resolver.

Algunos comentaristas son conscientes de esta circunstancia porque han llamado, como ya he mencionado, al nuevo constitucionalismo, «constitucionalismo experimental». De ser acertada la calificación sería también un arriesgado atrevimiento constitucionalizar simples experimentos cuando se han puesto en juego tantos valores, derechos y reformas.

Hay algunos resultados que son francamente negativos y deplorables: autócratas populistas, que no gozan de presunción de inocencia, han aprovechado la oportunidad, para instalarse en el poder y apropiárselo. Han conquistado el poder por la vía electoral propia de la democracia representativa y se han perpetuado en él con procedimientos antidemocráticos. Han vuelto a poner de moda el viejo problema de la reelegibilidad continua. El precio de este dominio total del poder es la eliminación de la alternancia política, aplastando a la oposición (encarcelando a sus dirigentes si es preciso, aplicando tipos penales aprobados con ese fin), el control de los medios de comunicación y la concentración del mando en el imperante, y una camarilla de fieles colocados en los puestos clave de todos los poderes del Estado.

Las conclusiones que se obtienen consultando la calidad de la democracia en los Estados a los que ha llegado el nuevo constitucionalismo, en los índices y baremaciones disponibles, como el que mantiene *The Economist*, son que ha empeorado y todos esos países, al menos en la época en que los han controlado líderes dispuestos a llevar adelante una definitiva revolución salvadora, son autocracias.

Desde luego esta conclusión es la que hay que poner por delante de cualquier otra valoración de las aplicaciones de los textos del neoconstitucionalismo hispanoamericano. Algún autor que ha seguido muy de cerca esos procesos, como Martínez Dalmau, ha acometido un análisis general de la situación y, aunque haya encontrado algo positivo en el examen,[110] las conclusiones sobre el control y limitaciones del poder constituido son muy negativas, especialmente en el caso de Venezuela desde la incorporación de Maduro. Iguales resultados deplorables arrojan los índices de percepción de la corrupción.

En un dominio en el que parecen apreciarse mejoras es el de la sensibilización de la población respecto de los problemas medioambientales. Estamos asistiendo a un giro biocéntrico, que se aprecia bien en diversos índices de las Naciones Unidas,[111] pero puede ponerse en duda que esto se deba a la influencia de las nuevas normas constitucionales y no, más claramente, a una concienciación derivada de las intensas campañas que advierten sobre el cambio climático y sus fundamentos antrópicos.

Más allá de estas observaciones críticas, es positivo que las ideas constitucionales hayan vuelto a despertar la ilusión política de Hispanoamérica y se hayan difundido las constituciones como nuevos catecismos que contienen los dogmas que aseguran la salvación de tierras y gentes irredentas. Dada la magnificencia con que han sido redactadas, su espectacular extensión, que rompe todos los moldes clásicos, y los contenidos tan atractivos con que se han compuesto, se presentan como maravillosos escaparates llenos de productos que cualquier ciudadano desearía adquirir. El problema, como antes decía, es su conversión en una envoltura engañosa de las nuevas dictaduras.

Cualquiera sabe que no se cambia un país por el hecho de que se apruebe una nueva Constitución. En todas partes, y más en Hispanoamérica, la historia constitucional enseña mucho sobre la afición de los gobernantes por hacer aprobar constituciones que respalden expresamente sus políticas y amparen sus ambiciones. No puede pedirse a estas constituciones que tengan una eficacia que nunca ha tenido la ley fundamental, como es la transformación automática de la sociedad en la que rigen y las formas y hábitos de la política que en ellas se practica.

Alguna de las nuevas constituciones lo dice expresamente respecto de la ejecución de sus previsiones sobre derechos de los ciudadanos: dependerá de las leyes y políticas que el poder constituido vaya desarrollando. Es obvio que los derechos necesitan, *todos*, incluso las libertades civiles más elementales, una dotación pública que facilite su ejercicio. A la postre, ningún derecho se disfruta en plenitud sin esa asistencia y las garantías mínimas que recaen en una justicia bien dotada y organizada.

Dentro de muchos años no se habrán realizado muchos derechos de las inacabables listas que figuran en las nuevas constituciones, pero permanecerán en ellas consignados, recordando a los poderes constituidos sus deberes y ofreciendo a los jueces y tribunales criterios de interpretación del ordenamiento jurídico entero.

Buena parte de esos derechos proclamados son derechos de alcance cosmopolita porque ya figuran en declaraciones supranacionales e internacionales que las constituciones aceptan como normas aplicables, incluso superiores. Algunos ya sobrepasan las fuerzas de los viejos Estados y reclaman soluciones globales, como postula ese hermoso movimiento en favor de una Constitución para la Tierra, más atrás mencionado.

Considerando la renovación que el neoconstitucionalismo latinoamericano propone de las instituciones de gobierno, lo evidente es que complican el sistema y las instituciones del constitucionalismo liberal.

La perturbadora influencia de la partitocracia en la separación de poderes ha sido advertida con carácter general, pero hay que encontrar soluciones a los problemas dentro de la lógica del sistema. Es necesario complementar la división horizontal del poder con una eficiente distribución vertical que asigne responsabilidades de gobierno a unidades territoriales federadas o infraestatales. No parece nada seguro que la solución pueda radicar en complicar la organización del gobierno de los Estados, añadiendo a la triada de poderes clásicos, otros de nueva invención como el poder ciudadano o el poder electoral. Y es inútil el esfuerzo, claro está, si los poderes nuevos también quedan bajo el control del autócrata.

El complemento de la democracia representativa con instituciones de democracia directa puede tener su utilidad política, siempre que no las instrumentalice el imperante a su servicio, como ya he expuesto.

Las más importantes y respetables novedades del nuevo constitucionalismo son las relacionadas con las peculiaridades de Hispanoamérica que hubieran requerido regulaciones singulares y que han sido objeto de reclamaciones continuas a lo largo de los tiempos.

Es necesario manejar estas apelaciones a la singularidad con mucha preocupación porque, como ya nos consta, desde Bolívar hasta hoy, se han invocado como justificativas de adaptaciones autoritarias de la democracia, que no resultan aceptables.

Es importante todo el conjunto de normas, muchas de ellas arrastradas de constituciones y leyes anteriores, relativas a las minorías étnicas y las comunidades originarias. El siglo XXI está llamado a ser el siglo del particularismo y la heterogeneidad, implantados en un marco de leyes generales y convenciones globales. El principio de igualdad del primer constitucionalismo se aplicó dando igualdad de trato a los desiguales, y esta opción política se está diluyendo con rapidez en este siglo. La globalización de muchas políticas será compatible con la atención a posiciones, de toda clase, de las minorías. Más atrás he manifestado mi opinión de que quizá en ningún aspecto del nuevo constitucionalismo se exprese, por sus consecuencias, con más fuerza, la idea de que se acoge un nuevo paradigma que revoluciona aspectos esenciales del constitucionalismo establecido y practicado hasta la actualidad.

En fin, a la hora de las evaluaciones generales, también hay que tener en cuenta que este nuevo constitucionalismo hispanoamericano, al que he dedicado todas las últimas páginas de esta obra, se ha extendido a un número limitado de países. Los demás se ajustan a los mismos cánones que ha seguido el constitucionalismo europeo: a las constituciones del periodo revolucionario siguieron aperturas civiles y sociales hasta llegar al nuevo constitucionalismo, iniciado con los grandes textos posteriores a la Segunda Guerra Mundial, que, con las aportaciones de los tribunales constitucionales, han afianzado principios, valores y derechos. Todo lo cual es permanentemente mejorable, pero ofrece un nivel de garantías de vigencia de los derechos y control del poder, generalmente satisfactorios.

Es necesario que los pueblos de Hispanoamérica no se dejen llevar por líderes iluminados que ofrecen soluciones definitivas a sus problemas, sino que sigan en la práctica de la virtud democrática, como han hecho las naciones más civilizadas y avanzadas del mundo. En sus constituciones y sus prácticas políticas siguen estando los valores, los principios, los derechos y las recetas institucionales que deben seguir inspirando las reformas.

NOTAS

CAPÍTULO I
Conspiraciones e ideas para el gobierno de la América hispana

1 Realmente, el primer reconocimiento de la conveniencia, más que el derecho, a la participación de una representación americana en el gobierno peninsular la hizo Napoleón en la convocatoria de Cortes en Bayona, a las que fue llamada una representación de la sociedad americana para que participase en la deliberación de la nueva Constitución. La medida complació a los criollos porque suponía un primer paso para el reconocimiento de la igual representación, el reconocimiento de un estatuto de ciudadanos a los criollos, y de provincias autónomas, y no colonias, a los territorios de ultramar.

Los seis representantes americanos en las Cortes de Bayona fueron Ignacio Sánchez de Tejada y Francisco Antonio Zea por Nueva Granada, José Joaquín del Moral por Nueva España, José Odoardo y Grampré por Venezuela, José Ramón Milá de la Rosa por Buenos Aires y, por la Banda Oriental, Nicolás de Herrera. Reclamaron en Bayona igualdad de derechos y paridad en la ocupación de cargos públicos. Algunas de estas demandas se incluyeron en la Constitución de Bayona como la igualdad de derechos entre las provincias americanas y españolas (artículo 87), la libertad de cultivo e industria (artículo 88) o la libertad de comercio entre las provincias americanas y con España (artículo 89).

2 Para un par de décadas desde el inicio del siglo, los ensayos recogidos en el libro de D. Muñoz Sempere, y G. Alonso García, Gregorio (eds.), *Londres y el liberalismo hispánico*, Iberoamericana, Vervuert, 2011.
3 Remito sobre este asunto al *Memorial* del conde de Aranda.
4 He estudiado por extenso estos antecedentes en mi libro *Hablamos la misma lengua. Historia política del español en América desde la Conquista a las Independencias* (2.ª ed.), Barcelona, Crítica, 2017, pp. 437 y s.
5 Remito a la moderna edición del *Ensayo político sobre el reino de la Nueva España* de Juan A. Ortega y Medina, México, Porrúa, 2014.
6 Explica esta doble versión en el prólogo diciendo que fue «estimulado después por algunos literatos italianos que se mostraban deseosos de leerla en su propia lengua». La edición italiana es de 1780; en inglés se publicó 1787, traducida por Ch. Cullen; y la española, traducida del italiano por José Joaquín de Mora, en Londres en 1826 y la 2.ª en México en 1844. La edición original del autor en castellano, con un prólogo de Mariano Cuevas, de la *Historia antigua de México* (16.ª edición) fue publicada en México por Editorial Porrúa, 2021.
7 El título completo del libro es *Historia de la Revolución de Nueva España, antiguamente llamada Anahuac, o verdadero origen y causas de ella con la relación de sus progresos hasta el presente año de 1813*. La edición original, con un prólogo de Andrés Henestrosa, está publicada por el Fondo de Cultura Económica y es la que utilizo.
8 Un meticuloso seguimiento de las ideas y peripecias de Mier, desde sus tesis sobre Santo Tomás en América, relaciones con el obispo Grégoire o sus debates y procesos, en la extensa y detallada biografía de CH. Domínguez Michael, *Vida de fray Servando*, México, Era, 2004.
9 Sigo el texto de fray Servando *Memoria político-instructiva enviada desde Filadelfia en agosto de 1821, a los Jefes Independientes del Anáhuac llamado por los españoles Nueva España*, impreso en Filadelfia en 1821; hay una edición facsimilar de Classic reprint series, Forgotten Books.
10 Brewer-Carías, *op. cit.*, nota en la p. 16.
11 En el libro de Brewer, p. 20.
12 *Carta dirigida a los Españoles Americanos por uno de sus compatriotas*, P. Boyle, Londres, 1801.

13 En 1810, Miranda publicó un libro autobiográfico con documentación compilada por él, titulado *South American Emancipation Documents. Historical and Explanatory Shewing the Designs which have been in Progress and the Exertions made by General Miranda for the South American Emancipation, during the last twenty five years*, impreso por R. Juigné, Londres, 1810. Era un libro en el que Miranda coleccionaba diversos documentos suyos además del de James Mill sobre la emancipación de Sudamérica.

14 Uno de los libros publicados en 1806 se titulaba *South American Independence: or the Emancipation of South America, the Glory and Interest of England*, «by William Burke, the author of the Campaign of 1805, publicado por J. Ridgway, Londres, 1806.

15 Los baúles en cuestión fueron descubiertos en 1922 por el biógrafo de Miranda William Spence Robertson.

16 La relación de este asunto con las posiciones del entonces aliado gobierno británico eran muy evidentes. Gran Bretaña había decretado la abolición del tráfico de esclavos el 5 de febrero de 1807, y Londres estaba bien convencido de que la eficacia de la medida precisaba la solidaridad de todos los gobiernos que pudieran tener relación y tráfico con América. El gobierno británico había resuelto que en todos los tratados bilaterales que firmara Gran Bretaña con otros estados había que especificar cláusulas prohibitivas del comercio de esclavos. Así se haría con Suecia o con los Países Bajos en 1813 y 1814. Argüelles había estado en la Cámara de los Lores presente cuando se debatió sobre la abolición del tráfico de esclavos y por tanto conocía bien la argumentación que se había utilizado y las consecuencias de la disposición correspondiente. En este sentido la proposición presentada, que coincidía también con pretensiones que se habían implantado anticipadamente en América, bajo la presidencia de Thomas Jefferson, llegó a prepararse un proyecto de ley para abolir el tráfico de esclavos.

17 Los primeros años del constitucionalismo en Venezuela están desarrollados con mucho detalle en el libro de Allan Brewer Carías, *Historia constitucional de Venezuela, I*, Caracas, Alfa, 2008, especialmente pp. 231 y ss. sobre la primera Constitución de 1811.

18 La biblioteca de Miranda fue un fondo, que estudió Arturo Uslar Pietri, muy amplio y erudito, que incluye autores ingleses y alguno de

los grandes pensadores de aquel tiempo como Burke o Bentham, cuyas obras iba a traducir más adelante el propio Blanco White. Pero había muchos tratados también en la biblioteca de conocedores del Nuevo Mundo como el ecuatoriano Alcedo, el naturalista y marinero español Félix de Azara, el geógrafo Antonio de Ulloa, además naturalmente de los *Comentarios Reales* del Inca Garcilaso y el *Ensayo* de Humboldt sobre Nueva España.

19 Los detalles de esta historia y, en general, de la vida y fortuna de A. Bello, en la ejemplar biografía de Iván Jaksic, *Andrés Bello: la pasión por el orden*, Santiago de Chile, Editorial Universitaria, 2021.

20 Véanse las referencias en el libro citado de Jaksic, pp. 70-74. También su magna edición del *Epistolario* de Andrés Bello, Santiago de Chile, 2022.

21 Todo ello en el libro de Miguel Luis Amonátegui, *Vida de don Andrés Bello*, pp. 145-146. Sobre la evolución ideológica de Andrés Bello, Rafael Rojas, *Las repúblicas del aire*, Madrid, Taurus, 2010, pp. 185 y ss.

22 *Vid.* Jaksic, *Andrés Bello, op. cit.*, p. 111.

23 M. Moreno Alonso, «Lord Holland y los orígenes del liberalismo español», *Revista de Estudios Políticos*, 36, 1983.

24 J. Varela Suances-Carpegna, *La Teoría del Estado en las Cortes de Cádiz* (2.ª ed.), Madrid, CEPC, 2011, p. 35.

25 Para la trayectoria, muy estudiada, de Jovellanos y Argüelles, remito por todos al clásico ensayo de Miguel Artola *De la Ilustración al Liberalismo. Jovellanos y Argüelles*, ahora reeditado con un estudio preliminar de Ignacio Fernández Sarasola, Pamplona, Urgoiti, Pamplona, 2023. También, para el primero Javier Varela, *Jovellanos*, Madrid, Alianza Universidad, 1989. Y para Argüelles, «Agustín Argüelles. El liberalismo progresista», *Claves de Razón Práctica*, 210, Madrid, marzo de 2011, pp. 441-458.

26 Para la trayectoria política de Toreno, J. Valera Suanzes-Carpegna, *El Conde de Toreno (1776-1843). Biografía de un liberal*, prólogo de Miguel Artola, Madrid, Marcial Pons, 2005.

27 La peregrinación y exilios a Londres continuó durante el Trienio Liberal: Vicente Llorens, *Liberales y románticos. Una emigración española en Inglaterra, 1823-1834* (2.ª ed.), Madrid, Castalia, 1968, describe la vida y obra de los emigrados después del retorno del absolutismo en 1823, que llegaron a agruparse y hacer vida común en barrios concretos de Londres.

Especialmente pp. 42 y ss. Algunas relaciones de americanos y españoles durante el Trienio están contadas en los ensayos editados por G. Butrón Prida, *Actores, miradas y representaciones. La cuestión americana durante el Trienio Liberal,* Madrid, Marcial Pons, 2023.

28 La extraordinaria biografía de Blanco White ha sido objeto de muy concienzudos estudios. Destaco el muy valioso de Martin Murphy, *Blanco White, Self-banished spaniard,* New Haven y Londres, 1989. También Fernando Durán López, *José María Blanco-White, o la conciencia errante,* Sevilla, Fundación José María Lara, 2005; Manuel Moreno Alonso, «Lord Holland y los Orígenes del Liberalismo Español», *REP,* 36, Madrid, 1983, pp. 181 y ss.; «Las ideas políticas de *El Español*», *REP* 39, 1984, pp. 65-106; *Las ideas constitucionales de Blanco-White, Materiales para el estudio de la Constitución de 1812,* Madrid, Tecnos, 1989, pp. 521-543; «Introducción», *Cartas de Juan Sintierra* de José María Blanco-White, Sevilla, Universidad de Sevilla, 1990, pp. 11-46; *Divina libertad: la aventura liberal de don José María Blanco-White, 1808-1924,* Sevilla, Alfar, 2002; Antonio Cascales Ramos (coord.), *Blanco White, El rebelde ilustrado,* Fundación Pública Andaluza Centro de Estudios Andaluces, 2009; Juan Goytisolo, *Blanco White. El Español y la independencia de Hispanoamérica,* Madrid, Taurus, 2010.

En cuanto a su obra literaria, destaco *Cartas de España* (2.ª ed.), Madrid, Alianza, 1977, con introducción de Vicente Llorens y traducción y notas de Antonio Garnica. Hay otra edición con traducción, introducción y notas de Antonio Garnica, Fundación José Manuel Lara, en *Clásicos andaluces,* 2004. *Obra poética completa,* edición de Antonio Garnica Silva y Jesús Díaz García, Madrid, Visor, 1994. *Semanario Patriótico. Sevilla, 1809,* edición de Antonio Garnica y Raquel Rico, *Obras completas, vol. I,* Granada, ALMED, 2005.

29 *Vid.* André Pons, *Blanco-White y España,* Oviedo, IFES, 2002; *Blanco-White y América,* Oviedo, IFES, 2006.

30 La obra propia y completa de Blanco White, además de la citada más atrás en nota, «Spain», *The Quarterly Review,* t. XXIX, Londres, abril de 1823, pp. 270 y ss. *The Life of the Rev. Joseph Blanco-White, written by himself, with portions of his correspondence,* J. H. Thom y John Cafma (eds.), vol. I, 1845. *España,* Londres, 1824, edición y traducción del inglés de María Teresa de Ory, Sevilla, 1982. *Obra completa,* Antonio Garnica y otros

(eds.), vol. I, Granada, Almed, 2005. *Epistolario y Documentos*, textos reunidos por André Pons, edición de Martin Murphy, Oviedo, IFES, 2010.

31 Lord Holland y él mantuvieron una correspondencia intensa entre el 29 de abril de 1810 y el 27 de febrero de 1814, que ha recogido André Pons en su estudio *Blanco White et la crise du monde hispanique 1808-1814*. Apoyó a Blanco en los desarrollos de la edición de *El Español*.

32 *Vid.* R. Breña, «José María Blanco White y la independencia de América: ¿una postura pro americana?», *Historia Constitucional*, 3, junio de 2002.

33 El acta de independencia de la Confederación Americana de Venezuela redactada por Francisco Isnardi y un colaborador de *El Español*, Juan Germán Roscio, estaba fundada en bases legales: la recuperación de la soberanía tras las abdicaciones de Bayona. La declaración decía: «Nosotros los representantes de las Provincias Unidas de Venezuela, poniendo por testigo al Ser Supremo de la justicia de nuestro proceder y de la rectitud de nuestras intenciones, implorando sus divinos y celestiales auxilios y ratificándoles en el momento en que nacemos a la dignidad, que su providencia nos restituye el deseo de vivir y morir libres creyendo y defendiendo la Santa Católica y Apostólica religión de Jesucristo».

34 R. Menéndez Pelayo, *Historia de los heterodoxos españoles, 1881-1882*, vol. III, reimpresión del CSIC, Madrid, 1963.

35 Utilizo la moderna y excelente edición de Juan A. Ortega y Medina, México, Porrúa, 2014.

36 *Infra* cap. II.

37 *Vid.* André Pons.

38 Juan Goytisolo, *Blanco White. El español y la independencia de Hispanoamérica*, Madrid, Taurus, 2010, p. 74.

CAPÍTULO II

Un nuevo orden político para América

1 Sobre este periodo el libro clásico de M. Artola, *Los orígenes de la España contemporánea* (1.ª ed.), IEP, 1969; actualmente, CEPyC, ed. de 2000. Sobre las repercusiones de Bailén para el nacionalismo español, M. Mo-

reno Alonso, *La batalla de Bailén. El surgimiento de una nación*, Madrid, Sílex, 2008.

2   *Vid.* M. L. RieuMillan, *Los diputados americanos en las Cortes de Cádiz*, Madrid, CSIC, 1990. M. T. Berruezo, *La participación americana en las Cortes de Cádiz (1810-1824)*, Madrid, 1986; M. Chust, *La tribuna revolucionaria. La Constitución de 1812 en ambos hemisferios*, Sílex, Madrid, 2014; A. Colomer Viadel (coord.), *Las Cortes de Cádiz, la Constitución de 1812 y las independencias nacionales de América*, Valencia, 2011; M. Lorente Sariñena, *La nación y las Españas. Representación y territorio en el constitucionalismo gaditano*, Madrid, Universidad Autónoma, 2010.

3   La intervención de Lequerica en el Diario de sesiones de 25 de septiembre de 1810, el mismo día que las Cortes Generales decretan la separación de poderes.

4   La igualdad de derechos había sido apoyada desde *El Español* por Blanco White en un artículo en el que decía, entre otras cosas, que «si las Américas son provincias de España, iguales deben ser, con ellas en derechos sean cuales fueren las consecuencias. Las que de una justísima determinación pueden resultar no son contrarias a los intereses de los españoles de Europa, porque el resultado es en favor del imperio de España. Los que no quieren admitir la fuerza de este argumento dan a entender claramente, que quieren satisfacer a los americanos con solo darles el nombre de españoles que jamás nadie les ha quitado. ¿Son provincias del mismo imperio? Pues tan infundados proceden los que se oponen a la igualdad de representación diciendo que entonces tendrían en ellas más influjo que los europeos, que si en la provincia de Castilla La Nueva, por existir en ella la capital, se quejase de que todas las demás juntas, tienen más poder que ella en las Cortes». *Apud.*, Goytisolo, *Blanco White... op. cit.*

5   Entre la bibliografía ya citada sobre Blanco White, remito especialmente sobre este punto a la selección de textos de Juan Goytisolo en su libro *Blanco White... op. cit.*

6   Ocurrió a partir del discurso de Inca Yupanqui del 16 de diciembre de 1810. Dijo Inca Yupanqui, después de presentarse como diputado suplente por el virreinato del Perú: «... no he venido a ser uno de los individuos que componen este cuerpo moral de V. M. para lisonjearle, para consumar la ruina de la gloriosa y atribulada España, ni para sancionar

la esclavitud de la virtuosa América. He venido, sí, a decir a V. M. con el respeto que debo y con el decoro que profeso, verdades amarguísimas y terribles... Un pueblo que oprime a otro no puede ser libre V. M. toca con las manos esta terrible verdad. Napoleón, tirano de la Europa, su esclava, apetece marcar con este sello a la generosa España. Esta, que lo resiste valerosamente, no advierte del dedo del altísimo, ni conoce que se le castiga con la misma pena que por el espacio de tres siglos hace sufrir a sus inocentes hermanos...».

El alegato de Yupanqui condujo a la presentación, mucho más estructurada, de un listado de once requerimientos de los diputados americanos, que tenía el siguiente contenido:

1. Representación proporcional equitativa ante las Cortes.
2. Libertad de cultivo y de manufacturas de todos los artículos anteriormente prohibidos.
3. Libertad de importar y exportar toda clase de bienes de cualquier parte de España y de las potencias aliadas y neutrales en todos los puertos de América por medio de embarcaciones nacionales o extranjeras.
4. Comerciar con total libertad entre las posesiones de América y Asia y la abolición de los privilegios exclusivos de comercio.
5. Libertad de comercio entre cualquier puerto de América o Filipinas con otras regiones de Asia.
6. Supresión de todos los monopolios del Estado y de particulares.
7. Libertad de extracción de mercurio de América.
8. Igualdad de derechos de los americanos, españoles o indios para poder ejercer cualquier cargo político, eclesiástico o militar.
9. Distribución de la mitad de los cargos en cada uno de los territorios del reino de América en favor de los naturales de ese reino.
10. Creación de comités consultivos de América para la elección de cargos públicos entre los residentes de la localidad.
11. Restablecimiento de la orden de los jesuitas en América.

7 Agustín de Argüelles había visto claramente, muchos meses antes, el alcance de la operación y se refirió a ella en un discurso memorable que consta en el Diario de sesiones de 9 de enero de 1811: «Señor, no podré

alabar suficientemente la solidez, profundidad y aun utilidad de los principios de los señores americanos: yo quisiera dar un nuevo testimonio de mi adhesión a estos mismos principios, y de lo mucho que anhelo porque V. M. se penetre de ellos. No viendo yo en este Congreso más que Diputados españoles, aspiraría a ser tenido por liberal si no quisiera acabar para siempre con el federalismo, y de ser tenido en este momento por conciliador de intereses al parecer opuestos. Se trata actualmente de uno de los puntos más esenciales, a saber, de la representación nacional; y habiendo declarado V. M. que las Américas eran parte integrante de la monarquía, es preciso que goce de absoluta igualdad de derechos. Esto es lo que ha de formar una de las bases de la Constitución. Pero ahora la mayor dificultad estaría en la aplicación de estos principios a los casos particulares del momento».

8 Un estudio de los debates sobre los derechos de los indios, en general, en M. L. RieuMillan, *Los diputados americanos en las Cortes de Cádiz, op. cit.*, pp. 107-175.

9 Los debates sobre la igual representación los recogen, por ejemplo, M. Chust, *La tribuna revolucionaria. La Constitución de 1812 en ambos hemisferios, op. cit.*, pp. 59-121; y M. L. RieuMillan, *Los diputados americanos en las Cortes de Cádiz, op. cit.*, pp. 273-290.

10 El 30 de septiembre de 1810, una semana después de que las Cortes reunidas en la isla de León comenzasen sus sesiones, se inserta en el número VI de *El Español* un artículo titulado «Modo de proceder en la Cámara de los Comunes de Inglaterra», traducido del inglés por Blanco, que había redactado Samuel Romilly. Era una especie de borrador de reglamento parlamentario que, según Blanco, Mirabeau había recomendado sin éxito a la Asamblea Francesa de 1789. Blanco se muestra gran admirador de Burke, cuyas obras elogia en diversas ocasiones calificándolas de «profundas y elocuentes». Y en su ensayo *Variaciones políticas del Español* publicado en enero de 1813, Blanco renegaba de su jacobinismo anterior y confesaba que había adoptado el conservadurismo burkeano.

También Blanco tradujo y publicó en su periódico los *Principios de Filosofía Moral y Política* de William Paley publicado en 1785. Sus críticas a la Constitución de Cádiz y a las Cortes que las elaboraron se basaban en la imputación de que pretendió acaparar todo el poder del Estado, lo que suponía un riesgo para la libertad. El despotismo, dice Blanco, no es patrimonio privativo de los reyes sino que también pueden incurrir en él las asambleas como había sucedido en Francia. No basta con cambiar la forma de los gobiernos porque todos pueden degenerar en despóticos y las Cortes no están libres de caer en ese despotismo, afirmaba Blanco. La soberanía del pueblo y la idea de unos derechos a través del hombre le parecían dogmas peligrosos e inútiles para proteger la libertad. Escribió a este respecto: «¿Qué le importa al ciudadano español ser miembro del pueblo soberano, si no está exento de la opresión que pueden intentar contraer los que ejercen real y verdaderamente esta soberanía? La libertad verdadera y práctica no puede fundarse en declaraciones abstractas; su verdadero fundamento es la protección individual que el ciudadano debe hallar en los tribunales» (publicación del 5 de noviembre de 1812).

11 *Vid.* J. Valera, *Teoría, op. cit.*, 181.
12 *Apud.* Valera, *Teoría, op. cit.*, p. 184.
13 Una objeción interesante es la formulada por Francisco Gómez Fernández, un diputado por Sevilla que se encuadraba en la fracción servil, que requirió a la Comisión de Constitución para que explicara artículo por artículo a qué ley antigua sustituía cada precepto de la Constitución y si aquella ley antigua estaba en vigor o no. Estaba en conexión con la idea de que la nueva Constitución era solo una reforma de la Constitución antigua, y una manera hábil, que generó su revuelo, de protestar todo el texto constitucional.
14 M. Chust, *La tribuna revolucionaria, op. cit.*, reflexiona, con razón, que probablemente no se ha planteado nunca en la historia contemporánea universal algo parecido a lo que ocurrió en la España enfrentada a organizar un Estado nación de dimensiones transoceánicas.
15 Sobre el federalismo y sus diferentes aplicaciones en repúblicas americanas, Nelson Martínez Díaz, en el libro coordinado por M. Lucena Salmoral y otros, tomo III, Madrid, Cátedra, 1992, pp. 249 y ss.
16 Entre las muchas exposiciones sobre el independentismo americano, tengo especialmente en cuenta: E.T. Anana, *España y la independencia de América*, México, Fondo de Cultura Económica, 1986; L. Vethell, *Historia de América Latina*, vol. V, Barcelona, Crítica, 1992; L. DíazTrechuelo, *Bolívar, Miranda, O'Higgins, San Martín. Cuatro vidas cruzadas*, Madrid, Encuentro, 1999; F.X. Guerra, *Las revoluciones hispánicas, independencias americanas y liberalismo español*, Madrid, Editorial Complutense, 1995;

T. Halperin Donghi, *Historia de América Latina*, vol. 3: *Reforma y disolución de los imperios ibéricos*, Alianza, Madrid, 1985; M. Lucena Salmoral, *Simón Bolívar*, Madrid, Alianza, 1991; John Lynch, *Las revoluciones hispanoamericanas, 1808-1826* (5.ª ed.), Barcelona, Ariel, 1989; J. E. Rodríguez, *La independencia de la América española*, México, Fondo de Cultura Económica, 1996; J. L. Romero y L. A. Romero (eds.), *Pensamiento político de la emancipación (1790-1925)*, Caracas, Ayacucho, 1977. Manuel Lucena Salmoral (coord.), *Historia de Iberoamérica, III. Historia contemporánea*, Madrid, Cátedra, 1992, pp. 77 y ss. sobre patrias bobas. Y el resto sobre la evolución de los gobiernos autónomos. En general sobre los libertadores, el libro esencial de R. Harvey, *Los libertadores. La lucha por la independencia de América Latina, 1810-1830*, Barcelona, RBA, 2010.

17 *Vid.* M. Lucena Salmoral, *op. y loc. cit.*

18 *Vid.* estudio preliminar de I. Fernández Sarasola a *La Constitución de Bayona*, Iustel, 2007, en la colección de *Constituciones históricas* dirigida por Miguel Artola.

19 La consulta de las constituciones iberoamericanas puede hacerse en la web de la Biblioteca Virtual Miguel de Cervantes, portal «Constituciones Iberoamericanas», <http://www.cervantesvirtual.com/portal/constituciones/>.

Algunas recopilaciones anteriores son las de Juan F. Olivo *Constituciones políticas del Perú*, Lima, Torres Aguirre, 1922; Ramiro Borja y Borja, *Las Constituciones del Ecuador*, Madrid, Ediciones Cultura Hispánica, 1951; Faustino J. Legón y Samuel W. Medrano, *Las Constituciones de la República Argentina*, Madrid, Ediciones Cultura Hispánica, 1953; Ricardo Gallardo, *Las Constituciones de la República Federal de Centroamérica*, Madrid, Instituto de Estudios Políticos, 1958; Luis Mariñas Otero, *Las Constituciones de Venezuela*, Madrid, Ediciones Cultura Hispánica, 1965. Para la historia constitucional de Chile, Pablo Ruiz Tagle, *Cinco repúblicas y una tradición*, Santiago de Chile, LOM, 2016: en relación con el periodo constitucional inicial, entre 1810 y 1830, pp. 55 y ss. Un estudio general en J. M. Portillo Valdés, *Historia mínima del constitucionalismo en América Latina*, México, El Colegio de México, 2016.

20 Eduardo Martiré, «Proyección del liberalismo gaditano en los países de América», en el libro colectivo *Las Cortes de Castilla y León (1188-1988)*, vol. I, *Cortes de Castilla y León*, Valladolid, 1990, pp. 663 y ss.

21 Para México, M. Ferrer Muñoz, *La Constitución de Cádiz y su aplicación a Nueva España*, México, UNAM, 1993, y F. Serrano Migallón, *La vida Constitucional de México*, t. I y II, México, Porrúa, 2021, relativos, respectivamente, a la Constitución de Bayona y al «Nacimiento y muerte de la Constitución de Cádiz».

22 C. Stoetzer, *El pensamiento político en la América española durante el tiempo de la emancipación (1789-1825)*, Madrid, Instituto de Estudios Políticos, 1966, p. 228.

23 *Blanco-White. Self-banished Spaniard,* Yale University Press, New Haven y Londres, 1989, p. 79.

24 R. García Martínez, «La Constitución española de 1812 como antecedente constitucional argentino», *Revista de Estudios Políticos*, 138, 1964, pp. 91 y ss.

25 Remito al importante análisis de Tulio Halperín Donghi, *Tradición política española e ideología revolucionaria de Mayo*, Buenos Aires, 1985, especialmente, pp. 103 y ss.

26 Para estos primeros ensayos y realizaciones constitucionales en América son esenciales los libros de I. Fernández Sarasola, *La Constitución de Cádiz. Origen. Contenido y proyección internacional,* Madrid, CEPyC, 2011, y antes Joaquín Suanzes-Carpegna, *La teoría del Estado en los orígenes del constitucionalismo hispánico (las Cortes de Cádiz),* Madrid, Centro de Estudios Constitucionales, 1983. Ignacio Fernández Sarasola y Joaquín Varela Suanzes-Carpegna (eds.), *Modelos Constitucionales en la Historia Comparada, en Fundamentos*, 2, Oviedo, 2000, pp. 359-466. También M. Lorente Sariñena y J. M. Portillo Valdés, *El momento gaditano: la constitución en el orbe hispánico (1808-1826)*, Congreso de los Diputados, 2012. Desde una perspectiva más centrada en las experiencias americanas, R. Gargarella *The legal foundation of inequality, Constitucionalism in the Americas, 1778-1860*, Cambridge University Press, 2010. También R. Gargarella, un estudio general sobre el constitucionalismo en América Latina, comprensivo de toda la historia, en su libro *La sala de máquinas de la Constitución. Dos siglos de constitucionalismo en América Latina (1810-2010)*, Buenos Aires, Katz editores, 2010.

27 N. Lee Benson, *La diputación provincial y el federalismo mexicano* (2.ª edición), México, El Colegio de México, UNAM, 1994; A. Ávila, *En nombre de la nación. La formación del gobierno representativo en México 1808-1824*,

México, CIDE-Taurus, 2002. Sobre el federalismo en Argentina, además de los textos citados, el libro coordinado por Paula Alonso y Beatriz Bracón, *El sistema federal argentino. Debates y coyunturas (1860-1910)*, que analiza la segunda mitad del siglo XIX, Barcelona, 2010. Y con carácter más general, el libro colectivo de Raúl Mandrini, Jorge Gelman y otros, coordinados por Pablo Yankelevich, *Historia mínima de Argentina*, México, El Colegio de México y Turner, 2014.

28 Merle E. Simmons, *La Revolución Norteamericana en la independencia de Hispanoamérica*, Madrid, Maphre, 1992, pp. 137 y ss.

29 La influencia de la Constitución de Cádiz en las constituciones de El Salvador y Honduras fue evidente, como resulta del estudio introductorio de Luis Mariñas Otero a su edición de *Las Constituciones de Honduras*, Madrid, Ed. Cultura Hispánica, 1962.

30 I. Fernández Sarasola, *La Constitución de Cádiz. Origen. Contenido y proyección internacional*, Madrid, CEPyC, 2011, p. 327.

31 *Obras completas*, La Habana, Lex, 1950, vol. I, p. 171.

32 *Obras completas*, vol. III, pp. 684 y ss.

CAPÍTULO III
Estados nacionales en formación: soberanías fragmentadas, territorios y población imprecisos

1 Las primeras rebeliones y establecimientos subsiguientes de gobiernos están muy bien explicadas en el libro de Manuel Lucena Giraldo, *Naciones de rebeldes. Las revoluciones de independencia latinoamericanas*, Madrid, Taurus, 2010; en particular, sobre las patrias bobas, pp. 69 y ss.

Sobre los inicios de la revolución en la América hispana y sus problemas institucionales, el libro de Rafael Rojas *Las repúblicas del aire. Utopía y desencanto en la revolución hispanoamericana*, Madrid, Taurus, 2009.

2 La estimación es por completo general en los estudios del periodo en cualquiera de las repúblicas emergentes, pero véase, por ejemplo, Rafael Sagredo Baeza, *Historia mínima de Chile*, México, El Colegio de México, Turner, 2014, p. 113: los «ideales surgidos del liberalismo político y ma-

terializados en la Revolución francesa» fueron, «desde el comienzo de su vida independiente, los principios a los que el país buscó adecuar sus nuevas instituciones políticas y sociales».

3 El argumento es la tesis que Tocqueville desarrolla en su estudio *El Antiguo Régimen y la Revolución*, sigo la edición de Alianza Editorial.

4 Sobre las ideas de Miranda a este respecto, ver el libro de Brewer Carías *Sobre Miranda. Entre la perfidia de unos y la infamia de otros*, Caracas, Nueva York, Editorial Jurídica Venezolana, 2010.

5 Sobre ello *supra* catítulo 1.

6 En particular la doctrina Monroe y el principio *Manifest Destiny*, que se estudian *Infra* capítulo V.

7 En la obra de Jaksic, *Andrés Bello, op. cit.*, p. 87. La carta de Bello a Mier, explica Jaksic, no llegó a su destino porque cuando Mier se fue de Inglaterra la representación pasó a un neogranadino, Manuel Torres, con permiso para abrir correspondencia. Pero al enviar la carta de Bello, Torres comprendió la magnitud de sus comentarios y los comunicó a su superior Pedro Gual. A Torres le pareció injurioso y denigratorio con los principios de nuestro sistema social. Pedro Gual había sido condiscípulo de Bello en Caracas y a la fecha era encargado de relaciones exteriores de la República de Colombia, nombre que ahora llevaban los territorios del antiguo virreinato del Nuevo Reino de Granada y de la extinta Capitanía General de Venezuela. La carta indignó a Gual, que en un oficio al encargado de Colombia en Londres, José Rafael Revenga, dio instrucciones para que «sus comunicaciones con este individuo (Bello) guarde la debida reserva» puesto que sus «opiniones son contrarias a las del actual sistema de gobierno». Bello debió de haber sufrido entonces un fuerte ostracismo porque el 28 de octubre de 1824 le preguntó a Mier si había tenido algo que ver con el asunto y Mier le contestó desde México el 15 de noviembre de 1826, negando haber recibido una carta de tal naturaleza y agregó que no le sorprendía que su correspondencia hubiera sido abierta.

8 Texto de la carta en Francisco de Miranda, *América Espera*, Caracas, Biblioteca Ayacucho, 1992, y en el libro de Allan R. Brewer-Carías, *Sobre Miranda. Entre la perfidia de unos y la infamia de otros*, Caracas, Nueva York, Editorial Jurídica Venezolana, 2010, p. 10.

9 Teodoro Hampe Martínez, *Bernardo Monteagudo y su intervención en el proyecto monárquico*, Centro Argentino de Estudios Internacionales.

Juan San Martín Vázquez, «Bernardo Monteagudo y el proyecto de una monarquía en el Perú» (Comunicación presentada al Coloquio Internacional «Revolución e independencia en debate: visiones del siglo XIX»), Lima, 14-16 de julio de 2010).

10 Hampe, *op. cit.*

11 *Vid.* José A. Puente Candamo (ed.), *Obra gubernativa y epistolario de San Martín*, 2 vols., Lima, Comisión Nacional del Sesquicentenario de la Independencia, 1974-1976, I, p. 27.

12 Esta época, los personajes y las ideas de Monteagudo están explicadas en el estudio de Jorge Basadre, *La iniciación a la República contribución al estudio de la evolución política y social del Perú*, 2 vols., Lima, F. y E. Rosay, 1929-1930.

13 Carlos Contreras y Marcos Cueto, *Historia del Perú contemporáneo: desde las luchas por la independencia hasta el presente* (3.ª ed.), Lima, Pontificia Universidad Católica del Perú, 2004, p. 64.

14 *Vid.* Sobre Monteagudo, Carmen McEvoy, «El motín de las palabras: la caída de Bernardo Monteagudo y la forja de la cultura política limeña (1821-1822)», *Boletín del Instituto Riva-Agüero*, vol. 23, Lima, 1996. Graciana Vázquez Villanueva, *Revolución y discurso. Un portavoz para la integración hispanoamericana: Bernardo Monteagudo, 1809-1825*, Buenos Aires, Isla de la Luna, 2006.

15 Leguía y Martínez, 1972, IV, 268.

16 Entre los candidatos que contactó la diplomacia de San Martín el favorito pareció ser Leopoldo de Sajonia y Coburgo. Hay quien sostiene que en la famosa entrevista en Guayaquil con Bolívar el tema de mayor discrepancia fue el de la monarquía, absolutamente inaceptable para el Libertador.

17 Alfredo Estévez y Óscar Horacio Elía, «San Martín, Protector del Perú: anotaciones acerca de algunas cuestiones económico financieras», Universidad de Santa Fe, 1955. Raúl Porras Barrenechea, *Fuentes históricas peruanas: apuntes de un curso universitario*, Lima, Juan Mejía Baca y P. L. Villanueva (eds.), 1954.

18 Basadre, *op. cit.*, I, pp. 23-24.

19 Eduardo Torres Arancivia, *Buscando un rey: el autoritarismo en la historia del Perú, siglos XVI-XXI*, Lima, Pontificia Universidad Católica del Perú, 2007.

20 Titulado *Memorias y documentos para una historia de la independencia de Perú y causas del mal éxito que ha tenido ésta, obra póstuma de P. Pruvonena*, seudónimo detrás del que se escondía Riva Agüero. Trataba, bajo el dolor de la visita, ya viejo, a su país, desolado por el caos y los manejos de los caciques, de demostrar que se había equivocado al optar por el sistema republicano, asegurando que la única solución estaba en «volver al estado en que se hallaba este país en el tiempo último de la dominación española». Repasa críticamente a todos los personajes que han intervenido en la independencia (nada positiva la valoración de un timorato San Martín dominado por su colaborador Monteagudo, que queda como un Robespierre sediento de sangre).

21 Virgilio Roel Pineda, *Conatos, levantamientos, campañas e ideología de la independencia. Historia del Perú. VI* (4.ª ed.), Lima, Mejía Baca, 1982.

22 La documentación del proyecto monárquico mexicano en tiempos de Iturbide puede verse recogida en Serrano Mingallón, *La vida constitucional de México*, Tomo IV, Porrúa, Ciudad de México, 2021, con amplio y completo anexo documental.

23 Williamson concluye que las divisiones entre clases dirigentes habían sido tan profundas durante todo el siglo XIX porque el Plan de Iguala había mantenido vivas las esperanzas de una monarquía, de una solución a la brasileña. Pero esto hizo imposible que conservadores y liberales llegaran a un acuerdo pragmático como había ocurrido en Chile.

24 La documentación de esta operación, bastante importante, fue examinada en primer lugar por Jesús Domínguez Bordona, *Manuscritos de América*, Madrid, Talleres de Blass, 1935. Esta obra fue objeto de una reseña de Genaro Estrada, «Manuscritos de México» en *El Alcázar de Madrid*, 1936 (obras completas compiladas por Luis Mario Schneider), México, Siglo XXI, 1988, vol. I, p. 267. También la comentó José C. Valadés, *Alamán, estadista e historiador*, México, Antigua Librería de Robredo, José Porrúa e hijos, 1938. Y más tarde le dedicó una monografía definitiva Jaime Delgado, *La monarquía en México 1845-1847*, México, Porrúa, 1990. Más recientemente, Raúl Figueroa Esquer y Víctor Villavicencio, «La intriga monárquica de Bermúdez de Castro 1845-1846», en la revista *Trienio*, 59, mayo de 2012, pp. 5-39.

25 Fernando del Paso, *Noticias del Imperio*, especialmente el capítulo XX, dedicado a la ejecución, ordenada por Juárez, en el Cerro de las Campanas

y la espléndida descripción de la decadencia del imperio a partir del capítulo XII, combinada con la progresiva pérdida de razón de Carlota.

26 Como ha observado Portillo Valdés, *Constitucionalismo en Hispanoamérica, op. cit.*, también se apelaba a la doctrina que Emeric Vattel había denominado en 1700 derecho de gentes necesario, derivado del derecho natural, cuya satisfacción no quedaba al arbitrio de las naciones. De este derecho derivaba, según Vattel, que «Las naciones permanecen libres e independientes unas de otras porque los hombres son naturalmente libres e independientes». De esta manera los americanos se sintieron «libres y autorizados para no depender de otra autoridad». El primer presidente de las Cortes de Cádiz, en septiembre de 1810, fue don Ramón Lázaro de Dou y Bassols, catedrático de la Universidad de Cervera que había publicado en 1800 un amplio compendio del derecho que se entendía aplicable en España. Ese texto y otro manual de José María Álvarez, guatemalteco, que estaba muy generalizado en aquel tiempo, utilizaba la doctrina de la patria potestad, para el sentido que podía aplicarse también a las viejas colonias. No era extraño para la cultura jurídica tanto la de derecho civil como la de derecho internacional que la muerte de un rey sin sucesión legítima llevaba consigo la imposibilidad de activar los mecanismos que en las leyes fundamentales no era posible una continuidad y en ese caso, como no se tenía constancia de la muerte natural de Fernando, era evidente que la situación de la persona del rey podía equipararse a una muerte civil. La alternativa a esta situación podía resolverse con reglas procedentes del derecho civil a efectos de la asimilación del rey a la figura del padre que tenía que ser necesariamente suplida. Es decir, que la muerte civil del rey habilitaba a la emancipación de facto que debía conducir a una redefinición de la relación entre el rey y el reino.

27 Utilizo la insuperada edición bilingüe de Luciano Pereña, con sus aportaciones críticas, *De Legibus*, CESIC, 1971-1981, 8 vols.

28 *Principatus politicus. Defensio fidei III*, Madrid, CSIC, 1965, también traducción crítica de Luciano Pereña con Eleuterio Elorduy.

29 Una importante nómina de autores ha establecido conclusiones indiscutibles sobre la indicada influencia. Por ejemplo, M. Giménez Fernández, «Las doctrinas populistas en la independencia de Hispanoamérica», Sevilla, Anuarios de Estudios Americanos, 1946, pp. 519-565. C. O. Stoetzer, *Las raíces escolásticas de la emancipación*

de la América española, Madrid, 1982. M. Molina Martínez, *Los cabildos y la independencia Iberoamericana*, Salamanca, 2003. J. M. Echevarría, «Las ideas escolásticas y el inicio de la Revolución Hispanoamericana», *Montalván*, 5, Caracas, 1979. R. Maniquis, O. Martí y J. Pérez, (eds.) *La revolución francesa y el mundo ibérico*, Madrid, 1989. J. P. Salaverry, *Origen de la soberanía civil, según el P. Francisco Suárez*, Buenos Aires, 1922. P. Chaunu, «Interpretación de la independencia de América Latina», en VV. AA., *La independencia del Perú*, Lima, 1972. Un resumen reciente muy completo es el de Miguel Molina Martínez, «Pactismo e Independencia en Iberoamérica», Universidad de Granada, disponible en internet.

30 Una aproximación general a los aspectos del problema en la obra colectiva coordinada por D. Soto Arango y M. A. Puis-Samper, *Recepción y difusión de textos ilustrados*, Madrid, Doce Calles, 2003.

31 Especialmente, J. P. Salaverry, *Origen de la soberanía civil, según el P. Francisco Suárez*, Buenos Aires, 1922, p. 29.

32 B. Lewin, *Rousseau y la independencia argentina y americana*, Buenos Aires, 1967.

33 J. Pérez, *Los movimientos precursores de la emancipación en Hispanoamérica*, Madrid, 1977; P. Chaunu, «Interpretación de la Independencia en América Latina», *op. cit.* Más recientemente M. Molina Martínez, *Pactismo e Independencia en Iberoamérica, 1808-1811*, Universidad de Granada, accesible en internet.

34 J. Lynch, *Las revoluciones hispanoamericanas, 1808-1826*, Barcelona, 1976, p. 68. Opinión parecida mantuvo C. O. Stoetzer, *Las raíces escolásticas*, cit. pp. 280 y ss. Más matizada es la opinión de T. Halperin Donghi, *Historia contemporánea de América Latina*, Madrid, Alianza, 1980, p. 90: nada tenían que ocultar, sugiere, porque eran los herederos naturales del poder.

35 Remito a algunos estudios clásicos y bien conocidos sobre este turbulento periodo de la vida argentina: J. Álvarez, *Las guerras civiles argentinas*, Buenos Aires, EUDEBA, 1983; F. Best, *Historia de las Guerras Argentinas*, Buenos Aires, Peuser, 1980. P. González Bernaldo de Quirós, «El largo siglo xix», incluido en la obra colectiva *Historia mínima de Argentina*, México, El Colegio de México y Turner, 2014.

36 Me refiero con más detenimiento a esta cuestión en el capítulo siguiente.
37 J. C. Chiaramonte, en «La cuestión de la soberanía en la génesis y constitución del Estado argentino», Buenos Aires, 2000, accesible en internet, ha estudiado la cuestión partiendo de sus raíces escolásticas y de la filosofía absolutista, especialmente Bodino y Althusius, para constatar que, según el primero, la soberanía es indivisible e intransferible, mientras que el segundo admitía algunas formas de división y ejercicio compartido, como también lo hacen autores del Renacimiento, incluido Maquiavelo.
38 *Historia Institucional Argentina* (2.ª ed.), México, Fondo de Cultura Económica, 1957, pp. 196 y ss.
39 Jorge R. Vanossi, *Situación del federalismo*, Buenos Aires, Depalma, 1964, p. 11.
40 Había iniciado esa dinámica el Cabildo de Buenos Aires que, tras los sucesos de 1820, decía: «Todas las (provincias) de la Unión están en estado de hacer por sí mismas lo que más convenga a sus intereses, y régimen interior...». Siguen declaraciones de otros cabildos, y el de la ciudad de Córdoba aprobó su particular declaración de independencia en estos términos, el 17 de enero de 1820: «... declarando en la forma más solemne que la soberanía de esta provincia reside en ella misma y por su representación en esta Asamblea, en tanto se arregla su Constitución; que como tal provincia libre y soberana no reconoce dependencia, ni debe subordinación a otra...». Y así, pocos años después Santa Fe y otras.
41 *Derecho Constitucional Argentino. Historia. Teoría y Jurisprudencia de la Constitución*, t. I. Buenos Aires, Lajouane, 1930, pp. 187 y ss.
42 Carlos Ibarguren, *Juan Manuel de Rosas, su tiempo, su vida, su drama*, utilizo la 17.ª edición de Distribuidora y Editora Theoría, Buenos Aires, Roldán, 1984.
43 Es esta una cuestión compleja y debatida que ha sido objeto de pronunciamientos de los tribunales constitucionales de la práctica totalidad de los Estados europeos. Pueden verse las conclusiones en mi ensayo *Vieja y Nueva Constitución*, Barcelona, Crítica, 2016.
44 Remito al estudio de J. B. Pons, «Los conceptos de límite y de frontera en el Tratado de San Ildefonso, según Félix de Azara», *Prudentia Iuris*, 74, pp. 141 y ss.

45 Me refiero con más detenimiento a esta cuestión y la ulterior influencia de los jesuitas expulsos en la ideología independentista en mi libro *Hablamos la misma lengua, op. cit.*

46 Es destacadísima la información que se recoge en su *Correspondencia oficial e inédita sobre la demarcación de límites entre Paraguay y Brasil*, que puede encontrarse en <www.cervantesvirtual.com>; también en *Informes de D. Félix de Azara sobre varios proyectos de colonizar el Chaco* (1.ª ed.), Buenos Aires, 1836.

47 Editorial Bajel, 1943.

48 *Vid.* Sagredo Baeza, *Historia mínima de Chile, op. cit.*, p. 154.

49 El largo discurso de Simón Bolívar lo pronunció el 15 de febrero de 1819.

50 En 1885 y 1886 el Museo de la Plata consiguió que el gobierno le entregara personas que habían sido hechas prisioneras en la conquista del desierto. Algunas de ellas terminaron muriendo en el museo. Sus restos, junto con otros que habían pertenecido a cadáveres de prisioneros, fueron exhibidos en el museo bajo el rótulo «Razas salvajes que se extinguen». En años sucesivos el museo obtuvo y exhibió gran cantidad de restos indígenas. A partir de 1994 la comunidad Mapuche-Tehuelche Pu Fotum Mapu logró la paulatina restitución de esos restos, operación que no concluyó hasta 2014.

Sobre la guerra del desierto véase J. C. Walther, *La conquista del desierto. Síntesis histórica de los principales sucesos ocurridos y operaciones militares realizadas en La Pampa y Patagonia contra los indios (1527-1885)*, Buenos Aires, Eudeva, 1948; M. A. de Marco, *La guerra de la frontera: luchas entre indios y blancos, 1536-1917*, Buenos Aires, Emecé, 2010.

51 Hubo problemas de frontera recurrentes con las comunidades pampeanas y con los patagones (especialmente mapuches, huilliches, pehuenches, cuncos…) resueltos con incursiones y acciones concretas, hasta llegar a un conflicto más generalizado que tuvo su punto álgido en la batalla de Curalaba de 1598. A partir de esa fecha se estableció una frontera mejor definida, aunque continuamente vulnerada. Se creó la Capitanía General de Chile y quedó abierta una época interminable de negociaciones, escaramuzas y guerras. Los mapuches («gente de la tierra» en mapundungún) demostraron una

capacidad enorme para la guerra de guerrillas que aprovechaba la difícil geografía del territorio y el carácter indomable de sus gentes. A este escenario se refiere la obra de Alonso de Ercilla *La Araucana*. Durante la monarquía austriaca en España los conflictos fueron permanentes. Su duración la establecen los historiadores entre la llegada de Pedro de Valdivia a Chile en 1541 hasta el final del conflicto chileno-mapuche en 1883. Y tuvo momentos de especial violencia desde la batalla de Tucapei de 1553, en la que murió Valdivia (ha quedado la leyenda de que su corazón fue devorado por los propios mapuches), hasta las campañas de García Hurtado de Mendoza contra el caudillo Caupolicán, capturado y ejecutado por empalamiento en 1558. Hubo varias oleadas de acciones mapuches durante el siglo xvi hasta llegar a las campañas de Rodrigo de Quiroga, Alonso de Sotomayor y Martín García, entre 1578 y 1598, que terminan con la batalla de Curalaba de 1598. Hubo continuas campañas en el siglo xvii, siendo gobernador Alonso de Ribera, que fue quien propuso a Felipe III la creación de un ejército permanente en Chile, seguidas de las comandadas por Alonso García Ramón, Pedro Osores de Ulloa, Luis Fernández de Córdoba y Francisco Laso de la Vega, entre otros. El siglo xviii ofreció el mismo panorama de enfrentamientos, mezclados con periodos de negociación y una cierta pacificación. Cuando llegó el final de la colonia y la guerra de independencia de Chile, existía una tolerancia mayor a los blancos por parte de la población mapuche y habían crecido los intercambios. La situación era más aceptada por los pueblos originarios como prueba el hecho de que defendieran el *statu quo* apoyando a las fuerzas realistas. Una exposición completa de esta compleja historia de enfrentamientos en J. A. Pérez García, *Historia de Chile*, tomo I, Santiago de Chile, 1900, digitalizado en Harvard University; C. Gay, *Historia física y política de Chile*, Santiago de Chile, varios volúmenes, a partir de 1845; F. A. Encina y L. Castedo, *Historia de Chile*, Santiago de Chile, Editorial Santiago, especialmente tomos 1 y 2, 2006; J. Bengoa, *Historia del pueblo mapuche: siglos XIX y XX*, Santiago de Chile, LOM, 2000; M. G. Huidobro, *El imaginario de la guerra del Arauco: mundo épico y tradición clásica*, Santiago de Chile, Fondo de Cultura Económica, 2017.

52 Perteneciente todavía a la cadena de dictadores que fundó el doctor Francia; nos referimos a este episodio de la historia de Paraguay *infra*, capítulo IV.

53 Sigo los estudios de Francisco Doratioto, *Maldita Guerra. Nueva historia de la guerra del Paraguay*, Buenos Aires, Emecé, 2008; L. Pomer, *La guerra del Paraguay*, Buenos Aires, Leviatán, 2008; J. Rubiani, *Verdades y mentiras sobre la Guerra de la Triple Alianza*, Intercontinental, 2017; L. Zenequelli, *Crónica de una guerra. La Triple Alianza*, Buenos Aires, 1997.

54 La guerra del Chaco ha dado lugar a una gran producción ensayística. Algunos títulos consultables son R. D. Arce Aguirre y C. Salinas Aramayo, *Un destino inconcluso, 1901-1944*, La Paz, Bolivia, 2009; A. Cuadros Sánchez, *La guerra del Chaco y sus secuelas, 1932-1943*, La Paz, Los Amigos del Libro, 2003; C. J. Fernández, *La guerra del Chaco*, Buenos Aires y Asunción, varios volúmenes impresos a partir de 1955; R. Querejazu Calvo, *Historia de la guerra del Chaco*, La Paz, Juventud, 1990; A. Vergara Vicuña, *Historia de la Guerra del Chaco*, varios vols., La Paz, Litografía e Imprentas reunidas, 1944.

55 La trayectoria política y militar de Santa Anna se estudia en el capítulo siguiente. Es posiblemente el presidente más denostado y vilipendiado de la historia de México, según resulta de todas las biografías. Pero remito a la última, que es un intento de recuperación de su figura, de descartar las atribuciones falsas y resaltar la parte buena de sus actuaciones: Will Fowler, *Santa Anna. ¿Héroe o villano?*, Barcelona, Crítica, 2007.

56 Esta información es muy reiterada en cualquier historia de América o de México en particular. Remito a P. Escalante, B. García Martínez y otros, *Nueva historia mínima de México ilustrada*, México 2008, pp. 281 y ss.

57 R. Casares Cantón, J. Duch, J. Zavala Vallado y otros, *Yucatán en el tiempo*, Mérida, Yucatán, 1998; A. Betancourt Pérez, *Historia del Yucatán*, I, Mérida, Yucatán, 1970, p. 290.

58 Una pormenorizada explicación sobre este asunto, en el muy expresivo caso de las poblaciones originarias en Chile, en el libro de M. Correa Cabrera, *Historia del despojo. El origen de la propiedad particular en el territorio mapuche*, Santiago de Chile, Pehuén, Ceibo, 2021, donde se describen los avances de las fronteras y los diferentes métodos usados para establecer las nuevas haciendas.

59 La definición de ingenuo, en el sentido en que lo emplea el texto transcrito, puede verse en esta entrada, que está en el tomo IV (publicado en 1734) del *Diccionario de Autoridades* de la RAE: «Se llama en el derecho civil, el que nació libre, y no ha perdido la libertad».

60 Los elogios a la abolición del tributo también se repitieron aquellos días por parte de los diputados americanos. He aquí la intervención del Sr. Inca Yupanqui: «Señor, el decreto de V. M. de abolición del tributo personal de los indígenas americanos ha derribado hasta los cimientos aquel muro fuerte, que por espacio de tres siglos puso en inmensa separación a los habitantes del antiguo y nuevo mundo. Rompiose ya con sola una palabra de V. M. la piedra de escándalo, que alejaba el afecto de tan dignos ciudadanos, y se borrará para siempre, si V. M. lo quiere, la línea divisoria, injusta y degradante, que obligándolos a girar en círculos desiguales, parece los precisaba a fijar sus corazones en centros también desiguales... Yo, en nombre del imperio de los quechuas, al que la naturaleza me ligó con altas relaciones, no puedo dejar de felicitar a V. M. por una providencia tan sabia y liberal, ni puedo desentenderme del interés que me cabe en que tenga pronta y expedita ejecución del decreto o ley abolitiva del tributo...».

La supresión del tributo fue dispuesta por un decreto que aprobó el primer Consejo de Regencia el 28 de mayo de 1810 y las Cortes sancionaron el 12 de mayo de 1811. La aplicación de la decisión presentó bastantes dificultades considerando su arraigo, los derechos adquiridos y la firme oposición de sus beneficiarios.

61 Las razones aparecen repetidamente justificadas en el Diario de sesiones: «Señor —dijo el diputado Uría— lo que sobra en América es tierra; lo que falta son brazos. Son inmensos los eriales y pertenecen a esas que se llaman baldías o realengas». «Ya no es tiempo que V. M. —dijo el Sr. Mejía— se llame Rey de desiertos, sino Rey de poblaciones. La América no solo es población, es medio mundo, y cada una de sus provincias es tan grande o más que la Península, y es un dolor que su población apenas sea un poco mayor que la Península».

62 Una obra emblemática, a la que ya hemos hecho referencia, que se atiene a este orden de ideas y que tuvo gran influencia más allá de Argentina, donde se sitúa la reflexión, fue la de Faustino Domingo Sarmiento *Facundo o civilización y barbarie*, publicada en 1845. Cuenta la historia del

caudillo federalista Facundo Quiroga, que accedió al poder en la provincia de San Juan y siguió una violenta trayectoria en la sanguinaria política nacional en la época inmediatamente posterior a la independencia hasta que lo asesinaron a traición, probablemente por orden de su rival Rosas. El *Facundo* es importante porque aborda el problema de la construcción del Estado en un momento de desencanto tras el fracaso de las aspiraciones liberales de Bolívar y San Martín. Sarmiento contrasta la barbarie y la civilización. Barbarie es la falta de buen gobierno basado en una autoridad legítima. Muchos han identificado barbarie con América y civilización con Europa. Pero el libro es más sutil. Refiere la barbarie a la falta de respeto de los derechos, la existencia de dictaduras, ausencia de instituciones democráticas y de leyes justas. Las repúblicas hispanoamericanas se enfrentaban al peligro de la barbarie, por lo que necesitaban incorporar instituciones como había hecho Estados Unidos, y apartarse de modos de civilización clerical que habían heredado de España. La civilización clerical no podía contener la ola de barbarie que se había levantado en el campo y las ciudades. Debía eliminarse este tipo de gobierno e incorporar otros que estuviesen abiertos a los modelos del norte.

63 Las relaciones de los colonos angloamericanos con los indios, antes y después de la «Sentencia Worcester *versus* Georgia» de 1832, en Pekka Hämäläinen, *El imperio comanche*, Madrid, Península, 2011; Angie Debo, *Gerónimo, el apache. El hombre, su tribu, su tierra y su tiempo*, Palma de Mallorca, José J. de Olañeta, 1994; Vine Deloria Jr., *Red Earth White Lies. Native Americans and the Myth of Scientific Fact*, Nueva York, Scribner, 1995; Stephen E. Ambrose, *Caballo Loco y Custer. Vidas paralelas de dos guerreros americanos*, Madrid, Turner, 2004; Edward Lazarus, *Black Hills / White Justice. The Sioux Nation Versus the United States, 1775 to the Present*, Harper Collins, 1991; M. Annette Jaimes (ed.), *The State of Native America. Genocide, Colonization, and Resistance*, Boston, South End Press, 1992; J. Anthony Paredes, *Indios de los Estados Unidos anglosajones*, Fundación MAPFRE, 1992, especialmente pp. 223 y ss.

64 Una pormenorizada descripción de tales acciones en el territorio de Mesilla puede consultarse en el libro de P. Andrew Hutton, *Las guerras apaches* (1.ª ed. en español), Madrid, Desperta Ferro, 2023.

65 F. Villavicencio, «Entre una realidad plurilingüe y un anhelo de nación. Apuntes para el estudio sociolingüístico del siglo XIX», en R. Barriga

Villanueva y P. Martín Butragueño (dirs.), *Historia sociolingüística de México*, vol. II, México, El Colegio de México, pp. 713-795.

66 Weber, *op. cit.*

67 Una aportación posterior de mucho interés informativo para las nuevas repúblicas independientes fue la resultante del viaje de Alexander von Humboldt, especialmente su libro sobre la sociedad mexicana, ya citado, donde puede encontrarse un largo capítulo sobre las castas y sus opiniones al respecto.

68 M. Lastarria, *Colonias orientales del Río Paraguay o de la Plata*, ed. de E. del Valle Iberlucea, Buenos Aires, Documentos para la Historia Argentina, 3, Compañía SudAmericana de Billetes de Banco, 1914.

69 A. Malaspina, *Viaje político-científico alrededor del mundo por las corbetas «Descubierta» y «Atrevida» al mando de los capitanes de navío D. Alejandro Malaspina y don José de Bustamante y Guerra, desde 1789-1794*, ed. de Pedro de Novo y Colson, Madrid, Imprenta de la Viuda e Hijos de Abienzo, 1885; también *Viaje científico y político a la América meridional, a las costas del mar Pacífico y a las islas Marianas y Filipinas verificado en los años 1789, 90, 91, 93 y 94 a bordo de las corbetas «Descubierta» y «Atrevida» de la Marina Real, mandadas por los capitanes de navío D. Alejandro Malaspina y D. José Bustamante. Diario de viaje de Alejandro Malaspina*, ed. de Mercedes Palau, Aránzazu Zabala y Blanca Saiz, Madrid, El Museo Universal, 1984. Asimismo, *La expedición Malaspina, 1789-1794*, 2 vols., ed. de Ricardo Cerezo Martínez, Madrid, Ministerio de Defensa, Museo Naval y Lunwerg, 1990.

70 Es esencial para la exposición que sigue la obra de D. J. Weber, *Bárbaros*, *op. cit.*

71 *Las Guerras apaches*, *op. cit.*, *in totum*.

72 Por mi parte, me he referido a las diferencias entre las políticas indias anglosajonas y las españolas en mi libro *Civilizar o exterminar a los bárbaros*, Barcelona, Crítica, 2019.

73 Esta consideración es muy general y como tal debe ser entendida. Habría que considerar las enormes diferencias, en cuanto al número de esclavos negros, entre Centroamérica y el Caribe y el resto de las colonias españolas, y dentro de las zonas con más presencia de la esclavitud africana, la muy diferente evolución, según cada isla, y aun entre la parte capitalina y la rural. Es ejemplar, en este sentido, como

en tantos otros, el libro de Manuel Moreno Fraginals, *Cuba/España, España/Cuba. Historia común* (1.ª ed.), Barcelona, Crítica, 1995, el capítulo titulado «Negros y mulatos. Vida y sobrevida».

74 El caso de los esclavos en la Constitución de Cádiz, en el libro de Chust, *La tribuna revolucionaria, op. cit.* El antiesclavismo de Blanco White; el personaje y su relación con Alcalá Galiano y los ingleses. La supresión de esclavismo y castas en uno de los primeros documentos constitucionales mexicanos que recoge Fernando Serrano.

75 El carácter pionero de la legislación inglesa sobre abolición del tráfico de esclavos suele prescindir de la información de que la ley de 1807 se refería a la abolición del tráfico en las Antillas y el Atlántico y no en otras colonias inglesas, lo que, sin perjuicio de que hubiera sido motivado por razones humanitarias, tenía una razón comercial tan evidente como dificultar la producción de toda la zona caribeña que competía con mucha ventaja sobre las producciones coloniales británicas.

76 Para el pensamiento de Blanco White en relación con América, *vid. supra*, capítulo I.

77 La revolución haitiana ha sido estudiada ampliamente por muchos historiadores. Puede verse, por ejemplo, A. Césaire, *Tossaint Louverture. La Révolution française et le problème colonial*, París, Présence Africaine, 1961; M. E. Cordero, *La Revolución Haitiana y Santo Domingo*, Santo Domingo, Editora Nacional, 1968; J. L. Franco, *La batalla por el dominio del Caribe y el Golfo de México*, vol. 2, *Revoluciones y conflictos internacionales en el Caribe, 1789-1854*, La Habana, 1964; T. S. di Tella, *La rebelión de esclavos de Haití*, Buenos Aires, Ides, 1984; P. Pluchon, *Tossaint Louverture. Un révolutionnaire noir d'Ancien Régime*, París, Fayard, 1989; J. von Grafenstein, «La Revolución Haitiana, 1789-1804», en Jaime E. Rodríguez O. (coord.), *Revolución, independencia y las nuevas naciones de América*, Madrid, Fundación MAPFRE, 2005.

78 Las ideas de Blanco White están recogidas con muchos razonamientos en su *Bosquejo del comercio de esclavos y reflexiones sobre este tráfico considerado moral, política y cristianamente*. Se publicó de forma anónima en Londres en 1814, que fue el año del cierre de *El Español* (sigo la edición de Manuel Moreno Alonso, Sevilla, Alfar, 1999, con un ilustrativo estu-

dio preliminar suyo). Está escrito en homenaje a Wilberforce y sigue de cerca la lectura del explorador escocés Mungo Park, que viajó por las cuencas del Níger en una caravana de esclavos y trazó el cuadro de lo que había visto y la miseria que había observado. Naturalmente sostenía Blanco que la esclavitud no civiliza a los africanos, sino que destroza sus vidas y los barbariza.

79 Para completar esta información, además de los estudios que se citan en las notas siguientes, puede consultarse E. Vilar Vilar, *Hispanoamérica y el comercio de esclavos*, Universidad de Sevilla, 2015; R. Fernández Durán, *La Corona española y el tráfico de esclavos*, Ecobook, 2011; G. Zubeldía Pérez, *La abolición de la esclavitud en España. Una aproximación comparada a los casos británico y francés*, Madrid, La Esfera de los Libros, 2016.

80 Un análisis comparado entre las actividades esclavistas de las naciones europeas es el contenido del libro de J. Andrés-Gallego, *La esclavitud en la América española*, Madrid, Encuentro, 2005. H. S. Klein y B. Vinson III, *La esclavitud en América Latina y el Caribe*, México, El Colegio de México, 2013, que contiene los datos esenciales e incluye una completa relación bibliográfica.

81 Es de interés la completa recopilación y comentario de los debates parlamentarios sobre la esclavitud de Eduardo Galván Rodríguez, *La abolición de la esclavitud en España. Debates parlamentarios, 1810-1886*, Madrid, Dykinson, 2014.

82 Episódicamente hubo avances abolicionistas, con la Revolución Gloriosa de 1868, cuando el ministro del general Prim Segismundo Moret consiguió que se aprobara una ley abolicionista que declaraba libres a los esclavos nacidos a partir del 17 de diciembre de 1868, a los que tuvieran más de sesenta años, y a todos los que estaban bajo protección o propiedad del Estado o habían colaborado con el Estado contra los insurrectos de Cuba. En estos años es muy importante el activismo antiesclavista de Concepción Arenal, Gertrudis Gómez de Avellaneda y Carolina Coronado.

83 *Cuba/España, España/Cuba, op. cit.*, pp. 65 y ss., y 101.

CAPÍTULO IV
La América de los caudillos

1 Defendida, de nuevo, con brillantez por R. L. Blanco Valdés, *Revolución y Constitución*, Madrid, Alianza, 2024, pp. 187 y ss.
2 De esta limpieza se han hecho muchas descripciones. La mía está en mi libro *Civilizar o exterminar a los bárbaros, op. cit.*, donde recojo la evolución del pensamiento sobre las relaciones entre los europeos y los pueblos originarios de América en las dos partes del continente. Una valoración, que no suele verse utilizada en la bibliografía, a pesar de la influencia mundial de la obra, es la que hizo Alexis de Tocqueville, en el volumen I de su libro *La democracia en América*, que cito por la edición de Alianza, 1.ª ed., de 1980, especialmente a partir del capítulo X, titulado «Algunas consideraciones sobre el estado actual y el probable futuro de las tres razas que habitan el territorio de Estados Unidos» (pp. 306 y ss.). Se manifiesta en términos asombrosamente racistas, para las mentalidades de nuestro tiempo, con los negros y los indios, en comparación con la tercera raza americana, que es la blanca («¿Acaso no se diría viendo lo que pasa en el mundo, que el europeo es a los hombres de otras razas lo que el propio hombre a los animales?», p. 301; «Sumergido en ese abismo de males, el negro siente su infortunio. La violencia le lanzó a la esclavitud y el hábito de la servidumbre le dio pensamientos y ambición de esclavo, admira a sus tiranos más aún de lo que los odia, y pone su alegría y su orgullo en la servil imitación de aquellos que lo oprimen. Su inteligencia se ha rebajado al nivel de su alma. El negro entra al mismo tiempo en la servidumbre y en la vida [...]. Si llega a ser libre, la independencia le parece a menudo una cadena más pesada que la esclavitud», p. 302).

Por lo que respecta a los indios, las afirmaciones de Tocqueville no dejan de ser más entusiastas con el comportamiento de los colonos: describe todos los desplazamientos de los indios como voluntarios y, si impulsados por el gobierno, paternales y legales. Utiliza de ordinario la calificación de salvajes para referirse a ellos. A todos los indios que había en Nueva Inglaterra se les ha destruido (p. 305) rápidamente. Y no por culpa de los europeos, sino del hambre, asegura, porque al ocupar los colonos las tierras que aquellos ocupaban, tuvieron que buscar otros cazaderos en los que sobrevivir. Al final concluye: «Creo que la raza india en América del Norte está condenada a morir, y no puedo menos que pensar que el día en que los europeos se hayan establecido en la orilla del Océano Pacífico habrá dejado de existir». La premonición llegó a ser casi exacta del todo. A cambio dedica unos párrafos extremadamente críticos contra los españoles, que, a pesar de sus crueldades, dieron lugar al cruce y la fusión de razas y mantuvieron las culturas americanas originarias.

3 G. García Márquez apoyó en esta singularidad su discurso de aceptación del Premio Nobel de Literatura, titulado *La soledad de América Latina*, 1982. Como se expondrá más adelante, el tema ha dado lugar a algunas de las páginas más brillantes del *boom* de la literatura latinoamericana.

4 J. M. Portillo, *Constitucionalismo en Hispanoamérica, op. cit.*, p. 120.

5 Capítulo «La formación de los estados nuevos», de John Lynch, en el libro *Historia de Iberoamérica*, tomo III, *Historia contemporánea*, coordinado por M. Lucena Salmoral y otros, Madrid, Cátedra, 1992, p. 152. También, la Primera Parte, «Estructuras caudillares» de su libro *Caudillos en Hispanoamérica*, Madrid, Fundación MAPFRE, 1993.

6 Sagredo Baeza, *Historia mínima de Chile, op cit.*, p. 136.

7 Rubén H. Zorrilla, *Extracción social de los caudillos, 1810-1870*, Buenos Aires, La Pléyade, 1972.

8 J. Lynch, «La formación...», *op. cit.*, p. 156.

9 J. Lynch, *op. cit.*, p. 157.

10 Los ideales de libertad respecto de España y de igualdad cobraron una especial importancia a partir de Morelos, en términos que no aparecen en Hidalgo y que E. Krauze (*Siglo de caudillos*, Barcelona, Tusquets, 1994, p. 77) atribuye a su «origen étnico tan mezclado» y a «su posición social inferior a la de Hidalgo». El día 13 de septiembre de 1812, Morelos haría publicar un documento que contenía en consecuencia declaraciones como las siguientes: «1.º Que América es libre e independiente de España y de toda otra nación, gobierno o monarquía, y que así se sancione, dando al mundo las razones [...]. 5.º La soberanía dimana inmediatamente del pueblo, el que solo quiere depositarla en sus representantes dividiendo los poderes de ella en legislativo, ejecutivo y judicial, eligiendo las provincias sus vocales, y estos a los demás,

que deben ser Sujetos sabios y de probidad [...]. 12.º Que como la buena Ley es superior a todo hombre, las que dicte nuestro Congreso deben ser tales que obliguen a constancia y patriotismo, moderen la opulencia y la indigencia, y de tal suerte se aumente el jornal del pobre, que mejore sus costumbres, aleje la ignorancia, la rapiña y el hurto [...]. 15.º Que la esclavitud se proscriba para siempre, y lo mismo la distinción de castas, quedando todos iguales, y solo distinguirá a un Americano de otro el vicio y la virtud».

11 La monarquía española nunca aceptó los Tratados de Córdoba, pese a la paciencia con que la Regencia mexicana esperó la respuesta. Algunos escritos, publicados por Carlos María Bustamante en aquellos días cruciales, reflejan las recomendaciones de no apresurar una decisión hasta que no se pronunciara España. Los recoge el muy documentado libro de F. Serrano Migallón, *La vida constitucional de México*, tomo IV, 2021, pp. 130 y ss.

12 Sobre la breve e impresionante biografía de Iturbide, T. E. Anna, *El imperio de Iturbide*, México, Alianza, 1991; A. Barquín y Ruiz, *Agustín de Iturbide: campeón del hispanoamericanismo*, México, Jus, 1968; J. González Casillas, *Papeles de don Agustín de Iturbide*, México, Tradición, 1977; S. Zavala y J. Bravo, «Un nuevo Iturbide», *Historia mexicana II, 6*, El Colegio de México, 1962.

13 Lucas Alamán se refiere en su *Historia de Méjico I*, México, Jus, 1972 y II, imprenta J. M. Lara, 1850, a la personalidad de Iturbide en términos contundentes: era aficionado a fusilar sin contemplaciones, tanto a los enemigos como a los soldados a su mando en cuanto que daban la menor señal de deslealtad o de cobardía. El otro gran vicio era la ambición desmedida, aunque sus biógrafos insisten en subrayar sus declaraciones, en público y en privado, contrarias al ejercicio del poder.

14 La Constitución de 1824.

15 Lucas Alamán, miembro de una rica familia dedicada a la minería en Guanajuato, mantuvo su dedicación a los negocios pero fue un intelectual notable que ocupó intermitentemente cargos públicos en los gobiernos mexicanos. Sobre su trayectoria, J. C. Valadés, *Alamán: estadista e historiador*, México, UNAM, 1987; M. C. Velázquez, «Alamán y sus ideas», en *Historia Mexicana II*, 8, El Colegio de México, 1953; Ch. A. Hale, «Alamán, Antuñano y la continuidad del liberalismo»,

Historia Mexicana XI, 42, El Colegio de México, octubre-diciembre de 1961; A. López Aparicio, *Alamán, primer economista de México*.

16 José María Luis Mora, también de Guanajato, como Lucas Alamán, y nacido a finales del siglo XVIII dos años después (1794) que aquel, fue siempre el contrapunto ideológico de Alamán. Conservador este, liberal a ultranza aquel. Estudió Mora en el colegio de los jesuitas en San Ildefonso y se ordenó en 1819. Contrario por completo a Santa Anna, a quien llamó el «Atila de la civilización mexicana» por contraste al condescendiente y colaborador Alamán. Se manifestó contra los abusos del poder: los del ejecutivo se habían podido contener, pero los legislativos ejercían atropelladamente sus funciones y se interferían en la tarea de la justicia. Y denunciaba que las elecciones se habían convertido en una farsa. No obstante sus diferencias ideológicas (que E. Krauze ha resumido de modo admirable en un capítulo de su *Siglo de caudillos*, *op. cit.*, pp. 146 y ss., las vidas paralelas de ambos políticos) sin perjuicio de sus coincidencias en la crítica de determinadas políticas del vicepresidente de Santa Anna. Valentín Gómez Farías. Las *Obras completas* de Mora están editadas en 1987 por el Instituto Mora, Secretaría de Educación Pública, y su obra *México y sus revoluciones* por Editorial Porrúa, 3 tomos, México, 1977.

17 Vicente Gómez Farías, médico de profesión, desarrolló una importante carrera política que comprende desde su participación en las Cortes de Cádiz hasta su intervención en las acciones de las que resultaron los planes de Iguala, con Iturbide, y Casa Mata, con Santa Anna. Fue elegido vicepresidente con Santa Anna en cuatro ocasiones, lo que, dados los modos de gobernar del general, que se asentaba en su hacienda y dejaba el gobierno a su vicepresidente, lo llevó a ser el responsable real del gobierno ordinario de México. Intercaló también periodos presidenciales, en momentos en que Santa Anna no ocupaba el cargo. Precisamente su liberalismo le llevó a adoptar medidas que el clero, los conservadores y los militares consideraron inaceptables y exigieron la vuelta de Santa Anna desde su retiro en su hacienda, que lo hizo mediante una asonada y la disolución del Congreso. Gómez Farías hubo de exiliarse; volvió en 1838 y fracasó en su siguiente acción política; nuevo exilio y retorno cuando la guerra con Estados Unidos, periodo en el que el Congreso lo designó de nuevo vicepre-

sidente. Le dio tiempo en este periodo a derogar las Siete Leyes y a restaurar la Constitución de 1824. Se opuso al tratado Guadalupe Hidalgo, que ponía fin a la guerra con Estados Unidos, de tan graves consecuencias territoriales para México.

18 He descrito esta operación en el capítulo III.
19 Lucas Alamán es considerado el fundador del Partido Conservador mexicano. Nació en 1792 en el seno de una familia criolla acomodada. Estudió en centros de élite y realizó viajes de estudios y negocios por Europa. Dedicó su vida de modo intermitente a los negocios y a la política. Defendió la herencia española y sostuvo siempre que la ruptura, excesivamente radical, de México con España, y el abandono de algunas de las instituciones coloniales eran la causa del mal gobierno de la nueva República. «Lo que a México conviene —escribió Alamán— es volver al sistema español ya que no a la dependencia de España y no separarse de él sino lo estrictamente necesario y lentamente». Postulaba un nuevo orden político que estuviera en consonancia con la tradición y las viejas costumbres, «con el estado de nuestra civilización y nuestras luces». Defendió un gobierno protector y ordenado, eminentemente práctico. Fue autor de notables estudios sobre la historia de México, como sus importante *Historia de México desde los primeros movimientos que prepararon su independencia en el año de 1808 hasta el presente*, que escribió a partir de 1846. Y publicó una extensa *Historia de Méjico* (Imprenta J. M. Lara, 1852) en cuyo volumen V y último expresó sus ideas sobre las medidas de gobierno que necesitaba el país para restablecerse. Sobre Santa Anna tuvo opiniones ponderadas, unas veces para criticar su carácter impulsivo y otras para declarar que solo un hombre como él podría reorientar el país.
20 Erskine Inglis, esposa del embajador español en México, Ángel Calderón de la Barca, escribió sus impresiones sobre Santa Anna, incluyendo crónicas de pasajes como el del entierro de la pierna (Madame Calderón de la Barca, *La vida en México durante una residencia de dos años en ese país*, México, Porrúa, 1959): «El pie que cayó cortado por la metralla francesa en Veracruz, ha sido desenterrado en Manga de Clavo (la hacienda de Santa Anna). Una comitiva de todos los ministros, todos los estados mayores, todas las tropas, los niños de las escuelas, la artillería, los cadetes del Colegio Militar, las músicas y curiosos de

todas las clases sociales, lleva los venerables trozos de canilla y demás huesos al cementerio de Santa Paula. Un lujoso cenotafio los espera. Un orador, inspirándose en Milton, cubre de elocuencia la sombra y el luto. Otro hace desfilar a los vencedores de Maratón y Platea, a los Manes de Tarsíbulo, Harmodio y Timoleón... y declara que el nombre de Santa Anna durará hasta el día que el sol se apague y las estrellas y los planetas vuelvan al caos donde durmieron antes».

21 Escalante Gonzalbo, Pablo, *Nueva Historia Mínima de México (Ilustrada)*, El Colegio de México, Centro de Estudios Históricos, 2004, pp. 281 y 289.

22 La trayectoria y el balance de la vida de Santa Anna ha sido objeto de una bibliografía extensa que permite observar los extremos de respeto y odio que ha merecido el personaje. Un resumen relativamente reciente de esa dicotomía en Will Fowler, *Santa Anna. ¿Héroe o villano?*, Barcelona, Crítica, 2007. Pero véase A. Fuentes, *La otra historia de México: Antonio López de Santa Anna*, México, Planeta, 2012; E. González Pedrero, *País de un solo hombre: el México de Santa Anna*, México, Fondo de Cultura Económica, 3 vols., 2013-2018; R. Muñoz, *Santa Ana. El dictador resplandeciente*, México, Fondo de Cultura Económica, 1984; J. Z. Vázquez, «Antonio López de Santa Anna, villano decimonónico favorito», en Gisela von Wobeser (coord.), *Vidas mexicanas. Diez biografías para entender a México*, México, Fondo de Cultura Económica 2015; J. C. Valadés, *México, Santa Anna y la guerra de Texas*, México, Diana, 1982; F. Díaz Díaz, *Caudillos y caciques*, México, El Colegio de México, 1972; C. Vázquez Mantecón, *Santa Anna y la encrucijada histórica del Estado; la dictadura (1853-1855)*, México, Fondo de Cultura Económica, 1986.

23 La personalidad de Melchor Ocampo merece se resaltada. Su historia personal de huérfano acogido como expósito por una rica señora llamada Francisca Xavier Tapia, que convive con otras niñas de su misma condición en la casa de su madre adoptiva. Cursó estudios de Derecho en la Universidad Pontificia. Procreó tres niñas con Ana María Escobar, acogida en la casa de doña Francisca, que se criaron en orfanatos. Ocampo no les descubrió la identidad de su madre hasta que hizo testamento, en un descanso en el camino que le llevaba al lugar donde lo iban a fusilar. A la muerte de su protectora, doña

Francisca, recibió en herencia la hacienda de Pateo, que lo convierte en un hombre rico y le permite desarrollar sus aficiones en favor de la botánica y las ciencias, de las que se hace un notable conocedor. También de la lengua española hasta el punto de que empezó a formar un «suplemento del diccionario de la Lengua Castellana por las voces que se usan en la República Mexicana». Afianzó sus aficiones en viajes europeos y una estancia en París. En política actuó repetidamente en representación del estado de Michoacán, del que fue gobernador; propició actuaciones polémicas, en lo militar, proponiendo la organización de guerrillas para defenderse de Estados Unidos y, en lo religioso, con una polémica, acompañada de mucho revuelo, sobre la supresión de los «peajes espirituales», por los que el pueblo pagaba directamente el sostenimiento de los curas. Se enfrentó a él un cura de Maravatío, que al parecer ocultaba a los polemistas reales, encabezados por el obispo de Morelia, Clemente de Jesús Munguía. Mantuvo a ultranza su liberalismo radical y participó al lado de Juárez en la guerra de la Reforma. *Vid.* R. Aurreola Cortés, *Ocampo,* Universidad Michoacana de San Nicolás de Hidalgo, 1992; F. de la Maza, «Melchor Ocampo, literato y bibliófilo», *Historia Mexicana XI,* 41, El Colegio de México, 1961. Las *Obras completas* de Ocampo, en 3 vols., fueron publicadas por F. Vázquez, México, 1900.

24 *Vid.* R. J. Knowlton, *Los bienes del clero y la reforma mexicana,* México, 1856-1910, Fondo de Cultura Económica, 1985; A. Molina Enríquez, *Juárez y la Reforma,* México, Libromex, 1958; J. Sierra, *Juárez, su obra y su tiempo,* México, Porrúa, 1989; R. Roeder, Juárez y su México, 2 vols., México, 1958; W. V. Scholes, *Política mexicana durante el régimen de Juárez,* México, Fondo de Cultura Económica, 1989.

25 Sobre el personaje, F. A. Knapp, *Sebastián Lerdo de Tejada,* Universidad Veracruzana, Veracruz, 1962. La «ley Lerdo» de 25 de junio de 1856 llevaba el largo título de «Ley de desamortización de las fincas rústicas y urbanas de las comunidades civiles y religiosas de México».

26 Remito, para el análisis de esta Constitución, a la obra de D. Cosío, *La Constitución de 1857 y sus críticos,* México, Hermes, 1957; también Fernando Mingallón, *Vida Constitucional de México, op. cit.*

27 Santos Degollado estuvo siempre al lado de Juárez y realizó servicios importantes durante toda la guerra de la Reforma, pero, cuando esta-

ba ya a punto de terminar hizo unas declaraciones conciliadoras en las que manifestaba su convicción de que la victoria por las armas no bastaría para pacificar el país y propuso acuerdos que salvaran el honor de los vencidos, sugirió una posible reforma de la Constitución e incluso se le ocurrió una forma peculiar de elegir presidente que no pasaba por la voluntad popular. Benito Juárez reaccionó con dureza destituyéndolo y sometiéndolo a juicio. Cuando terminó la guerra sería asesinado por las fuerzas conservadoras.

28 El tratado firmado por el embajador del gobierno estadounidense de Buchanan, Robert McLane y Melchor Ocampo, fue verdaderamente sorprendente porque México, a cambio de pocos dólares, concedía a Estados Unidos derechos a perpetuidad de tránsito por istmo de Tehuantepec y facilidades para la intervención militar en México. Difícil de creer esta cesión considerando que, pocos años antes, Ocampo venía siendo el principal animador de la organización de guerrillas contra los intereses de Estados Unidos en los territorios vecinos. Fue una suerte para Juárez que el Senado de Estados Unidos no ratificara el tratado.

29 Su influencia como consejera de Napoleón III en E. Shawcross, *El último emperador de México, op. cit.*, pp. 35 y ss.

30 Además de las obras sobre Juárez citadas *supra* en nota, destaco la contemporánea de Justo Sierra, *Juárez: su obra y su tiempo*, México, Porrúa, 1989, y sus *Obras Completas. Evolución política del Pueblo Mexicano*, México, UNAM, 1977.

31 Entre la extensa bibliografía sobre don Porfirio y sus gobiernos, remito a C. Beals, *Porfirio Díaz*, México, Domés, 1982; D. Cosío Villegas, *Historia Moderna de México: el Porfiriato, vida económica*, México, Hermes, 1965; en años sucesivos Cosío publicó en la misma editorial otros volúmenes sobre el Porfiriato dedicados a la vida política interior (1971 y 1972). También Ch. A. Hale, *La transformación del liberalismo en México a final del siglo XIX*, México, Vuelta, 1991; E. Krauze, *Biografía del poder. Porfirio Díaz. Místico de la autoridad*, México, Fondo de Cultura Económica, 1991; R. Roeder, *Hacia el México moderno: Porfirio Díaz*, 2 vols., México, Fondo de Cultura Económica, 1983; A. Taracena, *Porfirio Díaz*, México, Jus, 1983; R. Zayas Enríquez, *Porfirio Díaz*, Apletons, 1908.

32 *Caudillos en Hispanoamérica*, Madrid, 1993, Fundación MAPFRE, pp. 305 y ss.
33 En la «Introducción» a su biografía de Rosas, John Lynch cuenta las visitas de Darwin con estancieros y, en particular, su contacto con Rosas: *Juan Manuel de Rosas*, Buenos Aires, Emecé, 1994, pp. 11 y ss.
34 Lynch, *Caudillos, op. cit.*, p. 307.
35 Para la biografía de Rosas, sigo especialmente el libro clásico de Carlos Ibarguren, *Juan Manuel de Rosas. Su vida, su drama, su tiempo* (17.ª edición), Buenos Aires, Theoría, 1984. El estudio de J. Lynch, *Juan Manuel de Rosas*, Buenos Aires, Emecé, 1994, contiene una información más detallada de toda su trayectoria vital.
36 Me he referido con detenimiento a Echevarría y al grupo de 1837 en mi libro *Hablamos la misma lengua, op. cit.*
37 Domingo Faustino Sarmiento nació el 15 de febrero de 1811, en la ciudad de San Juan (en el bautizo, Faustino Valentín Quiroga Sarmiento, Domingo se le añadió luego porque muchos miembros de la familia lo llevaban). Tuvo un aprendizaje autodidacta con la ayuda de su padre y su tío fray José de Oro, a quien Domingo Faustino acompañó cuando fue desterrado en San Francisco del Monte, provincia de San Luis.

Fue marcadamente polemista desde su juventud, y dio muestras de su carácter intelectualmente fuerte desde que pasó por el ejército. Abrazó la causa unitaria, como parece natural en una persona de espíritu abierto a las influencias de las ideas que venían de Europa, y militó en el ejército del general Paz.

De vuelta a Chile escribió mucho en *El Mercurio*, *El Heraldo Nacional*, *El Nacional*, y fundó *El Progreso*. El ministro de Instrucción Pública Manuel Montt Torres lo nombró director de la Escuela Normal de Preceptores. Impulsa el Romanticismo, polemiza con Andrés Bello y se incorpora a la Universidad de Chile como fundador de la facultad de Filosofía y Humanidades. El presidente Manuel Montt le encargó estudiar los sistemas educativos de Europa y Estados Unidos. Al término del viaje se casó con Benita Agustina Martínez Pastoriza, viuda de su amigo Domingo Castro y Calvo, de la que se separó al año siguiente.

Durante ese tiempo tuvo muchas polémicas con los pensadores románticos, entre los cuales Juan Bautista Alberdi. Las posiciones de Sarmiento están recogidas en *Ciento y una*, y las de Alberdi en *Cartas quillotanas.* Los dos, sin embargo, contribuyeron a la elaboración y aprobación de la Constitución argentina de 1853.

En 1860 fue miembro de la Convención Constituyente y el gobierno de Bartolomé Mitre lo nombró ministro de Buenos Aires. En el año 1862, por encargo del presidente Mitre, asumió el cargo de gobernador de la provincia de San Juan, donde desarrolló una política cultural muy amplia.

Se encontraba en Estados Unidos cuando fue elegido presidente en 1868, cargo que asumió el 12 de octubre de ese año. La presidencia de Sarmiento ha sido vista como la segunda de las presidencias históricas de Argentina, considerada fundacional, basada en tres objetivos clave: nación, Constitución y libertad. La idea de nación implicaría la unión definitiva de las provincias en una entidad superior.

Bajo su presidencia, Sarmiento se esforzó por la promoción de la educación, especialmente bajo la dirección del ministerio que encomendó a Nicolás Avellaneda, y las ayudas propiciadas por la ley de subvenciones de 1871. Fundó muchos colegios nacionales, y escuelas especializadas de montes y agronomía. También desarrolló las bibliotecas populares.

Las políticas de Sarmiento fueron muy importantes para Argentina en todos los órdenes, pero interesa destacar ahora su condición de literato. Su calidad fue ensalzada por escritores tan diversos como Miguel de Unamuno, Pedro Henríquez Ureña o Jorge Luis Borges. Este último atribuyó a la escritura de Sarmiento una notable eficacia, aunque subrayó algunos de sus errores.

Remito a la importante obra biográfica de J. S. Campobassi, *Sarmiento y su época*, 2 vols., Buenos Aires, 1975.

38 Con esta grafía precisamente porque Sarmiento tenía sus propias ideas en materia de ortografía; puede verse la información que incorporo a mi *Hablamos la misma lengua*, ya citado.

39 Este conflicto conocería una reelaboración literaria más influyente con el poema narrativo de José Hernández *El gaucho Martín Fierro* (primera parte, 1872, segunda parte, 1879), que está escrito después de la caída en 1852 del caudillo Rosas cuando Sarmiento había llegado a la presidencia de la República. Es una expresión formidable de la potencia mítica del gaucho en un momento que su vida tradicional está a punto de desapa-

recer. En la primera parte, cuenta la historia del reclutamiento forzoso de un gaucho para servir a un ejército que iba a combatir a los indígenas de La Pampa en una guarnición fronteriza. Sufre toda clase de agravios por parte de las autoridades y acaba desertando y refugiándose entre los indígenas. Es un lamento del modo de vida de los gauchos y también parece representar la protesta de un conservador hispano contra un gobierno modernizador. La segunda parte está escrita siete años después, tiene menos uniformidad y revela los problemas ideológicos de la construcción de la nación argentina. Cuando vuelve el gaucho a la civilización se encuentra con que no hay cambios y que lo único que pueden ofrecerle es un trabajo de jornalero.

Hernández materializó el problema de la identidad nacional que se experimentaría en todas las repúblicas latinoamericanas. Cuando mejoraron las economías de los diferentes países hispanoamericanos, economías de exportación, también los liberales asumieron el control del Estado, bien por medios constitucionales o mediante el establecimiento de dictaduras progresistas. Solo una minoría ilustrada podría asumir, desde el punto de vista científico, los asuntos de gobierno que, en consecuencia, deberían ser dirigidos por una oligarquía preparada para modernizar países atrasados donde el pueblo estaba viciado por la superstición y por los hábitos improductivos.

40 Lynch, *Caudillos, op. cit.*, p. 334.
41 *Apud.* Lynch, *Caudillos*, p. 341.
42 Para el periodo T. Halperín Donghi, *Argentina: de la revolución de la independencia a la confederación rosista*, Buenos Aires, 1972.
43 Sobre su estancia en América remito a mi estudio, «La reinvención de la naturaleza», en mi libro *Vestigios*, Barcelona, Crítica, 2020, p. 238.
44 He utilizado para este resumen de la biografía del doctor Francia los estudios de Nora Esperanza Bouvet, *Poder y escritura: el doctor Francia y la construcción del Estado paraguayo, Historia de las políticas e ideas sobre el lenguaje en América Latina*, Buenos Aires, Eudeba, 2009; Julio César Chaves, *El supremo dictador. Biografía de José Gaspar de Francia*, Buenos Aires, 1958; Ana Ribeiro, *El Caudillo y el Dictador*, Montevideo, Planeta, 2003; José Antonio Vázquez, *El doctor Francia visto y oído por sus contemporáneos*, Buenos Aires, Editorial Universitaria, 1975; Alfredo Viola, *Doctrina, economía, obras públicas y la Iglesia durante la dictadura del Dr. Francia*, E. Clásicos

Colorados, Asunción 1984. Roa Bastos, *Yo, El Supremo*, Madrid, ediciones conmemorativa, centenario del autor, RAE y ASALE, 2017. Será provechosa la lectura, entre los estudios que acompañan a esta edición, y a los efectos de lo que explico en el texto, de los que firman Darío Villanueva, «El monoteísmo del poder. La trilogía paraguaya de Augusto Roa Bastos», y Wilfredo Penco, «El Cuaderno privado del dictador». N. E. Bouvet: *Poder y escritura: el doctor Francia y la construcción del Estado paraguayo, Historia de las políticas e ideas sobre el lenguaje en América Latina*, Buenos Aires, EUDEBA, 2009; E. Cardozo: *Paraguay independiente*, Barcelona, Salvat, 1949; J. C. Chaves, *El supremo dictador. Biografía de José Gaspar de Francia*, Buenos Aires, Nizza, 1958.

45 Pese a la dureza con que se desenvolvió la dictadura del doctor Francia, y la liquidación de las libertades y la separación de poderes que caracterizan a las democracias, y pese también al carácter casi secular del régimen que impuso a Paraguay, es posible encontrar rendidos elogios a sus políticas en libros tan difundidos e influyentes como el de Eduardo Galeano, *Las venas abiertas de América Latina* (cito por la edición del cincuentenario, Madrid, Siglo XXI, 2021, p. 213): «Hasta su destrucción, Paraguay se erguía como una excepción en América Latina: la única nación que el capital extranjero no había deformado. El largo gobierno de mano de hierro del dictador Gaspar Rodríguez de Francia (1814-1840) había incubado, en la matriz del aislamiento, un desarrollo económico autónomo y sostenible. El Estado, omnipotente, paternalista, ocupaba el lugar de una burguesía nacional que no existía, en la tarea de organizar la nación y orientar los recursos y su destino… No existían, ni nacerían más tarde, las libertades políticas y el derecho de oposición, pero en aquella etapa histórica solo los nostálgicos de los privilegios perdidos sufrían la falta de democracia. No había grandes fortunas privadas cuando Francia murió, y Paraguay era el único país de América Latina que no tenía mendigos, hambrientos ni ladrones; los viajeros de la época encontraban allí un oasis de tranquilidad en medio de las demás comarcas convulsionadas por las guerras continuas».

46 Remito también a los comentarios de E. Galeano sobre este personaje y la opinión que se tuvo sobre él en la Argentina de su época, *Las venas abiertas de América Latina*, op. cit., pp. 212 y ss.

47 *Vid. supra*, capítulo I.

48 Alguna bibliografía utilizada sobre Colombia: J. Jaramillo Uribe, *El pensamiento colombiano en el siglo XIX*, Bogotá, Temis, 1964; *Ensayos sobre historia social colombiana*, Bogotá, 1968; *La personalidad histórica de Colombia y otros ensayos*, Bogotá, 1977; *Manual de historia de Colombia*, 3 vols., Bogotá, Colcultura, 1979; S. Kalmanovitz: *Economía y nación: una breve historia de Colombia*, Bogotá, Universidad Nacional y Siglo XXI, 1985; *Nueva historia económica de Colombia*, Bogotá, Taurus y Universidad Jorge Tadeo Lozano, 2010; H. König, *En el camino hacia la nación*, Bogotá, Banco de la República, 1994; M. T. Calderón y I. Restrepo, I. (eds.), *Colombia, 1910-2010*, Bogotá, Taurus, 2010; B. Castro Carvajal, *Historia de la vida cotidiana en Colombia*, Bogotá, Norma, 1996; *Colombia. La construcción nacional, 1880-1930*, Madrid, Fundación MAPFRE y Taurus, 2012.

49 Para la narración de las acciones y pensamiento de Simón Bolívar, sigo la bibliografía básica que integran las siguientes obras: L. Díaz-Trechuelo, *Bolívar, Miranda, O'Higgins y San Martín: cuatro vidas cruzadas*, Madrid, Encuentro, 1999; A. Filippi (dir.), *Bolívar y Europa en las crónicas, el pensamiento político y la historiografía: siglos XIX y XX*, 3 vols., Caracas, Ediciones de la Presidencia de la República, Comité Ejecutivo del Bicentenario de Simón Bolívar, 1986-1992; M. Hernández Sánchez-Barba, *Vida de Bolívar*, Madrid, Ariel, 2004; J. Lynch, *Simón Bolívar*, Barcelona, Crítica, 2006; S. de Madariaga, *Bolívar*, Grupo Axel Springer, 1985; E. Reverón, *El Fantasma de Bolívar en la Masonería Venezolana*, IVEM, 2001; A. Rumazo González, *Simón Bolívar*, Ediciones de la Presidencia de la República Bolivariana de Venezuela, 2006; H. Tejera, *Bolívar: guía democrático de América*, México, Ediciones del Ministerio de Educación, Dirección de Cultura y Bellas Artes, Departamento de Publicaciones, México.

50 Una completa explicación de la formación y contenido de esta Constitución, sus precedentes y la evolución posterior del constitucionalismo en Venezuela, en Allan R. Brewer-Carías, *Historia constitucional de Venezuela*, Caracas, Alfa, 2008, vol. I, pp. 231 y ss. También Jorge Orlando Melo, *Historia mínima de Colombia*, México, El Colegio de México y Turner, 2017, pp. 117 y ss.

51 *Vid.* sobre esta separación, *infra* pp. 335 y ss.

52 Sobre el desarrollo de la República de Colombia desde 1819 y, en particular, el gobierno de Santander, es excelente la exposición de

J. Orlando Melo, *Historia de Colombia*, México, El Colegio de México, Turner, 2017, pp. 117 y ss.
53 *Vid*. D. Bushnell, *El régimen de Santander en la Gran Colombia*, Bogotá, Tercer Mundo, 1966.
54 La expresión de Bolívar «Repúblicas aéreas» la ha utilizado como título de su libro Rafael Rojas, Taurus, 2007, donde ensaya una interpretación de conjunto sobre los fundadores de las nacientes repúblicas americanas.
55 Páez escribió una *Autobiografía*, de la que pueden encontrarse varias ediciones; utilizo la de Ediciones Antártida, 1960. *También Autobiografía del General José Antonio Páez*, 2 vols., Caracas, 1973. Un atinado recorrido por su biografía, en el capítulo titulado «José Antonio Páez, 1830-1850, del libro citado de Lynch, *Caudillos en Hispanoamérica, op. cit.*, pp. 345 y ss.
56 *Vid*. J. A. Cova, *El centauro. Vida del general José Antonio Páez. Caudillo venezolano y brigadier del ejército argentino*, Buenos Aires, Editorial Venezuela, 1947.
57 Estas noticias en su autobiografía, en la información de su amigo Ker Porter, y en la narración de O'Leary.
58 La anécdota también la recoge Lynch, *Los caudillos en Hispanoamérica, op. cit.*, p. 357.
59 G. Morón, *Los presidentes de Venezuela, 1811-1979*, Caracas, Meneven, 1979.
60 Lynch, *op. cit.*, p. 367.
61 En los libros de historia constitucional, para este periodo, además de la copiosa información de Brewer-Carías en su obra ya citada, la de J. Gil Fortoul, *Historia constitucional de Venezuela* (2.ª ed.), 3 vols., Caracas, 1930.
62 R. E. Castillo Blomquist, *José Tadeo Monagas: auge y consolidación de un caudillo*, Caracas, 1984.
63 Remito a la completa exposición de Brewer-Carías, *Historia Constitucional de Venezuela*, I, *op. cit.*, pp. 391 y ss.
64 Un candidato fue Agustín Muñoz y Borbón hijo de la pareja que formó la regente con Fernando Muñoz. Otra, la hija Luisa Fernanda, casada con Antonio de Orleans, duque de Montpensier.
65 Sigo a E. Ayala Mora, *Gabriel García Moreno y la gestación del Estado nacional en Ecuador*, Siglo XXI, 1986; y S. Gomezjurado Erazo, *Vida de García Moreno*, Quito, 1959.

66 Sigo una edición de Red Ediciones, de 2023, con una espléndida nota biográfica de Montalvo a cargo de Gonzalo Zaldumbide, más extensa que el famoso panfleto del autor.

67 Una explicación más detenida de la relevancia del periodo en J. Orlando Melo, *Historia Breve de Colombia*, Madrid, Turner, 2017, pp. 137 y ss.

68 *Vid.* el excelente resumen de Sagredo Baeza, *Historia mínima de Chile, op. cit.*

69 Cristóbal García-Huidobro Becerra, *Epistolario de Manuel Montt (1824-1880): estudio preliminar, recopilación, transcripción y notas*, 2 tomos, Santiago, Dirección de Bibliotecas, Archivos y Museos, 2015.

Cristóbal García-Huidobro Becerra, *Yo, Montt*, Santiago, Vergara, 2009. Sergio Vergara Quiroz, *Manuel Montt y Domingo F. Sarmiento: epistolario, 1833-1888*, Santiago, Centro de Investigación Diego Barrios, 1999.

70 Sagredo Baeza, *Historia mínima de Chile, op. cit.*, p. 132, de donde tomo las referencias que siguen.

71 Sagredo Baeza, *Historia mínima de Chile, op. cit.*, p. 136.

72 Una buena información sobre Centroamérica contiene el libro de H. Pérez Brignoli, *Breve Historia de Centroamérica*, Madrid, Alianza, 1985, y un estudio más pormenorizado y extenso el de R. Pastor, *Centroamérica*, México, El Colegio de México, 2011.

73 Sigo las exposiciones de J. Jiménez de Solís, *Francisco Morazán, su vida y su obra*, 1999; y B. Serrano. *Morazán, el caballero de la revolución* (2.ª edición), Tegucigalpa, Honduras, Cultura, 2008.

74 Para la biografía de Francisco Morazán, J. Jiménez Solís, *Francisco Morazán, su vida y su obra*, 1999; B. Serrano, *Morazán, el caballero de la revolución*, Tegucigalpa, Cultura, 2008; L. Becerra, *Morazán revolucionario*, Tegucigalpa, Baktun, 1992; E. Martínez López, *Biografía del general Francisco Morazán* (2.ª ed.), 1931; R. Bardales, *Pensamiento político del general Francisco Morazán*, Tegucigalpa, Universitaria, 1985; A. Santana, *El pensamiento de Morazán*, México, UNAM, 1992.

75 Miguel Ortega, *Laurel sin Ocaso*, Ediciones II Centenario, Fundación Morazánica Honduras, 1988.

76 La vida y desempeños de Rafael Carrera han ocupado muchas páginas literarias, algunas llenas de admiración, como las del historiador guatemalteco Manuel Coronado Aguilar, *El General Carrera ante la Historia*,

1965. Una monografía completa es la de R. L. Jr. Woodward, *Rafael Carrera y la creación de la República de Guatemala*, CIRMA, 2002. También F. González Davison, *La Montaña infinita. Carrera, caudillo de Guatemala*, Artemis y Edinter, 2008. Y J. Lynch, *Caudillos... op. cit.*, pp. 453 y ss.

77 *Supra,* pp. 270 y ss.

78 John Lloyd Stephens, *Incidents of Travel in Central America*, Londres, 1842, p. 182.

79 En el apartado siguiente se trata esta cuestión.

80 Entre otros, se refieren a esta cuestión Coronado Aguilar, *El General Rafael Carrera...*, *op. cit.*, y González Davison, *La Montaña Infinita*, *op. cit.*

81 Para seguir la trayectoria de la vida y acciones novelescas de William Walker, es importante su propia obra *La Guerra de Nicaragua* (1860); la traducción española de 1883 está reeditada en 1993; también J. R. Dueñas Van Severen, *La invasión filibustera de Nicaragua y la Guerra Nacional*, Secretaría General del Sistema de Integración Centroamericana (SICA), 2006; W. O. William, *Filibusteros y financieros, la historia de William Walker y sus asociados*, Colección cultural Banco de América.

82 En su *Legislación y jurisprudencia sobre terrenos baldíos*, II volúmenes, México, 1895.

83 En el estudio incorporado al libro colectivo *Historia de América Latina, III*, coordinado por M. Lucena Salmoral, ya citado, p. 387.

CAPÍTULO V
Revoluciones e imperialismo en la primera mitad del siglo xx: la efímera vigencia de la democracia

1 Fraginals *Cuba/España*, *op. cit.*, p. 187.

2 Francisco de Arango y Parreño, a quien Moreno Fraginals considera el ideólogo máximo de la plantocracia, recogió sus escritos en dos amplios tomos que suman unas mil páginas, sin una sola cita clásica, pero que inauguró una nueva prosa española con escritos geniales que cubren toda la gama de problemas económico sociales de Cuba en la época. Si José María Félix de Arrate y Acosta fue el ideólogo de la oligarquía criolla a mediados del siglo xviii, Francisco de Arango y

Parreño fue el gran ideólogo de la plantocracia, que además fue su hombre de acción, empresario y dueño del que fuera el mayor imperio azucarero del mundo.
3 Fraginals, *Cuba/España, op. cit.*, p. 189.
4 Fraginals, *Cuba/España, op. cit.*, p.189.
5 La redacción de las páginas que siguen está apoyada en la siguiente bibliografía: los precedentes de los acontecimientos de 1898, las circunstancias políticas, sociales y bélicas de esa fecha y la historia de Cuba a partir de entonces están estudiados con calidad en el libro colectivo coordinado por José G. Cayuela Fernández, *Un siglo de España: centenario 1898-1998*, Cuenca, Universidad de Castilla-La Mancha, 1998; Manuel Leguineche, «Yo pondré la guerra». *Cuba 1898: la primera guerra que se inventó la prensa*, Madrid, El País, 1998; Luis Navarro García, *La independencia de Cuba*, Madrid, Fundación MAPFRE, 1992; Nicolás Sánchez-Albornoz (compilador), *Españoles hacia América. La emigración en masa, 1880-1930*, Madrid, Alianza América, 1988; José Martí, *Antología*, edición preparada por André Sorel, con una amplia introducción sobre la vida y obra de Martí; *La guerra hispano-norteamericana de 1898*, A Coruña, Edició do Castro, 1993; J. Eslava Galán y D. Rojano Ortega, *La España del 98. Fin de una era*, Madrid, EDAF, 1997; J. P. Fusi y A. Niño (eds.), *Vísperas del 98. Orígenes y antecedentes de la crisis del 98*, Madrid, Biblioteca Nueva, 1997; C. Blanco Aguinaga, *Juventud del 98*, Madrid, Taurus, 1970. Se refiere fundamentalmente a las reacciones de los literatos españoles, con referencias específicas a Unamuno, Azorín, Maeztu, Blasco Ibáñez y Pío Baroja. Ph. S. Foner, *La guerra hispano/cubano/americana y el nacimiento del imperialismo norteamericano*, 2 volúmenes, Madrid, Akal, 1975; J. Vega Vega, *Cuba, su historia constitucional. Comentarios a la Constitución cubana reformada en 1992*, Madrid, Endymion, 1997; Marta Harnecker, *Cuba ¿dictadura o democracia?* (1.ª ed.), México, Siglo XXI, 1975. Es un libro clásico sobre la explicación sobre el poder y su ejercicio, con análisis del funcionamiento del gobierno cubano, desde una perspectiva clásica favorable a las soluciones de la revolución. Fue un libro que tuvo mucha repercusión en la España de su tiempo. Antonio Elorza, Elena Fernández Sandoica, *La guerra de Cuba (1895-1898). Historia política de una derrota colonial*, Madrid, Alianza, 1998; H. G. Rickover, *El Maine y la guerra de Cuba*, Barcelona, Tikal, 1998.

6 Algunas obras generales sobre la Revolución mexicana son las de Fernando Benítez, *Lázaro Cárdenas y la Revolución mexicana*, 3 vols., México, Fondo de Cultura Económica, 1977; Juan de Dios Bohórquez, *Forjadores de la Revolución mexicana*, México, Instituto Nacional de Estudios Históricos de la Revolución Mexicana, 1960; David A. Brading, *Caudillos y campesinos en la Revolución mexicana*, México, Fondo de Cultura Económica, 1985; James D. Cockroft, *Precursores intelectuales de la Revolución mexicana*, México, Siglo XXI, 1971; Arnaldo Córdova, *La ideología de la Revolución mexicana. Formación del nuevo régimen*, México, Era, 1973; Daniel Cossío Villegas, *Historia moderna de México. El Porfiriato. Vida política interior. Segunda parte*, Hermes, 1971; Luis Javier Garrido, *El partido de la Revolución Institucionalizada*, México, Siglo XXI, 1982; Martín Luis Guzmán, *El águila y la serpiente*, Compañía General de Ediciones, 1966; Enrique Krauze, *Caudillos culturales en la Revolución mexicana*, México, Siglo XXI, 1976; Hans Werner Tobler, *La Revolución mexicana. Transformación social y cambio político, 1876-1940*, México, Alianza, 1994; José Carlos Valadés, *Historia General de la Revolución mexicana*, 9 vols., México, Secretaría General de Educación Pública, 1985; José Vasconcelos, *Breve historia de México*, México, Compañía Editorial Continental, 1971.

Enrique Krauze reúne, en su *Biografía del poder* (Barcelona, Tusquets, 2002), las biografías de los principales caudillos de la Revolución mexicana; en concreto: Francisco I. Madero, Emiliano Zapata, Francisco Villa, Venustiano Carranza, Álvaro Obregón, Plutarco Elías Calles y Lázaro Cárdenas. Aunque estos últimos sobrepasan el año de 1920 en el que, ordinariamente, se suele poner fecha final a la Revolución mexicana comenzada en 1910, la fecha de referencia en esta biografía es 1949. También es importante, para el estudio de las aportaciones de los intelectuales de la época, el libro de E. Krauze, *Caudillos culturales de la Revolución mexicana*, México, Tusquets, México, 1999. Está dedicado a la llamada generación de 1915 o de los Siete Sabios; por tanto, desfilan por sus páginas Antonio Castro Leal, Alberto Vásquez de Mercado, Vicente Lombardo Toledano, Teófilo Olea y Leyva, Alfonso Caso, Manuel Gómez Morín y Jesús Moreno Baca. Pero la atención se centra en las biografías de Vicente Lombardo Toledano y de Manuel Gómez Marín.

Entre las muchas novelas que se han valido de la Revolución mexicana como argumento principal, destaco la de Carlos Fuentes *La muerte de Artemio Cruz*. Una valoración de su trama y su significación para la Revolución, en el libro de Galeano *Las venas abiertas de América Latina, op. cit.*, pp. 139 y ss.

7 Krauze, *Biografía del poder, op. cit.*, p. 23.

8 El libro de John Kenneth Turner *México bárbaro* (1911, Buenos Aires, Hyspamérica Ediciones Argentina, 1985) es una descripción crítica severísima de la situación de México en los años finales del Porfiriato. Comienza con la situación de esclavitud real en Yucatán, cuyas justificaciones comenta, que se mantenía a ultranza en los primeros años del siglo XX pese a que, formalmente, nadie reconocía la existencia de esclavitud; y también a pesar de que la esclavitud estaba directamente prohibida por la Constitución y la ley.

Las medidas contra los indígenas y los pueblos originarios en conjunto fueron tendentes a su exterminio, como ocurrió con los yaquis.

La descripción del sistema de Porfirio Díaz, en las pp. 81 y ss., resulta de una crudeza extraordinaria. Atribuye a Díaz la degradación del pueblo mexicano, su método para mantenerse en el poder liquidando a los enemigos y favoreciendo a los colaboradores; los procedimientos para despojar de sus tierras al pueblo, que resume en el establecimiento por ley de la posibilidad de que cualquier persona reclamara terrenos cuyo poseedor no pudiera presentar un título registrado. La inexistencia de títulos por parte de los poseedores ancestrales de tierra facilitó su usurpación (pp. 86 y 87). El manejo de los sobornos, el favorecimiento de compañías norteamericanas y una represión inmisericorde completaban el «sistema».

Porfirio Díaz justificó reiteradamente su gobierno dictatorial en la incapacidad para la democracia de los mexicanos, y en sus características genéticas: «Algunos vicios atribuidos al pueblo mexicano por esas mismas personas que declaran al gobernante de México el más sabio y el más santo de la faz de la tierra, son la pereza incurable, superstición infantil, imprevisión desenfrenada, estupidez ingénita, conservatismo inmutable, ignorancia impenetrable, indomable propensión al robo, embriaguez y cobardía» (p. 219).

9 Para la biografía de Porfirio Díaz, remito especialmente, a Enrique Krauze, *Porfirio Díaz, místico de la autoridad*, México, Fondo de Cultura Económica, 1987; José Vasconcelos, *Breve Historia de México*, México, Trillas, 1998; José López Portillo y Rojas, *Elevación y caída de Porfirio Díaz*, México, Librería Española; Ramón Puente, *La literatura, la revolución y sus hombres*, México, Instituto Nacional de Estudios Históricos de la Revolución Mexicana, 1985; Carlos Tello Díaz, *Porfirio Díaz. Su vida y su tiempo. La guerra 1830-1867*, México, Debate, 2015; y también *Porfirio Díaz. Su vida y su tiempo. La ambición 1867-1884*, México, Debate, 2018; José Valadés, *Breve historia del Porfirismo*, México, Editores Mexicanos Unidos, 1973; Fausto Zerón Medina, *Porfirio: el origen, la guerra, la ambición, el poder, el derrumbe y el destierro*, 6 vols., México, Clío, 1993.

10 Una aproximación a la biografía de Francisco I. Madero, en Krauze, *Biografía del poder*, op. cit., pp. 23 y ss. El libro del propio Francisco I. Madero *La sucesión presidencial en 1910* se editó por el autor en México en 1908. La biografía de Madero y sus creencias espiritistas en José Natividad Rosales, *Madero y el espiritismo*, México, Posada, 1973. Y Santley R. Ross, *Madero*, México, Grijalbo, 1977; José C. Valadés, *Imaginación y realidad de Francisco I. Madero*, 2 vols., México, Antigua Librería Robredo, 1960; José de Vasconcelos, *Don Evaristo Madero. Biografía de un patricio*, México, Impresiones Modernas, 1958; Charles C. Cumberland, *Madero y la Revolución Mexicana*, México, Siglo XXI, 1999; Adolfo Gilly, *Cada quien morirá por su lado. Una historia militar de la decena trágica*, Era, 2013.

11 Allan Kardec escribió varios libros, entre los cuales *Le livre des esprits* en 1857, *L'Évangile selon l'espiritisme* y el *Livre des médiums* en 1864. También fundó la revista *Revue Spirite*, a la que el padre de Madero estuvo suscrito, lo cual le permitió entrar en la fe, en plena expansión, que habían adoptado en Francia personajes tan famosos como Flammarion o Victor Hugo (Krauze, *Biografía del poder*, op. cit., p. 25).

12 Krauze, *Biografía del poder*, op. cit., p. 59.

13 Lo recoge Krauze, *Biografía del poder*, op. cit., p. 60.

14 Para la biografía de Victoriano Huerta, Javier García Diego, *La Revolución Mexicana: crónicas, documentos, planes y testimonios*, México, UNAM, 2005.

15 También estaban todos endeudados por las compras a crédito en las llamadas «tiendas de raya». La penosa situación de los campesinos y grupos indígenas fue denunciada en el libro de Turner, *México bárbaro*, op. cit.

16 El emperador Maximiliano desarrolló políticas indigenistas muy marcadas y más positivas que las de los gobernantes de México anteriores y posteriores a su imperio. Puede verse en el libro de Luis González y González *El indigenismo de Maximiliano*, México, IFAL, 1965.

17 Para la biografía de Emiliano Zapata, Krauze, *Biografía del poder, op. cit.*, pp. 77 y ss. Es esencial el ensayo de John Womack *Zapata y la Revolución mexicana*, México, Siglo XXI, 1969. Baltasar Dromundo, *Emiliano Zapata*, México, Imprenta Mundial, 1934. Porfirio Palacios, *Emiliano Zapata: datos biográficos-históricos*, 1960. Alfonso Reyes, *Emiliano Zapata. Su vida y obra*, 1963.

Para sus políticas, Gildardo Magaña, *Emiliano Zapata y el agrarismo en México* (5 vols.), México, Instituto Nacional de Estudios Históricos de la Revolución Mexicana, 1985. Eric R. Wolf, *Las luchas campesinas en el siglo xx*, México, Siglo XXI, 1972. Miguel León Portilla, *Los manifiestos en náhuatl de Emiliano Zapata*, México, Instituto de Investigaciones Históricas, UNAM, 1978.

18 John Womack, *Zapata y la Revolución mexicana*, México, Siglo XXI, 1969. Este Plan de Ayala es como la Sagrada Escritura de la Revolución zapatista.

19 Para la biografía de Francisco Villa, Krauze, *Biografía del poder, op. cit.*, pp. 145 y ss. Federico Cervantes, *Francisco Villa y la Revolución*, México, Alonso, 1960. M. Luis Garfias, *Verdad y leyenda de Pancho Villa*, México, Panorama, 1981. Marte R. Gómez, *Pancho Villa, un intento de semblanza*, México, Fondo de Cultura Económica, 1972. Álvaro Obregón, *Ocho mil kilómetros en campaña*, México, Fondo de Cultura Económica, 1973. John Reed, *México insurgente*, La Habana, Editorial de Ciencias Sociales, 1980. Rafael Trujillo Herrera, *Cuando Villa entró en Columbus*, México, Porrúa, 1973.

20 John Reed, *México Insurgente (1914)*, Archivos Vola, 2023.

21 Reed, *México Insurgente, op. cit.*

22 Añade Krauze, *Biografía del poder, op. cit.*, p. 159, que, según Puente, su biógrafo fiel, Villa padecía epilepsia.

23 La biografía de Venustiano Carranza, Krauze, *Biografía del poder, op. cit.*, pp. 189 y ss. Mario Aldama Rendón, *Introducción al pensamiento político de Flores Magón y Carranza*, Guadalajara, Universidad de Guadalajara, 1977. Vicente Blasco Ibáñez, *El militarismo mejicano*, Valencia, Prometeo, 1920.

Fernando Benítez, *El rey viejo*, México, Fondo de Cultura Económica, 1959. Jesús Carranza Castro, *Origen, destino y legado de Carranza*, México, Costa-Amic, 1977. Charles C. Cumberland, *La Revolución mexicana. Los años constitucionalistas*, México, Fondo de Cultura Económica, 1972. Isidro Fabela, *Historia diplomática de la Revolución mexicana*, México, Fondo de Cultura Económica, 1958-1959. Ignacio G. Suárez, *Carranza el forjador del México actual*, México, Costa-Amic, 1965. José Vasconcelos, *La caída de Carranza: de la dictadura a la libertad*, México, Imprenta de Murguía, 1920.

24 Un estudio muy completo del constitucionalismo mexicano puede seguirse en los 9 volúmenes del excelente libro de F. Serrano Migallón, *La vida constitucional de México*, México, Porrúa, de 2007 a 2021; el volumen VIII está dedicado a la Constitución de 1857. También del mismo autor los vols. I y II de la misma obra, y su *Historia mínima de las Constituciones de México*, México, El Colegio de México, 2013. La bibliografía sobre este asunto es extraordinariamente extensa. Una guía importante en Catherine Andrews, *De Cádiz a Querétaro. Historiografía y bibliografía de constitucionalismo mexicano*, México CIDE y Fondo de Cultura Económica, 207. También David Cossío, *La Constitución de 1957 y sus críticos* (2.ª ed.), México, Fondo de Cultura Económica y Clío, 2007. D. Valadés y M. Carbonell (coords.), *El proceso constituyente mexicano. A 150 años de la Constitución de 1857 y 90 de la Constitución de 1917*, México, UNAM, 2007.

25 Han sido publicadas nuevas biografías de Pancho Villa en el centenario de su muerte, como la de Agustín Sánchez Andrés, *Pancho Villa. El personaje y su mito*, Madrid, Catarata, 2023.

26 Sobre la biografía de Álvaro Obregón, Krauze, *Biografía del poder, op. cit.*, pp. 271 y ss. Héctor Aguilar Camín, «Los jefes sonorenses de la Revolución mexicana», en el libro editado por David A. Brading *Caudillos y campesinos en la Revolución mexicana*, México, Fondo de Cultura Económica, 1985. También de Aguilar Camín, *Saldos de la Revolución, cultura y política de México, 1910-1980*, México, Nueva Imagen, 1982. Antonio Gómez Robledo, *Los Tratados de Bucareli ante el Derecho Internacional*, Nuevo México, Polis, 1938. Linda B. Hall, *Álvaro Obregón: poder y revolución en México, 1911-1920*, México, Fondo de Cultura Económica, 1985. Álvaro Matute, «La carrera del caudillo», en *Historia de la Revolución mexicana*, 23 vols., México, El Colegio de México, 1980. José Rubén

Romero, *Álvaro Obregón, aspectos de su vida*, México, Jus, 1978. Enrique Krauze, *Álvaro Obregón, el vértigo de la victoria*, México, Fondo de Cultura Económica, 1987. Álvaro Obregón *Ocho mil kilómetros en campaña*, México, Fondo de Cultura Económica, 1959. Pedro Castro, *La campaña presidencial de 1927-1928 y el ocaso del caudillismo*, Estudios de Historia Moderna y Contemporánea de México, 2022.

27 E. Krauze, en su libro *Redentores. Ideas y poder en América Latina*, Vintage español, Nueva York, Penguin Random House, 2012, incluye a Vasconcelos, «el caudillo cultural», entre «Los cuatro profetas» de América Latina. Los otros tres serían Martí, Rodó y Mariátegui, a los que me refiero en el capítulo VII.

28 Sobre Plutarco Elías Calles, Krauze, *Biografía del poder, op. cit.*, pp. 319 y ss. Gustavo Casasola, *Biografía ilustrada del general Plutarco Elías Calles (1877-1945)*, México, 1975. Carlos Macías Richard, *Vida y temperamento de Plutarco Elías Calles (1877-1940)*, México, Fondo de Cultura Económica, 1995. Ricardo J. Zevada, *Calles, el presidente*, México, Nuestro Tiempo, 1971.

29 Graham Green lo ha contado en su novela *El poder y la gloria*.

30 Para la biografía de Lázaro Cárdenas, E. Krauze, *Biografía del poder, op. cit.*, pp. 389 y ss. Carlos Alvear Acevedo, *Lázaro Cárdenas: el hombre y el mito*, México, Jus, 1972. Arturo Anguiano, *El Estado y la política obrera del cardenismo*, México, Era, 1975. Fernando Benítez, *Lázaro Cárdenas y la Revolución mexicana, III: El cardenismo*, México, Fondo de Cultura Económica, 1980. Arnaldo Córdova, *La política de masas del cardenismo*, México, Era, 1974. Salomón Eckstein, *El ejido colectivo en México*, México, Fondo de Cultura Económica, 1966. Pere Foix, *Cárdenas*, México, Latinoamericana, 1947. Tzvi Medin, *Ideología y praxis de Lázaro Cárdenas*, México, Siglo XXI, 1973. Hilda Muñoz, *Lázaro Cárdenas*, México, Fondo de Cultura Económica, 1975. Octavio Paz, *Corriente alterna*, México, Siglo XXI, 1967. Jesús Silva Herzog, *Lázaro Cárdenas. Su pensamiento económico, social y político*, México, Nuevo Tiempo, 1975. William C. Towsend, *Lázaro Cárdenas, demócrata mexicano*, México, Grijalbo, 1976.

31 Williamson, *op. cit.*, p. 392.

32 Miguel Ángel Asturias inicia con esta novela (escrita entre 1925 y 1932), en la literatura americana, el subgénero de las novelas de dic-

tadores. Con muy poco tiempo de diferencia debió de escribir Valle Inclán su *Tirano Banderas*, del que ya se publicaron anticipos en 1925 y 1926, aunque la novela de Asturias, precisamente para evitar represalias de los dictadores de turno, que, como se ve en el texto, no dejaron respiro a los guatemaltecos, no se publicó hasta 1946. Es también esta novela un texto inaugural del denominado «realismo mágico», que acogería con brillantez la generación del *Boom* de la novela hispanoamericana, junto con los textos del cubano Alejo Carpentier. No hay, en *El señor Presidente*, referencias ni a un dictador concreto, de los varios que hubo en Guatemala en el periodo, ni a un territorio determinado. Tampoco existen estas concreciones en el *Tirano Banderas* de Valle Inclán. Este le dijo a Alfonso Reyes en una carta que pretendía trazar los rasgos «del doctor Francia, de Rosas, de Melgarejo, de López y de don Porfirio». Remito especialmente a la muy importante edición de *El Señor Presidente* de la Real Academia Española y de ASALE, Barcelona, Penguin Random House, 2000, con estudios preliminares de Mario Vargas Llosa, Darío Villanueva, Sergio Ramírez y Luis Mateo Díez. Un estudio general sobre dictadores, además del citado de J. Lynch, es el de Ángel Rama, *Los dictadores hispanoamericanos*, México, Fondo de Cultura Económica, 1976. Y sobre la literatura que han generado, en general, Conrado Zuloaga, *Novelas de dictadores, dictadores de novela*, C. Valencia, 1977.

34 Menciones a los gobiernos de Estrada se encuentran en las obras que inspiró Estrada y en sus biografías, especialmente la de Rafael Arévalo Martínez *Ecce Pericles*, Guatemala, 1945, y en las novelas de Miguel Ángel Asturias citadas en la nota anterior. También Asociación de Amigos del País, *Diccionario histórico biográfico de Guatemala*, Guatemala, 2004.

35 Miguel Ángel Asturias jugó en su novela *Los ojos de los enterrados* con algunas hipótesis sobre las razones de la renuncia.

36 Para este episodio y los que se refieren a continuación, Luis Cardoza y Aragón, *La revolución guatemalteca* (2.ª ed.), México, 1955; Carlos Sabino, *Guatemala, la historia silenciada (1944-1989), I, Revolución y liberación*, Guatemala, Fondo de Cultura Económica, 2007.

37 En 2003 la Secretaría de Estado norteamericana hizo públicos los archivos sobre esta intervención: *Office of the Historian, US Department*, 2003, p. 6.

38 La novela de Miguel Ángel Asturias *Week-End en Guatemala* describe la caída de Árbenz. *Vid. infra* sobre la intervención norteamericana.
39 «Chalo» Gonzalo Luque, *Las revoluciones de Honduras*, Honduras, 1982.
40 José María Moncada, *Estados Unidos en Nicaragua*, Managua, Tipografía Atenas, 1942. Humberto Osoro Fonseca, *La revolución liberal constitucionalista de 1926*, Managua, Atlántida, 1958.
41 Sergio Ramírez Mercado, *El pensamiento vivo de Sandino*, 1974; *El de Niquinohomo*.
42 La saga al completo de los Somoza y sus vidas y obras en los pormenorizados libros de A. Torres Lazo, *La saga de los Somoza. Historia de un magnicidio* (6.ª ed.), Hispamer, Managua, 2014; y también de Torres Lazo, *La saga de los Somoza. Expedientes inéditos*, Managua, Fondo de promoción cultural, Grupo Ivercasa, 2014.
43 La economía empezó a desarrollarse desde la ocupación británica de La Habana que duró once meses entre 1762 y 1763. Entonces se levantaron las limitaciones al comercio con Inglaterra y América del Norte y los criollos cubanos apreciaron la importancia de la producción de la isla y su interés para el comercio mundial. Fundamentalmente se trataba de la producción de azúcar. La exportación de este producto tuvo un gran desarrollo a partir de la década final del siglo XVIII cuando se produjeron las revueltas de esclavos en Haití y cayó la industria azucarera de este país, que era la más importante de América. A partir de aquellos años Cuba se convirtió en una sociedad con una fuerte economía azucarera dedicada a la exportación. No se preocuparon mucho los criollos de la independencia por aquella época, aunque existía un descontento natural con el gobierno colonial que se hizo más notable en la década de 1840, cuando algunos hacendados azucareros se pronunciaron a favor de la anexión de Cuba a Estados Unidos. Era la época en la que Estados Unidos estaba pensando anexarse Texas y otros territorios de la república mexicana, pero la anexión no se produjo a pesar de los intereses comunes esclavistas entre los criollos cubanos y los estados del sur de Estados Unidos. Como se produjo la derrota en la guerra de Secesión norteamericana de estos últimos también se acabó aquí la idea anexionista. Ver, sobre estos extremos, Moreno Fraginals, *op. cit.*
44 Y, en 1977, el Tratado Torrijos-Carter abría el camino para una reintegración plena de la soberanía panameña, que no fue total porque

en 1989 se produjo una intervención directa norteamericana para detener por narcotráfico al dictador Manuel Antonio Noriega.

45 Es bien conocida la novela de Mario Vargas Llosa *La fiesta del Chivo*, editada por Alfaguara en 2000, que está basada en la demencial vida del dictador. La novela de Vargas Llosa cierra un periodo en el que los novelistas hispanoamericanos dedicaron obras a los dictadores. Carlos Fuentes y el propio Mario Vargas Llosa plantearon un proyecto en 1962, en Argentina, que denominaron «Los Padres de la Patria», que reuniría una colección de obras para constituir un «bestiario político», al que contribuirían escritores destacados para narrar las historias de los dictadores de sus respectivos países: Alejo Carpentier escribiría del cubano Gerardo Machado; Carlos Fuentes de Antonio López de Santa Anna; José Donoso del boliviano Mariano Melgarejo; Julio Cortázar de Juan Domingo Perón; Vargas Llosa del general Sánchez Cerro; Augusto Monterroso de Anastasio Somoza, y Roa Bastos del doctor Francia (*vid*. la información en el prólogo de la Real Academia Española a su edición de *Yo El Supremo* de Augusto Roa Bastos, Madrid, 2017). No se cumplió el programa, pero desde la novela de Roa Bastos, publicada en 1974, se editaron *El recurso del método*, de Alejo Carpentier, publicada ese mismo año e inspirada, entre otros dictadores en el cubano Gerardo Machado; de 1975 es *El otoño del patriarca* de García Márquez, que también acumula experiencias varias de dictadores, entre los cuales Gustavo Rojas Pinilla; Gustavo Uslar Pietri publicó *Oficio de difuntos* en 1976, inspirada en Cipriano Castro y Juan Vicente Gómez; José Donoso edita en 1978 *Casa de Campo* sobre Augusto Pinochet; Osvaldo Soriano, en 1980, *Cuarteles de invierno*, sobre Jorge Rafael Videla; Tomás Eloy Martínez, *La novela de Perón*, en 1985; Gabriel García Márquez, *El general en su laberinto*, sobre Simón Bolívar; y, en fin, Vargas Llosa, en 2000, la citada *La fiesta del Chivo*. La serie ha seguido, y quedan muchos argumentos por desarrollar. La última que puedo citar es la de Sergio Ramírez, *Tongolete no sabía escribir*, de 2021, sobre la trágica situación de Nicaragua.

45 Algunas monografías han estudiado el caso de la dictadura de Gómez, como M. Caballero, *Gómez, el tirano liberal*, Alfa, 2004; L. Cordero Velásquez, *El general J. V. en anécdotas*, Fuentes, 1983; G. Morón *Los Presidentes de Venezuela, 1811-1994*, Planeta, 1993; T. Polanco Alcán-

tara, *Juan Vicente Gómez: aproximación a una biografía*, Morales i Torres, 2004; A. D. Rangel, *Gómez: el amo del poder*, Vadell Hermanos, 1975.
46 A. Murzi, *López Contreras. De la tiranía a la libertad*, Caracas, 1982; T. Polanco Alcántara, *Eleazar López Contreras: el general de tres soles* (3.ª ed.), Caracas, Grijalbo, 1991.
47 Una interesante versión no velada de los acontecimientos es la de Juan David Morgan, *Con ardientes fulgores de gloria*, Planeta, 2017. Y una historia completa de la posición de Panamá en todo el tiempo anterior a su constitución como nación soberana, la de Juan Ángel López Díaz, *Panamá en el corazón del imperio español*, Madrid, Almuzara, 2019.
48 Sigo preferentemente a Jorge Orlando Melo, *Historia mínima de Colombia*, México, El Colegio de México y Turner, 2017; J. Jaramillo Uribe, *El pensamiento colombiano en el siglo XIX*, Bogotá, Temis, 1964; *Ensayos sobre historia social colombiana*, Bogotá, 1968; *La personalidad histórica de Colombia y otros ensayos*, Bogotá, 1977. *Manual de historia de Colombia*, 3 vols., Bogotá, Colcultura, 1979. S. Kalmanovitz, *Economía y nación: una breve historia de Colombia*, Bogotá, Universidad Nacional y Siglo XXI, 1985; M. T. Calderón e I. Restrepo (eds.): *Colombia, 1910-2010*, Bogotá, Taurus, 2010; B. Castro Carvajal (ed.), *Colombia. La construcción nacional, 1880-1930*, Madrid, Fundación MAPFRE y Taurus, 2012.
49 García Márquez se refirió a estos acontecimientos en sus novelas más conocidas: *El coronel no tiene quien le escriba*, publicada en 1961, la protagoniza un coronel veterano de guerra que estuvo presente en la firma del Tratado de Neerlandia. El coronel Aureliano Buendía participó en la guerra según se dice en *Cien años de soledad*, publicada en 1967. Y en *Memoria de mis putas tristes* (2004) se cuenta que el padre del protagonista había muerto el mismo día de la firma del citado tratado.
50 *Historia, op. cit.*, pp. 227 y ss.
51 Para este periodo, J. Mesa, *Historia de Bolivia*, La Paz, 1999. Jorge Basadre Grohmann, *Historia de la República del Perú (1822-1933)*, La Paz, El Comercio, 2005.
52 En la Argentina de los años primeros del siglo XX se produjo una importante inmigración procedente de Europa. Aunque la mayoría no participaba políticamente, los recién llegados estaban felices de poder participar en un país que parecía que les ofrecía salidas a la situación de pobreza y

hambre existentes en los suyos. El crecimiento de Argentina se debió sobre todo a la expansión de la frontera agraria que permitió la incorporación de la pampa húmeda y, por otra parte, a la inversión extranjera que aquellos años se multiplicó. La ciudad de Buenos Aires se transformó en una especie de París diseñado por arquitectos, urbanistas franceses y albañiles gallegos y genoveses. La autosatisfacción de los porteños por pertenecer a un mundo civilizado del máximo nivel creció en aquellos años. En 1910 se celebró de modo extraordinario el centenario de la independencia.

53 Marcelo Cavarozzi «Sufragio universal y poder militar», en *Historia mínima de Argentina*, México, Turner y El Colegio de México, 2014, p. 246.

54 Reiteró la Corte esta doctrina, con pocas precisiones más sobre su contenido, en 1945 y 1947 en los casos *Municipalidad v. Mayer, Arlandini* y *Ziella*. Tan firme ha sido la aplicación de esa doctrina que en la Constitución de 1994 se incluyó un párrafo en el artículo 36, que establece: «Esta Constitución mantendrá su imperio aun cuando se interrumpiere su observancia por actos de fuerza contra el orden institucional y el sistema democrático. Estos actos serán insanablemente nulos». Había algunos antecedentes de la mencionada doctrina, referidos a actuaciones de Bartolomé Mitre tras la batalla de Pavón, pero su contenido proviene de la «Acordada de 1930» dictada por la Corte Suprema. La cuestión debatida era justamente la legitimidad de un gobierno que procedía del golpe de Estado contra Hipólito Yrigoyen. Sus opositores defendieron que todas sus actuaciones estaban viciadas de origen y eran nulas. La Corte, en cambio, decidió por unanimidad que «este gobierno se encuentra en posesión de las fuerzas militares y policiales necesarias para asegurar la paz y el orden de la Nación, y por consiguiente para proteger la libertad, la vida y la propiedad de las personas, y ha declarado, además, en actos públicos, que mantendrá la supremacía de la Constitución y de las leyes fundamentales del país, en el ejercicio del poder». Dadas estas circunstancias, la Corte estima que el gobierno que acaba de constituirse es un gobierno de facto cuyo título no puede ser judicialmente discutido. Pero que si violara las garantías individuales constitucionalmente establecidas, la justicia restablecería las situaciones lesionadas o los derechos vulnerados.

55 Pronósticos sobre una política expansionista de Estados Unidos se empezaron a formular aun antes de su existencia como nación y, desde

luego, a partir de la independencia de la metrópoli. Es notable la que formuló el Memorial de 1783, atribuido al conde de Aranda (*vid.* el estudio de J. A. Escudero, *El supuesto Memorial del conde de Aranda sobre la independencia de América*, 2.ª ed., BOE-UNED, 2020, donde analiza el documento y discute su autoría), que dice al respecto: «La República federal nació pigmea, por decirlo así, y ha necesitado del apoyo y fuerzas de dos Estados tan poderosos como España y Francia para conseguir la independencia. Llegará un día en que crezca y se torne gigante y aún coloso temible en aquellas regiones. Entonces olvidará los beneficios que ha recibido de las dos potencias, y sólo pensará en su engrandecimiento. La libertad de conciencia, la facilidad de establecer una población nueva en terrenos inmensos, así como las ventajas de un gobierno naciente les atraerá agricultores y artesanos de todas las naciones, y dentro de pocos años veremos con verdadero dolor la existencia tiránica de este coloso del que voy hablando. El primer paso de esta potencia, cuando haya logrado engrandecimiento, será apoderarse de las Floridas a fin de dominar el golfo de México. Después de habernos hecho de este modo dificultoso el comercio con la Nueva España, aspirará a la conquista de este vasto imperio, que no podremos defender contra una potencia formidable establecida en el mismo continente y vecina suya». Esta certera premonición tiene antecedentes que arrancan del siglo XVI con la *Historia de los indios de Nueva España* de fray Toribio de Benavente, Motolinia, y otros textos del siglo XVIII como los proyectos, representaciones y escritos de Vauban, José de Carvajal, Raynal y, de modo muy especial, la representación presentada el 24 de septiembre de 1781 por el intendente del ejército y Real Hacienda de la Gobernación y Capitanía General de Venezuela, José de Ábalos, al ministro de Indias, Gálvez (su contenido en Escudero, *op. cit.*, pp. 55 y ss.).

56 Esta dualidad de justificaciones iniciales de la intervención y tutela norteamericana del continente la expresan también los muy lúcidos ensayos de M. Reid, *Forgotten Continent. A History of new Latin America*, Yale University Press, 2017, pp. 81 y ss., especialmente p. 87. Y F. Rinke, *América Latina y Estados Unidos. Una historia entre espacios desde la época colonial hasta hoy*, Madrid, El Colegio de México y Marcial Pons, 2014.

57 Es ilustrativo de la continuidad de los conflictos el libro de Ángel Alloza Aparzo, *Diplomacia caníbal. España y Gran Bretaña en la pugna por el dominio del mundo, 1638-1660*, Biblioteca Nueva, Madrid, 2017.
58 He estudiado estas pretensiones en mi libro *Civilizando a los bárbaros*, *op. cit.*
59 La idea tuvo un gran agitador, al final del siglo XVII, en Cotton Mather, autor de un libro influyente, usado como guía en el proceso de las brujas de Salem, *The Wonder of Invisible World: Observations as Well Historical as Theological upon de Nature, The Number, and the operation of the Devils*, publicado en 1693, accesible en internet. Pero su libro que más animó a que los puritanos se sintieran elegidos para la misión evangelizadora, en sustitución de los papistas, multiplicando las exageraciones sobre el comportamiento de los colonizadores españoles, en la estela de lo escrito por Thomas Cage, en el libro que se cita inmediatamente en el texto, es el publicado en 1699 con este largo título: *La fe del cristiano en veyntecuatro artículos de la institución de Cristo enviada a los españoles, para que abran sus ojos y para que se conviertan de las Tinieblas a la luz y de la potestad de Satanás a Dios*.
60 En el libro sobre diplomacias hay muchas curiosidades sobre la competencia imperial de España e Inglaterra.
61 Sus contribuciones en J. Albi de la Cuesta, *La defensa de las Indias*, Cultura Hispánica, 1987. Su vida y acciones en L. E. Ivers, *Don Blas de Lezo: biografía de un marino español del siglo XVIII*, Madrid, EDAF, 2016. J. M. Rodríguez, *El Vasco que salvó el Imperio Español: el Almirante Blas de Lezo*, Áltera, 2008.
62 En general, R. Sanz Abad, *La Guerra del Asiento o de la Oreja de Jenkins, (1739-1748)*, Almena, 2010.
63 Fraginals, *Cuba/España, op. cit.*, ha descrito con una precisión admirable las andanzas de Vernon por la isla. La presencia de los ingleses en Cuba se justifica porque era el centro de defensa y comunicaciones del Imperio. Se había convertido en la isla más codiciada por los británicos, que estimaban que su dominio naval del Caribe culminaría con la posesión de La Habana y Santiago de Cuba. El almirante Edward Vernon pasó a la historia como ejecutor en el Parlamento británico de la política del *West Indian Lobby*, que logró la aprobación de una ley por la cual todo marino inglés del Caribe recibiría diariamente una ración de ron, lo que implicó

ingresos millonarios para los plantadores ingleses. Esta ley estuvo vigente hasta 1970, ampliada a toda la Marina inglesa, con opción de tomar el ron o recibir tres peniques por cada abstención.

En política internacional es de Edward Vernon el lema «*No peace with Spain*». Cuando se declaró la guerra entre España y Gran Bretaña en 1739, Vernon zarpó para Jamaica, siguió hasta Panamá y tomó Portobelo, e intentó un ataque a Cartagena. En Cartagena chocó con la defensa heroica de Blas de Lezo.

Vernon partió hacia el Caribe con la misión expresa de tomar La Habana, pero optó primero por asaltar Santiago de Cuba, aunque no pudo hacerlo y desembarcó en Guantánamo. Mantuvo desde julio a diciembre sitiado a Santiago de Cuba.

El 7 de febrero de 1761 tomó posesión del cargo de capitán general de la isla de Cuba el mariscal Juan de Prado Portocarrero Mallesa y Luna que, entre otras misiones, actuó contra altos funcionarios criollos por desfalco a la Real Hacienda y contra el creciente poder económico y político de la oligarquía criolla. Las tensiones internas dieron una oportunidad a la armada inglesa de atacar La Habana y de ocuparla ante la capitulación de la ciudad. Los ingleses gobernaron durante once meses, desde 1762 hasta 1763.

Inglaterra tenía entonces el control efectivo de los mares, y la batalla de La Habana supuso la mayor movilización naval de la historia americana antes del siglo XIX. La toma de La Habana por los ingleses fue el hecho de guerra de mayor significación de los tres primeros siglos de la colonización americana; por el extraordinario volumen de soldados movilizados, y los miles de bajas, también debidas a las epidemias que los atacaron.

64 I. J. López Hernández, «La defensa de Santiago de Cuba al ataque de Vernon de 1741: Principios de fortificaciones para la guerra del Caribe», *Anuario de Estudios Americanos*, vol. 76, p. 219.
65 Jefferson en sus *Notes on the State of Virginia* de 1781 y Hamilton en *The Federalist Papers*.
66 Referencias a Jefferson y a John Quincy Adams en Rinke, *América Latina y Estados Unidos*, *op. cit.*, pp. 47 y 48.
67 Rinke, *op. cit.*, p. 47.
68 En su Discurso al Congreso de Angostura de 1819 descartó por completo que pudieran aplicarse a las repúblicas hispanoamericanas so-

luciones de gobierno similares a las británicas. Invocaba, entre otras justificaciones, la doctrina de Montesquieu sobre las variaciones de las formas de gobierno según la geografía y las condiciones climáticas.

69 F. Donovan, *Mr. Monroe Message. The story of the Monroe Doctrine*, 1963, trad. esp. *Historia de la doctrina Monroe*, México, Diana, 1966. H. Petin, *Les Etats-Unis et la doctrine Monroe*, París, 1900; S. de la Plaza, «La doctrina Monroe», *Revista General de Legislación y Jurisprudencia*, vol. 28, p. 301.

70 La reacción de los primeros gobiernos establecidos fue de satisfacción y euforia. *Vid*. John Crow, *The Epic of Latin America*, Berkeley, University of California Press, 1992.

71 *Epistolario de Diego Portales*, tomo I, Santiago de Chile, Universidad Diego Portales, 2007.

72 Germán A. de la Reza, *El Congreso de Panamá de 1826*, UAM, 2006.

73 En su artículo «*Manifest Destiny*», en *Enzyklopädie der Neuzeit*, t. 7, Stuttgart, 2008, pp. 1182-1186.

74 *América Latina y Estados Unidos, op. cit.*, p. 57.

75 Robert H. Holden y Eric Zolov (eds.), *Latin America and United States. A Documentary History*, Nueva York, 2000, p. 41.

76 En 1860 estalló un pintoresco y sorprendente conflicto con España. Ocurrió en el Pacífico meridional americano frente a las costas de Chile y Perú. Ambos países se habían medido en la guerra de la Confederación Perú-Boliviana en los años de 1830, pero lo volverían a hacer en 1879 y siguientes en la guerra del Pacífico que se prolongó hasta 1884. Pero entre 1865 y 1866 Perú y Chile se presentaron unidos por la agresión que habían sufrido de la España isabelina que con su escuadra de guerra ocupó el territorio peruano, bloqueó puertos americanos y bombardeó Valparaíso y el Callao antes de regresar a Europa.

77 La enmienda Platt que había limitado la soberanía de Cuba fue abolida el 29 de mayo de 1934, firmándose un nuevo acuerdo comercial con dicho país en términos de igualdad. En marzo de 1936, se llegó a un acuerdo con Panamá por el que se suprimía el derecho sancionado en 1902 de Estados Unidos a intervenir fuera de los límites de la zona del canal. En dicho acuerdo se fijaron también unas tarifas más elevadas por el arriendo del mismo. También aceptaron a Estados Unidos reformas sociales y económicas llevadas a cabo en algunos países de Estados Unidos sin intervenir de forma inmediata. Esto fue lo que ocurrió en 1935 cuando

el gobierno mexicano aplicó con toda su amplitud el artículo 27 de la Constitución de 1917, nacionalizando las riquezas naturales del país, o cuando Lázaro Cárdenas confiscó en marzo de 1938 las propiedades de las compañías petrolíferas americanas. A diferencia de lo ocurrido en otras ocasiones, el gobierno de Estados Unidos no atendió las llamadas de las compañías petrolíferas y las diferencias se arreglaron con México entre 1941 y 1942 con indemnizaciones.

78 Es muy preciso el comentario a estos acontecimientos de Hans-Joachim König, «El intervencionismo norteamericano en Iberoamérica», en el libro de M. Lucena Salmoral, John Lynch y otros, *Historia de Iberoamérica*, tomo III, Madrid, Cátedra, 1992, pp. 421 y ss.

79 Sobre la historia posterior de Puerto Rico remito a las pormenorizadas exposiciones de Fernando Picó, *Historia General de Puerto Rico*, Ediciones Huracán, San Juan , 2008, p. 245 y ss; y, sobre todo, César J. Ayala y R. Bernabe, *Puerto Rico en el siglo americano: su historia desde 1898*, Ediciones Callejón, 4ª ed., San Juan 2018, in totum..

80 En la década de los años veinte la opinión más generalizada era la que admitía una variante moderada de la doctrina, en su versión puramente defensiva, pero muchos creían que, eliminado el peligro europeo, debía desaparecer la doctrina Monroe porque era peligrosa para la soberanía de los Estados. Destacó en el periodo la doctrina del escritor argentino José Ingenieros postulando que había que replantear la significación del lema «América para los americanos». El «Go West» se había transformado en un «Go South», que estaba contribuyendo a formar una imagen repulsiva del codicioso yanqui.

CAPÍTULO VI

Populismo, militarismo y democracia
(segunda mitad del siglo xx)

1 El concepto procede de las propuestas formuladas en 1989 por el economista John Williamson, que incluían diez grupos de medidas para paliar los problemas financieros de países en desarrollo, especialmente latinoamericanos. Entre otras: políticas fiscales que evitaran

grandes déficits; orientar el gasto público para fomentar la inversión para el desarrollo del país, especialmente en materia de infraestructuras y salud; reforma tributaria; liberalización de barreras a la inversión extranjera directa; privatización de empresas estatales; desregulación; seguridad jurídica para los derechos de propiedad. Los textos principales de Williamson y sobre su obra están disponibles en internet: «What Washington means by Policy Reform», en *Latin American Adjustment: How much has happened?*, Washington D. C., Instituto de Economía Internacional, archivado el original el 25 de junio de 2009. También Williamson, «The Washington Consensus as Policy Prescription for Development», archivado el 12 de marzo de 2019. Y J. Williamson «A Guide to John Williamson's Writing», Washington D. C., Instituto de Economía Internacional, 2015. En relación con sus desarrollos y efectos, véase Kuczynski y Williamson *Después del consenso de Washington: reiniciando el crecimiento y la reforma en América Latina*, Washington D. C. Instituto de Economía Internacional, 2003. Lawrence Summers, Vinod Thomas y otros, *Informe sobre el desarrollo mundial de 1991: el Reto del Desarrollo*, Banco Mundial, 1991. Moisés Naím, *La Travesía de América hacia el Mercado: de los traumas macroeconómicos a la terapia institucional*, 1994. Anthony Guiddens, *La Tercera Vía: hacia la renovación de la Socialdemocracia*, 1998.

2 Sobre todo después de que la Convención 169 de la Organización Internacional del Trabajo que promovió la causa de los indígenas al solicitar los gobiernos que confirmaran el respeto a la igualdad de los pueblos indígenas respecto de los blancos en todos los Estados. Para aplicar la Convención 169 algunos países reformaron sus constituciones para reconocer los derechos multiculturales y multiétnicos de los indígenas como ocurrió en Guatemala en 1985, en Nicaragua en 1986, en Brasil en 1988, en Colombia en 1991, en Paraguay en 1992, en México en 1992, en Perú en 1993, en Colombia en 1994, en Argentina en 1994, en Ecuador en 1998 y en Venezuela en 1999.

3 *Vid.* la exposición sobre Centroamérica en el capítulo anterior. Pero, en particular sobre los sucesos de Guatemala, *vid.* J. J. Arévalo, *Guatemala: la democracia y el Imperio*, Buenos Aires, Renacimiento, 1955; G. Selser, *El Guatemalazo: la primera guerra sucia*, Buenos Aires, Iguazú, 1961.

4 Una exposición sintética y precisa en Williamson, *op. cit.*, p. 349.

5 Para los datos biográficos de Fidel Castro, J. Edwards, *Persona non grata*, Madrid, Alfaguara, 2006; N. Fuentes, *La autobiografía de Fidel Castro, I y II*, Barcelona, Destino, 2004 y 2007.
6 M. Llerena, *La revolución insospechada: origen y desarrollo del castrismo*, Buenos Aires, EUDEBA, 1981.
7 Una exposición general es la de S. Guerra y A. Maldonado, *Historia de la Revolución cubana*, Navarra, Txalaparta, 2009.
8 Remito a mi Introducción a *Diario secreto de John Fitzgerald Kennedy*, Barcelona, Vegueta, 2024.
9 La última exposición sobre este asunto, que ha sido objeto de una amplia bibliografía, en el libro de M. Hastings, *La crisis de los misiles de Cuba*, Barcelona, Crítica, 2023.
10 Un texto del Che Guevara muy expresivo, de 1966, sobre esta política, recogido en R. H. Holden y E. Zolov (eds.), *Latin America and the United States, op. cit.*, pp. 250-251. Pero su catecismo esencial es Ernesto «Che» Guevara, *La Guerra de Guerrillas* (6.ª ed.), Nafarroa, Txalaparta, 2005. Una biografía más general es la de J. L. Anderson, *Che Guevara. Una vida revolucionaria*, Barcelona, Anagrama, 1997.
11 Puede verse completo en Robert A. Holden y Erick Zolov (eds.), *Latin America and the United States: A documentary History*, Nueva York, 2000, pp. 265-266.
12 Según Portillo, *op. cit.*, fue la época más decepcionante para el constitucionalismo en el espacio latinoamericano (p. 243).
13 Para una valoración de la ambigüedad ideológica de los populismos, en general, a F. Vallespín y Marian M. Bascuñan, *Populismos*, Madrid, Alianza, 2017, aunque estudia sobre todo Estados europeos. Para América Latina, José Álvarez Junco y Ricardo Gonzáles Leandri (comps.), *El populismo en España y América*, Madrid, Catriel, 1994. De modo más extenso, la monografía de Malamud, *Populismos latinoamericanos*, Oviedo, 2010 y, para el caso muy importante de Venezuela, el libro de Enrique Krauze, *El poder y el delirio*, editado en 2008, tiene una segunda edición, Tusquets, de 2015.
14 Sobre ello Williamson, *op. cit.*, p. 322.
15 C. Altamirano, *¿Qué hacer con las masas? Peronismo y cultura de izquierda*, Buenos Aires, Siglo XXI, 2011; también, *Bajo el signo de las masas (1943-1975)*, Buenos Aires, Ariel, 2001.

16 R. Gaudio y J. Pilone, «Estado y relaciones laborales en el periodo previo al surgimiento del peronismo. 1935-1943», *Desarrollo Económico*, Buenos Aires, vol. 24, n. 94, 1984, pp. 235 y ss. H. Matsushita, *El movimiento obrero argentino: 1930-1943: Sus proyecciones en los orígenes del peronismo*, Buenos Aires, Hyspamérica, 1983. M. Murmis y J. C. Portantiero, *Estudios sobre los orígenes del peronismo*, Buenos Aires, Siglo XXI, 1971. L. M. Doyon, *Perón y los trabajadores: los orígenes del sindicalismo peronista, 1943-1955*, Buenos Aires, Siglo XXI, 2006.

17 M. Ropoport y C. Spiguel, *Relaciones tumultuosas: Estados Unidos y el primer peronismo*, Buenos Aires, 2009.

18 Loris Zanatta «El peronismo», en *Historia Mínima de Argentina*, Turner, El Colegio de México, pp. 273 y ss., en particular p. 282.

19 Entre la muy amplia bibliografía sobre el fenómeno histórico del peronismo y la figura de Perón, son esenciales los estudios de H. Gambini, *Historia del peronismo*, 2 vols., Buenos Aires, Planeta, 1999-2001; J. J. Hernández Arregui, *Peronismo y socialismo* (3.ª ed.), Buenos Aires, 1973; F. Neiburg, «Élites sociales y élites intelectuales: el Colegio Libre de Estudios Superiores», *Los intelectuales y la invención del peronismo*, Buenos Aires, Alianza, 1998; J. C. Torre (dir.), *Nueva historia argentina, vol. 8. Los años peronistas (1943-1945)*, Buenos Aires, Sudamericana, 2002; P. Waldman, *El peronismo*, Buenos Aires, Sudamericana, 1981; L. Zanatta, *Breve historia del peronismo clásico*, Buenos Aires, Sudamericana, 2009; S. Amaral y M. B. Plotkin, *Perón, del exilio al poder*, Buenos Aires, Cántaro, 1993; R. Gullespie, *Soldados de Perón. Los montoneros*, Buenos Aires, Grijalbo, 1997; F. Luna, *Perón y su tiempo*, 3 vols., Buenos Aires, Sudamericana, 1984-1986; T. E. Martínez, *La novela de Perón*, Legasa Literaria, 1985; J. Page, *Perón, una biografía*, Buenos Aires, Grijalbo, 1999; S. Sigal y E. Verón, *Perón o muerte: los fundamentos discursivos del fenómeno peronista*, Buenos Aires, Legasa, 1986.

20 L. Caimari, *Perón y la Iglesia católica: religión, Estado y sociedad en la Argentina, 1943-1955*, Buenos Aires, Ariel, 1995.

21 Sobre estas transformaciones, J. C Torre, «Formación del sindicalismo peronista en Argentina», en Álvarez Junco y González Leandri, *El populismo en España y América, op. cit.*, pp. 91 y ss.

22 L. Zanatta, *Eva Perón. Una biografía política*, Buenos Aires, Sudamericana, 2011.

23 Anota Granés en su *Delirio Americano, op. cit.*, que convirtió la residencia de Los Olivos en un lugar de distracción y de divertimento, también para él, que entonces se había emparejado con una niña de catorce años llamada Nelly Rivas. Defendió ideas que contradecían dogmas de la Iglesia y la ultraderecha. Pensaba en legalizar el divorcio, despenalizar la prostitución, secularizar la educación, otorgar derechos a los hijos ilegítimos e incorporar a la mujer a la vida social y productiva del país. En 1945 Perón se alió con la Iglesia como había hecho Mussolini en 1922, pero en 1954 era evidente que el peronismo se convertía en una religión laica que disputaba a la Iglesia el alma de los argentinos. Perón quería ser diferente y él quería ser la encarnación del Estado. Era él y no la Iglesia quien tenía que tener el control absoluto de los medios educativos, culturales y sociales y no había suficiente espacio en Argentina para el peronismo y para la Iglesia. Para demostrarlo Perón prohibió la educación religiosa. Cuando se celebró el Corpus Christi el 11 de junio de 1955 Perón se dio cuenta de que se había metido en un avispero porque en América Latina cuesta mucho meterse con Dios. Un sector muy importante de la población, con la Iglesia al frente, salió a la avenida de Mayo agitando pañuelos blancos, y convirtiendo el acto religioso en una manifestación importante a las puertas del Congreso. La protesta multitudinaria dejó a Buenos Aires paralizada. Cinco días más tarde, el 16 de junio, se levantó la Escuela Mecánica de la Armada y los aviones de combate se elevaron sobre Buenos Aires y a su paso por la Casa Rosada descargaron sus armas. Las bombas mataron a 355 personas pero Perón salió ileso. Dos meses después Perón dio un discurso en el que pedía que cada peronista muerto fuera vengado con la vida de cinco enemigos. Legitimaba de esta manera el asesinato como método de gobierno.

24 Se formularon por el propio Perón, durante su discurso de 17 de octubre de 1950, y son conocidas como las «Veinte verdades peronistas». A saber: «1. La verdadera democracia es aquella en la que el gobierno hace lo que el pueblo quiere y defiende un solo interés: el del pueblo. 2. El peronismo es esencialmente popular. Todo círculo político es antipopular y, por lo tanto, no peronista. 3. El peronista trabaja para el Movimiento. El que en su nombre sirve a un círculo o a un caudillo, lo es solo de nombre. 4. No existe para el peronismo nada más que una clase de hombres: los que trabajan. 5. En la nueva Argentina, el

trabajo es un derecho que crea la dignidad del hombre, y es un deber, porque es justo que cada uno produzca por lo menos lo que consume. 6. Para el peronista no puede haber nada mejor que otro peronista [en 1973 reformuló Perón esta "verdad" para que dijera: «para un argentino no puede haber nada mejor que otro argentino]. 7. Ningún peronista debe sentirse más de lo que es, ni menos de lo que debe ser. Cuando un peronista empieza a sentirse más de lo que es, empieza a convertirse en oligarca. 8. La acción política, la escala de valores de todo peronista, es la siguiente: primero la Patria, después el Movimiento y luego los hombres. 9. La política no es para nosotros sino el medio para el bien de la Patria, que es la felicidad de sus hijos y la grandeza nacional. 10. Los dos brazos del peronismo son la justicia social y la ayuda social. Con ellos damos al pueblo un abrazo de justicia y de amor. 11. El peronismo anhela la unidad nacional y no la lucha. Desea héroes, no mártires. 12. En la nueva Argentina, los únicos privilegiados son los niños. 13. Un gobierno sin doctrina es un cuerpo sin alma. Por eso el peronismo tiene una doctrina política, económica y social: el Justicialismo. 14. El Justicialismo es una nueva filosofía de la vida, simple, práctica, popular, profundamente cristiana y humanista. 15. Como doctrina política, el Justicialismo realiza el equilibrio del derecho del individuo con el de la sociedad. 16. Como doctrina económica, el Justicialismo realiza el equilibrio del derecho del individuo con el de la comunidad. 17. Como doctrina social, el Justicialismo realiza la justicia social, que da a cada persona su derecho en función social. 18. Queremos una Argentina socialmente justa, económicamente libre y políticamente soberana. 19. Constituimos un gobierno centralizado, un Estado organizado y un pueblo libre. 20. En esta tierra lo mejor que tenemos es el pueblo». Perón explicó estas «verdades» en su libro *Filosofía peronista* (disponible en internet).

25 Torre, «El peronismo», *op. cit.*, p. 293.
26 Torre, «El peronismo», *op. cit.*, p. 301.
27 Puede verse lo que siguió al peronismo. También en el artículo de Novaro «Dictaduras y democracias», en el libro sobre *Historia mínima de Argentina, op. cit.*
28 De la colaboración de la CIA en el derrocamiento de presidentes y apoyo a dictadores se verán diferentes ejemplos en el texto. En cuan-

to a la Escuela de las Américas, fue creada como escuela de instrucción militar del Ejército de Estados Unidos. Estuvo situada, desde 1946 a 1984, en la Zona del Canal de Panamá. Al principio operó con el nombre de Centro de Entrenamiento para Latinoamérica, más tarde como Escuela de Fuerzas de Tierra de América Latina y, poco después, con el nombre de Escuela del Caribe hasta 1963, cuando se estableció el nombre de Escuela de las Américas. En 1984, como consecuencia del Tratado Torrijos-Carter, la escuela salió del canal de Panamá y se reabrió en diciembre de 1984 en Fort Benning en Columbus (Georgia) como Escuela de Entrenamiento y Doctrina del Ejército de Estados Unidos. La escuela se cerró en el año 2000, y desde el año siguiente se fundó el Instituto del Hemisferio Occidental para la Cooperación en Seguridad, en inglés Western Hemisphere Institute for Security Cooperation (WHINSEC). Se graduaron en la escuela más de sesenta mil militares y policías de hasta veintitrés países de América Latina. Algunos de los alumnos tuvieron altas responsabilidades en los crímenes de lesa humanidad que se cometieron para la represión de las insurgencias en sus países; entre ellos, Leopoldo Galtieri, Manuel Antonio Noriega, Manuel Contreras, Vladimiro Montesinos. Durante la Guerra Fría la escuela fue el instrumento de Estados Unidos para contrarrestar las organizaciones de ideología marxista y los movimientos guerrilleros. Se utilizaba como criterio general la «doctrina de la seguridad nacional», que Estados Unidos propició para que las Fuerzas Armadas de países latinoamericanos asumieran la tarea de enfrentarse a los grupos extremistas de izquierda y liquidarlos. Llovieron las críticas contra los métodos de la escuela porque era fama que entrenaba a sus alumnos en métodos de tortura, asesinato y represión.

El Plan Cóndor, u operación Cóndor, fue un programa de represión política y de terrorismo de Estado respaldado por Estados Unidos. Su desarrollo tuvo lugar desde finales de 1975 y fue ejecutado fundamentalmente por los regímenes dictatoriales y gobiernos de América del Sur, incluidos los territorios controlados por Francia y Holanda en la región. Las acciones desarrolladas suponían sometimiento a vigilancia, detención, tortura, traslados, desaparición o asesinato de personas consideradas subversivas al orden establecido. Fue una acción clandestina internacional, que aplicaba el terrorismo de Estado fundamentalmente contra la izquierda política. El espectro de personas e ideologías implicadas fue amplísimo: en 1992 se hallaron unos llamados «Archivos del Terror» en Paraguay, que cifran en cincuenta mil las personas asesinadas, treinta mil desaparecidas y cuatrocientas mil encarceladas. Estados Unidos, a través de la Escuela de las Américas y aplicando la doctrina de la seguridad nacional y la doctrina Nixon, facilitó la planificación y los métodos de actuación del terrorismo de Estado, y proporcionó ayuda militar a los golpistas y a los gobiernos militares. Al menos se mantuvo durante las épocas de los gobiernos Ford (1974-1977), Carter (1977-1981) y Reagan (1981-1989).

Algunos países democráticos de la región se mantuvieron firmes contra este tipo de actuaciones, y apoyaron a los exiliados y represaliados. Muy especialmente Venezuela que, además de condenar el golpe de Estado en Chile en 1973, rompió relaciones diplomáticas en 1976 con la dictadura militar de Uruguay, y acogió a miles de refugiados uruguayos, argentinos y chilenos.

Véase, sobre todo ello, John Dinges, *Operación Cóndor: Una década de terrorismo internacional en el Cono Sur*, Santiago de Chile, Ediciones B, 2004; J. Palummo, P. Rolo Benetti y L. Vaccotti (eds.), *A cuarenta años del Cóndor*, Instituto de Políticas Públicas en Derechos Humanos del Mercosur, 2015; C. M. Nilson, *Operación Cóndor. Terrorismo de Estado en el Cono Sur*, Buenos Aires, Lumen, 1998.

29 Para lo que se expone en este apartado, sigo a G. Caetano y J. Rilla, *Breve historia de la dictadura (1973-1985)*, Ediciones de la Banda Oriental, 2023; S. Blixen y Nilo Patiño, *Intrigas cruzadas. Mafia y terrorismo en las Fuerzas Armadas*, Montevideo, Brecha, 2023; G. Caetano y J. Rilla y otros, *Apuntes sobre la dictadura*, ANEP, 2013; F. Leicht, *De patrias y tumbas; Ficciones de la historia reciente*, Editora, 2013; V. Martínez, *Tiempos de dictadura*, Ediciones de la Banda Oriental, 2005; R. Rey, *La mayoría silenciosa. Autoritarismo, guerrilla y dictadura según la gente común*, Montevideo, Ediciones B, 2016.

30 Comunicado 4.º de los mandos militares conjuntos del Ejército y la Fuerza Aérea, de 9 de febrero de 1973.

31 En 2007 la Universidad de la República publicó cinco tomos que contenían investigaciones exhaustivas de lo que había ocurrido.

32 En aquella época Pablo Neruda elaboró su *Canto general*, donde se habla del destino histórico de América Latina. Tuvo el *Canto general* una gran influencia en los nacionalistas latinoamericanos y sus actitudes respecto del sentido de sus naciones y el progreso.

33 E. Krauze en su ensayo diatriba *El poder y el delirio*, editado en 2008, y reeditado con un intencionado «Prólogo a los españoles» por Tusquets, Barcelona, 2015. Y C. Malamud, en la rotunda invectiva que formula en su libro *Populismos latinoamericanos*, Oviedo, Colección Jovellanos de Ensayo, Nobel, 2010. Hay páginas formidables sobre este problema de los populismos en la literatura de Mario Vargas Llosa, pero me remito a sus artículos periodísticos sobre nacionalismo, indigenismo y populismo, recogidos en el libro recopilatorio de C. Granés, Mario Vargas Llosa, *Sables y utopías. Visiones de América Latina*, Madrid, Alfaguara, 2009, pp. 225 y ss.

34 El inquietante libro de A. R. Brewer-Carías, *La dictadura judicial y la perversión del Estado*, con un prólogo de S. Muñoz Machado, Madrid, Iustel, 2017, que contiene un análisis detallado de la laminación por el régimen chavista del sistema judicial venezolano. Sus métodos son exportables a otros populismos contemporáneos.

35 *Apud.* Malamud, *op. cit.*, *Populismos latinoamericanos*, pp. 111-112.

36 Su desarrollo fue hecho por economistas y políticos norteamericanos, aunque lo escribió en 1989, John Williamson en el documento *What Washington Means by Policy Reform*.

37 Malamud, *Populismos latinoamericanos*, *op. cit.*, p. 218, sostiene que estos conflictos giran alrededor de los siguientes ejes: indefinición de la integración sudamericana; aumento de la conflictividad bilateral agravada porque ni la confluencia político-ideológica, ni la energía, ni las finanzas se han convertido en motores de integración; y surgimiento de zonas de conflicto bélico entre los países, como Venezuela y Colombia, o entre Ecuador y Colombia.

38 Remito también a mi ensayo «El nuevo constitucionalismo multicultural hispanoamericano», en *El Cronista del Estado Social y Democrático de Derecho*, n.º 103.

CAPÍTULO VII
Nuevo constitucionalismo. ¿Nueva democracia?

1 El mejor ejemplo de esa resistencia lo ofreció nada menos que el Libertador, Simón Bolívar. Cuatro textos suyos son claros: el primero es la *Memoria* que redacta en Cartagena (Colombia), en 1812, en la que trata de explicar el fracaso de la primera república venezolana de 1811, cuyo contenido ya hemos estudiado. Escribe lo siguiente: «Los códigos que consultaban nuestros magistrados no eran los que podían enseñarles la ciencia práctica del gobierno, sino los que han formado ciertos buenos visionarios que, imaginándose repúblicas aéreas, han procurado alcanzar la perfección política, presuponiendo la perfectibilidad del linaje humano». En la famosa Carta de Jamaica, dirigida a un «caballero de esta isla», fechada el 6 de diciembre de 1815, Bolívar hace un balance de lo sucedido en la América meridional desde los primeros intentos de independencia y concluye: «Los acontecimientos nos han probado que las instituciones perfectamente representativas no son adecuadas a nuestro carácter, costumbres y luces actuales». Respecto de las tierras americanas sostiene que sus circunstancias dificultan la aplicación de fórmulas abstractas. El tercer documento es el muy importante «Discurso de Angostura» de 15 de febrero de 1819. En ese momento Bolívar era un héroe liberal, admirado tanto en Europa (dominada entonces por la Santa Alianza) como en América Latina. Enuncia sus proyectos constitucionales. Propone un Senado hereditario cuya segunda generación sería educada «en un colegio especialmente destinado para instruir aquellos tutores futuros de la patria». Se declara convencido de que la Constitución debe escribirse teniendo en cuenta «la religión de los habitantes, sus inclinaciones, sus riquezas, su número, su comercio, sus costumbres, sus modales». El último documento es el que escribe Bolívar en su época más gloriosa: el tiempo en el que se constituye una nueva nación en el territorio del antiguo Alto Perú, que llevará el nombre de Bolivia, derivado de su apellido. Bolívar redacta su Constitución, que considera la mejor concebible para los países de la América independiente. Representa, según dice Bolívar al general Sucre, la fusión de la democracia y la aristocracia, del imperio y la república. El presidente es vitalicio y escoge él

mismo a su sucesor. La vicepresidencia es hereditaria. De ese modo se eliminan las elecciones. Bolívar cree que «las elecciones son el gran azote de las repúblicas». Él mismo proclama la concepción en que se funda su proyecto: «reúne la monarquía liberal con la república más libre».

Bolívar estuvo tan convencido de las excelencias de su modelo de Constitución para las repúblicas independientes americanas que la hizo publicar en francés en la revista dirigida por Benjamin Constant y el general Lafayette, *Revue Américaine*. Pero Constant lo criticó duramente en un artículo de principios de 1829 en el que dijo a Bolívar que «La dictadura es siempre un crimen», lo que dolió mucho al Libertador, que escribió, al final de ese mismo año, «También yo soy liberal», aunque añadió «Nadie lo creerá, sin embargo». Tomo esta referencia de J. Marichal, *Cuatro fases de la historia intelectual latinoamericana 1810-1970*, Fundación Juan March-Cátedra, 1978, p. 42.

2 Constituye un buen ejemplo, para explicar la utilización por los dictadores de la supuesta falta de capacidad intelectual y la carencia de condiciones genéticas de los pueblos que gobiernan, la escalofriante descripción de John Kenneth Turner en su libro *México Bárbaro* (1911), Buenos Aires Hyspamérica, 1985, de las actuaciones del gobierno de Porfirio Díaz en relación con sus ciudadanos, especialmente indios y mestizos. El último capítulo, titulado «El pueblo mexicano», está dedicado a evaluar las falsedades de que se valió el Porfiriato; especialmente sus puntos de vista sobre que el pueblo mexicano «no es apto para la democracia», que la esclavización conviene al progreso; la inmoralidad, la ignorancia, la pereza incorregible de sus gentes (pp. 219 y ss.). Estas mismas ideas se han repetido después en muchos escritos: puede verse, además de lo que se cuenta en las páginas inmediatas y en el capítulo VI de esta obra, la referencia en otro clásico del pensamiento político e histórico sobre América Latina, el de Eduardo Galeano, *Las venas abiertas de América Latina, op. cit.*, pp. 139 y ss.

3 *Vid.* Patricia Funes, *Ideas políticas en América Latina*, México, El Colegio de México, 2014, p. 73.

4 Los excesos de esta clase de valoraciones se deben a una interesada falta de información y a un juego gratuito de presunciones. Es una ligereza suponer que los *sans culotte* de la Francia de la Revolución de 1789, o los

colonos puritanos ingleses, que no habían visto más libro que la Biblia, y quizá por el forro, tenían una formación más adecuada para gobernar naciones que los españoles y criollos americanos. Por otra parte, la verdad es que España estableció instituciones educativas en cada pueblo que fundaba en América, y se adelantó en cien años a los colonos británicos en la fundación de la primera universidad de América: la de Santo Tomás en Santo Domingo se creó en 1538 y la de Harvard en 1636.

Octavio Paz escribió que la afirmación de que España llevó a América una cultura oscurantista y autoritaria es de todo punto errónea. España trasladó a América lo mejor de su cultura, que era renacentista. Fundaron escuelas y universidades generosamente, mucho antes que a los norteños se les ocurriera, como muestra el retraso de Harvard en relación con Santo Domingo. El pensamiento liberal llegó a América a las élites, lo mismo que en las colonias inglesas. El mestizaje, al que se imputa la mala índole, no pudo afectar a toda la población porque la dirección de la política quedó ordinariamente en manos de la minoría blanca. Además, muchos indígenas «no domesticados», que eran la mayoría de la población en algunos territorios, no fueron objeto ni de educación española ni de contacto siquiera con los colonos.

Octavio Paz hizo hincapié, en varios de sus ensayos, sobre esta idea: «Si España se cierra al Occidente y renuncia al porvenir en el momento de la Contrarreforma, no lo hace sin antes adoptar y asimilar casi todas las formas artísticas del Renacimiento: poesía, pintura, novela, arquitectura. Estas formas —amén de otras filosóficas y políticas— mezcladas a tradiciones e instituciones españolas y de entraña medieval, son trasplantadas a nuestro continente. Y es significativo que la parte más viva de la herencia española en América esté constituida por estos elementos universales que España asimiló en un tiempo también universal de su historia. La ausencia de casticismo, tradicionalismo y españolismo —en el sentido medieval que se ha querido dar a la palabra: costra y cáscara de la casta Castilla— es un rasgo permanente de la cultura hispanoamericana, abierta siempre al exterior y con voluntad de universalidad».

Aunque los creadores de cada virreinato añadieran su personalidad y la del territorio en el que vivían a la herencia que recibieron de los españoles, en aquellos siglos de la conquista y la colonia, hubo en América una «literatura trasplantada», usando de nuevo una expresión de Octavio Paz.

Ángel Rosenblat sostuvo que un buen número de conquistadores y colonizadores hispánicos del Nuevo Mundo eran gentes instruidas: jóvenes nobles ansiosos de aventuras, segundones de casas nobles o hidalgos sin fortuna, funcionarios, frailes y clérigos, gente ilustrada en general. No fueron ni campesinos rústicos ni artesanos analfabetos, ni delincuentes, ni fugitivos de la justicia. Todavía hay corrientes historiográficas que defienden estas procedencias. El mismo Rosenblat ha calculado que en las épocas iniciales de la castellanización de América la proporción de personas letradas ascendía al 41 por ciento de la población emigrante, cifra que no alcanzaba la sociedad de ningún país europeo en aquellos tiempos. Esta circunstancia permite trasladar a las colonias lo mejor de la cultura y la civilización española.

Ramón Menéndez Pidal, refiriéndose a esa misma corriente de «ennoblecer las Indias», que tanto pesó sobre las políticas en Nueva España, escribió: «La ciudad de México fue, naturalmente, guía soberana en la formación del lenguaje colonial más distinguido».

Moreno Fraginals, en su soberbio ensayo sobre las relaciones de Cuba con España y de España con Cuba, escribió: «Aparte del socorrido discurso sobre la *sed del oro*, España contó con un decisivo nivel científico y tecnológico insertado en una gran cultura general, y con una fuerza ecuménica crecida en expresiones múltiples que sólo pudo generarse en una religiosidad raigal. La integración espiritual de todos estos factores hizo posible la magna obra. La historia de la humanidad no conoce otro ejemplo de eficiencia y rapidez semejante en un proceso de dominación de pueblos y tierras nuevas y desconocidas».

«Hay que tener en cuenta que el fenómeno gigantesco de la conquista/colonización fue el resultado del empirismo y la aventura individual en extraña mezcla con todo el espíritu creador científico, jurídico, político, económico y material del siglo XVI español. Ante situaciones continuamente nuevas y cambiantes, teólogos, filósofos, juristas, navegantes, militares, lingüistas, arquitectos, pintores, escultores, literatos, políticos, científicos, técnicos y artesanos se vieron obligados a dar respuestas diarias a las acuciantes interrogaciones del proceso».

5   La edición original es de 1971, pero tomo las referencias de Galeano, *Las venas abiertas de América Latina*, *op. cit.*

6 Esta descripción es de Granés, *Delirio americano, op. cit.* También Paula Bruno, «Mamuts vs. Hidalgos. Lecturas de Paul Groussac sobre Estados Unidos y España en el fin de siglo», en *Pensar el antiimperialismo. Ensayos de historia intelectual latinoamericana, 1900-1930*, México, El Colegio de México, 2012.

7 Fue publicado en el periódico mexicano *El Partido Liberal* el 30 de enero de 1891. Una moderna edición del texto en la obra de *Martí en su universo. Una antología*, publicada por la RAE y ASALE, ediciones conmemorativas, Madrid, Penguin Random House, 2021, pp. 89 y ss.

8 *Vid.* E. Rodríguez Monegal en su prólogo a *Ariel* publicado en la edición de las *Obras completas*. Para su vida y obra Pérez Petit, *Rodó. Su vida. Su obra*, Montevideo, Imprenta Latina, 1918. Y también E. Petit Muñoz, *Infancia y juventud de José E. Rodó*, Montevideo, Universidad de la República, 1974. *Obras completas* de J. E. Rodó, editadas por E. Rodríguez Monegal, segunda edición, Madrid, Aguilar, 1967. M. Benedetti, *Genio y figura de José Enrique Rodó*, Buenos Aires, Eudeba, 1966.

9 En España, Eduardo Gómez Baquero fue el primero que se hizo eco de la aparición de *Ariel*, en un artículo en *España Moderna* en junio de 1900. Y le siguió Juan Valera, no del todo conforme con que Rodó desdeñara el modelo de progreso anglosajón y asumiera la impronta de un cierto galicismo que se nota implícito en su latinoamericanismo. Pero fue muy distinta la acogida de dos intelectuales próximos al grupo krausista de Oviedo: Leopoldo Alas «Clarín» y Rafael Altamira. Altamira dedicó a *Ariel* dos artículos, «Latinos y anglosajones», en *El Liberal* de Madrid el 2 de junio de 1900, y una reseña en la *Revista Crítica*, dirigida por él mismo y por Antonio Elías de Molins. Clarín comentó *Ariel* en «Los lunes» de *El Imparcial*. Su texto fue ampliamente reproducido en los periódicos de Montevideo. El catedrático y escritor español celebró *Ariel* como una obra regeneradora que superaba el modernismo decadentista y encontró en la propuesta del ocio griego la contestación rebelde y liberadora que dignificaba al individuo frente a la vida materialista. Y la interpretó como una protesta contra las tendencias sociológicas que, amparándose en la ley del más fuerte divulgada desde el evolucionismo, pedían la desaparición de los individuos débiles o no adaptados.

Y algo muy importante que destacó Clarín en su comentario a *Ariel*: Rodó sondeaba en ella los «misterios de la herencia, en el fondo de la raza», con un deseo de rescate del diálogo con España. Concluía que «lo que Rodó pide a los americanos latinos es que sean siempre lo que son [...] es decir, españoles, hijos de la vida clásica y de la vida cristiana».

10 Ardao, en su libro *Génesis de la idea y el nombre de América Latina*, Caracas, 1980, p. 67, destaca que en este momento se precipitó la «dramática necesidad de levantar frente a la otra América una imagen unificante, tanto como incitante, de la América propia». El latinoamericanismo «ha resultado de un dificultoso, y por momentos angustioso, empeño por definir su identidad histórica».

La idea de latinidad había sido acogida por Francia desde los inicios del siglo XIX en oposición al bloque sajón. Cuando viajó a Estados Unidos Michel Chevalier, constató el surgimiento de un nuevo imperio, que tenía tendencia a expandirse hacia el sur en una suerte de panamericanismo contra el que habría que reaccionar. A ello animó a Francia, para que ampliara su actividad cultural en el continente, en sus *Cartas sobre la América del norte*.

El chileno Francisco Bilbao y el colombiano Torres Caicedo optaron por el nombre de América Latina, la idea latinista y el gentilicio latinoamericano en un sentido identitario. Frente a los anglosajones que desembarcaron del Mayflower, se esgrimía una genealogía cultural y espiritual que remonta a Rómulo y Remo. Así empieza a desarrollarse una relación diferente con la metrópoli española, considerando, como ha destacado Belén Castro en su estudio preliminar a la edición de *Ariel* en la editorial Cátedra (Madrid, 2000, p. 53), que «La "Madrastra" opresora de otros tiempos, ahora arruinada en lo económico y desalmada en lo político empezará a ser vista como la dadora de un tesoro humanístico (la lengua, el arte, la literatura) que actualiza los ancestros de la latinidad clásica y cristiana en los que se fundamenta la identidad amenazada de los criollos hispanoamericanos».

11 Para la aportación cultural y lingüística de Andrés Bello, remito al estudio de Jaksic y al capítulo final de mi libro *Hablamos la misma lengua*, ambos ya citados.

12 Los autores del libro que se cita en la nota anterior han propiciado un seminario de historia intelectual que puede consultarse en internet bajo la rúbrica «Biblioteca digital de historia intelectual de América Latina: textos antiimperialistas de 1890-1940». Se pueden consultar directamen-

te, pero además hay una serie de escritos complementarios como los del brasileño Eduardo Prado, *La ilusión yanqui*, edición original en portugués, 1894, el venezolano César Zumeta, *El continente enfermo*, el argentino Martín García Mérou, *Estudios americanos*, de 1916, y el peruano Luis E. Valcárcel, *Tempestad en los Andes*, 1927. El antiimperialismo escrito se expresó a través de novelas, ensayos en revistas, conferencias, artículos periodísticos y panfletos políticos.

13 Los estudios sobre el imperialismo empezaron también a partir de 1900 y es remarcable el libro de J. A. Hobson, *Estudio del imperialismo*, de 1902. Hasta entonces la mayoría de los estudios sobre el colonialismo de finales de siglo concebían el nuevo imperialismo europeo como una avanzadilla de las razas superiores en África y en Asia y en buena medida también en América Latina.

14 Tomo las referencias de Granés, *op. cit.*

15 Téngase en cuenta lo expuesto en el capítulo IV sobre el papel de Vasconcelos en la Revolución mexicana. Para lo que ahora se expone sigo la reflexión de Granés, *Delirio americano, op. cit.*, pp. 52-53. Y el brillante resumen de E. Krauze en el capítulo dedicado a «José Vasconcelos. El caudillo cultural», de su libro *Redentores. Ideas y poder en América Latina*, Nueva York, Vintage español, Penguin Random House, 2011, pp. 65 y ss.

16 Me he ocupado de estas obras en mis libros, *Sepúlveda, Cronista del Emperador*, Barcelona, Edhasa, 2012, y *Civilizando a los bárbaros, op. cit.*

17 Para México, véase, por ejemplo, Héctor Díaz Polanco *Autonomía Regional: la autodeterminación de los pueblos indios*, México, Siglo XXI, 1991, *La rebelión zapatista y la autonomía*, México, Siglo XXI, 1997, y *El laberinto de la identidad*, México, UNAM, 2007. Zósimo Hernández Ramírez, «Autonomías indígenas en México. Entre la vía legal y la vía de los hechos». En el libro coordinado por Laura Giraudo, *Ciudadanía y derechos indígenas, op. cit.* Manuel M. Marzal, *Historia de la antropología indigenista: México y Perú* (3.ª ed.), Anthropos, 1989. *Eso que llaman antropología mexicana* (1970) con artículos de Arturo Warman, Guillermo Bonfil y Margarita Nolasco.

Una completa y muy informativa exposición para Bolivia y, en general, sobre la evolución de la antropología y las políticas indigenistas, en el importante libro de Juanita Roca-Sánchez, *Bolivia y la*

construcción del movimiento indigenista global (1930-2021), La Paz, Plural, 2024.
18 Inicialmente, el antropólogo francés Robert Jaulin, *La paix blanche. Introduction à l'éthnocide*, París, Seuil, 1970; y también *La des-civilización (política y práctica del etnocidio)*, México, Nueva Imagen, 1979.
19 Cuya difusión en Perú mostró la antología de Juan Ossio, 2.ª ed., Lima, 1973.
20 En esa época se renovó en algunos países europeos distintos de España su interés por los pueblos originarios de América, que estudiaron destacados científicos. Las conclusiones fueron, en general, marcadamente negativas. Bastante próximas en cuanto a sus apreciaciones sobre la naturaleza de los indígenas a las que Fernández de Oviedo, López de Gómara o Cieza de León expusieron en sus crónicas. Entre aquellos estudios, los más destacados fueron los de Charles-Marie de la Condamine, que llegó a Quito en 1737 con el propósito de resolver la controversia trabada entre Isaac Newton y sus adversarios acerca de si el globo terráqueo se ensanchaba ligeramente en la línea ecuatorial o si tal ocurría en los polos. Corneille de Pauw (1739-1790), clérigo holandés y autor reputado al que los responsables de la edición de la *Encyclopédie* habían encargado, nada menos, que la redacción del artículo *América*, y que publicó unas *Investigaciones filosóficas sobre los americanos*, en las que proponía una comparación entre la civilización europea y el salvajismo de los pobladores originarios de América, de la que salían estos muy mal parados, aunque para Pauw era el clima el causante del estropicio genético. Tampoco tuvo dudas Robertson sobre el carácter atrasado de las civilizaciones mexicana o peruana, estudiadas con esmero en su importante *The History of America*, publicada en 1777. O Guillaume Thomas Raynal (1713-1756) en su *Histoire philosophique el politique et du commerce des européens dans les deux Indes*, publicada en 1770, que insistirá sobre las muchas muestras de inferioridad de los nativos.
21 *Historia mínima de Perú, op. cit.*, pp. 235 y ss.
22 Sobre ello mi libro *Hablamos la misma lengua*, ya citado, pp. 541 y ss.
23 Pero la legislación especial para indios nunca llegó a promulgarse hasta que, en los setenta, aparece el Estatuto de las Comunidades Campesinas

(1970), la ley general de educación que asegura una educación bilingüe (1982), o el decreto-ley sobre oficialización del quechua (1975).

24 Es curioso el interés que muestran todos los estudios sobre el indigenismo peruano acerca de quién fue el primer autor indigenista moderno. Marzal (*Historia*, 1989) selecciona como pioneros a Hildebrando Castro Pozo, José Carlos Mariátegui y Luis E. Valcárcel. Pero otros autores eligen otras iniciativas anteriores o coetáneas. Luis E. Tord (Lima, 1978) muestra entre los precursores a Francisco García Calderón por su libro *Le Pérou contemporain* (París, 1907), y sitúa el nacimiento del indigenismo literario en las obras de Narciso Aréstegui, autor de *El padre Horán* (1847), o de la novelista cuzqueña Clorinda Matto de Turner, que escribió *Aves sin nido* (1889).

25 Una expresión notable de la ideología del grupo fue el escrito de José Uriel García (1887-1995) titulado *El nuevo indio* (Cuzco, 1930). Aunque se manifiesta contrario a algunas tesis de Valcárcel.

26 Desarrollo algunos aspectos de su vida y obra en mi estudio preliminar «La literatura del antropólogo», incluido en la edición de *Los ríos profundos*, Madrid, Ediciones Conmemorativas, RAE y ASALE, Penguin, 2021.

27 Las manifestaciones folklóricas de las culturas andinas interesaron mucho a Arguedas durante toda su vida, y la especialización que fue adquiriendo justificó su nombramiento como conservador general de Folklore, en el Ministerio de Educación. Desarrolló entonces una gran encuesta en todo Perú, de la que derivó la antología *Mitos, leyendas y cuentos peruanos*. También editó, entre 1951 y 1961, la importante revista *Folklore Americano* y años más tarde creó otra, de orientación más popular, denominada *Cultura y Pueblo* (1964). En los años sesenta ocupó la dirección de la Casa de la Cultura y del Museo Nacional de Historia de su país.

28 Empezó muy joven con esta clase de trabajos (la antología *Canto kechwa* es de 1938) y alcanza sus mejores resultados en sus traducciones *Canciones y cuentos del pueblo quechua* (1948) y, sobre todo, *Dioses y hombres de Huarochirí*. El manuscrito en quechua de este relevante documento (al que se ha dado el mismo valor que tuvo el *Popol Vuh* para el conocimiento de la cultura maya) había sido recogido por el jesuita Francisco de Ávila en 1597-1598 (extraordinario personaje este, promotor

de un movimiento de extirpación de las herejías, convencido, a partir de su convivencia con indios, de la artificiosidad de las predicaciones y de las conversiones católicas que habían tenido lugar en Perú).
29 Además de las obras que cito en notas sucesivas, he tenido en cuenta, para el estudio de la literatura de Arguedas, Dora Sales Salvador, *Puentes sobre el mundo. Cultura, traducción y forma literaria en las narrativas de transculturación de José María Arguedas y Wikram Chandra*, Berna, Perspectivas Hispánicas, Peter Lang, 2004, pp. 73 y ss.; José Carlos Rovira, «José María Arguedas y la memoria autobiográfica del indigenismo contemporáneo», en José Carlos Rovira, *José María Arguedas. Indigenismo y mestizaje cultural, crisis contemporánea hispanoamericana*, Barcelona, Anthropos 1992; Carmen Alemany Bay, «Revisión del concepto de neoindigenismo a través de tres narradores contemporáneos», en José Carlos Rovira, *José María Arguedas. Indigenismo y mestizaje cultural, crisis contemporánea hispanoamericana*, Barcelona, Anthropos, 1992; Juan Ossio, *Ideología mesiánica del mundo andino* (2.ª ed.), Lima, 1973; Mario Vargas Llosa, *La utopía arcaica. José María Arguedas y las ficciones del indigenismo*, Londres, 1995, Debolsillo, Madrid, 2015; J. Schwartz, *Las vanguardias Latinoamericanas*, Madrid, Cátedra, 1991, p. 590; Luis E. Tord, *El indio en los ensayistas peruanos 1848-1948*, Lima, 1978; Petra-Iraides Cruz Leal, «Problemas de bilingüismo en José María Arguedas», *Lenguas Modernas*, 16, Universidad de Chile, 1989, pp. 91-96; Gabriela Núñez, «Memorias de infancia y nación imaginada en la correspondencia de José María Arguedas, *Conexión*, 5 (5), 2016, pp. 62-79; Silvia Lafuente, «La lengua quechua, referente insustituible de la vida y obra de José María Arguedas», *Anuario de Lingüística Hispánica*, XXVII (2011), Universidad de Valladolid, pp. 145-167, 2012; John V. Murra y Mercedes López-Baralt (eds.), *Las cartas de Arguedas*, Pontificia Universidad Católica del Perú, Fondo Editorial, 1998 (2.ª ed., la primera es de 1996); Luis Veres Cortés, *La narrativa indigenista de Amauta*, Universidad de Valencia, 2000; José María Arguedas, «No soy un aculturado...», palabras de J. M. Arguedas en el acto de entrega del Premio Inca Garcilaso de la Vega (Lima, octubre de 1968), publicado en *El zorro de arriba y el zorro de abajo*, Madrid, Drácena, 2018; Tomás G. Escajadillo, *La narrativa indigenista peruana*, Lima, Amaru, 1994; Ángel Rama, *Introducción a José María Arguedas. Formación de una cultura nacional indoamericana*, México, Siglo XXI, 1975.

30 R. González Vigil, *Introducción* a la edición de *Los ríos profundos*, Madrid, Cátedra, 1.ª ed. de 1995, 17.ª ed. de 2021, p. 17. Todas las obras de Arguedas enaltecen las virtudes naturales de los nativos del Perú y describen la belleza de sus sierras, abras, ríos y punas. Todas recuerdan las fatigas de un pueblo quinientos años oprimido, cualquiera que sea el espacio en que se desarrolle la narración: un pueblo (los cuentos coleccionados en *Agua*), una ciudad (las costumbres de *Yawar Fiesta*), un territorio (en el que se mueve la historia de *Los ríos profundos*). Siempre un ambiente caracterizadamente local con el pueblo nativo en el centro de sus recorridos.

31 La información que se resume en este epígrafe ha sido objeto de una amplísima bibliografía, que he utilizado para mi exposición de la que solo puedo incluir aquí una referencia general a los títulos más destacados.

Sobre el discurso indianista y las estrategias identitarias, J. Bengoa, *La emergencia indígena en América Latina*, Santiago de Chile, Fondo de Cultura Económica, 2000; A. R. Bronstein, *Reconocimiento de la identidad y los derechos de los pueblos indígenas en América Latina*, OIT, 2000; R. Brubaker, *Nationalism Reframers*, Cambridge, CUP, 1996; también Brubaker (ed.), *Indigenous Autonomy in Mexico*, Copenhague, IWGIA, 2000; H. Díaz Polanco, *Autonomía Regional. La autodeterminación de los pueblos indígenas*, México, Siglo XXI, 1997; y del mismo autor *La Rebelión zapatista y la autonomía*, México, Siglo XXI, 1997; H. Favre, *El indigenismo*, México, Fondo de Cultura Económica, 1998; N. Harwey, *The Chiapas Rebellion*, Durham, Duke U. Press, 1998; D. Horowitz, *Ethnic Gorups in Conflict*, Berkeley, California U. Press, 1985; E. Laclau, *The making of Political Identity*, Londres, Verso, 1994; D. Lake y D. Rothchild, *The International Spread of Ethnic Conflict*, Princeton U. Press, 1998; R. Máiz «El indigenismo político en América Latina», en *Revista de Estudios Políticos (Nueva Época)*, 123, enero-marzo de 2004, pp. 129 y ss. J. Mcgarry y B. O'Leary *The Politics of Ethnics Conflict Regulations*, Londres, Routledge, 1993; J. C. Mariátegui, *Siete ensayos de interpretación de la realidad peruana, Obras Completas*, vol. II, Lima, Amauta, 1969; J. Nash «The Reassertion of Indigenous Identity: Mayan Responses to Estate Intervention in Chiapas», *Latin America Research Review*, V. 30, pp. 7 y ss., 1995. R. Andolina, N. Laury y S. Radcliffe, *Indigenous Development in the Andes Culture, Power and Transnationalism*, Durham, Duke University Press, 2009. G. Bonfil Batalla, M. Ibarra, S. Varese, D. Verissimo, J. Tumiri (eds.), *América Latina: Etnodesarrollo y etnocidio*, Costa Rica, 1982. G. Bonfil Batalla, *Utopía y Revolución. El pensamiento político contemporáneo de los indios de América Latina*, México, Nueva Imagen, 1981. A. Canessa, «Indigenous Conflict in Bolivia Explored through an African Lens: Towards a Comparative Analysis of Indigeneity», en *Comparative Studies in Society and History*, 60, 2018. J. Dahl, *IWGIA: a history*, Copenhague, 2009. A. Escobar, *Territories of Difference: place, movements, life, redes*, Durham, Duke University Press, 2008. F. Merlan, «Indigeneity. Global and Local», en *Current Anthropology*, vol. 50, n.º 3. C. Martínez Novo y otros, *Repensando los movimientos indígenas*, Quito, 2009. D. Moss, «The Anthropology of International Development», en *Annual Review of Anthropology*, vol. 42, 2013. V. Robin Azevedo y C. Salazar Soler (eds.), *El regreso de lo indígena. Retos, problemas y perspectivas*, IFEA, 2009. M. Svampa, *Debates Latinoamericanos. Indianismo, desarrollo, dependencia, populismo*, Barcelona, CEDIB, Edhasa, 2016. A. Tsing, «Indigenous Boys», en De la Cadena y Starn (eds.), *Indigenous Experience Today*, Nueva York, Berg, 2007. L. Rodríguez-Piñero, *Indigenous People, Postcolonialism and International Law. The ILO Regime (1919-1989)*, Oxford University Press, 2005.

32 F. Boas «Race and Progress», *Science*, julio, 3, 1931.

33 Wilmer Franke, *Indigenous People and Politics*, Nueva York, Routledge, 2005.

34 L. Rodríguez-Piñero, *Indigenous People, Postcolonialism and International Law. The ILO Regime (1919-1989)*, Oxford University Press, 2005.

35 Uno de los hitos destacables de esta corriente del indigenismo crítico fue el encuentro celebrado en México en 1970, en el que se presentó una ponencia de Aguirre Beltrán sobre el nuevo indigenismo. También el mismo año se publicó el libro *Eso que llaman antropología mexicana* (1970) con artículos de Arturo Warman, Guillermo Bonfil y Margarita Nolasco, críticos contra el indigenismo oficial de México. La inspiración de estos artículos trató de distinguir entre la cultura indígena y la cultura nacional, y postuló la autonomía de la primera con respecto de la segunda.

Adolfo Colombres ha reunido, en el volumen titulado *Hacia la autogestión indígena*, documentos que recogen sus posiciones al respecto. En el estudio preliminar se indican cinco presupuestos que harían posible la participación del indígena en el poder nacional: consolidación del poder comunal, de sus instituciones y de sus ethos; legalización de la propiedad de sus tierras; federación de las comunidades en una misma etnia; confederación de las diversas etnias ya organizadas de una misma región y de todo el país; asociación de las diversas confederaciones en un organismo interamericano.

Colombres diferencia entre la aculturación promovida por el indianismo integracionista y la «autogestión» del nuevo indigenismo. Esta última supone reculturación, protagonismo del indígena, mientras que la aculturación es conducida por el blanco. La autogestión lleva a cierta independencia en lo político y económico, mientras que la aculturación es la integración del indígena destribalizado en los estratos más bajos de una sociedad de clases en la que carecerá de poder. La autogestión se afirma en la participación y el autogobierno, es equilibrada, mientras la aculturación se resuelve en mecanismos de dominio, como el control político y el desequilibrio, etc.

36 Sobre ello J. Dahl, *IWGIA: a history*, Copenhague, 2009.
37 Una exposición sobre la antropología crítica y la aparición de los primeros movimientos indigenistas en Guillermo Bonfil Batalla, «Del indigenismo a la antropología crítica», en el libro de Warman y otros *De eso que llaman Antropología mexicana*, México, Nuestro Tiempo, 1970.
38 Una muy completa exposición sobre la progresiva formación del Movimiento Indigenista Global, su fulgor, desarrollos y crisis, es la de Juanita Roca-Sánchez, *Bolivia y la construcción del Movimiento Indígena Global. Antropología, desarrollo y transnacionalismo (1930-2023)*, La Paz, Plural, Bolivia, 2024.
39 Una pormenorizada exégesis de esta declaración en el artículo de F. Gómez Isa, «La Declaración de las Naciones Unidas sobre los derechos de los pueblos indígenas: un hito en el proceso de reconocimiento de los derechos indígenas», en *Revista Española de Derecho Internacional*, 71, enero-junio de 2019, pp. 119 y ss.
40 En España, durante el siglo XIX, la alternancia entre liberales y conservadores marca cambios de Constitución continuos, que no se estabilizan hasta la de 1876, que estuvo vigente hasta 1931. Un resumen

comentado de los cambios y su razón, en mi libro *Vieja y Nueva Constitución, op. cit.*

41 La Constitución es una norma que no solo tiene eficacia directa, sino que ha producido también una constitucionalización del derecho entero en cuanto a que tiene presencia en todo el ordenamiento jurídico orientando su aplicación, nacimiento e interpretación. A la «constitucionalización de la legalidad» me he referido por extenso en el volumen III de *Los principios de constitucionalidad y legalidad*, de mi *Tratado de Derecho Administrativo y Derecho Público* General (4.ª ed.), Madrid, AEBOE, 2015.

42 Sobre esta idea del constitucionalismo cosmopolita y sus principios, remito a mi libro *Vieja y Nueva Constitución, op. cit.*

43 Lo ha observado también Riccardo Guastini, *Estudios de teoría constitucional*, México, UNAM-Fontamara, 2007, p. 153, pero es una posición general en la doctrina y la jurisprudencia.

44 Los estudios sobre neoconstitucionalismo crecieron mucho a raíz de los cambios constitucionales que tuvieron lugar en algunas repúblicas latinoamericanas, pero su inspiración jurídica y filosófica es anterior y está basada en textos clásicos de Dworkin, Alexy, Habermas, Zagrebelsky, y algunos juristas italianos a los que se aludirá en las notas sucesivas. El Estado de la bibliografía lo compendió bien M. Carbonell en algunos de sus libros sobre el tema. *Vid.* Carbonell en su texto «Nuevos tiempos para el constitucionalismo», en M. Carbonell, *Neoconstitucionalismo(s)*, Madrid, Trotta, 2003, p. 9. Ver también M. Carbonell, «El neoconstitucionalismo en su laberinto», en su libro *Teoría del neoconstitucionalismo*, Madrid, Trotta, 2007, pp. 9 y 10. L. Ferrajoli, «Pasado y futuro del Estado de Derecho», en Carbonell, *Neoconstitucionalismo(s), op. cit.*, pp. 13-29; también S. Sastre Ariza, *Ciencia jurídica positivista y neoconstitucionalismo*, Madrid, McGraw Hill, 1999; también P. Comanducci, «Formas de (neo) constitucionalismo: un análisis metateórico», en M. Carbonell, *Neoconstitucionalismo(s), op. cit.*, p. 83. El libro de Miguel Carbonell y Leonardo García Jaramillo, *El Canon neoconstitucional*, Madrid, Trotta, 2010, contiene artículos de Robert Alexy, Ronald Dworkin y también del propio Carbonell, de Susanna Pozzolo, Leonardo García Jaramillo, Josep Aguiló, Manuel Atienza, Juan Carlos Bayón, Víctor Ferreres Comellas, Roberto Gargarella y Gustavo Zagrebelsky. En el prólogo, Carbonell y García Jaramillo hacen notar el crecimiento exponencial de la literatura

jurídica que trae el argumento del nuevo constitucionalismo. Citan como ejemplo a S. Sastre, *Ciencia jurídica positivista y neoconstitucionalismo*, Madrid, McGraw-Hill, 1999; L. Prieto Sanchís, *Justicia constitucional y derechos fundamentales*, Madrid, Trotta, 2009; R. Arango, *El concepto de derechos sociales fundamentales*, Bogotá, Legis, 2005; D. Bonilla y M. Iturralde (eds.), *Hacia un nuevo derecho constitucional*, Bogotá, Universidad de los Andes, 2005; G. Lopera Mesa, *Principio de proporcionalidad y ley penal*, Madrid, CEC, 2006; M. Carbonell (ed.), *Neoconstitucionalismo(s)*, *op cit.*; también Carbonell, *Teoría del neoconstitucionalismo, ensayos escogidos*, Madrid, Trotta, 2007; M. Atienza, J. Aguiló y J. Ruiz Manero, *Fragmentos para una teoría de la Constitución*, Madrid, Iustel, 2007; V. Ferreres, *Justicia constitucional y democracia*, Madrid, CEC, 2007; y Roberto Barroso, *El neoconstitucionalismo y la constitucionalización del derecho*, México, UNAM, 2008; R. Gargarella (coord.), *Teoría y crítica del derecho constitucional*, Buenos Aires, Abeledo-Perrot, 2 vols., 2008; C. Bernal Pulido, *El principio de proporcionalidad y los derechos fundamentales*, Madrid, CEC, 2007; también de Abeledo-Perrot, *El neoconstitucionalismo y la normatividad del derecho*, Bogotá, 2009; J. Moreno, *Constitución. Modelo para armar*, Madrid, Marcial Pons, 2009; A. García Figueroa, *Criaturas de la moralidad. Una aproximación neoconstitucionalista al derecho a través de los derechos*, Madrid, Trotta, 2009; L. Clérico, *El examen de la proporcionalidad en el derecho constitucional*, Buenos Aires, Eudeba, 2009.

45 En el «Prólogo» al libro de Carlos Manuel Villabella, *Nuevo constitucionalismo Latinoamericano ¿Un nuevo paradigma?*, México, Mariel, Universidad de Guanajuato, 2014, p. 14.

46 Jorge Mario García Laguardia, «Transición democrática y nuevo orden constitucional. La Constitución guatemalteca de 1985», pp. 211 y ss. del libro coordinado por Carbonell y Valadés, *op. cit.*

47 Remito a García Laguardia, *op. cit.*, pp. 226 y ss.

48 Han tratado de ella R. Viciano Pastor, J. C. Trujillo y S. Andrade, *Estudios sobre la Constitución ecuatoriana de 1998*, Valencia, Tirant lo Blanch, 2005. Los obstáculos políticos determinaron que una nueva Constitución fuera aprobada en un proceso constituyente diez años después.

48 La referencia es general en toda la bibliografía que menciono sobre este tema, pero tengo en cuenta la exposición de Néstor Osuna Patiño, Humberto Sierra Porto, Alexei Julio Estrada, «La Constitución colombiana

de 1991», en el libro coordinado por Valadés y Carbonell, *Constitucionalismo Iberoamericano del siglo XXI, op. cit.*, pp. 261 y ss.

50 Explican el proceso, entre otros, S. Amador Villaneda, «El camino de la Constitución de 1991: diario de la exclusión», en O. Mejía Quintana (dir.), *Poder constituyente, conflictos y Constitución en Colombia*, Bogotá, Universidad de los Andes, 2005, p. 92; J. Angulo Bossa, *Gestación del constitucionalismo colombiano (1781-1991, doscientos diez años de proceso constituyente)*, Bogotá, Leyer, 2002.

51 R. Viciano Pastor y R. Martínez Dalmau han tratado este tema en *Cambio político y proceso constituyente en Venezuela (1998-2000)*, Valencia, Tirant lo Blanch, 2001. También los trabajos recogidos en W. Ortiz Jiménez y R. Oviedo Arévalo, *Refundación del Estado nacional, procesos constituyentes y populares en América Latina*, Medellín, Universidad Nacional de Colombia-Sede Medellín y Universidad de Nariño, 2009.

52 En relación con el texto ecuatoriano R. Ávila Santamaría; A. Grijalba Jiménez y R. Martínez Dalmau (eds.), *Desafíos constitucionales. La Constitución ecuatoriana de 2008 en perspectiva*, Quito, Ministerio de Justicia y Derechos Humanos, Tribunal Constitucional, 2008.

53 Rubén Martínez Dalmau, *El proceso constituyente boliviano (2006-2008) en el marco de un nuevo constitucionalismo latinoamericano*, La Paz, Enlace, 2008.

54 Villabella, *Nuevo constitucionalismo Latinoamericano, op. cit.*, pp. 83 y ss.

55 El diario *El País* publicó el 17 de junio de 2014 un reportaje de la periodista Maye Primera titulado «Asesores constituyentes. Juristas y politólogos españoles colaboraron con el Ejecutivo bolivariano de Venezuela». Se dice en el artículo que estos asesores de las constituciones de Venezuela, Ecuador y Bolivia «son ahora el músculo intelectual de Podemos» y cita a Viciano Pastor, Martínez Dalmau y posteriormente desde 2009 también a Francisco Palacios Romeo y a Juan Carlos Monedero, que fue contratado por Chávez para asesorías sobre temas relacionados con la cuestión.

56 Roberto Viciano Pastor y Rubén Martínez Dalmau, «El nuevo constitucionalismo latinoamericano: fundamentos para una construcción doctrinal», en la *Revista General de Derecho Público Comparado*, 9, 2011.

57 «Nuevos tiempos para el constitucionalismo», en Carbonell, *Neoconstitucionalismo(s), op. cit.*, p 9. Ver también M. Carbonell, «El

neoconstitucionalismo en su laberinto», en su libro *Teoría del neoconstitucionalismo*, Madrid, Trotta, 2007, pp. 9 y 10.

58 S. Pozzolo en su trabajo «Neoconstitucionalismo y especificidad de la interpretación constitucional», Doxa, *Cuadernos de Filosofía del Derecho*, 21, 1998, resume en cuatro formulaciones la esencia del neoconstitucionalismo: 1) principios contra normas, en la línea que ya había sido avanzada por Hart y Dworkin; 2) ponderación *versus* subsunción; 3) Constitución *versus* independencia del legislador; 4) libertad de jueces *versus* libertad del legislador.

59 *Ibid.*, p. 7.

60 Una bibliografía sobre el nuevo constitucionalismo que hay que tener en cuenta es la siguiente R. Gargarella y C. Courtis, *El nuevo constitucionalismo latinoamericano: promesas e interrogantes*, Santiago de Chile, CEPAL, 2009, Medici, 2009; A. Médici, «El nuevo constitucionalismo latinoamericano y giro descolonial: Bolivia y Ecuador», *Revista de Derecho y Ciencias Sociales*, 3, 2010, pp. 2 y ss.; A. Noguera Fernández, *Los derechos sociales en las nuevas constituciones latinoamericanas*, Valencia, Tirant, 2010; C. M. Villabella, «Constitución y democracia en el nuevo constitucionalismo latinoamericano», *Ius Revista del Instituto de Ciencias Jurídicas de Puebla*, 25, 2010, pp. 49 y ss.; A. de Cabo de la Vega, «Los mecanismos de democracia participativa y el nuevo constitucionalismo latinoamericano», *Revista General de Derecho Público Comparado*, 9, 2011, pp. 1 y ss.; M. Criado de Diego, «El sistema de gobierno en las nuevas constituciones andinas: distribución horizontal del poder en el régimen constitucional de Venezuela y Ecuador», *Revista General de Derecho Público Comparado*, 9, 2011, pp. 1 y ss.; M. Aparicio Wilhelmi, «Nuevo constitucionalismo, derechos y medio ambiente en las Constituciones de Ecuador y Bolivia», *Revista General de Derecho Público Comparado*, 9, 2011, pp. 1 y ss.; R. Uprimny, «Las transformaciones constitucionales recientes en América Latina: tendencias y desafíos», en Rodríguez Garavito (coord.), *El derecho en América Latina: un mapa para el pensamiento jurídico del siglo XXI*, Buenos Aires, Siglo XXI, 2011; G. Pisarello, *Un largo Termidor. La ofensiva del constitucionalismo antidemocrático*, Madrid, Trotta, 2011; D. Nolte y A. Schilling-Vacaflor, *New constitutionalim in Latinamerican. Promises and practices*, Ashgate, Burlington, 2012; F. Palacios Romeo, *Nuevo constitucionalismo participativo*

en Hispanoamérica, Pamplona, Aranzadi, 2013; A. Wolkmer y L. Machado Fagundes, «Para um novo paradigma de Estado plurinacional na América Latina», *Novos Estudos Jurídicos*, 18, 2013, pp. 329 y ss.; R. Gargarella, *Latin American Constitutionalim, 1810-2010. The engine room of the Constitution*, Nueva York, Oxford University Press, 2013.

61 Viciano y Martínez Dalmau, *op. cit.*, p. 8.

62 *Ibid.*, p. 94.

63 R. Gargarella y C. Courtis, *El nuevo constitucionalismo latinoamericano: promesas e interrogantes*, CEPAL, Santiago de Chile, 2009, han asegurado que las nuevas constituciones latinoamericanas responden al problema de operar en la desigualdad social. Tratándose de sociedades en las que el Estado social no existe hace falta buscar fórmulas para el rescate de la dignidad de los pueblos, la reivindicación de sus derechos y la experiencia que les corresponde. Los procesos constituyentes latinoamericanos se inscriben en el abanico de mecanismos de cambio necesarios en el devenir de la historia como resultado directo de los conflictos sociales que aparecieron durante la aplicación de políticas neoliberales.

64 S. Edwards, *Populismo o mercados. El dilema de América Latina*, Bogotá, Norma, 2009; o también de L. G. Patiño Aristizábal y P. Cardona Restrepo, «El neopopulismo: una aproximación al caso colombiano y venezolano», *Estudios políticos*, 34, enero-junio de 2009.

65 También en su estudio «Aspectos generales del nuevo constitucionalismo latinoamericano», incluido en el libro coordinado por R. Martínez Dalmau, C. Storini y R. Viciano Pastor, *Nuevo Constitucionalismo latinoamericano. Garantías de los derechos, pluralismo jurídico y derechos de la naturaleza*, Santiago de Chile, Olejnik, 2021.

66 «La reinvención del Estado y el Estado plurinacional», *OSPAL*, 22, septiembre de 2007.

67 Viciano y Martínez Dalmau, *op. cit.*, p. 18.

68 El libro editado por Roberto Viciano Pastor *Estudios sobre el nuevo constitucionalismo latinoamericano*, en Tirant lo Blanch, 2012, contiene artículos del propio Roberto Viciano Pastor, en colaboración con Rubén Martínez Dalmau, como el titulado «Fundamento teórico del nuevo constitucionalismo latinoamericano». Este artículo es del mismo contenido que otro ya mencionado, publicado en el número especial de la

Revista General de Derecho Comparado. También Martha Prieto Valdés, «El nuevo constitucionalismo latinoamericano. Nuevos paradigmas político constitucionales». O el de Josefina Méndez López «Revolución constituyente», *en América Latina. Espina dorsal del constitucionalismo de los pueblos*, en colaboración con Martha L. Zaldívar Abad. Otros artículos procedentes de profesores de la Universidad de La Habana como Lissette Pérez Hernández, «Democracia sin estándares. El poder en Cuba y Venezuela» (pp. 171 y ss.). También Liliam Fiallo Monedero y Abraham Zaldívar Rodríguez, de la Universidad de La Habana, «El nuevo constitucionalismo para el proyecto de emancipación latinoamericana». También de la Universidad de La Habana, Yuri Pérez Martínez, «La participación política como requisito funcional de la democracia. Análisis desde el diseño constitucional de la República bolivariana de Venezuela»; Joanna González Quevedo, «Bases jurídicas para el empoderamiento político de los actuales diseños constitucionales de Venezuela, Ecuador y Bolivia»; Teodoro Yan Guzmán Hernández, de la Universidad de La Habana, «Legados normativos para democratizar la convocatoria de mandato desde el (neo)constitucionalismo latinoamericano». Otros contribuyentes al numeroso grupo de profesores de derecho constitucional de la Universidad de Oriente.

69 Francisco Palacios Romeo ha publicado en Aranzadi en 2012 *Nuevo constitucionalismo participativo en Latinoamérica. Una propuesta frente a la crisis del Behemoth Occidental*. El autor es francamente combativo contra el constitucionalismo representativo que dice que ha quedado desustancializado, y favorable a la generación de un nuevo Estado participativo con sus estructuras constitucionales específicas, que tendría sus expresiones más acabadas en las constituciones de Ecuador y Venezuela.

70 Por ejemplo, Carbonell, en el Prólogo al libro de Villabella, *Nuevo constitucionalismo Latinoamericano, op cit.*, p. 1.

71 Incluido en el libro de Valadés y Carbonell, *Constitucionalismo Iberoamericano del siglo XXI, op cit.*, pp. 171 y ss.

72 Brewer, *op. cit.*, p. 192.

73 Tomo ahora los argumentos de Allan R. Brewer-Carías, «*El nuevo constitucionalismo latinoamericano» y la destrucción del Estado democrático por del juez constitucional. El caso de Venezuela*, publicado por Olejnik, Biblioteca de Derecho Constitucional, Santiago de Chile, 2018.

74 Entre las excepciones propiamente venezolanas menciona la tesis doctoral defendida en la Universidad de Zaragoza por la magistrada de la Sala Constitucional del Tribunal Supremo de Justicia, Gladys Gutiérrez Alvarado en 2011. Cuenta al pormenor la dificultad que le ha presentado poder consultar la tesis en cuestión, lo que narra en la nota 7 de la página 13.
75 Brewer-Carías, *op. cit.*, p. 18.
76 Califica la Constitución de 1999, tomando como referencia la tesis de la Sra. Gutiérrez Alvarado, como un producto del «nuevo constitucionalismo latinoamericano insurgente», como un «proceso desde el Estado administrativo del derecho al Estado participativo de derechos», en el cual se ha hecho apología de los procesos constituyentes desarrollados en Venezuela, Ecuador y Bolivia con referencias en contraste al «constitucionalismo omisivo», «elitista» y «liberal» precedente.
77 El párrafo al que se refiere es de Rubén Martínez Dalmau en su estudio «El proceso constituyente venezolano de 1999: un ejemplo de activación democrática del poder constituyente», en Luis Salamanca y Roberto Viciano Pastor (coords.), *El sistema político de la constitución bolivariana de Venezuela*, Valencia, Vadell Hermanos, 2004.
78 Entre los cuales el propio Brewer-Carías.
79 También tiene un desarrollo paralelo el libro de Allan R. Brewer-Carías, *La dictadura judicial y la perversión del Estado del derecho*, publicada por Iustel en 2017, en el que se cuenta el desconocimiento judicial de los principios fundamentales del funcionamiento de la Asamblea Nacional electa en diciembre de 2015, y cómo se las ha arreglado el poder judicial para desactivarla por completo.
80 *Ibid.*, pp. 24 y ss. Una notable cantidad de artículos y libros de Brewer-Carías, que se citan en estas páginas primeras del libro, han seguido minuciosamente el proceso.
81 Regulados los tres poderes clásicos, el capítulo IV del título V de la Constitución venezolana lleva por título «Del poder ciudadano». El artículo 273, el primero del capítulo, establece que «Los órganos del Poder Ciudadano son: la Defensoría del Pueblo, el Ministerio Público y la Contraloría General de la República, uno o una de cuyos titulares será designado por el Consejo Moral Republicano, su presidente por períodos de un año, pudiendo ser reelecto. El Poder Ciudadano se ejerce por el Consejo

Moral Republicano integrado por el Defensor o Defensora del Pueblo, el Fiscal o Fiscala General y el Contador o Contadora General de la República. El Poder Ciudadano goza de autonomía funcional, financiera y administrativa. A tal efecto, dentro del presupuesto general del Estado, se le asignará una partida anual variable. Su organización y funcionamiento se establecerá en ley orgánica».

Artículo 274: «Los órganos que ejercen el Poder Ciudadano tienen a su cargo, de conformidad con esta Constitución y la ley, prevenir, investigar y sancionar los hechos que atenten contra la ética pública y la moral administrativa; velar por la buena gestión y la legalidad en el uso del patrimonio público, el cumplimiento y la aplicación del principio de la legalidad en toda la actividad administrativa del Estado, e igualmente promover la educación como proceso creador de la ciudadanía, así como la solidaridad, la libertad, la democracia, la responsabilidad social y el trabajo».

El artículo 275 prevé que «Los representantes del Consejo Moral Republicano formularán a las autoridades o funcionarios de la Administración Pública las advertencias sobre las faltas en el cumplimiento de sus obligaciones legales. De no acatarse estas advertencias, el Consejo Moral Republicano podrá imponer sanciones».

82 Aunque no resulta posible desarrollarlo aquí, me parece que no debo dejar de mencionar una orientación, la democracia popular, que profundiza en las ideas de la democracia participativa: una buena información en libro coordinado por Ana Micaela Alterio y Roberto Niembro Ortega, *Constitucionalismo popular en Latinoamérica*, México, Porrúa México y Escuela Libre de Derecho, 2013.

Marck Tushnet sostiene en el prólogo (también es prologuista Roberto Gargarella) que el paso siguiente es identificar los mecanismos institucionales que permiten el ejercicio regular de la soberanía popular o «mecanismos a través de los cuales el poder constituyente pueda ejercerse de manera más o menos regular». Roberto Niembro Ortega, «¿Qué es el constitucionalismo popular?», explica que es «una propuesta norteamericana que surgió a raíz del activismo conservador del Tribunal Rehnquist que vino a romper con el acomodo que existía entre el activismo constitucional del pueblo y la revisión judicial a partir del *New Deal*. Ese reparto sobrevivió a los tribunales activistas como Warren y Burger. El constitucionalismo popular pone en cuestión el papel de los jueces como principales intérpretes de la Constitución y reivindica el papel del «pueblo» en dicho carácter. Los principales expositores de estas teorías son Mark Tushnet, Larry Kramer, Robert Post, Reva Siegel y Barry Friedman.

El constitucionalismo popular se enfrenta a la supremacía judicial y a la división elitista según la cual los jueces son mejores intérpretes constitucionales. Es popular, dice Tushnet, porque distribuye ampliamente las responsabilidades sobre la Constitución y refuerza el papel de la gente y de su interpretación. Los autores citados en M. Tushnet, «Non-judicial review», *Harvard Journal on Legislation*, vol. 40, 2003; Tom Donnelly se ha referido a Larry Kramer como el *founding father* del constitucionalismo popular, en «Making popular constitutionalism work», *Wisconsin Law Review*, vol. 2012, p. 163. El autor comparte ese criterio pero cree que Tushnet también puede considerarse un fundador. El trabajo de Tushnet es el citado «Non-judicial review» pero también *Taking de Constitution away from the courts*, Princeton, New Jersey, Princeton University Press, 1999; de L. Kramer también «Popular constitutionalism», Circa, 2004, *California Law Review*, vol. 92, 4, 2004.

El problema principal que encuentra Kramer a la supremacía judicial es que se desincentiva a los ciudadanos para argumentar sobre cuestiones constitucionales. La supremacía judicial lleva a los ciudadanos a pensar que no pueden contradecir a los jueces del Tribunal Supremo que no se puede refutar la interpretación del tribunal. Se acepta que la última palabra en la interpretación la tiene el tribunal.

El constitucionalismo popular no sostiene que la Constitución no sea vinculante o que sus límites no deban ser cumplidos, sino que los poderes públicos y la comunidad en general también pueden interpretarlos. Hay una versión del constitucionalismo popular según la cual constitucionalismo democrático implica que la legitimidad de la Constitución depende de la habilidad que tenga para ser reconocida por los ciudadanos como su Constitución. En este sentido el trabajo de Roberto Gargarella «Una disputa imaginaria sobre el control judicial de las leyes. Constitucionalismo popular frente a la teoría de Nino», en M. Carbonell y García Jaramillo, L. (eds.), *El canon neoconstitucional*, Madrid, Trotta, 2010. Son R. Post y R. Siegel, los más conspicuos representantes de esta corriente de pensamiento que tiene su expresión en diferentes artículos publicados en revistas americanas como la *Harvard Civil Rights - Civil Liberties Law Review*, 42, 207 o la *California Law Review*: en la primera «Roe rage: democratic constitutionalism and backlash», y la segunda «Popular constitutionalism, departmentalism, and judicial supremacy». La tesis es que, sin despreciar del todo las decisiones judiciales, los ciudadanos no tienen por qué aceptarlas siempre ya que el debate popular sobre la Constitución infunde las memorias y los principios de la tradición constitucional, que no se habrían desarrollado si la ciudadanía fuera pasiva ante las decisiones judiciales.

83 He recogido con detalle este debate en mi libro *Vieja y nueva Constitución, op. cit.*

84 Remito, para el análisis de las limitaciones a la moción de censura, al libro coordinado por Francisco Ruiz Risueño y Alberto Palomar Ojeda *La moción de censura*, Madrid, Aranzadi, 2024.

85 La Constitución boliviana de 2009 regula la «participación y control social» en el título VI, artículos 241 y siguientes. El artículo 240, dentro del capítulo dedicado a las «servidoras públicas y servidores públicos», establece la potestad de revocación del mandato, de la que se exceptúa el «órgano judicial». El precepto indica que la revocatoria del mandato podrá solicitarse cuando haya transcurrido al menos la mitad del periodo del mandato y no puede ejercerse durante el último año de la gestión en el cargo. El referendo revocatorio procederá por iniciativa ciudadana a solicitud de, al menos, el 15 por ciento de los votantes del padrón electoral de la circunscripción que eligió a la servidora o al servidor público.

Los efectos generales de la revocación están establecidos para las máximas autoridades en el artículo 171: «En caso de revocatoria del mandato, la presidenta o el presidente del Estado cesará de inmediato en sus funciones, debiendo asumir la Presidencia la persona que ejerza la Vicepresidencia, quien convocará de forma inmediata elecciones a la Presidencia del Estado a realizarse en el plazo máximo de noventa días».

El mismo régimen en la Constitución de Ecuador, artículo 105.

86 «Derechos y garantías en el nuevo constitucionalismo latinoamericano», en R. Martínez Dalmau, C. Storini y R. Viciano Pastor, *Nuevo constitucionalismo latinoamericano. Garantías de los derechos, pluralismo político y derechos de la naturaleza*, Santiago de Chile, Olejnik, 2021, pp. 103 y ss.

87 «Presupuesto público y efectividad de los derechos económicos, sociales y culturales en el nuevo constitucionalismo latinoamericano», en el libro citado en la nota anterior, pp. 135 y ss.

88 J. Reiche y G. Fulgraff, *Eigenrechte der Natur und praktische Umwelpolitik- ein Diskurs über anthropozentrische und ökozentrische Umweltethic*, Zeitschrift für Umwelpolitik un Umweltrecht, 1987. H. Wolston, *Philosophy Gone Wild*, Buffalo, Nueva York, Prometeus Books, 1986. J. Leimbacher, *Der Rechte der Natur*, Basel, 1988. R. Nach, *The Rights of Nature*, Madison, Un. of Wisconsin Press, 1989. K. J. Weber, *Die Ende ist nicht Untertan. Grundrechte für Tiere und Umwelt*, Frankfurt, Eichborn Verlag, 1990. M. Serres, *El contrato natural*, Valencia, Pre-textos, 1991. Andreas-Grisebach, *Eine Ethik für die Natur*, Zúrich, Amman Verlag, 1991.

89 Me ocupé de estos asuntos en mi ensayo *Los animales y el derecho*, Madrid, Civitas, 1999, que fue pionero entre la doctrina española.

90 *Por una Constitución de la Tierra*, Madrid, Trotta, 2022.

91 El libro de Ferrajoli concluye con un proyecto articulado de Constitución de la Tierra, que se aprobó en Roma en la Asamblea de la Escuela «Constituyente Tierra» el 21 de febrero de 2020.

92 He examinado sus propuestas en mi ensayo «El constitucionalismo multicultural hispanoamericano», en *El Cronista del Estado social y democrático de Derecho*, 103, 2023, pp. 4-19.

93 Laura Giraldo «Entre rupturas y retornos: la nueva cuestión indígena en América Latina», en el libro, por ella coordinado, *Ciudadanía y derechos indígenas en América Latina: poblaciones, estados y orden internacional*, Madrid, CEPC, 2007, pp. 7 y ss.

94 *Op. cit.*, p. 55.

95 En su estudio «Pluralismo popular como paradigma de un constitucionalismo de la diferencia», incluido en el libro coordinado por Martínez Dalmau, Storini y Viciano, ya citado, pp. 193 y ss.

96 Algunos líderes políticos de las minorías culturales se incorporaron a los debates. Destacan las propuestas formuladas por los delegados Francisco Rojas Birry, Lorenzo Muelas y Alfonso Peña, el primero miembro de la comunidad embera; el segundo era miembro de la comunidad indígena de los guambianos y Peña era miembro del grupo indígena guerrillero desmovilizado Quintín Lame. Estos discursos eran coincidentes en lo que se refiere a sus denuncias de la discriminación política jurídica y

económica que habían padecido las minorías culturales en Colombia, debido a que sus tradiciones son diferentes a las de la mayoría. Muelas decía, por ejemplo: «Los delegados indígenas han llegado a la Asamblea a nombre de los pueblos indígenas, la más larga marcha de que se tenga noticia, en una marcha de 500 años. Son cinco siglos de lucha sin descanso en busca de asegurar la vida y los derechos de nuestra gente. Y son dos siglos de esperanzas perdidas de la justicia, la libertad y la igualdad que se prometieron al mundo con la Declaración de los Derechos del Hombre». Los tres delegados afirmaron que la tendencia del gobierno a la homogeneización ha estado justificada en la creencia de que la mayoría de los valores occidentales son superiores a las tradiciones culturales de las minorías. Denuncian que el proceso de asimilación coercitiva se ha basado en el derecho como su más importante instrumento. Muelas decía en su exposición general que los indígenas «sufrimos la discriminación por ser distintos a los demás, porque hablamos diferente, pensamos diferente, sentimos diferente, actuamos diferente. Por eso reclamamos el reconocimiento de la diversidad; y no se trata de una simple diversidad étnica, cultural, geográfica, psicológica, o de costumbres, sino de algo más profundo, de una diferencia humana en términos reales, históricos, lingüísticos y de pensamiento, diversidad hasta en la concepción del mundo». De un modo más específico los representantes de las comunidades indígenas propusieron el reconocimiento de la propiedad colectiva de los territorios ancestrales de los grupos minoritarios y la creación de la jurisdicción indígena.

También Muelas se preocupó de justificar la consagración constitucional del multiculturalismo: «¿Por qué los indios deben ser incorporados en la nueva Constitución? [...] para permitir que los pueblos indígenas, una vez liberados de las amarras y opresiones que nos atan, podamos reanudar con empeño el camino del desarrollo que nos fue truncado [...] para reconciliar los distintos pueblos y culturas de Colombia, después de 500 años de confrontación, y echar las bases del futuro en solidaridad y mutua colaboración».

Las aportaciones de los representantes de minorías culturales argumentan la fórmula de la prevalencia a la diferencia cultural por encima de los valores liberales.

97 Donna Lee Van Cott, *The Friendly Liquidation of the Past: The Politics of Diversity in Latin America*, Pittsburgh, University of Pittsburg Press, 2000.
98 Es de interés la regulación boliviana de la delimitación de competencias entre la justicia indígena y la ordinaria, que recoge la Ley 073 de Deslinde Jurisdiccional, de 29 de diciembre de 2010.
99 Un conjunto de estudios a destacar son los recogidos en Willem Assies, Gemma van der Hasar, André Hoekema (eds.), *El reto de la diversidad. Pueblos indígenas y reforma del Estado en América Latina*, Colegio Michoacán, 1999. También Fernando Flores (ed.), *Constitución y pluralismo jurídico*, Quito, Corporación Editora Nacional, Instituto de Derecho Público Comparado, 2004.
100 Un importante análisis de estos problemas en el trabajo de S. Torrecuadrada García Lozano, «Identidad indígena», *Anuario de la Facultad de Derecho de la* UNAM, 17, 2013.
101 Sobre ello son interesantes las consideraciones de M. Villegas Díaz y E. Mella Seguel *Cuando la costumbre se vuelve ley*, Santiago de Chile, 2017; Víctor Tau Ansuátegui, *Casuismo y sistema. Indagación histórica sobre el espíritu del Derecho indiano*, Buenos Aires, Instituto de Investigaciones de Historia del Derecho, 1992, y *El poder de la costumbre: Estudios sobre Derecho consuetudinario en América Hispánica hasta la Emancipación*, Fundación Histórica Tavera, 2000.
102 La pérdida de la fortaleza de la centralización tradicional mantenida por las civilizaciones anteriores a los incas (Chavín, Moche, Nazca) dio lugar a la creación de pequeñas unidades políticas denominadas curacazgos. Sobre los curacazgos se formaron organizaciones políticas más amplias y complejas, confederaciones, señoríos, curacazgos mayores o reinos, aunque de diferentes tamaños. La integración sociopolítica de estos curacazgos o señoríos se realizó a partir de la incorporación de porciones demográficas integradas social y políticamente. En la base estaban los ayllus o pachacas, que eran grupos de alrededor de cien familias unidas por lazos de parentesco. Más o menos diez ayllus o pachacas componían los curacazgos denominados guarangas en la sierra norcentral o conoseques en la costa. La unión de varias de estas entidades políticas se convertía en un señorío, reino o confederación. Estas unidades políticas tenían una fuerte identidad social y política, lo que favoreció su permanencia en las sucesivas coyunturas históricas a

pesar de los violentos cambios que estas significaron. «Su flexibilidad y ductilidad se hizo patente cuando fueron incorporadas a los imperios inca e hispano, pues lejos de ser diluidas en los conjuntos administrativos en que las incluyeron las autoridades de ambos imperios, lograron mantener en gran medida su autogobierno e independencia». (Contreras y Zuloaga, *Historia mínima de Perú, op. cit.*, p. 45).

La red de curacas integraba cualquier organización política andina y formaba un sistema piramidal de lealtades políticas. Esta unión política entre los ayllus que formaban un curacazgo se reforzaba estableciendo una ficción de parentesco común según la cual toda la cadena estaba formada por conjuntos que se relacionaban también por vínculos de parentesco. El curaca tenía bajo su jurisdicción a un número de familias variable, según su importancia y rango. Los Estados imperiales aprovecharon esa estructura de poder. Aparecieron así los caciques de pachaca de alrededor de cien familias, los de guaranga, de unos mil, mientras que los curacas de reino, señorío o confederaciones lideraban grupos de población mucho mayores. El supremo curaca de Cajamarca tenía a su cargo alrededor de siete mil tributarios que integraban siete guarangas.

La autoridad de los curacas y sus prerrogativas de mando alcanzaron aspectos esenciales que afectaban a la población que tenía a su cargo, como la organización de los recursos, el mantenimiento y mejora de las infraestructuras agraria y de la mano de obra (programas de tareas y actividades productivas incluidas las mitas o turnos de trabajo). También le correspondía la administración de justicia y liderazgo religioso y militar. Los curacas a cambio de tanta lealtad debían mostrar generosidad con sus gobernados, lo que hacían mediante contribuciones de tipo ceremonial a la población, consistentes en la organización de banquetes y reparto de bienes de prestigio, como la coca o la chicha.

El ascenso de los incas al poder empezó en el siglo XIII. Fue un fenómeno de gran envergadura. La expansión fue muy rápida hasta crear el imperio de Tahuantinsuyo, que cuando llegó a su mayor esplendor abarcaba todos los países andinos, Ecuador, Perú y Bolivia, además de porciones importantes del sur de Colombia y del norte de Chile y de Argentina.

El Imperio inca se apoyó en la recluta de curacas que gobernaban las entidades políticas conquistadas con las que el inca establecía lazos de sangre y otros de tipo personal y de alianzas de amistad. La gran extensión del terreno que abarcaba el imperio determinó la necesidad de crear provincias administrativas, que en el momento de mayor expansión llegaron a sumar unas ochenta.

103 Mónica Quirós, «Estado nacional y pueblos originarios, entre la homogeneización y la diversidad: ¿una pulsión colectiva duradera?», en el libro coordinado por Laura Giraldo *Ciudadanía y derechos indígenas en América Latina: poblaciones, estados y orden internacional*, op. cit., pp. 59 y ss.

104 Mónica Quijada, Carmen Bernand y Arn Aheneider, *Homogeneidad y nación. Con un estudio de caso, Argentina, siglos XIX y XX*, Madrid, CSIC, 2000.

El subcomandante Marcos aspiraba en declaraciones de 1994 y de 2004 a autonomías parecidas a las de Cataluña y País Vasco. Sobre este asunto Héctor Díaz Polanco, *Autonomía Regional: la autodeterminación de los pueblos indios*, México, Siglo XXI, 1991, y *La rebelión zapatista y la autonomía*, México, Siglo XXI, 1997. Y *El laberinto de la identidad*, México, UNAM, 2007. También Zósimo Hernández Ramírez, «Autonomías indígenas en México. Entre la vía legal y la vía de los hechos», en el libro coordinado por Giraudo, *Ciudadanía y derechos indígenas* ya citado.

105 *La Constitución multicultural*, Bogotá, Universidad de los Andes, 2006.
106 No me resulta posible ocuparme con detenimiento de analizar la importantísima jurisprudencia de las Cortes Constitucionales de los Estados latinoamericanos en los que se han planteado conflictos concernientes a los derechos de los pueblos originarios y sus individuos. Sería de gran relevancia el estudio y comentario de esta jurisprudencia. He podido conocer con detalle la de la Corte Constitucional colombiana gracias a la amable ayuda, que mucho agradezco, de la magistrada Martha Lucía Olano de Noguera. La variedad y calidad jurídica de esta jurisprudencia es digna de reseñarse. Los problemas que aborda son, por ejemplo, el territorio y la propiedad colectiva, la consulta previa, el derecho de autodeterminación y el derecho a la restitución de tierras, la jurisdicción indígena y el derecho a la etnoeducación, entre otros. De la larga relación de sentencias que merecen la pena ser analizadas,

menciono las muy extensas y documentadas de 19 de octubre de 2017 (ponente Rojas Ríos); 14 de septiembre de 2017 y 11 de octubre de 2018 (ponente Linares Castillo); 11 de octubre de 2018 y 14 de enero de 2019 (ponente Pardo Schlesinger); 15 de julio de 2017 (ponente Guerrero Pérez); 6 de octubre de 2020 (ponente Fajardo Rivera); 1 de marzo de 2021 (ponente Reyes Cuarta).

Para el estudio de la jurisprudencia de otros países, remito, en cuanto a Venezuela, a los informativos, y a veces extensos, resúmenes que viene publicando la venezolana *Revista de Derecho Público*.

En algunos países, como Guatemala, existe una ilustrativa publicación sistematizada de la jurisprudencia constitucional, publicada por el Instituto de Justicia Constitucional, bajo el título «Compilación temática de las sentencias de la Corte de Constitucionalidad sobre derechos de los pueblos indígenas».

También en Perú se ha editado, por el Ministerio de Cultura, una compilación parcial del estado de ejecución de los *Derechos colectivos de los pueblos indígenas u originarios*, ordenados por materias. Por ejemplo, sobre el «derecho a la consulta previa» se hizo una edición en 2016.

107 Resulta muy informativo y de interés el trabajo de César Landa Arroyo, *Derecho de la tierra y al territorio de los pueblos indígenas u originarios*, Lima, Ministerio de Cultura, 2020.

108 Bonilla, en su informativo ensayo sobre el constitucionalismo multicultural, que ya he mencionado y seguido, añade en la nota 44 de la página 224 que el gobierno nunca habría construido una base militar en tierra sagrada para la mayoría católica. El Estado nunca se había atrevido a instalar un aparato de radar por ejemplo en un lugar donde estuviera construida una iglesia histórica o un sitio donde se creyera que la Virgen María se apareció.

Por una parte, la mayoría de los funcionarios oficiales son católicos y es muy probable que no hubieran dado el paso de profanar símbolos sagrados de su fe. Y si lo hubieran hecho la mayoría católica del país habría hecho la operación políticamente imposible.

109 El derecho a ser consultados se ha generalizado en todo el constitucionalismo. El caso de Perú ha sido fuertemente reivindicativo. Un «diálogo» constitucional entre el movimiento indígena y el Tribunal

Constitucional de Perú ha llevado el reconocimiento del derecho a la consulta. Se inició el diálogo con la «lotización de la Amazonía» y finalizó con el conflicto de Bagua de 2009. En diversas sentencias del Tribunal Constitucional de Perú dictadas desde 2008 y 2009 se reconocía a efectos normativos, y la legislación sobre consulta previa establecida en 2012 consolidó la necesidad de que fueran consultadas las organizaciones indígenas amazónicas cuando se iban a adoptar decisiones estatales, ya fueran legislativas o administrativas, que pudieran afectar a sus territorios ancestrales.

El conflicto de Bagua se produjo el 5 de junio de 2009, dejó un saldo de treinta y tres personas muertas y doscientas heridas debido al enfrentamiento entre la policía nacional y las protestas indígenas y no indígenas en la localidad de Bagua, que habían tomado parte de la carretera Fernando Belaúnde y las instalaciones del oleoducto norperuano. Esta protesta formó parte de otra más general movilizada por organizaciones indígenas que demandaban al gobierno peruano derogar varios decretos legislativos aprobados para implementar un tratado de libre comercio con Estados Unidos. Algunos decretos legislativos regulaban el aprovechamiento de los recursos naturales. Las organizaciones indígenas habían planteado también, acompañados por la Defensoría del Pueblo, acciones de amparo e inconstitucionalidad contra esos decretos legislativos alegando que debían haber sido consultados previamente. Después del conflicto se adoptó la sentencia del Tribunal Constitucional 0022-2009, en la que el tribunal sienta las bases para aclarar que el derecho de consulta es un derecho constitucional, y establece la relación entre estados y pueblos indígenas como un diálogo intercultural que le corresponde al Estado realizar, un derecho previo a la decisión estatal, un proceso con etapas definidas. El fundamento 37 de la sentencia dice que «El contenido constitucionalmente protegido de este derecho importa: 1) el acceso a la consulta, 2) el respeto de las características esenciales del proceso de consulta, y 3) la garantía del cumplimiento de los acuerdos arribados en la consulta. No forma parte del contenido de ese derecho el veto a la medida legislativa o administrativa o la negativa de los pueblos indígenas a realizar la consulta». Otras sentencias posteriores han desarrollado y mejorado el contenido doctrinal de esta primera decisión en el sentido de satisfacer las demandas indígenas; en este sentido la Sentencia del Tribunal Constitucional de 30 de junio de 2010 en el caso Reglamento minero energético, que ordenó el Ministerio de Energía y Minas a que, dentro del marco de sus competencias, se emitiera un reglamento especial respecto de actividades mineras y energéticas que se acogiera a los principios y reglas establecidos en el Convenio 169 de la OIT.

110 El estudio de R. Martínez Dalmau titulado «¿Han funcionado las Constituciones del nuevo constitucionalismo latinoamericano?», en el libro coordinado por él mismo, Storini y Viciano, ya citado, pp. 153 y ss.

111 Véase Marco Aparicio, «Nuevo constitucionalismo, derechos y medio ambiente en las Constituciones de Ecuador y Bolivia», *Revista General de Derecho Público Comparado*, 9, 2011.

BIBLIOGRAFÍA

ABELLÁN, JOSÉ LUIS, *Historia Crítica del Pensamiento Español*, t. IV, *Liberalismo y Romanticismo*, Madrid, Espasa-Calpe, 1984.
Academia Nacional de la Historia, *Nueva historia de la nación argentina. La configuración de la república independiente (1810-1910)*, vols. IV, V, VI, Buenos Aires, Planeta, 2000.
ACKERMAN, BRUCE, «The New Separation of Powers», *Harvard Law Review*, 113, enero de 2000, pp. 633-729.
ACOSTA, ALBERTO, «El Buen Vivir: una oportunidad para construir», *Ecuador Debate*, 75, 2008, pp. 33-48.
— «Los derechos de la naturaleza: una lectura sobre el derecho a la existencia», *La naturaleza con derechos: de la Filosofía a la Política*, Quito, Abya-Yala, 2011, pp. 317-369.
— y ESPERANZA MARTÍNEZ (orgs.), *La naturaleza con derechos: de la Filosofía a la Política*, Quito, Abya-Yala, 2011.
Actas de la Diputación Permanente de las Cortes, tomo único (noviembre de 1820), Madrid, Imprenta de J. A. García, 1871.
Actas de las sesiones secretas de las Cortes Generales y Extraordinarias, 1810-1813, Madrid, Imprenta de J. A. García, 1874.
ACUÑA, VÍCTOR HUGO (ed.), *Filibusterismo y Destino Manifiesto en las Américas*, Alajuela, 2010.
ADAME GODDARD, JORGE, «El juramento de la Constitución de 1857», *Anuario Mexicano de Historia del Derecho*, 10, 1998.
ADLER, LARISSA y ANA MELNICK, *Neoliberalismo y clase media. El caso de los profesores de Chile*, Dibam, 1998.

— *La cultura política chilena y los partidos de centro. Una explicación antropológica*, Fondo de Cultura Económica, 1998.

AGUILAR, ALONSO, *El Panamericanismo de la Doctrina Monroe a la Doctrina Johnson*, 1965. Edición inglesa: *Pan-Americanism. From Monroe to the Present*, edición Nueva York-Londres, Rev. Engl.,1968.

AGUILAR, LUIS ENRIQUE, *Cuba. Prologue to the Revolution*, Ithaca-Londres, 1972.

AGUILAR CALAHORRO, AUGUSTO, *El sujeto de derecho en la sociedad del consumo: el ciudadano como consumidor*, Miguel Ángel García Herrera, José Asensi Sabater, Francisco Balaguer Callejón (coords.), *Constitucionalismo Crítico. Liber Amicorum Carlos de Cabo Martín* (2.ª ed.), tomo I, Valencia, Tirant lo Blanch, 2016, pp. 489-534.

AGUILAR CAMÍN, HÉCTOR, *Saldos de la Revolución, cultura y política de México, 1910-1980*, México, Nueva Imagen, 1982.

— «Los jefes sonorenses de la Revolución mexicana», David A. Brading (ed.), *Caudillos y campesinos en la Revolución mexicana*, México, Fondo de Cultura Económica, 1985.

AGUILAR RIVERA, JOSÉ ANTONIO, «Lecciones constitucionales: la separación de poderes y el desencuentro constitucional 1824-1835», Cecilia Noriega y Alicia Salmerón (coords.), *México: un siglo de historia constitucional (1808-1917). Estudios y perspectivas*, México, Poder Judicial de la Federación-Instituto de Investigaciones Dr. José María Luis Mora, 2009.

ALAMÁN, LUCAS, *Historia de México desde los primeros movimientos que prepararon su independencia en el año de 1808 hasta el presente*, Imprenta de J. M. Lara, 1849-1852.

— *Historia de Méjico I*, México, Ed. Jus, 1972; II, imprenta J. M. Lara, 1850; V, Imprenta J. M. Lara, 1852.

— *Semblanzas e ideario*, México, UNAM, 1989.

— «Examen imparcial de la administración del general vicepresidente don Anastasio Bustamante», en *Lucas Alamán* (prólogo y selección de Andrés Lira), México, Cal y Arena, 1997.

ALAS, LEOPOLDO, «CLARÍN», «Alcalá Galiano. El período constitucional de 1820 a 1823», *La España del siglo XIX*, Colección de Conferencias Históricas publicadas por el Ateneo de Madrid, t. III, Madrid, 1885, pp. 471-520.

ALBA, VÍCTOR, *Historia del movimiento obrero en América Latina*, México, 1964.

ALBI DE LA CUESTA, JULIO, *La defensa de las Indias (1764-1799)*, Madrid, Instituto de Cooperación Iberoamericana-Ediciones Cultura Hispánica, 1987.

ALDAMA RENDÓN, MARIO, *Introducción al pensamiento político de Flores Magón y Carranza*, Guadalajara, Universidad de Guadalajara, 1977.

ALBERDI, JUAN BAUTISTA, *Obras Selectas*, edición de Joaquín V. González, Buenos Aires, La Facultad, 1920.

— *Bases y puntos de partida para la organización política de la República Argentina*, Buenos Aires, Plus Ultra, 1981.

ALBERT, BILL, *South America and the World Economy from Independence to 1930*, Londres, 1983.

— *South America and the First World War: The Impact of the War on Brazil, Argentina, Peru and Chile*, Cambridge, 1988.

ALCALÁ GALIANO, ANTONIO, «Spain», *The Westminster Review*, vol. I, 2, Londres, abril de 1824, pp. 290 y ss.

— *Lecciones de Derecho Político Constitucional*, Madrid, Imprenta de Don Ignacio Boix, 1843.

— *Memorias de D. Antonio Alcalá Galiano, publicadas por su hijo* (1886), Madrid, BAE, t. 84, 1955.

— *Índole de la Revolución en España en 1808*, BAE, t. 84, Atlas, 1955.

— «Recuerdos de un Anciano», *Obras Escogidas*, Madrid, BAE, t. 83, Atlas, 1955.

ALEMANY BAY, CARMEN, «Revisión del concepto de neoindigenismo a través de tres narradores contemporáneos», en José Carlos Rovira, *José María Arguedas. Indigenismo y mestizaje cultural, crisis contemporánea hispanoamericana*, Barcelona, Anthropos, 1992.

ALEXANDER, ROBERT, *Latin-America Political Parties*, Nueva York, Washington-Londres, 1973.

ALMENAR, SALVADOR, «Estudio preliminar», Álvaro Flórez Estrada (ed.), *Curso de Economía Política*, Madrid, Instituto de Estudios Fiscales, 1980.

ALONSO, MARÍA PAZ, *Cuba en la España liberal, 1837-1898. Génesis y desarrollo del régimen autonómico*, Centro de Estudios Políticos y Constitucionales, 2002.

ALONSO, PAULA y BEATRIZ BRACÓN (coords.), *El sistema federal argentino. Debates y coyunturas (1860-1910)*, Barcelona, 2010.

ALTAMIRA, RAFAEL, «Latinos y anglosajones», *El Liberal* de Madrid, 2 de junio de 1900.

ALTAMIRANO, CARLOS, *Bajo el signo de las masas (1943-1975)*, Buenos Aires, Ariel, 2001.

— «¿Qué hacer con las masas?», *Peronismo y cultura de izquierda*, Buenos Aires, Siglo XXI, 2011.

— y BEATRIZ SARLO, «La Argentina del centenario: campo intelectual, vida literaria y temas ideológicos», *Ensayos argentinos: de Sarmiento a la vanguardia*, Buenos Aires, Ariel, 1997.

ALTERIO, ANA MICAELA y ROBERTO NIEMBRO ORTEGA, *Constitucionalismo popular en Latinoamérica*, México, Porrúa México y Escuela Libre de Derecho, 2013.

ÁLVAREZ, JUAN, *Las guerras civiles argentinas*, Buenos Aires, EUDEBA, 1983.

ÁLVAREZ ALONSO, CLARA, (ed.), «Introducción», *Fuero Real de España, Constituciones en la sombra. Proyectos constitucionales españoles (1812-1835)* (en preparación).

ÁLVAREZ JUNCO, JOSÉ, «Estudio Preliminar», Donoso Cortés, *Lecciones de Derecho Político*, Madrid, CEC, 1984.

— y GREGORIO DE LA FUENTE, *El nacimiento del periodismo político. La libertad de imprenta en las Cortes de Cádiz. 1810-1814*, Madrid, APM, 2009.

ALVEAR ACEVEDO, CARLOS, *Lázaro Cárdenas: el hombre y el mito*, México, Jus, 1972.

ALZAGA, ÓSCAR, «La justicia en la Constitución de 1812», *Teoría y Realidad Constitucional*, 28, 2011, pp. 243-277.

AMARAL, SAMUEL y MARIANO BEN PLOTKIN, *Perón, del exilio al poder*, Buenos Aires, Cántaro, 1993.

AMONÁTEGUI, MIGUEL LUIS, *Vida de don Andrés Bello*, impreso por Pedro G. Ramírez, 1882, pp. 145-146.

ANDERLE, ADAM, *Movimientos políticos en el Perú entre las dos guerras mundiales*, La Habana, Casa de las Américas, 1985.

ANDERSON, PER, *Westward is the Course of Empires. A Study in the Shaping of an American Idea. F. J. Turner's Frontier*, Oslo, 1956.

ANDOLINA, R., N. LAURY y S. RACDCLIFFE, *Indigenous Development in the Andes Culture, Power and Transnationalism*, Durham, Duke University Press, 2009.

ANDREAS, PETER, *Border Games: Policing the U.S.-Mexico Divide*, Ithaca, 2009.
ANDREAS-GRISEBACH, MANON, *Eine Ethik für die Natur*, Zúrich, Amman Verlag, 1991.
ANDRÉS-GALLEGO, JOSÉ, *La esclavitud en la América española*, Madrid, Encuentro, 2005.
ANDREWS, CATHERINE, «El debate político de la década de 1830 y los orígenes de las Siete Leyes», Cecilia Noriega y Alicia Salmerón (coords.), *México: un siglo de historia constitucional (1808-1917). Estudios y perspectivas*, México, Poder Judicial de la Federación-Instituto de Investigaciones Dr. José María Luis Mora, 2009.
— *De Cádiz a Querétaro. Historiografía y bibliografía de constitucionalismo mexicano*, México, CIDE-Fondo de Cultura Económica, 2017.
ANDRIEN, KENNETH, *Crisis y decadencia. El virreinato del Perú en el siglo XVII*, Lima, BCRP-IEP, 2011.
ANGELL, ALLAN, *Chile, de Alessandri a Pinochet: en busca de la utopía*, Andrés Bello, 1993.
ANGUIANO, ARTURO, *El Estado y la política obrera del cardenismo*, México, Era, 1975.
ANGULO BOSSA, JAIME, *Gestación del constitucionalismo colombiano (1781-1991, doscientos diez años de proceso constituyente)*, Bogotá, Leyer, 2002.
ANNA, TIMOTHY E., *España y la independencia de América*, México, Fondo de Cultura Económica, 1986.
— *El imperio de Iturbide*, México, Alianza, 1991.
— *La caída del gobierno español en el Perú: el dilema de la independencia*, Lima, IEP, 2003.
APARICIO WILHELMI, MARCO, «Nuevo constitucionalismo, derechos y medio ambiente en las Constituciones de Ecuador y Bolivia», *Revista General de Derecho Público Comparado*, 9, 2011, pp. 1 y ss.
APPLEBAUM, ANNE, *El ocaso de la democracia. La seducción del autoritarismo*, Barcelona, Debate, 2021.
ARAGÓN, MARÍA AURORA, *Traducciones de obras francesas en la Gaceta de Madrid en la década revolucionaria (1790-1799)*, Oviedo, Servicio de Publicaciones de la Universidad de Oviedo, 1992.
ARANCIBIA, PATRICIA y otros, *Jorge Alessandri, 1896-1986*, Zig-Zag, 1996.

ARANGO, RODOLFO, *El concepto de derechos sociales fundamentales*, Bogotá, Legis, 2005.

ARAUZ DE ROBLES, CARLOS, *Cádiz entre la revolución y el Deseado (Apuntes sobre el Derecho Público y Privado de la Revolución)*, Madrid, Instituto editorial Reus, 1963.

ARAYA, ALEJANDRA, *Ociosos, vagabundos y malentretenidos en Chile colonial*, Dibam, 1999.

ARCHILA NEIRA, MAURICIO, *Idas y venidas, vueltas y revueltas: protestas sociales en Colombia, 1958-1990*, Bogotá, CINEP, 2004.

ARCE AGUIRRE, RENE DANILO y CARLOS SALINAS ARAMAYO, *Un destino inconcluso, 1901-1944*, La Paz, 2009.

ARENAL FENOCHIO, JAIME DEL, «Estatuto Provisional del Imperio Mexicano. Marco jurídico», en Patricia Galeana (comp.), *México y sus constituciones* (2.ª ed.), México, Fondo de Cultura Económica, 2003.

— «Visiones históricas detrás del primer proyecto constitucional monarquista mexicano», en Cecilia Noriega y Alicia Salmerón (coords.), *México: un siglo de historia constitucional (1808-1917). Estudios y perspectivas*, México, Poder Judicial de la Federación-Instituto de Investigaciones Dr. José María Luis Mora, 2009.

ARÉSTEGUI, NARCISO, *El padre Horán*, Lima, 1847.

ARÉVALO MARTÍNEZ, RAFAEL, *Ecce Pericles*, Guatemala, 1945.

ARDAO, ARTURO, *Génesis de la idea y el nombre de América Latina*, Caracas, 1980, p. 67.

ARGUEDAS, JOSÉ MARÍA, *Canto kechwa*, Lima, Club del Libro Peruano, 1938.

— (ed.), *Mitos, leyendas y cuentos peruanos*, 1947.

— *Canciones y cuentos del pueblo quechua*, Lima, Huascarán, 1948.

— *Dioses y hombres de Huarochirí*, Lima, Instituto estudios Peruanos, 1966.

— «El indigenismo en el Perú», *Clásicos y Contemporáneos en Antropología*, vol. 18, 1967.

— *Indios, mestizos y señores*, compilados por Sybila Arredondo, Lima, Editorial Horizonte, 1989.

— *Yawar fiesta*, prólogo de Sybila Arredondo, La Coruña, Ediciones del Viento, 2006.

— «No soy un aculturado...», palabras de J. M. Arguedas en el acto de entrega del Premio Inca Garcilaso de la Vega (Lima, octubre de 1968),

publicado en *El zorro de arriba y el zorro de abajo*, Madrid, Drácena, 2018.
— *Los ríos profundos*, Barcelona, RAE y ASALE, Ediciones conmemorativas, Penguin Random House, 2023.

ARGÜELLES, AGUSTÍN, *De 1820 a 1824. Reseña Histórica por D. Agustín de Argüelles, con una noticia biográfica del autor por D. José de Olózaga y Prólogo de Ángel Fernández de los Ríos* (2.ª ed.), Madrid, 1864; reedición de la obra de Agustín Argüelles *Apéndice a la sentencia pronunciada en 11 de Mayo de 1825 contra sesenta y tres Diputados de las Cortes de 1822 y 1823*, Londres, 1834.
— *Examen histórico de la reforma constitucional de España (1835)*, Miguel Artola (ed.), Oviedo, JGPA, 1999; reimpresión en 2 vols., 2002.

ARREOLA CORTÉS, RAÚL, *Ocampo*, Universidad Michoacana de San Nicolás de Hidalgo, 1992.

ARTOLA, MIGUEL, *La España de Fernando VII*, vol., 26 de *Historia General de España*, José María Jover Zamora (dir.), Madrid, Espasa-Calpe, 1968.
— *Los orígenes de la España contemporánea* (1.ª ed.), IEP, 1969; actualmente, CEPyC, ed. de 2000.
— *Partidos y Programas Políticos. 1808-1836*, 2 vols., Madrid, Aguilar, 1977.
— *Antiguo Régimen y Revolución liberal*, Barcelona, Ariel, 1978.
— *La monarquía de España*, Madrid, Alianza, 2000.
— «Estudio preliminar», en Agustín Argüelles, *Examen histórico de la reforma constitucional de España* (1835), 2 vols., Oviedo, JGPA, 1999; reimpresión 2002.
— *Los Afrancesados* (2.ª ed.), Madrid, Alianza, 2008.
— *De la Ilustración al Liberalismo. Jovellanos y Argüelles*, estudio preliminar de Ignacio Fernández Sarasola, Pamplona, Urgoiti, 2023.

ARRUBLA, MARIO y otros, *Colombia hoy*, Bogotá, 1980.

Asociación de Amigos del País, *Diccionario histórico biográfico de Guatemala*, Amigos del País, Fundación para la Cultura y el Desarrollo, 2004.

Asociación de Historiadores Chilenos, *Nueva Historia*, Londres, 1981-1989.

ASSADOURIAN, CARLOS, *El sistema de la economía colonial. Mercado interior, regiones y espacio económico*, Lima, Instituto de Estudios Peruanos, 1982.

— *Transiciones hacia el sistema colonial andino*, Lima-México, IEP-EI Colegio de México, 1994.

ASSIES, WILLEM, GEMMA VAN DER HAAR y ANDRÉ HOEKEMA (eds.), *El reto de la diversidad. Pueblos indígenas y reforma del Estado en América Latina*, Colegio Michoacán, 1999.

ASTIÉ, WALTER, *Encuentros y desencuentros entre México y Estados Unidos en el siglo XX*, México, 2007.

ASTIGARRAGA, JESÚS, *Luces y republicanismo. Economía y Política en las «Apuntaciones al Genovesi» de Ramón de Salas*, Madrid, CEPC, 2011.

ASTURIAS, MIGUEL ÁNGEL, *El Señor Presidente*, México, Costa-Amic, 1946.

— *Week-End en Guatemala*, Iberoamericana Editorial Vervuert, 1956.

— *Los ojos de los enterrados*, Editorial, 1960.

— *El Señor Presidente*, RAE y ASALE (ed.), Barcelona, Penguin Random House, 2000, con estudios preliminares de Mario Vargas Llosa, Darío Villanueva, Sergio Ramírez y Luis Mateo Díez.

ATIENZA, MANUEL, JOSEP AGUILÓ y JUAN RUIZ MANERO, *Fragmentos para una teoría de la Constitución*, Madrid, Iustel, 2007.

AUSTIN, JOHN, *The province of Jurisprudence Determined, being the first part of a series of lectures on Jurisprudence or the philosophy of positive law* (1832), vol. 1, Nueva York, Burt Franklin, 1970.

— *Lectures on Jurisprudence, being the sequel to «The Province of Jurisprudence Determined», to which are added Notes and Fragments now first published form the original Manuscripts* (1861), vols. (FF)2 y 3, Nueva York, Burt Franklin, 1970.

ÁVILA, ALFREDO, *En nombre de la nación: la formación del gobierno representativo en México (1808-1824)*, Madrid, Taurus, 2002.

— JORDANA DYM y ERIKA PANI, *Las declaraciones de Independencia: los textos fundamentales de las independencias americanas*, El Colegio de México, 2013.

AYALA MORA, ENRIQUE, *Lucha política y origen de los partidos en Ecuador*, Quito, 1978.

— *Gabriel García Moreno y la gestación del Estado nacional en Ecuador*, Siglo XXI, 1986.

ÁVILA SANTAMARÍA, RAMIRO, AGUSTÍ GRIJALBA JIMÉNEZ y RUBÉN MARTÍNEZ DALMAU (eds.), *Desafíos constitucionales. La Constitución ecuatoriana de*

2008 en perspectiva, Quito, Ministerio de Justicia y Derechos Humanos, Tribunal Constitucional, 2008.

AYERBE, LUIS FERNANDO, *Estados Unidos y América Latina. La construcción de la hegemonía*, La Habana, 2001.

AYLWIN, MARIANA y otros, *Historia de Chile en el siglo XX*, Emisión, 1985.

AYMES, JEAN RENÉ, *Los Españoles en Francia (1808-1814)*, Madrid, Siglo XXI, 1987.

— «Le débat idéologico-historiographique autour des origines françaises du liberalismo espagnol: Cortes de Cadix et Constitution de 1812», *HC*, 4, 2003.

— *Españoles en París en la época romántica. 1808-1848*, Madrid, Alianza, 2008.

AZARA, FÉLIX DE, *Correspondencia oficial e inédita sobre la demarcación de límites entre Paraguay y Brasil*, que puede encontrarse en <www.cervantesvirtual.com>; también en *Informes de D. Félix de Azara sobre varios proyectos de colonizar el Chaco* (1.ª ed.), Buenos Aires, 1836.

AZCÁRATE, GUMERSINDO DE, «Olózaga, origen, ideas y vicisitudes del partido progresista. El Parlamento desde 1840 a 1866», *La España del siglo XIX*, Colección de conferencias históricas pronunciadas en el Ateneo de Madrid, t. IV, Madrid, 1885-1886, pp. 5-40.

BAGEHOT, WALTER, *The English Constitution*, 1867; traducción de Adolfo Posada, estudio preliminar de Joaquín Varela Suanzes-Carpegna, *La Constitución Inglesa*, Madrid, CEPC, 2010.

BAGNI, SILVIA, *Dallo stato del bienestar allo Stato del buen vivir. Innovazione e tradizioni nel costituzionalismo latino-americano*, Bolonia, Filodiritto, 2013.

— «Lo Stato interculturale: primi tentativi di costruzione prescrittiva della categoría», Silvia Bagni, Giovanni A. Figueroa Mejía y Giorgia Pavani (dirs.), *Las ciencias del derecho constitucional comparado. Estudios en Homenaje a Lucio Pegoraro*, tomo II, Ciudad de México, Tirant lo Blanch, 2017, pp. 137 y ss.

— «Le forme di Stato in America Latina», Silvia Bagni, Serena Baldin (eds.), *Latinoamérica. Viaggio nel costituzionalismo comparato dalla Patagonia al Río Grande*, Turín, Giappichelli, 2021, pp. 52 y ss.

BAILEY, NORMAN A., *Latin America in World Affairs*, Nueva York, 1967.

BALDIN, SERENA, «La tradizione giuridica controegemonica in Ecuador e Bolivia», *Boletín Mexicano de Derecho Comparado*, 143, 2015, pp. 483 y ss.

— *Il buen vivir nel costituzionalismo andino. Profili comparativi*, Turín, Giappichelli, 2019, pp. 68 y ss.

BALMES, JAIME, *Consideraciones políticas sobre la situación española* (1840), Madrid, Doncel, 1975.

— «La esterilidad de la revolución española», *Política y Constitución*, selección de textos y estudio preliminar a cargo de Joaquín Varela Suanzes-Carpegna, Madrid, CEC, 1989.

BALLBÉ, MANUEL, *Orden público y militarismo en la España constitucional (1812-1983)*, Madrid, Alianza Universidad, 1983.

BARBASTRO GIL, LUIS, *Los Afrancesados: primera emigración política del siglo XIX español (1813 -1820)*, Alicante, Instituto de Cultura «Juan Gil Albert», 1993.

BARBER, WILLARD FOSTER y C. NEALE RONNING, *Internal Security and Military Power*, Columbus, 1966.

BARBIER, JACQUES A. y ALLAN J. KUETHE (eds.), *The North American Role in the spanish Imperial Economy, 1760-1819*, Manchester, 1984.

BARBOLLA CAMARERO, DOMINGO (ed.), *Migraciones latinoamericanas en la nueva civilización: conformando identidad*, Madrid, 2011.

BARDALES, RAFAEL, *Pensamiento político del general Francisco Morazán*, Tegucigalpa, Ed. Universitaria, 1985.

BARNEY CABRERA, EUGENIO (ed.), *Historia del arte colombiano*, 8 vol., Bogotá, Salvat, 1977-1982.

BARÓN FERNÁNDEZ, JOSÉ, *La guerra hispano-norteamericana de 1898*, A Coruña, Edició do Castro, 1993.

BARQUÍN Y RUIZ, ANDRÉS, *Agustín de Iturbide: campeón del hispanoamericanismo*, México, Jus, 1968.

BARRÁN, JOSÉ PEDRO, *Apogeo y crisis del Uruguay pastoral y caudillesco, 1838-1875*, Montevideo, 1974.

— y BENJAMÍN NAHUM, *Batlle, los estancieros y el Imperio Británico*, 6 vols., Montevideo, Banda Oriental, 1979-1985.

BARROS, LUIS y XIMENA VERGARA, *El modo de ser aristocrático. El caso de la oligarquía chilena hacia 1900*, Instituto Chileno de Estudios Humanísticos, 1978.

BARROS ARANA, DIEGO, *Historia general de Chile*, 16 vols., publicada por Rafael Jover, su viuda Josefina y la imprenta Cervantes, 1884-1902.

— *Un decenio de la historia de Chile*, tomos I y II, Santiago de Chile, Imprenta Universitaria, 1913.

BARROSO, LUIS ROBERTO, *El neoconstitucionalismo y la constitucionalización del derecho*, México, Instituto de Investigaciones Jurídicas-UNAM, Serie Estudios Jurídicos, 127, 2008.

BARRY, TOM y otros, *Dollard and Dictators: A Guide to Central America*, Albuquerque, 1982.

BARTHELEMY, JOSEPH, *L'introduction du régime parlementaire en France sous Louis XVIII et Charles X*, París, 1904.

BARSKY, OSVALDO y GELMAN, JORGE, *Historia del agro argentino. Desde la conquista hasta fines del siglo XIX*, Buenos Aires, Grijalbo-Mondadori, 2001.

BASABE, NERE, «Diez años de la Constitución de Cádiz en el debate político francés: 1814-1824», *HC*, 13, 2012.

BASADRE, JORGE, *La iniciación a la República; contribución al estudio de la evolución política y social del Perú*, 2 vols., Lima, F. y E. Rosay, 1929-1930.

— *Chile, Perú y Bolivia independiente*, Barcelona-Buenos Aires, 1948.

— *Historia de la República del Perú* (5.ª ed.), 10 vols., Lima, 1962-1964.

— *Historia de la República del Perú (1822-1933)*, La Paz, El Comercio, 2005.

BASTID, PAUL, *Les Institutions Politiques de la Monarchie Parlementaire Française, 1814-1848*, París, Sirey, 1954.

— *Benjamín Constant et sa doctrine*, 2 vols., París, Librairie Armand Colin, 1966.

BASTIDE, ROGER, *Les Amériques noires*, París, Payot, 1967.

BAUER, ARNOLD J., *Chilean Rural Society from the Spanish Conquest to 1930*, Cambridge, 1975.

— *La sociedad rural chilena. Desde la conquista española a nuestros días*, Andrés Bello, 1994.

BAUZÁ, FRANCISCO, *Estudios constitucionales*, Montevideo, Establecimiento tipográfico-editorial de la Librería Nacional, 1887.

BAZANT, JAN, *A Concise History of México. From Hidalgo to Cárdenas, 1805-1940*, Cambridge, Cambridge University Press, 1977.

BEALE, HOWARD K., *Theodore Roosevelt and the Rise of America to World Power*, Baltimore, 1962.
BEALS, CARLETON, *Porfirio Díaz*, México, Domés, 1982.
BECERRA, LONGINO, *Morazán revolucionario*, Tegucigalpa, Baktun, 1992.
BECKER, JERÓNIMO, *La reforma constitucional en España*, Madrid, 1923.
— *Historia de las relaciones exteriores de España durante el siglo XIX*, Madrid, 1924.
BEHRENDT, RICHARD F., *Inter American Economic Relations. Problems and Prospects*, Nueva York, 1948.
BEJARANO, JESÚS ANTONIO (ed.), *El siglo XIX visto por los historiadores norteamericanos*, Medellín, La Carreta, 1977.
BEJARANO, ANA MARÍA y RENATA SEGURA, «Asambleas constituyentes y democracia: una lectura crítica del nuevo constitucionalismo en la región andina», *Colombia Internacional*, n.º 79, 2013.
BELTRÁN GAOS, MÓNICA, «El constitucionalismo europeo del s. XIX y su influencia en la Constitución mexicana de 1857», *La Constitución de 1857. Homenaje en su CL Aniversario*, México, Suprema Corte de Justicia de la Nación, 2009.
BELUCHE, OLMEDO, *La verdadera historia de la separación de 1903. Reflexiones en torno al Centenario*, Panamá, 2003.
BELLO, ANDRÉS, *Epistolario*, Santiago de Chile, 2022.
BEMIS, SAMUEL FLAGG, *The Latin American Policy of the United States, An Historical Interpretation*, Nueva York, 1943.
— *John Quincy Adams and the Foundation of American Foreign Policy*, Nueva York, 1949.
BENDER, LYNN DARRELL, *Cuba vs. the United States. The Politics of Hostility*, San Juan (Puerto Rico), 1981.
BENEDETTI, MARIO, *Genio y figura de José Enrique Rodó*, Buenos Aires, Eudeba, 1966.
BENGOA, JOSÉ, *Historia de un conflicto. El Estado y los mapuches en el siglo XX*, Planeta, 1999.
— *Historia del pueblo mapuche (Siglos XIX y XX)*, Santiago de Chile, LOM, 2000.
— *La emergencia indígena en América Latina*, Santiago de Chile, Fondo de Cultura Económica, 2000.
BENÍTEZ, FERNANDO, *El rey viejo*, México, Fondo de Cultura Económica, 1959.

— *Lázaro Cárdenas y la Revolución mexicana*, 3 vols., México, Fondo de Cultura Económica, 1980.

BENSON, NETTIE LEE, *La diputación provincial y el federalismo mexicano*, México, Fondo de Cultura Económica, 1994.

BENTHAM, JEREMY, *A Fragment on Government, being An Examination of what is delivered, On the subject of Government in General in the Introduction to Sir William Blackstone's Commentaries with a Preface in which is given a Critique on the Work at large* (1776), Ross Harrison (ed.), CUP, 1988.

— «Anarchical Fallacies» (1795), en *The Book of Fallacies: from unfinished papers of Jeremy Bentham, by a friend*, Londres, Peregrine Bingham, Hunt, 1824; traducción francesa: «Sophismes Anarchiques. Examen Critique de Diverses Déclarations de Droits de l'Homme et du Citoyen», *Oeuvres*, 4 tomos, traducción de P. E. L. Dumont y B. Laroche, reimpresión de la edición de 1829, Bruselas, Scientia Verlag Aalen, 1969, t. I, pp. 546-576.

— «Rid yourselves of Ultramaria» (1820), en «Colonies, Commerce and Constitutional Law. Rid yourselves of Ultramaria and other writings of Spain and Spanish America», Philip Schofiel (ed.), *The Collected works of Jeremy Bentham*, Oxford, OUP, 1959.

— *On the liberty of Press and public discussion* (1820), <http://.la.utexas.edu/researh/pooltheory/bentham/bsp/index.html>.

— «Trois Essais sur la politique de l'Espagne» (1820), *Oevres*, vol. III, Aalen, Scientia Verlag, 1969.

— *Espíritu de Bentham. Sistema de la Ciencia Social*, Salamanca, 1820.

— *Tratados de Legislación Civil y Penal. Obra extractada de los manuscritos del señor Jeremías Bentham, jurisconsulto inglés, por Esteban Dumont, miembro del Consejo de Ginebra, y traducida al castellano, con comentarios, por Ramón de Salas, ciudadano español y doctor en Salamanca*, Madrid, Imprenta de Don Fermín Villalpando, 1821.

— *Principios de Ciencia Social o de las Ciencias Morales y Políticas por el jurisconsulto inglés Jeremías Bentham, ordenados conforme al sistema del autor original y aplicados a la Constitución española por Don Toribio Núñez*, Salamanca, 1821.

— «Economy As Applied To Office» (1822), *First Principles Preparatory to Constitutional Code*, Philip Schofield (ed.), *The Collected Works of Jeremy Bentham*, OUP, 1989.

— «Supreme Operative» (1822), *First Principles Preparatory to Constitutional Code*, Philip Schofield (ed.), en *The Collected Works of Jeremy Bentham*, OUP, 1989.

— «Constitutional Code, for the use of All Nations and All Governments professing Liberal Opinions» (1830), *The Collected Works of Jeremy Bentham*, F. Rose y J. H. Burns (eds.), OUP, 1991.

— *A Comment on the Commentaries and A Fragment on Government*, de J. H. Burns y H. L. Hart (eds.), The Athlone Press, 1975.

BERBERIÁN, EDUARDO E. y AXEL E. NIELSEN (dirs.), *Historia argentina prehispánica*, Córdoba, Brujas, 2001.

BERGQUIST, CHARLES, *Coffe and Conflict in Colombia, 1886-1910*, Duke University Press, 1978.

BERLE, ADOLF A., *Latin America. Diplomacy and Reality*, Nueva York, 1962.

BERMÚDEZ, ÓSCAR, *Historia del salitre desde la Guerra del Pacífico hasta la Revolución de 1891*, Pampa Desnuda, 1984.

BERNAL PULIDO, CARLOS, «Refutación y defensa del neoconstitucionalismo», en Miguel Carbonell (ed.), *Teoría del neoconstitucionalismo. Ensayos escogidos*, Madrid, Trotta/Instituto de Investigaciones Jurídicas-UNAM, 2007.

— *El principio de proporcionalidad y los derechos fundamentales*, Madrid, CEC, 2007.

— *El neoconstitucionalismo y la normatividad del derecho*, Bogotá, Abeledo-Perrot, 2009.

BERNECKER, WALTHER (ed.), *1898: Su significado para Centroamérica y el Caribe*, Frankfurt, 1998.

BERNSTEIN, MARVIN (ed.), *Foreign Investment in Latin America. Cases and Attitudes*, Nueva York, 1963.

BERROTARÁN, PATRICIA, *Del plan a la planificación: el Estado durante la época peronista*, Buenos Aires, Imago Mundi, 2003.

BERRUEZO, MARÍA TERESA, *La participación americana en las Cortes de Cádiz (1810-1814)*, Madrid, Centro de Estudios Constitucionales, 1986.

BERTELSEN REPETTO, RAÚL, *El Senado en España*, IEA, 1974.

BEST, FÉLIX, *Historia de las Guerras Argentinas*, Buenos Aires, Peuser, 1980.

BETANCOURT PÉREZ, ANTONIO, *Historia del Yucatán, I*, Mérida, Yucatán, México, 1970, p. 290.

BETHELL, LESLIE (ed.), *Historia de América Latina*, 16 vols., Barcelona, Cambridge University Press, Crítica, 1990-2002.

BIANCHINI, MARÍA CHIARA, *Chile, memorias de La Moneda. La (re)construcción de un símbolo político*, Madrid, Universidad Autónoma de Madrid, 2012.

Biblioteca hispanoamericana, biografías de algunos personajes de la emancipación, Madrid, Anaya, 1988.

BITTERLI, URS, *Die Entdeckung Amerikas: Von Kolumbus bis Alexander von Humboldt*, Múnich, 1999.

BLACKSTONE, WILLIAM, *Commentaries on the Laws of England (1765-1769)*, 4 vols., Londres, Apollo Press, 1814.

BLAKEMORE, HAROLD, *Gobierno chileno y salitre inglés, 1886-1896: Balmaceda y North*, Andrés Bello, 1974.

BLANCO ACEVEDO, PABLO, *Estudios constitucionales*, Montevideo, 1939.

BLANCO AGUINAGA, CARLOS, *Juventud del 98*, Madrid, Siglo XXI, 1970; en Taurus, en 1998.

BLANCO VALDÉS, ROBERTO, *Rey, Cortes y Fuerzas Armadas en los orígenes de la España liberal (1808-1823)*, Madrid, Siglo XXI, 1988.

— «Rey, Cortes y Fuerza Armada en el Trienio Liberal: hacia la progresiva parlamentarización de la monarquía constitucional», en VV. AA., *Materiales para el estudio de la Constitución de 1812*, Madrid, Tecnos, 1989, pp. 75-119.

— *El problema americano en las primeras cortes liberales españolas 1810-1814*, México, UNAM, 1995.

— *Revolución y Constitución*, Madrid, Alianza, 2024, pp. 187 y ss.

BLANCO-WHITE, JOSÉ MARÍA, *Variaciones políticas del Español*, enero de 1813.

— *Letters from Spain* (1.ª ed.), Londres, Henry Colburn and Co, 1822.

— «Spain», *The Quarterly Review*, t. XXIX, Londres, abril de 1823, pp. 270 y ss.

— *The Life o the Rev. Joseph Blanco-White, written by himself, with portions of his correspondence*, J. H. Thom y John Cafma (ed.), vol. I, 1845.

— *Cartas de España* (2ª ed.), con introducción de Vicente Llorens y traducción y notas de Antonio Garnica, Alianza, 1977.

— *España* (Londres, 1824), edición y traducción del inglés de María Teresa de Ory, Sevilla, 1982.

— *Obra Completa*, Antonio Garnica (ed.), y otros, vol. I, Granada, Almed, 2005.

— *Epistolario y Documentos*, textos reunidos por André Pons, edición de Martin Murphy, Oviedo, IFES, 2010.

BLANQUIERE, EDWARD, *An historical review of the Spanish Revolution, including some account of Religion, Manners, and Literature*, Londres, G. and W. B. Whittaker, 1822.

BLASCO IBÁÑEZ, VICENTE, *El militarismo mejicano*, Valencia, Prometeo, 1920.

BLIXEN, SAMUEL y NILO PATIÑO, *Intrigas cruzadas. Mafia y terrorismo en las Fuerzas Armadas*, Montevideo, Brecha, 2023.

BOCANEGRA, JOSÉ MARÍA, *Memorias para la historia de México independiente. 1822-1846*, t. I, México, Fondo de Cultura Económica, 1987.

BOCCARA, GUILLAUME, *Los vencedores: historia del pueblo mapuche en la época colonial*, San Pedro de Atacama, Universidad Católica del Norte, 2009.

BÖCKENFÖRDE, ERNST WOLFGANG, «Der Verfassungstyp der deutschen konstitutionellen Monarchie im 19. Jahrhundert», *Moderne deutsche Verfassungsgeschichte* (2.ª ed.), 1981.

BOLINGBROKE, HENRY SAINT-JOHN, vizconde de, *The Works of Lord Bolingbroke*, Londres, 1844; reimpresión 2 vols., Nueva York, Economics Classics, Augustus M. Kelley, Bookseller, 1967.

BOHÓRQUEZ, JUAN DE DIOS, *Forjadores de la Revolución mexicana*, Instituto Nacional de Estudios Históricos de la Revolución Mexicana, México, 1960.

BOLTON, HERBERT EUGENE, *Wider Horizons of American History*, Nueva York, 1939.

BONALD, LUIS DE, *Oevres Complétes*, 7 vols., París, Moine editeur, 1840-1843.

BONFIL BATALLA, GUILLERMO, «Del indigenismo a la antropología crítica», Arturo Warman, Guillermo Bonfil y Margarita Nolasco (eds.), *De eso que llaman Antropología mexicana*, México, Nuestro Tiempo, 1970.

— *Utopía y revolución. El pensamiento político contemporáneo de los indios en América Latina*, México, Nueva Imagen, 1981.

— M. IBARRA, S. VARESE, D. VERISSIMO y J. TUMIRI (eds.), *América Latina: Etnodesarrollo y etnocidio*, Costa Rica, 1982.

BONILLA, HERACLIO, *Gran Bretaña y el Perú. Los mecanismos de un control económico*, Lima, 1977.

— *Guano y burguesía en el Perú*, Lima, 1974.

— *Metáfora y realidad de la independencia en el Perú*, Lima, IEP, 2001.
BONILLA MALDONADO, DANIEL, *La Constitución multicultural*, Bogotá, Universidad de los Andes, 2006.
— y MANUEL ITURRALDE (eds.), *Hacia un nuevo derecho constitucional*, Bogotá, Universidad de los Andes, 2005.
BONNET, DIANA, MICHAEL LAROSA y MAURICIO NIETO (comps.), *Colombia, preguntas y respuestas sobre su pasado y su presente*, Bogotá, Universidad de los Andes, 2010.
BONNO, GABRIEL, *La Constitution Britannique devant l'opinion Française de Montesquieu a Bonaparte*, París, Librairie Ancienne Honoré Champion, 1931.
BORJA GÓMEZ, JAIME y PABLO RODRÍGUEZ (eds.), *Historia de la vida privada en Colombia*, Bogotá, Taurus, 2011.
BORJA Y BORJA, RAMIRO, *Las Constituciones del Ecuador*, Madrid, Cultura Hispánica, 1951.
BORRAS, GERARD, *Lima, el vals y la canción criolla. Lima, 1900-1936*, Lima, IFEA-PUCP, 2012.
BORREGO, ANDRÉS, *Manual electoral para uso de los electores de la opinión monárquico-constitucional*, Madrid, 1837.
— *El libro de las elecciones. Reseña histórica de las verificadas durante los tres períodos del régimen constitucional (1810-1814, 1820 a 1823 y 1834 a 1840)*, Madrid, 1874.
— «El General Riego y los revolucionarios liberales», *La España del siglo XIX*, Colección de Conferencias Históricas, publicadas por el Ateneo de Madrid, t. I, Madrid, 1886.
— *De la organización de los partidos en España, considerada como medio de adelantar la educación de la Nación, y de realizar las condiciones del Gobierno Representativo* (1855), estudio introductorio de Concepción de Castro, Madrid, CEPC, 2007.
BORRERO, LUIS ALBERTO, *El poblamiento de la Patagonia. Toldos, milodones y volcanes*, Buenos Aires, Emecé, 2001.
BOTANA, NATALIO, *El orden conservador. La política argentina entre 1880 y 1916*, Buenos Aires, Sudamericana, 1977.
BOUVET, NORA ESPERANZA, *Poder y escritura: el doctor Francia y la construcción del Estado paraguayo. Historia de las políticas e ideas sobre el lenguaje en América Latina*, Buenos Aires, EUDEBA, 2009.

BOX, PELHAM HORTON, *Los orígenes de La guerra de la Triple Alianza*, Buenos Aires, 1958.

BOYKO, PÁVEL NIKOLÁEVICH, *América Latina: expansión del imperialismo y crisis de la vía capitalista del desarrollo*, Moscú, 1977.

BRADING, DAVID A. (comp.), *Caudillos y campesinos en la Revolución Mexicana*, México, Fondo de Cultura Económica, 1985.

BRANCATO, BRAZ AUGUSTO AQUINO, *Don Pedro I de Brasil, posible Rey de España (Una conspiración liberal)*, Portoalegre, PUCRS, 1999.

BRANDS, HAL, *Latin America's Cold War*, Cambridge, 2010.

BRAUN, HERBERT, *Mataron a Gaitán. Vida pública y violencia urbana en Colombia*, Bogotá, Universidad Nacional, 1987.

BRAVO MURILLO, JUAN, *Política y Administración en la España Isabelina*, estudio, notas y comentarios por José Luis Comellas, Madrid, Narcea, 1972.

BRAVO VALDIVIESO, GERMÁN, *El incidente del «USS Baltimore»*, Santiago de Chile, 2002.

BREÑA, ROBERTO, «José María Blanco White y la independencia de América: ¿una postura pro americana?», *Historia Constitucional*, 3, junio de 2002.

— *El primer liberalismo español y los procesos de emancipación de América, 1808-1824. Una revisión historiográfica del liberalismo hispánico*, México, El Colegio de México, 2006.

— (ed.), *En el umbral de las revoluciones hispánicas: el bienio 1808-1810*, México, El Colegio de México-CEPC, 2010.

BREW, ROGER, *El desarrollo económico de Antioquia. Desde la Independencia hasta 1920*, Bogotá, 1977.

BREWER-CARÍAS, ALLAN, *Golpe de Estado y proceso Constituyente en Venezuela*, México, Universidad Nacional Autónoma de Puebla, 2001.

— *Historia constitucional de Venezuela*, tomo I, Caracas, Alfa, 2008.

— *Sobre Miranda. Entre la perfidia de unos y la infamia de otros*, Caracas, Nueva York, Editorial Jurídica Venezolana, 2010, p. 10.

— *La dictadura judicial y la perversión del estado de derecho. El juez constitucional y la destrucción de la democracia en Venezuela*, Madrid, Iustel, 2017.

— *El nuevo constitucionalismo latinoamericano y la destrucción del Estado democrático por el juez constitucional. El caso de Venezuela*, Santiago de Chile, Olejnik, Biblioteca de derecho constitucional, 2018.

BRITO FIGUEROA, FEDERICO, *Ensayos de historia social venezolana*, Caracas, 1960.
— *Historia económica y social de Venezuela*, vol. I, Caracas, 1975.
— *Historia económica y social de Venezuela*, tomo II, Caracas, Universidad Central de Venezuela, 1981.
BROWN, JONATHAN C., *A Socioeconomic History of Argentina, 1776-1860*, Cambridge, 1979.
BRONSTEIN, A. R., *Reconocimiento de la identidad y los derechos de los pueblos indígenas en América Latina*, OIT, 2000.
BRUBAKER, B., *Nationalism Reframers*, Cambridge, CUP, 1996.
— (ed.), *Indigenous Autonomy in Mexico*, Copenhague, IWGIA, 2000.
BRUNEAU, THOMAS C., *The Political Transformation of the Brazilian Catholic Church*, Cambridge, 1974.
BRUNO, PAULA, «Mamuts vs. Hidalgos. Lecturas de Paul Groussac sobre Estados Unidos y España en el fin de siglo», en *Pensar el antiimperialismo. Ensayos de historia intelectual latinoamericana, 1900-1930*, El Colegio de México, 2012.
BUCHBINDER, PABLO, *Historia de las Universidades Argentinas*, Buenos Aires, Sudamericana, 2005.
BURDIEL, ISABEL, *La política de los notables. Moderados y avanzados durante el régimen del Estatuto Real*, Valencia, Alfons el Magnanim, 1987.
— *Isabel II. No se puede reinar inocentemente*, Madrid, Espasa-Calpe, 2004.
— *Isabel II. Una biografía (1830-1904)*, Madrid, Taurus, 2010.
BURGA, MANUEL, *Nacimiento de una utopía: muerte y resurrección de los incas* (2.ª ed.), Lima-Guadalajara, Universidad Nacional Mayor de San Marcos-Universidad de Guadalajara, 2005.
— y ALBERTO FLORES-GALINDO, *Apogeo y crisis de la república aristocrática, 1895-1932: oligarquía, aprismo y comunismo en el Perú*, Lima, Rickchay, 1991.
BURGIN, MIRON, *Aspectos económicos del federalismo argentino*, Buenos Aires, 1960.
BURGOS, JAVIER DE, *Anales del reinado de Doña Isabel II*, 3 vols., Madrid, 1850.
BURKE, EDMUND, «Thoughts on the Cause of the Present Discontents» (1770), *The Writings and Speeches of Edmund Burke*, Paul Langford (ed.), vol. II, OUP, 1981, pp. 102-219.

BURKE, WILLIAM, *South American Independence: or the Emancipation of South America, the Glory and Interest of England,* «*by William Burke, the author of the Campaign of 1805*», Londres, J. Ridgway, 1806.

BURNS, RICHARD DEAN, *Guide to American Foreign Relations since 1700*, Santa Bárbara, California, 1983.

BURR, ROBERT N., *By Reason or Force. Chile and the Balancing of Power in South America, 1830-1905*, Berkeley, 1965.

BUSAAL, JEAN-BAPTISTE, *Le spectre du jacobinisme. L'experience constitutionnelle française et le premier liberalisme espagnol*, Madrid, Casa de Velázquez, 2012.

BUSHNELL, DAVID, *El régimen de Santander en la Gran Colombia*, Bogotá, Tercer Mundo, 1966.

— *The Making of Modern Colombia. A Nation in Spite of Itself*, Berkeley, University of California Press, 1993.

— *Colombia, una nación a pesar de sí misma: de los tiempos precolombinos a nuestros días*, Bogotá, Planeta, 1996.

BUSTAMANTE, CARLOS MARÍA DE, *La Avispa de Chilpancingo, 1821-1823*, México, Porrúa, 1998.

BUTRÓN PRIDA, Gonzalo, *Actores, miradas y representaciones. La cuestión americana durante el Trienio Liberal*, Madrid, Marcial Pons, 2023.

BUTTARI, JUAN J., *Employment and Labor Force in Latin America*, Washington, D. C., Eciel-OEA, 1979.

CABALLERO, FERMÍN, *El Gobierno y las Cortes del Estatuto*, Madrid, 1837.

CABALLERO, MANUEL, *Gómez, el tirano liberal*, Alfa, 2004.

CÁCERES, JUAN, *Poder rural y estructura social, Colchagua, 1760-1860*, PUCV, 2005.

CADEMARTORI, DANIELA DE, GERMANA MORAES, RAQUEL LENS CESAR y SERGIO CADEMARTORI, *A construção jurídica da UNASUL*, Florianópolis, UFSC, Fundação Boiteaux, 2011.

CAETANO, GERARDO, *Historia contemporánea de Uruguay, de la Colonia al Mercosur*, Findesiglo, 1994.

— JOSÉ RILLA y otros, *Apuntes sobre la dictadura*, ANEP, 2013.

— *Historia mínima de Uruguay*, El Colegio de México, 2019.

— y JOSÉ RILLA, *Breve historia de la dictadura (1973-1985)*, Ediciones de la Banda Oriental, 2023.

CAIMARI, LILIA, *Perón y la iglesia católica: religión, Estado y sociedad en la Argentina, 1943-1955*, Buenos Aires, Ariel, 1995.

CALDERÓN, CAMILO (ed.), *Gran enciclopedia de Colombia, vols. 1 y 2: Historia*, Bogotá, Círculo de Lectores, 1991.
CALDERÓN, MARÍA TERESA, e ISABELA RESTREPO (eds.), *Colombia, 1910-2010*, Bogotá, Taurus, 2010.
CALLONI, STELLA, *Operación Cóndor: pacto criminal*, La Habana, Ciencias Sociales, 2006.
CALVILLO, MANUEL, *La República Federal Mexicana. Gestación y nacimiento*, México, El Colegio de México, 2003.
CAMARGO, PEDRO PABLO y otros, *Los sistemas federales del continente americano*, México, 1972.
A. CANESSA, «Indigenous Conflict in Bolivia Explored through an African Lens: Towards a Comparative Analysis of Indigeneity», en *Comparative Studies in Society and History*, 60, 2018.
CANGA ARGÜELLES, JOSÉ, *Reflexiones sociales y otros escritos*, edición e introducción de Carmen García Monerris, Madrid, CEPC, 2000.
CANNY, NICHOLAS y ANTHONY PAGDEN (eds.), *Colonial Identity in the Atlantic World*, Princeton, 1987.
CÁNOVAS SÁNCHEZ, FRANCISCO, *El partido Moderado*, Madrid, CEC, 1982.
CANSINO, CÉSAR, *La revuelta silenciosa; democracia, espacio público y ciudadanía en América Latina*, México, Benemérita Universidad Autónoma de Puebla / Centro de Estudios Políticos Comparados / Asociación Latinoamericana para el Estudio de la Democracia, 2010.
CANTÓN, DARÍO, *El parlamento argentino en épocas de cambio: 1890, 1916 y 1946*, Buenos Aires, Editorial del Instituto Torcuato Di Tella, 1966.
CAPMANY, ANTONIO DE, *Centinela contra franceses (1808)*, edición, introducción, notas y apéndices documentales de Françoise Étienvre, Madrid, CEPC, 2008.
CARBONELL, MIGUEL, «El neoconstitucionalismo en su laberinto», *Teoría del neoconstitucionalismo*, Madrid, Trotta, 2007, pp. 9 y 10.
— *Teoría del neoconstitucionalismo, ensayos escogidos*, Madrid, Trotta, 2007
— (ed.), *Neoconstitucionalismo(s)*, Madrid, Trotta, 2009.
— y DIEGO VALADÉS (coords.), *Constitucionalismo iberoamericano en el siglo XXI*, México, Universidad Nacional Autónoma de México (UNAM), 2000.
— y LEONARDO GARCÍA JARAMILLO, *El Canon neoconstitucional*, Madrid, Trotta, 2010.

CÁRDENAS GUTIÉRREZ, SALVADOR, «La narrativa constitucional del conservadurismo mexicano (1847-1853)», Cecilia Noriega y Alicia Salmerón (coords.), *México: un siglo de historia constitucional 1808-1917. Estudios y perspectivas*, México, Poder Judicial de la Federación-Instituto de Investigaciones Dr. José María Luis Mora, 2009.

CARDOZA Y ARAGÓN, LUIS, *La revolución guatemalteca* (2.ª ed.), México, 1955.

CARDOZO, EFRAIM, *Paraguay independiente*, Barcelona, Salvat, 1949.

CARIOLA, CARMEN y OSVALDO SUNKEL, *Un siglo de historia económica de Chile, 1830-1930*, Universitaria, 1990.

CARL, GEORGE E., *First Among Equals. Great Britain and Venezuela, 1810-1910*, Ann Arbor, 1980.

CARMAGNANI, MARCELLO, *Formación y crisis de un sistema feudal*, México, Siglo XXI, 1975.

— *Estado y sociedad en América Latina. 1850-1930*, Barcelona, 1984.

— «El federalismo liberal mexicano», M. Carmagnani (coord.), *Federalismos latinoamericanos: México, Brasil y Argentina*, México, El Colegio de México-Fondo de Cultura Económica, 1993.

— *Desarrollo industrial y subdesarrollo económico. El caso chileno (1860-1920)*, Dibam, 1998.

— y otros, *Para una historia de América*, México, El Colegio de México, 1999.

— *Los mecanismos de la vida económica en una sociedad colonial. Chile 1680-1830*, Dibam, 2001.

CARNICERO, JOSÉ CLEMENTE, *El liberalismo convencido por sus mismos escritos, o examen crítico de la Constitución de la Monarquía Española publicada en Cádiz, y de la obra de Francisco Martínez Marina «Teoría de las Cortes» y de otras que sostienen las mismas ideas acerca de la soberanía de la nación*, Madrid, Imprenta de Eusebio Aguado, 1830.

CARPENTIER, ALEJO, *El recurso del método*, Siglo XXI, 1974.

CARPIZO, JORGE, *Federalismo en Latinoamérica*, Ciudad de México, UNAM, IIJ, 1973.

— «Tendencias actuales del constitucionalismo latinoamericano», *Revista Derecho del Estado*, 23, diciembre de 2009, Universidad Externado de Colombia Bogotá, 2009, pp. 7-36. También disponible en <http://

www.pj.gov.py/ebook/libros files/PonenciaJorgeCarpizoTendencias Const.pdf>.

CARRANZA CASTRO, JESÚS, *Origen, destino y legado de Carranza*, México, Costa-Amic, 1977.

CARRÉ DE MALBERG, RAYMOND, *Contribution á la Théorie Genérale de l'etat*, 2 vols., París, 1922.

CARRETTI, PAOLO, «Considerazioni di sintesi», Marcelo Labanca Correa de Araújo y Roberto Romboli (eds.), *Il futuro dei diritti fondamentali*, Pisa University Press, 2020, pp. 20 y ss.

CARRERA, RAFAEL, *Memorias 1837-1840*, Guatemala, 1979.

CARRERA DAMAS, GERMÁN, *Venezuela: proyecto nacional y poder social*, Barcelona, 1986.

CARRETERO, ANDRÉS M., *La propiedad de la tierra en la época de Rosas*, Buenos Aires, 1972.

CARRISON, DANIEL J., *The Navy from Wood to Steal, 1860-1890*, Nueva York, 1965.

CARTES, ARMANDO, *Concepción contra «Chile». Consensos y tensiones regionales en la Patria Vieja (1808-1811)*, Bicentenario, 2010.

CASADO BURBANO, PABLO, *Las Fuerzas Armadas en el inicio del constitucionalismo español*, Madrid, Edersa, 1982.

CASABIANCA, DENIS DE, «Des lois dans le rapport qu'elles ont avec la nature du climat», en los libros XIV a XVIII, de la tercera parte, pp. 474 y ss.

CASARES CANTÓN, RAÚL, JUAN DUCH, SILVIO ZAVALA VALLADO y otros, *Yucatán en el tiempo*, Mérida, Yucatán, 1998.

CASASOLA, GUSTAVO, *Biografía ilustrada del general Plutarco Elías Calles (1877-1945)*, México, 1975.

CASCALES RAMOS ANTONIO (coord.), *Blanco White, El rebelde ilustrado*, Fundación Pública Andaluza Centro de Estudios Andaluces, 2009.

CASTEDO, LEOPOLDO, *Resumen de la historia de Chile. 1891-1925*, Zig-Zag, 1982.

CASTELLS OLIVÁN, IRENE, *La Utopía Insurreccional del Liberalismo. Torrijos y las conspiraciones liberales de la década ominosa*, Barcelona, Crítica, 1989.

— «La Constitución gaditana de 1812 y su proyección en los movimientos liberales europeos del primer tercio del siglo XIX», *Trocadero. Revista de historia moderna y contemporánea*, 1, 1989.

CASTILLO VELASCO, JOSÉ MARÍA, *Apuntamientos del Derecho Constitucional mexicano*, México, Comisión Nacional Editorial del Partido Revolucionario Institucional, facsímil de la edición de 1870.

CASTRO, PEDRO, *La campaña presidencial de 1927-1928 y el ocaso del caudillismo*, Estudios de Historia Moderna y Contemporánea de México, 2022.

CASTRO CARVAJAL, BEATRIZ, *Historia de la vida cotidiana en Colombia*, Bogotá, Norma, 1996.

— (ed.), *Colombia. La construcción nacional, 1880-1930*, Madrid, Fundación MAPFRE y Taurus, 2012.

CATTANEO, MARIO A., *Il partito politico nel pensiero dell'Illuminismo e della Rivoluzione francese*, Milán, Giuffre, 1964.

CAVALLO, ASCANIO, *Historia oculta del régimen militar*, La Época, 1988.

— *Los hombres de la transición*, Andrés Bello, 1992.

— *Historia oculta de la transición: Chile, 1990-1998*, Grijalbo, 1998.

CAVAROZZI, MARCELO, «El movimiento obrero en Argentina. 1943-1981», Pablo González Casanova (coord.), *Historia del movimiento obrero en América Latina. Brasil, Chile, Argentina y Uruguay*, México, Instituto de Investigaciones Sociales, UNAM-Siglo XXI, 1984.

— *Autoritarismo y democracia, 1955-2006*, Buenos Aires, Ariel, 2004.

— «Sufragio universal y poder militar», *Historia mínima de Argentina*, Turner y El Colegio de México, 2014, p. 246.

CAVIERES FIGUEROA, EDUARDO, *Comercio chileno y comerciantes ingleses, 1820-1880*, Universitaria, 1988.

— *El comercio chileno en la economía mundo colonial*, Valparaíso, PUCV, 1996.

— *Sobre la independencia en Chile. El fin de Antiguo Régimen y los orígenes de la representación moderna*, Valparaíso, PUCV, 2012.

— y RENÉ SALINAS, *Amor, sexo y matrimonio en Chile tradicional*, Valparaíso, PUCV, 1991.

— y CRISTÓBAL ALJOVÍN DE LOSADA, *Chile-Perú, Perú-Chile: 1820-1920. Desarrollos políticos, económicos y culturales*, Pontificia Universidad Católica de Valparaíso, PUCV, Valparaíso, 2005.

CAYUELA FERNÁNDEZ, JOSÉ GREGORIO, *Un siglo de España: centenario 1898-1998*, Cuenca, Universidad de Castilla-La Mancha, 1998.

CEBALLOS GÓMEZ, DIANA LUZ, *Hechicería, brujería e Inquisición*, Bogotá, Universidad Nacional, 1994.

CEPAL, *El desarrollo social de América Latina en la postguerra*, Buenos Aires, Solar-Hachette, 1963.

— *El proceso de industrialización en América Latina*, Nueva York, Naciones Unidas, 1964.

— *The Economic Development in the post-war period*, Nueva York, Naciones Unidas, 1964.

— *Problemas y perspectivas de la agricultura latinoamericana*, Buenos Aires, Solar-Hachette, 1965.

CEPEDA, MANUEL, «Judicial Activism in a Violent Context: The Origin, Role, and Impact of the Colombian Constitutional Court», *Washington University Global Studies Law Review*, 3, 2004, pp. 529-700.

CEREZO MARTÍNEZ, RICARDO (ed.), *La expedición Malaspina, 1789-1794*, 2 vols., Madrid, Ministerio de Defensa, Museo Naval y Lunwerg, 1990.

CERRINA FERONI, GINEVRA, «Le forme di Stato», Di Giovine, Alfonso; Ferrari, Giuseppe Franco (eds.), *Diritto costituzionale comparato*, tomo II, Roma-Bari, Laterza, 2014.

CERVANTES, FEDERICO, *Francisco Villa y la Revolución*, México, Alonso, 1960.

CÉSAIRE, AIME, *Toussaint Louverture. La Révolution française et le problème colonial*, París, Présence Africaine, 1961.

CHACÓN DOMÍNGUEZ, SUSANA, *La relación entre México y los Estados Unidos (1940-1955): entre el conflicto y la cooperación*, México, 2008.

CHAIRES ZARAGOZA, JORGE, «El fracaso del federalismo en Latinoamérica. Un estudio comparado con la cultura federal de los Estados Unidos de Norteamérica», *Revista Via Iuris*, 23, 2017.

CHALLANGER, RICHARD D., *Admirals, Generals, and American Foreign Policy 1898-1973*, Princeton, 1973.

CHAUNU, PIERRE, «Interpretación de la independencia de América Latina», en VV. AA., *La independencia del Perú*, Lima, 1972.

CHAVES, JULIO CÉSAR, *El supremo dictador. Biografía de José Gaspar de Francia*, Buenos Aires, Nizza, 1958.

CHÁVEZ, NASHIRA, *Cuando los mundos convergen: terrorismo, narcotráfico y migración post 9/11*, Quito, 2008.

CHAVEZ, THOMAS E., *Spain and the Independence of the United States: An Intrinsic Gift*, Albuquerque, 2002.

CHEIBUB, JOSÉ ANTONIO, ZACHARY ELKINS y TOM GINSBURG, «Latin American Presidentialism in Comparative and Historical Perspective», *Texas Law Review*, 89, 2011, pp. 1701-1741.

CHEVALIER, FRANÇOIS, «Les origines d'un Pole Développement Industriel. Pour un étude global du cas de Medellín, Colombie», *Mélanges de la Casa de Velázquez*, tomo IX, 1973, pp. 633-651.

CHEVALIER, MICHEL, *Cartas sobre la América del norte, 1836*.

CHIARAMONTE, JOSÉ CARLOS, *Nacionalismo y liberalismo económico en Argentina*, Buenos Aires, Solar Hachette, 1971.

— *Ciudades, provincias, estados: Orígenes de la nación argentina (1800-1846)*, Buenos Aires, Ariel, 1997.

— «La cuestión de la soberanía en la génesis y constitución del Estado argentino», Buenos Aires, 2000, disponible en internet.

— *Nación y Estado en Iberoamérica: el lenguaje político en tiempos de las independencias*, Sudamericana, 2004.

CHIROLEU, ADRIANA R., «La reforma universitaria», Ricardo Falcón (dir.), *Democracia, conflicto social y renovación de ideas (1916-1930)*, *Nueva historia argentina*, vol. 6, Buenos Aires, Sudamericana, 2000.

CHUST CALERO, MANUEL, *La tribuna revolucionaria. La Constitución de 1812 en ambos hemisferios*, Madrid, Sílex, 2014.

CID, GABRIEL, *La guerra contra la Confederación. Imaginario nacionalista y memoria colectiva en el siglo XIX chileno*, UDP, 2011.

CLAYTON, LAWRENCE, *Estados Unidos y el Perú: 1800-1995*, Lima, Instituto Peruano de Economía Social de Mercado-CEPEI, 2002.

CLAVERO, BARTOLOMÉ, «Estudio introductorio», *Constitución de Inglaterra* de Jean Louis de Lolme, Madrid, CEC, 1992.

— *Derecho indígena y cultura constitucional en América*, Siglo XXI, 1994.

— *Ama Llunku, Abya Yala: constituyencia indígena y código ladino por América*, Centro de Estudios Políticos y Constitucionales, 2000.

CLAVIJERO, FRANCISCO JAVIER, prólogo de Mariano Cuevas, de la *Historia antigua de México* (12.ª ed.), México, Porrúa, 2021.

CLÉRICO, LAURA, *El examen de la proporcionalidad en el derecho constitucional*, Buenos Aires, Eudeba, 2009.

COATSWORTH, JOHN, *El impacto de los ferrocarriles en el Porfiriato: crecimiento y desarrollo*, 2 vol., México, 1976.

COCKCROFT, JAMES D., *Precursores intelectuales de la revolución mexicana*, México, Siglo XXI, 1971.

Colección de Decretos y Órdenes que han expedido las Cortes Generales y Extraordinarias, 4 vols., Madrid, Imprenta Nacional, 1820.

COLMEIRO, MANUEL, *Elementos de Derecho político y administrativo de España* (7.ª ed.), Madrid, 1887.

COLMENARES, GERMÁN, *Partidos políticos y clases sociales*, Bogotá, 1968.

— *Historia económica y social de Colombia, 1537-1719*, Medellín, La Carreta, 1975.

— *Popayán: una sociedad esclavista 1680-1880*, Medellín, La Carreta, 1979.

— *Cali, Terratenientes, mineros y comerciantes, siglo XVIII*, Medellín, La Carreta, 1979.

— *Rendón: una fuente para la historia de la opinión pública*, Bogotá, Fondo Cultural Cafetero, 1984.

— *Las convenciones contra la cultura*, Bogotá, Tercer Mundo, 1989.

COLOMER VIADEL, ANTONIO (coord.), *Las Cortes de Cádiz, la Constitución de 1812 y las independencias nacionales de América*, Valencia, 2011.

COLLIER, SIMON, *Ideas and Politics of Chilean Independence 1808-1833*, Cambridge, 1967.

— *Chile. La construcción de una república, 1830-1865. Política e ideas*, PUC, 2005.

COLLIER, SIMON y WILLIAM FREDERICK SATER, *Historia de Chile, 1808-1994*, Madrid, Cambridge University Press, 1999.

COLPARI, OTTO, «La nueva participación ciudadana en Ecuador y Bolivia. ¿Resultados de la lucha del movimiento indígena-campesino?», *Nómadas. Revista Crítica de Ciencias Sociales y Jurídicas*, n.º especial: América Latina, 2011, pp. 5-6.

COMADRÁN RUIZ, JORGE, *Evolución demográfica argentina durante el periodo hispano (1535-1810)*, Buenos Aires, Eudeba, 1969.

COMELLAS, JOSÉ LUIS, «Las Cortes de Cádiz y la Constitución de 1812», *REP*, 126, 1962, pp. 83 y ss.

— *El Trienio Liberal*, Madrid, Rialp, 1963.

COMANDUCCI, PAOLO, «Formas de (neo)constitucionalismo: un análisis metateórico», en M. Carbonell, *Neoconstitucionalismo(s)*, Madrid, Trotta, 2003, p. 83.

COMMAGER, HENRY STEELE (ed.), *Documents of American History*, Nueva York, 1943.
— *The American Mind*, New Haven, 1962.
COMTE, AUGUSTE, *Discours sur l'esprit positive (1830-1842)*, 4 vols., París, 1842.
— *Discurso sobre el Espíritu positivo (1844)*, Madrid, Sarpe, 1984.
CON, DEBORAH (ed.), *Los primeros americanos y sus descendientes*, Museo Chileno de Arte Precolombino, 1988.
Congreso hispanoamericano de historia, *Causas y caracteres de la independencia hispanoamericana*, Madrid, Cultura Hispánica, 1953.
CONNEL-SMITH, GORDON, *The Inter-American System*, Londres, Nueva York, Toronto, 1966.
CONNIFF, MICHAEL J., *Latin American Populism, in Comparative Perspective*, Albuquerque, 1982.
CONRAD, ROBERT, *The Destruction of Brazilian Slavery, 1850-1888*, California, 1972.
CONSTANT, BENJAMÍN, «Principes de Politique applicables à tous les gouvernements représentatifs et particulièrment à la Constititution actuelle de la France» (1815), *Oevres Completes*, vol. IX, 2, Tubinga, Niemeyer, 2001.
— *Curso de Política Constitucional, de Benjamín Constant, traducido libremente al español por D. Marcial Antonio López del Colegio de Abogados de Madrid y Diputado de las Cortes ordinarias*, Madrid, 1820.
CONTE CORTI, Egon Caesar, *Maximiliano y Carlota*, México, Fondo de Cultura Económica, 1971.
CONTRERAS, CARLOS, *El aprendizaje del capitalismo. Estudios de historia económica y social del Perú republicano*, Lima, IEP, 2004.
— *La economía pública en el Perú después del guano y del salitre. Crisis fiscal y élites económicas durante su primer siglo independiente*, Lima, BCRP-IEP, 2012.
— y MARCOS CUETO, *Historia del Perú contemporáneo. Desde las luchas por la independencia hasta el presente* (3.ª ed.), Lima, Pontificia Universidad Católica del Perú, 2004, p. 64.
— y MARINA ZULOAGA, *Historia mínima de Perú*, México, El Colegio de México, 2014.

COOK, NOBLE DAVID, *La catástrofe demográfica andina, 1520-1620*, Lima, PUCP, 2010.

CORVALÁN, LUIS, *Los partidos políticos y el golpe del 11 de septiembre*, Chile América, 2000.

CORCIULO, MARIA SOFIA, *La Nascita del Regime Parlamentare in Francia. La Prima Restaurazione*, Milán, Giuffre, 1977.

CORDERO MICHEL, EMILIO, *La Revolución Haitiana y Santo Domingo*, Santo Domingo, Editora Nacional, 1968.

CÓRDOVA, ARNALDO, *La ideología de la Revolución mexicana. La formación del nuevo régimen*, México, Era, 1973.

— *La política de masas del cardenismo*, México, Era, 1974.

CORONADO AGUILAR, MANUEL, *El general Carrera ante la historia*. Guatemala, 1965.

— *Apuntes histórico guatemalenses* (<https://archive.org/details/apunteshistric00manuguat>), Guatemala, 1975.

CORONAS, SANTOS MANUEL, «La responsabilidad de los Ministros en la España constitucional», *AHDE*, Madrid, 1986.

CORREA, SOFÍA, *Con las riendas del poder: la derecha chilena en el siglo XX*, Sudamericana, 2005.

— y otros, *Historia del siglo XX chileno*, Sudamericana, 2001.

CORREA CABRERA, MARTÍN, *Historia del despojo. El origen de la propiedad particular en el territorio mapuche*, Santiago de Chile, Pehuen, Ceibo, 2021.

CORTÉS CONDE, ROBERTO, *La economía política de la Argentina en el siglo XX*, Buenos Aires, Edhasa, 2005.

— *El progreso argentino, 1880-1914*, Buenos Aires, Instituto Torcuato Di Tella-Sudamericana, 1979.

COSSÍO VILLEGAS, DANIEL, *Historia Moderna de México*, 10 vols., México, 1955-1970.

— *Historia Moderna de México: el Porfiriato, vida económica*, México, Hermes, 1965.

— *Historia moderna de México. El Porfiriato. Vida política interior. Segunda parte*, México, Hermes, 1971.

— *Historia moderna de México. La República restaurada*, México, Hermes, 1984.

— *La Constitución de 1857 y sus críticos* (2.ª ed.), México, Fondo de Cultura Económica-Clío-El Colegio Nacional, 2007.

COSTELOE, MICHAEL, *La primera república federal de México (1824-1835): Un estudio de los partidos políticos en el México independiente*, México, Fondo de Cultura Económica, 1975.

COTLER, JULIO y RICHARD R. FAGEN (eds.), *Latin America and the United States. The Changing Political Realities*, Stanford, 1974.

COUSO, JAVIER, «Las democracias radicales y el nuevo constitucionalismo latinoamericano», *Derechos humanos: posibilidades teóricas y desafíos prácticos*, Buenos Aires, Libraria/SELA, 2014, pp. 193-208.

COUYOUMDJIAN, JUAN RICARDO, *Chile y Gran Bretaña durante la primera Guerra Mundial y la posguerra, 1914-1921*, PUC, 1986.

COVA, JESÚS ANTONIO, *El centauro. Vida del general José Antonio Páez. Caudillo venezolano y brigadier del ejército argentino*, Buenos Aires, Editorial Venezuela, 1947.

CRANDALL, RUSSELL, *The United States and Latin America After the Cold War*, Cambridge, 2008.

CRESPO, ALFONSO, *Santa Cruz, el cóndor indio*, México, 1944.

CRIADO DE DIEGO, MARCOS, «El sistema de gobierno en las nuevas constituciones andinas: distribución horizontal del poder en el régimen constitucional de Venezuela y Ecuador», *Revista General de Derecho Público Comparado*, 9, 2011, pp. 1 y ss.

CROW, JOHN, *The Epic of Latin America*, Berkeley, University of California Press, 1992.

CRUZ, NICOLÁS, *El surgimiento de la educación secundaria pública en Chile (El plan de estudios humanista), 1843-1876*, Dibam, 2002.

CRUZ LEAL, PETRA-IRAIDES, «Problemas de bilingüismo en José María Arguedas», *Lenguas Modernas*, 16, Universidad de Chile, 1989, pp. 91-96.

CUADROS SÁNCHEZ, AUGUSTO, *La guerra del Chaco y sus secuelas, 1932-1943*, La Paz, Los Amigos del Libro, 2003.

CUETO, LEOPOLDO AUGUSTO DE, «Don José María Queipo de Llano, conde de Toreno», *Historia del Levantamiento, Guerra y Revolución de España (1835-1837)*, t. LXIV, de José María Queipo de Llano, conde de Toreno, BAE, Madrid, Atlas, 1953, pp. V-LIV.

CUETO, MARCOS, *El regreso de las epidemias. Salud y sociedad en el Perú del siglo XX*, Lima, IEP, 1997.

CUJABANTE VILLAMIL, XIMENA ANDREA, «Los pueblos indígenas en el marco del constitucionalismo latinoamericano», *Revista Análisis Internacional*, 1, 2014, p. 212.

CUMBERLAND, CHARLES C., *La Revolución mexicana. Los años constitucionalistas*, México, Fondo de Cultura Económica, 1972.

— *Madero y la Revolución Mexicana*, México, Siglo XXI, 1999.

CURTI, MERLE, *The Growth of American Thought*, Nueva York, 1943.

DACARRETE, ÁNGEL MARÍA, «Martínez de la Rosa», *La España del Siglo XIX*, t. III, Colección de Conferencias Históricas pronunciadas en el Ateneo de Madrid, Madrid, 1885, pp. 411-449.

DAGER ALVA, JOSEPH, *Historiografía y nación en el Perú del siglo XIX*, Lima, Fondo Editorial PUCP, 2009.

DAHL, J., *IWGIA: a history*, Copenhague, 2009.

D'ALTROY, TERENCE N., *The Incas*, Oxford, Blackwell, 2002.

— *Los Incas*, Barcelona, Ariel, 2003.

DAVIS, ROBERT HENRY, *Historical Dictionary of Colombia*, Metuchen, New Jersey, 1977.

DEAS, MALCOLM, «Algunas notas sobre la historia del caciquismo en Colombia», *Revista de Occidente*, 127, Madrid, octubre de 1973, pp. 118-140.

— *Del poder y la gramática y otros ensayos sobre historia, política y literatura colombiana*, Bogotá, Tercer Mundo, 1993.

— *Colombia a través de la fotografía*, Madrid, Fundación MAPFRE y Taurus, 2011.

— (ed.), *Colombia. Mirando hacia dentro 1930-1960*, Madrid, Fundación MAPFRE y Taurus, 2015.

DEDIEU, JOSEPH, *Montesquieu et la tradition politique anglaise en France*, París, 1909; reimpresión 1971.

DE CONDE, ALEXANDER, *Herbert Hoover's Latin America Policy*, Stanford, 1951.

DEGREGORI, CARLOS IVÁN, *Qué difícil es ser Dios. El partido comunista del Perú–Sendero Luminoso y el conflicto armado interno en el Perú, 1980-1999*, Lima, IEP, 2011.

DELAMAZA, GONZALO, CLAUDIA HEISS y YANINA WELP, «¿Para qué sirve una Constitución Política en América Latina?», *Polis Revista Latinoamericana*, 20, 2021, pp. 8 y ss.

DELGADO MARTÍN, JAIME, *La independencia hispanoamericana*, Madrid, Cultura Hispánica, 1960.

— *La monarquía en México 1845-1847*, México, Porrúa, 1990.

DELLA CAVA, RALP, «Brazilian Messianism and National Institutions: A Reappraisal of Canudos and Joaseiro», *Hispanic American Historial Review*, 48, agosto de 1968, pp. 402-420.

DE LOLME, JEAN LOUIS, *Constitución de Inglaterra, o descripción del Gobierno Inglés, comparado con el democrático y con las otras Monarquías de Europa (1785), escrita por el abogado J. L. De Lolme, ciudadano de Ginebra y traducida del inglés por don Juan De la Dehesa, Catedrático de Derecho español en la Universidad de Alcalá de Henares, con arreglo a la cuarta edición corregida por el autor*, Oviedo, 1812.

DELORIA, VINE JR., *Red Earth White Lies. Native Americans and the Myth of Scientific Fact*, Nueva York, Scribner, 1995.

DELPAR, HELEN VICTORIA, *Red Against Blue. The Liberal Party in Colombia Politics, 1863-1899*, Alabama, 1981.

— *Rojos contra azules: el Partido Liberal en la política colombiana, 1863-1899*, Bogotá, Tercer Mundo, 1994.

DE RIZ, LILIANA, *Retomo y derrumbe. El último gobierno peronista*, Buenos Aires, Hyspamerica, 1987.

DÉROZIER, ALBERT, «L'Histoire de la Sociedad del Anillo de Oro», *Annales Littéraires de la Université de Besançon*, vol. 72, París, 1965, pp. 11 y ss.

— *Quintana y el nacimiento del liberalismo en España*, Madrid, Turner, 1978.

DEVALL, BILL y GEORGE SESSIONS, *Deep Ecology: living as if nature mattered*, Salt Lake City, Peregrine Smith Book, 1985.

DEVÉS VALDÉS, EDUARDO, *El pensamiento latinoamericano en el siglo XX*, vol. 1, *Del «Ariel» de Rodó a la CEPAL, 1900-1950*, Buenos Aires, 2001.

DEBO, ANGIE, *Gerónimo, el apache. El hombre, su tribu, su tierra y su tiempo*, Palma de Mallorca, José J. de Olañeta (ed.), 1994.

DEVOTO, FERNANDO, *Nacionalismo, fascismo y tradicionalismo en la Argentina moderna. Una historia*, Buenos Aires, Siglo XXI, 2006.

— *Historia de la inmigración en Argentina*, Buenos Aires, Sudamericana, 2003.

Diario de las Discusiones y Actas de las Cortes (1810-1813), 23 vols., Cádiz, Imprenta Real (vols. 1 a 16), Imprenta Nacional (vols. 17 a 19) e Imprenta de D. Diego García Campoy (vols. 20 a 23), 1813.

Diario de Sesiones de las Cortes, legislaturas de 1820-1821, 1821, 1821-1822 y 1822-1823, 10 vols., Madrid, Imprenta de J. A. García, 1871-1875.

Diario de Sesiones de las Cortes, Estamento de Procuradores, legislaturas de 1834-1835, 1835-1836 y 1836, 5 vols., Madrid, Imprenta de J. A. García, 1867-1869.

Diario de Sesiones de las Cortes Constituyentes de 1836-1837, 10 vols., Madrid, Imprenta de J. A. García, 1876-1877.

Diario de Sesiones de las Cortes. Congreso de los Diputados, legislaturas de 1837, 1838, 1839 y 1840, 13 vols., Madrid, Imprenta de J. A. García, 1874-1875.

DÍAZ ALEJANDRO, CARLOS FEDERICO, *Ensayos sobre la historia económica argentina*, Buenos Aires, Amorrortu, 1970.

DÍAZ DÍAZ, FERNANDO, *Caudillos y caciques. Antonio López de Santa Anna y Juan Álvarez*, México, El Colegio de México, Centro de Estudios Históricos, 1972.

DÍAZ-PLAJA, FERNANDO, *La Historia de España en sus documentos. El siglo XIX*, Madrid, IEP, 1954.

— *Fernando VII*, Barcelona, Planeta de Agostini, 1996.

DÍAZ POLANCO, HÉCTOR, *Autonomía Regional: la autodeterminación de los pueblos indios*, México, Siglo XXI, 1991.

— *La rebelión zapatista y la autonomía*, México, Siglo XXI, 1997.

— *El laberinto de la identidad*, México, UNAM, 2007.

DÍAZ-TRECHUELO, MARÍA LOURDES, *Bolívar, Miranda, O'Higgins y San Martín: cuatro vidas cruzadas*, Encuentro, 1999.

DICEY, ALBERT VENN, *Introduction to the Study of the Law and the Constitution* (3.ª ed.), Londres-Nueva York, Macmillan and Co., 1889.

DIEDERICHS, BERNARD, *Somoza and the Legacy of US. Involvement in Nicaragua*, Nueva York, 1981.

DÍEZ DEL CORRAL, LUIS, *El rapto de Europa. Una interpretación histórica de nuestro tiempo*, Madrid, Alianza, 1974.

— *El pensamiento político europeo y la Monarquía de España*, Madrid, Alianza Universidad, 1983.

— *El liberalismo doctrinario*, Madrid, CEC, 1984.

DIPPEL, HORST, «Constitucionalismo moderno. Introducción a una historia que necesita ser escrita», en revista electrónica *Historia Constitucional*, 6, septiembre, Centro de Estudios Políticos y Constitucionales, disponible en <http://www.redalyc.org/articulo.oa?id=259027572008>, consultado el 20 de agosto de 2011.

DI STEFANO, ROBERTO y LORIS ZANATTA, *Historia de la iglesia argentina. Desde la conquista hasta fines del siglo XX*, Buenos Aires, Grijalbo-Mondadori, 2000.

DI TELLA, TORCUATO S., *La rebelión de esclavos de Haití*, Buenos Aires, Ediciones del Ides, 1984.

DIZ-LOIS, MARÍA CRISTINA, *El Manifiesto de 1814*, Pamplona, Eunsa, 1967.

DOMÍNGUEZ BORDONA, JESÚS, *Manuscritos de América*, Madrid, Talleres de Blass, 1935.

DOMÍNGUEZ, JORGE L., «Consensus and Divergence. The State of Literature on Inter-American Relations in the 1970s», *Latin American Research Review*, 13, 1978, pp. 87-126.

DOMÍNGUEZ MICHAEL, CHRISTOPHER, *Vida de fray Servando*, México, Era, 2004.

DONOSO, JOSÉ, *Casa de campo*, Barcelona, Seix Barral, 1978.

DONOSO, RICARDO, *Alessandri: agitador y demoledor*, 2 vols., México, Fondo de Cultura Económica, 1952.

— *Fuentes documentales para la historia de la Independencia de América*, México, Instituto Panamericano de Geografía e Historia, 1960.

DONOSO CORTÉS, JUAN, «Consideraciones sobre la Diplomacia» (1834), *Obras Completas*, t. I, Carlos Valverde (ed.), Madrid, BAC, 1970, pp. 115 y ss.

— «La Ley Electoral considerada en su base y en su relación con el espíritu de nuestras instituciones» (1836), *Obras Completas*, t. I, Carlos Valverde (ed.), Madrid, BAC, 1970.

— «Lecciones de Derecho Político» (1836-1837), *Obras Completas*, Carlos Valverde (ed.), Madrid, BAC, 1970.

DONOVAN, FRANK, *Mr. Monroe Message. The story of the Monroe Doctrine*, 1963, trad. esp. *Historia de la doctrina Monroe*, México, Diana, 1966.

DORATIOTO, FRANCISCO, *Maldita Guerra. Nueva historia de la guerra del Paraguay*, Emecé, Buenos Aires, 2008.

DORFMAN, ADOLFO, *Historia de la industria argentina*, Buenos Aires, Solar-Hachette, 1970.

DOYON, LOUISE M., *Perón y los trabajadores: los orígenes del sindicalismo peronista, 1943-1955*, Buenos Aires, Siglo XXI, 2006.

DOZER, DONAL, *Are we Good Neighbors? 1930-1960*, Gainesville, 1959.

DRAKE, PAUL, *Socialismo y populismo. Chile, 1936-1973*, Valparaíso, PUCV, 1992.

DREIER, JOHN C., *The Organization of American States and the Hemisphere Crisis*, Nueva York, 1962.

DROMUNDO, BALTASAR, *Emiliano Zapata*, México, Imprenta Mundial, 1934.

DUEÑAS VAN SEVEREN, J. RICARDO, *La invasión filibustera de Nicaragua y la Guerra Nacional*, Secretaría General del Sistema de Integración Centroamericana (SICA), 2006.

DUGGAN, LAURENCE, *The Americas. The Search for Hemispheric Security*, Nueva York, 1949.

DUQUE DE ALMODÓVAR (Pedro Francisco Góngora y Luján), *Constitución de Inglaterra (1785)*, Jesús Vallejo (ed.), Madrid, CEPC, 2000.

DURÁN LÓPEZ, FERNANDO, *José María Blanco-White, o la conciencia errante*, Sevilla, Fundación José María Lara, 2005.

DWORKIN, RONALD, *Taking Rights Seriously*, Cambridge, Harvard University Press, 1977.

ECKSTEIN, SALOMÓN, *El ejido colectivo en México*, México, Fondo de Cultura Económica, 1966.

ECLA (Economic Commission for Latin America), *El financiamiento externo de América Latina*, Nueva York, 1964.

EDWARDS, ALBERTO, *La fronda aristocrática*, Santiago de Chile, 1972.

EDWARDS, SEBASTIÁN, *Populismo o mercados. El dilema de América Latina*, Bogotá, Norma, 2009.

ECHEVARRÍA, JOSÉ MARÍA, *Las ideas escolásticas y el inicio de la Revolución Hispanoamericana*, Montalván, 5, Caracas, 1979.

EISENHOWER, JOHN SHELDON DOUD, *Intervention! The United States and the Mexican Revolution, 1913-1917*, Nueva York, *1993*.

ELKINS, ZACHARY, TOM GINSBURG y JAMES MELTON, «The Comparative Constitutions Project: A Cross-National Historical Database of Written Constitutions», 2010.

ELORZA, ANTONIO, *La Ideología Liberal en la Ilustración Española*, Madrid, Tecnos, 1970.

— «La Ideología Moderada en el Trienio Liberal», *Cuadernos Hispanoamericanos*, 288, Madrid, junio de 1974.

— «Estudio preliminar», *Curso Político Constitucional* de Joaquín María López, Madrid, CEC, 1987.

ELORZA, ANTONIO y ELENA FERNÁNDEZ SANDOICA (eds.), *La guerra de Cuba (1895-1898). Historia política de una derrota colonial*, Madrid, Alianza, 1998.

ELLIOTT, JOHN H., *Empires of the Atlantic World: Britain and Spain in America 1492-1830*, New Haven, 2007 [Hay trad. cast.: *Imperios del mundo antiguo. España y Gran Bretaña en América (1492-1830)*, Madrid, Taurus, 2006].

ELSTER, JON y RUNE SLAGSTAD (eds.), *Constitutionalism and Democracy*, Cambridge, Cambridge University Press, 1993.

ENCINA, FRANCISCO A. y LEOPOLDO CASTEDO, *Historia de Chile*, Santiago de Chile, Editorial Santiago, especialmente tomos 1 y 2, 2006.

ERSKINE INGLIS, FRANCISCA, «MADAME CALDERÓN DE LA BARCA», *La vida en México durante una residencia de dos años en ese país*, México, Porrúa, 1959.

ESCAJADILLO, TOMÁS G., *La narrativa indigenista peruana*, Lima, Amaru, 1994.

ESCALANTE GONZALBO, PABLO, *Nueva Historia Mínima de México (Ilustrada)*, El Colegio de México, Centro de Estudios Históricos, 2004, pp. 281 y 289.

ESCOBAR, A. *Territories of Difference: place, movements, life, redes*. Durham, Duke University Press, 2008.

ESCUDERO, JOSÉ ANTONIO, *El supuesto Memorial del conde de Aranda sobre la independencia de América* (2ª ed.), BOE-UNED, 2020.

ESLAVA GALÁN, JUAN y DIEGO ROJANO ORTEGA, *La España del 98. Fin de una era*, Madrid, EDAF, 1997.

ESPINOZA DE LOS MONTEROS, JAVIER, «La noción de los derechos en la historia de los constituyentes mexicanos», *La noción de los derechos en la historia del constitucionalismo mexicano*, México, Suprema Corte de Justicia de la Nación, 2009.

ESPINOZA, WALDEMAR, *La destrucción del imperio de los incas: la rivalidad política y señorial de los curacazgos andinos*, Lima, Amaru, 1990.

ESQUIVEL OBREGÓN, TORIBIO, *Apuntes para la historia del derecho en México* (3.ª ed.), tt. I y II, México, Porrúa, 2004.

— *Prolegómenos a la historia constitucional*, México, UNAM, 1980.

ESPOZ Y MINA, FRANCISCO, *Memorias del general don Francisco Espoz y Mina*, 2 tomos, Miguel Artola (ed.), Madrid, BAE, Atlas, 1962.

ESTENSSORO, JUAN CARLOS, *Del paganismo a la santidad. La incorporación de los indios del Perú al catolicismo, 1532-1750*, Lima, IFEA-PUCP, 2003.

ESTÉVEZ, ALFREDO y ÓSCAR HORACIO ELÍA, *San Martín, Protector del Perú: anotaciones acerca de algunas cuestiones económico financieras*, Universidad de Santa Fe, 1955.

ESTRADA, GENARO, «Manuscritos de México», *El Alcázar de Madrid*, 1936 (obras completas compiladas por Luis Mario Schneider), vol. I, México, Siglo XXI, 1988, p. 267.

ERISMAN, H. MICHAEL (ed.), *The Caribbean Challenge: U.S. Policy in a Volatile Region*, Colorado, Boulder, 1984.

ETCHISON, DON L., *The United States and Militarism in Central America*, Nueva York, 1975.

EYZAGUIRRE, JAIME, *Hispanoamérica del dolor*, Madrid, Instituto de Estudios Políticos, 1947.

FABELA, ISIDRO, *Historia diplomática de la Revolución mexicana*, México, Fondo de Cultura Económica, 1958-1959.

FALCÓN, RICARDO (dir.), «Militantes, intelectuales e ideas políticas», *Democracia, conflicto social y renovación de ideas (1916-1930), Nueva historia argentina*, vol., 6, Buenos Aires, Sudamericana, 2000.

FALS BORDA, ORLANDO, *Historia doble de la costa*, 4 vols., Carlos Valencia, Bogotá, 1980-1986.

FARBERMAN, JUDIT y RAQUEL GIL MONTERO, (comps.), *Los pueblos de indios del Tucumán colonial: pervivencia y desestructuración*, Buenos Aires, Universidad Nacional de Quilmes, 2002.

FARIÑA VICUÑA, CARMEN (ed.), *Epistolario de Diego Portales*, tomo I, Santiago de Chile, Universidad Diego Portales, 2007.

H. FAVRE, *El indigenismo*, México, Fondo de Cultura Económica, 1998;

FEDER, ERNEST, *The Rape of peasantry. Latin America landholding system*, Books, 1971.

FELLMAN VELARDE, JOSÉ, *Historia de Bolivia*, vol. II, La Paz, 1969, y vol. III, La Paz, Amigos del Libro, 1970.

FENWICK, CHARLES G., *The Organization of American States: The Inter-American Regional System*, Washington, 1963.
FERGUSON, YALE H. (ed.), *Contemporary Inter-American Relations*, Englewodd Cliffs, 1972.
FERMANDOIS, JOAQUÍN, *Chile y el mundo, 1970-1973. La política exterior del gobierno de la Unidad Popular y el sistema internacional*, PUC, 1985.
— *Abismo y cimiento. Gustavo Ross y las relaciones entre Chile y Estados Unidos, 1932-1938*, PUC, 1997.
— *Revolución inconclusa. La izquierda chilena y el gobierno de la Unidad Popular*, CEP, 2013.
FERMANDOIS, JOAQUÍN y MYRIAM DUSCHEUS, *Chile a través de la fotografía: 1847-2010*, Fundación MAPFRE, 2010.
FERNÁNDEZ, CARLOS JOSÉ, *La guerra del Chaco*, Buenos Aires y Asunción, varios volúmenes impresos a partir de 1955.
FERNÁNDEZ ALMAGRO, MELCHOR, *Orígenes del régimen constitucional en España*, Barcelona, Labor, 1976.
FERNÁNDEZ CARVAJAL, RODRIGO, «El Pensamiento político español en el siglo XIX. Primer período», *Historia General de las Literaturas Hispánicas*, t. IV, Barcelona, 1957.
FERNÁNDEZ DE LOS RÍOS, ÁNGEL, *Estudios históricos de las luchas políticas en la España del siglo XIX*, 2 vols., Madrid, 1879-1880.
FERNÁNDEZ DURÁN, REYES, *La Corona española y el tráfico de esclavos*, Ecobook, 2011.
FERNÁNDEZ MORATÍN, LEANDRO, *Apuntaciones sueltas de Inglaterra (1793)*, Barcelona, Bruguera, 1984.
FERNÁNDEZ SARASOLA, IGNACIO, «La Constitución española de 1812 y su proyección europea e iberoamericana», Joaquín Varela Suanzes-Carpegna (ed.), *Modelos Constitucionales en la Historia Comparada, Fundamentos*, 2, Oviedo, 2000, pp. 359-466.
— *Poder y libertad. Los orígenes de la responsabilidad del Ejecutivo en España (1808-1823)*, Madrid, CEPC, 2001.
— «El pensamiento político-constitucional de Álvaro Flórez Estrada a través de la prensa», Joaquín Varela Suanzes-Carpegna (ed.), *Álvaro Flórez Estrada, política, economía, sociedad*, Oviedo, JGPA, 2003.
— «La influencia de Francia en los orígenes del constitucionalismo español», *Forum Historiae Iuris*, 2005.

— «Estudio preliminar», *Escritos Políticos*, de Gaspar Melchor de Jovellanos, Oviedo, IFES-Ayuntamiento de Gijón-KRK, 2007.

— *La Constitución de Bayona*, Colección de *Constituciones españolas*, Miguel Artola (dir.), Madrid, Iustel, 2007.

— *Los partidos políticos en el pensamiento español. De la Ilustración a nuestros días*, Madrid, Marcial Pons, 2009.

— *El pensamiento político de Jovellanos. Seis estudios*, Oviedo, In itinere, 2011.

— *La Constitución de Cádiz, orígenes, contenido y proyección internacional*, Madrid, CEPC, 2011.

— «Ramón de Salas y la nueva ciencia jurídica», *Teoría y Realidad Constitucional*, 28, enero-junio de 2011, pp. 623-638.

— «La Constitución de Cádiz en Inglaterra», *HC*, 13, 2012.

— (ed.), *Constituciones en la sombra. Proyectos constitucionales españoles (1812-1835)* (en preparación).

FERNÁNDEZ SEBASTIÁN, JAVIER, *La aurora de la libertad. Los primeros liberalismos en el mundo iberoamericano*, Madrid, Marcial Pons, 2012.

— (ed.), *Diccionario político y social del mundo iberoamericano*, Centro de Estudios Políticos y Constitucionales.

FERNÁNDEZ SEBASTIÁN, JAVIER y JUAN FRANCISCO FUENTES, *Historia del periodismo español. Prensa política y opinión pública en la España contemporánea*, Madrid, Síntesis, 1997.

— *Diccionario político y social del siglo XIX español*, Madrid, Alianza, 2003.

FERNÁNDEZ SEGADO, FRANCISCO, «Reflexiones críticas en torno al Federalismo en América Latina», Alfredo Arismendi y Jesús Caballero Ortiz (eds.), *El derecho público a comienzos del siglo XXI: estudios en homenaje al profesor Allan R. Brewer Carías*, vol. 1, 2003.

FERNS, HENRY STANLEY, *Gran Bretaña y Argentina en el siglo XIX*, Buenos Aires, Hachette, 1968.

FERRAJOLI, LUIGI, *La sovranita nel mondo moderno*, Bari, Laterza, 1997.

— «Pasado y futuro del Estado de derecho», Miguel Carbonell (coord.), *Neoconstitucionalismo(s)*, 2003, pp. 18-19.

— «Sobre los derechos fundamentales», Miguel Carbonell (ed.), *Teoría del neoconstitucionalismo. Ensayos escogidos*, Madrid, Trotta, Instituto de Investigaciones Jurídicas-UNAM, 2007.

— *La democrazia attraverso i diritti*, Bari, Laterza, 2013.

— *Iura paria. I fondamenti della democrazia costituzionale*, Nápoles, Editoriale Scientifica, 2017.

— *La democrazia attraverso i diritti*, Bari, Laterza, 2013.

— *Il costituzionalismo oltre lo Stato*, Módena, Mucchi Editore, 2017.

— *Por una Constitución de la Tierra*, Madrid, Trotta, 2022.

FERRANDO BADÍA, JUAN, «Vicisitudes e influencias de la Constitución de Cádiz», *REP*, 126, 1962.

— «Proyección exterior de la Constitución de 1812», *Ayer*, 1, 1991.

FERRARI, MARCELA, *Los políticos en la república radical. Prácticas políticas y construcción de poder*, Buenos Aires, Siglo XXI, 2008.

FERRER MUÑOZ, MANUEL, *La Constitución de Cádiz y su aplicación en la Nueva España*, México, UNAM, 1993.

FERRERES, VÍCTOR, *Justicia constitucional y democracia*, Madrid, CEC, 2007.

FIALLO MONEDERO, LILIAM y ABRAHAM ZALDÍVAR RODRÍGUEZ, «El nuevo constitucionalismo para el proyecto de emancipación latinoamericana», Rubén Martínez Dalmau y Roberto Viciano Pastor (eds.), *Estudios sobre el nuevo constitucionalismo latinoamericano*, Valencia, Tirant lo Blanch, 2012.

FICO, CARLOS, *O grande irmão da Operarção Brother Sam aos anos de chumbo: o governo dos Estados Unidos e a ditadura militar brasileira*, Río de Janeiro, 2008.

FIGUEROA ESQUER, RAÚL y VÍCTOR VILLAVICENCIO, «La intriga monárquica de Bermúdez de Castro 1845-1846», *Trienio*, 59, mayo de 2012, pp. 5-39.

FILIPPI, ALBERTO (dir.), *Bolívar y Europa en las crónicas, el pensamiento político y la historiografía: siglos XIX y XX*, 3 vol., Caracas, Presidencia de la República, Comité Ejecutivo del Bicentenario de Simón Bolívar, Venezuela, 1986-1992.

FISCHER, THOMAS, *Die Souveränität der Schwachen: Lateinamerika und der Völkerbund 1920-1936*, Stuttgart, 2012.

FISKE, JOHN A., *The Destiny of Man*, Boston, 1884.

FIX-ZAMUDIO, HÉCTOR, «Acta Constitutiva y de Reformas 1847. Marco jurídico», Patricia Galeana (comp.), *México y sus constituciones* (2.ª ed.), México, Fondo de Cultura Económica, 2003.

FLORES GIMÉNEZ, FERNANDO (ed.), *Constitución y pluralismo jurídico*, Quito, Corporación Editora Nacional, Instituto de Derecho Público Comparado, 2004.

FLORES-GALINDO, ALBERTO, *Buscando un Inca. Identidad y utopía en los Andes*, Lima, Instituto de Apoyo Agrario, 1987.

FLÓREZ ESTRADA, ÁLVARO, «Representación hecha al S. M. C. el Sr. Don Fernando VII en defensa de las Cortes», *Obras*, estudio preliminar y edición de Miguel Artola, BAE, t. 113, Madrid, Atlas, 1958.

— *Constitución para la Nación española presentada a S. M. la Junta Suprema Gubernativa de España e Indias en noviembre de 1809*, *Obras*, estudio preliminar y edición de Miguel Artola, BAE, t. 113, Madrid, 1958.

— «Introducción para la Historia de la Revolución española», *Obras*, estudio preliminar y edición de Miguel Artola, BAE, t. 112, Madrid, 1958, pp. 215-305.

FOERSTER GONZÁLEZ, ROLF, *Jesuitas y mapuches, 1593-1767*, Santiago de Chile, Universitaria, 1996.

FOIX, PERE, *Cárdenas*, México, Editorial Latinoamericana, 1947.

FONER, PHILIP S., *La guerra hispano/cubano/americana y el nacimiento del imperialismo norteamericano*, 2 vols., edición española, Madrid, Akal, 1975.

FONTANA, JOSEP, *La quiebra de la Monarquía Absoluta. 1814-1820*, Barcelona, Ariel, 1977.

FORD, ALEC GEORGE, *El patrón oro: 1880-1914. Inglaterra y Argentina*, Buenos Aires, 1966.

FORESTI, CARLOS y otros, *La narrativa chilena. Desde la Independencia hasta la Guerra del Pacífico*, 2 vols., Andrés Bello, 1999-2001.

FOS MEDINA, JUAN BAUTISTA, «Los conceptos de límite y de frontera en el Tratado de San Ildefonso, según Félix de Azara», *Prudentia Iuris*, 74, 2012, pp. 141 y ss.

FOWLER, WILL, *Santa Anna ¿Héroe o villano?*, Barcelona, Crítica, 2007.

FRADKIN, RAÚL y JUAN CARLOS GARAVAGLIA, *La Argentina colonial*, Buenos Aires, Siglo XXI, 2009.

FRANCO, ANTONIO-FILIÚ, *Cuba en los orígenes del constitucionalismo español: la alternativa descentralizadora (1808-1837)*, Zaragoza, Fundación Manuel Jiménez Abad, 2011.

FRANCO, JOSÉ LUCIANO, *La batalla por el dominio del Caribe y el Golfo de México*, vol. 2, *Revoluciones y conflictos internacionales en el Caribe, 1789-1854*, La Habana, 1964.

FRAY SERVANDO TERESA DE MIER, *Historia de la Revolución de Nueva España, antiguamente llamada Anahuac, o verdadero origen y causas de ella con la relación de sus progresos hasta el presente año de 1813*, prólogo de Andrés Henestrosa, México, Instituto Cultural Helénico-Fondo de Cultura Económica, 1987 (Clásicos de la Historia de México).

— *Memoria político-instructiva enviada desde Filadelfia en agosto de 1821, a los Jefes Independientes del Anáhuac llamado por los españoles Nueva España*, Filadelfia, 1821; edición facsimilar de Classic Reprint Series, Forgotten Books, 2018.

FRAY TORIBIO DE BENAVENTE, «MOTOLINIA», *Historia de los indios de Nueva España*, Madrid, RAE, Centro para la edición de los Clásicos Españoles, MMXIV.

FRIEDMAN, MAX, *Nazis and Good Neighbors: The United States Campaign Against the Germans of Latin America in World War II*, Cambridge, 2003.

FUENTE, ARIEL DE LA, *Children of Facundo. Caudillo and Gaucho Insurgency During the Argentine State-Formation Process (La Rioja, 1853-1870)*, Durham, Duke University Press, 2000.

FUENTES, CLAUDIO, *Bajo la Mirada del Halcón: Estados Unidos-América Latina post 11.09.2001*, Santiago de Chile, 2004.

FUENTES, JUAN FRANCISCO, «Álvaro Flórez Estrada en el Trienio Liberal», Joaquín Varela Suanzes-Carpegna (ed.), *Álvaro Flórez Estrada (1766-1853), economía, política, sociedad*, Oviedo, JGPA, 2003.

FUENTES AGUIRRE, ARMANDO, «CATÓN», *La otra historia de México: Antonio López de Santa Anna*, México, Planeta, 2012.

FUENTES MARES, JOSÉ, *Santa Anna: el hombre*, México, 1932.

FUNDACIÓN MISIÓN COLOMBIA, *Historia de Bogotá*, 3 vols., Bogotá, Villegas Editores, 1989.

FUNES, PATRICIA, *Historia mínima de las ideas políticas en América Latina*, Turner/El Colegio de México, 2014.

FURTADO, CELSO, *La economía latinoamericana desde la conquista ibérica hasta la Revolución Cubana*, México, Siglo XXI, 1970.

— *Formación económica del Brasil*, México, Fondo de Cultura Económica, 1974.

FUSI, JUAN PABLO y ANTONIO NIÑO (eds.), *Vísperas del 98. Orígenes y antecedentes de la crisis del 98*, Madrid, Biblioteca Nueva, 1997.

FUSILIER, RAYMOND, *Les Monarchies Parlementaires*, París, Les Editions Ouvrieres, 1960.

GALEANO, EDUARDO, *Las venas abiertas de América Latina*, edición del cincuentenario, Madrid, Siglo XXI, 2021.

GALLARDO, RICARDO, *Las Constituciones de la República Federal de Centroamérica*, Madrid, Instituto de Estudios Políticos, 1958.

GALLO, EZEQUIEL y ROBERTO CORTÉS CONDE, *Historia Argentina, 5: La República Conservadora*, Buenos Aires, 1972.

GALVÁN RODRÍGUEZ, EDUARDO, *La abolición de la esclavitud en España. Debates parlamentarios, 1810-1886*, Madrid, Dykinson, 2014.

GAMBINI, HUGO, *Historia del peronismo*, vol. 2, Buenos Aires, Planeta, 1999-2001.

GAMBOA, FRANCO, «Las razones del fracaso: la Asamblea Constituyente en Bolivia como democracia bloqueada», *Revista de Estudios Políticos (nueva época)*, 143, 2009.

GANTENBEIN, KAMES WATSON, *The Evolution of Our Latin American Policy. A Documentary Record*, Nueva York, 1971.

GARAVAGLIA, JUAN CARLOS, *Economía, sociedad y regiones*, Buenos Aires, Ediciones de la Flor, 1987.

GARCÍA, PRUDENCIO, *El drama de la autonomía militar*, Madrid, Alianza, 1995.

GARCÍA CALDERÓN, FRANCISCO, *Le Pérou contemporain*, París, 1907.

GARCIADIEGO, JAVIER, «Vigencia de la Constitución de 1917. México a través de este siglo: su evolución política», Patricia Galeana (comp.), *México y sus constituciones* (2.ª ed.), México, Fondo de Cultura Económica, 2003.

— *La revolución mexicana. Crónicas, documentos, planes y testimonios*, México, UNAM, 2005.

— «El Porfiriato», Gisela von Wobeser (coord.), *Historia de México*, México, Presidencia de la República-SEP-Fondo de Cultura Económica, 2010.

GARCÍA FIGUEROA, ALFONSO, *Criaturas de la moralidad. Una aproximación neoconstitucionalista al derecho a través de los derechos*, Madrid, Trotta, 2009.

GARCÍA-HUIDOBRO BECERRA, CRISTÓBAL, *Yo, Montt*, Santiago, Vergara, 2009.

— *Epistolario de Manuel Montt (1824-1880): estudio preliminar, recopilación, transcripción y notas*, 2 tomos, Santiago, Dirección de Bibliotecas, Archivos y Museos, 2015.

GARCÍA LAGUARDIA, JORGE MARIO, «Transición democrática y nuevo orden constitucional. La Constitución guatemalteca de 1985», Miguel Carbonell y Diego Valadés (coords.), *Constitucionalismo iberoamericano en el siglo XXI*, México, Universidad Nacional Autónoma de México (UNAM), 2000, pp. 211 y ss.

GARCÍA LEÓN, JOSÉ MARÍA, *Los diputados doceañistas: una aproximación al estudio de los diputados de las Cortes Generales y Extraordinarias (1810-1813)*, Cádiz, 2006.

GARCÍA MÁRQUEZ, GABRIEL, *El coronel no tiene quien le escriba*, Aguirre, 1961.

— *Cien años de soledad*, Editorial, 1967.

— *El otoño del patriarca*, Plaza y Janes, 1975.

— *El general en su laberinto*, Colombia, Oveja Negra, 1989.

— *Memoria de mis putas tristes*, Colombia, Mondadori, 2004.

GARCÍA MARTÍNEZ, ROBERTO, «La Constitución española de 1812 como antecedente constitucional argentino», *Revista de Estudios Políticos*, 138, 1964, pp. 91 y ss.

GARCÍA MÉROU, MARTÍN, *Estudios americanos*, Buenos Aires, La cultura argentina, 1916.

GARCÍA MONERRIS, CARMEN, «Introducción», *Reflexiones sociales y otros escritos de José Canga Argüelles*, Madrid, CEPC, 2000.

GARFÍAS M., LUIS, *Verdad y leyenda de Pancho Villa*, México, Panorama, 1981.

GARGARELLA, ROBERTO, *La justicia frente al gobierno*, Barcelona, Ariel, 1996.

— (coord.), *Teoría y crítica del derecho constitucional*, 2 vols., Buenos Aires, Abeledo-Perrot, 2008.

— *The Legal Foundations of Inequality, Constitucionalism in the Americas, 1778-1860*, Cambridge, Cambridge University Press, 2010.

— «Apuntes sobre el constitucionalismo latinoamericano del siglo XIX. Una mirada histórica», en *Revista del Instituto de Ciencias Jurídicas de Puebla*, 25, 2010, pp. 30-48.

— «Una disputa imaginaria sobre el control judicial de las leyes. Constitucionalismo popular frente a la teoría de Nino», Miguel Carbonell y Leonardo García Jaramillo (eds.), *El canon neoconstitucional*, Madrid, Trotta, 2010.

— «Constitucionalism in Latin America, past and present», *New constitucionalism in Latin America from a comparative perspective: a steps toward good governance?*, Hamburgo, German Institute of Global and Area Studies, 2011, pp. 17-19.

— «Pensando sobre la reforma constitucional en América Latina», *El Derecho en América Latina: un mapa para el pensamiento jurídico del siglo XXI*, Buenos Aires, Siglo XXI, 2011, pp. 87-109.

— *Latin American Constitutionalism, 1810-2010. The engine room of the Constitution*, Nueva York, Oxford University Press, 2013.

— *La sala de máquinas de la Constitución. Dos siglos de constitucionalismo en América Latina (1810-2010)*, Madrid, Katz, 2014, pág. 241.

— «Sobre el "nuevo constitucionalismo latinoamericano"», *Revista Uruguaya de Ciencia Política*, 1, 2018, p. 116.

— y Christian Courtis, *El nuevo constitucionalismo latinoamericano: promesas e interrogantes*, Santiago de Chile, Naciones Unidas, Cepal, Serie Políticas Sociales, 153, Asdi, 2009.

— Leonardo Filippini y Agustín Cavana, *Recientes reformas constitucionales en América Latina*, Reporte UNDP, 2011.

GARNICA SILVA, ANTONIO y JESÚS DÍAZ GARCÍA (eds.), *Obra poética completa*, Madrid, Visor, 1994.

GARNICA, ANTONIO y RAQUEL RICO (eds.), *Semanario Patriótico. Sevilla, 1809*, Edición de *Obras completas, vol. I*, Granada, ALMED, 2005.

GARRIDO, LUIS JAVIER, *El partido de la Revolución Institucionalizada*, México, Siglo XXI, 1982.

GARRIDO, MARGARITA, *Reclamos y representaciones: variaciones sobre la política en el Nuevo Reino de Granada, 1770-1815*, Bogotá, Banco de la República, 1993.

GARRIGA, CARLOS y MARTA LORENTE, *Cádiz 1812. La Constitución jurisdiccional*, epílogo de Bartolomé Clavero, Madrid, CEPC, 2007.

GARRIGA CALVET, CARLOS, «Constitución, Ley y Reglamento. El nacimiento de la potestad reglamentaria en España (1810-1814, 1820-1823)», *AHDE*, 65, 1995, pp. 449-532.

GARRORENA MORALES, ÁNGEL, *El Ateneo de Madrid y la teoría de la monarquía liberal (1836-1847)*, Madrid, IEP, 1974.

— «Estudio preliminar», *Lecciones de Derecho Político Constitucional*, de Antonio Alcalá Galiano, Madrid, CEC, 1984.

GAY MOURET, CLAUDIO, *Historia física y política de Chile*, 12 tomos, París, Casa del autor, 1844-1871.

— *Atlas de la historia física y política de Chile*, Lom, 2010.

GAZMURI, CRISTIÁN, *Eduardo Frei Montalva y su época*, Aguilar, 2000.

— *La historiografía chilena (1842-1970)*, Taurus, 2 vols., 2006-2009.

GELMAN, JORGE, *De mercachifle a gran comerciante. Los caminos del ascenso en el Río de la Plata colonial*, Huelva, Universidad Internacional de Andalucía, 1996.

GELLMAN, IRWIN F., *Good Neighbor Diplomacy 1933-1945*, Baltimore, 1979.

GERCHUNOFF, PABLO y LUCAS LLACH, *El ciclo de la ilusión y el desencanto. Un siglo de políticas económicas argentinas*, Buenos Aires, Emecé, 2010.

GERCHUNOFF, PABLO, FERNANDO ROCCHI y GASTÓN ROSSI, *Desorden y progreso. Las crisis económicas argentinas 1870-1905*, Buenos Aires, Edhasa, 2008.

GERMANI, GINO, *Sociologia della modernizzazione. L'esperienza dell'America Latina*, Bari, Laterza, 1971.

GHISALBERTI, CARLO, *Storia Costituzionale d'Italia (1848-1948)*, Laterza, 1985.

GIACOBONE, CARLOS y EDIT ROSALÍA GALLO, *Radicalismo bonaerense: la ingeniería política de Hipólito Yrigoyen, 1891-1931*, Buenos Aires, Corregidor, 1999.

GILMORE, ROBERT L., *Caudillism and Militarism in Venezuela, 1810-1910*, Ohio, 1964.

GIL NOVALES, ALBERTO, *Las Sociedades Patrióticas*, Madrid, Tecnos, 1975.

— *El Trienio Constitucional*, Madrid, Siglo XXI, 1976.

— «Introducción», *Historia de la Revolución Española y otros escritos*, de Juan Romero Alpuente, vol. 1, Madrid, CEC, 1989.

— «Exaltación liberal y republicanismo en España», *Revista de Historia Moderna*, 12, 1993.

— *Diccionario biográfico de España (1808-1833). De los orígenes del liberalismo a la reacción absolutista*, 3 vols., Madrid, Fundación MAPFRE, 2011.

GILL, MARIO, *La década bárbara*, México, 1970.

GILLESPIE, RICHARD, *Soldados de Perón. Los Montoneros*, Buenos Aires, Grijalbo, 1997.

GILLY, ADOLFO, *La revolución interrumpida*, México, Era, 1994.

— *Cada quien morirá por su lado. Una historia militar de la decena trágica*, Era, 2013.

GIMÉNEZ FERNÁNDEZ, MANUEL, «Las doctrinas populistas en la independencia de Hispanoamérica», Anuarios de Estudios Americanos, Sevilla, 1946, pp. 519-565.

GIRALDO, LAURA, «Entre rupturas y retornos: la nueva cuestión indígena en América Latina», Laura Giraldo (coord.), *Ciudadanía y derechos indígenas en América Latina: poblaciones, estados y orden internacional*, CEPC, Madrid, 2007, pp. 7 y ss.

GLAVE, LUIS MIGUEL, *Trajinantes. Caminos indígenas de la sociedad colonial, siglos XVIII-XVII*, Lima, IAA, 1987.

GLOPPEN, SIRI, BRUCE WILSON, ROBERTO GARGARELLA, ELIN SKAAR y MORTEN KINANDER, *Courts and Power in Latin America and Africa*, Nueva York, Palgrave, 2010.

GODOY, HERNÁN, *La cultura chilena*, Universitaria, 1984.

GOICOVICH, IGOR, *Relaciones de solidaridad y estrategia de reproducción social en la familia popular del Chile tradicional (1750-1860)*, Madrid, CSIC, 2006.

GOLDMAN, NOEMÍ, *Lenguaje y revolución: conceptos políticos clave en el Río de la Plata, 1780-1850*, Prometeo Libros, 2008.

GÓMEZ ISA, FELIPE, «La Declaración de las Naciones Unidas sobre los derechos de los pueblos indígenas: un hito en el proceso de reconocimiento de los derechos indígenas», en *Revista Española de Derecho Internacional*, 71, enero-junio de 2019, pp. 119 y ss.

GOMEZ-JURADO ERAZO, SEVERO, *Vida de García Moreno*, Quito, 1959.

GÓMEZ ROBLEDO, ANTONIO, *Los Tratados de Bucareli ante el Derecho Internacional*, Nuevo México, Polis, 1938.

GÓMEZ SEGURA, MARTE RODOLFO, *Pancho Villa, un intento de semblanza*, México, Fondo de Cultura Económica, 1972.

GÓNGORA, MARIO, *La noción de Estado en Chile. Siglos XIX y XX*, La Ciudad, 1981.

— *Estudios de historia económica colonial*, Universitaria, 1998.

GONZALES, FERNÁN, *Para leer la política. Ensayos de historia política colombiana*, 2 vols., Bogotá, CINEP, 1997.

GONZALES, OSMAR, *Ideas, intelectuales y debates en el Perú*, Lima, Universidad Ricardo Palma-Editorial Universitaria, 2011.

GONZALES MANTILLA, GORKI YURI, «Notas sobre el futuro de los derechos fundamentales en América Latina», Marcelo Labanca Correa de Araújo y Roberto Romboli (eds.), *Il futuro dei diritti fondamentali*, Pisa University Press, Valencia, Tirant lo Blanch, 2020, pp. 191-193.

GONZÁLEZ, ENRIQUE JORGE, «Los antecedentes de la Constitución de 1917», *El constitucionalismo en las postrimerías del siglo XX*, t. V, México, UNAM, 1988.

GONZÁLEZ, HEISE, *Historia de Chile. El periodo parlamentario. 1861-1925*, Andrés Bello, 1974.

GONZÁLEZ BERNALDO DE QUIRÓS, PILAR, *Civilidad y política en los orígenes de la nación argentina*, Buenos Aires, Fondo de Cultura Económica, 2001.

— «El largo siglo XIX», *Historia mínima de Argentina*, El Colegio de México y Turner, 2014.

GONZÁLEZ CALDERÓN, JUAN A., *Derecho Constitucional Argentino. Historia. Teoría y Jurisprudencia de la Constitución*, t. I, Buenos Aires. Lajouane, 1930, pp. 187 y ss.

GONZÁLEZ CASANOVA, PABLO (coord.), *América Latina: Historia de medio siglo*, 2 vols., México, Siglo XXI, 1981.

GONZÁLEZ CASILLAS, JOSÉ, *Papeles de don Agustín de Iturbide*, México, Tradición, 1977.

GONZÁLEZ DAVISON, FERNANDO, *La montaña infinita; Carrera, caudillo de Guatemala*, Guatemala, Artemis y Edinter, 2008.

— «La institución ministerial en los orígenes del constitucionalismo español», *Revista de Derecho Administrativo y Fiscal*, 38-39, 1974, pp. 271-302.

GONZÁLEZ NAVARRO, MOISÉS, *Estadísticas sociales del Porfiriato, 1877-1910*, México, 1956.

— *Fuerza de trabajo y actividad económica*, México, 1965.

— *Anatomía del poder en México (1848-1853)*, México, 1977.

— *Raza y tierra*, México, 1970.

GONZÁLEZ OROPEZA, MANUEL (comp.), *La reforma del Estado federal. Acta de Reformas de 1847*, México, UNAM, 1998.

— *Los congresos constituyentes durante los últimos 150 años de México*, México, Suprema Corte de Justicia de la Nación, 2008.

— «Pasado y futuro de la anulación de leyes según el Acta de Reformas (1847-1857)», Cecilia Noriega y Alicia Salmerón (coords.), *México: un siglo de historia constitucional (1808-1917). Estudios y perspectivas*, México, Poder Judicial de la Federación-Instituto de Investigaciones Dr. José María Luis Mora, 2009.

GONZÁLEZ PEDRERO, ENRIQUE, *País de un solo hombre: el México de Santa Anna*, 3 vols., México, Fondo de Cultura Económica, 2013-2018.

GONZÁLEZ QUEVEDO, JOANNA, «Bases jurídicas para el empoderamiento político de los actuales diseños constitucionales de Venezuela, Ecuador y Bolivia», Rubén Martínez Dalmau y Roberto Viciano Pastor (eds.), *Estudios sobre el nuevo constitucionalismo latinoamericano*, Valencia, Tirant lo Blanch, 2012.

GONZÁLEZ VIGIL, RICARDO, Introducción a la edición de *Los ríos profundos*, Madrid, Cátedra, 1.ª ed. 1995; 17.ª ed. 2021, p. 17.

GONZÁLEZ Y GONZÁLEZ, LUIS, *El indigenismo de Maximiliano*, México, IFAL, 1965.

GOOTENBERG, PAUL, *Imaginar el desarrollo. Las ideas económicas en el Perú poscolonial*, Lima, BCRP-IEP, 1998.

GOTT, RICHARD, *Las guerrillas en América Latina*, Santiago de Chile, Universitaria, 1971.

GOYTISOLO, JUAN, «Introducción», *Obra Inglesa* de José María Blanco-White, Buenos Aires, Formentor, 1972.

— *Blanco White. El Español y la independencia de Hispanoamérica*, Taurus, 2010, p. 74.

GRACIANO, OSVALDO, *Entre la torre de marfil y el compromiso político. Intelectuales de izquierda en la Argentina, 1918-1955*, Bernal, Universidad Nacional de Quilmes, 2008.

GRAFENSTEIN GAREIS, JOHANNA VON, «La Revolución Haitiana, 1789-1804», Jaime E. Rodríguez O. (coord.), *Revolución, independencia y las nuevas naciones de América*, Madrid, Fundación MAPFRE, 2005.

GRANDIN, GREG y GILBERT M. JOSEPH (eds.), *A Century of Revolution: Insurgent and Counterinsurgent Violence During Latin America's Long Cold War*, Durham, 2010.

GRANÉS, CARLOS, *Delirio americano. Una historia cultural y política de América Latina*, Taurus, 2022.

GRASES, PEDRO y MANUEL PÉREZ VILLA (eds.), *Pensamiento político venezolano del siglo XIX*, 15 vols., Caracas, 1960-1962.

GRENVILLE, JOHN A. S. y GEORGE BERKELEY YOUNG, *Politics, Strategy, and American Diplomacy. Studies in Foreign Policy, 1873-1917*, New Haven y Londres, 1966.

GREEN, GRAHAM, *El poder y la gloria*, Reino Unido, J. B. Lippincott, 1940.

GREBE VICUÑA, MARÍA ESTER, *Culturas indígenas de Chile: un estudio preliminar*, Santiago, Pehuen, 1998.

GRUNWALD, JOSEPH (ED.), *Latin America and World Economy*, Beverly Hills, 1978.

— *Historical Statistics of the United States. Colonial Times to 1970*, Washington, Bicentennial Edition, 1975.

GUDYNAS, EDUARDO, «Los derechos de la naturaleza en serio», *La naturaleza con derechos: de la Filosofía a la Política*, Quito, Abya-Yala, 2011, pp. 239-287.

GUEDEA, VIRGINIA, *Textos insurgentes (1808-1821)*, México, UNAM, 1998.

GUERRA, FRANÇOIS-XAVIER, *Le Mexique, de l'Ancien Régime á la Revolution*, 2 tomos, París, 1985.

— *Las revoluciones hispánicas, independencias americanas y liberalismo español*, Madrid, Editorial Complutense, 1995.

GUERRA, MARGARITA, *Historia general del Perú*, Lima, Milla Batres, 1984.

GUERRA VILABOY, SERGIO, *Paraguay: de la independencia a la dominación imperialista, 1811-1870*, Asunción (Paraguay), Industrial Gráfica Comuneros SAEP, 1991.

— y ALBERTO PRIETO, *Estados Unidos contra América Latina. Dos siglos de agresiones*, La Habana, 1978.

GUERRANT, EDWARD O., *Roosevelt's Good Neighbor Policy*, Albuquerque, 1950.

GUERRERO, ANA CLARA, *Viajeros británicos en la España del siglo XVIII*, Madrid, Aguilar, 1990.

GUZMÁN, MARTÍN LUIS, *Necesidad de cumplir las Leyes de Reforma*, México, UNAM, 1963.

— *El águila y la serpiente*, Compañía General de Ediciones, 1966.

GUZMÁN BRITO, ALEJANDRO, *Historia de la codificación civil en Iberoamérica*, Thomson Aranzadi, 2006.

GUZMÁN HERNÁNDEZ, TEODORO YAN, «Legados normativos para democratizar la convocatoria de mandato desde el (neo)constitucionalismo latinoamericano», Rubén Martínez Dalmau y Roberto Viciano Pastor (eds.), *Estudios sobre el nuevo constitucionalismo latinoamericano*, Valencia, Tirant lo Blanch, 2012.

HALE, CHARLES A., «Alamán, Antuñano y la continuidad del liberalismo», *Historia Mexicana XI*, 42, El Colegio de México, octubre-diciembre de 1961.

— *El liberalismo mexicano en la época de Mora, 1821-1853*, México, 1972.

— *La transformación del liberalismo en México a fines del siglo XIX*, México, Fondo de Cultura Económica, 2002.

HALL, LINDA B., *Álvaro Obregón: poder y revolución en México, 1911-1920*, México, Fondo de Cultura Económica, 1985.

HALPERÍN-DONGHI, TULIO, *Historia argentina: De la revolución de independencia a la confederación rosista*, Buenos Aires, 1972.

— *Revolución y guerra. Formación de una élite dirigente en la Argentina criolla*, Buenos Aires, Siglo XXI, 1972.

— *Historia contemporánea de América Latina*, Madrid, Alianza, 1975.

— *Politics, Economics and Society in Argentina in the Revolutionary Period*, Cambridge, 1975.

— *Proyecto y Construcción de una Nación*, Caracas, Biblioteca Ayacucho, 1980.

— *Guerra y finanzas en los orígenes del Estado argentino (1791-1850)*, Buenos Aires, Editorial de Belgrano, 1982.

— *Tradición política española e ideología revolucionaria de Mayo*, Buenos Aires, 1985.

— *Historia de América Latina: Reforma y disolución de los Imperios Ibéricos*, Madrid, Alianza América, 1985.

— *La democracia de masas*, Buenos Aires, Paidós, 1991.

— *La larga agonía de la Argentina peronista*, Buenos Aires, Ariel, 1994.

— «Estudio preliminar», *Vida y muerte de la República verdadera (1910-1930)*, Buenos Aires, Ariel, 2000.

— *La Argentina y la tormenta del mundo: ideas e ideologías entre 1930 y 1945*, Buenos Aires, 2003.

— «Estudio preliminar», *La República imposible (1930-1945)*, Buenos Aires, Ariel, 2004.

— *Una nación para el desierto argentino*, Buenos Aires, Prometeo, 2006.

HÄMÄLÄINEN, PEKKA, *El imperio comanche*, Península, 2011.

HAMERLEY, MICHAEL T., *Historia social y económica de la antigua provincia de Guayaquil, 1763-1842*, Guayaquil, 1973.

HAMILL, HUGH M., *The Hidalgo revolt: prelude to Mexican independence*, Wesport, 1981.

HAMNETT, BRIAN R., *La política española en una época revolucionaria, 1790-1820*, México, Fondo de Cultura Económica, 1985.

— *Raíces de la insurgencia en México. Historia regional 1750-1824*, México, Fondo de Cultura Económica, 1990.

HAMPE MARTÍNEZ, TEODORO, *Bernardo Monteagudo y su intervención en el proyecto monárquico*, Centro Argentino de Estudios Internacionales, 2010.

HANKE, LEWIS (ed.), *Do the Americas have a common History?, A critique of the Bolton theory*, Nueva York, 1964.

HARMER, TANYA, *El gobierno de Allende y la guerra fría interamericana*, UDP, 2013.

HARNECKER, MARTA, *Cuba ¿dictadura o democracia?* (1.ª ed.), México, Siglo XXI, 1975.

HARTLYN, JONATHAN, «Commentary: Constitutional Structure in Latin America», *Texas Law Review*, vol. 89, 7, 2011, pp. 1977-1983.

HARVEY, ROBERT, *Los libertadores. La lucha por la independencia de América Latina, 1810-1830*, Barcelona, RBA, 2010.

HARWEY, N. *The Chiapas Rebellion*, Durham, Duke U. Press, 1998.

HAUSSER, PHILIP M. (coord.), *L'urbanisation en Amérique Latine*, París, Unesco, 1962.

HAYES, MARGARET DALY, *Latin America and the U.S. National interest: A Basis for U.S. Foreign Policy*, Boulder y Londres, 1984.

HENDERSON, JAMES, *La modernización de Colombia: los años de Laureano Gómez*, Medellín, Clío y Universidad de Antioquia, 2006.

HEREDIA, EDMUNDO, *La guerra de los congresos: el pan-hispanismo contra el panamericanismo*, Córdoba, 2007.

HERNÁNDEZ ARREGUI, JUAN JOSÉ, *Peronismo y socialismo* (3ª. ed.), Buenos Aires, 1973.

HERNÁNDEZ RAMÍREZ, ZÓSIMO, «Autonomías indígenas en México. Entre la vía legal y la vía de los hechos», Laura Giraudo (ed.), *Ciudadanía y derechos indígenas en América Latina: poblaciones, estados y orden internacional*, Madrid, Centro de Estudios Políticos y Constitucionales, 2007.

HERNÁNDEZ SÁNCHEZ-BARBA, MARIO, *Vida de Bolívar*, Ariel, 2004.

HERR, RICHARD, *España y la Revolución del siglo XVIII*, Madrid, Aguilar, 1979.

HERRERA ÁNGEL, MARTHA, *Ordenar para controlar. Ordenamiento espacial y control político en las llanuras del Caribe y en los Andes Centrales neogranadinos*, Bogotá, ICANH, Academia Colombiana de Historia, 2002.

HERRERO, JAVIER, *Los orígenes del pensamiento reaccionario español*, Madrid, Alianza, 1988.

HIDALGO, JORGE, *La historia andina en Chile*, Santiago, Universitaria, 2004.

— y VIRGILIO SCHIAPPACASSE, *Culturas de Chile. Prehistoria. Desde sus orígenes hasta los albores de la conquista*, Andrés Bello, 1989.

HOBSON, JOHN ATKINSON, *Estudio del imperialismo*, George Allen & Unwin, Ltd, 1902.

HOLDEN, ROBERT H. y ERIC ZOLOV (eds.), *Latin America and the United States: A Documentary History*, Nueva York, 2000.

HOME, DAVID, *Los huérfanos de la Guerra del Pacífico:* «El Asilo de la Patria», Dibam, 2006.

HORA, ROY, *Los terratenientes de la pampa argentina. Una historia social y política. 1860-1945*, Buenos Aires, Siglo XXI, 2002.

D. HOROWITZ, *Ethnic Groups in Conflict,* California U. Press, Berkeley, 1985.

HOWARTH, DAVID, *The invention of Spain: Cultural Relations between Britain and Spain, 1770-1870*, Manchester, Manchester University Press, 2007.

HUGUES, CHARLES EVAN, *Our Relations to the Nations of the Western Hemisphere*, Princeton, 1928.

HUIDOBRO, MARÍA GABRIELA, *El imaginario de la guerra del Arauco: mundo épico y tradición clásica*, Santiago de Chile, Fondo de Cultura Económica, 2017.

HUMBOLDT, ALEXANDER VON, *Ensayo político sobre la Nueva España*, Jules Renouard, París, 1827.

HUMPHREYS, ROBERT ARTHUR, *Latin America in the Second World War*, 2 tomos, Londres, 1981-1982.

HUNEEUS, CARLOS, *El régimen de Pinochet*, Sudamericana, 2000.

HUNT, SHANE, *La formación de la economía peruana. Distribución y crecimiento en la historia del Perú y América Latina*, Lima, BCRP-IEP, 2011.

HUTTON, P. ANDREW, *Las guerras apaches*, 1ª ed. en español, traducción de J. Romero Muñoz, Madrid, Desperta Ferro, 2023.

IANNI, OCTAVIO, *La formación del estado populista en América Latina*, México, Era, 1975.

IBÁÑEZ DE LA RENTERÍA, JOSÉ A., *Reflexiones sobre las formas de gobierno* (1783), edición, notas e introducción de Javier Fernández Sebastián, Bilbao, Universidad del País Vasco, 1994.

IBARGUREN, CARLOS, *Juan Manuel de Rosas, su vida, su drama, su tiempo* (17.ª ed.), Buenos Aires, Theoría, 1984.

IGLESIAS GONZÁLEZ, ROMÁN, *Planes políticos, proclamas, manifiestos y otros documentos de la Independencia al México moderno, 1812-1940*, México, UNAM, 1998.

INCA GARCILASO DE LA VEGA, comentarios reales de los incas (1609), Madrid, Cátedra.

IVERS, LARRY E., *Don Blas de Lezo: biografía de un marino español del siglo XVIII*, Madrid, EDAF, 2016.

IZARD, MIGUEL, MANUEL PÉREZ VILLA y otros, *Política y economía en Venezuela, 1810-1976*, Caracas, 1976.

JACOBSEN, NILS, *Ilusiones de la transición. El altiplano peruano: 1780-1930*, Lima, BCRP-IEP, 2013.

JAIMES, M. ANNETTE (ed.), *The State of Native America. Genocide, Colonization, and Resistance*, Boston, South End Press, 1992.

JAKSIC, IVÁN, *Andrés Bello: la pasión por el orden*, Santiago de Chile, Universitaria, 2001.

JAMES, DANIEL, *Resistencia e integración*, Buenos Aires, Sudamericana, 1990.

JAMES, TIMOTHY M., *Revolución social e interpretación constitucional: la Suprema Corte y la reforma social revolucionaria 1916-1934*, México, Poder Judicial de la Federación, 2010.

JANKE, PETER, *Mendizábal y la instauración de la monarquía constitucional en España (1790-1853)*, Madrid, Siglo XXI, 1974.

JARAMILLO URIBE, JAIME, *El pensamiento colombiano en el siglo XIX*, Bogotá, Temis, 1964.

— *Ensayos sobre historia social colombiana*, Bogotá, 1968.

— *La personalidad histórica de Colombia y otros ensayos*, Bogotá, 1977.
— (ed.), *Manual de historia de Colombia*, 3 vols., Bogotá, Colcultura, 1979.
JAULIN, ROBERT, *La paix blanche. Introduction à l'éthnocide*, París, Seuil, 1970.
— *La des-civilización (política y práctica del etnocidio)*, México, Nueva Imagen, 1979.
JEFFERSON, THOMAS, *Notes on the State of Virginia*, 1781.
JELLINEK, GEORG, *Teoría general del Estado*, traducción del alemán de Fernando de los Ríos, Buenos Aires, Albatros, 1973.
JIMÉNEZ SOLÍS, JORGE, *Francisco Morazán, su vida y su obra*, 1999.
JOBET, JULIO CÉSAR, *Ensayo crítico del desarrollo económico-social de Chile*, Santiago de Chile, Universitaria, 1955.
JOCELYN-HOLT, ALFREDO, *La independencia de Chile. Tradición, modernización y mito*, Fundación MAPFRE, 1992.
— *Historia general de Chile*, 3 vols., Planeta, 2000-2009.
JOHANNSEN, ROBERT WALTER, *Manifest Destiny and Empire: American Antebellum Expansion*, College Station, 1997.
JOHNSON, JOHN J., *La transformación política de América Latina. Surgimiento de los sectores medios*, Buenos Aires, Hachette, 1961.
— *A Hemisphere Apart: The Foundations of United States Policy toward Latin America*, Baltimore, 1990.
JOSEPH, GILBERT M. y otros (eds.), *Close Encounters of Empire: Writing the Cultural History of U.S.-Latin American Relations*, Durham, 1998.
— y DANIELA SPENSER (eds.), *In From the Cold: Latin America's New Encounter wtih the Cold War*, Durham, 2008.
JOUVENEL, BERTRAND DE, *Los orígenes del Estado moderno. Historia de las ideas políticas en el siglo XIX*, Madrid, EMESA, 1977.
JOVELLANOS, GASPAR MELCHOR, *Obras escogidas*, tomo I, II y III, Madrid, Espasa Calpe, 1946.
— «Correspondencia, 1808-1811», *Obras Completas*, vol. V, José Miguel Caso (ed.), Oviedo, IFES-Ayuntamiento de Gijón, 1990.
— *Memoria en defensa de la Junta Central (1811)*, edición y estudio preliminar de José Miguel Caso González, Oviedo, JGPA, 1993.
JOVER ZAMORA, JOSÉ MARÍA, «Caracteres de la política exterior de España en el siglo XIX», *Política, Diplomacia y Humanismo Popular en la España del siglo XIX*, Madrid, Turner, 1976.

— (ed.), *La Era Isabelina y el Sexenio Democrático (1834-1874)*, vol. XXXIV de *Historia de España*, fundada por Ramón Menéndez Pidal, Madrid, Espasa Calpe, 1981.

JURETSCHKE, HANS, «Los supuestos históricos e ideológicos de las Cortes de Cádiz», *Nuestro Tiempo*, 18, Madrid, 1955.

KAHLE, GÜNTER, *El ejército y la formación del Estado en los comienzos de la independencia de México*, México, Fondo de Cultura Económica, 1997.

KALMANOVITZ, SALOMÓN, *Economía y nación: una breve historia de Colombia*, Bogotá, Universidad Nacional y Siglo XXI, 1985.

— (ed.), *Nueva historia económica de Colombia*, Bogotá, Taurus y Universidad Jorge Tadeo Lozano, 2010.

KAPLAN, MARCOS, «La naturaleza del gobierno Peronista. 1945-1955», *Revista Latinoamericana*, 31-32, Bielefeld, 1973.

KARDEC, ALLAN, *Le livre des esprits*, 1857.

— *L´Évangile selon l'espiritisme* y el *Livre des médiums*, 1861.

— *Livre des médiums*, 1864.

KATZ, FRIEDRICH, *The Secret War in Mexico: Europe, the United States and the Mexican Revolution*, Chicago, 1981.

KEIR, DAVID LINDSAY, *The Constitutional History of Great Britain since 1845* (9.ª ed.), Londres, Adams and Charles Black, 1965.

KENETH, MAXWELL, *Conflicts and conspirades: Brazil and Portugal 1750-1808*, Cambridge, 1973.

KENNETH TURNER, JOHN, *México Bárbaro* (1911), Buenos Aires, Hyspamérica, 1985.

KLARÉN, PETER F., *Formación de las haciendas azucareras y los orígenes del APRA*, Lima, Instituto de Estudios Peruanos, 1976.

— *Nación y sociedad en la historia del Perú*, Lima, IEP, 2004.

KLEIN, HERBERT S., *Parties and Polilical Change in Bolivia, 1880-1952*, Cambridge, 1969.

— y BEN VINSON III, *La esclavitud en América Latina y el Caribe*, México, El Colegio de México, 2013.

KNAPP, FRANK AVERIL, *Sebastián Lerdo de Tejada*, Veracruz, Universidad Veracruzana, 1962.

KNIGHT, FRANKLIN W., *Slave Society in Cuba during the Nineteenth Century*, Madison, 1970.

KNOWLTON, ROBERT J., *Los bienes del clero y la Reforma mexicana. 1856-1910*, México, 1985.

KÖNIG, HANS-JOACHIM, «El intervencionismo norteamericano en Iberoamérica», M. Lucena Salmoral, John Lynch y otros, *Historia de Iberoamérica*, tomo III, Madrid, Cátedra, 1992, pp. 421 y ss.

KÖNIG, HANS-JOACHIM y STEFAN RINKE (eds.), *Transatlantische Perzeptionen: Lateinamerika- USA - Europa in Geschichte und Gegenwart*, Stuttgart, 1996.

— *North Americanization of Latin America? Culture, Gender, and Nation in the Americas*, Stuttgart, 2004.

KOVAL, BORIS, *Movimiento obrero en América Latina. 1917-1959*, Moscú, 1985.

KOZEL, ANDRÉS, *La Argentina como desilusión*, México, Nostromo, 2008.

KRAMER, LARRY, «Popular constitutionalism, circa, 2004», *California Law Review*, vol. 92, 4, 2004.

KRAUZE, ENRIQUE, *Caudillos culturales en la Revolución mexicana*, México, Siglo XXI, 1976.

— *Porfirio Díaz, místico de la autoridad*, México, Fondo de Cultura Económica, 1987.

— *Álvaro Obregón, el vértigo de la victoria*, México, Fondo de Cultura Económica, 1987.

— *Biografía del poder. Porfirio Díaz. Místico de la autoridad*, México, Fondo de Cultura Económica, 1991.

— *Siglo de caudillos*, Barcelona, Tusquets, 1994, p. 77.

— *Caudillos culturales de la Revolución mexicana* (1976), México, Tusquets, 1999.

— *Biografía del poder. Caudillos de la Revolución mexicana (1910-1920)*, Tusquets, 2002.

— *Redentores. Ideas y poder en América Latina*, Nueva York, Vintage español, Penguin Random House, 2012.

LACCHÉ, LUIGI, «Constitución, Monarquía, Parlamento: Francia y Bélgica ante los problemas y "modelos" del constitucionalismo europeo (1814-1848)», Joaquín Varela Suanzes-Carpegna (ed.), *Modelos Constitucionales en la Historia Comparada, Fundamentos*, 2, Oviedo, JGPA, 2000, pp. 538-557.

E. LACLAU, *The making of Political Identity*, Londres, Verso, 1994.

LACOSTE, PABLO, *La imagen del otro en las relaciones de la Argentina y Chile (1534-2000)*, Fondo de Cultura Económica, 2003.

LAFEBER, WALTER, *The New Empire. An Interpretation of American Expansion, 1860-1898*, Nueva York, Ithaca, 1963.

— *The Panama Canal. The Crisis in Historical Perspective*, Nueva York, 1978.

— *Inevitable Revolutions. The United States in Central America*, Nueva York, Londres, 1983.

LAFUENTE, MODESTO, *Historia de España desde los tiempos primitivos hasta la muerte de Fernando VII, continuada desde esta época hasta nuestros días por Juan Valera*, vol. XX, Barcelona, Imprenta de Muntaner y Simón, 1877-1882.

LAFUENTE, SILVIA, «La lengua quechua, referente insustituible de la vida y obra de José María Arguedas», *Anuario de Lingüística Hispánica*, XXVII, 2011, Universidad de Valladolid, pp. 145-167.

LAKE, D y D. ROTHCHILD, *The International Spread of Ethnic Conflict*, Princeton U. Press, 1998.

LAMBERT, JACQUES, *Amérique Latine*, París, PUF, 1963.

— *América Latina. Estructuras sociales e instituciones políticas*, Barcelona, Ariel, 1978.

LANCHESTER, FULCO, *Gli strumenti della democrazia. Lezioni di diritto costituzionale comparato*, Milán, 2004, pp. 64 y ss.

LANDA ARROYO, CÉSAR, *Derecho de la tierra y al territorio de los pueblos indígenas u originarios*, Lima, Ministerio de Cultura, 2020.

LANGEBAEK, CARL HENRIK, *Mercados, poblamiento e integración ética entre los muiscas, siglo XVIII*, Bogotá, Banco de la República, 1987.

LANGER, WILLIAM L., *The Diplomacy of Imperialism 1890-1902*, Nueva York, 1960.

LANGLEY, LESTER D., *The Americas in the Age of Revolution, 1750-1850*, New Haven, 1997.

LA PARRA, EMILIO, *Manuel Godoy: la aventura del poder*, Barcelona, Tusquets, 2002.

— *Los Cien Mil Hijos de San Luis. El ocaso del primer impulso liberal en España*, Madrid, Síntesis, 2007.

LASSO, MARIXA, *Mitos de armonía racial: Raza y republicanismo durante la era de la revolución, Colombia 1795-1831*, Bogotá, Banco de la República y Uniandes, 2013.

LASTARRIA, MIGUEL, *Colonias orientales del Río Paraguay o de la Plata*, ed. de E. del Valle Iberlucea, *Documentos para la Historia Argentina*, 3, Buenos Aires, Compañía SudAmericana de Billetes de Banco, 1914.

LAQUÈZE, ALAIN, *Les origines du régime parlementaire en France (1814-1848)*, París, Leviatán-PUF, 2002.

LARRAÍN, JORGE, *La identidad chilena*, Lom, 2001.

LARRAÍN, PAZ, *Presencia de la mujer en la Guerra del Pacífico*, UGM, 2002.

LAVALLÉ, BERNARD, *Las promesas ambiguas: ensayos sobre el criollismo colonial en los Andes*, Lima, PUCP-IRA, 1993.

— *Amor y opresión en los Andes coloniales*, Lima, IEP-IFEA, 1999.

LAVÍN, JOAQUÍN, *La revolución silenciosa*, Zig-Zag, 1987.

LAZARUS, EDWARD, *Black Hills / White Justice. The Sioux Nation Versus the United States, 1775 to the Present*, Harper Collins, 1991.

LECUNA, VICENTE, *Crónica razonada de las guerras de Bolívar*, 3 vols., Nueva York, 1950.

LEE BENSON, NETTIE, *La diputación provincial y el federalismo mexicano* (2.ª ed.), México, El Colegio de México, UNAM, 1994.

LEICHT, FEDERICO, *De patrias y tumbas; Ficciones de la historia reciente*, Estuario, 2013.

LEIMBACHER, JÖRG, *Der Rechte der Natur*, Basel, 1988.

LEGÓN, FAUSTINO J. y SAMUEL W. MEDRANO, *Las Constituciones de la República Argentina*, Madrid, Cultura Hispánica, 1953.

LEGUINECHE, MANUEL, *«Yo pondré la guerra». Cuba 1898: la primera guerra que se inventó la prensa*, Madrid, El País, 1998.

LEMOINE, ERNESTO, *Morelos. Su vida revolucionaria a través de sus escritos y de otros testimonios de la época*, México, UNAM, 1991.

— *Los orígenes del nacionalismo mexicano*, México, Era, 1982.

LEÓN, LEONARDO, *Maloqueros y conchavadores en Araucanía y las Pampas, 1700-1800*, Temuco, Universidad de la Frontera, 1990.

— *Ni patriotas ni realistas. El bajo pueblo durante la independencia de Chile, 1810-1822*, Dibam, 2011.

LÉON, PIERRE, *Economies et sociétés de l'Amerique Latine*, París, SEDES, 1969.

LEONARD, THOMAS M. (ed.), *United States-Latin American Relations, 1850-1903*, Tuscaloosa, 1999.

LEÓN MONCAYO, HÉCTOR, *Reflexiones sobre el constitucionalismo alternativo en América Latina*, Instituto Latinoamericano de Servicios Legales Alternativos, 2009.

LEÓN PORTILLA, MIGUEL, *Los manifiestos en náhuatl de Emiliano Zapata*, Instituto de Investigaciones Históricas, México, UNAM, 1978.

LEVI YEYATI, EDUARDO y DIEGO VALENZUELA, *La resurrección. Historia de la postcrisis Argentina*, Buenos Aires, Sudamericana, 2007.

LEVINSON, JEROME y JUAN DE ONÍS, *The Alliance that lost its Way*, Chicago, Newfarmer, Richard (ed.), *From Gunboats to Diplomacy. New U.S. Policies for Latin America*, Baltimore, Londres, 1984.

LEVITSKY, STEVEN, *La transformación del justicialismo. Del partido sindical al partido clientelista, 1983-1989*, Buenos Aires, Siglo XXI, 2005.

LEWIN, BOLESLAO, *Rousseau y la independencia argentina y americana*, Buenos Aires, Editorial Universitaria de Buenos Aires, 1967.

LIMANTOUR, JOSÉ YVES, *Apuntes sobre mi vida pública*, México, Porrúa, 1965.

LINZ, JUAN JOSÉ y ALFRED C. STEPHAN (coords.), *The breakdowm of democratic regimes; Latin America*, Baltimore, John Hopkins University Press, 1978.

LINZ, JUAN JOSÉ y ARTURO VALENZUELA, *The Failure of Presidential Democracy*, Baltimore, The John Hopkins University Press, 1994.

LITTLE, WALTER, «Party and State in Peronist Argentina», *HAHR*, 4, 1973.

LIRA, ANDRÉS, *El amparo colonial y el juicio de amparo mexicano*, México, Fondo de Cultura Económica, 1979.

— «Derechos del hombre y garantías individuales. Vallarta en la Constitución de 1917», *Revista de Investigaciones jurídicas*, 29(29), 2005.

LIRA, ANDRÉS y ANNE STAPLES, «Del desastre a la reconstrucción republicana, 1848-1876», *Historia general de México*, vol. II, México, Cámara de Diputados-El Colegio de México, 2010.

LIVINGSTONE, GRACE, *America's Backyard. The United States and Latin America from the Monroe Doctrine to the War on Terror*, Londres, 2009.

LIZANO, ANA CRISTINA, *América Latina y la segunda administración Bush*, San José de Costa Rica, 2008.

LLORENS CASTILLO, VICENTE, *Liberales y románticos. Una emigración española en Inglaterra (1823-1833)* (3.ª ed.), Madrid, Castalia, 1979.

— «Introducción», *Cartas de España* de José María Blanco-White, Madrid, Alianza, 1983.

LOCKE, JOHN, «An Essay concerning the True Original Extent and End of Civil Government», *Two treatises of Civil Government* (1690), introducción de W. S. Carpenter, Londres, Everyman's Library, 1986.

LOEWENSTEIN, KARL, *Teoría de la Constitución* (2.ª ed.), Barcelona, Ariel, 1976.

LOFSTROM, WILLIAM L., *The Promise and Problems of Reform: Attempted Social and Change in the First Years of Bollivian Independence*, Cornell University, 1972.

LOHMANN VILLENA, GUILLERMO, *El corregidor de indios en el Perú bajo los Austrias*, Lima, PUCP, 2001.

LOMBARDI, JOHN V., *Venezuela. The Search for Order. The Dream of Progress*, Nueva York-Oxford, 1952.

— *The Decline and Abolition of Slavery in Venezuela, 1820-1854*, Westport, 1971.

LÓPEZ, SINESIO, *Ciudadanos reales e imaginarios: concepciones, desarrollo y mapa de la ciudadanía en el Perú*, Lima, IDP, 1997.

LÓPEZ APARICIO, ALFONSO, *Alamán, primer economista de México*, Campeador, 1956.

LÓPEZ CÁMARA, FRANCISCO, *La estructura económica y social de México en la época de la Reforma*, México, 1967.

LÓPEZ DÍAZ, JUAN ÁNGEL, *Panamá en el corazón del imperio español*, Córdoba, Almuzara, 2019.

LÓPEZ HERNÁNDEZ, IGNACIO J., «La defensa de Santiago de Cuba al ataque de Vernon de 1741: Principios de fortificaciones para la guerra del Caribe», *Anuario de Estudios Americanos*, vol. 76, 2019, p. 219.

LÓPEZ PORTILLO Y ROJAS, JOSÉ, *Elevación y caída de Porfirio Díaz*, México, Librería Española, 1921.

LÓPEZ TABAR, JUAN, *Los famosos traidores. Los afrancesados durante la crisis del Antiguo Régimen (1808-1833)*, Madrid, Biblioteca Nueva, 2002.

LO PRESTI, ISABELLA M., «Le costituzioni partecipate nell'area andina. Esperienze costituenti a confronto in vista dell'elezione dell'Assemblea costituente cilena», *Nuove Autonomie*, 1, 2021, p. 206.

LORENTE SARIÑENA, MARTA, *La nación y las Españas. Representación y territorio en el constitucionalismo gaditano*, Universidad Autónoma, Madrid, 2010.

LORENTE SARIÑENA, MARTA y JOSÉ MARÍA PORTILLO VALDÉS, *El momento gaditano: la constitución en el orbe hispánico (1808-1826)*, Congreso de los Diputados, 2012.

LOVEMAN, BRIAN y THOMAS M. DAVIES (coords.), *The politics of antipolitics: the military in Latin America*, Lincoln, University of Nebraska Press, 1978.

LOVEMAN, BRIAN y ELIZABETH LIRA, *Las suaves cenizas del olvido. Vía chilena de reconciliación política 1814-1932*, LOM, 1999.

— *Las ardientes cenizas del olvido. Vía chilena de reconciliación política 1932-1994*, LOM, 2000.

— *El espejismo de la reconciliación política. Chile 1990-2002*, LOM, 2002.

LOWELL, ALLEN P. (ed.), *US involvement in political economic and social conditions of Latin America*, Nueva York, 2011.

LOWENTHAL, ABRAHAM FREDERIC y otros (eds.), *The Obama Administration and the Americas. Agenda for Change*, Washington, 2009.

LOZANO, JOSÉ MARÍA, *Tratado de los derechos del hombre. Estudio del derecho constitucional patrio en lo relativo a los derechos del hombre conforme a la Constitución de 1857 y la Ley Orgánica de Amparo de Garantías de 20 de enero de 1869* (4.ª ed.), facsimilar, México, Porrúa, 1987.

LUATTI, LORENZO, «Il federalismo "virtuale" latinoamericano», *Quaderni costituzionali*, Il Mulino, 1, 1999.

LUCENA GIRALDO, MANUEL, *Naciones de rebeldes. Las revoluciones de independencia latinoamericanas*, Madrid, Taurus, 2010.

LUCENA SALMORAL, MANUEL, *Simón Bolívar*, Madrid, Alianza, 1991.

— (coord.), *Historia de Iberoamérica, III. Historia contemporánea*, Cátedra, 1992, pp. 77 y ss.

LUNA, FÉLIX, *Perón y su tiempo*, vol. 3, Buenos Aires, Sudamericana, 1984-1986.

LUQUE, GONZALO, *Las revoluciones de Honduras*, Honduras, 1982.

LYNCH, JOHN, *Juan Manuel de Rosas, 1829-1852*, Buenos Aires, 1984.

— *Las revoluciones hispanoamericanas, 1808-1826* (5.ª ed.), Barcelona, Ariel, 1989.

— *Caudillos in Spanish America 1800-1850* (en inglés), 1992.

— «La formación de los Estados nuevos», *Historia de Iberoamérica, Tomo III, Historia contemporánea*, Manuel Lucena Salmoral (coord.) y otros, Madrid, Cátedra, 1992, p. 152.

— *Caudillos en Hispanoamérica*, traducción Martín Raskin Gutman, 1993, Madrid, Fundación MAPFRE, pp. 305 y ss.

— *Juan Manuel de Rosas*, Buenos Aires, Emecé, 1994, pp. 11 y ss.
— *Simón Bolívar*, Barcelona, Crítica, 2006.
MABLY, GABRIEL BONNOT DE, *Derechos y deberes del Ciudadano (1789)*, edición, estudio preliminar y nota a la edición de Irene Castells Oliván, Elisa Martín-Valdepeñas Yagüe y Beatriz Sánchez Hita, introducción de Nere Basabe, Madrid, CEPC, 2010.
MC EVOY, CARMEN, «El motín de las palabras: la caída de Bernardo Monteagudo y la forja de la cultura política limeña (1821-1822)», *Boletín del Instituto Riva-Agüero*, vol. 23, Lima, 1996.
— *Guerreros civilizadores. Política, sociedad y cultura en Chile durante la Guerra del Pacífico*, UDP, 2011.
MACÍAS RICHARD, CARLOS, *Vida y temperamento de Plutarco Elías Calles (1877-1940)*, México, Fondo de Cultura Económica, 1995.
MACFARLANE, ANTHONY, *Colombia, antes de la independencia: economía y política bajo el dominio borbón*, Bogotá, Banco de la República y El Áncora, 1997.
MACKINNON, MOIRA, *Los años formativos del partido peronista: 1946-1950*, Buenos Aires, Siglo XXI, 2002.
MACPHERSON, CRAWFORD BROUGH, *Teoría política del individualismo posesivo*, Barcelona, Fontanella, 1970.
MAEDER, ERNESTO JOAQUÍN ANTONIO, *Evolución demográfica argentina, de 1810 a 1869*, Buenos Aires, Eudeba, 1969.
MADARIAGA, SALVADOR DE, *Bolívar*, Grupo Axel Springer, 1985.
MADERO, FRANCISCO I, *La sucesión presidencial en 1910*, México, 1908.
MAGAÑA, GILDARDO, *Emiliano Zapata y el agrarismo en México*, 5 vols., México, Instituto Nacional de Estudios Históricos de la Revolución Mexicana, 1985.
MAISTE, JOSEPH DE, *Consideraciones sobre Francia (1796)*, presentación de Antonio Truyol y Serra, traducción y notas de Joaquín Poch Elío, Madrid, Tecnos, 1990.
MÁIZ, R., «El indigenismo político en América Latina», *Revista de Estudios Políticos (Nueva Época)*, 123, enero-marzo de 2004, pp. 129 y ss.
MAKOWSKI, KRZISZTOF, «Ciudad y centro ceremonial. El reto conceptual del urbanismo andino», *Annual Papers of the Anthropological Institute*, vol. 2, 2012.

MALASPINA, ALEJANDRO, *Viaje político-científico alrededor del mundo por las corbetas «Descubierta» y «Atrevida» al mando de los capitanes de navío D. Alejandro Malaspina y don José de Bustamante y Guerra, desde 1789-1794*, ed. de Pedro de Novo y Colson, Madrid, Imprenta de la Viuda e Hijos de Abienzo, 1885.

— *Viaje científico y político a la América meridional, a las costas del mar Pacífico y a las islas Marianas y Filipinas verificado en los años 1789, 90, 91, 93 y 94 a bordo de las corbetas «Descubierta» y «Atrevida» de la Marina Real, mandadas por los capitanes de navío D. Alejandro Malaspina y D. José Bustamante. Diario de viaje de Alejandro Malaspina*, ed. de Mercedes Palau, Aránzazu Zabala y Blanca Saiz, Madrid, El Museo Universal, 1984

MALAGÓN, JAVIER (ed.), *Las actas de independencia de América*, edición y nota preliminar de Javier Malagón, Washington, D. C., Unión Panamericana, 1955, reedit. en 1972.

MALLON, FLORENCIA E., *The Defense Community in Peru's Central Highland. Peasant Struggle and Capitalist Transition, 1860-1940*, Princeton, 1983.

MANDRINI, RAÚL, *La Argentina aborigen. De los primeros pobladores a 1910*, Buenos Aires, Siglo XXI, 2008.

— (ed.), *Los indígenas de la Argentina. La visión del «otro». Selección de documentos del periodo colonial*, Buenos Aires, Eudeba, 2004.

MANDRINI, RAÚL, JORGE GELMAN y otros, Pablo Yankelevich (coord.), *Historia mínima de Argentina*, El Colegio de México y Turner, 2014.

MANIQUIS, ROBERT, Óscar Martí y Joseph Pérez (eds.), *La revolución francesa y el mundo ibérico*, Madrid, 1989.

MANRIQUE, NELSON, *Historia de la república*, Lima, COFIDE, 1995.

— *El tiempo del miedo: violencia y política en el Perú, 1980-1996*, Lima, Fondo Editorial del Congreso de la República, 2002.

— *¡Usted fue aprista!: bases para una historia crítica del APRA*, Lima, PUCP, 2009.

MARAÑÓN, GREGORIO, *Españoles fuera de España* (6.ª ed.), Madrid, Espasa-Calpe, colección Austral, 1968.

MARAVALL, JOSÉ ANTONIO, «Estudio preliminar», Francisco Martínez Marina, *Discurso sobre el origen de la Monarquía y sobre la naturaleza del Gobierno español. Para servir de Introducción a la obra «Teoría de las Cortes»*, Madrid, IEP, 1957.

— «Mentalidad burguesa e idea de la historia en el siglo XVIII», *Revista de Occidente*, t. XXXVI, 107, 1972, pp. 250 y ss.

MARCO, MIGUEL ÁNGEL DE, *La guerra de la frontera: luchas entre indios y blancos, 1536-1917*, Buenos Aires, Emecé, 2010.

MARCUELLO BENEDICTO, JUAN IGNACIO, *La práctica parlamentaria en el reinado de Isabel II*, Madrid, Congreso de los Diputados, 1986.

— «Los orígenes de la disolución de las Cortes en la España constitucional: la época de la Regencia de María Cristina de Borbón y los obstáculos a la parlamentarización de la monarquía isabelina», *HC*, 2, 2001.

MARIÁTEGUI, J. C., *Siete ensayos de interpretación de la realidad peruana, Obras Completas*, vol. II, Lima, Amauta, 1969.

MARICHAL, CARLOS, *La revolución liberal y los primeros partidos políticos en España. 1834-1844*, Madrid, Cátedra, 1980.

— *La bancarrota del virreinato. Nueva España y las finanzas del Imperio español, 1780-1810*, México, Fondo de Cultura Económica, 1999.

— (ed.), *México y las conferencias panamericanas 1889-1938, Antecedentes de la globalización*, México, 2002.

MARICHAL, JUAN, *Cuatro fases de la historia intelectual latinoamericana 1810-1970*, Fundación Juan March-Cátedra, 1978, p. 42.

MARIÑAS OTERO, LUIS, *Las Constituciones de Venezuela*, Madrid, Cultura Hispánica, 1962.

MARQUARDT, BERND, «Los dos siglos del Estado constitucional en América Latina (1810-2010)», *Historia constitucional comparada. Serie de Investigaciones Jurídico-Políticas de la Universidad Nacional de Colombia*, vol. 6, 2010.

MÁRQUEZ-PADILLA, PAZ y GERMÁN PÉREZ FERNÁNDEZ (eds.), *Desde el sur: visiones de Estados Unidos y Canadá desde América Latina de principios del siglo XXI*, México, 2003.

MARTÍ, JOSÉ, *Antología*, André Sorel (ed.), Madrid, Editora Nacional, 1975.

— *Martí en su universo. Una antología*, publicada por RAE y ASALE, Ediciones conmemorativas, Barcelona, Penguin Random House, 2021, pp. 89 y ss.

— «La América Central», *Obras completas, Edición crítica*, La Habana, Centro de Estudios Martianos, 13, 2010.

MARTÍNEZ, FRÉDÉRIC, *El nacionalismo cosmopolita: la referencia europea en la construcción nacional de Colombia 1845-1900*, Bogotá, Banco de la República, 2001.

MARTÍNEZ, TOMÁS ELOY, *La novela de Perón*, Legasa Literaria, 1985.

MARTÍNEZ, VIRGINIA, *Tiempos de dictadura*, Ediciones de la Banda Oriental, 2005.

MARTÍNEZ BÁEZ, ANTONIO, «La política de Maximiliano a través de sus leyes y decretos», *La intervención francesa y el imperio de Maximiliano. Cien años después. 1862-1962*, México, Asociación Mexicana de Historiadores-IFAL, 1965.

MARTÍNEZ DALMAU, RUBÉN, «El proceso constituyente venezolano de 1999: un ejemplo de activación democrática del poder constituyente», Luis Salamanca y Roberto Viciano Pastor (coords.), *El sistema político de la constitución bolivariana de Venezuela*, Valencia, Vadell Hermanos, 2004.

— «De punto fijo a la constituyente. Los bolivarianos entre la acción y la reacción», Juan Torres López (coord.), *Venezuela a contracorriente. Los orígenes y las clases de la revolución bolivariana*, Barcelona, Icaria, 2006.

— *El proceso constituyente boliviano (2006-2008) en el marco de un nuevo constitucionalismo latinoamericano*, La Paz, Enlace, 2008.

— «Asambleas constituyentes y el nuevo constitucionalismo en América Latina», *Tempo Exterior*, 17, 2008, pp. 5-15.

— «El nuevo constitucionalismo latino-americano y el proyecto de Constitución de Ecuador de 2008», *Alter justitia: estudios sobre teoría y justicia constitucional*, Guayaquil, Universidad de Guayaquil, Año 8, 2, 2008.

— «¿Qué es el "nuevo constitucionalismo latinoamericano"?», *Gaceta Constitucional*, 52, Lima, 2009.

— «El proyecto de Constitución de Ecuador, ejemplo del nuevo constitucionalismo latinoamericano», *IUS. Revista del Instituto de Ciencias Jurídicas de Puebla A.C.*, 23, 2009.

— «El proceso constituyente venezolano en el marco del nuevo constitucionalismo latino-americano», *Ágora: Revista de Ciencias Sociales*, 2005, pp. 55-68.

— «Los procesos constituyentes latino-americanos y el nuevo paradigma constitucional», *Revista del Instituto de Ciencias Jurídicas de Puebla*, 25, 2010, pp. 7-29.

— «¿Se puede hablar de un nuevo constitucionalismo latinoamericano como corriente doctrinal sistematizada?». Ponencia presentada en el VIII Congreso Mundial de La Asociación Internacional de Derecho Constitucional, Universidad Nacional Autónoma de México, diciembre de 2010.

— CLAUDIA STORINI y ROBERTO VICIANO PASTOR, «¿Han funcionado las Constituciones del nuevo constitucionalismo latinoamericano?», *Nuevo Constitucionalismo latinoamericano. Garantías de los derechos, pluralismo jurídico y derechos de la naturaleza*, Santiago de Chile, Olejnik, 2021, pp. 153 y ss.

— CLAUDIA STORINI y ROBERTO VICIANO PASTOR, «Aspectos generales del nuevo constitucionalismo latinoamericano», *Nuevo Constitucionalismo latinoamericano. Garantías de los derechos, pluralismo jurídico y derechos de la naturaleza*, Santiago de Chile, Olejnik, 2021.

— y ROBERTO VICIANO PASTOR, «El nuevo constitucionalismo latinoamericano: fundamentos para una construcción doctrinal», *Revista General de Derecho Público Comparado*, 9, 2011.

MARTÍNEZ DE LA ROSA, FRANCISCO, *El Espíritu del Siglo*, 4 vols., Madrid, Imprenta de D. Tomás Jordán, 1835-1838.

MARTÍNEZ CACHERO, LUIS ALFONSO, *Álvaro Flórez Estrada. Su vida, su obra política, sus ideas económicas*, Oviedo, Instituto de Estudios Asturianos, 1961.

MARTÍNEZ DEL CAMPO RANGEL, SILVIA, «El "proceso" contra Agustín de Iturbide», *Anuario Mexicano de Historia del Derecho*, Instituto de Investigaciones Jurídicas, vol. XV, México, UNAM, 2003.

MARTÍNEZ DÍAZ, NELSON, *América Latina en el siglo XX*, Barcelona, Orbis, 1986.

— *Historia de Iberoamérica*, M. Lucena Salmoral (coord.), J. Lynch, N. Martínez Díaz y otros, tomo III, Madrid, Cátedra, 1992.

MARTÍNEZ LÓPEZ, EDUARDO, *Biografía del general Francisco Morazán* (2.ª ed.), 1931.

MARTÍNEZ MARINA, FRANCISCO, *Discurso sobre el Origen de la Monarquía y sobre la Naturaleza del Gobierno Español, para servir de introducción a la obra Teoría de las Cortes (1813)*, estudio preliminar de J. A. Maravall, Madrid, IEP, 1957.

— «Ensayo Histórico-Crítico sobre la antigua legislación y principales cuerpos legales de los reinos de León y Castilla, especialmente sobre

el Código de Don Alfonso el Sabio, conocido con el nombre de las "Siete Partidas"» (1808), *Obras escogidas*, BAE, Madrid, Atlas, 1966.
— «Teoría de las Cortes o Grandes Juntas Nacionales de los Reinos de León y Castilla. Monumentos de su Constitución política y de la soberanía del pueblo, con algunas observaciones sobre la ley fundamental de la monarquía española, sancionada por las Cortes generales y extraordinarias, y promulgada en Cádiz a 19 de marzo de 1812», *Obras Escogidas*, 2 vols., Madrid, BAE, Atlas, 1968.
— «Defensa del doctor don Francisco Martínez Marina contra las censuras dadas por el Tribunal de la Inquisición a sus dos obras, "Teoría de las Cortes" y "Ensayo histórico-crítico sobre la Antigua Legislación de España"» (1818), *Obras escogidas*, t. III, BAE, Madrid, Atlas, 1969.
— *Principios Naturales de la Moral, de la Política y de la Legislación* (Circa, 1824), edición y estudio introductorio de Joaquín Varela Suanzes-Carpegna, 2 vols., Oviedo, JGPA, 1993.
MARTÍNEZ NOVO y otros, *Repensando los movimientos indígenas*, Quito, 2009.
MARTÍNEZ PÉREZ, FERNANDO, *Entre confianza y responsabilidad. La justicia del primer constitucionalismo español (1810-1823)*, Madrid, CEPC, 1999.
MARTÍNEZ SOSPEDRA, MANUEL, *Incompatibilidades parlamentarias en España (1810-1936)*, Valencia, Facultad de Derecho de la Universidad de Valencia, 1974.
— *La Constitución de 1812 y el primer liberalismo español*, Valencia, Facultad de Derecho de la Universidad de Valencia, 1978.
— «El Rey como poder ejecutivo. La posición del Rey en la Constitución de 1812», *Corts. Anuario de Derecho Parlamentario*, 26, Valencia, 2012, pp. 71-111.
MARTINIC, MATEO, *Historia de la región magallánica*, Punta Arenas, Universidad de Magallanes, 1992.
— *Cartografía magallánica, 1523-1945*, Universidad de Magallanes, 1999.
— *De la Trapananda al Áysen*, Pehuén, 2005.
MARTIRÉ, EDUARDO, «Proyección del liberalismo gaditano en los países de América», en *Las Cortes de Castilla y León (1188-1988)*, vol. I, Cortes de Castilla y León, Valladolid, 1990, pp. 663 y ss.
MARTZ, JOHN D. (coord.), *The dynamics of change in Latin American politics*, Englewood Cliffs, N. J., Prentice-Hall, 1965.

MARRERO, VICENTE, *Representación y Manifiesto que algunos Diputados a las Cortes Ordinarias firmaron en los mayores apuros de su opresión*, Madrid, 12 de abril de 1814; *El tradicionalismo español del siglo XIX*, Madrid, 1955, pp. 1-68.

MARROQUÍN, ALEJANDRO D., *Balance del indigenismo*, México, Instituto Indigenista Interamericano, 1972.

MARVÁN LABORDE, IGNACIO, «El Constituyente de 1917: rupturas y con- tinuidades», Cecilia Noriega y Alicia Salmerón (coords.), *México: un siglo de historia constitucional (1808-1917). Estudios y perspectivas*, México, Poder Judicial de la Federación-Instituto de Investigaciones Dr. José María Luis Mora, 2009.

MARX, KART y FRIEDRICH ENGELS, *Revolución en España*, Barcelona, Ariel, 1973.

MARZAL, MANUEL MARÍA, *Historia de la antropología indigenista: México y Perú* (3.ª ed.), Anthropos, 1981; 1989.

MASSA, MICHELE, «Prospettiva storica e concezioni della Costituzione», *Quaderni costituzionali*, fas. 2, 2020, p. 291.

MAST, ANDRÉ, «Une Constitution du temps de Louis-Philippe», *Revue du Droit Public et de la Science Politique*, LXXII, París, 1957.

MASTROMARINO, ANNA, «Il nuovo costituzionalismo latinoamericano: una lettura in prospettiva», *Diritto Pubblico Comparato Ed Europeo*, 2, 2020, p. 329.

MATA, SARA, *Tierra y poder en Salta. El noroeste argentino en vísperas de la independencia*, Sevilla, Diputación Provincial, 2000.

MATSUSHITA, HIROSHI, *El movimiento obrero argentino: 1930-1943: Sus proyecciones en los orígenes del peronismo*, Buenos Aires, Hyspamerica, 1983.

MATTHEWS, HERBEN L., *The United Stated and Latin America*, Sec. Edit. Englewood Cliffs, 1963.

MATTO DE TURNER, CLORINDA, *Aves sin nido*, Perú, 1889.

MATUS, MARIO, *Crecimiento sin desarrollo. Precios y salarios reales durante el ciclo salitrero en Chile (1880-1930)*, Universitaria, 2012.

MATUTE, ÁLVARO, «La carrera del caudillo», *Historia de la Revolución mexicana*, 23 vols., México, El Colegio de México, 1980.

— «Los años revolucionarios», Gisela von Wobeser (coord.), *Historia de México*, México, Presidencia de la República-SEP-Fondo de Cultura Económica, 2010.

MAUGÉ MOSQUERA, RENÉ, «El referéndum constitucional», *Alter justitia: estudios sobre teoría y justicia constitucional*, Guayaquil, Universidad de Guayaquil, Año 8, 2, 2008, pp. 11-13.

MAY, ERNEST R., *The Making of the Monroe Doctrine*, Cambridge, Mass, 1975.

MAY, ROBERT E., *Manifest Destiny's Underworld: Filibustering in Antebellum America*, Chapel Hill, 2002.

MAY, STACY y GALO PLAZA, *The United Fruit Company in Latin America*, Washington, 1958.

MAYER, ALICIA, *Dos Americanos, dos pensamientos: Carlos de Sigüenza y Góngora y Cotton Mather*, México, 1998.

MAZA, FRANCISCO DE LA, «Melchor Ocampo, literato y bibliófilo», *Historia Mexicana XI*, 41, El Colegio de México, 1961.

MCCANN, THOMAS P., *An American Company: The Tragedy of United Fruit*, Nueva York, 1976.

MCEVOY, CARMEN, *Homo politicus: Manuel Pardo, la política peruana y sus dilemas, 1871-1878*, Lima, Instituto Riva-Agüero, Instituto de Estudios Peruanos, Oficina Nacional de Procesos Electorales, 2007.

MCGARRY, J. y B. O'LEARY, *The Politics of Ethnics Conflict Regulations*, Londres, Routledge, 1993.

MCGEE DEUTSCH, SANDRA, *Las derechas. La extrema derecha en la Argentina, el Brasil y Chile, 1890-1939*, Buenos Aires, Universidad Nacional de Quilmes, 2005.

MCPHERSON, ALAN, *Yankee No! Anti-Americanism in US.-Latin American Relations*, Cambridge, 2003.

— *Intimate Ties, Bitter Struggles: The United States and Latin America Since 1945*, Washington, 2006.

MCSHERRY, JOAN PATRICE, *Predatory States: Operation Condor and Covert War in Latin America*, Lanham, 2005.

MECHAM, J. LLOYD, *The United States and Inter-American Security, 1889-1960*, Austin, 1967.

MEDICI, ALEJANDRO, «El nuevo constitucionalismo latinoamericano y giro decolonial: Bolivia y Ecuador», *Revista de Derecho y Ciencias Sociales*, 3, 2010, pp. 2 y ss.

MEDIN, TZVI, *Ideología y praxis de Lázaro Cárdenas*, México, Siglo XXI, 1973.

MEDINA, EDÉN, *Revolucionarios cibernéticos. Tecnología y política en el Chile de Salvador Allende*, Lom, 2013.

MEDINA ECHAVARRÍA, JOSÉ, *Consideraciones sociológicas sobre el desarrollo económico en América Latina*, Montevideo, Ed. de la Banda Oriental, 1964.

MEISEL ROCA, ADOLFO (ed.), *Colombia 1808-1830, crisis imperial a Independencia*, Madrid, Fundación MAPFRE y Taurus, 2010.

MELIÁ, BARTOLOMEU, «Sociedades fluviales y silvícolas del Este: Paraguay y Paraná», Teresa Rojas Rabiela y John V Murra (eds.), *Historia general de América Latina. Las sociedades originarias*, vol. I, París, Unesco-Trotta, 1999.

MELLAFE, ROLANDO y RENÉ SALINAS, *Sociedad y población rural en la formación de Chile actual: La Ligua 1700-1850*, Universitaria, 1988.

MELLER, PATRICIO, *Un siglo de economía política chilena (1890-1990)*, Andrés Bello, 1996.

MELO, JORGE ORLANDO (ed.), *El establecimiento de la dominación española*, Medellín, La Carreta, 1977.

— *Historia de Antioquia*, Medellín, Suramericana, 1987.

— *Reportaje de la historia de Colombia*, 2 vols., Bogotá, Planeta, 1989.

— *Colombia hoy*, Bogotá, Siglo XXI, 1991.

— *Predecir el pasado, ensayos de historia de Colombia*, Bogotá, Fundación Simón y Lola Guberek, 1992.

— *Historia de Medellín*, 2 vols., Medellín, Suramericana, 1996.

— *Historiografía colombiana: realidades y perspectivas*, Medellín, 1996.

— *Colombia. La búsqueda de la democracia 1960-2010*, Madrid, Fundación MAPFRE, Taurus, 2016.

— *Historia mínima de Colombia*, El Colegio de México y Turner, 2017, pp. 117 y ss.

MÉNDEZ, LUZ MARÍA, *La exportación minera en Chile 1800-1840*, Universitaria, 2004.

— *El comercio minero terrestre entre Chile y Argentina. 1800-1840. Caminos, arriería y exportación minera*, UCH, 2009.

MÉNDEZ, JOSEFINA y DANELIA CUTIE, «La participación popular y los derechos. Fundamentos y contenidos del Nuevo Constitucionalismo Latinoamericano», Roberto Viciano Pastor (ed.), *Estudios sobre el nuevo Constitucionalismo Latinoamericano*, 2010, pp. 226-227.

MÉNDEZ LÓPEZ, JOSEFINA y MARTHA L. ZALDÍVAR ABAD, «*Revolución constituyente» en América Latina. Espina dorsal del constitucionalismo de los pueblos*, Rubén Martínez Dalmau y Roberto Viciano Pastor (eds.), *Estudios sobre el nuevo constitucionalismo latinoamericano*, Valencia, Tirant lo Blanch, 2012.

MENDIETA Y NÚÑEZ, LUCIO, *El problema agrario en México*, México, Porrúa, 1974.

MENÉNDEZ PELAYO, MARCELINO, *Historia de los Heterodoxos Españoles (1880-1882)*, vol. III, Madrid, reimpresión del CSIC, 1963.

— *Historia de los Heterodoxos Españoles (1880-1882)*, vol. II, Madrid, BAC, 1978.

MENJÍVAR, CECILIA y NÉSTOR RODRÍGUEZ, *Latin America, the U.S., and Technologies of Terror*, Austin, 2005.

MERCIER VEGA, LOUIS, *La Révolution par l'état. Une nouvelle classe dirigeante en Amérique Latine*, París, Payot, 1978.

MERK, FREDERICK, *Manifest Destiny and Mission in America History*, Nueva York, 1963.

— *The Monroe Doctrine and American Expansionism 1843-1849*, Nueva York, 1966.

MERLAN, F., «Indigeneity. Global and Local», en *Current Anthropology*, vol. 50, 3.

MERRICK, W. THOMAS y DOUGLAS H. GRAHAM, *Populaçao e desenvolvimento económico no Brasil*, Río de Janeiro, Zahar, 1981.

MESA, JOSÉ, *Historia de Bolivia*, La Paz, Gisbert, 1999.

MEYER, LORENZO, *México y los Estados Unidos en el conflicto petrolero, 1917-1942*, México, El Colegio de México, 1981.

MEZA-LOPEHANDÍA, MATÍAS ALONSO, «Elementos del proceso constituyente boliviano. Funcionamiento de la Asamblea Constituyente de 2006», *Biblioteca del Congreso Nacional de Chile*, 2020, pp. 2-3.

MEZZETTI, LUCA, «L'America Latina», Paolo Carrozza, Diritto costituzionale comparato, Roma-Bari, Laterza, 2009, pp. 450-500.

MIER, SERVANDO TERESA DE, *Historia de la Revolución de Nueva España (1813)*, ed. facsimilar, 2 vols., México, Fondo de Cultura Económica, 1986.

— *Cartas de un americano 1811-1812*, México, SEP, 1987.

— *Mito y profecía en la historia de México*, México, Vuelta, 1988.

— *Memoria político-instructiva enviada desde Filadelfia a los jefes del Anáhuac, llamado por los españoles Nueva España*, Forgoten books, 2018.

MIJANGOS Y GONZÁLEZ, PABLO, «El primer constitucionalismo conservador. Las Siete Leyes de 1836», *Anuario Mexicano de Historia del Derecho*, 15, 2003.

MILL, JAMES, «On Government» (1820), *Essays of Government, Jurisprudence, Liberty of the Press and Law of Nations*, Londres, J. Innes, 1825; reimpresión facsimilar Nueva York, Augustus M. Kelley, 1986.

MILLAR, RENÉ, *La elección presidencial de 1920*, Universitaria, 1981.

— *Historia económica de Chile. Políticas y teorías monetarias en Chile, 1810-1925*, Universidad Gabriela Mistral, UGM, 1994.

MILLER, RORY, *Empresas británicas, economía y política en el Perú, 1850-1934*, Lima, BCRP-IEP, 2011.

MIÑANO, SEBASTIÁN, *Sátiras y Panfletos del Trienio Constitucional (1820-1823)*, presentación de Claude Morange, Madrid, CEC, 1994.

Miraflores, marqués de (Manuel Pando), *Reseña histórico-critica de la participación de los partidos en los sucesos políticos de España en el siglo XIX*, Madrid, 1863.

— *Memorias del reinado de Isabel II (1843)*, edición y estudio preliminar de Manuel Fernández Suárez, 2 vols., BAE, Madrid, Atlas, 1964.

MIRANDA, FRANCISCO DE, *American Emancipation Documents. Historical and Explanatory Shewing the Designs wich have been in Progress and the Exertions made by General Miranda for the South American Emancipation, during the last twenty five years*, Londres, impreso por R. Juigné, 1810.

— *América Espera*, Caracas, Biblioteca Ayacucho, 1992.

MIRANDA, JORGE, (ed.), *As Constituiçoes portuguesas* (2.ª ed.), Lisboa, 1984.

MIRKINE-GUETZÉVICHT, BORIS, «La Constitution espagnole de 1812 et les debuts du libéralisme européen. Esquisse d'histoire constitutionnelle comparative», *Introduction a l'étude du Droit comparé. Recueil d'études en l'honneur d'Eduard Lambert*, t. II, París, Librairie de la Societé Anonyme du Recueil Sirey, 1938, pp. 213 y ss.

MITRE, BARTOLOMÉ, *Historia de San Martín y de la emancipación americana*, Buenos Aires, 1907.

MIZÓN, LUIS, *Claudio Gay y la formación de la identidad cultural chilena*, Universitaria, 2001.

MOLINA, GERARDO, *Las ideas liberales en Colombia, 1849-1914*, Bogotá, Colección Manuales Universitarios, Tercer Mundo, 1973.

MOLINA ENRÍQUEZ, ANDRÉS, *Juárez y la Reforma*, México, Libromex, 1958.

— *Los grandes problemas nacionales*, México, Era, 1978.

MOLINA MARTÍNEZ, MIGUEL, *Los cabildos y la independencia Iberoamericana*, Salamanca, 2003.

— «Pactismo e Independencia en Iberoamérica, 1808-1811», Universidad de Granada, accesible en la web.

MONCADA, JOSÉ MARÍA, *Estados Unidos en Nicaragua*, Managua, Tipografía Atenas, 1942.

MONTESQUIEU, CHARLES LOUIS DE SECONDAT, «De L'Esprit des Lois» (1748), *Oevres Completes*, presentación y anotaciones de Roger Caillois, vol. 2, París, Gallimard, 1951.

— «Des lois dans le rapport qu'elles ont avec la nature du climat», *Oevres Completes*, libros XIV a XVIII, de la tercera parte, París, Gallimard, 1951.

MOMMER, DOROTHEA, *Venezuela, 1936-1948*, Tubinga, 1977.

MORA, JOSÉ MARÍA LUIS, *Obras sueltas*, México, Porrúa, 1963.

— *México y sus revoluciones*, 3 tomos, México, Porrúa, 1977.

— *Revista política de las diversas administraciones que ha tenido la República hasta 1837*, México, Porrúa, 1986.

— *Obras completas de José María Luis Mora*, Instituto Mora, Secretaría de Educación Pública, 1987.

MORANGE, CLAUDE, «Presentación», *Sátiras y Panfletos del Trienio Constitucional (1820-1823)* de Sebastián Miñano, Madrid, CEC, 1994.

— «Une tentative précoce de diffusion de l'industrialisme saint-simonienne (octubre 1820), Jean-René Aymes y Javier Fernández Sebastián (eds.), *La imagen de Francia en España, 1808-1850*, Bilbao, Presses de la Sorbonne Nouvelle-Servicio de publicaciones de la Universidad del País Vasco, 1997, pp. 87 y ss.

— *Paleografía (1779-1819) del «Pobrecito Holgazán». Sebastián de Miñano y Bedoya*, Salamanca, Universidad de Salamanca, 2002.

— «Apéndices documentales», *Acta Constitucional. Una conspiración fallida y una Constitución nonnata (1819)*, Madrid, CEPC, 2006.

— «A propos de "l'inexistence" de la Constitution de Bayonne», *HC*, 9, 2010.

MORAZÁN, FRANCISCO, *Testamento y memorias* (<http://books.google.com/books/about/Testamento_y_memorias:del:general-Franci.html?id=Cew8AQAAIAAJ>), Talleres tipográficos nacionales. «Testamento y memorias del general Francisco Morazán: discursos y artículos relativos al héroe. Publicación conmemorativa del primer centenario de su muerte». Honduras, 1942 (1842).

MORENO, DANIEL, *El Congreso Constituyente de 1916-17*, México, UNAM, 1967.

MORENO, RODRIGO, *Misiones en Chile austral: los jesuitas en Chiloé, 1608-1768*, Sevilla, Consejo Superior de Investigaciones Científicas (CSIC), 2007.

MORENO ALONSO, MANUEL, «Lord Holland y los Orígenes del Liberalismo Español», *REP*, 36, Madrid, 1983, pp. 181 y ss.

— «Las Ideas políticas de *El Español*», *REP*, 39, 1984, pp. 65-106.

— «Confesiones Políticas de Don Agustín de Argüelles», *REP*, 54, 1986.

— «Sugerencias Inglesas para unas Cortes Españolas», *Materiales para el Estudio de la Constitución de 1812*, Madrid, Tecnos, 1989.

— *Las ideas constitucionales de Blanco-White*, *Materiales para el estudio de la Constitución de 1812*, Madrid, Tecnos, 1989, pp. 521-543.

— *La generación española de 1808*, Madrid, Alianza Universidad, 1989.

— «Introducción», *Cartas de Juan Sintierra* de José María Blanco-White, Sevilla, Universidad de Sevilla, 1990.

— *La forja del liberalismo en España: los amigos españoles de Lord Holland*, Madrid, Congreso de los Diputados, 1997.

— *Blanco-White: la obsesión de España*, Sevilla, Alfar, 1998.

— *Blanco White, José María, Bosquejo del comercio de esclavos y reflexiones sobre este tráfico considerado moral, política y cristianamente*, Sevilla, Alfar, 1999.

— *Divina libertad: la aventura liberal de don José María Blanco-White, 1808-1924*, Sevilla, Alfar, 2002.

— *La batalla de Bailén. El surgimiento de una nación*, Madrid, Sílex, 2008.

MORENO FRAGINALS, MANUEL, *El Ingenio*, La Habana, 1964.

— *Cuba/España, España/Cuba. Historia común*, Barcelona, Crítica, 1995.

MORESO, JOSEP-JOAN, *Constitución. Modelo para armar*, Madrid, Marcial Pons, 2009.

MORETÓN ABÓN, CARLOS y ÁNGELA M.ª SANZ APARICIO (dirs.), *Emancipación Americana*, vol. XXXI de *Gran Historia Universal*, Madrid, Club Internacional del Libro, 1986.

MORGAN, JUAN DAVID, *Con ardientes fulgores de gloria*, Planeta, 2017.

MORODO, RAÚL, *Las constituciones de Bayona (1808) y Cádiz (1812): dos ocasiones frustradas*, Madrid, Biblioteca Nueva, 2011.

MORÓN, GUILLERMO, *Breve historia de Venezuela*, Madrid, 1979.

— *Los presidentes de Venezuela, 1811-1979*, Caracas, Meneven, 1979. Publicado también por Editorial Planeta, 1993.

MORTATI, CONSTANTINO, *Instituzioni di Diritto Pubblico* (8.ª ed.), t. 2, Padua, 1962.

MOSS, D., «The Anthropology of International Development», *Annual Review of Anthropology*, vol. 42, 2013.

MOULIAN, TOMÁS, *Chile actual: anatomía de un mito*, Lom, 1997.

MOULIAN, TOMÁS, e ISABEL TORRES, *Discusiones entre honorables. Las candidaturas presidenciales de la derecha, 1938-1946*, Facultad Latinoamericana de Ciencias Sociales Flacso, 1990.

MOYA PONS, FRANK, *La dominación haitiana, 1822-1844*, Santiago de los Caballeros, 1973.

MÜCKE, ULRICH, *Política y burguesía en el Perú. El Partido Civil antes de la guerra con Chile*, Lima, IFEA-IEP, 2010.

MUNRO, DANA G., *Intervention and Dollar Diplomacy in the Caribbean, 1900-1921*, Princeton, 1964.

— *The United States and the Caribbean Republics 1921-1933*, Princeton, 1974.

MUÑOZ, RAFAEL F., *Santa Ana. El dictador resplandeciente*, México, Fondo de Cultura Económica, 1984.

MUÑOZ, HILDA, *Lázaro Cárdenas*, México, Fondo de Cultura Económica, 1975.

MUÑOZ MACHADO, SANTIAGO, *Los animales y el derecho*, Madrid, Civitas, 1999.

— *Sepúlveda, Cronista del Emperador*, Madrid, Edhasa, 2012.

— «Los principios de constitucionalidad y legalidad», vol. III, *Tratado de Derecho Administrativo y Derecho Público General* (4.ª ed.), AEBOE, Madrid, 2015.

— *Vieja y Nueva Constitución*, Barcelona, Crítica, 2016.

— *Hablamos la misma lengua. Historia política del español en América desde la Conquista a las Independencias* (2.ª ed.), Barcelona, Crítica, 2017.
— *Civilizar o exterminar a los bárbaros*, Barcelona, Crítica, 2019.
— «La reinvención de la naturaleza», *Vestigios*, Barcelona, Crítica, 2020, p. 238.
— «La literatura del antropólogo», *Los ríos profundos*, José María Arguedas, Madrid, Ediciones Conmemorativas, RAE y ASALE, Penguin, 2021.
— «El nuevo constitucionalismo multicultural hispanoamericano», *El Cronista del Estado social y democrático de Derecho*, 103, 2023, pp. 4-19.

MUÑOZ SEMPERE, DANIEL y GREGORIO ALONSO GARCÍA (eds.), *Londres y el liberalismo hispánico*, Iberoamericana, Vervuert, 2011.

MURAKAMI, YUSUKE, *Perú en la era del chino. La política institucionalizada y el pueblo en busca de un salvador*, Lima-Kioto, IEP-JCAS, 2012.

MURILO DE CARVALHO, JOSÉ, *A construção da ordem. A elite política imperial*, Río de Janeiro, 1980.

MURILLO FERROL, FRANCISCO, «Los orígenes de las clases medias en España», *Historia Social de España. Siglo XIX*, Madrid, Guadiana, 1972, pp. 131-146.
— «El Manifiesto de los Persas y los orígenes del Liberalismo Español» (1959), *Ensayos de Sociedad y Política*, Barcelona, Península, 1987, pp. 195 y ss.

MURPHY, MARTIN, *Blanco White, Self-banished spaniard*, New Haven y Londres, 1989.
— *El Ensueño de la Razón. La vida de Blanco-White*, Sevilla, Centro de Estudios Andaluces, 2011.

MURMIS, MIGUEL y JUAN CARLOS PORTANTIERO, *Estudios sobre los orígenes del peronismo*, Buenos Aires, Siglo XXI, 1971.

MURRA, JOHN V., *El mundo andino. Población, medio ambiente y economía*, Lima, IEP-PUCP, 2002.

MURRA, JOHN V. y MERCEDES LÓPEZ-BARALT (eds.), *Las cartas de Arguedas*, Pontificia Universidad Católica del Perú, Fondo Editorial, 1998, segunda edición; la primera es de 1996.

NACH, RODERIK FRAZIER, *The Rights of Nature: A History of Environmental Ethics*, Madison, Un. of Wisconsin Press, 1989.

NASH, J., «The Reassertion of Indigenous Identity: Mayan Responses to Estate Intervention in Chiapas», *Latin America Research Review*, V. 30, 1995, pp. 7 y ss.

NAHUM, BENJAMÍN, *La época batllista,* Montevideo, Banda Oriental, 1975.

NALLAR, JULIO RICARDO, *La política internacional de los EE.UU. y su ingerencia política en la República Argentina, 1960-1990,* San Fernando del Valle de Catamarca, 2006.

NAVA HERNÁNDEZ, JOSÉ RAMÓN, *Historia social de la defensa de los derechos en México: el origen del juicio de amparo en la Península Yucateca,* México, Suprema Corte de Justicia de la Nación, 2007.

NAVARRETE, MICAELA, *Balmaceda en la poesía popular, 1886-1896,* Dibam, 1993.

NAVARRO GARCÍA, LUIS, *La independencia de Cuba,* Madrid, Fundación MAPFRE, 1992.

NAVARRO GERASI, MARYSA, *Los nacionalistas,* Buenos Aires, Jorge Álvarez, 1969.

NAZER, RICARDO, *José Tomás Urmeneta. Un empresario del siglo XIX,* Dibam, 1994.

NEGRETTO, GABRIEL, *Making Constitutions: Presidents, Parties, and Institutional Choice in Latin America,* Cambridge, Cambridge University Press, 2013.

— «Los procesos constituyentes en América Latina. Una visión comparada», *Revista Argentina de Teoría Jurídica,* 16, 2015.

NEGRETTO, GABRIEL y JOSÉ ANTONIO AGUILAR RIVERA, «Liberalism and Emergency Powers in Latin America: Reflections on Carl Schmitt and the Theory of Constitutional Dictatorship», *Cardozo Law Review,* 21, 2000, pp. 1797-1823.

NEGRO, DALMACIO, *El liberalismo en España,* Madrid, Unión Editorial, 1988.

NEIBURG, FEDERICO, «Élites sociales y élites intelectuales: el Colegio Libre de Estudios Superiores», *Los intelectuales y la invención del peronismo,* Buenos Aires, Alianza, 1998.

New Montly Magazine, enero de 1820 a septiembre de 1833.

NICHOLLS, DAVID, *From Dessalines to Duvalier: Race, Colour and National Independence in Haiti,* Cambridge, 1979.

NIETO, ALEJANDRO, *Los primeros pasos del Estado constitucional. Historia administrativa de la Regencia de María Cristina,* Barcelona, Ariel, 1996.

NIETO ARTRETA, LUIS EDUARDO, *Economía y cultura en la historia de Colombia,* Bogotá, 1962.

NIETO OLARTE, MAURICIO, *Remedios para el imperio*, Bogotá, Universidad de los Andes e ICANH, 2000.

NINO, CARLOS (ed.), *Presidencialismo vs. Parlamentarismo*, Buenos Aires, Consejo para la Consolidación de la Democracia, 1987.

— «¿Qué reforma constitucional?», *Propuesta y control*, vol. 21, 1992, pp. 37-59.

— «Transition to Democracy, Corporatism and Presidentialism with Special Reference to Latin America», Greenberg, Douglas; Katz, Stanley; Oliveiro, Beth y Wheatley, Steven (eds.), *Constitutionalism and Democracy, Transitions in the Contemporary World*, Oxford, Oxford University Press, 1993.

— «Hyperpresidentialism and Constitutional Reform in Argentina», Liphart Arend y Carlos Waisman (eds.), *Institutional Design in New Democracies*, Nueva York, Westview Press, 1996.

NOGUERA FERNÁNDEZ, ALBERT, *Los derechos sociales en las nuevas constituciones latinoamericanas*, Valencia, Tirant, 2010.

NOHLEN, DIETER, «Ideas sobre gobierno parlamentario y práctica constitucional en la España de la época del Estatuto Real», *REP*, 162, 1968.

NOLTE, DETLEF, y ALMUT SCHILLING-VACAFLOR, *New constitutionalim in Latinamerican. Promises and practices*, Burlington, Ashgate, 2012.

NORIEGA, CECILIA, *El Constituyente de 1842*, México, UNAM, 1986.

NOVARO, MARCOS y VICENTE PALERMO, *La dictadura militar (1976-1983)*, Buenos Aires, Paidós, 2003.

NÚÑEZ, GABRIELA, «Memorias de infancia y nación imaginada en la correspondencia de José María Arguedas, *Conexión*, 5, 2016, pp. 62-79.

NÚÑEZ ATENCIO, LAUTARO, *Cultura y conflicto en los oasis de San Pedro de Atacama*, Santiago de Chile, Universitaria, 1992.

OBREGÓN, ÁLVARO, *Ocho mil kilómetros en campaña*, México, Fondo de Cultura Económica, 1959.

O'BRIEN, THOMAS F., *The Nitrate Industry and Chile's Crucial Transition: 1870-1891*, Nueva York, New York University Press, 1982.

— *The Revolutionary Mission: American Enterprise in Latin America, 1900-1945*, Nueva York, 1996.

Observatorio Nueva Constitución, «Una discusión constitucional con participación ciudadana. Propuesta para un diálogo deliberativo entre convencionales y ciudadanía», 2021, p. 7.

O'DONNELL, GUILLERMO, *Modernización y autoritarismo*, Buenos Aires, Paidós, 1972.

OCAMPO, EMILIO, *De la Doctrina Monroe al Destino Manifiesto: Alvear en Estados Unidos, 1832-1852*, Buenos Aires, 2009.

OCAMPO, JOSÉ ANTONIO, *Colombia y la economía mundial, 1830-1910*, Bogotá, Siglo XXI y Fedesarrollo, 1984

— (ed.), *Historia económica de Colombia*, Bogotá, Fondo de Cultura Económica y Fedesarrollo, 2015.

OCAMPO, MELCHOR, *Obras Completas*, 3 vols., México, F. Vázquez (ed.), 1900.

O'DONNELL, GUILLERMO, *El Estado burocrático autoritario. Triunfos, derrotas y crisis*, Buenos Aires, Editorial de Belgrano, 1996.

O'GORMAN, EDMUNDO, *La supervivencia política novo-hispana. Monarquía o república*, México, Universidad Iberoamericana, 1986.

OLIVA MARRO-LÓPEZ, ANDRÉS, *Andrés Borrego y la política española del siglo XIX*, Madrid, IEP, 1959.

OLIVAN, ALEJANDRO, *Sobre modificar la Constitución*, Madrid, Imprenta de D. Manuel de Lesaca, 1823.

OLIVEIRA, FÁBIO CORRÊA SOUZA DE y CAMILA BEATRIZ SARDO GOMES, «O novo constitucionalismo latino-americano», *Desafios da Constituição: democracia e Estado no século XXI*, Río de Janeiro, FAPERJ, UFRJ, 2011, pp. 333-351.

OLIVO, JUAN FRANCISCO, *Constituciones políticas del Perú*, Lima, Imprenta Torres Aguirre, 1922.

O'PHELAN, SCARLETT, *Un siglo de rebeliones anticoloniales en Perú y Bolivia, 1700-1783*, Lima, IEP-IFEA, 2012.

OQUIST, PAUL, *Violencia, conflicto y política en Colombia*, Bogotá, Banco Popular, 1978.

Organization of American States, Department of Public Information, General Secretariat (ed.), *The OAS and the Evolution of the Inter-American System*, s. l. y.

ORODEA, PLÁCIDO MARÍA, *Elementos de Derecho Político Constitucional aplicados a la Constitución política de la Monarquía española de 1837*, Madrid, 1843.

ORTEGA, MIGUEL, *Laurel sin Ocaso*, Ediciones II Centenario, Fundación Morazánica Honduras, 1988.

ORTEGA MARTÍNEZ, LUIS, *Chile en ruta al capitalismo. Cambio, euforia y depresión. 1850-1880*, Dibam, 2005.

ORTEGA Y MEDINA, JUAN ANTONIO, *Ensayo político sobre el reino de la Nueva España*, México, Porrúa, 2014.

ORTIZ DE ZAVALLOS PAZ SOLDÁN, CARLOS, *Confederación Perú-Boliviana, 1835-1839*, 2 vols., Lima, 1972-1974.

ORTIZ JIMÉNEZ, WILLIAM y RICARDO OVIEDO ARÉVALO, *Refundación del Estado nacional, procesos constituyentes y populares en América Latina*, Medellín, Universidad Nacional de Colombia-Sede Medellín y Universidad de Nariño, 2009.

ORTIZ LEMOS, ANDRÉS, «Sociedad civil y Revolución Ciudadana en Ecuador», *Revista Mexicana de Sociología*, 4, 2014.

ORTUÑO MARTÍNEZ, MANUEL, *Xavier Mina, guerrillero, liberal, insurgente*, Pamplona, Universidad Pública de Navarra, 2000.

OSORO FONSECA, HUMBERTO, *La revolución liberal constitucionalista de 1926*, Managua, Atlántida, 1958.

OSPINA VÁSQUEZ, LUIS, *Industria y protección en Colombia, 1810-1930*, Medellín, E.S.F., 1955.

OSSIO, JUAN MANUEL, *Ideología mesiánica del mundo andino: antología* (2.ª ed.), Ignacio Prado Pastor, Lima, 1973.

OSUNA PATIÑO, NÉSTOR, HUMBERTO SIERRA PORTO y ALEXEI JULIO ESTRADA, «La Constitución colombiana de 1991», Miguel Carbonell y Diego Valadés (coords.), *Constitucionalismo Iberoamericano del siglo XXI*, México, UNAM, 2000, pp. 261 y ss.

OSZLAK, OSCAR, *La formación del Estado argentino*, Buenos Aires, Editorial de Belgrano, 1985.

OTTO, IGNACIO DE, «Sobre la monarquía» (1978), *Obras Completas*, R. Punset, F. Bastida y J. Varela (eds.), Madrid, CEPC, 2011, pp. 1519-1526.

PABÓN ARRIETA, JUAN ANTONIO, *La democracia en América Latina: un modelo en crisis*, Barcelona, Bosch, 2019.

PACHECO, JOAQUÍN FRANCISCO, *De la responsabilidad administrativa*, Madrid, 1840.

— *Lecciones de Derecho político constitucional pronunciadas en el Ateneo de Madrid en 1844*, Madrid, Imprenta de Don Ignacio Boix, 1845.

PADOAN, MARCELO, *Jesús, el templo y los viles mercaderes. Un examen de la discursividad yrigoyenista*, Buenos Aires, Universidad Nacional de Quilmes, 2002.
PÁEZ, JOSÉ ANTONIO, *Autobiografía*, 2 vols., Caracas, 1960.
PAGE, JOHN, *Perón. Una biografía*, Buenos Aires, Grijalbo, 1999.
PAINE, THOMAS, «Common Sense» (1776), Bruce Kuklic (ed.), *Political Writings*, CUP, 1989.
— *Rights of Man (1791)*, Eric Foner (ed.), Londres, Penguin Books, 1984.
PALACIOS, MARCO, *El café en Colombia, 1850-1970. Una historia económica, social y política*, México, El Colegio de México, 1983.
— *Entre la legitimidad y la violencia, 1875-1994*, Bogotá, Norma, 1995.
— *La clase más ruidosa y otros ensayos sobre política e historia*, Bogotá, 2002.
— *Violencia pública en Colombia 1958-2010*, Bogotá, Fondo de Cultura Económica, 2012.
PALACIOS, PORFIRIO, *Emiliano Zapata: datos biográficos-históricos*, Libro Mex, 1960.
PALACIOS, MARCO y FRANK ROBINSON SAFFORD, *Colombia: país fragmentado, sociedad dividida. Su historia*, Bogotá, Norma, 2002.
PALACIOS ALCOCER, MARIANO, «La Constitución de 1917», *El constitucionalismo en las postrimerías del siglo XX*, t. V, México, UNAM, 1988.
PALACIOS ROMEO, FRANCISCO, *Nuevo constitucionalismo participativo en Latinoamérica. Una propuesta frente a la crisis del Behemoth Occidental*, Pamplona, Aranzadi, 2013.
PALAVICINI, FÉLIX E., *¿Cómo y quiénes hicieron la revolución social en México?*, México, Cultura, 1931.
— *Historia de la Constitución de 1917*, México, Consejo Editorial del Estado de Tabasco, 1980.
PALERMO, VICENTE, «El siglo peronista», *Punto de Vista*, 89, Buenos Aires, 2007, pp. 4-12.
PALEY, WILLIAM, *The Principles of Moral and Political Philosophy*, Cambridge, R. Faulder, New Bond Street, traducido por Blanco White, 1785.
PALMISCIANO, GIUSEPPE y ANTONIO SCOCOZZA, «La revolución bolivariana de Chávez», *Àgora: Revista de Ciencias Sociales*, Valencia, Centro de Estudios Políticos y Sociales, 13, 2005, pp. 119-172.
PALTI, ELÍAS, *El momento romántico. Nación, historia y lenguajes políticos en la Argentina del siglo XIX*, Buenos Aires, Eudeba, 2009.

PANTOJA MORÁN, DAVID, «Las Siete Leyes Constitucionales. Presupuestos históricos y teoría constitucional subyacentes al diseño de sus instituciones», Cecilia Noriega y Alicia Salmerón (coords.), *México: un siglo de historia constitucional (1808-1917). Estudios y perspectivas*, México, Poder Judicial de la Federación-Instituto de Investigaciones Dr. José María Luis Mora, 2009.

PAOLINO, ERNEST, *The Foundations of the American Empire. William Henry Seward and US. Foreign Policy*, Londres, Ithaca, 1973.

PAREDES, J. ANTHONY, *Indios de los Estados Unidos anglosajones*, Fundación MAPFRE, 1992, especialmente pp. 223 y ss.

PARENTINI GAYANI, LUIS CARLOS, *Introducción a la etnohistoria mapuche*, Dibam, 1996.

PARK, JOHN JAMES, *The Dogmas of the Constitution*, 1832; traducción española: *Los Dogmas de la Constitución*, edición y estudio preliminar de Joaquín Varela Suanzes-Carpegna, Madrid, Istmo, 1998.

PÄRSSINEN, MARTTI, *El Tawantinsuyu: el Estado Inca y su organización política*, Lima, IFEA-PUCP-Embajada de Finlandia, 2003.

PASO, FERNANDO DEL, *Noticias del Imperio*, Madrid, Letras Mexicanas, Fondo de Cultura Económica España, 2015.

PASOLINI, RICARDO, «El nacimiento de una sensibilidad política. Cultura antifascista, comunismo y nación en la Argentina: entre la AIPE y el Congreso Argentino de la Cultura, 1935-1955», *Desarrollo Económico*, vol. 45, 179, octubre-diciembre de 2005, pp. 403-433.

PASQUINO, GIANFRANCO, *Militari e potere in America Latina*, Bolonia, II Mulino, 1974.

PATEE, RICHARD, *Gabriel García Moreno y el Ecuador de su tiempo*, México, 1962.

PATIÑO ARISTIZÁBAL, GUILLERMO y PORFIRIO CARDONA RESTREPO, «El neopopulismo: una aproximación al caso colombiano y venezolano», *Estudios políticos*, 34, enero-junio de 2009.

PAVANI, GIORGIA, «Stato unitario e Stato federale in America Latina: due categorie in evoluzione», Silvia Bagni, Serena Baldin (eds.), *Latinoamérica. Viaggio nel costituzionalismo comparato dalla Patagonia al Río Grande*, pp. 71 y ss.

PAYNE, MARK, DANIEL ZOVATTO y MERCEDES MATEO DÍAZ, *Democracies in Development: Politics and Reform in Latin America*, Washington DC, Inter American Development Bank, 2007.

PAZ, OCTAVIO, *Corrientes alternas. Antología en verso y prosa*, Madrid, ediciones conmemorativas RAE y ASALE, Penguin Random House, 2024.

— *El Laberinto de la soledad* (20.ª ed.), Mario Santi (ed.), Cátedra, 2014.

PAZMIÑO FREIRE, PATRICIO, «Algunos elementos articuladores del nuevo constitucionalismo latinoamericano», *Cuadernos Constitucionales de la Cátedra Fadrique Furió Ceriol*, 67-68, p. 27.

PAZ PATIÑO, SARELA, «Una mirada retrospectiva sobre la asamblea constituyente en Bolivia», *Revista de Investigaciones Políticas y Sociológicas*, 2, 2007.

PÉCAUT, DANIEL, *Orden y violencia: Colombia 1930-1954*, Bogotá, Siglo XXI, 1987.

PEDEMONTE, RAFAEL, *Los acordes de la patria. Música y nación en el siglo XIX chileno*, Globo, 2008.

PEDREGAL Y CAÑEDO, MANUEL, «Don Álvaro Flórez Estrada y la organización industrial y mercantil de la España antigua», *La España del siglo XIX*, Colección de conferencias históricas pronunciadas en el Ateneo de Madrid, t. III, Madrid, 1887.

PEGORARO, LUCIO, «Alcune riflessioni sulle recezioni e l'esportazione di modelli nel costituzionalismo latinoamericano», *Revista General de Derecho Público Comparado*, 9, 2011, pp. 2 y ss.

PEGORARO, LUCIO y ANGELO RINELLA, *Sistemi costituzionali comparati*, Turín, Giappichelli, 2017, pp. 233 y ss.

PENCO, WILFREDO, «El Cuaderno privado del dictador», *Yo, El Supremo*, Madrid, ediciones conmemorativas, centenario del autor, RAE y ASALE, 2017.

PENDÁS, BENIGNO, *J. Bentham. Política y Derecho en los orígenes del Estado Constitucional*, Madrid, CEPC, 1988.

PENTLAND, JOSEPH BARCLAY, *Informe sobre Bolivia, 1927*, Potosí, 1975.

PEÑA, MARISOL, «Mecanismos de participación ciudadana en la Convención Constitucional», Temas de la Agenda Pública, Año 16, 141, junio 2021, Centro de Políticas Públicas UC, pp. 1-11.

PERALTA, ARIEL, *El mito de Chile*, Universitaria, 1971.

PERALTA, PAULINA, *¡Chile tiene fiesta! El origen del 18 de septiembre (1810-1837)*, Lom, 2007.

PERALTA, VÍCTOR, *La independencia y la cultura política peruana, 1808-1821*, Lima, IEP y Fundación Manuel Bustamante de la Fuente, 2010.

PEREIRA, TERESA, *Afectos e intimidades. El mundo familiar en los siglos XVII, XVIII y XIX*, PUC, 2007.

PEREIRA SALAS, EUGENIO, *Estudios sobre la historia del arte en Chile republicano*, UCH, 1992.

PÉREZ, JOSEPH, *Los movimientos precursores de la emancipación en Hispanoamérica*, Madrid, 1977.

PÉREZ, LOUIS A., *The War of 1898: The United States and Cuba in History and Historiography*, Chapel Hill, 1998.

PÉREZ BERENGUEL, FRANCISCO, *Alexander Jardine: Cartas de España*, Alicante, Universidad de Alicante, 2001.

PÉREZ BRIGNOLI, HÉCTOR, *Breve historia de Centroamérica*, Madrid, Alianza, 1985.

PÉREZ DE LA BLANCA SALES, PEDRO, *Martínez de la Rosa y su tiempo*, Barcelona, Ariel, 2005.

PÉREZ GALDÓS, BENITO, *El Grande Oriente*, Madrid, Alianza, 1976.

PÉREZ GARCÍA, JOSÉ ANTONIO, *Historia de Chile*, tomo I, Santiago de Chile, 1900, digitalizado en Harvard University.

PÉREZ HERNÁNDEZ, LISSETTE, «Democracia sin estándares. El poder en Cuba y Venezuela», Rubén Martínez Dalmau y Roberto Viciano Pastor (eds.), *Estudios sobre el nuevo constitucionalismo latinoamericano*, Valencia, Tirant lo Blanch, 2012, pp. 171 y ss.

PÉREZ HERRERO, PEDRO, *América Latina y el colonialismo europeo, siglos XVI-XVIII*, Madrid, 1992.

PÉREZ LUÑO, ANTONIO-ENRIQUE, «Jeremy Benthan and Legal Education in The University of Salamanca during the Nineteenth Century», *The Bentham Newsletter*, 5, 1981, pp. 45 y ss.

PÉREZ MARTÍNEZ, YURI, «La participación política como requisito funcional de la democracia. Análisis desde el diseño constitucional de la República bolivariana de Venezuela», Rubén Martínez Dalmau y Roberto Viciano Pastor (eds.), *Estudios sobre el nuevo constitucionalismo latinoamericano*, Valencia, Tirant lo Blanch, 2012.

PÉREZ PETIT, VÍCTOR, *Rodó. Su vida. Su obra*, Montevideo, Imprenta Latina, 1918.

PÉREZ PRENDES, JOSÉ MANUEL, «Martínez Marina y Blanco-White sobre las Cortes de Castilla», *Revista de la Facultad de Derecho de la Universidad Complutense*, 73, 1987-1988, pp. 317 y ss.

— *Curso de Historia del Derecho Español*, Madrid, Darro, 1973.

PERKINS, DEXTER, *A History of the Monroe Doctrine*, Boston, 1957.

PERSELLO, ANA VIRGINIA, *Historia del radicalismo. Gobierno y oposición, 1916-1943*, Buenos Aires, Siglo XXI, 2004.

PETIT MUÑOZ, EUGENIO, *Infancia y juventud de José E. Rodó*, Montevideo, Universidad de la República, 1974.

PETRAS, JAMES, *Política y fuerzas sociales en el desarrollo chileno*, Buenos Aires, Amorrortu, 1971.

PETRAS, JAMES y ROBERT LA PORTE, *Cultivating Revolutions*, Nueva York, Vintage Book, 1973.

PETRAS, JAMES y MORRIS MORLEY, *The United States and Chile. Imperialism and the Overtrow of the Allende Government*, Nueva York, Londres, 1975.

PETIN, HÉCTOR, *Les Etats-Unis et la doctrine Monroe*, París, Arthur Rousseau, 1900.

PESET, MARIANO y JOSÉ LUIS PESET, *La Universidad Española (Siglos XVIII y XIX). Despotismo Ilustrado y Revolución Liberal*, Madrid, Taurus, 1974.

PEYROU, FLORENCIA, *Tribunos del pueblo. Demócratas y republicanos durante el reinado de Isabel II*, Madrid, CEPC, 2008.

PHELAN, JOHN LEDDY, *El pueblo y el rey: la Revolución Comunera en Colombia, 1781*, Bogotá, Carlos Valencia, 1980.

PICÓN SALAS, MARIANO, *Venezuela independiente, 1810-1960*, Caracas, 1962.

PIETSCHMANN, HORST, *Las reformas borbónicas y el sistema de intendencias en Nueva España: un estudio político administrativo*, Fondo de Cultura Económica, 1996.

PIGRETTI, DOMINGO ANTONIO, *Juntas de Gobierno en España durante la invasión napoleónica*, Buenos Aires, 1972.

PIKE, FRIEDRICK, *The Modern History of Perú*, Londres-Nueva York, 1967.

PINO ABAD, MANUEL, «*El Español Constitucional*. Del fracaso al éxito de un periódico liberal del siglo XIX», *Derecho y Opinión*, 9, Córdoba, Servicio de Publicaciones de la Universidad de Córdoba, 2001.

PINTO, JULIO, *Trabajos y rebeldías en la pampa salitrera. El ciclo del salitre y la reconfiguración de las identidades populares (1850-1900)*, Lom, 1998.

— y LUIS ORTEGA, *Expansión minera y desarrollo industrial: un caso de crecimiento asociado (Chile, 1850-1914)*, USACH, 1991.

— y otros, *Cuando hicimos historia. La experiencia de la Unidad Popular*, Lom, 2005.

— y VERÓNICA VALDIVIA, *¿Chilenos todos? La construcción social de la nación (1810-1840)*, Lom, 2009.

PINTO RODRÍGUEZ, JORGE, *La población del Norte Chico en el siglo XVIII. Crecimiento y distribución en una región minero-agrícola de Chile*, La Serena, Universidad del Norte, 1980.

— *La formación del Estado y la nación y el pueblo mapuche. De la inclusión a la exclusión*, Universidad de la Frontera, 2000.

— *La población de la Araucanía en el siglo XX. Crecimiento y distribución espacial*, Temuco, Universidad de la Frontera, 2009.

PINTO SANTA CRUZ, ANÍBAL, *Chile, un caso de desarrollo frustrado*, Universitaria, 1959.

PIÑEIRO, ELENA, *La tradición nacionalista ante el peronismo. Itinerario de una esperanza a una desilusión*, Buenos Aires, AZ Editora, 1997.

PISARELLO, GERARDO, «Globalización, constitucionalismo y derechos», en Miguel Carbonell (ed.), *Teoría del neoconstitucionalismo. Ensayos escogidos*, Madrid, Trotta/Instituto de Investigaciones Jurídicas-UNAM, 2007.

— *Un largo termidor. La ofensiva del constitucionalismo antidemocrático*, Madrid, Trotta, 2011.

PITA GONZÁLEZ, ALEJANDRA y CARLOS MARICHAL SALINAS, *Pensar el imperialismo. Ensayos de historia intelectual latinoamericana, 1900-1930*, México, El Colegio de México, 2012.

PIVEL DEVOTO, JUAN E. y ALCIRA RANIERI DE PIVEL DEVOTO, *Historia de la República Oriental del Uruguay*, Montevideo, 1966.

PIZARRO, EDUARDO, *Las FARC (1949-1966): de la autodefensa a la combinación de todas las formas de lucha*, Bogotá, 1991.

— *Insurgencia sin revolución, la guerrilla en Colombia en una perspectiva comparada*, Bogotá, IEPRI y Norma, 2006.

PLATT, DESMOND CHRISTOPHER ST. MARTIN, *Latin America and British Trade, 1806-1914*, Londres, 1972.

PLATT, TRISTAN, «Pensamiento político aymara», Xavier Albó (comp.), *Raíces de América: el mundo aymara*, Madrid, Alianza América, 1988.

PLAZA, MANUEL DE LA, «La doctrina Monroe», *Revista General de Legislación y Jurisprudencia*, vol. 28, p. 301.

PLETCHER, DAVID MITCHELL, *The Diplomacy of Trade and Development: American Economic Expansión in the Hemisphere, 1865-1900*, Columbia, 1998.

PLUCHON, PIERRE, *Tossaint Louverture. Un révolutionnaire noir d'Ancien Régime*, París, Fayard, 1989.

POLANCO ALCÁNTARA, TOMÁS, *Eleazar López Contreras: el general de tres soles* (3.ª ed.), Caracas, Grijalbo, 1991.

— *Juan Vicente Gómez: aproximación a una biografía*, Morales i Torres, 2004.

POMER, LEÓN, *La guerra del Paraguay*, Buenos Aires, Leviatán, 2008.

PONS, ANDRÉ, *Blanco White et la crise du monde hispanique 1808-1814*, París, Tesis, 1990.

— *Blanco-White y España*, Oviedo, IFES, 2002.

— *Blanco-White y América*, Oviedo, IFES, 2006.

PORTILLO VALDÉS, JOSÉ MARÍA, *Revolución de Nación. Orígenes de la cultura constitucional en España. 1780-1812*, Madrid, BOE-CEPC, 2000.

— *Historia mínima del constitucionalismo en América Latina*, México, El Colegio de México, 2016.

PORRAS BARRENECHEA, RAÚL, *Fuentes históricas peruanas: apuntes de un curso universitario*, Lima, ed. Juan Mejía Baca y P. L. Villanueva, 1954.

POSADA CARBÓ, EDUARDO, *The Colombian Caribbean: a Regional History 1870-1950*, Oxford, Oxford University Press, 1996.

— (ed.), *Colombia. La apertura al mundo 1880-1930*, Madrid, Fundación MAPFRE y Taurus, 2015.

POST, ROBERT y REVA SIEGEL, «Popular constitutionalism, departmentalism, and judicial supremacy», *California Law Review*, vol. 92, 2004.

— «Roe rage: democratic constitutionalism and backlash», *Harvard Civil Rights, Civil Liberties Law Review*, vol. 42, 2007.

POTASH, ROBERT, *El ejército y la política en la Argentina. 1928-1945. De Yrigoyen a Perón*, Buenos Aires, Sudamericana, 1971.

POWER, MARGARET, *La mujer de derecha: el poder femenino y la lucha contra Salvador Allende, 1964-1973*, Lom, 2008.

POZZOLO, SUSANNA, «Neoconstitucionalismo y especificidad de la interpretación constitucional», Doxa, *Cuadernos de Filosofía del Derecho*, 21, 1998.

PRADO, EDUARDO, *La ilusión yanqui*, edición original en portugués, 1894.

PRIEGO, JUAN, *La Guerra de la Independencia, 1808-1814*, Madrid, 1977.
PRIETO, GUILLERMO, *Memorias de mis tiempos*, México, Porrúa, 1985.
PRIETO SANCHÍS, LUIS, «El constitucionalismo de los derechos», en Miguel Carbonell (ed.), *Teoría del neoconstitucionalismo. Ensayos escogidos*, Madrid, Trotta/Instituto de Investigaciones Jurídicas-UNAM, 2007.
— «Neoconstitucionalismo y ponderación judicial», en Miguel Carbonell (ed.), *Neoconstitucionalismo(s)*, Madrid, Trotta/Instituto de Investigaciones Jurídicas-UNAM, 2009.
— *Justicia constitucional y derechos fundamentales*, Madrid, Trotta, 2009.
PRIETO VALDÉS, MARTHA, «El nuevo constitucionalismo latinoamericano. Nuevos paradigmas político constitucionales», Rubén Martínez Dalmau y Roberto Viciano Pastor (eds.), *Estudios sobre el nuevo constitucionalismo latinoamericano*, Valencia, Tirant lo Blanch, 2012.
PRIMERA, MAYE, «Asesores constituyentes. Juristas y politólogos españoles colaboraron con el Ejecutivo bolivariano de Venezuela», *El País*, Madrid, 17 de junio de 2014.
PRO RUIZ, JUAN, *Proyecto de Constitución de «Los Isabelinos» (1834), El Estatuto Real y la Constitución de 1837*, Madrid, Iustel, 2009, pp. 220-223.
Protagonistas de América, biografías de algunos personajes de la emancipación, Madrid, Historia 16, 1987.
PRUTSCH, URSULA, *Creating Good Neighbors? Die Kultur-und Wirtschaftspolitik der USA in Lateinamerika, 1940-1946*, Stuttgart, 2008.
PUENTE, RAMÓN, *La literatura, la revolución y sus hombres*, México, Instituto Nacional de Estudios Históricos de la Revolución Mexicana, 1985.
PUENTE CANDAMO, JOSÉ A., (ed.), *Obra gubernativa y epistolario de San Martín*, Lima, Comisión Nacional del Sesquicentenario de la Independencia, 2 vols., 1974-1976, I, p. 27.
PUIGGRÓS, RODOLFO, *La democracia fraudulenta*, Buenos Aires, Jorge Álvarez, 1968.
— *El Yrigoyenismo*, Jorge Álvarez, 1969.
PUNTA, ANA INÉS, *Córdoba borbónica. Persistencias coloniales en tiempos de reformas (1750-1800)*, Córdoba, Universidad Nacional de Córdoba, 1997.
PURCELL, FERNANDO, *¡De película! Hollywood y su impacto en Chile, 1910-1950*, Taurus, 2012.

QUEIPO DE LLANO, FRANCISCO DE BORJA (VIII CONDE DE TORENO), «Introducción», *Discursos Parlamentarios del Excmo. Sr. D. José María Queipo de Llano y Ruiz de Saravia, VII Conde de Toreno*, 2 vols., Madrid, Imprenta de Berenguillo, 1872 y 1881.

QUEIPO DE LLANO Y RUIZ DE SARAVIA, JOSÉ MARÍA (VII CONDE DE TORENO), *Noticias sobre los principales sucesos ocurridos en el gobierno de España, desde el momento de la insurrección de 1808 hasta la disolución de las Cortes Ordinarias en 1814, por un español residente en París*, París, Imprenta de P. N. Rougeron, 1820.

— *Historia del Levantamiento, Guerra y Revolución de España (1835-1837)*, BAE, t. LXIV, Madrid, Atlas, 1953.

QUEREJAZU CALVO, ROBERTO, *Historia de la guerra del Chaco*, La Paz, Juventud, 1990.

QUIJADA, MÓNICA, CARMEN BERNAND y ARN AHENEIDER, *Homogeneidad y nación. Con un estudio de caso, Argentina, siglos XIX y XX*, Madrid, CSIC, 2000.

QUIJANO, ANÍBAL, *Dominación y cultura: lo cholo y el conflicto cultural en el Perú*, Lima, Mosca Azul, 1980.

QUINTANA, MANUEL JOSÉ, «Cartas a Lord Holland», *Obras Completas*, t. XIX, BAE.

QUINTERO SARAVIA, GONZALO M., *Don Blas de Lezo: biografía de un marino español del siglo XVIII*, Madrid, EDAF, 2016.

QUIRÓS, MÓNICA, «Estado nacional y pueblos originarios, entre la homogeneización y la diversidad: ¿una pulsión colectiva duradera?», Laura Giraldo (coord.), *Ciudadanía y derechos indígenas en América Latina: poblaciones, estados y orden internacional*, pp. 59 y ss.

QUIROZ, ALFONSO, *Banqueros en conflicto. Estructura financiera y economía peruana, 1884-1930*, Lima, Centro de Investigación de la Universidad del Pacífico, 1989.

— *Historia de la corrupción en el Perú*, Lima, LDL-IEP, 2013.

RABASA, EMILIO, *La constitución y la dictadura: estudio sobre la organización política de México* (3.ª ed.), México, Porrúa, 1956.

— «Historia de las Constituciones mexicanas», José Luis Soberanes Fernández y otros, *El Derecho en México. Una visión de conjunto*, t. I, México, Universidad Nacional Autónoma de México, 1991.

RABASA, EMILIO O., *La evolución constitucional de México*, México, Instituto de Investigaciones Jurídicas, UNAM, 2004.

RABE, STEPHEN G., *The Most Dangerous Area in the World: John F. Kennedy Confronts Communist Revolution in Latin America*, Chapel Hill, 1999.

RAE, *Diccionario de Autoridades*, t. IV, 1734.

RAMA, ÁNGEL, *Introducción a José María Arguedas. Formación de una cultura nacional indoamericana*, México, Siglo XXI, 1975.

— *Los dictadores hispanoamericanos*, México, Fondo de Cultura Económica, 1976.

RAMA, CARLOS M., *Sociología de América Latina*, Barcelona, Península, 1977.

— *La imagen de los Estados Unidos en la América Latina. De Simón Bolívar a Salvador Allende*, México, 1981.

RAMÍREZ, SUSAN, *Patriarcas provinciales. La tenencia de la tierra y la economía del Perú colonial*, Madrid, Alianza América, 1992.

RAMÍREZ MERCADO, SERGIO, *El pensamiento vivo de Sandino*, Costa Rica, EDUCA, 1974.

— *El muchacho de Niquinohomo*, Política, 1988.

— *Tongolele no sabía escribir*, Alfaguara, 2021.

RAMÓN, ARMANDO DE, *Santiago de Chile*, Fundación MAPFRE, 1992.

— y JOSÉ MANUEL LARRAÍN, *Orígenes de la vida económica chilena, 1659-1808*, Centro de Estudios Públicos (CEP), 1982.

RAMÓN, EMMA DE, *Obra y fe. La catedral de Santiago. 1541-1769*, Dibam, 2002.

RAMOS, DEMETRIO, «Los "motines de Aranjuez" americanos y los principios de la actividad emancipadora», *Boletín Americanista*, 5-6, Barcelona, 1960.

RANDALL, ROBERT W., *Real del Monte: a British Mining Venture in Mexico*, Austin, 1972.

RANGEL, DOMINGO ALBERTO, *Gómez: el amo del poder*, Vadell Hermanos, 1975.

RAPOPORT, MARIO y CLAUDIO SPIGUEL, *Relaciones tumultuosas: Estados Unidos y el primer peronismo*, Buenos Aires, 2009.

RAYNAL, GUILLAUME THOMAS (1713-1756), *Histoire philosophique et politique et du commerce des européens dans les deux Indes*, Ámsterdam, 1770.

REED, JOHN, *México insurgente*, Archivos Vola, 2023.

REICHE, J. y G. FULGRAFF, *Eigenrechte der Natur und praktische Umwelpolitik-ein Diskurs über anthropozentrische und ökozentrische Umweltethic*, Zeitschrift für Umwelpolitik un Umweltrecht, 1987.

REICHEL DOLMATOFF, GERARDO, *Arqueología de Colombia. Un texto introductorio*, Bogotá, Segunda Expedición Botánica, 1986.

REID, JOHN TURNER, *Spanish American Images of the United States, 1790-1960*, Gainesville, 1977.

— *Forgotten Continent. A History of new Latin America*, Yale University Press, 2017, pp. 81 y ss.

REINA, LETICIA, *Las rebeliones campesinas en México (1819-1904)*, México, 1980.

REMOND, RENÉ, *La Vie Politique en France, 1789-1848*, París, Librairie Armand Colin, 1965.

REMMER, KAREN L., *Party Competition in Argentina and Chile. Political Recruitment and Public Policy, 1890-1930*, University of Nebraska Press, 1984.

RENAN, ERNEST, *Caliban, continuación de «La tempestad»*, 1878.

REVERÓN, ELOY, *El Fantasma de Bolívar en la Masonería Venezolana*, IVEM, 2001.

REY, RAFAEL, *La mayoría silenciosa. Autoritarismo, guerrilla y dictadura según la gente común*, Montevideo, Ediciones B, 2016.

REYES, ALFONSO, *Emiliano Zapata. Su vida y obra*, Libros de México, 1963.

REYES, RAFAEL, *Nociones de Historia del Salvador* (<https://archive.org/details/nocionesdehisto00reyegoog>), San Salvador, El Salvador, Imprenta Francisco Sagrini, 1885.

REYES HEROLES, JESÚS, *El liberalismo mexicano*, 3 vols., México, Universidad Nacional de México, 1957-1961.

REZA, GERMÁN A. DE LA, *El Congreso de Panamá de 1826*, UAM, 2006.

RIBEIRO, ANA, *El Caudillo y el Dictador*, Montevideo, Planeta, 2003.

RIBEIRO, DARCY, *El dilema de América Latina*, México, Siglo XXI, 1971.

RICKOVER, HYMAN G., *El Maine y la guerra de Cuba*, Barcelona, Tikal, 1998.

RICO Y AMAT, JUAN, *Historia política y parlamentaria de España*, vol. III, Madrid, 1860.

RIEUMILLAN, MARIE-LAURE, *Los diputados americanos en las Cortes de Cádiz*, Madrid, CSIC, 1990.

RINKE, STEFAN, *Cultura de masas: reforma y nacionalismo en Chile. 1910-1931*, Dibam, 2002.

— «Manifest Destiny», Enzyklopädie der Neuzeit, t. 7, Stuttgart, 2008.

— *Las revoluciones en América Latina: Las vías a la independencia, 1760-1830*, México, 2011.

— *Encuentros con el yanqui: norteamericanización y cambio sociocultural en Chile 1898-1990*, Santiago de Chile, 2013.

— *Kolumbus und der Tag von Guanahani: Ein Wendepunkt der Geschichte*, Stuttgart, 2013.

— *América Latina y Estados Unidos. Una historia entre espacios desde la época colonial hasta hoy*, Madrid, Ambos Mundos, Marcial Pons y El Colegio de México, 2014.

RÍOS-FIGUEROA, JULIO, «Institutions for Constitutional Justice in Latin America», Gretchen Helmke y Julio Ríos-Figueroa (eds.), *Courts in Latin America*, Nueva York, Cambridge University Press, 2011.

RIPPY, J. FRED, *Latin America in World Politics*, Nueva York, 1938.

— *British Investments in Latin America, 1822-1949*, Connecticut, Archon Books, 1966.

RIQUELME, ALFREDO, *Rojo atardecer: El comunismo chileno entre dictadura y democracia*, Dibam, 2009.

RIVA AGÜERO, JOSÉ DE LA, *Memorias y documentos para una historia de la independencia de Perú y causas del mal éxito que ha tenido ésta, obra póstuma de P. Pruvonena*, Librería de Garnier Hermanos, Sucesores de D.V. Salvá, 1858.

RIVA PALACIO, VICENTE (dir.), *México a través de los siglos* (19.ª ed. facsimilar), tt. VIII, IX y X, México, Cumbre, 1983.

RIVAS-RODRÍGUEZ, MAGGIE, *Mexican Americans and World War II*, Austin, 2005.

ROA BASTOS, AUGUSTO, *Yo, El Supremo*, Madrid, ediciones conmemorativas, centenario del autor, RAE y ASALE, 2017.

ROBERTSON, WILLIAM, *The History of America*, W. Strahan, Londres, 1777.

ROBERTSON, WILLIAM SPENCE, *La vida de Miranda*, Caracas, 1967.

V. ROBIN AZEVEDO y C. SALAZAR SOLER (eds.), *El regreso de lo indígena. Retos, problemas y perspectivas*, IFEA, 2009.

ROBINSON, JOY CORDELL, *El movimiento gaitanista en Colombia. 1930-1948*, Bogotá, 1976.

ROBLEDO, RICARDO, «Tradición e Ilustración en la Universidad de Salamanca: sobre los orígenes intelectuales de los primeros liberales», Ricardo Robledo, Irene Castells y María Cruz Romeo (eds.), *Orígenes del liberalismo. Universidad, Política, Economía*, Salamanca, Universidad de Salamanca-Junta de Castilla-León, 2002, pp. 49-80.

— «La difusión del pensamiento moderno en la Universidad de Salamanca a fines del siglo XVIII», *HC*, 6, Oviedo, 2004.

ROCA-SÁNCHEZ, JUANITA, *Bolivia y la construcción del movimiento indígena global. Antropología, desarrollo y transnacionalismo (1930- 2023)*, La Paz, Plural, 2024.

ROCAFUERTE, VICENTE, *Bosquejo ligerísimo de la Revolución de México*, México, Porrúa, 1984.

ROCCHI, FERNANDO, «El péndulo de la riqueza: la economía argentina en el periodo 1880-1916», Mirta Zaida Lobato (dir.), *Nueva historia argentina*, vol. 5: *El progreso, la modernización y sus límites, 1880-1916*, Buenos Aires, Sudamericana, 2000.

ROCK, DAVID, *Politics in Argentina, 1890-1930. The Rise and Fall of radicalism*, Cambridge, 1976.

— *La Argentina autocrática. Los nacionalistas, su historia y su influencia en la vida pública*, Buenos Aires, Ariel, 1993.

RODÓ, JOSÉ ENRIQUE, *Obras completas* (2.ª ed.), Emir Rodríguez Monegal (ed.), Madrid, Aguilar, 1967.

— «Ariel», Madrid, Cátedra, 2000.

RODRÍGUEZ, ADOLFO, *Ezequiel Zamora*, Caracas, 1977.

RODRÍGUEZ, JOSÉ MANUEL, *El Vasco que salvó el Imperio Español: el Almirante Blas de Lezo*, Áltera, 2008.

RODRÍGUEZ, MARIO, *Palmerstonian Diplomat in Central America: Frederick Chatfield, Esq.*, Tucson, 1964.

RODRÍGUEZ ARANDA, LUIS, «La recepción e influjo de las ideas de John Locke en España», *REP*, 76, 1954, pp. 123 y ss.

RODRÍGUEZ GARAVITO, CÉSAR, *El derecho en América Latina. Un mapa para el pensamiento jurídico del siglo XXI*, Buenos Aires, Siglo XXI, 2011.

RODRÍGUEZ MOLAS, RICARDO E., *Historia social del gaucho*, Buenos Aires, 1982.

RODRÍGUEZ O., JAIME, *La independencia de la América española*, México, Fondo de Cultura Económica-El Colegio de México, 1996.

RODRÍGUEZ-PIÑERO, L., *Indigenous People, Postcolonialism and International Law. The ILO Regime (1919-1989)*, Oxford University Press, 2005.

ROEDER, RALPH, *Juárez y su México*, 2 vols., México, 1958.

— *Hacia el México moderno: Porfirio Díaz*, 2 vols., México, Fondo de Cultura Económica, 1983.

ROEL PINEDA, VIRGILIO, *Conatos, levantamientos, campañas e ideología de la independencia. Historia del Perú*, VI (4.ª ed.), Lima, Mejía Baca, 1982.

ROGERS, WILLIAM D., *The Twilight Struggle. The Alliance for the Progress and the Politics of Development in Latin America*, Nueva York, 1967.

ROJAS, JORGE, *La dictadura de Ibáñez y los sindicatos (1927-1931)*, Dibam, 2002.

— *Las repúblicas del aire. Utopía y desencanto en la revolución hispanoamericana*, Madrid, Taurus, 2009.

— *Historia de la infancia en el Chile republicano. 1810-2010*, Junta Nacional de Jardines Infantiles, 2010.

ROJAS, MAURICIO, *Las voces de la justicia. Delito y sociedad en Concepción (1820-1875)*, Dibam, 2008.

ROJAS, RAFAEL, *Las repúblicas de aire. Utopía y desencanto en la revolución de Hispanoamérica*, México, Taurus, 2009, pp. 185 y ss.

ROLLE, CLAUDIO y otros, *1973. La vida cotidiana de un año crucial*, Planeta, 2003.

ROLSTON, HOLMES, *Philosophy Gone Wild: Essays in Environmental Ethics*, Buffalo, Nueva York, Prometeus Books, 1986.

ROMANO, ANDREA (ed.), *Il modelo costituzionale inglese e la sua recezione nell'area mediterránea tra la fine del 700 e la prima meta dell'800*, Milán, Giuffrè, 1998.

ROMEO, MARÍA CRUZ, «Lenguaje y política del nuevo liberalismo: moderados y progresistas. 1834-1843», Isabel Burdiel (ed.), *La política en el reinado de Isabel II*, Ayer, 29, 1998, pp. 37-62.

ROMERO, EMILIO, *Historia económica del Perú* (4.ª ed.), Lima, Universidad Alas Peruanas y Universidad Nacional Mayor de San Marcos, 2005.

ROMERO, JOSÉ LUIS, *Las ideas políticas en Argentina*, México, Fondo de Cultura Económica, 1946.

— *Latinoamérica: las ciudades y las ideas*, México, Siglo XXI, 1976.

— y LUIS ALBERTO ROMERO (eds.), *Pensamiento político de la emancipación*, Caracas, 1977.

ROMERO, JOSÉ RUBÉN, *Álvaro Obregón, aspectos de su vida*, México, JUS, 1978.

ROMERO, LUIS ALBERTO, *¿Qué hacer con los pobres? Élite y sectores populares en Santiago de Chile, 1840-1895*, Buenos Aires, Sudamericana, 1997.

ROMERO, MAURICIO, *Paramilitares y autodefensas, 1982-2003*, Bogotá, IEPRI, 2002.

ROMERO ALPUENTE, JUAN, *Historia de la Revolución Española y otros escritos*, edición e introducción de Alberto Gil Novales, 2 vols., Madrid, CEC, 1989.

ROMERO CARRANZA, AMBROSIO, Alberto Rodríguez Varela y Eduardo Ventura Flores Pirán, *Historia de la Argentina, 3: Desde 1862 hasta 1928*, Buenos Aires, 1975.

ROMÁN, HÉCTOR R., *¡Llegó la gringada! El contexto social-militar estadounidense en Puerto Rico y otros lugares del Caribe hasta 1919*, San Juan, 2009.

ROMILLY, SAMUEL, «Modo de proceder en la Cámara de los Comunes de Inglaterra», traducido del inglés por Blanco White, *El Español*, 6, 30 de septiembre de 1810.

RONNING, C. NEALS (ed.), *Intervention in Latin America*, Nueva York, 1970.

ROSALES, JOSÉ NATIVIDAD, *Madero y el espiritismo*, México, Posada, 1973.

ROSS, CÉSAR, *Poder, mercado y Estado. Los bancos de Chile en el siglo XIX*, Lom, 2003.

ROSS, SANTLEY R., *Madero*, México, Grijalbo, 1977.

ROSENBERG, EMILY SCHLAHT, *Financial Missionaries to the World: The Politics and Culture of Dollar Diplomacy, 1900-1930*, Cambridge, 1999.

ROSENBLAT, ÁNGEL, *Argentina. Historia de un nombre*, Buenos Aires, Nova, 1949.

— «La hispanización de América. El castellano y las lenguas indígenas desde 1492», *Presente y futuro de la lengua española*, II, Madrid, Cultura Hispánica, 1964.

— *El castellano de España y el castellano de América. Unidad y diferenciación*, Madrid, Taurus, 1970.

— *Los conquistadores y su lengua*, Caracas, Universidad Central de Venezuela, 1977.

ROSENBLITT, JAIME, *Centralidad geográfica, marginalidad política: La región de Tacna-Arica y su comercio, 1778-1841*, Dibam, 2013.

ROSSI, JULIETA y LEONARDO FILIPPINI, «El derecho internacional en la justiciabilidad de los derechos sociales: El caso de Latinoamérica», P. Arcidiácono y otros, *Derechos sociales: justicia, política y economía en América Latina*, Bogotá, Siglo del Hombre, Universidad de los Andes, 2010.

ROUQUIÉ, ALAIN, *Poder militar y sociedad política en la Argentina II, 1943-1973*, Buenos Aires, Emecé, 1982.

ROUSSEAU, JEAN-JACQUES, *Du Contrat Social ou Principes du Droit Politique (1762)*, París, Garnier Fréres, 1962.

ROUX, RODOLFO RAMÓN DE, *Colombia y Venezuela (Historia general de la Iglesia en América Latina)*, VII, Salamanca, 1981.

ROVIRA, JOSÉ CARLOS, «José María Arguedas y la memoria autobiográfica del indigenismo contemporáneo», *José María Arguedas. Indigenismo y mestizaje cultural, crisis contemporánea hispanoamericana*, Barcelona, Anthropos, 1992.

RUBIANI, JORGE, *Verdades y mentiras sobre la Guerra de la Triple Alianza*, Intercontinental, 2017.

RUBIO DURÁN, FRANCISCO, *Tierra y ocupación en el área surandina. Las zonas de altura del Tucumán colonial. Siglo XVIII*, Sevilla, Aconcagua, 1997.

RUIZ DEL CASTILLO, CARLOS, *Manual de Derecho político*, t. I, Madrid, 1939.

RUIZ-ESQUIDE, ANDREA, *Los indios amigos en la frontera araucana*, Dibam, 1993.

RUIZ GIL, HELENA y FRANCISCO MORALES PADRÓN, *Piratería en el Caribe*, Sevilla, 2005.

RUIZ RISUEÑO, FRANCISCO y ALBERTO PALOMAR OJEDA, *La moción de censura*, Madrid, Aranzadi, 2024.

RUIZ TAGLE, PABLO, *Cinco repúblicas y una tradición*, Santiago de Chile, LOM, 2016.

RUMAZO GONZÁLEZ, ALFONSO, *Simón Bolívar*, Presidencia de la República Bolivariana de Venezuela, 2006.

RUSSELL, LORD JOHN, *An Essay on the History of the English Government and Constitution, from the Reign of Henry VII to the present time*, Londres, Longman, Hurst, Rees, Orme and Brown, 1821; traducción francesa de Charles Bernard Derosne, *Essai sur l'Histoire du Gouvernement et de la Constitution britanniques, depuis le règne de Henri VII jusqu'a l'Époque actuelle... traduit de l'anglais par Charles Bernard Derosne*, París, 1865.

RUSSELL-WOOD, ANTHONY JOHN R., (ed.), *From colony to nation: essays in the independence of Brazil*, Baltimore, 1978.

SABINO, CARLOS, *Guatemala, la historia silenciada (1944-1989), I, Revolución y liberación*, Guatemala, Fondo de Cultura Económica, 2007.

SAINT-SIMON, CONDE HENRY DE, *Cathecisme politique des industriels (1824)*, París, Naquet Libraire, 1832.
SAIZ ARNAIZ, ALEJANDRO, *Aspectos del siglo XIX en Colombia*, Medellín, 1977.
SAGREDO BAEZA, RAFAEL, *De la colonia a la República. Los catecismos políticos americanos, 1811-1827*, Fundación MAPFRE, 2009.
— *Historia mínima de Chile*, El Colegio de México, Turner, 2014, p. 136.
— (ed.), *Cartografía histórica de Chile*, Biblioteca Fundamentos de la Construcción de Chile, 2010.
— y JOSÉ IGNACIO GONZÁLEZ LEIVA, *La Expedición Malaspina en la frontera austral del imperio español*, Universitaria, 2004.
SALAS, RAMÓN DE, *Lecciones de Derecho Público Constitucional para las escuelas de España* (1821), edición e introducción de José Luis Bermejo, Madrid, CEC, 1982.
— *Comentario sobre el Espíritu de las Leyes de Montesquieu, por el Conde Destut de Tracy..., con las observaciones inéditas de Condorcet sobre el libro XXIX de esta obra, traducido del francés al español por el Doctor D. Ramón Salas, Catedrático de leyes que fue de la Universidad de Salamanca*, Madrid, Imprenta de Don Fermín Villalpando, Impresor de Cámara de S. M., 1821.
— *Comentarios del ciudadano Ramón de Salas, doctor en Salamanca, al tratado de los delitos y de las penas, escrito por el Marqués de Beccaria; y por continuación al tratado de las virtudes y de los premios, escrito en italiano por Jacinto Dragonetti, y traducido al español por el mismo Salas*, Madrid, Imprenta de Villamil, 1836.
SALAVERRY, JUAN P., *Origen de la soberanía civil, según el P. Francisco Suárez*, Buenos Aires, 1922.
SALAZAR, GABRIEL, *Labradores, peones y proletarios. Formación y crisis de la sociedad popular chilena del siglo XIX*, Sur, 1985.
— *Construcción de Estado en Chile (1800-1837): democracia de los «pueblos». Militarismo ciudadano. Golpismo oligárquico*, Sudamericana, 2005.
— *Mercaderes, empresarios y capitalistas (Chile, siglo XIX)*, Sudamericana, 2009.
SALAZAR, GABRIEL y JULIO PINTO (dirs.), *Historia contemporánea de Chile*, 5 vols., Lom, 1999-2002.
SALAZAR UGARTE, PEDRO, «El nuevo constitucionalismo latinoamericano (una perspectiva crítica)», Luis González Pérez y Diego Valadés

(comps.), *Constitucionalismo contemporáneo. Homenaje a Jorge Carpizo*, México, 2013.

SALDIVIA, ZENOBIO, *La ciencia en el Chile decimonónico*, Universidad Tecnológica Metropolitana, 2004.

SALES SALVADOR, DORA, *Puentes sobre el mundo. Cultura, traducción y forma literaria en las narrativas de transculturación de José María Arguedas y Wikram Chandra*, Berna, Perspectivas Hispánicas, Peter Lang, 2004, pp. 73 y ss.

SALGADO PESANTES, HERNÁN, *El proceso constituyente de Ecuador. Algunas reflexiones*, Biblioteca Jurídica Virtual del Instituto de Investigaciones Jurídicas de la UNAM, disponible en <http://biblio.juridicas.unam.mx/libros/6/2728/11.pdf>.

SAMPER, JOSÉ MARÍA, *Ensayo sobre las revoluciones políticas y la condición social de las repúblicas colombianas*, París, Imprenta de E. Thunot, 1861.

SÁEZ ABAD, RUBÉN, *La Guerra del Asiento o de la Oreja de Jenkins, 1739-1748)*, Almena, 2010.

SÁNCHEZ, GONZALO y DONNY MEERTENS, *Bandoleros, gamonales y campesinos. El caso de la violencia en Colombia*, Bogotá, El Áncora, 1983.

SÁNCHEZ AGESTA, LUIS, *Historia del constitucionalismo español*, Madrid, Instituto de Estudios Políticos, 1955.

— «Poder ejecutivo y división de poderes», *REDC*, 3, Madrid, 1981.

— «Introducción», *Discurso Preliminar a la Constitución de Cádiz*, de Agustín Argüelles, Madrid, CEC, 1981.

SÁNCHEZ ALBORNOZ, NICOLÁS, *Indios y tributos en el Alto Perú*, Lima, 1978.

— (comp.), *Españoles hacia América. La emigración en masa, 1880-1930*, Madrid, Alianza América, 1988.

SÁNCHEZ ANDRÉS, AGUSTÍN, *Pancho Villa. El personaje y su mito*, Madrid, Catarata, 2023.

SÁNCHEZ-BLANCO PARODY, FRANCISCO, *Europa y el pensamiento español del siglo XVIII*, Madrid, Alianza Universidad, 1991.

SÁNCHEZ GARCÍA, RAQUEL, *Alcalá Galiano y el liberalismo español*, Madrid, CEPC, 2005.

SÁNCHEZ HITA, BEATRIZ, «Cartillas políticas y catecismos constitucionales en el Cádiz de las Cortes: un género viejo para la creación de una nueva sociedad», *Revista de Literatura*, vol. LXV, 130, Madrid, CSIC, 2003.

SÁNCHEZ MANTERO, RAFAEL, *Liberales en el exilio*, Madrid, Rialp, 1975.
— *Fernando VII*, Madrid, Arlanza, 2001.
SÁNCHEZ-RIVERA DE LA LASTRA, JUAN, *El Utilitarismo. Estudio de las doctrinas de J. Bentham. Su expositor en España*, con un prólogo de Quintiliano Saldaña y apéndices sobre las relaciones epistolares entre J. Bentham y T. Núñez, Madrid, 1912.
SÁNCHEZ VIAMONTE, CARLOS, *Historia Institucional Argentina* (2.ª ed.), México, Fondo de Cultura Económica, 1957, pp. 196 y ss.
SAN FRANCISCO, ALEJANDRO, *La Guerra Civil de 1891. La irrupción política de los militares en Chile*, 2 vols., Bicentenario, 2007.
SAN MARTÍN VÁZQUEZ, JUAN, «Bernardo Monteagudo y el proyecto de una monarquía en el Perú», comunicación presentada al Coloquio Internacional «Revolución e independencia en debate: visiones del siglo XIX», Lima, 14-16 de julio de 2010.
SAN MIGUEL, EVARISTO, *Constitución y Estatuto*, Madrid, 1837.
— *Vida de Don Agustín de Argüelles*, 4 vols., Madrid, 1851-1852.
SANTAMARÍA, MIGUEL, *Apelación al sentido común de los mexicanos*, México, 1833.
SANTANA, ADALBERTO, *El pensamiento de Morazán*, México, UNAM, 1992.
SANTOS, BOAVENTURA DE SOUSA, *La globalización del derecho. Los nuevos caminos de la regulación y la emancipación*, Bogotá, Universidad Nacional de Colombia-Facultad de Derecho, Ciencias Políticas y Sociales/ Instituto Latinoamericano de Servicios Legales Alternativos, 1998.
— «La reinvención del Estado y el Estado plurinacional», en *OSAL*, año VIII, 22, septiembre, Buenos Aires, Clacso, disponible en <http://bibliotecavirtual.clacso.org.ar/ar/libros/osal/osal22/d22SousaSantos.pdf>, consultado el 23 de abril de 2013.
— *Refundación del Estado en América Latina. Perspectivas desde una epistemología del sur*, Lima, Buenos Aires, Instituto Internacional de Derecho y Sociedad, Antropofagia, 2010, p. 57.
SARLO, BEATRIZ, *La batalla de las ideas (1943-1975)*, Buenos Aires, Ariel, 2001.
SARRAILH, JEAN-LOUIS, *Un Homme d'Etat espagnol: Martínez de la Rosa (1787-1862)*, Burdeos, Feret & fils, 1930.
SARMIENTO, DOMINGO FAUSTINO, *Facundo o civilización y barbarie* (1845), Madrid, Cátedra, 1990.

SASTRE ARIZA, SANTIAGO, *Ciencia jurídica positivista y neoconstitucionalismo*, Madrid, McGraw Hill, 1999.

SATER, WILLIAM, *La imagen heroica de Chile: Arturo Prat, santo secular*, Bicentenario, 2005.

SAUER, CARL ORTWIN, *The Early Spanish Main*, Berkeley, University of California Press, 1992.

SCHAVELZON, SALVADOR, *El Nacimiento del Estado Plurinacional de Bolivia. Etnografía de una Asamblea Constituyente*, La Paz, Consejo Latinoamericano de Ciencias Sociales-CLACSO-IWGIA-CEJIS, 2012.

SCHLESINGER, ARTHUR MEIER, Jr. (ed.), *The Dynamic of World Power. A Documentary History of United States Foreign Policy 1945-1913*, vol. III, Nueva York, *Latin America*, 1973.

SCHELESINGER, STEPHEN y STEPHAN KINZER, *Bitter Fruit. The Untold Story of the American Coup in Guatemala*, Nueva York, Garden City, 1982.

SCHMIDT, HANS, *The U.S. Occupation of Haiti: 1915-1934*, New Brunswick, 1995.

SCHMITT, EBERHARD y otros (eds.), *Dokumente zur Geschichte der europäischen Expansion*, 5 tomos, Múnich, 1984.

SCHOEN, DOUGLAS y MICHAEL ROWAN, *The Threat Closer to Home: Hugo Chávez and the War Against America*, Nueva York, 2009.

SCHOLES, WALTER VINTON, *Política mexicana durante el régimen de Juárez 1855-1872*, México, 1972.

— *Política mexicana durante el régimen de Juárez*, México, Fondo de Cultura Económica, 1989.

SCHOONOVER, THOMAS, *Uncle Sam's War of 1898 and the Origins of Globalization*, Lexington, 2003.

SCHOULTZ, LARS, *Human Rigths and U.S. Policy towards Latin America*, Princeton, 1981.

— *Beneath the United States: A History of U.S. Policy Toward Latin America*, Cambridge, 1998.

SCHRADER, HOLGER, *Die Lateinamerikapolitik der USA unter Präsident Clinton: Anspruch und Wirklichkeit*, Münster, 2007.

SCHWARTZ, JORGE, *Las vanguardias Latinoamericanas. Textos programáticos y críticos de Madrid*, Barcelona, Cátedra, 1991, p. 590.

SCHWARTZ, PEDRO, «La influencia de Jeremías Bentham en España», *Información Comercial Española*, septiembre de 1976.

— «Bentham Influence in Spain, Portugal and Latin America», *The Bentham Newsletter*, 1978.

SCHWARTZBERG, STEVEN, *Democracy and U.S. Policy in Latin America during the Truman Years*, Gainesville, 2003.

SCOBIE, JAMES R., *Revolución en las pampas. Una historia del trigo argentino, 1860-1910*, Buenos Aires, Hachette, 1968.

— *Buenos Aires 1870-1910*, Nueva York-Oxford, 1974.

— *La lucha por la consolidación de la nacionalidad argentina. 1852-1862*, Buenos Aires, 1979.

SCROGGS, WILLIAM O., «The American Investment in Latin America», *Foreign Affairs X*, 1932, pp. 502-504.

— *Filibusteros y financieros, la historia de William Walker y sus asociados*, Colección Cultural Banco de América, 1974.

SEMPERE Y GUARINOS, JUAN, *Historia de las Cortes de España (1815)*, edición y estudio preliminar a cargo de Rafael Herrera Guillén, Madrid, CEPC, 2011.

— *Memorias sobre la historia de las Constituciones españolas. Memoria primera sobre la Constitución gótico-española*, París, P. N. Rougeron, 1820; reeditada por Rafael Herrera Guillén, junto a sus *Observaciones sobre las Cortes y las Leyes Fundamentales de España (1810)*, bajo el título *Cádiz, 1812*, Madrid, Biblioteca Nueva, 2007.

SEOANE, MARÍA CRUZ, *Oratoria y periodismo en la España del siglo XIX*, Madrid, Castalia, 1979.

— *Historia del Periodismo en España. El Siglo XIX*, Madrid, Alianza, 1996.

SERRANO, BALDOMERO, *Morazán, el caballero de la revolución* (2.ª ed.), Tegucigalpa (Honduras), Cultura, 2008.

SERRANO, SOL, *Universidad y nación. Chile en el siglo XIX*, Universitaria, 1994.

— *¿Qué hacer con Dios en la república? Política y secularización en Chile (1845-1885)*, Fondo de Cultura Económica, 2008.

— *Historia de la educación en Chile (1810-2010)*, Taurus, 2013.

SERRANO MIGALLÓN, FERNANDO, *Historia mínima de las Constituciones de México*, México, El Colegio de México, 2013.

— *La vida Constitucional de México*, tt. I, II, IV, México, Porrúa, de 2007 a 2021.

SERRANO ORTEGA, JOSÉ ANTONIO y JOSEFINA ZORAIDA VÁZQUEZ, «El nuevo orden. 1821-1848», *Historia general de México*, vol. II, México, Cámara de Diputados-El Colegio de México, 2010.

SERRANO RUEDA, EDUARDO, *Historia de la fotografía en Colombia*, Bogotá, 2006.

SERRES, MICHEL, *El contrato natural*, Valencia, Pre-textos, 1991.

SEVILLA ANDRÉS, DIEGO, «Orígenes del gobierno de Gabinete en España», *Revista General de Derecho*, 1947, pp. 331 y ss.

— «La función legislativa en España, 1800-1868», *Revista del Instituto de Estudios Sociales*, Barcelona, 1965, pp. 107-128.

— «Nota sobre el poder ejecutivo en la Constitución de 1812», *Documentación Administrativa*, 153, 1973.

— *Historia Política de España (1800-1973)*, t. I, Madrid, Editora Nacional, 1974.

SHACKLETON, ROBERT, *Montesquieu. Une Biographie Critique*, Grenoble, PUF, 1977.

SHADY, RUT y CARLOS LEYVA (eds.), *La ciudad sagrada de Caral-Supe: los orígenes de la civilización andina y la formación del estado prístino en el antiguo Perú*, Lima, INC-Proyecto Especial Arqueológico Caral-Supe, 2003.

SHAWCROSS, EDWARD, *El último emperador de México*, Barcelona-Madrid, Ático de los Libros, 2023.

SIERRA, JUSTO, *Evolución política del pueblo mexicano*, México, 1948.

— *Obras Completas. Evolución política del Pueblo Mexicano*, México, UNAM, 1977.

— *Juárez, su obra y su tiempo*, México, Porrúa, 1989.

— «Evolución política del pueblo mexicano», Agustín Yáñez (comp.), *Obras completas XIII*, México, UNAM, 1984.

SIEYES, ENMANUEL, *Qu'est-ce que le Tiers Etat?* (1789), prefacio de Jean Tulard, París, PUF, 1982.

SIGAL, SILVIA, *Intelectuales y poder en la década del sesenta*, Buenos Aires, Puntosur, 1991.

— *La Plaza de Mayo*, Buenos Aires, Siglo XXI, 2006.

— y ELISEO VERÓN, *Perón o muerte: los fundamentos discursivos del fenómeno peronista*, Buenos Aires, Legasa, 1986.

SILVA, RENÁN, *Los ilustrados de la Nueva Granada, 1760-1808: genealogía de una comunidad de interpretación*, Bogotá, Banco de la República, 2002.

SILVA HERZOG, JESÚS, *Breve historia de la Revolución Mexicana*, 2 vols., México Fondo de Cultura Económica, 1960.

— *Lázaro Cárdenas. Su pensamiento económico, social y político*, México, Nuevo Tiempo, 1975.

SIMMONS, MERLE E., *La Revolución Norteamericana en la independencia de Hispanoamérica*, Madrid, MAPFRE, 1992, pp. 137 y ss.

SILVELA, LUIS, *Bentham en España*, Discurso de Recepción en la Real Academia de Ciencias Morales y Políticas, Madrid, 1894.

SLATTA, RICHARD W., *Gauchos and the Vanishing Frontier*, Lincoln, Nebraska, 1983.

SMITH, CALVIN L., *Pentecostal Power: Expressions, Impact, and Faith of Latin American Pentecostalism*, Leiden, 2011.

SOCOLOW, SUSAN, *The Bureaucrats of Buenos Aires, 1769-1810*, Durham, Duke University Press, 1987.

SOLANO, FRANCISCO DE (coord.), *Historia y futuro de la ciudad ibero-americana*, Madrid, CSIC, 1986.

SOLVEIRA, BEATRIZ ROSARIO, *La Argentina, el ABC y el conflicto entre México y Estados Unidos, 1913-1916*, Córdoba, 1994.

SORDO CEDEÑO, REYNALDO, *El congreso en la primera república centralista*, México, El Colegio de México, 1993.

— «El constitucionalismo centralista en la crisis del sistema federal», Cecilia Noriega y Alicia Salmerón (coords.), *México: un siglo de historia constitucional (1808-1917). Estudios y perspectivas*, México, Poder Judicial de la Federación-Instituto de Investigaciones Dr. José María Luis Mora, 2009.

SORIANO, OSVALDO, *Cuarteles de invierno*, Seix Barral, 1980.

SOTILLO ANTEZANA, AQUILES RICARDO, «La nueva clasificación de los derechos fundamentales en el nuevo constitucionalismo latinoamericano», *Ciencia y Cultura*, 35, 2015, p. 163.

SOTO ARANGO, DIANA y MIGUEL ÁNGEL PUIS-SAMPER, *Recepción y difusión de textos ilustrados*, Madrid, Doce Calles, 2003.

SOTO BARRIENTOS, FRANCISCO, «Asamblea constituyente: la experiencia latinoamericana y el actual debate en Chile», *Estudios Constitucionales*, 1, 2014.

SOTO CÁRDENAS, ALEJANDRO, *Influencia británica en el salitre. Origen, naturaleza y decadencia*, USACH, 1998.

SOTO MARTÍNEZ, VÍCTOR, «La participación ciudadana en el proceso constituyente ecuatoriano (2007-2008)», *Serie Minuta*, vol. 55-20, 3, 2020, p. 3.

SPALDING, KAREN, *De indio a campesino: cambios en la estructura social del Perú colonial*, Lima, IEP, 1974.

SPENSER, DANIELA (ed.), *Espejos de la guerra fría: México, América Central y el Caribe*, México, 2004.

STABILI, MARÍA ROSARIA, *El sentimiento aristocrático. Élites chilenas frente al espejo (1860-1960)*, Andrés Bello, 2003.

STÄEL, MADAME DE, *Considérations sur la Révolution Française (1817)*, París, Tallendier, 1983.

STEEL, RONALD, *Pax Americana*, Nueva York, 1970.

STEPHEN, LESLIE, *History of English Thought in the Eighteenth Century (1902)*, Bristol, Thoemmes Antiquarian Books, 1991.

STEPHEN, E. AMBROSE, *Caballo Loco y Custer. Vidas paralelas de dos guerreros americanos*, Turner, 2004.

STEPHENS, JOHN LLOYD, *Incidents of Travel in Central America*, Londres, 1842, p. 182.

STEIN, STANLEY J. y BARBARA H. STEIN, *The Colonial Heritage of Latin America*, Nueva York, 1970.

STERN, STEVE, *La caja de la memoria del Chile de Pinochet*, UDP, 2009.

STOETZER, OTTO CARLOS, *Las raíces escolásticas de la emancipación de la América española*, Madrid, 1982.

STONE, CHRISTOPHER, «Should trees have standing? Toward legal rights for natural objects», *45 Southern California Law Review*, 450, 1972.

STORINI, CLAUDIA, «Derechos y garantías en el nuevo constitucionalismo latinoamericano», Rubén Martínez Dalmau, Claudia Storini y Roberto Viciano Pastor (eds.), *Nuevo constitucionalismo latinoamericano. Garantías de los derechos, pluralismo político y derechos de la naturaleza*, Santiago de Chile, Olejnik, 2021, pp. 103 y ss.

— «Presupuesto público y efectividad de los derechos económicos, sociales y culturales en el nuevo constitucionalismo latinoamericano», Rubén Martínez Dalmau, Claudia Storini y Roberto Viciano Pastor (eds.), *Nuevo constitucionalismo latinoamericano. Garantías de los derechos, pluralismo político y derechos de la naturaleza*, Santiago de Chile, Olejnik, 2021, pp. 135 y ss.

— «Pluralismo popular como paradigma de un constitucionalismo de la diferencia», Rubén Martínez Dalmau, Claudia Storini y Roberto Viciano Pastor (eds.), *Nuevo constitucionalismo latinoamericano. Garantías de los derechos, pluralismo político y derechos de la naturaleza*, Santiago de Chile, Olejnik, 2021, pp. 193 y ss.

STUVEN, ANA MARÍA, *La seducción de un orden. Las élites y la construcción de Chile en las polémicas culturales y políticas del siglo XIX*, PUC, 2000.

STUVEN, ANA MARÍA y MARCO PAMPLONA (eds.), *Estado y Nación en Chile y Brasil en el siglo XIX*, PUC, 2010.

SUÁREZ, FRANCISCO, *Principatus politicus. Defensio fidei III*, Madrid, CSIC, 1965, traducción crítica de Luciano Pereña y Eleuterio Elorduy.

— *De Legibus*, 8 vols., edición crítica bilingüe Luciano Pereña, CESIC, 1971-1981.

SUÁREZ, MARGARITA, *Desafíos trasatlánticos. Mercaderes, banqueros y el Estado en el Perú virreinal, 1600-1700*, Lima, IFEA-PUCP-Fondo de Cultura Económica, 2001.

SUÁREZ G., IGNACIO, *Carranza el forjador del México actual*, Costa-Amic, México, 1965.

SUÁREZ SALAZAR, LUIS y TANIA GARCÍA LORENZO, *Las relaciones interamericanas: continuidades y cambios*, Buenos Aires, 2008.

SUÁREZ VERDAGUER, FEDERICO, *Los Sucesos de La Granja*, Madrid, Escuela de Historia Moderna, 1953.

— *La crisis política del antiguo régimen en España, 1800-1840*, Madrid, 1958.

SUÁREZ Y NAVARRO, JUAN, *Historia de México y del general Antonio López de Santa Anna*, México, Instituto Nacional de Estudios Históricos de la Revolución Mexicana, 1987.

SUBERCASEAUX, BERNARDO, *Historia de las ideas y de la cultura en Chile*, 4 vols., Universitaria, 1997-2007.

SUNKEL, OSVALDO y PEDRO PAZ, *El subdesarrollo latinoamericano y la teoría del desarrollo*, México, Siglo XXI, 1970.

STEPHANSON, ANDERS, *Manifest Destiny: American Expansionism and the Empire of Right*, Nueva York, 1995.

STERN, STEVE, *Los pueblos andinos y el desafío de la conquista española. Huamanga hasta 1640*, Madrid, Alianza América, 1986.

STOETZER, O. CARLOS, *El pensamiento político en la América española durante el periodo de la Emancipación, 1789-1825*, 2 vols., Madrid, Instituto de Estudios Políticos, 1966.

SVAMPA, MARISTELLA, *El dilema argentino: civilización o barbarie. De Sarmiento al revisionismo peronista*, Buenos Aires, El cielo por asalto, 1994.

— *Debates Latinoamericanos. Indianismo, desarrollo, dependencia, populismo*, CEDIB, Edhasa, 2016.

SWANSBROUGH, ROBERT H., *The Embattled Colossus. Economic Nationalism and United States Investors in Latin America*, Gainesville, 1976.

SZUSTERMAN, CELIA, *Frondizi, la política del desconcierto*, Buenos Aires, Emecé, 1998.

TANDETER, ENRIQUE, *Coacción y mercado. La minería de la plata en el Potosí colonial. 1692-1826*, Buenos Aires, Sudamericana, 1992.

TARACENA, ÁNGEL, *Porfirio Díaz*, México, Jus, 1983.

TARRAGÓ, MIRIAM y LUIS R. GONZÁLEZ (eds.), *Estudios arqueológicos en Yocavil*, Buenos Aires, Asociación Amigos del Museo Etnográfico, 2008.

TARRAGÓ, MIRIAM (dir.), *Nueva historia argentina*, vol. 1: *Los pueblos originarios y la conquista*, Buenos Aires, Sudamericana, 2000.

— «Las sociedades del sudeste andino», Teresa Rojas Rabiela y John V. Murra (eds.), *Historia general de América Latina. Las sociedades originarias*, vol. I., París, Unesco-Trotta, 1999.

TARRE MURZI, ALFREDO, *López Contreras, de la tiranía a la libertad*, Caracas, Ateneo de Caracas, 1982.

TATO, MARÍA INÉS, *Viento de fronda. Liberalismo, conservadorismo y democracia en la Argentina, 1911-1932*, Buenos Aires, Siglo XXI, 2004.

TAU ANSUÁTEGUI, VÍCTOR, *Casuismo y sistema. Indagación histórica sobre el espíritu del Derecho indiano*, Buenos Aires, Instituto de Investigaciones de Historia del Derecho, 1992.

— *El poder de la costumbre: Estudios sobre Derecho consuetudinario en América Hispánica hasta la Emancipación*, Fundación Histórica Tavera, 2000.

TCACH, CÉSAR y CELSO RODRÍGUEZ, *Arturo Illia: Un sueño breve. El rol del peronismo y de los Estados Unidos en el golpe militar de 1966*, Buenos Aires, Edhasa, 2006.

TEDESCO, JUAN CARLOS, *Educación y sociedad en la Argentina (1880-1945)*, Buenos Aires, Siglo XXI, 2009.

TEITELBOIM, VOLODIA, *Neruda*, Losada, 1985.
— *Gabriela Mistral, pública y secreta*, Bat, 1991.
TEJERA, HUMBERTO, *Bolívar: guía democrático de América*, México, Ministerio de Educación, Dirección de Cultura y Bellas Artes, Departamento de Publicaciones, 1962.
TELLA, TORCUATO S. DI, *Política nacional y popular en México 1820-1847*, México, Fondo de Cultura Económica, 1994.
— Gino Germani y Jorge Graciarena (eds.), *Argentina, sociedad de masas*, Buenos Aires, 1965.
TELLO DÍAZ, CARLOS, *Porfirio Díaz. Su vida y su tiempo. La guerra 1830-1867*, México, Debate, 2015.
— *Porfirio Díaz. Su vida y su tiempo. La ambición 1867-1884*, México, Debate, 2018.
TENA RAMÍREZ, FELIPE, *Leyes fundamentales de México 1808-2005* (24.ª ed.), México, Porrúa, 2005.
TERÁN, OSCAR, «Ideas e intelectuales en la Argentina, 1880-1980», *Ideas en el siglo. Intelectuales y cultura en el siglo XX latinoamericano*, Buenos Aires, Siglo XXI, 2004.
— *Vida intelectual en el Buenos Aires fin-de-siglo (1880-1910). Derivas de la cultura científica*, Buenos Aires, Fondo de Cultura Económica, 2000.
THOMAS, HUGH, *Cuba: la lucha por la libertad, 1762-1970*, 3 vols., México, 1973-1974.
THOMSON, IAN y DIETRICH ANGERSTEIN, *Historia del ferrocarril en Chile*, Dibam, Dirección de Bibliotecas, Archivos y Museos, 2000.
THORP, ROSEMARY (ed.), *Latin America in the 1930s: The Role of Periphery in the World Crisis*, Oxford, 1984.
— y GEOFFREY BERTRAM, *Perú 1890-1977. Crecimiento y políticas en una economía abierta*, Lima, Mosca Azul-F. F. Ebert-Universidad del Pacífico, 1985.
THURNER, MARK, *El nombre del abismo. Meditaciones sobre la historia de la historia*, Lima, IEP, 2012.
TINSMAN, HEIDI, *La tierra para el que la trabaja. Género, sexualidad y movimientos campesinos en la reforma agraria chilena*, Lom, 2009.
TIRADO MEJÍA, ÁLVARO, (ed.), *Nueva historia de Colombia*, 9 vol., Bogotá, Planeta, 1998.
TIRONI, EUGENIO, *Los silencios de la revolución*, La Puerta Abierta, 1988.

TOCQUEVILLE, ALEXIS DE, *Notas y Fragmentos inéditos de la Revolución (1865)*, Madrid, Seminarios y Ediciones, 1973.
— *El Antiguo Régimen y la Revolución*, Alianza, 1982.
— *La democracia en América*, Alianza, 2017.
TOKATLIAN, JUAN GABRIEL y BRUCE BAGLEY (eds.), *Economía y política del narcotráfico*, Bogotá, CEREC, 1990.
TOMÁS VILLAROYA, JOAQUÍN, «La Constitución de Cádiz en la época del Estatuto Real», *REP*, 126, Madrid, 1962.
— «Los orígenes del control parlamentario en España», *REP*, 132, 1963.
— «Alcalá Galiano entre dos destierros», *Revista del Instituto de Estudios Sociales*, Barcelona, 1966, pp. 155 y ss.
— *El Sistema Político del Estatuto Real (1834-1836)*, Madrid, IEP, 1968.
— *Breve historia del constitucionalismo español* (4.ª ed.), Madrid, CEC, 1985.
TOMÁS Y VALIENTE, FRANCISCO, *Manual de Historia del Derecho Español*, Madrid, Tecnos, 1979.
— «La Constitución de 1978 en la Historia del Constitucionalismo Español», *AHDE*, t. L, Madrid, 1980, pp. 735-738.
— «Estudio preliminar», *Lecciones de Derecho Político Constitucional* de Joaquín Francisco Pacheco, Madrid, CEC, 1984.
TORD, LUIS ENRIQUE, *El indio en los ensayistas peruanos 1848-1948*, Lima, Editoriales Unidas, 1978.
TORNERO, RECAREDO, *Chile ilustrado*, Valparaíso, El Mercurio, 1872.
TORRADO, SUSANA, *Estructura social de la Argentina (1945-1983)*, Buenos Aires, Ediciones de la Flor, 1994.
TORRE, JUAN CARLOS (dir.), *Nueva historia argentina*, vol. 8: *Los años peronistas (1943-1955)*, Buenos Aires, Sudamericana, 2002.
— *La vieja guardia sindical y Perón: sobre los orígenes del peronismo*, Buenos Aires, Sudamericana, 1990.
— *Los sindicatos en el gobierno 1973-1976*, Buenos Aires, Centro Editor de América Latina, 1989.
TORRECUADRADA GARCÍA LOZANO, SOLEDAD, «Identidad indígena», *Anuario de la Facultad de Derecho de la* UNAM, 17, 2013.
TORRE RANGEL, JESÚS ANTONIO, *Lecciones de historia del derecho mexicano*, México, Porrúa, 2010.

TORRE VILLAR, ERNESTO DE LA, «El constitucionalismo mexicano y su origen», *Estudios de Historia jurídica*, México, Instituto de Investigaciones Jurídicas, UNAM, 1994.

TORRES ARANCIVIA, EDUARDO, *Buscando un rey: el autoritarismo en la historia del Perú, siglos XVIII-XXI*, Lima, Pontificia Universidad Católica del Perú, 2007.

TORRES LAZO, AGUSTÍN, *La saga de los Somoza. Historia de un magnicidio* (6.ª ed.), Hispamer, Managua, 2014.

— *La saga de los Somoza. Expedientes inéditos*, Managua, Fondo de promoción cultural, Grupo Ivercasa, 2014.

TORRES RAMÍREZ, BLANCA, *México y el mundo: historia de sus relaciones exteriores*, 9 tomos, México, 2010.

TORRES RIVAS, EDELBERTO, *Interpretación del desarrollo social centroamericano*, Costa Rica, EDU-CA, 1981.

TOVAR PINZÓN, HERMES y otros, *Convocatoria el poder del número: censos y estadísticas de la Nueva Granada (1750-1830)*, Bogotá, Archivo General de la Nación, 1994.

— *Que nos tengan en cuenta: colonos, empresarios y aldeas, Colombia 1800-1900*, Bogotá, Tercer Mundo y Colcultura, 1995.

TOWSEND, WILLIAM CAMERON, *Lázaro Cárdenas, demócrata mexicano*, México, Grijalbo, 1976.

TRASK, DAVID F., MICHAEL C. MEYER y ROGER R. TRASK, *A Bibliography of United States-Latin American Relations since 1810: A Selected List of Eleven Thousand Published References*, Lincoln, Nebraska, University of Nebraska Press, 1969-1979.

TROPER, MICHEL, *La Séparation des pouvoirs et l'histoire constitutionnelle française*, París, Librairie Generale de Droit et de Jurisprudence, 1980.

TRUJILLO HERRERA, RAFAEL, *Cuando Villa entró en Columbus*, México, Porrúa, 1973.

TSING, A., «Indigenous Boys», en De la Cadena y Starn (eds.), *Indigenous Experience Today*, Nueva York, Berg, 2007.

TULCHIN, JOSEPH, *The Aftermath of War. World War I and US. Policy toward Latin America*, Nueva York, 1971.

TUÑÓN DE LARA, MANUEL, «En torno a la rebelión de los sargentos de La Granja», *Estudios de Historia Contemporánea*, Madrid, 1974.

TURNER, JOHN KENNETH, *México Bárbaro* (1911), Buenos Aires, Hyspamérica, 1985.

TUSHNET, MARK, *Taking de Constitution away from the courts*, Princeton, New Jersey, Princeton University Press, 1999.

— «Non-judicial review», *Harvard Journal on Legislation*, vol. 40, 2003.

UNDURRAGA, VERÓNICA, *Los rostros del honor. Normas culturales y estrategias de promoción social en Chile colonial, siglo XVIII*, Dibam, 2013.

Unesco, *Historia general de América Latina*, 9 vols., Madrid, Trotta, 2000.

UNGER, ROBERTO, «El sistema de gobierno que le conviene a Brasil», *Presidencialismo vs. Parlamentarismo*, Buenos Aires, Consejo para la Consolidación de la Democracia, 1987.

Universidad de Chile (UCH), *Cuadernos de Historia*, desde 1981.

Universidad de Concepción, *Revista de Historia*, desde 1981.

Universidad de Santiago (USACH), *Historia Social y de las Mentalidades*, desde 1999.

Universidad Metropolitana de Ciencias de la Educación, *Dimensión Histórica de Chile*, desde 1984.

Universidad Nacional Autónoma de México, Coordinación de Humanidades, Centro Coordinador y Difusor de Estudios Latinoamericanos. *El populismo en América Latina*, México, col. Nuestra América, 7, 1983.

UPRIMNY, RODRIGO, «Las transformaciones constitucionales recientes en América Latina: tendencias y desafíos», Rodríguez Garavito (coord.), *El Derecho en América Latina: un mapa para el pensamiento jurídico del siglo XXI*, Buenos Aires, Siglo XXI, 2011, pp. 109-137.

URBINA, XIMENA, *La frontera de arriba en Chile colonial: interacción hispanoindígena en el territorio entre Valdivia y Chiloé e imaginario de sus bordes geográficos 1600-1800*, Valparaíso, PUCV, 2009.

URÍA RÍU, JUAN, «Asturias en la segunda mitad del siglo XVIII», *Anales de la Universidad de Oviedo*, t. XIV, 1949.

URIEL GARCÍA, JOSÉ, *El nuevo indio*, Cuzco, H. G. Rozas, 1930.

URRUTIA, MIGUEL, *Historia del sindicalismo colombiano*, Bogotá, La Carreta, 1969.

USLAR PIETRI, GUSTAVO, *Oficio de difuntos*, Espasa Calpe, 1976.

URZÚA VALENZUELA, GERMÁN, *Historia política de Chile y su evolución electoral (Desde 1810 a 1992)*, Editorial Jurídica, 1992.

VALADÉS, DIEGO, *La dictadura constitucional en América Latina*, México, Instituto de Investigaciones Jurídicas-UNAM, 1974.

— *La formación del sistema presidencial latinoamericano (Un ensayo de cultura constitucional)*, México, UNAM, IIJ, 2007.

— y MIGUEL CARBONELL (coords.) *El proceso constituyente mexicano. A 150 años de la Constitución de 1857 y 90 de la Constitución de 1917*, México, UNAM, 2007.

— y otros (eds.), *Ideas e instituciones constitucionales en el siglo XX*, México, Siglo XXI, 2011.

VALADÉS, JOSÉ CARLOS, *Alamán, estadista e historiador*, México, Antigua Librería de Robredo, José Porrúa e hijos, 1938.

— *Imaginación y realidad de Francisco I. Madero*, 2 vols., México, Antigua Librería Robredo, 1960.

— *Breve historia del Porfirismo*, México, Editores Mexicanos Unidos, 1973.

— *México, Santa Anna y la guerra de Texas*, México, Diana, 1982.

— *Historia General de la Revolución mexicana*, 9 vols., México, Secretaría General de Educación Pública, 1985.

— *Alamán: estadista e historiador*, México, UNAM, 1987.

VALCÁRCEL, LUIS EDUARDO, *Tempestad en los Andes*, Populibros Peruanos, 1927.

VALDIVIA, VERÓNICA, *El golpe después del golpe. Leigh vs. Pinochet. Chile, 1960-1980*, Lom, 2003.

VALLE-INCLÁN, RAMÓN DEL, *Tirano Banderas*, Espasa Calpe Argentina, 1926.

VALLENILLA LANZ, LAUREANO, *Cesarismo democrático. Estudios sobre las bases sociológicas de la Constitución de Venezuela*, Caracas, 1919.

VALDIVIA, VERÓNICA y otros, *Su revolución contra nuestra revolución. Izquierdas y derechas en el Chile de Pinochet (1973-1981)*, Lom, 2006.

VALENCIA LLANO, ALONSO (ed.), *Historia del gran Cauca: historia regional del suroccidente colombiano*, Cali, Universidad del Valle, 1996.

VALENZUELA, ARTURO, *El quiebre de la democracia en Chile*, Universidad Diego Portales (UDP), 2013.

VALENZUELA, JAIME, *Las liturgias del poder. Celebraciones públicas y estrategias persuasivas en Chile colonial (1609-1709)*, Dibam, 2001.

VALENZUELA, JULIO SAMUEL, *Democratización vía reforma: la expansión del sufragio en Chile*, Buenos Aires, IDES, 1985.

VALLENILLA LANZ, LAUREANO, *Cesarismo democrático, Obras completas*, I, Caracas, 1983.

VAN COTT, DONNA LEE, *The Friendly Liquidation of the Past: The Politics of Diversity in Latin America*, Pittsburgh, University of Pittsburg Press, 2000.

VANDERWOOD, PAUL J., *Los Rurales mexicanos*, México, 1982.

VANOSSI, JORGE REINALDO, *Situación del federalismo*, Buenos Aires, Depalma, 1964, p. 11.

VARELA, JAVIER, *Jovellanos*, Madrid, Alianza Universidad, 1989.

VARELA SUANZES-CARPEGNA, JOAQUÍN, *La teoría del Estado en los orígenes del constitucionalismo hispánico (las Cortes de Cádiz)*, Madrid, Centro de Estudios Constitucionales, 1983.

— «Rey, Corona y Monarquía en los orígenes del constitucionalismo español: 1808-1814», *REP*, 55, Madrid, 1987, pp. 23-95.

— «Estudio Preliminar», *Jaime Balmes: Política y Constitución*, Madrid, CEC, 1988, pp. LXI-LXVI.

— «La monarquía en el pensamiento de Benjamín Constant (Inglaterra como modelo)», *Revista del Centro de Estudios Constitucionales*, 10, 1991, pp. 121-138.

— «El liberalismo francés después de Napoleón (de la anglofobia a la anglofilia)», *REP*, 76, 1992, pp. 29-43.

— «Estudio introductorio», *Principios Naturales de la Moral, de la política y de la Legislación*, de Francisco Martínez Marina, t. I, Oviedo, JGPA, 1993, pp. XXVII-XXXI.

— «Un precursor de la monarquía parlamentaria: Blanco-White y El Español (1810-1814)», *REP*, 79, Madrid, 1993, pp. 101-120.

— «La teoría constitucional en los primeros años del reinado de Fernando VII: el "Manifiesto de los Persas" y la "Representación" de Álvaro Flórez Estrada», *Estudios Dieciochistas en Homenaje al Profesor José Miguel Caso González*, vol. II, Oviedo, IFES, 1995, pp. 417-426.

— «Mirabeau y la monarquía o el fracaso de la clarividencia», *Historia Contemporánea*, 12, Bilbao, 1995, pp. 230-245.

— «El pensamiento constitucional español en el exilio: el abandono del modelo doceañista (1823-1833)», *REP*, 87, Madrid, 1995, pp. 63-90; versión francesa Annick Lempérière, Georges Lomné, Fréderick Martinez y Denis Rolland (eds.), *L'Amerique latine et les modèles*

européens, París, Editions L'Harmattan, Maison des Pays Ibériques, 1998, pp. 163-195.
— «La monarquía imposible. La Constitución de Cádiz de 1820 a 1823», *AHDE*, t. LXVI, Madrid, 1996, pp. 653-687.
— (ed.), *Textos Básicos de la Historia Constitucional Comparada*, Madrid, CEPC, 1998.
— «La soberanía en la doctrina británica. De Bracton a Dicey», *Fundamentos*, 1, Oviedo, JGPA, 1998, pp. 87-165; versión en inglés en *Murdoch University Electronic Journal of Law*, vol. 6, 3, septiembre de 1999, y en *HC*, 4, junio de 2003.
— «Estudio Preliminar», *Los Dogmas de la Constitución* de John James Park, Madrid, Istmo, 1999, pp. 5-53.
— «El Constitucionalismo británico entre dos Revoluciones (1688-1789)», *Fundamentos*, 2, Oviedo, JGPA, 2000.
— *Sistema de gobierno y partidos políticos: de Locke a Park*, Madrid, CEPC, 2002; versión italiana *Governo e partiti nel pensiero britannico. 1688-1832*, Milán, Giuffrè, 2007.
— «Constitución histórica y anglofilia en la Francia pre-revolucionaria (la alternativa de los "Notables")», *Visión Iberoamericana del Tema Constitucional*, Caracas, Fundación Manuel García-Pelayo, 2003, pp. 23-39, y *Gionale di Storia Costituzionale*, 9, 2005, pp. 53-62.
— (ed.), *Álvaro Flórez Estrada, política, economía, sociedad*, Oviedo, JGPA, 2004.
— *El Conde de Toreno (1776-1843). Biografía de un liberal*, prólogo de Miguel Artola, Madrid, Marcial Pons, 2005.
— «Propiedad y sufragio en el constitucionalismo español (1808-1845)», *Propiedad e Historia del Derecho*, Madrid, Colegio de Registradores de la Propiedad, 2005, pp. 49-72.
— *Asturianos en la política española. Pensamiento y acción*, Oviedo, KRK, 2006.
— *Política y Constitución en España. 1808-1978*, prólogo de Francisco Rubio Llorente, Madrid, CEPC, 2007.
— «Algunas reflexiones metodológicas sobre la Historia Constitucional», *HC*, 8, 2007.
— «El constitucionalismo español y portugués en la primera mitad del siglo XIX. Un estudio comparado», Izaskun Álvarez Cuartero y Julio

Sánchez Gómez (eds.), *Visiones y revisiones de la Independencia americana. La Independencia de América, la Constitución de Cádiz y las Constituciones Iberoamericanas*, Salamanca, Servicio de Publicaciones de la Universidad de Salamanca, 2007, pp. 13-51; versión portuguesa *HC*, 11, septiembre de 2010.

— «La doctrina de la Constitución histórica de España», *Fundamentos*, Oviedo, JGPA, 2010.

— «Agustín Argüelles. El liberalismo progresista», *Claves de Razón Práctica*, 210, Madrid, marzo de 2011, pp. 441-458.

— «La reforma de la Constitución», José Antonio Escudero (ed.), *Cortes y Constitución de Cádiz. 200 años*, t. III, Madrid, Fundación Rafael del Pino-Espasa Libros, 2011, pp. 441-458.

— *La Teoría del Estado en las Cortes de Cádiz* (2.ª ed.), Madrid, CEPC, 2011, p. 35.

— (dir.), *Reglamentos Parlamentarios*, edición y estudio preliminar de Ignacio Fernández Sarasola, vol. III de la colección «Leyes Políticas Españolas. 1808-1978», Madrid, Iustel, 2012.

— (ed.), *Constituciones y Leyes fundamentales*, vol. I de la colección «Leyes Políticas Españolas. 1808-1978», Madrid, Iustel, 2012.

— (dir.), *Leyes Electorales. 1810-1977*, Miguel Presno (ed.), vol. II de la colección «Leyes Políticas Españolas. 1808-1978», Madrid, Iustel, 2012.

— «Propiedad, sufragio y ciudadanía en el constitucionalismo español. 1810-1845», Andrea Romano (ed.), *Actas del Congreso de Sicilia*, Messina, 2012, pp. 785-800.

— «Los Modelos Constitucionales en las Cortes de Cádiz», Gonzalo Butrón Prida (ed.), *Las Españas y las Américas: los españoles de ambos hemisferios ante la crisis de independencia*, Cádiz, Servicio de Publicaciones de la Universidad de Cádiz, 2012, pp. 97-121.

VARGAS LLOSA, MARIO, *La fiesta del Chivo*, Alfaguara, 2000.

— *Sables y utopías. Visiones de América Latina*, Selección y prólogo de Carlos Granés, Alfaguara, 2009.

— *La utopía arcaica. José María Arguedas y las ficciones del indigenismo*, Londres, 1995; Madrid, Debolsillo, 2015.

VARÓN, RAFAEL, *La ilusión del poder. Apogeo y decadencia de los Pizarro en la conquista del Perú*, Lima, IEP-IFEA, 1996.

VASCONCELOS, JOSÉ, *La caída de Carranza: de la dictadura a la libertad*, México, Imprenta de Murguía, 1920.
— *Don Evaristo Madero. Biografía de un patricio*, México, Impresiones Modernas, 1958.
— *Breve historia de México*, México, Compañía Editorial Continental, 1971.
— *Breve historia de México*, México, Trillas, 1998.
VÁSQUEZ ROMERO, JOSÉ LORENZO, *La intervención de 1916: un análisis sobre el gobierno militar estadounidense en Santo Domingo*, Santo Domingo, 2003.
VÁZQUEZ, JOSÉ ANTONIO, *El doctor Francia visto y oído por sus contemporáneos*, Buenos Aires, Universitaria, 1975.
VÁZQUEZ, JOSEFINA ZORAIDA, *El establecimiento del federalismo en México, 1821-1827*, México, El Colegio de México, 2003.
— *El establecimiento del México independiente*, Gisela von Wobeser (coord.), *Historia de México*, México, Presidencia de la República SEP-Fondo de Cultura Económica, 2010.
— «Antonio López de Santa Anna, villano decimonónico favorito», Gisela Von Wobeser (coord.), *Vidas mexicanas. Diez biografías para entender a México*, Fondo de Cultura Económica, 2015.
VÁZQUEZ MANTECÓN, CARMEN, *Santa Anna y la encrucijada histórica del Estado; la dictadura (1853-1855)*, México, Fondo de Cultura Económica, 1986.
VÁZQUEZ PRESEDO, VICENTE, *Crisis y retraso. Argentina y la economía internacional entre las dos guerras*, Buenos Aires, Eudeba, 1978.
VÁZQUEZ VILLANUEVA, GRACIANA, *Revolución y discurso. Un portavoz para la integración hispanoamericana: Bernardo Monteagudo, 1809-1825*, Buenos Aires, Isla de la Luna, 2006.
VEGA VEGA, JUAN, *Cuba, su historia constitucional. Comentarios a la Constitución cubana reformada en 1992*, Madrid, Endymion, 1997.
VELÁZQUEZ, MARÍA DEL CARMEN, «Alamán y sus ideas», *Historia Mexicana II*, 8, El Colegio de México, 1953.
VELÁZQUEZ FLORES, RAFAEL, *La política exterior de México durante la segunda guerra mundial*, México, 2007.
VENEROS, DIANA, *Allende. Un ensayo psicobiográfico*, Sudamericana, 2003.

VERES CORTÉS, LUIS, *La narrativa indigenista de Amauta*, Universidad de Valencia, 2000.

VERGARA QUIROZ, SERGIO, *Manuel Montt y Domingo F. Sarmiento: epistolario, 1833-1888*, Santiago, Centro de Investigación Diego Barros Arana, 1999.

VERGARA VICUÑA, AQUILES, *Historia de la Guerra del Chaco*, La Paz, Litografía e Imprentas reunidas, 1944.

VIAL, GONZALO, *Arturo Prat*, Andrés Bello, 1995.

— *Historia de Chile*, 5 vols., Santillana y Zig-Zag, 1981-2001.

— *Pinochet. La biografía*, Aguilar, 2002.

— *Chile. Cinco siglos de historia. Desde los primeros pobladores prehispánico, hasta el año 2006*, 2 vols., Zig-Zag, 2009.

VICENTE Y GUERRERO, GUILLERMO, *El pensamiento político-jurídico de Alejandro Oliván en los inicios del moderantismo (1820-1843)*, Huesca, Instituto de Estudios Altoaragoneses, 2003.

VICIANO PASTOR, ROBERTO (ed.), «Presentación», *Estudios sobre el nuevo Constitucionalismo Latinoamericano*, Valencia, Tirant lo Blanch, 2012, p. 9.

VICIANO PASTOR, ROBERTO y RUBÉN MARTÍNEZ DALMAU, *Cambio político y proceso constituyente en Venezuela (1998-2000)*, Valencia, Tirant lo Blanch, 2001.

— «El proceso constituyente venezolano de 1999: su significado jurídico y político», en William Ortiz Jiménez y Ricardo Oviedo Arévalo (eds.), *Refundación del Estado nacional y procesos constituyentes y populares en América Latina*, Medellín, Facultad de Ciencias Humanas y Económicas, Universidad de Nariño/Universidad de Medellín, 2009.

— «Los procesos constituyentes latinoamericanos y el nuevo paradigma constitucional», *IUS*, México, Instituto de Ciencias Jurídicas de Puebla, 25, 2010.

— «Presentación. Aspectos generales del nuevo constitucionalismo latinoamericano», *El nuevo constitucionalismo en América Latina*, Corte Constitucional del Ecuador, 2010, p. 36.

— «Fundamentos teóricos y prácticos del nuevo constitucionalismo latinoamericano», *Gaceta Constitucional*, 48, Lima, 2011, pp. 307-328.

— «El nuevo constitucionalismo latinoamericano: fundamentos para una construcción doctrinal», *Revista General de Derecho Público Comparado*, 9, 2011, pp. 1-24.

— «Fundamento teórico del nuevo constitucionalismo latinoamericano», *Estudios sobre el nuevo Constitucionalismo Latinoamericano*, Valencia, Tirant lo Blanch, 2012.

VICIANO PASTOR, ROBERTO, JULIO CÉSAR TRUJILLO y SANTIAGO ANDRADE, *Estudios sobre la Constitución ecuatoriana de 1998*, Valencia, Tirant lo Blanch, 2005.

VICUÑA, MANUEL, *La belle époque chilena. Alta sociedad y mujeres de élite en el cambio de siglo*, Sudamericana, 2001.

— *Un juez en los infiernos. Benjamín Vicuña Mackenna*, UDP, 2009.

VILA VILAR, ENRIQUETA, *Hispanoamérica y el comercio de esclavos*, Universidad de Sevilla, 2015.

VILAR, JUAN B., *La España del Exilio. Las emigraciones políticas españolas en los siglos XIX y XX*, Madrid, Síntesis, 2006.

VILE, MAURICE J. C., *Constitucionalismo y separación de poderes*, presentación de Joaquín Varela Suanzes-Carpegna, CEPC, 2008.

VILLABELLA ARMENGOL, CARLOS MANUEL, «Constitución y democracia en el nuevo constitucionalismo latinoamericano», *Revista del Instituto de Ciencias Jurídicas de Puebla A.C.*, 25, 2010, p. 63.

— *Nuevo constitucionalismo latinoamericano. ¿Un nuevo paradigma?*, México, Grupo editorial Mariel, Universidad de Guanajuato, 2014, pp. 83 y ss.

VILLALOBOS, SERGIO, *Origen y ascenso de la burguesía chilena*, Universitaria, 1987.

— *Los pehuenches en la vida fronteriza*, PUC, 1989.

— *Portales, una falsificación histórica*, Universitaria, 1989.

— *La vida fronteriza en Chile*, Fundación MAPFRE, 1992.

— *Vida fronteriza en la Araucanía. El mito de la Guerra de Arauco*, Andrés Bello, 1995.

— *Historia del pueblo chileno*, 4 vols., Instituto de Estudios Humanísticos, Zig-Zag y Universitaria, 1980-2000.

— *Chile y Perú. La historia que nos une y nos separa 1535-1883*, Universitaria, 2002.

— *Historia de los chilenos*, 4 vols., Taurus, 2006-2010.

VILLANEDA, SANTIAGO AMADOR, «El camino de la Constitución de 1991: diario de la exclusión», O. Mejía Quintana (dir.), *Poder constituyente, conflictos y Constitución en Colombia*, Bogotá, Universidad de los Andes, 2005, p. 92.

VILLANUEVA, DARÍO, «El "monoteísmo" del poder. La trilogía paraguaya de Augusto Roa Bastos», *Yo, El Supremo*, Madrid, ediciones conmemorativas, centenario del autor, RAE y ASALE, 2017.

VILLAVICENCIO, FRIDA, «Entre una realidad plurilingüe y un anhelo de nación. Apuntes para el estudio sociolingüístico del siglo XIX», Rebeca Barriga Villanueva y Pedro Martín Butragueño (dirs.), *Historia sociolingüística de México*, El Colegio de México, vol. II, pp. 713-795.

VILLEGAS, GLORIA, *En torno a la democracia. El debate político en México*, México, Instituto Nacional de Estudios Históricos de la Revolución Mexicana, 1989.

VILLEGAS DÍAZ, MYRNA y EDUARDO MELLA SEGUEL, *Cuando la costumbre se vuelve ley*, Santiago de Chile, 2017.

VILLORO, LUIS, *El proceso ideológico de la Revolución de independencia*, México, UNAM, 1967.

VIOLA, ALFREDO, *Doctrina, economía, obras públicas y la Iglesia durante la dictadura del Dr. Francia*, E. Clásicos Colorados, Asunción, 1984.

VIOTTI DA COSTA, EMILIA, *Da monarquia à República: momentos decisivos* (2.ª ed.), Sao Paulo, 1979.

VISCARDO Y GUZMÁN, JUAN PABLO, *Carta dirigida a los Españoles Americanos por uno de sus compatriotas*, Londres, P. Boyle, 1801.

VITALE, LUIS, *La interpretación marxista de la historia de Chile*, Prensa Latinoamericana, 1967.

VLACHOS, GEORGE, *La Pensée Politique de Kant*, París, PUF, 1962.

VOLTAIRE, *Lettres Philosophiques (1733-1734)*, París, Gallimard, 1986.

VON BOGDANDY, ARMIN, HÉCTOR FIX FIERRO y MARIELA MORALES ANTONIAZZI (coords.), *Ius Constitutionale Commune en América Latina. Rasgos, Potencialidades y Desafíos*, México, UNAM, 2014.

VV. AA., *Brasil Hoy*, México, Siglo XXI, 1975.

— *Colombia Hoy*, Bogotá, Siglo XXI, 1980.

— *Ecuador Hoy*, Bogotá, Siglo XXI, 1981.

— *Camino a La Moneda. Las elecciones presidenciales en la historia de Chile, 1920-2000*, Centro de Estudios Bicentenario, Bicentenario, 2002.

— *Justicia, poder y sociedad en Chile: recorridos históricos*, UDP, 2007.

— *Nación y nacionalismo en Chile. Siglo XIX*, 2 vols., Bicentenario, 2009.

— *Historia de la Iglesia en Chile*, 3 vols., Universitaria, 2009.

— *Guerra, región y nación. La Confederación Perú-Boliviana. 1836-1839*, UDP, 2009.
— *Chile y la Guerra del Pacífico*, Bicentenario, 2010.
— *Diccionario Biográfico de parlamentarios españoles, Cortes de Cádiz. 1810-1814*, Madrid, Cortes Generales, 2010.
— *Las revoluciones americanas y la formación de los estados nacionales*, Dibam, 2013.

WACHTEL, NATHAN, *Los vencidos: los indios del Perú frente a la conquista española 1530-1570*, Madrid, Alianza, 1976.

WADE, PETER, *Música, raza y nación. Música tropical en Colombia*, Bogotá, Vicepresidencia de la República, 2002.

WAGNER, R. HARRISON, *U.S. Policy Toward Latin America. A Study in Domestic and International Politics*, Stanford, 1970.

WALDMAN, PETER, *El peronismo*, Buenos Aires, Sudamericana, 1981.

WALKER, WILLIAM, *La Guerra de Nicaragua* (1860); la traducción española de 1883 está reeditada en 1993.

WALTHER, JUAN CARLOS, *La conquista del desierto. Síntesis histórica de los principales sucesos ocurridos y operaciones militares realizadas en La Pampa y Patagonia contra los indios (1527-1885)*, Buenos Aires, Eudeva, 1948.

WALTER, RICHARD J., *La provincia de Buenos Aires en la política argentina, 1912-1943*, Buenos Aires, Emecé, 1987.

WARMAN, ARTURO, Guillermo Bonfil y Margarita Nolasco, *De eso que llaman antropología mexicana*, Nuestro Tiempo, 1970.

WEHLER, HANS-ULRICH, *Der Aufstieg des amerikanischen Imperialismus. Studien zur Entwicklung des Imperium Americanum*, Gotinga, 1974.

WEINBERG, ALBERT K., *Manifest Destiny: A Study of National Expansion in American History*, Baltimore, 1935.

WELLES, SUMNER, *Naboth's Vineyard. The Dominican Republic, 1944-1924*, Nueva York, 1928.

WELLS, ALLEN, *Yucatan's Gilded Age. Haciendas, Henequen, and international Harvester, 1860-1915*, Nuevo México, 1985.

WELP, YANINA y FRANCISCO SOTO, «Más allá de modas y cortinas de humo: la deliberación ciudadana en cambios constitucionales», *Revista Española de Ciencia Política*, 50, 2019, pp. 24 y ss.

WERNECK SODRÉ, NELSON, *História da burguesía brasileira*, Río de Janeiro, Civilização Brasileira, 1976.

WERNER TOBLER, HANS, *La Revolución mexicana. Transformación social y cambio político, 1876-1940*, México, Alianza, 1994.

WHITAKER, ARTHUR P., «From Dollar Diplomacy to the Good Neighbor Policy», *Inter-American Economic Affairs*, 4, 1951, pp. 12-19.

— *The Western Hemisphere Idea. Its Rise and Decline*, Ithaca y Londres, 1954.

WHITE, CHRISTOPHER M., *Creating a Third World: Mexico, Cuba, and the United States during the Castro Era*, Albuquerque, 2007.

WILLIAMS, EDWARD J., *The Political Themes of Inter-American Relations*, Belmont, 1971.

WILLIAMS, JOHN HOYT, *The Rise and Fall of the Paraguayan Republic, 1800-1870*, Austin, 1979.

WILLIAMS, WILLIAM APPLEMAN, *The Shaping of American Diplomacy*, vols. 1 y 2, Chicago, 1956.

WILLIAMSON, ROBERT B. y otros (eds.), *Latin American-Us. Economic Interactions*, Washington, 1974.

WINKLER, MAX, *Investments of United States Capital in Latin America*, Port Washington, Nueva York, 1971.

WOLF, ENRIC R., *Las luchas campesinas en el siglo XX*, México, Siglo XXI, 1972.

WOLKMER, ANTONIO CARLOS y LUCAS MACHADO FAGUNDES, «Para um novo paradigma de Estado plurinacional na América Latina», *Novos Estudos Jurídicos*, 18, 2013, pp. 329 y ss.

WOMACK, JOHN, *Zapata y la Revolución mexicana*, México, Siglo XXI, 1969.

WOODS, BRYCE, *The Making of the Good Neighbor-Policy*, Nueva York, 1961.

WOODWARD, RALPH LEE, JR., *Privilegio de clases y el desarrollo económico: el consulado de comercio de Guatemala 1793-1871*, San José, 1981.

— *Rafael Carrera y la creación de la República de Guatemala*, CIRMA, 2002.

WORTMAN, MILES L., *Government and Society in Central America, 1680-1840*, Nueva York, 1982.

WYTHE, GEORGE, *The United States and Inter-American Relations. A Contemporary Appraisal*, Gainesville, 1964.

ZAFFARONI, EUGENIO RAÚL, «La Pachamama y el humano», *La naturaleza con derechos: de la Filosofía a la Política*, Quito, Abya-Yala, 2011, pp. 25-139.

ZANATTA, LORIS, *Del Estado liberal a la nación católica. Iglesia y ejército en los orígenes del peronismo, 1930-1943*, Bernal, Universidad Nacional de Quilmes, 1997.

— *Breve historia del peronismo clásico*, Buenos Aires, Sudamericana, 2009.

— *Eva Perón. Una biografía política*, Buenos Aires, Sudamericana, 2011.

ZARCO, FRANCISCO, *Crónica del Congreso Extraordinario Constituyente 1856-1857*, México, El Colegio de México, 1957.

ZAVALA, LORENZO DE, *La consumación de la independencia*, México, Fondo de Cultura Económica, 2003.

— *Páginas escogidas*, México, UNAM, 1991.

ZAVALA, SILVIO Y JOSÉ BRAVO, «Un nuevo Iturbide», *Historia mexicana II*, 6, El Colegio de México, 1962.

ZAYAS ENRÍQUEZ, RAFAEL, *Porfirio Díaz*, Apletons, 1908.

ZEA, LEOPOLDO, *El positivismo mexicano: nacimiento, apogeo y decadencia*, México, 1968.

ZENEQUELLI, LILIA, *Crónica de una guerra. La Triple Alianza*, Buenos Aires, 1997.

ZERÓN MEDINA, FAUSTO, *Porfirio: el origen, la guerra, la ambición, el poder, el derrumbe y el destierro*, 6 vols., México, Clío, 1993.

ZEVADA, RICARDO JOSÉ, *Calles, el presidente*, México, Nuestro Tiempo, 1971.

ZORAIDA VÁZQUEZ, JOSEFINA, *El establecimiento del federalismo en México (1821-1827)*, El Colegio de México, 2003.

ZORRILLA, RUBÉN, *Extracción social de los caudillos, 1810-1870*, Buenos Aires, La Pléyade, 1972.

ZUBELDÍA PÉREZ, GERMÁN, *La abolición de la esclavitud en España. Una aproximación comparada a los casos británico y francés*, Madrid, La Esfera de los Libros, 2016.

ZULOAGA, CONRADO, *Novelas de dictadores, dictadores de novela*, C. Valencia, 1977.

ZULOAGA RADA, MARINA, *La conquista negociada. Guarangas, autoridades locales e imperio en Huaylas, Perú (1532-1610)*, Lima, IEP-IFEA, 2012.

ZUMETA, CÉSAR, *El continente enfermo*, Nueva York, 1899.

ZÚÑIGA URBINA, FRANCISCO, «Nueva Constitución: Reforma y poder constituyente en Chile», *Serie Doctrina Jurídica*, 482, 2014, p. 121.

ÍNDICE ALFABÉTICO

Abascal, Fernando de, virrey de Quito, 109, 331
Acción Democrática de Venezuela, 558
Achá, José María, presidente boliviano, 351, 352
Ackerman, editor, 64, 69
Acosta, José, jesuita, 30, 627
Adams, John Quincy, presidente estadounidense, 41, 140, 166, 496
Adams-Onís, Tratado (1819), 496, 499
Addiego Bruno, Rafael, 581
Agencia Central de Inteligencia, *véase* CIA
Agosti, Ramón, militar argentino, 592
Aguascalientes, Convención de, en México, 436-437
Aguilar, Luis Felipe, 637
Aguirre Cerda, Pedro, presidente chileno, 582
Agustín I, emperador de México, 38, 116, 117, 146, 148-150, 160, 241-245, 362, 368

Alamán, Lucas, ministro mexicano, 150, 151, 247, 250, 253
Alberdi, Juan Bautista, 221, 274, 283, 359
Alcalá Galiano, Antonio, 56, 57
Alcocer, 119
Aldao, José Félix, 272
Alejandro, papa: bula *Inter Caetera*, 168
Alem, Leandro N., líder argentino, 282, 480-481
Alemán, Miguel, presidente mexicano, 448
Alemania, en la Primera Guerra Mundial, 513
Alessandri, Arturo, presidente chileno, 484, 487, 581, 582, 583
Alessandri, Jorge, presidente chileno, 583
Alfaro, Eloy, presidente ecuatoriano, 391, 468
Alfaro Siqueiros, David, muralista, 441, 442
Alfonsín, Raúl, presidente argentino, 594-595

Alianza Anticomunista Argentina (Triple A), 592
Alianza para el Progreso, 522
Alianza Popular Revolucionaria Americana (APRA), en Perú, 472, 473, 551, 558, 559, 625, 626, 632
Allende, Salvador, presidente chileno, 521, 583, 586-587
  victoria electoral con la Unidad Popular (1970), 554-555, 585
Almagro, Diego de, 209-210
Almodóvar, duque de: *Constitución de Inglaterra*, 54
Alsina, Adolfo, vicepresidente argentino, 178
Altamirano, Luis, general chileno, 487
Alternativa Bolivariana para la América Latina (ALBA), 531, 606
Álvarez, Gregorio, líder uruguayo, 580
Álvarez, Juan, 254
  Manual de patología política, 614
Álvarez, Mariano, 379
Alvear, Marcelo T. de, presidente argentino, 481, 562, 563
Amauta, revista, 636
Anchorena, familia argentina, 266-267
Ancón, Tratado de (1883), 176, 346, 347-348
Andrade, Ignacio, 464
Angiolillo, anarquista asesino de Cánovas, 409
Angostura, Congreso de (1819), 52, 67, 123, 127, 128, 173
Angostura, toma de, 115
Angulo, José, 142, 332
Angulo, Mariano, 332
Angulo, Vicente, 332
Antequera, 44
Antillón, Isidoro, 56, 57, 222
Antofagasta, ocupación chilena de, 175
Apache Kid, 221
Aparicio, Timoteo, caudillo blanco uruguayo, 298
Aparicio Saravia, líder uruguayo, 477
Apeza, Julián (Túpac Katari), 141
Aramburu, general argentino, 590
Aranda, conde de, ministro, 27, 81, 141
Arango y Parreño, Francisco de, 401
Aranjuez, motín de, 56
Araucanía, región chilena de, 180, 210
Árbenz, Juan Jacobo, presidente de Guatemala, 454, 532, 537
Arce, Manuel, presidente de la federación de Centroamérica, 363, 368-369
Arce, Mariano José de, 144-145
Arcos, Santiago, 359
Área de Libre Comercio de las Américas (ALCA), 531, 606, 654
Argentina, 39, 396, 479-484
  Acuerdo de San Nicolás (1853), 163, 165

caciques de, 263-283
Comisión Nacional sobre Desaparición de Personas, 593
Conquista del Desierto, 271-273, 281-282, 479
contrarrevolución preventiva (1930), 559
creación de Yacimientos Petrolíferos Fiscales (YPF), 482
declaración de independencia de 1816, 161
enfrentamientos con Chile, 173
Fundación Eva Perón, 569
Grupo de Oficiales Unidos (GOU) de Perón, 564
guerra de las Malvinas, 504, 593
indios desplazados en, 137
inflación y deuda externa de, 594, 595
inmigración europea en, 388-389
Instituto Argentino de Promoción del Intercambio, 567
intervención militar en, 589-594
Marcha de la Constitución y la Libertad (1945), 566
Plan de Emergencia (1952), 570-571
población de, 389
Primer Plan Quinquenal, 567
Revolución de junio (1943), 564
Revolución de Mayo de 1810, 161, 163, 177
Segundo Plan Quinquenal, 571-572

Argentino Roca, Julio, general argentino, 178-179, 265, 479, 480
Argentino-Paraguayo, Tratado (1876), 294
Arguedas, Agustín, 621
Arguedas, Alcides: *Pueblo enfermo*, 614
Arguedas, José María, 637, 638-639
  Los ríos profundos, 639
Argüelles, Agustín de, 27, 55, 57, 75, 78, 85, 86, 103, 226-227
Arias, Óscar, presidente de Costa Rica, 550, 596
Aristóteles: *Política*, 602
Arosemena, Pablo, presidente de Panamá, 462
Arosemena Quesada, Justo: *El Estado Federal de Panamá*, 462
Arrate y Acosta, José Martín Félix de: *Llave del Nuevo Mundo*, 401
Arriaga, Camilo, 419
Arriaga, Ponciano, 254
Arteaga, José María, 256
Artigas, Gervasio, 285
Artigas, José, 161
Arzú, Manuel de, general, 369
Ascasubi, vicepresidente ecuatoriano, 320
Aspíllaga Pazos, Ántero, ministro peruano, 470
Asturias, Miguel Ángel, 639
  El señor presidente, 454
  Viento fuerte, 454
Austin, Esteban, 184
Ávalos, Eduardo, general argentino, 564

Avellaneda, Nicolás, 178, 280, 280, 398
Ávila Camacho, Manuel, presidente mexicano, 450
Aya, Eligio, presidente paraguayo, 488
Ayacucho, batalla de, 64, 118, 331, 333
Ayala, Eusebio, presidente paraguayo, 488
Aycema y Piñol, Mariano de, presidente de Guatemala, 360
Ayora, Isidro, presidente ecuatoriano, 469
Ayutla, Plan de (1854), 254
Azara, Félix de, 170, 212
  Descripción e historia del Paraguay y del Río de la Plata, 170

Bachelet, Michelle, presidenta chilena, 596, 655
Báez, Cecilio, presidente paraguayo, 488
Bahamas, islas, 40
Balcarce, Juan Ramón, presidente argentino, 271
Ballivián, José, general, presidente boliviano, 340, 349-350, 352
Balmaceda, José Manuel, presidente chileno, 476-477, 484
Balmes, Jaime, 55
Balta, José, coronel peruano, 345
Banco de Crédito Agrícola de México, 447
Banco de México, 447
Banco Interamericano de Desarrollo, 522

Banco Nacional de Cuba, 542
Banzer, Hugo, general boliviano, 575
Bárcena, Manuel de la, obispo, 244
Barra, Francisco León de la, presidente interino de México, 423-424
Barros Luco, Ramón, presidente chileno, 485
Basadre, Jorge, 144
Bathurst, lord Henry, 46
Batista, Fulgencio, dictador cubano, 520, 535-536
  derrotado por la Revolución, 539
Batlle, Lorenzo, 298
Batlle y Ordóñez, José, presidente uruguayo, 476-478
Bayona, abdicaciones de, 23, 25, 56, 69, 121, 134, 156, 324
Bazaine, Achille, mariscal, 153
Beaver, Philip, capitán, 47
Beccaria, Cesare: *De los delitos y las penas*, 93
Belaúnde, Víctor Andrés, 637
Belaúnde Terry, Fernando, presidente peruano, 552, 633
Belgrano, Manuel, 108, 114, 142, 284, 286
Belice, posesión británica de, 366, 379
Bello, Andrés, 27, 44, 46, 47, 49, 50, 51, 52, 62, 107, 138, 359, 620
Belzu, Manuel Isidoro, presidente boliviano, 350, 352-353
Benavides, general peruano, 473

Benedetti, Mario, 579
Benegas, virrey, 112
Bentham, Jeremy, 41, 44, 51, 80, 82
   Principios de legislación civil y penal, 79, 325, 329, 701
Berg, duque de, 141
Bering, estrecho de, 30
Bermejo, Segismundo, ministro de Marina, 413, 415
Bermúdez de Castro, Salvador, ministro español, 150-151, 152, 250
Berro, Bernardo Prudencio, presidente de Uruguay, 291, 297
Bertrand Barahona, Francisco, presidente de Honduras, 456
Betancourt, Rómulo, presidente de Venezuela, 463, 465
Bilbao, Francisco, 359
Blackstone, William, 53, 80
   Comentarios al Derecho de Inglaterra, 53, 80
Blaine, James, secretario de Estado, 504
Blanco, Ramón, capitán general en Cuba, 409
Blanco White, José María, 27, 35, 37, 51, 52, 55-59, 60, 61, 62, 63, 64, 65-66, 67, 68, 74, 80-81, 138, 139, 222, 223
   Historia de la revolución de Nueva España, 65
   Profecía política, 65
Blancom Fombona, Rufino, 621
Boas, Franz, 640
Bodin, Jean, 134, 166

Bogotá, 300
Boiso Lanza, Acuerdo de, en Uruguay, 577
Bolingbroke, Henry St. John, 53
Bolívar, Simón, el Libertador, 27, 44, 46, 49, 62, 64, 67, 69, 74, 104, 107, 115, 117, 118, 123, 125, 127, 132, 145, 157, 160, 234, 235, 275, 288, 298, 300-303, 305, 306, 325, 327, 333, 335-336, 496, 498, 623, 706
   «Carta de Jamaica», 68
   «Discurso de Angostura» de 1819, 52, 67, 123, 127, 128, 173
   «Manifiesto de Cartagena», 67, 67
   «Memoria dirigida a los ciudadanos de Nueva Granada por un caraqueño», 68
Bolivia, 235, 474-475
   Alternativa Bolivariana para la América Latina (ALBA), 531, 606
   conflictos con Chile, 174-175
   independencia de (1825), 161, 340, 348
   oligarquía de, 561
   población de, 348
Bomfim, Manuel, 621
Bonilla, Manuel, presidente de Honduras, 456
   sobre Madero, 425-426
Bonilla Maldonado, Daniel, 724, 727, 738
Bonpland, Aimé, 288

Borbón, casa de, 140, 144, 148, 242
Bordaberry, Juan María, presidente uruguayo, 576-579
Borrull, F. J., 82
Boyacá, batalla de (1819), 52, 115, 299
Brady, Plan, sobre las deudas exteriores, 530
Brasil, 450
    establecimiento de límites con, 170
    expansión de, 295
Bravo, Nicolás, vicepresidente mexicano, 245, 246
Brendan, san, misionero, 35
Brewer-Carías, Allan Randolph, 681-686, 690
Bryan-Chamorro, Tratado (1914), 457, 509
Bucaram Ortiz, Abdalá, presidente de Ecuador, 654, 660, 665
Bucareli, Tratado de (1923), de México, 441, 443, 446
Büchi, Hernán, ministro chileno, 588
Buenos Aires, 107-108
Buffon, Georges Louis Leclerc, conde de, 30, 170, 495, 613
Bulnes, Francisco, 621
Bulnes, Manuel, general, 173, 359, 360, 361
Bunge, Carlos Octavio, 621
    Nuestra América, 614
Burke, Edmund, 79
    Reflexiones sobre la Revolución francesa, 79

Burke, William, 44, 46
    Additional Reasons..., 45
Bush, George H. W., presidente, 550
Bustamante, Anastasio, presidente mexicano, 247, 249
Bustamante y Rivero, José Luis, presidente peruano, 632
Buzgalin, Alexander: *El futuro del socialismo*, 604

Cabañas, Lucio, líder guerrillero mexicano, 557
Cabarrús, Francisco, ministro de Hacienda español, 53
Cabrera, Joaquina, 451
Cabrera, Luis, 421
Cáceres, Andrés, caudillo, 176
Cachnel, 270
Cadalso, José, 56
    Cartas marruecas, 222
Cage, Thomas, religioso inglés, 492
Caibaté, batalla de, 169
Cajigal, Juan Manuel de, 40
Calhoun, John C., 501
California, anexión a Estados Unidos, 251
Calleja, Félix María, 111, 112
Calles, Plutarco Elías, presidente mexicano, 435, 440, 443, 444, 445-446
    deportado a Estados Unidos, 448
Calpulalpan, batalla de (1860), 257
Camaño, José, presidente de Ecuador, 391

ÍNDICE ALFABÉTICO 973

Campaña Nacional o guerra contra los filibusteros, 380-381, 387
Campomanes, Pedro Rodríguez de, 44, 53, 81, 157
Cámpora, Héctor, presidente argentino, 591
Canadá, 403, 404
Canalejas, José, 409
Candeau, Alberto, actor, 580
Cánovas del Castillo, Antonio, 84
  asesinato de, 409
Canterac, José de, general peruano, 333
Cañas, José María, general de Costa Rica, 387
Cañedo, A., 82
Cañiuquir, cacique argentino, 271
Cañuelas, Pacto de (1829), 269
Capmany, Antonio de, 55, 57
  Centinela contra franceses, 58
Caraballo, Francisco, 298
Carabobo, batalla de (1821), 52, 117, 300, 305
Caracas, 300
  insurgencia en (1808), 106-107
  Junta de, 107
  toma de, 117
Cárdenas, Lázaro, presidente mexicano, 448-449, 562
Caribe, incursiones inglesas en el, 491-492
Carlos III, rey de España, 28, 33, 34, 40, 167, 169, 212, 215
Carlos IV, rey de España, 23, 81, 134
Carlos V, emperador, 34, 224, 381

Carlos de Borbón, hermano de Fernando VII, 152
Carlota Amelia, esposa de Maximiliano de Habsburgo, 153, 154-155, 258
Carlota Joaquina, infanta, princesa de Brasil, 126, 141
Caro, Miguel Antonio, político colombiano, 394
Carpentier, Alejo, 639
Carranza, Gustavo, 423
Carranza, Jesús, 435
Carranza, Venustiano, presidente mexicano, 418, 421, 423, 433, 435, 436, 437, 438-440, 513
Carrera, Francisco, presidente de Guatemala, 365, 366-367, 370, 371, 372-380
Carrera, José Miguel de la, 112
Carrera, Juan José y Luis, 112
Carrillo, Braulio, presidente de Costa Rica, 371-372
Carrión, Jerónimo, presidente ecuatoriano, 320
Carter, Jimmy, presidente, 523, 575, 695
  y la dictadura de Somoza, 550
Carter-Torrijos, Tratado, 523
Casaus y Torres, Ramón, arzobispo, 370, 374
Caso, Antonio, 441
Castellón, Francisco, líder nicaragüense, 384
Castilla y Marquesado, Ramón, general peruano, 340-344
Castillo, Francisco, 98

Castillo, José León, 452
Castillo, Ramón, político argentino, 562-563
Castillo Armas, Carlos, coronel guatemalteco, 456, 532
Castro, Carlos de, canciller uruguayo, 292
Castro, Cipriano, presidente de Venezuela, 463, 464
Castro, Fidel
　en el asalto al cuartel Moncada, 537
　en la guerrilla de Sierra Maestra, 538-539
　entrada en La Habana, 539
　exilio en México, 537-538
　recibe a Juan Pablo II, 607
　resistencia anticastrista, 543
　sobre el socialismo chileno, 555
　y el Movimiento 26 de Julio, 537
Castro, Julián, presidente de Venezuela, 314, 316
Castro, Raúl, 537, 607
　sobre la calidad democrática de Cuba, 546
Castro Pozo, Hildebrando, 634-635
Caxias, marqués de, 293
Censor Americano, El, revista, 51-52
Centroamérica, federación de, 172, 362
　abolición de la esclavitud en, 228
　liquidación de (1837), 188, 362-364, 370

Cepero, Manuel, 57
Cernadas, Francisca, 337
Cerro Corá, batalla de, 182
Cervera, Pascual, almirante, en la guerra de Cuba, 413-415
Céspedes, Carlos Manuel, presidente cubano, 404, 405, 535
Chacón, Lázaro, presidente de Guatemala, 454
Chamorro Pérez, Fruto, presidente de Nicaragua, 381
Chamorro, Emiliano, conservador nicaragüense, 458
Chamorro, Pedro Joaquín, asesinato de, 523
Chatfield, Frederick, cónsul británico, 366, 387
Chaunu, Pierre, historiador, 157
Chauveau-Lagarde, Claude François, 42
Chávez, Hugo, presidente venezolano, 521, 525, 531, 596, 601, 604-605, 606, 607, 653, 654, 665, 686, 693-694
Chibás, Eduardo, 536
Chile, 17, 484-487
　capitanía general de, 25
　caudillaje constitucional en, 353-362
　Código Civil de 1855, 360
　colonizadores criollos europeos en, 208-210
　conflictos con Bolivia y Perú, 174-175
　enfrentamientos con Argentina, 173

ÍNDICE ALFABÉTICO 975

gobierno de Unidad Popular (1970), 554
golpe de Estado del 11 de septiembre de 1973, 556, 587
independencia de, 114
indios desplazados en, 137
intervención de la CIA en, 523
retorno de la democracia, 524
Chirinos, José Leonardo, 104
Chocano, Santos: *Alma América*, 622
CIA, Agencia Central de Inteligencia, intervenciones de, 575
en Argentina, 599
en Bolivia, 598
en Chile, 523, 554
en Cuba, 541
en Ecuador, 599
en Nicaragua, 524
en Panamá, 524
en Venezuela, 599
Clark, J. Reuben, secretario de Estado, 515, 516
Clavijero, Francisco Javier: *Historia antigua de México*, 29-32
Clayton-Bulwer, Tratado (1850), 382, 387, 502-503, 508
Cleveland, Grover, presidente estadounidense, 408
Cochise, jefe indio, 221
Cochrane, Thomas Alexander, lord, 47, 114
Codazzi, Agustín, 172
Colom, Álvaro, presidente de Guatemala, 655
Colombia, República de, 300, 323-330, 394-395, 465-468

fundación de, 115
separación de la Iglesia, 389-390
separación de Panamá de (1903), 188-189
Colón, Cristóbal, acusado de genocidio, 599
Comisión Económica para América Latina y el Caribe de Naciones Unidas (CEPAL), 608
Comonfort, Ignacio, 254
Comuneros del Socorro de Nueva Granada, 104
Comunidad Andina, 530
Concilio Vaticano II, 642
Condillac, Étienne Bonnot de, 56
Condorcanqui, Gabriel, 141
Condorcet, Nicolas de, 104
Confederación de Nacionalidades Indígenas, 665
Confederación de Trabajadores de Chile, 561
Confederación General de Trabajadores (CGT) de Argentina, 568, 571, 589
Confederación Regional Obrera Mexicana (CROM), 439, 445
Conferencia Comunista Latinoamericana, Primera (1929), 636
Conferencia Internacional de Estados Americanos de Conciliación y Arbitraje, 488
Conferencia Panamericana, 514-515, 516, 520
Congreso Continental (1774-1776), 165-166

Congreso Indigenista Interamericano, Primer (1940), 640
Congreso Panamericano, 504
Conquista, conde de la, 112
Consejo de Indias, 24
Consejo de Regencia, 47-48, 49
Consejo Mundial de las Iglesias (1972), 642, 644
Constitución alemana de Weimar (1919), 648, 649
Constitución de Argentina (1819), 125
Constitución de Argentina (1824), 161
Constitución de Argentina (1853), 161, 163, 165, 278-279, 396, 397, 569
Constitución de Bolivia (1826), 127
Constitución de Bolivia (1831), 120, 125, 126, 127
Constitución de Bolivia (1871), 201
Constitución de Bolivia (2009), 664, 667-675, 679, 680, 696, 699, 714-717
Constitución de Cádiz (1812), 28, 38, 45, 61, 77-81, 84, 85, 89, 90-95, 96-104, 110, 118, 119, 121, 122, 124, 125, 126, 127, 128-130, 131, 134, 138, 142, 146, 148, 193-195, 234, 241, 243, 244, 401, 557
Constitución de Chile (1822), 216
Constitución de Chile (1828), 234, 355
Constitución de Chile (1833), 357-358
Constitución de Chile (1925), 556
Constitución de Chile (1980), 588
Constitución de Colombia (1821), 200, 234, 300
Constitución de Colombia (1830), 201
Constitución de Colombia (1832), 324
Constitución de Colombia (1853), 327
Constitución de Colombia (1981), 656
Constitución de Colombia (1886), 394, 661
Constitución de Colombia (1991), 660-664, 692, 696, 708, 721, 732, 734
Constitución de Cuba (1857), 420
Constitución de Cuba (1901), 460, 533
Constitución de Cuba (1940), 536, 540
Constitución de Cuba (1959), 544
Constitución de Cuba (1976), 545-547
Constitución de Cúcuta (1821), 299, 302
Constitución de Ecuador (1830), 126, 127, 201
Constitución de Ecuador (1869), 391
Constitución de Ecuador (1906), 468
Constitución de Ecuador (1929), 469

Constitución de Ecuador (2008), 664, 666-675, 696, 699, 711-714, 721
Constitución de El Salvador (1824), 123
Constitución de España (1824), 38
Constitución de España (1978), 16, 675
Constitución de Estados Unidos (1787), 15, 28, 79, 121, 136, 196, 232, 461, 557, 648
  Enmienda Platt a la, 460, 505, 506, 508, 534
Constitución de Francia (1789), 197
Constitución de Francia (1791), 36, 58, 86, 87, 124, 139, 190, 557
Constitución de Francia (1793), 124, 197
Constitución de Guatemala (1956), 656
Constitución de Guatemala (1985), 656-658
Constitución de Honduras (1825), 123, 126
Constitución de Honduras (1873), 201
Constitución de Italia (1947), 649
Constitución de la Gran Colombia (1821), 120, 125, 126
Constitución de la República Federal de Centroamérica (1824), 120, 122, 123
Constitución de las Provincias Unidas de Centroamérica (1824), 363, 368
Constitución de México (1824), 123, 125, 125, 185, 216, 234, 246
Constitución de México (1857), 259, 390, 393, 417, 437
Constitución de México (1917), 430, 437-438, 441, 446, 513
Constitución de Nicaragua (1826), 123, 125
Constitución de Nicaragua (1893), 457
Constitución de Nicaragua (1987), 703, 707
Constitución de Nueva Granada (1830-1832), 234
Constitución de Panamá (1904), 509
Constitución de Perú (1823), 120, 125, 234, 333
Constitución de Perú (1826), 127
Constitución de Perú (1844), 201
Constitución de Perú (1856), 342
Constitución de Perú (1920), 633
Constitución de Perú (1933), 633
Constitución de Perú (1979), 551, 660
Constitución de Perú (1992), 660
Constitución de Quito (1812), 123, 127
Constitución de Uruguay (1830), 125, 201, 479
Constitución de Venezuela (1811), 118-119, 159, 196, 198, 199-200, 705
Constitución de Venezuela (1819), 127

Constitución de Venezuela (1830), 201, 234, 307
Constitución de Venezuela (1858), 201
Constitución de Venezuela (1864), 316, 395
Constitución de Venezuela (1881), 396
Constitución de Venezuela (1999), 664, 665, 668-675, 681-686, 692-693, 707, 710-711
Constitución Federal Mexicana (1823-1824), 119, 159-160, 708-709
Constitución histórica británica, 71
Constitución mexicana de Apatzingán (1814), 112, 125, 159, 241
Constitución uruguaya (1830), 123
Contreras, Carlos, sobre el indigenismo, 631
Convención Nacional de Trabajadores (CNT) de Uruguay, 577
Coolidge, Calvin, presidente estadounidense, 445
Corday, Carlota, 42
Córdoba, Gonzalo, presidente ecuatoriano, 468-469
Córdoba, José María, 303
Córdoba, Tratados de, 243
Córdova, fray Matías de, 203, 204
Córdova, Jorge, presidente boliviano, 351, 352
Corral, ministro nicaragüense, 385
Corral, Ramón, vicepresidente mexicano, 421-422, 423
Correa Delgado, Rafael, presidente de Ecuador, 596, 605, 606, 655, 666
Cortabarría, Antonio Ignacio de, comisionado real, 45
Cortázar, Julio, 547
Cortés, Hernán, 381
Cortes Constituyentes de 1837, 402
Cortes de Cádiz, 28, 80, 104, 105, 119, 122, 225
Cosío, Félix, 636
Coss, Francisco, político mexicano, 435
Costa Rica, 188, 365, 370, 371-372, 380-381, 459-460
   población de, 363
Cotegipe-Loizaga, Tratado de (1876), 182, 294
Crabb, Henry A., 383
Creelman, James, 420
Crespo, Joaquín, presidente venezolano, 396
Cromwell, Oliver, 55, 492
Cruz, José María de la, general chileno, 180
Cuba, 460-461, 502
   abolición de la esclavitud en, 228-229
   capitanía general de, 25
   cesión de Guantánamo, 508
   Directorio Estudiantil en, 535
   establecimiento del embargo estadounidense a, 541
   éxodo a Miami, 540, 547
   exportaciones a Estados Unidos, 534

«grito de Baire» (1895), 407
«grito de Yara», 404, 406
independencia de, 400
invasión de la bahía de Cochinos, 541
Movimiento 26 de Julio en, 537, 538, 539
posible compra a España, 384, 411
Revolución de 1933, 535-536
sistema esclavista en, 402-403
voladura del Maine (1898), 410-411
véase también Revolución cubana
Cubas Grau, Raúl, presidente de Paraguay, 654
Cuero, obispo de Quito, 109
Cuerpo de Paz, agencia federal, 522
Cumbre de las Américas (1994), 531
Cundinamarca, 300
Curalaba, triunfo indígena en (1598), 210

D'Alembert, Jean le Rond, 56
Dahl, Jens, director del IWGIA, 642
Darío, Rubén, 618, 625
   Cantos de vida y esperanza, 618-19
   El viaje a Nicaragua, 457
Darwin, Charles, 170, 267
Dávila, familia argentina, 273
De Lolme, Jean, 53
   De la Constitution d'Anglaterre, 58

Declaración de Derechos del Hombre y del Ciudadano de Francia (1789), 59, 84, 123, 126, 131-132, 198, 223, 232, 557
Declaración por los Derechos de los Pueblos Indígenas (1954), 640
Declaración Universal de Derechos Humanos de la ONU (1948), 640
Declaración Universal de los Derechos del Animal (1978), 701
Defensa Armada Nacionalista de Uruguay, 575
Degollado, Santos, 256
   asesinato de, 257
Delgado Romero, Francisco, 685
Delmar, Serafín, 625
Demicheli, Alberto, vicepresidente uruguayo, 578
Día, El, diario uruguayo, 477-478
Díaz, Adolfo, presidente nicaragüense, 458, 511
Díaz, César, general uruguayo, 297
Díaz, Félix, rebelde mexicano, 426, 427, 439
Díaz, Porfirio, presidente mexicano, 154, 235, 236, 258-259, 260-263, 388, 392-393, 417-418, 420-421, 423, 430, 430, 431, 452
Díaz Canseco, líder rebelde peruano, 345
Díaz Recinos, Adolfo, presidente de Nicaragua, 458
Diderot, Denis, 56, 157

Diego, Juan, 35
Dieterich, Heinz, sociólogo: *Socialismo del siglo XXI*, 604-605
Doblado, Manuel, 256
Domat, 78
Donoso Cortés, Juan, 55
Dorrego, Manuel, gobernador de Buenos Aires, 268
Drago, Luis María, ministro argentino. 506-507
Drake, Francis, filisbustero inglés, 491
Duarte, Eva, *véase* Perón, Eva
Duarte, Juan, hermano de Evita, 572
Dulce, capitán general en Cuba, 404
Dulles, John Foster, secretario de Estado, 520, 532
Dumouriez, Charles François, general, 42
Dupuy de Löme, embajador español en Cuba, 409, 410
Durham Report, 403

Echávarri, José Antonio, comandante general, 149, 245
Echenique, José Rufino, presidente peruano, 342
Echeverría, Luis, presidente de México, 556
Ecuador, 235, 316-323, 468-469
    retorno de la democracia, 524
    Revolución de los Chihuahuas, 319
Edinburgh Review, The, 43, 66

Egaña, Mariano, líder chileno, 357
Eisenhower, Dwight, presidente, 572
    y el embargo a Cuba, 541
Ejército Zapatista de Liberación Nacional (EZLN), 525
El Salvador, 188, 366, 369, 370, 456
    escuadrones de la muerte en, 523
    guerra de guerrillas en, 550
Elías Pérez, José Juan, coronel mexicano, 443
Elío, Francisco Javier, gobernador, 105
Elizalde, Rufino, canciller argentino, 292
Ellauri, José E., presidente uruguayo, 298
Emerson, Ralph Waldo, 383
Emery, empresa maderera, 457
Emparan y Orbe, Vicente de, capitán general, 48
Encina, Francisco de, 621
    Nuestra inferioridad económica, 614
Escobedo, Mariano, general, 260
Español, El, diario, 51, 58, 59-69, 79, 80, 81, 119, 222, 223
Espartero, Baldomero, derrocamiento de, 150
Espina, diputado, 85
Espinosa, Javier, presidente ecuatoriano, 320
Estados Unidos
    adquisición de Florida y Luisiana, 495-496
    construcción del canal de Panamá, 188-189, 382

corolario Roosevelt, 462, 505, 506, 507, 514, 516
Declaración de Independencia (1776), 39, 189
desastre de la Bolsa de Nueva York de 1929, 534
diplomacia del dólar, 511-512
doctrina Monroe, 382-383, 462, 490, 497-498, 504, 505, 506, 508, 514, 515, 519
Enmienda Platt a la Constitución, 460, 505, 506, 508, 534
establecimiento del embargo a Cuba, 541
Gran Depresión de 1929, 396, 459, 516
guerra civil en (1861-1865), 167
guerra con España, 399-400, 413-415
guerra con México, 151, 382
incremento de territorios de México, 136, 183-187, 249-250, 251, 252-253
independencia de, 495
intervenciones y tutelas en Hispanoamérica, 489-526
Manifest Destiny, 498-499
política de buena vecindad, 511-512, 516-517, 562, 639
tratado de paz con España, 416, 460
y el Congreso Continental (1774-1776), 165-166
Estrada, Juan José, liberal nicaragüense, 458, 510-511

Estrada Cabrera, Manuel, presidente de Guatemala, 451, 452-453, 455
Estrada Palma, Tomás, presidente cubano, 460, 508, 534

Falange Nacional de Chile, 583
Falcón, Juan Crisóstomo, presidente venezolano, 316
Farfán, Francisco, guerrillero venezolano, 310
Farfán, Juan Pablo, guerrillero venezolano, 310, 311
Faria, José María, bandido venezolano, 311
Farrell, Edelmiro Julián, presidente argentino, 563, 565
Federación Anarquista Uruguaya, 575
Feijoo, Benito Jerónimo, 56
Felipe II, rey, 168, 224, 293
Felipe IV, rey, 168, 293
Felipe V, rey, 168
Fernández, Leonel, presidente dominicano, 596
Fernández Sarasola, Ignacio, 125
Fernando el Católico, rey, 224
Fernando VI, rey de España, 168
Fernando VII, rey de España, 23, 26, 38, 47, 48, 52, 53, 56, 67, 69, 74, 105, 110, 111, 113-114, 116, 118, 120, 126, 134, 138, 140, 144, 146, 147, 148, 158, 161, 215, 284, 402, 496
Ferrajoli, Luigi, 702
Ferreira, Benigno, presidente paraguayo, 488

Figueroa Larraín, Emiliano, presidente chileno, 487
Filipinas, islas, 400
    capitanía general de, 25
    cesión a Estados Unidos, 416
Filisola, Vicente, general, 184
Flores, Juan José, presidente de Ecuador, 145-146, 235, 303, 316-319, 326
Flores, Venancio, presidente uruguayo, 291, 292, 296-297
Flores Magón, Ricardo, 419
Flórez Estrada, Álvaro, diputado español, 58, 157
Floridablanca, conde de, 24, 27, 40, 81
Fondo Monetario Internacional (FMI), 528, 530, 594, 656
Ford, Gerald, presidente estadounidense, 575
Forner, 56
Foro Social Mundial de Porto Alegre, 605
Fox, James, 54
Francese, Antonio, ministro uruguayo, 576
Francia Velasco y Yegros, José Gaspar García y Rodríguez de, dictador paraguayo, 108-109, 235, 283-288, 498
Francisco de Paula, infante, 126, 152
Franco, Francisco, general, 16, 465
Franco, Manuel, presidente paraguayo, 488
Frei, Eduardo, presidente chileno, 554, 556, 583, 584

Freire, Ramón, general chileno, 355
Frente Farabundo Martí en El Salvador, 655
Frente Sandinista de Liberación Nacional, 459, 523, 655
Friedman, Milton, economista, 588
Frondizi, Arturo, presidente argentino, 589
Fuentes, Carlos, 547
Fujimori, Alberto, presidente de Perú, 654, 660
Funes, Mauricio, presidente de El Salvador, 596

Gaceta de Buenos Aires, 69, 158
Gaceta de Guatemala, La, 380
Gaceta de Madrid, 23
Gadsden, James, 186, 253
Galápagos, islas, incorporación a Ecuador, 318
Galeano, Eduardo: *Las venas abiertas de América*, 615
Gallagher, Matthew, 46
Gallego, Juan Nicasio, diputado, 27, 55, 56, 80, 227
Gallo, Pedro León, 361
Galtieri, Leopoldo, general, 593
Gálvez, Bernardo de, gobernador de Luisiana, 40
Gálvez, José, 33
Gálvez, Mariano, presidente de Guatemala, 364-365, 370, 374-375, 377
Gamarra, Agustín, general peruano, 335-337, 338, 340, 352

Gamio, Manuel, 640
Gandarillas, José Manuel, líder chileno, 357
Gaona, Bautista, presidente paraguayo, 488
García, Alan, presidente de Perú, 596
García, Francisco, gobernador mexicano, 249
García, Petrona, 373, 376
García Calderón, Francisco, presidente peruano, 347, 621, 622, 623, 625
García de Polavieja, Camilo, marqués, 422
García del Río, Juan, ministro peruano, 144
García Linera, Álvaro, vicepresidente boliviano, 608
García Márquez, Gabriel, 547, 639
García Moreno, Gabriel, presidente ecuatoriano, 319-323, 390, 468
García Moreno, Manuel, 317
García Pérez, Alan, presidente peruano, 552
Garibaldi, Giuseppe, 313
Garnier, hermanos, 145
Gay, Claudio, 172
Gazeta de Caracas, 44, 47, 62
Gerónimo, jefe indio, 221
Gilbert, Humphrey, 491
Giró, Juan Francisco, presidente uruguayo, 296
Godoy, Manuel, 55, 56

Gómara, 30
Gómez, José Miguel, presidente cubano, 461
Gómez, Juan Vicente, presidente de Venezuela, 463, 464, 465
Gómez, Leandro, general, 298
Gómez, Máximo, líder cubano, 405, 407-408
Gómez Farías, Valentín, presidente mexicano, 248, 251
Gómez Pedraza, Manuel, 247
Gómez Reinel, Pedro, 224
Gondra, Manuel, presidente paraguayo, 488
González, Manuel, presidente mexicano, 261
González, Pablo, militar mexicano, 434
González, Pablo, político mexicano, 435
González Arnau, 66
González Arteaga, Jesús, 257
González Calderón, Juan A., 165
González Dávila, Gil, expedición de, 381
González Garza, Pablo, general mexicano, 439, 440
González Prada, Manuel: *Nuestros indios*, 633
González Videla, Gabriel, presidente chileno, 582
González von Marées, Jorge, político chileno, 581
Gorriti, Juana Manuela, esposa de Belzu, 351, 353
Goytisolo, Juan, 62, 64, 66, 547

Gran Colombia, 118, 145, 160, 171, 188, 216, 299-300, 323
Grant, Ulysses S., presidente estadounidense, 406
Grau Sanmartín, Ramón, presidente cubano, 535, 536
Grau, Miguel, almirante peruano, 175
Grégoire, Henri, 36
Grito del Sur, El, 70
Grocio, 157
Groussac, Paul de, franco-argentino, 616
Grupo Internacional de Trabajo sobre Asuntos Indígenas, 642
Guadalupe, Tratado de, 186
Guadalupe-Hidalgo, Tratado de (1848), 252, 500
Guamán Poma, Felipe, 141
Guatemala, 188, 364, 367-379, 451-456, 657-659
   capitanía general de, 25
   intervención estadounidense en, 532
   población de, 363
Guayaquil, Tratado de (1829), 317
guerra de Crimea, 382
guerra de Cuba, 399-400, 503, 507
guerra de la Independencia de España, 54-55
guerra de la Triple Alianza (1864-1870), 181, 280-281, 290, 297, 487
guerra de las Castas (1848), en México, 187, 188
guerra de las Malvinas, 593

guerra de los Cinco Años en Venezuela, 316
guerra de los Diez Años, en Cuba, 405, 406, 507
guerra de los Mil Días, 467
guerra de los Nueve Años (1688-1697), 225
guerra de Secesión en Estados Unidos, 495
Guerra de Sucesión de España, 168, 225, 492
guerra del Arauco (1861-1883), 180
guerra del Asiento o de la oreja de Jenkins, 494
guerra del Chaco (1932-1933), 516
guerra del Pacífico (1879-1883), 175-176
guerra del Salitre (1879-1883) en Perú, 346
Guerra Fría, 518, 528, 529, 574
Guerra Grande, en Uruguay, 295-296
Guerra Mundial, Primera, 439, 469, 513, 621
   Conferencia de Paz de París, 514
Guerra Mundial, Segunda, 450
   relaciones interamericanas en la, 517-518
Guerrero, Vicente, presidente mexicano, 116, 146-147, 241, 242, 247
Guevara, Ernesto «Che», 521, 532, 537, 539, 542
   asesinado en Bolivia (1967), 544

ÍNDICE ALFABÉTICO 985

Guggiari, José P., presidente paraguayo, 488
Guill y Gonzaga, Antonio, gobernador de Chile, 215
Guillén, Flavio: *Un fraile prócer y una fábula poema*, 203
Gullón, ministro en la guerra de Cuba, 412
Guridi y Alcocer, diputado, 102-103, 119, 195, 225
Gutiérrez Borbúa, Lucio, presidente de Ecuador, 654, 666
Gutiérrez Cuevas, Teodomiro, jefe militar peruano, 471
Guzmán, Abimael, fundador de Sendero Luminoso, 551, 552, 553
Guzmán, Agustín, líder guatemalteco, 378
Guzmán, Leocadio, líder venezolano, 312
Guzmán Blanco, Antonio, presidente venezolano, 314, 391, 395-396

Haití
 fin de la era Duvalier, 524
 protectorado financiero en, 509-510
 rebelión de los esclavos en (1804), 223, 400, 502
Hakluyt, Richard, 491
Hamilton, Alexander, secretario del Tesoro, 41, 495
Hamilton, William Richard, 51
Hamnett, Brian R., 397
Hampe, 143

Hawkins, John, marino inglés, 491
Hay-Bunau-Varilla, acuerdo de (1903), sobre el canal de Panamá, 189
Hay-Herrán, Tratado (1903), 508
Haya de la Torre, Víctor Raúl, líder peruano, 472, 551, 621, 625, 626, 637
Hayes, Rutherford B., presidente estadounidense, 502
Haynes, Henry, capitán, 44, 46
Hay-Pauncefote, Tratado (1901), 508
Hearst, Randolf, magnate, 409, 410, 411
Heinnecio, 78
Helvetius, Claude-Adrien, 56
Henríquez Ureña, Pedro, 441, 624
Henríquez, Camilo, 205
Hernández, Juan Manuel, rebelde venezolano, 463
Hernández, Pedro, general, 371
Hernández Martínez, Maximiliano, presidente de El Salvador, 517
Herrán-Hay, Tratado de (1903), 188, 461
Herrera y Luna, Carlos, presidente de Guatemala, 454
Herrera, Dionisio de, presidente de Honduras, 369
Herrera, Fernando de, 30
Herrera, José Joaquín, presidente mexicano, 151, 250
Heureaux, Ulises, dictador dominicano, 462

Hidalgo, Miguel, levantamiento del cura, 69, 110-111, 116, 215, 227
Hidalgo de Cisneros, Baltasar, virrey de Argentina, 107-108, 161
Holbach, Paul Henri Thiry d', 56
Holland, Henry Richard Vasall Fox, tercer lord, 27, 54-55, 57, 78, 80
Holland, lady, 51, 59
Honduras, 188, 365, 366, 370, 456
Hoover, Herbert, presidente estadounidense, 515-516
Huerta, Victoriano, general mexicano, 427, 428, 433, 434-436, 440, 443, 444
Hughes, Charles H., secretario de Estado, 514
Humboldt, Alexander von, 29, 288, 496
  Ensayo político sobre el reino de la Nueva España, 66
Hutton, Paul Andrew, 221

Ibáñez de Rentería, José Agustín:
  Reflexiones sobre las formas de gobierno, 54
Ibáñez del Campo, Carlos, presidente chileno, 487, 572, 582
Ibarguren, Carlos, 165
Iglesia católica, 111, 116, 248, 255, 257, 259, 275, 322, 325, 327, 353, 365, 370, 374, 379, 389, 391, 394, 434, 445, 447, 463, 468, 568, 569, 571
  teología de la liberación, 642
Iglesias, José María, 260

Iglesias, Miguel: «Manifiesto de Montán», 347
Iglesias Castro, Rafael, presidente de Costa Rica, 459
Iguala, Plan de (1821), 116, 117, 147, 148, 151, 200-201, 242, 245, 368
Illia, Arturo, presidente argentino, 590
Ilustración, 27, 121, 274, 283, 363, 613
Inca Garcilaso de la Vega, 30, 628, 629
Ingenieros, José, 621
Inglaterra, guerra contra Napoleón, 26
Inguanzo, P., 82
Inquisición, Tribunal de la, 40, 111, 157
Internacional Comunista, 514, 581
International Telephone and Telegraph Co. (ITT), en Chile, 554, 555, 586
Irisarri, Antonio José de, 51-52
Isabel I, reina de Inglaterra, 491
Isabel II, reina de España, 150, 151
Isabel la Católica, reina, 224
Iturbide, Agustín de, *véase* Agustín I, emperador de México
IWGIA, *véase* Grupo Internacional de Trabajo sobre Asuntos Indígenas

Jackson, Andrew, presidente, 184
Jacobo I, rey de Inglaterra, 156
Jamaica, 28

Jécker, banquero suizo, 257
Jefferson, Thomas, presidente, 37, 41, 495, 690
Jenkins, Robert, contrabandista británico, 493
Jijón Vivanco, Mercedes, 317
Johnson, Andrew, presidente estadounidense, 503
José I Bonaparte, rey de España, 23, 47, 56
Journal de Nueva York, 409-410, 411
Jovellanos, Gaspar Melchor de, 34, 35, 36, 37, 53, 55, 57, 78, 80, 82, 83, 85, 157
Juan V, rey de Portugal, 168
Juan Pablo II, papa, en Cuba, 607
Juárez, Benito, 152-153, 246, 254, 256
  como presidente mexicano, 257-259, 392
Juárez Celman, Miguel Ángel, presidente argentino, 282, 389
Junín, batalla de (1824), 118, 300, 336
Junta de Literatos del Instituto Pestalozziano, 56
Junta Suprema Central Gubernativa del Reino, 24-25, 71
Justo, Agustín Pedro, presidente argentino, 483-484, 559, 562

Kant, Immanuel: *Sobre la paz perpetua*, 702
Kardec, Allan, fundador del espiritismo, 421
Kelsen, Hans, jurista, 649, 702
Kennedy, Edward M., senador, 523
Kennedy, John F., presidente, 522, 541
  y la crisis de los misiles de Cuba, 542
King, Rufus, embajador en Londres, 33, 43
Kinney, Henry L., 383
Kirchner, Cristina, presidenta argentina, 596, 599
Kirchner, Néstor, presidente argentino, 596, 654-655
Kissinger, Henry, intervención en Chile, 555
Knowles, Charles: *Account of the Expedition of Carthagena*, 494
Knox, Henry, 41
Komintern, 514
Krauze, Enrique, 417, 602
Krieger Vasena, Adalberto, ministro argentino, 590
Kymlicka, Will, 703

La Ciudadela, batalla de (1831), 274
La Condamine, Charles-Marie de, 29, 30, 31
La Serna, virrey, 143, 144, 333
Lafayette, Gilbert du Motier, marqués de, 41
Lagos, Edith, guerrillera de Sendero Luminoso, 553
Lagos, Ricardo, presidente chileno, 596
Lamadrid, general argentino, 274

Lamanon, Paul de, teniente, 47
Lamb, James, 46
Lanusse, Alejandro, presidente argentino, 591
Larrazábal, Antonio de, 100, 119
Las Casas, Bartolomé de, 36, 46, 47, 65, 627
   Brevísima, 37
Lascuráin, Pedro, presidente mexicano, 428
Lastarria, José Victoriano, 359
Lastarria, Miguel, 213
Lavalle, Juan, general argentino, 268, 269
Lavalleja, Juan Antonio, 297
Leguía, Augusto Bernardino, líder peruano, 469-473, 560, 623, 626, 635
Leleux, Pedro Antonio, 44, 46
Leól Toral, José de, 443
León XIII: encíclica *Rerum Novarum*, 419
León, Tratado de (1849), 387
Lerdo de Tejada, Miguel, 253
Lerdo de Tejada, Sebastián, presidente mexicano, 258, 260, 389, 392, 393, 430
Lesseps, Ferdinand, 502-503
Letelier, Orlando, asesinato de, 523
Levingston, Roberto, presidente argentino, 591
Ley de Caducidad, en Uruguay, 581
Ley de Expropiación Forzosa de 1836, 93
Ley de Reforma Agraria de Guatemala, 455

Ley de Tierras de Colombia (1936), 467
Ley Fundamental de Bonn (1949), 649
Ley Fundamental de la Gran Colombia, 299
Ley Indígena de Chile (1993), 720-721
Ley Juárez (1855), 255
Ley Lerdo de Desamortización (1856) de México, 255, 256, 428
Ley para la Defensa de la Democracia, de Chile, 582
Leyes de Burgos de 1512, 224
Leyes de Deslinde, de México, 429
Leyes de Indias, 37
Leyva, Jorge, y la Constitución de Cádiz, 96, 119, 193
Lezo, Blas de, en la defensa de Cartagena, 493-494
Liga Antiimperialista para Latinoamérica, 514
Liga Nacional de Defensa Religiosa, de México, 445
Linares Alcántara, Francisco, presidente venezolano, 395
Linares, José María, presidente boliviano, 343, 351, 352
Lind, John, embajador en México, 433
Lircay, batalla de (1830), 356
Lobo, Manuel, gobernador de Río de Janeiro, 168
Locke, John, 53, 157
Lonardi, Eduardo, general argentino, 573
Long, secretario de Marina, 412

ÍNDICE ALFABÉTICO 989

López, Carlos Antonio, presidente paraguayo, 181, 283, 288-290
López, José Hilario, presidente colombiano, 303, 326-327
López, José Lucio, 380
López, Narciso, filibustero venezolano, 383
López Contreras, Eleazar, 464-465
López de la Morla, Margarita, 57
López Gutiérrez, Rafael, presidente de Honduras, 456
López Jordán, Ricardo, caudillo argentino, 280
López Méndez, Luis, 44, 49, 50, 62, 107
López Pérez, Rigoberto, poeta, 459
López Pumarejo, Alfonso, presidente colombiano, 467
López Rega, José, ministro argentino, 592
López y Rosas, Estanislao, 268-269
Lucena Salmoral, Manuel, 105
Lugo, Fernando, presidente de Paraguay, 596, 607, 655
Lugones, Leopoldo, 622
Luis I, rey de Francia, 146
Luis XVI, rey de Francia, 42
Luis de Baviera, 313
Luis Mora, José María, 248
Luisa Fernanda, infanta, 151
Lula da Silva, Luiz Inácio, presidente brasileño, 596, 606-607, 655
Lynch, John, 158, 238, 309
  Caudillos in the Hispanic World, 266

Mably, Gabriel Bonnot de, 56
Maceo, el «Titán de Bronce», 408-409
Machado, Gerardo, dictador cubano, 535, 561
Machado Agüero, Salvador, presidente de Nicaragua, 456
Madero, Ernesto, secretario de Hacienda mexicano, 424
Madero, Francisco Ignacio, líder revolucionario mexicano, 420-421, 423
  La sucesión presidencial en 1910, 420
  presidente mexicano, 424, 426, 433, 447
Madero, Gustavo, asesinato de, 427
Madison, James, presidente estadounidense, 495
Madrid, motín del 2 de mayo de 1808, 25
Madrid, Tratado de (1750), 168, 169, 181, 293
Maduro, Nicolás, presidente venezolano, 688, 695
Magallanes, estrecho de, 173, 213, 382
Mahan, Alfred Thayer, estratega naval, 504
Maillefer, cónsul francés en Uruguay, 293
Maine, voladura del (1898), 410, 507
Maipú, batalla de (1818), 353
Malaspina, Alejandro, expedición de (1789), 213

Mallarino-Bidlack, Tratado, 382
Malvinas, guerra de las islas, 504, 593
Mangas Coloradas, jefe indio, 221
Manifiesto de los Persas (1814), 83-84
Mans, Luis, general, 524
Mar, José de la, mariscal, 336
Maracaibo, batalla del lago (1823), 300, 305
Marat, Jean-Paul, 42
María I, reina de Portugal, 169
María Antonieta, reina, 42
María Cristina de Borbón Dos Sicilias, reina regente, 146, 227, 319
Mariana, Juan de, 156
Mariátegui, José Carlos, líder peruano, 472-473, 551, 621, 635, 637
  Siete ensayos de interpretación de la realidad peruana, 635
Mariño, Santiago, caudillo venezolano, 67, 310, 315
Márquez, José Ignacio, presidente colombiano, 325, 326
Marroquín, José Manuel, presidente panameño, 461, 466
Martí, José, líder cubano, 406-408, 507, 534, 536, 617, 620
  Manifiesto de Montecristi, 407
Martínez Campos, Arsenio, general español, 405, 406
Martínez Dalmau, Rubén, 675, 676, 678, 685
Martínez de Hoz, José, ministro argentino, 593

Martínez de la Rosa, Francisco, 53, 56, 57, 150
Martínez Marina, Francisco, 157
  Teoría de las Cortes, 79, 85
Massera, Eduardo, almirante argentino, 592, 593
Matos, Huber, comandante cubano, 540
Matthews, Herbert, periodista, 538
Maximiliano I de Habsburgo, emperador de México, 153-154, 258, 429, 443
Mayer, Dora, 634
Mayo, almirante estadounidense, 435
Maytorena, José María, gobernador mexicano, 421, 433, 444
McCarthy, Joseph, senador, 527
McKinley, William, presidente de Estados Unidos, 409, 412-413, 507
McLane-Ocampo, Tratado, 257
Mejía, Tomás, 154, 256
Mejía Lequerica, José, 73, 119
Meléndez, Carlos, presidente de El Salvador, 456
Meléndez Bruna, José, 25
Meléndez Valdés, Juan, 80
Melgarejo, Mariano, líder boliviano, 235, 350, 351-353
Melo, José María, general colombiano, 328
Méndez Manfredini, Aparicio, presidente uruguayo, 578
Méndez Núñez, Casto, almirante, 345

Mendieta, Salvador: *La enfermedad de Centroamérica*, 614
Mendiola, 119
Mendoza Leiva, Abelardo, trabajador aprista, 473
Menem, Carlos Saúl, presidente argentino, 595
Menéndez Pelayo, Marcelino: *Historia de los heterodoxos españoles*, 64
Mensajero de Londres, El, 64, 69
Mercado Común Centroamericano, 530-531
Mercosur, 530, 531
Mercurio, El, diario chileno, 359, 361
Mesa Gisbert, Carlos, presidente de Bolivia, 654, 667
México, 36, 112, 417
  batalla del fuerte del Álamo, 184
  caudillos de, 240-263
  constitución de los Estados Unidos Mexicanos, 246
  «Grito de Dolores» (1810) en, 69, 110, 187
  guerra con Estados Unidos, 151, 382
  indigenismo en, 631-632
  inmigración europea a, 389
  levantamiento en Chiapas (1994), 525
  Matanza del Jueves de Corpus (1971), 556
  matanza en la plaza de Tlatelolco (1968), 556, 590
  mitología revolucionaria de, 417
  Orden de Guadalupe, 149, 254
  pérdida de territorios a favor de Estados Unidos, 136, 183-187
  Plan de Guadalupe, 433
  separación de Centroamérica, 172
  véase también Revolución mexicana
Michelena, Santos, ministro venezolano, 308
Mier, Servando Teresa de, teólogo dominico, 27, 34-37, 51, 64, 74, 104, 139
  «Carta de un americano», 64
  Historia de la revolución de Nueva España, 35-36, 37, 65
  «La segunda carta de un americano», 65
  Memoria político-instructiva, 38
Mill, James, 41, 43, 44, 51
Milla, general de Honduras, 369
Milla, José, historiador, 380
Milton, John, 492
Mina, Javier, soldado, 37-38
Miramón, Carlos, 256
Miramón, Miguel, 154
Miranda, Francisco de, el Precursor, 27, 33, 38-46, 49-50, 67, 104, 107, 132, 138-140, 157, 285, 299
  El colombiano, 59
Mitre, Bartolomé, presidente argentino, 165, 178, 181, 182, 280, 291-292, 397
MNR de Bolivia, 558

Monagas, José Gregorio, presidente venezolano, 315, 316
Monagas, José Tadeo, presidente venezolano, 308, 310, 312-313, 314, 315, 316
Mon-Almonte, Tratado, 257
Monroe, James, presidente estadounidense, 490, 496, 497
Montalvo, Juan: *La dictadura perpetua*, 322-323
Montaño, Otilio, 431
Monteagudo, Bernardo, 70, 142-143, 145
Montero, José P., presidente paraguayo, 488
Montes, gobernador, 109
Montesquieu, Charles Louis de Secondat, barón de, 53, 78, 157
  El espíritu de las Leyes, 53
Monteverde, Domingo de, capitán, 45-46, 50, 67
Montevideo, creación de, 168
Montt, Manuel, presidente chileno, 342, 359-361
Montt, Pedro, presidente chileno, 485
Montúfar, comisario regio, 106, 109
Mora del Río, José, obispo de México, 445
Mora Porras, Juan Rafael, presidente de Costa Rica, 381, 385-386, 387
Morales, Evo, presidente boliviano, 596, 598, 601, 604, 605, 606, 607, 608, 655, 667
Morales, Francisco Tomás, 305

Morales, Próspero, ministro de Guatemala, 452
Morales Duárez de Lima, Vicente, 73, 119, 195
Morazán, Francisco, caudillo hondureño, 362, 364, 365, 367-371, 377-378, 451
  fusilamiento de, 372
Morelos, José María, sacerdote, 69, 111-112, 116, 241, 430, 440
  fusilamiento de, 112, 115, 240
Moreno, José Ignacio, 144
Moreno, Juan Nepomuceno, caudillo llanero, 324-325
Moreno, Manuel, 69
Moreno, Mariano, 157, 158
Moreno, Mario, 114
Moreno Fraginals, Manuel, 228-230, 400, 401
Moret, Segismundo, 405
Morgan, Henry, pirata, 492
Morillo, Pablo, general, 113, 115, 117, 305
Morrow, Dwight, embajador en México, 447
Mosquera, Tomás Cipriano de, 328, 330
Movimiento al Socialismo (MAS), en Bolivia, 601, 604, 655
Movimiento de Izquierda Revolucionaria, 555
Movimiento de Liberación Nacional-Tupamaros, 575
Movimiento Indígena Global, 644
Movimiento Revolucionario Túpac Amaru, en Perú, 553

Muñoz, Cornelio, coronel, 308
Muñoz Torrero, Diego, 72, 80, 96-97, 194
Muñoz y Borbón, Agustín, 146
Murat, Joaquín, duque de Berg, 23, 24, 63, 65
Murphy, Juan, 51
Murphy, M., 119
Mussolini, Benito, 560

Nación, La, diario argentino, 397
Naciones Unidas, Organización de las, 522, 640
Naguanagua, batalla de, 305
Napoleón Bonaparte, 23-24, 25, 46, 53, 56, 58, 59, 65, 106, 118, 131, 140
Napoleón III, emperador, 152, 153, 154, 257, 258, 313
Nariño, Antonio, 157
Narváez, Ramón María, general, 150, 227
Neerlandia, Tratado de (1902), 466
Negrete, Pedro Celestino, líder mexicano, 245
Nicaragua, 188, 365, 367, 370, 381-386, 456-459
  dictadura de los Somoza, 523
  intervenciones militares estadounidenses en, 510-511
  origen de la Guardia Nacional de, 459
  victoria de la guerrilla (1979), 550
Nixon, Richard, presidente, 522, 554, 574, 574
  intervención en Chile, 554-555

Noboa, Diego, presidente ecuatoriano, 320
Nombre de Dios, asalto en el puerto de (1572), 491
Nordenflycht, Constanza, 356-357
Noriega, Manuel, presidente panameño, 524
Nueva España, virreinato de, 25, 187, 214, 242
Nueva Extremadura, 210
Nueva Granada, 25, 52, 109, 113, 171, 204, 239, 300, 317, 323
Nuevo México, anexión a Estados Unidos, 251
Núñez, Rafael, presidente colombiano, 330, 466
Núñez, Toribio, 80
Núñez de Balboa, Vasco, 381

O'Donnell, Leopoldo, 151
O'Donojú, Juan, virrey, 147-148, 242, 243, 244
O'Higgins, Bernardo, presidente chileno, 114-115, 236, 353-354, 356
O'Leary, Daniel F., 239, 308
O'Sullivan, John L., periodista, 383, 384
Obando, José María, general colombiano, 303, 324-325, 327-328
Obando, Miguel, 607
Obregón, Álvaro, presidente mexicano, 434, 435, 437-438, 439, 440, 442-443, 444, 445, 446, 448
  asesinato de (1928), 447

Ocampo, familia argentina, 273
Ocampo, Melchor, 254, 256
  asesinato de, 257
Ocaña, derrota en (1809), 72
Odría, Manuel, general peruano, 474, 632
Olallo Valdés, José, beatificación de, 607
Olañeta, Pedro, general, 333
Olaya Herrera, Enrique, presidente de Colombia, 561
Olivo, Pedro María de, 66
Olmedo, 119
Onganía, Juan Carlos, general argentino, 590
Ontiveros, Fructuoso, 280
Orbegoso y Moncada, José de, general, 337
Orbigny, Alcide d': *Voyages dans l'Amérique méridionale*, 172
Orellana, José María, presidente de Guatemala, 454
Organización de Estados Americanos (OEA), 518-521, 522, 695
  expulsión de Cuba, 542, 544
Organización Internacional del Trabajo (OIT), 641, 643, 644
Oribe, Manuel, caudillo, uruguayo, 295, 297
Ornelas, Porfirio, revolucionario mexicano, 422
Orozco, José Clemente, muralista, 441, 442
Orozco, Pascual, revolucionario mexicano, 422, 426, 433

Orozco, Wistano Luis, 389
Ortega, Daniel, líder nicaragüense, 523, 596, 606, 655
Ortega, Toribio, revolucionario mexicano, 422
Ortiz, Dominga, 304
Ortiz, Fernando
  Entre cubanos, 614
  Hampa afrocubana, 614
Ortiz, Roberto M., presidente argentino, 562, 563
Ortiz Rubio, Pascual, presidente mexicano, 448
Ospina Rodríguez, Mariano, presidente colombiano, 328-330
Ostende, Manifiesto de, 384, 502
Ostolaza, Blas de, diputado de Perú, 84, 101, 119
Ovalle, José Tomás, presidente chileno, 356

Pacheco Areco, Jorge, presidente uruguayo, 575
Pacheco Seré, Álvaro, 577
Padisson, ingeniero inglés, 289
Páez, José Antonio, general venezolano, 115, 235, 239, 301, 302, 303-306, 311, 312-315
  presidente de Venezuela, 307, 308-309
Paine, Thomas, 37, 41, 123, 126, 690
País, Frank, revolucionario cubano, 538
Palabra, en defensa de la cultura, revista, 638

Palacios, Alfredo, 621
Panamá, 461-462
   canal de, 136, 188, 382, 457, 461, 508, 523
   separación de Colombia (1903), 188-189, 461
Pando, José Manuel, presidente boliviano, 474
Panetta, Leon, director de la CIA, 599
Pani, Alberto J., 447
Papineau, Louis Joseph, líder canadiense, 403
Paraguay, 181, 280-281, 283-290, 487-488
   independencia de (1811), 108, 161, 294
   retorno de la democracia, 524
Pardo, Manuel, presidente peruano, 345-346
Paredes, Mariano, general mexicano, 151, 185, 250, 251
Pareja, almirante español, 345
París, Tratado de (1898), 507
Paroissien, Diego, 144
Partido Antipersonalista de Argentina, 482
Partido Autonomista Nacional de Argentina, 282
Partido Blanco de Uruguay, 291, 296
Partido Católico Republicano de Ecuador, 391
Partido Colorado de Uruguay, 296, 476, 478, 580
Partido Comunista de Brasil, 655
Partido Comunista de Chile, 551, 555, 582
Partido Comunista de Cuba, 535, 538, 544
Partido Comunista Mexicano, 562
Partido Comunista Peruano por el Sendero Luminoso, *véase* Sendero Luminoso
Partido Conservador chileno, 484, 486
Partido Conservador Colombiano, 329, 390, 560
Partido Conservador de México, 392
Partido Constitucional Progresista de México, 424
Partido de la Movilización Nacional de Brasil, 655
Partido de la Revolución Mexicana, 443, 449
Partido de los Trabajadores de Brasil, 655
Partido Demócrata Cristiano de Argentina, 572
Partido Demócrata Cristiano de Chile, 555
Partido Demócrata de Estados Unidos, 383
Partido Demócrata-Liberal chileno, 485, 486
Partido Federal argentino, 162
Partido Laborista Mexicano, 439
Partido Liberal chileno, 484
Partido Liberal de Brasil, 655
Partido Liberal de Colombia, 560
Partido Nacional chileno, 484

Partido Nacional Republicano de México, 445, 447
Partido Nacional Revolucionario de México, 443, 449, 562
Partido Ortodoxo de Cuba, 537
Partido Peronista (Partido Único de la Revolución), 568, 570
Partido Popular Cristiano de Perú, 551
Partido por la Democracia de Chile, 655
Partido por la Victoria del Pueblo, de Uruguay, 575
Partido Radical en Chile, 476
Partido Radical Socialdemócrata de Chile, 655
Partido Revolucionario Cubano, 507, 534, 536
Partido Revolucionario Cubano Auténtico, 558
Partido Revolucionario de Guatemala, 558
Partido Revolucionario Institucional (PRI) de México, 443, 450, 451
Partido Socialista Argentino, 560
Partido Socialista de Chile, 555, 581, 655
Partido Trabalhista de Vargas en Brasil, 558
Partido Unionista de Guatemala, 453
Partido Unitario argentino, 162
Partido Verde de Brasil, 655
Paso, Fernando del: *Noticias del Imperio*, 155

Patagonia, 173, 281
Pauw, Cornelius, 29, 30, 31, 495, 613
Pavletich, Esteban, 625
Paz, Amistad y Límites, Tratado de (1938), 183
Paz, José María, general argentino, 268, 273-274
Paz, Octavio, 547
Paz Estenssoro, Víctor, presidente boliviano, 476, 572
Pearson's Magazine, 420
Pedro II, emperador de Brasil, 292
Peláez, Manuel, 439
Pellegrini, Carlos, presidente argentino, 282, 389, 397, 398, 480
Peña y Peña, Manuel de la, 251
Peñaloza, Ángel Vicente, general argentino, 273, 279, 280
Pereira, Gabriel Antonio, 297
Pérez, Carlos Andrés, presidente de Venezuela, 654, 665
Pérez, J., 157
Pérez, Máximo, caudillo uruguayo, 298
Pérez de Castro, Evaristo, 77
Pérez de Tudela, Manuel, 144
Pérez Jiménez, Marcos, presidente de Venezuela, 465, 520
Pericles, 31
Perón, Eva, 566, 568, 569, 571
Perón, Isabel, segunda esposa de Perón, 591
  como vicepresidenta argentina, 592
Perón, Juan Domingo, presidente argentino, 521

como ministro de Defensa, 563-564, 565
  exilio en Madrid, 589
  muerte de (1974), 592
  retorno a Argentina (1973), 591
  victoria electoral (1946), 567
peronismo, movimiento del, 558, 562-574
  sin Perón, 589, 595
Perú, 469-471, 560
  batallas de, 114-115
  composición social de, 331-332
  conflictos con Chile, 174, 175
  explotación del guano, 341-342
  golpe de estado de 1968, 522
  indigenismo en, 631-633
  monárquicos de, 140-145
  situación prerrevolucionaria (1976-1978), 551
  virreinato de, 25
Petrovick, Julián, 625
Pezet, Juan Antonio, presidente peruano, 344
Pichincha, batalla de, 300
Pierce, Franklin, presidente estadounidense, 383
Piérola, Nicolás de, rebelde peruano, 347
Pindray, Charles de, 383
Pinedo, Federico, 483
Pinkerton, agencia de detectives, 407
Pino, Antonio, presidente chileno, 355
Pino Suárez, José María, 423, 424, 426, 428
Pinochet, Augusto, general, 524, 556, 575, 579, 587, 588-589
Pío IX, papa, 256, 389
Pitt, William, gobierno de, 32, 42
Platt, Orbille H., senador, 460
Plaza, Leónidas, presidente ecuatoriano, 468
Plaza Gutiérrez, Leónidas, 391
Poe, Edgar Allan, 618
Poinsett, Joel Roberts, 183
Polk, James Knox, presidente estadounidense, 185, 188, 250-251, 382, 500
Ponce Vaides, Federico, presidente de Guatemala, 454
Pons, André, 57, 67
Porras, Belisario, presidente de Panamá, 462
Portal, Magda, 625
Portales, Diego, presidente chileno, 236, 339, 355-358, 361, 498
Portales, Josefa, esposa de Diego Portales, 356
Porter, William S. (O. Henry): *Cabbages and Kings de 1904*, 509
Portes Gil, Emilio, presidente mexicano, 448
Portillo Valdés, José María, 61, 203, 205
Portugal, 168
  independencia de (1668), 168
Pot, Pol, líder camboyano, 552
Power, Ramón, 73
Pozo y Sucre, José del, 42
Prado, Mariano, presidente peruano, 344-345, 347

Prado Ugarteche, Manuel, presidente peruano, 473-474, 633
Prensa, La, diario argentino, 397, 570, 635
Prieto, Guillermo, 254, 256
Prieto, José Joaquín, general y presidente chileno, 356, 357
Primo de Rivera, José Antonio, 560
Prío, Carlos, 536
Provincias Unidas del Río de la Plata, 161, 218, 268
Puebla, Juan, 280
Puerto Rico, 400
　capitanía general de, 25
　cesión a Estados Unidos, 416, 508
Puffendorf, Samuel, 78, 157
Pulido, Manuel Antonio, 304
Pumacahua, Mateo, general, 142, 332
Puntas del Rosario, Tratado de (1864), 290-291
Purapel, Tratado de, 360

Quintana, José Manuel, 55, 56, 57
Quintero, Ángel, ministro venezolano, 308
Quiñones, Alfonso, presidente de El Salvador, 456
Quiroga, Facundo, 272, 273, 274
Quitman, John A., 383
Quito, 300
　proceso de independencia de, 109-110

Raimondi, Antonio, 171-172
Ramírez, Francisco, 287-288
Ramos Arizpe, 119

Rangel, mestizo venezolano, 312
Raousset-Boulbon, Gaston de, 383
Raynal, Guillaume-Thomas, 29, 30, 32, 54, 613
Reagan, Ronald, presidente, 523-524, 575
Reed, John: *México insurgente*, 432
Regalado, Tomás, gobernante salvadoreño, 452
Regeneración, periódico cubano, 419
Reina Barrios, José María, presidente guatemalteco, 451-452
República Dominicana, 462-463, 465, 509
　intervención estadounidense en, 521-522
Republicano, El, diario venezolano, 311
Respaldo Mutuo, Tratado Interamericano de, 518
Revolución cubana (1959), 16, 19, 521, 527, 532, 533-548
　lema «la historia me absolverá», 537
Revolución española de 1868, 404
Revolución francesa, 27, 39, 42, 58, 104, 114, 142
Revolución mexicana, 19, 110-111, 393, 416, 421-423, 512, 623
Revolución rusa de 1917, 514, 621
Reyes, Alfonso, 441
Reyes, Bernardo, secretario de Guerra y Marina mexicano, 418, 419, 424, 426, 427, 428
Reyes, Rafael, presidente de Colombia, 466

Ribadeneyra, Pedro de, 156
Ribera, Fructuoso, general, 218
Riego, levantamiento de (1820), 52, 115, 117, 120, 138, 146, 241
Riesgo, Germán, presidente chileno, 485
Rijswijk, Tratado de, 224-225
Rinke, Stefan, sobre el *Manifest Destiny*, 498-499
Río, Pacto de (1847), 518, 519
Río de la Plata, movimiento de mayo en, 119
Río de la Plata, virreinato de, 25, 28, 265
Ríos Montt, Efraín, general, 524
Riva Agüero y Sánchez Boquete, José de la, presidente del Perú, 145, 333, 623, 625
Rivadavia, Bernardino, presidente argentino, 266, 268, 396
Rivas, batalla de (1856), 386
Rivas, Patricio, presidente de Nicaragua, 385, 386
Rivera, Diego, muralista, 441, 442, 621
Rivera, Fructuoso, caudillo uruguayo, 295, 297
Roa Bastos, Augusto, 639
Robertson, William, 29, 30, 495, 613
Robespierre, Maximilien de, 42, 79
Robles, Francisco, presidente ecuatoriano, 320
Roca, Julio Argentino, presidente argentino, 281, 389, 397-398
Rocafuerte, Vicente, presidente de Ecuador, 317, 318, 319-320

Rockefeller, Nelson A., Informe sobre Latinoamérica, 554
Rodil, José Ramón, 333
Rodó, José Enrique, 621, 624
    Ariel, 619, 620
Rodríguez, Abelardo L., presidente mexicano, 448
Rodríguez, Carlos Rafael, revolucionario cubano, 538
Rodríguez, Martín, gobernador de Buenos Aires, 177, 271
Rodríguez de Francia, Gaspar, dictador paraguayo, 181, 218
Rodríguez de Toro, Francisco, marqués, 48
Rodríguez Riquelme, 72
Rodríguez Veltzé, Eduardo, presieente de Bolivia, 667
Rojas Paúl, Juan Pablo, presidente de Venezuela, 396
Romero, Óscar, arzobispo, 523
Romero Rubio, Carmen, 393
Roosevelt, Franklin Delano, presidente estadounidense, 450, 459, 514-515, 516, 517
Roosevelt, Theodor W., presidente estadounidense, 505-506, 507, 613
Rosas, Juan Manuel de, 274-276
    Conquista del Desierto por, 271-273
    gobierno argentino de, 165, 177, 217, 218-219, 235, 239, 263-271, 295, 311, 396
Roscio, Juan Germán, 49, 62, 141
Ross, Gustavo, líder chileno, 582

Rousseau, Jean-Jacques, 56, 57, 104, 157
Contrato social, 57
Rúa, Fernando de la, presidente de Argentina, 654
Rucci, José, asesinato de, 591, 592
Rufino Barrios, Justo, presidente guatemalteco, 448
Ruiz de Apodaca, Juan, virrey, 116, 146, 147, 241, 242
Ruiz de Castilla, gobernador de Quito, 109
Ruiz Huidobro, José, 272
Rulfo, Juan, 639

Saavedra, Cornelio, 108
Saavedra, Juan Bautista, presidente boliviano, 475
Saco, José Antonio
Historia de la esclavitud, 403
Paralelo entre la isla de Cuba y algunas colonias inglesas, 403-404
Sáenz Peña, Roque, 480
Sáez, Manuelita, 302
Sagredo, Rafael, 361
Sagredo Baeza, Fernando, 236
Sahagún, fray Bernardino de, 627
Salamanca, Daniel, presidente de Bolivia, 561
Salas, José de, 42
Salas, Ramón, 80
Salaverry, Felipe Santiago, general peruano, 335, 338
Salazar, Francisco, 101
Samayoa, Héctor Humberto, 203

Sampson, almirante estadounidense, 412, 416
San Ildefonso, Tratado de (1777), 169
San Jacinto, batalla de, 500
San Juan de Ulloa, 38
San Martín, José de, 50, 52, 114, 117, 118, 142, 143, 144, 145, 177, 275, 300, 331, 332, 705
San Pedro Perupalán, batalla de, 371
San Román, general, presidente de Perú, 344
Sánchez, José Aurelio, asesino de Melgarejo, 351, 353
Sánchez, José María, 304
Sánchez Agesta, Luis, 85
Sánchez Carrión, José Fuatino, 145
Sánchez Cerro, Luis Miguel, presidente peruano, 472, 473, 560
Sánchez de Lozada, Gonzalo, presidente de Bolivia, 654, 667
Sánchez Viamonte, Carlos, 163
Sanclemente, Manuel Antonio, 466
Sandino, Augusto, guerrilla de, 458-459
Sanguinetti, Julio María, presiente uruguayo, 581
Santa Anna, Antonio López de, general, presidente mexicano, 117, 149, 184, 185, 186, 216, 235, 245, 247, 248-249, 251, 252-254, 500
Santa Cruz, Andrés de, general, 235, 331, 335-340, 349

Santander, Francisco de Paula, presidente colombiano, 115, 300, 303, 305, 325
Santo Domingo, 28
Santos Celaya, José, gobernante de Nicaragua, 452
Santos Chocano, José, poeta peruano, 453-454
Saravia, Nepomuceno, líder uruguayo, 560
Sarmiento, Domingo Faustino, presidente argentino, 178, 273, 274, 278, 280, 282, 292, 359, 361, 397, 480
   Facundo o civilización y barbarie, 274, 275
Schaerer, Eduardo, presidente paraguayo, 488
Schneider, René, general chileno, 585
Semanario Patriótico, 56, 57, 59, 222
Sendero Luminoso, guerrilla maoísta de, 551-553
Serna, José de la, 117
Serrano, capitán general en Cuba, 404
Serrano, Mariano, 335
Seward, William Henry, presidente estadounidense, 503
Shafter, general estadounidense, 414
Shakespeare, William: *La tempestad*, 616
Sierra, Justo, 640
Sierra, Terencio, presidente de Honduras, 456
Sieyès, Joseph, 79
Sigsbee, comandante del Maine, 409
Siles Reyes, Hernando, presidente boliviano, 476
Siles Salinas, Luis Adolfo, presidente boliviano, 476
Siles Suazo, Hernán, presidente boliviano, 476
Silva Paranhos Júnior, José María da, «virrey del Paraguay», 294
Simmons, Merle E., 122-123
Singer, Peter: *Animal liberation*, 701
Smith, William Stephens, coronel, 41
Sobremonte, virrey, 69
Sociedad Abolicionista Española, 227
Sociedad de Filosofía Cristiana, 36
Sociedad de Naciones, 513-514
Sociedad Económica de Guatemala, Real, 203
Sociedad Patriótica de Lima, 50, 143, 144
Solano López, Francisco, presidente paraguayo, 181-182, 283, 289, 291, 292, 293
Sololá, batalla de (1840), 378
Somoza Debayle, Anastasio «Tachito», 459
Somoza Debayle, Luis, presidente de Nicaragua, 459
Somoza García, Anastasio «Tacho», dictador de Nicaragua, 459, 517, 520
Soto, Domingo de, 156

Soublette, Carlos, presidente venezolano, 309, 310-311, 312
Soulé, Pierre, senador, 384
Sousa Coutinho, Francisco Inocencio de, 169
Standard Oil, 482
Stephens, J. L., 377
Stimson, Henry, secretario de Estado, 515, 516
Stoetzer, C., 119
Stone, Christopher: *Should Trees Have Standing*, 701
Storini, Claudia, 699-700, 706
Story, Joseph, juez, 166
Stroessner, Alfred, dictador paraguayo, 524, 575, 660
Suárez, Francisco, jesuita, 134, 156
Suárez, Marco Fidel, presidente de Colombia, 467
Sucre, Antonio José, general, 118, 300, 317, 333, 335
Sullivan, John L., periodista, 499

Taboada, Antonio, caudillo argentino, 279
Taboada, Manuel, gobernador argentino, 397
Tacna, Pacto de (1837), 338
Tacón, gobernador cubano, 402
Taft, William Howard, presidente estadounidense, 457, 512
Tamandaré, Joaquim Marques Lisboa, almirante brasileño, 291
Taylor, Charles, 703
Taylor, Zachary, general, 152, 185, 251

Tejedor, Carlos, gobernador de Buenos Aires, 398
Terra, Gabriel, presidente uruguayo, 560, 578
Terrazas, familia mexicana, 418-419, 426
Texas
    anexión de (1845), 382
    independencia de, 184, 211, 249, 500
Thomson, Edward, ministro británico, 290
Tiempo, El, diario, 151
Tierra del Fuego, división de la, 173-174
Tigre, isla del, 387
Tinoco Granados, Federico, presidente de Costa Rica, 460
Tobar, Carlos, jurista ecuatoriano, 512
Tocqueville, Alexis de, 132, 231
Tomás, santo, 35, 36
Tomaso, Antonio de, 483
Tomic, Radomiro, democristiano chileno, 585, 587
Tordesillas, Tratado de (1494), 168, 490
Toreno, José María Queipo de Llano, conde de, 27, 55, 57, 78, 99, 103
Torquemada, Tomás de: *Monarquía indiana*, 31
Torre Tagle, José de, criollo peruano, 333
Torri, Julio, 441
Torrijos, Martín, presidente de Panamá, 596

Torrijos, Omar, presidente panameño, 524
Toussaint-Louverture, François Dominique, 104
Tovar, Manuel Felipe de, presidente venezolano, 314
Tratado Constitutivo de la Unión de Naciones Sudamericanas (UNASUR), 606
Tratado de Libre Comercio de América del Norte (TLCAN), 525, 530, 606, 607
Tregua, Pacto de (1888), 176
Tribuna, La, diario chileno, 359
Tribunal Internacional de La Haya, 524
Tribunal Revolucionario de París, 42
Trinidad, 28
Triple Alianza, Tratado de, 280-281, 291, 292
Trist, Nicholas, 186
Trotski, León, 442
Trujillo, Rafael Leónidas, dictador dominicano, 462-463, 517, 520
Tucumán, Congreso de (1816), 142
Tully, James, 703
Túpac Amaru, grupo boliviano, 104, 332, 561
Túpac Amaru II (José I del Perú), 141, 630
Túpac Katari (Carlos III Túpac Katari), 141
Turnbull, John, comerciante británico, 40, 41
Turner, Frederick Jackson, historiador, 504

Tuxtepec, Rebelión de, 260-261, 393
Tyler, John, presidente estadounidense, 500

Ubico Castañeda, Jorge, presidente de Guatemala, 454, 517
Ugarte, Manuel, 621
Enfermedades sociales, 614
Ulloa, Antonio de, 29, 30
Unidad Popular de Chile, 554-555, 584-586
Unión Cívica Radical (UCR) de Argentina, 282, 476, 480, 481, 594
Unión Europea, 16, 166
Unión Revolucionaria, grupo nazi peruano, 562
Unión Soviética
  ayuda económica a Cuba, 540
  base de misiles en Cuba, 542
United Fruit Company, 454, 455, 467, 520, 555
United States Magazine and Democratic Review, 383, 499
Universidad de Chicago, 588
Universidad de Chile, 359, 360
Universidad de Córdoba del Tucumán, 283
Universidad de La Haba, 540
Universidad de la República de Uruguay, 577, 579
Universidad de Quito, 321, 322
Universidad de Salamanca, 79, 155
Universidad Popular José Martí, 626

Urbina, José María, presidente ecuatoriano, 320
Urdaneta, caudillo venezolano, 304
Urdaneta, Rafael, presidente colombiano, 324
Uribe, Rafael, general colombiano, 466
Uriburu, José Félix, presidente argentino, 482, 483, 559-560
Uriel García, J., 637
Urquiza, Juan José de, 280
Urquiza, Justo José de, caudillo argentino, 277, 278, 396
Urrutia, Manuel, presidente cubano, 540
Uruguay, 477-479, 560
  caudillos de, 294-298
  dictadura cívico-militar de, 575-581
  independencia de (1825-1828), 161
  población de, 477
  «problema indio» de, 218
  Revolución de las Lanzas, 298
  tupamaros en, 549
Utrecht, Tratado de (1715), 168, 225

Vadora, Julio César, comandante uruguayo, 578
Valcárcel, Luis E., sobre el indigenismo, 636, 637
  Tempestad en los Andes, 636
Valdivia, Pedro de, conquista de Chile, 210
Valdivieso, arzobispo chileno, 360

Valdivieso, José Félix, líder ecuatoriano, 318-319
Valencia, Gabriel, general mexicano, 250
Valle, José Cecilio del, 363, 370
Valle, Leandro, asesinato de, 257
Vallejo, Jesús, 61
Valparaíso, saqueo de (1578), 491
Valvo, Mariano Enrique, 335
Vanderbilt, Cornelius, empresario, 382, 385, 502
Varela, Felipe, 280
Vargas, José María, presidente venezolano, 310
Vargas, Getulio, presidente brasileño, 563, 572
Vargas, Pedro Fermín de, 204
Vargas Llosa, Mario, 547
Vargas Vila, José María, 621
Variedades, 64, 69
Vasconcelos, José, secretario de Educación mexicano, 441-442, 447, 621, 623-624
Vásquez, Horacio, presidente dominicano, 463
Vaticano, 412
  y la revolución nicaragüense, 550
Vázquez, León, 367
Vázquez, Tabaré Ramón, presidente de Uruguay, 596, 654
Vázquez Gómez, Francisco, 421
Vázquez Rojas, Genaro, líder guerrillero mexicano, 557
Vega, Víctor Manuel, 453
Vega Infanzón, A. de la, 55

ÍNDICE ALFABÉTICO   1005

Velasco, gobernador de Paraguay, 284
Velasco Alvarado, Juan, general peruano, 522
Velasco Ibarra, José María, presidente de Ecuador, 572
Velázquez de León, Manuel, 244
Venegas, virrey, 69
Venezuela, 115, 239, 311-312, 395, 463-465
  Capitanía General de, 25, 39, 44, 47
  constitucionalismo manipulado en, 653
  Declaración de Independencia (1811) de, 141
  «Declaración de los derechos del pueblo» (1811), 197
  liberación de, 117-118
  Provincias Unidas de, 43-44
  revolución bolivariana en, 521
  Revolución de las Reformas, 310
Vernon, almirante británico, 493-494
Vial, Manuel Camilo, 359
Viciano Pastor, Roberto, 675, 676, 678, 685
Victoria, Guadalupe, general y presidente mexicano, 245, 246, 247
Victoria, reina de Inglaterra, 174
Videla, Jorge Rafael, presidente argentino, 575, 592
Viera, Feliciano, líder uruguayo, 479
Vigil, Diego, subjefe de Honduras, 369

Villa, Francisco «Pancho», revolucionario mexicano, 422, 435-436, 440, 444, 513
  asesinato de (1923), 440, 443
Villabella, Carlos, 668
Villalba, Tomás, presidente del Senado uruguayo, 298
Villaseñor, Vicente, negociador salvadoreño, 372
Villava, Victorián de: *Apéndice a la traducción de las lecciones de comercio...*, 54
Villavicencio, comisario regio, 106, 109
Villavicencio, Frida, 211
Villota, Manuel, fiscal, 108
Viola, Roberto Eduardo, presidente argentino, 593
Virasoro, gobernador de San Juan, 279
Viscardo, Juan Pablo, jesuita expulso, 27, 33, 45
  Carta dirigida a los españoles americanos, 32-34, 43
Vitoria, Francisco de, 156, 627
Voltaire, François-Marie Arouet, 56, 157

Walker, William, filibustero, 367, 379, 383, 384-385, 387, 501
Walpole, Robert, primer ministro británico, 493
Washington, Consenso de (1990), 525, 530, 604, 605
Washington, George, presidente, 41

Washington Post, 520
Weber, David J., 221, 602
Weiler, Valeriano, capitán general de Cuba, 408
Wellesley, Richard, marqués de, 58, 59
Wellington, duque de, 58
Welles, Benjamin Sumner, embajador en Cuba, 520, 535, 561
White, familia, 55
Whitelocke, John, 45
Whitman, Walt, 618
Wilberforce, William: *A Letter for Abolition of the Slaves Trade*, 222
Williman, Claudio, presidente uruguayo, 478
Wilson, Henry Lane, embajador en México, 426
Wilson, Woodrow, presidente estadounidense, 433, 434-435, 509, 512-513
Witt, Jamil Mahuad, presidente de Ecuador, 654, 666
Wolff, doctrina de, 78
Woodford, Stewart L., secretario estadounidense, 411-412

Xochimilco, Pacto de, 436

Yacimientos Petrolíferos Fiscales (YPF), de Argentina, 482
Yacimientos Petrolíferos Fiscales de Bolivia (YPFB), 598
Yáñez, Isidoro, 244
Yegros, Fulgencio, diputado paraguayo, 108, 285, 287, 288
Young America, movimiento, 383
Yrigoyen, Bernardo, 282
Yrigoyen, Hipólito, presidente argentino, 282, 477, 480-483
Yucatán, península de, 116, 160, 187-188, 252
Yungai, batalla de (1839), 340

Zamora, Ezequiel, líder venezolano, 312
Zanjón, Convenio de (1886), 227
Zanjón, Paz de (1878), 405-406
Zapata, Emiliano, revolucionario mexicano, 422, 424-425, 430, 431, 433, 435
 asesinato de (1919), 439
 proclama el Plan de Ayala, 426, 427, 431-432, 436, 437
Zaragoza, Ignacio, general mexicano, 153, 258
Zeballos, Juan Valeriano de, 284
Zelaya, José Santos, presidente de Nicaragua, 456-457, 510
Zimmermann, Arthur, canciller alemán, 439
Zorrilla, Ruben H., 237
Zubía, Eduardo, general, 578
Zuloaga, Félix, general, 256
Zuloaga, Marina, sobre el indigenismo, 631
Zumeta, César, 621
 Continente enfermo, 614